地球の歩き方 A29 ● 2011 ～ 2012 年版

北欧
Scandinavia

地球の歩き方 編集室

SCANDINAVIA  CONTENTS

8
特集1

おとぎの国へようこそ！
ホクオウ的
テーマパーク
ムーミンワールド／レゴランド／サンタクロース村／チボリ公園

16
特集2

その人気、とどまるところを知りません
北欧デザイン案内
北欧デザインが愛される理由／知っておきたい北欧の王道
ブランド／コペンハーゲン発！アンティークショップ

22
特集3

プチプライスがうれしい♪
スーパーマーケットで
北欧食材みやげ

24
特集4

出合いと感動の連続
北欧の大自然に
触れる旅
驚愕の絶景が続くフィヨルドの旅／自然と文化が息づく場所
ラップランドの旅

34
特集5

世界中の旅行者が憧れる
北欧
2大クルージング
フッティルーテン（沿岸急行船）／タリンク・シリヤライン

38
特集6

「北」の味覚が満載！
北欧グルメガイド

出発前に必ずお読みください！ 旅の安全とトラブル対策…564

531 旅の準備と技術

Column

本書で用いられる記号・略号

地図
町や見どころが国のどこに位
置しているかを示す地図です。

観光局 URL
それぞれの町を紹介している
ウエブサイトの URL です。

アクセス
主要な町からのアクセス方法
を紹介します。
✈ 飛行機 　🚃 鉄道
🚌 バス 　⛴ フェリー

観光案内所 ❶
観光案内所のデータです。

住	住所
☎	電話番号
FAX	ファクス番号
Free	無料通話番号
開	開館時間
営	営業時間
運	運行時間
催	ツアーなどの催行 時間、期間
料	料金、入場料
休	定休日、休館日 （祝祭日や年末年始、 クリスマスは除く）
MAP	地図のページ数、エリア
URL	ホームページアドレス （http://は省略）
Email	電子メールアドレス
行き方➡➡	見どころへの行き方

Stavanger
スタヴァンゲル

1970年代に北海油田の基地として急速に成長した町
で、ノルウェー第4の都市。町の中心部には17世紀の古
い家々が隙間なく並び、独特の景観を作
り出している。港町なので魚市場や野菜
市場が立ち並び、大都市とは思えないな
ごやかなムードが漂う。

港沿いを中心に発展した町

MAP P.160-A4
人口：12万6021
市外局番：なし
スタヴァンゲル情報のサイト
URL www.regionstava
nger.com

スタヴァンゲルへの行き方
✈ オスロから1日4～14便、
所要約50分。ベルゲンから1
日2～1便、所要約35分。
空港から市内へは空港バス
Flybussenで約20分、90
NOK。
🚃 オスロから1日4～5便
（うち1便は夜行）運行、所
要約8時間。
🚃 オスロからクリスチャン
サンで乗り換え、1日1～2
便。乗り換え時間に合わせ
て運行。所要約10時間。ベ
ルゲンから1日9～13便、
所要約5時間30分。
⛴ ベルゲンからTide社のフ
ェリーが1日1～4便運行。
所要約4時間30分。

Tide社
URL www.tide.no

スタヴァンゲルの観光案内所
住 Domkirkeplassen 3
☎ 51-859200
URL www.regionstavanger.com
開 6～8月
　毎日 9:00～20:00
　9～5月
　月～金9:00～16:00
　土　9:00～14:00

ノルウェー石油博物館
住 Kjeringholmen
☎ 51-939300
URL www.norskolje.museum.no
開 6～8月
　毎日 10:00～19:00
　9～5月
　月～土10:00～16:00
　日　10:00～18:00
休祝日
料 100NOK

スタヴァンゲルの歩き方

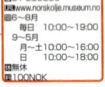

港沿いのカラフルな家並み

市街地は、スタヴァン
ゲル大聖堂Stavanger
Domkirkeから港を中心と
した一帯。港には、ガラ
ス張りの魚市場があり、
東には海に沿って海運会
社の利用していた三角屋
根の古い建物が並ぶ。ノ
ルウェーの都市にしては珍しく、17世紀以降大火事に遭って
いないので、木造の建物が多く残されている。

スタヴァンゲル大聖堂から北へと延びるキルケガータ通り
Kirkegateを中心とした左右1～2ブロックのあたりは、入り
組んだ迷路の両側にショップやレストランが並ぶ繁華街だ。大
聖堂の目の前では青空市場も開かれる。一方、港の西側は旧
市街になっており、木造のかわいらしい建物が並んでいる。

鉄道駅や長距離バスターミナルは、中心街からブレイア湖
を挟んだ南側にある。中心街までは歩いて10分くらいかかる。

おもな見どころ

ノルウェー石油博物館　　　　　Norsk Oljemuseum
MAP P.253

スタヴァンゲルの基幹産業である石油とガスに関する歴史
や油田設備などに関する博物館。精密な模型を使って分かり
やすく展示しており、なかでも基地内
での生活風景を再現したブースは興味
深い。油田の歴史や石油についての映
像を上映しているシアターもある。

建物は原油基地を模した造りになっている

252

The Library Bar
ライブラリー・バー
市庁舎前広場、中央駅周辺
MAP P.66

Illum
イルム
ストロイエ周辺
MAP P.58-83

Grøften
グロフテン
市庁舎前広場、中央駅周辺
MAP P.66
チボリ公園内のレストラン。創
業は1874年と国内最古。デンマ
Tivoli, Vesterbrogade 3

Copenhagen Marriott Hotel
コペンハーゲン・マリオット
市庁舎前広場、中央駅周辺
MAP P.57-C4
運河沿いに建つ、11フロアか
ら成る高級ホテル。吹き抜けの
ロビーは開放感満点。夏期は
運河の横にテラス席も出て、カ
フェとしても利用可能。客室は
広々として、のんびりリラッ
クスできる。レストランやバー、
サウナなど設備も充実。
住 Kalvebod Brygge 5
☎ 88-339900　FAX 88-339999
料 ③⑤2300DKK～
　朝食180DKK
カ ADJMV
室 401室
URL www.marriott.com
日本の予約は：マリオット　東京予約センター
Free 0120-142536

ナイトスポット
ショップ
レストラン
ホテル

6

地 図

- 🅘 観光案内所
- 🅗 ホテル、ユースホステル
- 🅟 レストラン
- 🅢 ショップ
- 🅝 ナイトスポット
- 🏛 博物館、美術館
- ⛪ 大聖堂、教会
- 🚏 バスターミナル
- ✈ 空港
- ⛴ フェリーターミナル
- Ⓜ 地下鉄駅
- 🅱 銀行
- 💱 両替所
- ✉ 郵便局
- 📚 図書館
- ✚ 病院

ホテルの設備

- 🛁 バスタブ
- 🛁 バスタブ一部のみ
- 📺 テレビ
- 📺 テレビ一部のみ
- 🎧 ドライヤー
- 🎧 ドライヤー貸出
- 🍸 ミニバー
- 🍸 ミニバー一部のみ
- ♿ ハンディキャップルーム
- 📶 無線 LAN
- 📶 無線 LAN 有料
- 📶 無線 LAN 一部
- 📶 無線 LAN 一部有料

クレジットカード
- **CC** 利用できるクレジットカード
- **A** アメリカン・エキスプレス
- **D** ダイナースクラブ
- **J** JCB
- **M** マスターカード
- **V** VISA

レストラン
- 1人あたりの予算

ホテルの部屋
- Ⓢ シングルルーム
  (1人部屋1人利用)
- Ⓓ ダブルまたはツインルーム
  (1部屋2人利用)
- ※本書掲載物件中の ( ) の数字は
  週末、または夏期の料金となっています。
- 室数 ホテルの客室数

■本書の特徴
本書は、北欧を旅行される方を対象に個人旅行者が現地でいろいろな旅行を楽しめるように、各都市のアクセス、ホテル、レストランなどの情報を掲載しています。もちろんツアーで旅行される際にも充分活用できるようになっています。

■掲載情報のご利用にあたって
編集部では、できるだけ最新で正確な情報を掲載するよう努めていますが、現地の規則や手続きなどがしばしば変更されたり、またその解釈に見解の相違が生じることもあります。このような理由に基づく場合、または弊社に重大な過失がない場合は、本書を利用して生じた損失や不都合について、弊社は責任を負いかねますのでご了承ください。また、本書をお使いいただく際は、掲載されている情報やアドバイスがご自身の状況や立場に適しているか、すべてご自身の責任でご判断のうえでご利用ください。

■現地取材および調査時期
本書は、2010年7月から2011年3月の取材調査データを基に編集されています。また、追跡調査を2011年4月まで行いました。しかしながら時間の経過とともにデータの変更が生じることがあります。特にホテルやレストランなどの料金は、旅行時点では変更されていることも多くあります。したがって、本書のデータはひとつの目安としてお考えいただき、現地では観光案内所などでできるだけ新しい情報を入手してご旅行ください。

■発行後の情報の更新と訂正について
本書に掲載している情報で、発行後に変更されたものや、訂正箇所が明らかになったものについては『地球の歩き方』ホームページの「ガイドブック更新・訂正情報」で可能な限り最新のデータに更新しています（ホテル、レストラン料金の変更などは除く）。出発前に、ぜひ最新情報をご確認ください。

http://support.arukikata.co.jp

■投稿記事について
投稿記事は、多少主観的になっても原文にできるだけ忠実に掲載してありますが、データに関しては編集部で追跡調査を行っています。投稿記事のあとに（東京都○○ '09）とあるのは、寄稿者と旅行年度を表しています。ただし、ホテルなどの料金は追跡調査で新しいデータに変更している場合は、寄稿者データのあとに調査年度を入れ ['11] としています。

ホクオウ的テーマパーク
Scandinavian Theme Park

北欧のテーマパーク、それはどこかおとぎ話の世界のようなメルヘンさとほのぼのとした雰囲気に包まれています。ここでは、数ある施設のなかでもとりわけホクオウ色が強い4つをご案内。地元の人に交じって、ホクオウ流の休日を過ごしてみよう。

おとぎの国へようこそ！

in finland

橋を渡れば、そこは絵本の世界 🇫🇮

01 ムーミンワールド

Muumimaailma ▶ P.496

トーヴェ・ヤンソンの傑作『ムーミン』の世界を小さな島の上にまるごと再現したテーマパーク。豊かな自然に囲まれた園内には、実物大のムーミンハウスをはじめ、森の中の迷路、劇場などさまざまなアトラクションが目白押し。まるで物語の世界に迷い込んだかのような気分が味わえるムーミンワールドへは、たっぷり時間をとって訪れたい。

アクセス度 ★★
メルヘン度 ★★★
ホクオウ度 ★★★
ネイチャー度 ★★★
観光タイム 6時間

ⓐ ⓑ ムーミンハウス前にはムーミンをはじめキャラクターたちが集まる

ⓒ 建物内にはムーミン谷の住人たちの生活がかいま見える仕掛けがいっぱい　ⓓ 森の中で魔女に遭遇！　ⓔ スナフキンのキャンプではスナフキンが物語りを聞かせてくれる　ⓕ 郵便局でハガキを出すと、オリジナルの消印を押してもらえる

おみやげあれこれ

園内に点在するショップでは、さまざまなムーミングッズを販売。ここでしか手に入らないものもあるので要チェック！

● クシ&手鏡
€2.9（クシ）、€3.9（手鏡）
大人気のクシ&手鏡はセットで揃えたい。キャラクターによりカラーもさまざま

● チョコレート
€2.5
キャラクターの包装紙がかわいいチョコはばらまきみやげに◎

● キャラクター入りプレート
€19.9
イッタラ×ムーミンの陶器は喜ばれること間違いなしの定番みやげ。マグカップなどもある

● ピンバッジ
各€1.9
ほとんどのキャラクターが揃うピンバッジ。全種類揃えてみるのもアリかも！？

● くつ下
€3.9
足下にかわいいイラストのワンポイントはいかが？お日当てのキャラクターを探してみて

あの

キャラクターたちに出会えます♥

島では、ムーミン谷に住むたくさんのゆかいな仲間たちがお出迎え！さて、どのくらい見つけることができるでしょう？

ムーミン
物語の中心的キャラクター。いつも好奇心旺盛

ムーミンパパ
ムーミンの父。根っからの冒険好き

ヘムレンさん
ヘムル族。昆虫採集家だったり切手収集家だったり…

フローレン
ムーミンのガールフレンド。かわいいものが大好き！

ムーミンママ
ムーミンの母。いつもみんなを温かくもてなしてくれる

ホクオウ的テーマパーク
Scandinavian Theme Park

a コペンハーゲンのニューハウンもレゴで忠実に再現 b 絶叫マシンも各種揃う c 水を利用したアトラクションは、濡れてもいい覚悟で挑もう！

個性豊かな8つのエリア

園内はテーマごとに特色ある8つのエリアに分かれている。メインアトラクション・ミニランドのほかに、アメリカ西部開拓時代をテーマにしたレゴレド・タウンや、海賊をテーマに水を利用したアトラクションが多いパイレーツ・ランドなど。スリルを楽しみたい人には、宝探しを楽しむライド系アトラクションがあるアドベンチャー・ランドがおすすめ。

子供から大人まで夢中です！

02 レゴランド
Legoland ▶ P.124
in Denmark

アクセス度	★★
メルヘン度	★★
ホクオウ度	★★★
精巧度	★★★
観光タイム	5時間

世代を越えて愛されるデンマーク生まれのおもちゃ、レゴ。そのレゴを利用して作られたのがレゴランドだ。世界の有名な建物を約2000万個のレゴブロックで再現したジオラマパーク「ミニランド」を筆頭に、ここではアトラクションから看板などの園内施設にいたるまで何から何までがレゴ尽くし！遊び心たっぷりのレゴワールドを楽しもう。

▲まるで本物の列車が走っているよう

▶レゴキャラはいたるところに隠れています

◀さて、これはどこの部分でしょう!?

▶アトラクションの乗り物だってレゴ！

▲自由の女神だってここまで再現できちゃいます

おみやげあれこれ

レゴの世界を堪能したあとは、おみやげチェックも欠かせません。思わず笑みがこぼれてしまうキュートでユニークなおみやげがいっぱい！

● **レゴの消しゴム**
19.95DKK
使ってしまうのがもったいない消しゴムは3色で1セット

● **ソルト＆ペッパー**
39.95DKK
シンプルなのにレゴらしさをしっかり主張している調味料入れ

● **レゴ型ボックス**
69.95DKK
結構頑丈で深さもある小物入れはアイディア次第でいろいろな用途に使えそう

d いくつもの実在の町がレゴで再現されているミニランドで世界をひと巡り
e 特大サイズのレゴブロックで大作に挑戦！ **f** ミニランドの周りをぐるっと回るレゴトレイン。途中遭遇する動物たちももちろんレゴ製

close up!!

g おとぎの国にふさわしいアンデルセンがベンチでくつろいでいるところを発見！ 顔の特徴もみごとにレゴでとらえています

● **レゴバック**
199.95DKK
伝統のロゴは注目度抜群。容量たっぷりの合皮製ショルダーバッグは肩ヒモの長さ調節も可能

▼ 小さな人形のポーズひとつにもこだわる演出の細かさ

これもレゴ！あれもレゴ！
レゴだらけスナップ

園内を注意深く見回すと、こんなところまで…！と思うほど、たくさんのものがレゴでできている。

▲ ここにも発見〜♪

あこがれのあの人はここにいました 🇫🇮 in finland

03 サンタクロース村

Santa Claus Village ▶ P.512

ロヴァニエミから300km、ラップランドのコルヴァントゥントゥリ山に住むと言われるサンタクロース。サンタさんにひと目会いたいと願う世界中の子供たちの夢を叶えるべく、1985年ロヴァニエミにオープンしたのがサンタクロース村だ。一年中がクリスマスムード一色の村では、季節を問わず誰もがサンタクロースに出会えるのが魅力。

アクセス度	★
メルヘン度	★★★
ホクオウ度	★★★
ワクワク度	★★★
観光タイム	3時間

サンタさんと一緒に記念撮影をしよう！

はい、チ〜ズ！

▶撮った写真はその場でプリントしてもらえる

▲撮影した画像は、オリジナルのUSBメモリーに入れて持ち帰ることもできる（€49）

観光の目玉は、サンタクロースとの記念撮影ができるサンタクロース・オフィス。クリスマス時間を調節する時計が置かれた不思議な空間を通り過ぎれば、絵に描いたような部屋でサンタさんがお出迎え！

ⓐ森に囲まれたサンタクロース村。クリスマスシーズンはイルミネーションに彩られる ⓑせっかくの機会、サンタさんにお願いを伝えてみては？ ⓒサンタクロース村は北緯66度33分39秒、北極線上にある。足下に書かれた北極線の表示を探してみよう ⓓサンタさんからの手紙は子供たちに大人気

普通便　クリスマス便

サンタクロース・ポストオフィスへ行こう！

村の郵便局では、クリスマスシーズンに届くサンタさんからの手紙を申し込むことができる。また、書いた手紙を専用のポストに投函すれば、かわいい消印のついた手紙をクリスマス時期に届けてくれるサービスも。

▲オリジナルの消印を押してもらえる

サンタクロース村で買いたい！

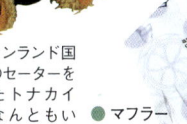

● トナカイの
ぬいぐるみ
€13.5

おみやげあれこれ
かわいらしいクリスマスグッズやサンタクロースにちなんだおみやげはいかが？どれも記念になるものばかり。

● DVD
€12.5
サンタさんのヒミツが分かるDVD。内容は見てのお楽しみ♪

フィンランド国旗のセーターを着たトナカイはなんともいえぬ癒し系

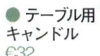

● マフラー
€12
北極圏のマークとトナカイの絵が描かれたマフラー

● テーブル用
キャンドル
€32
星形のキャンドル台に木製のサンタクロースや妖精トントゥが載っている

● 栓抜き
€18.5
フタを開ける部分がトナカイの口になっているユニークな栓抜き

13

a 自然豊かな園内はまさに都会の中のオアシス b コペンハーゲン市庁舎の脇でチボリを見守り続けているアンデルセン像 c 親子で楽しめるアトラクションが充実 d 夏の夜には花火も打ち上がる

コペンハーゲンっ子が集う

04 チボリ公園

Tivoli ▶ **P.74**

in Denmark

アクセス度 ★★★
メルヘン度 ★★
ホクオウ度 ★★
エキサイティング度 ★★★
観光タイム 4時間

コペンハーゲンの中心部に位置するチボリ公園は、
1843年の創設当初から地元っ子に愛され続けるコペンハーゲンの名物遊園地。
「階級の別なく誰もが楽しめる場所」という方針のもと、
園内にはほのぼの系から絶叫系まで、年代問わずに楽しめるアトラクションが盛りだくさん。
人々の笑顔と笑い声に満ちたおとぎの世界を楽しんで。

チボリ公園で買いたい！

おみやげあれこれ

チケットセンターの一角に設けられたおみやげコーナーでは、オリジナルグッズを通年販売中。

● ネクタイ
50DKK
衛兵のワンポイント刺繍をあしらったワンカラーのネクタイ

● ノート
20DKK
花柄のデザインがエレガントなロゴ入りノート。レターセットやメモ帳も

● CDアルバム
100DKK
再生すればおとぎの国の思い出がよみがえるマーチングバンドのCD

Dæmonen
ジェットコースター

スリル度★★★

◀園内随一の絶叫コースター。20mの高さから急カーブ、急旋回をしながら猛スピードで駆け抜ける

Det Gyldne Tårn
フリーフォール

スリル度★★★

▶地上63mの高さからコペンハーゲン市街の絶景をつかの間堪能した後、一気に垂直落下。無重力を体験できる

気になる
アトラクション
をチェック！

Karavanen
キャメルコースター

スリル度★★

ラクダ型のライドに乗り、木々や緑のすぐそばを滑走。ほどよくスピード感も味わえて、子供たちに大人気

Vertigo
横回転アトラクション

スリル度★★★

◀▼全体の回転に加え、飛行機型のライドもぐるぐると猛スピードで回転。パイロットのような気分が味わえる

Himmelskibet
空中ブランコ

スリル度★★★

▲地上80mの高さを最高時速70kmの速さで回転。スリルとともにコペンハーゲンの町並みが一望できる

Dragebådene
ドラゴンボート

スリル度★

◀園内の池をボートで散策！ 子供の姿が目立つ昼に比べて、夜はカップルが多く一気にロマンチックムードに

その人気、とどまるところを知りません

北欧デザイン案内

Scandinavian Design

北欧といえば、グッドデザイン。今やそんなイメージもすっかり定着してきたのでは？
一日のうち、太陽が昇る時間はごくわずか……長く厳しい冬を乗り切るために、
人々は生活を楽しむ知恵を身につけました。そうして生まれたのが北欧デザインです。
世界各国が注目するデザインセンス、ここではその魅力を紐解いていきましょう。

北欧デザインが愛

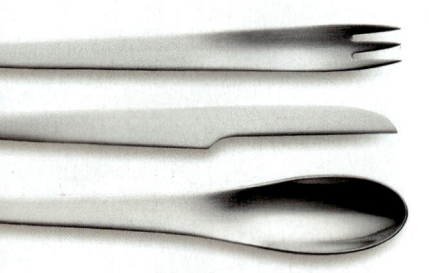

シンプルだから、飽きない

もともと普段使いを目的にしたものだからこそ、シンプルなデザインが多いことも北欧デザインの特徴のひとつです。一時の流行りに惑わされることなく、長く愛用できる。美しいものは、ごてごてした飾りがなくとも美しいのです。

**ジョージ・ジェンセン Georg Jensen ／
Arne Jacobsen**
アーネ・ヤコブセンによるデザインのステンレススチール製カトラリー。シンプルだが使い勝手のよさとあたたかみにあふれる

**ノーマン・コペンハーゲン
Normann Copenhagen ／
Cognac glas**
底がとがったユニークな形のコニャックグラス。テーブルに置くとゆっくり回転し注いだお酒がゆらゆらと揺れる

ホルメゴー Holmegaard ／ Minima
飲料水を注いだときの美しさまで考慮してデザインされたウオーターグラスとボトル。緩やかな曲線が美しいシンプルデザイン

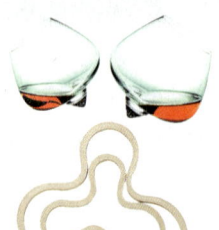

**マヤムー Majamoo ／
Pot Stand**
白樺の木で作られた鍋敷。優美な曲線はアルヴァ・アアルトの代表作、アアルトベースを形どったデザイン

イッタラ Iitala ／ Ego
安定感と使い心地がバツグンのカップは下まで届くユニークな取っ手が印象的。カップをはずせばソーサーが皿へと早変わり！

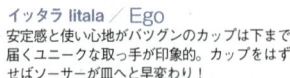

遊びゴコロも忘れない

シンプルななかにもキラリと光る個性を放つ北欧デザイン。デザイナーのちょっとした遊びゴコロから生まれるそのユニークな発想は、見た目であったり、使い勝手であったりとさまざまな形で現れています。

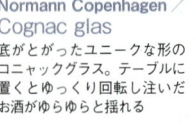

**イッタラ Iitala ／
Paratiisi**
鮮やかな果物や花の絵が食卓を彩る定番人気のプレート。1969年に発売されて以来のロングセラー

生活に溶け込む、あったかデザイン

人々の暮らしを彩るために生まれたデザインは、素朴だけどどこかホッとする、そんなあたたかみにあふれたものでした。その魅力、思わずトータルコーディネートしたくなってしまうほど。

気分が明るくなる
カラフルな色使い

想像を超えた大胆なカラーパターン。人々の目を奪うその斬新な色使いには、美しさを忘れることなく表現することを楽しむ、北欧ならではのセンスがギュッと詰まっています。

**アンド・トラディション
& tradition**／
Flowerpot VP1
巨匠ヴァーナー・パントンによるデザイン。レトロかわいいランプは黄色や紫色などカラーバリエーションいろいろ

される理由。

自然素材ならではの心地よさ

北欧の家具や雑貨には、自然素材が使われることが多い。素材の持ち味を活かした温もりあるデザインは、使い勝手のよさにくわえ、穏やかな安らぎと気品に満ちています。

ククサ Kuksa
白樺のコブでできたマグカップ。先住民族サーメがひとりにつきひとつは持つという伝統工芸品

マリメッコ Marimekko／
Unikko
ケシの花が大胆に描かれたウニッコ柄はマリメッコの代表作。斬新な色彩感覚に北欧らしさを感じる

アルテック Artek／
Armchair400
独特の曲げ木技法を用いたアームの曲線美にアアルトらしさを感じる。ファブリックの色柄や素材が選べる

アーキテクメイドArchitectmade／
バード Bird
クリスチャン・ヴェデルデザインのつぶらな瞳がかわいい木のオブジェ。頭と胴体の部分が切り離せるため、いろんな角度を向かせることができる

それは、
美しいから。

ステルトン Stelton／
Tea Pot、
Coffee maker
アーネ・ヤコブセン×ポール・スミスのコラボにより誕生。クールな印象のシリンダーラインに華やかさがプラス

進化するスタイリッシュ性

斬新なアイディアと機能的でいて美しくあることへのこだわり、そしてそれを形に変えていける確かな技術。この3つが、伝統や流行の枠を越え、時代に沿ったスタイリッシュな製品の誕生を可能にします。

ルイス・ポールセン Louis Poulsen／
PH50
ポール・ヘニングセンの名作PHシリーズランプ。柔らかく良質な光とスタイリッシュ性を兼ね備えた逸品

知っておきたい 北欧の王道ブランド

北欧を代表する８大ブランドを創業年代順にご紹介。

伝統を受け継ぎながらも、時代に合わせ進化を遂げてきた各ブランドの背景とは……？

知れば知るほどにその不動の人気に、納得。

陶磁器

Gustavsberg グスタフスベリ

ヴィルヘルム・コーゲやスティグ・リンドベリなど多くの才能豊かなデザイナーを起用。機能的な要素に加え、生活に溶け込みやすいシンプルさと遊び心がプラスされたデザインは一般家庭で長く愛用されている。

工場は ▶ P.336

1825

陶磁器

Royal Copenhagen ロイヤル・コペンハーゲン

デンマーク王室の使用と周辺諸国の王室への贈答を目的に、当時の皇太后ジュリアン・マリーの援助のもと誕生。素焼きの器に手書きで絵付けをしていく作業は、創業から２３６年たった今でも変わらない。

直営店は ▶ P.106

1775

1742

ガラス

Kosta Boda コスタ・ボダ

ヨーロッパに現存するガラスメーカーで最古の歴史を誇る。いまだ手吹きによる伝統製法にこだわり、職人たちの手によって生み出される製品は、王室で使用されるものから市民の食卓に並ぶものまでさまざま。

ガラス工房は ▶ P.377

テーブルウエア 🇫🇮
Iittala イッタラ

フィンランドを代表するテーブルウエアブランド。ガラス製品のイッタラ、陶磁器のアラビア、キッチン用品のハックマンという実力派の3社が2004年に統合。人間工学に基づいたシンプルなデザインが魅力。

工場は ▶ P.489

ガラス製品 🇸🇪
Orrefors オレフォス

スウェーデンを代表するクリスタルガラスのメーカー。洗練されたデザインと繊細な装飾を可能にする確かな技術が融合した、見た目にも美しい作品が多い。「ノーベル」シリーズのワイングラスはノーベル賞の晩餐会で使用される。

工場は ▶ P.379

- 1881
- 1898
- 1904
- 1944
- 1951
- 2011

銀細工 🇩🇰
Georg Jensen ジョージ・ジェンセン

「実用性と美の融合」をテーマに、デンマークが誇る巨匠たちの作品を世に送り出している。老舗ならではの気品と美しさをもち合わせた製品は、ジュエリーを中心に生活雑貨、カトラリーと多岐にわたる。

直営店は ▶ P.106

キッチン用品 🇩🇰
Bodum ボダム

今やヨーロッパを代表する家庭用品ブランド。早くからインダストリアルデザインの重要性に気づき数々の商品を世に輩出してきた。使う度に愛着がわいてくる愛らしいデザインと、使い勝手のよさに定評がある。

テキスタイル 🇫🇮
Marimekko マリメッコ

ブランド名は「小さなマリーのためのドレス」という意味。ウニッコ柄をはじめとする色彩感覚の豊かさと斬新なアイディアで、北欧テキスタイルの世界を常にリードしている。ファッションや小物などアイテムもいろいろ。

直営店は ▶ P.476

写真協力：marimekko（ルック・ブティック）☎(03)3794-9139、イルムスジャパン☎(03)5275-3555、ヤマギワリビナ本館☎(03)3253-5111、ボダムジャパン☎(03)5775-0681、ルイス・ポールセン☎(03)3586-5341、ジョージ ジェンセン 東京支店☎(03)6743-7722

コペンハーゲン発！

アンティークショップは
北欧デザインの宝庫です。

A 上部にカラフルなあしらいが施されたソルト＆ペッパー

1930年頃のポットにミルク、シュガー入れのセット。錫製

1936〜1969年に営業したLyng-by社の陶器製キャセロール

クイストゴーデザインのホーロー鍋。フタが鍋敷になる

シルバーのソルト入れ。底に花や草などが描かれている

D 老舗の銀メーカーハンス・ハンセン社製のスプーンとフォーク

A ABC Antik
エービーシー・アンティック
アンティーク通りで最も古い店のひとつ。有名無名問わず、グッドデザインのアイテムを扱う。
MAP P.57-C2
住Ravnsborggade 15
☎35-370158
URLwww.abcantik.dk
営月〜金 13:00 〜 17:30
土　　10:00 〜 16:00
休日　CCA D J M V

B Ryesgade 2
リエスギャーゼ2
道の名前がそのまま店名に。店内は雑然としており、また狭いので荷物は脇に置いて、商品にぶつからないよう注意して。
MAP P.57-C2
住Ryesgade 2
☎25-774467
営月〜金 11:00 〜 17:00
休土・日
CC不可

C Antik K
アンティック・ケー
ストロイエそば。モダンデザインのアイテムが中心で、オーナー独自のセレクトが光る。
MAP P.58-A3
住Knabrostræde 13
☎29-722028
URLwww.antikk.dk
営火・水 12:00 〜 17:00 ／木・金
12:00〜17:30／土 12:00 〜 15:00
休日・月　CCM V

せっかく現地を旅するなら、ぜひ足を運びたいのがアンティークショップ。
狭い店内に所狭しと並ぶ顔ぶれには、定番から一点ものまで多彩な北欧デザインが勢揃い。
現地ならではのアイテムも多く、お宝探し気分が味わえる。

クイストゴーのホーローピッチャーは激レア。取っ手が籐製

1930年代に販売したホルメゴーのガラス。グリーンがキレイ

ノルウェーのメーカー、キャサリンホルムのホーロー製品

ホルメゴーのPaletシリーズ。ガラスのボウルとビネガー入れ

アンティークショップの魅力は？

アンティークショップでは日本では入手困難なアイテムや、すでに生産を終えてしまったシリーズを見かけることもしばしば。お目当てのアイテムが定価より安値で売られていることもある。

品物が積み上げられた店内

お店はどの辺にあるの？

ラウンズボーギャーゼ通り〜リエスギャーゼ通り沿いは、いくつものアンティークショップがひしめき合う、通称『アンティーク通り』。また、メインストリート、ストロイエから一本裏道にそれたあたりにもこうした店が点在するので、町歩きの途中に立ち寄ってみて。

ノミの市もチェック！

市内では、夏期の週末になるとあちらこちらでノミの市を開催。ここでもまたアンティーク品と出合えるチャンスが！地元の人との交流を楽しみながら買い物を満喫しよう。
（▶P.110）

D H.Danielsen
H. ダニエルセン

創業100年以上という老舗店。ジョージ・ジェンセンやハンス・ハンセンHans Hansenなどのシルバーカトラリーを中心とした品揃えで、店の奥には無名ブランドのシルバーカトラリーが並べられ、比較的リーズナブルに購入できる。
MAP P.58-B3
DATAは ▶ P.108

E Danish Classic
ダニッシュ・クラシック

アンティークのなかでも、特に1950〜70年代のモダンアイテムが豊富に揃う。人気のイェンス・クイストゴーのアイテムを多く扱っていることでも知られており、陶器からホーローまでさまざまなアイテムが揃う。ファンならぜひ訪れたい店だ。
MAP P.59-C2
DATAは ▶ P.109

F Bau Antik
バウ・アンティック

アンティーク通りに入って最初に左手に現れる。1950年代のホルメゴーのガラスや無名のシルバー細工が充実している。シリーズごとに並んでいるのでわかりやすい。オーナーもとても親切なので、わからないことがあれば聞いてみて。
MAP P.57-C2
DATAは ▶ P.109

Irma

テーブルクロス
オリジナルのテーブルクロス2種。どちらもデンマークの昔ながらの柄を再現したデザインになっている。

グミ
北欧ではよく食べられるグミ。パッケージ違いで数種類あるが、黄色はラクリスの配合が多いので要注意！

赤キャベツのピクルス
デンマークでは肉料理のつけ合わせの定番、酢漬けした赤キャベツのビン詰め。独特の匂いがするので持ち帰るときは梱包を厳重に！

プチプライスがうれしい♪
スーパーマーケットで北欧食材みやげ

北欧の味を気軽に持ち帰るなら、現地のスーパーマーケットへ足を運ぼう。
地元の人も利用するスーパーには、
プチプラだけどセンスよしのアイテムがズラリ。
ちなみにここはデザイン大国。悩んだらジャケ買い！これ鉄則です。

タブレット
アルミ缶のミントは、食べ終わったあとも使えそう。青は普通のミント、黒はまず～いラクリス。

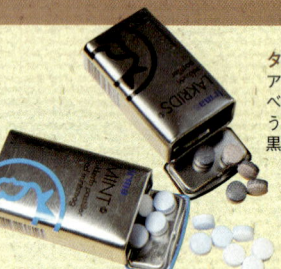

布バック
日本で爆発的なヒットとなったエコバッグ。新作は生成のキャンバス製。まとめ買いする日本人も多いとか。

クネッケブロード
板のようなパンのクネッケブロードに、雑穀をトッピング。身体にもやさしいパンは、小腹が空いたときにも最適。

紅茶の茶葉
おみやげに喜ばれそうな紅茶の茶葉。オーガニックで香りもよく、クオリティ高し。

ボディローション（左）ハンドクリーム（右）
最近人気を集めているオリジナルのコスメ。すべてオーガニックの自然素材を使っており、赤ちゃんに使ってもOK。

リーフボックス
イヤマの缶は、コレクターもいるほどの人気。クリームのシンプルなフォルムに、イヤマちゃんのワンポイントがキュート。

🇩🇰 デンマーク Denmark

ここで買えます！

デンマークの国民的アイドル、"イヤマガール"が目印

Irma イヤマ

ボブスタイルの女の子がトレードマークの、高級スーパーマーケット。国内に約80店舗を展開するが、コペンハーゲンのデパート、イルム地下にある店は利用しやすい。ちなみにイヤマとは、デンマークで人気の女の子の名前。

🇩🇰 デンマーク Denmark

紙パックジュース
かわいい女の子のイラスト入った紙パックのドリンク、マチルダMATILDE。ココア以外にもバニラやバナナ味など数種類。

ポークレバーのパテ
デンマークの特産である豚のレバーペーストの缶詰。クセが少なくマイルドな味。パンにつけて味わうのが王道の食べ方。

クリームチーズ
デンマークの有名チーズメーカーBUKO社の8Pチーズ。エビやキノコなど味はさまざま。小腹が減ったときにうれしいひと口サイズ。

🇳🇴 ノルウェー Norway

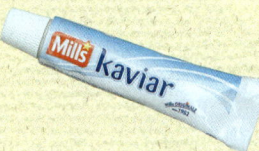

タラコペースト
ノルウェー人の朝食に欠かせないタラコペースト。パンにつけて食べるほか、スパゲッティの味付けなど調理にも活躍しそう。

キャビアの瓶詰め
実はノルウェーでは魚卵全般のことを「キャビア」という。イクラやダンゴウウオ、シシャモの卵などいろいろ。

ヤギのチーズ
牛乳とヤギ乳から作られるチーズ。舌触りなめらかで、キャラメルのような味わい。少しクセはあるが、ぜひトライしてみて。

🇸🇪 スウェーデン Sweden

ヨーグルトドリンク
パッケージがとってもキュートな小ぶりサイズのヨーグルトドリンク、「yoggi（ヨッギ）」。イチゴやマンゴーなど味はいろいろ。

チョコレート菓子
スウェーデンのチョコレートといえば「Daim（ダイム）」。チョコとキャラメルの2重構造になっていて、とっても甘い。

クネッケブロード
ダーラナ地方特産のライ麦の薄型乾パン。朝食に出されることが多い。パッケージに描かれたダーラヘストのワンポイントがかわいい。

🇫🇮 フィンランド Finland

サルミアッキ
薬草を塩化ナトリウムで味付けした真っ黒な飴。フィンランド人は大好きだが、「世界で最もまずい飴」として有名。

サーモンの缶詰
焼いたサーモンがそのまま入ったシンプルな缶詰。味付けはされておらず、サーモン本来の旨みが楽しめる。

スープの素
フィンランドでよく食べられるアンズダケ（カンタレッリKantarelli）の粉末スープ。キノコの風味がしっかりきいていて絶品！

23

出合いと感動の連続

北欧の大自然に
触れる旅

北欧には、我々の想像を越えた壮大なスケールの自然がある。
はるか2万年も前から圧倒的な存在感でそこにたたずむフィヨルド、
真夜中に見られる太陽、夜空を明るく照らす光のカーテン、オーロラ……
そのどれもがこの地方特有の自然風景だ。
大自然との出合い、それは旅に感動と潤いを与えてくれるに違いない。

ヨーロッパ本土で最長、最深を誇るソグネフィヨルド
Photo：AFLO

Fjord

これぞ北欧！な風景を堪能したい！

▶ フィヨルドの旅へ P.26

Lapland *in* Summer

「真夜中の太陽」が見てみたい！

▶ 夏のラップランドへ P.30

Lapland *in* Winter

夜空を覆う一面のオーロラが見たい！

▶ 冬のラップランドへ P.31

「神々の爪痕」。驚愕の絶景が続くフィヨルドの旅

何万年も繰り返された氷河期から、悠久の時をかけ形成されたフィヨルド。氷塊が削った断崖の谷壁に、周囲の山並みを映し込んできらきらと輝く海面の姿は、「神々の爪痕」と呼ばれるにふさわしい神秘的な美しさを称える。地球創造の記憶を今にとどめる大自然の産物は、ノルウェーの、いや地球の宝といえるだろう。この荒々しくも美しい景観を訪れる旅こそ、ノルウェー観光最大の醍醐味だ。

Fjord

❶世界遺産にも登録されているソグネフィヨルド
の支流、ネーロイフィヨルド ❷絶景のなかを走り
抜けるフロム鉄道はソグネフィヨルド観光のハイ
ライトのひとつ ❸高さ604mの断崖絶壁上からフ
ィヨルドを一望！リーセフィヨルドにて ❹ガイ
ランゲルフィヨルドの最奥に広がる小さな町、ガイ
ランゲル ❺のんびりとした風景にカラフルな家
屋と果樹園の緑が彩りを添える。ハダンゲルフィヨ
ルド ❻水面からそそり立つ急峻な崖が象徴的な
ガイランゲルフィヨルド

❶フィヨルド沿いにはおもちゃのような家が建ち並ぶ小さな町が点在する（写真はウンドレダールの町）❷立ち寄った町ではアクティビティにも挑戦してみよう。フロムにて ❸夏から秋にかけハダンゲルフィヨルドはフルーツの収穫期を迎える ❹ソグネフィヨルドを行くフェリー ❺デッキに出ればフィヨルドを間近に眺められる

本誌紹介の5大フィヨルド

⛰ ソグネフィヨルド Sognefjord

ヨーロッパ本土で最長・最深のフィヨルド。内陸に深く切り込み、奥に行くほどいくつもの支流に枝分かれしている。その支流のひとつ、ネーロイフィヨルドは、2005年に世界遺産に登録された。2000m級の山々が屹立する景観は圧巻。

⛰ ガイランゲルフィヨルド Geirangerfjord

断崖絶壁の崖と轟音をとどろかせながら流れる無数の滝の風景が特徴的。フィヨルドを行くフェリーはもちろん、バスで行く急勾配の絶景ルートなど観光の楽しみ方も多彩。ネーロイフィヨルドとともに2005年世界遺産に登録された。

⛰ ハダンゲルフィヨルド Hardangerfjord

ノルウェーで2番目に長いフィヨルド。ソグネやガイランゲルに比べると山稜は緩やかで、「女性的なフィヨルド」とも形容される。春になると周辺の果樹園がいっせいに花開き、フィヨルドと果樹園の美しい景観が楽しめる。

⛰ リーセフィヨルド Lysefjord

ノルウェーのフィヨルドのなかでも南部に位置する。観光のハイライトは、「教会の説教壇」の意をもつプレーケストーレン。海面からほぼ垂直に切り立った高さ約600mの岸壁の頂上からは、雄大なフィヨルドの姿が一望できる。

⛰ ノールフィヨルド Nordfjord

ソグネとガイランゲルの間にあり、ヨーロッパ最大級の面積を誇るヨステダール氷河を擁する。最大の見どころはヨステダール氷河の支流、ブリクスダール氷河。アクティビティもあり、間近で氷河観光が楽しめると人気だ。

Lapland
in Summer & Winter

ヨーロッパの最北端、ノールカップ

オーロラはまるで夜空を彩る光のアート

自然と文化が息づく場所
ラップランドの旅

北緯66度33分以北の北極圏、そこは先住民族サーメが暮らす地でもあり、
独自の文化と手つかずの自然が残るエリアだ。
夏と冬とで対照的な顔を見せるラップランドの大地を旅してみよう。

ノールカップ
サーリセルカ　　ホニングスヴォーグ
トロムソ
ロフォーテン諸島　　　　　ヒルケネス
　　　アルタ
　　　　　　サーリセルカ
ナルヴィーク　　　ラップランド地方
ボードー
　　　　キールナ　　ロヴァニエミ
　　　　　　　イエリバーレ
アビスコ

北極圏

NORWAY
FINLAND
SWEDEN
オスロ
ストックホルム　　ヘルシンキ

ラップランドとは？

スカンジナビア半島北部からロシアの
コラ半島にかけて、特に北極圏以北の
地域を指す。現在では、ノルウェー、
スウェーデン、フィンランド、ロシア
の4ヵ国にまたがっているが、現在のよ
うな国境線が引かれる前は、4000年近
く昔から先住民族サーメがトナカイの
群れを連れ、放牧を繰り返してきた。

29

ラップランドの大地
を花々が彩る

ラップランド×夏 *Summer*

ひんやりとした透明感のある空気が流れる夏のラップランド。
さわやかな陽光のもと、大地には花々が咲き乱れ、木々は青々
とした緑を揺らす。最果ての地の夏、そこは力強い生命力に
満ちている。7月の白夜の時期には、真夜中の太陽を見よう
と世界各国から観光客が訪れる。ハイキングや鉄道の旅で美
しい自然景観を楽しむこと、それが夏のラップランド王道の
過ごし方だ。

❶トレッキングがさかんなアビスコ国立公
園 ❷夏の白夜の時期には夜中の12時を
まわっても沈むことのない太陽が見られる
❸トナカイの姿を見かけることも多い

独自の文化をもつ
先住民族サーメの
生活をかいま見る

　ラップランドには、先住民族サーメの文化が浸透している。彼らは地域によって
デザインの異なるカラフルな衣装をもち、独自の文化を育んできた。サーメの首都
であるカラショークやフィンランドのイナリには、サーメの文化に触れることがで
きる施設があるほか、サーメのキャンプを訪れるツアーなどもある。

ユッカスヤルヴィのアイスホテル

Artists:Javier Opazo & Sandro Vogel
Photo:Ben Nilsson / Big Ben Productions
©ICE HOTEL

冬のラップランドは
オーロラ観測のベストロケーション

オーロラは通常、緯度65〜70度の範囲内で発生する。そのため、その範囲にすっぽりと入るラップランドは、オーロラの最適な観測地。点在する小さなオーロラリゾートに宿泊し、オーロラ鑑賞を楽しもう。満天の星空のなか、暗闇を照らす空一面の光のアートは訪れたものに心揺さぶる感動を与えてくれるだろう。

❹冬、サーメはトナカイを引き連れ内陸部に移動する ❺各オーロラ観測地では犬ぞりをはじめ冬のアクティビティが豊富。チャレンジしてみよう

ラップランド×冬

大地が雪と氷に覆われるラップランドの冬。凍てつく寒さのなか、太陽が顔を出すのはほんの一時のみ。その静寂と暗闇に包まれる冬空を照らし出すのが、神秘の光、オーロラだ。とはいえオーロラは自然現象、必ずしも見られるとは限らない。そのため、各地で催行されている犬ぞりやスノーモービルなどのアクティビティに参加し、オーロラの出る瞬間を待つ、冬ならではの楽しみだ。

Winter

わずかに昇る太陽に照らされた白銀の世界（レヴィ）

フッティルーテン
世界で最も美しい航路

深く入り組んだフィヨルドの断崖、静かな海に点在する島々。
ノルウェー西岸は、まさに絶景の連続です。
100年以上ノルウェーの大自然と共に旅してきたフッティルーテン
だからこそ、その魅力を余すところなく味わえます。

南極・スピッツベルゲン・グリーンランドへのクルーズも大人気!
体験したことのない極地への探検クルーズに、さあ出かけよう!

お問い合わせは
フッティルーテン・ジャパン

〒103-0023 東京都中央区日本橋本町 3-10-9 富久ビル 3F
TEL 03-3663-6802　TEL 03-3663-6800
URL: www.hurtigruten.jp/　ブログ: www.hurtigruten-jpblog.com/
Email: japan@hurtigruten.com

世界中の旅行者が憧れる
北欧2大クルージ

ノルウェー沿岸をのんびり進むフッティルーテンと、ストックホルム～ヘルシンキ間を結ぶ豪華客船、タリンク・シリヤラインは、北欧きっての2大人気クルーズ。陸路では味わえない北欧の魅力を教えてくれる、とっておきの船旅に出かけてみよう。

フィヨルドを眺めながらゆったりクルーズ
フッティルーテン（沿岸急行船）
Hurtigruten

　ノルウェー西海岸のベルゲンとヒルケネスを結ぶ沿岸急行船、フッティルーテンは34の港に寄港しながら12日間かけて往復する定期航路。一年を通して毎日運行している。「世界で最も美しい航路」と謳われるクルーズ最大の魅力は、山々がそそり立つフィヨルドや点在する無数の美しい島々の景観

だ。刻々と変化する沿岸風景は見飽きることがない。また、寄港地では町の散策も楽しい。春の光、夏の白夜、秋の黄葉、冬はオーロラと四季折々それぞれの表情を楽しむことができる。犬ぞりやノールカップ観光などエクスカーションプログラムも豊富に揃うので、ぜひトライしてみては。

ング

フィヨルドの間を縫うようにして進むフッティルーテン
（ロフォーテン諸島）

❶オーロラを眺めながらのクルージングは冬ならではの楽しみ
❷白銀の世界を駆け抜ける爽快感がたまらない❸ヨーロッパ
最北端の岬、ノールカップを訪れるエクスカーションもある❹
デッキからはノルウェー西岸の絶景を間近に楽しむことができ
る❺広々としていて快適なミニスイートのキャビン

タイムスケジュール

北回り （4/15～9/14）	北回り （9/15～4/14）	南回り
1日目 ベルゲン 20:00発	**1日目** ベルゲン 22:30発	**1日目** ヒルケネス 12:45発
2日目 オーレスン 8:45着 9:30発 ガイランゲル 13:30発 オーレスン 18:45発	**2日目** オーレスン 12:00着 15:00発	**2日目** ホニングスヴォーグ 6:15発 トロムソ 23:45着
3日目 トロンハイム 8:15着 12:00発	**3日目** トロンハイム 6:00着 12:00発	**3日目** トロムソ 1:30発 スヴォルヴァー 18:30着 20:00発
4日目 ボードー 12:30着 15:00発 スヴォルヴァー 21:00着 22:00発	**4日目** ボードー 12:30着 15:00発 スヴォルヴァー 21:00着 22:00発	**4日目** ボードー 2:00着 4:00発
5日目 トロムソ 14:30着 18:30発	**5日目** トロムソ 14:30着 18:30発	**5日目** トロンハイム 6:30着 10:00発 オーレスン 24:00着
6日目 ホニングスヴォーグ 11:45着 15:15発	**6日目** ホニングスヴォーグ 11:45着 15:15発	**6日目** オーレスン 24:45着 ベルゲン 14:30着
7日目 ヒルケネス 9:45着	**7日目** ヒルケネス 9:45着	

※時刻は変更になる場合あり

DATA フッティルーテン（沿岸急行船）
URL www.hurtigruten.com
☎81-003030（ノルウェーでの予約）

写真（❸以外）は©Hurtigruten

群島のすぐそばを通り抜けるシリヤシンフォニー号

北欧随一のラグジュアリーシップ
タリンク・シリヤライン
Tallink Silja Line

シリヤ・セレナーデとシリヤ・シンフォニーのふたつが、ストックホルムとヘルシンキ間を結んで運航。船内には、カフェやバーが並ぶ142mの大型プロムナードがあるほか、ジャクージやサウナ、ナイトクラブ、カジノといった施設も完備。まるでバルト海に浮かぶリゾートホテルにいるような気分で、豪華クルーズが楽しめる。ほかに、ストックホルムとトゥルクを結ぶ航路（→P.490）もある。

タイムスケジュール

ストックホルム

17:00発	↕	翌9:30着
翌9:55着		17:00発

ヘルシンキ

DATA
タリンク・シリヤライン
URL www.tallinksilja.com
ヘルシンキ ☎0600-174552
ストックホルム ☎(08)22-2140(カスタマーサービス)
❶優雅な雰囲気が漂うコモドアクラスの客室
❷レストランでは旬の味覚が味わえる❸船内とは思えない開放的なプロムナード

ふたつのクルーズを日本語で予約！

ネットトラベルサービスでは、これらふたつのクルーズの予約が日本語で可能。現地での予約も可能だが、夏は込み合うので日本での事前予約がおすすめ。

ネットトラベルサービス
☎(03)3663-6804 FAX(03)3663-6800
URL www.nettravel-jp.com Email nettravel-jp@tumlare.com

より深く、世界のすみずみまで
自分だけのオリジナル旅行を
お探しのあなたへ

旅まにあ	検索

地球の歩き方推薦
旅のセレクトショップ

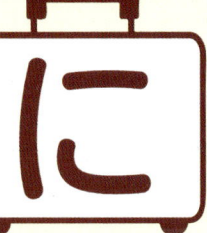

「テーマ」×「エリア」
のクロス検索で
ご希望の旅行が
見つかります。

■web相談
「お気軽web相談」で、
全参画旅行会社に、
「個別メール問い合わせ」
で個別に問い合わせ可能。

■テーマで探す
世界遺産、クルーズ、
自然・国立公園、
ビーチレジャーなど‥
テーマから旅行を探します。

■エリアで探す
ヨーロッパ、アフリカ、
北極・南極など‥
行きたいエリアから
旅行を探します。

www.tour.arukikata.co.jp

「北」の味覚が満載！
北欧グルメガイド

豊かな自然に恵まれた北欧では、近海産の海の幸を利用した魚介料理が豊富。
肉料理では、トナカイやクジラ肉といった
日本ではあまりなじみのない素材も食べられている。
定番料理から各国特有の伝統料理まで、北欧の味を食べ尽くそう。

デンマークごはん *Danish*

平らな国土をもつデンマークは、総面積の70%を牧場と農地が占める酪農大国。特産は新鮮なミルクやチーズなどの乳製品と豚肉といった畜産物だ。名物料理、スモーブローはさまざまな種類がある。

◀デニッシュペストリー *Danish pastry*

生地にたっぷりのバターを織り込んで焼き上げたデンマークの菓子パン。サクサクとした軽い食感が特徴。朝食としても食べられる。デンマーク語では、ヴィナーブロード Wienerbrød（ウィーンのパン）と呼ばれる。

ノルウェーごはん *Norwegian*

肉料理といえばトナカイ、魚料理ならサーモンやタラが定番。また、フィヨルド地方に代表されるノルウェー特有の急峻な地形でも飼いやすいという理由から、ヤギやヒツジなどを使った料理もある。

◀バカラオ *Bacalao*

世界でも最高級品として知られるベルゲンやオーレスンの名産、干ダラを野菜と一緒にトマトで煮込んだスープ仕立ての一品。トマトの酸味と干ダラの旨みがまろやかな味わいを作りだしている。

スウェーデンごはん *Swedish*

バルト海で獲れる新鮮な魚介類はもちろん、スコーネ地方などに農地をもつスウェーデンは食材の種類が豊富。北部のほうではトナカイなどの肉料理も楽しめる。ジャガイモを使った料理も多い。

◀スモーゴスボード *Smörgåsbord*

日本で言われるバイキング料理のこと。スウェーデンの伝統的な食事スタイルで、冷菜からメインとなる肉や魚料理、デザートなどさまざまな種類を食卓に並べ、自由に取り分けて食べる。

フィンランドごはん *Finnish*

バルト海産の魚介にトナカイ肉、森で採れるベリーやキノコなど自然の恵みを活かした料理が多い。特にベリーは、デザートから肉料理のソースまでいたるところに使われる。

◀コルヴァプースティ（シナモンロール）*Korvapuusti*

フィンランドの国民食とも言える菓子パンのひとつ、シナモンロール。朝食に、おやつに好んで食べられる。くるくると巻いたうずまき状の形から「パンチされた耳」と例えられたのが名前の由来。

牛タンのボイル
牛タンはローストするよりも、ボイルやスモークして食べることが多い。肉の臭みを和らげるため、野菜が一緒に盛られる。

タルタルビーフ
牛の生肉にスパイスなどを混ぜて作るタルタルビーフ。卵の黄身を混ぜて食べるのも◎。付け合わせはケッパーやピクルスなど。

デンマークの伝統料理、
スモーブローを
smørrebrød
味わう。

ライ麦パンなどに、肉や魚介などさまざまな具材を盛り合わせるスモーブローは、デンマーク風のオープンサンドイッチ。前日の残りをパンにのせお弁当にしたことからはじまった、デンマークの伝統料理だ。

サーモン＆ロブスター キャビア添え
サーモンはスモークが主だが、こちらは生のまま。ロブスターや小エビ、キャビアといった豪華な魚介もよく食べられる。

ウナギのスモーク
デンマークのウナギは海で採れるため、臭みが少ないのでスモークして食べるのが普通。脂がのっていて、味も濃厚。

🍴✕ 前菜

ニシンの酢漬け 🇩🇰🇳🇴🇸🇪🇫🇮
北欧諸国で最もポピュラーな前菜といえばこれ。バルト海のニシンを酢やスパイスに漬け込んだもの。マスタードやトマトなど種類豊富。

スモークサーモン 🇩🇰🇳🇴🇸🇪🇫🇮
ノルウェーといえばサーモン。煮込み料理にはもちろん、スモークサーモンはオープンサンドイッチなどでも気軽に楽しめる。

エビ 🇩🇰🇳🇴🇸🇪
新鮮なエビは塩茹でしてレモンを絞って食べるのが一般的。各国の魚市場はもちろん、町中のレストランでも気軽に味わえる。

🍴✕ スープ

豆のスープ 🇫🇮
フィンランドでは「木曜日に豆スープを食べる」という習慣がある。エンドウ豆を漬して煮込んだスープは食べるときにマスタードをプラス。

サーモンのスープ 🇩🇰🇳🇴🇸🇪🇫🇮
各国で食べられるフィッシュスープのひとつ。サーモンと大きなジャガイモがたっぷり入ったクリーム仕立てのスープでハーブが効いている。

キノコのスープ 🇫🇮
キノコ大国フィンランドではキノコのスープも多い。国内に自生する毒キノコ、シャグマアミガサタケを使ったクリームスープもある。

🍴✕ 魚介料理

ニシンのフライ 🇫🇮
バルト海の新鮮なニシンは各国でよく食べられる。外はカリッと中はほくほくの身がたまらない一品。付け合わせの定番はジャガイモ。

ヒラメのフライ 🇩🇰🇳🇴🇸🇪🇫🇮
北欧全土にわたり、家庭料理の定番。表面はサクッ、中はジューシーな身の味がするヒラメのフライは、レモンをサッと搾って召し上がれ。

タラの舌のフライ 🇳🇴
タラの舌を油でカリッと揚げたもの。トシュケ・トンゲTorsketungerとよばれ、北ノルウェーでよく食べられる。もちもちした食感を楽しもう。

各国 アルコールのお話

寒い土地だけにスピリッツ系のお酒などアルコールの種類は豊富。ただし、デンマーク以外の3国はアルコール販売に対する決まりが厳しいため、購入場所など事前にチェックしておこう。

🇩🇰 デンマーク *Denmark*
人口550万人の小国だが、1日1000万本ものビールを消費するビール大国。ジャガイモの蒸留酒、スナップスSnapsも定番。4ヵ国の中では最も手頃にアルコールが楽しめる。

◀スナップス（左）はレモン搾りビールと交互に飲む

🇳🇴 ノルウェー *Norway*
ビールとスナップスがよく飲まれている。世界最北のビール工場マック・ウル（▶P.273）や、赤道を越えて造られるスナップスなど個性的なものが多い。値段は北欧4ヵ国のなかで最も高い。

▲個性豊かなマック・ウルのビール

40

¶|× 肉料理

フリッカデーラ 🇩🇰
デンマーク風ハンバーグ、フリッカデーラ Frikadeller。豚や白身魚などをすりつぶし、塩、コショウで味付けしてバターで焼く。

フレスケスタイ 🇩🇰
デンマークのクリスマス料理、フレスケスタイ Flæskesteg。豚もも肉に塩と胡椒をすり込んで焼き上げる。カリカリの皮が香ばしい。

羊肉とキャベツの煮込み 🇳🇴
羊肉とキャベツをコンソメスープで煮込んだフォーリコール Fárikál は、ノルウェー料理の定番。あっさりした味わいは日本人の味覚にも合う。

トナカイ肉のロースト 🇳🇴🇸🇪🇫🇮
主にラップランド地方で食されるトナカイ肉は、ほどよく歯ごたえがありクセが少ない。ローストのほか、ステーキや煮込み料理に使われることも多い。

ミートボール 🇳🇴🇸🇪🇫🇮
北欧全土で食べられる伝統的な家庭料理といえばこれ。各国によって味つけは少しずつ異なる。ベリーソースをつけても◎。付け合わせはマッシュポテトなどジャガイモが定番。

クジラのカルパッチョ 🇳🇴
捕鯨国であるノルウェーならではの名物料理。身がひきしまったクジラ肉のスモークは、刺身をはじめステーキなどメインと料理しても食される。

¶|× その他の料理

ピュッティパンナ 🇸🇪🇫🇮
ピュッティパンナ Pyttipanna はスウェーデンの家庭料理。ジャガイモや肉などを賽の目に切り、目玉焼きか生の卵黄をのせて完成。

ヤンソン氏の誘惑 🇸🇪
ジャガイモとアンチョビを交互に重ねて焼いたグラタン料理 Janssons Frestelse。キリスト教徒のヤンソン氏も口にしたというのが由来。

カレリアパイ 🇫🇮
ライ麦で作られた生地にミルクで炊いた米を詰めてオーブンで焼いたカレリアパイ Karjalanpiirakka。おもに卵やバターをのせる。

🇸🇪 スウェーデン *Sweden*

ビールやスナップスのほか、ウォッカもよく飲まれている。販売場所は限られているが、アルコール度数3.5%以下のものならスーパーやコンビニでも買える。値段はノルウェーより若干安い程度。

▲ウォッカのアブソルード（左）は日本でもよく見かける

🇫🇮 フィンランド *Finland*

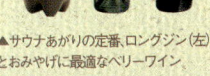

ビールやウォッカ、ウォッカベースのロングジンが人気。ロシアの影響をこんなところにも感じられる。豊富に採れるベリーを使ったワインもおすすめ。デンマークに次いで手頃な値段で入手できる。

▲サウナあがりの定番、ロングジン（左）とおみやげに最適なベリーワイン

海外旅行の最新で最大級の情報源はここに！ 　地球の歩き方 　検索

地球の歩き方 ホームページの使い方

海外旅行の最新情報満載の「地球の歩き方ホームページ」！
ガイドブックの更新情報はもちろん、132カ国の基本情報、
エアラインプロフィール、海外旅行の手続きと準備、格安
航空券、海外ホテルの予約、「地球の歩き方」が厳選した
スーツケースや旅行用品もご紹介。クチコミ情報や旅日記、
掲示板、現地特派員ブログもあります。

URL **http://www.arukikata.co.jp/**

■ 多彩なサービスであなたの海外旅行、海外留学をサポートします！

「地球の歩き方」の電子掲示板（BBS）

「地球の歩き方」の源流ともいえる旅行者投稿。世界中を
歩き回った数万人の旅行者があなたの質問を待っていま
す。目からウロコの新発見も多く、やりとりを読んでいる
だけでも楽しい旅行情報の宝庫です。

URL **http://bbs.arukikata.co.jp/**

旅行記、クチコミなどがアップできる「旅スケ」

WEB上で観光スポットやホテル、ショップなどの情報を
確認しながら旅スケジュールが作成できるサービス。
旅行後は、写真に文章を添えた旅行記、観光スポットや
レストランなどのクチコミ情報の投稿もできます。

URL **http://tabisuke.arukikata.co.jp/**

航空券の手配がオンラインで可能

航空券のオンライン予約なら「アルキカタ・ドット・コム」。
成田・羽田他、全国各地ポート発着の航空券が手配できます。
航空券新規電話受付時に「地球の歩き方ガイドブックを見
た」とお伝えいただくと、もれなくお一人様1,000円 off。

URL **http://www.arukikata.com/**

海外ホテルのオンライン予約「ホテルサーチ」

HOTEL SEARCH

リーズナブルな宿泊施設から高級アパートメントまで
全世界約40,000軒以上のホテルプランを掲載。ホテル
の価格も随時見直し、おトクな料金設定です。

URL **http://hotel.arukikata.co.jp/**

ヨーロッパ個人旅行の様々な手配が可能

 地球の歩き方 旅プラザ

「旅プラザ」ではヨーロッパ個人旅行のあらゆる手配が
できます。ユーレイルパス・寝台車など鉄道旅行の即日
発券が可能なほか、航空券、ホテル、現地発ツアー、保険、
etc. 様々な複合手配が可能です。

URL **http://tabiplaza.arukikata.com/**

旅行用品の専門通販ショップ

地球の歩き方ストア
STORE

「地球の歩き方ストア」は「地球の歩き方」直営の旅行用
品専門店。厳選した旅行用品全般を各種取り揃えています。
「地球の歩き方」読者からの意見や感想を取り入れたオリ
ジナル商品は大人気です。

URL **http://www.arukikata.co.jp/shop/**

留学・ワーキングホリデーの手続きはおまかせ

 成功する留学
GO CLUB Study Abroad

「成功する留学」は「地球の歩き方」の留学部門として、
20年以上エージェント活動を続けています。世界9カ国、
全15都市に現地相談デスクを設置し、留学生やワーホリ
渡航者の生活をバックアップしています。

URL **http://www.studyabroad.co.jp/**

Denmark
デンマーク

アメリエンボー宮殿（コペンハーゲン）

イントロダ
Introduction

アンデルセンやレゴランド おとぎの国へようこそ！

　北欧諸国の中で最も南に位置し、ヨーロッパ大陸と陸続きのユトランド半島と500以上の島々からなる。最高所でも147mしかないなだらかな国土には森の緑と草花、紺碧に輝く湖沼が多く、美しい景観を楽しめる。また、童話作家アンデルセンをはじめ、哲学者キルケゴール、彫刻家トーヴァルセンなどの芸術家を生み、工芸・建築の優れたデザイナーの宝庫として北欧文化の隆盛を担う。酪農も盛んなので、チーズなどの乳製品をぜひ味わいたい。

クション

❶世界初の歩行者天国であるストロイエは、コペンハーゲン随一のショッピング街　❷アンデルセンが生まれ育ったオーデンセ　❸大人も子供も楽しめるレゴランド　❹コペンハーゲン郊外には王家ゆかりの古城が点在（世界遺産・クロンボー城）　❺カラフルな建物が並ぶコペンハーゲンのニューハウン　❻ヤコブセンがデザインしたオーフスの市庁舎　❼コペンハーゲンのチボリ公園とアンデルセンの像　❽レゴみたいな建物が並ぶスクーエンの町　❾北欧デザインに触れる旅もいい（デザイン博物館デンマーク）

45

デンマーク

スケーエン Skagen P.147
フレデリクスハウン Frederikshavn P.145
オールボー Aalborg P.139
ヴィボー Viborg P.131
ラナス Randers P.132
シルケボー P.131
オーフス Århus P.126
エーベルトフト Ebeltoft P.137
ビルン (レゴランド) Billund (Legoland) P.124
エスビヤー Esbjerg
リーベ Ribe P.134
カール・ニールセン子供時代の家 Carl Nielsens Barndomshjem P.121
イーエスコウ城 Egeskov Slot P.121
オーデンセ Odense P.117
ロスキレ Roskilde P.115
ヘルシンオア Helsingør P.113
コペンハーゲン Copenhagen P.55
ボーンホルム島 Bornholm P.150

ノルウェー NORWAY

スウェーデン

ボーンホルム島 Bornholm
ロンネ Rønne

スウェーデン SWEDEN

スケーラック海峡 Skagerrak
ヒルハルス Hirtshals
イェリング Hjørring
ブレナスレウ Brønderslev
ハンスホルム Hanstholm
Fjerritslev
Thisted
リムフョルド Limfjorden
ニーベ Nibe
ストウリング Støvring
ハスン Hadsund
Nykøbing
Lemvig
Struer
Skive
Hobro
ヴィボー Viborg
ホルステブロー Holstebro
ランゴオ Langå
グレーノ Grenaa
ウルフボア Ulfborg
Herning
シルケボー Silkeborg
リンケビング Ringkøbing
スキャーン Skjern
Horsens
Give
Vejle
ヴァーゼ Vgrde
フアーネ島 Fanø
グラン Gram
Haderslev
ネア・リンネルセ Nørre-Lyndelse
フュン島 Fyn
ニューボー Nyborg
クヴェンドロプ Kvœrndrup
スヴェンボー Svendborg
フォーボー Faaborg
レメ島 Rømø
テナア Tønder
アベンロ Abenrå
Niebüll
Flensburg
ソンダーボー Sønderborg
ランゲラン島 Langeland
Husum
Schleswig
Eckernförde
Heide
Rendsburg
キール Keil
Neumünster

ドイツ GERMANY

デンマーク DENMARK
ユラン (ユトランド) 半島 Jylland (Jutland)
カテガット海峡 Kattegat
Särö
Varberg
Helsingborg
ヘルシンボリ Helsingborg
Nykøbing
ヘルシンオア Helsingør
Kalundborg
ロスキレ Roskilde
コペンハーゲン Copenhagen
Køge
Slagelse
Korsør
シェラン島 Sjælland
スケルスクーア Skælskør
Næstved
オーレスン大橋 Øresundsbron
Vordingborg
Nakskov
Nykøbing
ロドビューハウン Rødbyhavn
ローラン島 Lolland
Fehmarn
ロストク Rostock

50km

ジェネラル インフォメーション

デンマーク　Denmark

国旗
赤地に白十字「ダーネブロウ」

正式国名
デンマーク王国　Kongeriget Danmark
(英語名Kingdom of Denmark)

国歌
「麗しき国 (Der er et yndigt land)」
「王クリスチャンはそびえ立つマストの傍らに立った (Kong Christian)」

面積
4万2394km² (本土)、
フェロー諸島1399km²、
グリーンランド約220万km²

人口
約556万人 (2011年1月時点)

首都
コペンハーゲン
København (英語名Copenhagen)

元首
マーグレーテ2世女王
Margrethe II (1972年1月即位)

政体
立憲君主制

民族構成
　デンマーク人。ユトランド半島のドイツ側国境内には大きなデンマーク人コミュニティがあり、デンマーク語がよく通じる。

宗教
　国民の約88%がプロテスタント(福音ルーテル派)。そのほかローマ・カトリックなど。

言語
デンマーク語。多くの国民が英語を話す。

通貨と為替レート
　通貨は、クローネ Krone (単数)。または、クローナー Kroner (複数) 略号はDKK。また、補助通貨としてオーレ Øre がある。
1DKK＝100Øre。紙幣は 50、100、200、500、1000 DKKの5種類、コインは50Øre、1、2、5、10、20 DKKの6種類(1、2、5DKK硬貨は穴あき)。2009～11年にかけて新しいデザインの紙幣が発行されている。
　2011年5月現在　1DKK＝16.11円

■旅の予算と両替 (→P.558)

コインは左から50Øre～20 DKK

チップ
　料金にサービス料が含まれている場合がほとんどのため、チップの習慣はない。ホテルやタクシーで大きな荷物を持ってもらうなど、特別な用事を頼んだときにでも、お礼として渡す程度。レストランでは、料金にサービス料が含まれていないときのみ、7～10%程度のチップを渡す。

祝祭日

	2011年	2012年
新年	1月1日	1月1日
洗足木曜日 *	4月21日	4月5日
聖金曜日 *	4月22日	4月6日
イースター *	4月24日	4月8日
イースターマンデー *	4月25日	4月9日
祈祷日 *	5月20日	5月4日
昇天祭 *	6月2日	5月17日
聖霊降臨祭 *	6月12日	5月27日
ウイットマンデー *	6月13日	5月28日
憲法記念日	6月5日	6月5日
クリスマスイブ	12月24日	12月24日
クリスマス	12月25日	12月25日
ボクシングデー	12月26日	12月26日
大晦日	12月31日	12月31日

＊印は移動祝祭日

ビジネスアワー
銀行
🕐月〜水・金 9:30〜16:00
　木　　　　9:30〜17:30
🚫土・日

デパート、一般のショップ
🕐月〜木 10:00〜18:00
　金　　　10:00〜19:00
　土　　　10:00〜17:00
🚫日
　日曜はほとんどの店が定休となり、ショッピングは楽しめない。ただし例外として、コペンハーゲン中央駅やストロイエのなかには、日曜の午後も営業している店も多い。

電圧とプラグ
　220V、50Hz。日本から電気製品を持っていくには変圧器が必要となる。プラグは丸2ピンのB、Cタイプ。

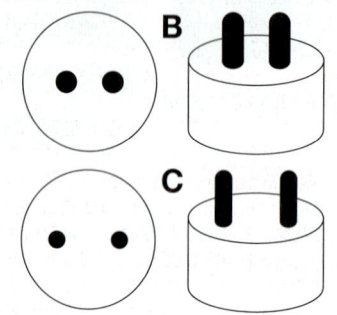

ビデオ・DVD方式
　日本のNTSC方式ではなく、PAL方式。現地で購入したビデオソフトは一般的な日本の国内用ビデオデッキでは再生できない。DVDの場合はリージョンコードが同じなので、PAL方式をNTSC方式に変換出力できるプレーヤーなら見ることができる。

日本からのフライト時間
　スカンジナビア航空Scandinavian Airlines（SK）が成田国際空港からコペンハーゲンへの直行便を運航、所要時間は約11時間25分。
■北欧への行き方（→P.536）

時差とサマータイム
　中央ヨーロッパ時間（CET）を採用しており、時差は8時間。日本時間から数えると、マイナス8時間となる。サマータイムは、3月最終日曜から10月の最終日曜まで。この時期は、

1時間早い時間となり時差は7時間になるので、飛行機や列車などの乗り遅れに注意しよう。また、グリーンランド南西部都市と日本との時差は12時間となる。

気候と風土
　北欧諸国の中で最も南に位置し、ドイツと陸続きであるユトランド半島と、コペンハーゲンのあるシェラン島、オーデンセのあるフュン島というふたつの島を中心に、大小500近い島々からなる。自治領のグリーンランドとフェロー諸島を除けば4ヵ国の中で最も小さい。国土は最高地点でも海抜わずか173mしかなく、パンケーキのようになだらかと表現される。美しい海岸や複雑な海岸線を成すフィヨルド、丘陵や森などの景色は変化に富んでいる。
　ほかの北欧諸国と同じく、沿岸を流れるメキシコ湾流のおかげで、緯度のわりには穏やかな気候。四季も比較的はっきりと分かれている。
■旅のシーズンと気候（→P.532）
■旅の持ち物（→P.560）

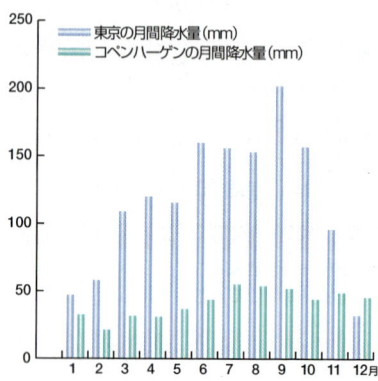

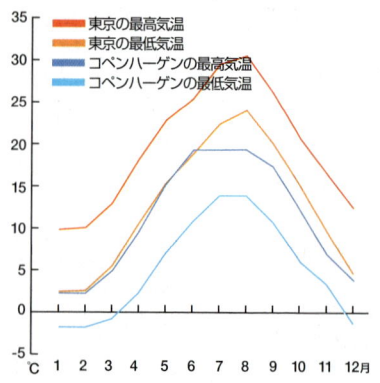

郵便

国際郵便のシステムは以下に分類されている。

A Prioritaire：優先便

ポスト投函可能。ハガキや50gまでの封書を日本へ送る場合は13DKK。投函の際、見えるところに「A Prioritaire」と記載すること。EU圏内で2～4日かかるので、日本へはプラス数日みておくといい。

B Economique：エコノミー便

ポスト投函不可。郵便局で「B Economique」の緑のシールを貼ってから出すこと。ハガキや23cm×17cm、50gまでの封書を日本へ送る場合は11DKK。EU圏内で4～8日かかるので、日本へはプラス数日みておくといい。

小包を日本まで送る場合、航空便とエコノミー便の2種類がある。10kgの荷物を日本に送る場合、航空便で1030DKK、エコノミー便が660DKK。なお、パッケージ代は別にかかるので注意しよう。航空便は青のラベル、エコノミー便は緑のラベルを使用する。日本到着までは、航空便が1週間、エコノミー便で2週間くらいが目安だ。

デンマークの郵便局はすべてセルフサービス。郵便小包の場合、自分でパッケージングしてラベルを書いてから、番号札をとって順番を待つ。

国内、国際ともにポストは共通

一般的な郵便局の営業時間

月～金　9:00/10:00～17:00/18:00
土　　　9:00～12:00（休みの場合もある）
日

税金

ほとんどの商品に25%の付加価値税（VAT）が課せられているが、EU加盟国以外の国に居住している旅行者が、「TAX FREE」と表示のある店で1日1店舗につき300DKK以上の買い物をした場合、商品にかけられている付加価値税の最大19%が払い戻しになる。

買い物の際

「TAX FREE」の表示のある店で300DKK以上の買い物をしたら、旅行者である旨を申し出て、免税書類（リファンドチェック）を作成してもらう。作成の際、原則として身分の確認とパスポート番号が必要となるので、パスポートを携帯しておくとよい。また、免税扱いで購入した商品は、デンマークまたはEU最終国出国まで開封してはいけない。

出国の際

デンマークから直接日本へ帰国する場合や、EU加盟国以外の国へ出国する場合は、デンマーク出国時に払い戻しを受けるための手続きを行う。手続きは以下のとおり。

①北欧4ヵ国で購入した商品の場合、コペンハーゲンのカストロップ国際空港のターミナル2と3の間に、グローバルブルー・カウンターがある。そこで免税書類を提出し、代行スタンプを押してもらう。免税書類には、商品購入時のレシートを添付しておくこと。購入した商品の包みを見せるように言われることもあるので、手続きは荷物をチェックインする前に行うこと。スタンプの受領期限は、商品購入月の末日より3ヵ月以内。また、北欧4ヵ国以外で購入した商品については、正規の税関スタンプを受領し日本で手続きを行うか、代行スタンプ受領後に空港内で手続きを行う。

②スタンプをもらったら出国手続きを行う。日本へ帰国後、成田国際空港と関西国際空港にあるグローバルブルー・カウンターで払い戻しを日本円で受け取ることができる。ただし、日本で手続きが行えるのは、グローバルブルーの「TAX FREE」の加盟店のみ。

カストロップ国際空港で払い戻しを受ける場合、スタンプをもらった後、出国審査の手前にあるグローバルブルー・カウンター（税金払い戻しカウンター）、もしくは銀行の窓口に免税書類を提出する。クレジットカードへの手続きや銀行小切手で自宅に郵送もできる。その際、住所・氏名はローマ字で正確に記入すること。免税書類の申請期限は商品購入日より1年以内。

注意！

デンマーク出国後、ほかのEU加盟国を旅行してから帰国する場合、最終的にEU加盟国を出国する際に手続きして税金の還付を受けることになるので、デンマークでの手続きは不要。数ヵ国分の免税書類もまとめて手続きしてくれる。

グローバルブルー・カウンター

成田国際空港
第1ターミナル（中央1階）　毎日7:00～21:00
第2ターミナル（本館1階）　毎日7:00～21:00

関西国際空港
空港駅ビル3階
毎日8:30～18:30（元旦を除く）

グローバルブルー（旧グローバル・リファンド）
＋800-32-111-111-810
（日本語直通国際フリーダイヤル）
www.global-blue.com

グローバルブルー加盟店のマーク

入出国

シェンゲン条約加盟国内で、滞在日数が6ヵ月間90日以内の場合は、ビザは不要。

入国時に必要なパスポートの有効残存期間は3ヵ月以上。出入国カードや税関申告書はない。

■ 旅の準備　ビザ（→P.549）

安全とトラブル

他のヨーロッパ諸国と比べても、治安は良好。しかし、2004年の旧東欧諸国のEU加盟後、置き引きや窃盗などの犯罪は増加の一途をたどっている。荷物から目を離さないように注意し、夜中のひとり歩きなどはやめよう。

■ 旅の安全とトラブル対策（→P.564）

水

ほとんどの場所で、水道水を飲むことができる。心配なら、キオスクやコンビニでミネラルウオーターを購入するといい。ミネラルウオーターはほとんどが炭酸入りのため、苦手な人は確認してから買うこと。

度量衡

日本と同じく、メートル法を採用している。

電話のかけ方

公衆電話はコイン用とテレホンカード用とがある。なかにはクレジットカードの使える電話機もある。コイン用の電話機の場合、使える硬貨は1、5、10、20DKK。使い方はコインを入れてからダイヤルする。おつりは出てこない。国内通話、国際通話とも公衆電話からかけることができ、ど

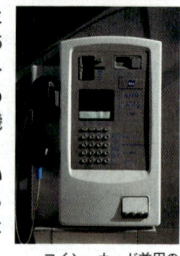
コイン、カード兼用の電話機

ちらも最低料金は5DKK。なお、デンマーク国内の電話番号には市外局番がなく、すべて8桁に統一されている。国内通話の場合は、どこへかけるのにも8桁の番号をダイヤルするだけ。テレホンカードはキオスクやコンビニで購入でき、電話機に差し込んで使うタイプのものと、専用の番号をダイヤルして使うものの2種類がある。後者の場合、国内電話専用と国際電話でも使えるカードの両方があるので、購入時にどちらで使いたいか伝えること。

国内電話番号案内 118
国際電話番号案内 113

日本からデンマークへかける場合

はじめに国際電話会社の番号、次に国際電話識別番号010をダイヤルし、デンマークの国番号45、続いて相手先の番号をダイヤルする。

（例）日本からデンマークの12-345678へかける場合

国際電話会社の番号	国際電話識別番号	デンマークの国番号	相手先の電話番号
001（KDDI）※1 0033（NTTコミュニケーションズ）※1 0061（ソフトバンクテレコム）※1 005345（au携帯）※2 009130（NTTドコモ携帯）※3 0046（ソフトバンク携帯）※4	010※2	45	12-345678

※1「マイライン」の国際区分に登録している場合は、不要。詳細は URL www.myline.org
※2 auは、010は不要。
※3 NTTドコモは事前登録が必要。009130をダイヤルしなくてもかけられる。
※4 ソフトバンクは0046をダイヤルしなくてもかけられる。

デンマークから日本へかける場合

はじめに国際電話識別番号00をダイヤルし、日本の国番号81、続いて市外局番（最初の0は不要）、相手先の番号をダイヤルする。

（例）デンマークから日本（東京）の（03）1234-5678へかける場合

国際電話識別番号	日本の国番号	市外局番と携帯電話の最初の0は取る	相手先の電話番号
00	81	3	1234-5678

■ 国際電話について（→P.556）

年齢制限

飲酒とタバコは18歳未満の場合は不可。カジノは18歳以上なら入場できる。また、レンタカー会社によっては23歳や25歳以上などの制限を設けている場合もある。

飲酒・喫煙

デンマークでは、ビールなどのアルコールはコンビニやスーパーなどで簡単に購入が可能。ただし、購入できるのは6:00～20:00の間のみ。価格はビールが333mlで8～12DKK程度と、ほかの北欧諸国に比べて非常に安い。

タバコは日本と比べても非常に高く、マルボロなら20本入り1箱1000円くらい。デンマークでは2007年に法改正が行われ、屋内の公共の場所はすべて禁煙となった。レストランやバーなどもすべて禁煙。ホテルは禁煙室と喫煙室の両方があるところもある。

食事

前菜としてよく食べられるのが、ニシンの酢漬けやマスタード漬け。これはデンマークの特産。オープンサンド（スモーブローSmørrebrød）も名物。薄く切ったパンの上にゆでた小エビやスモークサーモン、野菜などを盛りつけている。色とりどりの陳列棚をのぞいて、好きなものを注文しよう。レストランのディナーではホルシュタイン種の牛が有名だが、デンマークの特産はポーク。皮付きのポークをカリカリにローストしたフレスケスタイFlæskestegやスヴィーネコツレツSvinekotletを注文してみよう。挽き肉料理のフリッカデラFrikadellerは家庭的な味のデンマーク風ハンバーグ。

オードブルにニシンのマリネ、メインは豚肉料理、そしてチーズ、最後にデンマーク産のアイスクリーム。これでデンマーク料理の典型的なコースをひと巡りしたことになる。

また、酪農王国デンマークで見逃せないのが、チーズとパン。デンマークのパンで有名なのは、その名もデニッシュペストリーDanish Pastry。サクサクの生地に砂糖をまぶしたり、中央にクリームやチョコレートなどを入れたりした甘い菓子パン。ちなみにこのパン、デンマーク語ではヴィナーブロードWienerbrød（ウィーンのパン）と書く。チーズはクリームや青カビ、白カビなどタイプはさまざま。ヤギの乳から作ったチーズも人気だ。

朝食にぴったりのデニッシュペストリー

みやげ物

ロイヤル・コペンハーゲンやジョージ・ジェンセンなど、北欧ブランドのアイテムは日本でよりも比較的安く購入できる。デパートや直営店では日本への郵送サービスを行っているので、イスなど大きな家具を買った時でも安心だ。ただし、アンティーク商品を扱う店では、そういったサービスは行っていない。持ち帰れるほどの小さなものならいいが、郵送しなければならないような大きなものだと、自分で郵送の手続きをしなければならないので面倒だ。ガラス製品も有名で、有名ブランド以外にもおしゃれなデザインのものが数多くある。かわいい木製のおもちゃやレゴなどもデンマークならではのみやげだ。

食料品なら、デンマークの特産でもあるチーズがおすすめ。種類は無数にあるので、味見をしてから購入しよう。

一番人気のみやげ物といえば、ロイヤル・コペンハーゲン

デンマーク生まれの有名人

『人魚姫』や『みにくいあひるのこ』など数々の名作を生みだしたハンス・クリスチャン・アンデルセンH. C. Andersenは、ヒュン島のオーデンセ出身。また実存主義哲学の創始者とされるキルケゴールSøren A. Kierkegaardはコペンハーゲン生まれ。北欧デザインの発信地らしく、アーネ・ヤコブセンArne Jacobsenやポール・ヘニングセンPoul Henningsen、ヴァーナー・パントンVerner Pantonなど、多くの有名デザイナーも生んでいる。

イベント

1年を通じて音楽や映画、演劇、ファッションなどのイベントが催される。7月のコペンハーゲン・ジャズ・フェスティバルには世界的に有名なプレイヤーが出演。7月下旬～8月中旬に行われるオーデンセのH.C.アンデルセン・フェスティバル野外劇や8月のクロンボー城のハムレット上演などの野外劇も見逃せない。ほかにも、世界最古の遊園地「バッケン」で行われる国際サンタクロース会議といった一風変わったイベントもある。

2011～2012年イベントカレンダー

※日程は予定日。参加の際は問い合わせること。

COLUMN　　　　　　　　　　　　　　　　　　**DENMARK**

デンマークのクリスマス

コペンハーゲン
Copenhagen

　コペンハーゲンのクリスマスが始まるのは、11月下旬のクリスマスツリー点灯式から。この日を境に町中のクリスマスツリーやイルミネーションが一斉に点灯され、光が満ちあふれる。最もにぎわいをみせるのは、ストロイエ。通りにデンマークの象徴でもあるハート型のイルミネーションが連なる様子は、おとぎの国にぴったり。クリスマスらしいショップのショーウインドウもチェックしてみよう。チボリ公園（→P.74）では、デンマーク最大のクリスマス・マーケットが開かれる。昼間も開いているが、イルミネーションが美しい夜に訪れるのがおすすめだ。

1 消防車に乗ったサンタクロースがストロイエをパレードして市庁舎前のクリスマスツリーに点灯する　2 夜遅くまでにぎわうチボリ公園　3 クリスマスマーケットでみつけた、手作りガラスのツリーとサンタ　4 幸福の象徴である豚のマジパン

国内交通

デンマーク国内の交通なら、なんといっても鉄道がもっとも便利。バスは近い距離にある都市間を移動するには使えるが、長距離となると途中の町で何度も乗り換えなくてはならない。また、国土も狭いため、飛行機で移動するよりも電車のほうが早いということもしばしば。

飛行機

スカンジナビア航空やシンバー・スターリンCimber Sterling (QI) などの航空会社が、コペンハーゲンを中心に国内便を運航している。空港は複数の都市が共同で使用している場合も多い。なお、本誌に掲載している各都市の行き方の便数、所要時間は、スカンジナビア航空のもの。

■ **スカンジナビア航空**
☎70-102000
URL www.flysas.com
■ **シンバー・スターリン**
☎70-101218
URL www.cimber.com

鉄道

一部の私鉄を除いて、デンマーク国鉄Danske Statsbaner (DSB) が運営している。デンマークは島と半島で成り立つ国だが、コペンハーゲンのあるシェラン島と、オーデンセのあるフュン島、そしてユトランド半島は橋とトンネルで結ばれており、陸続き感覚で利用できる。全部で9路線あり、シェラン島、フュン島、ユトランド島を結ぶ路線はそのうちの5本。オーデンセまで行き、オーデンセからユトランド半島のフレデリシアFrederisiaまで同じルートを進み、その後それぞれの行き先に分かれて進んでいく。

デンマーク国鉄の車両は、すべて同じデザイン

予約について

インターシティ・リュンとインターシティ以外の列車は予約が不要だが、座席を確保したい場合は追加料金を支払えば予約できる。長距離の移動や、混雑する週末などに2等車を利用する場合は、予約をしたほうが安心。1等はたいてい予約なしでも座れる。なお、インターシティでも、路線や時間帯によっては予約なしでもOK。駅の窓口で訪ねれば列車がどれくらい込んでいて、予約したほうがいいかどうかを教えてくれる。

インターシティ・リュンとインターシティに使われている車両は、座席上の荷物棚にある表示窓に席の予約状況が表示されている。そこに駅名が表示されていたら、その駅まで予約されているという意味。予約が入っていない場合は「KAN VARE RESERVERET」と表示されている。

なお、予約は利用日の2ヵ月前から発車15分前まで受け付けている。

■座席指定券の見方

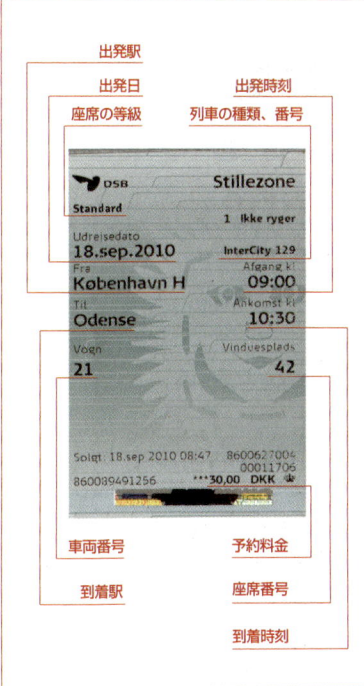

出発駅
出発日　　　　出発時刻
座席の等級　列車の種類、番号

車両番号　　　　予約料金
到着駅　　　　座席番号
到着時刻

鉄道時刻を調べる

　駅のチケット売り場には、路線別になった時刻表が置いてあるので、それを見て確認するといい。

チケットの購入

日本で購入する

　デンマーク国鉄のホームページから予約できる。発券は現地のチケット売り場にて。

現地で購入する

　チケットを購入するときは必ず、カウンターのそばにある専用の機械から、順番待ちの番号札を取ること。電光掲示板に自分の番号が表示されるか番号が呼ばれたら、指定のカウンターに行って行きたい場所や時刻、列車番号などを伝える。また、チケット売り場は込み合っていることが多いので時間に余裕をもって訪れるようにしたい。

割引料金について

　デンマーク国鉄にはさまざまな割引料金があるが、旅行者に使い勝手のよさそうな割引は年間を通じて利用可能なグループ割引だ。これは8人以上で同一行程を旅行する場合、20〜30％割引になるというもの。グループ割引は15日以上前までに予約が必要。

　そのほかにも各種の割引システムがあるので、鉄道パスを持っておらず、現地でチケットを購入する際には、窓口で何か割引の方法はないか尋ねてみよう。

おもな列車の種類

**■ インターシティInter City（IC）と
インターシティ・リュンInter City Lyn（ICL）**

　インターシティはいわゆる特急列車で、コペンハーゲンを中心に国内主要都市に向けほぼ1時間おきに出発する。3両でひとつのユニットを形成している。1等の席はどちらか一方の端にあり、窓の上に入った黄色い線が目印。インターシティ・リュンは、停車駅の少ない超特急。

**■ 普通列車
レジオナル
Regional（Re）**

　地方からの通勤通学用にも使われており、朝と夕刻に便が増える。

　ほか、シェラン島のヘルシンオア〜ヒレロズ間、ユトランド半島のブラミンBramming〜リーベ間、フレデリクスハウン〜スケーエン間などの数ヵ所で私鉄が運行している。

多くの列車が発着するコペンハーゲン中央駅

デンマーク国鉄
☎70-131415
URLwww.dsb.dk

予約料金

　座席指定をする場合、運賃のほかに別途予約料金がかかる。国内線のインターシティ、インターシティ・リュン、国際線の座席や寝台それぞれの料金は窓口で確認できる。

コペンハーゲンからの区間料金の目安

〜オーデンセ
DSB1（1等）　　　430DKK
スタンダード（2等）280DKK
〜オーフス
DSB1（1等）　　　586DKK
スタンダード（2等）377DKK
〜オールボー
DSB1（1等）　　　651DKK
スタンダード（2等）418DKK
〜フレデリクスハウン
DSB1（1等）　　　674DKK
スタンダード（2等）432DKK

バス

　ヨーロッパ諸国から便がある国際バスのユーロラインズ・スカンジナビアEurolines Scandinavia、スウェーデンのマルメやヘルシンボリ、ストックホルムから来るスウェブス社Swebusがある。

　また、コペンハーゲン、ヘルシンオア、ロスキレなどのある北シェラン島に路線をもつ首都圏交通公団HURなどデンマーク東部のバス事業社が合併してできたモビアMovia、オーフスやオールボーなどユトランド半島を走るバスはあるが、国土の大部分に路線があるような長距離バスはない。国内移動は鉄道が便利だ。

■ モビア（→P.63）

コペンハーゲン

MAP P.46-B3
人口：119万9224
市外局番：なし
コペンハーゲン情報のサイト
URL
www.visitcopenhagen.com

日本から北欧への玄関口となるコペンハーゲンは、シェラン島 Sjælland の北東部にあるデンマークの首都。デンマーク語で「商人の港」を意味し、多くの運河をもつ港町は、商業上の重要な拠点として発展していった。

コペンハーゲンの歴史は、12世紀半ばにアブサロン大主教によって建設されたクリスチャンスボー城から始まる。その後17世紀になると、「建築王」と呼ばれたクリスチャン4世（1588〜1648年）のもと、多くの建築物が建てられ、町は次第に大きくなっていった。現存する赤レンガで造られたオランダ・ルネッサンス様式の歴史的な建造物は、ほとんどがこの時代に建てられたものである。

市街地では、建築物の撤去が容易に許可されない。やむを得ず建て替えなければならないときでも、周囲の建物との調和が義務づけられている。また市庁舎の塔（105.6m）より高い建物を建ててはならないという市の条例により、近代的な高層ビルもない。こうした徹底した政策が功を奏し、町はいつまでもその華麗なたたずまいを保ち続けている。この独特の重量感のある町並みは、戦争による挫折と、それを繰り返すまいとした市民の知恵の賜といってもいい。その挫折とは、19世紀の初め、ナポレオン戦争の際フランスに加担し、敵対する英国軍によって町が破壊されたこと。その知恵とは第2次世界大戦の折、ナチス・ドイツに形の上で降伏し、町を戦火から守ったことだ。

重厚な石造りの建物やカラフルな木造家屋、モダンな近代建築が絶妙なバランスをとった町並みは、おとぎの国の首都にふさわしく美しい。

市外局番について
デンマークには市外局番はない。国内どこからどこへかけるにも、8ケタの番号をダイヤルする。

コペンハーゲンの呼び方
コペンハーゲンCopenhagenとは英語名。デンマーク語での表記はシュベンハウンKøbenha-vnとなる。駅や空港ではデンマーク語で表記されているので、間違えないようにしよう。

アメリエンボー宮殿。広場には宮殿の建設者フレデリク5世の像が建つ

（上）町の象徴、人魚の像の周りには常に人だかりが
（下）19世紀開園のチボリ公園はテーマパークの草分け

コペンハーゲン
Copenhagen

グルントヴィークス教会へ
Grundtvigs Kirke

Nørrebro

Hvidkildevej

Hillerødgade

Fuglebakken

Grøndal

Solbjerg

Frederiksberg

Frederiksberg

ロイヤル・コペンハーゲン・ファクトリー・ショップ
Royal Copenhagen Factory Shop

フレデリクスベア公園
Frederiksberg Have

ストーム・ピー博物館
Storm P. Museet

コペンハーゲン動物園
Zoologisk Have

動物園入口

Valby Langgade

カールスベアビール工場
Carlsberg Besøgscenter

ビジターセンター

Valby

Nørrebro
アシステンス教会墓地
Assistens Kirkegård

セルフィッシュ P.103
Selfish

警察歴史博物館
Politihistorisk Museum

Åboulevard

ラジオ局
Radiohusets Koncertsal

Forum

ベストウエスタン・メルキュール P.93
Best Western Mercur

メイヤーズ・デリ P.101
Meyer's Deli

Vesterbrogade

東京 P.102
Tokyo

市立博物館
Københavns
Bymuseum

シェードビエン・フィスケバー P.100
Kødbyens Fiskebar

Vesterbro

Enghave

Dybbølsbro

オスロへ
DFDSシーウェイズ・
フェリーターミナル

N
0 500m

歩行者専用道路

Østerbro

ノアブロ・ブリッケフスP.101
Nørrebro Bryghus

ヒヤシュブルング・コレクション
Den Hirschsprungske Samling

リエスギャーゼ2 P.20
Ryesgade 2

エービーシー・アンティック
ABC Antik P.20

バウ・アンティック
Bau Antik P.21,109

オスター・アンレッヶ公園
Østre Anlæg

国立美術館
Statens Museum for Kunst

Østerport

カステレット要塞
Kastellet

カステルット教会
Kastelskirken

型アルバニ教会
Skt. Albans Kirke

人魚の像
Den Lille Havfrue

コペンハーゲン大学
Københavns Universitet

地質学博物館
Geologisk Museum

植物園
Botanisk Have

医学歴史博物館
Mesicinsk Historisk Museum

ローゼンボー離宮
Rosenborg Slot

ローゼンボー公園
Rosenborg Have
(Kongens Have)

ヨルゲンセンP.96
Jørgensen

Nørreport

バーバレラーP.111
Barbarellah

エアステッズ公園
Ørsteds Parken

フォックスP.95
Fox

ファースト・ホテル・コング・フレデリクP.92
First Hotel Kong Frederik

アレキサンドラP.95
Alexandra

Vesterport

デンマーク・デザイン・センター
Dansk Design Center

クリスチャンスボー城
Christiansborg Slot

チボリ公園
Tivoli

コペンハーゲン・中央駅
Københavns
Hovedbanegård

王立図書館
(ブラック・ダイヤモンド)
Det Kongelige Bibliotek

ニュー・カールスベア美術館
Ny Carlsberg Glyptotek

ダンホステル・コペンハーゲン・シティ P.96
Danhostel Copenhagen City

キャブ・イン・シティ P.96
Cab Inn City

コペンハーゲン
中央駅周辺P.66

チボリ P.91
Tivoli

Fiske Torvet
(ショッピングセンター)

コペンハーゲン・アイランドP.95
Copenhagen Island

日本大使館へ

Islands Brygge

コペンハーゲン大学
Københavns
Universitet

チャーチル公園
Churchillparken

自由博物館
Frihedsmuseet

デザイン博物館デンマーク
Designmuseum Danmark

王立石膏模型コレクション
(ロイヤル・キャスト・コレクション)
Den Kongelige
Afstøbningssamling

コペンハーゲン中心部
P.58〜59

アメリエンボー宮殿
Amalienborg Slot

Nyholm

オペラハウス
Operaen

木エレクス号903番

Kongens Nytorv

Christianshavn

エラ・オラ P.99
Era Ora

救世主教会
Vor Frelsers Kirke

クリスチャン教会
Christianskirken

ソーレン・ケ
Søren K P.101

クリスチャンハウン
Christianshavn

ラウケフーセット
Lagkagefuset

コペンハーゲン・マリオットP.90
Copenhagen Marriott

ラディソン Blu スカンジナビア
Radisson Blu Scandinavia

カジノ・コペンハーゲン P.111
Casino Copenhagen

Islands Brygge

Amagerbro

コペンハーゲン中心部

ローゼンボー離宮
Rosenborg Slot

植物学博物館
Botanisk Museum

労働者博物館
Arbejdemuseet

ローゼンボー公園
Rosenborg Have(Kongens Have)

ダビデ・コレクション
Davids Samling

イスラエル広場
Israels Plads

Norreport

音楽史博物館
Musikhistrisk Museum

映画博物館
Musikhistrisk Museum

クンスト・オ・ホントヴァーク
Kunst & Håndværk P.107

ヘンリック・ヴィブスコヴ P.105
Henrik Vibskov

ラウンド・タワー(円塔)
Rundetårn

カーサ・ショップ P.107
Casa Shop

A.C.パークス・ティーハレン P.110
A.C.Perch's Thehandel

アーノルド・ブスク P.109
Arnold Busck

ハイ・シービー・エイチ
Hay CPH P.108

ファースト・ホテル・サンクト・ペトリ P.90
First Hotel Skt.Petri

カフェ・ホーテレグラフェン P.102
Café Hovedtelegrafen

ノーテバーネ P.105
Notabene

通信博物館
Post-og Telegrafmuseet

カフェ・ソマスコ P.101
Café Sommersko

コペンハーゲン大学
Københavns Universitet

ピーター・ハーツ
Peter Hertz P.106

ジョージ・ジェンセン P.106
Georg Jensen P.106

リズ・ラズ
Riz Raz

ロイヤル・カフェ P.102
The Royal Café

ビアワー・クリステンセン
Birger Christensen P.10

聖母教会
Vor Frue Kirke

ロイヤル・コペンハーゲン P.106
Royal Copenhagen

エコ・エスターギャーゼ
Ecco Østergade

グッチ
Gucci

パスタ・バスタ P.100
Pasta Basta

コペンハーゲン・ジャズハウス
Copenhagen JazzHouse P.111

イルム P.104
Illum

聖霊教会
Helligånds Kirke

イルムス・ボーリフス P.104
Illums Bolighus

ハイ・ハウス
Hay House P.108

アマートゥ広場
Amagertorv

ヘルバック・シャニング P.107
Helbak Scherning

レゴ・ストア・コペンハーゲン P.107
Lego Store Copenhagen

アンティック・ケー
Antik K P.20

カレ・ショップ・コペンハーゲン P.105
Carré Shop Copenhagen

H.ダニエルセン P.21,108
H.Danielsen

コペンハブナー・カフェーン P.97
Københavner Caféen

ルイス・ポールセン・ショールーム
Louis Poulsen Showroom

スロッツケラン・ホス・ギッテ・キック P.9
Slotskælderen Hos Gitte Kik

ヌーヴェル P.101
Nouvel

DFDS
キャナル・ツアー乗り場

ハウス・オブ・アンバー P.105
House of Amber

北京楼(ベイジン)P.103
Beijing

リズ・ラズ P.100
Riz Raz

スロッツホルメン
Slotsholmen

ポール・ハンセン
Paul Hansen P.106

ラウケフーセット P.98
Lagkagehuset

ニュートーウ P.98
Nytorv

トーヴァルセン彫刻美術館
Thorvaldsens Museum

ビリーブ・イット・オア・ノット
Ripley's Believe it or Not!

アブサロン大主教時代の城跡
Ruinerne under Christiansborg

城跡入口

スカンディック・パレス P.91
Scandic Palace

ブック P.98
Puk

クリスチャンボー宮殿
Christiansborg, De Kongelige

市庁舎前広場
Rådhus Pladsen

モジョ P.111
Mojo

ロイヤル・レセプション・ルーム(ガイドツアー入口)
The Royal Reception Rooms

国会議事堂
Folketing

アンデルセンの像

コペンハーゲン市庁舎
København Rådhuset

クリスチャンスボー城
Christiansborg Slot

チボリ公園
Tivoli

チボリハレン P.97
Tivolihallen

国立博物館
Nationalmuseet

演劇史博物館
Teatermuseet

王立武器博物館
Tøjhusmuseet

C D

Sølvgade

フレデリクス教会
Frederiks Kirke
(Marmorkirken)

Fredericiagade

クリスチャン8世王宮殿
Christian VIII's palæ

R イダ・ダヴィッドセン P.99
Ida Davidsen

Amaliegade

寶物展示室

クリスチャン4世 P.95
Christian IV

Dronningens Tvargade

Frederiksgade

フレデリクス8世王宮殿
Frederik VIII's palæ

Adelgade

Landgreven

Store Kongensgade

S オステヤーノ P.110
Ostehjørnet

アメリエンボー宮殿
Amalienborg Slot

1

Borgergade

フェニックス・コペンハーゲン P.93 H
Phoenix Copenhagen

クリスチャン7世王宮殿
Christian VII's palæ

Bredgade

クリスチャン9世王宮殿
Christian IX's palæ

アメリエハウン公園
Amaliehaven

Palægade

S ダニッシュ・クラシック P.21、109
Dannish Classic

Skt. Annæ Plads

H コペンハーゲン・アドミラル P.93
Copenhagen Admiral

Toldbodgade

Larsens Plads

Nørre Voldgade

Grønnegade

Ny Adelg.

エメリーズ P.110
Emmerys

Store Strandstræde

S バング&オルフセン P.109
Bang & Olufsen

琥珀博物館
Amber Museum

S スカンディック・フロント P.93
Scandic Front

Ny Østergade

ゼレステ P.101
Zeleste

ニューハウン・ファーゲクロ P.99
Nyhavns Færgekro

マリタイム・アンティークス P.108
Maritime Antiques

ダングレテール P.91
D'Angleterre

コンゲンス・ニュートーウ
（王様の新広場）
Kongens Nytorv

S DFDSキャナル・ツアー
DFDS

スキッパー・クロエン P.98
Skipper Kroen

Nyhavn

S グルズメド&デザイン・エスケ・ストルム P.106
Guldsmed&Design Eske Storm

デンマーク王立劇場
Skuespilhuset

ルイ・ヴィトン
Louis Vuitton

クリスチャン5世像

ニューハウン
Nyhavn

S マリリア P.108
Marilia

2

Kvæsthusbroen

S エルメス
Hermes

シャーロッテンボー宮殿
Charlottenborg

ニューハウンズ・グラスプステリ P.107
Nyhavns Glaspusteri

ギネス・ワールド・オブ・レコーズ博物館
Guinness World of Records

M Kongens Nytorv

Nyhavns Bro

R トルド&スナップス P.98
Told & Snaps

Lille Kongensgade

Heibergsgade

71 ニューハウン・ホテル・
コペンハーゲン P.92
71 Nyhavn Hotel
Copenhagen

S マガシン・デュ・ノルド P.104
Magasin du Nord

Niels Juels gade

旧王立劇場
Det Kongelige Teater

Herluf Trolles Gade

水上バス
903番→

Bremerholm

S エリック・バッガー P.108
Erik Bagger

Vingårdstræde

H オペラ P.95
Opera

Cort Adelers Gade

ニコライ教会
Nikolaj Kirke

Peder Skrams Gade

3

Dybensgade

Laksegade

Holbergsgade

Tordenskjoldsgade

R コリアン・パレス（ビウォン）P.103
Korean Palace(Biwon)

Nikolajgade

Holmens Kanal

H ベストウエスタン・ホテル・シティ P.95
Best Western Hotel City

Bremerholm

デンマーク国立銀行
Nationalbanken

サール P.103 R
Sahil

Havnegade

水上バス901番

Børsgade

水上バス902番

クリスチャンハウン
Christianshavn

4

Strandgade

旧証券取引所
Børsen

N

Slotsholmsgade

0 100m

Knippelsbro

歩行者専用道路

コペンハーゲン・カストロップ国際空港へ
Copenhagen Kastrup International Airport

海軍博物館
Orlogsmuseet

C D

コペンハーゲン到着

飛行機で着いたら

日本からの便 (→P.536)
北欧諸国からの便
(→P.540)

コペンハーゲンの空の玄関は、市の中心から約10kmほど南にあるコペンハーゲン・カストロップ国際空港Copenhagen Kastrup International Airport（Københavns Lufthavn）。空路でのコペンハーゲン入りは、すべてこの空港に到着する。

コペンハーゲン・カストロップ国際空港
Copenhagen Kastrup International Airport

コペンハーゲン・カストロップ国際空港は、日本から直行便で来る場合の北欧の玄関口。ガラスが多用された明るい建物は、北欧らしくモダンで機能的なデザインだ。ターミナルは1〜3まであり、ターミナル1は国内線、ターミナル2とターミナル3が国際線。スカンジナビア航空はターミナル3を利用しており、日本からの直行便もここに到着する。ターミナル3は地下にある鉄道駅や地下鉄駅と直結しており便利。ちなみにこの空港は、搭乗案内などのアナウンスが一切ない静かな空港。フライトの時刻は、案内のモニターでしっかり確認すること。

建物の前面はすべてガラス張り

コペンハーゲン・カストロップ国際空港
MAP P.60
🏠Lufthavnsboulevarden 6
☎32-313231
FAX32-313132
URLwww.cph.dk
　コペンハーゲン・カストロップ国際空港Copenhagen Kastrup International Airportは英語表記。現地語の表記はKøbenhavns Lufthavnとなる。空港の鉄道駅と地下鉄駅は現地語で表記されているので注意しよう。

空港内の銀行
Danske Bank
URLwww.danskebank.dk
セキュリティチェック前
(ターミナル2)
☎毎日6:00〜20:30
🈳無休
トランジットエリア
☎毎日6:00〜20:30
🈳無休
Nordea
URLwww.nordea.dk
セキュリティチェック前
(ターミナル3)
☎毎日6:00〜22:00
🈳無休
ATM
☎毎日6:00〜翌2:00
🈳無休
トランジットエリア
☎日〜金6:00〜22:00
　土　　6:00〜21:00
🈳無休
ATM
☎毎日6:00〜翌2:00
🈳無休

空港のインフォメーション
🕐毎日6:00〜23:00
🈳無休
　航空会社のチェックインカウンターの横にある。観光案内も行っており、市内地図や各種パンフが手に入る。

近代的な雰囲気の到着ロビー

コペンハーゲン郊外

スウェーデン
Sweden

ヘルシンボリ
Helsinborg

クロンボー城
Kronborg Slot

ヘルシンオア
Helsingør

Tisvilde

Esrum Sø

フレーデンスボー宮殿 P.88
Fredensborg Slot

フムレベック
Humlebæk

ルイジアナ現代美術館
Louisiana Museum for Moderne Kunst P.88

Arresø

フレーデンスボー
Fredensborg

フレデリクスボー城 P.87
Frederiksborg Slot

Hundested

ヒレロズ
Hillerød

Hørsholm

オーレスン海峡
Øresund

Sjælsø

フレデリクスン
Frederikssund

デュアハウスバッケン P.89
Dyrehavsbakken

イセフィヨルド
Isefjord

Farum

Furesø

Klampenborg

オードロップゴー美術館 P.89
Ordrupgaard

Stenløse

ロスキレフィヨルド
Roskilde Fjord

コペンハーゲン
Copenhagen

Taastrup

Kastrup

ロスキレ
Roskilde

コペンハーゲン・カストロップ国際空港
Copenhagen Kastrup International Airport
ヒルトン・コペンハーゲン・エアポート P.91
Hilton Copenhagen Airport

ドラオア
Dragør P.89

アマー島
Amager

Karlslunde

空港から市内への行き方

鉄道、地下鉄

　デンマーク国鉄DSBの列車が、コペンハーゲン・カストロップ国際空港とコペンハーゲン中央駅Københavns Hovedbanegårdとを結んでいる。路線は何種類かあり、行き先が同じでもコペンハーゲン中央駅に停車しない列車もある。列車は2番線から発車し、3つめの駅がコペンハーゲン中央駅。また2007年9月には地下鉄も開通。地下鉄駅は、鉄道駅のさらに先、ノアポート駅Nørreportとなる。クリスチャンハウンChristianshavnやコンゲンス・ニュートーゥKongens Nytorvの近くに宿をとったなら、地下鉄を利用したほうが便利。

市バス

　空港には市バスや長距離バス路線が乗り入れている。市バス5A番か深夜バス96N番を利用すれば、コペンハーゲン中央駅まで行ける。96N番は市庁舎前広場Rådhus Pladsenへも行く。

タクシー

　ターミナル1と3の出口にタクシー乗り場がある。料金はメーター制。所要時間約20分で市内の各ホテルに到着できる。

デンマーク国鉄
☎70-131415
URL www.dsb.dk
空港〜中央駅
🚃毎日24時間、1時間に1〜5便程度
💰36DKK
　所要約13分。チケットは専用のカウンターか、自動券売機（クレジットカード利用可）で購入できる。また、デンマークと対岸のスウェーデンを結ぶオーレスン大橋Øresundsbronを通ってスウェーデンへ直接アクセスすることもできる。

地下鉄（→P.65）
🚃5:00〜24:00は4〜6分間隔、24:00〜5:00は20分間隔（金・土曜は15分間隔）
💰36DKK
　所要約14分。チケットの購入については（→P.65）。

市バス（→P.65）
💰36DKK
　所要約30分。乗り場は各ターミナル出口前。チケットは車内で購入する。

タクシー
💰空港から市内まで200〜250DKK程度

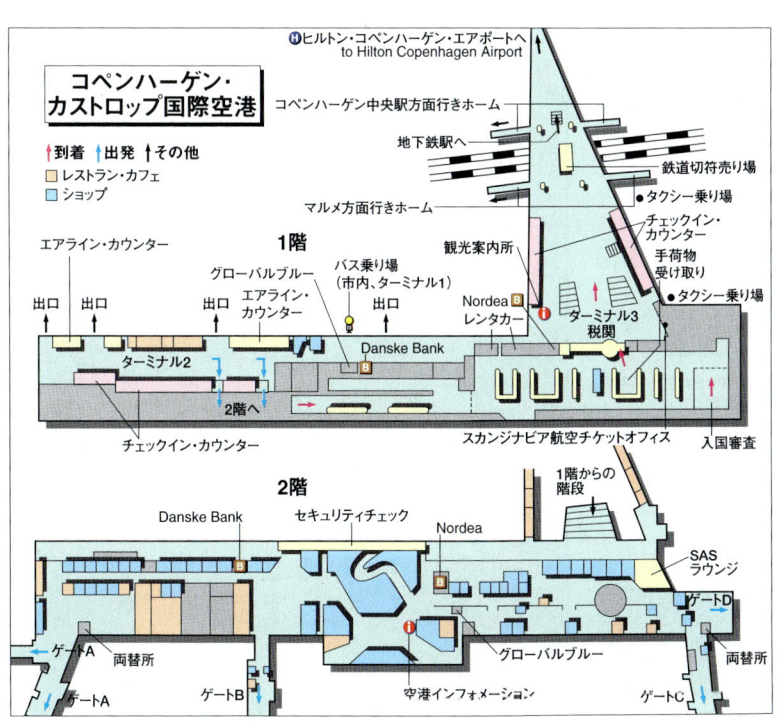

コペンハーゲン中央駅のホーム

ヨーロッパ諸国からの鉄道
(→P.538)
北欧諸国からの鉄道
(→P.541)

コペンハーゲン中央駅
MAP P.57-C3·4/P.66

中央駅の両替所
Forex
🕐毎日8:00〜21:00
🚫無休
X-Change
🕐毎日8:00〜21:00
🚫無休

中央駅の郵便局
🕐月〜金　8:00〜21:00
　　土・日10:00〜16:00
🚫無休

長距離バス発着所
MAP P.66

ユーロラインズ・チケット・センター
Eurolines Ticket Center
MAP P.66
🏠Halmtorvet 5
📞33-887000
🕐月〜金　9:00〜18:00
🚫土・日
　スウェーデンからの長距離バスほか、国際バスのチケット購入やスケジュールの確認ができる。

ヨーロッパ諸国からのバス路線
(→P.538)

北欧諸国からのバス路線
　オスロから約9時間20分、ストックホルムから9時間45分。

DFDSシーウェイズ・フェリーターミナル
MAP P.57-D1

北欧諸国からのおもな航路
オスロから
　1日1便、所要約16時間30分。
DFDSシーウェイズ
📞33-423000
🌐www.dfdsseaways.com

ヨーロッパ諸国からのおもな航路
(→P.539)

DFDSシーウェイズのターミナル

列車で着いたら

　ほとんどの国際列車はコペンハーゲン中央駅が終着駅。国内列車やマルメからの国際列車も、中央駅を通る。

コペンハーゲン中央駅
Københavns Hovedbanegård

　駅舎はホームよりも一段高い位置にあり、構内にはレストランやファストフード店、両替所、郵便局、各種ショップがある。市内の一般の商店が閉まる週末でも営業している。

バスで着いたら

　国際線のバスはコペンハーゲン中央駅西側の"ホテル通り"の南にあるDGI-byenのすぐ横に到着する。

船で着いたら

　オスロからのDFDSシーウェイズのフェリーは、カステレット要塞北にあるフェリー乗り場に到着する。到着時刻に合わせて運行される20E番がエスターポート駅Østerportを経由して、コンゲンス・ニュートーゥまで行く。市庁舎前広場まで行く市バス26番も利用可能。

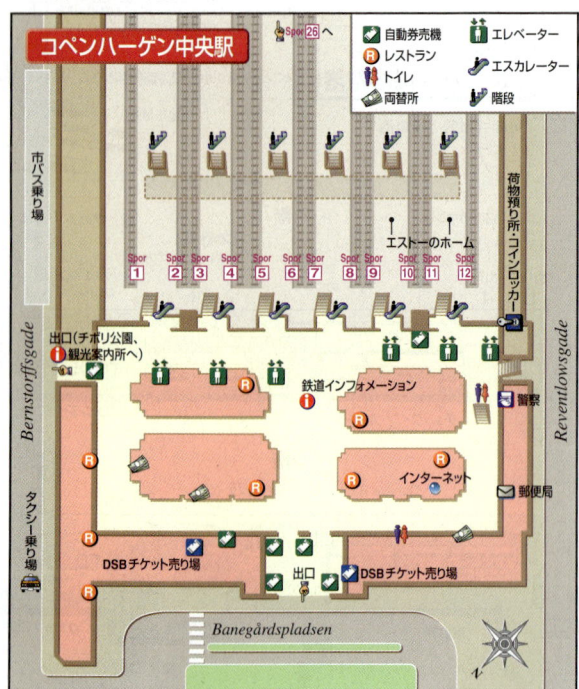

コペンハーゲンの市内交通

　コペンハーゲン市内の公共交通機関は、デンマーク国鉄DSBの運行するエストーS-togと呼ばれる近郊列車と、モビアMoviaが運営する市バス、メトロ開発公社Metroselskabetが運営する地下鉄の3種類。

料金とチケット

　エストーと地下鉄、市バスのチケットは共通で、料金はゾーン制。コペンハーゲンを含むシェラン島のほぼ全域がゾーン分けされており、目的地まで何ゾーンあるかによって料金が決まるシステム。ゾーン分けは駅やバス停に表示されてあるので、自分の行きたい場所が何ゾーンになるのか確認しておこう。市内の移動ならほとんど2ゾーン内で収まる。なお1:00～5:00の地下鉄と深夜バスは2倍の料金が必要。また、デンマーク国鉄の普通列車Reも、ゾーン内なら同じチケットで利用できる。

チケットの利用と乗り換えについて

　エストーと地下鉄、市バスは、定められた制限時間内なら相互乗り換えが可能だ。乗り換え制限時間は、購入したチケットのゾーン数によって異なり、1～3ゾーンなら1時間、4～6ゾーンなら1時間30分、それ以上なら2時間となる。シング

ルチケットには購入した日付と時間があらかじめ刻印されているので、そのまま乗り換えればいい。日付の記入されていない24時間チケットや回数券を利用する場合は、エストーと地下鉄の駅や市バスの車内にある黄色の刻印機で時刻を打刻してから使用すること。

24時間チケットと回数券を入れる刻印機

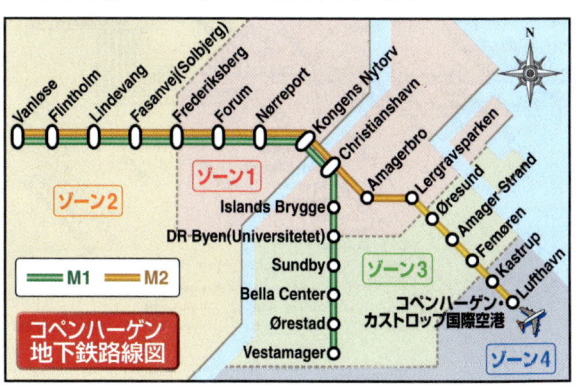

コペンハーゲン地下鉄路線図

ゾーン2　ゾーン1　ゾーン3　ゾーン4

M1　M2

Vanlose　Flintholm　Lindevang　Fasanvej(Solbjerg)　Frederiksberg　Forum　Nørreport　Kongens Nytorv　Christianshavn　Amagerbro　Lergravsparken　Øresund　Amager Strand　Femøren　Kastrup　Lufthavn

Islands Brygge
DR Byen(Universitetet)
Sundby
Bella Center
Ørestad
Vestamager

コペンハーゲン・カストロップ国際空港

モビア
☎36-131415
URL www.moviatrafik.dk
電話受付
⏰月～金7:00～21:30
　土・日8:00～21:30

チケット料金
💰シングルチケット（2ゾーン内乗車可）24DKK
（1ゾーン増すごとに12DKK追加）

お得なチケット
　コペンハーゲンを中心とした首都圏内（クロンボー城のあるヘルシンオアやフレデリクスボー城のあるヒレロズも含まれる）有効の市バスとエストー、地下鉄共通の24時間チケット24-Timers Billetがある。短時間に効率よく見て回ろうという人におすすめ。また、各ゾーンごとに有効な10回綴りの回数券Klippekortや7日間有効なフレックス・カードFlex Cardもある。それぞれ、エストーや地下鉄の各駅で購入できる。

💰24時間チケット
　　130DKK
　回数券
　　2ゾーン140DKK
　　3ゾーン180DKK
　　4ゾーン230DKK
　　5ゾーン285DKK
　　6ゾーン335DKK
　　7ゾーン390DKK
　　8ゾーン435DKK
　　全ゾーン455DKK
　フレックス・カード
　　2ゾーン215DKK
　　3ゾーン260DKK
　　4ゾーン315DKK
　　5ゾーン375DKK
　　6ゾーン430DKK
　　7ゾーン490DKK
　　8ゾーン530DKK
　　全ゾーン590DKK

車内は広々としていて快適

エストー

デンマーク国鉄の運行するエストーは、コペンハーゲン市内と近郊の都市とを結ぶ近郊列車。市内にもいくつかの駅があるので、近距離の移動にも使える。コペンハーゲン中央駅の場合、9～12番線がエストーのホームだ。改札はなく、チケットを購入したらホームに下りて列車に乗る。ホームに路線名と行き先が表示されているので確認しておくこと。車両のドアは通常自動で開かず、ドア付近のボタンを自分で押して開ける。車両内のドアも同じようにボタンを押して開ける。車両には自転車ごと乗り込めるスペースもある。すべての駅に停車するが、降車時もドアは自動では開かないのでドア付近のボタンを押して開けること。

赤い車体のエストー

エストー
🕐路線によって異なるが、5:00～24:00頃まで。
ユーレイルパスやユーレイルスカンジナビアパスなどデンマーク国鉄で有効な鉄道パスでも利用できる。

チケットの購入方法
券売機は、赤い旧式と白い新型の2種類ある。新型はタッチパネル方式で、言語を選んでから行きたい駅の名前やゾーンを指定すれば料金が表示されるので、その分のコインを入れる。クレジットカードも使えるが、PINコードが必要となる。旧式はボタン式で、行き先のゾーンのボタンを押して、表示された料金のコインを入れる。クレジットカードの利用は不可。持ち合わせのコインがない場合は、駅構内にあるキオスクなどでもチケット購入が可能。

クレジットカードも利用できる新型の券売機

エストーのマーク
🅂は首都圏を走る近郊列車（エストー）で、🆁は郊外まで行く列車。どちらも国鉄で実質的な違いはなく、チケットも共通。

無賃乗車はやめよう
改札がないからといって、無賃乗車はしないように。検札がときどき行われ、無賃乗車が見つかったら600DKKの罰金。

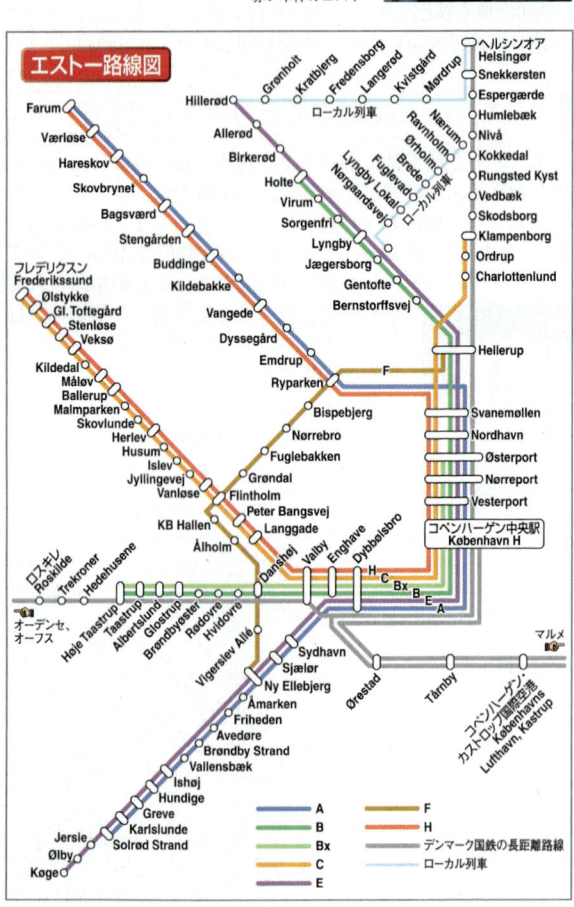

エストー路線図

凡例：
- A
- B
- Bx
- C
- E
- F
- H
- デンマーク国鉄の長距離路線
- ローカル列車

■ 地下鉄 Metro

ヴァンレース駅Vanløseからノアポート駅Nørreport、コンゲンス・ニュートーゥ駅Kongens Nytorv、クリスチャンハウン駅Christianshavn、アマイェールブロ駅Amagerbroを経てルフトハブン駅（空港）LufthavnenにいたるM2線と、ヴァンレース駅〜ヴェスタマイェール駅Vestamager間を往復するM1線のふたつの路線が運行している。車両は無人の自動運転で、すべての駅に停車する。ドアは自動で開閉する。

■ 市バス Busser

市バスは非常に発達しており、中心部から郊外まで網の目のように路線が張りめぐらされている。車体は通常のバスが黄一色。エストーや地下鉄の駅など市内交通の拠点を結ぶ1A〜6Aの幹線バスA-Busは一部赤、番号にSが付く停留所の少ない快速バスS-Busは一部青になっている。Nが付くのは深夜バスNatbus、901、902、903番は運河を航行する水上バスHavnebusだ。料金はゾーン制なので、乗車時に確認しよう。前方乗車口はふたつに分かれ、右側は現金でチケットを買う人用。左側はチケットに時刻を打刻する人か、すでにチケットを持っていて乗り換える人用だ。車内アナウンスは

ないが、運転手に目的地を告げておけば着いた時に教えてくれる。また新型のバスでは運転席の後ろに次の停留所名が表示される。

市バスを上手に活用しよう

■ タクシー Taxi

市内のあちこちにタクシー乗り場があり、TaxiまたはTaxaと書いてある。路上の流しでも手を挙げれば停まってくれる。屋根のランプが点灯中か、Friの表示が出ていれば空車。ほとんどのタクシーでクレジットカードが利用できる。

■ 無料自転車 City Bike

コペンハーゲンには、誰でも無料で借りることのできる自転車がある。シティバイクCity Bikeと呼ばれるこの自転車は、町なかにあるスタンドにそれぞれ備え付けてある。使い方は、ハンドルの中央にあるコイン投入口に20DKKコインを入れてチェーンを外す。返却時にスタンドにチェーンをかければ、コインは戻ってくる。返却はどのスタンドでもOKだ。なお、ブレーキはレバーではなく、ペダルを逆回転させる仕組み。ハンドル部に備え付けられた地図に示されたエリアを出ると罰金を徴収されることもあるので注意。詳しくは（→P.72）。

4月中旬〜12月中旬のみ登場する

地下鉄
℡70-151615
URL www.m.dk
運行 5:00〜24:00は2〜6分間隔、24:00〜5:00は20分間隔（金・土曜は15分間隔）。

チケットの購入方法
チケットは、駅のコンコースにある自動券売機で購入できる。タッチスクリーン方式で、まずは言語を選んで（英語UKあり）、Ticketにタッチ、ゾーンを選んだら料金が表示される。利用できるのはコインのみ。クレジットカードも使える。

最新の技術が詰まった地下鉄

市バス
運行 平日は5:00頃、日曜は6:00頃始発、終発は24:30頃。深夜バスは、1:00〜4:30頃まで。
観光案内所では、バス路線の載っている地図などが無料で手に入るので、もらっておくといい。

チケットの購入方法
市バスチケットは、バスのドライバーから直接購入できる。遠くへ行く際は運転手に料金を確認したほうがいい。

おもなタクシー会社
4X35 Taxa
℡35-353535
Hovedstadens Taxi
℡38-777777
Taxamotor
℡38-101010

タクシー料金
基本料金24DKK（電話で呼んだ場合37DKK）。乗車1kmごとに12.5DKKずつ加算される。平日の16:00〜翌7:00と土・日曜は1kmごとに13.5DKK、また祝日と金・土曜の夜間（23:00〜翌7:00）は16.8DKKずつ加算される。メーターの料金には付加価値税（25%）とチップ（15%）を含む。

コペンハーゲンの歩き方

コペンハーゲンは、デンマークの首都であり最大の町ではあるが、規模はそれほど大きくない。特に旅行者にとっては、見どころはほぼ一直線上にすべて並んでいると思っていいほどわかりやすく便利な町といえる。

町の中心は市庁舎前広場。ここからコンゲンス・ニュートゥ（「王様の新しい広場」という意味）までつながる通りが歩行者天国"ストロイエ"だ。すべてはこのストロイエの延長線上に広がっていると思っていい。市庁舎前広場の南にはチボリ公園とコペンハーゲン中央駅があり、コンゲンス・ニュートゥの北東にはアメリエンボー宮殿、カステレット要塞がある。その他のおもな観光ポイントも、ストロイエとその両側500m以内の範囲に集中しており、コンゲンス・ニュートゥは中間地点にあたる。すぐ東にあるのが、船乗りの町ニューハウン。市内はエストーや市バス、地下鉄を使って各エリア間を移動し、エリア内なら徒歩で充分だ。

町歩きの起点となる市庁舎前広場

コペンハーゲン・カード
Copenhagen Card
コペンハーゲン・カードは、公共の交通機関の運賃や博物館、美術館の入場料が無料になるほか、レンタカーやレストランの利用が割引きになるお得なカード。24時間有効のものと、72時間有効のものの2種類がある。観光案内所、ホテル、旅行会社、駅、空港などで購入できる。
24時間有効
　　229DKK
72時間有効
　　459DKK

ストロイエの東の端にあるコンゲンス・ニュートゥ

コペンハーゲン中央駅周辺

コペンハーゲンの観光案内所❶

コペンハーゲン中央駅のチボリ公園側出口を出て道を公園側へ渡り、駅を背に左側へ進み、ヴェスターブロギャーゼ通りVesterbrogadeを渡った所。ここはデンマーク国内すべての観光業務を行っているので、コペンハーゲンのみならず、地方都市の情報や地図も入手できる。インターネットの端末も置いてあり、宿泊施設の検索や予約もできる。

カウンターで整理券をとって順番を待つシステム

コペンハーゲン発のツアー

バスやウオーキング、ボートなど数々の市内ツアーがある。近郊の町や見どころを巡るツアーも多い。バスの発着地は市庁舎前広場。予約はホテルや観光案内所などでできる。

■ 観光バスツアー

市内の見どころを回るバスツアーといえば、"Grand Tour of Copenhagen" と "Hop On-Hop Off"。"Grand Tour of Copenhagen" は、約2時間30分かけて市内のおもな見どころを巡るガイドツアー。料金は200DKK。"Hop On-Hop Off" は、オープンエアになった2階建てのバスでのガイドツアー。チケットを購入すれば、1日の乗り降りは自由。コースは市庁舎から人魚の像、ニューハウンなどに行く "Mermaid"、クリスチャンハウンやカジノ・コペンハーゲンなどへ行く "Christiania"、カールスベアビール工場やクリスチャンスボー城などを巡る "Carlsberg" の3種類。基本となる "Mermaid" が125DKKで、あとの2コースは、3コース共通のチケットで利用できる。料金は150DKK。

■ 運河ツアー

DFSDキャナル・ツアーDFDS Canal Toursが、運河を行くボートの上から町並みを眺めるガイドツアーを催行している。ルートは2種類で、クリスチャンスボー城そばのガンメルストランドGammel Strandから乗船し、人魚の像、クリスチャンハウンへと進む "Yellow Line" と、ニューハウンから乗船し、人魚の像、クリスチャンハウン、ガンメルストランドへと進んでいく "Red Line"。どちらも所要約1時間、70DKK。

コペンハーゲンの観光案内所❶
MAP P.66
住Vesterbrogade 4A
電70-222442
FAX70-222452
URLwww.visitcopenhagen.com
開5・6月
　　月～土　9:00～18:00
　　日　　10:00～14:00
　　7・8月
　　月～土　9:00～20:00
　　日　　10:00～18:00
　　9/1～23
　　月～土　9:00～18:00
　　9/24～4/30
　　月～金　9:00～16:00
　　土　　　9:00～14:00
休9～4月の日

観光バスツアー
URLwww.sightseeing.dk
Grand Tour of Copenhagen
発毎日11:00
Hop On-Hop Off
発Mermaid Tour
　5・9月
　　毎日10:00～15:30(30分ごと)
　6～8月
　　毎日9:30～16:30(30分ごと)
　10月
　　毎日10:00～14:00(30分ごと)
　11/1～12/19
　　毎日10:30～13:30(45分ごと)
　Christiania Tour
　5・9月
　　毎日11:15～15:15（2時間ごと)
　6～8月
　　毎日11:00～16:00(1時間ごと)
　Carlsberg Tour
　5・9月
　　毎日10:15～14:15(2時間ごと)
　6～8月
　　毎日10:15～15:15(1時間ごと)

DFDSキャナル・ツアー
電32-963000
URLwww.canaltours.dk
開3/12～5/13、9/5～10/30
　　毎日　9:15～17:00
　5/14～6/17
　　毎日　9:15～17:30
　6/18～9/4
　　毎日　9:15～19:30
　10/31～3/11
　　毎日10:00～15:00
　　1時間15分ごとに出発。

コペンハーゲン・ユースフルアドレス		
日本大使館	電33-113344	住Havneholmen 25,9F　MAP P.57-C4外
スカンジナビア航空	電70-102000	
フィンエアー	電33-364545	
JCBプラザ	電33-141227	住2nd Floor, Vesterbrogade 6D　開月～金9:00 ～12:00/12:30～17:00　休土・日　MAP P.66
コペンハーゲン警察（遺失物）	電38-748822	住Slotsherrensvej 113
警察、消防、救急車	電112	
ツーリスト医療サービス	電70-130041	

コペンハーゲン エリアインフォメーション

A 市庁舎前広場、コペンハーゲン中央駅周辺（→P.74）

コペンハーゲンの中心である市庁舎前広場は、市バスのターミナルになっているうえに観光バスの発着場やタクシー乗り場、ホットドッグのスタンド、キオスクなどもあり、1日中活気に満ちている。チボリ公園を挟んでコペンハーゲン中央駅がある。中央駅の西側は、数多くのホテルが並ぶ通称"ホテル通り"。しかし、街灯も少なく薄暗いので、夜間は用もないのに歩き回るのはやめよう。

町の中心、市庁舎前広場

B ストロイエ周辺（→P.78）

市庁舎前広場からコンゲンス・ニュートーゥまでの通りは、ストロイエと呼ばれる歩行者専用道路。両側にショップが並ぶ、コペンハーゲン随一のショッピング街だ。コンゲンス・ニュートーゥは、中央にクリスチャン5世王の銅像が建ち、周囲には木々が植えられた美しい広場。広場に面して旧王立劇場やHotel D'Angleterre（→P.91）などが建つ。

C アメリエンボー宮殿周辺（→P.79）

現王宮のアメリエンボー宮殿を中心に、重厚な建物が並ぶエリア。王宮と海の間にあるアメリエハウン公園Amaliehavenは、デンマーク最大の海運会社A.P.Møller社が自社の土地を公園にし、市に寄贈したもの。南のコンゲンス・ニュートーゥのそばに▶

は、カラフルな家屋の並ぶニューハウンがある。また、このエリア一帯は個性的なショップが並んでおり、ショッピングも楽しめる。

マーグレーテ女王の住むアメリエンボー宮殿

D スロッツホルメン（→P.80）

運河に囲まれた小さな島がコペンハーゲン発祥の地であるスロッツホルメンSlotsholmen。堂々とした石造りのクリスチャンスボー城を中心に、旧証券取引所、トーヴァルセン彫刻美術館、演劇史博物館、王立図書館（ブラック・ダイヤモンド）などがあり、小さいながら見どころがいっぱい。

コペンハーゲン発祥の地

E カステレット要塞周辺（→P.82）

星の形をした要塞、カステレットを中心とした一帯は、コペンハーゲンで最も美しいといわれるエリア。豊かな緑の間から静かな海が眺められる。北の岸辺には、コペンハーゲンの代名詞、人魚の像がひっそりとたたずむ。カステレット要塞の周辺には遊歩道が巡らされており、散策しながら、しばしおとぎの国の雰囲気に浸ってみたい。また、要塞の南にはいくつかの博物館が点在。

F ローゼンボー離宮周辺 (→P.84)

ローゼンボー離宮の一帯は、国立美術館、ローゼンボー離宮など、多くの博物館、美術館がある文教地区。また、ローゼンボー公園Rosenborg Have（王様公園Kongens Have）、植物園Botanisk Have、エスター・アンレッグ公園Østre Anlægなど広々とした公園にも恵まれており、時間をかけてゆっくりと訪れてみたいエリアだ。

緑に囲まれたエリアにあるローゼンボー離宮

G クリスチャンハウン (→P.85)

クリスチャン4世により開かれたクリスチャンハウン運河Christianshavnを中心とした地区。運河沿いには、18世紀建設のパステル調やレンガ造りの建物が並ぶ。地区の一画には、1971年にデンマーク軍の兵舎跡を占拠したヒッピーたちによる自治地区、クリスチャニアChristianiaがある。

郊外 (→P.86)

コペンハーゲンの郊外には住宅街と緑豊かな公園が広がる。なかでも、市の東に位置しているフレデリクスベア公園Frederiksberg Haveの周辺には、コペンハーゲン動物園やカールスベアビール工場など、多くの見どころがある。

コペンハーゲン エリアマップ

N

0　　　1km

E 人魚の像　カステレット要塞

F 国立美術館　ローゼンボー離宮

C アメリエンボー宮殿

ニューハウン

B ストロイエ

G

A コペンハーゲン中央駅

市庁舎

D クリスチャンスボー城

チボリ公園

フレデリクスベア公園

One Day ✈ Sightseeing

コペンハーゲン 1日満喫型プラン

人魚の像から王宮、質の高い博物館・美術館まで揃うコペンハーゲン。各見どころはそれほど離れていないので、1日で充分回れる。

大観光名所

毎日多くの観光客が訪れる一

① おとぎの国デンマークの象徴
人魚の像
（→P.82）

見学
30分

　まずはコペンハーゲンのシンボル的存在である人魚の像へ。すぐそばにあるカステレット要塞も一緒に見学したい。

星形の要塞・カステレットの周辺は公園になっている

② デンマーク王室の宝物が見学できる
ローゼンボー離宮
（→P.84）

見学
45分

　地下の宝物館に置かれている王冠は必見。正午近くになると、アメリエンボー宮殿で行われる衛兵交替式の衛兵がここから出発する。

POINT

ローゼンボー離宮からアメリエンボー宮殿へ行く衛兵について歩くのも楽しい。

王室の豪華な宝物が見たいならここへ

③ マーグレーテ女王の住まい
アメリエンボー宮殿
（→P.79）

見学
25分

　正午ぴったりに行われる衛兵の交替式は要チェック！宝物展示室はローゼンボー離宮ほど充実していないので、次に急ごう。

ここでは、衛兵の交替式をぜひ見よう

POINT

宮殿の向かいには、大理石のフレデリクス教会がある。

4 運河沿いのカラフルな家並み
見学10分

ニューハウン
(→P.79)

運河沿いに木造家屋が並ぶニューハウンは、記念撮影に絶好の場所。レストランも多いので、ここでランチにするといい。

運河が走る港町コペンハーゲンを象徴する景観

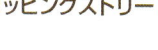

5 北欧を代表するショッピングストリート
見学20分

ストロイエ
(→P.78)

世界の一流ブランドをはじめ、ロイヤル・コペンハーゲン本店なども並ぶ。ショッピングはもちろん、脇道にそれながらの散歩も楽しい。

人気の北欧デザインのショップが勢揃いしている

1日中人通りが絶えないメインストリート

POINT ショッピングに重点をおくなら、ストロイエでたっぷり時間をとろう。

6 コペンハーゲンの町並みを見下ろせる
見学20分

展望台まではらせんの通路を上っていく

ラウンド・タワー(円塔)
(→P.78)

ストロイエから少し外れた場所にあるレンガ造りの塔。コペンハーゲンの町並みを見下ろせるビューポイントだ。

7 デンマーク最大の展示を誇る国立博物館
見学60分

国立博物館
(→P.76)

文化的遺産のコレクションの充実度はデンマーク最大。館内はとにかく広いので、ポイントを絞って観光しよう。

考古学と歴史学、民族学の展示が多い

One Day Sightseeing

8 ヨーロッパの美術品が充実
見学50分

ニュー・カールスベア美術館
(→P.74)

ローマやギリシアの彫刻やフランスの絵画など、さまざまな美術品を展示。時間があれば、スロッツホルメンへ行くのもいい。

レンガ造りの建物にも注目したい

ギリシアやローマ時代の彫刻も展示されている

エコな国でエコツーリングを楽しむ

サイクリングin コペンハーゲン

便利な自転車で観光しましょ♪

コペンでは、郵便配達も自転車です！

コペンハーゲンは、知る人ぞ知る自転車天国！ 無料で利用できるシティバイクは、デザインもかわいいおしゃれ自転車。地元の人に混じって、レッツサイクリング！

コペンハーゲンの自転車事情

コペンハーゲンを歩くと、老若男女さまざまな人が自転車を利用しているのがよくわかる。道路には自転車専用のレーンが、交差点には専用の信号もある。さらに地下鉄やバスにも自転車で乗り込むことができるなど、コペンハーゲンはサイクリストにとても親切な町なのだ。町には無料で利用できるシティバイクがあり、観光客でも気軽にサイクリングを楽しめる。

サイクリングの注意点

コペンハーゲンでは、自転車は右側通行が基本。特に交通量の多い大きな通りの場合は、自転車は必ず右側を走る。小さな通りの場合は特に決められていないが、右端を走るのがマナー。また、コペンハーゲンの中心部は、ストロイエをはじめとする歩行者専用道路が多い。自転車の乗り入れも不可だが、押して歩くのは OK。

なお、シティバイクは利用できるエリアが限られている。利用エリアはハンドルに付いている市内地図に記されているので、チェックすること。シティバイクは人気があり、また壊れている自転車も多いので、なかなか見つけることができない場合も。その時は、コペンハーゲン中央駅の地下にあるレンタサイクル店を利用するといい。

自転車専用の標識もある

レンタサイクル店
Kobenhavns Cykler
MAP P.66
🏠 Reventlowsgade 11
📞 33-338613
URL www.copenhagen-bikes.dk
🕐 月～金 8:00～17:30
　　土　　9:00～13:00
　　日（7～9月）10:00～13:00
休 7～9月以外の日
料 1日85DKK～

レンタルにはデポジット500DKK～が必要

サドル
サドルの高さは工具なしで調節できるクイックレバー式。足の長いデンマーク人サイズなので、日本人には少々高すぎる。

カギ&市内地図
ハンドルの中央部には地図が付いており、自転車に乗りながらだいたいの位置がわかるようになっている。地図の下にはカギがある。

ハンドル
ハンドル部はシンプルにゴム製グリップが付いているだけで、ブレーキレバーはない。ハンドルの中央部にカギと市内地図がある。

ペダル
ハンドルにブレーキレバーは付いてなく、ペダルを逆回転させるとブレーキがかかる。スピードの出し過ぎには注意しよう。

タイヤ
空気が入っていない、中までゴム構造なのでパンクしない。そのかわりペダリングは重く、乗り心地もよくない。

シティバイクの借り方

❶ まずはスタンドを探す
市内にいくつもあるスタンドで自転車を探す。シティバイク専用はカギの付いたスタンド。

❷ デポジット 20DKK を入れる
カギ下部のコイン入れに20DKKのコインを入れる。コインは20DKK以外使用できない。

❸ カギをはずす
コインを奥まで押し込むと「カチッ」という音がしてカギが外れる。外れたカギはそのままで OK。

❹ 返すときは
スタンドでカギを押し込む。カギがかかるとコインが落ちるので、落下しないよう受け止めよう。

おすすめサイクリングコース

市庁舎前広場から運河沿いを北上し、市内のおもな見どころを回るコース。おとぎの世界のような風景が連続するコースは、メルヘン街道と勝手に命名！

コペンハーゲン
サイクリングルート
N
サイクリングルート
歩行者専用道路
0
500m
人魚の像 9
8
カステレット要塞
フレデリクス教会 6
7
アメリエンボー宮殿
コンゲンス・ニュートーゥ
4
5 ニューハウン
ストロイエ Strøget
ガンメルストランド
2
市庁舎前広場
1
3 デンマーク国立銀行
クリスチャンスボー城
Christiansborg Slot

1 市庁舎前広場

ストロイエの入口にある、町の中心となる巨大な広場。広場に面して市庁舎が建ち、市庁舎の脇にはチボリ公園を見上げるアンデルセンの像がある。

10分

2 ガンメルストランド

クリスチャンスボー城のあるスロッツホルメンを囲む運河沿い。教会やレンガ造りの建物が並ぶ、コペンハーゲンで最も歴史の古い地区。

5分

3 デンマーク国立銀行

デンマークを代表するデザイナー、アーネ・ヤコブセンの遺作として知られる。大理石とガラスを多用して造られた建物は、「近代建築の傑作」だ。

5分

4 コンゲンス・ニュートーゥ

ストロイエの東の出口にある、緑の綺麗な広場。周囲にはカフェや高級ホテル、旧王立劇場が並んでいる。ニューハウンもすぐそば。

1分

5 ニューハウン

カラフルな木造家屋が並ぶ、観光名所ニューハウン。運河を挟んでふたつの通りからなっており、北側は人が多いので南側を走ろう。

3分

6 フレデリクス教会

「マルモキルカン（大理石の教会）」と呼ばれる美しい教会。このあたりは石畳の道が続くので、少しおしりが痛くなるかも。

1分

7 アメリエンボー宮殿

デンマーク女王が住む宮殿。敷地内に自転車で入れ、衛兵との距離がほんの10mくらいまで寄ることができるのは、北欧ならでは。

8分

8 カステレット要塞

かつて要塞として利用された、緑豊かな公園。木漏れ日の下でペダルを漕げば、メルヘン気分は最高潮！人が多い場所は、自転車を降りて、押して歩こう。

5分

9 人魚の像

ゴールはコペンハーゲンのシンボル、人魚の像。毎日多くの観光客が訪れる像の周りは、とにかく人が多いので、運転に気を付けて。

コペンハーゲン最高所からの
眺め

コペンハーゲン市庁舎
☎33-662582
URLwww.kk.dk
開月～金8:00～17:00
　土　　9:30～13:00
休日
ガイドツアー（英語）
催月～金15:00
　土　　10:00
料30DKK
タワーへのツアー
催月～金11:00,14:00
　土　　12:00
料20DKK
　塔の上まではすべて階段
で上るので、やや健脚向き。
**イェンス・オルセンの
天文時計**
開月～金 8:30～16:30
　土　　9:30～13:00
休日
料10DKK
（天文時計のみコペンハーゲ
ン・カードで見学可）

ニュー・カールスベア美術館
住Dantes Plads 7
☎33-418141
URLwww.glyptoteket.dk
開火～日11:00～17:00
休月
料75DKK（日曜は無料）
（コペンハーゲン・カードで
入場可）

デンマーク屈指のコレクショ
ンを誇る

おもな見どころ

市庁舎前広場、コペンハーゲン中央駅周辺

コペンハーゲン市庁舎　　København Rådhuset
MAP P.58-A4、P.66

レンガ造りの建物と塔からの眺めを楽しみたい

　1905年に完成した、6代目に
あたるコペンハーゲン市庁舎
は、中世デンマーク様式と北
イタリアのルネッサンス様式
を取り入れた堂々たるたたず
まいの建物だ。コペンハーゲ
ンで最も高い105.6mの塔をも
っており、コペンハーゲン市街を見渡すことのできる絶景ス
ポットしても知られている。館内の見学はガイドツアーで。
塔へもツアーでのみ上がることができる。また、入ってすぐ
のホールの脇には、100年に1000分の1秒しか誤差が生じない
というイェンス・オルセンの天文時計Jens Olsens Verdensur
がある。静かな中庭は小憩におすすめだ。
　市庁舎のすぐ脇を通るH. C. アンデルセン通りH. C. Anderse-
ns Boulevard沿いには、チボリ公園を見上げるアンデルセン
の銅像があり、人気の撮影場所となっている。

ニュー・カールスベア美術館　　Ny Carlsberg Glyptotek
MAP P.57-C3

　1888年、デンマークを代表するビール会社カールスベア社
（カールスバーグ）Carlsbergの創業者J.C.ヤコブセンJ.C.
Jacobsenの息子カール・ヤコブセンCarl Jacobsenにより開設
された。エジプト、メソポタミア、ローマ、ギリシアの多く
の石棺や彫刻、美術品のコレクションで有名だ。また、19世
紀から20世紀のデンマークの彫刻や絵画、創設者の息子であ
るヘルゲHelgeと息子のヘルガHelgaにより集められたフラン
スのセザンヌやボナールにいたる印象派の作品も収蔵。
　建物自体も美しく、白亜の館内は自然光がふんだんに取り
入れられるようガラスが多用されており、パティオには緑の
植物が豊かに茂る。パティオに面したカフェも評判だ。彫刻
やフランス美術など館内レイアウトもわかりやすい。受付で
地図をもらって、時間をかけて回りたい。

チボリ公園　　Tivoli
MAP P.66

　1843年にオープンしたチボリ公園は、コペンハーゲンっ子
の心のふるさととして親しまれている遊園地。ウォルト・ディ
ズニーも参考にしたといわれている。当時のデンマーク国
王クリスチャン8世の臣下であったゲオー・カーステンセン

最新の絶叫マシンも揃っている

Georg Carstensenにより、それまで娯楽施設がほとんどなかった町に、市民の楽しみとなるような施設を造ろうと考案されたものといわれている。しかし、階級の別なく誰でも楽しめるような場所であるという、当時としては先進的な点には反発も強く、カーステンセンは開園後しばらくしてチボリの運営から手を引かざるを得なくなり、さらにデンマークからも離れてしまった。

園内にはさまざまな乗り物があるほか、パントマイム・シアターやチボリ・コンサート・ホールなどのエンターテインメント施設、さらには約40軒のレストランなどが並んでいる。夏期のオープン期間中には、家族連れからカップルまで、さまざまな人たちが訪れる。また、ハロウィン時期の10月中旬～下旬もオープンするほか、11月中旬～12月下旬にはクリスマスマーケットが開催される。園内はクリスマスのイルミネーションで彩られ、民芸品などのクラフトの実演販売や子供向けのイベント、スケートリンク、乗り物の一部も楽しめるようになっている。

チボリ公園
🏠Vesterbrogade 3
☎33-151001
URLwww.tivoli.dk
📅4/14～9/25
　日～木11:00～23:00
　金　　11:00～24:30
　土　　11:00～24:00
休9/26～4/13
料95DKK（8歳未満は無料）
（コペンハーゲン・カードで入園可）
乗り物チケット
(Multi Ride Ticket)
料195DKK
　野外ステージ、チボリ・コンサート・ホールなどでの催し物は、着席しなければ無料。
クリスマスマーケット
📅11/11～12/30
　日～木11:00～22:00
　金・土11:00～23:00
（12月の第1～3土曜は～24:00）

ライトアップされた夜の園内。
夏の夜には花火が打ち上げられる

チボリ公園　Tivoli

入口（ニュー・カールスベア美術館方面）
Det gyldne Tårn（フリーフォール）
Dæmonen（ジェットコースター）
空中ブランコ Himmelskibet
Monsunen（フライング・カーペット）
Vertigo（横回転アトラクション）
チケット売り場
チボリ・コンサート・ホール The Tivoli Concert Hall
チボリ水族館 Tivoli Aquarium
Karavanen（キャメルコースター）
Dragenbåden（ドラゴンボート）
チケット売り場
Odinexpressen（ジェットコースター）
Tietgensgade
H.C. Andersens Boulevard
Det Store Ur（時計の観覧車）
ガラス・ホール・シアター The Glass Hall Theatre
Ballongyngen（バルーンライド）
パントマイム・シアター The Pantomime Theatre
Rutschebanen（木のジェットコースター）
Vesterbrogade
Bernstorffs
オープン・エア・ステージ The Open Air Stage
入口（コペンハーゲン中央駅方面）
メイン入口
チケット売り場

国立博物館

国立博物館
- 🏠 Ny Vestergade 10
- ☎ 33-134411
- FAX 33-473330
- URL www.natmus.dk
- 開 火～日10:00～17:00
- 休 月
- 料 無料

ビクトリアン・ホーム
ガイドツアー（英語）
- 開 6～9月
　土11:00
- 料 50DKK

国立博物館のインフォメーションで1時間前から申し込み受付。1回のツアーの定員は15人。
（コペンハーゲン・カードで入場可）

博物館展示物の目玉でもある
太陽の車

国立博物館　　　　　Nationalmuseet

MAP P.58-A・B4

　デンマーク最大のコレクションを誇る博物館。建物は18世紀、後のフレデリック5世王となるフレデリック皇太子とルイーズ皇太子妃のために建てられたものだ。展示はデンマークに関するものが最も多く、ヴァイキング時代のものから、中世～ルネッサンス時代、17世紀、現代デンマークの展示室がある。特にデンマーク・コレクション部門の入口付近にある「太陽の車Solvogn」と呼ばれる黄金の日輪を運ぶ車は、紀元前1200年頃の青銅器時代のもので、デンマークの歴史上最大の発掘品だといわれている。ほかに王室や国外の古代から近代にかけてのコイン、メダルコレクション、民族学に関してはグリーンランドのイヌイットや、アラスカのエスキモーに関する展示が充実。エジプト、ギリシアの文化的遺産の展示室もある。館内にはカフェやショップもあるので、時間を多めにとってゆっくりと見学しよう。
　博物館のすぐそばには、ビクトリア様式のマナーハウスを保存したビクトリアン・ホームKlunkehjem（ガイドツアーでのみ見学可）がある。

デンマークの美術品や歴史的な発掘品を展示している

展示案内
＜1階＞
- 🟨 こども博物館
- 🟫 デンマークの先史時代

＜2階＞
- 🟦 コイン、メダル・コレクション
- 🟩 デンマーク・コレクション
- 🟧 デンマークの中世とルネサンス
- 🟥 民族学（世界の民族）

＜3階＞
- 🟥 デンマークの近現代史　　🟦 特別展
- 🟥 民族学　　🟪 アンティークおもちゃ

＜4階＞　🟩 中近東の古代史

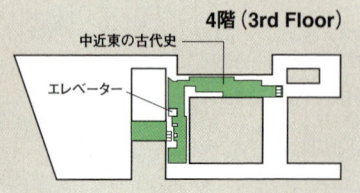

デンマーク・デザイン・センター　Dansk Design Center

MAP P.57-C3

デンマーク人デザイナー、ヘニング・ラーセンHenning Larsenのデザインしたガラス張りの建物が目印。展示内容はデンマークをはじめとする世界のデザインに関する企画展が中心で、テーマも家具や建築、広告など幅広い。企画展示に合わせて、そのつど改装されるカフェにも注目だ。地下の常設展示のコーナーには、アーネ・ヤコブセンArne Jacobsenやポール・ヘニングセンPaul Henningsenなどデンマークデザインを彩る巨匠たちの作品が並ぶ。ショップはしゃれたおみやげを探すのにもいい。

モダンなデンマークデザインに触れられる

ビリーブ・イット・オア・ノット　Ripley's Believe it or Not!

MAP P.58-A4

「信じるか信じないかはあなた次第」という、名前そのままの博物館。市庁舎前広場正面、Scandic Palace Hotel（→P.91）の1階にある目を引く派手なエントランスが目印だ。館内には冒険家のリプリーさんが世界各地から集めた233もの珍しく奇抜な品々が、模型やレプリカ、ビデオなどで再現されており、実物の展示もある。すぐ横には、アンデルセン童話の世界を模型で再現したH.C.アンデルセンズ・ワンダフル・ワールドH.C.Andersen's Wonderful Worldがある。

アイマックス・チューコ・ブラハ・プラネタリウム　IMAX Tycho Brahe Planetarium

MAP P.66

ホテルScandic Copenhagen（→P.92）の向かいにある、巨大な円筒を袈裟斬りにしたような変わった形の建物がアイマックス・チューコ・ブラハ・プラネタリウム。プラネタリウムのほか、映画なども上映している。館内にはエキシビジョンルームもあり、星に関する資料などを展示している。

独特の形が目を引く

市立博物館　Københavns Bymuseum

MAP P.56-B4

北欧のなかでも長い歴史をもつ都市コペンハーゲン。この町が歩んだ約800年にわたる歴史にまつわる展示物が中心。特に博物館の前の小さな庭にあるミニチュアのコペンハーゲンは、古都の全体像を知るうえで貴重。また哲学者ソーレン・キルケゴールの部屋があり、遺品と全著作が揃う。

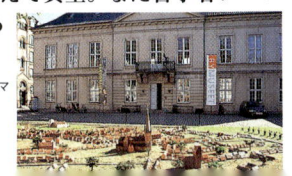

1500年代のコペンハーゲンを再現したジオラマ

デンマーク・デザイン・センター
住H.C. Andersens Boulevard 27
☎33-693369
FAX33-693300
URLwww.ddc.dk
開月・火・木・金
　　　10:00～17:00
　水　10:00～21:00
　土・日11:00～16:00
休無休
料55DKK
（コペンハーゲン・カードで入場可）

ビリーブ・イット・オア・ノットとH.C.アンデルセンズ・ワンダフル・ワールド
住Rådhuspladsen 57
☎33-323131
FAX33-323183
URLwww.topattractions.dk
開6/15～8/31
　毎日　10:00～22:00
　9/1～6/14
　日～木10:00～18:00
　金・土10:00～20:00
休無休
料ビリーブ・イット・オア・ノット85DKK
　H.C.アンデルセンズ・ワンダフル・ワールド67DKK
　（コペンハーゲン・カードで25%割引）
　ギネス・ワールド・オブ・レコーズ博物館とのお得な3館共通チケットあり。
料190DKK

アイマックス・チューコ・ブラハ・プラネタリウム
住Gammel Kongevej 10
☎33-121224
URLwww.tycho.dk
開月　　11:30～20:30
　火～金10:30～20:30
　土・日　9:30～20:30
休無休
料135DKK（プラネタリウムと映画1回分、エキシビジョンルーム含む）

市立博物館
住Vesterbrogade 59
☎33-210772
FAX33-250772
URLwww.copenhagen.dk
開毎日10:00～17:00
休無休
料20DKK（金曜は無料）
（コペンハーゲン・カードで入場可）

テイクアウトグルメが楽しめる屋台もたくさん

ラウンド・タワー
住Købmagergade 52A
電33-730373
FAX33-730377
URLwww.rundetaarn.dk
開5/21～9/20
　　毎日10:00～20:00
　　9/21～5/20
　　毎日10:00～17:00
休無休
料25DKK
（コペンハーゲン・カードで入場可）
天体観測所
開10月中旬～3月中旬
　火・水19:00～22:00
休10月中旬～3月中旬の木
　～月、3月中旬～10月中旬

レンガ造りの北欧ルネッサンス様式の塔

ギネス・ワールド・オブ・レコーズ博物館
住Østergade 16
電33-323131
FAX33-323183
URLwww.topattractions.dk
開6/15～8/31
　　毎日　10:00～22:00
　　9/1～6/14
　　日～木10:00～18:00
　　金・土10:00～20:00
休無休
料85DKK
（コペンハーゲン・カードで25%割引）
　ビリーブ・イット・オア・ノット、H.C.アンデルセンズ・ワンダフル・ワールドとのお得な3館共通チケットあり。
料190DKK

ストロイエ周辺

■ ストロイエ　　　Strøget
MAP P.58～59-A4～C2

　市庁舎前広場とコンゲンス・ニュートーゥを結ぶ通りがストロイエ。フレデリクスバーグギャーゼFrederiksberggade、ニューギャーゼNygade、ヴィメルスカフテVimmelskaftet、エスターギャーゼØstergadeの4つの通りとガメルトーゥGammeltorv、ニュートーゥNytorv、アマートーゥAmagertorvの3つの広場で構成されている。ストロイエとはデンマーク語で歩くこと。市民や観光客の目を楽しませてくれるこの通りは、その名にふさわしい歩行者天国。道の両側にはさまざまなショップやレストラン、カフェが並び、ヨーロッパでも屈指のショッピングストリートだ。また路地裏には、中世の香り漂う重厚な教会や色鮮やかな家屋が並んでおり、そぞろ歩きが楽しい。

コペンハーゲンの目抜き通り

■ ラウンド・タワー（円塔）　　　Rundetårn
MAP P.58-B2

展望台から市街を見下ろす

　1716年、コペンハーゲンを訪れたロシアのピョートル大帝が馬で、エカテリーナ妃が4頭だての馬車で駆け上ったといわれる円塔。1642年、クリスチャン4世王によって、天体観測所として建てられた。天体観測所としてはヨーロッパ最古のもので、1861年まではコペンハーゲン大学の研究に利用されていた。

　高さ34.8mの塔は、屋上が展望台になっており、眼下にコペンハーゲンの町並みをぐるりと見渡すことができる。らせん状に上りつめていく通路の長さは209mで、中階部分には図書館を改装したホールがあり、期間限定の展示やコンサートが行われている。また、冬には天体観測所が公開される。

■ ギネス・ワールド・オブ・レコーズ博物館　Guinness World of Records
MAP P.59-C2

　ギネスブックに載っているさまざまな記録がひとめでわかる博物館。建物の前にある、世界一の背高のっぽの人の像が目印。さまざまなジャンルの世界一が実物大の模型で展示されているほか、世界新記録達成の模様がビデオや絵などで紹介されている。

アメリエンボー宮殿周辺

アメリエンボー宮殿　Amalienborg Slot

MAP P.59-D1

　クマの毛皮の帽子をかぶった衛兵が立っていなければ、宮殿とは思えないほど質素なたたずまい。18世紀末に当時の宮殿クリスチャンスボー城が炎上したため4人の貴族のマンションを宮殿としたもので、もともと王家の住居ではなかった。

　宮殿は大きく4つの建物に分かれている。そのうちのひとつであるクリスチャン8世王宮殿は宝物展示室Det Danske Kongers Kronologiske Samling（アメリエンボー博物館Amalienborgmuseet）として一般公開されている。クリスチャン9世からフレデリク9世の間、1863〜1972年にかけての、ロイヤルファミリーの寝室や宝物が展示されている。またクリスチャン7世王宮殿では、夏期のみ内部を見学するガイドツアーを催行。

　宮殿の屋根にデンマーク国旗が翻っていたら、女王在宮のしるし。正午ちょうどに華麗な衛兵の交替式を見物できる。

交替式に合わせて訪れよう

フレデリクス教会　Frederiks Kirke(Marmorkirken)

MAP P.59-D1

　アメリエンボー宮殿を含む周辺全体の設計を担った建築家で、都市設計者のニコライ・アイトブNicolai Eigtvedにより建造された教会。1754年にアイトブの死去した後は、フランス人のジャーディンに建築が任されたものの、高価なノルウェー産の大理石を使用したため費用がかかり、当時のデンマーク首相、ストルエンセが1770年に建築を中止させてしまった。その後約1世紀を経て、1894年にようやく完成した。大理石がふんだんに使われたロマネスク・バロック様式の美しい教会を地元の人々はみな、「大理石の教会Marmorkirken」と呼んで親しんでいる。内部の聖堂のほか、ドームの頂上にもガイドツアーで上ることができる。

ニューハウン　Nyhavn

MAP P.59-C・D2

　コペンハーゲンを象徴する景観として名高い、運河に沿ってカラフルな木造家屋が並ぶエリアがニューハウンだ。かつては、長い航海を終えた船乗りたちが羽根を伸ばす居酒屋街としてにぎわいを見せていた。現在では、運河に沿った北側の通りにレストランが並び、夏期には外にテラス席が出てにぎやか。アンデルセンが愛した場所としても知られ、実際この界隈に3回居を構えた。それらは現在でも残っており、その壁には彼の名前と来歴を刻んだ石板が埋め込まれている。

アメリエンボー宮殿
🏠Amalienborg
　Slotsplads
☎33-926451
URLwww.ses.dk

ガイドツアー（英語）
🕐7〜9月
　土・日13:00、14:30
💰75DKK

宝物展示室
☎33-122186
URLdkks.dk
🕐5〜10月
　毎日　10:00〜16:00
　11〜4月
　火〜日11:00〜16:00
🚫11〜4月の月
💰60DKK
（コペンハーゲン・カードで入場可）
ローゼンボー離宮との共通チケットあり。
💰100DKK
行き方➡➡
コンゲンス・ニュートーゥから徒歩5分。

フレデリクス教会
🏠Frederiksgade 4
☎33-150144
URLwww.marmorkirken.dk
🕐月・火・木・土
　　10:00〜17:00
　水　10:00〜18:30
　金・日12:00〜17:00
🚫無休
💰無料

ガイドツアー
🕐6/15〜8/31
　毎日　13:00、15:00
　9/1〜6/14
　土・日13:00、15:00
💰25DKK
所要時間約40分。

周辺にはデンマークの哲学者キルケゴールなど12体の像が建つ

おとぎの国を連想させるかわいらしい家屋が並ぶ

クリスチャンスボー城

Christiansborg Slot

MAP P.58-B4

地下にある大主教時代の城跡

石造りのクリスチャンスボー城は、1167年にアブサロン大主教Absaronによって建設されたコペンハーゲン発祥の地。当時、コペンハーゲンは砂州に造られたほんの小さな砦でしかなかった。現在は、城を取り囲むようにガンメルストランドという運河が巡っており、運河の手前には砦を造ったアブサロン大主教の銅像が建っている。城は建設以来、5度にわたって破壊、再建された。現在の重厚なネオバロック様式の建物は1928年に完成したものだ。

　かつては王宮として使用されていたクリスチャンスボー城だが、現在では国会議事堂や女王の謁見の間として利用されている。国会議事堂の正面玄関の上部にあるのは、「見猿、言わ猿、聞か猿」と同じような発想の「四痛」という彫刻だ。歯が痛い、耳が痛い、頭が痛い、胃が痛いと嘆く4体の彫刻は、元気で働くようにとの国会議員への警告だという。中央に建つのは、かつてのデンマーク王クリスチャン9世の像。子供たちを次々と政略結婚させて、諸国と姻戚関係を結んだことで、欧州の義父と呼ばれた王だ。建物内には、国会議事堂Folketing、各国の大統領、首相、国王からの親書を王室に献ずる部屋であるクリスチャンスボー宮殿Christiansborg, De Kongelige、かつての宮廷劇場を利用し、デンマークの演劇史にまつわる展示をしている演劇史博物館Teatermuseetなどの見どころがある。また、地下には建設当時の城の姿をとどめるアブサロン大主教時代の城跡Ruinerne under Christiansborgがある。

　城の脇には、王立図書館（ブラック・ダイヤモンド）があり、庭にはキルケゴールの銅像が建っている。

コペンハーゲン発祥の地

クリスチャンスボー城
🏠Cristiansborg Slotsplads
URLwww.ses.dk

国会議事堂
☎33-375500
URLwww.ft.dk
　ガイドツアーでのみ見学可。開催時間などについては、要問い合わせ。

クリスチャンスボー宮殿
☎33-926492
🕐5〜9月
　毎日　10:00〜17:00
　10〜4月
　火〜日10:00〜17:00
🚫10〜4月の月
ガイドツアー（英語）
🕐5〜9月
　毎日　15:00
　10〜4月
　火〜日15:00
💰70DKK
（コペンハーゲン・カードで入場可）
　ロイヤル・レセプション・ルームThe Royal Reception Rooms（入口は中庭側）で出発10分前から受付。内部の写真撮影は不可。

アブサロン大主教時代の城跡
☎33-926492
🕐5〜9月
　毎日　10:00〜17:00
　10〜4月
　火〜日10:00〜17:00
🚫10〜4月の月
💰40DKK
（コペンハーゲン・カードで入場可）

演劇史博物館
🏠Christiansborg Ridebane 10-18
☎33-115176
URLwww.teatermuseet.dk
🕐火〜木11:00〜15:00
　水　　11:00〜17:00
　土・日13:00〜16:00
🚫月・金
💰40DKK
（コペンハーゲン・カードで入場可）

キルケゴール
　デンマーク出身の哲学者。1813年5月コペンハーゲン生まれ。ヘーゲル風の汎論理主義に反対し、個人の主体的実存を重視した、後のハイデガー、ヤスパース、バルトなどの弁証法神学者や実存哲学者に大きな影響を与えた。1855年没。おもな著書に『あれかこれか』『死に至る病』などがある。

王立図書館（ブラック・ダイヤモンド） Det Kongelige Bibliotek

MAP P.57-C3

運河を見下ろすように建つ、近未来的なSFの世界を思わせるようなデザインは、デンマークのデザイン集団であるシュミット、ハンマー＆ラッセンSchmidt, Hammer&Lassenによるもの。南アフリカの花崗岩を使って造りあげた黒光りの建物は、通称ブラック・ダイヤモンドと呼ばれ親しまれている。運河を挟んだ対岸のクリスチャンハウンからが絶好の撮影スポット。図書館としての機能のほか、現代アートのエキシビ

ジョンも行われている。また、ガラス張りのレストラン、Søren K（→P.101）があるほか、カフェもあるので運河を眺めながらゆっくりとするのもおすすめだ。

鈍く光る建物は、近代建築の傑作

トーヴァルセン彫刻美術館 Thorvaldsens Museum

MAP P.58-B4

デンマークの黄金時代（ゴールデン・エイジ）と呼ばれた1800年代後半の文化の開花を、童話作家のアンデルセン、哲学者のキルケゴールとともに担ったのが、ベルテル・トーヴァルセンBertel Thorvaldsen（1770～1844年）だ。ローマで新古典主義の技法を学び、デンマークの彫刻界に一大センセーションを巻きおこした彼の作品が展示されているのがこの美術館。黄色で塗られた外壁には、大成功をおさめた彼の帰朝を歓迎する市民の様子が描かれている。トーヴァルセンは、生涯で250あまりの彫刻と約300の作品を残したといわれており、そのほとんどがこの博物館に展示、保存されている。トーヴァルセン自身の作品のほかにも、彼の集めたコレクショ

ンも展示されている。

　この美術館が建てられたのは、ヨーロッパが混乱期にあった1848年。困難な状況に負けず文化促進の意志を貫き、創設に携わった人々の息吹を力強い彫刻とともに感じたい。

デンマークを代表する彫刻家、トーヴァルセンの作品を展示

王立武器博物館 Tøjhusmuseet

MAP P.58-B4

クリスチャン4世により17世紀初め、王立兵器庫として建てられた。展示室は北ヨーロッパでは最長のホールだといわれている。世界各国から集められたミサイルや銃砲などの兵器や軍服、中世の甲冑などを展示。ヨーロッパでもこれだけの武器を集めた博物館はあまりない。無数に展示された各種小銃は、圧巻のひとことに尽きる。

王立図書館
🏠Søren kierkegaards
Plads1
☎33-474747
URLwww.kb.dk
🕐月～金 9:00～21:00
　土　　 9:00～17:00
休日
料無料

エキシビジョン
🕐月～土10:00～19:00
休日
料40DKK

カフェ
🕐月～土 8:00～19:00
休日

流線的な館内の設計にも注目

トーヴァルセン彫刻美術館
🏠Bertel Thorvaldsens
Plads 2
☎33-321532
FAX33-321771
URLwww.thorvaldsensmuseum.dk
🕐火～日10:00～17:00
休月
料40DKK（水曜は無料）
（コペンハーゲン・カードで入場可）

王立武器博物館
🏠Tøjhusgade 3
☎33-116037
FAX33-937152
URLwww.thm.dk
🕐火～日12:00～16:00
休月
料30DKK（水曜は無料）
（コペンハーゲン・カードで入場可）

世界中からあらゆる武器が集められている

おとぎの国デンマークの象徴
として知られる

人魚の像
行き方➡➡➡
　エストーのA、B、BX、C、E、H線のエスターポート駅Østerportから徒歩約20分。また、市庁舎前広場から市バス26番か、コンゲンス・ニュートーゥから市バス1A、15、20E、26番を利用。1A、15、20EはグロンニンゲンGrønningen下車、徒歩20分。26番のバスの場合は、バス停Indiakaj下車、徒歩すぐ。また、王立図書館やニューハウンなどから水上バス902番に乗り、終点のNordre Toldbodで下船、徒歩7分。

チャーチル
　イギリスの元首相。第2次世界大戦中のイギリスをナチス・ドイツに対する勝利へと導いた。ちなみにこの胸像、トレードマークの葉巻をくわえていない。像がうつむき加減に見えるのは、うっかり葉巻を落としてしまい、探している最中だからだとか。

要塞のなかには兵隊たちの宿舎がある

自由博物館
🏠Churchillparken 1
📞33-473921
🌐www.natmus.dk
🕐5～9月
　　火～日10:00～17:00
　10～4月
　　火～日10:00～15:00
休月
料無料

カステレット要塞周辺

人魚の像　　　　　　　Den Lille Havfrue
MAP P.57-D1

　アンデルセンの有名な、しかし悲しい物語を思い起こさせる人魚の像。1913年、彫刻家エドワード・エッセンによって作られた。当時王立劇場では、バレエ『人魚姫』が上演されていた。それを観たカールスベア（カールスバーグ）ビール会社2代目社長カール・ヤコブセンが、この像を制作するアイデアを思いついたのだ。

　モデルとなったのは王立劇場のプリマドンナで、それが縁で、のちに彫刻家の夫人になった。

　全長80cmの愛らしい像は、毎日カメラの放列にあっている。

　1964年4月と1998年1月に2度に渡って何者かによりその首が切り落とされ、1984年には腕がもぎとられるという事件にあった。また2003年の9月11日には、像はなんと爆破され、海に胴体が投げ出された。修復には約1ヵ月半もの期間を必要としたという。2010年には上海万博へ出展された。

カステレット要塞　　　　　Kastellet
MAP P.57-D1・2

　ヨーロッパ各地に見られる星の形をした要塞のカステレットは、コペンハーゲン港の入口を防御する目的で、1662年に建設された。現在は大部分が破壊され、緑が美しい公園になっている。公園内の聖アルバニ教会Skt. Albans Kirkeのそばには、シェラン島の由来を物語るゲフィオンの泉Gefionspringvandetがある。噴出する水しぶきの中、4頭の雄牛とそれを御する女神の像は迫力満点。また、この一帯はチャーチル公園Churchillparkenと名付けられ、ウインストン・チャーチルの胸像が建っている。第2次世界大戦でナチス・ドイツに占領されたデンマークを救ってくれたイギリスへの感謝の気持ちの表れだ。

豪快にしぶきをあげるゲフィオンの泉

自由博物館　　　　　Frihedsmuseet
MAP P.57-D2

　第2次世界大戦下のデンマークは、北方への侵略攻勢をかけていたドイツ軍に対し、必死の抵抗運動を展開していた。北欧の小国にとって、ナチスの侵攻がどれだけの恐怖となっていたことだろうか。レジスタンス運動の旗手だった作家カイ・ムンクの死などが国民にもたらした怒りや悲しみの大きさははかりしれない。ここはそんな血塗られた歴史の一断面を記録するデンマーク抵抗運動史（1940～45年）の博物館。ぜひこの国の過去を振り返ってみたい。

■ デザイン博物館デンマーク　DesignmuseumDanmark
MAP P.57-D2

デンマークデザインを中心に、家具や日用品など生活に関するさまざまなグッズの展示がある。入口から向かって左側が日本と中国の日用品や18世紀から19世紀のヨーロッパ各地の家具などの展示、右側がデンマークのモダンデザインのコーナーになっている。展示はヤコブセンやヘニングセン、パントンなど、デザイナーごと、また"ポップ"や"スタンダード"などテーマ別に分けられている。中世と現代の家具の違いを実感でき、モダンなデンマークデザインに触れることができる。ミュージアムショップにはデンマークデザインの小物が充実しており、気の利いたおみやげを探すのにも最適だ。ミュージアムカフェも併設している。中庭を取り囲むように造られた回廊式ロココ調の美しい建物にも注目したい。

美しい建物と内庭も必見

中世から現代までのデンマークデザインを学ぼう

中庭でのんびりひと休みするのもおすすめ

デザイン博物館デンマーク
🏠 Bredgade 68
📞 33-185656
🌐 www.designmuseum.dk
🕐 火～日11:00～17:00
休 月
料 60DKK（水曜は無料）
（コペンハーゲン・カードで入場可）

■ 王立石膏模型コレクション（ロイヤル・キャスト・コレクション）　Den Kongelige Afstøbningssamling
MAP P.57-D2

もともとは船の収容庫だった建物の中には、過去4000年にわたる西洋の有名な彫刻の石膏模型が2000体以上も収められている。ここにある模型の大半は1870～1915年の間にヨーロッパで作成されたもの。オリジナル作品から直接型を取るこの工法は、現在は特例を除き許可されていない。

画家や美術学校生徒のデッサンの場として造られた

王立石膏模型コレクション
🏠 Toldbodgade 40
📞 33-748484
🌐 www.smk.dk/kas
🕐 火10:00～16:00
　日14:00～17:00
休 月・水～土
料 無料

COLUMN　　　　　　　　　　　　　　**DENMARK**

■ アンデルセンゆかりの地を訪ねる

コペンハーゲンは、童話作家アンデルセン（→P.123）がその半生を過ごした場所。有名な人魚の像をはじめ、市内にはアンデルセンゆかりの場所が点在している。市庁舎前広場脇には、チボリ公園を見上げるアンデルセンの像が立ち、人気の撮影スポットになっている。また、ニューハウンは、生前のアンデルセンが愛した場所で、18、20、67番地に建つ家屋にはアンデルセンの住んだ部屋があり、壁にはプレートが埋めこんである。

郊外には、アンデルセンが創作活動の最中に散策したというアシステンス教会墓地 Assistens Kirkegård がある。園内は緑豊かな公園になっており、アンデルセンのほかキルケゴールなどデンマークの偉人が多く眠っている。

―DATA―
■ アシステンス教会墓地
MAP P.56-B2　🏠 Kapelvej 4
📞 35-371917　🌐 www.assistens.dk
行き方➡➡ 市庁舎前広場から市バス5A番でKapelvej下車、徒歩3分。

ローゼンボー離宮

Rosenborg Slot

MAP P.58-A-B1

黄金の王冠のほか、様々な財宝が見られる

ローゼンボー離宮
🏠Øster Voldgade 4A
☎33-153286
FAX33-152046
URLdkks.dk
🕐1/2～2/11、2/21～4/20、
11/1～12/22
火～日11:00～14:00
（地下室は～16:00）
2/12～20、4/21～5/31、
9～10月、12/27～30
毎日 11:00～16:00
6～8月
毎日 10:00～17:00
🚫1/2～2/11と2/21～
4/20と11/1～12/22の
月、12/23～26、12/31
～1/1
💰75DKK
（コペンハーゲン・カードで
入場可）
アメリエンボー宮殿との
共通チケットあり。
💰100DKK
写真・ビデオ撮影
💰20DKK
荷物はコインロッカーに
預けなければならない。
💰20DKK（保証金）
入場券は城や宝物館の入
口で係員に見せなければな
らないため、捨てたりしな
いこと。
行き方➡➡➡
エストーのA、B、BX、C、
E、H線と地下鉄のノアポー
ト駅Nørreport下車、徒歩5
分。コンゲンス・ニュート
ゥからは徒歩10分。

ローゼンボー離宮は、クリス
チャン4世王により建てられた
オランダ・ルネッサンス様式の
建物。1605年から工事を開始し、
1634年に完成した。1615年、38
歳の男ざかりであったクリスチ
ャン4世王は、絶世の美女キア
ステン・ムンクと熱烈な恋にお
ち、彼女は王のもとにやってく
ることになった。ふたりの愛の新居として定められたのが、
ここローゼンボー離宮だ。また1648年、王が死の淵へと赴い
たのも、この宮殿だった。

城内には、クリスチャン4世王時代の大理石張りの豪華な
居間をはじめとして、歴代の王たちが所有した数々の品が展
示されている。最上階の騎士の間には、王たちが戴冠式に用
いたイスが展示されている。城の入口より少し先には、地下
室への入口がある。地下室は王室の宝物館として利用されて
おり、数々の財宝や刀剣などが展示されている。なかでも圧
巻は、クリスチャン4世王と5世王の戴冠式に用いられた王冠
だ。クリスチャン4世王の王冠は、絶対君主制の前のもので

頭部が開いており、ク
リスチャン5世王の王
冠は、国内を統一した
という意味で、頭部が
ひとつにまとまってい
る。見比べてみるとお
もしろい。

きらびやかなクリスチャン4世の間

国立美術館

Statens Museum for Kunst

MAP P.57-C2

国立美術館
🏠Sølvgade 48-50
☎33-748494
FAX33-748404
URLwww.smk.dk
🕐火・木～日
10:00～17:00
水 10:00～20:00
🚫月
💰常設展無料
企画展80～95DKK
（コペンハーゲン・カードで
入場可）

17世紀、オランダから後期ルネッサンスの文化が入ってき
たことにより、デンマークでは王室をはじめ、有力貴族たち
が競ってオランダ絵画を買い集めた。19世紀になって、王室
によるコレクションを一般に公開しようという機運が高ま
り、コレクションを展示する場所として、エスター・アンレ
ッグ公園にあるこの場所が選ばれた。1889～96年にかけて建
物が建築され、華麗
な外観の美術館が完
成したのである。

近代的な内装も見ものだ

デンマークとオランダの絵画
と彫刻が多い

ルーベンスRubensやレンブラントRembrandt、ムンク Edvard Munchなどのコレクションがある。特にマティス Henri Matisseの作品が充実している。デンマークは、残念ながら世界的な画家は輩出していないが、フランス印象派の出現の前後に国内で活躍したコンスタンチン・ハンセン Constantin Hansen、ヨイ・ルンドビューJ. Lundby、デオドール・フィリップセンTheodor Philipsen、ハラルド・ギエアシングHarald Giersing、エドヴァルド・ヴァイスEdward Weiseなどの作品がある。いずれも穏やかな色調からあたたかみが感じられる。

■ ヒヤシュプルング・コレクション Den Hirschsprungske Samling
MAP P.57-C2

国立美術館と同じ、エスター・アンレッグ公園にある美術館。タバコ生産により富を得たヒヤシュプルング一家の収集した作品を展示しており、19世紀後半のデンマークの黄金期（ゴールデン・エイジ）やスケーエン派の作品が多い。国立美術館と合わせてぜひ見学したい。

■ ダビデ・コレクション Davids Samling
MAP P.58-B1

ダビデ氏C. L. Davidが生前に集めたさまざまな美術工芸品を展示、無料開放している。イスラム美術から、18世紀ヨーロッパの美術工芸品や家具、19世紀後半から20世紀前半にかけてのデンマークのモダンアートまでと展示物は幅広く、なかでもフランスの陶磁器は一見の価値あり。

クリスチャンハウン

■ 救世主教会 Vor Frelsers Kirke
MAP P.57-D3

高さ90m、らせん状の尖塔が目を引く教会。1696年に建設され、らせん状の尖塔はその後約50年たってから新たに付け足されたものだ。塔へは、400段以上の階段を上る。はじめは教会内の階段を上るが、やがて外側のらせん階段へとつながり、尖塔のてっぺんまで行くことができる。手すりはあるが、てっぺん付近はひとりしか通れないほど狭いので、注意すること。上からはコペンハーゲンの市街が一望できる。聖堂内には、天使の舞う大理石の祭壇やパイプオルガンがある。

目のくらむ階段から
絶景が望める

ヒヤシュプルング・コレクション
🏠Stockholmsgade 20
☎35-420336
FAX35-433510
URLwww.hirschsprung.dk
開水～月11:00～16:00
休火
料50DKK（水曜は無料）
（コペンハーゲン・カードで入場可）

デンマークの絵画が充実している

ダビデ・コレクション
🏠Kronprinsessegade 30
☎33-734949
FAX33-734948
URLwww.davidmus.dk
開火・金
　　13:00～17:00
　水10:00～21:00
　木10:00～17:00
　土・日11:00～17:00
休月
料無料

救世主教会
🏠Sankt Annægade 29
☎32-546883
FAX32-959127
URLwww.vorfrelserskirke.dk
開毎日11:00～15:30
休無休
料無料
塔
開4～6月、9月中旬～10月
　　毎日11:00～16:00
　7月～9月中旬
　　毎日11:00～19:00
休11～3月
料25DKK
行き方➡➡
　地下鉄クリスチャンハウン駅Christianshavnから徒歩5分。

尖塔の先にぜひ立ってみよう

郊外

カールスベアビール工場　Carlsberg Besøgscenter
MAP P.56-A·B4

カールスベアビール工場ビジターセンター
🏠Gamle Carlsberg Vej 11
☎33-271282
🌐www.visitcarlsberg.dk
🕐火〜日　10:00〜17:00
休月
料65DKK
（料金には試飲も含まれる）
行き方▶▶▶
　エストーB、BX、C、H線のイングハウ駅Enghave下車、徒歩15分。市バスなら18、26番でValby Langgade下車、徒歩10分。

デンマーク、いや北欧を代表するビールといえば、カールスベアとツボア。日本ではそれぞれカールスバーグ、ツボルグの名前で知られているこのビールは、実は同じ会社で作られているのだ。広い工場敷地の一角にはビジターセンターがあり、博物館が見学できるほか、ショップでの買い物や各種のビールの試飲が楽しめる。博物館にはビールの歴史に関するパネル展示やカールスベアやツボアのボトルコレクション、ひと昔前のビールの製造過程の実物大ディスプレイなどがあり、楽しく見学できる。ユニークなのが厩舎で、本物の巨大なデンマーク産馬がずらりと並んでいる。これらの馬はビール運搬用の荷車を引くためのもので、現在はもちろんパフォーマンスだけだが、往時は馬車で市内までビールを運んでいたのだそうだ。

コペンハーゲン動物園　Zoologisk Have
MAP P.56-A3·4

コペンハーゲン動物園
🏠Roskildevej 38
☎72-200200
🌐www.zoo.dk
🕐3月
　　月〜金10:00〜16:00
　　土・日10:00〜17:00
　4・5・9月
　　月〜金10:00〜17:00
　　土・日10:00〜18:00
　6/1〜25、8/9〜31
　　毎日　10:00〜18:00
　6/26〜8/8
　　毎日　10:00〜21:00
　10月
　　毎日　10:00〜17:00
　11〜2月
　　毎日　10:00〜16:00
休無休
料3〜10月140DKK
　11〜2月110DKK
（コペンハーゲン・カードで入場可）
行き方▶▶▶
　地下鉄フレデリクスベア駅Frederiksberg、またはエストーB、BX、C、H線のヴァルビー駅Valby下車、徒歩10分。市バスなら6A番でZoologisk Have下車すぐ。

　市庁舎前広場から市バスで約15分、広大なフレデリクスベア公園の一画にあるのがコペンハーゲン動物園。珍しい動物はあまりいないが、象舎の前には体重計、キリンの前には身長計といった具合に、生き物の特徴を知るための工夫が凝らされている。また、入口近くにある電光掲示板で動物にエサを与える時間が表示されているので、それに合わせて見学するのも興味深い。敷地はバス停のあるロスキレ通りRoskildevejを挟んで南北に分かれており、地下道で自由に行き来できる。ショップの動物グッズも充実。

ホッキョクグマも見られる

グルントヴィークス教会　Grundtvigs Kirke
MAP P.56-A1外

グルントヴィークス教会
🏠På Bjerget 14B
☎35-815442
🌐www.grundtvigskirke.dk
🕐4〜10月
　　月〜水・金・土
　　　　9:00〜16:00
　　木　9:00〜18:00
　　日　12:00〜16:00
　11〜3月
　　月〜水・金・土
　　　　9:00〜16:00
　　木　9:00〜18:00
　　日　12:00〜13:00
休無休
料無料
行き方▶▶▶
　エストーA線のエンドロップ駅Emdrup下車、徒歩10分。市庁舎前広場から市バス6A番で約20分、Bispebjerg Torv下車すぐ。

　コペンハーゲン北西部にある牧師の丘Bispebjergの頂上に建つ、黄色いレンガ造りの教会。デンマーク最大の啓蒙者であったグルントヴィN.S.F. Grundtvigを記念して建てられた。
　教会は1921年に工事が始まり、完成したのは1940年。パイプオルガンの形を模したユニークなスタイルで別名オルガン教会。内部にある巨大なパイプオルガンは4052本のパイプをもち、北欧最大といわれる。教会を取り囲む家々も、調和を保つために同質のレンガで造られている。

エクスカーション

フレデリクスボー城　Frederiksborg Slot

MAP P.60

ゴージャスできらびやかな内装

コペンハーゲンの北西に位置する町、ヒレロズHillerødにある城。16世紀の中頃、クリスチャン4世王の父フレデリック2世王は、地方貴族の女性からこの城を入手した。1560年から60年の歳月をかけて、ルネッサンス様式を取り入れ、住居として造り直されたのはクリスチャン4世王の努力に負うところが大きい。ところがその後1859年に大火に遭い、城の大部分は失われた。民主憲法のもとで王室はすでに経済力を失っていたが、代わりに再建を援助したのはビール王と呼ばれたカールスベア社の創業者、J・C・ヤコブセンだ。彼の要求が受け入れられ、完成後は国立歴史博物館Det National-historiske Museumとなり、デンマークの長い歴史を物語る貴重な装飾品、絵画、宝物などが展示されている。一部だけ張り出したような形で建てられている謁見の間には、デンマークで初めて用いられたエレベーター（人力）もあり興味深い。

城を囲む湖の対岸には、フランスの造園を見習って造られた見事なバロック庭園The Baroque Gardenがある。その脇の森には、そっくりの形をした小さな城もある。バズスチューンBadstuenと名づけられたこの城は、一説には王室の浴室として造られたとされているが（Badは英語のBathにあたるため）、実際は狩りのための休憩所だったようだ。

夏にこの城を訪れるなら、ぜひ湖を巡る遊覧船に乗ってみよう。10人も乗れば満員になるこの船は、町の中心から湖の対岸までを15分ほどで結んでいる（5月中旬〜9月中旬運航）。

庭園の緑や湖と調和した城の眺めが美しい

フレデリクスボー城
🏠 Frederiksborg Slot, Hillerød
☎ 48-260439
FAX 48-240966
URL www.frederiksborgmuseet.dk
🕐 4〜10月
　　毎日10:00〜17:00
　　11〜3月
　　毎日11:00〜15:00
🚫 無休
💴 60DKK
（コペンハーゲン・カードで入場可）
オーディオガイド（英語）
💴 無料（デポジットとしてパスポート・クレジットカードなどが必要）
バロック庭園
🕐 3・4・9・10月
　　毎日10:00〜19:00
　　5〜8月
　　毎日10:00〜21:00
　　11〜2月
　　毎日10:00〜16:00
🚫 無休
💴 無料

行き方➡➡➡
エストーのE線終点ヒレロズ駅Hillerød下車。所要約45分。約10分おきに出ている。駅からは、正面を出ると通りを挟んで向かいに小さな標識があるので、商店街の町並みを通り抜け、徒歩約15分。駅前から城までは、市バス701、702番でも行ける。所要約5分。

北シェラン島の古城巡りツアー
コペンハーゲンから、バスでフレデリクスボー城、フリーデンスボー宮殿、ヘルシンオアのクロンボー城（→P.114）の3つの城を巡る1日ツアーが出ている。出発場所は市庁舎前広場のScandic Palace Hotel（→P.91）前。所要約5時間。予約はホテルや観光案内所で。
Hamlet Castle Tour Country Side
URL www.sightseeing.dk
🕐 5〜9月　木・土10:15〜
💴 340DKK（ランチ代別）

コペンハーゲン郊外を個人で回る
コペンハーゲン郊外でぜひ見たいのは、フレデリクスボー城、クロンボー城、ルイジアナ現代美術館の3ヵ所。効率よく回れば、上記の3つの見どころを1日で回ることが可能。開館時間の短いフレデリクスボー城、クロンボー城を先に回り、ルイジアナ現代美術館は最後に行くこと。

ルイジアナ現代美術館
[地] Gl Strandvej 13,
Humlebæk
[電] 49-190719
[URL] www.louisiana.dk
[時] 火〜金11:00〜22:00
土・日11:00〜18:00
[休] 月
[料] 95DKK
（コペンハーゲン・カードで
入場可）
行き方➡➡➡
コペンハーゲン中央駅か
らヘルシンオアHelsingør
行きの普通列車Reで34分、
フムレベックHumlebæk下
車。1時間に約3便、108DK
K。駅を出て真っすぐ歩き、
突きあたりの大通りを左折
して10分ほど歩いた右側。
駅前に案内板も出ている。
また、大通りのバス停から
388番のバス（ヘルシンオ
ア行き）でふたつ目のLouisi-
ana下車、徒歩すぐ。

居心地のいいカフェを併設

フリーデンスボー宮殿
[電] 33-403187
[URL] www.ses.dk
ガイドツアー
[時] 7月
毎日13:00〜16:30の
15分ごと
[料] 50DKK
ハーブガーデン
[時] 7月
毎日9:00〜17:00
[休] 8〜6月
[料] 無料
ガイドツアー
[時] 7月
毎日13:00〜16:20の
20分ごと
[料] 50DKK
**宮殿とハーブガーデンの
ガイドツアーセットチケット**
[料] 75DKK
行き方➡➡➡
エストーのE線の終点ヒレ
ロズ駅でローカル列車に乗
り換え、フリーデンスボー
駅Fredensborg下車、所要
約1時間。駅から徒歩約15
分。または、普通列車Reで
ヘルシンオア駅まで行き、
同じくローカル列車に乗り
換えて行くこともできる。ど
ちらも料金は108DKK。

ルイジアナ現代美術館 Louisiana Museum for Moderne Kunst
MAP P.60

森に囲まれたアートな空間

　コペンハーゲンから北に延びる海岸線は、デンマークのリビエラ海岸と称されている。この地域にある町フムレベックHumlebækに、ヨーロッパでも高い評価を受けているルイジアナ現代美術館がある。1958年にクヌード・ヴィ・イェンセンKnud W. Jensenによって開設されたこの美術館は、1950年以降の現代美術のコレクションと展示にかけては、世界でもトップクラス。建物はいくつかのパートに分かれており、それぞれをガラス張りの通路で連結している回廊形式になっている。両ウイングの端を結んで地下通路があり、そこにも作品が並べられている。常設展以外の企画展も随時催行している。広い庭園にはヘンリー・ムーアHenry Mooreの彫刻や、アレクサンダー・カルダーAlexander Calderのアイアンスカルプチュアーなどが置かれ、前に広がるオーレスン海峡の眺めとよくマッチしている。館内の展示を見たあとは、潮風がここちいい芝生の庭をゆっくりと散歩してみたい。建物は、コレクションと同様に世界的に有名だ。また内部にはコンサートホール

世界中の注目を集める現代美術館

があり、演奏会、演劇の上演などが行われる。庭園とその向こうに広がる海を一望できるカフェやミュージアムショップも必見だ。

フリーデンスボー宮殿 Fredensborg Slot
MAP P.60

　1720年に建てられた、白亜の宮殿。フリーデンスボーとは、デンマーク語で「平和」。建設当時、スウェーデンとの北方大戦役で疲弊した国民が、のちの平和を願ってこの名を付けたといわれている。現在は王室の夏の別荘として使われている。内部の見学は夏期、ガイドツアーでのみ受け付けている。庭園内のハーブガーデンも見事で、こちらも夏期のみ一般に開放されている（ガイドツアーあり）。女王の滞在時には正午に衛兵の交替式が行われる。

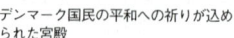
デンマーク国民の平和への祈りが込められた宮殿

■ ドラオア

Dragør

MAP P.60

町というにはあまりにも小さい。Drakøørnという名で歴史に登場したこの町は、昔から近海のニシン漁で生きる漁師の村、また野菜市場としても知られてきた。クリスチャン4世王の時代に、オランダから腕利きの農夫を呼びよせ、この地に住まわせ

中世そのままの静かな町並み

たからだ。受け継がれてきた風習と伝統は今なお生きている。

町はコペンハーゲン・カストロップ国際空港のあるアマー島Amagerの東端にあり、わずか300m四方の地域に民家が集まっている。黄色のレンガ造りの、低い家々が建ち並ぶ迷路のような小路の幅は2～3m。市の条例で、この一画を後世への遺産として残そうと、改造や新築に際しては、スタイル、色調、資材ともに制限を受けている。町の中心には船の模型や計器などが展示されているドラオア博物館Dragør Museumがある。ほかに見どころは少ないが、中世の面影が残る町並みをのんびりとそぞろ歩くのが楽しい。

■ オードロップゴー美術館

Ordrupgaard

MAP P.60

保険会社の社長ハンセン氏W.Hansenの旧宅を利用した国立の美術館。氏がパリへ出張するたびに買い集めた印象派の絵画がコレクションの目玉。マネ、モネ、ルノワールなど巨匠たちの隠れた名作が揃っている。デンマーク黄金時代を代表するエッカースベアC.W.Eckersbergや次の世代のハンマースホイHammershøiなど、19世紀から20世紀にかけて活躍した国内の画家たちの作品も見逃せない。隣には建築家フィン・ユールFinn Juhlの邸宅があり、彼がデザインした家具が並ぶ室内を週末のみ見学することができる。

■ デュアハウスバッケン

Dyrehavsbakken

MAP P.60

コペンハーゲン市民からはバッケンと呼ばれて親しまれている、歴史のある遊園地。園内には絶叫マシンやその他の乗り物もあるが、特筆すべきはレストランやカフェの多さ。

せっかくバッケンを訪れるなら、ぜひともこの遊園地のある一帯デュアーハウンDyrehavenを散歩してみよう。木々の生い茂る一帯は、かつて王室が狩りを楽しんだ場所。森には数百頭の鹿が放し飼いにされており、別名「鹿公園」とも呼ばれる。最寄りのクランペンボー駅Klampenborgからバッケンまでは馬車の便があり、これに揺られて鹿を眺めながら森の中を行くのも楽しい。ちなみにこの緑深い森は、東山魁夷画伯の名画『もりのささやき』のモデルともなった。

デンマーク　コペンハーゲン　エクスカーション

ドラオア

行き方■■■
地下鉄クリスチャンハウン駅から市バス350S番に乗りドラオア・スコーレDragør Skole下車。所要約30分。

ドラオア博物館
🏠Havnepladsen 2-4
☎32-539307
URLwww.museumamager.dk
🕐5～9月
　火～日12:00～16:00
🚫月、10～4月
💰20DKK
（コペンハーゲン・カードで入場可）

オードロップゴー美術館
🏠Vilvordevej 110, Charlottenlund
☎39-641183
FAX39-641005
URLwww.ordrupgaard.dk
🕐火・木・金
　　　13:00～17:00
　水　　13:00～19:00
　土・日11:00～17:00
（フィン・ユール邸は土・日曜のみ美術館と同じ時間に公開）
🚫月
💰85DKK（コペンハーゲン・カードで入場可）
行き方■■■
コペンハーゲン中央駅からエストーのC線で約20分、終点クランペンボーKlampenborg下車。388番のバス（リュンビュー駅Lyngby st.行き）に乗り換え約5分、Vilvordevej, Ordrupgaard下車、徒歩2分。

趣ある旧館は1918年の建造

デュアハウスバッケン
🏠Dyrehavevej 62
☎39-633544
FAX39-630138
URLwww.bakken.dk
🕐3/31～8/28
　毎日12:00～24:00
（時期によって異なる）
🚫8/29～3/30
💰入園は無料
　乗り物券199～219DKK
行き方■■■
コペンハーゲン中央駅からエストーのC線で約20分、終点クランペンボー駅下車。徒歩10分。普通列車Reでも行ける（約20分）。48DKK。駅前からバッケンBakken入口まで馬車の便もある。

Hotels in Copenhagen

コペンハーゲンのホテル

5つ星の高級ホテルからエコノミーまでホテルの数は多いが、5～10月は外国人旅行客で混雑するため、現地に着いてからの予約は難しい。必ず事前に予約をしておくようにしよう。もし、予約なしで到着してしまった場合は、観光案内所などで有料のホテル紹介を受けることができる。中級ホテルのほとんどは、大通りのヴェスターブロギャーゼ通りやイステッドギャーゼ通りIstedgadeなど、コペンハーゲン中央駅西口一帯に集中しており、そのエリアは通称“ホテル通り”と呼ばれている。滞在費を安く上げるなら周辺の住宅地に点在するB&B（朝食なしが基本）も選択肢のひとつ。予約は観光案内所または代理店Dansk Bed & Breakfast（☎39-610405 [FAX]39-610525 [URL]www.bbdk.dk）などで。

🔑マークはグリーンキー適用のホテル。内容は（→P.93）。

（　）内の料金は週末、もしくは夏期の料金。

最高級ホテル★★★★★

Radisson Blu Royal Hotel

ラディソンBluロイヤル

市庁舎前広場、中央駅周辺　🔑 バスタブ テレビ ドライヤー ミニバー ハンディキャップルーム 無線LAN

MAP P.66

デンマークが誇る世界的デザイナー、アーネ・ヤコブセンのデザインしたホテル。20階建ての建物はモザイク模様になっており、外からも目を引く。大理石をふんだんに使ったロビーにあるスパイラル階段は、ホテルを象徴する存在だ。エッグチェアやスワンチェアなどのデザイン家具がモダンさを漂わせている。客室は天井が高く開放的で、調度品もデンマークの家具で統一されエレガントな雰囲気。606号室は、創業当時のヤコブセンデザインを維持したヤコブセン・スイートJacobsen Suite。

ロビーもスタイリッシュな内装

客室にはヤコブセンのインテリアが使われている

[住]Hammerichsgade 1
☎38-156500
[FAX]38-156501
[料]Ⓢ1465(995)DKK～Ⓓ1995(1595)DKK～
[CC]A D J M V
[室数]260室
[URL]www.radissonblu.com

Copenhagen Marriott Hotel

コペンハーゲン・マリオット

市庁舎前広場、中央駅周辺　🔑 バスタブ テレビ ドライヤー ミニバー ハンディキャップルーム 無線LAN有料

MAP P.57-C4

運河沿いに建つ、11フロアから成る高級ホテル。吹き抜けのロビーは開放感満点。夏期には運河の横にテラス席も出て、カフェとしても利用可能。客室は広々しており、のんびりリラックスできる。レストランやバー、サウナなど設備も充実。

[住]Kalvebod Brygge 5
☎88-339900　[FAX]88-339999
[料]ⓈⒹ2300DKK～
朝食180DKK
[CC]A D J M V　[室数]401室
[URL]www.marriott.com
日本の予約先：マリオット　東京予約センター
[Free]0120-142536

First Hotel Skt. Petri

ファースト・ホテル・サンクト・ペトリ

ストロイエ周辺　🔑 バスタブ テレビ ドライヤー ミニバー ハンディキャップルーム 無線LAN

MAP P.58-A2

デンマーク人建築家、ヴィルヘルム・ラウリッツェンVilhelm Lauritzenが手掛けたデザインホテル。エントランスホールの吹き抜けなど個性的な建物は、かつてのデパート改装したもの。客室には、オリジナルの家具が置かれ、洗練と快適が共存している。

[住]Krystalgade 22
☎33-459100
[FAX]33-459110
[料]Ⓢ1495DKK～Ⓓ1695DKK～
朝食150DKK
[CC]A D J M V
[室数]268室
[URL]www.firsthotels.com/sktpetri

バスタブ　バスタブ一部　テレビ　テレビ一部　ドライヤー　ドライヤー貸出　ミニバー　ミニバー一部　ハンディキャップルーム　無線LAN　無線LAN有料　無線LAN一部　無線LAN一部有料

最高級ホテル★★★★★

Hotel D'Angleterre
ダングレテール

ストロイエ周辺

MAP P.59-C2

コンゲンス・ニュートーゥに面して建つデンマーク最高級のホテル。250年以上の歴史をもつヨーロッパ最古のホテルのひとつで、白亜の城のような外観が目を引く。豪華なシャンデリアに暖炉のある美しく設計されたロビーが印象的。スタッフの応対も折り目正しい。客室の内装は部屋ごとにすべて異なり、滞在のたびに異なる雰囲気が味わえる。白と茶を基調とした高価なアンティークの家具調度が落ち着いた雰囲気だ。プールやサウナ、スパ、フィットネスセンターがある。2011年6月から2012年1月まで改装のためクローズ中。

優雅で上品な雰囲気の客室

お城のような外観の、デンマークを代表するホテル

[住]Kongens Nytorv 34
☎33-120095
[FAX]33-121118
[料]Ⓢ2808DKK～Ⓓ3305DKK～
[CC]A D J M V
[室数]123室
[URL]www.dangleterre.com

Hilton Copenhagen Airport
ヒルトン・コペンハーゲン・エアポート

郊外

MAP P.60

空港と隣接するアクセスの便がいいホテル。館内は北欧デザインで満たされており、ロビーのイスはアルネ・ヤコブセンの“スワン”と“エッグ”。客室のデザインも洗練されており、バスタブとシャワーブースが別になっている浴室も使いやすい。

[住]Ellehammersvej 20
☎32-501501　[FAX]32-528528
[料]ⓈⒹ1095DKK～　[CC]A D J M V
[室数]376室　[URL]www.hilton.com
日本の予約先：ヒルトン・リザベーションズ&カスタマー・ケア
☎(03)6863-7700（東京03地域から）
[Free]0120-489852（東京03地域外）

高級ホテル★★★★

Scandic Palace Hotel
スカンディック・パレス

市庁舎前広場、中央駅周辺

MAP P.58-A4

市庁舎前広場の向かいにある時計塔が目を引く最高級ホテル。レンガ造りの外観とアンティーク家具が配されたロビーは格式高く、エレガント。近年改装された客室はモダンなデザインで統一。北欧料理のレストランやカクテルバーも評判が高い。

[住]Rådhuspladsen 57
☎33-144050
[FAX]33-145279
[料]Ⓢ920DKK～Ⓓ1220DKK～
[CC]A D　M V
[室数]161室
[URL]www.scandichotels.com

Tivoli Hotel
チボリ

市庁舎前広場、中央駅周辺

MAP P.57-C4

チボリ公園の名を冠したホテルで、2010年にオープンしたばかり。北欧デザインのシンプルな家具が置かれた部屋はカラフルなファブリックで統一。12階には港や市街を一望できるSky Barがある。宿泊者はチボリ公園の1日券がセットになる（開園時のみ）。

[住]Arni Magnussons Gade 2
☎44-870000
[FAX]44-870001
[料]Ⓢ1955DKK～Ⓓ2405DKK～
[CC]A D M V
[室数]396室
[URL]www.tivolihotel.com

Imperial Hotel Copenhagen
インペリアル・ホテル・コペンハーゲン

市庁舎前広場、中央駅周辺

MAP P.66

コペンハーゲン中央駅から徒歩約3分という好ロケーションに建つ。客室にはデンマーク伝統の家具が置かれ、シンプルだが優雅。全室にズボンプレッサーとセーフティボックスが備わる。1階のレストランImperial Grill Roomも有名。

[住]Vester Farimagsgade 9
☎33-128000
[FAX]33-128003
[料]Ⓢ1740(1250)DKK～
Ⓓ2120(1550)DKK～
[CC]A M V
[室数]267室
[URL]www.imperialhotel.dk

■2011年5月のレート　1DKK=16.11円
■日本からの国際電話のかけ方（→P.50）（電話会社の番号）＋010＋45（デンマークの国番号）＋8桁の番号

Scandic Copenhagen

市庁舎前広場、中央駅周辺

MAP P.66

スカンディック・コペンハーゲン

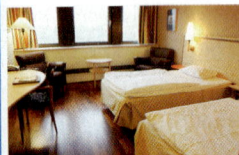

18階建ての近代的な高層ホテル。客室はフローリングの床に白い壁を基調とし、優雅で高級な雰囲気。特に高層階からの眺めは最高。和朝食や日本の新聞があるなど、日本人向けのサービスも充実している。ロビーにみやげ物店やキオスクがある。

🏠Vester Søgade 6
☎33-143535
FAX33-321223
🛏Ⓢ1750(990)DKK〜
　Ⓓ1950(1190)DKK〜
CCA D J M V
客数486室
URLwww.scandichotels.com

First Hotel Kong Frederik

市庁舎前広場、中央駅周辺

MAP P.57-C3

ファースト・ホテル・コング・フレデリク

市庁舎前広場から徒歩約3分にある英国風ホテル。吹き抜けになったロビーを取り巻くように客室があり、どの部屋もダーク系のインテリアでシックにまとめられている。フィッシュ＆チップスやステーキなどが味わえるガストロ・パブを併設。

🏠Vester Voldgade 25
☎33-125902
FAX33-935901
🛏Ⓢ895DKK〜・Ⓓ1095DKK〜
　朝食135DKK
CCA D M V
客数110室
URLwww.firsthotels.dk

Copenhagen Plaza

市庁舎前広場、中央駅周辺

MAP P.66

コペンハーゲン・プラザ

チボリ公園の脇に建つ高級ホテル。1913年に建てられた歴史的な建物でもある。ロビーは間接照明を活かした豪華な造り。客室はきらびやかで贅沢。1階には薄暗い照明のもと静かにアルコールを飲めるThe Library Bar（→P.111）がある。

🏠Bernstorffsgade 4
☎33-149262
FAX33-939362
🛏Ⓢ2295DKK〜
　Ⓓ2495DKK〜
CCA D M V
客数93室
URLwww.profilhotels.dk

First Hotel Vesterbro

市庁舎前広場、中央駅周辺

MAP P.66

ファースト・ホテル・ヴェスターブロ

"ホテル通り"の外れにある4つ星ホテル。日本人の利用が多く、客室も広々しており快適に過ごせる。レストランやバー、フィットネスセンター、ビジネスセンターなど館内設備も充実している。女性用アメニティを揃えた女性専用客室もある。

🏠Vesterbrogade 23-29
☎33-788000　FAX33-788080
🛏Ⓢ1195DKK〜
　Ⓓ1395DKK〜
　朝食145DKK
CCA D J M V
客数400室
URLwww.firsthotels.com

71 Nyhavn Hotel Copenhagen

アメリエンボー宮殿周辺

MAP P.59-D3

71ニューハウン・ホテル・コペンハーゲン

ニューハウンの港の前にあり、所在地の住所をそのままホテル名にした個性派ホテル。創業1971年、建物は1804年に倉庫として建てられたもの。倉庫の持ち味をそのまま活かしているため、ロビーをはじめ客室、レストランでいたるところに太い木材がむき出しになり、それがまた味わいとなっている。内部はモダンに改装され、スタイリッシュ。窓からは港を見渡すことができ、情緒たっぷり。喧噪から離れて静かに過ごしたい人向き。

外観とはうらはらのおしゃれな客室

趣ある石造りの建物

🏠Nyhavn 71
☎33-436200　FAX33-436201
🛏Ⓢ1750DKK〜Ⓓ2050DKK〜
　朝食150DKK
CCA D J M V
客数150室
URLwww.71nyhavnhotel.com

高級ホテル ★★★★

高級ホテル★★★★

Copenhagen Admiral Hotel
コペンハーゲン・アドミラル

アメリエンボー宮殿周辺

MAP P.59-D2

1787年建造の穀物倉庫を改装した高級ホテル。内部は、太いポメラニア樅の丸太で囲まれ、建設当時の中世の面影が残っている。随所に配された北欧デザインの家具との調和もとれており、クラシカルとモダンが融合した美しいホテルだ。

[住]Toldbodgade 24-28
☎33-741414
[FAX]33-741416
[料]Ⓢ975DKK～Ⓓ1275DKK～
朝食135DKK
[CC]A D J M V
[室数]366室
[URL]www.admiralhotel.dk

Scandic Front
スカンディック・フロント

アメリエンボー宮殿周辺

MAP P.59-D2

運河沿いに建つラグジュアリーなデザインホテル。館内は、モノトーンを基調としたシックな内装に、個性あふれる家具が置かれ洗練された雰囲気。客室は、高級感漂うシャギーパイルの絨毯やアームチェアが配され北欧デザインを活かした造り。

[住]Sankt Annæ Plads 21
☎33-133400
[FAX]33-117707
[料]Ⓢ1000DKK～Ⓓ1300DKK～
[CC]A D J M V
[室数]132室
[URL]www.scandichotels.com/front

Phoenix Copenhagen
フェニックス・コペンハーゲン

アメリエンボー宮殿周辺

MAP P.59-C1

白亜の外観が目を引く、格式と伝統をもつ高級ホテル。17世紀の建物で、創業は150年以上前にさかのぼる。天窓から明るい光が差し込むロビーが印象的。淡いトーンでまとめられた上品な客室にはアンティークの家具が置かれ、大理石の浴室も豪華。

[住]Bredgade 37
☎33-959500 [FAX]33-339833
[料]Ⓢ1830(850)DKK～
Ⓓ2160(1030)DKK～
朝食150DKK
[CC]A D M V
[室数]213室
[URL]www.phoenixcopenhagen.com

中級ホテル★★★

The Square Copenhagen
スクエア・コペンハーゲン

市庁舎前広場、中央駅周辺

MAP P.66

デンマークのデザイン集団Interiorが内装を手がけたスタイリッシュなホテル。ロビーや客室の随所に凝ったデザインが見られる。最先端のデザインホテルに泊まりたい人におすすめ。市庁舎前広場まで徒歩3分というロケーションも魅力。

[住]Rådhuspladsen 14
☎33-381200
[FAX]33-381201
[料]Ⓢ1790DKK～
Ⓓ2050DKK～
朝食110DKK
[CC]A D J M V [室数]267室
[URL]www.thesquarecopenhagen.com

Best Western Mercur Hotel
ベストウエスタン・メルキュール

市庁舎前広場、中央駅周辺

MAP P.57-C3

コペンハーゲン中央駅から北へ徒歩約5分の所にある、テニスコートをもつ中級ホテル。ロビーは明るく、シンプルな客室は小さめだが柔らかい色調で統一されており、現代的。すぐそばに同系列のNorlandia Richmond Hotelがある。

[住]Vester Farimagsgade 17
☎33-125711 [FAX]33-125717
[料]Ⓢ1000(1100)DKK～
Ⓓ1100(1200)DKK～
[CC]A D J M V
[室数]109室
[URL]www.bestwestern.dk
日本の予約先：ベストウエスタンホテルズ[Free]0120-421234

グリーンキーについて

環境問題や自然保護に関心の高いデンマークでは、ホテルのエコロジー運動への取り組みも活発だ。そのひとつの指標となるのが、政府認定組織による「グリーンキー」。「グリーンキー」とは「環境と健康に関する55の基準」を満たしたホテルだけに認定されるマークのこと。基準は厳しく、節水・節電はもちろんのこと、ゴミの分別、タオルの再使用のほか、客室の換気や提供する料理の食材にいたるまで多岐にわたる。しかし、キーを受けたからといってホテル側は安心していられない。突然、何の予告もなく査察が入り、基準を満たしていなければその場で認定が取り消されてしまうからだ。

Clarion Collection Hotel Mayfair
クラリオン・コレクション・ホテル・メイフェア

市庁舎前広場、中央駅周辺

MAP P.66

“ホテル通り” に位置している中級ホテル。館内は2008年4月に全面リノベーションが行われ、モダンなデザインホテルに生まれ変わった。毎日15:00〜18:00にはアフタヌーンティー、18:00〜21:00にはイブニングビュッフェのサービスもある。

[住]Helgolandsgade 3
☎70-121700
[FAX]33-239686
[料]Ⓢ895DKK〜
Ⓓ995DKK〜
[CC]A D J M V
[室数]106室
[URL]www.choicehotels.dk

Copenhagen Star Hotel
コペンハーゲン・スター

市庁舎前広場、中央駅周辺

MAP P.66

“ホテル通り” に建つ中級ホテル。夜遅くまでにぎやかなイステッドギャーゼ通りに面しているが、館内は静かで落ち着いている。客室の壁は白を基調としたシンプルなデザイン。ロビーのバーや中庭は居心地がいい。女性にも人気。

[住]Colbjørnsensgade 13
☎33-221100
[FAX]33-212186
[料]Ⓢ550DKK〜Ⓓ1495DKK〜
朝食60DKK
[CC]A D J M V
[室数]134室

Absalon Hotel
アブサロン

市庁舎前広場、中央駅周辺

MAP P.66

“ホテル通り” に位置している手頃な料金のホテル。客室の内装は明るい色調で、設備も現代的。液晶テレビやアイロンなどを各室に備えている。ロビーの無線LANは無料。隣は料金が3割ほど安い、姉妹ホテルのAbsalon Annex。

[住]Helgolandsgade 15
☎33-242211
[FAX]33-316248
[料]Ⓢ650〜990DKK
Ⓓ750〜1090DKK
[CC]A D J M V
[室数]184室
[URL]www.absalon-hotel.dk

Hotel Centrum
セントルム

市庁舎前広場、中央駅周辺

MAP P.66

“ホテル通り” にある中級ホテル。ロビーにはセンスのいい家具が配され、洗練された印象。宿泊者は、ホテルの近くにある総合スポーツ施設のジムやプール、サウナ、ジャクージが無料で利用でき、スパとマッサージも割引になる。

[住]Helgolandsgade 14
☎33-313111
[FAX]33-233251
[料]Ⓢ1195DKK〜
Ⓓ1395DKK〜
[CC]A D J M V
[室数]75室
[URL]www.dgi-byen.com

Hotel Ansgar
アンスガー

市庁舎前広場、中央駅周辺

MAP P.66

“ホテル通り” に集まるホテルのなかでも南の外れのほうに位置する中級ホテル。車の往来の少ない通りに面しているので、静かで落ち着いた雰囲気。中庭があり、夏期ならそこで朝食を食べたり、カフェとして利用することもできる。

[住]Colbjørnsensgade 29
☎33-212196
[FAX]33-216191
[料]Ⓢ550DKK〜
Ⓓ750DKK〜
[CC]A D J M V
[室数]81室
[URL]www.ansgarhotel.dk

Savoy Hotel
サヴォイ

市庁舎前広場、中央駅周辺

MAP P.66

コペンハーゲン中央駅から西へ徒歩約7分。大通りのヴェスターブロギャーゼ通り沿いにある。客室はブルーのファブリックや木の家具を配した清潔感にあふれる造りで、バスルームには大理石を使い豪華な雰囲気を醸し出している。

[住]Vesterbrogade 34
☎33-267500
[FAX]33-267501
[料]Ⓢ695〜1025DKK
Ⓓ895〜1425DKK
[CC]A D J M V
[室数]66室
[URL]www.savoyhotel.dk

Hotel Alexandra
アレキサンドラ

ストロイエ周辺

MAP P.57-C3

コペンハーゲン中央駅から北西へ徒歩約5分、1910年創業の老舗ホテル。外観はクラシックだが、内部はモダンなデザイン。ウェグナーやヤコブセンのデザインした家具の置かれた部屋もある。ロビーもおしゃれで、1970年代の北欧デザイン好きにおすすめ。

[住]H.C.Andersens Boulevard 8
[電]33-744444
[FAX]33-744488
[料]Ⓢ1445DKK～
Ⓓ1745DKK～
[CC]A D J M V
[室数]61室
[URL]www.hotelalexandra.dk

Hotel Fox
フォックス

ストロイエ周辺

MAP P.57-C3

それぞれテーマの異なる61の客室を、日本を含む世界各国21人のアーティストが大胆にデザインしている。落ち着きを求める人には不向きかもしれないが、設備は新しく快適。ブルーとホワイトで統一されたロビーはさわやかな雰囲気。

[住]Jarmers Plads 3
[電]33-133000
[FAX]33-143033
[料]Ⓢ750DKK～Ⓓ1795DKK～
朝食135DKK
[CC]A D J M V
[室数]61室
[URL]www.hotelfox.dk

Hotel Opera
オペラ

ストロイエ周辺

MAP P.59-C3

王立劇場の近くにあり、その名のとおりオペラ座のムードを再現している。ホテル全体がブラウン系で統一され、界隈の雰囲気にふさわしく気品に満ちている。客室はベージュを基調とし、静かで落ち着ける。オペラファンにおすすめ。

[住]Tordenskjoldsgade 15
[電]33-478300　[FAX]33-478301
[料]Ⓢ945DKK～
Ⓓ1540DKK～
朝食95DKK
[CC]A D M V
[室数]91室
[URL]www.operahotelcopenhagen.com

Best Western Hotel City
ベストウエスタン・ホテル・シティ

ストロイエ周辺

MAP P.59-D3

コンゲンス・ニュートーゥから徒歩約3分の所にある。ロビーはヤコブセンのチェアなど、モダンな北欧デザインの家具が配されたエレガントな空間。客室はシンプルだが、広くて快適に過ごせる。2009年にリノベーション済み。

[住]Peder Skrams Gade 24
[電]33-130666　[FAX]33-130667
[料]Ⓢ1400DKK～Ⓓ1600DKK～
[CC]A D J M V
[室数]81室
[URL]www.bestwestern.dk
日本の予約先：ベストウエスタンホテルズ[Free]0120-421234

Hotel Christian IV
クリスチャンⅣ

ローゼンボー離宮周辺

MAP P.59-C1

コンゲンス・ニュートーゥから北へ徒歩約5分、ローゼンボー公園近くの閑静な場所にある。客室は白とブルーを基調とし、決して広くはないがデンマークらしい趣味のよい家具が揃っている。市内観光の拠点としても便利。レンタサイクルあり(1日125DKK)。

[住]Dronningens Tværgade 45
[電]33-321044
[FAX]33-320706
[料]Ⓢ1295DKK～
Ⓓ1495DKK～
[CC]A D J M V
[室数]42室
[URL]www.hotelchristianiv.dk

Copenhagen Island
コペンハーゲン・アイランド

郊外

MAP P.57-C4

運河に浮かぶように建つ、2006年にオープンのコペンハーゲンで比較的新しいホテル。ガラス貼りのロビーは吹き抜けになっており、白い壁が涼しげ。客室はシンプルながらもおしゃれなインテリアやフラットテレビが置かれ、スタイリッシュ。

[住]Kalvebod Brygge 53
[電]33-389600　[FAX]33-389601
[料]Ⓢ1720DKK～
Ⓓ2020DKK～
朝食150DKK
[CC]A D J M V
[室数]324室
[URL]www.copenhagenisland.dk

City Hotel Nebo
シティ・ホテル・ネボ

市庁舎前広場、中央駅周辺

MAP P.66

"ホテル通り"にあるミッション系のホテル。館内は掃除が行き届いており、清潔。スタッフも非常に親切だ。場所がよく設備が整っているわりに料金も手頃なので、リピーターが多い。通りに面した部屋は少々うるさいのが難点。

（住）Istedgade 6-8
（電）33-211217　（FAX）33-234774
（料）バス付き
　（S）699DKK〜（D）850DKK〜
　（S）420DKK〜（D）650DKK〜
（CC）A D J M V　（客室）84室
（URL）www.nebo.dk

Hotel Selandia
セランディア

市庁舎前広場、中央駅周辺

MAP P.66

"ホテル通り"にあるエコノミーなホテル。料金は安いながら、白を基調にした客室の壁には絵がかけられ、明るく清潔だ。特に女性に人気が高く、日本人宿泊客も多い。夜もにぎやかなエリアだが窓には防音が施されているので室内は快適。

（住）Helgolandsgade 12
（電）33-314610　（FAX）33-314609
（料）バス、トイレ付き
　（S）550DKK〜（D）650DKK〜
　バス、トイレ共同
　（S）445DKK〜（D）545DKK〜
（CC）A D J M V　（客室）84室
（URL）www.hotel-selandia.dk

Saga Hotel
サガ

市庁舎前広場、中央駅周辺

MAP P.66

コペンハーゲン中央駅から徒歩約2分のエコノミーなホテル。数多くのホテルのなかでも、リーズナブルな宿泊料金でバックパッカーに人気だ。客室は小ざっぱりした内装で清潔。フロントの横にバーがある。フロントは24時間オープン。

（住）Colbjørnsensgade 18-20
（電）33-244944　（FAX）33-246033
（料）バス、トイレ付き
　（S）525DKK〜（D）600DKK〜
　バス、トイレ共同
　（S）380DKK〜（D）500DKK〜
（CC）A D J M V　（客室）79室
（URL）www.sagahotel.dk

Cab Inn City
キャブ・イン・シティ

市庁舎前広場、中央駅周辺

MAP P.57-C4

客船の船室をコンセプトに設計されたモダンな客室とリーズナブルな料金で人気のチェーンホテル。各部屋には狭いながらも清潔なシャワー室を完備。ホテル街と反対側の中央駅東口から徒歩3分ほどの静かな街区にある。ロビーのパソコンは無料。

（住）Mitchellsgade 14
（電）33-461616
（FAX）33-461717
（料）（S）485DKK〜（D）675DKK〜
　朝食60DKK
（CC）A D J M V
（客室）352室
（URL）www.cabinn.com

Danhostel Copenhagen City
ダンホステル・コペンハーゲン・シティ

市庁舎前広場、中央駅周辺

MAP P.57-C4

2005年に誕生したヨーロッパ最大規模のユースホステル。15階建ての建物は、全室バス、トイレ付き。インテリアもユースとは思えないほど洗練されている。ロビーは無線LAN利用可（有料）。YH会員証かゲストカード（35DKK）の購入が必要。

（住）H.C. Andersens Boulevard 50
（電）33-118585　（FAX）33-118588
（料）ドミトリー130DKK〜
　（S）（D）520DKK〜
　朝食74DKK　シーツ60DKK
（CC）M V
（客室）192室（1020ベッド）
（URL）www.danhostel.dk/copenhagencity

Hotel Jørgensen
ヨルゲンセン

ローゼンボー離宮周辺

MAP P.57-C2

ノアポート駅から西へ徒歩約3分の所にある格安ホテル。客室は狭いが、シックなインテリアで落ち着ける。ドミトリーのほか、4人以上のグループ向けにエコノミーなファミリールームもある。ストロイエまで歩いて行けて便利。

（住）Rømersgade 11
（電）33-138186　（FAX）33-155105
（料）バス付き（S）675DKK（D）800DKK
　バス共同（S）575DKK（D）675DKK
　ドミトリー165DKK〜
（CC）A D J M V
（客室）32室、120ベッド
（URL）www.hoteljoergensen.dk

エコノミー

コペンハーゲンのレストラン

レストランの数は非常に多く、ストロイエを中心に、老舗やおしゃれな店がそれぞれの味を競っている。特に最近話題なのが、デンマーク料理にフランスやイタリアなど各国料理の要素を取り入れたフュージョン・ダニッシュと呼ばれる料理。北欧デザインのイスなどを利用したおしゃれな店が多く、雰囲気的にもおすすめだ。デンマークの伝統的料理を食べたいなら、オープンサンドイッチのスモーブローSmørrebrødがおすすめ。しかし、食事代には25％の税金と15％のサービス料が含まれるため、料金は日本で食べるよりかなり高くなる。ランチで100〜200DKK、ディナーなら200〜500DKKが目安。安く上げるならセルフサービス式のレストランやカフェテリアで。市内のいたるところで見られる屋台のホットドッグも、コペンハーゲンの名物。老若男女問わず多くの人が利用しており、種類がいろいろあってひとつ20DKK程度〜と値段も格安だ。

Tivolihallen
チボリハレン

市庁舎前広場、中央駅周辺
MAP P.58-A4

1791年にパン屋として創業し、その後チボリ公園を訪れた人が食事のため訪れるようになったのが始まり。地元の人も懐かしがるようなデンマーク料理を提供している。昼の人気メニューはオープンサンドで、55DKK前後から揃う。おすすめはヒラメのフライ、ピクルスソース添え76DKKや小エビのマヨネーズ添え80DKKなど。冷たい料理はパンの上にのせて、温かい料理はパンが添えられて出てくる。ディナーはコースからアラカルトまで楽しめる。

気のいいおばさんが切り盛りする店

小エビとマヨネーズは相性ぴったりの組み合わせ

⟨住⟩Vester Voldgade 91
⟨電⟩33-110160　⟨FAX⟩33-324160
⟨営⟩月〜土11:30〜15:00、17:15〜20:30
⟨休⟩日
⟨料⟩100DKK〜
⟨CC⟩D M V
⟨URL⟩www.tivolihallen.dk

Grøften
グロフテン

市庁舎前広場、中央駅周辺
MAP P.66

チボリ公園内のレストラン。創業は1874年と園内最古。デンマークの伝統料理を中心に豊富なメニューが揃う。おすすめはアカガレイのフライStegt Rødspætte 215DKKや牛肉の煮込みSkipperlabskovs 135DKKなど。スモーブローは一品55〜115DKK。

⟨住⟩Tivoli, Vesterbrogade 3
⟨電⟩33-750675　⟨FAX⟩33-155125
⟨営⟩毎日12:00〜22:00
（チボリ公園開園中のみ）
⟨休⟩チボリ公園の休園日
⟨料⟩150DKK〜
⟨CC⟩A D J M V
⟨URL⟩www.groeften.dk

København Caféen
コペンハブナー・カフェーン

ストロイエ周辺
MAP P.58-A3

1798年の創業の老舗レストラン。デンマークの食材と伝統の調理法にこだわったデンマーク料理を堪能したいなら、コペンハーゲンプレート198DKK（2人前から）を頼みたい。ランチのミニプレートは138DKK。スモーブローは59〜118DKK。

⟨住⟩Badstuestræde 10
⟨電⟩33-328081
⟨営⟩毎日11:30〜22:00
⟨休⟩無休
⟨料⟩ランチ100DKK〜、
ディナー200DKK〜
⟨CC⟩A D J M V
⟨URL⟩www.kobenhavnercafeen.dk

デンマーク料理

Restaurant & Café Nytorv

ストロイエ周辺
MAP P.58-A4

■ニュートーゥ

季節感あふれる伝統的なデンマーク料理が自慢。19種類あるスモーブローは59〜99DKK。ニシンのマリネにフライ、スモークサーモン、ローストビーフ、本日のチーズとひととおりのデンマーク料理が味わえるセットメニューのプレートは169DKK。

🏠Nytorv 15
📞33-117706
🕐毎日9:00〜22:00
休無休
🍴ランチ100DKK〜、
　ディナー200DKK〜
CC A D J M V
URL www.nytorv.dk

Restaurant Puk

ストロイエ周辺
MAP P.58-A4

■ブック

1750年から店を構える老舗で、クリスチャン7世も愛人としばしば足を運んだという。歴史のある店だが、雰囲気はいたってカジュアル。メインはフレスケスタイやデンマーク風ハンバーグHakkebøfなど伝統的な料理が中心で、148DKKくらい。

🏠Vandkunsten 8　📞/FAX33-111417
🕐4〜9月　日〜木11:00〜22:30
　　　　　金・土11:00〜23:00
　10〜3月　毎日　11:00〜22:30
休無休
🍴ランチ100DKK〜、ディナー
　150DKK〜
CC A D J M V
URL www.restaurantpuk.dk

Slotskælderen Hos Gitte Kik

ストロイエ周辺
MAP P.58-B3

■スロッツケラン・ホス・ギッテ・キック

ガンメルストランドそばの半地下にある、スモーブロー専門のレストラン。年期の入った黒木のインテリアや床が歴史を感じさせる。メニューはなく、奥のテーブルの上にぎっしりと盛られた皿を見て、食べたいものを指さしてオーダーすればOK。フリッカデーラやローストビーフ、スモークサーモン、小エビのマヨネーズ和えなどの定番からウナギの燻製や牛タンの燻製などちょっと変わったメニューも多く、ほとんどが日替わり。スモーブローのお供には、20種類が揃うスナップスをぜひ。7月は夏期休業。

まずはテーブルに行って注文しよう

器はすべてロイヤル・コペンハーゲンを使っている

🏠Fortunstræde 4
📞33-111537
🕐火〜土11:00〜15:00
休日・月
🍴100DKK〜
CC A D J M V

Skipper Kroen

アメリエンボー宮殿周辺
MAP P.59-D2

■スキッパー・クロエン

港に停泊したヨットが窓越しに眺められるニューハウンの有名レストラン。サーモンのステーキ189DKKや1/2サイズのロブスターグリル139DKKなど、魚介を使った料理が中心。前菜は3種のニシンのマリネ79DKKがおすすめ。

🏠Nyhavn 27　📞33-119906
🕐5〜9月　日〜木　9:00〜22:30
　　　　　金・土　9:00〜23:15
　10〜4月日〜木11:30〜22:30
　　　　　金・土11:30〜23:15
休無休
🍴ランチ100DKK〜、ディナー200DKK〜
CC A D J M V
URL www.skipperkroen-nyhavn.dk

Told & Snaps

アメリエンボー宮殿周辺
MAP P.59-D3

■トルド&スナップス

ニューハウンのスモーブロー専門店。伝統的なスモーブローが30種類以上揃い55〜118DKK。なかでもニシンのカレーソース58DKKとヒラメのフライ82DKKが自慢。スナップスは9種類ほど揃う。日本語メニューあり。7月に2週間ほどクローズ。

🏠Toldbodgate 2
📞33-938385
FAX33-938387
🕐毎日11:30〜15:30
休無休
🍴100DKK〜
CC A D J M V
URL www.toldogsnaps.dk

デンマーク料理

Nyhavns Færgekro

ニューハウン・ファーゲクロ

　1765年建造の建物を利用した老舗レストラン。ニューハウンに面した木造の趣ある店内で、デンマーク料理が味わえる。手頃な値段で食べられるため、店内は地元の人や観光客でいつも込み合っている。ランチタイム（11:30～17:00）のニシンビュッフェが自慢で、カレー、ホワイト、クリーム、赤ワイン、トマトなど異なるソースの煮付けや焼き物など約10種がズラリと並ぶ。もちろん取り放題で119DKK。ディナーコースはビュッフェとメイン、デザートが付いて295DKK。メインはビーフ

ステーキかサーモンから選べる。

ニューハウンに位置する庶民的な店

名物のニシンビュッフェ

住 Nyhavn 5
電 33-151588
FAX 33-151868
営 毎日9:00～翌1:00（キッチンは10:00～23:30）
休 無休
予 ランチ120DKK～、ディナー300DKK～
CC D M V　**URL** www.nf.dk

Ida Davidsen

イダ・ダヴィッドセン

　1888年のオープン以来、地元の人から観光客まで絶大な人気を誇る、カジュアルなスタイルのスモーブロー専門店。「世界一長いオープンサンドイッチメニュー」といわれるとおり、メニューは全部で300種類以上と豊富。メニューは日によって変更され、カウンター横のケースから好きな物を選んで注文するスタイル。メニューに記されている値段は開店当時の古いものとなっており、値段がまったく異なるため、注文時に料金を必ず確認すること。テイクアウトも可能。アメリエンボー宮殿周辺の観光の際、ランチにぜひ訪れてみたい店だ。7月上旬～8月上旬はクローズする。

こぢんまりとした店構え

種類の多さに迷ってしまうかも

住 Store Kongensgade 70
電 33-913655
FAX 33-113655
営 月～金10:30～16:00
休 土・日
予 150DKK～　**CC** A D J M V
URL www.idadavidsen.dk

Era Ora

エラ・オラ

　フランスのミシュランガイドで1つ星を獲得したイタリア料理のレストラン。こぢんまりとした店だが、世界のVIPも訪れる名店として知られる。ディナーメニューは週替わりのコースメニュー650～880DKKのみ。入店したらカウンター脇のウエイティングスペースでシャンパンを飲んで待ち、メイン料理を選ぶ。席に着いたら、10種類の前菜、パスタ、メイン、デザートと順に運ばれてくる。それぞれの料理に合ったワインをおまかせで頼むこともできる1850DKK（料理込み）。必ず予約してから出かけよう。

看板がないので注意しよう

素材と調理法にこだわったイタリアンの名店

住 Overgaden Neden Vandet 33B
電 32-540693　**FAX** 32-643489
営 月～土12:00～15:00/19:00～24:00
（キッチンは～22:30）
休 日
予 ランチ325DKK～、ディナー650DKK～
CC A D J M V　**URL** www.era-ora.dk

Pasta Basta
■ パスタ・バスタ

ストロイエ周辺
MAP P.58-B3

イタリア料理

聖霊教会の裏側にあるパスタ専門のレストラン。パスタ単品もあるが、おすすめは89DKKで5種類の手作りパスタとオーガニックのサラダが食べられるビュッフェ。デザートは39DKK～。店内は明るい雰囲気で、いつも常連客でにぎわっている。

🏠Valkendorfsgade 22
☎33-112131
FAX33-139086
🕐毎日11:30～翌2:00
休無休
💰80DKK～
CCD J M V
URLwww.pastabasta.dk

Ankara
■ アンカラ

市庁舎前広場、中央駅周辺
MAP P.66

トルコ料理

中央駅から徒歩約5分の所にあるレストラン。手頃な料金でトルコ料理のビュッフェを楽しむことができるので地元の人に人気。肉や野菜の煮込み料理やサラダ、スープなどが食べ放題で、ランチ（11:30～16:00）49DKK、ディナー79DKK。

🏠Vesterbrogade 35
☎33-319233
🕐毎日11:30～23:00
休無休
💰ランチ49DKK～、ディナー79DKK～
CCD J M V
URLwww.restaurant-ankara.dk

Alberto K
■ アルベルト・ケー

市庁舎前広場、中央駅周辺
MAP P.66

Radisson Blu Royal Hotel（→P.90）の20階にある展望レストラン。北欧デザインで統一されたスタイリッシュな内装と、旬の食材にこだわった地中海料理が評判。旅の思い出にぜひ訪れてみたい。予約時に窓際の席をリクエストしよう。

🏠Hammerichsgade 1
☎33-426161
FAX33-426100
🕐月～土18:00～22:00
休日
💰600DKK～
CCA D J M V
URLwww.alberto-k.dk

Bryggeriet Appolo
■ ブリエリエット・アポロ

市庁舎前広場、中央駅周辺
MAP P.66

インターナショナル

チボリ公園横にある、自家醸造ビールが自慢のレストラン。地下の工場で造られるビール（ジョッキ60DKK～）は、苦味も少なく飲みやすい。名物は巨大な1リットルビール120DKK～。料理はスペアリブ500g171DKK～など、ビールに合うものが中心。

🏠Vesterbrogade 3
☎33-123313 FAX33-121824
🕐毎日12:00～15:00/
17:00～22:30
休無休
💰250DKK～ CCA D J M V
URLwww.bryggeriet.dk

Kødbyens Fiskebar
■ シェードビエン・フィスケバー

市庁舎前広場、中央駅周辺
MAP P.56-B4

今、コペンハーゲンで最も旬なエリアと言われる食肉加工市場（シェードビエン）内にある。食肉加工店を改装した店内にはタイルの壁やカウンターなどにかつての名残が見られる。デンマーク周辺の魚介を使ったモダンな料理は繊細な味付け。

🏠Flæsketorvet 100
☎32-155656
🕐火～木17:30～24:00
金・土17:30～翌2:00
（キッチンは18:00～23:00）
休日・月
💰400DKK～ CCM V
URLwww.fiskebaren.dk

Restaurant Riz Raz
■ リズ・ラズ

ストロイエ周辺
MAP P.58-A4

過去に幾度となくベストチーペストレストランに選ばれたこともあるベジタリアン料理のビュッフェレストラン。ランチ79DKK（11:30～16:00）。ディナー89DKK（16:00～）。いつも満席だが、ストロイエの北に支店があり、そちらのほうはやや空いている。

🏠Kompagnistræde 20
☎33-150575 FAX33-121149
🕐月～金11:30～24:00
土・日 9:30～24:00
休無休
💰ランチ79DKK～、ディナー89DKK～
CCA D J M V
URLwww.rizraz.dk

Nouvel
ヌーヴェル

運河沿いの地下1階がカフェ、1階が西洋料理のレストラン。とれたての魚介が人気のメニューは季節ごとに変わり、ランチ89DKK〜、ディナーはアラカルトのメインが189DKK〜。厳選した旬の素材を最良の料理法で調理する。夏は外や中庭にテラス席が出る。

🏠Gammel Strand 34
☎33-320400　FAX33-135067
🕐毎日11:00〜24:00
　（キッチンは〜22:00）
休無休
💰ランチ150DKK〜、
　ディナー275DKK〜
CCA D J M V
URLwww.nouvel.dk

Restaurant Zeleste
ゼレスト

ニューハウン近くに位置するシーフードが評判のレストラン。その日に仕入れた新鮮な魚を使ったメニューが味わえる。エビやサーモンなど5種類の料理がのるランチプレートは149DKK。ディナーは、メインが187DKK〜。夏は中庭のテラス席がおすすめ。

🏠Store Strandstræde 6
☎33-160606　FAX33-160404
🕐毎日10:30〜22:30
💰ランチ130DKK〜、
　ディナー200DKK〜
CCA D M V
URLwww.zeleste.dk

Søren K
ソーレン・ケー

王立図書館内のレストラン。デンマーク料理を基本に、フレンチやスペイン料理の要素も取り入れたモダンな料理が評判。野菜はオーガニック栽培のものを使っている。ディナーはメイン175DKK〜、コースは265DKK〜。ランチは75〜185DKKと手頃。

🏠Søren Kierkegaards Plads 1
☎33-474949
FAX33-474951
🕐月〜土12:00〜22:00
休日
💰ランチ80DKK〜、
　ディナー350DKK〜
CCA D J M V
URLwww.soerenk.dk

Nørrebro Bryghus
ノアブロ・ブリッゲフス

水から製法までこだわった自家醸造ビールが味わえる。ビールは常時10〜12種類あり、ジョッキ55DKK。迷ったら4種類のビールが味わえるセット59DKKを。2階にあるレストランでは、ビールを隠し味として使ったオリジナル料理が食べられる。

🏠Ryesgade 3
☎35-300530　FAX35-300531
🕐月〜木11:00〜24:00(キッチンは〜22:00)
　金・土11:00〜翌2:00(キッチンは〜22:00)
休日
💰ランチ100DKK〜、ディナー325DKK〜
CCD J M V
URLwww.norrebrobryghus.dk

Meyer's Deli
メイヤーズ・デリ

デンマークのカリスマシェフ、クラウス・メイヤー氏のデリ。自家農園の果実や野菜、手作りのパンなど食材はほとんどがオーガニック。朝食にはパンやチーズ、ハムのセット70DKKを。ランチや本格ディナーもあり、ほとんどがテイクアウト可能。

🏠Gammel Kongevej 107
☎33-254595
🕐毎日8:30〜22:00
休無休
💰ランチ100DKK〜、
　ディナー150DKK〜
CCM V
URLwww.meyersdeli.dk

Café Sommersko
カフェ・ソマスコ

1976年にオープンした、デンマーク最古のカフェ。パリの古いカフェをイメージした店内は、昔のポスターやグラフィックアートが張られ、薄い黄色の壁が明るい雰囲気。いつも地元の若者でにぎわっている。アルコールメニューも豊富。

🏠Kronprinsensgade 6
☎33-148189
🕐月〜木 8:00〜24:00
　金・土 8:00〜翌5:00
　日 　 8:00〜24:00
休無休　💰50DKK〜
CCA D J M V
URLwww.cafesommersko.dk

Café Hovedtelegrafen

■カフェ・ホーテレグラフェン

逓信博物館Post-og Telegra-fmuseetの5階にあるカフェ。窓からコペンハーゲンの町が見渡せる。デンマークデザインの家具でまとめられ、イスはナナ・ディッツェルのトリニダッド・チェア。夏期にはテラス席もオープン。食事メニューも豊富。

Købmagergade 37（5階）
33-410986
毎日10:00～15:00
無休
100DKK～
MV
www.cafehovedtelegrafen.dk

The Royal Cafe

■ロイヤル・カフェ

ストロイエのロイヤル・コペンハーゲン本店の中庭にあるカフェ。白を基調とした内装はどこかフェミニンでかわいらしい雰囲気。インテリアはデンマークデザインにこだわっており、イスはヤコブセンのアントチェア、ホルメゴーのガラスのシャンデリアなどが飾られている。スモーブローに寿司のセンスを取り入れたというSmushiは、小さなプレートで出されるオープンサンド。ひとつ48DKK、3つで130DKK。皿はもちろん、すべてロイヤル・コペンハーゲンを使用している。

明るい雰囲気のおしゃれカフェ

ランチに最適な小さなスモーブロー、Smushi

Amagertorv 6
33-121122
月～金10:00～19:00
土　　10:00～18:00
日　　11:00～17:00
無休　100DKK～　ADJMV
www.theroyalcafe.dk

Restaurant Tokyo

■東京

コペンハーゲン中央駅から西へ徒歩約10分、セブンイレブンの2階にある、北欧で最初にできた日本料理のレストラン。安くてうまいと評判。メニューは豊富で、特に人気なのはすきやき定食255DKKやデンマーク産ポークを使ったとんかつ定食210DKK、刺身定食210DKK、てんぷら定食215DKKなど。店内はテーブルと座敷に分かれており、団体での利用も可能だ。日本人オーナーの中澤さんも非常に親切で、コペンハーゲンの観光情報やおすすめの店など、さまざまな情報を聞ける。現地在住日本人の集まる場所ともなっており、また店の常連には有名人も多い。

なつかしい日本の味を楽しもう

現地在住日本人も多く集まる

Vesterbrogade 77
FAX33-310165
月～土17:00～23:00（キッチンは～20:30頃）
日
250DKK～
ADJMV

Bento

■ベントウ

日本で料理学校の先生をしていた女将さんと、息子さんが営む和食の店。幕の内弁当225DKKや寿司2カン35DKK～のほか、焼き鳥62DKK、エビフライ巻70DKKといった一品料理も揃う。自家製の地ビールや日本酒をベースにしたカクテルも評判。

Helgolandsgade 16
88-714646
火～土12:00～15:30/17:00～24:00
（キッチンは～22:00）
日・月
ランチ85DKK～、
　ディナー150DKK～
不可

カフェ

日本料理

日本料理

Selfish
セルフィッシュ

郊外
MAP P.56-B2

日本人が経営するこぢんまりした寿司店。産地にこだわったサーモンや最高級マグロなどネタは極上。おすすめは寿司セット75～435DKK。ランチセットは巻き物3つに寿司7カンがついて65DKK～とおトク。前日までの予約で弁当120DKK～も注文可。

- 住 Elmegade 4
- ☎ 35-359626
- 営 火～土12:00～21:30
- 休 日・月
- ￥ ランチ65DKK～、ディナー150DKK～
- CC 不可
- URL www.selfish.dk

中華料理

Fu Hao
富豪酒家（フー・ハオ）

市庁舎前広場、中央駅周辺
MAP P.66

現地在住の日本人に評判の中華料理店。中国人シェフが手がける本格的な広東料理が味わえる。メインの肉料理は85DKK～。おすすめは写真付きのメニューで選べる80品目の飲茶は35DKK～。コペンハーゲン中央駅の西側、ホテル街の中にある。

- 住 Colbjørnsensgade 15
- ☎ 33-318985
- 営 木～火12:00～22:00
- 休 水
- ￥ 100DKK～
- CC A D J M V

Beijing
北京楼（ベイジン）

ストロイエ周辺
MAP P.58-A4

ストロイエ沿いの中華料理店。一品料理は90DKK前後～。ランチビュッフェ（11:00～17:00）は69DKK、ディナービュッフェは99（金・土は119）DKK。店先のスタンドでは30～55DKKのチャイナボックス（数種類のおかずから3～5品をチョイス）が人気。

- 住 Frederiksberggade 28
- ☎ 33-111205　FAX 33-111273
- 営 月～土11:00～23:00　日　12:00～23:00
- 休 無休
- ￥ 100DKK～
- CC D J M V

韓国料理

Korean Palace(Biwon)
コリアン・パレス（ビウォン）

ストロイエ周辺
MAP P.59-D3

繁華街から外れた静かな場所にある。焼き肉ではなく、韓国の家庭料理を出しており、ピリ辛の料理は日本人の口にもあう。人気のブルコギはライス、スープ、キムチがついて170DKK。ビビンバは150DKK。店内は落ち着いた雰囲気。

- 住 Peder Skrams Gade 15
- ☎ 33-149330
- FAX 33-149340
- 営 月～土18:00～21:00
- 休 日
- ￥ 200DKK～
- CC J M V
- URL www.koreanpalace.dk

ベトナム・タイ料理

Spicylicious
スパイシーリシャス

市庁舎前広場、中央駅周辺
MAP P.66

ベトナム、タイ、中国のシェフが厨房を担うアジアン料理の人気店。フォー115DKK～、フライドシーフードは140DKK～。スパイスの利いた4種のカレーは120DKK～。欧風テイストも加えた料理は、店内のインテリアとともに洗練されている。予約がおすすめ。

- 住 Istedgade 27
- ☎ 33-228533
- 営 月～木17:00～23:00　金・土17:00～24:00　日　17:00～22:00
- 休 無休
- ￥ 100DKK～
- CC A M V
- URL www.restaurantspicylicious.dk

パキスタン料理

Restaurant Sahil
サール

ストロイエ周辺
MAP P.59-D4

安くておいしい本場パキスタンの味が楽しめる。カレーが中心でラム、チキン、ビーフ、エビなど合計32種類、60～98DKK。ライスは20DKK、チャパティ10DKK。店内には民族音楽が流れ、白塗りの壁がエキゾチックな雰囲気。

- 住 Havnegade 33
- ☎ 33-914646
- FAX 33-134646
- 営 毎日14:00～23:00
- 休 無休
- ￥ 100DKK～
- CC A J M V
- URL www.sahilrestaurant.dk

コペンハーゲンのショッピング

　ショッピングの中心はストロイエ周辺。通りの両脇には大型デパートや高級店が軒を連ね、陶磁器、銀製品、毛皮、テキスタイル、装身具、家具、音響機器をはじめ、世界の最先端をいくモダンデザインを扱っている。ストロイエの路地裏を行けば、一点物のアンティークやかわいい雑貨を扱う店もあり、ぶらぶら歩いているだけでも目を楽しませてくれる。また、最近注目を浴びているのが、ニューハウンからアメリエンボー宮殿へいたるブレードギャーゼ通りBredgadeやノアポート駅からフレデリクスボーギャーゼ通りFrederiksborggadeを通って運河を渡ったリエスギャーゼ通りRyesgade～ラウンズボーギャーゼ通りRavnsborggadeの周辺。センスのいい北欧デザインのアンティーク雑貨を扱う個性的な店が軒を連ねている。

　日本と同じく、1月と8月はバーゲン時期。1年中セールをやっている店もあるので、「セール」を意味する「UDSALG」の看板を見つけたらのぞいてみよう。

デパート

Illums Bolighus
■イルムス・ボーリフス

ストロイエ周辺　MAP P.58-B3

　世界的に有名な家具と雑貨をおもに扱うデパート。北欧デザインのものを探しているなら、ぜひ訪れたい。吹き抜けの店内は広々とし、商品はゆったりディスプレイされているので時間をかけて選べる。デンマークなど北欧デザインの有名ブランドを中心に幅広い商品構成を誇る。また、隣のRoyal Copenhagen、Georg Jensenとはフロアがつながっており、ロイヤル・ショッピングRoyal Shoppingというショッピングエリアを形成しており、外に出ることなく行き来できる。

広いフロアいっぱいに雑貨や家具が並ぶ

コペンハーゲンを代表するデパート

　住Amagertorv 10　☎33-141941　FAX33-669738
　営月～金　　10:00～19:00
　　土　　　　10:00～18:00
　　第1と最終週の日11:00～16:00
　　（冬期時間短縮あり）
　休第1と最終週以外の日　CCA D J M V
　URLwww.illumsbolighus.com

Illum
■イルム

ストロイエ周辺　MAP P.58-B3

　北欧ならではの生活用品を豊富に扱うデパート。4階の生活雑貨売り場には、家具や陶器銀製品、ガラス製品などが、直営店に負けないくらい豊富に揃う。地下はスーパーマーケットのイヤマIrmaも入っている。5階はカフェコーナー。

　住Østergade 52
　☎33-144002　FAX33-326206
　営月～木10:00～19:00
　　金　　　10:00～20:00
　　土　　　10:00～18:00
　休日
　CCA D J M V
　URLwww.illum.dk

Magasin du Nord
■マガシン・デュ・ノルド

ストロイエ周辺　MAP P.59-C3

　デンマーク国内で最大規模を誇るデパート。衣類や靴、食器や雑貨からインテリアまで揃い、幅広い世代に人気。2、3階は、若者向けの有名ブランドのショップがあるファッションのフロアで、4階は生活用品の売り場となっている。

　住Kongens Nytorv 13
　☎33-114433　FAX33-111005
　営月～木　　10:00～19:00
　　金　　　　10:00～20:00
　　土　　　　10:00～17:00
　　最終週の日12:00～16:00
　休最終週以外の日　CCA D J M V
　URLshop.magasin.dk

Birger Christensen
ビアワー・クリステンセン

ストロイエ周辺
MAP P.58-B3

1869年創業の、高級ブランドのセレクトブティック。毛皮を中心にプラダ、ミュウミュウ、グッチなど国際的なデザイナーブランドを取り揃える。ミンクのコートが25万DKKぐらい。店の外にはシャネルのショップもある。

🏠Østergade 38
☎33-115555　FAX33-932135
🕐月～木10:00～18:00
　金　　10:00～19:00
　土　　10:00～17:00
休日
CC A D J M V
URL www.birger-christensen.com

Henrik Vibskov
ヘンリック・ヴィブスコヴ

ストロイエ周辺
MAP P.58-A2

コペンハーゲンを拠点に活躍しているファッションデザイナー、ヘンリック・ヴィブスコヴの初のオンリーショップ。アイテムは個性的なものが多く、カジュアルからちょっとシックなものまで幅広い。メンズ、レディスともに扱っている。

🏠Krystalgade 6
☎33-146100
🕐月～木11:00～18:00
　金　　11:00～19:00
　土　　11:00～17:00
休日
CC A D M V
URL www.henrikvibskov.com

Ecco Østergade
エコ・エスターギャーゼ

ストロイエ周辺
MAP P.58-B3

人間工学に基づいた履きやすい靴で人気のブランド「エコ」の直営店のなかでも、デンマーク最大の規模の店。売れ筋はスニーカーやブーツで、値段は700～1000DKKとリーズナブル。メンズ、レディスのほか子供靴もある。

🏠Østergade 55
☎33-123511　FAX33-937711
🕐月～木 10:00～18:00
　金　　 10:00～19:00
　土　　 10:00～17:00
　第1日 12:00～16:00
休第1以外の日
CC A D J M V
URL www.ecco.com

Notabene
ノータベーネ

ストロイエ周辺
MAP P.58-B2

イタリア製の靴を扱うデンマークブランド、ノータベーネのショップ。シンプルだがスタイリッシュなデザインで人気。自社ブランドのほか、マーク・ジェイコブスなども扱っている。靴以外にも、革のジャケットやコートなども置いてある。

🏠Kronprinsensgade 10
☎33-133813　FAX33-133831
🕐月～木　　10:00～18:00
　金　　　　10:00～19:00
　第1土　　10:00～17:00
　第1以外の土10:00～16:00
休日
CC A D M V
URL www.notabene-shoes.com

House of Amber
ハウス・オブ・アンバー

ストロイエ周辺
MAP P.58-A4

デンマークのナショナルストーンでもある琥珀が、ケースに陳列されている。値段はさまざまだが、小さなペンダントなら200DKKくらい。ニューハウンにある琥珀博物館Amber Museumの直営店だけあって、品質も確か。市内に支店が4つある。

🏠Frederiksberggade 34
☎/FAX33-112644
🕐5～9月　毎日　10:00～19:00
　10～4月 月～土10:00～18:00
休10～4月の日
CC A D J M V
URL www.houseofamber.com

Carré Shop Copenhagen
カレ・ショップ・コペンハーゲン

ストロイエ周辺
MAP P.58-B3

世界各国で人気を集めるデンマークのジュエリーブランド、カレの直営店。デンマークの自然やアンティークのジュエリーからアイデアを得たというアイテムは、やわらかで温かみのあるデザイン。リングは570DKK～、チャーム500DKK～。

🏠Læderstræde 18
☎33-129218
🕐月～金10:00～18:00
　土　　10:00～16:00
休日
CC A M V
URL www.carre.dk

ファッション

靴

アクセサリー

Peter Hertz
■ ピーター・ハーツ

ストロイエ周辺
MAP P.58-B2

創業1834年の老舗。デンマーク王室御用達としても知られ、宮廷お抱えのデザイナーによる目もくらむようなシルバー、ゴールド類が陳列ケースに並ぶ。デザインも洗練されたものばかり。高級品のほか、145DKK程度の小物もある。

🏠Købmagergade 34
☎33-122216
FAX33-934903
🕐月～金10:00～18:00
　　　10:00～14:30
休日
CCA D J M V
URLwww.phertz.dk

Guldsmed & Design Eske Storm
■ グルズメッド＆デザイン・エスケ・ストルム

アメリエンボー宮殿周辺
MAP P.59-D2

小さなギャラリーが並ぶトルドボドギャーゼ通りToldbodgade沿いにあるジュエリーショップ。モチーフとしているのは、ヴァイキングや建造物、エイリアンなど多彩。重量感のあるものが多いが、シンプルなデザインもある。リング550DKK～。

🏠Toldbodgade 11
☎33-323668
🕐火～土12:00～18:00
休日・月
CC不可
URLeskestorm.dk

Georg Jensen
■ ジョージ・ジェンセン

ストロイエ周辺
MAP P.58-B3

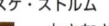

世界の銀器の代名詞といわれ、デンマーク、スウェーデン王室御用達。シンプルながら品格が漂う品々は、洗練されたデンマークデザインのシンボルといえる。1階はジュエリーや時計、地下はミュージアムとセール品、2階は生活雑貨のコーナー。

🏠Amagertorv 4
☎33-114080
FAX38-149943
🕐月～金10:00～19:00
　土　10:00～17:00
　日　12:00～16:00
休無休　CCA D J M V
URLwww.georgjensen.com

Paul Hansen
■ ボール・ハンセン

ストロイエ周辺
MAP P.58-A4

デンマークは、手作りパイプの名産地としても有名。ストロイエにあるこの店は、コペンハーゲン唯一のパイプの専門店。Stanwell、Georg Jensenなどデンマーク産のパイプは395DKK～。葉タバコも豊富で、350種類ほどを揃える。

🏠Frederiksberggade 36
☎33-123651
🕐月～木9:30～17:30
　金　9:30～19:00
　土　9:30～16:00
休日
CCA D J M V
URLwww.danishpipeshop.com

Royal Copenhagen
■ ロイヤル・コペンハーゲン

ストロイエ周辺
MAP P.58-B3

創業1775年。ルネッサンス様式の外観が目印。伝統的なデザインから若手デザイナーによる最新作まで、超一流が並ぶ店内は優雅な雰囲気。1階は置物やギフト商品、2階には伝統柄ブルーフルーテッドのカップ＆ソーサー、ディナーセットのフローラダニカやテーブルウエア。おすすめは、3階のセールコーナー。セカンドクラスの品物が20～70%OFFで売られている。地下はクリスマスコーナー。店舗の中庭にはThe Royal Cafe(→P.102)もあるので、ショッピングの後に休憩することもできる。日本語スタッフが常勤。

本店ならではの充実した品揃え

ルネッサンス様式の風格ある外観

🏠Amagertorv 6　☎33-137181　FAX38-149942
🕐月～木　10:00～18:00（6～8月は～19:00）
　金　　　10:00～19:00
　土　　　10:00～17:00
　日　　　12:00～17:00（9～5月は第1日のみ）
休9～5月の第1以外の日
CCA D J M V　URLwww.royalcopenhagen.com

Helbak Scherning
ヘルバック・シャニング

陶磁器

ストロイエ周辺
MAP P.58-A3

シンプルなフォルムにカラフルなラインや子供の絵を描いたカップや器などを製作するヘルバックと、陶器のジュエリーのシャニングのショップ。どちらもセレクトショップでも人気急上昇中。スタジオでもあるので、デザイナーのふたりに会える場合も。

住Kompagnistræde 8
TEL20-610477
営月〜木11:00〜17:30
　金　　11:00〜18:00
　　　　11:00〜16:00
休日
CCM V
URLwww.helbak-scherning.dk

Nyhavns Glaspusteri
ニューハウンズ・グラスプステリ

ガラス

アメリエンボー宮殿周辺
MAP P.59-D2·3

ガラス職人のクリスチャンさんが営む工芸品の店。グラス180DKK〜やシュガー＆ミルクポット450DKK〜などはおみやげにも人気。優しいパステルカラーの色合いが独特だ。店の裏には工房があり、夏期には作業の様子が見られる。

住Toldbodgade 4
TEL33-130134
営月〜金10:00〜17:30
　土　　10:00〜16:00
休日、1〜3月に長期休業あり
CCA D J M V

Lego Store Copenhagen
レゴ・ストア・コペンハーゲン

レゴ

ストロイエ周辺
MAP P.58-B3

日本でもなじみ深いレゴは、実はデンマーク生まれ。ここは、2010年12月にオープンしたレゴでは初となるオンリーショップ。レゴで作られた人形や大きなドラゴンが迎えてくれるエントランスを通ると、その先はもうレゴ一色。おなじみのレゴのセットやキットのほか、人形を顔やボディなどのパークを自由に組み合わせて作るコーナー（3体で49.95DKK）などもあり遊びながら買い物が楽しめる。奥には、ブロックを好きなだけ詰める量り売り（69.95DKK〜）もある。

かわいい店内は見ているだけでも楽しい

大きなレゴの人形が目印

住Vimmelskaftet 37　TEL52-159158
営月〜木10:00〜18:00
　金　　10:00〜19:00
　土　　10:00〜17:00
　第1日 12:00〜16:00
休第1以外の日
CCA D J M V　URLwww.lego.com

Casa Shop
カーサ・ショップ

インテリア

ストロイエ周辺
MAP P.58-B2

北欧デザインの家具を探している人は、ぜひ寄ってみたい店。ソファやテーブルなどひと通りのインテリアを取り扱う。スワンチェア、アントチェアなどデンマークデザインの傑作のほか、スウェーデンやフィンランドデザインの家具も揃う。

住Store Regnegade 2
TEL33-327041　FAX33-937041
営月〜木10:00〜17:30
　金　　10:00〜18:00
　土　　10:00〜15:00
休日
CCD J M V
URLwww.casashop.dk

Kunst & Håndværk
クンスト・オ・ホントヴァーク

生活雑貨

ストロイエ周辺
MAP P.58-B2

店名を英語に訳せば「Art & Craftwork」。店内に並ぶ数々のアイテムは、すべてデンマーク在住のアーティストが手がけた手工芸品。陶器、ジュエリー、ニットなど、商品はいずれもハンドメイドの1点ものばかり。ラウンド・タワーのすぐそば。

住Landemærket 9
TEL33-116881
営月〜木11:00〜17:30
　金　　11:00〜18:00
　土　　11:00〜14:00
　（最終土は〜16:00）
休日
CCJ M V
URLwww.kunstoghaandvaerk.dk

Hay House
ハイ・ハウス

ストロイエ周辺
MAP P.58-B3

デンマークで近年注目を浴びているデザインショップ。小物やキッチン雑貨から、イスやソファなどのインテリアまで、シンプル・ユニーク・モダンをテーマにしたオリジナル製品が揃う。ピーラステーデ通りPilestræde沿いに、1号店Hay CPHがある。

Østergade 61、2-3.sal
99-424440
月～金 11:00～18:00
土 11:00～16:00
休日
CC A D J M V
URL www.hay.dk

Marilia
マリリア

アメリエンボー宮殿周辺
MAP P.59-D2

ニューハウンにある、日本人経営の北欧デザインセレクトショップ。ジョージ・ジェンセンやロイヤル・コペンハーゲンなど厳選された北欧ブランドの名品を扱う。また、デンマーク発の注目ジュエリー、トロールビーズの品揃えはコペンハーゲン随一のもの。個性豊かなビーズがカラフルに並べられたネックレスやブレスレットは、北欧らしさがつまった人気の品だ。日本語が通じ、日本語での買い物ができるほか、その場で免税料金にしてもらえるのがうれしい。

こだわりの品が揃うセレクトショップ

トロールビーズは、カラーやデザインはさまざま

Nyhavn 43-A
33-141455 FAX 33-143555
4～10月
月～金9:30～17:00
土 9:30～15:00
休日、11～3月
CC A D J M V URL www.marilia.net

Erik Bagger
エリック・バッガー

ストロイエ周辺
MAP P.59-C3

マガシン・デュ・ノルド（→P104）内にある。ジョージ・ジェンセンで修行を積んだエリック・バッガーデザインのキッチン用品を扱う。ステンレスとグラスのコラボレーションなど、独自のセンスが光るシンプルで飽きがこないデザインが評判。

Kongens Nytorv 13
33-182243
月～木10:00～19:00
金 10:00～20:00
土 10:00～18:00
第1と最終週の日 12:00～16:00
休第1と最終週以外の日
CC A D J M V
URL www.erikbagger.dk

H. Danielsen
H. ダニエルセン

ストロイエ周辺
MAP P.58-B3

創業100年以上を誇る老舗アンティークショップ。カトラリーやジュエリーなどのシルバーやゴールド製品を扱っている。ロイヤル・コペンハーゲンのフローラダニカやブルーフルーテッドシリーズ、ホルメゴーのガラスも充実。

Læderstræde 11
TEL/FAX 33-130274
月～金10:00～17:30
土 10:00～14:00
休日
CC A J M V

Maritime Antiques
マリタイム・アンティークス

アメリエンボー宮殿周辺
MAP P.59-D2

ニューハウンの近くにある、船に関するアイテムを扱う専門店。店内には、舵輪やランプ、ブイなど船舶に関わる古い道具があふれている。コンパス650DKK～や時計395DKK～はインテリアに。漁師御用達S.N.S Herning社のセーターも仕立て上質な逸品。

Toldbodgade 15
TEL/FAX 33-121257
月～金10:00～17:30
土 10:00～14:00
休日
CC A J M V
URL www.maritime-antiques.dk

生活雑貨

キッチン用品

アンティーク

Dannish Classic

ダニッシュ・クラシック

郊外
MAP P.59-C2

イェンス・クイストゴーやヘニング・コッベルなどの有名デザイナーの雑貨が充実している。1960〜80年代のモダンデザインのアイテムが中心で、状態もいいものが多い。探しているものがある場合は、オーナーに相談してみるといい。

- 住Bredgade 16
- 電27-646439
- 営月〜金12:00〜17:00
- 休土・日
- CC J M V
- URL www.danishclassic.dk

Bau Antik

バウ・アンティック

郊外
MAP P.57-C2

ロイヤル・コペンハーゲンやホルムゴーなどデンマークブランドの陶磁器やガラスのアンティーク製品を扱う。数ある製品の中から掘り出し物を見つけよう。アンティーク通りとして有名なラウンズボーギャーゼ通り沿いにある。

- 住Ravnsborggade 5
- 電35-359213
- 営火〜金10:30〜17:00
- 　　土　　11:00〜14:00
- 休日・月
- CC A J M V
- URL www.bauantik.dk

Bang & Olufsen

バング＆オルフセン

ストロイエ周辺
MAP P.59-C2

デンマークが誇るオーディオメーカーのショールーム。フォルムはもちろん、音の水準も高い。店内はおしゃれなオフィスのようで、未来派デザインのハイファイ機器が並ぶ。日本未入荷の製品も多くあり、日本への発送もしてくれる。

- 住Kongens Nytorv 26
- 電33-111415
- 営月〜木10:00〜18:00
- 　金　　10:00〜19:00
- 　土　　10:00〜16:00
- 休日
- CC A D J M V
- URL www.bang-olufsen.com

Fona

フォナ

ストロイエ周辺
MAP P.58-B3

1階はパソコン用品やオーディオ製品、2階は大規模なCD売り場になっている。洋楽ポップ＆ロックを中心に、ひととおりのジャンルが揃っている。デンマークのポップスやクラシックも充実。どのCDも試聴可能だ。地下はゲームソフト売り場。

- 住Østergade 47
- 電33-159055
- 営月〜木10:00〜18:00
- 　金　　10:00〜19:00
- 　土　　10:00〜17:00
- 　第1日12:00〜16:00
- 休第1以外の日　CC A D J M V
- URL www.fona.dk

Arnold Busck

アーノルド・ブスク

ストロイエ周辺
MAP P.58-B2

ラウンド・タワー近くの大型書店。注目はデザイン関連の本を扱う2階。建築やファッションに関する本が並べられ、ただ本を手に取って眺めるだけでも時間が過ごせる。カフェも併設。1階では小説や雑誌、地下では児童書や趣味の本を扱っている。

- 住Købmagergade 49
- 電33-733500　FAX33-733535
- 営月〜木10:00〜18:00
- 　金　　10:00〜19:00
- 　土　　10:00〜16:00
- 　第1と最終週の日12:00〜16:00
- 休第1と最終週以外の日
- CC A D J M V
- URL www.arnoldbusck.dk

Lagkagehuset

ラウケーフーセット

市庁舎前広場、中央駅周辺
MAP P.66

石窯で焼くパンが人気の行列店。カスタード、チョコ、シナモンなど7種が揃う本場のデニッシュペストリー15.5DKKは焼きたてのサクッとした食感がいい。イートインスペースがある。クリスチャンハウンに本店、ストロイエなど市内に12店舗ある。

- 住Vesterbrogade 4A
- 電33-113607
- 営7・8月
- 　毎日7:30〜20:00
- 　9〜6月
- 　毎日7:30〜18:30
- 休無休　CC A D M V
- URL www.lagkagehuset.dk

A.C. Perch's Thehandel

ストロイエ周辺 MAP P.58-B2

■A.C. パークス・ティーハレン

1835年から続くお茶の専門店。趣ある木造の英国風な建物が目を引く。全120種類あるオリジナルブレンドは100g25DKK〜。2階はティールーム（圏月〜金11:30〜17:30、土11:00〜17:00）で、ケーキと一緒にオリジナルティーを楽しめる。

🏠Kronprinsensgade 5
☎33-153562　FAX33-153522
圏月〜木9:00〜17:30
　金　9:00〜19:00
　土　9:30〜16:00
休日
CCM V
URLwww.perchs.dk

Emmerys

アメリエンボー宮殿周辺 MAP P.59-D2

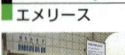

■エメリース

デニッシュペストリーやライ麦パンなどさまざまな種類のパンが揃う。パンは小麦からミルクまですべてオーガニックにこだわっている。パンにも、ジャムの瓶詰めやニシンの酢漬け、ピクルスなどこだわりの商品をセレクトして販売もしている。

🏠Store Strandstræde 21
☎33-930133
FAX33-933233
圏月〜木7:30〜18:00
　金　7:30〜18:30
　土・日8:00〜17:00
休無休　CCM V
URLwww.emmerys.dk

Ostehjørnet

アメリエンボー宮殿周辺 MAP P.59-C1

■オステヤーノ

デンマークをはじめとするヨーロッパのチーズやソーセージがずらりと並ぶ。おすすめはマイルドな味わいのSamsø Aså 1kg 170DKKなど。チーズは味見も可能。ソーセージは、イタリアの手作りソーセージMilano100g 36DKK〜が人気。

🏠Store Kongensgade 56
☎33-155011
圏月〜金10:00〜18:00
　土　10:00〜15:00
休日
CCA D J M V

ノミの市でおみやげ探し

コペンハーゲンでは、夏期の週末に各所でノミの市（Flea Market/Loppe Marked）が開かれる。北欧デザインの家具や雑貨も多く並び、買い物好きは必見。なかでも規模が大きいのがイスラエル広場Israels Plads、ガンメルストランド、郊外のフレデリクスベア公園の3ヵ所。コンゲンス・ニュートーゥなどでも行われているが、観光客向けなので、値段はやや高め。郊外にある巨大なイベントスペース、ベラ・センターBella CenterやフォーラムForumで行われることもある。開催は年に数回のみで不定期。コペンハーゲン観光局のホームページで開催日などを告知しているのでチェックしておこう。

掘り出し物を見つけよう

━DATA━

■イスラエル広場
MAP P.58-A1
圏4月中旬〜10月下旬
　土8:00〜15:00

■ガンメルストランド
MAP P.58-B3〜4
圏5月上旬〜10月上旬
　金7:00〜18:00
　土8:00〜18:00

■コンゲンス・ニュートゥ
MAP P.59-C2
圏4月上旬〜8月上旬
　土　10:00〜17:00
　第1日11:00〜16:00

コペンハーゲンのナイトスポット

　町の中心部には、観光客にも人気のライブハウスやバー、深夜営業のカフェがある。大型のクラブなどは郊外にあり、タクシーなどの足がないと行くのは難しい。ノアポート駅の周辺には、地元の若者が集まるセンスのいいバーやカフェが点在している。コペンハーゲンの流行をつかむなら、そちらに足を運ぶのがおすすめ。

The Library Bar
■ ライブラリー・バー

市庁舎前広場、中央駅周辺
MAP P.66

　Copenhagen Plaza（→P.92）の1階にあるシックなバー。古い蔵書が周囲の壁を囲み、その数約5500冊。インテリアをブラウン系でまとめ、ゆったりとしたサロン風。社交場として人気で、土曜の21:30からライブ演奏も行われる。カジュアルな服装は避けよう。

住Bernstorffsgade 4
電33-149262
営月～木 16:00～24:00
　金・土16:00～翌1:00
休日
CC A D M V
URL www.profilhotels.dk

Copenhagen JazzHouse
■ コペンハーゲン・ジャズハウス

ストロイエ周辺
MAP P.58-B3

　デンマークをはじめ世界各国で活躍するミュージシャンが出演するジャズクラブ。チャージは日によって異なり、65DKK～。ライブは21:00頃から（金・土曜が中心）。24:00以降は早朝まで楽しめるクラブとなる。ドリンクはビール35DKK～など。

住Niels Hemmingsens Gade 10
電33-152600
FAX33-150366
営金・土 18:00～翌5:00
休日～木は不定休
CC D J M V
URL www.jazzhouse.dk

Mojo
■ モジョ

ストロイエ周辺
MAP P.58-A4

　幅広い年齢層に人気のカジュアルなブルースバー。チャージはバンドにより異なり金・土曜のみ70DKKほど、平日は無料。バンドはデンマークやイギリス、アメリカからも来訪。ライブは日～木曜は21:30から、金・土曜は22:30から。毎週木曜はジャムセッション。

住Løngangstæde 21c
電33-116453(店)/23-449777(予約)
FAX33-910130
営毎日20:00～翌5:00
休無休
CC J M V
URL www.mojo.dk

Barbarellah
■ バーバレラー

ローゼンボー離宮周辺
MAP P.57-C2

　ノアポート駅から徒歩7分。バー、ラウンジ、カフェ、クラブ、ブティックが一体となった複合的なスペース。ラムベースが人気のカクテルは74～109DKK。食事は中南米料理が中心だ。インテリアもおしゃれで、金・土曜の21:00からはDJが入る。

住Nørre Farimagsgade 41
電33-320061
営火～木14:00～翌2:00
　金・土14:00～翌4:00
休日・月
CC A J M V
URL www.barbarellah.dk

Casino Copenhagen
■ カジノ・コペンハーゲン

クリスチャンハウン
MAP P.57-D4

　コペンハーゲン唯一のカジノ。内装はヨーロピアンタイプの正統派。18歳から入場でき、チャージは90DKK～だがラフな格好での入場は禁止されているので気をつけよう。Radisson Blu Scandinavia Hotel内にある。入場の際はパスポートが必要。

住Amager Boulevard 70
電33-965965
営毎日14:00～翌4:00
休無休
CC A D J M V
URL www.casinocopenhagen.dk

■ 2011年5月のレート　1DKK=16.11円

■ コペンハーゲンのエンターテインメント

コペンハーゲンでは、バレエやオペラ、ミュージカルなどさまざまなジャンルのエンターテインメントが催されている。数あるエンターテインメントのなかでも特に有名で人気も高いのが、パリのオペラ座、キエフ・バレエ団に次ぐ、世界で3番目に長い歴史をもつデンマーク王立バレエ団The Royal Danish Ballet。その公演はふたつの王立劇場やオペラハウスで見ることができる。チケットは各劇場のボックスオフィスに直接おもむいて購入する。また、ビレットネットBilletNetでは、電話のほか、インターネットでのオンライン予約もできるので、事前に日本で予約できて便利。また、市内の各郵便局でも予約できる。劇場で催されているプログラムについては、コペンハーゲン観光局ホームページのイベントカレンダーなどで知ることができる。

デンマーク王立劇場
Skuespilhuset

2008年オープンの新しい王立劇場。デンマーク人建築家Boje LundgaardとLene Tranbergデザインの建物で、オペラやミュージカルを上演。チケット予約の電話番号とボックスオフィスは旧王立劇場と同じ。

旧王立劇場
Det Kongelige Teater

コンゲンス・ニュートーゥに建つ1748年建造の重厚な建物。デンマーク王立バレエ団の公演をメインとして、オペラ、クラシックのコンサートが行われている。

オペラハウス
Operaen

斬新なデザインの建物は、ヘニング・ラーセンの設計。オペラをメインにバレエ、コンサートが行われている。内部は地上9階、地下5階の全14階建てになっており、中央ホールには1400人もの観客を収容できる。チケット予約の電話番号とボックスオフィスは旧王立劇場と同じ。

新劇場
Det Ny Teater

『オペラ座の怪人』や『サウンド・オブ・ミュージック』など、おもに有名ミュージカルを上演しているので、わりあい気軽に観られる。

チボリ・コンサート・ホール
Tivoli Koncertsal

チボリ公園（→P.74）内にあるコンサートホール兼劇場。クラシックからバレエなどさまざまなジャンルの公演がある。公園は夏期とクリスマスのみのオープンだが、コンサートホールは1年をとおして上演されている。公園のオープン時には、イベント会場にもなる。

---DATA---

■ビレットネット
☎70-156565　URLbilletnet.dk

■デンマーク王立劇場
MAP P.59-D2
Sankt Annæ Plads 36　URLwww.kglteater.dk

■旧王立劇場
MAP P.59-C3　Tordenskjoldsgade 7
☎33-696933／33-696969（予約）
URLkglteater.dk
ボックスオフィス
　月～土14:00～18:00（公演日は～20:00）
休日
　電話予約
　月～土12:00～16:00　休日

■オペラハウス
MAP P.57-D2
Ekvipagemestervej 10　URLkglteater.dk
行き方→→→
　地下鉄クリスチャンハウン駅から徒歩15分。または、コペンハーゲン中央駅から市バス66番。水上バス901、902番でも行くことができる。

■新劇場
MAP P.66　Gammel Kongevej 29
☎33-255075　URLwww.detnyteater.dk
月　　12:00～18:00　火～木12:00～19:30
金・土12:00～20:00
日　　12:00～15:00　休無休

■チボリ・コンサート・ホール
☎33-151012　毎日10:00～23:00
（週末・夏期は延長あり）
（チボリ公園休園中は毎日10:00～17:00）

ヘルシンオア

堅牢な城壁をもつクロンボー城

コペンハーゲンの北約44kmの所にある港町。町の北東にあるクロンボー城は、シェイクスピア作の戯曲『ハムレット』の舞台として有名で、ユネスコの世界遺産に登録されている。町はオーレスン海峡の最狭部にあり、対岸にあるスウェーデンのヘルシンボリの町との間はわずか5km。

ヘルシンオアが造られたのは1100年頃。1429年エリック7世王が海峡を通る船にここで通行税を課してから、経済的にも政治的にも重要な町となったが、通行税は1857年に廃止された。19世紀半ばにコペンハーゲンからの鉄道が北へ延びるにつれて、北海への港となるこの町は再び活気を取り戻す。

町の中心にそびえる尖塔は、聖オーライ教会Sct. Olai Kirkeである。この教会は13世紀の開基、現存するエリック7世時代の建築物としては唯一のものだ。

MAP P.46-B3

人口	6万1368
市外局番	なし

ヘルシンオア情報のサイト
URL www.visitnordsjaelland.com

デンマーク
コペンハーゲン／ヘルシンオア

ヘルシンオアへの行き方

🚃 コペンハーゲンから普通列車Reで所要約50分。1時間に1～3便運行。またエストーC線の終点クランペンボーKlampenborg駅から、388番のバスで海岸通りを約1時間35分。

🚢 スウェーデンのヘルシンボリからスカンラインScandlinesなどのフェリーが運航している。24時間運航、深夜を除いて15分ごとに出発。所要約20分。

クロンボー城から眺めるヘルシンオアの町

聖オーライ教会
🏠 Sct.Anna Gade 12
URL www.helsingoerdomkirke.dk
🕐 5～8月
　　毎日10:00～16:00
　9～4月
　　毎日10:00～14:00
🚫 無休

駅の近くにある聖オーライ教会

ヘルシンオアの歩き方

駅を出て真っすぐに進むと、湾を挟んで向かいにクロンボー城が見える。駅の西側には商店街があり、対岸のヘルシンボリから船でやって来たスウェーデン人の買い物客でにぎわっている。デンマークはスウェーデンよりもアルコール類が安いので、大量のビールやウイスキーを抱えたスウェーデン人が多い。スウェーデンへ行く人は、駅からつながっている歩道橋を渡りフェリーターミナルへ行こう。

おもな見どころ

クロンボー城　Kronborg Slot

MAP P.113

王や王妃の部屋が当時の調度品とともに公開されている

シェイクスピアの『ハムレット』の舞台となった城。15世紀にエリック7世王が通行税徴収のために城を造ったが一度さびれ、1574年フレデリク2世の命により再建に着手、1585年に完成した。1629年には火災により焼け落ちたが、ただちにクリスチャン4世により修復された。その後はスウェーデンに最も接近した場所として、幾度かの戦争を経て、1924年に現在の姿に改修された。

ほぼ四角型の城で、北棟は王の住居、西棟は王妃の住居でデンマーク・ルネッサンス様式。東棟は王族の部屋や厨房、南棟は教会Kirkenで内部装飾はフレデリク2世時代のものだ。地下には兵舎や地下牢Kasematterneがあり、一隅には楯と剣を手にして眠るデンマークの伝説の英雄ホルガー・ダンスクHolger Danskeの像がある。デンマークの危機の際には、数百年の眠りから立ち上がり、祖国を救うといわれている。城内には国内最大の規模をもつ航海博物館Søfartsmuseetもある。

北棟入口の向かいの壁に、シェイクスピアの胸像のレリーフがあり、その下に王子ハムレットについての記述がある。文中に「王子Amleth」とあるのに注目。シェイクスピアはAmlethの最後の「H」を頭にもってきてHAMLETとした。

ヘルシンオアの観光案内所ⓘ
[住]Havnepladsen 3
☎49-211333
[FAX]49-211577
[URL]www.visitnordsjaelland.com
[開]月～金10:00～16:00
[休]土・日

クロンボー城
[住]Kronborg 2c
☎49-213078
[URL]www.ses.dk/da/slotteoghaver/slotte/kronborg
[開]4・10月
火～日11:00～16:00
5～9月
毎日　10:30～17:00
11～3月
火～日11:00～15:00
[休]10～4月の月
[料]教会と地下牢　30DKK
城内と教会、地下牢　70DKK
城内と教会、地下牢、航海博物館　95DKK
行き方➡➡➡
ヘルシンオア駅から徒歩約15分。

地下牢に眠るホルガー・ダンスクの像

アムレート王子の墓への行き方
ハムレットのモデルといわれるアムレート王子の墓と伝えられるものがオーフス（→P.126）の北約45km、アンメルヒーゼ村Ammelhedeの畑の中にある。ラナスRandersからグレノGrenå行き、あるいはグレノからラナス行きのバスに乗りスリュンボーSlynborg下車。あとは徒歩でアンメルヒーゼ村へ。「Hamlets Grav」の表示に従っていくと村外れにある。

ヘルシンオアのホテル

Hotel Skandia
🛁 📺 [ドライヤー] 🍸 ♿
MAP P.113
スカンディア
[住]Bramstræde 1　☎49-210902
[FAX]49-210954　[URL]www.hotelskandia.dk
[料]Ⓢ595DKK～Ⓓ695DKK～
[CC]A J M V
ヘルシンオア駅から徒歩2分ほどのエコノミーなホテル。全室無線LANに無料で接続可。

Danhostel Helsingør Vandrerhjem
🛁 📺 [ドライヤー] 🍸 ♿
MAP P.113外
ダンホステル・ヘルシンオア・ヴァンドレイエム
[住]Ndr. Strandvej 24　☎49-284949　[FAX]49-284939
[URL]www.helsingorhostel.dk　[料]ドミトリー185DKK～
バス、トイレ付きⓈⒹ475DKK～
バス、トイレ共同ⓈⒹ350DKK～
シーツ59DKK　朝食59DKK　[CC]D J M V
プレイルームを完備した快適なホステル。

🛁バスタブ　🛁バスタブ一部のみ　📺テレビ　📺テレビ一部のみ　[ドライヤー]ドライヤー　[ドライヤー]ドライヤー貸出
🍸ミニバー　🍸ミニバー一部のみ　♿ハンディキャップルーム

ロスキレ

ロスキレ・フィヨルドの最奥にできたこの町は、9世紀には早くも都市としての形態をなしており、リーベと並んで国内で最も古い町とされている。アブサロン大主教によってコペンハーゲンが拓かれるまでは、ロスキレが王族の拠点であった。また12世紀には、デンマーク初の大寺院であるロスキレ大聖堂が建立された。つまりデンマークの歴史は、ロスキレから始まったといっても過言ではない。長い北欧の歴史と豊かな文化を物語るに足る重要な土地だといえるだろう。

観光案内所が入っている市庁舎

MAP P.46-B3
人口：8万2542
市外局番：なし
ロスキレ情報のサイト
URL www.visitroskilde.com
URL www.roskilde-info.dk

デンマーク　ヘルシンオア／ロスキレ

ロスキレへの行き方

🚄 コペンハーゲンからインターシティ・リュン、インターシティで所要約20分、普通列車Reで所要約30分。1時間に5〜9便運行。

世界遺産に登録されているロスキレ大聖堂

実物が展示されているヴァイキング船博物館

ロスキレの歩き方

ロスキレ駅前はやや殺風景だが、市庁舎Rådhus周辺は商店街もあり比較的にぎやか。ロスキレ大聖堂からロスキレ・フィヨルドRoskilde Fjordまでは公園の中を通る散歩コース。町には泉が多く、このコースにも水が湧いているところがある。

ロスキレの観光案内所[i]
[住]Stændertorvet 1
☎46-316565
[FAX]46-316560
[URL]www.visitroskilde.com
[開]4～6月
月～金10:00～17:00
土　10:00～13:00
7・8月
月～金10:00～17:00
土　10:00～14:00
9～3月
月～木10:00～17:00
金　10:00～16:00
土　10:00～13:00
[休]日

おもな見どころ

ロスキレ大聖堂　Roskilde Domkirke

MAP P.115

1170年代にアブサロン大主教によって築かれた大聖堂。ロマネスクとゴシックを主調にしているが、歴代の王により10ヵ所以上も増改築され、さまざまな建築様式が混在することになった。また塔は1635年頃に付け加えられたものだ。マルグレーテ1世女王に始まり、先代国王フレデリク9世にいたる40体におよぶデンマーク王ならびに王妃の石棺が安置されており、そのうち17体は、豪華な雪花石や貴重な大理石の棺に納められている。堂内では1500年代の機械仕掛けの飾り時計なども見られる。北欧を代表する建築物として、1995年にユネスコの世界遺産に登録された。

聖堂内部の柱にもレンガが使用されている

ロスキレ大聖堂
[住]Domkirkestræde10
☎46-355814
[URL]www.roskildedomkirke.dk
[開]4～9月
月～土 9:00～17:00
日　12:30～17:00
10～3月
火～土10:00～16:00
日　12:30～16:00
[休]10～3月の月
[料]25DKK
(コペンハーゲン・カードで入場可)

ロスキレ大聖堂には豪華な装飾の棺が並べられている

ヴァイキング船博物館　Vikingeskibsmuseum

MAP P.115

西暦1000年頃からロスキレの北20kmのフィヨルド入口に、5隻の船が沈められていた。これは農耕民族であったヴァイキングが、船による外敵の侵略に対して村を守るために本物の船を沈めたもので、いわば水中防壁だ。

1962年にコペンハーゲンの国立博物館がこれらのヴァイキング船を発掘して、ここに展示している。博物館はフィヨルドに面した公園内に設けられ、館内にはこのほかヴァイキングの生活に関する展示などがある。船の復元作業は現在も進行中で、夏には屋外でその作業も公開されており興味深い。

ヴァイキング船博物館
[住]Vindeboder 12
☎46-300200
[URL]vikingeskibsmuseet.dk
[開]6/25～8/31
毎日10:00～17:00
9/1～6/24
毎日10:00～16:00
[休]無休
[料]100DKK
(10～4月は70DKK)

ロスキレのホテル

Prindsen Roskilde
プリンセン・ロスキレ

MAP P.115

[住]Algade 13
☎46-309100 [FAX]46-309150
[URL]www.hotelprindsen.dk
[料]Ⓢ1435DKK～Ⓓ1590DKK～ [CC]A D M V

1695年開業の歴史があるホテル。町の中心にあり、どこへ行くにも便利。無線LAN全室無料。

Danhostel Roskilde Vandrerhjem
ダンホステル・ロスキレ・ヴァンドレイエム

MAP P.115

[住]Vindeboder 7 ☎46-352184 [FAX]46-326690
[URL]www.danhostel.dk/roskilde
[料]ドミトリー180DKK～ Ⓢ400DKK～Ⓓ420DKK～
シーツ45DKK 朝食50DKK [CC]A D J M V

通年オープンのユースホステル。ヴァイキング船博物館のすぐ隣で、海にも近い美しい環境。

バスタブ　バスタブ一部のみ　テレビ　テレビ一部のみ　ドライヤー　ドライヤー貸出
ミニバー　ミニバー一部のみ　ハンディキャップルーム

オーデンセ

アンデルセン公園に建つアンデル
セン像

フュン島Fynのほぼ中央に位置している町オーデンセ。町の名前は北欧神話に由来している。フレイアの夫オーディンがフュン島に住居を築いた際、周囲の美しい光景を見たフレイアが「見て！　オーディンOdin, Se」と叫び、それが元になったといわれている。

11世紀になると、オーデンセは建造されたばかりの教会を中心に宗教的に重要な都市として繁栄してきた。現在でもフュン島の政治的、商業的中心地として発展を続けている。

また、オーデンセは『マッチ売りの少女』や『みにくいあひるのこ』で知られる、ハンス・クリスチャン・アンデルセン生誕の地。アンデルセンは1805年に貧しい靴屋の子として生まれ、この町で多感な少年時代を送った。市内には、波乱に富んだ作家の生涯を知るためのアンデルセン博物館や子供時代の家、銅像など彼にまつわる数々の見どころがあり、童話ファンの興味は尽きない。

近代的な中心街を一歩離れれば、石畳の小径にかわいらしいおもちゃのような家が並ぶ。白鳥の遊ぶ緑豊かな公園やアンデルセンの母が毎朝洗濯をしたという小川も流れ、メルヘンの世界を存分に感じさせてくれる。

オーデンセの歩き方

オーデンセの町は鉄道駅の南側に広範囲に広がっている。駅前の王様公園Kongens Haveを抜けたあたりから繁華街は始まり、中心はオーデンセ市庁舎Odense Rådhus。アンデルセンゆかりの見どころも市庁舎のそばに点在しているので、ここから観光を始めるのがいい。市庁舎のすぐ横には聖クヌート教会があり、その裏側にあるのがアンデルセン公園。東には天高くのびる尖塔とレンガ造りのファサードが美しい聖アルバニ教会Sct. Albani Kirkeがある。アンデルセン博物館へはここから徒歩5分ほどだ。博物館のある一画は歴史保存地区にも指定されており、色

石畳の通りにカラフルな家が並ぶ歴史
保存地区

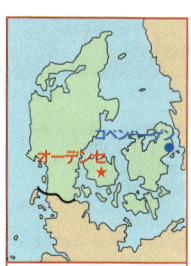

MAP P.46-A3
人口：19万245
市外局番：なし
オーデンセ情報のサイト
URL www.visitodense.com

デンマーク　ロスキレ／オーデンセ

オーデンセへの行き方

✈ コペンハーゲンからインターシティ・リュンで所要約1時間15分。インターシティで所要約1時間30～50分。5:00～翌2:07の1時間に1～3便運行。オーフスからインターシティ・リュンで所要約1時間40分。インターシティで所要約1時間45～50分。4:20～翌1:51の1時間に1～3便運行。

オーデンセの観光案内所❶
🏠Rådhuset（市庁舎内）
☎63-757520
URL www.visitodense.com
✉japan@visitodense.com
（日本語）
🕐7・8月
　　月～金　9:30～18:00
　　土　　　10:00～15:00
　　日　　　11:00～14:00
　　9～6月
　　月～金　9:30～16:30
　　土　　　10:00～13:00
🚫9～6月の日
　ホテル予約手数料35DKK。平日は日本人スタッフが常駐している。

オーデンセ・シティ・パス
Odense City Pass
　アンデルセン博物館、ミュンターゴーデン、デンマーク鉄道博物館など、オーデンセのおもな見どころ10施設の利用が無料となるお得なパス。有効期間は1日。観光案内所で販売している。
💴129DKK

アンデルセンの幼少時代の家

オーデンセ・オーファート
℡66-107080
URL www.aafart.dk
営5/1～9/15
　毎日10:00～17:00の
　1時間ごと。
料片道50DKK、往復70DKK
　ムンケ・モーセ公園Mun-
ke Moseからオーデンセ動
物園Odense Zooを通って
フュン野外博物館近くのフ
ルーンス・ブーグFruens B-
øgeまで行く。ムンケ・モー
セ公園からフルーンス・
ブーグは所要約35分。チケ
ットは乗り場で購入できる。
オーデンセ発の市内ツアー
申し込みは観光案内所で。
The Watchman
　夜警に扮したおじさんと
一緒に、夜のアンデルセン
博物館の一帯を回る。古い
町並みやアンデルセンゆか
りの場所などを教えてもら
える。所要約1時間。
営6/25～8/31
　月～土21:00　料無料
市庁舎ツアー
　市庁舎内や女王控えの間
を見学する。所要約1時間。
営7/5～8/30
　月・木13:00
料20DKK
アンデルセン足跡ガイドツアー
　アンデルセンにゆかりの
場所を見学するツアー。ア
ンデルセン博物館やアンデ
ルセン子供時代の家は外か
らの見学。所要約2時間。
営7・8月　火・木14:00
料50DKK
アンデルセン博物館
℡65-514601
URL museum.odense.dk
営6/27～8/31
　毎日　9:00～17:00
　9/1～6/26
　火～日10:00～16:00
休9/1～6/26の月　料60DKK
アンデルセン童話劇
営6/26～8/7
　月～土11:00、13:00、
　　15:00
フュートイエット
℡66-144411
URL www.fyrtoejet.com
営6/24～8/14
　毎日10:00～17:00
その他の期間は週末を中心
に開館
休不定休　料80～95DKK

とりどりの小さな家々が整然と建ち並ぶさまは、まさにおとぎの世界。通りに面した窓辺になにげなく飾られた鉢植えの花や置物が愛らしい。特に見事なのが、ソルテブロードレ・ストレァーゼ通りSortebrødre Stræde。

市庁舎の脇を走るヴェスターギャーゼ通りVestergadeは、歩行者専用道路となっており、道に沿ってデパートやショップが並ぶメインストリートとなっている。

見どころのほとんどは、1日あれば徒歩で歩いて回れる。郊外のフュン野外博物館などに行く場合は、市バスを利用するか、オーデンセ・オーファートOdense Aafartの運航する観光ボートを利用するといい。

おもな見どころ

アンデルセン博物館
H.C. Andersens Hus
MAP P.119-B2

アンデルセンの人生を綴った壁画

『赤い靴』『マッチ売りの少女』『人魚姫』『裸の王様』など多くの名作を、全人類への価値ある贈り物として残したアンデルセン。童話、詩、紀行文、小説、戯曲、随筆、伝記、書簡、さらには挿絵や切り絵細工にも目を見張る才能を示したこの世界的作家の、幾多の作品群とその生涯を展示した博物館。

館内には名作を生みだした作家自身の部屋や世界各国語に翻訳された作品集などがあり興味が尽きない。博物館の奥にあるドーム型ホールの壁面を飾るフレスコ画は、町を出たアンデルセンが世界的成功を収めた後、名誉市民としてオーデンセの人々に熱狂的な祝福を受けるまでの足跡を表現したものだ。館内北東端にはアンデルセンの生家とされる一角があり、内部に当時の生活の様子が再現されている。建物は3戸からなる共同住宅で、ここにアンデルセンの両親や姉、祖父母を含む5家族、20人近くが住んでいたという。また夏期には、博物館入口前の広場でアンデルセン童話の劇H.C. Andersen Paradenが上演される（無料）。

子供と一緒なら、併設されたフュートイエットFyrtøjetへ行くのもいい。ここは、童話の世界を再現したおとぎの国。子供たちがメイクをし、妖精や魔法使いになりきって遊べる。

アンデルセンの生家では当時の様子が再現されている

■ アンデルセン公園

H.C.Andersen Haven
MAP P.119-B3

アンデルセンの名を冠した、芝生のきれいな公園。園内を流れる小川は、かつての貧民の洗濯場オーデンセ川。アンデルセンの母親もここで洗濯をしていたといわれている。白鳥群の彫像やハーブ園もあり、今はのどかでメルヘンティックだ。聖クヌート教会に面しており、教会の真裏には、アンデルセンの像が建っている。

どこかメルヘンティックな公園

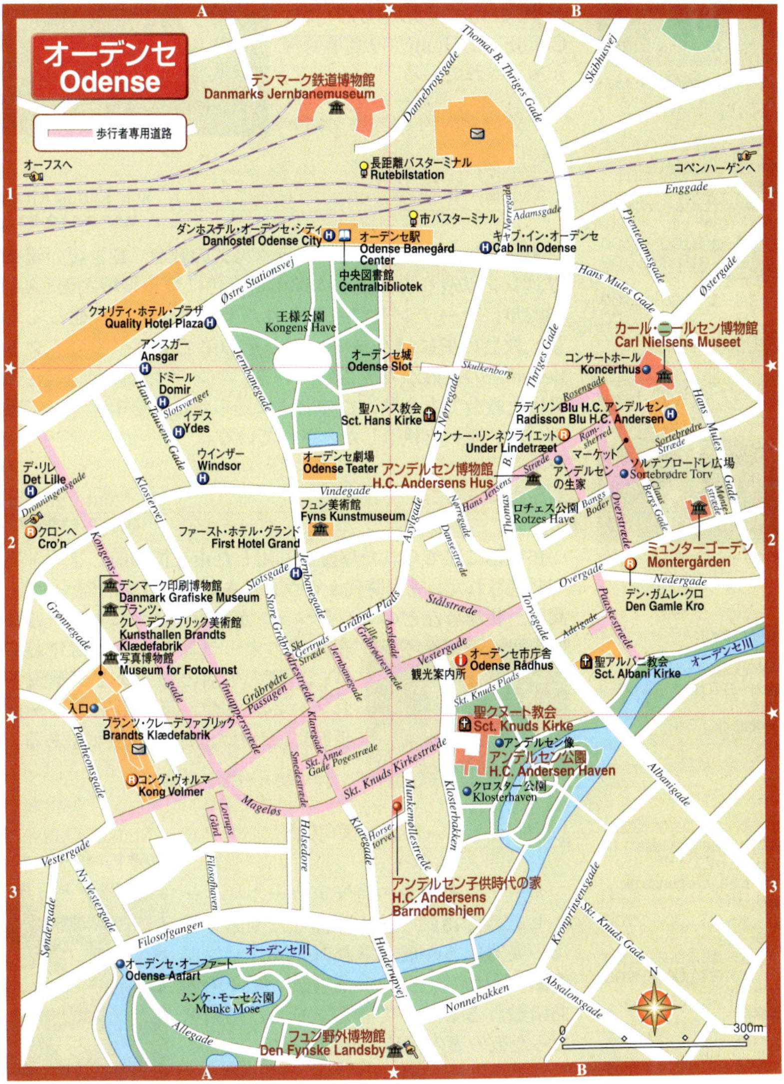

デンマーク　オーデンセ

オーデンセ Odense

歩行者専用道路

デンマーク鉄道博物館
Danmarks Jernbanemuseum

Thomas B. Thriges Gade

Dannebrogsgade

オーフスへ

長距離バスターミナル
Rutebilstation

コペンハーゲンへ

Enggade

Skibhusvej

市バスターミナル

ダンホステル・オーデンセ・シティ
Danhostel Odense City

オーデンセ駅
Odense Banegård
Center

キャブ・イン・オーデンセ
Cab Inn Odense

Adamsgade

Pjentedamsgade

Østergade

中央図書館
Centralbibliotek

Hans Mules Gade

クオリティ・ホテル・プラザ
Quality Hotel Plaza

王様公園
Kongens Have

カール・ニールセン博物館
Carl Nielsens Museet

アンスガー
Ansgar

オーデンセ城
Odense Slot

コンサートホール
Koncerthus

ドミール
Domir

Skulkenborg

Rosensgade

Thriges Gade

Hans

イデス
Ydes

聖ハンス教会
Sct. Hans Kirke

ラディソン Blu H.C. アンデルセン
Radisson Blu H.C. Andersen

ウインザー
Windsor

オーデンセ劇場
Odense Teater

ウンナー・リンネツライエット
Under Lindetræet

Rom...

Sortebrødre Stræde

Hans

Mules Gade

デ・リル
Det Lille

アンデルセン博物館
H.C. Andersens Hus

マーケット

アンデルセンの生家

ソルテブロードレ広場
Sortebrødre Torv

Drionningensgade

Vindegade

フュン美術館
Fyns Kunstmuseum

ロチェス公園
Rotzes Have

Bangs Boder

Hans Jensens Stræde

Klostervej

Asylgade

ファースト・ホテル・グランド
First Hotel Grand

Pantheonsgade

ミュンターゴーデン
Møntergården

Greenegade

デンマーク印刷博物館
Danmark Grafiske Museum

Slotsgade

Overgade

Nedergade

ブランツ・クレーデファブリック美術館
Kunsthallen Brandts Klædefabrik

Store Gråbrødestræde

Stålstræde

デン・ガムレ・クロ
Den Gamle Kro

写真博物館
Museum for Fotokunst

Vestergade

Vestergade

Torvegade

Adelgade

Palnetokesgade

Grøbrd. Plads

オーデンセ市庁舎
Odense Rådhus

聖アルバニ教会
Sct. Albani Kirke

オーデンセ川

入口

ブランツ・クレーデファブリック
Brandts Klædefabrik

Gråbrødre Passagen

観光案内所

Sct. Knuds Plads

聖クヌート教会
Sct. Knuds Kirke

Albanigade

コング・ヴォルマ
Kong Volmer

Magløs

Skt. Anne Gade Pogestræde

Skt. Knuds Kirkestræde

アンデルセン像
アンデルセン公園
H.C. Andersen Haven

Vestergade

Ny Vestergade

Søndergade

Filosofgangen

Klosterbakken

Munkemøllestræde

クロスター公園
Klosterhaven

Hunderupvej

Horse torvet

アンデルセン子供時代の家
H.C. Andersens Barndomshjem

Kronprinsens...Sct. Knuds Gade

オーデンセ・オーファート
Odense Aafart

オーデンセ川

Absalonsgade

Nonnebakken

Nonnebakken

ムンケ・モーセ公園
Munke Mose

Allegade

フュン野外博物館
Den Fynske Landsby

N

300m

MAP P.119-B3

アンデルセン子供時代の家 H.C. Andersens Barndomshjem

MAP P.119-B3

アンデルセン子供時代の家
住Munkemøllestræde 3-5
℡65-514601
URLmuseum.odense.dk
開6～8月
　毎日　10:00～16:00
　9～5月
　火～日11:00～15:00
休9～5月の月
料25DKK

アンデルセンが遊んだ小さな庭

アンデルセンが2歳から14歳までの幼い時代を過ごした家で、父が靴修理を家業にしていた場所。アンデルセン一家が住んでいたのはそのうちのひと部屋で、しかもその部屋も極端に狭いので、ここに家族全員が住んでいたのかと驚かざるをえない。当時の貧民階層の生活が偲ばれる。室内には、アンデルセンが存命していた1800年前半のオーデンセの様子や、1875年に書かれた詩『My Childhood Home』の直筆原稿が展示されている。

父の仕事道具や小さなベッドが残る室内

聖クヌート教会 Sct. Knuds Kirke

MAP P.119-B3

聖クヌート教会
住Klosterbakken 2
℡66-120392
URLwww.odense-domkirke.dk
開4～10月
　月～土10:00～17:00
　日　　12:00～16:00
　11～3月
　月～土10:00～16:00
　日　　12:00～16:00
休無休
料無料

町の中心に建つ聖クヌート教会

オーデンセを代表するゴシック様式の教会。13世紀の建築で、レンガ造りの外観と内陣の黄金色に輝く祭壇が美しい。1086年にオーデンセで暗殺された聖クヌート王を祀っており、教会の奥にはクヌート王とその弟であるベネディクトBenediktの遺骸が安置されている。アンデルセンが堅信礼を受けた教会でもあり、このときに送られた靴をモチーフに童話『赤い靴』を執筆したとされている。

ミュンターゴーデン Møntergården

MAP P.119-B2

ミュンターゴーデン
住Overgade 48
℡65-514601
URLmuseum.odense.dk
開火～日10:00～16:00
休月
料40DKK

16世紀に建てられた屋敷を利用した市立博物館。フュン島で発掘された、先史時代からヴァイキング時代の石器や土器、武器、装身具などのコレクションが充実。ほかにも10～17世紀当時のオーデンセの町の紹介もあり、当時の生活の様子などが解説されている。また、夏期限定で17～18世紀に使われた家具類の展示もある。

周辺で発掘された石器などを展示

カール・ニールセン博物館 Carl Nielsens Museet

MAP P.119-B1・2

カール・ニールセン博物館
住Claus Bergs Gade 11
℡65-514601
URLmuseum.odense.dk
開6～8月
　水～日11:00～15:00
　9～5月
　水～金15:00～19:00
　土・日11:00～15:00
休月・火
料無料

オーデンセ出身の音楽家カール・ニールセンの博物館。彼の作曲した楽譜や愛用の楽器などが展示され、「バイオリン協奏曲」など、ニールセンが生んだ数々の名曲に触れることができる。また、彫刻家だった彼の妻の作品も展示されている。

カール・ニールセンの楽譜や楽器が並ぶ

デンマーク鉄道博物館 Danmarks Jernbanemuseum

MAP P.119-A1

オーデンセ駅の北側にある、扇型をした機関庫を利用した鉄道博物館。昔使われていた蒸気機関車やディーゼル機関車、古い客車、1869年に造られた除雪車など、鉄道ファンなら見逃せない展示が盛りだくさん。

フュン野外博物館 Den Fynske Landsby

MAP P.119-B3外

オーデンセの南西郊外にある、フュン島の農民文化を再現した野外博物館。農家、荘園領主館、水車小屋、鍛冶屋、旅籠、レンガ工場など、この島を代表する建物が広い公園内に移築されており興味深い。

エクスカーション

イーエスコウ城 Egeskov Slot

MAP P.46-A3

1554年建造のルネッサンス様式の水上城郭。湖上に1万本以上もの樫の木を組んで土台を造り、その上に赤レンガを積んで築いたもの。イーエスコウとは、デンマーク語で「樫の木」という意である。この赤レンガの雄姿は、中世を代表する城として世界中に知れ渡っている。現在でも城内は貴族の館として使用されている。

庭園もつとに有名で、ルネッサンス、バロック、そして現代の造園技術の粋を集めた逸品といわれている。庭園には、クラシックカーを展示している博物館もある。また、この城でぜひ購入したいのが、「バラのゼリー」。ほのかなバラの香りとその淡い色は、そこはかとなく気品が漂い筆舌に尽くしがたい。

カール・ニールセン子供時代の家 Carl Nielsens Barndomshjem

MAP P.46-A3

美しいバイオリン協奏曲、歌曲や室内楽をいくつも作曲したデンマーク屈指の音楽家カール・ニールセン。特に6つの交響曲は有名だ。彼が少年期を送った家が、オーデンセの南約12kmのネア・リンネルセNørre-Lyndelseにある。

デンマーク鉄道博物館
[住]Dannebrogsgade 24
[電]66-136630
[URL]www.jernbanemuseum.dk
[開]毎日10:00～16:00
[休]無休 [料]60～110DKK

フュン野外博物館
[住]Sejerskovvej 20
[電]65-514601
[URL]museum.odense.dk
[開]4～6月、8/15～10/23
火～日10:00～17:00
7/1～8/14
毎日 10:00～18:00
1～3月
日 11:00～15:00
[休]4～6月と8/15～10/23の月、1～3月の月～土、10/24～12/31
[料]60～80DKK
行き方➡➡➡
オーデンセ駅前の市バスターミナルから市バス110、111番で約15分。

イーエスコウ城
[住]Egeskov Gade 18
[電]62-271016
[URL]www.egeskov.com
[開]4/30～5/31、9/1～10/2
毎日10:00～17:00
6月、8/15～31
毎日10:00～18:00
7/1～8/14
毎日10:00～19:00
(7/13～8/10の水曜は～23:00)
[休]10/3～4/29
[料]195DKK
行き方➡➡➡
オーデンセからスウェンボー行きの鉄道で約25分、クヴェンドロップKværndrup下車。そこから徒歩約20分。

カール・ニールセン子供時代の家
[電]65-514601
[URL]museum.odense.dk
[開]5～9月
火～日11:00～15:00
[休]月、10～4月
[料]25DKK
行き方➡➡➡
オーデンセ駅前の市バスターミナルから市バス141、142、143番で約30分、カール・ニールセン・フスCarl Nielsens Hus下車。

オーデンセのホテル

Radisson Blu H.C. Andersen Hotel

MAP P.119-B2 ラディソンBlu H.C. アンデルセン
[住]Claus Bergs Gade 7 [電]66-147800
[FAX]66-147890 [URL]www.radissonblu.com
[料]Ⓢ1375(995)DKK～
Ⓓ1575(1195)DKK～
[CC]A D J M V
アンデルセン博物館の近くにあるホテル。カジノ、フィットネスルーム、サウナなどがある。

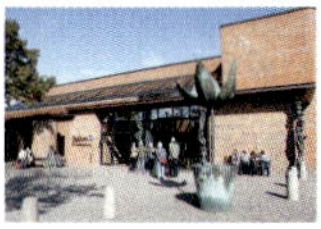

Quality Hotel Plaza

MAP P.119-A1 クオリティ・ホテル・プラザ
[住]Østre Stationsvej 24 [電]66-117745
[FAX]66-144145 [URL]www.choicehotels.dk
[料]Ⓢ1145(795)DKK～Ⓓ1645(895)DKK～
[CC]A D M V
鉄道駅のそばにある高級ホテル。レンガ造りの中世の館のような外観と白を基調とした内装が格式の高さを感じさせる。レストランやフィットネスルームが併設されている。ソラリウムもある。全室無線LAN接続無料。

バスタブ　バスタブ一部のみ　テレビ　テレビ一部のみ　ドライヤー　ドライヤー貸出
ミニバー　ミニバー一部のみ　ハンディキャップルーム

■First Hotel Grand

🔲TV📷🛜♿

MAP P.119-A2　ファースト・ホテル・グランド

🏠Jernbanegade 18
☎66-117171　FAX66-141171
URLwww.firsthotels.com
💰Ⓢ1295(995)DKK～
　Ⓓ1495(1195)DKK～
💳A D M V

　1897年創業の老舗ホテル。英国風で優雅な雰囲気。

■Hotel Windsor

🔲TV📷🛜♿

MAP P.119-A2　ウインザー

🏠Vindegade 45　☎66-120652　FAX65-910023
URLwww.millinghotels.dk
💰Ⓢ1145(595)DKK～
　Ⓓ1345(695)DKK～
💳A D J M V

　古くからオーデンセにある高級ホテル。コーヒー・紅茶やフルーツが無料。全室無線LAN接続無料。

■Hotel Ansgar

🔲TV📷🛜♿

MAP P.119-A1·2　アンスガー

🏠Østre Stationsvej 32　☎66-119693
FAX66-119675　URLwww.millinghotels.dk
💰Ⓢ1145(595)DKK～Ⓓ1345(695)DKK～
💳A D J M V

　落ち着いた雰囲気の品のいいホテル。Hotel Windsorとは同系列。全室無線LAN接続無料。

■Hotel Domir

🔲TV📷🛜♿

MAP P.119-A2　ドミール

🏠Hans Tausens Gade 19　☎66-121427
FAX66-121413　URLwww.domir.dk
💰Ⓢ595DKK～
　Ⓓ695DKK～　💳A D M V

　Ydes Hotelと同経営のホテル。モダンできれいな部屋。館内におしゃれなバーがある。朝食も付く。全室無線LAN接続無料。

■Ydes Hotel

🔲TV📷🛜♿

MAP P.119-A2　イデス

🏠Hans Tausens Gade 11　☎66-121131
FAX66-121413　URLwww.ydes.dk
💰Ⓢ545DKK～Ⓓ645DKK～　💳A D M V

　小さくて居ごこちのいいホテル。7:00～11:00以外の時間はレセプションがクローズされるので、扉の赤いボタンを押して入れてもらう。全室無線LAN接続無料。

■Cab Inn Odense

🔲TV📷🛜♿

MAP P.119-B1　キャブ・イン・オーデンセ

🏠Østre Stationsvej 7　☎63-145700
FAX63-145701　URLwww.cabinn.com
💰Ⓢ485DKK～Ⓓ615DKK～　朝食60DKK
💳A D M V

　2007年にオープンしたオーデンセ駅隣接のホテル。客室は設備が新しく機能的な造り。全室無線LAN接続無料。

■Det Lille Hotel

🔲TV📷🛜♿

MAP P.119-A2　デ・リレ

🏠Dronningensgade 5　☎/FAX66-122821
URLwww.lillehotel.dk
💰バス、トイレ付き⒢ 350DKK～Ⓓ600DKK～
　バス、トイレ共用Ⓢ275DKK～Ⓓ450DKK～
💳不可

　1887年建造の歴史ある建物。カール・ニールセンが住んでいたこともある。全12室のこぢんまりとした家族経営のホテル。

■Danhostel Odense City

🔲TV📷🛜♿

MAP P.119-A1　ダンホステル・オーデンセ・シティ

🏠Østre Stationsvej 31　☎63-110425
FAX63-113520　URLwww.cityhostel.dk
💰ドミトリー235DKK
　Ⓢ435DKK～Ⓓ570DKK～
💳M V

　駅前にあるユースホステル。ドミトリーは基本的に男女混合。共用キッチンもある。

オーデンセのレストラン

■Den Gamle Kro

MAP P.119-B2　デン・ガムレ・クロ

🏠Overgade 23　☎66-121433　FAX66-178858
URLwww.dengamlekro.eu
🕐月～土11:00～22:30　日11:00～21:30
🚫無休　🍴300DKK～
💳A D J M V

　1683年建造の建物を利用した、オーデンセの名物レストラン。料理は伝統的なデンマーク料理が中心。3品のコースメニュー348DKK～。

■Cro'n

MAP P.119-A2外　クロン

🏠Dronningensgade 29　☎65-910508
URLwww.restaurantcron.dk
🕐月～木17:00～22:00　金・土17:00～23:00
🚫日　🍴150DKK～　💳J M V

　中心部から少し離れた住宅街に建つ。デンマーク風ベーコン128DKKや牛肉のパテ148DKKなど地元の食材を使った昔ながらの家庭料理が楽しめる。

■Restaurant Under Lindetræet

MAP P.119-B2　ウンナー・リンネツライエット

🏠Ramsherred 2　☎66-129286　FAX66-190086
🕐火～土18:00～21:30
🚫日・月　🍴500DKK～
💳D J M V

　アンデルセン博物館の目の前にあるオーデンセの有名レストラン。伝統的デンマーク料理にイタリアンやフレンチのテイストを加えたフュージョン料理を提供している。

■Kong Volmer

MAP P.119-A3　コング・ヴォルマ

🏠Brandts Passage 13　☎66-141128
URLwww.kongvolmer.com
🕐月～土10:00～16:00
🚫日
🍴60DKK～
💳A M V

　地元の人に人気のカフェ。評判のスモーブローは53DKK～。自家製ケーキ25DKK～も人気。

童話王アンデルセン

ハンス・クリスチャン・アンデルセンは、デンマークのオーデンセに生まれた、世界的に有名な童話作家。彼が世に送り出した数々のメルヘンティックな作品は、不朽の名作として、今も世界中の人々の心をとらえ続けている。

アンデルセンは1805年、貧しい靴屋の子として生まれた。彼が2歳から14歳まで住んだ家の部屋を見れば、当時の窮乏した生活ぶりがわかるだろう。少年時代のアンデルセンは、夢想家で友達も少なく、家にこもって人形芝居で遊んでばかりいたという。成長するにしたがい、ますます空想と芝居の世界にのめり込むようになった彼は、演劇の道に進むことを決意する。こうして1819年、アンデルセンはオーデンセをあとにし、首都コペンハーゲンへと上京する。1820〜22年にかけて、コペンハーゲンの王立劇場付属の演劇学校で役者を目指して舞踏や歌を学び、同時に脚本も書くようになる。その後、俳優としての夢は挫折したものの、劇作家としての夢は捨てず、劇場幹部宛に多くの作品を送り続けた。そして、その作品を見た劇場幹部により、アンデルセンはきらめくような才能を見いだされることになる。しかし同時に、その稚拙な文章力を見抜かれることにもなった。1822年には、処女作となる『若ものの試み』を出版するが、彼自身が後年語っているように、内容は未熟なものであった。

その後、劇場幹部の紹介により語学学校へ奨学生として入学。貧しく、それまでろくな教育を受けてこなかったアンデルセンは、先生や周囲の生徒との交流や勉強になかなかついていけず、この時期のことを「最も苦しい時期」と振り返る。しかしこの経験により、豊かな空想力を伝える文才を身につけたのである。

その後もアンデルセンは劇作家としての夢を捨てず、執筆活動を続けた。しかし皮肉にも、彼の名をデンマーク中に広めたのは、脚本ではなく、たまたま書いた童話だった。1835年、『即興詩人』、『親指姫』などの代表作を発表すると、アンデルセンの名はデンマークのみならずヨーロッパ、さらに世界中へと知れ渡るようになった。1867年にはオーデンセの名誉市民に推戴された。生涯を通して結婚することはなく、また定住もしなかったアンデルセン。彼の有名な言葉に「旅こそは我が人生」というものがあるが、その言葉どおり、アンデルセンは北欧やヨーロッパ諸国へ旅を繰り返すことで、より空想力を磨き続けていたのではないだろうか。1875年8月4日にその生涯を終えたアンデルセンは、コペンハーゲン市内のアシステンス教会の墓地へ葬られた。

デンマーク　オーデンセ

デンマーク人で最も有名な作家のひとりとして知られる（所蔵：アンデルセン博物館）

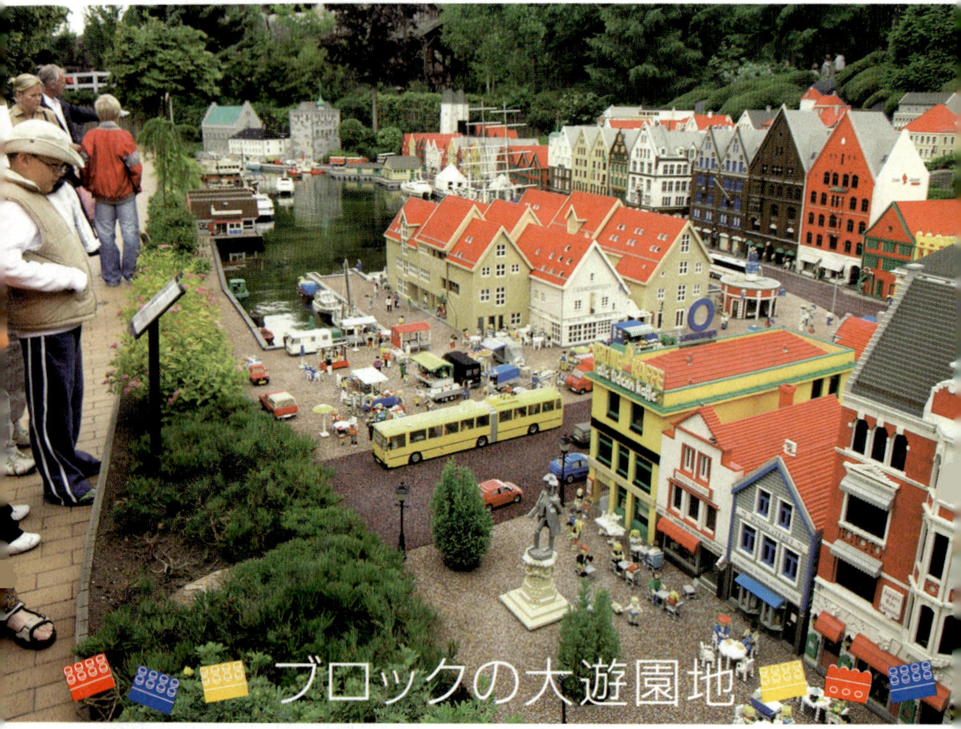

ブロックの大遊園地

レゴランド

レゴで造られたおとぎの国

「レゴLego」は、ユトランド半島のほぼ中央に位置するビルンBillundに本社のある、日本でもなじみの深いおもちゃ会社。レゴ(ブロック)を組み合わせ、自分だけの「何か」を造る楽しさを世界中の子供たちに伝え続けてきた。1968年、ビルンの郊外にオープンしたレゴランドは、遊び心いっぱいのアミューズメントパークだ。開園時3万8000㎡だった敷地も10万㎡に拡大し、毎年約1400万人のビジターを迎えている。海外からの来訪者がその半数を数える、世界に愛されるおとぎの国だ。

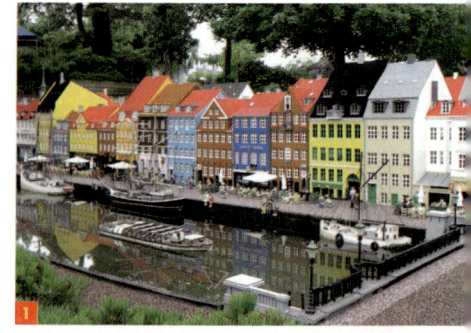

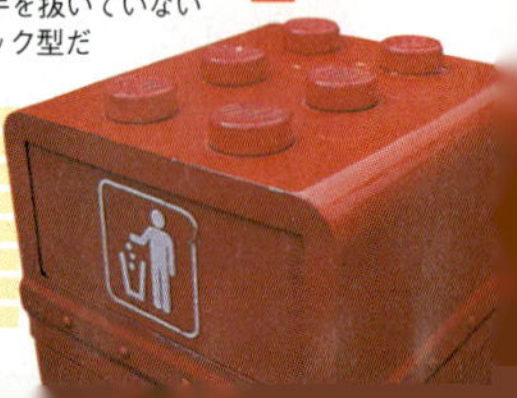

1 レゴランド内にある必見の展示物が実際の町をモデルにしたジオラマ。細部も手を抜いていない
2 園内のさまざまな設備がブロック型だ

Legoland

ブロックの造形美にびっくり

レゴで遊んだ人は少なくないと思うが、ここレゴランドのジオラマも普通のブロックから作り上げられている。町に配置された人やペットなどを見ていると、まるで性格まで想像できそうなほどのリアルな出来映えだ。レゴを組み立てたことのある人なら、部品の使われ方に驚きを覚えるはず。

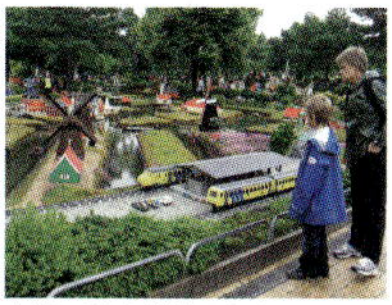
実際に動く仕掛けもある

アトラクションも豊富

園内は乗り物やショーを楽しむことができるエリアがあちこちにある。子供向けのものが多いが、いろいろ楽しい工夫がされているので、ミニチュアの世界を堪能したら、実物大のレゴの世界も歩き回ってみよう。

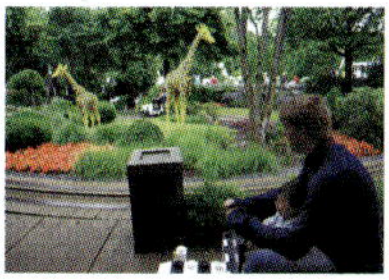
乗り物アトラクションも人気

DATA

■レゴランド MAP P.46-A3

☎75-331333 [URL]www.legoland.dk

[開]2011年
4/2～17、9/7～10/9、10/24～30
月・火・金10:00～18:00
土・日　10:00～20:00
4/18～25、6/20～7/3、8/6～21、10/17～23
毎日10:00～20:00
4/26～6/19、8/22～9/6、10/10～16
月～金10:00～18:00
土・日10:00～20:00
7/4～8/5
月～金10:00～21:00
土・日10:00～20:00
(時期によって細かく変動するため、詳細はホームページで必ず確認すること。乗り物は閉園1～2時間前まで)

[休]4/2～17と9/7～10/9と10/24～30の水・木、10/31～4/1

[料]大人279DKK、2歳以下無料、1日追加99DKK。

行き方➡➡➡

✈ ビルンへはコペンハーゲンからシンバー・スターリンCimber Sterlingが1日4～6便(2011年は10/29まで)運航。所要約40分。ビルン空港からレゴランドへはタクシーなら65～70DKK。または117、244、406、907入番のバスで8分

🚌🚃 コペンハーゲンからインターシティまたはインターシティ・リュンで約2時間30分、ヴァイレVejle下車。駅前から244/907X番のバスに乗り、レゴランド下車。所要約45分。

オーデンセなど各都市を結ぶバスはビルン空港前に発着する。

ビルンのホテル

Hotel Legoland
レゴランド

[住]Aastvej 10 ☎75-331244
[FAX]75-353810 [URL]www.hotellegoland.dk
[料]Ⓢ1500DKK～ Ⓓ1925DKK～
[CC]A D J M V

レゴランドに隣接するレゴランド直営のホテル。レゴランドへの専用連絡路があるので、遊んで休んでと非常に便利。ホテルでも1年中さまざまなイベントが用意されていて、宿泊客を楽しませてくれる。

Hotel Propellen
プロペレン

[住]Nordmarksvej 3
☎75-338133
[FAX]75-353362
[URL]www.propellen.dk
[料]Ⓢ1148DKK～ Ⓓ1298DKK～ [CC]A D M V

レゴランドから500mと便利な場所にあるきれいなホテル。プールやサウナ、ジャクージ、子供用遊戯室など施設も充実。

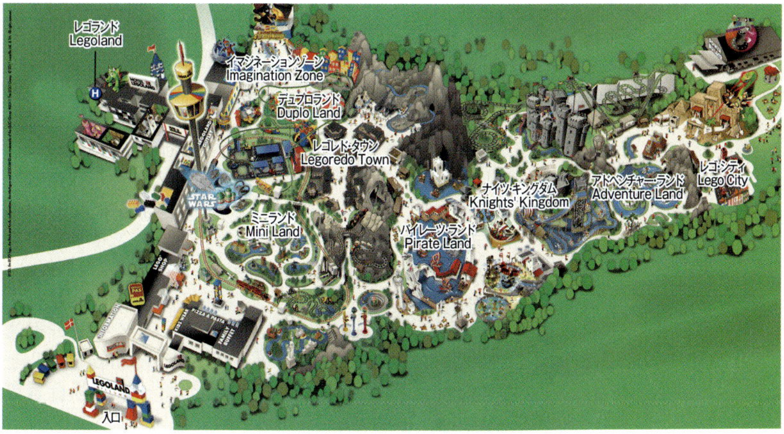

バスタブ　バスタブ一部のみ　テレビ　テレビ一部のみ　ドライヤー　ドライヤー貸出
ミニバー　ミニバー一部のみ　ハンディキャップルーム

オーフス

MAP P.46-A3
人口：31万956
市外局番：なし
オーフス情報のサイト
URL www.visitaarhus.com

オーフスへの行き方

✈ コペンハーゲンから1日5便運航、所要約35分。市内へは空港バスFlybusが、飛行機の到着時刻に合わせて運行。所要約40分。
🚌 コペンハーゲンからインターシティ・リュンで所要約3時間、インターシティで所要3時間15分。5:00～翌2:18の1時間に1～2便運行。

オーフス・フェスティバル
Århus Festuge
📞87-308300
URL www.aarhusfestuge.dk
📅8/26～9/4（2011年）

オーフスの観光案内所❶
📍Banegårdspladsen 20
📞87-315010
FAX86-129590
URL www.visitaarhus.com
🕐1～8月
　月～木10:00～17:30
　金　　10:00～16:00
（電話受付は通年）
📅1～8月の土・日、9～12月

オーフス・カード
Århus Card
　オーフスの公共交通が乗り放題で、オーフスのほとんどの美術館、博物館に自由に入館できる。購入は観光案内所、ホテルなどで。
📅1日券119DKK
　2日券149DKK

オーフス湾の奥にできた小さな集落から町が発生したのは10世紀初頭。ただ、それ以前のものと思われるドルメン状の巨石群やヴァイキングの住居跡などが近隣で発見されており、8世紀後半にはヴァイキングの居住基地があったものと考えられている。町なかでは当時の遺跡も発見されている。

現在は人口約31万、町の歴史の古さとは反比例した、近代的な都市機能をもつデンマーク第2の都市となっている。オーフスのスローガンは、「世界で最も小さな大都会World Smallest Big City」。そのとおりに小さいながらも都市としての機能が整っており、魅力的な博物館や美術館などの見どころも非常に多い。

オーフスはアーティストが多く住む町としても知られ、町なかには小さなギャラリーが点在している。毎年8月下旬～9月上旬の夏期には、音楽、演劇、現代アートなど多岐にわたるオーフス・フェスティバルも開催され、町中がアートであふれる。

町の中心に建つオーフス大聖堂

オーフスの歩き方

オーフスは、デンマークの町としては珍しく土地の高低があり、大聖堂を起点として少しずつ高度を増し、ちょうど扇形に広がるすりばちの一部のようになっている。すり鉢の底にあたる場所が、町のシンボルであるオーフス大聖堂。大聖堂やこれより北のオーフス大学Århus Universitetの周辺には小さな博物館がいくつかある。大聖堂前の広場から鉄道駅に向かって真っすぐ延びるパーク・アッレ通りPark Alléが町のメインストリート。デパートやショップ、レストランが並び、また市バスの多くもこの通り沿いに停車する。パーク・アッレ通りと並行するリエスギャーゼ通りRyesgadeを中心とした一帯は歩行者専

一日中活気のあるアーボウルバーデン通り

用道路となっており、両側にショップやカフェがひしめき合っている。パーク・アッレ通り沿いには、町のもうひとつのシンボル、オーフス市庁舎がある。また、運河沿いのアーボウルバーデン通りÅboulevardenにもテラス席のあるカフェやバーが軒を連ねている。市庁舎前は市バスのターミナルになっており、ほとんどのバスがここを起点に出発する。バス停には何番のバスがどこに停車するか明記してあるので、参考にするといい。

　オーフスはコペンハーゲンに次ぐデンマーク第2の都市だが、町はそれほど大きくない。観光には市内だけなら1日あれば徒歩で充分回れる。郊外の見どころへ行くなら、市バスの利用が便利。

無料自転車（シティ・バイク）
　市内のおもな観光ポイント30ヵ所に無料の貸し自転車が配置されている（5～10月）。利用方法はコペンハーゲンのシティ・バイク（→P.65）と同じで、20DKKコインをハンドル中央のロックに投入して解錠、使用後スタンドへ返却する際に施錠するとコインが戻る。

便利なシティ・バイク

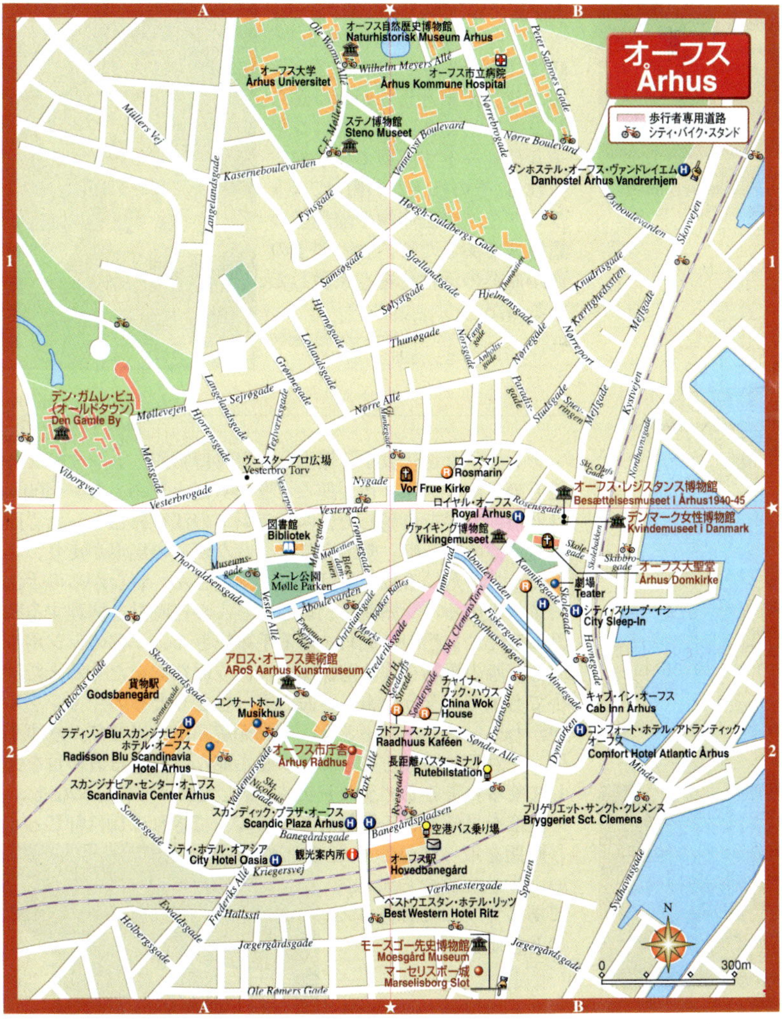

デンマーク　オーフス

地図: オーフス Århus

オーフス自然歴史博物館 Naturhistorisk Museum Århus
オーフス大学 Århus Universitet
ステノ博物館 Steno Museet
オーフス市立病院 Århus Kommune Hospital

歩行者専用道路
シティ・バイク・スタンド

ダンホステル・オーフス・ヴァンドレイエム Danhostel Århus Vandrerhjem

デン・ガムレ・ビュ（オールドタウン）Den Gaule By

ヴェスターブロ広場 Vesterbro Torv

ローズマリーン Rosmarin
聖母教会 Vor Frue Kirke
ロイヤル・オーフス Royal Århus
ヴァイキング博物館 Vikingemuseet

オーフス・レジスタンス博物館 Besættelsesmuseet i Århus1940-45
デンマーク女性博物館 Kvindemuseet i Danmark

図書館 Bibliotek
メーレ公園 Mølle Parken

劇場 Teater
オーフス大聖堂 Århus Domkirke
シティ・スリープ・イン City Sleep-In

貨物駅 Godsbanegård
アロス・オーフス美術館 ARoS Aarhus Kunstmuseum
コンサートホール Musikhus

チャイナ・ウォック・ハウス China Wok House
キャブ・イン・オーフス Cab Inn Århus
コンフォート・ホテル・アトランティック・オーフス Comfort Hotel Atlantic Århus

ラディソンBluスカンジナビア・ホテル・オーフス Radisson Blu Scandinavia Hotel Århus
スカンジナビア・センター・オーフス Scandinavia Center Århus

ラドフース・カフェーン Raadhuus Kafeen
オーフス市庁舎 Århus Rådhus
長距離バスターミナル Rutebilstation

スカンディック・プラザ・オーフス Scandic Plaza Århus
ブリゲリエット・サンクト・クレメンス Bryggeriet Sct. Clemens

シティ・ホテル・オアシア City Hotel Oasia
観光案内所
オーフス駅 Hovedbanegård
空港バス乗り場

ベストウエスタン・ホテル・リッツ Best Western Hotel Ritz

モースゴー先史博物館 Moesgård Museum
マーセリスボー城 Marselisborg Slot

0　　　300m

Mullers Vej, Kaserneboulevarden, Møllevejen, Langelandsgade, Viborgvej, Vesterbrogade, Thorvaldsensgade, Carl Blochs Gade, Skovgaardsgade, Sonnesgade, Frederiks Allé, Jægergårdsgade, Ole Rømers Gade, Ole Worms Allé, Wilhelm Meyers Allé, Peter Sabroes Gade, Nørre Boulevard, Vennelyst Boulevard, Høegh-Guldbergs Gade, De-boulevarden, Stuvej, Knudrisgade, Kystvejen, Åboulevarden, Banegårdspladsen, Værkmestergade, Spanien

127

おもな見どころ

オーフス市庁舎
- 住Rådhuspladsen 2
- 電89-402000
- FAX86-133475
- URLwww.aarhus.dk
- 開月〜金9:00〜16:00
- 休土・日

ガイドツアー
- 電87-315010
- 催7・8月
  火・木14:00
- 料35DKK
  (オーフス・カードで無料)

直線と曲線、木と金属という
異なる要素の生み出す美しい
空間

オーフス市庁舎 　　　　　Århus Rådhus

MAP P.127-A2

　現代のデンマークデザインと建築の名を世界的にしたアーネ・ヤコブセンとエリック・ミュラーの設計。高い時計塔をもつ角ばった建物に、大理石でできた壁と緑青色の屋根、窓枠にしつらえられた木が柔らかみを加え、優雅で独創的な外観を造りだしている。内部は白を基調とし、壁やロビーホールの床一面に組木を使ったあたたかみがある内装。内部はロビーホールのみ入場可。時計塔など建物内を見学したいなら、ガイドツアーに参加する必要がある。

　市庁舎の広場には、「豚の泉」と呼ばれる像がある。豚は繁栄と幸福のシンボルとしてかわいがられ、クリスマスにもマジパンやチョコレートで豚型の菓子が作られる。そのうえこの町は、ユトランド全域の農産物や酪農品の集散地であるため、豚の親子の像が産業の活性化をも象徴しているのだ。

デンマークにおける現代建築の
名士が設計した市庁舎

**デン・ガムレ・ビュ
（オールドタウン）**
- 住Viborgvej 2
- 電86-123188
- FAX86-760687
- URLwww.dengamleby.dk
- 開1/3〜2/11
  毎日　11:00〜15:00
  2/12〜4/15
  毎日　10:00〜16:00
  4/16〜6/24、9/5〜
  11/18、12/23〜30
  毎日　10:00〜17:00
  6/25〜9/4、11/19〜
  12/22
  毎日　9:00〜18:00
- 休無休
- 料100DKK(1/3〜4/15は
  50DKK、6/25〜9/4と
  11/19〜12/22の土・日は
  125DKK)
  (オーフス・カードで割引)

デン・ガムレ・ビュ（オールドタウン）　Den Gamle By

MAP P.127-A1

　デンマークを代表する傑出した野外博物館。デンマーク各地方の民家、商家、市長館などを70軒以上集め、200〜400年ほど前の世界を再現した、ユトランドの江戸村といった雰囲気漂う夢のある町。敷地内には、昔ながらの馬車が走り、ユーモラスな形の看板を掲げたパイプ屋さん、昔ながらの手法で焼き上げるパン屋さん、おじいさんが古時計を修理する時計屋さん、自然の色染めを誇る毛糸屋さん、幸福のシンボルである豚の置物を作る陶器屋さん、立派な髭をたくわえた紳士でも出てきそうな市長さんの家、色とりどりのキャンドルがかわいいロウソク屋さん、水鳥が遊ぶ川のほとりの水車小屋。それぞれの顔をもった家が建ち並んで、見る者の目を楽しませる。まるでタイムトラベルをしたような気分になる。

　内部を見学できる建物も多いので、できれば1軒1軒じっくり時間を取って見学したい。歩き疲れたら敷地内にあるカフェで休憩することもできる。

建物の内部も見学可能

どこか懐かしい雰囲気が漂う

アロス・オーフス美術館　　ARoS Aarhus Kunstmuseum

MAP P.127-A2

北欧最大級の現代美術館。18世紀から現代にいたるデンマークの作家を中心とした絵画約1100点、彫刻約400点を収蔵するほか、映像や音を生かしたインスタレーション（仮設空間）も充実している。美術館のシンボルともなっている1階ホールにある巨大な〝少年〟の像はかなりのインパクト。シュミット、ハンマー＆ラッセン設計の建物も見ごたえがある。また、屋上からはオーフスの町が一望できる。

斬新なデザインの建物にも注目

オーフス大聖堂　　Århus Domkirke

MAP P.127-B2

　奥行きが93mあるデンマークで最も長い聖堂で、後期ゴシック建築としても優れた建築物。建造されたのは1201年。当時の建物は今はなく、現存するのはベアント・ノトケにより15世紀に改築されたものだ。1479年に造られた祭壇は当代随一の芸術品といわれている。壁面には、220m²に渡って描かれたデンマーク最大のフレスコ画がある。また、聖堂内にひとつだけあるステンドグラスは、ノルウェーの彫刻家、ヴィーゲラン（→P.194）の手によるものだ。

　さらに1730年製のパイプオルガンもデンマーク最大のもので、当初は44音であったのを、現代最高のオルガン製作者フロベニウスによりさらに44音が追加された。その荘厳な響きはすばらしく、1ヵ月に1～2回ほどコンサートも開かれる。

町の中心に建つ壮大な建築物

デンマーク女性博物館　　Kvindemuseet i Danmark

MAP P.127-B2

　世界的にも珍しい、女性に焦点を絞った博物館。女性の地位の変遷や紡ぎ出した文化、社会を支えた日常の営みを数々の写真や衣類、手記などを使って解説している。家庭で使用された調理用具や、育児用の道具など

生活用品の数々が並べられている

女性にスポットライトをあてた展示が興味深い。世界でも有数の男女平等社会であるデンマークならではの博物館といえる。

アロス・オーフス美術館
- Aros Allé 2
- 87-306600
- FAX87-306601
- URLwww.aros.dk
- 火・木～日10:00～17:00
- 　水　　　10:00～22:00
- 月
- 95DKK
- （オーフス・カードで割引）

高さ約5mの"少年"の像

オーフス大聖堂
- Store Torv 1
- 86-205400
- FAX86-122120
- URLwww.aarhus-domkirke.dk
- 5～9月
- 　　月・水～土
- 　　　　　9:30～16:00
- 　　火　　10:30～16:00
- 10～4月
- 　　月～土10:30～15:00
- 日
- 無料
- 塔
- 10DKK

デンマーク女性博物館
- Domkirkeplads 5
- 86-186470
- URLkvindemuseet.dk
- 6～8月
- 　月・火・木～日
- 　　　　　10:00～17:00
- 　水　　　10:00～20:00
- 9～5月
- 　火・木～日
- 　　　　　10:00～16:00
- 　水　　　10:00～20:00
- 9～5月の月
- 40DKK
- （オーフス・カードで入場可）

海を望む高台に建つ白亜の城

■ **オーフス・レジスタンス博物館**　Besættelsesmuseet i Århus 1940-45

MAP P.127-B2

　第2次世界大戦中、ドイツの占領下に置かれた1940年から1945年の間にオーフスで行われた抵抗運動についての博物館。館内には、ナチスドイツの旗や武器、制服などが収蔵・展示されている。数々の制限令や人々の日常生活などが写真や文章で表現されており、占領下で生きた人々の恐怖を感じることができる。建物は元警察署であり、占領当時下にはゲシュタポの基地として使われていたものだ。

ドイツ占領下の生活やナチスの武器、制服が見られる

■ **マーセリスボー城**　Marselisborg Slot

MAP P.127-B2外

　先々代のデンマーク国王、クリスチャン10世とアレキサンドリーネ妃の御成婚を祝って、国民が記念に贈った城。現在でもマーグレーテ女王と夫君ヘンリック殿下が1年のうちの夏期の数ヵ月をここで過ごされる。城というよりも館といった外観。壁の白い色が庭園の緑とマッチして清楚な印象を与え、眼下に広がるオーフス湾の青さとも巧みに調和している。
　一般に開放されているのは庭園のみで、城の内部は見学不可。城のほかローズガーデンも有名だ。女王滞在時には正午に衛兵の交替式が行われる。また、周辺は緑豊かな公園となっており、潮風を浴びながら散策するのも楽しい。

■ **モースゴー先史博物館**　Moesgård Museum

MAP P.127-B2外

　オーフスの約8km南にあり、領主の館をそのまま考古学と民族学の博物館にしたもの。博物館の最大の見どころはグロウバレマンGrauballemandという2000年前の炭化した人

ガラスケースに安置されているグロウバレマン

間の遺体。泥炭地に埋没していたため腐食せず今日まで残り、全身が生々しいほどの見事な状態で保存されている。毛髪や全身のしわの1本1本がはっきり見えるほどだ。
　館内は石器時代、青銅器時代、鉄器時代と順を追って見学できるようになっており、ヴァイキング時代にいたる。館外にはヴァイキング時代の住居跡や墓石群があり、当時の生活をかいま見ることができる。グリーンランドなどの民族学部門の展示も興味深い。敷地内には庭園や教会、水車小屋などもある。

敷地内にはいくつかの建物があるほか、屋外博物館もある

エクスカーション

シルケボー
Silkeborg

MAP P.46-A2

シルケボーは、河川と湖に囲まれた静かな町で、ジュネーブにならって造った湖上噴水が町に彩りを添えている。町なかにある見どころとしては、ヨーロッパ最大級の淡水水族館アクアAqua Ferskvands Akvariumや

美しい湖上噴水が見られる

シルケボー博物館Silkeborg Museumがある。シルケボー博物館には石器時代から鉄器時代にかけての発掘品が展示されており、なかでも必見なのはトルンドマンTollundmandenと呼ばれる紀元前350年頃の人間の遺体。オーフスのモースゴー先史博物館と同じ泥炭の中で保存された人体だが、こちらのほうがより生々しい。

この町も夏になると急ににぎやかになる。その理由は、近くにあるデンマーク国内の最高峰といわれているヒンメルビ

ヤーHimmelbjergに観光客が集まるから。この山は実に海抜147mしかないのにその名は「天の山」を意味する。デンマークの国土の平坦さ、デンマーク人のユーモアがうかがえる。

シルケボー博物館にあるトルンドマン

ヴィボー
Viborg

MAP P.46-A2

ユトランド半島でも比較的長い歴史をもつ町のひとつ。切り石積みの端正な造りをみせるヴィボー大聖堂が、積み重ねた時を物語っている。聖堂の正面を飾るふたつの塔はどこからでも眺められ、町のアクセントになっている。

近郊にはKro（クロと発音し英国のInnに近い）と呼ばれる旅籠のような家庭的サービスを提供する旅館兼食事処が多くあ

る。例えばコンゲンスブロ・クロKongensbro Kroなどのように漆喰の壁に藁屋根といった絵画的なものは、ユトランド半島の風物詩ともいえる。

美しい町並みの残るヴィボー

シルケボー
行き方 ➡➡➡
オーフスから列車で約50分。
ヒンメルビヤーに登りたい人は、シルケボーのバスターミナルから311番のバスに乗り約25分、ヒンメルビヤゴーデンHimmelbjerggården下車。徒歩約15分。

シルケボーの観光案内所❶
🏠Havnen, Åhavevej 2A
☎86-821911
URLwww.silkeborg.com
🕐4〜6月、8/22〜9/30
月〜金 9:30〜16:00
土 10:00〜13:00
7/1〜8/21
月〜金 9:30〜17:30
土・日 10:00〜14:00
10〜3月
月〜金 10:00〜15:00
🚫4〜6月と8/22〜9/30の日、10〜3月の土・日

水族館アクア
🏠Vejlsøvej 55
☎89-212189
URLwww.ferskvandscentret.dk/aqua

シルケボー博物館
🏠Hovedgårdsvej 7
☎86-821499
URLwww.silkeborgmuseum.dk
🕐5/1〜10/21
毎日 10:00〜17:00
10/22〜4/30
土・日12:00〜16:00
🚫10/22〜4/30の月〜金
💰50DKK

ヴィボー
行き方 ➡➡➡
オーフスから列車で約1時間。

ヴィボーの観光案内所❶
🏠Nytorv 9
☎87-878888
URLviborg.dk/turisme
🕐3〜5月、9・10月
月〜金 10:00〜16:00
土 10:00〜13:00
6〜8月
月〜金 9:00〜17:00
土 9:00〜14:00
11〜2月
月〜金 10:00〜15:00
🚫日、11〜2月の土

ヴィボーのホテル

コンゲンスブロ・クロ
Kongensbro Kro
🏠Gl. Kongevej 70
☎86-870177
FAX86-879217
URLwww.kongensbro-kro.dk
💰Ⓢ865〜1300DKK
Ⓓ995〜1500DKK

ラナス
行き方➡➡➡
オーフスから列車で約35分。

ラナスの観光案内所ℹ
[住]Rådhustorvet 4
☎86-424477
[URL]www.visitranders.com
[開]4～10月
月～金10:00～17:00
土　10:00～14:00
11～3月
月～金10:00～17:00
[休]日、11～3月の土

ラナス熱帯動物園
☎87-109999
[URL]www.regnskoven.dk

ラナスのホテル

ラナス
Hotel Randers
[住]Torvegade 11
☎86-423422
[URL]www.hotel-randers.dk
[料]Ⓢ795DKK～
Ⓓ975DKK～

ラナス Randers

MAP P.46-A2

ラナスには、15世紀から18世紀に建てられた木造家屋の古い町並みが残っており、特に市の中心地はなかなか風情がある。また聖霊修道院Helligåndshusetの屋根にあるコウノトリの巣はこの町のシンボルでもある。市街の見どころは“スター・ルート”と呼ばれる散策モデルコース（観光案内所でパンフレット配布）をたどると効率よく回ることができる。巨大なガラスドームの中にアフリカや南米のジャングルを再現したラナス熱帯動物園Randers Regnskovも人気のアトラクションだ。

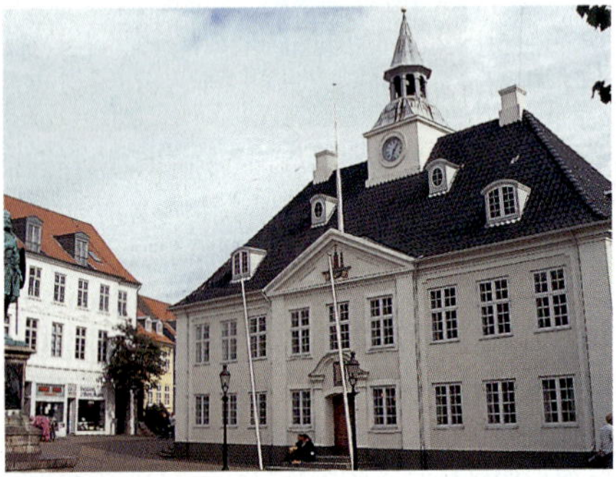
小さな町の小さな市庁舎

オーフスのホテル

Radisson Blu Scandinavia Hotel Århus 🛁📺💨🍸♿
MAP P.127-A2 ラディソンBluスカンジナビア・ホテル・オーフス
[住]Margrethepladsen 1
☎86-128665　[FAX]86-128675
[URL]www.radissonblu.dk
[料]ⓈⒹ695～1495DKK
[CC]A D J M V

オーフスを代表する高級ホテル。コンベンション施設スカンジナビアセンターScandinavia Centerに隣接して建てられている。レストラン、バー、フィットネスセンターと設備も充実。

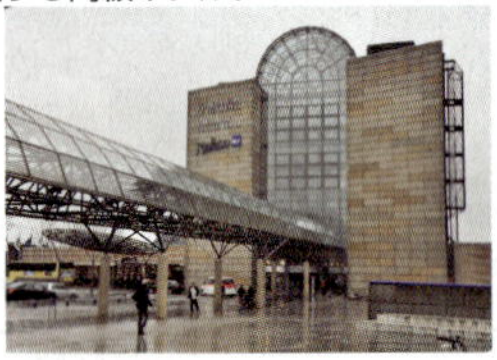

Comfort Hotel Atlantic Århus 🛁📺💨🍸♿
MAP P.127-B2 コンフォート・ホテル・アトランティック・オーフス
[住]Europa Plads10-14
☎86-131111　[FAX]86-132343
[URL]www.choicehotels.dk
[料]Ⓢ699～1649DKKⒹ899～1849DKK
[CC]A D J M V

港に面して建つ、近代的なホテル。海側の部屋は眺めがよい。朝食は最上階の展望レストランで。全室無線LAN接続が無料のほか、ロビーに無料で使えるインターネット端末あり（日本語不可）。全室禁煙。

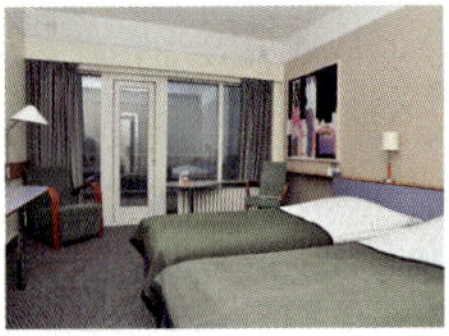

Hotel Royal Århus 🛁📺💨🍸♿
MAP P.127-B2 ロイヤル・オーフス
[住]Store Torv 4
☎86-120011　[FAX]86-760404
[URL]www.hotelroyal.dk
[料]Ⓢ1495DKK～Ⓓ1850DKK～
[CC]A M V

オーフス大聖堂の向かい、広場に面して建つ1838年建造の高級ホテル。赤絨毯が敷き詰められたロビーには黒木のインテリアが配され、豪華な雰囲気。館内に併設のカジノへは、無料で入場可。無線LAN接続は全室無料。

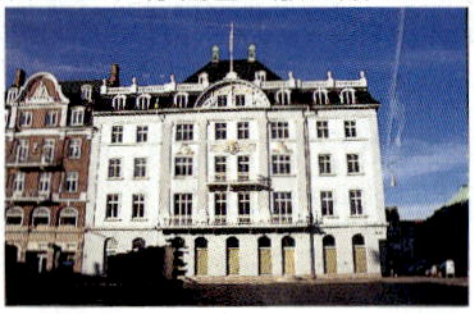

Scandic Plaza Århus 🛁📺💨🍸♿
MAP P.127-A2 スカンディック・プラザ・オーフス
[住]Banegårdspladsen 14
☎87-320100　[FAX]87-320199
[URL]www.scandichotels.com
[料]Ⓢ840～1790DKKⒹ1040～1990DKK
[CC]A D J M V

鉄道駅の目の前、市庁舎の並びにあり観光に便利。レストラン、バー、フィットネスセンター、サウナ、ジャクージがある。軽食、雑貨など品揃えのよい売店あり。全室無線LAN接続無料。

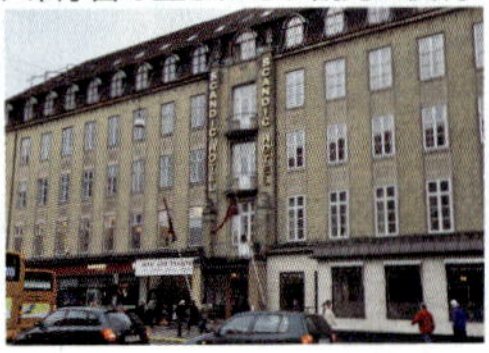

🛁バスタブ　🛁バスタブ一部のみ　📺テレビ　📺テレビ一部のみ　💨ドライヤー　💨ドライヤー貸出
🍸ミニバー　🍸ミニバー一部のみ　♿ハンディキャップルーム

Best Western Hotel Ritz 🛏️📺📶🍴🛁

MAP P.127-A2 ベストウエスタン・ホテル・リッツ

🏠Banegårdspladsen 12
☎86-134444　FAX86-134587
URLwww.bestwestern.dk
🛏️Ⓢ1185DKK〜・Ⓓ1385DKK〜
CCA D J M V
日本の予約先：ベストウエスタンホテルズFREE0120-421234

オーフス駅前に建つ格式を感じさせるホテル。館内はロビー、客室ともに木を多用した味のある造り。窓からはオーフス市庁舎を眺められる。全室無線LAN接続無料。喫煙室もある。

City Hotel Oasia 🛏️📺📶🍴🛁

MAP P.127-A2 シティ・ホテル・オアシア

🏠Kriegersvej 27　☎87-323715
FAX86-124396　URLwww.hoteloasia.dk
🛏️Ⓢ1095(945)DKK〜・Ⓓ1195(995)DKK〜
CCA D J M V

2008年オープンのデザインホテル。モノトーンでまとめられた客室には、柔らかな日光が差し込む。朝食ビュッフェ付きで、全室無線LAN接続無料。

Cab Inn Århus 🛏️📺📶🍴🛁

MAP P.127-B2 キャブ・イン・オーフス

🏠Kannikegade 14
☎86-757000　FAX86-757100
URLwww.cabinn.com
🛏️Ⓢ485DKK〜・Ⓓ615DKK〜
　朝食60DKK
CCA D J M V

オーフス大聖堂のすぐそば。部屋はやや狭いが、清潔で機能的にできている。

City Sleep-In 🛏️📺📶🍴🛁

MAP P.127-B2 シティ・スリープ・イン

🏠Havnegade 20　☎86-192055
FAX86-191811　URLwww.citysleep-in.dk
🛏️ドミトリー160DKK
　バス付きⓈⒹ480DKK〜、バス共同ⓈⒹ420DKK〜
　シーツ50DKK　朝食65DKK　CCJ M V

鉄道駅から徒歩約20分。いつもバックパッカーでにぎわっている。通年オープン。共同のリビングがあり、キッチンも利用できる。

Danhostel Århus Vandrerhjem 🛏️📺📶🍴🛁

MAP P.127-B1外 ダンホステル・オーフス・ヴァンドレイエム

🏠Marienlundsvej 10, 8240 Risskov
☎86-212120　FAX86-105560
URLwww.aarhus-danhostel.dk　🗓1/17〜12/18
🛏️ドミトリー165DKK
　バス付きⓈⒹ470DKK〜、バス共同ⓈⒹ380DKK〜
　シーツ45DKK　朝食59DKK　CC不可

オーフス北郊外3kmのリスコウRisskovにある、森の中のユースホステル。オーフスからは市バス1、6、8、9、16、56、58番を利用する。

オーフスのレストラン

Raadhuus Kaféen

MAP P.127-B2 ラドフース・カフェーン

🏠Sønder Allé 3
☎/FAX86-123774
URLwww.raadhuus-kafeen.dk
🗓月〜土11:30〜21:00　日12:00〜20:00
休無休　🍴150DKK〜　CCM V

オーフス市庁舎の向かいにある1924年創業の老舗レストラン。伝統的なデンマーク料理を味わえる。25種類あるスモーブローを堪能しよう。

Bryggeriet Sct. Clemens

MAP P.127-B2 ブリゲリエット・サンクト・クレメンス

🏠Kannikegade 10-12
☎86-138000
URLwww.bryggeriet.dk/clemens
🗓月〜木11:30〜24:00　金・土11:30〜翌1:00
休日　🍴150DKK〜　CCA D J M V

人気の地ビールレストラン。地下の工場で自家醸造したオリジナルビールはピルスナーのほか、3種類が揃い、ジョッキ30DKK〜。つまみにはスペアリブ175DKK〜をぜひ。

Restaurant Rosmarin

MAP P.127-B1 ローズマリーン

🏠Klostertorvet 2
☎86-121349　URLwww.restaurant-rosmarin.dk
🗓月〜土11:30〜22:00　休日
🍴ランチ70DKK〜、ディナー110DKK〜
CCM V

地元の人に人気のトルコ料理レストラン。ランチのビュッフェは59DKK、ディナーでは99DKKとリーズナブルな値段設定。パンは毎日焼きたて。

China Wok House

MAP P.127-B2 チャイナ・ワック・ハウス

🏠Sønder Allé 9　☎86-126923
FAX86-130047　URLwww.chinawokhouse.dk
🗓月〜土11:00〜23:00　日12:00〜23:00
休無休　🍴80DKK〜　CCD J M V

安くておいしい中華料理レストラン。食事はビュッフェ式で、ランチ69DKK、ディナー138DKK。好きな料理を3種選べるチャイナボックスを店頭で販売している。

リーベ

MAP P.46-A3

市外局番：なし

リーベ情報のサイト
URL www.visitribe.dk

■ リーベへの行き方
🚃 コペンハーゲンやオーフスからエスビヤーEsbjerg行きの列車でブラミンBrammingで乗り換える。コペンハーゲンから所要約3時間10分、1時間に1～2便運行。オーフスからは所要約2時間20分、ブラミンから私鉄Arrivalに乗り換え約20分、1時間に1～2便運行。

デンマーク最古の交易都市リーベは、この国で最も美しく、古い建築を残す町だ。歴史に登場するのは7世紀の半ば。リーベ川に沿って生まれた町は、アンスガー大主教によって、西暦862年に建てられたリーベ大聖堂を中心として発達した。今でも史跡と環境の保存には、全市を挙げて力を注いでいる。それは南ユトランドでも数少なくなった幸福を運ぶ鳥、コウノトリが訪れることからも、容易に察しがつくだろう。町を取り巻く環境はいかにも牧歌的で、旅を愛する者の心を惹きつける。少しばかり恥ずかしがり屋で、少しばかり陽気で、そして親切このうえないデンマーク人の人情に触れるとしたら、このような南ユトランドの小さな町を訪れるにかぎる。

川沿いに並ぶ古い民家

リーベの歩き方

重厚なリーベ大聖堂

町のほぼ中央を流れるリーベ川Ribe Øster Åを挟んだ東側は、リーベ駅や現在の市庁舎Rådhusがある新市街。古い町並みが残っているのは、川の西側のリーベ大聖堂を中心とした一帯。大聖堂から東に延びる2本の大通り、オベルダンメンOverdammen、メレンダンメンMellemdammen、ニーダルダンメン Nederdammenと名を変える通りと、鉄道駅につながるダグマーギャーゼ通りDagmarsgadeの2本が町のメインストリート。オベルダンメン通りは、ほとんどのショップやレストランが並ぶ繁華街。川沿いのスキップロエン通りSkibbroenには、多くの船が停泊しており、背後の古い町並みとあいまって美しい。ダグマーギャーゼ通りには、聖カタリーナ教会Sct. Catharinæ Kirkeと、その奥に1228年にドミニコ会の僧が布教のために建立したソルテブロェダー修道院Sortebrødre klostreなど歴史的な建物がある。大聖堂の脇に建つレンガ造りのゴシック建築が、旧市庁舎Det Gamle Rådhus。デンマーク初の新聞社を創立した詩人ボーディングが1619年に生まれた場所であり、煙突の上に巣を作っているつがいのコウノトリは町のシンボルでもある。町は3時間もあれば歩き回れてしまう大きさ。オレンジ色の家並みが美しいリーベの町を、ゆっくりと時間をかけて散歩してみよう。

　大聖堂の南や西は1300～1600年代の家々が、得も言われぬ美しい景観を呈している住宅街。かつてのラテン語学校跡や古い館、商家などが建ち並び、なかには現在博物館になっているものもある。住宅街を抜けた所にあるのが、堀に囲まれたリーベ城跡Riberhus Slotsbanke。城跡には土が盛られており、リーベ市街を眺められるビューポイントとなっている。

おもな見どころ

リーベ・ヴァイキング博物館　Museet Ribes Vikinger

MAP P.134-B2

駅前にあるこの博物館は、リーベ周辺で発掘された遺跡や土器、装飾品などの出土品を展示している。西暦700年頃から1500年頃までのヴァイキングの生活について、各時代を追っての解説がされている。実物大で西暦800年頃と1500年頃のリーベ市街の一画が再現されたコーナーもあり、往時の雰囲気を感じることができる。

ヴァイキングからリーベの歴史を学ぼう

リーベの観光案内所❶

- Torvet 3
- 75-421500
- URL www.visitribe.dk
- 6・9月
  - 月～金　9:00～17:00
  - 土　　 10:00～14:00
- 7/1～9、8/23～31
  - 月～金　9:00～18:00
  - 土　　 10:00～17:00
- 7/10～8/22
  - 月～金　9:00～18:00
  - 土　　 10:00～17:00
  - 日　　 10:00～14:00
- 10～5月
  - 月～金 10:00～16:30
  - 土　　 10:00～14:00
- 休 8/23～7/9の日

リーベ名物「夜警の見回りツアー」
The Night Watchman's Rounds

　夏期と春、秋の一定期間の間、昔ながらのスタイルに身を固めた、夜警のおじさんが町の見回りに出る。夜警の歌を歌い、町の歴史や古い町並みに伝わる魔女伝説などを語って歩く。所要約45分。出発はレストランWeis Stue。

- 2/14～19、10/17～22
  - 毎日 20:00
- 5月、9/1～15
  - 毎日 22:00
- 6～8月
  - 毎日 20:00、22:00
- 料 無料

リーベ・パス
Ribe Pas

　博物館、美術館の入場料、ガイドツアー、レストランやショップがそれぞれ最高20%の割引になる。無料になるわけではないので、行きたい博物館などをじっくり研究してから購入したほうがいい。
- 料 20DKK

リーベ・ヴァイキング博物館

- Odins Plads 1
- 76-163960
- URL www.ribesvikinger.dk
- 4～6月、9・10月
  - 毎日　 10:00～16:00
- 7・8月
  - 木～火
  - 　　　 10:00～18:00
  - 水　　 10:00～21:00
- 11～3月
  - 火～日 10:00～16:00
- 休 11～3月の月
- 料 60DKK（リーベ・パスで割引）

デンマーク　リーベ

リーベ大聖堂
[住]Torvet 15
[電]75-420619
[URL]www.ribe-domkirke.dk
[開]4・10月
毎日11:00～16:00
5・6月、8/16～9/30
毎日10:00～17:00
7/1～8/15
毎日10:00～17:30
11～3月
毎日11:00～15:00
[休]無休
[料]無料

リーベ大聖堂 Ribe Domkirke

MAP P.134-A1・2

ロスキレ、ヴィボーの大聖堂と並んで、デンマークの三大聖堂に数えられている。現存するのは、1134年から約90年の歳月をかけて完成したといわれる、ロマネスク様式とゴシック様式を併用した聖堂だが、初期にはこれが木造であったといわれている。

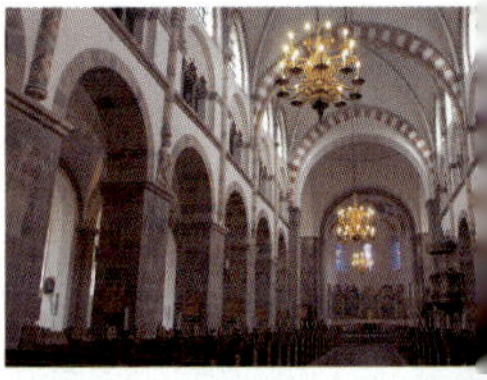
天使の描かれたフレスコ画とステンドグラスが見られる

リーベ美術館
[住]Sct. Nicolaj Gade 10
[電]75-420362
[URL]www.ribekunstmuseum.dk
[開]7・8月
火・木～日
10:00～17:00
水　10:00～20:00
9～6月
火～日11:00～16:00
[休]月
[料]70DKK

リーベ美術館 Ribe Kunstmuseum

MAP P.134-B1

1800～50年頃まで続いた、デンマーク美術の黄金時代と呼ばれる絵画をおもに収蔵、展示する博物館。自然主義、リアリズムに染まっていたデンマーク美術が、フランス印象派の影響を受けて変容していく19世紀後半から20世紀前半の美術の流れがわかる。

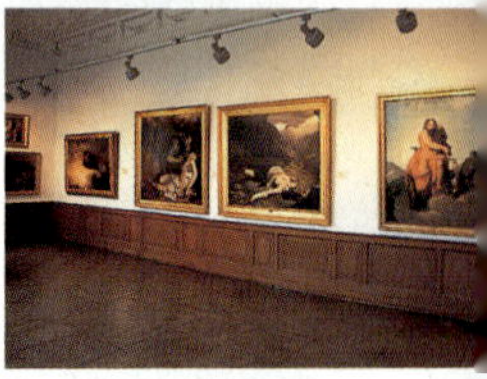
デンマーク王立美術アカデミーのメンバーの作品もある

リーベのホテル

Hotel Dagmar

MAP P.134-A1　ダグマー
[住]Torvet 1
[電]75-420033
[FAX]75-423652
[URL]www.hoteldagmar.dk
[料]Ⓢ1045DKK～Ⓓ1245DKK～
[CC]A D J M V
リーベ大聖堂に面して建つ、1581年創業の老舗ホテル。リーベの名物ホテルであり、気品と落ち着き、華麗さが感じられる。

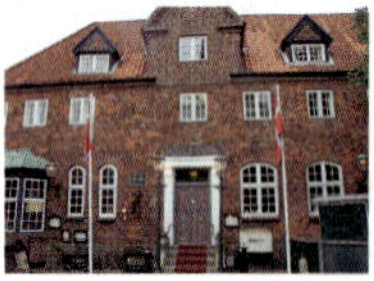

Rådhus Conditoriet

MAP P.134-B2　ラードフス・コンディトリエット
[住]Hundegade 2
[電]75-420150
[FAX]76-880888
[URL]www.raadhus-conditoriet.dk
[料]バス、トイレ共同Ⓢ300DKK～Ⓓ400DKK～
[CC]不可
旧市庁舎のすぐそばにあるB&B。部屋は暖色系でまとまられ、かわいらしい雰囲気。デニッシュペストリーがおいしいパン屋の2階にある。

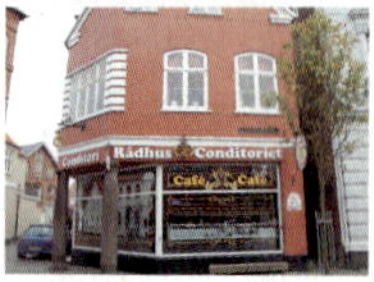

Backhaus

MAP P.134-A1　バックハウス
[住]Grydergade 12　[電]75-421101　[FAX]75-425287
[URL]www.backhaus-ribe.dk
[料]バス、トイレ付きⓈⒹ900DKK～
バス、トイレ共同Ⓢ275DKK～Ⓓ550DKK～　[CC]M V
1階にあるデンマーク料理のレストランが人気のB&B。アットホームな雰囲気を味わいたい人におすすめの宿。1部屋のみバス、トイレ付き。

Den Gamle Arrest

MAP P.134-A2　デン・ガムレ・アレスト
[住]Torvet 11　[電]75-423700　[FAX]75-423722
[URL]www.dengamlearrest.dk
[料]バス、トイレ付きⓈ700DKK～Ⓓ890DKK～
バス、トイレ共同Ⓢ500DKK～Ⓓ690DKK～　[CC]不可
元監獄を改装したホテル。窓枠に鉄格子が付いていたりと、雰囲気充分。1階はブティックになっている。夏期にはテラスにカフェがオープンする。

Danhostel Ribe Vandrerhjem

MAP P.134-B1　ダンホステル・リーベ・ヴァンドレイエム
[住]Sct. Peders gade 16　[電]75-420620　[FAX]75-424288
[URL]www.danhostel-ribe.dk
[料]ドミトリー120DKK～
バス、トイレ付きⓈ340DKK～Ⓓ380DKK～
シーツ65DKK　朝食65DKK　[CC]A J M V
町の中心から徒歩3分の所にある便利なユースホステル。無線LAN接続可（無料）。

リーベのレストラン

Weis Stue

MAP P.134-A1　ヴァイス・ストゥー
[住]Torvet 2　[電]75-420700
[URL]www.weis-stue.dk
[営]毎日11:30～21:00
[休]無休　[予]185DKK～　[CC]A D J M V
B&B　[料]Ⓢ395DKK～Ⓓ495DKK～
1580年に建造の旅籠。よく保存された木組みと漆喰の壁がはるかな時の流れを感じさせ、落ち着きのあるたたずまいを見せている。2階は、全8室のB&Bとなっている。

バスタブ　バスタブ一部のみ　テレビ　テレビ一部のみ　ドライヤー　ドライヤー貸出
ミニバー　ミニバー一部のみ　ハンディキャップルーム

エーベルトフト

Æble(りんご)とToft(耕地)を合わせた名前をもつ町で、14世紀の初めにはこの地方の商業の中心地として知られていた。かつてにぎわったであろう旧街道は、今なおその姿を変えることなく、今日に伝えられている。

エーベルトフトのもつもうひとつの魅力は、ガラス工芸。エーベルトフト・ガラス博物館を中心に、ガラス工房やショップが集まっている。

エーベルトフトの歩き方

町の中心を通るノアポートNørreport、アデルギャーゼAdelgade、ユールスバッケJuulsbakke、ネーザーギャーゼNedergade、セナーギャーゼSøndergadeの5つの名前がつけられた約1.5kmの通り沿いと、港の周辺におもな見どころやショップが集中している。

MAP P.46-B2
市外局番：なし
エーベルトフト情報のサイト
URL www.visitdjursland.com

エーベルトフトへの行き方

🚌 オーフスの長距離バスターミナルからバス123番で所要約1時間20分。バスは7:15〜翌2:15の1時間に1便程度。

エーベルトフトの観光案内所❶
住 S.A.Jensensvej 3
電 86-341400
URL www.ebeltoftby.dk
開 3/28〜6/26、8/15〜10/30
　　月〜金　9:00〜16:30
　　土　　 10:00〜13:00
　　6/27〜8/14
　　月〜金　9:00〜17:00
　　土・日 10:00〜16:00
　　10/31〜3/27
　　月〜木　9:00〜16:30
　　金　　 9:00〜16:00
　　土　　 10:00〜13:00
休 8/15〜6/26の日

夜警ツアー
夏期には、17世紀から続くという夜警の見回りのツアーがある。出発は、旧市庁舎前から。
開 6/18〜8/4
　　毎日20:00〜22:00
料 無料

おもちゃのようにかわいらしい旧市庁舎

おもな見どころ

ユラン号博物館　Fregatten Jylland

MAP P.137

全長71m、2450トンのデンマーク海軍最後の大型軍用帆船。木造の軍艦としては世界最大級のもので、1862年の建造。就役2年後にはすでに戦いに駆り出され、ヘルゴランド湾の海戦に参加した。3本の高いマストが印象的だ。遠くから見るとまるで海に浮かんでいるようだが、実は地面を掘り下げた空間に据えられている。普通なら水面下にある部分まで観察でき、巨大な舵やスクリューなども丸見えだ。

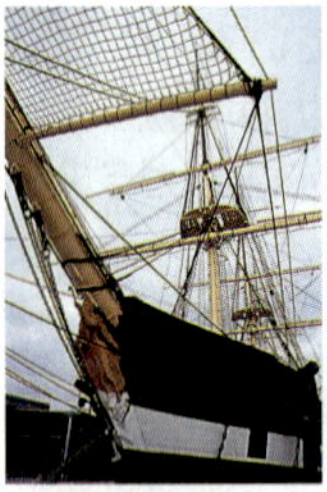

迫力の軍艦を目のあたりにできる

ユラン号博物館
☎86-341099
[FAX]86-342714
[URL]www.fregatten-jylland.dk
[開]2/12～4/30、11月
　毎日　10:00～15:00
　5～9月
　毎日　10:00～17:00
　10月
　毎日　10:00～16:00
[休]12/1～2/11
[料]90DKK

エーベルトフト・ガラス博物館　Glasmuseet Ebeltoft

MAP P.137

世界各地から集められたガラス製品を展示、販売している博物館。ワイングラスや花瓶などの生活用のものから、ガラスを使った現代アートまで幅広い。博物館裏では、毎日、地元アーティストによるガラス作りを見学できる。

エーベルトフト・ガラス博物館
☎86-341799
[FAX]86-346060
[URL]www.glasmuseet.dk
[開]4～6月、9・10月
　毎日　10:00～17:00
　7・8月
　毎日　10:00～18:00
　11～3月
　火～日10:00～16:00
[休]11～3月の月
[料]85DKK

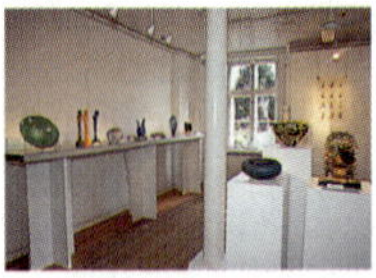

ガラス工芸の町エーベルトフトの代名詞

旧市庁舎　Det Gamle Rådhus

MAP P.137

おとぎの国デンマークらしいミニ市庁舎。原型は1576年に建てられたが、1789年に手を加えられて現在見られるような形になった。左右対称、中心に小さな塔がすっくと建ち、鐘がぶら下がっているのが見える。内部はエーベルトフトとこの地方に関する博物館になっている。

旧市庁舎
☎86-345599
[URL]www.ebeltoftmuseum.dk
[開]5・6月、8/21～9/30
　毎日　11:00～15:00
　7/1～8/20
　毎日　11:00～17:00
　10～4月
　土・日11:00～15:00
[休]10～4月の月～金
[料]20DKK

エーベルトフトのホテル

Hotel Ebeltoft Strand

MAP P.137　エーベルトフト・ストランド

[住]Ndr. Strandvej 3　☎86-343300
[FAX]86-344636　[URL]www.ebeltoftstrand.dk
[料]Ⓢ925DKK～Ⓓ1125DKK～
[CC]A D M V

海辺にある全室オーシャンビューの高級ホテル。全面ガラス張りのレストランからも海が望める。

Danhostel Ebeltoft Vandrerhjem

MAP P.137外　ダンホステル・エーベルトフト・ヴァンドレイエム

[住]Egedalsvej 5　☎86-342053　[FAX]86-342589
[URL]www.ebeltoft-danhostel.dk　[営]1/10～12/21
[料]ドミトリー375DKK～
　バス、トイレ付きⓈ375DKK～Ⓓ400DKK～
　シーツ55DKK　朝食60DKK　[CC]V

部屋は44室、ドミトリーは135ベッドある。

エーベルトフトのショッピング

エーベルトフトでぜひ購入したいのは、やはりガラス製品。ガラス博物館のミュージアムショップや、各所に点在するガラス工房兼ショップで直接購入できる。ガラス工房の場所は、観光案内所やガラス博物館で聞けば教えてもらえる。

D'sajn

MAP P.137　ディーサイ

[住]Nedergade 19
[営]月～金10:00～17:30
　土　10:00～13:00
[休]日　[CC]M V

2011年4月にオープンしたガラスのセレクトショップ。エーベルトフトのガラス職人の作品が並んでいる。現代アートのガラス製品を数多く扱っている。のぞいて見るだけでも楽しい。ご主人と相談しながらお気に入りを探してみて。

バスタブ　バスタブ一部のみ　[TV]テレビ　[TV]テレビ一部のみ　ドライヤー　ドライヤー貸出　ミニバー　ミニバー一部のみ　ハンディキャップルーム

オールボー

ドイツと陸続きのユトランド半島が、ここでいったん切断されるような形になる。海峡のようになっているのがリムフィヨルドLimfjorden。真冬になるとこの海も凍る。

細長いフィヨルドに沿って発達した北ユトランド最大の町オールボーは、封建時代にはたび重なる戦いにより何度か滅亡の危機に瀕したが、そのつど奇跡的に復興した。17世紀に建てられた豪商の館であるイェンス・バング邸は、かつてオールボーが広大な土地を背景に、おおいに隆盛を誇ったことを物語っている。

現在では、リムフィヨルドのニシンやカキ、デンマークキャビアなどの名産地としてばかりでなく、北ユトランドの文化や芸術の中心になっている。1969年にはリムフィヨルドに海底トンネルが掘られ、ユトランド半島の最北端スケーエンまで車で手軽に行けるようになった。

このオールボーで忘れてならないのがスナップスSnaps。別名アクアヴィットAkvavit（命の水）という有名な焼酎だ。ジャガイモから造られるこの酒は、アルコール度数45度以上の強さ。蛇足ながら、カゼをひいたときには、この焼酎をしこたま飲んでぐっすり寝るというのが、デンマーク風の対処法。

青く光るリムフィヨルドの海辺に発達した町

MAP P.46-A2
人口：19万9188
市外局番：なし
オールボー情報のサイト
URLwww.visitaalborg.com

オールボーへの行き方

✈ コペンハーゲンから1日6〜9便、所要約45分。
🚌 コペンハーゲンからインターシティ・リュンで所要約4時間20分、インターシティで所要約4時間50分。5:00〜24:37の1時間に1〜2便運行。オーフスからインターシティ・リュンで所要約1時間20分、インターシティで所要約1時間35分。4:14〜23:26の1時間に1〜2便。

オールボーの観光案内所❶

🏠Østerågade 8
☎99-317500
FAX99-317519
URLwww.visitaalborg.com
🕐6/15〜30、8月
　月〜金　9:00〜17:30
　土　　　10:00〜13:00
　7月
　月〜金　9:00〜17:30
　土　　　10:00〜16:00
　9/1〜6/14
　月〜金　9:00〜16:30
　土　　　10:00〜13:00
休日

オールボー・カード
Aalborg Card

博物館や美術館の入館料が無料になったり、レストランやカフェの料金が割引になるカード。市内のバス料金も無料になるので、郊外のリンホルム遺跡に行く場合や、中心部から離れた場所に宿泊する場合に便利。観光案内所、ホテル、バスターミナルなどで購入できる。
料24時間有効179DKK
　72時間有効299DKK

オールボーの歩き方

オールボー駅から北東に延びるブーレヴァルデン通りBoulevardenを真っすぐ進み、市庁舎Rådhus 、レンガ造りの豪壮なイェンス・バング邸、観光案内所のあるあたりが町の中心。見どころのほとんどがここから半径300mくらいの所に集中してい

数多くの人が行き交うビスペンスギャーゼ通り

オールボーの旧跡巡り

デンマークでも古い歴史をもつオールボーの町にはさまざまな旧跡や歴史を感じさせる小径が点在している。そんな旧跡巡りをしたい人は、観光案内所でもらえる"Good Old Aalborg"というパンフレットを入手しよう。おすすめの周遊ルートと、それぞれの建物のガイドが記されている。

る。ニュートーゥ通りNytorvとの交差点は小さな広場になっており、市バスのほとんどがここから発着する。ブーレヴァルデン通りと交差するアルギャーゼ通りAlgadeとビスペンスギャーゼ通りBispensgadeは歩行者専用道路となっているショッピング街。ビスペンスギャーゼ通りからフィヨルドのほうへ延びる聖処女アン通りJomfru Ane Gadeは、昔「花街」として栄えた所で、現在は両側にバーが並んでいる。町の中心の観光なら、徒歩で半日あれば充分だ。

町の西を通る大通りが、ヴェスターブロ通りVesterbro。町の象徴である牡牛の像チンバーチューアンCimbrertyrenと、アヒル飼い少女の像ゴーセピーエンGåsepigenなどがある。この通りを南に進み線路を越えたあたりからは、住宅街と広大な公園が広がり、やがてオールボー近代美術館（クンステン）にたどりつく。

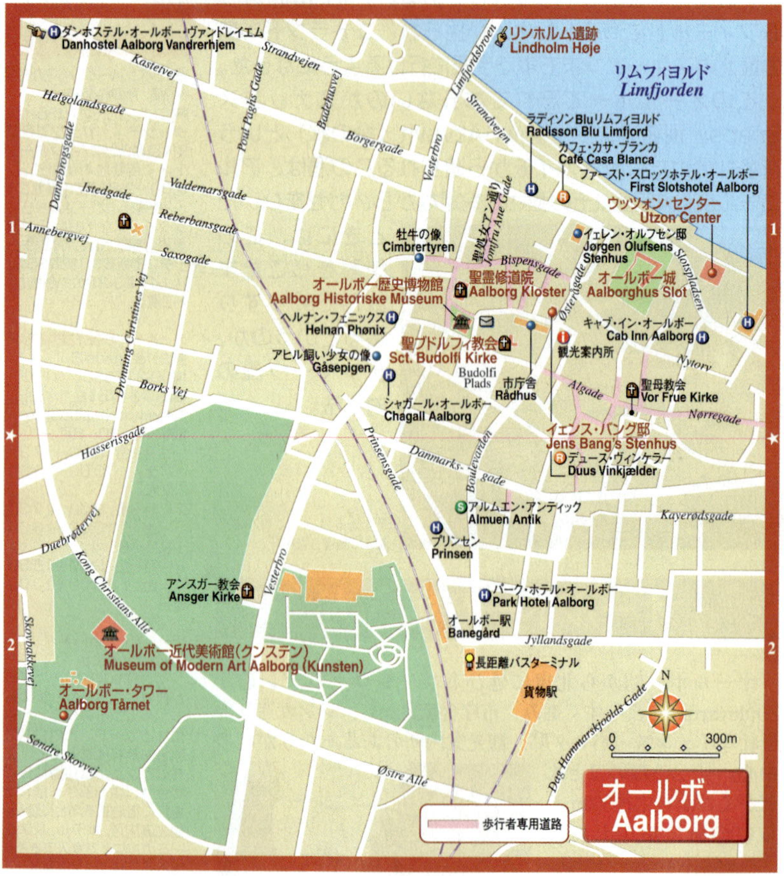

夜になるとにぎわいを見せる聖処女アン通り

地図内の表記

ダンホステル・オールボー・ヴァンドレイエム
Danhostel Aalborg Vandrerhjem

リンホルム遺跡
Lindholm Høje

リムフィヨルド
Limfjorden

ラディソン Blu リムフィヨルド
Radisson Blu Limfjord

カフェ・カサ・ブランカ
Café Casa Blanca

ファースト・スロッツホテル・オールボー
First Slotshotel Aalborg

ウッツォン・センター
Utzon Center

牡牛の像
Cimbrertyren

イェレン・オルフセン邸
Jørgen Olufsens
Stenhus

オールボー歴史博物館
Aalborg Historiske Museum

聖霊修道院
Aalborg Kloster

オールボー城
Aalborghus Slot

ヘルナン・フェニックス
Helnan Phønix

アヒル飼い少女の像
Gåsepigen

聖ブドルフィ教会
Sct. Budolfi Kirke

キャブ・イン・オールボー
Cab Inn Aalborg

観光案内所

聖母教会
Vor Frue Kirke

シャガール・オールボー
Chagall Aalborg

Budolfi
Plads

市庁舎
Rådhus

イェンス・バング邸
Jens Bang's Stenhus

デューズ・ヴィンケラー
Duus Vinkjælder

アルムエン・アンティック
Almuen Antik

プリンセン
Prinsen

アンスガー教会
Ansger Kirke

パーク・ホテル・オールボー
Park Hotel Aalborg

オールボー駅
Banegård

長距離バスターミナル

オールボー近代美術館（クンステン）
Museum of Modern Art Aalborg (Kunsten)

オールボー・タワー
Aalborg Tårnet

貨物駅

歩行者専用道路

300m

オールボー
Aalborg

140

おもな見どころ

イェンス・バング邸　　Jens Bang's Stenhus
MAP P.140-1

1624年に豪商イェンス・バングによって築造された。見事な北欧ルネッサンス様式の建築美を誇っており、この種の一般の邸宅としては北欧随一といわれる。特に地下のワイン貯蔵庫は、クリスチャン4世王の集会場としても利用されており、内装も凝っている。館は、1830年に薬剤商ストロイベア家の所有となり、現在は市内最古の薬局として営業を続けている。また、地下はDuus Vinkjælder（→P.144）という酒場で、毎晩市民が集う憩いの場となっている。オールボーに来たからには、ぜひここでスナップスを飲みたい。この焼酎は、普通のジャガイモ焼酎と違って、各種のスパイスで独特の香りがつけてある。これを瓶ごと冷凍庫で冷やし、小型のスナップスグラスでキューッと飲む。火の酒といわれるとおり体中がカッとなるので、ビールと交互に飲むのが通の飲み方といわれている。

当時の豪商の財力が偲ばれる

聖ブドルフィ教会　　Sct. Budolfi Kirke
MAP P.140-1

まぶしいほどの白壁が、保存の行き届いた周辺の町並みとうまく調和した聖ブドルフィ教会。天高く突き出た高さ53mの尖塔には、48組からなるカリヨンがあり、9:00〜22:00まで1時間ごとにその美しい音を響かせている。

英国の船乗りの守護聖人ボトルフにちなんで命名された教会で、もとは12世紀に造られたもの。尖塔の部分は1779年に完成。20世紀になってから内部が北欧ルネッサンス風に再建された。エントランス付近にあるフレスコ画や、精巧な彫刻を施された祭壇が浮き上がるような存在感を示している。教会では、コンサートなども催され、クリスマス時期に行われる『メサイヤ』はよく知られている。

オールボー歴史博物館　　Aalborg Historiske Museum
MAP P.140-1

オールボーやその近郊で発見されたさまざまな展示物を通じて、オールボーの歴史や地理、気候を解説している。2階には、1602年に建てられた建物のひと部屋が移築展示されており、当時の中流階級の暮らしをかいま見ることができる。かつてこの地方で盛んだったタバコ製造の歴史に関する品々や、銀製品、ガラスやビンのコレクションなどの展示もある。

イェンス・バング邸
住Øster ågade 9

スナップスとビールを交互に楽しもう

聖ブドルフィ教会
住Algade 40
TEL98-124670
FAX98-164610
開6〜8月
　月〜金9:00〜16:00
　土　　9:00〜12:00
　9〜5月
　月〜金9:00〜15:00
　土　　9:00〜12:00
休日
料無料

真っ白な外観が美しい教会

オールボー歴史博物館
住Algade 48
TEL99-317400
FAX98-161131
URLnordmus.dk
開火〜日10:00〜17:00
休月
料30DKK
（オールボー・カードで入場可）

オルボ・ルムと名付けられた17世紀の部屋

聖霊修道院

🏠 Klosterjordet 1
📞 98-120205
🌐 www.aalborgkloster.dk
ガイドツアー
📅 6/27～8/14
　　火・木14:00
💰 50DKK

オールボー城

📞 96-319200
🌐 www.ses.dk
敷地内
🕐 毎日8:00～21:00
休 無休
💰 無料
牢屋跡
🕐 5～10月
　　毎日8:00～15:00
休 11～4月
💰 無料
防空壕跡
🕐 5～10月
　　毎日8:00～21:00
休 11～4月
💰 無料

ウッツォン・センター

🏠 Slotspladsen 4
📞 76-905000
🌐 www.utzoncenter.org
🕐 火～日10:00～17:00
休 月
💰 60DKK
（オールボー・カードで入場
可）

ライトアップされたウッツォ
ン・センター

オールボー近代美術館（クンステン）
🏠 Kong Christians Allé
50
📞 99-824100
🌐 www.kunsten.dk
🕐 2～4月、9～11月
　　火　　10:00～21:00
　　水～日10:00～17:00
　　5～8月、12・1月
　　火～日10:00～17:00
休 月
💰 60DKK
（オールボー・カードで入場
可）
行き方➡➡➡
　オールボー駅から徒歩10
分。または駅前のバス停か
ら市バス15番で約5分、
Kunst-museet下車。

コブラ派（COBRA）
　1948年に結成された芸
術家集団。コペンハーゲン、
ブリュッセル、アムステル
ダムの頭文字を取って名づ
けられた。

聖霊修道院　　Aalborg Kloster

MAP P.140-1 ■

　デンマーク最古の福祉事業施
設、すなわち養老院として1431
年に建てられた。現在でも老人
ホームとして使用されている。
　16世紀に描かれたフレスコ画
の美しいチャプターホールや、
西側の建築当初そのままに保存
された部分などが見もの。院内
の見学は、ガイド付きツアーで。

狭い路地に建っている

オールボー城　　Aalborghus Slot

MAP P.140-1 ■

　1539～55年にかけてクリスチ
ャン3世王の命により地方知事
の駐在所として建造された。木
と漆喰で造られ、城というより
は館といった趣だ。館内は見学
不可だが、足かせの残る牢屋跡
Dungeon, Fangehulや城の歴史
についてのパネル展示がある防
空壕跡Kasematなどが見られる。

木組みで背の低い建物は、城というより館
のよう

ウッツォン・センター　　Utzon Center

MAP P.140-1 ■

　オーストラリアを代表する現代建築、シドニーのオペラハ
ウスを設計したヨーン・ウッツォンJørn Utzon（1918-2008年）
の名を冠した展示施設。オールボーで少年時代を過ごしたウ
ッツォンは、コペンハーゲンで建築を学んだ後、シドニーの
コンペティションに応募。見事に自身の案が採用され、20世
紀の最高建築とも言われるオペラハウスをデザインした。晩
年のウッツォンが息子と設計した建物は、オペラハウスと同
じく独創的な造りで、ただ眺めるだけでも価値がある。

オールボー近代美術館（クンステン）　Museum of Modern Art Aalborg(Kunsten)

MAP P.140-2 ■

　フィンランドのアルヴァ・アアルト夫妻とデンマーク人バ
ルエルによる設計で、デンマークのみならずヨーロッパの現
代作品を集めた美術館。ピカソ、エルンスト、シャガール、
ムーアなどのほか、コブラ派（COBRA）
の作品を集めたコレクションが有名で、
なかでもアスガー・ヨーンの絵をこれだ
け所有しているところはほかにないだろ
う。博物館脇にある、現代アートの彫刻
が置かれた庭園にも注目したい。館内に
はミュージアムカフェもある。

建物自体もアートのよう

オールボー・タワー

Aalborg Tårnet
MAP P.140-2

北ユトランド美術館裏の丘の上にある高さ105mの鉄塔。頂上は展望台兼カフェとなっている。支柱部分は鉄骨がむき出しになっており、風が吹くたび揺れるので少し不安だが、360度のパノラマが楽しめるとあって、人気の場所だ。

エクスカーション

リンホルム遺跡

Lindholm Høje
MAP P.140-1外

博物館にはヴァイキングに関する資料が充実

なだらかなリンホルムの丘に広がる、北欧最大規模のヴァイキング遺跡。700近い石の墓が昔のまま残されており、そのうちの約200はヴァイキング船型に配列されている。墓のほかに15の住居跡や6ヵ所の井戸なども発掘されており、古代への夢やロマンに思いをはせるには最適の場所だ。

遺跡の広がる丘の入口にはモダンな建物のリンホルム博物館Lindholm Høje Museet があり、ヴァイキングが身につけていた装飾品や食器など、生活に関する展示がある。この博物館は内装にも凝っており、注意して見るといたるところにヴァイキング風の装飾があしらわれている。博物館内には見晴らしのいいカフェもある。

丘の上からはオールボー市街を眺め渡すことができる。また、羊が放牧されており、のどかな雰囲気が漂っている。

岩に囲まれた部分がヴァイキングの墓だ

オールボー・タワー
🏠Søndre Skovvej 30
📞98-770511
🕐3/27～6/25、8/9～9/26
　　毎日11:00～17:00
　　6/26～8/8
　　毎日10:00～17:00
🚫9/27～3/26
💰30DKK
（オールボー・カードで入場可）
行き方➡➡➡
　オールボー近代美術館から徒歩約10分。裏側の山道を上れば約5分。

市街を見下ろす場所に建つ

リンホルム遺跡
行き方➡➡➡
　オールボー駅前のバス停から2番のバスで約25分、Lindholm Høje下車。看板に従って歩いて約5分。

リンホルム博物館
🏠Vendilavej 11
📞99-317440
🌐nordmus.dk
🕐4～10月
　　毎日　10:00～17:00
　　11～3月
　　火～日10:00～16:00
🚫11～3月の月
💰60DKK
（オールボー・カードで入場可）

オールボーのホテル

Radisson Blu Limfjord Hotel
MAP P.140-1　ラディソンBluリムフィヨルド
🏠Ved Stranden 14-16
📞98-164333　FAX98-161747
🌐www.radissonblu.com
💰Ⓢ995～1235DKK Ⓓ1095～1435DKK
💳A D M V
　オールボーを代表する高級ホテル。ホテルのすぐ横にカジノがある。レストラン、バー、フィットネスセンター、サウナと設備も充実。無線LAN接続は全室無料。

First Slotshotel Aalborg
MAP P.140-1　ファースト・スロッツホテル・オールボー
🏠Rendsburggade 5
📞98-101400　FAX98-116570
🌐www.firsthotels.com
💰Ⓢ758DKK～Ⓓ958DKK～
💳A D M V
　オールボー城からリムフィヨルド沿いに少し東へ行った場所。フィヨルドを一望できる部屋もある。全室無線LAN接続無料。

🛁バスタブ 🛁バスタブ一部のみ 📺テレビ 📺テレビ一部のみ 💇ドライヤー 💇ドライヤー貸出
🧊ミニバー 🧊ミニバー一部のみ ♿ハンディキャップルーム

143

Hotel Chagall Aalborg

MAP P.140-1 シャガール・オールボー

[住]Vesterbro 36-38
☎98-126933
[FAX]98-131344
[URL]www.hotel-chagall.dk
[料]Ⓢ920(790)DKK～Ⓓ1120(890)DKK～
[CC]A D J M V

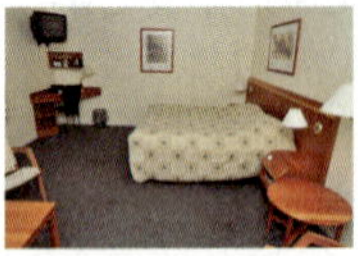

大通りのヴェスターブロ通りに面したホテル。シャガールの絵の複製が飾られた広めの客室は明るい色調。全室無線LAN接続無料。

Helnan Phønix Hotel

MAP P.140-1 ヘルナン・フェニックス

[住]Vesterbro 77 ☎98-120011 [FAX]98-101020
[URL]www.helnan.com/hotels/phon/phon_home.htm
[料]Ⓢ795DKK～Ⓓ995DKK～
[CC]A D J M V

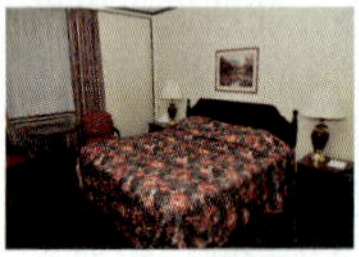

アヒル飼い少女の像そば。約150年前にオープンした、オールボー最古のホテル。ロビーも客室も濃色系で整えられておりシックな雰囲気。2008年に改装され、設備が新しくなった。

Cab Inn Aalborg

MAP P.140-1 キャブ・イン・オールボー

[住]Fjordgade 20
☎96-203000 [FAX]96-203001
[URL]www.cabinn.com
[料]Ⓢ485DKK～ Ⓓ615DKK～ 朝食60DKK
[CC]A D J M V

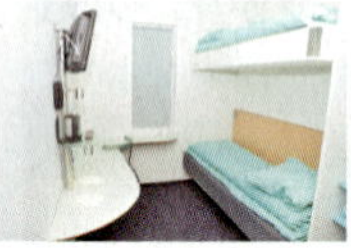

2009年に開業した鉄道駅から徒歩約15分の所にあるホテル。客室は広くはないが、機能的にまとめられている。無線LANは無料で利用することができる。

Park Hotel Aalborg

MAP P.140-2 パーク・ホテル・オールボー

[住]J.F. Kennedys Plads 41
☎98-123133
[FAX]98-133166
[URL]www.park-hotel-aalborg.dk
[料]Ⓢ950DKK～Ⓓ1095DKK～
[CC]A D J M V

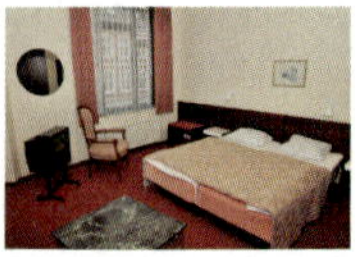

鉄道駅の真正面にある中級ホテル。ホテル内の西洋料理のレストランRestaurant Christian Xも評判。週末はディナー込みのセット料金もある。

Prinsen Hotel

MAP P.140-2 プリンセン

[住]Prinsensgade 14-16
☎98-133733
[FAX]98-165282
[URL]www.prinsen-hotel.dk
[料]Ⓢ545～645DKKⒹ745～845DKK
[CC]A J M V

鉄道駅から徒歩5分ほどの所にあるエコノミーなホテル。部屋はやや古びているが、清潔に整えられている。室内で無線LANが無料で利用できるほか、ロビーにあるインターネット端末を無料で利用できる（日本語不可）。

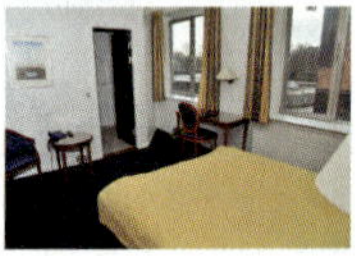

Danhostel Aalborg Vandrerhjem

MAP P.140-1外 ダンホステル・オールボー・ヴァンドレイエム

[住]Skydebanevej 50
☎98-116044 [FAX]98-124711
[URL]www.danhostelaalborg.dk
[料]ドミトリー196DKK～ Ⓢ378DKK～Ⓓ428DKK～
シーツ50DKK
朝食50DKK [CC]A D J M V

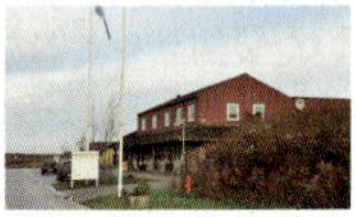

鉄道駅の西約3.5kmにある。市バス13番で終点下車。ヨットハーバーに面している。

オールボーのレストラン

Café Casa Blanca

MAP P.140-1 カフェ・カサ・ブランカ

[住]Ved Stranden 4
☎98-164445 [FAX]98-161143
[URL]www.cafecasablanca.dk
[営]毎日11:00～22:00 [休]無休
[予]150DKK～ [CC]A D M V

メインからサラダ、デザートまで揃うビュッフェスタイルの多国籍料理レストラン。ランチビュッフェ79DKK、ディナービュッフェ129DKK（週末は139DKK）。カクテルの種類も充実している。

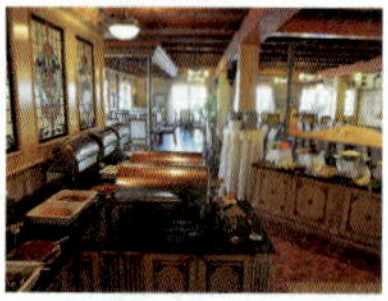

Duus Vinkjælder

MAP P.140-1 デュース・ヴィンケラー

[住]Østerågade 9
☎98-125056
[営]月～水11:00～24:00
木～土11:00～翌2:00
[休]日 [予]100DKK～ [CC]D M V

イェンス・バング邸（→P.141）の地下にある。ランチタイムにはフリッカデーラなど伝統的なデンマーク料理が食べられる。スナップスは12種類ほどあるので試してみよう。

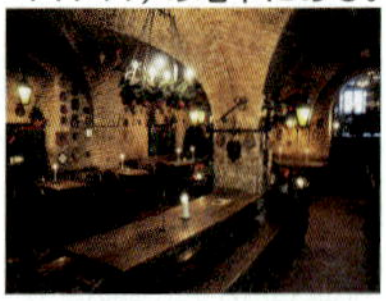

オールボーのショッピング

Almuen Antik

MAP P.140-2 アルムエン・アンティック

[住]Boulevarden 26 ☎98-113844 [URL]www.almuen-antik.dk
[営]月～金11:00～17:00 土11:00～13:00
[休]日 [CC]不可

メインストリートに面したアンティークショップ。ロイヤル・コペンハーゲンやホルメゴーなどが安く手に入る。一点ものの貴重な品もある。

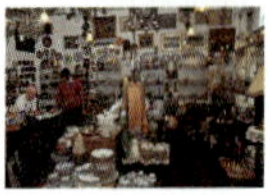

フレデリクスハウン

ヒースに覆われたなだらかな丘陵の連なる北ユトランド。オールボーからさらに北上した所にあるのが北ユトランドの中心地、港町のフレデリクスハウン。ノルウェーやスウェーデンに近いという地の利を活かして、古くから海上交易で栄えた町だ。町の中心は小さいながら歩行者天国になっており、夏は外国人観光客や北ユトランドの風物を楽しみにきたデンマーク人たちでにぎわう。

駅前に建つ砲台跡

MAP P.46-B1

人口：6万1576
市外局番：なし

フレデリクスハウン情報のサイト
URL www.frederikshavn-tourist.dk

フレデリクスハウンの歩き方

フレデリクスハウンの町は、市庁舎Rådhusの南東に広がっている。すぐ近くにフレデリクスハウン美術館があり、また目の前が市バスのターミナルになっている。

フレデリクスハウン
Frederikshavn

歩行者専用道路

長距離バスターミナル
フレデリクスハウン美術館
Frederikshavn Kunstmuseum

フレデリクスハウン駅

市庁舎
Rådhus
市バスターミナル

パーク
Park

Jernbane
Gade
Rådhus-
strǽde

Skippergade

Parallelvej

300m

N

フレデリクスハウン教会
Frederikshavnkirke

Kirkegade

砲台跡
Krudttårnet

市庁舎公園
Rådhus Parken

Silovej

フレデリクスハウン・スーメンスエム
Frederikshavn Sømandshjem

Danmarksgade

Tordenskjoldsgade

Jacobsplads

Havnepladsen

Rådhus Allé

Søndergade

Havnegade

Lodsgade

ユトランディア
Jutlandia

Sydhavnsvej

オスロ

ダンホステル・フレデリクスハウン・シティ・ヴァンドレイエム
Danhostel Frederikshavn
City Vandrerhjem

観光案内所

ステナ・ライン・フェリーターミナル
ステナ・ライン・フェリーターミナル

ヨーテボリ

バンゴー博物館
Bangsbo Museum

Europavej

フレデリクスハウンへの行き方

🚄 コペンハーゲンからオーデンセ、オーフス、オールボーを経由してインターシティ・リュンで所要約5時間40分、1時間に1便程度運行。オーフスやオールボーから普通列車Reに乗り換える便もある。

🚌 オールボーの長距離バスターミナルからバス73番、X-B 973X番で行ける。73番は1日5便程度運行、所要約1時間40分。X-B 973X番は1日19便程度運行、所要約1時間10分。料金はどちらも99DKK。

🚢 ノルウェーのオスロからステナ・ライン（→P.546）が1日1便運航、所要約12時間、230NOK〜。

スウェーデンのヨーテボリからもステナ・ラインが1日4〜6便運航している。所要約3時間15分、195SEK〜。

歩行者が行き交うダンマルクスギャーゼ通り

フレデリクスハウンの観光案内所[i]
[住]Skandiatorv 1
☎98-423266
[FAX]98-421299
[URL]www.frederikshavn-tourist.dk
[開]6/27〜8/6
　月〜土　9:00〜16:00
　日　　10:00〜13:00
8/7〜6/26
　月〜金　9:00〜16:00
　土　　10:00〜13:00
[休]8/7〜6/26の日

メインストリートは、市庁舎から1ブロックのダンマルクスギャーゼ通りDammarksgade。歩行者専用道路となっている道の両側には、デパートやショップ、レストランが並ぶ。

中心からフレデリクスハウン駅へは徒歩5分程度。駅の近くには白壁と高い尖塔をもつフレデリクスハウン教会Frederikshavnkirkeが建っている。ここから白亜の砲台跡Kruddtårnetの前を通って海沿いのハウンプラッドセン通りHavnepladsenを進むと観光案内所があり、その隣にフェリーターミナルへの立体通路が設けられている。

おもな見どころ

フレデリクスハウン美術館
[住]Parallelvej 14
☎98-459080
[URL]www.frederikshavnkunstmuseum.dk
[開]火〜金10:00〜17:00
　土・日10:00〜16:00
[休]月
[料]35DKK

フレデリクスハウン美術館　Frederikshavn Kunstmuseum

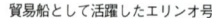

MAP P.145

市庁舎のすぐ横にある小さな美術館だが、収蔵点数は4万点あまり。北ユトランド地方の風景画や、ドイツのアーティストによる絵画と彫刻が中心で、企画展は1〜2ヵ月ごとに変わる。

バンゴー博物館
[住]Dr. Margrethes Vej 6
☎98-423111
[FAX]98-430597
[URL]www.bangsbo.com
[開]火〜日10:00〜17:00
[休]月
[料]50DKK
行き方➡➡➡
市庁舎前のバス停から市バス3番で約15分、Bangsbo/Møllehuset下車、徒歩約5分。市バス3番は、市庁舎前のバス停を基点に循環しているので、帰りも同じ進行方向のバスに乗る。

バンゴー博物館　Bangsbo Museum

MAP P.145外

自然と文化をテーマにした複合施設、バンゴーBangsbo内にある博物館。館内には、1163年建造の木造船、エリンオ号The Ellingåが展示してあり、その構造や航海ルートが解説してある。ほかにも、船舶の模型や船首のコレクションもある。周囲には植物園や公園、レストランなどがあり、1日ゆっくり楽しめる。

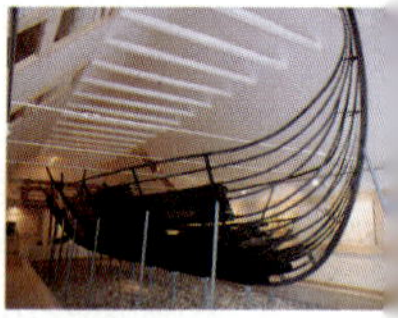
貿易船として活躍したエリンオ号

フレデリクスハウンのホテル

Hotel Jutlandia　ユトランディア

MAP P.145

[住]Havnepladsen 1
☎98-424200
[FAX]98-423872
[URL]www.hotel-jutlandia.dk
[料]Ⓢ860DKK〜Ⓓ1060DKK〜
[CC]A D M V

フレデリクスハウン随一の高級ホテル。観光案内所のすぐそば、港に面した大通りにある。全95室の客室はクラシックな内装で整えられている。館内には英国式のバーも併設。

Park Hotel　パーク

MAP P.145

[住]Jernbanegade 7
☎98-422255　[FAX]96-201798
[URL]www.parkhotelfrederikshavn.dk
[料]Ⓢ590DKK〜Ⓓ790DKK〜
[CC]D M V

昔の邸宅のようなクラシカルな外観が印象的。客室は広めだが、設備は多少古い。

Frederikshavn Sømandshjem & Hotel　フレデリクスハウン・スーメンシエム

MAP P.145

[住]Tordenskjoldsgade 15B
☎98-420977
[FAX]98-431899
[URL]www.fshotel.dk
[料]Ⓢ725DKK〜Ⓓ870DKK〜
[CC]A D J M V

フレデリクスハウン駅から徒歩5分程度。客室は手入れが整い、きれいで快適。コンファレンスルームはじめ館内設備も整う。

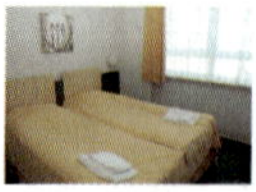

Danhostel Frederikshavn City Vandrerhjem　ダンスホステル・フレデリクスハウン・シティ・ヴァンドレイエム

MAP P.145

[住]Læsøgade 18　☎98-421475　[FAX]98-426522
[URL]www.danhostelfrederikshavn.dk
[営]3/14〜12/18
[料]ドミトリー200DKK
　バス付きⓈⒹ400DKK〜
　シーツ60DKK　朝食60DKK
[CC]不可

バスタブ　バスタブ一部のみ　テレビ　テレビ一部のみ　ドライヤー　ドライヤー貸出
ミニバー　ミニバー一部のみ　ハンディキャップルーム

スケーエン

ユトランド半島最北端の地がここスケーエン。半島の東側と西側の海が交わり、古くから漁村として栄えた。海岸線に沿って連なる砂地やところどころにあるヒースの丘が、海の青さとあいまって醸し出す風景は美しく、19世紀の末頃からこの地に魅せられて多くの芸術家が移り住んだ。特に夏至前後の夕焼けは、これを見るだけのためにスケーエンを訪れる価値があるとまでいわれている。

船が停泊するベイエリア

MAP P.46-B1

市外局番：なし

スケーエン情報のサイト
URL www.skagen-tourist.dk

デンマーク　フレデリクスハウン／スケーエン

スケーエンの歩き方

スケーエン駅前のローレンティー通りSct. Laurentii Vejとその1本裏側にある通りには、陶器やガラスのアーティストのショップや工房などもあり、美しい作品がディスプレイさ

スケーエンへの行き方

フレデリクスハウンから私鉄Privatbane 79で所要約35分、6:05〜23:30の1〜2時間に1便程度運行。

スケーエン Skagen（地図）

スケーエンの観光案内所❶
住Vestre Strandvej 10
電98-441377
FAX98-450294
URLwww.skagen-tourist.dk
圏1/1～6/26
　月～金　9:30～16:00
　土　　　9:30～13:00
　6/27～8/20
　月～土　9:00～16:00
　日　　　10:00～14:00
　8/21～12/23
　月～金　9:30～16:00
　土　　　9:30～13:00
休8/21～6/26の日

れて人々の目を楽しませている。夏期には大道芸人なども出現する。芸術家のアトリエも多く、絵画や陶磁器などウインドーショッピングをしながら歩くだけでも楽しい。見どころもほとんどがこの2本の通り沿いにある。観光は徒歩で半日あれば充分だ。

オレンジ屋根に白の枠組み、黄色い壁の典型的なスケーエン様式を見せる鉄道駅

おもな見どころ

スケーエン美術館
住Brøndumsvej 4
電98-446444
FAX98-441810
URLwww.skagensmuseum.dk
圏2～4月、9～12月
　火～日10:00～17:00
　5～8月
　木～火10:00～17:00
　水　　10:00～21:00
休2～4月と9～12月の月、1月
料80DKK

スケーエン美術館　　Skagens Museum
MAP P.147

　1830～1930年にかけてスケーエンで活躍したアンカー夫妻（ミハエル、アンナ）、P・S・クロイヤー、ラウリッツ・タクセンなどの作品が充実している。

　近くにはアンカー夫妻が実際に暮らしていた家Michael & Anna Anchers Hus og Saxilds Gaardも保存されており、合わせて見学するのも興味深い。

スケーエンを描いた作品も多い

グレーネン
行き方➡➡➡
　スケーエン駅からグレーネン行きのバス（6月下旬～8月中旬のみ運行）でGrenen下車。そこからSandormenというトラクターの引っ張るバス（4月上旬～10月下旬のみ運行）に乗り込み約15分。駅からは約4km。

グレーネン　　Grenen
MAP P.147外

　ユトランド半島の北端にあるスケーエンの町から、さらに北へ1時間ほど歩くと、グレーネンと呼ばれる岬に出る。美しく連なるこの砂州は、西のスケーラック海峡Skagerrakと東のカテガット海峡Kattegatの海水が出合う場所にあり、東西の波がぶつかりあう珍しい様子が見られる。

スケーエン漁業歴史博物館
住P.K.Nielsens Vej 8-10
電98-444760
FAX98-446730
URLwww.skagen-bymus.dk
圏2～5月、8～10月
　月～金10:00～16:00
　6・7月
　月～金10:00～16:00
　土・日11:00～16:00
　11・12月
　月～金11:00～15:00
休8～5月の土・日、1月
料50DKK

スケーエン漁業歴史博物館　Skagen By-og Egnsmuseum
MAP P.147

　漁業の町として発展してきたスケーエンの歴史を解説する野外博物館。漁民の住居や作業場など10の建物からなり、すべてが実際に使われていたもの。建物内には、当時の暮らしぶりなどが展示してある。貧しかった漁民と裕福な漁民のふたつの住居があり、その違いなどがわかる。また、敷地内に建つ風車は、1870年建造のもので、博物館のシンボル的存在。

巨大風車が回っている

スケーエンのホテル

Color Hotel Skagen
カラー・ホテル・スケーエン

■ MAP P.147外
🏠 Gl. Landevej 39
☎ 98-442233
FAX 98-442134
URL www.skagenhotel.dk
料 Ⓢ795DKK〜
　Ⓓ1450DKK〜
CC A D J M V

町外れの高級ホテル。プール、フィットネスセンター、スパ、サウナと設備充実。ホテル内にレストランもある。

Clausens Hotel
クラウセンス

■ MAP P.147
🏠 Sct. Laurentii Vej 35
☎ 98-450166
FAX 98-444633
URL www.clausenshotel.dk
料 バス、トイレ付きⓈ695DKK〜Ⓓ775DKK〜
　バス、トイレ共同Ⓢ550DKK〜Ⓓ725DKK〜
CC A D M V

スケーエン駅の目の前にあるホテル。黄色と白のツートンカラーがかわいい。客室はシンプルな内装。1階のレストランが受付を兼ねている。

Hotel Petit
ペティ

■ MAP P.147
🏠 Holstvej 4　☎ 98-441199　FAX 98-445850
URL www.hotelpetit.dk
料 Ⓢ625DKK〜Ⓓ950DKK〜　CC A D J M V

鉄道駅から徒歩2分ほどの所にある家族経営のホテル。客室の配色は北欧の空をイメージし、ブルーをメインに、さわやかな色合いでまとめられている。オーナーの奥さんは日本での滞在経験があり親日的。

Skagen Sømandshjem
スケーエン・スーメンシエム

■ MAP P.147
🏠 Østre Strandvej 2　☎ 98-442588　FAX 98-443028
URL www.skagenhjem.dk
料 バス、トイレ付きⓈ625DKK〜Ⓓ785DKK〜
　バス、トイレ共同Ⓢ525DKK〜Ⓓ685DKK〜
CC M V

デンマーク各地にある船員のための宿泊施設。黄色の壁に赤い屋根のかわいらしい建物。もちろん船員でなくても利用できる。

Danhostel Skagen Vandrerhjem
ダンホステル・スケーエン・ヴァンドレイエム

■ MAP P.147外
🏠 Rolighedsvej 2　☎ 98-442200　FAX 98-442255
URL www.danhostelskagen.dk
料 ドミトリー150DKK
　Ⓢ250〜500DKKⒹ300〜600DKK
　シーツ50DKK　朝食50DKK　CC M V
デンマーク最北のユースホステル。鉄道駅からは徒歩約20分。

スケーエンのレストラン

Bodilles Kro
ボディレス・クロ

■ MAP P.147
🏠 Østre Strandvej 11
☎ 98-443300　FAX 98-443730
URL www.bodilleskro.dk
営 4/15〜9/30　毎日12:00〜22:00
　10/1〜4/14
　　月〜木、日17:00〜21:00　金・土12:00〜22:00
休 無休
予 180DKK〜
CC A D J M V

こぢんまりした雰囲気のデンマーク料理のレストラン。ビーフステーキ145DKK〜やパスタ165DKK〜など、メニューも豊富。

Pakhuset
パクフセット

■ MAP P.147
🏠 Rødspættevej 6
☎ 98-442000
FAX 98-442500
URL www.pakhuset-skagen.dk
営 月〜土11:00〜22:00　日11:00〜16:00
休 無休
予 200DKK〜
CC A M V

海沿いに建つ小さなカフェ＆レストラン。フィッシュスープ120DKKやロブスターのリゾット220DKKなど魚料理が評判。

スケーエンのショッピング

Skagen Glasværksted
スケーエン・グラスヴェークスト

■ MAP P.147
🏠 Sct. Laurentii Vej 95　☎ 98-446050
営 5・6・8・9月
　　月〜土10:00〜17:00
　7月
　　月〜土10:00〜17:00　日12:00〜15:00
　10〜4月
　　月〜金10:00〜17:00　土10:00〜14:00

休 8〜6月の日
CC J M V

ガラス職人のイエッペさんが経営する工房兼ショップ。一つひとつ手作りされた繊細な色合いのガラス製品が並ぶ。ガラスの色は15色ほどある。オーダーメイドも可。

🛁 バスタブ　🛁 バスタブ一部のみ　📺 テレビ　📺 テレビ一部のみ　ドライヤー　ドライヤー貸出
🍸 ミニバー　ミニバー一部のみ　ハンディキャップルーム

ボーンホルム島

MAP P.46-B1
人口：4万1802
市外局番：なし
ボーンホルム島情報のサイト
URL www.bornholm.info

ボーンホルム島への行き方

🚌 コペンハーゲンからスウェーデンのイスタYstadまでインターシティで所要約1時間20分。1日2～4便運行。イスタから高速フェリーに乗り換えてロンネまで行く。

デンマーク語の読み方

　ここではRønneを便宜的に「ロンネ」としたが、おそらくこの発音では通じない。デンマーク語を日本語で表記するのは難しいことが多いのだが、特にRønneはお手上げ。実際にどう発音するのかは、どうか現地で確かめてください。日本語で書くどころか、まず発音を真似するだけでも大変。

映画の舞台

　1988年カンヌ映画祭グランプリ、1989年アカデミー賞最優秀外国語映画賞を受賞したデンマークとスウェーデン合作の映画『ペレ』は、この島を舞台にしている。

　スカンジナビア半島の南、バルト海に浮かぶ美しい孤島がボーンホルム島。デンマーク人だけでなくドイツ人やスウェーデン人が、のんびりと休暇を過ごすためにやって来る。しかしほんのしばらく前までは東欧諸国に対する西欧の重要な軍事拠点であり、またかつてはスウェーデンとデンマークの間に戦争が起こるたびに帰属国が変わるという苦難の過去があった。そんな歴史を物語るかのように、島内には巨大な城の廃墟や、いざというとき要塞としても使えるよう本体部分が円筒型に造られた教会が何ヵ所もある。

　島の特産品に、ニシンの薫製がある。何百年にも渡って、島の漁師たちがバルト海で取ったニシンを保存するために薫製にしてきたが、現在ではデンマーク本土でも人気があり、ボーンホルム産はよそのものよりも高い値段がつく。島内には薫製工場もたくさんあるので、工場見学もおもしろい。

ハマースフスの城跡

ボーンホルム島の歩き方

ボーンホルム島の中心は、ロンネRønne。スウェーデンのイスタYstadからのフェリーはロンネの港に到着する。港のすぐ近くに観光案内所がある。

ボーンホルム島内の公共交通機関はバスのみ。乗車の際運転手に行き先を告げれば料金を教えてくれる。

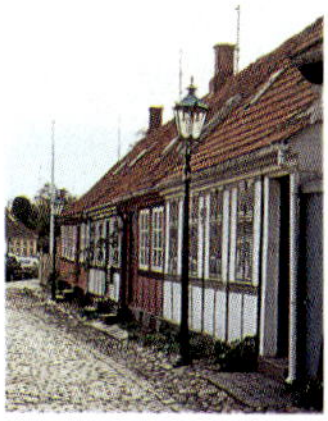
風情あるロンネの町並み

ボーンホルム島の観光案内所ⓘ
[住]Nordre Kystvej 3
☎56-959500
[FAX]56-959568
[URL]www.bornholm.info
[開]4・5月、9/1～10/16
　月～金　9:00～16:00
　土　　　9:00～12:00
6/1～25
　月～金　9:00～16:00
　土　　　9:00～14:00
6/26～8/15
　毎日　　9:00～17:30
8/16～31
　月～土　9:00～16:00
10/17～3/31
　月～金　9:00～16:00
[休]8/16～6/25の日、10/17～3/31の土

市バス
☎56-952121
[URL]www.bat.dk
料金はゾーン制。何度も利用するのなら1日券が便利。
[料]1ゾーンにつき12DKK
1日券150DKK

おもな見どころ

ハマースフスの城跡　Hammershus Slotsruin

MAP P.150

北欧最大の中世の城跡。海を望む断崖絶壁に荒れ果てた廃墟がたたずんでいる様子は不思議に美しい。バスの終点から歩いて行くと、小さな谷の向こうに廃墟となった城跡が建っているのが見える。幾多の戦役の爪痕を見る思いがする。途中には小さな博物館とカフェがある。

ハマースフスの城跡
行き方➡➡➡
ロンネから1番か2番のバスで所要約1時間、終点Hammershus下車。夏期以外は手前のSandvigまでの運行。Sandvigからは徒歩約25分。

エスターラース円型教会　Østerlars Rundkirke

MAP P.150

海賊などから島民を守るために、また戦争の際は軍事的な拠点となるように、窓がそのまま砲台や銃眼として使えるように設計された円型の教会Rundkirkeが島内にいくつか残っている。特に有名なのが島の中心から少し北にあるエスターラース円型教会だ。特殊な形状とはいえ黒い屋根に真っ白い壁が明るい日差しにまぶしく、とても教会とは思えない不思議な雰囲気をもっている。遠くからでもよく目立ち、非常に印象的だ。

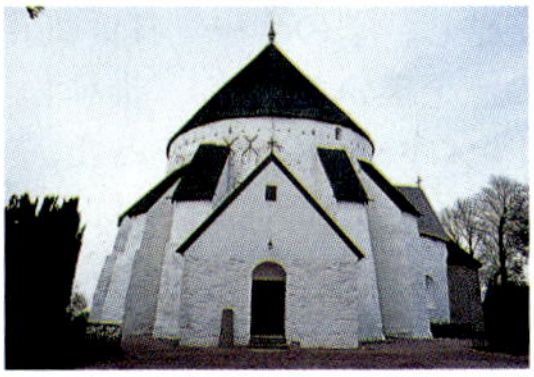
ロケットのような独特の形をした教会

エスターラース円型教会
[URL]www.oesterlarskirke.dk
[開]4月上旬～10月中旬
　月～土　9:00～17:00
10月中旬～4月上旬
　月・水～土
　　　　8:30～16:00
[休]日、10月中旬～4月上旬の火
[料]10DKK
(10月中旬～4月上旬は無料)
行き方➡➡➡
ロンネから3番か4番のバス（Gudhjem Havn行き）でØsterlars Rundkirke下車。所要約30分。

ボーンホルム島のホテル

Hotel Griffen　グリフェン

MAP P.150外

[住]Ndr.Kystvej 34　☎56-904244　[FAX]56-904245
[URL]www.bornholmhotels.dk
[料]Ⓢ925DKK～Ⓓ1075DKK～　[CC]A D J M V
海に面した斜面に建つホテル。海側の部屋にはバルコニーが付き、美しい夕焼けが眺められる。

Sverres Hotel　スヴェレス

MAP P.150

[住]Snellemark 2
☎56 950303
[URL]www.sverres-hotel.dk
[料]Ⓢ450DKKⒹ580～630DKK　[CC]M V
港の近くにある、夏場は常に満室になるという人気のホテル。設備は最小限だが、部屋は清潔。

Danhostel Rønne Vandrerhjem　ダンホステル・ロンネ・ヴァンドレイエム

MAP P.150

[住]Arsenalvej 12
☎56-951340
[URL]www.danhostel-roenne.dk
[料]ドミトリー150DKK　Ⓢ300DKK～Ⓓ420DKK～
シーツ50DKK　朝食50DKK　[CC]J M V
ロンネ港の南、教会の隣の森の中にあるユースホステル。

バスタブ　バスタブ一部のみ　テレビ　テレビ一部のみ　ドライヤー　ドライヤー貸出
ミニバー　ミニバー一部のみ　ハンディキャップルーム

デンマークの歴史

ヴァイキングの時代

　紀元前3000年頃に新石器時代が始まったとされるデンマークだが、紀元後800年頃のヴァイキング時代をもって古代史が始まる。

　最初の王たちは、自らが支配する地域の最南部に土塁を構築して、ユトランド半島南部の交易地ヘゼビューの防衛と領土の防衛に力を注ぎ、811年、フランク王国との間に、アイザー川を国境とする条約を結んだ。この動きの延長線上に、王たちに率いられたヴァイキングの活動が存在した。『フランク王国年代記』によると、808年、デンマーク人の王ゴトフレドがオボトリト人（ポーランド系）の交易地レリクをヴァイキングを使って破壊し、その商人をヘゼビューに移住さ

せたとある。やがて、イェリングの地に興ったゴーム老王（940年頃没）に始まる王家は、970年頃、ハラール青歯王（在位935年頃～985年頃）治世下でデンマークをキリスト教化し、その子スベン1世がイングランドを征服しイングランド王を兼ねた（1014年）。その次男クヌート（クヌート大王）が1016年にイングランド王に就き、1018年、兄ハラール2世の死後デンマーク王を兼ね、さらにノルウェー王に推戴され（1028年）、3王国の王となった（これは「北海帝国」と呼ばれる）。

オールボーに残るヴァイキングの墓地

カルマル連合と宗教革命

　その後王位をめぐる内乱の時代を経て、バルデマー4世（在位1340～75年）が国内の混乱を平定すると政情は安定期に入った。その娘マーグレーテはノルウェー王ホーコン6世と結婚し、子のオーラヴはバルデマー4世の跡を継いで王位に就き（1375年）、1380年父ホーコン6世の死後ノルウェー王を兼ねた。1387年にオーラヴが死に、マーグレーテはデンマークとノルウェーの両国の国務院から「最高権威者」に推挙されて事実上の女王となり（1387～97年）、1389年、スウェーデン貴族の要請でスウェーデン王アルブレヒトを追放し、3王国を合一した。1397年彼女の姉の娘の子ポメラニアのエリックをカルマルに集まった貴族たちに3王国の共通王と認めさせ、ここに「カルマル連合」が成立した。カルマル連合はデンマークの優位を前提としており、以後スウェーデンは1448年から幾度かの分離を繰り返して最終的に1523年のグス

タフ1世の即位まで、ノルウェーは1814年まで、いずれもデンマークの支配下に置かれることになる。

　1448年オルデンブルクのクリスチャン1世（在位1448～81年）を国務院が王に推挙し、彼はオレンボー王朝の開祖となった。次王ハンス（在位1481～1513年）は、1479年にコペンハーゲン大学を設立した。フレデリク1世（在位1523～33年）は、修道士ハンス・タウセンのもたらしたルター主義を保護し、ここにデンマークの「宗教改革」が始まった。フレデリク1世の死後、その子のクリスチャン3世（在位1534～59年）は貴族会により王位継承を1年間拒絶されたが、ユトランドの貴族らが彼を支持し承認した。これに抗し、首都やマルメの市民がカトリックの前王クリスチャン2世を擁立して争ったが敗れ（伯爵戦争）、1536年首都が陥落して内乱は終わり、貴族会でルター教会が承認されることとなった（1537年）。

絶対王政の時代

次のクリスチャン4世（在位1588～1648年）の治世は、重商主義政策とルネッサンスの華やかな時代であった一方、カルマル戦争や三十年戦争参戦という国難の時代でもあった。続くフレデリク3世（在位1648～70年）の治下、1658年「ロスキレの和議」によりスコーネを失うが、翌年のスウェーデン軍の首都攻撃を王は市民とともに防衛し、これを機に国務院を廃し王権の世襲制を確立、絶対王政が開始された（1661年）。1665年「王法」が成立し、王位継承法等が規定された。18世紀は聖書を中心として体験と実践を強調した「敬虔主義」がデンマークを風靡し、1736年「堅信礼」が導入された。またペストの流行と穀物価格下落のため農村人口が減少し、農民を農地に縛り付ける法律が施行され、農民は移動を禁止された。18世紀後半、デンマークは重商主義を基調に、イギリス、フランス間の抗争に中立政策で臨み利益をあげた。フレデリク6世（在位1808～39年）は、1784年から病弱な父クリスチャン7世（在位1766～1808年）の摂政となり農民解放、自作農化、農地改革を遂行したが、ナポレオン戦争では首都がイギリス艦の砲撃を受け（1801、07年）、不本意ながらフランスの同盟国として敗戦を迎えた。戦勝国との間に1814年「キール条約」を結び、ノルウェーをスウェーデンに割譲し、ノルウェーとの同君連合に終止符を打った。1834年、4つの地方議会が開設されるが、南からドイツ化が進行しつつあった公爵領スリースウィ（ドイツ語でシュレスウィヒ）では、議場を中心にデンマーク語、ドイツ語使用をめぐる闘争が展開され、民族抗争が激化した。

独立後の時代

1848年、コペンハーゲンに無血革命が起き絶対王政が崩壊すると、キールでもドイツ志向のシュレスウィ・ホルシュタイン主義者が臨時政府樹立を宣言し、ドイツ連邦の援助を仰いだため、デンマークとプロイセンが出兵し戦争へと突入した（スリースウィ戦争）。デンマークの意図は、自由主義憲法のもと民族地域スリースウィ公爵領と王領とを合併することであり、ドイツのそれは、スリースウィとホルシュタインとを合併させ、ドイツの1州とすることであった。2度の戦争を経て、デンマークは敗北し（1864年）、スリースウィを失って史上最小の版図となった。

1863年に自由憲法を制定したフレデリク7世が没すとそれまでのオレンボー家は断絶し、クリスチャン9世（在位1863～1906年）が即位しグリュクスボー朝が始まった。スリースウィ戦争後、デンマークは共同組合活動などを通じ穀物生産農業から酪農への転換に成功し、さらに、産業革命による首都の都市化により近代国家への道を歩みだす。都市化にともない労働者階級が政治勢力となり、1872年「社会民主党」が成立、左翼党が下院の過半数を占めていたことを背景に、1901年体制に変化が生じ、左翼党内閣が成立した。その間、社会立法による福祉国家への基礎が築かれ、「国防ニヒリズム」ともいわれる平和主義が内外政を規定していくこととなった。

1915年の憲法制定により、上・下院の差別撤廃、女性参政権、比例代表制が制定された。第1次世界大戦でのドイツ敗北後、1920年に北部スリースウィが住民投票によりデンマークに復帰し、現在の国家の形が成立した。第2次世界大戦中、ドイツに占領されたが国境線は維持された。戦後の1949年NATO（北大西洋条約機構）に加盟し、1953年の憲法改正により、上院の廃止、女性王位継承権を認め、これにより1972年に女王マーグレーテ2世が誕生した。

デンマーク語を話そう

会話集と役に立つ単語集

■ 役に立つ単語その1

日本語	デンマーク語	カナ
入口	indgang	インガング
出口	udgang	ウーガング
右	højre	ホイア
左	venstre	ヴェンスタ
前	foran	フォーアン
後ろ	bagved	ベーヴェウ
寒い	koldt	コルト
たくさん	mange／meget	マンゲ／マーイエ
少し	lidt	リット
よい	god	ゴー
(値段が)高い	dyr／billig	デュア／ビリッ
大きい	stor	ストア
小さい	lille	リル
トイレ	toilet	トアレット
空き	fri	フリ
使用中	optaget	オップテーエ
男性	mand／Herrer	マン／ヘアー
女性	kvinde／Damer	クヴィネ／デーメ
大人	voksen	ヴォクスン
子供	barn	バーン
学生	studerende	ストゥデントーネ
危険	fare	ファー
注意	advarsel	アズヴァーセル
警察	politi	ポリティ
病院	hospital	ホスピテール
開館	Åbent	オープント
閉館	Lukket	ルケット
押す	Tryk	トルック
引く	Træk	トレック
領収書	kvittering	クヴィテーリング
空港	lufthavn	ルフトハウン
バスターミナル	busstation	ブススタション
港	havn	ハウン
地下鉄	undergrundsbane	オナーグトンスベーネ
列車	tog	トイー
船	skib	スキーブ
切符	billet	ビレット
切符売り場	billetvindue	ビレットビヴィンドゥー
プラットホーム	perron	ペロン
どこから	fra	フラ
どこへ	til	ティル
出発	afgang	アウガング
到着	ankomst	アンコムスト

日本語	デンマーク語	カナ
片道	enkelt	エンケルト
往復	retur	レトゥーア
1等	første klasse	ファースト　クラセ
2等	anden klasse	アンネン　クラセ
時刻表	køreplan	クアプラン
禁煙	Rygning Forbudt／ikke ryger	ルイニング　フォーブット／イケ　ロイア
国内線	indlands ruter	インランス ルーター
国際線	internationale ruter	インターナショネール　ルーター
ホテル	hotel	ホテル
ユースホステル	vandrehjem	ヴァンドレイエム
プライベートルーム	privatværelse	プリヴァトヴァーサ
キャンプ場	lejrplads	ライヤプラッズ
ツーリストインフォメーション	Turistinformationskontor	トゥリストインフォメションコントア
美術館、博物館	Museum	ムセーアム
教会	Kirke	キアケ
修道院	Kloster	クロスタル

■ 役に立つ単語その2

（月）

日本語	デンマーク語	カナ
1月	januar	ヤニュア
2月	februar	フェブアー
3月	marts	マーツ
4月	april	アプリル
5月	maj	マイ
6月	juni	ユーニ
7月	juli	ユーリ
8月	august	アウゴスト
9月	september	セプテンバー
10月	oktober	オクトーバー
11月	november	ノベンバー
12月	december	ディセンバー

（曜日）

日本語	デンマーク語	カナ
月	mandag	モンダ
火	tirsdag	ティアズダ
水	onsdag	オンズダ
木	torsdag	トーズダ
金	fredag	フレーダ
土	lørdag	ローダ
日	søndag	ソンダ

（時間）

今日	idag	イデ
昨日	igår	イゴー
明日	imorgen	イモーン
朝	morgen	モーン
昼	middag	ミッダ
夜	aften	アフタン
午前	formiddag	フォーミデ
午後	eftermiddag	エフタミデ

（数）

0	nul	ノル
1	en	イン
2	to	トゥ
3	tre	トゥレ
4	fire	フィーヤ
5	fem	フェム
6	seks	セクス
7	syv	シュ
8	otte	オーテ
9	ni	ニ
10	ti	ティ

■ 役に立つ単語その3 ■

パン	brød	ブロ
ハム	skinke	スキンケ
チーズ	ost	オスト
卵	æg	エグ
バター	smør	フスメア
ニシン	sild	シル
イワシ	sardin	サーディン
ロブスター	hummer	ハンマー
アンチョビー	ansjos	アンショス
ヒラメ	fladfisk	フラッドフィスク
トナカイ肉	rensdyrkød	ラインスデュアケ
シカ肉	vildt	ヴィルト
ブタ肉	svinekød	スヴィネクドゥ
ビーフステーキ	bøf	ブッフ
ラムステーキ	lammebøf	ラメブッフ
フルーツ	frugt	フルクト
オレンジ	appelsin	アブルシン
リンゴ	æbel	エーブル
飲み物	drik	ドリック
コーヒー	kaffe	カッフェ
紅茶	te	テ
牛乳	mælk	メルク
ビール	øl	ウル
生ビール	fadtøl	ファウル
白ワイン	hvidvin	ヴィトヴィン
赤ワイン	rødvin	ロドヴィン

■ 役に立つ会話 ■

（あいさつ）

やあ／ハイ	Hej.	ハイ！
こんにちは	God dag.	グッディ
おはよう	God morgen.	グッド　モーン
こんばんは	God aften.	グッド　アフトン
おやすみなさい	God nat.	グッド　ネット
さようなら	Hej hej.	ハイハイ
	Farvel.	ファーヴェル

（返事）

はい	Ja.	ヤ
いいえ	Nej.	ナイ
ありがとう	Tak.	タック
すみません	Undskyld.	オンスクル
ごめんなさい	Undskyld.	オンスクル
どういたしまして	Selv tak	セル タック
わかりました	Javel.	ヤヴェル
わかりません		
Jeg forstår ikke.		ヤイ　ファーストア　イケ

（たずね事など）

～はどこですか？
Hvor ligger～？
ヴォ　リガー～？
いくらですか？
Hvad koster det?
ヴァ　ウスタ　デ？
いつですか？
Hvornår?　ヴォーノー？
何個ですか？
Hvor mange?
ヴァ　マンゲ？
どれぐらいかかりますか？
Hvor lang tid tager det?
ヴォア　ラング　ティド　タ　デ？
お名前は何ですか？
Hvad hedder du?
ヴァ　ヘダ　ドゥ？
私の名前は～です
Jeg hedder～.
ヤイ　ヘダ～
ここの言葉で何といいますか？
Hvad hedder det på dansk?
ヴァ　ヘダ　デ　ポ　ダンスク？
～が欲しい
Jeg vil gerne have～.
ヤイ　ヴィル　ゲーネ　ヘー
～へ行きたい
Jeg vil gerne til～.
ヤイ　ヴィル　ゲーネ　ティル

読者のお便り
〜デンマーク編〜

▶コペンハーゲン中央駅付近の治安

比較的治安がいいといわれているデンマークですが、コペンハーゲン中央駅や駅の西側に広がるホテル街付近は、そのなかではあまり治安がいいほうではないようです。駅は24時間稼働しているので、一般の人の利用も多いのですが、夜になると酔っぱらいやガラの悪い人もいたりして、ホテルへの帰り道は緊張しました。

（茨城県　AKさん　'09）【'11】

▶カレン・ブリクセン博物館

コペンハーゲンから北へ25kmほどの所に、小説家、カレン・ブリクセンKaren Blixenの博物館があります。カレン・ブリクセンは、日本でも全集が出版されているほか、映画『バベットの晩餐』や『愛と哀しみの果て』の原作者としても知られるデンマークを代表する小説家。彼女の生家を博物館として公開した建物には、彼女の生涯と作品が展示され、小説家の息づかいを間近に感じることができます。周囲に広がる広大な自然を散策したり、併設のカフェでひと休みしたり……。ゆっくり時間をとって訪れるのがおすすめです。

（東京都　和田正人　'10）

```
DATA
■カレン・ブリクセン博物館
住Rungsted Strandvej 111
☎45-571057
URLwww.karen-blixen.dk
開5〜9月　　火〜日10:00〜17:00
　10〜4月　　水〜金13:00〜16:00
　　　　　　　土・日11:00〜16:00
休月、10〜4月の火　料60DKK
```

▶スリにご注意を！

コペンハーゲンのメインストリート、ストロイエには、海外からのスリが出張してくるといわれるほどスリが多いです。とにかく人が多く、買い物に気をとられてばかりいると危険なのでバックを前に持ってくるなど自己管理を徹底してください。

（富山県　takka　'10）

▶ヤコブセンのビーチリゾート

エストーC線の終点クランペンボー駅のそばには、アーネ・ヤコブセンがデザインを手掛けた青と白の監視塔が建つビーチがあります。ビーチの正面にはベルビュー・シアターがあり、こちらもヤコブセンのデザイン。シアターには彼が内装を手掛けたレストラン「Restaurant Jacobsen」があり、セブンチェアなどインテリアもすべてヤコブセンのデザインで統一されています。また、シアターのそばにある集合住宅ベラヴィスタやスーホルムも彼のデザインで、スーホルムにはヤコブセンも住んでいたそうです。ヤコブセンファンならずとも、デュアハウスバッケンや鹿公園を訪れる際は、ぜひ一緒に行っておきたい場所です。

（東京都　ひな　'10）

```
DATA
■Restaurant Jacobsen
住Strandvejen 449, Klampenborg
☎39-634322
URLwww.restaurantjacobsen.dk
営火〜土12:00〜15:00/17:30〜22:00
　日10:30〜16:00
休月　CCM V
```

▶水上バスを利用しよう！

コペンハーゲンの市バス901〜903番は、運河を進む水上バスとなっています。南は王立図書館（ブラック・ダイヤモンド）からニューハウン、オペラハウスなどを経由して、カステレットそばが北の終着点となっています。運河を巡るツアーも楽しいですが、こちらならほぼ同じコースを格安料金で行けるので、おすすめです。

（大阪府　ひじき　'10）

Norway
ノルウェー

ステーガスタイン展望台から望むソグネフィヨルド

イントロダクション
Introduction

**フィヨルドの美しい景観と
夏の白夜が人々を魅了する**

　東はスウェーデン、フィンランド、ロシアと国境を接し、西は大西洋に面している。人口の大半は、首都オスロがある南部に集中。西部には、氷河により作られたダイナミックなフィヨルド（峡湾）の景観や、ヨーロッパ最北の岬・ノールカップで見るミッドナイトサン（真夜中の太陽）を目当てに、毎年多くの観光客が訪れる。また、国土の北半分は北極圏に位置し、冬にはオーロラ鑑賞も可能だ。食事なら新鮮なシーフードを堪能したい。

❶ガイランゲルフィヨルドの雄大な景色
❷首都とは思えないゆったりとした時間が流れるオスロ（王宮公園）　❸北部のカラショークには先住民族のサーメが暮らしている　❹ベルゲンのブリッゲンは世界遺産に登録されているかわいらしい地区　❺ヨーロッパ最北の岬・ノールカップのモニュメント　❻沿岸の町をクルーズで巡るのもおすすめ（フッティルーテン）　❼フィヨルド観光の拠点でもある港町、オーレスン

159

ノルウェー

0　　　200km

A　　　　　　　**B**

P.275 ノールカップ Nordkapp
メーハムン Mehamn
ホニングスヴォーグ Honningsvåg
P.278
ヴァルドー Vardø
ヴァドソー Vadsø
マーゲイ島 Magerøya
ハンメルフェスト Hammerfest
ラクセルヴ Lakselv
ウツヨキ Utsjoki
P.284 ヒルケネス Kirkenes
P.280 アルタ Alta
P.282 カラショーク Karasjok
カウトケイノ Kautokeino
イナリ湖 Inarijärvi
エノンテキオ Enontekiö
イナリ Inari
イヴァロ Ivalo
ラップランド地方

P.270 トロムソ Tromsø
アンデネス Andenes
ハシュタ Harstad
ナルヴィーク Narvik P.263
エヴェネス Evenes
アビスコ Abisko
ユッカスヤルヴィ Jukkasjärvi
キッティラ Kittilä
ソダンキュラ Sodankylä
スヴォルヴァー Solvær P.266
P.265 ロフォーテン諸島 Lofoten
キールナ Kiruna
ケミヤルヴィ Kemijärvi
P.261 ボードー Bodo
イェリヴァーレ Gällivare
ロヴァニエミ Rovaniemi
ノルウェー海 Norwegian Sea
ファウスケ Fauske
モイ・ラーナ Mo i Rana
ヨックモック Jokkmokk
ボーデン Boden
トルニオ Tornio
ラヌア Ranua
サンドネショエン Sandnessjøen
アルヴィジョー Arvidsjaur
ハパランダ Haparanda
ケミ Kemi
モショエン Mosjøen
ルレオー Luleå
オウル Oulu
ブレンネイスン Brønnøysund
シェルレフテオ Skellefteå
レルヴィーク Rørvik
ストルーマン Storuman
リュクセレ Lycksele
コッコラ Kokkola
ナムソス Namsos
グロング Grong
スウェーデン SWEDEN
ドロテア Dorotea
ウメオー Umeå
フィンランド FINLAND
P.258 トロンハイム Trondheim
ヘル Hell
ストーリエン Storlien
エステルスン Östersund
ソレフテオ Sollefteå
エージェルシェルドスビーク Örnsköldsvik
ヴァーサ Vaasa
セイナヨキ Seinäjoki
クリスチャンスン Kristiansund
モルデ Molde
オプダール Oppdal
ベーネサンド Härnösand
ユヴァスキュラ Jyväskylä
P.255 オーレスン Ålesund
オンダルネス Andalsnes
ドンボス Dombås
オッタ Otta
オンゲ Ånge
スベイ Sveg
ダーラナ地方
ヴィラト Virrat
アウランコ Aulanko
ラハティ Lahti
マーロイ Måløy
カイランゲル Geiranger P.248
P.246 ヴォス Voss
ソグンダール Sogndal
フロム Flåm
ファーゲネス Fagernes
リレハンメル Lillehammer P.198
ムーラ Mora
レットヴィーク Rättvik
ユヴァスキュラ Jyväskylä
タンペレ Tampere
ボリェンゲ Bollnäs
ボスニア湾 Gulf of Bothnia
ポリ Pori
ナーンタリ Naantali
トゥルク Turku
ミュルダール Myrdal
ハマル Hamar P.198
ヴァルマ
レクサンド Leksand
テルベリー Tällberg
イェブレ Gävle
オーランド島 Åland
ベルゲン Bergen P.218
コングスヴィンゲル Kongsvinger
ファーレンフォス
アイツヴォル Eidvoll
ボルレンゲ Borlänge
ファルン Falun
ヘルシンキ Helsinki
レイルヴィク Leirvik
ヘネフォス Hønefoss
ドランメン Drammen
シャルロッテンベルグ Charlottenberg
ウプサラ Uppsala
マリエハムン Mariehamn
ハウゲスン Haugesund
オスロ Oslo P.169
ノルタリエ Norrtälje
カペルショール Kapellskär
タリン Tallinn
スタヴァンゲル Stavanger P.252
ラルヴィク Larvik
カルスタード Karlstad
エレブロ Örebro
ヴェステロース Västerås
シグトゥーナ Sigtuna
ストックホルム Stockholm
エストニア ESTONIA
アーレンダール Arendal
ヴェーネルン湖 Vänern
メーラレン湖 Mälaren
セーデルテリエ Södertälje
ニューナスハムン Nynäshamn
クリスチャンサン Kristiansand P.250
ミョルビー Mjölby
ノルショーピン Norrköping
リンショーピン Linköping
ヴィスビュ Visby
スコーネ地方
ヨンショーピン Jönköping
ネッショー Nässjö
クリネテハムン Klintehamn
ゴットランド島 Gotland
リガ Riga
ラトビア LATVIA
フレデリクスハウン Frederikshavn
ニーベ Nibe
ヨーテボリ Göteborg
ヴァルベリ Varberg
アルヴェスタ Alvesta
オスカルスハムン Oskarshamn
バルチック海 Balitc Sea
デンマーク DENMARK
ユトランド半島 Jutland
ティステズ Thisted
ヴィボー Viborg
ラナス Randers
オーフス Århus
スケーエン Skagen
オールボー Aalborg
オーラス
ハルムスタッド Halmstad
ヴェクショー Växjö
カルマル Kalmar
エーランド島 Öland
カールスクルーナ Karlskrona
ストルアー Struer
シルケボー Silkeborg
エーベルトフト Ebeltoft

ジェネラル インフォメーション

ノルウェー　Norway

国旗
赤地に白い縁取りの紺十字
「スカンジナビアン・クロス」

正式国名
ノルウェー王国　Kongeriket Norge
（英語名Kingdom of Norway）

国歌
「われらこの国を愛す
（Ja, Vi Elsker Dette Landet）」

面積
38万5199km^2

人口
約492万人（2011年1月時点）

首都
オスロ　Oslo

元首
ハーラル5世国王
Harald V（1991年1月即位）

政体
立憲君主国

民族構成
　ノルウェー人。北部のラップランド（フィンマルクFinnmark）地方には、サーメの人々が住んでいる。

宗教
プロテスタント（福音ルーテル派）

言語
ノルウェー語。また多くの国民が英語を話す。

通貨と為替レート
　通貨は、クローネ Krone（単数）。略号はNOK。また、補助通貨としてオーレØreがある。1NOK=100Øre。紙幣は50、100、200、500、

1と5NOKは穴あき

1000NOKの5種類、コインは50Øre、1、5、10、20NOKの5種類。
　2011年5月現在　1NOK=15.43円
■ 旅の予算と両替（→P.558）

高額の紙幣はあまり
出回っていない

チップ
　料金にサービス料が含まれている場合がほとんどのため、チップの習慣はない。ホテルなどで大きな荷物を持ってもらうなど、特別な用事を頼んだときにでも、お礼として渡す程度でいいだろう。レストランでも、料金にサービス料が含まれていないときのみ、7～10%程度のチップを渡す。ただし、タクシーの場合は大きな荷物を持ってもらうときはもちろん、通常の乗車の場合も料金の端数分を渡すのが普通。

祝祭日

	2011年	2012年
新年	1月1日	1月1日
しゅろの主日 *	4月17日	4月1日
洗足木曜日 *	4月21日	4月5日
聖金曜日 *	4月22日	4月6日
イースター *	4月24日	4月8日
イースターマンデー *	4月25日	4月9日
メーデー	5月1日	5月1日
憲法記念日	5月17日	5月17日
昇天祭 *	6月2日	5月17日
聖霊降臨祭 *	6月12日	5月27日
ウイットマンデー *	6月13日	5月28日
クリスマス	12月25日	12月25日
ボクシングデー	12月26日	12月26日
大晦日	12月31日	12月31日

＊印は移動祝祭日

ビジネスアワー

銀行

🕐 月～水・金 8:15～15:30
　　 木 　　　 8:15～17:30
🈺 土・日

一般の商店

🕐 月～水・金
　　　10:00～17:00（夏期は～16:00）
　　 木 10:00～19:00
　　 土 10:00～15:00
🈺 日

日曜はほとんどの商店や銀行が休みとなるので、注意。
※オスロでは営業時間が自由に決められるため、商店によってまちまち。

電圧とプラグ

230V、50Hz。日本から電気製品を持っていくには変圧器が必要となる。プラグは丸2ピンのB、Cタイプ。

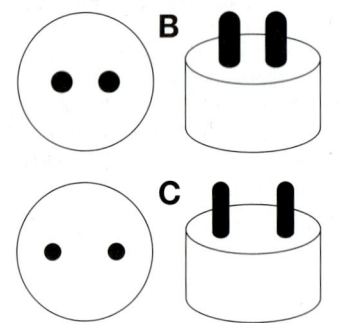

ビデオ・DVD方式

日本のNTSC方式ではなく、PAL方式となるので、現地で購入したビデオソフトは一般的な日本の国内用ビデオデッキでは再生できない。DVDの場合はリージョンコードが同じなので、PAL方式をNTSC方式に変換出力できるプレーヤーなら見ることができる。

日本からのフライト時間

2011年4月現在、日本からの直行便はない。ただし夏期の一部指定日に限り、スカンジナビア航空（SK）がベルゲンまでの直行便を運航。コペンハーゲンやヘルシンキ、ロンドン、パリ、フランクフルト、アムステルダムなどのヨーロッパ諸国の各都市空港を経由することになる。所要時間はおよそ13時間30分～16時間。
■ 北欧への行き方（→P.536）

気候と風土

ノルウェーは世界地図のはるか北部に位置し、本土の北半分が北極圏。本土北方のスヴァルバール諸島およびビョルン島、西方のヤン・マイエン島を領有し、南半球では南極海のペーター1世島、ブーベ島がノルウェーの属領。東はロシア、フィンランド、スウェーデンと国境を接し、西は大西洋に面している。沿岸は北端のノールカップ岬から南端のリンデスネスまで直線距離で1750km。その海岸線はフィヨルドを入れて計測すると2万kmを超える。海岸地帯から内陸に入ると、天候の厳しい山脈地帯。北極圏では針葉樹が茂り美しい風景が広がる。

沿岸を流れるメキシコ湾流の影響で、緯度のわりには穏やかな気候。四季も比較的はっきりと分かれている。

北極圏はラップランドと呼ばれ、夏には太陽の沈まない白夜になり、また冬には太陽がまったく昇らない時期も生ずる。
■ 旅のシーズンと気候（→P.532）
■ 旅の持ち物（→P.560）

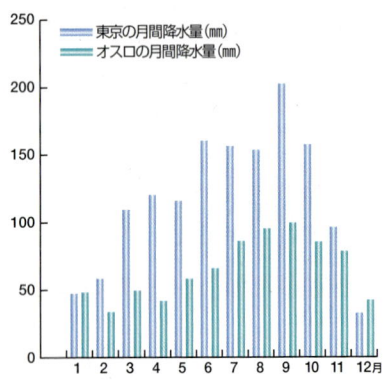

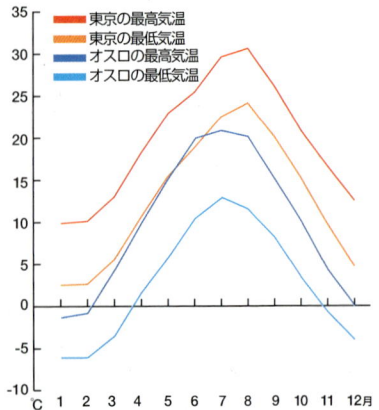

時差とサマータイム

中央ヨーロッパ時間（CET）を採用しており、時差は8時間。日本時間から数えると、マイナス8時間となる。サマータイムは、3月最終日曜から10月の最終日曜まで。1時間早い時間となり時差は7時間になるので、飛行機や列車など乗り遅れに注意しよう。

郵便

郵便局は「POST」の表示が目印。投函の際にはAir Mailと明記するか「A-Prioritaire, Par Avion」と印刷されたブルーのシールを貼ること。日

町のいたる所にあるポスト

本まで送る場合、ハガキ1枚および20gまでの封書は、14NOK。ポストは赤と黄色の2種類あり、黄色はノルウェー国内専用。日本へ送る場合は、赤いポストに投函する。

一般的な郵便局の営業時間

🕐月～金　9:00～18:00
　　土　　10:00～15:00
（大都市の場合はもう少し長い場合もある）
🚫日

税金

ノルウェーでは、ほとんどの商品に14%または25%の付加価値税（VAT）が課せられているが、ノルウェー以外の国に居住している旅行者が、「TAX FREE」と表示のある店で1日1店舗につき315NOK（14%の場合は285NOK）以上の買い物をした場合、商品にかけられている付加価値税の最大19%が払い戻しになる。

買い物の際

「TAX FREE」の表示のある店で315NOK（食料品は285NOK）以上の買い物をしたら、旅行者である旨を申し出て、免税書類（リファンドチェック）を作成してもらう。作成の際、原則として身分の確認とパスポート番号が必要となるので、パスポートを携帯しておくとよい。また、免税扱いで購入した商品は、ノルウェー出国まで開封してはいけない。

出国の際

ノルウェー出国時に払い戻しを受けるための手続きを行う。手続きは以下のとおり。
①オスロのガーデモエン国際空港で、払い戻し

をしたい商品が手荷物の場合、出国審査を出た所の34番ゲート近くにあるグローバルブルー・カウンターで未使用の購入商品とパスポート、買い物の際に作成してもらった免税書類をカウンターに提示し、スタンプを押してもらう。

商品が機内預けの場合は、チェックイン前に、出発ホールにあるガーデモエン国際空港サービスセンターGardermoen Service Centerへ行き、未使用の購入商品、航空券、買い物の際に作った免税書類にスタンプを押してもらう。免税書類には自分の住所、氏名などを記入し、商品購入時のレシートを添付しておくこと。スタンプの受領期限は商品購入日より1ヵ月以内。
②日本へ帰国後、成田国際空港と関西国際空港にあるグローバルブルー・カウンターで払い戻しを現金で受け取ることができる。ただし、日本で手続きが行えるのは、グローバルブルーの「TAX FREE」の加盟店のみ。ガーデモエン国際空港で払い戻しを受ける場合、現金はNOK、USドル、ユーロなど。クレジットカードへの手続き、銀行小切手で自宅に郵送も可。リファンドチェックの申請期限は商品購入日より4ヵ月以内。

注意！

購入日から1ヵ月以内に払い戻しを受ける場合は、払い戻しカウンターで購入商品を提示するだけで、税関のスタンプなしで払い戻しを受け取ることができる。

グローバルブルー・カウンター

成田国際空港
🏢第1ターミナル（中央1階）
　　　毎日7:00～21:00
　　第2ターミナル（本館1階）
　　　毎日7:00～21:00
関西国際空港
🏢空港駅ビル3階
　　毎日8:30～18:30（元旦を除く）
グローバルブルー（旧グローバル・リファンド）
📞+800-32-111-111-810
（日本語直通国際フリーダイヤル）
🔗www.global-blue.com

グローバルブルー加盟店のマーク

入出国

シェンゲン条約加盟国内で、滞在日数が6ヵ月間90日以内の場合は、ビザは不要。
入国時に必要なパスポートの有効残存期間は日本帰国予定日から数えて3ヵ月以上。
■ 旅の準備　ビザ（→P.549）

安全とトラブル

他のヨーロッパ諸国と比べても、治安は良好。しかし、2004年の旧東欧諸国のEU加盟後、置き引きや窃盗などの軽犯罪は増加の一途をたどっている。荷物から目を離さないように注意し、夜中のひとり歩きなどはやめよう。

■ 旅の安全とトラブル対策（→P.564）

水

ほとんどの場所で、水道水を飲むことができる。心配なら、キオスクやコンビニでミネラルウオーターを購入するといい。ミネラルウオーターはほとんどが炭酸入りのため、苦手な人は確認してから買うこと。

度量衡

日本と同じく、メートル法を採用している。

電話のかけ方

公衆電話はコイン用とテレホンカード用とがある。また、クレジットカードが使用できる電話機も普及している。コイン用の電話機の場合、使える硬貨は1、5、10、20NOK。使い方は日本と同じで、受話器をとってからコインを入れてダイヤルする。国内通話、国際通話とも公衆電話からかけることができ、最低料金はともに5NOK。デンマーク同様、ノルウェーは電話

番号に市外局番がなくすべて8桁で統一されている。テレホンカードは電話機に差し込んで使うものと、専用の番号をダイヤルして使うものの2種類がある。後者の場合、国内通話用のカードと国際通話用のカードがあるので、購入時に注意しよう。

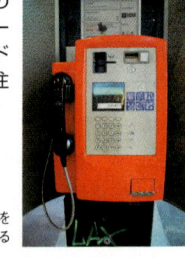

テレホンカードを
使うと割安になる

年齢制限

飲酒・タバコは18歳未満の場合は不可。また、レンタカー会社によっては23歳や25歳以上などの制限を設けている場合もある。

飲酒・喫煙

ノルウェーはアルコールの取り締まりが厳しく、購入できるのは政府が直営するリカーショップ、ヴィン・モノポーレVin Monoporetのみ。価格は333mlのビール1本20～30NOKと非常に高い。

ノルウェーでは、屋内での喫煙は法律により禁止されているため、空港や駅、ホテル、レス

日本からノルウェーへかける場合

はじめに国際電話会社の番号、次に国際電話識別番号010をダイヤルし、ノルウェーの国番号47、続いて相手先の番号をダイヤルする。

（例）日本からノルウェーの12-345678へかける場合

国際電話会社の番号		国際電話識別番号	ノルウェーの国番号	相手先の電話番号
001（KDDI）※1 **0033**（NTTコミュニケーションズ）※1 **0061**（ソフトバンクテレコム）※1 **005345**（au携帯）※2 **009130**（NTTドコモ携帯）※3 **0046**（ソフトバンク携帯）※4	+	**010** ※2	+ **47**	+ **12-345678**

※1「マイライン」の国際区分に登録している場合は、不要。詳細は URL www.myline.org
※2 auは、010は不要。
※3 NTTドコモは事前登録が必要。009130をダイヤルしなくてもかけられる。
※4 ソフトバンクは0046をダイヤルしなくてもかけられる。

ノルウェーから日本へかける場合

はじめに国際電話識別番号00をダイヤルし、日本の国番号81、続いて市外局番（最初の0は不要）、相手先の番号をダイヤルする。

（例）ノルウェーから日本（東京）の（03）1234-5678へかける場合

国際電話識別番号		日本の国番号		市外局番と携帯電話の最初の0は取る		相手先の電話番号
00	+	**81**	+	**3**	+	**1234-5678**

■ 国際電話について（→P.556）

トラン、バーなどすべての場所が禁煙となっている。どうしても吸いたい人は、建物の外に出て吸うしかない。タバコの料金も非常に高く、20本入りのマルボロなら1箱800円くらい。

食事

ノルウェーのおいしいものといえば、新鮮なシーフードははずせない。サーモンやニシンなど、ノルウェーの冷たい水で育った魚介は身が引き締まっていて格別の味わい。ノルウェーは捕鯨国でもあり、クジラのステーキやシチューなども有名。ほか、煮込み料理はノルウェーのおふくろの味。ラム肉とキャベツの煮込みフォーリコールFårikålはノルウェー料理の定番。最高級品として知られる、ロフォーテン諸島をはじめとする西海岸線で捕れる干ダラのトマトソース煮込み、バカラオBacalaoもぜひ味わいたい逸品。また、トナカイの肉なども食される。

ノルウェー独自の珍しい食べ物としては、ヤイトオストGeitostという山羊乳100%の茶色いチーズがある。かなりクセのある味だが、試してみよう。牛乳と山羊の乳を混ぜて作ったグドブランスダールスオストGudbrandsdalsostというチーズは、まるでキャラメルのような甘さがあって日本人の口にも合う。ブルンオストBrunost（茶色のチーズ）とも呼ばれる。

干ダラの旨みがたっぷりのバカラオ

みやげ物

北欧デザインのアイテムやノルディック・セーターが人気のおみやげ。ノルディック・セーターはノルウェー・セーターとも呼ばれ、天然の羊毛を編んだざっくりしたニットのこと。手編みと機械編みのものとある。機械編みなら1000NOKくらいで買えるが、手編みなら3000NOKくらいするものもある。ほかにも、ノルウェーの西海岸線に棲むと言われる妖精「トロル」の人形やヴァイキングやサーメの伝統の模様をモチーフにしたシルバージュエリーなども人気。

食料品ならなんといってもノルウェーサーモン。薫製にしたスモークサーモンは格別のおいしさ。ほか、タラコなどのペーストが入ったチューブ詰めもおすすめだ。

よく見つめるとかわいい顔に見えてくるトロル人形

ノルウェー生まれの有名人

『叫び』で有名な画家、エドヴァルド・ムンクEdvard Munchや作曲家エドヴァルド・グリーグEdvard Grieg、彫刻家グスタヴ・ヴィーゲランGustav Vigeland、劇作家ヘンリック・イプセンHenrik Ibsenなど芸術に関係する人々が多い。また、南極点に初めて到達した探検家、ロアルド・アムンゼンRoald Amundsenもこの国の出身。

COLUMN　　　　　　　　　　　　　　　NORWAY

偉大なる作曲家・グリーグ

1843年ノルウェーのベルゲンで生まれたエドヴァルド・グリーグEdvard Greigは、スカンジナビアの国民主義音楽の大家。彼の代表曲は同じノルウェー出身の劇作家イプセンの戯曲『ペールギュント』。特にフルートの美しい音色から始まる第一組曲の『朝』は広く知られる。また、ピアノ協奏曲はロマンティックなメロディと大きなスケールで特に有名。『弦楽四重奏曲』や『抒情小曲集』などすぐれた作品が多い。

晩年の住居、トロルハウゲンにあるエドヴァルド・グリーグ博物館（→P.225）やベルゲンではさまざまなイベントが開催される。

ピアノ曲や歌曲など多くの作品を世に生み出した

ノルウェーはほかの北欧諸国同様、イベントが豊富。各都市ではジャズやクラシック、ロックの音楽イベントや映画祭が開催する。

注目したいのは、オスロの国立劇場で行われる、国際イプセン・フェスティバルだ。2年に一度開催され、世界各国の劇団がイプセンの作品を競演する。

夏期にはフード・フェスティバルが各地で行われ、地元の人や観光客を楽しませてくれる。また、北欧らしいイベントといえば、オーロラ・フェスティバルやフィンマルク・スロペット（犬ぞりレース）など。特に、サーメ・イースター・フェスティバルではトナカイぞりのレースやスノーモービルに乗ることができるほか、民族衣装に身を包んだサーメの人々によるコンサートなど盛りだくさん。

2011～2012年イベントカレンダー

6/9～12 オスロ
ノルウェー・ウッド・ロック・フェスティバル
URL www.norwegianwood.no

6/11～18 ノールカップ
ノールカップ・フェスティバル
URL www.nordkappfestivalen.no

6/18～25 ハシュタ
北ノルウェー・フェスティバル
URL www.festspillnn.no

6/18～8/27 ベルゲン
グリーグ・フェスティバル
URL www.grieginbergen.com

6/23 ノルウェー各地
夏至祭

6/25 トロムソ
ミッドナイトサン・マラソン
URL www.msm.no

7/20～23 スタヴァンゲル
グラッド・マット（フード・フェスティバル）
URL www.gladmat.no

7/29～31 オスロ
中世音楽フェスティバル
URL www.middelaldermusikk.no

7/31～8/6 オスロ
ノルウェーカップ子供サッカートーナメント
URL www.norwaycup.no

8月上旬～9月下旬（2012年） オスロ
国際イプセン・フェスティバル
URL www.ibsenfestivalen.no

8/15～20 オスロ
オスロ・ジャズ・フェスティバル
URL www.oslojazz.no

8/17～26 ハウゲスン
ノルウェー映画祭
URL filmweb.no/filmfestivalen

8/24～28 オーレスン
ノルウェー・フード・フェスティバル&ノルウェー料理選手権
URL www.matfestivalen.no

9月上旬 オスロ
ウルティマ・オスロ現代音楽祭
URL www.ultima.no

9/9～11 ベルゲン
国際コミック・フェスティバル
URL www.raptus.no

10/19～26 ベルゲン
ベルゲン国際映画祭
URL www.biff.no

12/10 オスロ
ノーベル平和賞授与式
URL nobelprize.org

1/17～22 トロムソ
トロムソ国際映画祭
URL www.tiff.no

1/27～2/4 トロムソ
オーロラ・フェスティバル
URL www.nordlysfestivalen.no

2月中旬 クリスチャンサン
オペラ・フェスティバル
URL www.oik.no

2月下旬～3月上旬 オスロ
ホルメンコレンFISワールドカップ
URL www.skiforeningen.no

3月中旬 アルタ
フィンマルク・スロペット（犬ぞりレース）
URL www.finnmarkslopet.no

3月下旬 ヴァルドー
国際雪合戦大会
URL www.yukigassen.no

3月下旬～4月上旬 オスロ
オスロ教会音楽祭
URL www.oslokirkemusikkfestival.no

4月中旬 ヴォス
ヴォス・ジャズ・フェスティバル
URL www.vossajazz.no

4月下旬 カラショーク
サーメ・イースター・フェスティバル
URL www.samieasterfestival.com

5月中旬 スタヴァンゲル
スタヴァンゲル国際ジャズフェスティバル
URL www.maijazz.no

5/17 ノルウェー各地
憲法記念日パレード
URL www.17-mai.com

5月下旬 ローゼンダール
ローゼンダール音楽祭
URL www.rosendalmusikkfestival.no

5月下旬～6月上旬 ベルゲン
ベルゲン・ナイトジャズ・フェスティバル
URL www.nattjazz.no

5月下旬～6月上旬 ベルゲン
ベルゲン国際フェスティバル
URL www.fib.no

※日程は予定日。参加の際は問い合わせること。

国内交通

全土をくまなく走る長距離バスと、オスロから放射状に延びる鉄道をうまく組み合わせて移動するのがノルウェーの国内移動のコツ。特に鉄道はその車窓が美しいことでも知られているので、路線がある所はこれを利用して、鉄道が通っていない地方都市間の移動にバスを組み合わせてルートを組み立てよう。ラップランドなど北部への移動は非常に時間がかかるので、ストックホルムから出ている国際寝台列車、ノールランストーグ鉄道を利用するか、飛行機を利用したほうがいい。

飛行機

スカンジナビア航空やその系列会社のヴィデロー航空Widerøe（WF）などの航空会社が、国内のほぼ全土をカバーしている。ヴィデロー航空は西のフィヨルド地帯やラップランドに多くの便がある。また、ノルウェー・エアシャトルNorwegian Air Shuttle（NP）は、格安の航空券を販売するローコストキャリア。なお、本誌に掲載している各都市への行き方の便数、所要時間はスカンジナビア航空のもの。

スカンジナビア航空
91-505400
www.flysas.com

ヴィデロー航空
81-001200
www.wideroe.no

ノルウェー・エアシャトル
81-521815
www.norwegian.no

鉄道

1850年の開設以来、ノルウェー鉄道Norges Statsbaner（NSB）が南北を結ぶ路線を運営している。オスロを起点に放射状に延びており、地方都市間を結ぶ列車は少ない。地形が険しいので特別に速い列車はないが、その分美しい景色が望める路線が多い。険しい山岳地帯やフィヨルドを縫うように走るオスロ〜ベルゲン間の路線はベルゲン急行Bergen Expressと呼ばれ、多くの旅行者が憧れる路線のひとつ。また、ミュールダール〜フロム間を結ぶフロム鉄道Flåmsbanaなどの私鉄も走っている。

ちなみにノルウェー最北の鉄道駅はナルヴィークだが、オスロからの直行列車はない。なぜならナルヴィークへ向かう路線は、スウェーデンのキールナから延びている。そもそもはキールナで産出された鉄鉱石を運び出すために建設された国際路線なのだ。したがってオスロから国内鉄道の列車で行けるノルウェー最北の駅は、ボードーということになる。

近郊の都市同士を結ぶローカル列車　　イスも座りごこちがいい

予約について

時刻表に Ⓡ のマークがある列車は予約が可能。夏期など込み合う時期に利用するなら乗車前に予約しよう。予約は利用日の3ヵ月前から出発の直前まで受け付けている。

■座席指定券の見方

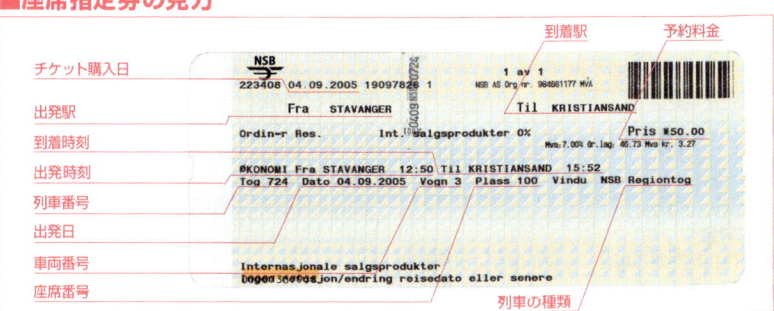

チケット購入日
出発駅
到着時刻
出発時刻
列車番号
出発日
車両番号
座席番号
到着駅
予約料金
列車の種類

鉄道時刻を調べる

駅には路線別に分かれた時刻表が置いてあるのでそれで確認しよう。すべての路線を掲載した時刻表は有料。ノルウェーは英語が問題なく通じるので、チケット売り場で乗りたい列車を選ぶことも可能。

チケットの購入

日本で購入する

ノルウェー鉄道のホームページから予約、購入可能。引き換えは現地のチケット売り場、券売機または列車内で。

現地で購入する

チケットを購入するときは必ず、カウンターのそばにある専用の機械から、順番待ちの番号札を取ること。電光掲示板に自分の番号が表示されるか番号が呼ばれたら、指定のカウンターに行って目的地や時刻、列車番号などを伝える。

オスロ中央駅の場合、チケットの購入はコンコース中央の出札窓口で。また、乗車する列車が決まっているなら、近くに数多く設置されている券売機を利用した方が並ばずに済むので便利。予約したチケットの発券もここでできる。

割引料金について

特定の都市間にミニプリースMiniprisと呼ばれる割引料金が設定されている。条件がいろいろあるので購入時に確認を。時刻表に緑の印が付いていれば、その列車にはシニア、学生、子供割引が適用され、シニアと子供は50%、学生は25%の割引になる。

おもな列車の種類

■ リージョンRegiontog

長距離の主要都市間を結ぶ特急列車。オスロとベルゲンを結ぶ振子式の新型車両BM73や旧式の車両などさまざま。路線により予約したほうがよい。

■ ローカルLokaltog

地方都市同士を結ぶ列車。オスロやベルゲン、スタヴァンゲル、トロンハイムなど大都市の周辺を走る。

ノルウェー鉄道

📞81-500888（予約）
さらに9をダイヤルすると、英語のオペレータにつながる
🌐www.nsb.no

予約料金

座席指定をする場合、運賃のほかに別途予約料金がかかる。

オスロからの区間料金の目安（2等）

～ベルゲン	788NOK
～ボードー	1333NOK
～スタヴァンゲル	886NOK

バス

ノルウェーの南部から中部、および国際バスをノルウェー・ブスエクスプレスNOR-WAY Bussekspressやトロムソの周辺を走るCominor社などノルウェー・ブスエクスプレスの系列会社、そのほかのローカルなバス会社など、数多くのバス会社が運行している。バスターミナルはすべて同じで、料金も各社変わらない。ラップランドの北、ノールカップの周辺を運行しているのは、ローカルなバス会社のVeolia Transport社だ。中部のトロンハイムとボードー間の地域にはバスが走っていないので、ラップランドへ直通で行くバスはない。ラップランドのカラショークからはフィンランドへ抜けるルートがある。

また、冬期のラップランドは減便する路線や、ホニングスヴォーグ～ノールカップ間のように予約が必要になる場合や、天候によって大幅に遅れがでたり、欠便する場合があるので注意すること。

国内のほとんどに路線をもつノルウェー・ブスエクスプレス

時刻の確認とチケットの購入

チケットはバスターミナルにあるチケット売り場で直接購入できる。時刻表も置いてあるので、確認してから購入するといい。小さな町だと、チケット売り場がない場合があるので、ドライバーに行きたい場所を伝えて、直接購入する。そういったところでは、時刻表はターミナルに貼り出してあるか、ホテルでも入手できる。

ノルウェー・ブスエクスプレス

📞81-544444
🌐www.nor-way.no

Cominor社

📞40-554055
🌐www.cominor.no

Veolia Transport社

📞51-564100
🌐www.veolia-transport.no

オスロ

　船は音もなくオスロフィヨルドの中に入っていく。フィヨルドは波もなく、水面は美しい森と、そのなかに点在する白い別荘をくっきりと映している。ノルウェーの首都オスロは、外海から100kmほど奥まったフィヨルドの奥にある。船で入ってくると、これが一国の首都かと思うほど、緑が多く静かな港町だ。

　オスロは1050年、ノルウェー最後のヴァイキング王ハーラル・ホールローデ王Harald Hårdrådeによって開かれた。ハーラル王は、1066年にイギリスへ遠征を試み戦死。この年を境に、約200年間も続いたヴァイキングの活動が終わったとされている。ハーラル王が戦死したスタンフォード・ブリッジStanford Bridgeの戦いを描いた絵が、オスロ市庁舎2階の壁に飾られている。1299年にはノルウェーの首都になり、順調に発展するかにみえたが、1624年8月17日から3日3晩続いた大火事で町の大半は焼けてしまった。これをきっかけに、デンマークのクリスチャン4世は、当時デンマークの支配下にあったオスロを造り変えてしまった。

　オスロの中心を、東オスロから約3km西のアーケシュフース城の近くに移してしまい、道幅は火事の延焼を防ぐため15mに広げた。さらに名前までクリスチャニアChristianiaと変えてしまった。この名は、1877年にスペルがKristianiaと変わったものの、1925年1月1日に再びオスロに戻るまで約300年も続いた。オスロ大聖堂の前にはクリスチャン4世の銅像がある。アーケシュフース城の上から地上を指さし、「町をここへ移せ」と命じている姿である。

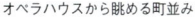

オペラハウスから眺める町並み

ノルウェー　オスロ

MAP P.160-A4

人口	59万9230
市外局番	なし

オスロ情報のサイト
URL www.visitoslo.com
ノルウェー情報のサイト
URL www.stortinget.no
URL www.norway.org
URL www.visitnorway.com

市外局番について
　ノルウェーに市外局番はない。国内どこからどこへかけるにも、8ケタの番号をダイヤルする。

オスロフィヨルドから望むアーケシュフース城

オスロ大聖堂前に建つクリスチャン4世の像

A B

1

ホルメンコレン・ジャンプ台とスキー博物館へ
Holmenkollbakken Ski Jump & Skimuseum

Sørkedalsveien

Borgen Ⓜ

Vestre Gravlund

Majorstuen Ⓜ

ヴィーゲラン公園(フログネル公園)
Vigelandsparken(Frognerparken)
モノリッテン

怒りんぼうの像

オスロ市立博物館
Oslo Bymuseum

ヴィーゲラン美術館
Vigelandmuseet

2

ヘニー・オンスタッド美術館へ
Henie Onstad Art Centre

Frogner

リカ・ホテル・ビィグドイ・アッレ P.202
Rica Hotel Bygdøy Allé P.202

シグナチュレン
Signaturen
P.215

Det Kongelige Slottet
王宮

赤十字病院
Røde Kors Klinikk

クラリオン・コレクション・ホテル・ガーベルスフース P.203
Clarion Collection Hotel Gabelshus P.203

大学図書館
Universitetsbiblioteket

3

ビィグドイ・オスカルホール
Bygdøy Oscarshall

Oscarshallveien

カラー・ライン・フェリーターミナルへ

ノルウェー民俗博物館
Norsk Folkemuseum

ドロンニンゲン桟橋
Dronningen

ヴァイキング船博物館
Vikingskipshuset

コンチキ号博物館
Kon-Tiki museet

フラム号博物館
Framhuset

ビィグドイ地区
Bygdøy

ノルウェー海洋博物館
Norsk Maritimt Museum

4

歩行者専用道路
トラム路線

オスロ
Oslo

N

500m

キール Kiel
コペンハーゲン
フレデリクスハウン

国際フェリー

A B

C

D

Griffenfeldsgate

オスロ・ガーデモエン国際空港へ
Oslo Gardermoen International Airport

学校
Veterinærhøgskole

病院
Diakonissehusets Sykehus

General Birchsgate

Mailundveien

ステン公園
Stensperken

ブル・ノシュク P.215
Pur Norsk

Wilhelms gate

聖ハンス公園
St. Hanshaugen

1

Bislett

Carl Berners plass M

ガムレ・アーケル教会
Gamle Aker Kirke

Grünerløkka

ブルバット P.214
Probat

墓地
Gravlund

Nordreun gate

Tøyen
Tøyen

動物学博物館
Zoologisk Museum

地質学博物館
Mineralogiskgeologisk museum

2

Hammersborg

植物園
Botanisk Hage

カフェ・エドヴァルド・ムンク
Café Edvard Munch P.210

図書館
Deichmanske bibliotek

ムンク美術館
Munch-museet

救急病院
Oslo komm. Legevakt

Tøyen

Nationaltheatret

国会議事堂
Stortinget

Stortinget

Jernbanetorget

Grønland
Grønland

オスロ市庁舎
Rådhuset i Oslo

オスロ大聖堂
Oslo Domkirke

ビィグドイ行きフェリー乗り場

中央郵便局
Hovedpostkontor

オスロ中央駅
Oslo Sentralstasjon

3

Bispegata

S. Halvardsgate

ステナ・ライン・フェリーターミナル
DFDSシーウェイズ・フェリーターミナル

オスロ中心部 P.172〜173

「叫び」の碑

4

エケベルグ
Ekerberg

C

D

ノルウェー

オスロ

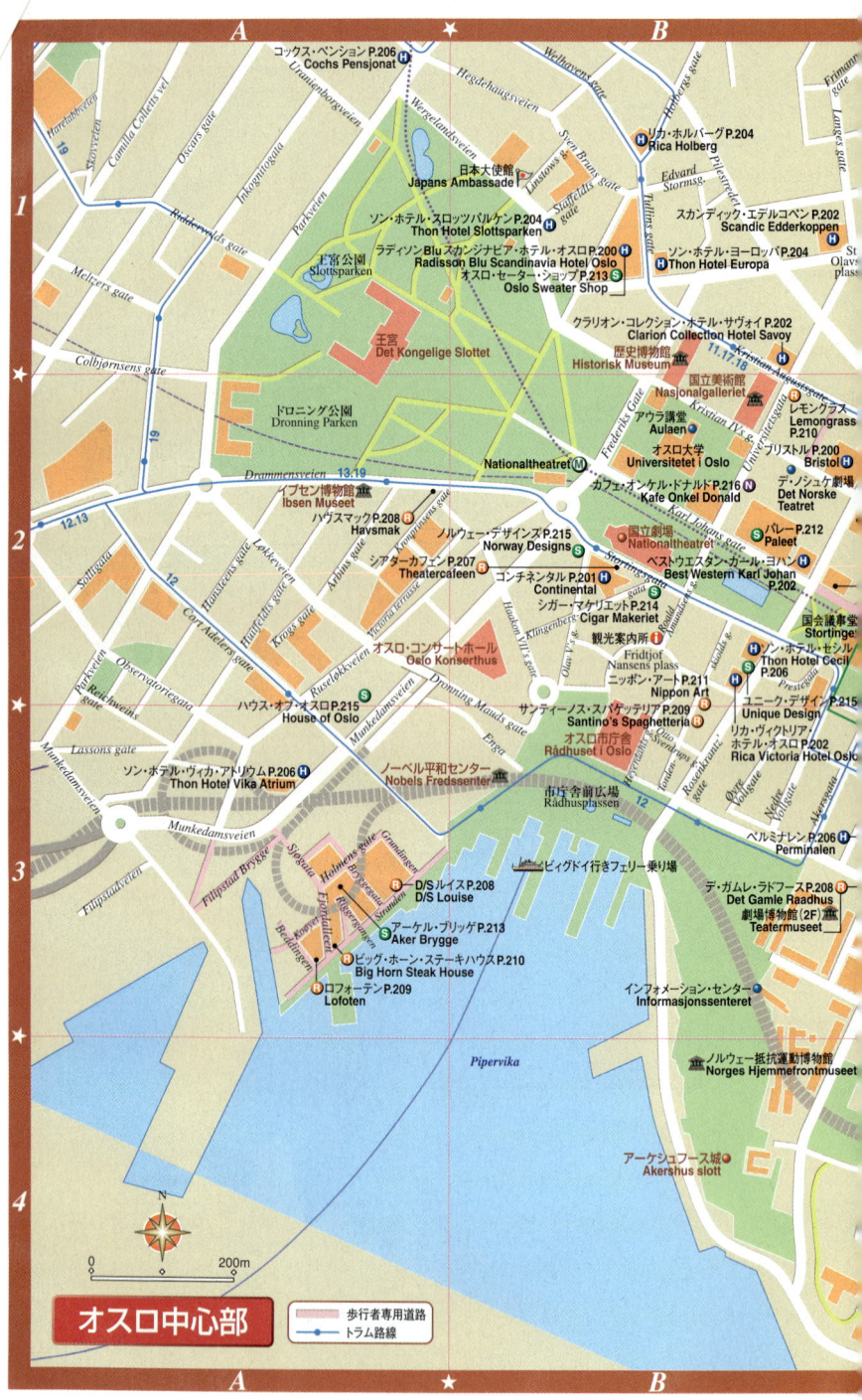

コックス・ペンション P.206 Cochs Pensjonat

リカ・ホルバーグ P.204 Rica Holberg

スカンディック・エデルコペン P.202 Scandic Edderkoppen

日本大使館 Japans Ambassade

ソン・ホテル・スロッツパルケン P.204 Thon Hotel Slottsparken

ラディソン Blu スカンジナビア・ホテル・オスロ P.200 Radisson Blu Scandinavia Hotel Oslo

オスロ・セーター・ショップ P.213 Oslo Sweater Shop

ソン・ホテル・ヨーロッパ P.204 Thon Hotel Europa

クラリオン・コレクション・ホテル・サヴォイ P.202 Clarion Collection Hotel Savoy

歴史博物館 Historisk Museum

国立美術館 Nasjonalgalleriet

王宮 Det Kongelige Slottet

ドロニング公園 Dronning Parken

アウラ講堂 Aulaen

オスロ大学 Universitetet i Oslo

レモングラス P.210 Lemongrass

ブリストル P.200 Bristol

Nationaltheatret

カフェ・オンケル・ドナルド P.216 Kafe Onkel Donald

デ・ノシュケ劇場 Det Norske Teatret

イプセン博物館 Ibsen Museet

ハウスマック P.208 Havsmak

ノルウェー・デザインズ P.215 Norway Designs

国立劇場 Nationaltheatret

パレー P.212 Paleet

シアターカフェン P.207 Theatercafeen

コンチネンタル P.201 Continental

ベストウエスタン・カール・ヨハン P.202 Best Western Karl Johan

オスロ・コンサートホール Oslo Konserthus

シガー・マケリエット P.214 Cigar Makeriet

観光案内所 Fridtjof Nansens plass

ソン・ホテル・セシル P.206 Thon Hotel Cecil

ハウス・オブ・オスロ P.215 House of Oslo

ニッポン・アート P.211 Nippon Art

ユニーク・デザイン P.215 Unique Design

サンティーノス・スパゲッテリア P.209 Santino's Spaghetteria

リカ・ヴィクトリア・ホテル・オスロ P.202 Rica Victoria Hotel Oslo

ソン・ホテル・ヴィカ・アトリウム P.206 Thon Hotel Vika Atrium

ノーベル平和センター Nobels Fredssenter

オスロ市庁舎 Rådhuset i Oslo

市庁舎前広場 Rådhusplassen

ペルミナレン P.206 Perminalen

ビィグドイ行きフェリー乗り場

デ・ガムレ・ラドフース P.208 Det Gamle Raadhus 劇場博物館 (2F) Teatermuseet

D/Sルイス P.208 D/S Louise

アーケル・ブリッゲ P.213 Aker Brygge

ビッグ・ホーン・ステーキハウス P.210 Big Horn Steak House

ロフォーテン P.209 Lofoten

インフォメーション・センター Informasjonssenteret

Pipervika

ノルウェー抵抗運動博物館 Norges Hjemmefrontmuseet

アーケシュフース城 Akershus slott

N

0 200m

オスロ中心部

歩行者専用道路

トラム路線

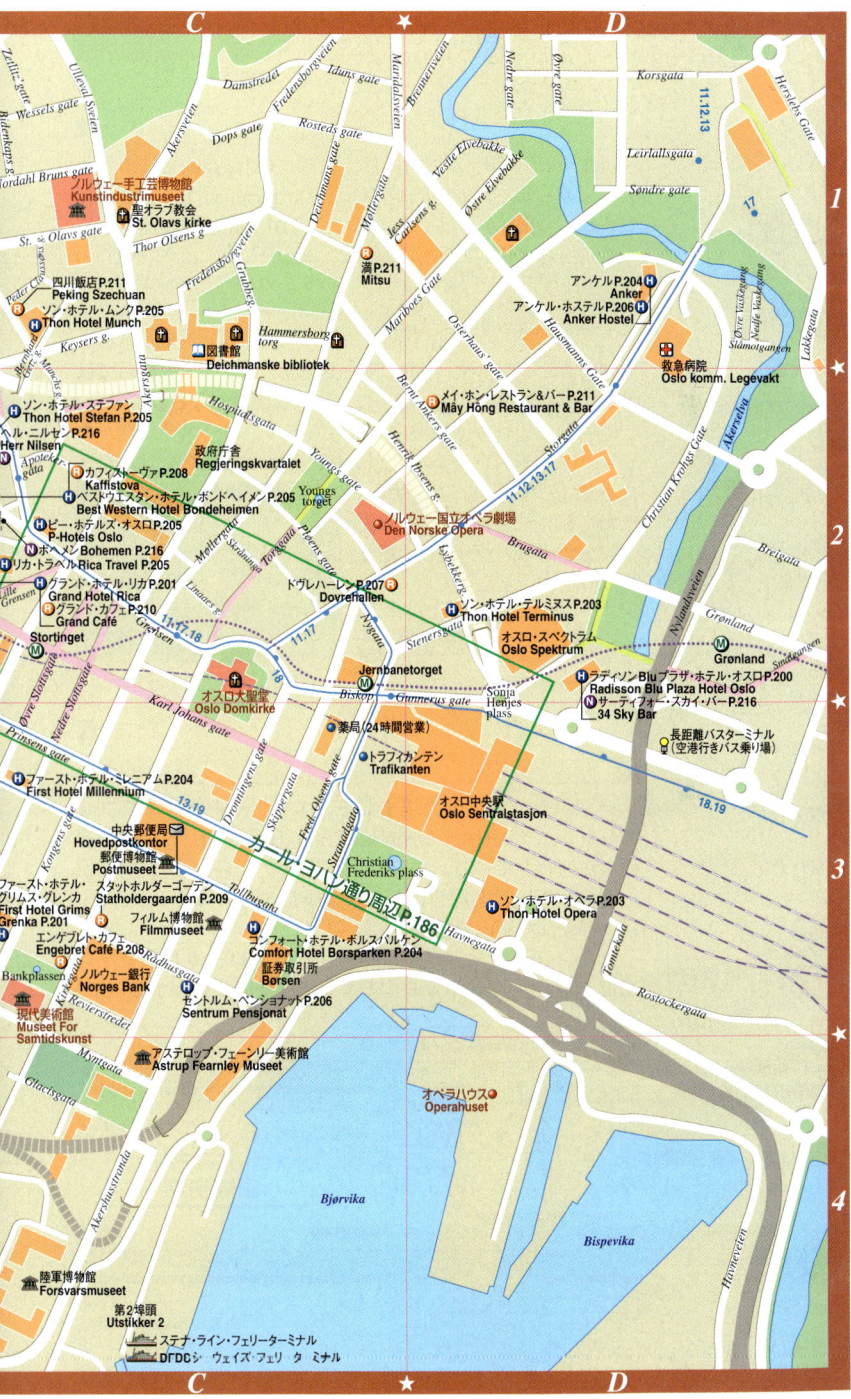

**オスロ・ガーデモエン
国際空港**
MAP P.171-D1外
91-506400
www.osl.no

空港のインフォメーション
到着ロビー
毎日24時間
無休

空港内の銀行
出発ロビー
日～金6:00～20:30
　　土　　6:00～18:00
無休
到着ロビー
月～金7:30～20:30
　　土　　9:00～18:00
　　日　　9:00～20:30
無休

**エアポート・
エクスプレス・トレイン**
www.flytoget.no
空港→中央駅
5:36～24:56、10～20
分間隔
中央駅→空港
4:45～24:05、10～20
分間隔
170NOK
　所要約20分。頻繁に便が
あって便利。ユーレイルパ
スなど鉄道パスは使えない。

ノルウェー鉄道
81-500888（予約）
さらに9をダイヤルすると、
英語のオペレータにつながる
www.nsb.no
1時間に1～2便
110NOK～
　所要30～40分。鉄道パス
が使える。

オスロ到着

飛行機で着いたら

　ノルウェーの空の玄関口は、オスロの北約50kmにあるオ
スロ・ガーデモエン国際空港Oslo Gardermoen International
Airport。市内からはやや離れているが、直通の高速列車や
バスがあって快適に移動できる。

オスロ・ガーデモエン国際空港
Oslo Gardermoen International Airport

　到着ロビーは1階、出発ロビーは2階。ノルウェーならでは
のモダンな建築様式で、環境にも充分な配慮がなされている。
空港内には銀行や観光案内所はもちろん、バラエティ豊かな
ショップやレストランなどがあり、ショッピングや食事など
でも楽しい時間を過ごせる。
また、到着と出発ロビーは完
全に分かれているので、迷う
心配のない親切設計だ。

デザインにもこだわりが見られる
オスロ・ガーデモエン国際空港

空港から市内への行き方

■ 鉄道

　空港からオスロ中央駅までを、エアポート・エクスプレ
ス・トレインAirport Express Train（Flytoget）という高速
列車が運行している。平日の多い時間帯で1時間あたり約6便
運行し、座席は全席自由。チケットは専用のカウンターか、
自動券売機で購入できる。
　また、ノルウェー鉄道NSBの運行するローカルトレイン
NSB Lokaltogが途中ガーデモエン国際空港に停車するので、

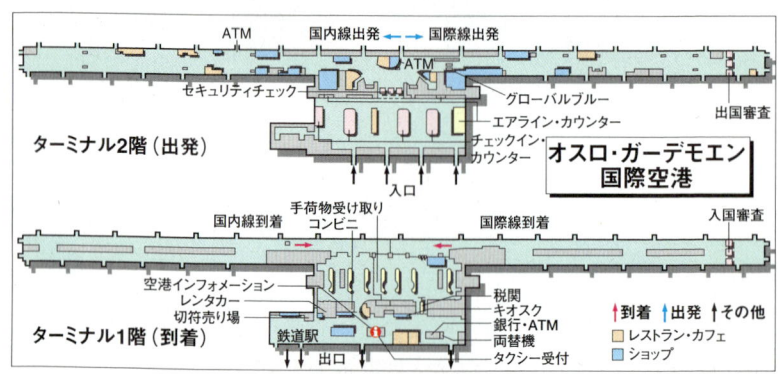

それを利用することもできる。チケットは空港内にある鉄道のチケット売り場で購入できる。

便利なエアポート・エクスプレス・トレイン

■ 空港バス

空港とオスロ中央駅南口の長距離バスターミナルやRadisson Blu Scandinavia Hotel Oslo（→P.200）を結んで、SASエアポート・バスSAS Airport Bus（Flybussen）が運行している。出発はターミナル1階、到着フロアの正面出口を出た所にあるB17番乗り場から。チケットはドライバーから直接購入する。

■ タクシー

タクシーは固定料金制で、会社や目的地により料金が大きく異なる。公共の乗り物に比べると割高だが、希望のホテルへ直接行けるので荷物が多い場合に便利。チップは原則不要。

列車で着いたら

国際、国内とも列車はすべてオスロ中央駅Oslo Sentralstasjonに到着する。駅を出たらすぐにメインストリートのカール・ヨハン通りに出られる。

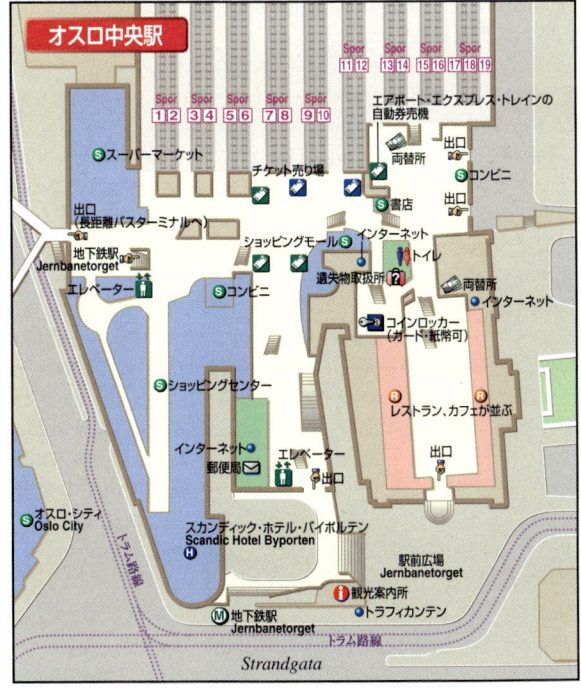

（オスロ中央駅の地図）

SASエアポート・バス
☎22-804971
URL www.flybussen.no
空港→市内
運5:20〜翌1:00、20〜30分間隔
市内→空港
運4:00〜22:00、20〜30分間隔
料片道140NOK、
往復240NOK
所要約50分。

大きな荷物を荷台に預けられるので快適

タクシー
料498〜1080NOK
（夜間および週末は498〜1280NOK）

北欧諸国からの鉄道
（→P.541）

列車の予約
国内、国際列車などのチケットの予約、購入はオスロ中央駅の正面から入ってつき当たりのチケット売り場で。特に夏期のフィヨルド行き列車はとにかく混雑するので、まずここで予約すること。ユーレイルパスなどを持っていても、時刻表にRのマークがある列車は座席の予約が必要で、予約料がかかるので気を付けよう。なお、ナットシェル NORWAY IN A NUTSHELL（→P.233）などフィヨルド地方の周遊チケットも購入できるので、ここでまとめて手配しておいたほうが無難。また、土・日曜は、列車の運賃が上がるので、鉄道パスを持っていない人は要注意！ 大抵のチケットはコンコース内に多数設置されている券売機でも購入できる。

この夏、オスロ駅は工事中！
2011年6月25日から8月上旬までの予定でオスロ中央駅が工事に入る。このため、中央駅は利用できなくなる。バスによる代行輸送が予定されているので、この間の訪問を予定しているなら事前確認を忘れずに。

オスロ中央駅の左サイドバー

スロ中央駅
MAP P.173-C・D3, P.186
チケット売り場
☎月～土6:00～23:15
　日　7:00～23:15
休無休

中央駅前（トラフィカンテン内）の観光案内所①
☎81-530555
FAX22-176201
URLwww.visitoslo.com
開5～9月
　月～金7:00～20:00
　土・日8:00～20:00
　10～4月
　月～金7:00～20:00
　土・日8:00～18:00
休無休
　ホテル予約手数料は55
NOK。予約してもらう場合
は、デポジットではなく宿
泊料全額を前払いする。ユ
ースホステルの予約は不可。

中央駅の両替所
　駅舎内に両替所がいくつ
かあるほか、1階にあるエア
ポート・エクスプレス・ト
レイン乗り場そばの現金自
動両替機は24時間稼動して
いる。

中央駅の郵便局
☎月～金9:00～18:00
　土　　9:00～15:00
休日

長距離バスターミナル
MAP P.173-D3
ノルウェー・ブスエクスプレス
☎81-544444
URLwww.nor-way.no

ヨーロッパ諸国からのバス路線（→P.538）

北欧諸国からのバス路線
　コペンハーゲンから約9時
間20分、ストックホルムか
ら約7時間50分。

北欧諸国からのおもな航路
コペンハーゲンから
　1日1便、所要約16時間
30分。
DFDSシーウェイズ
MAP P.173-C4
☎22-332432
URLwww.dfdsseaways.com
フレデリクスハウンから
　1日1便、所要約9～12時間。
ステナ・ライン
MAP P.173-C4
☎23-179130
URLwww.stenaline.com

ヨーロッパ諸国からのおもな航路（→P.539）

オスロ中央駅

Oslo Sentralstasjon

駅舎は2階建てになっており、1階はノルウェー鉄道の列車のホームと、エアポート・エクスプレス・トレインのチケット売り場および発着所があり、橋上になった2階部分にノルウェー鉄道のチケット売り場がある。また、地下で地下鉄のヤーンバーネトーエット駅Jernbanetorgetと連結している。構内には両替所や郵便局、コンビニ、レストラン、バーなどの施設が充実している。市バス、トラムが発着する駅前は市内の交通の拠点ともなっている。観光案内所も駅前のトラフィカンテンTrafikanten（→P.177）内にある。

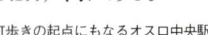
町歩きの起点にもなるオスロ中央駅

バスで着いたら

Radisson Blu Plaza Hotel Oslo（→P.200）の裏側に長距離バスターミナルがある。国内線の長距離バスや国際バスもここに発着する。なお、国内最大手のバス会社ノルウェー・ブスエクスプレスNOR-WAY Bussekspressが国内の大部分と、国際バスを運行している。

船で着いたら

国際航路が到着する船着場は、オスロ中央駅の南とショッピングセンター、Aker Brygge（→P.213）の南西にある。中央駅の南の第2埠頭Utstikker 2にあるのが船会社DFDSシーウェイズDFDS Seawaysとステナ・ラインStena Lineのターミナル。Aker Bryggeの南西にあるのがカラー・ラインColor Lineのターミナル。

コペンハーゲンやフレデリクスハウンからのフェリーは第2埠頭に、ドイツのキールKielからの船はカラー・ラインのターミナルに接岸。カラー・ラインのターミナルからはシャトルバスと路線バスが、第2埠頭からは路線バスが船の発着に合わせて走っている。

町の中心に大型船が停船する

オスロの市内交通

　オスロ市内の公共の交通機関には、トラムと地下鉄、市バス、フェリーがある。各交通機関を利用する際に起点となる駅は、国立劇場前のナショナルテアトレット駅Nationaltheatret、国会議事堂Stortinget前のストーティンエット駅Stortinget、もしくは中央駅地下のヤーンバーネトーエット駅だということを覚えておくといい。なお、ナショナルテアトレット駅とヤーンバーネトーエット駅の間はノルウェー鉄道も走っている。

料金とチケット

　オスロの市内交通は、トラムや市バス、地下鉄すべて均一料金で、1時間以内なら相互乗り換えが可能。チケットはオスロ中央駅前のトラフィカンテンやキオスク、地下鉄駅にある自動券売機で購入した場合は27NOK、トラムや市バスのドライバーから購入した場合は40NOKとなる。料金はゾーン制になっており、遠くに行くほど料金が上がるが、オスロ市内の見どころを回るだけならだいたい1ゾーンだ。オスロ・パス（→P.180）や1日券24 Timerbillett、1週間券 7 Dagersbillettなどの各種パスや8枚綴りの回数券Flexikortもあり、トラフィカンテンや地下鉄の自動券売機で購入できる（回数券はドライバーからも購入可）。各種パスや回数券は、必ず時刻を刻印してから使い始めること。刻印機はトラムや市バス内の料金箱のそばや地下鉄の自動券売機付近にある。なお、シングルチケットの場合はあらかじめ時刻が刻印してあるので不要。

まずは市内交通の情報集めをしよう

市内交通のことなら
トラフィカンテンへ

　オスロ中央駅の前にある大きな広場の端に時計塔が建っており、その下にあるのが市内交通に関するインフォメーションのトラフィカンテン。オスロ市内の見どころへの行き方や案内のほか、各種チケットやパスなども販売。市内交通の時刻表やトラムのルートマップ、長距離列車の時刻表なども無料でもらえる。問い合わせる際は、入口で番号札を取って順番を待とう。

トラフィカンテン
MAP P.173-C3、P.186
URL www.trafikanten.no
圏5〜9月
　　月〜金7:00〜20:00
　　土・日8:00〜20:00
　　10〜4月
　　月〜金7:00〜20:00
　　土・日8:00〜18:00
困無休

チケット料金
シングルチケット（1ゾーン）
圏27NOK
（トラフィカンテン、キオスク、自動券売機から購入）
　40NOK
（ドライバーから購入）
1日券
圏70NOK
1週間券
圏210NOK
回数券（8枚綴り）
圏200NOK

無賃乗車はやめよう

　各交通機関では、抜き打ちで検札が行われている。もし無賃乗車だったり、パスや回数券に刻印していなかった場合は、750NOK（手持ちの現金がなく、後から払う場合は900NOK）の罰金となる。

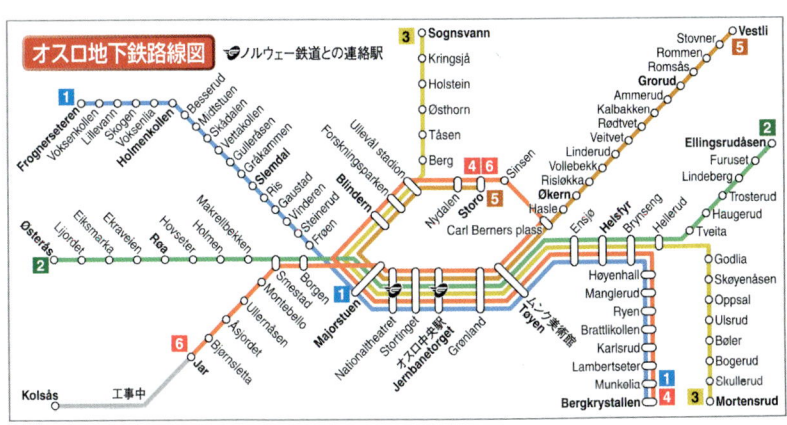

オスロ地下鉄路線図　🚃ノルウェー鉄道との連絡駅

Sognsvann
Kringsjå
Holstein
Østhorn
Tåsen
Berg

Frognerseteren
Voksenkollen
Lillevann
Skogen
Voksenlia
Slettåsen
Midtstuen
Holmenkollen
Besserud
Gulleråsen
Gråkammen
Slemdal
Ris
Gaustad
Vinderen
Steinerud
Frøen

Ullevål stadion
Forskningsparken
Blindern

Nydalen
Storo
Sinsen
Hasle
Carl Berners plass

Østerås
Lijordet
Eiksmarka
Ekraveien
Røa
Hovseter
Holmen
Makrellbekken
Smestad
Montebello
Borgen
Grakammen

Ullernåsen
Åsjordet
Bjørnsletta

Kolsås
工事中
Jar

Majorstuen
Nationaltheatret
Stortinget
オスロ中央駅
Jernbanetorget
Grønland
Tøyen
ムンク美術館

Sognsvann
Stovner
Rommen
Romsås
Grorud
Ammerud
Kalbakken
Rødtvet
Veitvet
Linderud
Vollebekk
Risløkka
Økern
Ensjø
Helsfyr
Brynseng
Hellerud

Vestli
Ellingsrudåsen
Furuset
Lindeberg
Trosterud
Haugerud
Tveita

Høyenhall
Manglerud
Ryen
Brattlikollen
Karlsrud
Lambertseter
Munkelia
Bergkrystallen

Godlia
Skøyenåsen
Oppsal
Ulsrud
Bøler
Bogerud
Skullerud

Mortensrud

トラムは、市民にも旅行者にも便利な足となっている

トラム
🚋路線によって異なるが、だいたい月〜金曜6:00〜24:00、土・日曜6:30〜24:00頃、20分間隔。

地下鉄
🚇路線によって異なるが、だいたい6:30〜24:00頃、15〜30分間隔。

チケットの購入方法
　地下鉄のチケットは駅構内にある自動券売機で購入する。Ny Billetのなかから行きたい場所（ゾーン）を選び、ボタンを押すと金額が表示されるのでコインまたは紙幣を投入する。シングルチケットはOsloと書かれたもの。なお、右側のTilleggsbillettは、パスや回数券を持った人がゾーン2に行く場合の割引料金となっている。使える硬貨は50øle、1、5、10、20NOK、紙幣は50、100、200NOK。

地下鉄駅の看板

市バス
🚌路線によって異なるが、5:30〜24:30頃。ほとんどが15〜30分間隔だが、60〜120分間隔のものもある。

深夜バス
　深夜1:00〜4:00頃までの間、201〜218番の18路線が運行している。

フェリー
⚓4〜9月の8:45〜20:45頃（5/20までと8/30以降は〜18:15頃）まで、約30分間隔。

おもなタクシー会社
Oslo Taxi
📞02323

■ トラム　　Trikken

　トラム（路面電車）は、市内を縦横に走っている。本数も多く時間も正確なので、市内の見どころへ行く場合はトラムを利用するのが便利。路線は11、12、13、17、18、19番の計6路線。各停車駅で車内アナウンスがある場合もあるが、聞き取りにくいので、ルートマップで現在地を確認しながら行くといい。心配ならドライバーに降りたい所を告げ、教えてもらうといい。ドアは前と後ろにふたつある。乗車時にチケットを持っていない場合は前から乗車して、ドライバーからチケットを購入する。乗り換えや時刻を刻印済みの1日券、オスロ・パスなどの各種パスを利用する場合は、後ろからも乗車できる。降車時は、車内のポールについている赤いボタンを押して運転手に知らせよう。停車したら、後部ドア付近にある黄色いボタンを押せばドアが開く。

■ 地下鉄　　T-Banen

　全部で6つの路線がある。町の中心には駅が少ないのであまり利用できないが、少し離れた所へ移動するのに便利。駅には①のマークの付いた看板が設置されている。すべての駅に停車し、ドアはすべて自動開閉。地下鉄には改札がなく、そのままホームまで入ることができる。ただし検札のときに有効なチケットを持っていないと罰金を取られる。

■ 市バス　　Busslinjene

　市バスは非常に発達しており、市内にくまなく路線がある。行きたい所があれば、トラフィカンテンでバスの番号と乗車場所を聞いてから行くといい。また、2010年3月より、深夜運行の特別料金体制は廃止され、通常チケットや共通カードでの乗車が可能になった。バスの乗降方法はトラムと同じ。

バス乗り場を覚えて、乗りこなそう

■ フェリー　　Båtene

　フェリーは市庁舎前広場Rådhusplassenとアーケシュフース城の裏の埠頭から夏期のみ運航している。市庁舎前広場からの便は、ヴァイキング船博物館やフラム号博物館のあるビィグドイ地区Bygdøy行き。ビィグドイへはバスでも行けるが、オスロフィヨルドが目の前に広がる絶景を眺めながら進むフェリーを利用するのがおすすめだ。

■ タクシー　　Taxi

　オスロには流しのタクシーはないので、タクシー乗り場から乗車するか、電話で呼び出す。料金はすべてメーター制で、ぼられる心配もほとんどない。深夜は割増料金になる。

こんな景色、見たことある？

まさに息を呑む絶景だね。

ノルウェーのナットシェルなら、
そんな景色に出会えるよ！

ノルウェー
ナットシェル

Norway in a nutshell®
ーノルウェーの大自然を手軽にエンジョイ！
ノルウェーナットシェルは、オスロ・ベルゲン・
ヴォスを基点に、手軽にフィヨルド観光を
楽しめる周遊券（パス）。列車、フィヨルド観光
船、バスがセットになっているので、初めてフィ
ヨルドを訪れる方にもお勧めです。フロム
鉄道から見える絶景、フェリーから眺めるソ
グネフィヨルドの支流でユネスコ世界遺産の
ネーロイフィヨルド、ノルウェーナットシェル
で、ぜひ体感してください！

ハダンゲル
ナットシェル

ー周遊パスで、フィヨルドを自由自在！
全長179kmのハダンゲルフィヨルドは、他
のフィヨルドと比べて、牧歌的で情緒豊かな
景色が特徴です。このハダンゲルナットシェル
は、美しい山々、滝、果樹園など、ハダンゲル
観光を手軽に楽しめる、とても便利な周遊パ
ス。日帰りでも十分見所を周れるコースもあ
りますが、別のフィヨルド周遊パスとの組みあ
わせもOK！鉄道、フェリー、路線バスの料金
が含まれるこのパスは2ヶ月有効です。

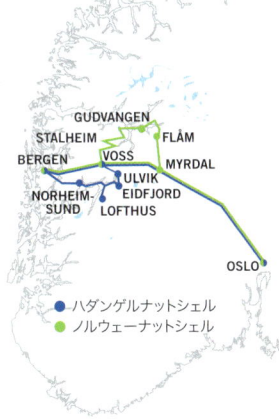

GUDVANGEN
STALHEIM FLÅM
BERGEN VOSS MYRDAL
ULVIK
NORHEIM- EIDFJORD
SUND LOFTHUS

OSLO

● ハダンゲルナットシェル
● ノルウェーナットシェル

お問い合わせ・ご予約は、ネットトラベルサービスまで！
tel: 03-3663-6004, fax: 03-3663-6800
www.nettravel-jp.com, email: nettravel-jp@tumlare.com

オスロの歩き方

オスロは一国の首都としてはそれほど大きくなく、旅行者にとってはとても観光しやすい町。見どころがあるエリアも限られているうえ、トラムや地下鉄などの交通網が整備されているため移動もしやすい。特に市内中心部にはトラムが網の目のように走っているので、1日券などを上手に利用すれば交通費をかけずに動き回ることができる。

ショップやカフェが並ぶカール・ヨハン通り

オスロ観光の起点となるのは、国内外からの列車やトラム、地下鉄、バスなどの交通機関が集まるオスロ中央駅。ここから西に向かって王宮の入口まで延びるカール・ヨハン通りの周辺が、町で最もにぎやかなエリアだ。2kmほどのこの通りの東に位置する中央駅周辺にはデパートやショッピングモールなどの商業施設が、王宮に近い西側では劇場や美術館などの文化施設が軒を連ねている。まずはこの通りをゆっくり歩き、町の雰囲気と地理を把握するといいだろう。

オスロ中央駅から王宮に向かう途中、左側に少し入った所にひときわ大きなオスロ市庁舎がある。オスロフィヨルドに面したこの建物の南には市庁舎前広場があり、その先にある複合商業施設Aker Brygge（→P.213）へと続くエリアは地元の人々の憩いの場。夏には対岸にあるビィグドイ地区へのフェリーもこの広場から発着している。

ビィグドイ地区は、オスロの西側に突き出している小さな半島。狭いエリアに美術館や博物館が集まっていて、ノルウェーの歴史や文化に触れることができる。

郊外にあるそのほかの見どころも、市バスで簡単にアクセスできる場所がほとんど。乗り場さえ間違えなければまず迷わないので、遠出の際にはトラフィカンテンでバスの発着場所を確認してから出発するといいだろう。

市庁舎前広場では市民が憩う姿も見られる

オスロの観光案内所❶

オスロの観光案内所はオスロ中央駅前（→P.176）と、オスロ市庁舎前の2ヵ所にある。中央駅前の観光案内所ではホテルやフィヨルドツアーの予約方法などを教えてくれるが、情報量はオスロ市庁舎前のほうが断然多く、対応もいい。観光案内所ではオスロ市街地図、月刊のイベント案内などが無料で入手できるほか、さまざまな質問に答えてもらえる。が、最近は日本人旅行者から「どこに行けばいいですか」という漠然とした質問が多く、スタッフが答えられず困っているとのこと。質問するときには「●●へ行くには？」「□□博物館の開館時間を教えて」というように具体的に質問しよう。

スタッフは英語が話せて親切

オスロ市庁舎前の
観光案内所❶
MAP P.172-B2
📍Fridtjof Nansensplass 5
☎815-30555
URL www.visitoslo.com
🕐4・5・9月
　月～土9:00～17:00
　6～8月
　毎日　9:00～19:00
　10～3月
　月～金9:00～16:00
🚫4・5・9月の日、10～3月の土・日

オスロ発のツアー

滞在期間が短い旅行者は、観光ツアーなどを上手に使って時間を有効に使いたいもの。観光バスは主要ホテルや観光案内所で申し込みができ、ホテルまで迎えに来てくれるものが多い。集合の時間と場所などは予約の際に確認のこと。

■ 観光バスツアー

ツアーよりも自由度が高いのが、シティ・サイトシーイング・オスロCity Sightseeing Osloの観光バス。市内の見どころ約10ヵ所を巡る循環型のバスで、24時間有効のチケットで自由に乗り降りできる。オスロ市庁舎前の観光案内所前を出発し、ヴィーゲラン公園、ノルウェー民俗博物館、コンチキ号博物館などを回る。料金は225NOK。

シティ・サイトシーイング・オスロ
URL www.citysightseeing.no
🕐5～9月
　毎日10:00～17:00
　30分ごとに出発。最終便は16:00。
　チケット購入はバス車内や観光案内所、おもなホテルで。

■ 観光船ツアー

オスロフィヨルドを船で巡る観光ツアーをボートサービス・サイトシーイング社Båtservice Sightseeingが催行。約1時間30分で港周辺を回るミニクルーズ（175NOK）や、夏期（4/1～9/25）のみ運行のオスロフィヨルドツアー（約2時間245NOK）など、スケジュールや好みに合わせて選ぶことができる。オスロ市庁舎南の船着場から出発。特に予約なしでも桟橋近くの販売ブースでチケットを買って乗船できる。

ボートサービス・
サイトシーイング社
URL www.boatsightseeing.com
　ツアーによって開催される時期が少しずつ違うので、スケジュールは事前に確認すること。
　料金はすべてオスロ・パスで15%割引。

オスロ・ユースフルアドレス			
日本大使館	☎22-991600	📍Wergelandsveien 15　MAP P.172-B1	
	FAX 22-442505		
スカンジナビア航空	☎91-505400		
フィンエアー	☎81-001100	📍Jernbanetorget 4	
アメリカン・エキスプレス	☎80-068100		
遺失物（トラム、地下鉄、市バス）	☎22-085361		
オスロ警察（遺失物）	☎22-669865	📍Grønlandsleiret 44	
警察、消防、救急車	☎112　☎110　☎113		
救急医療センター（24時間）	☎22-118080		

ノルウェー　オスロ　歩き方／観光案内所

オスロ エリアインフォメーション

A オスロ中央駅周辺（→P.186）

ノルウェー国内のおもな都市やストックホルム、コペンハーゲンからの列車が到着するのがオスロ中央駅。駅構内には銀行、郵便局など何でも揃っていて便利だ。周辺にはデパートや商店、ホテル、レストランなどが集中している。駅前には観光案内所、トラムや市バスの乗り場、地下鉄の駅もあるので、町歩きの拠点となる。

中央駅を起点に西に真っすぐ延びるのが、オスロの目抜き通りカール・ヨハン通りだ。通りの北側に赤茶けた色のオスロ大聖堂が見える。この大聖堂から国会議事堂までは歩行者天国になっていて、夏には大道芸人や買い物中の人々で通りはいっぱいになる。

まずは観光案内所も入ったトラフィカンテンで情報を集めよう

B 王宮周辺 （→P.187）

オスロ中央駅から西に延びるにぎやかなカール・ヨハン通りの突きあたりが、王宮のある王宮公園Slottspar-

イプセンの作品が上演される国立劇場

ken。公園の手前にある地下鉄ナショナルテアトレット駅の周辺には、国立劇場やオスロ大学などの文化施設が集まっている。

C 市庁舎前広場周辺（→P.189）

オスロ市庁舎はオスロ湾に面してそびえる大きな建物。その南側に広がるのが市庁舎前広場で、市民や観光客の憩いの場となっている。夏期にビィグドイ地区行きの船が発着するのもこの広場。広場から海に向かって左には趣のあるアーケシュフース城が、右側にはショッピングエリアとして人気の複合商業施設Aker Brygge（→P.213）がある。ガラスを多用したこの建物は、陽光を少しでも多く取り入れたいという北欧らしい願望が感じられる斬新なデザインだ。また、市庁舎の北のロータリーの脇には、旅行者の味方である観光案内所がある。

市庁舎前広場からオスロフィヨルドを望む

D ビィグドイ地区 （→P.191）

オスロの西側に突き出ている半島ビィグドイ地区Bygdøyには、ユニークな博物館が数多く点在している。例えばノルウェー民俗博物館、建物も美しいヴァイキング船博物館、コンチキ号博物館、フラム号博物館、ノルウェー海洋博物館など。滞在日

182

数に余裕があれば、1日かけてゆっくり訪れたいエリアだ。一番奥にあるコンチキ号博物館やフラム号博物館の正面まで、オスロ中央駅から30番のバスで約20分。夏期には市庁舎前広場の桟橋から船も出ている。こちらは所要約15分で、ドロンニンゲン桟橋Dronningenを経由してビィグドイに到着する。小さなフェリーだが、オスロフィヨルドでのちょっとしたクルーズ気分が楽しめる。

広大な敷地を有するノルウェー民俗博物館

郊外 (→P.194)

郊外にも見逃せない見どころがいっぱい。ムンク美術館やヴィーゲラン公園、スキー博物館などは、どれもオスロに来たら見ておきたいものばかり。郊外への移動は地下鉄やトラムの利用が便利だ。

ヴィーゲラン公園のモノリッテン

オスロ エリアマップ

ヴィーゲラン公園

王宮

オスロ市庁舎

市庁舎前広場

オスロ中央駅

オスロ大聖堂

ビィグドイ

1km

One Day Sightseeing

オスロ1日満喫型プラン

まずはムンク関連の美術館をチェック。ビィグドイ地区の博物館も見逃せない。オスロは広いので、トラムを上手に利用しよう。

1 巨匠ムンクの軌跡を集めた ムンク美術館

見学60分

(→P.194)

ムンク作の絵画や版画、デッサンなど約2万5000点を収蔵。館内にあるカフェ(→P.210)もおしゃれな雰囲気。

「叫び」のTシャツはおみやげにぜひ

入口脇にあるカフェ・エドヴァルド・ムンクCafé Edvard Munch

2 ルネサンス様式の美しいたたずまい アーケシュフース城

見学60分

(→P.190)

石造りの重厚な建物や内部はもちろん、ここから眺めるオスロフィヨルドの眺望の美しさは折り紙付き。

英語によるガイドツアーも催されている

POINT

時間に余裕があればカール・ヨハン通りを歩いて、買い物がてら移動するのも◎。

Start!

- ①ムンク美術館 MAP P.171-D2
  - 地下鉄15分、トラム5分
- ②アーケシュフース城 MAP P.172-B4
  - 徒歩10分
- ③オスロ市庁舎 MAP P.172-B3
  - 徒歩1分
- ④ノーベル平和センター MAP P.172-B3
  - フェリー(夏期のみ)20分
- ⑤ノルウェー民俗博物館 MAP P.170-A3
  - 徒歩10分
- ⑥ヴァイキング船博物館 MAP P.170-A4
  - フェリー(夏期のみ)20分、徒歩15分
- ⑦国立美術館 MAP P.172-B2
  - 地下鉄10分、徒歩10分
- ⑧ヴィーゲラン公園 MAP P.170-A・B～1・2

Goal!

3 市民の憩いの広場もある オスロ市庁舎

見学30分

(→P.189)

ノーベル平和賞の授賞式が行われるオスロ市庁舎。ロビーの巨大な油絵は要チェック。2階にはムンクの絵もある。

2つの四角い塔が印象的

4 平和について
考える博物館
見学
20分
ノーベル平和センター
(→P.189)

平和活動への取り組みについて、最新デジタル技術を駆使した展示やイベントなどでわかりやすく紹介している。

斬新な展示が目を引く館内

5

ノルウェー各地から集められた昔ながらの家屋が並ぶ

当時の暮らしを今に伝える
見学
60分
ノルウェー民俗博物館
(→P.191)

土で造った古民家のほか、北欧特有の木造教会やラップランドに住む先住民族・サーメについての展示もある。

6
壮大なロマンが
目に浮かぶ
見学
30分
ヴァイキング船博物館
(→P.192)

フィヨルドから発掘された実物のヴァイキング船、オーセバルク号とゴークスタット号が最大の見どころ。
夏期にはフェリーで訪れる
こともできる

7
あのムンクの『叫び』は
ここにある！
見学
60分
国立美術館
(→P.187)

絵画や彫刻など幅広いジャンルの作品を収蔵。ノルウェーを代表する画家、ムンクの『叫び』や『思春期』が見逃せない。
明るい光が差し込む館内

One Day Sightseeing

8
彫刻に囲まれた
美しい公園
見学
30分
ヴィーゲラン公園
(→P.194)

200点以上の彫刻や、公園の象徴でもあるモノリッテンなど、数々のアートをゆっくりと堪能することができる。
公園の西端にある彫刻『生命の輪』

園内にある怒りんぼうの像

おもな見どころ

オスロ中央駅周辺

オスロ大聖堂

Oslo Domkirke

MAP P.173-C2,P.186

歴史ある大聖堂は、オスロ中央駅のすぐそば

オスロ大聖堂
🏠Karl Johans gate 11
☎23-629010
URLwww.oslodomkirke.no
🕐日中は入場自由
🚫無休
💰無料

1697年に創建されたノルウェー国教ルーテル派の総本山。19世紀半ばに2度の大修復工事を経て、現在の姿となった。祭壇やオルガンの周囲につけられた装飾は建立時のものだ。また、ステンドグラスはヴィーゲラン公園（→P.194）で有名なグスタヴ・ヴィーゲランGustav Vigelandの弟エマヌエルEmanuelの作品。1936～1950年の間に制作されたやわらかな色彩のフレスコ画も美しい。6000本ものパイプが備えられたパイプオルガンも必見。

カール・ヨハン通り

Karl Johans gate

MAP P.172-B2～P.173-C3,P.186

オスロ中央駅から王宮へと続くオスロの目抜き通り。距離にして約2km、歩くと30分ほどかかる。オスロ大聖堂から国会議事堂までは歩行者天国になっており、週末や夏になるとどこからともなく大道芸人がやってきて芸を披露してくれる。ギター片手に歌う人、似顔絵描き、切り絵師、手品師、銅像の真似をする人まで、バリエーション豊かな才能を楽しむことができる。

この通りには商店やレストランがびっしりと並び、ショッピングにも最適な場所。オスロに到着したらまずここを歩き、町の雰囲気と地理を把握するといいだろう。

カール・ヨハン通りでは、さまざまなアーティストが路上でパフォーマンスを行う

にぎやかなカール・ヨハン通り

カール・ヨハン通り周辺

王宮

Det Kongelige Slottet
MAP P.172-A1

カール・ヨハン通りを見下ろすかのように建っている王宮は、1822年に着工されたが、途中資金不足のために一時工事は中断。その後1848年にようやく完成した。王宮の前には当時のスウェーデン王、カール・ヨハンKarl Johanが馬に乗った大きな銅像が建っている（1814〜1905年までノルウェーはスウェーデンの支配下にあった）。

王宮の中は夏期のみガイドツアーで見学することができる。裏にある広い王宮公園は出入り自由。月〜金曜の13:30には、紺色の服を着た衛兵の交替式がある。よく衛兵と並んで記念写真を撮る人がいるが、話しかけても彼らは話をすることが禁じられている。そのときの若い衛兵の困った顔をはたから見るのはちょっとおもしろいが、話しかけないように。

また、国王が王宮に滞在しているときは、交替式の最中にはロイヤル・ガードによる演奏がある。

王宮には、現在も国王が暮らしている

国立美術館

Nasjonalgalleriet
MAP P.172-B2

芸術・美術に興味がある人はもちろん、そうでない人もオスロに来たらぜひ訪れておきたいのが国立美術館。ノルウェーを代表する画家、ムンクの代表作『叫び』のほか、ゴーギャン、ピカソ、モネ、セザンヌなど、美術の教科書に掲載されているような著名な画家の絵が数多く収蔵されている。ジャンルも絵画から彫刻まで幅広い。1階のミュージアムショップでは『叫び』のポストカードなどが販売されている。

ここ♪では有名なムンクの『叫び』をぜひ見たい

王宮
🏠Henrik Ibsens gate
☎22-048700
URL www.kongehuset.no

ガイドツアー（英語）
📅6/20〜8/14
　月〜木・土
　　12:00、14:00、14:20
　金・日
　　14:00、14:20、16:00
💰95NOK
　所要約1時間。チケットは郵便局かコンビニ、または☎81-533133で。空きがあれば王宮入口で当日券の販売もある。なお、ノルウェー語のツアーは月〜木・土曜11:00〜17:00、金・日曜13:00〜17:00の20分おきに催行。

行き方►►►
　トラム13、19番でSlottsparken下車。または地下鉄ナショナルテアトレット駅下車。

衛兵の交替式も行われる

国立美術館
🏠Universitetsgata 13
☎21-982000
URL www.nasjonalmuseet.no
🕐火・水・金
　　10:00〜18:00
　木　　10:00〜19:00
　土・日11:00〜17:00
休月
💰50NOK（日曜は無料、特別展は別途）
行き方►►►
　トラム11、17、18番でTullinløkka下車。またはトラム13、19番でNational-theatret下車。または地下鉄1〜6番でナショナルテアトレット駅下車。オスロ大学旧校舎裏。カール・ヨハン通りから徒歩3分。

著名な作家の作品がズラリ

歴史博物館

[住] Frederiks Gate 2
[電] 22-859912
[FAX] 22-859920
[URL] www.khm.uio.no/historisk_museum
[開] 5/15〜9/14
　　火〜日10:00〜17:00
　　9/15〜5/14
　　火〜日11:00〜16:00
[休] 月
[料] 50NOK（日曜は無料）
行き方➡➡➡
　トラム11、17、18番でTullinløkka下車。または地下鉄1〜6番でナショナルテアトレット駅下車。

木造教会の一部がそのまま展示されている

ノルウェー手工芸博物館

[住] St. Olavs gate 1
[電] 21-982000
[URL] www.nasjonalmuseet.no
[開] 火・水・金
　　　11:00〜17:00
　　木　11:00〜19:00
　　土・日12:00〜16:00
[休] 月
[料] 無料
行き方➡➡➡
　トラム11、17、18番でTullinløkka下車、徒歩約7分。または地下鉄1〜6番でナショナルテアトレット駅下車。

イプセン博物館

[住] Henrik Ibsens gate 26
[電] 22-123550
[FAX] 22-123551
[URL] www.norskfolkemuseum.no/ibsenmuseet
[開] 5/15〜9/14
　　火〜日
　　　11:00〜18:00
　　9/15〜5/14
　　火・水・金〜日
　　　11:00〜16:00
　　木　11:00〜18:00
[休] 月
[料] 45NOK
　（オスロ・パスで入場可）
ガイドツアー
[開] 5/15〜9/14
　　火〜日11:00〜17:00
　　9/15〜5/14
　　火・水・金〜日
　　　11:00〜15:00
　　木　11:00〜17:00
　1時間ごとに出発。
[料] 85NOK（入場料込み）
行き方➡➡➡
　トラム13、19番でSlottsparken下車。または地下鉄1〜6番でナショナルテアトレット駅下車。

歴史博物館　　　　　　Historisk Museum

MAP P.172-B1・2

　オスロ大学に所属する博物館で、ヴァイキング時代に使用された日常生活用品や刃斧、馬具、戦いに使用されたシャツ、兜、銀製品、指輪などの貴重な品が展示されている。ヴァイキングに興味のある人には、ぜひとも見てほしい博物館だ。ヴァイキング以外のものとしては、珍しい木造教会の一部の展示、また、氷河時代、石器時代、青銅器時代、鉄器時代と順を追って、ノルウェーの歴史を説明している。

ヴァイキングにまつわる展示が中心

ノルウェー手工芸博物館　　Kunstindustrimuseet

MAP P.173-C1

　装飾品や家具、食器などが展示されている博物館。18世紀から20世紀にかけてノルウェーで作られたものを中心に、バロック、ロココ時代のものや、ペルシャから運ばれてきたものなどが収集されている。また、スカンジナビアンデザインのコーナー、20世紀のファッションや家電製品の変遷が時代を追って展示されているコーナーなどもあり興味深い。ショップにはガラス製品などしゃれた工芸品が揃っている。

時代ごとの特徴がわかる展示内容

イプセン博物館　　　　　Ibsen Museet

MAP P.172-A2

　『人形の家』などの戯曲で知られるノルウェーの代表的劇作家ヘンリック・イプセン（1828〜1906年）。緻密な人間描写でヨーロッパ演劇に心理的深みと社会問題意識をもたらしたとされ、近代劇の父とも呼ばれる。博物館は彼の作品と生涯を解説する展示と、1895年から1906年に没するまで過ごしたアパートからなっている。ガイドツアーでのみ見学できるアパート内はイプセンが暮らしていた当時のままに再現されており、その作家活動の様子を偲ぶことができる。

イプセンがその晩年を過ごした家

市庁舎前広場周辺

オスロ市庁舎
Rådhuset i Oslo
MAP P.172-B3

オスロ市創立900年を記念して建てられたのが現在の市庁舎だ。全国の建築家から作品を募集し、ふたりの案を採用して1931年に着工された。第2次世界大戦中の1940～45年の間工事は中断されたが、1050年、ハーラル王によりオスロ市の基礎が作られてから、ちょうど900年後の1950年に完成した。

中に入るとまず目に入るのが、ヨーロッパ最大ともいわれる巨大な油絵（24×12.6m）。1階と2階にはそのほかにも多くの壁画があり、これだけでも興味深い。これらの絵はドイツ軍占領下の苦しみを描いたものが多く、当時の国民感情がよく現れている。また、2階のムンクの間にはムンクの『人生』という絵もある。この絵は当初ドイツのドレスデンにあったが、ヒトラーに毛嫌いされてドイツから返還されたという。

木のインテリアでまとめられたムンクの間

北欧神話エッダに興味のある人にぜひ見てほしいのは、正面入口の脇に飾られている16の木彫。正面に向かって左から、物語の順に並べられている。また、市庁舎の完成時に世界各

国から届けられた贈り物が2階の廊下に並べてあるが、その中には日本人形もある。ノーベル平和賞の授与式は、毎年12月10日にここで行われている。

ノルウェー人の文化や営みが描かれた巨大な壁画が見られる

ノーベル平和センター
Nobels Fredssenter
MAP P.172-B3

ノーベル平和賞の歴史や受賞者の功績に関する資料を通して、平和について考えさせられる博物館。ノルウェーの独立100年を記念して2005年6月にオープンした。展示はインタラクティブな仕掛けに富み、楽しみながら知識を深められるようになっている。受賞者のプロフィールなどを描いたドキュメンタリー映画も見ごたえがある。展示されている純金のメダルは、ノルウェーの国際平和運動家C.L.ランゲが1921年に受賞した時のもの。メダルのデザインは彫刻家のグスタフ・

ヴィーゲランが手がけている。建物は1872年から1989年まで使われていた旧オスロ西駅。

近年のノーベル平和賞受賞者の活動を紹介する展示も随時企画されている

オスロ市庁舎
🏠Fridtjof Nansens plass
☎23-461200
URLwww.rft.oslo.kommune.no
🕐毎日9:00～18:00
休無休
料無料
ガイドツアー（英語）
🕐水10:00、12:00、14:00
料無料
所要約45分。
行き方➡➡➡
トラム12番でRådhus-plassen下車。または地下鉄1～6番でナショナルテアトレット駅下車。

ノーベル平和センター
🏠Brynjulf Bulls Plass 1
☎48-301000
FAX91-429238
URLwww.nobelpeacecenter.org
🕐9/1～5/16
火～日10:00～18:00
5/17～8/31
毎日 10:00～18:00
休9/1～5/16の月
料80NOK
（オスロ・パスで入場可）
行き方➡➡➡
トラム12番でAker Brygge下車。または地下鉄1～6番でナショナルテアトレット駅下車。

ノーベル賞を提唱したアルフレッド・ノーベルの足跡をたどるノーベルの部屋

最上階には神秘的なステンド
グラスがある

個性豊かな作品が多い

アーケシュフース城

Akershus slott

MAP P.172-B4

　オスロフィヨルドを見守るアーケシュフース城は、1299年
にホーコン5世マグヌソン王によって岩の上に建てられたが、
1527年の火事で大部分が焼失。長い間見捨てられていた城を
現在のように再建したのは、女性と戦争と建築が大好きなデ
ンマーク王、クリスチャン4世だ。彼は城というよりもルネ
ッサンス様式の宮殿として1600年代前半に改築し、1630年頃
には城壁も造られた。

　1308年から1716年の間には敵軍に9回も包囲されたが、一
度として城は明け渡されることはなく要塞としての役割を果
たす。1815年以降は、現在にいたるまで国の公式行事などに
使用される軍事色のない城になり、王室に連なる人が亡くな
ると城内に埋葬されるようになった。

　城の内部は照明が少なくて暗い。石造りの長い通路が、城
内の宴会場、大広間、牢獄、前王の墓、礼拝堂へと続いてい
る。ゆっくり歩いて城内を1周すると30分ほど。

　城の外からはオスロフィヨルドがきれいに見える。ただし
土手には柵がなく、落ちたらケガでは済まないので注意。ま
た、王宮にいるような衛兵が城にもいる。

　このほか、城壁内には城築以来のオスロと城の歴史を紹介
するインフォメーショ
ンセンターInforma-
sjonssenteretや、第2
次世界大戦中ドイツ軍
に占領されたときのレ
ジスタンス運動に関す
る資料を展示したノ
ルウェー抵抗運動博
物館Norges Hjem-
mefrontmuseetがある。

城は堅固な城壁で囲まれている

現代美術館

Museet For Samtidskunst

MAP P.173-C3

　かつてノルウェー銀行だった建物を譲り受け、1990年に開
設。20世紀のノルウェーおよび、世界の現代美術作品が展示
されている。時折、写真展が開かれることも。難解な作品も
多いが、まずは頭
をカラッポにして
心で感じとってみ
よう。しばしたた
ずんで作者の意図
を探ってみるのも
楽しいひととき。

重厚感漂う建物はかつて銀行
として使われていた

ビィグドイ地区

ノルウェー民俗博物館　　Norsk Folkemuseum

MAP P.170-A3

広大な敷地に、ノルウェー全国から集められた170以上もの建物を展示している。多くは屋根から草の生えている農家の建物だが、なかにはオスロから北に200km行った所にあるゴールGolという村から1881年にオスロに移転された1200年当

時の木造教会（スターヴヒルケ）Stavkirke（→P.236）がある。珍しい教会で、屋根にはヴァイキング時代の名残とも思われる魔よけの龍頭が空をにらんでいる。このほかに興味深いものとして、サーメの民族衣装や、彼らの生活様式を伝える展示館がある。

　夏期には屋外ステージ（雨天の場合は展示館）でフォークダンスの公演も行われる。

ノルウェーに古くから伝わる建築が見られる

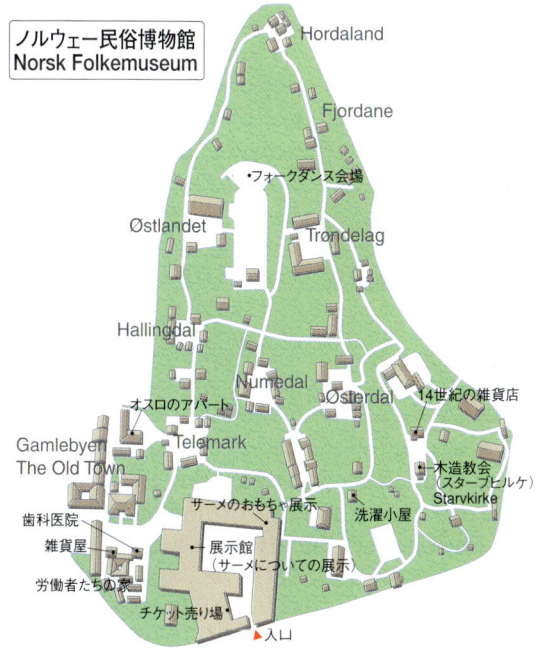

ノルウェー民俗博物館
Norsk Folkemuseum

Hordaland

Fjordane

•フォークダンス会場

Østlandet　　　Trøndelag

Hallingdal

Numedal

オスロのアパート　　Østerdal　14世紀の雑貨店

Gamlebyen　　Telemark
The Old Town

　　　　　　　　　　　木造教会
　　　　　　　　　　　（スターブヒルケ）
　　　　　　　　　　　Stavkirke

歯科医院　　サーメのおもちゃ展示　　洗濯小屋
雑貨屋
労働者たちの家　　展示館
　　　　　　　　（サーメについての展示）
　　　　　　チケット売り場
　　　　　　　　▲入口

ビィグドイ地区への行き方

　オスロ中央駅から市バス30番を利用すると、各博物館最寄りの停留所で英語のアナウンスがあるので、それを頼りに下車すればいい。また、夏期のみ市庁舎前広場からフェリーが運行。

　ヴァイキング船博物館とノルウェー民俗博物館へは最初に停まるドロンニンゲン桟橋で、コンチキ号、フラム号、ノルウェー海洋各博物館へは2番目のビィグドイネスBygdøynesで下船。

ビィグドイ行きフェリー
☎23-356890
URL www.boatsightseeing.com
圏4/1～5/19、9/5～10/9
　　　毎日8:45～18:15
　　　30分ごとに出発。
　　5/20～9/4
　　　毎日8:45～20:45
　　　10～30分ごとに出発。
圏10/10～3/31
圏片道40NOK
　チケットはフェリー乗り場で販売。船内でも購入できるが現金のみになる。

オスロフィヨルドの観光も楽しめる

ノルウェー民俗博物館
圏Museumsveien 10
☎22-123700
URL www.norskfolke.museum.no
圏5/15～9/14
　　毎日　10:00～18:00
　　9/15～5/14
　　月～金11:00～15:00
　　土・日11:00～16:00
圏無休
圏100NOK（9/15～5/14の月～金は75NOK）
（オスロ・パスで入場可）

フォークダンス
圏日14:00（夏期のみ）

行き方●●●
　市バス30番でFolkemuseet下車。

夏は民族衣装を着た踊り子たちがフォークダンスを披露

ヴァイキング船博物館
- Huk Aveny 35
- 22-135280
- www.khm.uio.no/vikin gskipshuset
- 5～9月
　毎日　9:00～18:00
　10～4月
　毎日10:00～16:00
- 無休
- 60NOK
（オスロ・パスで入場可）
　日本語訳の小冊子が館内の売店で売られている（35NOK）。
行き方➡➡➡
　市バス30番でVikingskipene下車。

館内には3隻の船が展示されている

コンチキ号博物館
- Bygdøynesveien 36
- 23-086767
- www.kon-tiki.no
- 3・10月
　毎日10:30～16:00
　4・5・9月
　毎日10:00～17:00
　6～8月
　毎日10:00～17:30
　11～2月
　毎日10:30～15:30
- 無休
- 65NOK
（オスロ・パスで入場可）
行き方➡➡➡
　市バス30番でBygdøynes下車。（フラム号博物館、ノルウェー海洋博物館も同じ）

ドキュメントフィルムの上映
　「ホントにこんな華奢ないかだで旅をしたの？」と言いたくなるのがコンチキ号だが、そのドキュメントフィルムが館内で上映されており、探検の様子が観賞できる。オスカー賞を授賞したフィルムは一見の価値あり。

帆のマークが日の丸に見えるラー2世号

■ ヴァイキング船博物館　　Vikingskipshuset
MAP P.170-A4

　館内に入ってすぐ目に入るのが、1904年に発掘されたオーセバルク船Osebergだ。800年代から50年間使用された女王の船で、女王の死後遺体とともに埋葬された。船尾から左に行くと、900年代に使用された長さ23m、横幅5mのゴークスタット船Gokstadがある。喫水線が極端に低く、これが1000年以上前の船かと疑いたくなるような造形美を見せる。ヴァイキングたちは優れた造船技術でヨーロッパや北米大陸を席巻した。

　ヴァイキングたちが活躍した時代から1000年後の1893年4月30日には、ゴークスタット船を真似たヴァイキング船がノルウェーを出発し、北米大陸までの航海に乗り出した。大西洋を無事横断した船は、5月27日にカナダのニューファンドランドNew Foundlandにたどり着いた。

機能性のみならず、芸術性も高いオーセバルク号

■ コンチキ号博物館　　Kon-Tiki museet
MAP P.170-A4

ヘイエルダールがペルーからイースター島まで渡ったコンチキ号

　文化人類学者トール・ヘイエルダールThor Heyerdahl（1914～2002年）の功績をわかりやすく展示した博物館。パピルスの船ラー2世号、バルサ材で造られたいかだ船コンチキ号、謎の島イースター島の石の巨像モアイの模型などが展示されている。

　コンチキ号は、ポリネシア語で「太陽の息子」。1947年ヘイエルダールを含む6人の乗組員を乗せ、ペルーからイースター島まで8000kmを101日間かけて漂流した。インカ帝国以前のティワナク文化とポリネシアの石の文明との共通点を発見し、南米からポリネシアへの文化の移動説を実証するためだった。

　コンチキ号の成功ですっかり有名になったヘイエルダールは1969年、パピルスの船ラー1世号を作り、再び航海に出る。今度は、ピラミッドと中米の石の文明との共通点から、古代エジプトから南米への文化の移動説を実証するためだった。モロッコから南米に向けて漂流するが、5000km進んだところでハリケーンに襲われ、沈没してしまう。翌年にはラー2世号を作り再度挑戦。8ヵ国から集まった8人の乗組員とともに、

6100kmを57日間で漂流した。乗組員には日本人カメラマンも加わっていた。

なお、博物館に入って日本人があげる第一声は「あっ日の丸だ。どうしてこんなところに日本の船があるのだろう」。念のために説明しておくと、ラー2世号の帆に描かれているのは日の丸ではなく、ラー（RA）、つまり太陽なのだ。誤解しないように。

■ フラム号博物館　　　　Framhuset
MAP P.170-A4 ■

　北極海流の研究のために造られた、全長39m、満載時で800トンの船フラム号Framがおさめられた博物館。フラム号は直訳すると「前進号」となる。

　ノーベル平和賞を受賞したナンセンNansenの指揮のもと、その名のとおり北進に北進を重ね、ついには北極の平原に3年間も閉じ込められてしまった。しかし設計どおり、船は氷に押しつぶされることなく氷の上に浮き上がり、無事オスロに帰還。

　フラム号はその後アムンゼンAmundsenに譲り渡され、1910年8月10日に、クリスチャンサンを再び出港した。アムンゼンは、1911年12月14日、イギリスのスコット隊（1912年1月18日南極点到着、帰路全員死亡）と競った末、南極点一番乗りを果たした。

　余談だが、フラム号が南極の鯨港を1912年1月31日に出港したとき、その隣には白瀬矗中尉率いる開南丸（204トン）が停泊していた。フラム号の出港に刺激され、開南丸も翌日、28頭の犬を収容する間もなく南極を去った。もし出発があと20分遅れていれば、氷山に押しつぶされていたと言われている。

■ ノルウェー海洋博物館　　Norsk Maritimt Museum
MAP P.170-A4 ■

　ノルウェーの海に関する資料を大規模に展示している本館と、過去から現代のボートを実物展示している別館の2棟からなる。なかでも船舶の模型数には目を見張るものがあり、船首に取り付けられていた芸術的な飾りも数多く展示されている。2階には現存するものでノルウェー最古といわれる、2200年前の木製ボートの残骸も展示されており、マニアなら半日いても飽きることがないだろう。そのほか、フィルムの上映や絵画の展示もある。館内はガラス張りになっており、美しい海を望みながら海の歴史をたどることができる。

海に関する資料が豊富に揃う

屋外に建つモアイの石像

フラム号博物館
住Bygdøynesveien 36
TEL23-282950
FAX23-282951
URLwww.fram.museum.no
開3・4・10月
　　毎日　10:00～16:00
　5・9月
　　毎日　10:00～17:00
　6～8月
　　毎日　　9:00～18:00
　11～2月
　　月～金10:00～15:00
　　土・日10:00～16:00
休無休
料60NOK
（オスロ・パスで入場可）

三角の建物に船がすっぽりと収まっている

ノルウェー海洋博物館
住Bygdøynesveien 37
TEL24-114150
FAX24-114151
URLwww.marmuseum.no
開5/15～8/31
　　毎日10:00～18:00
　9/1～5/14
　　金～水
　　　　10:00～16:00
　　木　10:00～18:00
休無休
料60NOK
（オスロ・パスで入場可）

郊外

ムンク美術館　Munch-museet

MAP P.171-D2

　1963年にムンクの生誕100年を記念して開館したムンク美術館には、ムンクがオスロ市に寄贈した膨大な作品が収められている。作品は外国の展覧会に貸し出されることも多く、よく配置が変わる。ムンクの全作品を展示することは物理的に不可能で、作品の多くは地下に保存され、一般には公開されていない。夏期は館内を回る英語のガイドツアーも開催している。併設のカフェ（→P.210）もおすすめ。

ヴィーゲラン公園　Vigelandsparken

MAP P.170-A・B～1・2

　町の中心から少し離れるが、トラムやバスを利用してぜひ行ってみたいのがヴィーゲラン公園だ。別名フログネル公園Frognerparkenと呼ばれる園内にはピクニックエリアや菩提樹の並木道があり、その回りに多数の彫刻が置かれている。

　彫刻の数は212点、刻まれた人間の数は、人造湖脇の胎児

から噴水にある骸骨まで合わせると650体以上になる。公園のシンボルのモノリッテンは、高さ17m、総重量260トンの花崗岩の塔に老若男女121体もの人間が刻まれている。彫刻に輪廻をみる人、人生の縮図をみる人、どう感じるかは人それぞれ。何しろ彫刻を造ったグスタヴ・ヴィーゲラン（1869～1943年）は作品の解説を一切拒否しているのだから。

広大な園内は市民の憩いの場となっている

ヴィーゲラン美術館　Vigelandmuseet

MAP P.170-A2

　ヴィーゲラン公園のモノリッテンの近くに立つと、公園の入口に向かって右側、森の中に緑色の低い塔をもつ建物の一部が見える。この建物は、ヴィーゲランにオスロ市が提供したアトリエだ。館内は1階がアトリエ、2階は住居として使われていた。現在はヴィーゲラン美術館として一般公開されており、1階では彫刻作品、2階では木版画を展示している。3階の塔にはヴィーゲランの遺体が安置されている。

　ヴィーゲランの弟エマヌエルも彫刻家で、美術館もある。

膨大な数の彫刻に圧倒される

ムンク美術館
🏠 Tøyengata 53
📞 23-493500
URL www.munch.museum.no
🕐 夏期
　月～金 10:00～21:00
　土　　 11:00～17:00
　日　　 11:00～21:00
　冬期
　火・水・金
　　　　 10:00～16:00
　木　　 10:00～21:00
　土　　 11:00～17:00
　日　　 11:00～21:00
　（時期によって異なる）
🚫 冬期の月
💰 95NOK（10～3月は無料）
（オスロ・パスで入場可）
ガイドツアー（英語）
🕐 7・8月　毎日13:00
行き方▶▶▶▶
　地下鉄1～6番でトゥーエン駅Tøyen下車。または市バス20番でTøyen下車、徒歩5分。

ヴィーゲラン公園
🕐 24時間　💰 無料
行き方▶▶
　地下鉄1～6番でマヨルストゥーエン駅Majorstuen下車。ヒルケベイエン通りKirkeveienを南へ進み、10分ほどの所が正門。またはトラム12番でVigelandsparken下車。
怒りんぼうを探そう
　怒った男児が片足を上げて立っている像が人造湖にかかる橋にある。シンナターゲン（怒りんぼう）と呼ばれ、人気者だった。しかし1992年冬に足が切られ持ち去られてしまった。後日発見され再び公園に戻ったが、よく見ると切られた部分が少し光っている。

ヴィーゲラン美術館
🏠 Nobels gate 32
📞 23-493700
URL www.vigeland.museum.no
🕐 6～8月
　火～日 10:00～17:00
　9～5月
　火～日 12:00～16:00
🚫 月　💰 50NOK
（オスロ・パスで入場可）
行き方▶▶▶▶
　ヴィーゲラン公園から徒歩5分。

エマヌエル・ヴィーゲラン美術館
🏠 Grimelundsveien 8
📞 22-145788
URL www.emanuelvigeland.museum.no
🕐 日 12:00～16:00
　（時期によって異なる）
🚫 月～土　💰 40NOK
行き方▶▶▶▶
　地下鉄1番でスレムダール駅Slemdal下車、徒歩7分。または市バス46番でGrimelundsveien下車、徒歩5分。

オスロ市立博物館 Oslo Bymuseum
MAP P.170-A2

1790年代に建てられた館を利用した博物館。1200年代から現代までのオスロの歴史や文化を細かに紹介している。その内容は通信・住宅・文化事業など多岐にわたっており、それぞれテーマ別に絵画や模型を用いた詳しい展示を見ることができる。

オスロの発展の歴史がわかる

ホルメンコレン・ジャンプ台とスキー博物館 Holmenkollbakken Ski Jump & Skimuseum
MAP P.170-B1外

海抜417mに建つジャンプ台。旧施設を全面改築して、2010年3月、鉄骨を生かした斬新なデザインのジャンプ台に生まれ変わった。1991年1月に87歳で亡くなった前国王のオラフ5世がまだ王子だった19歳と20歳のとき、ここホルメンコレンでジャンプ大会に参加、晩年も3月のジャンプの試合には毎年ここを訪れていた。ジャンプ台の近くにはオラフ5世の銅像が建てられている。

ジャンプ台のすぐ横にあるのが、スキー博物館。2500年前に使用されたスキーの破片から現在にいたるまでのスキーが展示されている。ナンセン、アムンゼンが北極で使用した装備もあり興味深い。館内からはエレベーターでジャンプ台に上ることができる。頂上から見下ろす景色は迫力満点だ。

ノルウェーはクロスカントリースキー発祥の地だが、現代スキーの父といわれるノールハイム（1821年生まれ）も忘れてはいけない。モルゲダールMorgedal（オスロの西約200kmの町）出身の彼が初めて木の細枝で紐を作りスキーを足に固定する締具を完成させたおかげで、スキーの動作機能が格段に進歩した。スラロームスキーも、ノルウェーが発祥地だ。当時彼が使用したスキーも博物館に展示してある。

ジャンプ台のそばにはスキー・シミュレーターSki-Simulatorがあり、スキージャンプやダウンヒルを疑似体験することができる。

間近で見るとその高さに驚く

ヘニー・オンスタッド美術館 Henie Onstad Art Centre
MAP P.170-A2外

実業家のオンスタッド氏と夫人のソニア・ヘニー氏の個人コレクションを展示した、ノルウェーでも最大規模の国際現代芸術の美術館。絵画や彫刻だけでなく、音楽やダンス、映像まで幅広いジャンルの現代芸術を集めている。そのため部屋ごとにまったく違う展示がされているので、芸術好きの人なら充分楽しめるはず。展示内容は随時変更される。

郊外の静かな場所にある

オスロ市立博物館
- Frognerveien 67
- 23-284170
- FAX23-284171
- URL www.oslomuseum.no
- 開7・8月
　　火～日11:00～17:00
　　9～6月
　　火～日11:00～16:00
- 休月
- 料無料
- 行き方===
　　トラム12番でFrogner-plass下車。または市バス20番でFrogner plass下車。

ホルメンコレン・ジャンプ台
- Kongeveien 5
- 91-671947
- FAX22-923250
- URL www.holmenkollen.com
　ここで行われた最初のジャンプ大会は1892年。そのときのジャンプ台は雪で作られ、記録は21.5m。

ジャンプ台とスキー博物館
- 開5・9月
　　毎日10:00～17:00
　　6～8月
　　毎日 9:00～20:00
　　10～4月
　　毎日10:00～16:00
- 休無休
- 料100NOK
　（博物館のみの場合90NOK）
　（オスロ・パスで入場可）

スキー・シミュレーター
- URL www.skisimulator.no
- 開5・9月
　　毎日10:00～17:00
　　6～8月
　　毎日 9:00～20:00
　　10～4月
　　毎日10:00～16:00
- 休無休
- 料55NOK
　（オスロ・パスで10NOK割引）
- 行き方===
　地下鉄1番でホルメンコレン駅Holmenkollen下車、降りてすぐ右に進み、正面の坂道を上って約15分。

ヘニー・オンスタッド美術館
- Sonja Henies vei 31, Høvikodden
- 67-804880
- FAX67-543270
- URL www.hok.no
- 開火～金11:00～19:00
　　土・日11:00～17:00
- 休月
- 料80NOK
- 行き方===
　長距離バスターミナルから市バス151番で30分、Høvikodden下車、徒歩5分。

ムンクについて学ぼう

表現主義の巨匠・ムンク

　エドヴァルド・ムンクEdvard Munch（1863〜1944年）は、ノルウェーが生んだ、北欧唯一といっても過言ではない、世界的な画家である。

　ムンクの生みだした作品全般からは、「死」や「孤独」、「不安」、「恐怖」といったテーマが読みとれるが、これは彼の生い立ちに深い関係があるといわれている。ムンクがこの世に生を受けたのは、1863年の12月12日。オスロの北にある町リョーテンLøtenで、軍医の息子として誕生した。翌年にはクリスチャニア（現オスロ）へ移住し、そこで青年期まで過ごした。ムンクが「死」というものを最初に感じた出来事は、5歳の時に母を結核で亡くしたことであろう。その後1877年には姉が同じ結核で死去してしまう。ムンク自身も体が弱く、喘息性気管支炎やリウマチ熱などを発症していた。そのため、冬はほとんど家の中で過ごしていたというムンクは、常に「死」や「不安」を意識する幼年期を過ごしていたのだ。

　ムンクというと、誰もが思い浮かべるであろう『叫びThe Scream』（1893年）や『マドンナMadonna』（1893〜94年）が有名だが、これらは

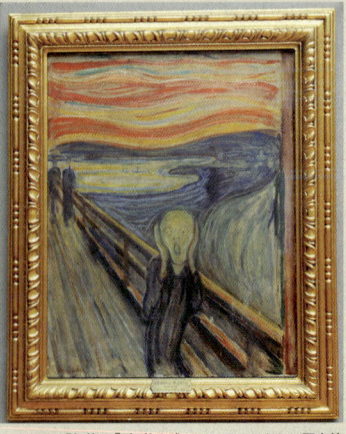

ムンクは、計4枚の『叫び』を残している。こちらは国立美術館所蔵。ムンク美術館にも別パターンの『叫び』がある

1902年にベルリンで個展を開いた際に発表された「生命のフリーズThe Frieze of Life」という22の絵画のシリーズ作の一部である。ほかにも『接吻Kiss』（1897年）や『吸血鬼Vampire』（1893〜94年）、『不安Anxiety』（1894年）などの代表作が同じシリーズのなかにある。これらは「愛」、「生」、「不安」、「死」をテーマとして描かれたもので、1889年のフランス留学中の父親の死をきっかけに鬱に陥るようになったムンクは、孤独のなかでこの連作の構想を練ったのだ。

　現在、ムンクといえば、「ヨーロッパ表現主義の生みの親」として知られている。表現主義とは、外部の情勢や形態にとらわれず、自分の心の中にある感情をストレートにキャンパス上に表現するというもの。自身の健康面の問題や、母親と姉の死により「死」というものを身近に感じていた少年時代の経験、そして父親の死による耐え難いほどの孤独感が、

ムンクによる自画像（ムンク美術館所蔵）

彼の鋭い感受性に影響を及ぼしていたのは想像に難くない。

「生命のフリーズ」発表により美術界での地位を確立したムンクだが、それまでの画家として人生は、決して順風満帆なものではなかった。彼の活躍した19世紀末といえば、リアリズムや自然主義が主流だった時代。『病める子供The Sick Child』（1886年）など彼が初期に発表した絵画はすべて痛烈な批判に遭い、「芸術への侮辱」とまで言われた。また「生命のフリーズ」発表後も、私生活での安定を得ることはできなかった。1902年には、愛人にピストルで撃たれるという事件を起こし、左手中指を失うという大ケガを負ってしまう。それをきっかけにアルコールにおぼれていったムンクは、1908年には精神を病み、コペンハーゲンでの入院生活を余儀なくされる。

その後ノルウェーに戻り、オスロ郊外の小さな町で生活するようになると、"闇"が大部分を占めた作風から、"光"のある明るい色彩へと作品にも変化が見られるようになる。その後1944年に81歳で死去するまで、ムンクは精力的に活動を続け、油彩画、版画、水彩画、スケッチなど2万5000点にもおよぶ作品をこの世に残した。ムンクは死後、その作品のすべてをオスロ市に寄贈した。現在、ムンクの作品は、オスロにある国立美術館やムンク美術館などで見ることができる。

代表作『マドンナ』
（国立美術館所蔵）

『叫び』の舞台へ行こう！

ムンクの『叫び』は、前年の彼の日記に記された次のような体験をモチーフにしている。

「夕暮れに友人ふたりと道を歩いている時、突然空が血のように赤く染まった。疲れを覚えた私は立ち止まり、柵にもたれた。青黒いフィヨルドと町の上には、血の色に燃え立つ雲が垂れ込めていた。友人たちは歩き続けたが、私は不安に震え立ちすくんだ。そして、果てしない叫びが自然をつんざくのを感じたのだった」（ムンクの日記　ムンク美術館ホームページより）

この時ムンクが歩いていたと推測される道が、オスロ市街南東のエケベルグEkebergという地区にある。丘の中腹のその道の途中から、オスロフィヨルドとオスロの町が一望できるのだが、前景に道を入れてみると、確かに作品そっくりの構図となる。絵のなかで橋のように見えるものが、実は道路だということを初めて知る人も多いに違いない。

道端には『叫び』の碑も設置されているが、ただし正確な場所については研究者の間でも見解が分かれている。とはいえ、ここから望む風景がムンクの見たそれに極めて近いことは間違いないだろう。足を運んでみれば、作品に込められた彼の心の叫びが聞こえてくるかもしれない。

---DATA---

■**エケベルグ**　**MAP P.171-D4**
行き方➡➡➡　オスロ中央駅前から市バス34、74番で10分、Brannfjellveien下車、バスの進行方向へ坂を上って2分。

作品では真っすぐの道に見えるが、実際はカーブを描いている

エクスカーション

ハーマル

Hamar

MAP P.160-A3

オスロの北119kmほどの所にある、こぢんまりとしたのどかな町。静かなミョーサ湖Mjøsaと豊かな自然、そして興味深い博物館もいくつかある。

ハーマル駅から中心街まではミョーサ湖沿いの遊歩道を散歩がてら歩いて行くのがおすすめ。町の見どころとしては、ノルウェー鉄道博物館Norsk Jernbanemuseum、950年に建築されたハーマル大聖堂の遺跡を中心とした展示があるヘードマルク博物館Hedmarkmuseetや1800年から1900年代にかけてアメリカに移住した人々の暮らしぶりを伝えるノルウェー移民博物館Norsk Utvandrermuseetなどがある。町外れにはリレハンメルオリンピックで使われた競技場ハーマル・オリンピックホールHamar Olympiske Anleggもある。

市庁舎の近くには世界一古い1856年建造の外輪船、白鳥号Skibladnerの発着所がある。ミョーサ湖南端アイツヴォルEidsvollから北端のリレハンメルLillehammerまでを結ぶ観光船で、夏期（6〜8月）のみ運航、所要往復約8時間。

ヴァイキング船をイメージしたハーマル・オリンピックホール

リレハンメル

Lillehammer

MAP P.160-A3

南北に細長いミョーサ湖のほぼ最北端に位置している町がリレハンメル。人口約2万6000人で、オスロからの距離は約174km。公的には1827年にノルウェー最初の内陸の商業都市として認められている。ノルウェーは海岸線が長く、内陸部では町が発達しなかった。リレハンメルも内陸ではあるが、ミョーサ湖を行き来する船のおかげで発展したのだという。

1994年に開催されたリレハンメル冬季オリンピックの開催地であり、町にはオリンピックの名残を感じるモニュメントなどが残されている。また、世界最大級のフィギュアスケート場、オーロラホールHamar Olympiske Amfi（Nordlyshallen）やスキー場、ハーフィエル・アルペンセンターHafjell Alpinesenterなどオリンピックで使われた施設も点在している。町はずれには、リレハンメル地方から集めた130軒近い農家や木造の教会などを移築、復元した民族博物館のマイハウゲンMaihaugenがある。

リレハンメル冬季オリンピックで使用されたジャンプ台

サイドバー（左段）

ハーマル
行き方▪▪▪
オスロから普通列車で約1時間30分。1時間に1〜2便前後。

ハーマルの観光案内所❶
☎62-517503
URLwww.hamarregionen.no
開月〜金8:30〜16:00
（夏期は時間延長あり）
休土・日

ノルウェー鉄道博物館
☎62-513160
URLwww.norsk-jernbanemuseum.no
開6月、8/16〜31
月〜土11:00〜15:00
日　　11:00〜16:00
7/1〜8/15
毎日　10:00〜17:00
9〜5月
火〜土11:00〜15:00
日　　11:00〜16:00
休9〜5月の月
料75NOK
（10〜4月の土曜は無料）
行き方▪▪▪
ハーマルの駅前から1番のバスでNorsk Jernbanemuseum下車。

ヘードマルク博物館
☎62-542700
URLwww.hedmarksmuseet.no

ハーマル・オリンピックホール
☎62-517500
URLwww.hoa.no

白鳥号
☎61-144080
URLwww.skibladner.no

リレハンメル
行き方▪▪▪
オスロから普通列車で約2時間20分。1時間に1〜2便前後。

リレハンメルの観光案内所❶
☎61-289800
URLwww.lillehammer.com
開月〜金　8:00〜16:00
土　　10:00〜14:00
休日
鉄道駅の構内にある。

マイハウゲン
☎61-288900
URLwww.maihaugen.no
開6〜8月
毎日　10:00〜17:00
9〜5月
火〜日11:00〜16:00
休9〜5月の月
料150NOK（9〜5月は100NOK）

ヴァイキング

北欧というと、まず思い浮かぶのがヴァイキングではないだろうか？

ヴァイキングとは、8世紀から11世紀にかけて、ヨーロッパから北米までの広範囲に渡って遠征を行い、略奪や侵略を繰り返した集団のこと。当時まだ国境があいまいだったデンマーク、ノルウェー、スウェーデンを拠点とした北ゲルマン人系で、古ノルド語を共通言語としていた。彼らは高い造船技術と戦闘力をもった戦士であり、向かうところ敵なしで侵攻を進めていった。侵攻に使われたヴァイキング船は全長30m以上の大型のもので、30〜40人程度が一度に乗り込み、それが50〜60艘の集団で進んでいく。船のスピードも当時としては画期的なものであった。ヴァイキングが用いた文字はルーン文字と呼ばれ、今でもヴァイキングの遺跡や博物館では金属や石碑に残されたルーン文字を見ることができる。ヴァイキングという呼称には諸説あるが、湾を意味する「ヴィークVIK」を語源とするものというのが有力な説である。「ヴァイキング」は9世紀頃から普通に使われるようになり、「海の遠征」を意味する古ノルド語になったとされている。

ヴァイキングたちの侵攻ルートは、東西南北実に広範囲に及んでいる。イギリスとアイスランドを皮切りに、西のグリーンランドや北米、南はフランス、スペイン、アフリカ、東はロシア、また中東にまで侵攻していった。ヴァイキングによるはじめの遠征が行われたのは793年。イングランドの東岸の沖合にあるリンディスファーンの修道院がノルウェーのヴァイキングにより襲撃された。その後、ヴァイキングたちは出身地により3つの国に分かれるようになり、ノルウェーとデンマークのヴァイキングは西へ、スウェーデンは東へと侵攻ルートも異なっていった。ノルウェーのヴァイキングはアイスランドからアイルランド、フランス、ポルトガル、スペインさらにはアフリカに至るまで侵攻を繰り返した。しかし、10世紀末になると、ヴァイキングの王たちがキリスト教への改宗を行い、デンマークとノルウェーがキリスト教化する。さらに遠征先から帰ってくるヴァイキングも少なくなり、他国に定住した人々はその地に完全に溶け込むこととなった。こうして、ヴァイキングの時代は終焉を迎えることになったのである。

侵略者としてヨーロッパ各地の人々に恐れられたヴァイキングだが、彼らは侵略者であると同時に、優れた航海士であり、またグリーンランドとアメリカ大陸という新大陸を発見した冒険家でもあったのだ。彼らがアメリカ大陸を発見したのは10世紀。コロンブスよりも実に5世紀も前のことだ。

ヴァイキングの活動が終わった頃、イングランドに統一王権が誕生し、中世ヨーロッパの国家の形成が進められた。彼らの開いた通商路はのちのハンザ同盟へと引き継がれ、商業ルートも一変した。これらヨーロッパ全土の変化に、ヴァイキングの活動が多大な影響を与えたことは間違いがない。

ビィグドイのヴァイキング船博物館には、ヴァイキング船の実物が展示されている

（参考文献：武田龍夫著『物語 北欧の歴史』（中公新書）、イヴァ・コア著・谷口幸男監修『ヴァイキング 海の王とその神話』（創元社）

オスロのホテル

オスロのホテルは、伝統的な格式の高いホテルからスタンダードクラスまでバリエーション豊富。全体的に宿泊料金が高く、節約派の旅行者にとってはちょっと厳しい。

町全体で約１万人を受け入れられる宿泊施設が揃っているので、基本的には予約をしないで到着しても大丈夫。オスロ中央駅や市庁舎前の観光案内所（→P.176、→P.181）で紹介してもらうことができる。ただ、観光客の集中する6〜8月に旅行する場合やリーズナブルなホテルに泊まりたい人は、あらかじめ日本から予約を入れておいたほうが無難だ。現地の観光案内所や旅行会社、オスロ観光局の公式ホームページ（[URL]www.visitoslo.com）で予約できる「オスロ・パッケージOslo Package」は、オスロ市内の観光施設が割引になるオスロ・パス（→P.180）とセットの割引宿泊プラン。ホテルは朝食付きで、同じ部屋に同伴の子供2人まで無料で泊まれるといった特典もある。（　）内は夏期、週末の料金。

最高級ホテル

Radisson Blu Plaza Hotel Oslo

ラディソンBluプラザ・ホテル・オスロ

オスロ中央駅周辺　MAP P.173-D2

オスロ中央駅から北東に徒歩約3分、オスロの町を映し出す全面ガラス張りの高層タワーは、市のランドマークとなっている。37階建てで、34階には市街を一望できるバーの34 Sky Bar（→P.216）がある。34、35階はプールとサウナ、フィットネスセンター。客室は、北欧スタイルやミラノ風のモダンなインテリアでまとめられておりスタイリッシュ。環境問題への取り組みも先進的。

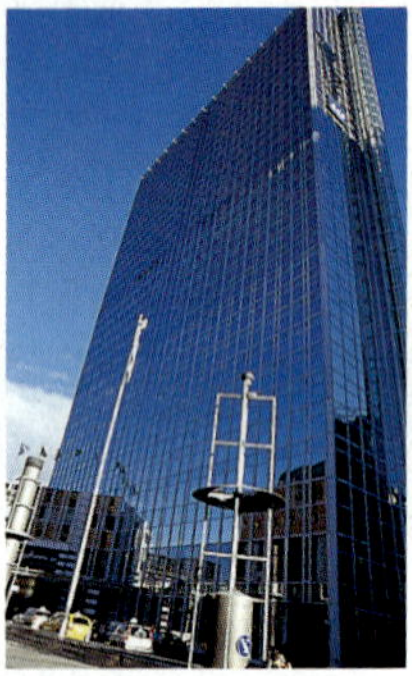

全面ガラス張りが印象的

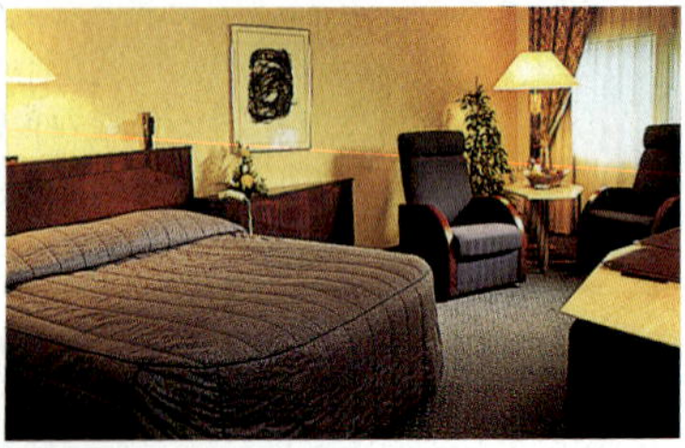

客室の造りも豪華

[住]Sonja Henjes plass 3
☎22-058000
[FAX]22-058010
[料]Ⓢ1995(1295)NOK〜Ⓓ2295(1295)NOK〜
[CC]A D M V
[室数]673室
[URL]www.radissonblu.com

Radisson Blu Scandinavia Hotel Oslo

ラディソンBluスカンジナビア・ホテル・オスロ

王宮周辺　MAP P.172-B1

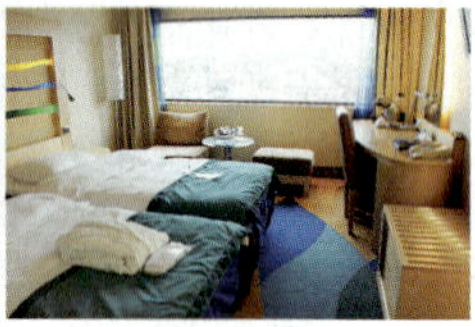

王宮公園に面して建つ高級ホテル。客室は広めの設計で、インテリアに趣向を凝らした贅沢な雰囲気だ。町の喧噪から離れた静かな環境。プール、フィットネスセンター、サウナにサンルームと設備も充実。空港バスのバス停もホテル前にある。

[住]Holbergs gate 30
☎23-293000
[FAX]23-293001
[料]Ⓢ1995(995)NOK〜
Ⓓ2195(1095)NOK〜
[CC]A D J M V
[室数]488室
[URL]www.radissonblu.com

Hotel Bristol

ブリストル

王宮周辺　MAP P.172-B2

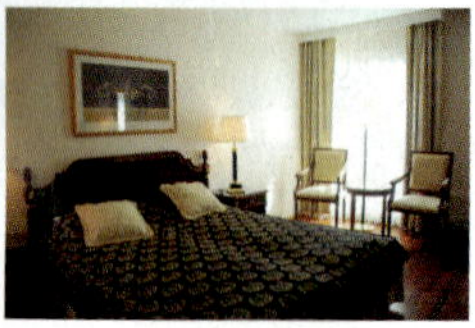

カール・ヨハン通りから１本入った静かな場所にある。1920年の開業以来格式と伝統を守り続けてきたホテルらしく、ロビーから客室までクラシックで高級感あふれる。客室はベージュを基調に、アンティークな家具を配している。

[住]Kristian IV's gate 7
☎22-826000
[FAX]22-826001
[料]Ⓢ1545(1195)NOK〜
Ⓓ2245(1995)NOK〜
[CC]A D J M V
[室数]251室
[URL]www.thonhotels.no

バスタブ　バスタブ一部　テレビ　テレビ一部　ドライヤー　ドライヤー貸出　ミニバー　ミニバー一部　ハンディキャップルーム　無線LAN　無線LAN有料　無線LAN一部　無線LAN一部有料

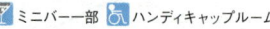

Grand Hotel Rica

グランド・ホテル・リカ

王宮周辺

MAP P.172-B2

1874年オープンのオスロを代表するホテル。カール・ヨハン通りに面して建ち、時計塔のある外観が伝統と格式を物語っている。ゲストの多くは国際会議で訪れる各国の政治家やビジネス・エグゼクティブ。ロビーの洗練されたインテリア、空間演出、色使いなど、すべてにオスロ独特の美意識が流れている。客室はゆったりとくつろげるインターナショナルサイズで、豪奢な調度品に包まれた高級な雰囲気。女性専用客室のみのレディース・フロアも設けられている。1階にあるレストラン、Grand Café（→P.210）は、歴史ある重厚な雰囲気を気軽に味わえる名店だ。オスロ中央駅から西へ徒歩約10分。

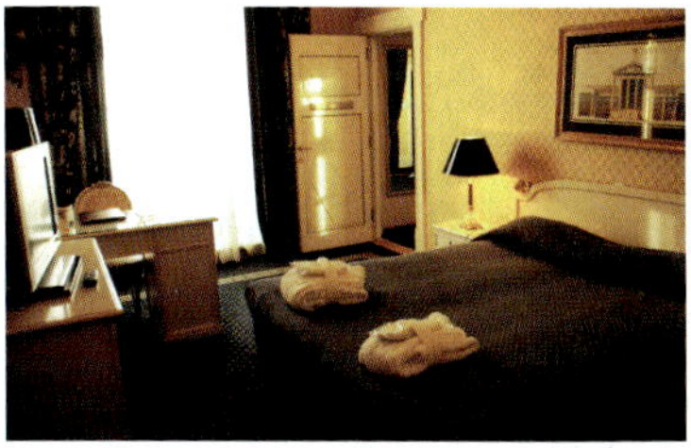

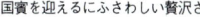

国賓を迎えるにふさわしい贅沢さ

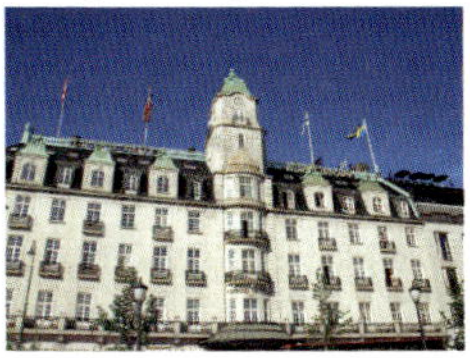

外観にも風格がある

[住]Karl Johans gate 31
☎23-212000
[FAX]23-212100
[料]Ⓢ2160(1395)NOK～Ⓓ2410(1645)NOK～
[CC]A D J M V
[室数]292室
[URL]www.grand.no/en

Hotel Continental

コンチネンタル

王宮周辺

MAP P.172-B2

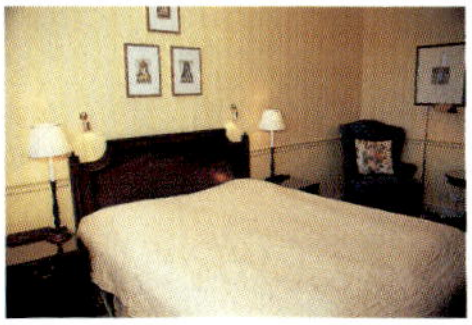

世界のホテル愛好家にも評判高い1900年創業の最高級ホテル。花柄やチェックを多用した温もりのある客室は、最高級の家具を使い重厚な造りとなっている。スタッフの対応もこまやか。1階はレストランのTheater cafeen(→P.207)。

[住]Stortingsgaten 24-26
☎22-824000 [FAX]22-429689
[料]Ⓢ2320(1405)NOK～
Ⓓ2780(1690)NOK～
[CC]A D M V [室数]155室
[URL]www.hotel-continental.no
日本の予約先：ザ・リーディング・ホテルズ・オブ・ザ・ワールド日本支社[Free]0120-086230

First Hotel Grims Grenka

ファースト・ホテル・グリムス・グレンカ

市庁舎前広場周辺

MAP P.173-C3

2008年にオープンしたオスロ初のデザインホテル。各所に草花のモチーフをあしらった建物は、国立美術館内のカフェを手がけたノルウェー人建築家、クリスティン・ヤルムンによるデザイン。ウインター、サマー、ミステリアスという色合いの異なる3タイプの客室がある。1階のレストランMaduはアジアンテイストの創作料理が評判。

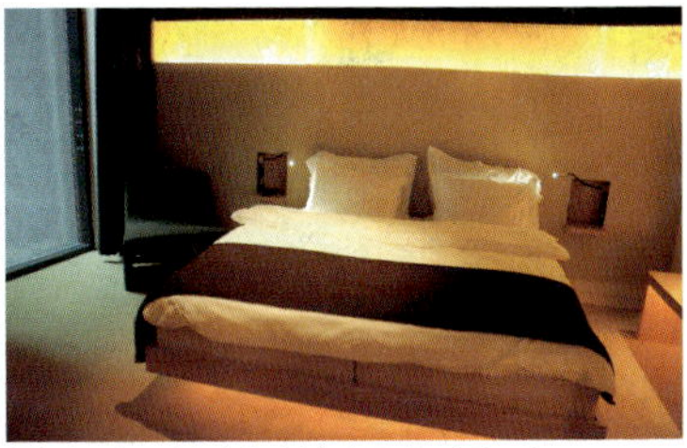

黒と赤でシックにまとめられたスイートルーム

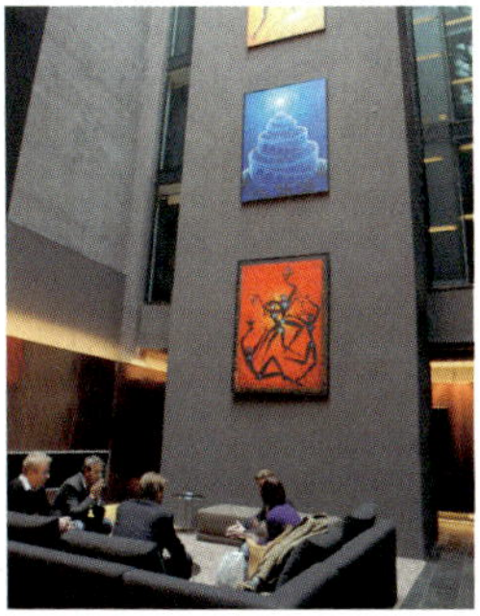

吹き抜けになったロビー

[住]Kongensgate 5
☎73-107200
[FAX]73-107210
[料]Ⓢ1550(1350)NOK～Ⓓ1750(1550)NOK～
[CC]A D M V
[室数]50室
[URL]www.firsthotels.com

Scandic Hotel Byporten

スカンディック・ホテル・バイポルテン

オスロ中央駅周辺

MAP P.186

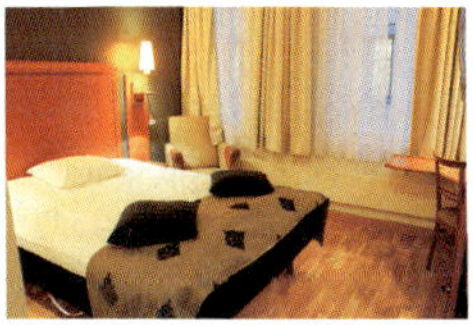

オスロ中央駅に直結した、非常に便利な立地のホテル。同じ建物内にショッピングセンターとスーパーマーケットもある。にぎやかな場所にあるものの、ホテル内は静かで落ち着ける空間。客室は広くはないがセンスのいい家具が使われていて快適。

[住]Jernbanetorget 6
☎23-155500
[FAX]23-155511
[料]Ⓢ990NOK～
Ⓓ1190NOK～
[CC]A D M V
[室数]239室
[URL]www.scandichotels.com

Clarion Hotel Royal Christiania
クラリオン・ホテル・ロイヤル・クリスチャニア

オスロ中央駅周辺　MAP P.186

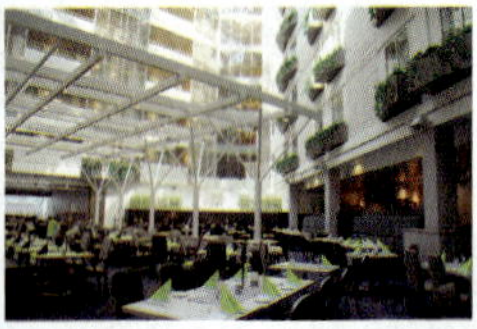

オスロ中央駅の目の前、大きな吹き抜けの空間が設けられた交通至便かつモダンなホテル。ホテル全体を包む気品ある白が、中庭の緑と調和して爽やかな印象。中庭がレストランになっていて、ノルウェー料理のほか各国の料理が味わえ人気。

[住]Biskop Gunnerus gate 3
[電]23-108000
[FAX]23-108080
[料]Ⓢ990NOK〜
Ⓓ1290NOK〜
[CC]A D M V
[室数]514室
[URL]www.choicehotels.no

Clarion Collection Hotel Savoy
クラリオン・コレクション・ホテル・サヴォイ

王宮周辺　MAP P.172-B1

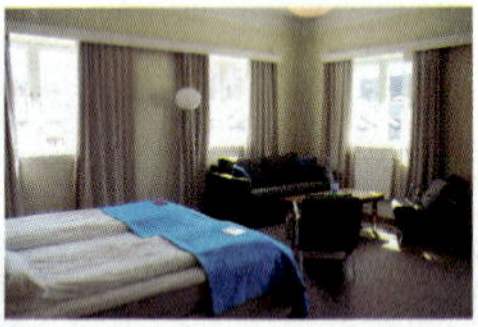

1918年創業、レンガ造りの格式ある豪華なホテル。カール・ヨハン通りにもほど近い便利な立地に建つ。客室の内装は格調高く、高級感にあふれている。モダンな雰囲気のレストランやバー、大規模なミーティングルームも備えている。

[住]Universitetsgata 11
[電]23-354200
[FAX]23-354201
[料]Ⓢ1380(1195)NOK〜
Ⓓ1680(1595)NOK〜
[CC]A D M V
[室数]93室
[URL]www.choicehotels.no

Scandic Edderkoppen
スカンディック・エデルコペン

王宮周辺　MAP P.172-B1

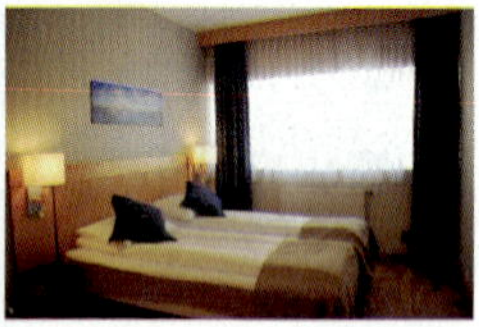

町の北、トラム11、17、18番Tullinløkkaから徒歩6分のところにある高級ホテル。ロビーはシンプルなデザイン。客室に配された白木の家具やファブリックがあたたかみを感じさせ、リラックスできる。スタッフも親切で感じがいい。劇場を併設。

[住]St. Olavs plass 1
[電]23-155600
[FAX]23-135611
[料]Ⓢ1450(1250)NOK〜
Ⓓ1650(1450)NOK〜
[CC]A D M V
[室数]241室
[URL]www.scandichotels.com

Best Western Karl Johan Hotel
ベストウエスタン・カール・ヨハン

王宮周辺　MAP P.172-B2

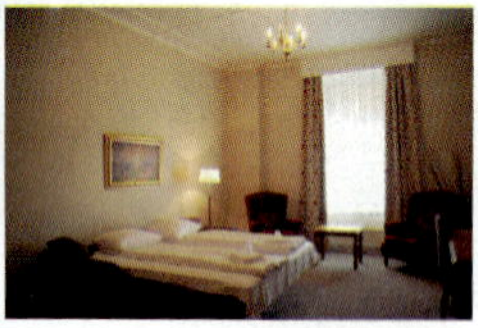

カール・ヨハン通りに面して建つ高級ホテル。重厚な入口が印象的。ロビーや廊下、階段からは歴史が感じられ、外界と一線を画した優雅で気品あるムードが漂う。客室の壁、家具、ファブリックはクリーム色を基調とし、落ち着いた雰囲気。

[住]Karl Johans gate 33
[電]23-161700
[FAX]22-420519
[料]Ⓢ1395(895)NOK〜
Ⓓ1795(1190)NOK〜
[CC]A D M V　[室数]114室
[URL]www.bestwestern.no
日本の予約先：ベストウエスタンホテルズ[Free]0120-421234

Rica Victoria Hotel Oslo
リカ・ヴィクトリア・ホテル・オスロ

市庁舎前広場周辺　MAP P.172-B2

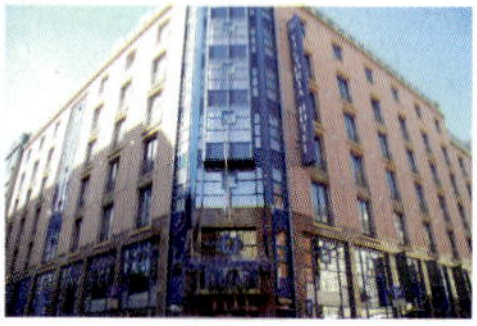

オスロ中央駅から西へ徒歩約10分のモダンなホテル。市の中心にあり観光やショッピングに便利なロケーションが魅力。フローリングの客室は清潔感にあふれている。30台収容できる駐車場があり、レンタカーで旅行する人にも便利。

[住]Rosenkrantz' gate 13
[電]24-147000
[FAX]24-147001
[料]Ⓢ1345(995)NOK〜
Ⓓ1395(1145)NOK〜
[CC]A D J M V
[室数]199室
[URL]www.rica.no

Rica Hotel Bygdøy Allé
リカ・ホテル・ビィグドイ・アッレ

郊外　MAP P.170-B2

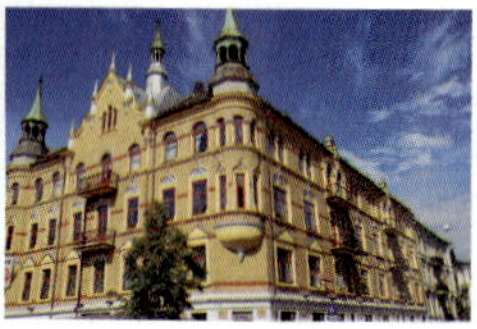

トラム12番のElisenbergから徒歩約4分。1912年築の建物は、中世の古城を思わせるレンガ造りの見事な外観が印象的。アンティーク家具とシックな色合いの装飾やファブリックは全室共通。外観とは対照的なモダンな内装のレストランもある。

[住]Bygdøy Allé 53
[電]23-085800
[FAX]23-085808
[料]Ⓢ1195(740)NOK〜
Ⓓ1445(1795)NOK〜
[CC]A D J M V
[室数]57室
[URL]www.rica.no

高級ホテル

Clarion Collection Hotel Gabelshus
クラリオン・コレクション・ホテル・ガーベルフース

郊外

MAP P.170-B3

市の西、トラム13番のSkillebekkから徒歩約2分。閑静な住宅街にある、ツタのからまる個性的な建物が静かな別荘のような印象を与える高級ホテル。ロビーには暖炉があり、宿泊客をあたたかく迎えてくれる。淡い色調の壁に、優華なアンティーク調の家具、深い色のファブリックと趣味のよい調度品は個人の邸宅内にいる気分にさせてくれる。午後はワッフル、夜は軽食ビュッフェが無料と、もてなしも手厚い。創業は1912年だが、内部は近代的に改装されている。

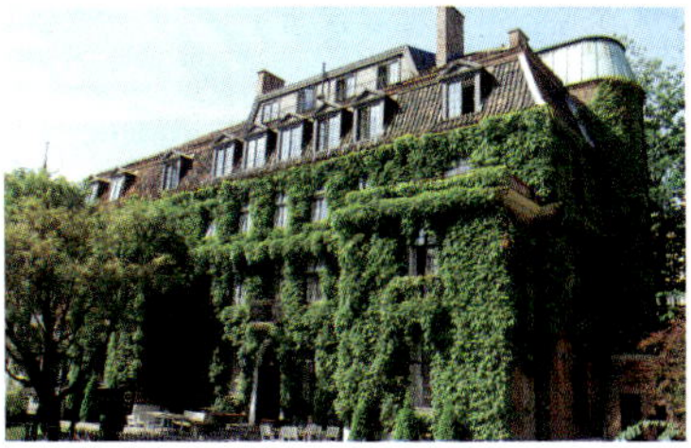

緑に包まれた優美な外観

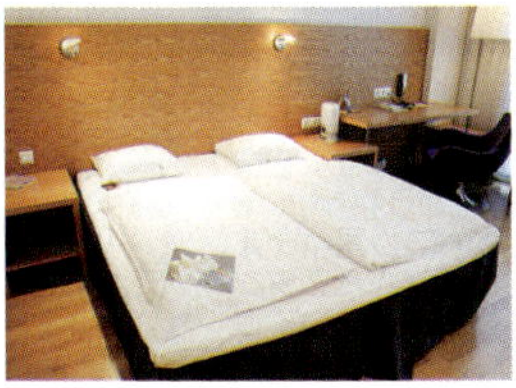

建物は古いが室内は快適

[住]Gabels gate 16
☎23-276500
[FAX]23-276560
[料]Ⓢ1595(795)NOK～Ⓓ1895(995)NOK～
[CC]A D M V　[室数]114室
[URL]www.choicehotels.no

中級ホテル

Rica Oslo Hotel
リカ・オスロ

オスロ中央駅周辺

MAP P.186

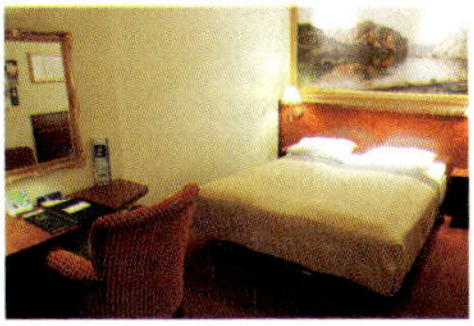

オスロ中央駅の前という好ロケーションなので観光やショッピングなど、何をするにも便利なところがうれしい。シンプルだが優雅な雰囲気は、ノルウェー人のコーディネートによるもの。設備も充実していて、スタッフの応対もよい。サウナがある。

[住]Europarådets plass 1
☎23-104200
[FAX]23-104210
[料]Ⓢ2100(885)NOK～
　Ⓓ2350(1135)NOK～
[CC]A D M V
[室数]175室
[URL]www.rica.no

Thon Hotel Terminus
ソン・ホテル・テルミヌス

オスロ中央駅周辺

MAP P.173-D2

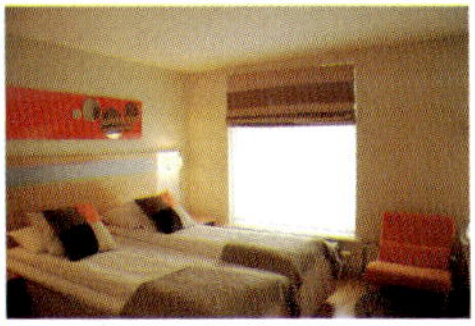

オスロ中央駅から北へ徒歩約3分という絶好のロケーションが自慢の中級ホテル。2007年に一部が改装され、設備が新しくなった。客室は上質な生地のファブリックや家具を使った華やかな造りで明るい雰囲気。朝食はビュッフェスタイル。

[住]Stenersgata 10
☎22-056000
[FAX]22-170898
[料]Ⓢ1445(875)NOK～
　Ⓓ1745(1195)NOK～
[CC]A D M V
[室数]162室
[URL]www.thonhotels.no

Thon Hotell Astoria
ソン・ホテル・アストリア

オスロ中央駅周辺

MAP P.186

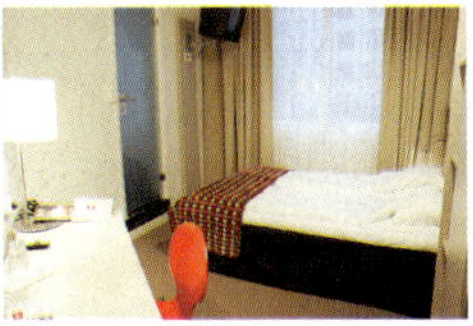

カール・ヨハン通りから50mほど入った場所に建ち、大聖堂やオスロ中央駅にも近くて便利。料金は安く設定されているものの設備でもサービス面でも、さまざまなタイプの旅行者に対応。100室は中庭に面しているので、静かに過ごすことができる。

[住]Dronningens gate 21
☎24-145550
[FAX]22-425765
[料]Ⓢ710NOK～
　Ⓓ975NOK～
[CC]A D M V　[室数]180室
[URL]www.thonhotels.no

Thon Hotel Opera
ソン・ホテル・オペラ

オスロ中央駅周辺

MAP P.173-D3

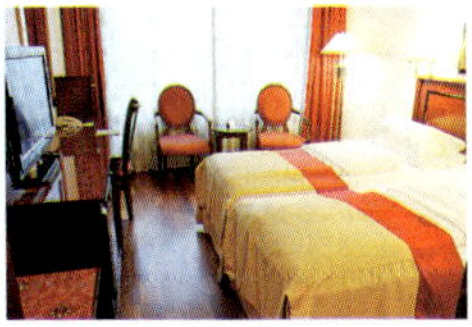

オスロ中央駅の南側でひときわ目を引く最新式の設備を整えたホテル。眺めのいい室内は暖色系で統一され、あたたかみにあふれている。館内にはレストラン、バーのほか、フィットネスセンターやサウナなども揃っており、設備充実。

[住]Dronning Eufemias gate 4
☎24-103000
[FAX]24-103010
[料]Ⓢ1795(1025)NOK～
　Ⓓ1995(1295)NOK～
[CC]A D M V　[室数]434室
[URL]www.thonhotels.no

Comfort Hotel Børsparken
コンフォート・ホテル・ボルスパルケン

オスロ中央駅周辺

MAP P.173-C3

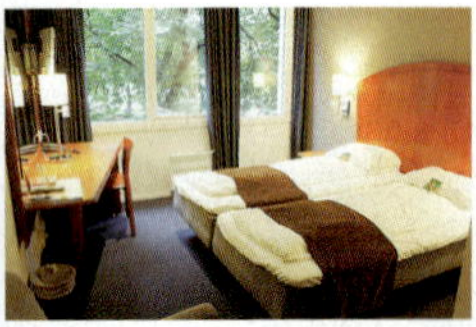

オスロ中央駅から西へ徒歩約5分、設備のよさと好ロケーションとでビジネス客を中心とした利用が多い。インテリアを含めファブリックはおとなしい色調で統一されており、清潔感がある。フロントもスマートにてきぱきと対応してくれる。

[住]Tollbugata 4
[電]22-471717
[FAX]22-471718
[料]Ⓢ1380(695)NOK～
Ⓓ1580(895)NOK～
[CC]A D M V
[室数]198室
[URL]www.choicehotels.no

First Hotel Millennium
ファースト・ホテル・ミレニアム

オスロ中央駅周辺

MAP P.173-C3

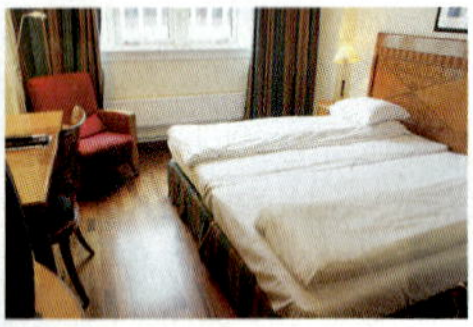

オスロ中央駅から徒歩約5分ほどの所にある。カール・ヨハン通りにもほど近く、ショッピングにも便利な立地がうれしい、8階建ての近代的な3つ星ホテルだ。ほとんどの客室がバスタブ付きでゆったりとくつろいで過ごすことができる。

[住]Tollbugata 25
[電]21-022800
[FAX]21-022830
[料]Ⓢ1395(1195)NOK～
Ⓓ1595(1395)NOK～
[CC]A D M V
[室数]112室
[URL]www.firsthotels.com

Anker Hotel
アンケル

オスロ中央駅周辺

MAP P.173-D1

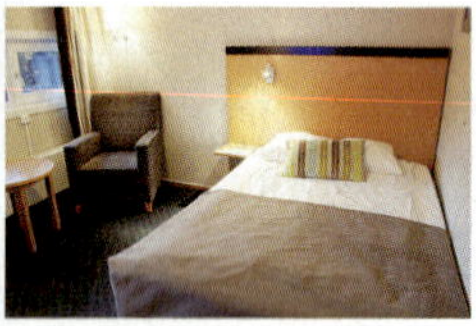

市の北東、トラム11、12、13、17番でHausmanns gate下車、徒歩1分。行き届いたサービスが自慢。通りに面しているが、客室内は静か。ロビーにはバーがある。駐車場もあり、レンタカーの利用者にも便利。近年改装を行った館内はモダンで明るい雰囲気。

[住]Storgata 55
[電]22-997500
[FAX]22-997520
[料]Ⓢ1400(650)NOK～
Ⓓ1800(850)NOK～
[CC]A D M V
[室数]264室
[URL]www.anker-hotel.no

Thon Hotel Europa
ソン・ホテル・ヨーロッパ

王宮周辺

MAP P.172-B1

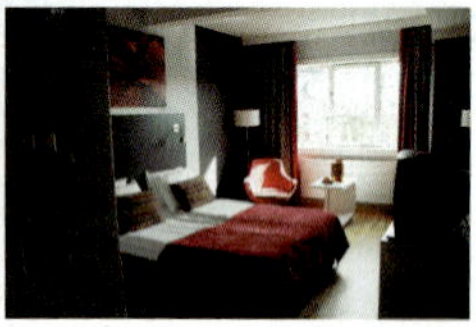

王宮公園の近く、設備が充実で手頃な料金がうれしいホテル。日本人の宿泊客が多いため、スタッフの対応も慣れている。客室はカラフルで現代的な内装。ホテル併設のバーには、地元の人が集まる。客室は2007年2月にリノベーション済み。

[住]St. Olavs gate 31
[電]23-256300
[FAX]23-256363
[料]Ⓢ1295(895)NOK～
Ⓓ1595(1195)NOK～
[CC]A D M V
[室数]168室
[URL]www.thonhotels.no

Rica Holberg Hotel
リカ・ホルバーグ

王宮周辺

MAP P.172-B1

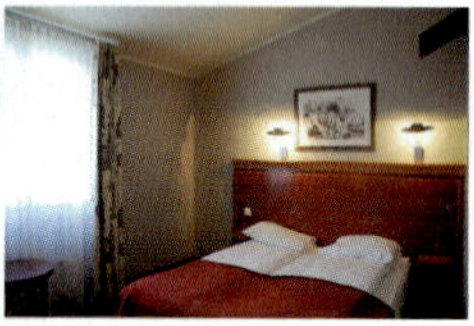

創業1916年、伝統ある邸宅を改装した老舗ホテル。客室は天井が高く、歴史的な建物がもつ独特の雰囲気が漂い、こだわりの個人旅行者向け。必要な設備はひととおり整っている。王宮公園の北にあり、周囲は静かな環境でゆったり過ごせそう。

[住]Holbergs plass 1
[電]23-157200
[FAX]23-157201
[料]Ⓢ1170(870)NOK～
Ⓓ1420(1120)NOK～
[CC]A D J M V
[室数]133室
[URL]www.rica.no

Thon Hotel Slottsparken
ソン・ホテル・スロッツパルケン

王宮周辺

MAP P.172-B1

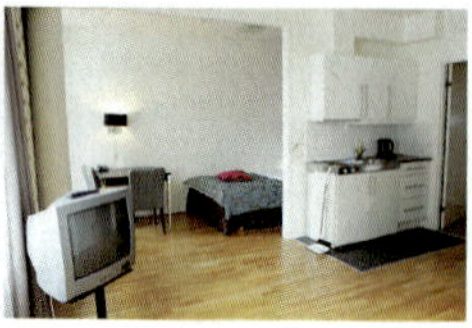

王宮公園のすぐそばに建つ個性派ホテル。236室は、長期滞在可能なアパートメントタイプの部屋で、ほとんどにキッチンが付いている。ランドリー、サウナ、ジムなど各種設備も整っている。夏期はキッズルームもあり。地下1階にはバーもある。

[住]Wergelandsveien 5
[電]23-256600
[FAX]23-256650
[料]Ⓢ1395(895)NOK～
Ⓓ1695(1095)NOK～
[CC]A D M V
[室数]247室
[URL]www.thonhotels.no

Best Western Hotel Bondeheimen
ベストウエスタン・ホテル・ボンドヘイメン

王宮周辺 MAP P.172-B2

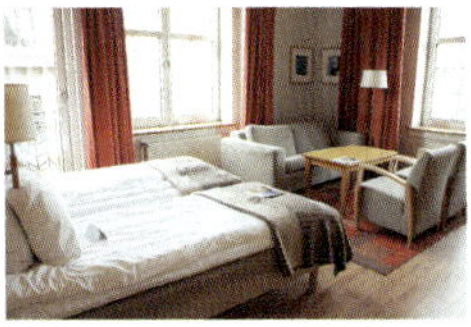

中心街に近くショッピングにも食事にも便利。木を活かした北欧らしいインテリアの客室はおしゃれで快適。スタッフも皆教育が行き届いている。1階にあるのは人気のレストランKaffistova（→P.208）。宿泊客は20%割引で利用できる。

[住]Rosenkrantz' gate 8
☎23-214100
[FAX]23-214101
[料]Ⓢ1820(795)NOK〜
Ⓓ2080(995)NOK〜
[CC]A D M V [室数]127室
[URL]www.bestwestern.no
日本の予約先：ベストウエスタンホテルズ[Free]0120-421234

Thon Hotel Munch
ソン・ホテル・ムンク

王宮周辺 MAP P.173-C1

市の北西、トラム11、17、18番でProf. Aschougs plass下車、徒歩10分ほどの場所にある。カール・ヨハン通りまで500mと便利な立地だがにぎやかな中心部より少し路地を入るため、比較的静かな環境にある。客室はそれほど広くはないが、シンプルで清潔感があり快適に過ごせる。オーガニック食材を用いるなど、健康と栄養を考えた朝食が好評でエコ対策にも積極的に取り組んでいる。ムンクの『叫び』で有名な国立美術館や、歴史博物館も近くて便利だ。

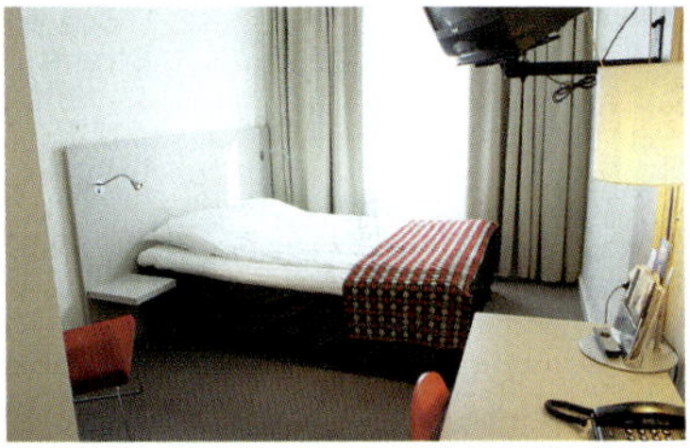

客室はシンプルで過ごしやすい

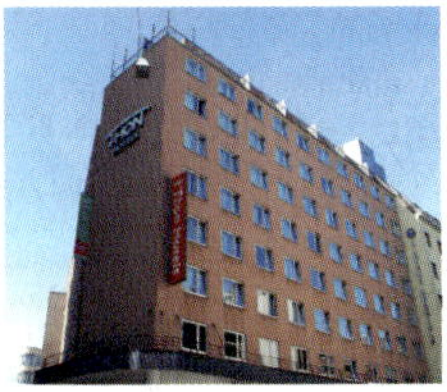

静かな立地にあるので落ちついて滞在できる

[住]Munchs gate 5
☎23-219600
[FAX]23-219601
[料]Ⓢ710〜1110NOKⒹ975〜1375NOK　朝食65NOK
[CC]A D M V [室数]180室
[URL]www.thonhotels.no

Thon Hotel Stefan
ソン・ホテル・ステファン

王宮周辺 MAP P.173-C2

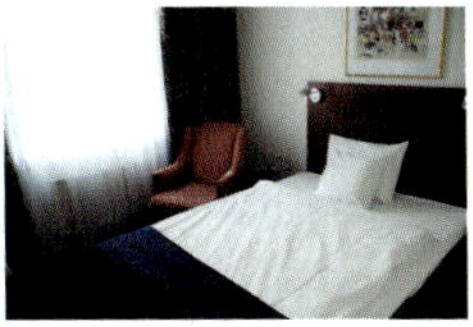

オスロ中央駅から北西に徒歩約15分、モダンな8階建てのホテル。バスタブ付きの部屋は約半数。客室は清潔感があり快適に過ごせる。カール・ヨハン通りや国立美術館に近く、観光やショッピングに便利なロケーションがうれしい。

[住]Rosenkrantz' gate 1
☎23-315500
[FAX]23-315555
[料]Ⓢ1205(895)NOK〜
Ⓓ1505(1095)NOK〜
[CC]A D M V
[室数]150室
[URL]www.thonhotels.no

Rica Travel Hotel
リカ・トラベル

王宮周辺 MAP P.173-C2

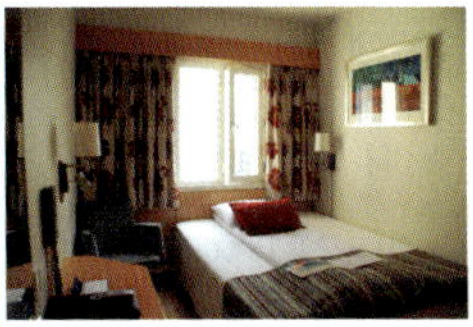

オスロ中央駅から西に徒歩約7分、カール・ヨハン通りに近く、旅の目的はショッピングという人にもおすすめのホテル。客室は落ち着いた雰囲気でおしゃれ。コーヒーや紅茶、冬はワッフルの無料サービスもある。夜はバーもオープンする。

[住]Arbeidergata 4
☎22-003300
[FAX]22-335122
[料]Ⓢ1195(775)NOK〜
Ⓓ1245(1025)NOK〜
[CC]A D M V
[室数]108室
[URL]www.rica.no

P-Hotels Oslo
ピー・ホテルズ・オスロ

王宮周辺 MAP P.173-C2

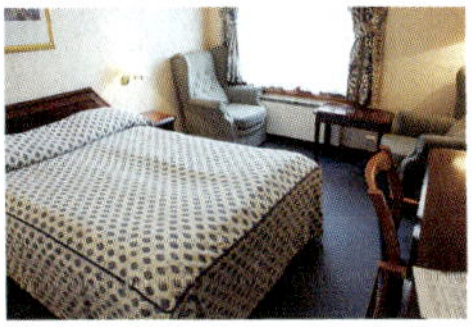

オスロ中央駅から西へ徒歩約7分、町の中心にあり、観光やショッピングに大変便利。アレルギー体質の人のための客室もある。部屋は清潔かつ快適。比較的リーズナブルな料金もうれしい。トリプルルームは1195NOK〜。朝食は部屋で。

[住]Grensen 19
☎23-318000
[FAX]23-318001
[料]Ⓢ795NOK〜
Ⓓ995NOK〜
[CC]A D M V
[室数]93室
[URL]www.p-hotels.no

Thon Hotel Cecil

市庁舎前広場周辺　MAP P.172-B2

■ソン・ホテル・セシル

オスロ中央駅から西へ徒歩約7分と、観光やショッピングに便利な立地。客室はコンパクトにまとまっていてビジネスユースもOK。ホテルのアトリウムに毎朝用意される朝食ビュッフェが好評。ほかに、コーヒー、紅茶の無料サービスがある。

住Stortingsgata 8
℡23-314800
FAX23-314850
料S1395(898)NOK～
　D1695(1095)NOK～
CCA D M V
客数111室
URLwww.thonhotels.no

Thon Hotel Vika Atrium

市庁舎前広場周辺　MAP P.172-A3

■ソン・ホテル・ヴィカ・アトリウム

ショッピングエリアのAker Brygge（→P.213）から歩くすぐ。部屋のタイプはダブルルームが多く、ゆったりとして過ごしやすい。館内にはサウナとフィットネスセンターがある。また、建物の1階にコンビニがあるので何かと便利。

住Munkedamsveien 45
℡22-833300
FAX22-830957
料S895NOK～
　D1095NOK～
CCA D M V
客数79室
URLwww.thonhotels.no

Sentrum Pensjonat

オスロ中央駅周辺　MAP P.173-C3

■セントルム・ペンショナット

やや古びた建物の2階にあるバックパッカー向けの宿。設備は最小限でバス・トイレは共同。オスロ中央駅から徒歩5分足らずという立地のよさが何よりの魅力だ。部屋に備え付けのテレビはDVD専用。朝食は割引が受けられる1階のカフェで。

住Tollbugata 8a
℡22-335580
FAX22-414222
料ドミトリー290NOK～
　S500NOK～
　D750NOK～
CCM V
客数47室
URLsentrumpensjonat.no

Anker Hostel

オスロ中央駅周辺　MAP.173-D1

■アンケル・ホステル

Anker Hotel（→P.204）に隣接する同経営のユースホステル。ロビー周辺は改装したばかりでおしゃれな雰囲気。客室は簡素だが充分な広さがあるので快適。キッチン付きのツインの部屋もある。いつもバックパッカーで込んでいる。

住Storgata 55
℡22-997200　FAX22-997220
料ドミトリー200(220)NOK～
　S D560NOK～
　朝食55NOK
CCA D M V
客数70室（6～8月は115室）
URLwww.ankerhostel.no

Cochs Pensjonat

王宮周辺　MAP P.172-A1

■コックス・ペンション

王宮公園の北に位置する、90年以上も前に造られたという古い建物の中にあるホテル。フロントは2階にある。客室は清潔で手入れが行き届いている。スタッフの応対も親切で、居心地がよい。朝食は付かないが、近くのカフェが割引価格で利用できる。

住Parkveien 25
℡23-332400　FAX23-332410
料バス、トイレ付き
　S580NOK～D780NOK～
　バス、トイレ共同
　S480NOK～D680NOK～
CCM V　客数88室
URLwww.cochspensjonat.no

Perminalen Hotel

市庁舎前広場周辺　MAP P.172-B3

■ベルミナレン

ノルウェー軍の宿舎だった建物を利用したホテル。2人部屋は2段ベッドまたはツインベッドの2タイプ。定員4人のファミリールームもある。室内は簡素だが、清掃は行き届き快適。全室にシャワー、トイレ、机を備えている。朝食の充実ぶりは特筆もの。

住Øvre Slottsgate 2
℡24-005500
FAX22-411858
料S620NOK～D840NOK～
　4ベッドルーム1人370NOK
CCA D J M V
客数55室
URLwww.perminalen.no

オスロのレストラン

オスロは決して"食"の町ではないが、カール・ヨハン通りを中心に素敵なレストランがたくさんある。しかし、ほかの北欧諸国同様全体的に割高感は否めない。

平日のランチタイムには大半の店が手頃な料金でランチを用意しているが、それでも90〜200NOK程度は見ておいたほうが無難。ディナーだと最低でも200NOK、料理数品にドリンクをオーダーしたりするとすぐに500NOKを超えてしまう。

食事にあまりお金をかけたくない人におすすめなのがカフェ。ノルウェー人はコーヒー好きで、いたるところに雰囲気のいいカフェがあってたいてい軽食も揃えている。また、イタリア料理や中華料理の店にはリーズナブルなところもあるので覚えておくといい。比較的手頃な価格の各国料理が揃うセルフサービスのフードコートはOslo CityやPaleetといったショッピングモールの地下にある。なお、7〜8月は不定期にクローズするレストランもあるので注意。

Stortorvets Gjæstgiveri
ストールトルヴェッツ・イェストイヴェリ

カール・ヨハン通り周辺
MAP P.186

1881年創業の老舗レストラン。建物は1700年頃に建築されたもので、歴史と風格を感じさせる雰囲気の中でノルウェーの郷土料理を中心に多彩な料理を楽しむことができる。2階の壁にはオスロの歴史を描いた絵が飾ってある。前菜は99NOKから、メイン料理は270NOK前後から。ランチタイム（11：00〜16：00）はオープンサンドイッチ98NOKのほか、オムレツ、パスタなど軽いカフェメニューが中心。土曜の13:30〜16:30にジャズのライブが行われる。オスロ大聖堂の西にあり、黄色の壁が町によく映える。ディナーは少しおしゃれをして出かけよう。

ランチはカジュアルでOK

黄色く塗られた外壁が目印

住Grensen 1
☎23-356360　FAX23-356363
営月〜土11:00〜23:00（キッチンは〜22:30）
休日
料300NOK〜　CCA D M V
URLwww.stortorvets-gjestgiveri.no

Dovrehallen
ドヴレハーレン

オスロ中央駅周辺
MAP P.173-C2

創業から100年以上も続いている大衆食堂。古めかしい木製のイスやテーブルが置かれたレトロな風情の店内で、ノルウェーの伝統料理が味わえる。メインは115NOK〜。オープンサンドイッチは65〜125NOK。日替わりの定食はリーズナブル。

住Storgata 22 2etg.
☎22-172100
営月〜土　8:00〜24:00
　日　　12:00〜24:00
休無休
料80NOK〜
CCA M V
URLwww.dovrehallen.no

Theatercafeen
シアターカフェン

王宮周辺
MAP P.172-B2

Hotel Continental（→P.201）内の高級レストラン。味わいを追求した正統派ノルウェー料理が堪能できる。ランチは115〜175NOK、ディナーはメイン235〜295NOK。ランチのオープンリンドはオスロの名物として有名だ。

住Stortingsgata 24-26
☎22-824050
FAX22-412094
営月〜土11:00〜23:00
　日　　15:00〜22:00
休無休　料200NOK〜
CCA D M V
URLwww.theatercafeen.no

ノルウェー料理

Kaffistova
■カフィストーヴァ

王宮周辺
MAP P.172-B2

　ノルウェー産の食材を使ったグリル料理と、オープンサンドイッチを提供する人気店。カウンターに並ぶ料理の中から好みの品を選ぶカフェテリア方式で、手頃な料金ながらもおいしいと評判だ。通りに面した店内はガラス張りで明るく、開店直後から朝刊を読みながら食事をする常連客でいっぱいになる。メインは140〜160NOK前後が中心で、一番人気はノルウェー風ミートボール145NOK。ランチのあとは自家製ケーキ46NOK〜とコーヒー25NOK〜でくつろごう。

看板メニューのミートボールは、安くておいしい

カジュアルなカフェレストラン

住Rosenkrantz' gate 8
☎23-214210
営月〜金10:00〜21:00
　土・日11:00〜19:00
休無休
予150NOK〜　CCA D M V
URLwww.kaffistova.com

Det Gamle Raadhus
■デ・ガムレ・ラドフース

市庁舎前広場周辺
MAP P.172-B3

　1856年にオープンした老舗レストラン。1641年に建てられた建物は、元々市庁舎として使われていたもので、アンティーク家具を配した優雅な内装に当時の姿が偲ばれる。料理はノルウェー料理が中心。メイン210NOK〜。

住Nedre Slottsgate 1
☎22-420107
FAX22-420490
営月〜金11:30〜15:00/16:00〜22:00
　土　　　13:00〜15:00/16:00〜22:00
休日
予300NOK〜　CCA D M V
URLwww.gamleraadhus.no

Engebret Café
■エンゲブレト・カフェ

市庁舎前広場周辺
MAP P.173-C3

　現代美術館のすぐ前にある1857年創業の老舗レストラン。ノルウェーの郷土料理を落ち着いた雰囲気のなかで楽しめる。トナカイなどの肉料理は275〜305NOK、魚料理は235〜275NOK。夏には店の前にテラス席も用意される。

住Bankplassen 1
☎22-822525　FAX22-822520
営月〜金11:30〜23:00
　土　　17:00〜23:00
休日
予350NOK〜
CCA D M V
URLwww.engebretcafe.no

シーフード

Restaurant Havsmak
■ハヴスマック

王宮周辺
MAP P.172-A2

　ノルウェー近海産の新鮮なシーフードが味わえる。前菜とメイン2皿のコース349NOK〜。ランチ(11:00〜15:00)は1〜3皿のコースが170〜310NOK。人気はムール貝やツナなど具だくさんのフィッシュスープ120NOK。日替わりメニューも要チェック。

住Henrik Ibsens gate 4
☎24-133800　FAX24-133801
営月〜土11:00〜23:00
休日
予340NOK〜
CCA D M V
URLwww.havsmak.no

D/S Louise
■D/Sルイス

市庁舎前広場周辺
MAP P.172-A3

　蒸気船ルイス号ゆかりのレストラン。船内で実際に使用されていたインテリアを活かしたユニークな内装。港の眺めもいい。シーフードのほかパスタや肉料理もある。魚料理は175〜275NOKほど。ノルウェー産ロブスターは100g当たり98NOK。

住Stranden 3, Aker Brygge
☎22-830060
営月〜土11:00〜23:00
　日12:00〜22:00(夏期のみ)
休10〜3月の日
予280NOK〜
CCA D M V
URLwww.dslouise.no

Lofoten
ロフォーテン

ガラス張りの窓の向こうに広がるオスロフィヨルドを眺めながらの料理はとてもおいしい。旬の魚介類が四季を通じて堪能できる。シェフおすすめのコース料理は3種類あり370NOK〜。早めに予約を入れ、窓際の席をリクエストしたい。

住Stranden 75, Aker Brygge
℡22-830808
FAX22-836866
営月〜土11:00〜翌1:00
　　日　　12:00〜24:00
休無休
￥300NOK〜
CCA D M V
URLwww.lofoten-fiskerestaurant.no

Brasserie France
ブラッセリー・フランス

オスロ随一の正統派フランス料理店として人気。店内は白とベージュでまとめられ、チャーミングなインテリアになっている。料理は伝統的で美しく、味もしっかりしている。一品料理で230NOK前後から、コースは395NOK〜。デザートも評判。

住Øvre Slottsgate 16
℡23-100165　FAX23-100161
営月〜金16:00〜22:30
　土　　12:00〜22:30
休日
￥250NOK〜
CCA D M V
URLwww.brasseriefrance.no

Statholdergaarden
スタットホルダーゴーデン

富豪の邸宅などに使われていた17世紀築の建物の2階を利用した高級レストラン。かつての趣が残る店内には、ギリシア製の彫刻や豪華なシャンデリアが配され、天井や壁には北欧の伝統的な装飾がなされている。フランスでの国際大会の優勝経験を持つシェフが作る創作フレンチは味、見た目ともにオスロで指折り。地元の素材を中心に使用した料理は、ひと皿のなかにイタリアやアジアなど多国籍のアレンジを感じることができる。メインは395NOK程度。週替わりのコースは895〜1050NOK。予約を入れてから行くようにしよう。

豪華な装飾が施された店内はエレガントな雰囲気たっぷり

おしゃれして出かけたい

住Rådhusgaten 11
℡22-418800　FAX22-412224
営月〜土18:00〜22:00
休日
￥600NOK〜
CCA D M V
URLwww.statholdergaarden.no

Mamma Rosa
マンマ・ローザ

リーズナブルで味もいいため、いつも地元の客でにぎわっている。厨房スタッフのほとんどがイタリア人。ひとりでも気楽に食事ができる雰囲気だ。パスタ128NOK〜やピザ98NOK〜が人気。魚料理198NOK〜や肉料理215NOK〜もある。

住Øvre Slottsgate 12
℡22-420130
FAX22-426538
営日〜金14:00〜22:00
　土　　12:00〜23:00
休無休
￥120NOK〜
CCA D J M V
URLwww.mamarosaoslo.no

Santino's Spaghetteria
サンティーノス・スパゲッテリア

オスロ市内に3つの支店をもつ本格的なイタリア料理店。地元の人たちにも大好評でディナーの時間帯は大変込み合う。特にピザやパスタの種類が豊富で、メインが120NOK〜と値段もお手頃。ほか、ラザニア155NOKなどもある。前菜は106NOK〜。

住Tordenskiolds gate 8-10
℡22-411622　FAX22-410463
営月〜金11:00〜23:00
　土　15:00〜24:00
　日　15:00〜22:00
　（夏期は時間短縮あり）
休無休
￥120NOK〜　CCA D J M V
URLwww.santinos.no

Big Horn Steak House
■ビッグ・ホーン・ステーキハウス

市庁舎前広場周辺
MAP P.172-A3

ステーキ

店内に飾られたバイソンのはく製が圧巻。サーロインが150g 208NOK〜。焼き加減はレアかミディアムにしよう。ボリュームがあり、いつも地元の人たちで込み合う。魚料理238NOK〜も評判。長期旅行者はサラダバー47NOK〜で野菜の補給を。

住Fjordalleen 2, Aker Brygge
☎22-838363 FAX22-839900
営4〜9月 日〜木14:00〜22:30
　　　　金　 14:00〜23:30
　　　　土　 14:00〜23:30
　　10〜3月 日〜木16:00〜22:30
　　　　金　 16:00〜23:30
　　　　土　 13:00〜23:30
休無休 予250NOK〜 CC A D M V

Bare Jazz
■バーレ・ジャズ

カール・ヨハン通り周辺
MAP P.186

ノルウェー人の女性ジャズ奏者が営むカフェ。1階はジャズCDの専門店、2階がカフェになっている。挽きたてのコーヒーは25NOK〜。食べ物はケーキやサンドイッチなど軽食のみ。CDの視聴やリクエストもOK。不定期にライブを開催している。

住Grensen 8
☎22-332080 FAX22-332090
営月・火10:00〜18:00
　水〜土10:00〜24:00
休日
予30NOK〜
CC A D M V
URL www.barejazz.no

Grand Café
■グランド・カフェ

王宮周辺
MAP P.172-B2

カフェ

Grand Hotel Rica(→P.201)の1階にある。19世紀の後半、オスロの芸術家たちが集まった伝統的なカフェ。ムンクやイプセン、イェーガーなどノルウェーを代表する芸術家たちは、昼夜ここに集い熱い議論を交わしたといわれている。豪華な調度品に彩られたダイニングの壁には当時の様子を描いた壁画がかかっている。料理は季節によって変わるコースメニューが中心で495NOK〜。また、国賓を迎えてきたレストランだけあってワインの品揃えも豊富だ。夜は少し敷居が高いが、ランチタイムや午後のカフェタイムなら気軽に入れる。日替りのケーキは68NOK。

ムンクやイプセンも通った伝説のカフェ

カール・ヨハン通りに面し1日中にぎわっている

住Karl Johans gate 31
☎23-212000 FAX23-212100
営月〜金6:30〜10:00/11:00〜23:00
　土7:00〜11:00/12:00〜23:00
　日7:00〜12:00/13:00〜22:00
休無休 予200NOK〜 CC A D M V
URL www.grand.no/en/restaurants--bars/grand-cafe

Café Edvard Munch
■カフェ・エドヴァルド・ムンク

郊外
MAP P.171-D2

ムンク美術館(→P.194)に併設のカフェ。自家製ケーキやサンドイッチなどの軽食のほか、酒類も扱っている。ムンクの代表作『叫び』が描かれたチョコレートプレートがのるScream Cake44NOKなど、ムンクにちなんだメニューが人気。

住Tøyengata 53 ☎22-678200
営6〜8月
　毎日　 10:00〜18:00
　9〜5月
　火〜金10:00〜16:00
　土・日11:00〜17:00
休9〜5月の月 予50NOK〜
CC A D M V
URL www.munch.museum.no

Lemongrass
■レモングラス

王宮周辺
MAP P.172-B2

カリブ海料理

ノルウェーでは珍しいカリブ海料理を楽しめるレストラン。店内は南国風のムードが漂う。メインは199〜329NOK程度。人気メニューはジンジャーシロップとマスタードソースで味付けしたラムの煮込み279NOK。コースメニュー399NOK〜もある。

住Kristian Augustsgt 14
☎22-201222
FAX22-201223
営月〜土16:00〜23:00
休日
予200NOK〜
CC A D M V
URL www.lemongrass.no

日本料理

Mitsu
満

オスロ中央駅周辺
MAP P.173-C1

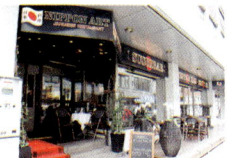

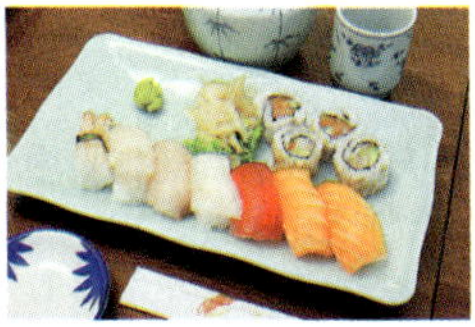

中心街から10分ほど歩いたところにある寿司店。日本人オーナー、満村さんは漁業の経験があり、ネタの目利きは確かだ。寿司の盛り合わせは90NOK～。単品ならサーモンやオヒョウがおすすめ。ベトナム人の奥さんが作るエスニック料理も人気。

住Møllergata 42
☎22-110330
営月～土10:00～22:00
休日
予100NOK～
CC A D J M V

Nippon Art
ニッポン・アート

市庁舎前広場周辺
MAP P.172-B2·3

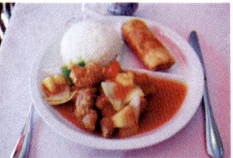

オスロ市庁舎のすぐそばにある日本料理の老舗で、見た目も美しい日本料理を味わえる。寿司刺身の盛り合わせが275NOK。すき焼き、しゃぶしゃぶは一人前275NOK～、肉料理は185NOK～程度。ランチには焼とりや寿司などのセット119NOK～もある。

住Tordenskiolds gate 8
☎22-414107
営月～木11:00～23:00
　金　　11:00～24:00
　土　　14:00～24:00
　日　　16:00～23:00
休無休
予250NOK～　CC A D M V
URL www.nipponart.no

中華料理

Jambo
ジャンボ（珍賓飯店）

カール・ヨハン通り周辺
MAP P.186

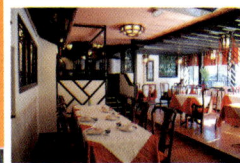

春巻61NOKやヤキソバ120NOK、ラーメン115～140NOKなどの気軽な中華料理から、北京ダックやシーフードなどの本格派までメニューは豊富。日替わりランチは85NOKで、日本人の口にも合う。日本語メニューがあるのもうれしい。

住Karl Johans gate 13
☎22-421983
FAX22-714188
営月～土11:00～23:00
　日　　12:00～23:00
休無休
予110NOK～
CC A D M V

Peking Szechuan
四川飯店

王宮周辺
MAP P.173-C1

地元の人にも人気の中華料理店。メニューは四川料理と広東料理が中心で、清潔で広々とした店内でゆっくり食事できる。チャーハン108NOK、春巻50NOK、シュウマイ58NOK。一品料理も140NOK～とリーズナブルな値段で味わえる。

住Munchs gate 5
☎22-204206
FAX22-206779
営月～金11:30～22:00
　土　　12:00～23:30
　日　　13:00～23:00
休無休
予160NOK～　CC A D M V

モンゴル料理

Djengis Khan Restaurant
ジンギスカン

カール・ヨハン通り周辺
MAP P.186

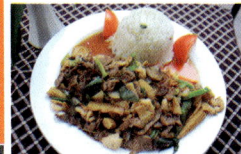

オスロで評判のモンゴル料理店。2時間食べ放題のモンゴリアン・ビュッフェ169NOKは、ラムやチキンなど6種類の肉に野菜やエビなど好みのものをチョイスしてその場で鉄板焼きにしてもらうシステム。春巻きやアヒル料理など一品メニューもある。

住Torggata 11
☎22-332554
営月～木14:00～22:00
　金・土13:00～23:00
　日　　13:00～22:00
休無休
予ランチ150NOK～、ディナー200NOK～
CC A M V

ベトナム料理

Mây Hông Restaurant&Bar
メイ・ホン・レストラン＆バー

オスロ中央駅周辺
MAP P.173-D2

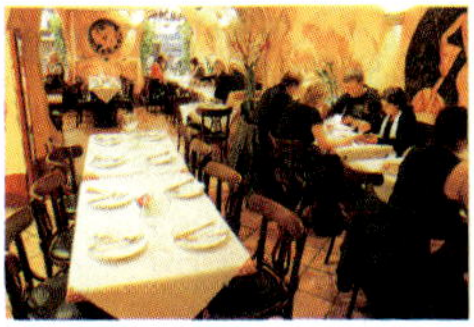

国立オペラ劇場北側の繁華街にあるベトナム料理店。シェフもスタッフもベトナム出身で、味は本格的。おすすめは鶏肉とレモングラスを炒めたガー・サオ・サー・オッGa Xao Xa Ot 99NOKなど炒め物類。麺類は99NOK～。寿司メニューもある。

住Bernt Ankers gate 6b
☎22-204441
営月～木14:00～23:00
　金～日12:00～24:00
休無休
予150NOK～
CC M V

オスロのショッピング

　オスロのショッピングスポットは、カール・ヨハン通りと市庁舎周辺に集中している。Glas MagasinetやPaleetなどの高級デパートには女性客が多く、ウオーターフロントにあるショッピングモール、Aker Bryggeはおしゃれなスポットとして若者に人気だ。

　ノルウェーのおみやげとして人気があるのは、セーターやシルバーのアクセサリー、陶器など。みやげ物店では妖精「トロル」の人形や、ヴァイキングをモチーフにした置物なども販売されている。また、ちょっとおしゃれなおみやげを探したい人は、北欧デザイン雑貨の店に足を運んでみよう。中心街から少し離れるが、ビィグドイ・アッレ通りBygdøy Allé周辺に小さな雑貨店や家具店が点在していてなかなか見ごたえがある。若者でにぎわう市街北のグリューナロッカ地区Grünerløkkaには、流行最先端のブティックが集まっている。

デパート

Glas Magasinet
■ グラス・マガジン

カール・ヨハン通り周辺 MAP P.186

　1739年の創業。ノルウェー最古の高級デパート。伝統と風格を漂わせる外観に目を見張らされる。地下1階は北欧ブランドのキッチン用品が充実。1階にはコスタ・ボダやロイヤル・コペンハーゲンなど北欧ブランドのガラスや陶磁器が並ぶ。

🏠Stortorvet 9
☎22-032080
🕐月～金10:00～19:00
　　　土　　10:00～18:00
休日
CC店舗によって異なる
URLwww.glasmagasinet.no

Steen & Strøm
■ ステーン＆ストロム

カール・ヨハン通り周辺 MAP P.186

　1797年創業、売り場面積8000m²を誇るノルウェー最大の老舗デパート。店内は最新ファッションからノルウェーのおみやげ、北欧ならではのデザイン雑貨まで何でも揃う。5階にはガラス製品や陶磁器のコーナーもある。地下はスーパー。

🏠Kongens gate 23
☎22-004000
🕐月～金10:00～19:00
　　　土　　10:00～18:00
休日
CC店舗によって異なる
URLwww.steenogstrom.no

Oslo City
■ オスロ・シティ

オスロ中央駅周辺 MAP P.186

　オスロ中央駅に隣接して建つ人気のショッピングセンター。中央が吹き抜けになり、地下1階から3階までアクセサリー、雑貨、ファッションなど約90店が集まる。地下にスーパーマーケットがあり、ノルウェーの食材などを眺めるだけでも楽しめる。

🏠Stenersgata 1
☎81-544033
🕐月～金10:00～22:00
　　　土　　10:00～20:00
休日
CC店舗によって異なる
URLwww.oslocity.no

Paleet
■ パレー

王宮周辺 MAP P.172-B2

　カール・ヨハン通り沿いにある、小さいけれど魅力的なデパート。高級ブティック、書籍やみやげ物など洗練されたショップ41店、レストラン7店が並ぶ。デザイン雑貨の小さな店も何店か入っているので、雑貨探しをするのも楽しい。

🏠Karl Johans gate 37-43
☎22-412630
🕐月～金10:00～20:00
　　　土　　10:00～18:00
休日
CC店舗によって異なる
URLwww.paleet.no

Aker Brygge

■ アーケル・ブリッゲ

市庁舎前広場周辺
MAP P.172-A3

デパート

かつて倉庫街だった場所を再開発した、8つの区画からなる巨大ショッピングセンター。70軒余のショップと40軒近いレストランやカフェが入っている。映画館や銀行もある。一帯はウオーターフロントとしてオスロのトレンドスポットになっている。

🏠 Aker Brygge
☎ 22-832680
🕐 月～金10:00～20:00
　　土　　10:00～18:00
休 日
CC 店舗によって異なる
URL www.akerbrygge.no

Underground House of Second Hand

■ アンダーグラウンド・ハウス・オブ・セカンド・ハンド

カール・ヨハン通り周辺
MAP P.186

1950～70年代のヴィンテージ衣料を扱う古着の店。利益は開発途上国の援助に使われている。スポーツウェアからスーツまで品揃えは豊富で、ノルディックセーターも安く手に入るのがうれしい。傷んだ古着をリメイクしたアイテムもユニーク。

🏠 Storgata 1
☎ 22-420966
🕐 月～金11:00～19:00
　　土　　10:00～17:00
休 日
CC M V
URL www.uffnorge.org

Moods of Norway

■ ムード・オブ・ノルウェー

カール・ヨハン通り周辺
MAP P.186

ファッション

ノルウェーのみならず、ヨーロッパ各国やアメリカにも進出している新進ファッションブランド。カジュアル、カクテル、ストリートの3スタイルで展開される商品は、3人のノルウェー人デザイナーによるもの。ポップで遊び心の効いたデザインには、美しい自然や農村風景、スキーなど、ノルウェーならではのモチーフが散りばめられている。メンズ、レディースともに揃い、パーカーは999NOK～、ユニセックスで使えるTシャツは1枚500NOKほど。ジャム瓶を再利用したランプや金色にペイントされたトラクターなど、農機や生活用品を活用したインテリアも素敵。

ブランドロゴにもなっているトラクターが置かれた店内

ノルウェー発の注目
ブランド

🏠 Akersgt 18
☎ 46-627796
FAX 57-877733
🕐 月～金10:00～19:00
　　土　　10:00～18:00
休 日　CC A M V
URL www.moodsofnorway.com

Oslo Sweater Shop

■ オスロ・セーター・ショップ

オスロ中央駅周辺／王宮周辺
MAP P.172-B1

Radisson Blu Scandinavia Hotel Oslo（→P.200）に店舗を構える、ノルウェー随一の品揃えを誇るセーター専門店。伝統的な北欧の民族衣装などから得た柄をモチーフにしたオリジナルのニットは、シンプルな丸首が定番。価格もほかと比べて安く、1200NOK前後が中心。ハンドメイドでクオリティの高いアイテムはおみやげとしても喜ばれそう。セーター以外では、コフタKofteと呼ばれる独自の金具を胸元に配したカーディガン1200NOK～も魅力的。免税手続きや日本への発送も行ってくれるのもうれしい。この本店のほか、Clarion Hotel Royal Christiania（→P.202）内にも支店あり。

ノルウェーならではのアイテムが揃う

店舗は建物の1階。
トロル人形の看板が
目印

🏠 Tullins gate 5
☎ 22-112922　FAX 22-110648
🕐 6～9月　月～金9:00～21:00　土・日13:00～19:00
　　10～5月　月～金10:00～18:00　土10:00～15:00
休 10～5月の日
CC A D J M V
URL www.sweater.no

Probat
プロバット

郊外
MAP P.171-D2

ノルウェーらしさにこだわったTシャツの店。スキーやエルクなどの柄をプリントしたNorwegian Teesは249NOK。ノルウェー語固有のアルファベットをあしらったデザインも新鮮だ。"OSLO"のロゴ入りバッグ200〜400NOKもおみやげに手頃。

🏠Thorvald meyers gate 54
☎22-352070
🕐月〜金11:00〜18:00
　　土　11:00〜17:00
休日
CC D M V
URL www.probat.no

Grændsens Skotøimagazin
グランサン・スコトイマガジン

カール・ヨハン通り周辺
MAP P.186

北欧で最も大きい靴の専門店。地下1階はメンズ、1階と2階はレディスでカジュアルとフォーマルとに分かれている。3階は子供靴専門。売れ筋の商品は400NOK前後。豊富な品揃えが自慢で、エルクなど珍しい皮のシューズもある。

🏠Grensen 12
☎22-823400
FAX22-823401
🕐月〜金10:00〜19:00
　　土　10:00〜18:00
休日
CC A D M V
URL www.grensensko.no

David Andersen
ダーヴィ・アネセン

カール・ヨハン通り周辺
MAP P.186

1876年創業のオスロを代表する宝飾の高級店。オリジナルブランドのシルバーのカトラリーに定評があるが、ヴァイキング時代のデザインをモチーフにしたアクセサリーなどもおすすめ。ジョージ・ジェンセンなどの名ブランドも扱う。

🏠Karl Johans gate 20
☎24-148810
FAX24-148801
🕐月〜金10:00〜18:00
　　土　10:00〜17:00
休日
CC A D M V
URL www.david-andersen.no

Cigar Makeriet
シガー・マケリエット

王宮周辺
MAP P.172-B2

こぢんまりした店内にはパイプ、葉巻、タバコ、ライター、灰皿などあらゆる喫煙具が並んでいる。葉巻はハバナ産の高級品から安価なものまで100種類以上。パイプも1本1万NOK以上のアンティークから400NOK程度の入門版まで幅広い品揃え。

🏠Stortingsgata 20
☎22-413341
🕐月〜水・金10:00〜18:00
　　木　10:00〜19:00
　　土　10:00〜16:00
休日
CC A D M V

Rosenthal
ローゼンタール

カール・ヨハン通り周辺
MAP P.186

ローゼンタールの直営店。伝統的な柄から最新のデザインまで、品質が魅力の逸品が揃う。飾り皿、一輪挿し、ディナー用のセット、コーヒーカップ、グラスなどセンスのよい品揃えも自慢。グラス200〜5000NOK、皿100〜5000NOKなど。

🏠Øvre Slottsgate 17
☎22-425200　FAX22-333217
🕐月〜水・金10:00〜17:00
　　木　10:00〜18:00
　　土　10:00〜16:00
休日
CC A D M V
URL www.rosenthal.no

Rafens
ラフェンズ

王宮周辺
MAP P.186

北欧デザインのキッチン用品が揃う。コーヒーカップやグラスは100〜200NOKの価格帯が中心。見逃せないのは夏やクリスマス時期のセール品で、アラビアやイッタラなど人気ブランドが30〜50%オフになる。地下はガーリーな小物でいっぱい。

🏠Grensen 16
☎22-411803
🕐月〜水・金10:00〜18:00
　　木　10:00〜19:00
　　土　10:00〜17:00
休日
CC A D M V
URL rafens.no

Norway Designs
ノルウェー・デザインズ

王宮周辺
MAP P.172-B2

1957年創業。ステルトン、ジョージ・ジェンセン、イッタラといった北欧ブランドを中心に芸術性の高い製品を扱う。1階は文房具製品、ペーパーギャラリーを併設した地下1階にはジュエリーからガラス器製品、テキスタイルなどが種類別に並ぶ。

🏠Stortingsgata 28
☎23-114510 FAX23-114535
🕐月～水・金 9:00～17:00
　　木 9:00～19:00
　　土 10:00～16:00
休日
CC A D M V
URL norwaydesigns.no

House of Oslo
ハウス・オブ・オスロ

市庁舎前広場周辺
MAP P.172-A2

インテリアや生活雑貨など北欧デザインの店が集まったショッピングモール。4つのフロアに揃う国内外の専門店の数は約20軒。イルムス・ボーリフスのデンマーク国外1号店や日本の無印良品なども入っている。休憩に手頃な軽食の店もある。

🏠Ruselokkveien 26
☎23-238560
🕐月～金10:00～20:00
　　土 10:00～18:00
休日
CC 店舗によって異なる
URL www.houseofoslo.no

Pur Norsk
プル・ノシュク

郊外
MAP P.171-C1

家具やテキスタイル、キッチン雑貨、おもちゃなど、商品はどれもノルウェー人のデザイン。その多くは北欧の自然がモチーフとなっている。こぢんまりした店だが、イギリスの雑誌でインテリアショップの世界トップ5に選ばれたこともある名店。

🏠Thereses gate 14
☎22-464045
🕐月～金11:00～18:00
　　土 10:00～16:00
休日
CC D M V
URL www.purnorsk.no

Signaturen
シグナチュレン

郊外
MAP P.170-B2

センスのいいステーショナリーを探しているなら、ぜひ寄ってみたい店。商品はデンマークやイタリア、ドイツ中心のラインアップ。小物入れやペン立て、ボールペンなど、実用性とデザイン性を兼ね備えたものを厳選して販売している。

🏠Bygdøy Allé 27
☎22-553045
🕐月～金10:00～17:00
　　土 10:00～15:00
休日
CC A D M V
URL www.signaturen.no

Unique Design
ユニーク・デザイン

市庁舎前広場周辺
MAP P.172-B2

Rica Victoria Hotel Oslo (→P.202) の隣にあるおみやげ店。ノルウェーセーター695NOK～はもちろんキーホルダーやTシャツなど幅広く取り扱っている。エルクのレザーシューズ400NOK～やセーターと同じ模様のニット帽子259NOK～などが人気。

🏠Rosenkrantz' gate 13
☎22-429760
FAX22-429954
🕐6～8月 月～土 9:00～22:00
　　　　 日 13:00～19:00
　9～5月 月～金 9:00～18:00
　　　　 土 9:00～16:00
休9～5月の日 CC J M V
URL www.mamut.net/unique

Ark
アーク

カール・ヨハン通り周辺
MAP P.186

あらゆるジャンルの本が揃うオスロ最大級の書店。かわいらしいブックカバーが目を引くノルウェー語の本や英語の本、文房具などが並ぶ。特に料理本やガイドブック、アート関連の本などが充実。店内にはカフェも設けられているのでのんびりしたい。

🏠Øvre Slottsgate 23/25
☎22-473200
FAX22-473249
🕐月～金9:00～20:00
　　土 10:00～18:00
休日
CC A D M V
URL www.ark.no

ノルウェー　オスロ　ショッピング

生活雑貨

みやげ物

本

オスロのナイトスポット

　バーやクラブが多いのは、やはりカール・ヨハン通り周辺。メインストリートから少し路地に入った場所に点在している。ナイトスポットが盛り上がるのは、週末の夜遅く。だいたい22:00頃から人が集まり、翌3:00頃まで続くことが多い。普段はレストランとして営業している店が週末だけクラブに変わることもある。

Scotsman
スコッツマン

カール・ヨハン通り周辺
MAP P.186

　1階はアイリッシュパブ、地下1階はステーキハウス、2階はスポーツパブ、1階の一部と3階は競馬パブになっている。テラス席もある。ビール44NOK〜。そのほかのアルコール類は63NOK前後〜。チャージ料はなし。22:30頃からライブ演奏がある。

🏠Karl Johans gate 17
📞22-474477
🕐月〜土11:00〜翌3:00
　　日　　　12:00〜翌3:00
休無休
CCA D M V
URLwww.scotsman.no

34 Sky Bar
サーティフォー・スカイ・バー

オスロ中央駅周辺
MAP P.173-D2

　Radisson Blu Plaza Hotel Oslo（→P.200）の34階にある、展望ラウンジ。ガラス窓の向こうにはオスロ市街が一望でき、デートスポットとしても人気。夜は町の夜景を眺めながら、カクテルグラスを傾けたい。ドリンク48NOK（アルコールは59NOK）〜。

🏠Sonja Henjes plass 3
📞22-058034
🕐月〜木17:00〜翌1:00
　　金・土17:00〜翌1:30
休日
CCA D J M V
URLwww.34etg.no

Kafe Onkel Donald
カフェ・オンケル・ドナルド

王宮周辺
MAP P.172-B2

　昼間はカフェ・レストラン、夜は食事のできるバー、木〜土曜の22:00からはオールジャンルの音楽を流すクラブに変わる。750人収容の店内は若者からビジネスマンまで幅広い年齢層の人でいつもいっぱい。フードも充実していて、メインは100NOK〜。

🏠Universitetsgate 26
📞23-356310
FAX23-356320
🕐月〜水 11:00〜24:00
　　木〜土11:00〜翌3:00
休日
CCA D M V
URLkafe.onkeldonaldute.no

Herr Nilsen
ヘル・ニルセン

王宮周辺
MAP P.173-C2

　ノルウェー人ジャズプレーヤーの名演が楽しめるパブ。ライブは月・火曜が21:00、水・木曜が20:00、金曜が22:00から、土曜が16:00と22:00から。チャージは100〜300NOK。メニューはビール48NOK〜などアルコール類のみ。

🏠CJ Hambros plass 5
📞22-335405
🕐毎日14:00〜翌3:00
休無休
CCM V
URLwww.herrnilsen.no

Bohemen
ボヘメン

王宮周辺
MAP P.173-C2

　オスロに本拠を置くサッカーのクラブチーム、ヴァレレンガのサポーターが集うスポーツバー。店内のモニターではヨーロッパサッカーやモータースポーツの試合が常に放映されており、ヴァレレンガの試合がある週末は特に盛り上がる。ビール46NOK〜。

🏠Arbeidergata 2
📞22-416266
🕐月〜木14:00〜翌0:30
　　金　　　14:00〜翌2:00
　　土　　　13:00〜翌2:00
　　日　　　14:00〜23:30
休無休　CCA D M V
URLwww.bohemen.no

■ オスロのエンターテインメント

オスロでは年間を通じてさまざまな興行が開催されている。演劇、オペラ、クラシックからロックまで幅広いジャンルのコンサートなど、規模の大小はあってもだいたい1日に20以上の公演がどこかで行われている。

自分のスケジュールに合わせて公演を探すなら、観光案内所(→P.176、P.181)が提供しているホームページのイベント情報ページが便利。ホームページ内の"What's On"のコーナーは、日程と興味のあるジャンルを入力するだけで滞在中に開催されるイベントを表示してくれるシステムになっている。

チケットの購入は、現地なら直接会場のチケット売り場に赴くのがベスト。事前に買っておきたい人はチケット販売会社ビレットコントレットBillett Kontoretのホームページからクレジットカード払いで可能だ。

国立劇場
Nationaltheatret

1899年に完成したノルウェー最大の劇場。イプセンの作品を主に上演し、2年に一度、世界各国の劇団がイプセンの作品を競演するイプセン・フェスティバルが開催される。アメリカやイギリスの現代劇も上演される。ちなみに、毎年7〜8月はクローズ。劇場の前には、うつむきかげんのイプセンと、上を向いているビョルンソンの銅像が建っている。

オペラハウス
Operahuset

2008年にオープンした新しいオペラハウス。白大理石で作られた斬新なデザインはエジプトのアレクサンドリア図書館の設計を手がけたスノーヘッタSnøhettaによるもので、屋根の上を歩ける世界初の劇場として注目を集めている。敷地内は一般開放されている。オペラやバレエが中心の劇場だが、月に1〜2回ほどコンサートも行われている。

ノルウェー国立オペラ劇場
Den Norske Opera

1051席の規模を誇る国立のオペラ劇場。オペラ、バレエ、コンサートなどを週に3日ほど開催。有名な演目もあるので観劇初心者でも楽しめる。

オスロ・コンサートホール
Oslo Konserthus

オスロ・フィルハーモニー・オーケストラがおもに演奏を行うホール。

---DATA---

■ビレットコントレット
URL www.tickets.no

■国立劇場
MAP P.172-B2
住 Johanne Dybwads Plass 1
TEL 22-001400(チケット予約 81-500811)
FAX 22-001690 URL www.nationaltheatret.no
開 月〜金9:30〜18:30 土11:00〜17:00
　チケット予約係に電話予約をすると、予約番号を教えてくれる。その番号を持って郵便局に行き、予約番号を伝えて料金を支払うと、その場でチケットを発券してくれる。直接劇場でも購入できる。
行き方▶▶▶
　地下鉄ナショナルテアトレット駅下車。

■オペラハウス
MAP P.173-D4
住 Kirsten Flagstads plass 1
TEL 21-422100(チケット予約 21-422121)
FAX 85-020320 URL www.operaen.no
開 月〜金10:00〜23:00 土11:00〜23:00
日12:00〜22:00
　チケットは劇場内のチケット売り場で購入できる。
行き方▶▶▶
　オスロ中央駅から徒歩5分。

■ノルウェー国立オペラ劇場
MAP P.173-C2
住 Storgata 23　TEL 21-422121
URL www.operaen.no
開 月〜金10:00〜23:00 土11:00〜23:00
日12:00〜22:00
行き方▶▶▶
　トラム11、12、13、17番でBrugatta下車。

■オスロ・コンサートホール
MAP P.172-B2
住 Munkedamsveien 14　TEL 23-113100
URL www.oslokonserthus.no
開 月〜金11:00〜17:00 土11:00〜14:00
　チケットはホール内にあるチケット売り場で購入できる。日曜はその日行われるコンサートの当日券のみの販売。コンサート開始2時間前から。
行き方▶▶▶
　地下鉄ナショナルテアトレット駅下車。

ノルウェー　オスロ　ナイトスポット/エンターテインメント

ベルゲン

MAP P.160-A3
人口：26万392
市外局番はない
ベルゲン情報のサイト
URL www.visitbergen.com

ベルゲンへの行き方

✈ オスロからは1日4〜16便運航、所要約50分。コペンハーゲンからは1日4〜6便、所要約1時間20分。空港から市内へは空港バスFlybussenが利用できる。95NOK。所要約30分。バスは途中、鉄道駅そばのバスターミナルを経由する。

🚃 オスロから1日3〜5便運行(うち1便は寝台)、所要6時間30分〜7時間50分。

🚌 オスロからは1日1〜3便運行(うち1便は夜行)、所要約10時間20分、620NOK。スタヴァンゲルからは1日9〜13便、所要5時間〜5時間30分、490NOK。

🚢 フッティルーテン(→P.34)の発着点でもあり、ここを起点にヒルケネスまで6泊7日の船旅が楽しめる。

ベルゲンの気候

ベルゲンなどノルウェー西部の都市は、メキシコ湾流の影響を受けた湿った空気が山にぶつかって、雨を降らせる。そのため、1年を通して降水量が多い。1年のうち3分の2近くは雨と思って間違いないぐらいだ。

ベルゲン・カード
Bergen Card

フロイエン山へのケーブルカーや博物館などが無料(割引)となるほか、各種ツアー、駐車場などが無料や割引料金で利用できるお得なカード。詳しくは現地で手に入る利用の手引きで。観光案内所や鉄道駅で販売。
📞24時間有効200NOK
　48時間有効260NOK

朝からにぎわう魚市場

ベルゲンは人口約26万人の、ノルウェー第2の規模をもつ都市。周辺の地形は西ノルウェーのフィヨルド地方特有のもので、入り組んだ海岸線のすぐそばまで山が迫り、わずかな平地に木造の家が密集している。そのためベルゲンの町は、山肌にも白い家がはりつくように建っている。また道幅が狭いため、一度火災が発生すると家並みはすべて焼き払われてしまうといわれている。

町の歴史は古く、1070年にオーラヴ・ヒッレ王Olav Kyrreによって拓かれ、12世紀から13世紀まではノルウェーの首都でもあった。その後14世紀から15世紀になると、北海周辺諸国の商業発展と各国共通の利益を目指したハンザ同盟に加盟し、その事務所が置かれた。そのハンザ商人たちの統治のもと、ベルゲンは名産である干ダラの輸出により急速に発展し、17世紀のハンザ同盟の終結にいたるまでの400年に渡って隆盛を誇った。港の脇にあるブリッゲンは、当時の姿をとどめる貴重な建物として世界遺産に登録されている。

ハンザ同盟の解体後、ベルゲンは国際市場に独自に進出した。漁業以外にも、造船業や手工芸品にも力を入れ、現在ではノルウェー最大の港湾都市となった。

ベルゲンの人は、どこから来たか尋ねられると、「ノルウェーから」ではなく「ベルゲンから」と答えるという。それほどこの町の出身であることを誇りにしているのだ。

フィヨルドに囲まれた港町・ベルゲン

ベルゲンの歩き方

旅人の集まるベルゲン駅

ベルゲンの町は、港周辺と駅周辺というふたつのエリアに分けられる。町の中心となっているのは港の周辺。港を取り囲むようにしてホテルやシーフードレストランが林立しており、ユネスコの世界遺産にも登録されているブリッゲンなどおもな見どころの多くも港沿いに集中している。魚市場から西へ延びるトーグアルメニング通りTorgallmenningenは、大型デパートやショップが並ぶメインストリート。通りの東端には、ヴァイキングから現代の船員にいたるまでの海の男の記念碑がある。

ベルゲンの駅は南にあり、港までは徒歩で20分ほど。ベルゲン観光よりもフィヨルドツアーに重点を置いているなら、駅のそばに宿をとるのもいいだろう。また、駅の北西にある人造湖Smålungerenを中心としたあたりは広い公園になっており、公園に沿って多くの美術館が集まっている。さらに西に足を延ばせば、ベルゲン博物館がある。

観光は徒歩で充分。石畳のベルゲンの町をそぞろ歩いてみたい。

トーグアルメニング通りに建つ海の男の記念碑

ベルゲンの観光案内所❶
📞55-552000
URLwww.visitbergen.com
開5・9月
　　毎日　9:00〜20:00
　　6〜8月
　　毎日　8:30〜22:00
　　10〜4月
　　月〜土9:00〜16:00
休10〜4月の日

観光バスツアー
　おすすめはベルゲン・エクスプレスBergens Expressenという機関車型のバス。観光案内所前から出発、ベルゲン港沿いに魚市場やブリッゲンなどを回る。日本語ガイドもある。120NOK（ベルゲン・カードで10％割引）、所要約1時間。申し込みは観光案内所で。
ベルゲン・エクスプレス
📞55-531150
運5月 毎日10:00〜16:00
　　6〜8月
　　毎日10:00〜19:00
　　9/1〜20
　　毎日10:00〜15:00
　　30分〜1時間ごとの運行。

観光船ツアー
　ベルゲン・フィヨルド・サイトシーイング社Bergen Fjord Sightseeingがベルゲン港に出て船上から町の様子を望むHarbour Tourを催行。130NOK（ベルゲン・カードで50％割引）、所要約50分。出発は魚市場。
ベルゲン・フィヨルド・サイトシーイング社
📞55-552000
Harbour Tour
運5/20〜8/31　毎日14:30

COLUMN　　　　　　　　　　　　　　　　　　NORWAY

フェリーでソグネフィヨルド観光

フェリーは片道のみの利用も可

ベルゲンは、ソグネフィヨルド（→P.232）観光の拠点として知られている。

日帰りで行くには、ベルゲンから列車やバス、フェリーを乗り継いで巡るのが一般的なルートだが、もっと気軽に訪れたい人におすすめなのが直通フェリーでの移動だ。

フェリー会社のフィヨルド・ワンFjord 1では、夏期のみ、ベルゲン〜フロム間の直通フェリーを運航。ベルゲンを8:00に出発し、ソグネフィヨルドとアウルランフィヨルドをクルーズ後、13:25にフロムに到着。2時間ほどフロムでの滞在を楽しんだ後、15:30発のフェリーで同ルートを戻れば、同日中にベルゲンまで戻ることができる。これを利用すれば、面倒な乗り換えは一切なく、手軽にフィヨルド観光を満喫できる。

　　　　　　　　　　　　　　┌DATA┐
■**フィヨルド・ワン**
📞55-907070　URLwww.fjord1.no
運5〜9月
　ベルゲン発8:00　フロム発15:30
料片道685NOK、往復1028NOK

ブリッゲン
Bryggen

現在、建物はレストランやみやげ物店として使われている

歴史を伝える世界遺産の木造家屋

　ベルゲンの中心地、港に面して壁のように木造家屋が並ぶ一帯は、ブリッゲン地区と呼ばれている。これらの木造家屋のオリジナルは13世紀から16世紀に建てられ、ドイツのハンザ商人の家や事務所として利用されていた。建物はすべて木でできており、また密集しているため幾度もの火災で焼け落ちたが、そのたびに同じように復元・修復されてきた。中世ヨーロッパのハンザ商人の隆盛を今に伝えるブリッゲンは、ユネスコの世界文化遺産に登録されている。

　奥行きのある家屋は家の隙間を入っていくと迷路のようになっている。両側に板の壁がそそり立つ狭い路地を歩いていると、中世に迷い込んでしまったよう。隠れたショップや手工芸の工房もあるので、探検してみるのもおもしろい。また夏期のみ、ブリッゲンを回るガイドツアー（英語）がある（催6～8月11:00、12:00料100NOK＜ベルゲン・カードで10％割引＞）。申し込み、および出発はブリッゲン博物館にて。

中世にタイムトリップした気分を味わえる

こちらもチェック！ check

ブリッゲン博物館
Bryggen's Museum

　模型や実際の発掘物で、ブリッゲンを中心としたベルゲンの歴史を学ぶことができる。ベルゲン周辺で1955～69年に発掘された建物の展示や、800年前の木造教会、12世紀頃の集合住宅など見応え充分。

ブリッゲン博物館
MAP P.222-B2
住Dreggsalmenning 3
電55-588010
URLwww.bymuseet.no
開5/15～8/31
　毎日　10:00～16:00
　9/1～5/14
　月～金11:00～15:00
　土　　12:00～15:00
　日　　12:00～16:00
休無休
料60NOK（ベルゲン・カードで入場可）

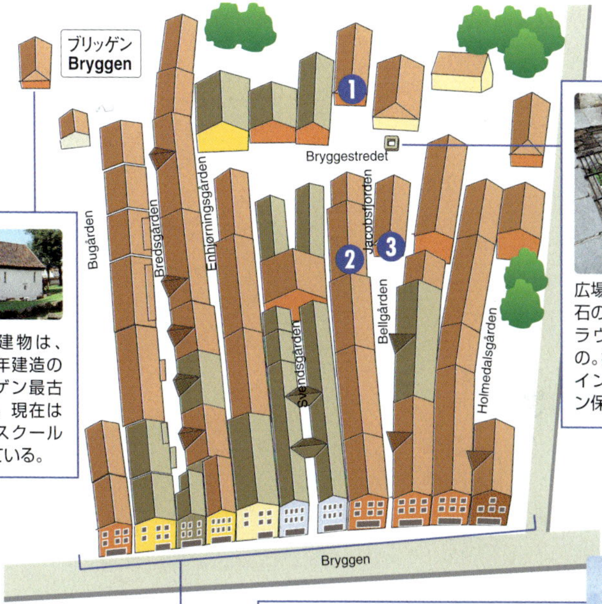

ブリッゲン
Bryggen

Bugården
Breidsgården
Enhjørningsgården
Bryggestredet
Svensgården
Jacobsfjorden
Bellgården
Holmedalsgården

Bryggen

漆喰の建物は、1666年建造のブリッゲン最古の建物。現在はアートスクールになっている。

広場にある井戸。石の紋章は、オーラヴ5世王のもの。投げられたコインはブリッゲン保存の寄付だ。

建物の正面には古い看板や木の像が残る。何に使われていた建物か想像するのも楽しい。

ノルウェー　ベルゲン

工房巡り in ブリッゲン

ブリッゲン内には、アーティストの工房がいくつか点在している。そんな小さな工房を巡ってみるのも楽しい。

❶ Karamik Workshop

カラミック・ワークショップ

　ベルゲン出身のふたりがオーナーを務める陶器の店。ノルウェー伝統の柄をモチーフにした模様を彫り込んだアイテムや光にあてると柄が浮かび上がるコップが人気。ブリッゲンが描かれた壁掛けはおみやげにぴったり。

🏠Bryggestredet 📞55-222296
🕐10:00～17:00
休不定休 💳ADMV

1 作品はオーナーの女性ふたりが作っている　**2** 素朴ながらも味のある器やコップが揃う

❷ Per Vigeland

ベル・ヴィーゲラン

　ブリッゲン唯一のシルバージュエリーの工房兼ショップ。店内で一つひとつ手作りされるジュエリーは、シンプルだがちょっとひねりが利いたデザインのものが多い。価格帯は、ペンダントで290NOK～。

🏠Bryggestredet 📞55-326370
🕐10:00～19:00(冬期は～17:00)
休冬期の土・日 💳V

1 おしゃれで個性的なジュエリーが並ぶ　**2** デザイン、制作ともヴィーゲランさんが手がける

❸ Blonder&Stas

ブロンダー＆スタッス

　ノルウェーの自然や伝統柄などをモチーフにした、ハンドメイドのクロス製品を扱う。キッチンマット(小)100NOK～やサシェ150NOKなど比較的手軽な価格のアイテムもある。

🏠Bryggestredet 📞55-318381
🕐月～土10:00～20:00
(冬期は11:00～15:00)
　日　10:00～18:00
休冬期の日 💳AMV

1 あたたかみあふれる刺繍模様はすべて手作業によるもの　**2** 花をモチーフにしたものも多い

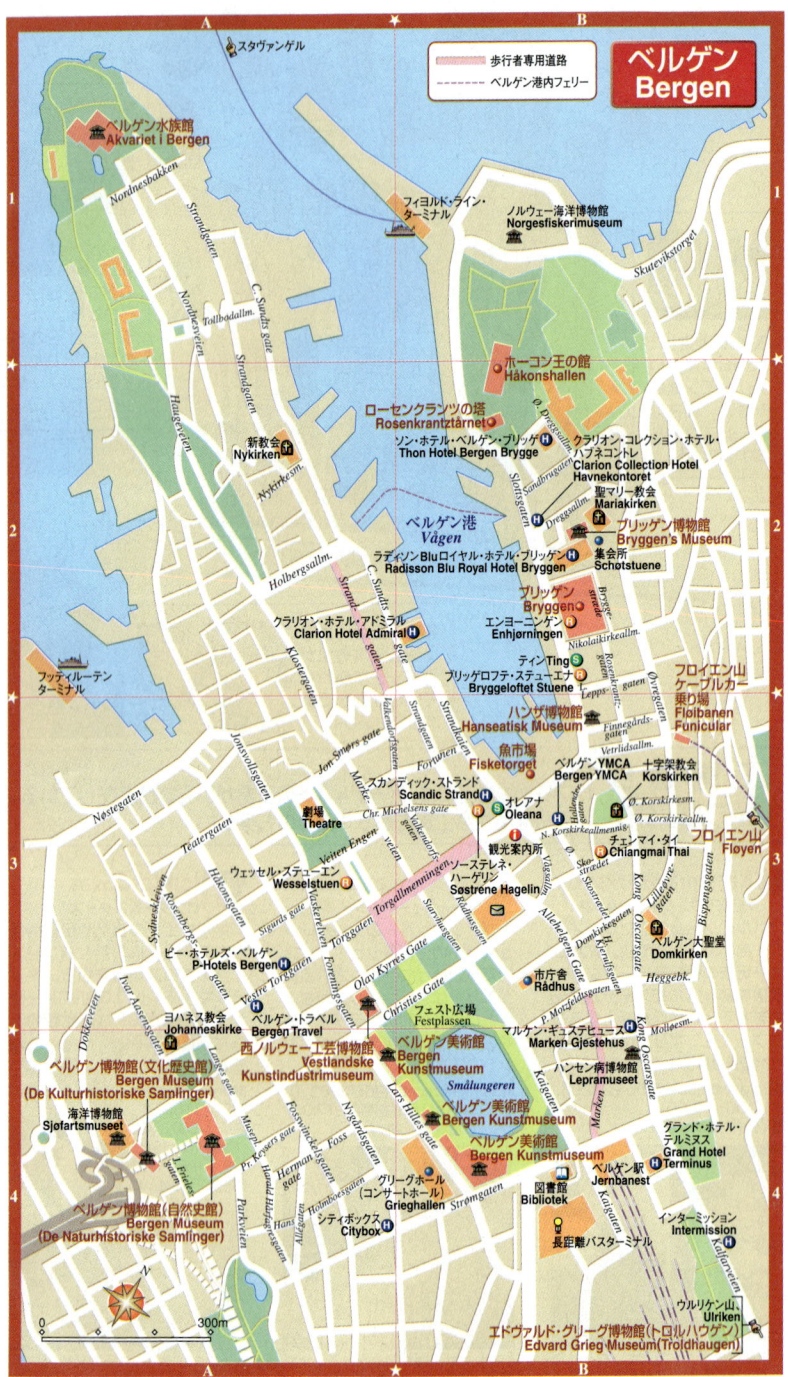

ベルゲン
Bergen

歩行者専用道路
ベルゲン港内フェリー

スタヴァンゲル

ベルゲン水族館
Akvariet i Bergen

Nordnesbakken

Strandgaten
Tollbodallm.
C. Sundts gate

Nordnesveien

フィヨルド・ライン・
ターミナル
ノルウェー海洋博物館
Norgesfiskerimuseum

Skutevikstorget

ホーコン王の館
Håkonshallen

Haugeveien

ローセンクランツの塔
Rosenkrantztårnet

新教会
Nykirken

Nykirkesm.

ソン・ホテル・ベルゲン・ブリッゲ
Thon Hotel Bergen Brygge

øvregaten

Sandbrugaten

クラリオン・コレクション・ホテル・
ハブネコントレ
Clarion Collection Hotel
Havnekontoret

聖マリー教会
Mariakirken

ベルゲン港
Vågen

Holbergsallm.

ラディソンBluロイヤル・ホテル・ブリッゲン
Radisson Blu Royal Hotel Bryggen

ブリッゲン博物館
Bryggen's Museum

集会所
Schøtstuene

ブリッゲン
Bryggen

クラリオン・ホテル・アドミラル
Clarion Hotel Admiral

Klostergaten
C. Sundts gate
Strandgaten

エンヨーニンゲン
Enhjørningen

ティン Ting

ブリッゲロフテ・スチューエナ
Bryggeloftet Stuene

フロイエン山
ケーブルカー
乗り場
Fløibanen
Funicular

フッティルーテン
ターミナル

Nøstegaten

Jon Smørs gate
Chr. Michelsens gate

ハンザ博物館
Hanseatisk Museum

魚市場
Fisketorget

Vetrlidsallm.

ベルゲン YMCA
Bergen YMCA

十字架教会
Korskirken

Ø. Korskirkesm.

フロイエン山
Fløyen

劇場
Theatre

Teatergaten

ズカンディック・ストランド
Scandic Strand

オレアナ
Oleana

観光案内所

チェンマイ・タイ
Chiangmai Thai

ウェッセル・スチューエン
Wesselstuen

Sigurds gate
Veiten Engen

ソーステルネ・
ハーゲリン
Søstrene Hagelin

ピー・ホテルズ・ベルゲン
P-Hotels Bergen

Vestre Torggaten
Olav Kyrres Gate

Allekirkeg.

ベルゲン大聖堂
Domkirken

ヨハネス教会
Johanneskirke

Christies Gate

市庁舎
Rådhus

Heggebk.

ベルゲン・トラベル
Bergen Travel

フェスト広場
Festplassen

マルケン・ギュステヒュース
Marken Gjestehus

Fjøsangerveien

ハンセン病博物館
Lepramuseet

ベルゲン博物館(文化歴史館)
Bergen Museum
(De Kulturhistoriske Samlinger)

西ノルウェー工芸博物館
Vestlandske
Kunstindustrimuseum

ベルゲン美術館
Bergen
Kunstmuseum

Smålungeren

海洋博物館
Sjøfartsmuseet

ベルゲン美術館
Bergen Kunstmuseum

ベルゲン美術館
Bergen Kunstmuseum

グランド・ホテル・
テルミヌス
Grand Hotel
Terminus

ベルゲン博物館(自然史館)
Bergen Museum
(De Naturhistoriske Samlinger)

グリーグホール
(コンサートホール)
Grieghallen

Strømgaten

ベルゲン駅
Jernbanest.

図書館
Bibliotek

シティボックス
Citybox

インターミッション
Intermission

長距離バスターミナル

ウルリケン山
Ulriken

0   300m

エドヴァルド・グリーグ博物館(トロルハウゲン)
Edvard Grieg Museum (Troldhaugen)

おもな見どころ

魚市場
Fisketorget
MAP P.222-B3

　魚市場は港の一番奥まった所にある広場で開かれる。魚のほかにも花や果物、野菜、みやげ物なども売られるが、旅行者にはその場で食べられるサーモンやエビのサンドイッチがおすすめで、どれも新鮮でおいしい。

フィヨルドツアーの際のお弁当を調達しよう

フロイエン山
Fløyen
MAP P.222-B3外

　ベルゲンに来たなら絶対に上りたいのがフロイエン山だ。魚市場から150mほどの所にあるケーブルカー乗り場から、おもちゃのようなケーブルカーFløibanen Funicularが標高320mの山頂まで運行している。最大傾斜26度、全長844mを約6分（毎秒4m）で上る。ケーブルカーの駅のすぐ左脇から出ている登山道を歩いて登ることも可能で、よく整備された道は迷うこともない。頂上にはカフェレストランやみやげ物店もあり、ゆっくり過ごすこともできる。

白壁が目立つケーブルカー乗り場

　時間があったら、ベルゲンの郊外約2kmにあるウルリケン山Ulriken（643m）にも行ってみよう。山頂へはロープウエイで約10分。

ローセンクランツの塔とホーコン王の館
Rosenkrantztårnet & Håkonshallen
MAP P.222-B2

堅牢な石造りのローセンクランツの塔

　ブリッゲンの先にある、町の始まりとともに造られた堅牢なふたつの石の建物。門を入ってすぐの建物はホーコン王の館。ベルゲンの町を開いたホーコン王によって造られ、13世紀には政治の中枢機関がここに置かれていた。ホールは37×16.4mの広さがあり、壁はノルウェーの石を使って造られている。隣のローセンクランツの塔は、1560年代にベルゲンの知事によって造られたもの。スコットランドから運んだ石を使い、造り上げた建物は要塞としての役割も果たしていた。塔内には細い階段がらせん状につけられていて、各階を見学できるほか、塔の頂上からはベルゲンの町が見渡せる。夜はライトアップされて美しい。

魚市場
開6〜8月
　　毎日　7:00〜19:00
　9〜5月
　　月〜土7:00〜16:00
休9〜5月の日
　夏期は遅くまで営業している店がある。その一方冬になると魚市場自体の規模が夏の半分以下になる。

フロイエン山のケーブルカー
住Vetrlidsallmenning 21
電55-336800
URLwww.floibanen.com
運4〜8月
　　月〜金7:30〜24:00
　　土　　8:00〜24:00
　　日　　9:00〜24:00
　9〜3月
　　月〜木7:30〜23:00
　　金　　7:30〜23:30
　　土　　8:00〜23:30
　　日　　9:00〜23:00
料片道35NOK、往復70NOK
（ベルゲン・カードで50%割引、10〜4月は無料）
　15〜30分おきに運行。

ウルリケン山のロープウエイ
電53-643643
URLwww.ulriken643.no
運5〜9月
　　毎日9:00〜21:00
　10〜4月
　　毎日9:00〜17:00
料片道80NOK、往復145NOK

ウルリケン山へのツアー
　ウルリケン山へは、The Ulriken643 Tourで行ける。料金は245NOK（ロープウエイ料金込み）、所要約1時間。魚市場から30分〜1時間おきにバスが出ている。

ローセンクランツの塔
電55-314380
URLwww.bymuseet.no
運5/15〜8/31
　　毎日10:00〜16:00
　9/1〜5/14
　　日　12:00〜15:00
休9/1〜5/14の月〜土
料50NOK
（ベルゲン・カードで入場可）

ホーコン王の館
電55-588010
URLwww.bymuseet.no
運5/15〜8/31
　　毎日10:00〜16:00
　9/1〜5/14
　　金〜水
　　　　12:00〜15:00
　　木　15:00〜18:00
休無休
料50NOK
（ベルゲン・カードで入場可）
　毎正時にふたつを回るガイドツアーが出ている（9/1〜5/14は日曜のみ）。出発はホーコン王の館。75NOK。

ハンザ博物館
囲Finnegårdsgaten 1A
℡55-544690
FAX55-544699
URLwww.museumvest.no
開5/15～9/15
　毎日　9:00～17:00
　9/16～5/14
　火～土11:00～14:00
　日　11:00～16:00
休9/16～5/14の月
料55NOK
　(9/16～5/14は35NOK)

集会所
囲Øvregaten 50
℡55-544690
開5/15～9/15
　毎日　10:00～17:00
　9/16～5/14
　火～日11:00～14:00
休9/16～5/14の月
料ハンザ博物館と共通

ベルゲン・フォークダンス
℡55-552000
開6/14～8/23
　火　21:00～22:00
料100～120NOK
　(ベルゲン・カードで20%割引)
　チケットは観光案内所で販売。

ベルゲン美術館
囲Rasmus Meyers Allé 3、7、9
℡55-568000
FAX55-568011
URLwww.kunstmuseene.no
開5/16～9/13
　毎日　11:00～17:00
　9/14～5/15
　火～日11:00～17:00
休9/14～5/15の月
料80NOK
　(ベルゲン・カードで入場可)

ベルゲン港を渡るフェリー
　ブリッゲン博物館の前からベルゲン港を横断する渡し船が出ている。
運5/7～8/27
　月～金　7:30～16:00
　土　11:00～17:00
　8/28～5/6
　月～金　7:30～16:00
料20NOK

西ノルウェー工芸博物館
囲Nordahl Bruns gate 9
℡55-336633
FAX55-336630
URLwww.kunstmuseene.no
開5/15～9/14
　毎日　11:00～17:00
　9/15～5/14
　火～日12:00～16:00
休9/15～5/14の月
料60NOK
　(ベルゲン・カードで入場可)

■ ハンザ博物館　　Hanseatisk Museum
MAP P.222-B3

当時の商人たちの暮らしが見てとれる

1704年に建造された趣ある木造の商館。内部はハンザ商人の暮らしを再現する博物館になっており、当時の様子が見られる。ベルゲン繁栄の元となった干ダラなどが当時のまま展示されている。また、少し離れたブリッゲン博物館の近くにはハンザ商人たちの集会所Schøtstueneがあり、夏期には伝統衣装を着た人々によるベルゲン・フォークダンスBergen Folkloreも催される。ところで、ハンザビールというベルゲン産のビールがある。ビンのラベルには右に干ダラ（ノルウェー）、左側にタカ（ドイツ）のマークがある。これもまた、ハンザ同盟時代を偲ばせるものだ。

伝統衣装を着た人々のフォークダンスが見られる

■ ベルゲン美術館　　Bergen Kunstmuseum
MAP P.222-A・B4

北欧最大級の美術館。15世紀から現代までの絵画などを幅広く収蔵、展示している。美術館は3つの建物に分かれており、The City Art Collectionでは13世紀から14世紀のヨーロッパ美術を、The Rasmus Meyer Collectionはムンクの作品が充実しており、The Stenersen Collectionにはピカソやミロなどの作品が展示してある。ベルゲン美術館をはじめ、このあたりにはモダンな建物の美術館やコンサートホールが集中しており「美術館通り」と呼ばれている。

ムンクの作品も展示してある

■ 西ノルウェー工芸博物館　Vestlandske Kunstindustrimuseum
MAP P.222-A3

1500年代から現代にいたるまでの、ノルウェーを中心としたヨーロッパのデザインの500年に渡る歴史を展示、解説している博物館。世界最古のバイオリンからヴィーゲラン（→P.194）作のガラスやジュエリー、中世の家具から現代のモダンアートまで、さまざまな作品がある。

モダンアートのコレクションが秀逸

■ ベルゲン博物館　Bergen Museum

MAP P.222-A4

　建物は自然史館De Naturhistoriske Samlingerと文化歴史館De Kulturhistoriske Samlingerのふたつに分かれている。開館時間とチケットは共通。自然史館1階のテーマは地球誕生。世界の石の標本の数は相当なもので、日本の四国の石もある。また、植物の化石や標本も充実している。2階には魚から哺乳類まで、さまざまな大量のはく製がズラリ陳列されている。24mものクジラの骨は圧巻だ。文化歴史館にはキリスト教芸術や伝統家具などのほか、イプセンやアフリカンアートに関する展示がある。

迫力ある自然史館の骨格標本

■ ベルゲン水族館　Akvariet i Bergen

MAP P.222-A1

　半島のちょうど先端に位置している水族館。入口を入るとすぐにアザラシとペンギンの飼育室がある。屋内は2フロアに分かれており、必見は2階にある円形水槽。 水槽では各地域ごとの魚が飼育されており、ベルゲンのある「北海」コーナーでは、巨大なタラやオオカミウオなどが見られる。飼育員による、アザラシやペンギンへのエサやりなどのイベントも随時催行している。

エサやりなどのプログラムもいろいろある

■ エドヴァルド・グリーグ博物館（トロルハウゲン）　Edvard Grieg Museum(Troldhaugen)

MAP P.222-B4外

　エドヴァルド・グリーグが22年間住んだ白いビクトリア風の家が、フィヨルドを見下ろしている。館内は博物館になっており、グリーグに関する充実した展示が見られる。入江のほうに下りて行くと、作曲をする時に使われた小さな小屋、反対側に行くと夫妻が埋葬されているちょっと変わった墓がある。5月下旬～6月上旬まで開催しているベルゲン国際フェスティバルには、世界各国から有名ピアニスト、バイオリニストが集まり、毎朝コンサートがある。また、6～9月にもさまざまなコンサートが催されている。詳しい時間やチケットは観光案内所で。

グリーグのファンの人は必見

ベルゲン博物館
🏠Harald Hårfagresgaten 1
☎55-580000
URLwww.uib.no/bergenmuseum
開6～8月
　火～金10:00～16:00
　土・日11:00～16:00
　9～5月
　火～金10:00～15:00
　土・日11:00～16:00
休月
料50NOK
（ベルゲン・カードで入場可）
自然史館
☎55-582920
FAX55-589677
文化歴史館
☎55-583140
FAX55-589656

町の西の端にある

ベルゲン水族館
🏠Nordnesbakken 4
☎55-557171
FAX55-557180
URLwww.akvariet.no
開5～8月
　毎日 9:00～19:00
　9～4月
　毎日10:00～18:00
休無休
料200NOK（冬期は150NOK）
（ベルゲン・カードで25%割引、11～2月は無料）
行き方━━
　市バス11番で約5分。また、夏期は魚市場前から直通のフェリーで行くこともできる。

エドヴァルド・グリーグ博物館（トロルハウゲン）
🏠Troldhaugveien 65
☎55-922992
FAX55-922993
URLwww.kunstmuseene.no
開5～9月
　毎日 9:00～18:00
　10～4月
　月～金 9:00～15:00
　土・日10:00～16:00
休無休
料80NOK
（ベルゲン・カードで50%割引）
行き方━━
　ベルゲンの南8kmにある。市内中心部、フェスト広場Festplassen周辺からトラムNesttun行きに乗りHop下車。またはバス20、23、24、50番に乗って約15分、Hopsbroen下車、"Troldhaugen"の看板に従って徒歩約20分。

ベルゲンのホテル

北欧諸国の中でもベルゲンのホテルは取りにくい。特に5月下旬から6月上旬のベルゲン国際フェスティバルの時期は、高級ホテルなどは1年前から予約で埋まるほど。そして夏にはフィヨルド観光の基地として混雑するので、早めの予約を心がけよう。

Radisson Blu Royal Hotel Bryggen

MAP P.222-B2　ラディソンBluロイヤル・ホテル・ブリッゲン

[住]Bryggen 5
☎55-543000
[FAX]55-324808
[URL]www.radissonblu.com
[料]Ⓢ1395NOK～Ⓓ1595NOK～
[CC]A D J M V

ブリッゲンの一画にあり、レンガ造りの目を引く建物。レストランやバー、プール、フィットネスセンター、サウナなど設備面も充実。全室無線LANあり(無料)。空港バスが玄関のすぐ前から出て便利。現在リノベーション中で2011年7月にはさらに130室が新しくオープン予定。

Clarion Collection Hotel Havnekontoret

MAP P.222-B2　クラリオン・コレクション・ホテル・ハブネコントレ

[住]Slottsgaten 1　☎55-601100　[FAX]55-601101
[URL]www.choicehotels.no
[料]Ⓢ1695(1495)NOK～
　Ⓓ1900(1695)NOK～
[CC]A D M V

元港湾局の建物を利用したホテル。外観は重厚だが、内部はモダンなデザイン。ビジネスセンターやサウナがある。全室無線LANあり（無料）。

Clarion Hotel Admiral

MAP P.222-B2　クラリオン・ホテル・アドミラル

[住]C.Sundtsgate 9
☎55-236400　[FAX]55-236464
[URL]www.choicehotels.no
[料]Ⓢ995NOK～
　Ⓓ1295NOK～
[CC]A D M V

港の西側に建つ重厚な外観の高級ホテル。港側の部屋からはブリッゲンが望める。

Grand Hotel Terminus

MAP P.222-B4　グランド・ホテル・テルミヌス

[住]Zander Kaaesgate 6
☎55-212500　[FAX]55-212501
[URL]www.ght.no
[料]Ⓢ1900(1090)NOK～Ⓓ2300(1090)NOK～
[CC]A D M V

鉄道駅のすぐそばにある。朝早く鉄道を利用するときなどに便利。1928年のオープンで、高級感あふれるロビーも老舗ホテルの風格を感じさせてくれる。フィットネスセンター、サウナ、ジャクージあり。

Thon Hotel Bergen Brygge

MAP P.222-B2　ソン・ホテル・ベルゲン・ブリッゲ

[住]Bradbenken 3　☎55-308700　[FAX]55-329414
[URL]www.thonhotels.no
[料]Ⓢ845NOK～Ⓓ1095NOK～
[CC]A D M V

港の端にある。客室は広々しており、快適。無線LANはロビーは無料、客室では有料で利用できる。

Citybox

MAP P.222-A4　シティボックス

[住]Nygårdsgaten 31　☎55-312500
[URL]www.citybox.no
[料]バス付きⓈ500NOK～Ⓓ700NOK～
　バス共同Ⓢ400NOK～Ⓓ600NOK～　[CC]A D M V

チェックインは入口の端末で行う。予約済の場合は予約番号等を入力。予約なしの場合は"New booking"を選択して手続きを進める。客室は簡素だが新しく快適。朝食なし。クレジットカード必須。

Scandic Strand

MAP P.222-B3　スカンディック・ストランド

[住]Strandkaien 2-4
☎55-593300　[FAX]55-593333
[URL]www.scandichotels.com
[料]Ⓢ990～2240NOKⒹ1240～2490NOK
[CC]A D M V

魚市場からすぐの好ロケーション。屋上にテラスがあり、港とブリッゲンが一望できる。サウナ、フィットネスセンターあり。カフェテリアではコーヒー、紅茶の無料サービスがある。

Bergen Travel Hotel

MAP P.222-A3　ベルゲン・トラベル

[住]Vestre Torggaten 20A
☎55-599090　[FAX]55-599091
[URL]www.hotelbergen.com
[料]Ⓢ1025NOK～Ⓓ1360NOK～
[CC]A D J M V

ヨハネス教会の階段の麓にあるゲストハウス。1階はパブで毎晩にぎやかだが、その上の客室は静か。朝食付き。部屋は広く清潔で家具類も新しく快適。全室シャワー、トイレ付き。

Marken Gjestehus

MAP P.222-B3・4　マルケン・ギュステヒュース

[住]Kong Oscarsgate 45　☎55-314404
[FAX]55-316022　[URL]www.marken-gjestehus.com
[料]ドミトリー185～225NOK
　バス、トイレ付きⓈ650NOK～Ⓓ750NOK～
　バス、トイレ共同Ⓢ495NOK～Ⓓ570NOK～
　シーツ65NOK　[CC]A D M V

鉄道駅から徒歩約5分。部屋は手入れが行き届きとても清潔。コーヒー、紅茶の無料サービスやランドリーあり。受付は4階。

P-Hotels Bergen

MAP P.222-A3　ピー・ホテルズ・ベルゲン

[住]Vestre Torggaten 9
☎80-046835
[FAX]55-900584　[URL]www.p-hotels.no
[料]Ⓢ795NOK～Ⓓ995NOK～
[CC]A D J M V

オスロなどにも施設をもつチェーンホテル。シンプルながら清潔な客室はコーヒーメーカー付き。料金に含まれる朝食は部屋に運んでもらえる。無線LANは全室無料で利用できる。

バスタブ　バスタブ一部のみ　テレビ　テレビ一部のみ　ドライヤー　ドライヤー貸出
ミニバー　ミニバー一部のみ　ハンディキャップルーム

Bergen YMCA Hostel

ベルゲン YMCA

MAP P.222-B3

🏠Nedre Korskirkeallmenning 4
📞55-606055　FAX55-606051
URLwww.bergenhostel.no
🛏ドミトリー180～320NOK　Ⓢ550NOK～Ⓓ800NOK～
　朝食60NOK（夏期のみ）　CCM V

　観光案内所のそば、町の中心にある。ドミトリーは32ベッドの大部屋と4ベッド、6ベッドの3種類。すべての部屋にキッチンが付いている。港が見える屋上のテラスでのんびりくつろぐ人の姿も多い。冬期はドミトリーはクローズ。

Intermission Hostel

インターミッション

MAP P.222-B4

🏠Kalfarveien 8
📞55-300400
URLintermissionhostel.no
🕐6/22～8/14
🛏ドミトリー180NOK　朝食25NOK
CCA D J M V

　ベルゲンの駅から山沿いに200m歩くと道沿いにある白い建物。ランドリーマシンも無料で利用でき、キッチンもあるのでベルゲン滞在を安くあげるには格好の宿。フロントは11:00～15:00はクローズ。

ベルゲンのレストラン

Enhjørningen

エンヨーニンゲン

MAP P.222-B2

🏠Enhjørningsgården 29, Bryggen
📞55-306950　FAX55-306951
URLwww.enhjorningen.no
🕐5月中旬～8月　毎日　16:00～23:00
　9月～5月中旬　月～土16:00～23:00
🚫9月～5月中旬の日　🍴400NOK～　CCA D J M V

　ブリッゲンにある、14世紀建造の建物を利用したシーフードレストラン。魚市場から直接仕入れる魚介類は鮮度抜群。窓際の席からベルゲンの港を望むことができる。おすすめはアンコウの香草揚げ330NOK。

Søstrene Hagelin

ソーステレネ・ハーゲリン

MAP P.222-B3

🏠Strandgaten 3
📞55-902013　URLwww.sostrenehagelin.no
🕐月～金　9:00～17:00
　土　　10:00～17:00
🚫日　🍴60NOK～
CCM V

　ホームメイドの魚料理が評判のシーフード店。フィッシュケーキをパンに挟んだフィッシュバーガーは39NOK～。魚肉団子と野菜のフィッシュスープ30NOK も人気。サラダやサンドイッチなどのメニューもある。食費をおさえたい時におすすめ。

Bryggeloftet Stuene

ブリッゲロフテ・ステューエナ

MAP P.222-B2

🏠Bryggen 11　📞55-302070　FAX55-302071
URLwww.bryggeloftet.no
🕐月～木11:00～23:30　日13:00～23:30
🚫無休　🍴250NOK～　CCA D J M V

　1910年オープンの老舗レストラン。近海で獲れた魚介を使ったメニューが評判。ベルゲンの名物、チダラのトマト煮込み、バカラオBacalaoもある。

Chiangmai Thai Restaurant

チェンマイ・タイ

MAP P.222-B3

🏠Sparebankgaten 4　📞55-319606
🕐月～木12:00～24:00　金～日12:00～23:00（冬期は時間短縮）
🚫無休　🍴100NOK　CC不可

　2007年オープンのタイ料理店。グリーンカレーやフライドライスなどメニューはどれも本格的。オーナーは日本に住んでいたこともあり、日本語が少し話せる。

Wesselstuen

ウェッセル・ステューエン

MAP P.222-A3

🏠Øvre Ole Bulls plass 6　📞55-554949
URLwww.wesselstuen.no
🕐月～土11:00～24:30　日14:00～23:30
🚫無休　🍴250NOK～
CCA D M V

　1957年創業の老舗。トナカイ肉の蒸し焼きやタラ料理などノルウェーの伝統料理が味わえる。

ベルゲンのショッピング

Oleana

オレアナ

MAP P.222-B3

🏠Strandkaien 2a　📞55-310520　FAX55-310135
URLwww.oleana.no
🕐5～8月　月～金　9:00～19:00　土10:00～16:00
　　　　　日　　13:00～19:00
　9～4月　月～金　9:00～17:00　土10:00～16:00
🚫9～4月の日　CCA D M V

　ベルゲン生まれのセーターブランド。ウールとシルクの混紡で、ハンドメイドで作られたセーターは肌触りがいい。カーディガン2170NOK～。

Ting

ティン

MAP P.222-B2

🏠Bryggen 13　📞55-215480　URLwww.ting.no
🕐5～12月　月～金10:00～20:00　土10:00～17:00
　　　　　日　　11:00～17:00
　1～4月　月～金10:00～20:00　土10:00～17:00
　（時期によって異なる）
🚫1～4月の日
CCA D J M V

　北欧を中心とした雑貨や文具、キッチン用品などを扱う。センスのいい小物はおみやげにも最適。Tingは英語のThingの意。

首都オスロからベルゲンへ
ノルウェーの2大都市を結ぶ路線

ベルゲン急行
Bergen Express

オスロ～ベルゲン間の471.2kmを結ぶ通称ベルゲン急行は、ヨーロッパ屈指の景勝ルート。森や湖、氷河、そしてフィヨルドと、車窓を流れゆく変化に富んだ風景は、ノルウェーの厳しくも美しい自然を満喫させてくれる。

オスロを出発した列車は
森と湖を抜け西に進路をとる

　オスロ中央駅を出発した列車は、一度南西に向かった後、北へぐるりと弧を描きながら森林や湖水地帯を1時間あまり進む。このあたりは別路線で、オスロから89.5kmのホーネフォス駅Hönefoss以降が本来のベルゲン線だ。

　本線に入ると、車窓には山々が迫り、谷が深まって、山岳鉄道の様相を見せ始める。走行距離が200kmを超えるあたりから本格的な上り勾配に差しかかり、高度を増すにつれ風景の緑がまばらになっ

ていく。やがて車窓が岩と草地ばかりの荒涼とした景色となり、左の山の頂に白銀のハダンゲル氷河Hardangerjøkulenが見えてくると、沿線最高所（1222m）の駅、フィンセFinseに到着。夏でも残雪が見られる駅周辺は、ハイキングコースが設けられており、下車する人も多い。

フィヨルドを眺めながら進み
やがてベルゲンへと到着する

　フィンセ駅を出て全長10.6kmのフィンセトンネルを抜けると、あとは下る一方。ハイライトは、フィンセ～ヴォス間

カーブの多い山岳地帯も高速で走れる振り子式列車のBM73

列車なかほどのサロンカーには売店もあり、軽食や飲み物が購入できる

北欧デザインの落ち着いたインテリアでまとめられた車内

1「ノルウェーの屋根」と呼ばれる高地を駆け抜けるベルゲン急行。フィンセにて　2 フィンセ付近から望めるハダンゲル氷河は標高1876mの山上にある　3 氷河が作り出した渓谷をぬって、列車は一路ベルゲンを目指す

で、雄大なU字谷が広がり、雪解け水をたたえた湖や清流が車窓の右へ左へと寄り添う。フィンセ駅から30分のミュールダールMyrdalは、観光路線として人気のフロム鉄道への乗り換え駅。右にはソグネフィヨルドの支流アウルランフィヨルドへと続くフロム渓谷が開ける。勾配を下るにつれ、線路沿いにはフィヨルドの穏やかな入江が広がり始める。全行程で184を数えるトンネルの最後、ウルリケン山のトンネルをくぐれば、そこはノルウェー第2の都市ベルゲン。約7時間の絶景列車の旅は終着を迎える。

沿線最高所の駅フィンセ。最高地点1237mはその先のトンネル内

座席にはテーブルも備えられ、車窓を楽しみながら食事もとれる

DATA

ベルゲン急行

＜運行スケジュール＞
オスロから1日4〜6便運行（うち1台は寝台）、所要6時間30分〜7時間50分。

＜予約＞
人気の路線のため、予約は必須。夏期には特に混雑するので、前日までに予約を。予約・購入は日本の旅行会社のほか、ノルウェー鉄道のホームページ、オスロ中央駅などノルウェー国内の各駅にて。

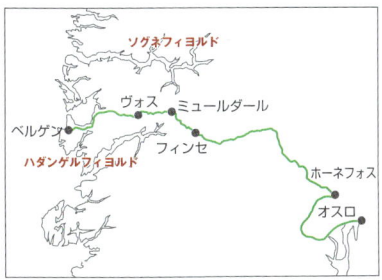

ソグネフィヨルド
ヴォス　ミュールダール
ベルゲン
ハダンゲルフィヨルド
フィンセ
ホーネフォス
オスロ

フィヨルド地方の歩き方

FJORD

ノルウェーの西部海岸線は、フィヨルド地方と呼ばれている。
はるか何百万年も前に、氷河により浸食され形成された海岸線は2万kmを越える。
この荒々しくも美しい景観は、ノルウェー観光のハイライトだ。
ここでは、人気の高い5つのフィヨルドを旅するためのマニュアルを紹介。

■フィヨルド地域情報のサイト URL www.fjordnorway.com(Fjord Norway)

フィヨルドって何？
WHAT IS THE FJORD?

　フィヨルドとは、ノルウェー語で「内陸部へ深く入り込んだ湾」を意味する。氷河による浸食で作られたU字、V字型の谷（氷食谷）に海水が進入して形成された入江のことで、峡湾とも呼ばれる。両岸を急な高い谷壁に挟まれ、細長く直線的に延びていることが多い。ノルウェーをはじめ、グリーンランド、アラスカ南部、アイスランド、チリなどにその典型が見られる。

　フィヨルドは氷河の産物だ。約100万年前、北欧は厚さ1000mを超える氷河に覆われていた。氷河はその名のとおり氷の川で、少しずつ流れている。今でも氷河が海に落ち込むところを見られる場所は多い。氷河は動きながら、その重みで河床を削り、ナイフで切り取ったような深い谷を造り上げてきた。海へ近付くに連れ、その浸食力はだんだん弱まっていく。内陸部に比べ海側の地形が浅いのはこのためだ。やがて氷河期が終わると、掘り下げられた部分に海水が入り込み、現在見られるような入江が形成された。外海近くでは水深1000mを超えるものもある。ノルウェー北部ではフィヨルドに加え、氷河湖も多く、複雑な湖水地帯を形成している。

5大フィヨルド
FIVE MAJOR FJORDS

　無数のフィヨルドが連続するノルウェーの西部海岸線は「フィヨルド地方」とも呼ばれている。穏やかな海から急峻な山が屹立する独特の景観は、大地の誕生当時の記憶をそのままにとどめ、多くの観光客を惹きつけてやまない。

　数多くのフィヨルドのなかでも、代表的なフィヨルドといえば、北から順にガイランゲルフィヨルド、ノールフィヨルド、ソグネフィヨルド、ハダンゲルフィヨルド、リーセフィヨルド。これらは5大フィヨルドと呼ばれ、ダイナミックな風景とアクセスのしやすさを兼ね備えており、夏になると世界各地からの観光客でにぎわう。

　ガイランゲルフィヨルドとソグネフィヨルドの支流であるネーロイフィヨルドは、2005年にユネスコの世界自然遺産に登録された。

■ガイランゲルフィヨルド（→P.238）
■ノールフィヨルド（→P.240）
■ソグネフィヨルド（→P.232）
■ハダンゲルフィヨルド（→P.237）
■リーセフィヨルド（→P.241）

船上は冷えるので夏でも上着を用意しよう

交通手段と見学方法
TRANSPORTATION & SIGHTSEEING

　フィヨルド観光は、フィヨルド地方を走るバスや鉄道、フェリーを使って行う。ひとつの目的地があるわけではなく、交通手段から望む景色すべてがフィヨルド観光となる。ソグネとハダンゲルフィヨルドは、フィヨルド・ツアーズが発行している、ルート内の交通手段がセットになった周遊チケットを利用するのがおすすめだ。ガイランゲル、ノール、リーセフィヨルドは直接フェリーやバスなど各交通機関のチケットを購入して巡るのが一般的。移動中は息を飲むような景色が連続し、フェリーなら途中ガイドが聞けたり、バスならビューポイントで停車しながら進んでいく。各フィヨルドとも、ハイライトと呼ばれるコースがある。

バスの車窓からも絶景が望める

チェックポイント

■夏のフィヨルドは混雑する
　夏の観光シーズン中、フィヨルド地方は世界中から集まる旅行者で非常に混雑する。列車やホテルの予約も直前では取りにくくなるので、予定が決まったら遅くとも前日までには予約を入れよう。

■フィヨルド・パス URL www.fjordpass.no
　ノルウェー全域の約150のホテルが加盟しており、宿泊、朝食料金が割引になる。適応期間は通年や夏期のみなどホテルによって異なる。フィヨルド・パスは130NOKで、大人2人と15歳未満の同伴の子供に適用（購入年の12/31まで有効）。購入は現地の旅行会社ほかウエブサイトでも可能。

■荷物別送サービス
　オスロから途中ソグネやハダンゲルフィヨルドを観光してベルゲンへ向かう時に利用したいのが、便利な荷物別送サービス。下記の連絡先に申し込めば、オスロ市内のホテルまで荷物を取りに来てくれ、目的地のホテルへ直接届けてもらえる。荷物は7:00までに宿泊しているフロントに預けておけば、同日の21:00までに指定したホテルへ届く。ベルゲンのほか、フロムやヴォスなどのホテルも指定可能。
●Porterservice
TEL 90-610009　FAX 61-390410
URL www.porterservice.no
料 荷物1個につき250NOK（フロムは1312NOK〜）

※オスロ中央駅工事情報あり（→P.175欄外）

旅のシーズン
BEST SEASON

　観光シーズンが始まるのは5月中旬頃から。ベストシーズンは6〜8月で、この時期には各観光スポットは世界中の旅行者たちでにぎわう。9月にもなると落ち着きを見せ始め、各交通機関も便数が減少する。10月になると、ガイランゲルフィヨルド、ハダンゲルフィヨルド、リーセフィヨルドは冬期の公共交通機関がなくなってしまう（それぞれで休止になる時期が異なるので事前の確認を）。冬にどうしてもフィヨルドを見たいなら、1年を通して観光できるソグネフィヨルドへ行こう。

●各フィヨルドの観光シーズン
ソグネフィヨルド…通年
ハダンゲルフィヨルド…5〜10月
ガイランゲルフィヨルド…5〜9月
ノールフィヨルド…6〜8月
リーセフィヨルド…5月中旬〜9月中旬

旅の服装と持ち物
CLOTHES & PROPERTY

　ノルウェーは、四季が比較的はっきりと分かれている。そのため、訪れる時期により適した服装は異なる。夏の晴れた日ならTシャツだけでも過ごせるが、天候が崩れた際やフェリーに乗るときなどは、はおれるものが一枚あると便利。上着は軽くて風を防いでくれるウインドブレーカーがおすすめだ。下半身は長ズボンに履き慣れたスニーカーがベスト。冬は、基本的に日本の冬と同じ格好で問題ない。厚手のセーターやマウンテンパーカーなど防水＆防風のものを意識しよう。ただし建物内は暖房が効いているので、重ね着をして温度調節ができるようにしておくのが好ましい。ニット帽や手袋は必須。また、フィヨルド地方は一年を通して雨が多いので、レインコートなどの雨具は必ず持っていくこと。そのほか、サングラスや双眼鏡などもあると便利だ。

231

Sognefjord
ソグネフィヨルド

ヨーロッパ本土で最も長く、深いフィヨルドがソグネフィヨルド。長さ204km、水深は最深部で1308m。ベルゲンの北から内陸に延び、先に行くほど、何本もの細いフィヨルドに枝分かれしている。観光ポイントはソグネフィヨルドの最奥部、枝分かれした細い先端部分のネーロイフィヨルドNærøyfjordとアウルランフィヨルドAurlandfjordだ。

▌アクセス
A CCESS

ベースタウン：オスロ（→P.169）、ベルゲン（→P.218）

　ベルゲンからの日帰りコースか、オスロからフィヨルドを観光してベルゲンに向かうコースが一般的。オスロからの日帰りはできず、ベルゲンで一泊するか、帰路に寝台車を利用することになる。時間があるなら、ヴォスやフロム、アウルラン、ラールダールなどに寄るのもおすすめ。

▌ハイライト案内
H IGHTLIGHT

■ミュールダール～フロム（フロム鉄道）
Myrdal～Flåm

　ベルゲン急行の停車駅でもあるミュールダールMyrdalから、アウルランフィヨルド最奥の町、フロムを結ぶのは、登山鉄道・フロム鉄道Flåmsbana。急勾配の全長約20kmを約1時間かけて進む列

車の車窓には、息をのむ絶景が連続する。

列車は途中、落差93mのショース滝で停車する

■フロム～グドヴァンゲン
Flåm～Gudvangen

　フィヨルド観光最大の目玉でもある、フロムとグドヴァンゲンGudvangenを結ぶクルーズ。観光船であると同時に、地元の人の生活の足でもあるフェリーは、途中アウルランなどの村も経由する。

運がよければアザラシやヤギに出会えるかも

■グドヴァンゲン～ヴォス
Gudvangen～Voss

　グドヴァンゲンからヴォスへは、バスで約50分。途中スタルハイムStalheim付近の渓谷の急なつづら折りの山道を上り、頂上に建つStalheim Hotel（→P.244）で休憩をとる（夏期のみ）。

Stalheim Hotelからの景観

ソグネフィヨルド情報のサイト
URLwww.sognefjord.no

▌おすすめ周遊ルート
RECOMMENDED ROUTE

■ベルゲン発の日帰りルート

　ベルゲンからミュールダールへ列車でアクセスしたら、フロム鉄道を利用してフロムへ。グドヴァンゲン行きのフェリーに乗り込み、アウルラン、ネーロイフィヨルドを観光。グドヴァンゲンからヴォスまではバスを利用する。ヴォスからはまた列車を利用し、ベルゲンへといたる。なお、逆ルートでも行くことができる。

START	ベルゲン	8:40発
	列車	
10:55発	ミュールダール	10:46着
	フロム鉄道 HIGHLIGHT	
11:50着	フロム	15:10発
	フェリーHIGHLIGHT	
18:03発	グドヴァンゲン	17:20着
	バス HIGHLIGHT	
18:55着	ヴォス	19:20発
	列車	
GOAL	ベルゲン	20:34着

※スケジュールは時期や曜日によって変動あり

■オスロ発、ベルゲン着の片道ルート

　オスロからフィヨルド観光をしてベルゲンへ行く片道ルート。オスロからベルゲン行きの列車に乗り、ミュールダールで途中下車。ミュールダールからは、ベルゲン発の日帰りと同じルートを行く。逆ルートもある。

START	オスロ	8:11発
	列車	
13:27発	ミュールダール	12:53着
	フロム鉄道 HIGHLIGHT	
14:25着	フロム	15:10発
	フェリーHIGHLIGHT	
18:03発	グドヴァンゲン	17:20着
	バス HIGHLIGHT	
18:55着	ヴォス	19:20発
	列車	
GOAL	ベルゲン	20:34着

※スケジュールは時期や曜日によって変動あり
オスロ中央駅工事情報あり（→P.175欄外）

周遊チケット

TICKETS

　フィヨルド・ツアーズが、オスロやベルゲン、ヴォスなどソグネフィヨルド周辺の各都市からの周遊券、NORWAY IN A NUTSHELLを発行。列車やフロム鉄道、フェリーなどの料金が含まれ、予約も同時に行われる。さまざまな区間設定があり、フェリーやバスの料金と列車の予約のみでも受け付けてくれるので、ユーレイルパスなど、鉄道パス所有者でも無駄なく利用できる。オスロ、ベルゲンの観光案内所、鉄道駅で購入可能。

DATA

■フィヨルド・ツアーズ（→P.242）
NORWAY IN A NUTSHELL
📍オスロ〜ベルゲン〜オスロ（往復）2160NOK
　オスロ→ベルゲン（片道）1370NOK
　ヴォス〜ヴォス（周遊）670NOK
　ベルゲン〜ベルゲン（周遊）995NOK

1年中楽しめるフィヨルド

　ソグネフィヨルドは、5大フィヨルドで唯一、通年同じルートでの観光が楽しめる。夏の観光が主流だが、紅葉のきれいな秋、雪混じりの冬のフィヨルドの景観も美しい。また、秋から冬の時期は夏のハイシーズンと違って観光客も少ないので、より身近にフィヨルドの大自然を感じることができるはずだ。

冬期は各交通機関が減便する

■ノルウェー国内の時刻表
URL www.rutebok.no
■ノルウェー鉄道
URL www.nsb.no
オスロ〜ベルゲン（→P.228）
ベルゲン〜ヴォス〜ミュールダール
🚃ベルゲンからヴォスまで1日8〜15便運行、所要約1時間15分。ベルゲンからミュールダールまでは1日4〜8便、所要2時間〜2時間20分。
■グドヴァンゲン〜ヴォスのバス
URL www.fjord1.no
🚌1日2〜8便運行、所要約1時間。路線バスのほか、NORWAY IN A NUTSHELLのバスもある。
■ミュールダール〜フロム（フロム鉄道）
☎57-632100　URL www.flaamsbana.no
🚃5/1〜6/11
　ミュールダール発9:39、10:55、12:11、13:27、14:43、15:59、17:15、18:29、20:55
　フロム発　　8:35、9:45、11:00、12:20、13:35、14:45、16:05、17:25、19:45
　6/12〜9/25
　ミュールダール発9:39、10:55、12:11、13:27、14:43、15:59、17:15、18:29、19:41、20:55
　フロム発　　8:35、9:45、11:00、12:20、13:35、14:50、16:05、17:25、18:35、19:45
　9/26〜4/30
　ミュールダール発9:55、13:00、16:00、17:55
　フロム発　　9:00、11:30、14:50、17:00
💰片道250NOK、往復350NOK
■フロム〜グドヴァンゲン間のフェリー
☎55-907070　URL www.fjord1.no
🚢フロム発
　5/1〜6/19, 8/21〜9/30　9:00、13:20、15:10
　6/20〜8/20　9:00、11:00、13:20、15:10
　10〜4月　15:10
　グドヴァンゲン発
　5/1〜6/19, 8/21〜9/30　10:30、11:30、16:00
　6/20〜8/20　10:30、11:30、13:20、16:00
　10〜4月　11:30
💰片道265NOK、往復370NOK

ソグネフィヨルド

凡例
鉄　　道
バ　　ス
フェリー
フロム鉄道

ソグネフィヨルド
Sognefjord

ソルヴォーン
Solvorn

ウルネス・スターヴ教会
Urnes Stavkyrkje

ウルネス
Urnes

ソグンダール
Sogndal

リンストローム
Lindstrøm

ウンドレダール
Undredal

ラールダール
Lærdal

ネーロイフィヨルド
Nærøyfjord

アウルランフィヨル
Aurlandsfjord

グドヴァンゲン
Gudvangen

ステーガスタイン展望ポイント
Stegastein View Point

スタルハイム
Stalheim

フロム
Flåm

ミュールダール
Myrdal

アウルラン
Aurland

ボルグン・スターヴ教会
Borgund Stavkyrkje

ヴォス
Voss

ノールハイムスン
Norheimsund

ウルヴィク
Ulvik

ハダンゲル氷河
Hardangerjøkulen

フィンセ
Finse

ベルゲン
Bergen

ウトネ
Utne

アイフィヨルド
Eidfjord

オスロへ

0　20 km

N

Sognefjord

アクティビティ豊富な観光の拠点
フロム Flåm

ソグネフィヨルド観光で必ず通るのが、ミュールダールからのフロム鉄道と、グドヴァンゲンからのフェリーが発着するフロムの町。小さな町には、フィヨルドをより楽しめるアクティビティや見どころが満載！

　「山間の小さな平地」という意味をもつフロムは、アウルランフィヨルドとフロム渓谷の山々という豊かな自然に囲まれている。住民わずか500人ほどの小さな町には、夏になると大型クルーズ船も寄港し、世界中から観光客が押し寄せる。町の中心は、鉄道駅とフェリー乗り場の周辺で、レストランやカフェ、みやげ物店のほかFretheim Hotel（→P.245）などのホテルが集まっている。グドヴァンゲンへのフェリー乗り場もすぐ目の前だ。見どころはフロム鉄道の歴史を紹介しているフロム鉄道博物館Flåmsbana Museetや、フィヨルドの生活を映像で紹介するフロム・パノラマFlåm Panoramaなどがある。2kmほど離れた山の中腹には、中世以降の古民家を集めた野外博物館オッテルネス農場Otternes Bygdetunがある。敷地内からはフィヨルドが一望でき、人気のビューポイントとなっている。

■ **フロムの観光案内所** ℹ️
🏠5742 Flåm ☎57-632106 URLwww.alr.no
🕐1〜4月 毎日11:00〜15:30 5月 毎日8:30〜16:00 6〜8月 毎日8:30〜20:00 9月 毎日8:30〜15:30 🈲10〜12月

■ **フロム鉄道博物館**
☎57-632310 URLwww.flamsbana-museet.no
🕐夏期 毎日9:00〜17:00
　冬期 毎日13:00〜15:00 🈠無休 🈯無料

■ **フロム・パノラマ**
☎47-462727 URLwww.flampanorama.no
🕐毎日11:00〜19:00 30分ごとに上映
🈠無休 🈯55NOK

■ **オッテルネス農場**
☎57-631132 URLwww.otternes.no
🕐6/1〜9/15 毎日10:00〜17:00
🈲9/16〜5/31 🈯80NOK

Youth Hostel in Flåm
■ **フロムのユースホステル**
Flåm Camping og Vandrerhjem
フロム・キャンピング＆ヴァンドラールイェム
☎57-632121 FAX57-632380
URLwww.flaam-camping.no 🕐4月〜10月下旬
💴ドミトリー 190NOK〜
　Ⓢ330NOK〜・Ⓓ470NOK〜　シーツ60NOK

フロム Flåm

200m

N

• Njord

フロム川 Flåmselvi

フロム・キャンピング＆ヴァンドラールイェム
Flåm Camping og Vandrerhjem Ⓗ

トエット・カフェ
Toget Café

エーグル・ブリッゲリ
Ægir Bryggeri

• フロム・パノラマ
Flåm Panorama

バス停 🚏 観光案内所ℹ️

フロム鉄道駅

グドヴァンゲン行きフェリー発着所

フロム鉄道博物館
Flåmsbana Museet

フィヨルドサファリ
Fjordsafari

観光バス
Rallar Toget

フレトハイム
Fretheim Ⓗ

オッテルネス農場へ2.5km
Otternes Bygdetun

Activity

フロムでの空き時間は、アクティビティにチャレンジしたい。事前予約は不要で、町なかのオフィスや観光案内所で申し込める。アクティビティに関しての情報は、観光案内所で入手できる。

フロム鉄道で途中下車して行くハイキングコースも

ハイキング Hiking

フロムの周辺には、全部で10のハイキングコースがある。鉄道駅の周辺を歩くだけの所要30～45分のコースから、4～5時間かけてミュールダールまで行くコースまで難易度もさまざま。観光案内所で配っているハイキングマップ（日本語あり）をもらって、気軽にチャレンジしてみるといい。

カヤック Kayak

アウルランフィヨルドを進むカヤックは、町の東の端にあるビーチからスタート。ツアー会社のNjordでは、3時間のショートコースから、キャンプをしながら行く3日コースまでさまざまなツアーを催行。ツアーのほかレンタルカヤックもある。

波がないので操縦も楽々

■Njord
☎91-326628 URLwww.njord.as
The Fjord Paddle
⊞6/1～9/1 毎日 12:00
圏450NOK 所要約3時間。
The Old Kings Path
⊞6/1～9/1 毎日10:00、15:00
圏590NOK 所要約4時間。

フィヨルドサファリ Fjordsafari

小さなゴムボートに乗って、フィヨルドを疾走する人気アクティビティ。海面すれすれから望むフィヨルドは、いつもとはまた違う風景。クルーズのみのMini Fjordsafariと、クルーズでウンドレダール（→P.236）を訪れるStandard Fjordsafariなどいくつかのコースがある。

小さなボートなら、崖のすぐそばにまで寄れる

■フィヨルドサファリ
☎57-633323
URLwww.fjordsafari.no
Mini Fjordsafari
⊞6/1～6/14
毎日9:50、14:55
6/15～8/31
毎日9:50、13:45、14:55
圏480NOK
所要約1時間30分。
Standard Fjordsafari
⊞6/15～8/31 毎日16:00
圏690NOK
所要約3時間。

観光バス Rallar Toget

汽車の形をした観光バスに乗って、フロム渓谷沿いをゆっくりと上っていく。折り返し地点のフロムのオールドタウンで一旦停車し、フロム教会などを見学する。周辺の地形や滝に関するガイドも聞かせてくれる。出発はフェリー乗り場のすぐ横から。

■観光バス
☎99-372338 URLdiscoverflam.com 運5月中旬～8月 毎日10:00～17:00 圏110NOK 所要約45分。

派手な赤い機関車型のバス

フロムの
カフェ&レストラン

●トエット・カフェ Toget Café

列車の車両を利用したカフェレストラン。ハンバーガーやノルウェー風ミートボールなどの軽食が中心だが、トナカイハンバーガーなど変わり種メニューもある。料金は1品100NOK前後。
☎57-632155
圏5～10月 毎日10:00～22:00
圏11～4月 CCM V

人気のノルウェー風ミートボール

●エーグル・ブリッゲリ Ægir Bryggeri

ヴァイキングの館のような建物内で、フロム渓谷に流れる水を使った自家醸造ビールが味わえる。ビールは5種類前後。内装もヴァイキング様式で雰囲気たっぷり。
☎57-632050 圏月～土12:00～翌1:00、日12:00～20:00（時期、曜日によって変動あり）圏4月の日～金、5/1～6/15の日～火、10/1～12/22の日～木、12/23～3/31 CCM V

レストランの隣には2008年オープンのホテルも建つ

まだある！ その他の 寄り道スポット

時間に余裕のある人は、さらにひと足延ばして近郊の町を訪れてみよう。フィヨルド沿いには、アウルランやラールダール、ウンドレダールといった小さいけれど魅力的な村が点在している。

●アウルラン Aurland

アウルラン渓谷の谷間に位置する静かな村。フロムやグドヴァンゲン、ラールダール一帯の中心地でもあり、ここを拠点にフィヨルド観光をするのもいい。渓谷では豊富な水源を活用した家庭用水力発電所を見ることができる。標高1400mを超える山々の間には、木造と白壁の小さな家々が点在する。また、ラールダールへと続く道の途中には、全長24.5kmの、路上トンネルとしては世界最長のトンネルがある。

■アクセス
🚌 グドヴァンゲンからフロム経由で1日2～8便。
🚢 グドヴァンゲン～フロムを結ぶフェリーが途中停泊する。1日1～4便運航。
■アウルランの観光案内所 ℹ️
☎57-633313
URL www.alr.no

町には小さな教会もある

┌ ステーガスタイン展望ポイント ─
Stegastein View Point

アウルラン村の中心から約6km、アウルランとラールダールを結ぶ道の途中にある展望ポイント。フィヨルド側に張り出した海抜650mの展望台からは、壮大なアウルランフィヨルドとアウルランの町並みが見渡せる。

■アクセス
アウルランからバスが1日2～3便運行（6月中旬～8月）、所要約30分。冬期は予約時のみ運行。

●ラールダール Lærdal

ソグネフィヨルドの最奥にある小さな村。村を流れるラールダール川は、サーモンの釣り場として有名。カラフルな木造家屋が残る町の見どころは、サーモンについての映像を上映するシアターや展示のあるノルウェー・ワイルドサーモン・センター Norsk Villakssenterなど。宿もあるのでここを拠点にフィヨルド観光をすることもできる。

■アクセス
🚌 グドヴァンゲンからフロム、アウルラン経由で1日2～8便運行、アウルランから所要約40分。
🚢 5～9月のみグドヴァンゲンから1日2～3便運航。
■ラールダールの観光案内所 ℹ️
☎57-641207
URL www.alr.no

サーモンについて学べる

●ウンドレダール Undredal

アウルランフィヨルドに面した人口約80人あまりの小さな村。ヤギの農家が多く、そこで作られるヤオイストGeitostと呼ばれるヤギ乳のチーズは村の名産となっている。木造家屋が並ぶ町には、1147年建造の北欧最小の木造教会、ウンドレダール・スターヴ教会が建つ。

■アクセス
🚌 アウルランから1日1便前後運行、所要約40分。
🚢 グドヴァンゲン～フロムを結ぶフェリーが途中停泊する。1日1～2便運航。
■ウンドレダールの観光案内所 ℹ️
URL www.undredal.no

カラフルな木造家屋が並ぶ

スターヴ教会を訪れよう

スターヴ教会とは、北ヨーロッパ独特のスターヴヒルケと呼ばれる木造様式の教会で、11から12世紀にかけてその多くが建てられた。最盛期には、1000棟以上あったとされる教会だが、現在では28棟ほどしか残っておらず世界でも貴重な遺産となっている。フィヨルド地方には、こうしたスターヴ教会がいくつか残されているので、フィヨルド観光の合間にぜひ訪れてみよう。
URL www.stavechurch.com

ウルネス・スターヴ教会 Urnes Stavkyrkje

ルストラフィヨルドの奥地、ウルネスに建つ。建造時期は12世紀前半頃で、現存するスターヴ教会のなかで最古。壁には、木で作られた北欧の神話をモチーフにした繊細な彫刻が残る。
©スカンジナビア政府観光局

■DATA
☎57-678840 🗓5/2～9/30 毎日10:30～17:30 🚫10/1～5/1 💰60NOK
■アクセス
ウルネスへの交通機関は対岸のソルヴォーンSolvornから運航しているフェリーのみ。1日8～9便、所要約20分（冬期は減便）。ソルヴォーンまでは、グドヴァンゲンからフロム、ラールダール経由のバスでソグンダールSogndalまで行き、ソルヴォーン行きに乗り換える。

ボルグン・スターヴ教会 Borgund Stavkyrkje

フィヨルドの谷間に建つ1180年建造の教会。その立派な様相とアクセスのよさから多くの観光客が訪れる。建物にはヴァイキング時代を彷彿とさせる文様と十字架が彫られている。
紙幣の絵柄になったこともある

■DATA
☎57-668109
🗓5/1～6/10,8/22～9/30 毎日10:00～17:00 6/11～8/21 毎日8:00～20:00
🚫10～4月 💰75NOK
■アクセス
ラールダールからボルグン・スターヴ教会行きのバスが1日約1～2便運行。所要約50分。

Hardangerfjord

ハダンゲルフィヨルド

ハダンゲルフィヨルド情報のサイト
URL www.hardangerfjord.com

ベルゲンの南東に位置するハダンゲルフィヨルドは、果樹の花が咲き乱れる牧歌的な風景で知られる。全長は179kmで、ノルウェーで2番目、世界で3番目に長いフィヨルドでもある。途中美しい村々に寄りながら、のんびりとフィヨルドクルージングを楽しみたい。

アクセス
ACCESS

ベースタウン：ベルゲン（→P.218）、ヴォス（→P.246）
　ベルゲンやヴォスを拠点に日帰りで巡るのが一般的。周辺にはウトネUtneやロフトフースLofthusなどの美しいリゾート地もあり、これらの地に宿泊してゆっくりするのもおすすめ。

ハイライト案内
HIGHTLIGHT

■アイフィヨルド～ノールハイムスン
Eidfjord～Norheimsund
　ハダンゲルフィヨルドを横断するフェリー。山々や丘陵地帯に点在する鮮やかな色彩の家屋など、牧歌的な風景が展開する。途中、ロフトフースやウトネにも停泊する。なお、フェリーは夏期（5～10月）のみ運航。

寄り道＆その他の拠点スポット
DETOUR & OTHER SPOT

■アイフィヨルド Eidfjord
　ハダンゲルフィヨルドの最奥に位置する町。周囲の自然を舞台にしたアクティビティも多い。
URL www.visiteidfjord.no

■ヴォーリングフォッセン Vøringfossen
　ハダンゲルヴィッダ高原Hardangerviddaの西の端にある落差182mの滝。
URL www.voringfossen.com

■ノールハイムスン Norheimsund
　ノルウェーのなかで最も美しいと形容される小さな町。
URL www.visitkvam.no

おすすめ周遊ルート
RECOMMENDED ROUTE

■ベルゲン発の日帰りルート
　ベルゲンから列車でヴォスへ行き、バスに乗り換えてウルヴィクUlvikへ。ウルヴィクからフェリーでアイフィヨルドへ行き、そこからハダンゲルフィヨルドを進むフェリーに乗り換えノールハイムスンへ。ノールハイムスンからはバスでベルゲンへ戻る。

START	ベルゲン	8:40発
	列車	
10:05発	ヴォス	9:53着
	バス	
11:10着	ウルヴィク	11:15発
	フェリー	
14:40発	アイフィヨルド	11:45着
	フェリー HIGHLIGHT	
17:30着	ノールハイムスン	17:40発
	バス	
GOAL	ベルゲン	19:05着

※5～10月のスケジュール。土曜日は時間変更。
交通インフォメーション　ノルウェー鉄道、Skyss社、Tide社（→P.242）

周遊チケット
TICKETS

　フィヨルド・ツアーズが、ベルゲンからの周遊券、HARDANGER IN A NUTSHELLを発行。列車、フェリー、バス代がセットになっている。購入はベルゲンの観光案内所か鉄道駅で。

■フィヨルド・ツアーズ（→P.242）
DATA
HARDANGER IN A NUTSHELL
開5～10月　料795NOK（ベルゲン～ベルゲン）

ハダンゲルフィヨルド

鉄　道	
バ　ス	
フェリー	

0　　　10 km

ミュールダール Myrdal
ヴォス Voss
ウルヴィク Ulvik
ベルゲン Bergen
ハダンゲルフィヨルド Hardangerfjord
ウトネ Utne
アイフィヨルド Eidfjord
ノールハイムスン Norheimsund
ハダンゲルヴィッダ・ネイチャーセンター Hardangervidda Natursenter
ベルゲン空港
シンサルヴィーク Kinsarvik
ロフトフース Lofthus
ヴォーリングフォッセン Vøringfossen
オース Os　ソールストラン Solstrand
ウレンスヴァン Ullensvang

Geirangerfjord

ガイランゲルフィヨルド

ガイランゲルフィヨルドは、海岸から深部に向かってくねくねとカーブしながら入り込むフィヨルドの最深部に位置しており、周囲を切り立った山々に囲まれた秘境。細く複雑に入り組んだ入江やトロルスティーゲン Trollstigen からの絶景が見どころ。ゴールデンルートと呼ばれる観光ルートは、世界屈指の景観を誇る。

ガイランゲルフィヨルド情報のサイト
URL www.visitgeirangerfjorden.com

┃アクセス
ACCESS

ベースタウン：オスロ（→P.169）、オーレスン（→P.255）
　オーレスンを拠点にして、そこから日帰りでアクセスするのが一般的。オスロから直接アクセスして、同日にオーレスンに着くことも可能だが、時間に余裕があるならガイランゲルに宿泊するのもおすすめだ。

┃ハイライト案内
HIGHLIGHT

■ドンボス～オンダルスネス（ラウマ鉄道）
Dombås ~ Åndalsnes

　ノルウェー国鉄が運行する路線のひとつ、ドンボスとオンダルスネスを結ぶ全長114kmの山岳鉄道。険しい山々とラウマ川が織り成す美しい渓谷の間を走り抜ける列車は、風光明媚なルートとして人気がある。6～8月の間は各ビューポイントでスピードを落として運行する。

列車はサーモンの川として
有名なラウマ川沿いを走る

■オンダルスネス～ガイランゲル
Åndalsnes ~ Geiranger

　オンダルスネスからガイランゲルへと行くバスは、「トロルスティーゲン（トロルのハシゴ段という意味。トロルとはノルウェーの民話に出てくる醜い妖精のこと）」を通る絶景ルート。バスは6月中旬～9月中旬のみ運行。

つづら折りの坂道が続
くトロルスティーゲン

■ガイランゲル～ヘレシルト
Geiranger ~ Hellesylt

　ガイランゲル～ヘレシルト間は、屹立する山々を眺めながらのフェリーの旅。夏の間はテープで6ヵ国語（日本語含む）の案内が流れる。5～9月のみの運行。

細い滝が七重に連なって
流れ落ちる七人姉妹の滝

┃おすすめ周遊ルート
RECOMMENDED ROUTE

■オーレスン発の日帰りルート

　オーレスンからの日帰りの場合、ラウマ鉄道やトロルスティーゲンは通らない。オーレスンからヘレシルト行きのバスに乗り、ヘレシルトからガイランゲルフィヨルドを進むフェリーに乗り換えガイランゲルへ向かう。ガイランゲルからオーレスンまではバスを利用。

START	オーレスン	11:00 発
	バス	
14:00 発	ヘレシルト	13:50 着
	フェリー HIGHLIGHT	
15:10 着	ガイランゲル	16:20 発
	バス	
GOAL	オーレスン	19:15 着

※6月中旬～8月中旬（月～金）のスケジュール。その他の時期は時間変更。

■オスロ発、オーレスン着の片道ルート

　オスロから列車でドンボスまで行き、そこからラウマ鉄道 Raumabanen でオンダルスネスへ。オンダルスネスからはバスでガイランゲルへ行き一泊。ガイランゲルからはフェリーでフィヨルド観光。ヘレシルトからはまたバスへ乗り込んでオーレスンへ行こう。

START	オスロ	8:07 発
	列車	
12:15 発	ドンボス	12:07 着
	ラウマ鉄道 HIGHLIGHT	
13:49 着	オンダルスネス	16:45 発
	バス HIGHLIGHT	
翌14:00発	ガイランゲル（ガイランゲル泊）	19:40 着
	フェリー HIGHLIGHT	
15:10 着	ヘレシルト	16:20 着
	バス	
GOAL	オーレスン	18:40 着

※6月中旬～8月中旬（月～金）のスケジュール。その他の時期はオスロからオーレスンへ行き一泊、オーレスン発の日帰りルートを辿ることになる。ガイランゲル滞在中、ダルスニッバ展望台を訪れることも可能。
オスロ中央駅工事情報あり（→P.175欄外）

船は深い谷間をゆっくりと進んでいく

寄り道&その他の拠点スポット
DETOUR & **O**THER **S**POT

■ガイランゲル Geiranger (→ P.248)
　山の斜面に開かれた、ガイランゲルフィヨルド観光の拠点として知られる小さな村。宿泊施設のほか、レストランやみやげ物店もある。

■ヘレシルト Hellesylt
　ガイランゲルとフェリーで結ばれた村。フィヨルドへ流れるヘレシルトフォッセンHellesyltfossenが名所。町の中心はフェリー乗り場から少し離れた所にある。
URLwww.hellesylt.no

村の真ん中を流れる
ヘレシルトフォッセン

フッティルーテンでフィヨルド観光
　ベルゲンから北部のヒルケネスまで結ぶフッティルーテン (→ P.34) が、夏期 (4/15～9/14) はガイランゲルフィヨルド内を航行する。フッティルーテンはガイランゲルへのエクスカーション（オプショナルツアー）も用意しており、イーグルロードからのすばらしい眺望を、眼下に楽しむことができる（夏期限定）。

大きな船は揺れも少なく快適

--- 交通インフォメーション ---
■ノルウェー鉄道
URLwww.nsb.no
■ラウマ鉄道（ドンボス～オンダルスネス）
☎81-500888　URLwww.nsb.no
運5/28～8/28 1日2便　8/29～5/27 1日2～4便
料5/28～8/28　216NOK～
　8/29～5/27　227NOK～
■オンダルスネス～ガイランゲルのバス
URLwww.fjord1.no
運6/22～8/17
オンダルスネス発 1日2便　ガイランゲル発 1日2便
料8/18～6/21　料241NOK
■ガイランゲル～ヘレシルト間のフェリー
☎71-219500　URLwww.fjord1.no
運5・9月　1日4往復
　6～8月　1日8往復
料10～4月　料片道140NOK、往復 180NOK
■その他のバス
URLwww.fjord1.no

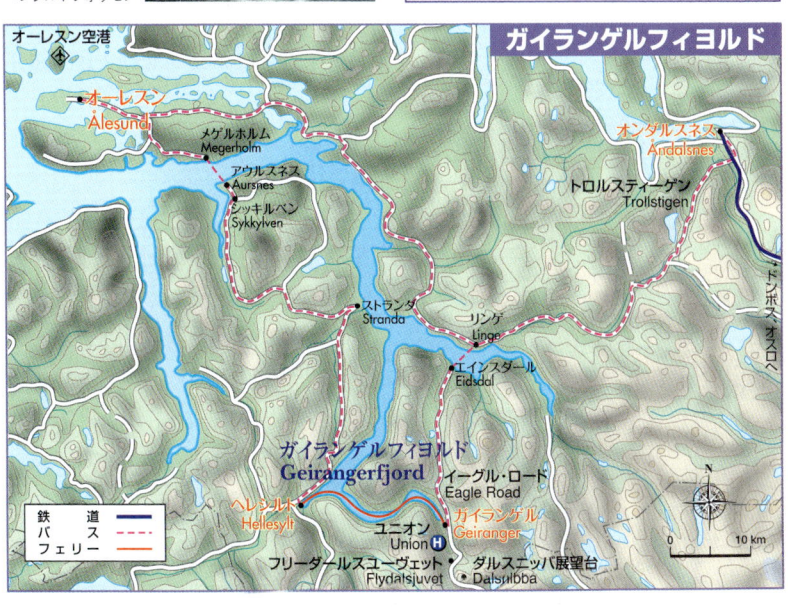

オーレスン空港
オーレスン
Ålesund
メゲルホルム
Megerholm
アウルスネス
Aursnes
シッキルベン
Sykkylven
ストランダ
Stranda
リンゲ
Linge
エインスダール
Eidsdal
ガイランゲルフィヨルド
Geirangerfjord
ヘレシルト
Hellesylt
ユニオン
Union H
フリーダールスユーヴェット
Flydalsjuvet
ダルスニッバ展望台
Dalsnibba
イーグル・ロード
Eagle Road
ガイランゲル
Geiranger
オンダルスネス
Åndalsnes
トロルスティーゲン
Trollstigen
ドンボス、オスロへ

ガイランゲルフィヨルド

鉄　道
バ　ス
フェリー

0　　10 km

Nordfjord

ノールフィヨルド

ガイランゲルフィヨルドとソグネフィヨルドの中間にある。最大の見どころは面積487km²を誇るヨーロッパ最大規模の氷河、ヨステダール氷河 Jostedalsbreen の支流のひとつ、ブリクスダール氷河だ。

ノールフィヨルド情報のサイト
URL www.nordfjord.no

アクセス
ACCESS

ベースタウン：オーレスン（→ P.255）、ベルゲン（→ P.218）

ノールフィヨルドは、ガイランゲルフィヨルドとソグネフィヨルドの両方を観光する途中に寄るのが一般的。ベルゲンかオーレンスを拠点に、ストリーンで一泊する。なお、ブリクスダーレン行きのバスは6〜8月のみの運行。

ハイライト案内
HIGHTLIGHT

■ブリクスダール氷河 Briksdalsbreen

ヨステダール氷河の支流のひとつ。ストリーンからのバスが停車するブリクスダーレン Briksdalen から氷河までは片道約45分のハイキング。途中1ヵ所だけ急な上りになるが、他はほとんどが勾配もなく歩きやすい。トロルカーと呼ばれるオープンカーを利用することもできる。

目の前に迫る氷河は迫力満点

■ブリクスダール氷河
☎57-876800 URL www.briksdalsbre.no
■トロルカー
☎57-876805 URL www.oldedalen-skysslag.com
圏4月中旬〜10月 8:15〜18:15の30〜45分ごと
圏180NOK 往復で1時間30分、混雑期は予約がおすすめ。

氷河湖でアクティビティに挑戦

ブリクスダール氷河の真下には、青く輝く氷河湖が広がる。氷河湖では、夏の間ゴムボートで氷河のすぐ近くまで行くグレイシャー・サファリなどのアクティビティを催行。氷河を身近に感じてみよう。

■グレイシャー・サファリ
圏5月中旬〜9月中旬
毎日9:00〜17:00
の毎時ちょうど
圏250NOK
所要約45分。

間近に眺めれば氷河の
迫力が伝わってくる

おすすめ周遊ルート
RECOMMENDED ROUTE

■オーレスン発、ベルゲン着の片道ルート

オーレスンからバスでストリーンへ。ブリクスダール氷河までは同日に到着することができないため、ストリーンで一泊。翌朝、バスでブリクスダーレンへ向かい、ブリクスダール氷河観光。そこからバスでオルデン Olden へ向かい、ベルゲン行きのバスに乗り換える。

START	オーレスン	11:00発
	バス	
翌9:30発	ストリーン	14:45着
	バス	
10:30着	ブリクスダーレン	13:30発
	バス	
15:50発	オルデン	14:00着
	バス	
21:50着	ベルゲン	GOAL

※6〜8月のスケジュール。
交通インフォメーション Fjord1（→ P.242）

寄り道＆その他の拠点スポット
DETOUR & OTHER SPOT

■ストリーン Stryn

こぢんまりとした町だが、ホテルをはじめレストランやショッピング施設などもある。

┌─ Hotel in Stryn ─┐
■ストリーンのホテル
Stryn Hotel
ストリーン
☎57-870700 URL www.strynhotel.no

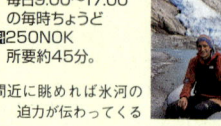
ノールフィヨルド
Nordfjord

Lysefjord

リーセフィヨルド

フィヨルドからそそり立つ巨大な岩壁。このナイフで切り取ったように垂直な壁が、リーセフィヨルドを象徴するプレーケストーレンだ。リーセフィヨルドの魅力は、このプレーケストーレンからフィヨルドを一望できることに尽きる。

リーセフィヨルド情報のサイト
URL www.ryfylke.com

アクセス
ACCESS

ベースタウン：スタヴァンゲル（→ P.252）
　オスロからの日帰りはできないので、スタヴァンゲルで一泊する必要がある。

ハイライト案内
HIGHLIGHT

■プレーケストーレン Preikestolen
　ノルウェー語で「教会の説教壇」の意味をもつプレーケストーレンは、平らな岩の上から真っすぐ600m落ちている断崖。上から眺めるフィヨルドはまさに絶景だ。プレーケストーレンへは、プレーケストール・ヒュッテPreikestolenhyttaから山道を登ること約2時間。

高所恐怖症の人は要注意だ

おすすめ周遊ルート
RECOMMENDED ROUTE

■スタヴァンゲル発の日帰りルート
　スタヴァンゲルからフェリーでタウTauへ。そこからプレーケストール・ヒュッテまではバスで。便によってはヨースペランJørspelandでバスを乗り換える。9月中旬〜5月中旬は、バスがヨースペランまでしか行かなくなる。

START	スタヴァンゲル	8:30発
	フェリー	
9:10発	タウ	9:00着
	バス	
9:45着	プレーケストール・ヒュッテ	16:25発
	バス	
17:15発	タウ	17:00着
	フェリー	
17:45着	スタヴァンゲル	GOAL

※5/18〜9/16（月〜金）のスケジュール。時期によって変動する

プレーケストーレンへのハイキング

　プレーケストーレンへは、自力で山道を登るしか方法がない。登山道は、片道約2時間（行き）の道のり。道は基本的に整備されているが、急な岩場を上る場面などもあり、やや健脚向けだ。しかし、頂上から眺める絶景は、苦労して登った人だけが味わえる感動を与えてくれるはず。運動靴、水や行動食の用意をしてから登山に挑もう。

険しい道はそう長く続かない

リーセフィヨルド

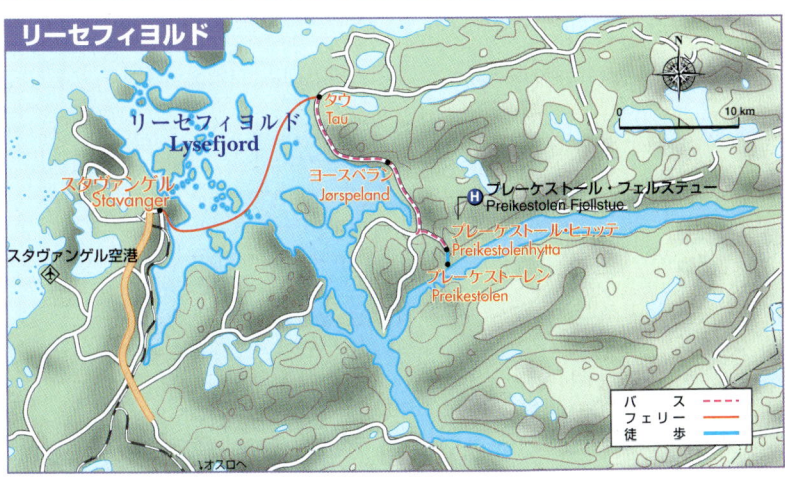

リーセフィヨルド
Lysefjord

タウ
Tau

ヨースペラン
Jørspeland

スタヴァンゲル
Stavanger

スタヴァンゲル空港

プレーケストール・フェルステュー
Preikestolen Fjellstue

プレーケストール・ヒュッテ
Preikestolenhytta

プレーケストーレン
Preikestolen

↓オスロへ

バ　ス	-----
フェリー	———
徒　歩	———

0　　　　10 km

Lysefjord

寄り道&その他の拠点スポット

DETOUR & OTHER SPOT

■プレーケストール・ヒュッテ

Preikestolenhytta

プレーケストーレンへのハイキングの拠点。湖に面して大型の宿泊施設、プレーケストール・フェルステュー Preikestolen Fjellstue が建つ。バス停近くには、みやげ物店を兼ねた観光案内所がある。飲み物や雨具などハイキングに必要なものも売られている。なお、トイレはここにしかないため、あらかじめ済ませていこう。

ハイキングの前に立ち寄ってみよう

観光ツアー

エーネ社 Rødneがスタヴァンゲルからリーセフィヨルドのクルーズ船に乗り、プレーケストーレンを下から眺める所要約３時間のツアーを催行。プレーケストーレンの頂上へは、夏期しか行くことができないが、クルーズは通年運行している。チケットは観光案内所または船着場で。

■エーネ社

☎51-895270 [URL]www.rodne.no

[催]5・6・9月　毎日 12:00

7・8月　日～金 10:30、14:30

土 10:30、12:00、14:30

10～4月　水～日　12:00

[料]390NOK

Lodge in Lysefjord

■リーセフィヨルドのロッジ

Preikestolen Fjellstue

プレーケストール・フェルステュー

☎51-742074

[URL]www.preikestolenfjellstue.no

[料]ドミトリー 280NOK～　Ⓢ995NOK～Ⓓ1295NOK～

通年オープンのマウンテン・ロッジと夏期（4～10月）のみオープンのユースホステルPreikestolhyttaがある。

交通インフォメーション

■スタヴァンゲル～タウのフェリー

[URL]www.tide.no

■タウ～プレーケストール・フェルステューへのバス

[URL]www.veolia-transport.no

スタヴァンゲルからプレーケストーレンへは、Veolia Transport 社や Tide 社が催行する周遊トリップ（5月中旬～9月中旬のみ）を利用するのが一般的。フェリーやバスがセットになったコンビネーション・チケットは、観光案内所で購入可能。

[料]200NOK

フィヨルド観光　ユースフルリンク集

USEFUL LINKS FOR SIGHTSEEING IN FJORD

フィヨルド情報

FJORD INFORMATION

●ノルウェー・フィヨルド観光協会

[URL]www.fjordnorway.com

●ソグネフィヨルド観光協会

[URL]www.sognefjord.no

●ハダンゲルフィヨルド観光協会

[URL]www.hardangerfjord.com

●ガイランゲル観光協会

[URL]www.visitgeirangerfjorden.com

●ノールフィヨルド観光協会

[URL]www.nordfjord.no

●ブリクスダール氷河

[URL]www.briksdalsbre.no

●リーセフィルド観光協会

[URL]www.ryfylke.com

周遊チケット情報

TICKETS INFORMATION

●フィヨルド・ツアーズ

[URL]www.fjordtours.no

●62 Nord

[URL]www.62nord.net

交通インフォメーション

TRAFFIC INFORMATION

●スカンジナビア航空

[URL]www.flysas.com

●ノルウェー国内の時刻表

[URL]www.rutebok.no

●ノルウェー鉄道

[URL]www.nsb.no

●Fjord1（バス、フェリー会社）

[URL]www.fjord1.no

●フロム鉄道

[URL]www.flaamsbana.no

●Tide 社（バス、フェリー会社）

[URL]www.tide.no

●Skyss 社（バス会社）

[URL]www.skyss.no

●Veolia Transport 社（バス会社）

[URL]www.veolia-transport.no

●フッティルーテン（沿岸急行船）

[URL]www.hurtigruten.com

フィヨルド周遊
インフォメーション

ノルウェー屈指の観光スポット、フィヨルド。せっかくこの地を訪れるなら、ぜひともいくつかのフィヨルドを組み合わせて周遊したいもの。非常に広範囲に広がっているフィヨルドだが、時間を効率よく使えば1週間で5大フィヨルドをすべて回ることも可能だ。

飛行機や列車、バスなどを駆使して効率よく回ろう

ルートの作り方
MAKING YOUR OWN ROUTE

　フィヨルド観光には無数のルートがあり、かかる日数もさまざま。5大フィヨルドをすべて回るには最低でも1週間は必要となる。オーレスンやベルゲン、スタヴァンゲルなどの都市を拠点として、各フィヨルドを巡るのがおすすめだ。ここでは、最も人気のあるベルゲンとソグネフィヨルドを組み合わせたルート、また、世界遺産であるガイランゲル、ソグネフィヨルドを組み合わせたルート、そして5大フィヨルドをすべて制覇したい人向けのモデルルートを作成してみた。参考にして、自分なりのフィヨルド観光ルートを作成してみよう。

拠点となる都市間の移動手段
TRANSPORTATION

　フィヨルド観光の拠点となる各都市間は、それぞれ飛行機やバス、フェリーが結んでいる。限られた日数で回るなら飛行機での移動は時間の短縮になるし、時間に余裕のある人は、のんびりとクルージングを楽しみながら移動していくのもいい。

■ベルゲン～オーレスン
✈1日1～3便、約45分
🚃1日4～6便、約10時間
⛴1日1便（フッティルーテン）、約13時間

■ベルゲン～スタヴァンゲル
✈1日2～11便、約35分
🚃1日9～13便、5時間～5時間30分
⛴1日1～4便（Tide社）、約4時間30分

■スタヴァンゲル～オーレスン
✈1日1～8便（オスロ経由）、約1時間40分

旅のモデルルート MODEL ROUTE

1 気軽にフィヨルドを楽しみたい人に
ベルゲン滞在型3日間コース

1日目	2日目	3日目
オスロ ▼ ベルゲン	ソグネ フィヨルド観光	ベルゲン ▼ オスロ
ベルゲン泊	ベルゲン泊	オスロ

2 都市観光も充実させたい人に
ベルゲン・ヴォス滞在型5日間コース

1日目	2日目	3日目
オスロ ▼ ヴォス	ソグネ フィヨルド観光	ベルゲン観光
ヴォス泊	ベルゲン泊	ベルゲン泊

5日目	4日目
ベルゲン ▼ オスロ	ハダンゲル フィヨルド観光
オスロ	ベルゲン泊

3 世界遺産の2大フィヨルドを巡る
周遊型5日間コース

1日目	2日目	3日目
オスロ ▼ ベルゲン	ソグネ フィヨルド観光	ベルゲン ▼ オーレスン
ベルゲン泊	ベルゲン泊	オーレスン泊

5日目	4日目
ガイランゲル ▼ オスロ	ガイランゲル フィヨルド観光
オスロ	ガイランゲル泊

4 全フィヨルド完全制覇の旅
周遊型8日間コース

1日目	2日目	3日目
オスロ ▼ ガイランゲル フィヨルド観光	ガイランゲル ▼（ヘルシルト経由）ストリーン	ノール フィヨルド観光
ガイランゲル泊	ストリーン泊	ベルゲン泊

6日目	5日目	4日目
ベルゲン ▼ スタヴァンゲル	ハダンゲル フィヨルド観光	ソグネ フィヨルド観光
スタヴァンゲル泊	ベルゲン泊	ベルゲン泊

7日目	8日目
リーセ フィヨルド観光	スタヴァンゲル ▼ オスロ
スタヴァンゲル泊	オスロ

一度は泊まりたい フィヨルドホテル

フィヨルド観光を心ゆくまで満喫するなら、宿は目の前に絶景が広がるフィヨルドビューのホテルで決まり。創業100年を越える老舗宿も多く、上質なホテルライフを過ごすことができる。

ホテル裏のガーデンから望むスタルハイム渓谷

ロビーの窓ガラス越しにフィヨルドの絶景が広がる

山頂に建つため室内設備は最低限だが快適に過ごせる

Stalheim Hotel
スタルハイム

**ソグネ
フィヨルド**
Sognefjord

つづら折りの道が続くスタルハイム渓谷を眼下に望む崖の頂上に建つ。周囲にはホテル以外に何もなく、静かなプライベート時間が過ごせると人気。ロビーや中庭からは、切り立った山々が今にも迫ってきそうな迫力の風景が一望できる。客室はすべてフィヨルド側を向いており、部屋に居ながら絶景を堪能できるのがうれしい。

MAP P.233
住 N-5715 Stalheim
電 56-520122
FAX 56-520056
URL www.stalheim.com
料 Ⓢ1080NOK〜 Ⓓ1580NOK〜
CC A D J M V
室数 124室

Hotel Union
ユニオン

**ガイランゲル
フィヨルド**
Geirangerfjord

フィヨルドを眺めながらのディナーは優雅なひととき

森に囲まれたプールやガーデンなど、充実した設備を誇るリゾートホテル。港から坂道を上った高台に位置しており、静かな環境のなかリラックスした滞在ができる。ディナーは、ガイランゲルフィヨルドを見下ろすビュッフェレストランで。客室はフィヨルドビューとフォレストビューの2種類がある。スタッフもフレンドリーで親切。

設備の整った近代的な客室。無線LANも使える

MAP P.239
住 6216 Geiranger
電 70-268300　FAX 70-268351
URL www.hotel-union.no
料 Ⓢ1070〜1275NOK Ⓓ1580〜1990NOK
CC A D M V　室数 197室

客室からもフィヨルドが望める

Hotel Ullensvang
ウレンスヴァン

ハダンゲルフィヨルド沿いのロフトフース
にある、1840年創業の老舗ホテル。裏は果
樹園になっており、斜面の上まで歩けば、果
樹園とフィヨルドというこの地方特有の風景
が見られる。グリーグの愛したホテルでもあ
り、庭には彼の作曲小屋が残る。

ホテル前のガーデンは人気の散歩コース

MAP P.237
🏠 Postboks 83,5787 Lofthus i Hardanger
☎ 53-670000　**FAX** 53-670001
URL www.hotel-ullensvang.no
💰 Ⓢ1090〜1505NOK Ⓓ1580〜2300NOK
CC A D J M V　室数 172室

Fretheim Hotel
フレトハイム

レストランからフィヨルドとガーデンを一望

白木の温もりあふれる新館
の客室

フロムの鉄道駅の目の前。目
を引くガラス張りの三角屋根の
建物は、ロビーが吹き抜けにな
っており開放的。ロビーの上部
にあるレストランからは、フィ
ヨルドを眺めながらの食事が楽
しめる。新館と歴史的な木造建
築の旧館の2タイプ。

MAP P.237
🏠 N-5743 Flåm
☎ 57-636300　**FAX** 57-636400
URL www.fretheim-hotel.no
💰 Ⓢ1145NOK〜 Ⓓ1490NOK〜
CC A D M V　室数 121室

Solstrand Hotel
ソールストラン

客室は柔らかい色調に統
一され明るい雰囲気

ベルゲンの南30km、オースOs
という町にあり、ビューネフィヨ
ルドBjønefjordを目の前に望む。
ディナーは、ローカルな季節の食
材を使った創作フレンチ。グルー
プ客を一切取らないスタイルのた
め、静かでゆったりと過ごしたい
人向けのホテルだ。

MAP P.237
🏠 Solstrandveien200, 5200 Os
☎ 56-571100　**FAX** 56-571120
URL www.solstrand.com
💰 Ⓢ1150〜1730NOK Ⓓ1600〜2760NOK
CC A D M V　室数 135室

フィヨルドを前に絶品フレンチを

ヴォス

夏はフィヨルド観光の中継地となり、冬はスキー客でにぎわうこぢんまりとした町。町そのものは1023年に開かれた歴史をもつ。しかし1940年、第2次世界大戦が始まってすぐドイツ軍によって破壊されたので、建物はみな新しい。唯一破壊を免れたヴォス教会のみが昔日の面影を残している。

ハングレン山に上るロープウエイ

MAP P.160-A3

人口：1万3957	
市外局番：なし	

ヴォス情報のサイト
URL www.visitvoss.no

ヴォスへの行き方

🚄 オスロから1日4〜5便（うち1便は寝台）、所要5時間20分〜6時間30分。ベルゲンから1日8〜17便、所要約1時間20分。
🚌 ベルゲンから9〜18便、所要約1時間50分。

ヴォスの観光案内所 ❶

🏠 Evangervegen 6
☎ 56-519490
URL www.visitvoss.no
🕐 6〜8月
　月〜金　8:00〜19:00
　土　　　9:00〜19:00
　日　　12:00〜19:00
　9〜5月
　月〜金　8:30〜15:30
🚫 9〜5月の土・日

カヌーなどアクティビティを楽しもう

ヴォスの歩き方

　ヴォス駅を出ると正面に美しいヴァングス湖Vangsvathetが見える。町の中心は駅の東側、湖に向かって左側に広がっている。駅と湖の間に走るエヴァンゲルヴェゲン通りEvangervegenに沿って東に進むとやがて正面に美しい石造りのヴォス教会が見える。教会の入口があるヴァングスガータ通りVangsgata沿いを進めば、レストランやショップが集まる繁華街。観光案内所は、ウトーガータ通りUtrågata沿いにある。

　教会の正面には、山側へと抜ける道がある。高架下を抜け、道なりに進むとロープウエイをかたどったかわいらしい案内板がある。案内に従って5分ほど緩やかな坂道を行けば、やがて前方にロープウエイ乗り場が見えてくる。晴れた日のハングレン山の山頂からの眺めはすばらしい。

　ヴォスでは、釣り、ハイキング、カヌーなどさまざまなアウトドアスポーツを楽しむこともできる。詳しくは観光案内所へ問い合わせてみよう。

おもな見どころ

ヴォス教会 Vangskyrkja

MAP P.246

1277年に建てられたゴシック教会。木造の教会が主流であった当時としては珍しく石造りで、壁の厚さは1〜2mもある。第2次世界大戦時、ドイツ軍によって町は破壊し尽くされたが、唯一この教会だけが破壊を免れた。夏期の夜はオルガンコンサートが行われることもある。詳しくは観光案内所か教会で聞いてみよう。

13世紀建造の教会

ヴォス教会
☎56-523880
[URL]www.voss.kyrkja.no
[開]6〜8月
月〜土10:00〜16:00
日　13:00〜16:00
[休]9〜5月
[料]20NOK

ヴォス民俗博物館 Mølstertunet Museum

MAP P.246

ハングレン山の中腹にある野外博物館。敷地内には、16〜19世紀に建てられた農家などが16棟保存されている。建物は内部の見学も可能で、農機具や工芸品などを展示している。

山の上に昔の建物が移築されている

ヴォス民俗博物館
[住]Mølstervegen 143
☎56-511511
[FAX]56-518815
[URL]www.vossfolkemuseum.no
[開]5/18〜9/15
毎日　10:00〜17:00
9/16〜5/17
月〜金10:00〜15:00
日　12:00〜15:00
[休]9/16〜5/17の土
[料]55NOK
行き方➡➡➡
ヴォス駅から徒歩約20分。途中に標識がある。

ハングレン山 Hanguren

MAP P.246外

こぢんまりとしたヴォスの町を背後から守るように立つ標高660mのハングレン山。山頂まではロープウエイに乗って約5分ほど。小さなカフェもあり、山と湖に挟まれてひっそりと息づくヴォスの町を眼下にすることができる。

ロープウエイ乗り場。頂上にはトレイルもある

ハングレン山のロープウエイ
☎56-530220
[FAX]56-530222
[URL]www.vossresort.no
[運]6/4〜9/4
毎日10:00〜17:00の15分ごと。
[料]往復100NOK

ヴォスのホテル

Park Hotel Vossevangen

MAP P.246
パーク・ホテル・ヴォスヴァンゲン
[住]Uttrågata 1-3　☎56-531000　[FAX]56-531001
[URL]www.parkvoss.no
[料]Ⓢ1075NOK〜Ⓓ1550NOK〜　[CC]D J M V
全131室のヴォスで一番大きなホテル。町の中心から近い湖畔に建っている。内部はモダンなデザイン。

Fleischer's Hotel

MAP P.246
フレイシャーズ
[住]Evangervegen 13　☎56-520500　[FAX]56-520501
[URL]www.fleischers.no
[料]Ⓢ1195NOK〜Ⓓ1690NOK〜　[CC]A D J M V
駅のすぐ隣。レストラン、サウナなど設備充実。

Voss Vandrerhjem

MAP P.246
ヴォス・ヴァンドラールイェム
[住]Evangervegen 68
☎56-512017
[FAX]56-510837
[URL]www.vosshostel.com
[料]ドミトリー205NOK〜（YH会員は185NOK〜）
Ⓢ580〜695NOK
Ⓓ790〜930NOK
(YH会員はⓈ522NOK〜Ⓓ711NOK〜)
タオル25NOK　[CC]D M V
ヴォス駅から湖沿いの道をベルゲン方面に向かって徒歩約15分。湖に面しており、サウナなどの設備も整っている。

ガイランゲル

標高1500mにもおよぶ切り立った山々と紺青の静かな海。ガイランゲルフィヨルドの最奥に位置するのがガイランゲルだ。ストランダ市Strandaに属する小さな村だが、5〜9月には世界中から約70万の旅行者が訪れる。見どころは乏しいが、周辺にはフィヨルドを望むビューポイントが点在し、それらを巡るハイキングも楽しい。フィヨルド観光の途中に立ち寄ったり、1泊してビューポイントを巡ってみよう。

ガイランゲルフィヨルドの最奥にある村

MAP P.160-A3
市外局番：なし
ガイランゲル情報のサイト
URL www.geiranger.no

ガイランゲルへの行き方

🚌 オンダルスネスÅndalsnesから1日2便運行（6月中旬〜8月中旬のみ）、所要約3時間。オンダルスネスまではオスロから鉄道（ドンボスDombås乗り換え、1日2〜4便）で所要約5時間30分。オーレスンからのバスは1日1〜2便程度、所要約3時間。オーレスンからへレシルトHellesyltまでのバスも1日2〜3便あり、ヘレシルトからフェリー（5〜9月のみ1日4〜8便）に乗り継いで渡ることも可能。
🚢 ベルゲン発20:00のフッティルーテン（ヒルケネス行き）が4月中旬〜9月中旬のみ1日1便寄港する。ガイランゲルへは翌13:30着。

ガイランゲルの観光案内所ℹ

🏠 Gamle fergekai, NO-6216 Geiranger
☎ 70-263099
FAX 70-265720
URL www.visitgeirangerfjord.com
🗓 7月
　　毎日　9:00〜19:00
　8月、9/21〜6/30
　　毎日　9:00〜18:00
　9/1〜20
　　月〜金10:00〜17:00
🈺 9/1〜20の土・日

荷物預りのサービスもある

ガイランゲルの歩き方

ガイランゲル教会

フェリーが発着する桟橋周辺が中心街。バスターミナルもこの一角にあり、観光案内所やレストラン、みやげ物店などが集まっている。中心街の宿はHotell Geiranger1軒のみで、ほかは中心街から

🚢 ヘレシルトへ
🚢 オンダルスネスへ Åndarsnes
[60]
ヘレシルト行きフェリー乗り場
🚏 長距離バスターミナル
ライザス Laizas
ℹ 観光案内所
H ガイランゲル Geiranger
✝ ガイランゲル教会 Geiranger Kirke
ダルスニッパ展望台 Dalsnibba へ
フリーダールスユーヴェット Flydalsjuvet へ
ユニオン Union
[63]
N
300m
ガイランゲル・フィヨルドセンター Geiranger Fjordsenter
ガイランゲル Geiranger

離れている。坂道を上った山腹にあるのがHotel Union(→P.244)。向かいにガイランゲル・フィヨルドセンターが建つ。坂の途中にある木造の聖堂は、1842年に建てられたガイランゲル教会Geiranger Kirkeだ。中心街からここまでは約20分。

ハイキングを楽しみたい人は、観光案内所で無料の案内図をもらおう。滝や古い農家などを訪ねる12のハイキングコースがあり、それぞれ片道30～2時間30分で歩くことができる。

ガイランゲルフィヨルドの観光拠点

ガイランゲルフィヨルドの観光船

ガイランゲル～ヘレシルト間を往復するフェリーのほか、ガイランゲル発着の観光船、ガイランゲルフィヨルド・サイトシーイングGeiranger Sightseeingもある。料金は170NOK、所要約1時間30分。チケットは観光案内所で販売。

ガイランゲル・フィヨルドサービス

☎70-263007
[URL]www.geirangerfjord.no
[運]5/10～31、9/1～20
毎日11:30、14:30
6～8月
毎日 9:30、11:30、14:30、17:00

おもな見どころ

ガイランゲル・フィヨルドセンター Geiranger Fjordsenter

MAP P.248

フィヨルド方向を指す、槍のような外観が目を引く。自然、農業、観光、災害などのテーマからガイランゲルフィヨルドを解説。ガイランゲル付近から移築した農家、昔の蒸気船や船着き場の様子などを再現した展示もあり、暮らしの移り変わりがよくわかる。ガイランゲルの四季を映像で紹介するシアターも設けられている。館内にはカフェも併設してあり、スヴェルSveleと呼ばれる名物のパンケーキなど、軽食もとれる。

ガイランゲルの風土と生活がわかる博物館

ガイランゲル・フィヨルドセンター

☎70-263810
[URL]www.verdsarv.no
[開]6～8月
毎日10:00～18:00
9～5月
月～土10:00～15:00
[休]9～5月の日
[料]100NOK

ダルスニッバ展望台 Dalsnibba

MAP P.248外

ガイランゲルからオスロ方面へ抜ける、国道63号線沿いにある絶景ポイント。標高1476mの山上にあり、雄大なV字谷の底にガイランゲルの村やフィヨルドの海が見渡せる。夏でも雪があるほど気温が低いので、防寒着を忘れずに。ダルスニッバへいたる国道途中のフリーダールスユーヴェットFlydalsjuvetという渓谷も人気のビューポイントだ。

ダルスニッバ展望台

行き方➡➡➡

6月下旬～8月中旬の間、ガイランゲルからフリーダールスユーヴェットを経由してダルスニッバ展望台までバスが1日3便運行される。ダルスニッバ展望台で20分程度停車したあと、ガイランゲルに戻る。所要時間は約2時間。詳細は観光案内所へ。

女王様のいす

フリーダールスユーヴェットの展望台には、「女王様のいす」というモニュメントがある。ソニア・ノルウェー女王が2003年にこの地を訪れた際に贈られたもの。ここに腰を下ろして絶景を眺められる。

ガイランゲルのホテル

Hotell Geiranger

🛁📺💨🍸♿ ガイランゲル

MAP P.248

[住]N-6216 Geiranger ☎70-263005
[URL]www.hotel-geiranger.no [営]5～9月
[料]Ⓢ600～940NOK Ⓓ1200～1880NOK [CC]A D M V

桟橋から徒歩5分ほどのフィヨルドを望む高台に建つ。設備はやや旧式だが、室内は清潔。フィヨルドビューの部屋はテラス付き。

ガイランゲルのレストラン

Laizas

ライザス

MAP P.248

[住]N-6216 Geiranger ☎70-260720
[営]5～10月 毎日10:00～22:00
[休]11～4月 [予]100NOK～ [CC]A D J M V

おすすめはノルウェー伝統料理である干ダラのトマト煮込み、バカラオBacalao。サンドイッチやピザなどの軽食もある。スタッフは皆親切。

🛁バスタブ 🛁バスタブ一部のみ 📺テレビ 📺テレビ一部のみ 💨ドライヤー 💨ドライヤー貸出
🍸ミニバー 🍸ミニバー一部のみ ♿ハンディキャップルーム

クリスチャンサン

ノルウェーの南端に位置し、南部ノルウェーの中心となる町。海岸に面し、デンマークのヒルハルスとは船で3時間30分の距離にある。町は碁盤の目状に整備され、アンティークな家屋が並んでいる。きれいで、心が安らぐ雰囲気は、ノルウェーで5番目に大きな町とはとても思えないほどだ。町は1641年にデンマーク王クリスチャン4世によって創立され、以後1800年代までは目立った発展はなかった。のちに造船、1900年代になると機械や鉄鋼業により次第に拡張され今にいたっている。オスロからフィヨルド観光に行く途中に、ちょっと立ち寄ってみたい町だ。

クリスチャンサン大聖堂と青空市場

MAP P.160-A4
人口：8万2394
市外局番：なし
クリスチャンサン情報のサイト
URLwww.regionkristiansand.no

クリスチャンサンへの行き方

✈ オスロから1日2～4便。所要約55分。ベルゲンから1～4便運航。所要約1時間。空港行きのバスFlybusは長距離バスターミナルの前から出る。空港から町までは所要約25分。市バスも利用できる。

🚌 オスロから1日4～5便（うち1便は寝台）、所要約4時間30分。スタヴァンゲルから1日2～5便、所要約3時間。

🚄 オスロから1日7～9便、所要約5時間。スタヴァンゲルから1日2～4便運行、所要約4時間15分。

⛴ デンマークのヒルハルスHirtshalsとの間をカラー・ラインColor Lineの船が1日2便運航している。所要約3時間15分。

クリスチャンサンからデンマークへ

ヒルハルスに到着したら、フェリーターミナルから歩行者専用道路を5分ほど歩いた所に鉄道のホームがある。そこからローカル線Privatbane80でイエリングHjørringへ移動し、デンマーク国鉄に乗り換えることができる。ヒルハルス～イエリング間は1時間に1～2便運行している。

両替について

フェリー内のレセプションデスクで両替ができる。もし、次に向かう国の通貨を用意していないならば、ここで両替しておこう。

クリスチャンサンの歩き方

三方を海と川に囲まれた岬部分がクリスチャンサンの町。市街地は、1885年に建てられた美しいクリスチャンサン大聖堂Kristiansand Domkirkenを中心としたせいぜい1km四方の

クリスチャンサン Kristiansand
□ 歩行者専用道路
オドレネス教会 Oddernes Kirke
西アグデル地方博物館 Vest-Agder Fylkesmuseum
自然公園 Ravnedalen
ポーセビアン（旧市街）Posebyen
フロープスダーレン・ロム Frobusdalen Rom
スカンディック・クリスチャンサン Scandic Kristiansand
クリスチャンサン駅
クリスチャンサン大聖堂 Kristiansand Domkirken
ビーチ
長距離バスターミナル
ワン・トゥー・スリー 123
クリスチャンホルム要塞 Christiansholm Festning
カラー・ライン・フェリーターミナル
空港行きバス乗り場
ソン・ホテル・ウェーゲラン Thon Hotel Wergeland
ノルゲ・クリスチャンサン Norge Kristiansand
観光案内所
ソーランデッツ美術館 Sørlandets Kunstmuseum
ヒルハルス Hirtshals
0   300m

広さ。70mの高さがある尖った屋根の大聖堂は町のシンボルでもあり、町歩きの目印にもなる。周囲は歩行者天国になっていて、マーケット通りMarkensgataは両側にショップやレストランが並び、いつも人通りが多くてにぎやか。一方、大聖堂の北のポーセビアンPosebyenと呼ばれる古い住宅地に入ると、おもちゃのようにかわいい木造の家屋の家並みが見られる。鉄道駅、長距離バスターミナル、フェリーターミナルともに市街の西の端にあり、中心街までは歩いて3〜5分。

白く塗られた木造建築が並ぶポーセビアン

市街に大きな見どころはないが、海に突き出したクリスチャンホルム要塞Christiansholm Festningは海岸の眺めがいい。1680年に建てられたもので、当時の大砲が残されている。

町の北には広大な自然公園Ravnedalenが広がり、湖や森のなかに散策道が付けられている。市街から川を渡って1kmほどの所には、1040年に創建され1600年に建て替えられた古いオデルネス教会Oddernes Kirke、そのさらに先に17世紀から20世紀までの建物の展示がある西アグデル地方博物館Vest-Agder Fylkesmuseumがある。

港には無数のボートが停泊する

クリスチャンサンの観光案内所[i]
[電]38-121314
[URL]www.regionkristiansand.no
[開]6/20〜8/29
月〜金 8:30〜18:00
土 10:00〜18:00
日 12:00〜18:00
8/30〜6/19
月〜金 9:00〜16:00
(時期によって異なる)
[休]8/30〜6/19の土・日

クリスチャンサン大聖堂
[電]38-196900
[URL]www.kristiansanddomkirke.no
[開]月〜木・土11:00〜14:00
金 11:00〜14:00/21:30〜24:00
日 10:00〜13:00
(時期によって異なる)
[休]無休
[料]無料

ガイドツアー
[催]7/1〜8/15
毎日11:00、14:00
[料]20NOK

クリスチャンホルム要塞
[電]38-075150
[URL]www.kristiansand.kommune.no
[開]5/15〜9/15
毎日9:00〜21:00
[休]9/16〜5/14
[料]無料

西アグデル地方博物館
[電]38-102680
[URL]www.vestagdermuseet.no
[開]6/15〜8/31
月〜金10:00〜17:00
土・日12:00〜17:00
9/1〜6/14
月〜金 9:00〜15:00
日 12:00〜17:00
[休]9/1〜6/14の土
[料]50NOK

クリスチャンサンのホテル

Scandic Kristiansand
MAP P.250 スカンディック・クリスチャンサン
[住]Markensgata 39
[電]21-614200 [FAX]21-614211
[URL]www.scandichotels.com
[料]Ⓢ1050NOK〜Ⓓ1250NOK〜 [CC]A D M V
部屋は窓が広く明るい。鉄道駅から徒歩1分。

Hotel Norge Kristiansand
MAP P.250 ノルゲ・クリスチャンサン
[住]Dronningensgate 5
[電]38-174000 [FAX]38-174001
[URL]www.hotel-norge.no
[料]Ⓢ1250(850)NOK〜Ⓓ1450(1050)NOK〜
[CC]A D M V
観光案内所の目の前にある、規模の大きな高級ホテル。

Thon Hotel Wergeland
MAP P.250 ソン・ホテル・ウェーゲラン
[住]Kirkegata 15
[電]38-172040 [FAX]38-027321
[URL]www.thonhotels.no
[料]Ⓢ895NOK〜Ⓓ1095NOK〜 [CC]A D M V
クリスチャンサン大聖堂からすぐ。古めかしいが部屋は清潔で明るい。

Frobusdalen Rom
MAP P.250 フローブスダーレン・ロム

[住]Frobusdalen 2
[電]/[FAX]91-129906
[URL]www.gjestehus.no
[料]Ⓢ500〜600NOK
Ⓓ800〜1200NOK
[CC]不可
自然公園の一角にある全9室の小ホテル。料金は安いが、部屋は清潔で全室シャワー、トイレ付き。共用のキッチンやランドリーがある。

123 Hotel
MAP P.250 ワン・トゥー・スリー
[住]Østre Strandgate 25
[電]38-701566
[FAX]38-701571
[料]Ⓢ599NOK〜
Ⓓ699NOK〜
[CC]A D M V
港近くの静かな通りにある全16室のこぢんまりとしたホテル。客室は白を基調としたシンプルな内装でまとめられ、くつろげる雰囲気。朝食は焼きたてのパンとハムやチーズなどが並ぶビュッフェスタイル。

バスタブ　バスタブ一部のみ　[TV]テレビ　[TV]テレビ一部のみ　ドライヤー　ドライヤー貸出
ミニバー　ミニバー一部のみ　ハンディキャップルーム

Stavanger
スタヴァンゲル

1970年代に北海油田の基地として急速に成長した町で、ノルウェー第4の都市。町の中心部には17世紀の古い家々が隙間なく並び、独特の景観を作り出している。港町なので魚市場や野菜市場が立ち並び、大都市とは思えないなごやかなムードが漂う。

港沿いを中心に発展した町

MAP P.160-A4
人口：12万6021
市外局番：なし
スタヴァンゲル情報のサイト
URL www.regionstavanger.com

スタヴァンゲルの歩き方

港沿いのカラフルな家並み

市街地は、スタヴァンゲル大聖堂Stavanger Domkirkeから港を中心とした一帯。港には、ガラス張りの魚市場があり、東には海に沿って海運会社の利用していた三角屋根の古い建物が並ぶ。ノルウェーの都市にしては珍しく、17世紀以降大火事に遭っていないので、木造の建物が多く残されている。

スタヴァンゲル大聖堂から北へと延びるキルケガータ通りKirkegateを中心とした左右1〜2ブロックのあたりは、入り組んだ道の両側にショップやレストランが並ぶ繁華街だ。大聖堂の目の前では青空市場も開かれる。一方、港の西側は旧市街になっており、木造のかわいらしい建物が並んでいる。

鉄道駅や長距離バスターミナルは、中心街からプレイア湖を挟んだ南側にある。中心街までは歩いて10分くらいかかる。

スタヴァンゲルへの行き方
オスロから1日4〜14便、所要約50分。ベルゲンから1日2〜11便、所要約35分。空港から市内へは空港バスFlybussenで約20分、90NOK。
オスロから1日4〜5便（うち1便は寝台）運行、所要約8時間。
オスロからクリスチャンサンで乗り換え。1日1〜2便、乗り換え時間に合わせて運行。所要約10時間。ベルゲンから1日9〜13便、所要5時間〜5時間30分。
ベルゲンからTide社のフェリーが1日1〜4便運航。所要約4時間30分。

Tide社
URL www.tide.no

スタヴァンゲルの観光案内所❶
住 Domkirkeplassen 3
TEL 51-859200
URL www.regionstavanger.com
開 6〜8月
　毎日　9:00〜20:00
　9〜5月
　月〜金9:00〜16:00
　土　　9:00〜14:00
休 9〜5月の日

ノルウェー石油博物館
TEL 51-939300
URL www.norskolje.museum.no
開 6〜8月
　毎日　10:00〜19:00
　9〜5月
　月〜土10:00〜16:00
　日　　10:00〜18:00
休 無休
料 100NOK

おもな見どころ

ノルウェー石油博物館　Norsk Oljemuseum
MAP P.253

スタヴァンゲルの基幹産業である石油とガスに関する歴史や油田設備などに関する博物館。精巧な模型を使って分かりやすく展示しており、なかでも基地内での生活風景を再現したブースは興味深い。油田の歴史や石油についての映像を上映しているシアターもある。
建物は原油基地を模した造りになっている

252

旧市街　　　　　　Gamle Stavanger

MAP P.253

　歴史を感じさせる石畳に、白い壁とオレンジ色の屋根の木造建築の家が並ぶスタヴァンゲルの旧市街。建物は17世紀から18世紀に建造されたもので、現在でも市民の住居として利用されており、窓際に置かれたオブジェや花の咲き乱れるテラスがかわいらしい。あてもなく散歩するのが楽しい。

花々に彩られた白い木造家屋が並ぶ

レドールとブライダブリック　Ledål & Breidablikk

MAP P.253

　レドールは、19世紀初頭に地元の有力者キーランド家Kiellandによって建てられた新古典様式の建物。王族の夏の保養地としても使われていた。

　レドールのそばにあるブライダブリックは、1882年築の歴史ある建物。富豪の商人Berentsenの邸宅として建てられたもので、保存状態がよく建築当時のままの姿を残している。

レドールとブライダブリック
🏠Eiganesveien 40A
☎51-842700
📠51-842701
URL www.stavanger.museum.no
🕐6/15〜8/15
　毎日11:00〜16:00
　8/16〜6/14
　日　11:00〜16:00
🚫8/16〜6/14の月〜土
💰60NOK
（ノルウェー缶詰博物館、スタヴァンゲル海洋博物館、スタヴァンゲル博物館と共通）

王様も利用したレドール

（地図）

ニューキャッスル（イギリス、夏期のみ運航）
Newcastle
フェリーターミナル
ベルゲン
Uelands Gate
スカンセン
Skansen
ノルウェー石油博物館
Norsk Oljemuseum
Skagegata
Nedre Holmegate
Øvre Holmegate
Hetlandsgata
ヴィクトリア・ホテル・スタヴァンゲル
Victoria Hotel Stavanger
タウ Tau
ノルウェー缶詰博物館
Norsk Hermetikkmuseum
Nedre Strandgate
Øvre Strandgate
ベストウエスタン・ハヴリー
Best Western Havly
デジャ・ヴ・デリカテッセ
Déja-Vu Delikatesser
マガシン・ブラー
Magasin Blaa
Rodne
スカーエン・ブリッゲ
Skagen Brygge
Tide社
フェリーターミナル
旧市街
Gamle Stavanger
Skagenkaien
Rodne
リーセフィヨルドツアー発着所
Verksgata
Verksalmenningen
エヌ・ビー・ショーレンセン・ダンプシーエクスペディション
N.B. Sørensen Dampskibsexpedition
Kirkegata
スタヴァンゲル海洋博物館
Stavanger Sjøfartsmuseum
魚市場
Skagen
Løkkeveien
Herrevigs Gate
マーケット広場
Market Place
Domkirkeplassen
観光案内所
Kongsgata
Kirkebakken
スタヴァンゲル大聖堂
Stavanger Domkirke
✉
Haakon VIIs Gate
Bergelandsgata
Olavskleivet
市立公園
Byparken
Ny Olavskleiv
ラディソン Blu アトランティック・ホテル・スタヴァンゲル
Radisson Blu Atlantic Hotel Stavanger
Wessels Gate
Eiganesveien
Niels Juels Gate
Knud Holms Gate
プレイア湖
レドール
Ledål
Olav Vs Gate
Jernbaneveien
Kannikgata
スタヴァンゲル駅
長距離バスターミナル
Byterminalen
ブライダブリック
Breidablikk
Oscars Gate
Enga Damningsgata
Musegata
Teatreveien
Tedorsgata
Madlaveien
N
0　　　　　300m
歩行者専用道路
スタヴァンゲル・ヴァンドラールイェム・モスヴァンゲン
Stavanger Vandrerhjem Mosvangen
Peder Klows Gate
Lagårdsveien
スタヴァンゲル博物館
Stavanger Museum
スタヴァンゲル考古学歴史博物館
Arkeologisk Museum i Stavanger

スタヴァンゲル Stavanger

約130点ものはく製を展示

スタヴァンゲル博物館 Stavanger Museum
MAP P.253

スタヴァンゲル博物館
🏠Muségata 16
📞51-842700
FAX51-842701
URLwww.stavanger.muse
um.no
🕐6/15～8/31
　毎日　11:00～16:00
　9/1～6/14
　火～日11:00～16:00
休9/1～6/14の月
料60NOK
（ノルウェー缶詰博物館、ス
タヴァンゲル海洋博物館、
レドール、ブライダブリッ
クと共通）

館内は文化歴史Cultural History Exhibition、生物Zoological Exhibitionというふたつのセクションに分かれている。文化歴史では、1125年のスタヴァンゲル大聖堂の建造から現在の石油都市としての繁栄まで、スタヴァンゲルの歴史をジオラマや模型を使って展示している。生物館では、ノルウェーを中心とした鳥類や哺乳類のはく製や骨格標本などが置かれている。

スタヴァンゲルの歴史を学べる博物館

スタヴァンゲルのホテル

Radisson Blu Atlantic Hotel Stavanger
MAP P.253　ラディソンBluアトランティック・ホテル・スタヴァンゲル
🏠Olav V's gate 3　📞51-761000　FAX51-761001
URLwww.radissonblu.com
料⑤1795(995)NOK～ ⑩1895(1095)NOK～
CCA D M V
　ブレイア湖に面した高級ホテル。客室数364室で、スタヴァンゲル最大。鉄道駅からは徒歩5分ほどの所。

Victoria Hotel Stavanger
MAP P.253　ヴィクトリア・ホテル・スタヴァンゲル
🏠Skansegata 1　📞51-867000　FAX51-867010
URLwww.victoria-hotel.no
料⑤1650(950)NOK～ ⑩1900(1150)NOK～
CCA D M V
　1900年オープンの老舗ホテル。建物やロビーも重厚で風格を感じさせる。港の先端近くに建つ。

Best Western Havly Hotell
MAP P.253　ベストウエスタン・ハブリー
🏠Valberggata 1　📞51-939000　FAX51-939001
URLwww.bestwestern.no
料⑤1260(790)NOK～ ⑩1460(1030)NOK～
CCA D M V
日本の予約先：ベストウエスタンホテルズ
Free0120-421234
　港沿いから1本入った場所にある。客室は広々しており、清潔。無線LAN（無料）が利用できる。

Skansen Hotel
MAP P.253　スカンセン
🏠Skansegata 7　📞51-938500　FAX51-938501
URLwww.skansenhotel.no
料ホテル⑤995(770)NOK～ ⑩995(855)NOK～
　ゲストハウス⑤895(595)NOK～ ⑩895(695)NOK～
CCA D M V
　ホテルとゲストハウスが併設されている。どちらも清潔で広々。コーヒー、紅茶の無料サービスあり。

Skagen Brygge Hotell
MAP P.253　スケーエン・ブリッゲ
🏠Skagenkaien 28～30　📞51-850000　FAX51-850001
URLwww.sbh.no
料⑤1695(975)NOK～ ⑩1895(1275)NOK～
CCA D M V
　フィヨルドツアー発着所の目の前。客室の半数が港に面している。コーヒー、紅茶が無料。

Stavanger Vandrerhjem Mosvangen
MAP P.253外　スタヴァンゲル・ヴァンドラールイェム・モスヴァンゲン
🏠Henrik Ibsensgate 19
📞51-543636　FAX51-543637
URLwww.hihostels.no　🕐6/3～8/27
料ドミトリー250NOK⑤650NOK～⑩700NOK
　シーツ50NOK　朝食50NOK　CCM V
　2階建ての美しいユースホステル。鉄道駅から南西に3km、モスヴァトネという湖の近くにある。旧市街から市バス4番でユースまで200mの所まで行ける。YH会員は10％の割引き。

スタヴァンゲルのレストラン

N.B. Sørensen Dampskibsexpedition
MAP P.253　ヌ・ビー・ショーレンセン・ダンプシーエクスペディション
🏠Skagen 26　📞51-843820　URLwww.herlige-restauranter.com　🕐月～水11:00～24:00　木～土11:00～翌2:00　日13:00～23:00　休無休　料300NOK～
CCA D M V

　スタヴァンゲルの人気レストラン。新鮮な魚介類を使った西洋料理が自慢。

Déjà-Vu Delikatesser
MAP P.253　デジャ・ヴ・デリカテッセ
🏠Verksgata 2　📞51-896363
URLwww.dejavu.no
🕐月～金10:00～20:00　土10:00～18:00
休日　料100NOK～　CCA M V
　デパート、Magasin Blaaの1階にあるレストラン。ショーケースから選ぶセルフサービススタイル。キッシュやミートボールなど12～15種盛り合わせのプラッター159NOKがおすすめ。

🛁バスタブ　🛀バスタブ一部のみ　📺テレビ　📺テレビ一部のみ　ドライヤー　ドライヤー貸出
Ⓨミニバー　Ⓨミニバー一部のみ　♿ハンディキャップルーム

オーレスン

大西洋に面する港町オーレスンは、世界でも有数のタラの漁獲量で知られている。町は3つの島からなり、それぞれ橋とトンネルで結ばれている。切り立った崖の合間に重なり合うように家々が並ぶ姿は圧巻だ。

1904年には歴史的な大火災に見舞われ、700〜800軒もの家が失われた。しかしその復興の際、建築家たちは当時流行していたアールヌーヴォー様式の建物を建て、町は生まれ変わった。現在、オーレスンは港の周辺に並ぶ建物群が造り出す優美な町並みで有名だ。

ガイランゲルフィヨルドの拠点としても知られており、フィヨルド観光の際にはぜひ立ち寄ってみたい町だ。

MAP P.160-A3

人口	4万3670
市外局番	なし

オーレスン情報のサイト
URL www.visitalesund.com

港に面した町並みが美しいオーレスン

オーレスンの歩き方

オーレスンは、フィヨルドに突き出した半島に発展した町。町の北にも南にも海が迫っている。オーレスン港を挟んで、東と西に分かれており、繁華街は東側。西側や港の周辺には、アールヌーヴォー様式の美しい建物が並び、歩くだけでも楽しい。長距離バスターミナルや観光案内所のある東側から観光して、西側へ歩いていくのがいい。

町の東にそびえる山は、アクスラ山。頂上には展望台やカフェがあり、オーレスンの町と周辺の島々を一望できる。山頂へはRica Parken Hotelの脇から公園に入り、突きあたりの階段を上って15分ほど。

オースレンへの行き方

✈ オスロから1日1〜5便運航、所要約55分。空港から市内へは空港バスFlybussenで約25分、90NOK。

🚌 鉄道は通じていないが、オスロからドンボスDombåsで乗り換え、オンダルスネスÅndalsnesまで行くと、連絡バスが出ている。オンダルスネスまで所要約5時間30分、1日2〜4便。オンダルスネスからオーレスンまでは所要約2時間15分。
　トロンハイムからもドンボス乗り換えでオンダルスネスまで行き、連絡バスに乗る。

🚌 オスロから1日2便（うち1便は夜行）、所要約10時間。ベルゲンから1日4〜6便、所要9時間30分〜10時間40分。

オーレスンの観光案内所🛈

🏠 Skateflukaia
📞 70-157600
URL www.visitalesund.com
🕐 6〜8月
　　毎日　8:30〜18:00
　9〜5月
　　月〜金9:00〜16:00
🚫 9〜5月の土・日
　アールヌーヴォー様式の建物見学をしたいなら、ガイドツアーや、観光案内所に置かれている「On foot in Ålesund」というパンフを手に入れよう。町の歴史や建物ごとに説明が書かれている。

アスクラ山から望む町並み

頂上への道は整備されている

オーレスン博物館
🏠R. Rønnebergsgata 16
📞70-123170
🌐www.aalesunds.museum.no
🕐5/1～6/15
　月～金 9:00～15:00
　日　　12:00～15:00
　6/16～8/20
　月～金 9:00～15:00
　土　　11:00～15:00
　日　　12:00～16:00
　8/21～9/30
　月～金11:00～15:00
　日　　12:00～16:00
　10～4月
　月～金11:00～15:00
🚫5/1～6/15と8/21～
9/30の土、10～4月の
土・日
💰50NOK

1919年に建てられた初期アー
ルヌーヴォー様式の建物

アールヌーヴォー・センター
🏠Apotekergata 16
📞70-104970
🌐www.jugendstilsenteret.no
🕐6～8月
　毎日　10:00～17:00
　9～5月
　火～土11:00～16:00
　日　　12:00～16:00
🚫9～5月の月
💰65NOK

オーレスン発の市内ツアー
　観光案内所が、アールヌ
ーヴォーの建物を徒歩で回
るガイドウオーク（英語、ノ
ルウェー語）を催行している。
出発は観光案内所の前から。
所要約2時間。
🏠6月中旬～8月中旬
　毎日12:00
💰90NOK

おもな見どころ

■ アクスラ山
Aksla
MAP P.256

　アールヌーヴォーの町並みを見下ろしたいなら、標高189m
のアクスラ山に登ろう。Rica Parken Hotelの裏にある公園か
ら480段の階段を上れば、頂上の展望台まで行ける。頂上に
はカフェもあるので、ひと休みしてから下山しよう。

■ オーレスン博物館
Aalesunds Museum
MAP P.256

　オーレスンの生活史を紹介している博物館。アールヌーヴ
ォー様式の家具や生活品を展示しているほか、19世紀に交通
の主役だった船の模型コレクションや、ドイツに占領されて
いた第2次世界大戦中の史料なども見ごたえがある。小高い
丘の上にあり、眺めもいい。周辺は公園として整備されている。

■ アールヌーヴォー・センター
Jugendstil Senteret
MAP P.256

　かつて薬局として使われた典型的なアールヌーヴォー様式
の建物内には、見事な装飾の施
された家具や陶磁器が展示さ
れ、薬局だった当時の店内風景
も保存されている。1904年の火
災を音と映像で伝えるコーナー
も興味深い。おしゃれなカフェ
は休憩におすすめ。

20世紀前半のオリジナルのまま残されている

■ オーレスン水産業博物館　Fiskerimuseet i Ålesund
MAP P.256

　夏期のみオープンの水産業の歴史がわかる博物館。白い木造の建物は、元はタラの加工工場として営業していたもの。食用のほか、肝臓から肝油をとるなどタラの加工方法を、実際に使用していた道具を用いて説明している。

■ スンモーレ博物館　Sunnmøre Museum
MAP P.256外

　オーレスンから東へ約4km。西ノルウェーのフィヨルド地方にあるスンモーレ地方にあった建造物などを移築した野外博物館。120ヘクタールの広大な敷地には、55棟の古い建物が並んでいる。木造家屋の屋根に土を盛り、そこに植物の生えた建物など、興味深いものばかり。また、歴史的な船を多数展示しているコーナーもあり、なかには7世紀から8世紀のヴァイキング時代の船を複元したものもある。夏期には、建物内部の見学やヴァイキング船でのクルーズなど各種イベントも開催している。

オーレスン水産業博物館
☎70-123170
URLwww.aalesunds.museum.no
圏6/22～8/22
　　月～土11:00～16:00
　　日　　12:00～16:00
圏8/23～6/21
圏50NOK

スンモーレ博物館
☎70-174000
URLwww.sunnmore.museum.no
圏5/18～6/19、8/15～9/4
　　月～金11:00～16:00
　　日　　12:00～16:00
　6/20～8/14
　　月～土11:00～17:00
　　日　　12:00～17:00
　9/5～5/17
　　月～金11:00～15:00
　　日　　休み
圏8/15～6/19の土
圏80NOK
行き方➡➡➡
　バス618番で約15分、
　Sunnmøre Museum下車。

■ オーレスンのホテル

■ Rica Parken Hotel　 📺📺📶🛜🛁
MAP P.256　　　　　　　リカ・パルケン
🏠Storgata 16　☎70-132300　FAX70-132280
URLwww.rica.no
圏Ⓢ850～1745NOKⒹ1100～2045NOK
CCA D M V
　繁華街から少し離れた所にある。坂の上にあり、部屋からの展望はいい。長距離バスターミナルからは徒歩15分くらい。ジムやサウナも併設。

■ Rica Hotel Scandinavie　 📺📺📶🛜🛁
MAP P.256　　　　リカ・ホテル・スカンジナビィ
🏠Løvenvoldgata 8　☎70-157800　FAX70-157801
URLwww.rica.no
圏Ⓢ945NOK～Ⓓ1195NOK～
CCA D M V
　年代物の建物だが2005年にリノベーション済みで、室内は快適。コーヒーや紅茶の無料サービスがある。

■ Scandic Ålesund　 📺📺📶🛜🛁
MAP P.256　　　　　スカンディック・オーレスン
🏠Molovegen 6　☎21-614500　FAX21-614511
URLwww.scandichotels.com
圏Ⓢ1050～1990NOKⒹ1195～2195NOK
CCA D J M V
　港の西側にある。半数の部屋が海に面しており、眺めがいい。広々とした客室にはモダンなインテリアが配され快適に過ごせる。

■ First Hotel Atlantica　 📺📺📶🛜🛁
MAP P.256　　　ファースト・ホテル・アトランティカ
🏠Rønnebergsgate 4　☎70-117300
FAX70-117301　URLwww.firsthotels.com
圏Ⓢ720～1520NOKⒹ920～1920NOK
CCA D M V
　町の中心部にあり、長距離バスターミナルからも近い便利な立地。館内施設も充実。料金も手頃なので、人気がある。

■ Hotel Brosundet　 📺📺📶🛜🛁
MAP P.256　　　　　　　　　　ブルースダット
🏠Apotekergata 5　☎70-114500
URLwww.brosundet.no
圏Ⓢ1390NOK～Ⓓ1590NOK～
CCA D J M V
　オスロのオペラハウスを設計した建築家が手がけたデザインホテル。部屋はモダンでスタイリッシュ。

■ Ålesund Vandrerhjem　 📺📺📶🛜🛁
MAP P.256外　　　　オーレスン・ヴァンドラールイェム
🏠Parkgata 14
☎70-115830　FAX70-115859
URLwww.hihostels.com
圏ドミトリー300NOK～
　Ⓢ520NOK～Ⓓ700NOK～　CCM V
　もとYMCAだった建物を改装したユースホステル。中心部にあり、きれいでおすすめ。

■ オーレスンのレストラン

■ Sjøbua Restaurant
MAP P.256　　　　　　　　　　　シュビュア
🏠Brunholmgata 1A　☎70-127100　FAX70-100075
URLwww.sjoebua.no　営月～金16:00～翌1:00
圏土・日　圏300NOK～　CCA D M V
　港に面して建つノルウェーでも指折りのシーフード料理店。旬の魚介を鮮度の高いまま、伝統の味付けで提供している。趣きある建物はかつて魚加工場だった。

■ Catering&Consulting
MAP P.256　　　　ケータリング＆コンサルティング
🏠Kirkegata 9　☎96-209472
URLcateringogconsultingas1.vpweb.com
営火11:00～18:00　水～土11:00～22:00
圏日・月　圏150NOK～　CCA D M V
　カジュアルなカフェレストラン。ランチ98NOK～は日替わりで、ミートボールやパスタなど。建物は1906年建造のアールヌーヴォー様式。

📺バスタブ　📺バスタブ一部のみ　📺テレビ　📺テレビ一部のみ　📶ドライヤー　📶ドライヤー貸出
🛜ミニバー　🛜ミニバー一部のみ　🛁ハンディキャップルーム

トロンハイム

中世にはノルウェーの首都として栄えたトロンハイムは、ノルウェー第3の都市。町の起源はオスロやベルゲンよりも古く、997年に聖オラヴ・トリィグヴァソン王Olav Tryggvasonによって町の基礎が作られた。その後も中部ノルウェーの中心として発展し、1100年代には政治、宗教、文化の面でも重要な町となる。現在、町には若々しい学生の活気がある。ノルウェーにある4つの大学のうちのひとつがトロンハイムにあるためだ。

MAP P.160-A3

人口：17万3486	
市外局番：なし	

トロンハイム情報のサイト
URL www.trondheim.com

豊かな緑に囲まれた美しい町並み

トロンハイムへの行き方

✈ オスロから1日5〜14便、所要約55分。ベルゲンから1日1〜7便、所要約1時間。空港から市内へは空港バスFlybussenで約45分、100NOK。
🚌 オスロから1日2〜4便、所要6時間40分〜8時間（うち1便は夜行）。
ベルゲンから16:20（夜行）発の便は、トロンハイム到着翌日の6:45。
⛴ フッティルーテン（→P.34）の寄港地となっている。

トロンハイム駅チケットオフィス
🕐月〜金 7:00〜19:00
土 7:45〜17:00
日 12:30〜19:00
🚫無休

トロンハイムの観光案内所❶

📍Munkegate 19
☎73-807660
URL www.trondheim.com
🕐5/29〜6/20、8/23〜9/12
月〜金 8:30〜18:00
土・日10:00〜16:00
6/21〜8/22
月〜金 8:30〜20:00
土・日10:00〜18:00
9/13〜5/28
月〜金 9:00〜16:00
土 10:00〜14:00
🚫9/13〜5/28の日

王宮

📍Munkegaten 3-7
☎73-808950
🕐6/1〜8/20
月〜土10:00〜17:00
日 12:00〜17:00
🚫8/21〜5/31
💰60NOK

トロンハイムの歩き方

中世のはね橋や倉庫群が残る

トロンハイムの町は、聖オラヴ・トリィグヴァソン1世王の銅像のある広場を中心に広がっている。広場に面して、観光案内所やショッピングセンターがあり、夏期には市も建つにぎやかな所だ。広場の南には町のシンボルでもあるニーダロス大聖堂が、北には北欧で最も大きい木造建築である王宮Stiftsgårdenがあり、観光の出発地点としても最適だ。そのふたつを結ぶムンケガータ通りMunkegateや、王宮に面した女王様通りDronningens gateは、小さなショップやレストランが並ぶ繁華街。鉄道駅は町の北にあり、中心までは徒歩約20分。

広場の東、ニデルヴァ川Nidelva沿いを走るショップマンスガーデ通りKjøpmannsgadeには、中世の倉庫やはね橋が並んでいて昔の面影を残している。はね橋を渡ると小高い丘になっており、丘の頂上付近にクリスチャン要塞がある。

市バスもあるが1日もあれば徒歩で充分回れる。

中世の建物としてはノルウェー最大のニーダロス大聖堂

おもな見どころ

ニーダロス大聖堂

Nidarosdomen
MAP P.259

奥行101m、幅50m、高さ30mのバロック様式の大聖堂。ノルウェー最大、北欧でも中世の建物としては2番目に大きく、中世北欧文学『サガ』にも記されている聖オラヴ2世王が祀られている。大聖堂の正面にはイエス・キリストと聖母マリアの像を中心に54の聖者の彫刻が並び、荘厳な景観を作り出している。1070年の建造以来、何度も破壊と修復を繰り返してきた。ステンドグラスや彫刻などの内装には、ノルウェーの芸術家が多く貢献しており、オスロのヴィーゲラン公園の彫刻を造ったヴィーゲランの作品もある。聖堂の屋根からそびえる尖塔に上ることもできる。5月〜9月上旬の期間には英

ニーダロス大聖堂
☎73-890800
URLwww.nidarosdomen.no
開1/1〜6/14
　　月〜金　9:00〜15:00
　　土　　　9:00〜14:00
　　日　　　9:00〜17:00
　6/15〜8/15
　　月〜金　9:00〜18:00
　　土　　　9:00〜15:00
　　日　　　9:00〜18:00
　8/16〜12/31
　　月〜土　9:00〜15:00
　　日　　　9:00〜17:00
休無休
料60NOK（9/13〜4/30は無料）

ノルウェー

トロンハイム

トロンハイム
Trondheim

- フッティルーテンターミナル Hurtigruten
- Nidely
- トロンハイム・ヴァンドラールイェム Trondheim Vandrerhjem
- トロンハイム中央駅 Trondheim Sentralstasjon
- Fosenkaia
- Fjordgata
- ソン・ホテル・ギルデバンゲン Thon Hotel Gildevangen
- Carl Johans gate
- Olav Tryggvasons gate
- Th. Angells gate
- Søndre gate
- Innherredsveien
- シティ・リビング・シェラー City Living Scholler
- Dronningens gate
- ブリタニア Britannia
- 王宮 Stiftsgården
- Prinsens gate
- Kjøpmannsgate
- 聖オラヴ・トリィグヴァソン1世王の像
- 観光案内所
- フルー教会 Frue Kirke
- Munkegate
- St. Olavs gate
- Kongensgate
- Torvenkidsgate
- Nedre Bakklandet
- 屋外民俗博物館 Trondelag Folkemuseum
- Erling Skakkes gate
- 国立現代美術館 Nordenfjeldske Kunstindustrimuseum
- 旧市街橋 (はね橋) Gamle Bybro
- Skansen
- クリスチャン要塞 Kristiansten Festning
- Elvegata
- Sverres gate
- バックランデ・スキードスタション Baklandet Skydsstationn
- トロンハイム美術館 Trondheim Kunstmuseum
- ニーダロス大聖堂 Nidarosdomen
- Kristiansbakken
- Arkitekt Christies gate
- 司祭の館 Erkebispegården
- 司祭の館博物館 Museet Erkebispegåden
- Schirmers gate
- 聖オラブ教会 St. Olavs Kirke
- ニーデルヴァIII Nidelva

259

司祭の館博物館
[開]5/1～6/14、8/15～9/14
月～土10:00～15:00
日　12:00～16:00
6/15～8/14
月～金10:00～17:30
土　10:00～15:00
日　12:00～16:00
9/15～4/30
火～金11:00～14:00
土　11:00～15:00
日　12:00～16:00
[休]9/15～4/30の月
[料]60NOK

クリスチャン要塞
☎47-601986
[開]6/5～8/31
毎日　11:00～15:00
[休]9/1～6/4
[料]無料
建物内部以外の敷地内は、通年オープン。

屋外民俗博物館
[住]Riiser-Larsens vei 16
☎73-890100
[FAX]73-890105
[URL]www.sverresborg.no
[開]6～8月
毎日　11:00～18:00
9～5月
月～金11:00～15:00
土・日12:00～16:00
[休]無休
[料]85NOK（8/16～6/14は55NOK）
行き方➡➡➡
町の中心から徒歩約15分。

語やノルウェー語によるガイドツアーが行われる。また、コンサートも随時開催されている。

聖堂の裏側には、司祭の館Erkebispegådenがある。一角には司祭の館博物館Museet Erkebispegådenがあり、修復前に使われていた彫刻などが展示されている。

クリスチャン要塞　Kristiansten Festning

MAP P.259

町の東にそびえる丘の頂上にあり、町を一望できるビューポイント。1676～82年にかけて建造された要塞で、敷地内には白い建物と城壁、無数の大砲が並んでいる。1718年、スウェーデンとの間に行われた戦争時には、この砦で戦い、見事勝利を収めたこともある。また、第2次世界大戦中に町を占領したドイツに対抗するレジスタンスたちが処刑された場所でもあり、彼らを追悼するプレートが掲げられている。

白い建物の周りに大砲が置かれている

屋外民俗博物館　Trøndelag Folkemuseum

MAP P.259外

トロンハイム地方の農家など60軒を集めた博物館。18世紀から19世紀の比較的新しいものが中心だが、1170年に建てられた木造教会などもある。

トロンハイムのホテル

Britannia Hotel
MAP P.259
ブリタニア
[住]Dronningens gate 5　☎73-800800
[FAX]73-800801　[URL]www.britannia.no
[料]Ⓢ1095NOK～Ⓓ1295NOK～
[CC]A D M V
町の中心に建つ白亜の高級ホテル。ロビーも部屋も優雅でロマンティック。

Thon Hotel Gildevangen
MAP P.259
ソン・ホテル・ギルデバンガン
[住]Søndre gate 22B
☎73-870130　[FAX]73-523898
[URL]www.thonhotels.no
[料]Ⓢ1325NOK～Ⓓ1625NOK～
[CC]A D M V
古い石造りの重厚な建物を改装したホテル。鉄道駅のすぐそばにある。周辺にはレストランも多い。

City Living Schøller Hotel
MAP P.259
シティ・リビング・シェルラー
[住]Dronningens gate 26　☎73-870800
[FAX]73-870801　[URL]www.cityliving.no
[料]Ⓢ740NOK～Ⓓ840NOK～
[CC]A M V
王宮の前にある古い建物。2階と4階の2フロアが客室になっている。

Trondheim Vandrerhjem
MAP P.259外
トロンハイム・ヴァンドラールイェム
[住]Weidemannsvei 41　☎73-874450　[FAX]73-874455
[URL]www.trondheimvandrerhjem.no
[料]ドミトリー245NOK～
Ⓢ500NOK～Ⓓ620NOK～
[CC]A D J M V
鉄道駅からNidelv橋を渡って約2kmの所にある。52の客室のうち12室はバス、トイレ付き。

トロンハイムのレストラン

Baklandet Skydsstation
MAP P.259
バックランデ・スキードスタション
[住]Øvre Baklandet 33　☎73-921044
[URL]www.skydsstation.no
[営]毎日12:00～翌1:00
[休]無休　[予]200NOK～　[CC]M V

旧市街に建つ1791年築の歴史ある建物を利用。ノスタルジック漂う赤い木造家屋はトロンハイムの町並みに溶け込むべく趣たっぷり。干ダラのトマトスープ煮込み、バカラオBacalao238NOKをはじめノルウェーの伝統料理が味わえる。ほかにパンやコーヒーが付くセットメニューもある（要予約）。

バスタブ　バスタブ一部のみ　テレビ　テレビ一部のみ　ドライヤー　ドライヤー貸出　ミニバー　ミニバー一部のみ　ハンディキャップルーム

ボードー

オスロから最も近い、真夜中の太陽を見られる町がボードー。人口約4万7000人、海に面した港町だ。この町も北ノルウェーのほかの町と同様に、第2次世界大戦中ドイツ軍により徹底的に破壊された。現在は碁盤の目のように整然とした町並みとなり、近代的な建物が並ぶ。

MAP P.160-A2

人口	：4万7847
市外局番	：なし

ボードー情報のサイト
URL www.visitbodo.com

港には木造家屋と船が並ぶ

■ ボードーへの行き方

✈ オスロから1日1〜7便、所要約1時間30分。トロムソから1日1〜5便、所要約50分。空港は市内から徒歩約15分。市バスも利用できる。

🚆 オスロからはトロンハイム乗り換えとなり、トロンハイム発は7:40発と23:35発（寝台）の2便、ボードー着17:28と翌日の9:13。オスロ発の最短乗り換え時間の列車は16:07発（ボードー着9:13）、所要約17時間。

🚌 ナルヴィークからは7:00と16:10の1日2便、所要約6時間。

⛴ フッティルーテン（→P.34）の寄港地となっている。

ボードーの歩き方

ボードーの見どころは、北部の生活様式やサーメの人々に関する展示物があるノールランド博物館Nordlandsmuseetやノルウェーにおけるあらゆる飛行機の歴史がひとめでわかる

📞75-548000
URLwww.visitbodo.com
📅6〜8月
　　月〜金　9:00〜20:00
　　土　　　10:00〜18:00
　　日　　　12:00〜20:00
　9〜5月
　　月〜金　9:00〜15:30
📅9〜5月の土・日

ノールランド博物館
🏠Prinsens gate 116
📞75-503500
URLwww.nordlandsmuseet.no
📅1〜4月
　　月〜土　9:00〜15:00
　5/1〜9/1
　　月〜金　9:00〜16:00
　　土・日11:00〜16:00
　9/2〜12/31
　　月〜金　9:00〜15:00
　　土・日　9:00〜15:00
📅1〜4月の日
💰35NOK

ノルウェー航空博物館
🏠Olav V gate
📞75-507850
FAX75-507851
URLwww.luftfart.museum.no
📅6/15〜8/14
　　毎日　　10:00〜18:00
　8/15〜6/14
　　月〜金10:00〜16:00
　　土・日11:00〜17:00
📅無休
💰110NOK
行き方
　長距離バスターミナルから
City Nord行きのバスで約
10分。日曜は運休。市バス
も利用できる。

ノルウェー航空博物館だ。駅から町と反対方向に歩いて3km
の所にあるロンヴィク山Rønvikfjellet（115m）に上れば、美
しい島々、フィヨルド、
はるかロフォーテン諸島
Lofotenまで見渡せる。

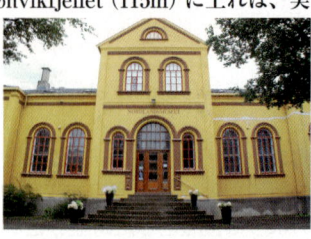

黄色の派出な外観が目印の
ノールランド博物館

おもな見どころ

ノルウェー航空博物館　Norsk Luftfartsmuseum

MAP P.261外

　町の中心から南東へ約2kmの所にある博物館。巨大なプロ
ペラの形をした建物で、中ではノルウェーの民間と軍用の飛
行機の歴史をわかりやすく展示、説明している。展示内容は
非常に充実しており、パーツ
別、年代別にきっちりと並べ
られている。特に軍用機は機
体のすぐ近くまで寄って見学
できる。メカ好きにはたまら
ない博物館だ。入り口のすぐ
上には実際に使われていた管
制塔があり、入室も可能だ。

航空機ファン必見の博物館

ボードーのホテル

■ Radisson Blu Hotel Bodø
MAP P.261
ラディソンBluホテル・ボードー
🏠Storgaten 2
📞75-519000
FAX75-519001
URLwww.radissonblu.com
💰Ⓢ950〜1995NOK
　Ⓓ1195〜2295NOK
CCA D J M V
　長距離バスターミナル
の前、ロフォーテン諸島行きの船が停泊する港に面
した高級ホテル。最上階にあるTop 13 Rooftop
Barからは、ボードーの町並みが一望できる。

■ Rica Hotel Bodø
MAP P.261
リカ・ホテル・ボードー
🏠Sjøgata 23
📞75-547000
FAX75-547055
URLwww.rica.no
💰Ⓢ735〜1810NOK
　Ⓓ935〜2060NOK
CCM V
　鉄道駅から近い中級ホテル。レンガの外観が落ち
着いた雰囲気だ。レストラン、バーをはじめ、館内
施設は充実。いくつかの部屋は海に面している。

■ Skagen Hotel
MAP P.261
スケーエン
🏠Nyholmsgata 11
📞75-519100　FAX75-519101
URLwww.skagen-hotel.no
💰Ⓢ1295(695)NOK〜Ⓓ1495(895)NOK〜
CCA D M V
　港まで200mほどの静かな通りに面したホテル。
サウナやエクササイズルームを完備している。アク
ティビティも取り扱っている。

■ Bodø Hotell
MAP P.261
ボードー
🏠Professor Schyttes gate 5
📞75-547700　FAX75-525778
URLwww.bodohotell.no
💰Ⓢ980(750)NOK〜Ⓓ1250(950)NOK〜　CCM V
　全31室の中級クラスのホテル。町の中心に位置
し、何をするにも便利な場所。

■ Saltstraumen Hotel
MAP P.261外
サルツトラウメン
🏠Knaplund, 8056 Saltstraumen　📞75-506560
FAX75-587570　URLsaltstraumenhotell.no
💰Ⓢ995(1095)NOK〜Ⓓ1250(1350)NOK〜
CCD M V

🛁バスタブ　🛁バスタブ一部のみ　📺テレビ　📺テレビ一部のみ　ドライヤー　ドライヤー貸出
🍸ミニバー　🍸ミニバー一部のみ　ハンディキャップルーム

ナルヴィーク

ファゲルネス山の上から町を一望できる

ノールカップへの旅の起点となるナルヴィークは、北極圏内に位置する。しかし、メキシコ湾流のおかげで港は冬も凍結せず、スウェーデンのキールナで産出する鉄鉱石の積出港となっている。キールナ～ナルヴィーク間の列車は北欧最北の地を走る旅客列車として知られ、車窓から見下ろすフィヨルドの眺めがすばらしい。

　戦争に興味のある人には、ナルヴィークという町の名は、特別な響きをもつだろう。1940年4月9日、ノルウェーはドイツ軍に侵略された。6月7日に制圧されるまで、ドイツ軍とイギリス、フランス、ポーランド、ノルウェー連合軍の間で繰り広げられた激しい攻防戦はあまりにも有名だ。その当時の模様が戦争博物館に再現されている。この戦争によって倒れた各国の兵士たちの遺体は、町から数km離れたホークヴィクHøkvikという所に埋葬されている。

MAP P.160-B2
人口：1万8380
市外局番：なし
ナルヴィーク情報のサイト
URL www.destinationnarvik.com

ノルウェー　ボードー／ナルヴィーク

ナルヴィークへの行き方
✈ オスロからハルスター／ナルヴィーク空港Harstad-Narvik Airportまで1日3便運航、所要約1時間40分。空港から市内へは空港バスFlybussenで約75分。また、ボードーからナルヴィーク空港Narvik Airportまでヴィデロー航空が1日2便運航、所要約40分。空港から市内へはタクシーで約5分、100NOK。
🚂 ストックホルムから1日1便（寝台）。ストックホルム発17:57、ナルヴィーク着13:14。キールナからは1日2便、所要約3時間。オスロからボードーまで列車で行き、そこからバスで行く方法もある。
🚌 ボードーからのバスは毎日7:30と15:30発の2便、ナルヴィーク着は13:30、21:30。500NOK。トロムソからは1日1～3便、所要約4～5時間、340NOK。

ナルヴィークの観光案内所❶
☎76-965600
URL www.destinationnarvik.com
開3/1～6/26、8/22～9/30
　月～金　9:00～16:00
　6/27～8/21
　月～金　9:00～19:00
　土・日　10:00～17:30
　10～2月
　月～金　10:00～15:00
休8/22～6/26の土・日

ナルヴィーク駅チケットオフィス
[開]6:00～17:50
（自動券売機のみ）
[休]無休

戦争博物館
☎76-944426
[URL]www.warmuseum.no
[開]月～金11:00～15:00
[休]土・日
（時期によって異なる）
[料]75NOK

オフォーテン博物館
☎76-969650
[URL]www.ofoten.museum.no
[開]6/21～8/15
月～金10:00～16:30
土・日11:00～16:00
8/16～6/20
月～金10:00～15:00
[休]8/16～6/20の土・日
[料]50NOK

ナルヴィークロープウエイ
☎76-977282
[URL]www.narvikfjellet.no
[運]夏期
月～金13:00～20:00
土・日11:00～17:00
冬期
月～金11:00～20:00
[休]冬期の土・日
[料]往復110NOK

ナルヴィークの歩き方

ファゲルネス山からの眺望を楽しもう

リアルな展示が多い戦争博物館

町のメインストリートは、コンゲンスガータ通りKongens gate。道に沿ってショッピングセンターやレストランなどが並ぶ。観光案内所もこの通り沿いにあるので、まずはここを目指すといい。鉄道駅は、コンゲンスガータ通りを北へ進み、線路の手前でニードル・ヤーンバネガータ通りNedre Jernbanegateを右折して200mほど進んだ所。観光案内所から徒歩7分程度。見どころとしては、ナルヴィークで行われた戦争について学べる戦争博物館Nordland Røde Kors Krigsminnemusumやキールナから続く鉄道の歴史に関する展示があるオフォーテン博物館Ofoten Museumがある。コンゲンスガータ通りの東側は小高い丘になっている。坂道を500mほど上った所には、ファゲルネス山Fagernesfjelletへ上るナルヴィークロープウエイNarvikfjelletがある。標高656mの山頂からは、町の全景とフィヨルド地形が一望できる。町はゆるやかな斜面に造られている。コンゲンスガータ通りの東は特に傾斜がはげしい。宿を坂の上にとった人は、大きな荷物を持って斜面を上らなくてはならない。

コンゲンスガータ通りの西、線路を渡る道の左側には、近代的なショッピングモールがあり、隣接して長距離バスのターミナルがある。線路を渡った先は住宅街。堅牢な石造りのナルヴィーク教会Narvik Kirkeがあるほか、岩絵Helleristningerなども見られる。

ナルヴィークのホテル

Quality Hotel Grand Royal
MAP P.263　クオリティ・ホテル・グランド・ロイヤル
[住]Kongensgate 64
☎76-977000　[FAX]76-977007
[URL]www.choicehotels.no
[料]ⓈⒹ1190NOK～　[CC]A D M V
ふたつのレストランを備えた全107室の高級ホテル。全室無線LANインターネット接続可能。

Breidablikk Gjestehus
MAP P.263　ブレイダブリック・ギュステフース
[住]Tore Hundsgate 41　☎76-941418
[URL]www.breidablikk.no
[料]Ⓢ1075NOK～Ⓓ1350NOK～
[CC]A M V
高台に建つかわいいプチホテル。客室をはじめリビングや食堂からの眺めもいい。全21室の客室はすべてシャワー付き。無線LANインターネット接続無料。

Best Western Narvik Hotell
MAP P.263　ベストウエスタン・ナルヴィーク
[住]Skistuavelen 8
☎76-964800　[FAX]76-964808
[URL]www.bestwestern.no
[料]S1075NOK～　D1275NOK～
[CC]A D J M V
ロープウエイ乗り場に近い自然豊かな場所に建つ。客室はすっきり清潔に保たれ快適に過ごせる。

Spor 1
MAP P.263　スポル・ワン
[住]Brugate 2a
☎/[FAX]99-631374　[URL]www.spor1.no
[料]ドミトリー230NOK～　Ⓢ500NOKⒹ600NOK（シーツ代込み）　シーツ50NOK
[CC]D M V
サウナ50NOKやパブを併設。バス、トイレ共同。

🛁 バスタブ　🛁 バスタブ一部のみ　📺 テレビ　📺 テレビ一部のみ　💨 ドライヤー　💨 ドライヤー貸出
🍸 ミニバー　🍸 ミニバー一部のみ　♿ ハンディキャップルーム

ロフォーテン諸島

　ノルウェー北部、北極圏に位置するロフォーテン諸島は、「世界で最も美しい場所のひとつ」といわれる風光明媚な島々。氷河の浸食により削られた大地が水没してできた地形は、海から岩肌をむき出しにした崖が屹立しており、「アルプスの頂を海に浮かべたよう」と形容される。

　その昔ベルゲンがハンザ商人の庇護のもと繁栄していた時代、その貿易を支えていたものはロフォーテン諸島で獲れたタラだった。最高級品として人気が高かったロフォーテンの干ダラは、ハンザ商人の手により、ベルゲンを積出港としてヨーロッパ各地へと輸出されていった。現在でも、タラ漁はロフォーテン諸島の主要産業であり、島内のあちこちにタラを干す木組みが点在している。

MAP P.160-A2

人口：9023 （ヴォーゲン島）	
市外局番：なし	
ロフォーテン情報のサイト	
URL www.lofoten.info	

漁が行われるのは2月から4月半ばまで。この時期になると、港や漁村は一済に活気づく。島内のあらゆる所の木組みに、たくさんのタラが干されている様子が見られる。

むき出しの岩肌に建つロルブー

スヴォルヴァー生まれの画家、グンナー・ベリの代表作『トロルフィヨルドの戦い』

ロフォーテン諸島
Lofoten

トロルフィヨルド
Trollfjord

ヴォーゲン島
Vågen

ヴァイキング博物館
Lofotr Vikingmuseet

Gimsøy

スヴォルヴァー
Svolvær

ボルグ
Borg

Store
Molla

カヴェルヴォーグ
Kabelvåg

ヴェストヴォーゴイ島
Vestvågøy

ベストウエスタン・ロフォーテン
Best Western Lofoten

スタムスン
Stamsund

ヘニングスヴァー
Henningsvær

レクネス
Leknes

シャールブリッガ
Skjærbrygga

スタムスン・ヴァンドラールイェム
Stamsund Vandrerhjem

Ramberg

モツンド
Mortsund

スタットレス・ロルブセンター
Statles Rorbusenter

フラックスタッド島
Flakstadøya

ヌースフィヨルド
Nusfjord

モスケネス島
Moskenesøy

Hurtigruten

レイネ
Reine

Moskenes

オー
Å

ボードー
Bodø

N

0　　　　　20km

265

海と山に沿って道が続く

ロフォーテン諸島は、大きくヴォーゲン島Vågen、ヴェストヴォーゴイ島Vestvågøy、フラックスタッド島Flakstadøya、モスケネス島Moskenesøyの4つから成り、それぞれの島の間は橋で結ばれている。ロフォーテン諸島巡りの拠点となるのは、ヴォーゲン島にある町スヴォルヴァー。ここには空港があるほか、フッティルーテンやナルヴィークからのフェリーが発着する。スヴォルヴァーから西の端にあるオーメまで島を横断してE10という道路が走っており、主要な町はこの道路沿いにある。小さな集落へも、道が整備されているので、問題なくアクセスできる。島内にはバスも走っているが、島内をくまなく観光するならレンタカーは必須だ。スヴォルヴァーからオーメまでは134kmだが、道は山並みを抜けて走っているため、相当の時間がかかる。途中の町に寄りながらオーメまで行くなら、レクネスやスタムスンStamsundなどの町で1泊したほうがいい。バスは、スヴォルヴァーからオーメまで直通で行く便はなく、途中レクネスで乗り換える。バスから見る景色も、感動的な美しさだ。

Svolvær
スヴォルヴァー

ロフォーテン諸島最大の港町。1918年に初めて港が開かれて以来、交通の要衝として発展してきた。町の北には険しい山がそそり立ち、美しい景観を見せてくれる。山の中腹付近に突き出た岩礁のスヴォルヴァー・ヤイター(スヴォルヴァーのヤギ)は、ロッククライミングの名所であり、町のシンボルとして親しまれている。町の中心は、フッティルーテンのターミナルから観光案内所までの港の周辺。シーフードレストランや宿泊施設が点在している。第2次世界大戦中に使用された軍服を集めた博物館、ロフォーテン戦争博物館Lofoten Krigsminnemuseumもここにある。また、東対岸には、海沿いにロルブーが並んでおり、いかにも漁師の町といった雰囲気。対岸には、スヴォルヴァー最大の見どころ北ノルウェー・アートセンターNordnorsk Kunstner Senterがある。ここは、北部ノルウェー出身の画家やアーティストたちのギャラリーが集まった美術館。なかでもスヴォルヴァー出身の画家、グンナー・ベリの作品を集めたギャラリー・グンナー・ベリGalleri Gunnar Bergは必見だ。

ロフォーテン諸島の玄関に

左サイドバー

ロフォーテン諸島への行き方

✈ オスロからの直行便はなく、ボードーで乗り換える。ボードーからスヴォルヴァー、レクネスまでは1日3〜6便運航、所要約25分。

🚌 ナルヴィークからスヴォルヴァーを経由してレクネスまで1日2便。ナルヴィーク発10:30と15:10、スヴォルヴァー着14:40と19:20、レクネス着は18:15と22:45。

⛴ ボードーからフェリーで、高速フェリーが1日1便運航、所要約3時間30分。スケジュールは時期によって異なるため事前に観光案内所で確認を。そのほか、各地からのローカルのフェリーも運航している。 また、スタムスンとスヴォルヴァーは、フッティルーテン(→P.34)の寄港地になっている。

レンタカー
Avis
スヴォルヴァー
☎76-071140
Hertz
スヴォルヴァー
☎95-138500

スヴォルヴァーへの行き方
ロフォーテン諸島への行き方参照。

スヴォルヴァーの観光案内所❶
☎76-070575
URL www.lofoten.info
開5/16〜6/5
　月〜金9:00〜16:00
　土　10:00〜14:00
6/6〜19
　月〜金9:00〜20:00
　土　10:00〜14:00
　日　10:00〜20:00
6/20〜8/7
　月〜金9:00〜22:00
　土　9:00〜20:00
　日　10:00〜20:00
8/8〜21
　月〜金9:00〜20:00
　土　10:00〜14:00
8/22〜5/15
　月〜金9:00〜15:30
休5/16〜6/5と8/8〜21の日、8/22〜5/15の土・日

ロフォーテン戦争博物館
☎91-730328
URL www.lofotenkrigsmus.no
開月〜土10:00〜22:00
　12:00〜15:00/18:00〜22:00
　(夏期以外は要事前予約)
料60NOK

北ノルウェー・アートセンター
☎76-066770
URL www.nnks.no
開6/17〜8/28
　毎日　10:00〜22:00
8/29〜6/16
　火〜日10:00〜16:00/
　18:00〜22:00
休8/29〜6/16の月
料無料

Kabelvåg
カヴェルヴォーグ

ロフォーテンで最も古い町のひとつカヴェルヴォーグ。18世紀まではロフォーテンで最も重要な漁村であり、ロフォーテン初の教会や「ロルブー」が造られた所としても知られている。町のはずれには、ロフォーテン諸島内から建物を集めた野外博物館、ロフォーテン博物館Lofotmuseetやロフォーテン水族館Lofotakvarietがある。周辺に点在するアーティストのギャラリーを訪れてみるのもいい。

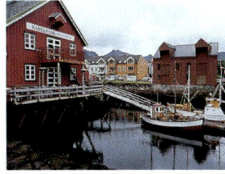

ロルブーはホテルやレストランとして使われている

Henningsvær
ヘニングスヴァー

ヴォーゲン島の最西端にある小さな町。町の中央に深く切れ込んだ入江が運河のように見えることから、ロフォーテンのベニスと呼ばれる。この景観に惹かれて移り住んだアーティストも多く、入江に沿ってギャラリーが点在。なかでも、19世紀末の北ノルウェー出身のアーティストたちの作品を集めたロフォーテン・ハウス・ギャラリーGalleri Lofotens Husは有名だ。

カヴェルヴォーグへの行き方

スヴォルヴァー～カヴェルヴォーグ間は約5km。バスは1日13便運行。

ロフォーテン博物館
TEL 76-069790
URL www.lofotmuseet.no
開 5～8月
　毎日　10:00～18:00
　（時期によって異なる）
9月
　月～金　9:00～15:00
　日　11:00～15:00
10～4月
　月～金　9:00～15:00
休 9月の土、10～4月の土・日
料 65NOK

ロフォーテン水族館
TEL 76-078665
URL www.lofotakvariet.no
開 毎日11:00～15:00
（時期によって異なる）
休 2～4月、9～11月の土、12～1月
料 100NOK

ヘニングスヴァーへの行き方

スヴォルヴァー～ヘニングスヴァー間は約26km。バスは1日3～10便運行。

ロフォーテン・ハウス・ギャラリー
TEL 76-071573
URL www.galleri-lofoten.no
開 毎日9:00～19:00
（時期によって異なる）
休 無休　料 75NOK

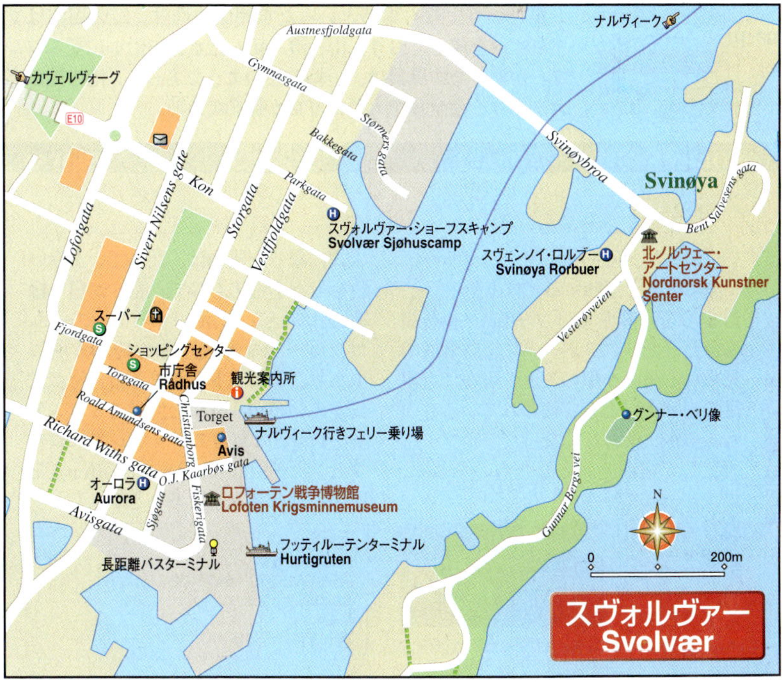
スヴォルヴァー
Svolvær
ナルヴィーク
カヴェルヴォーグ
E10
Austnesfjoldgata
Gymnasgata
Størmers gata
Bakkegata
Parkgata
Kong
Sivert Nilsens gate
Storgata
Vestfjoldgata
Lofotgata
Svinøybroa
Svinøya
Bent Salvesens gata
スヴォルヴァー・ショーフスキャンプ
Svolvær Sjøhuscamp
スヴェンノイ・ロルブー
Svinøya Rorbuer
北ノルウェー・アートセンター
Nordnorsk Kunstner Senter
Vesterøyveien
スーパー
Fjordgata
ショッピングセンター
市庁舎
Rådhus
観光案内所
Torggata
Roald Amundsens gata
Christianborg
Torget
ナルヴィーク行きフェリー乗り場
Avis
Richard Withs gata
O.J. Kaarbøs gata
オーロラ
Aurora
ロフォーテン戦争博物館
Lofoten Krigsminnemuseum
Avisgata
Sjøgata
Fiskerigata
フッティルーテンターミナル
Hurtigruten
長距離バスターミナル
グンナー・ベリ像
Gunnar Bergs vei
N
0
200m

復元されたヴァイキングの住居

ボルグへの行き方

スヴォルヴァー～ボルグ間は約56km。バスは1日3～6便運行。

ヴァイキング博物館
☎76-084900
[URL]www.lofotr.no
[開]2～4月、9/16～11/30
水・日12:00～15:00
5/1～9/15
毎日　10:00～19:00
（時期によって異なる）
12～1月
日　12:00～15:00
[休]2～4月と9/16～11/30の月・火・木～土、12～1月の月～土
[料]120NOK（8/16～6/14は100NOK）

レクネスへの行き方

スヴォルヴァー～レクネス間は約70km。バスは1日3～6便運行。

レクネスの観光案内所[i]
☎76-087553
[開]6/13～8/14
月～金10:00～18:00
土・日12:00～16:00
8/15～6/12
月～金10:00～16:00
[休]8/15～6/12の土・日

ヌースフィヨルドへの行き方

レクネス～ヌースフィヨルド間は約25km。バスは週に2便。

Borg
ボルグ

ヴァイキングにゆかりの深いヴェストヴォーゴイ島のほぼ中心に位置する町。ここには、ロフォーテン諸島最大の野外博物館であるヴァイキング博物館Lofotr Vikingmuseetがある。E10からも見える巨大な建物は、幅83mのヴァイキングの住居を復元したもの。内部ではヴァイキングの生活用品や装飾品などの展示があり、当時の衣装に身を包んだスタッフよるガイドツアーも行われている。敷地内奥の湖では、ゴークスタッド船を模したヴァイキング船に乗船しての湖クルーズも楽しめる。

Leknes
レクネス

ロフォーテン地方のほぼ中間に位置し、島内を走るバスの中継地点になっている。レクネスは内陸部にあり、周辺はロフォーテン随一の牧草地帯。なだらかな傾斜を描く丘で、のんびりと草をはむ羊や馬の姿を見かける。

Nusfjord
ヌースフィヨルド

町というよりも集落といった雰囲気の漁村。町の周囲はフィヨルドを成しており、山と澄み切った水、港沿いに並ぶロルブーが織りなす風景は、一幅の絵のような美しさ。港の端に高台があり、港全体を入れた写真が撮影できる。

COLUMN　NORWAY

ロルブーに泊まろう！

「ロルブーRorbuer」とはノルウェー語で、人を意味する「ロルRor」と、泊まるを意味する「ブーbuer」を組み合わせた、ロフォーテン諸島全域で見られる漁師小屋のこと。現在でも現役の漁師小屋として使われているものもあるが、使わなくなったロルブーを改装して宿泊施設としたものも多く、ロフォーテン諸島特有の宿泊施設となっている。潮の満ち引きに対応できるよう高床式になった建物は、たいていが赤い色をした木造のもので、窓枠が白く縁取られている。宿泊できるロルブーは、ロフォーテン諸島全体で約30ヵ所以上あり、グレードもさまざま。特に人気が高いのが、静かな漁村モッツンドMortsundにあるスタットレス・ロルブセンターStatles Rorbusenter。常連客には有名人も数多いとか。

日本からのツアーなどにも多く使われている

DATA
■スタットレス・ロルブセンター
MAP P.265
☎76-055060　[FAX]76-087111
[URL]www.statles.no
[営]通年
[料]ⓈⒹ600～2400NOK

R e i n e
レイネ

群島をつなぐ橋が折り重なるようにかかり、崖のすぐ横を道路が走る。この世の果てを連想させる風景が連なるロフォーテン諸島の最西モスケネス島にあるレイネは、ロフォーテン諸島でも特に美しい町として知られている。町には見どころはないが、E10から左折して町に入る道の途中から眺める景色は、まさに絶景そのもの。蒼い水を静かにたたえたフィヨルドが、海岸線に並ぶロルブーと山々を映し出している。

ハイウエイ沿いから眺めたレイネの町

レイネへの行き方

レクネス～レイネ間は約56km。バスは1日2～4便。

Å
オー

ロフォーテン諸島の最西端に位置する町。レイネからE10を車で15分ほど進むと町並みが見える。そのまま町へは入らず、しばらく進みトンネルを抜けると、左側にバスターミナルと駐車場がある。道路は、そのすぐ先でぷつりととぎれ、最果ての情緒が漂う。道路の先はトレイルになっており、島の先端まで行ける。町へは、バスターミナルの脇から階段を下りて約5分。町なかにはノルウェー漁村博物館Norsk Fiskeværsmuseumとロフォーテン干ダラ博物館Lofoten Tørrfiskmuseumという漁業関係の博物館がふたつある。

オーへの行き方

レクネス～オー間は約64km。バスは1日2～4便運行。

ノルウェー漁村博物館
☎76-091488
[URL]www.lofoten-info.no/nfmuseum
[開]6/15～8/25
毎日　10:00～18:00
8/26～6/14
月～金10:00～15:30
[休]8/26～6/14の土・日
[料]50NOK

ロフォーテン干ダラ博物館
☎76-091211
[開]6/1～15
毎日　11:00～16:00
6/16～8/15
毎日　10:00～17:00
[休]8/16～5/31月　[料]50NOK

ロフォーテン諸島のホテル

スヴォルヴァー

Svinøya Rorbuer
MAP P.267　スヴェンノイ・ロルブー
[住]Gunnar Bergs Vei 2
☎76-069930
[FAX]76-074898
[URL]www.svinoya.no
[料]ⓈⒹ1050NOK～
朝食115NOK
[CC]A D M V

スヴォルヴァーにあるロルブー。室内はきれいに改装されている。ツアーデスクあり。

Hotel Aurora
MAP P.267　オーロラ
[住]Sjøgata 6　☎76-069000　[FAX]76-069001
[URL]www.hotel-aurora.no
[営]5～9月　[料]Ⓢ1200NOK～Ⓓ1400NOK～
[CC]A D M V
観光案内所やナルヴィーク、ボードーからのフェリーの発着場から徒歩2分。併設のレストランでは伝統的なノルウェー料理を提供している。

Svolvær Sjøhuscamp
MAP P.267　スヴォルヴァー・ショーフスキャンプ
[住]Parkgata 12　☎76-070336　[FAX]76-076463
[URL]www.svolver-sjohuscamp.no
[料]ⓈⒹ540NOK～　[CC]不可
1000年に建てられたロルブーを改装。スヴォルヴァーで最もリーズナブルな宿。ジャクージの付いた6人用のアパートタイプもあり、1室1900NOK～。

レクネス

Best Western Lofoten Hotell
MAP P.265　ベストウエスタン・ロフォーテン
[住]Lillevollvn 15　☎76-054430　[FAX]76-080892
[URL]www.bestwestern.no
[料]ⓈⒹ810NOK～　[CC]A D J M V
日本の予約先：ベストウエスタンホテルズ
[Free]0120-421234
レクネス唯一のホテル。ロフォーテンの食材を使った魚料理が評判のレストランがある。

スタムスン

Skjærbrygga
MAP P.265　シャールブリッガ
[住]8340 Stamsund
☎76-054600
[FAX]76-054601
[URL]www.skjaerbrygga.no
[料]ⓈⒹ890～1130NOK
[CC]D M V

フッティルーテンターミナルのすぐそばにある、評判のロルブーホテル。レストランのほか、パブもあり船を待つ間に利用するのもいい。

Stamsund Vandrerhjem
MAP P.265　スタムスン・ヴァンドラールイエム
[住]8378 Stamsund　☎76-089334　[URL]www.hihostels.no
[営]3/1～10/15　[料]ドミトリー150NOK
Ⓢ335NOK～Ⓓ445NOK～　シーツ90NOK　[CC]不可
町からは400mほど離れた所にあるユースホステル。ボートレンタルなどアクティビティも充実。

バスタブ　バスタブ一部のみ　テレビ　テレビ一部のみ　ドライヤー　ドライヤー貸出
ミニバー　ミニバー一部のみ　ハンディキャップルーム

トロムソ

MAP P.160-B1
人口：6万8239
市外局番：なし
トロムソ情報のサイト
URL www.destinasjontro
mso.no

トロムソへの行き方

✈ オスロから1日3〜8便運航、所要約1時間50分。空港から市内へは空港バスFlybussen55NOKのほか、市バスも利用できる。
🚌 ナルヴィークから1日1〜3便運行、所要4〜5時間、340NOK。アルタから1日1便、所要約7時間、途中2ヵ所フェリーに乗り、430NOK。ホニングスヴォーグからは直通バスはなくアルタなどで乗り換える。
🚢 ベルゲンやボードーからフッティルーテン（→P.34）が利用できる。

真夜中の太陽が見える期間
5月下旬〜7月下旬くらい。

トロムソの観光案内所❶

🏠 Kirkegata 2
📞 77-610000
FAX 77-610010
URL www.destinasjontrom
so.no
🕐 1・2月
　月〜金　9:00〜16:00
　土　　　10:00〜16:00
　日　　　11:00〜15:30
　3/1〜5/16、9〜12月
　月〜金　9:00〜16:00
　土　　　10:00〜16:00
　5/17〜8/31
　月〜金　9:00〜19:00
　土・日10:00〜18:00
🚫 3/1〜5/16と9〜12月の日

ほぼ北緯70度に位置する北極圏最大の町トロムソ。トロムソの中心はトロムソ島Tromsøyaにあり、島の反対側にはトロムソ空港がある。トロムソ島とノルウェー本土とは長さ1036mのトロムソ橋や、全長3.5kmの海底トンネルで結ばれている。さらに西にあるクヴァロヤ島Kvaløyaとトロムソ島とは、空港前を通って1220mのサンネスン橋で結ばれている。海に面したトロムソ市街からは、トロムソ橋と対岸にある三角形の屋根をした北極教会が望める。トロムソには1968年に創立された世界最北の大学があり、1万人近い学生が在籍している。そのためか町には若者向けのお店やレストランも目につく。また北ノルウェーでよく飲まれている

マックビール（マック・ウルMack øl）の工場があり、これは世界最北にあるビール工場。1877年にビールの製造を開始したマックビールは、北ノルウェーで最も古い会社のひとつだ。

町にはフッティルーテンも寄港する

トロムソの歩き方

　町の中心はアムンゼン像の建つ広場を中心とした500m四方ほど。ホテルやレストラン、観光案内所、長距離バスターミナルなどといった施設が揃っており、移動も徒歩で充分。なお、観光案内所では北極圏到達証明書Polarsertifikatを購入できる（50NOK）。メインストリートのストルガータ通りStorgataには、1915〜16年にかけて建てられた、ノルウェーで最も古い映画館も残っている。見どころはやや離れた場所が多く、徒歩で行くことも可能だが効率よく回るなら市バスを使うのがおすすめ。
　町の中心から西に約500mほどの所にある世界最北のビール

工場、マックビール（マック・ウルMack øl）工場の前にあるパブ、Ølhallenでは、できたてのマックビールが飲めるほか、工場見学（→P.273）もできる。

にぎやかなストルガータ通り

おもな見どころ

北極圏博物館

Polarmuseet

MAP P.271

　海に面した建物は、1830年代に建てられた古い倉庫。外に置かれた2基の捕鯨砲が、かつてトロムソが捕鯨の基地として栄えていたことを物語っている。2フロアに8つの展示室があり、ほとんどが北極圏の動物や狩猟の歴史に関する展示。アザラシ狩りの様子、シロクマ捕獲の様子、狩猟生活者の生活ぶりを再現した家など。興味深いのはトロムソから飛行して消息を絶った探検家アムンゼンの展示室。彼の北極・南極探検の写真や道具などが数多く集められている。

古い倉庫を改装した博物館

ヴァイキング・ホテル・トロムソ
Viking Hotell Tromso
Skolegata
Dramsveien
アミ
Ami
Dr. Lies gate
ソン・ホテル・ポラール
Thon Hotel Polar Vestregata
Prestengata
Musegata
エマズ・ドリームキッチン
Emma's Drommekjøkken
Grønnegata
コンサートホール
アルキャンドリア
Arctandria
Sjømatrestaurant
トロムソ大聖堂
Storgata
カトリック教会
ショッピングセンター
Kirkegata
Bankgata
Stor
torget Havnegata
スーパーマーケット
北ノルウェー美術館
Nordnorsk Kunstmuseum
クラリオン・コレクション・ホテル・ウィズ
Clarion Collection Hotel With
Prost-Kaigata
アムンゼン像
neset
アンナガーデン
Aunegården
長距離バスターミナル
Sjøgata
観光
案内所
北極圏博物館
Polarmuseet
フッティルーテンターミナル
Hurtigruten
ストーラ・ノシュカ・フィスクカンパニー
Store Norske Fiskekompaniet
リカ・イスハウスホテル
Rica Ishavshotel
ポーラリア(北極圏水族館)
Polaria
ラディソンBluホテル・トロムソ
Radisson Blu Hotel Tromso
トロムソ博物館
Tromso Museum
ウルハーレン(ビール工場)
Ølhallen

トロムソ湾
Tromsøysundet

200m

北極教会
Ishavskatedralen
(Tromsødalen Kirke)

トロムソ
Tromsø

Bruvegen

ストールシュタイネン
Storsteinen

北極圏博物館
⊞Søndre Tollbugate 11
☎77-623360
URLwww.polarmuseum.no
☀3/1～6/15、8/16～9/30
　毎日　11:00～17:00
　6/16～8/15
　毎日　10:00～19:00
　10～2月
　毎日　11:00～16:00
休無休
料50NOK
　トロムソ博物館との共通チケットは60NOK。
行き方→→→
　町の中心から徒歩約10分。

北極圏の生活を再現している

観光電車
Ishavstoget
☎90-881675
URLwww.ishavstoget.no
☀5/20～6/1、8/15～9/3
　毎日　12:00～16:00
　6/2～8/14
　毎日　11:00～16:00
料100NOK

　夏期には、トロムソを気軽に観光できる、かわいい観光列車が走っている。Stortorgetから毎時ちょうどに出発。

子供たちに大人気のカラフルな観光列車

北ノルウェー美術館

北ノルウェー美術館 Nordnorsk Kunstmuseum

MAP P.271

MAP P.271

2002年にオープンした美術館。コレクションは、北ノルウェーの自然や人々の生活をテーマにした絵画がメインで、2〜3ヵ月ごとに展示替えを行う。サーメのアーティストによる絵画やジュエリーなどのハンドクラフトの展示もある。

3階建ての大きな建物が目印

ポーラリア（北極圏水族館） Polaria

MAP P.271外

北極圏に生息する海洋生物を観察できる。また、極地調査に関する展示や北極海の様子を迫力あるパノラマの立体映像で描く映画の上映などもある。

アザラシの餌付けショーも見学できる

トロムソ博物館 Tromsø Museum

MAP P.271外

トロムソ大学の一部を利用した博物館で、地学、動物学、植物学、考古学など6つのテーマの展示室がある。恐竜の足跡の化石、今にも動き出しそうな動物のはく製、海や陸の生物の標本など展示物は充実している。2階にはサーメの人々の生活が実物大の家屋を再現して紹介されていてわかりやすい。また、15世紀に建てられた教会の再現と、1856年製造のパイプオルガンがあり、ボタンを押すと自動演奏が始まる。オーロラやサーメの人々についてのビデオを上映するシアターもある。

サーメの生活が再現されたコーナーもある

北極教会 Ishavskatedralen(Tromsødalen Kirke)

MAP P.271

1965年、建築家ヤン・インゲ・ホーヴィにより設計された美しい教会。トロムソの冬とオーロラをイメージしてデザインされた。ガラスとコンクリートを使ったモダンな姿は極北の地にふさわしく、雪の教会の別名をもつ。教会内でひときわ目を引く三角形のステンドグラスは、高さ23m、面積140m²に及び、ヨーロッパでも最大級の作品といわれている。夏期にはミッドナイトサン・オルガンコンサートや、オルガンリサイタルが行われる。

モダンなデザインの教会

サイドバー

北ノルウェー美術館
住 Sjøgata 1
電 77-647020
FAX 77-647021
URL www.nnkm.no
開 6/21〜8/22
　　毎日 12:00〜18:00
　　8/23〜6/20
　　月〜金10:00〜17:00
　　土・日12:00〜17:00
休 無休
料 無料

ポーラリア（北極圏水族館）
住 Hjalmar Johansens-gate 12
電 77-750100
FAX 77-750101
URL www.polaria.no
開 5/18〜8/31
　　毎日10:00〜19:00
　　9/1〜5/17
　　毎日12:00〜17:00
休 無休
料 105NOK
行き方 ➡➡➡
　町の中心から徒歩10分。

トロムソ博物館
住 Lars Thøringsveg 10
電 77-645000
FAX 77-645520
URL uit.no/tmu
開 6〜8月
　　毎日 9:00〜18:00
　　9〜5月
　　月〜金10:00〜16:00
　　土 12:00〜15:00
　　日 11:00〜16:00
休 無休
料 50NOK
　北極圏博物館との共通チケットは60NOK。
行き方 ➡➡➡
　町の中心から市バス37番で約15分。

北極教会
住 Hans Nilsens vei 41
電 47-680668
FAX 77-685090
URL www.ishavskatedralen.no
開 5/15〜31、8/16〜9/15
　　月〜金15:00〜18:00
　　6/1〜8/15
　　月〜土 9:00〜19:00
　　日 13:00〜19:00
　　9/16〜5/14
　　毎日 16:00〜18:00
休 5/15〜31と8/16〜
　9/15の土・日
料 35NOK
**ミッドナイトサン・
オルガンコンサート**
開 5/15〜8/15
　　毎日23:30
料 120NOK
オルガンリサイタル
開 6・7月
　　毎日14:00
料 70NOK
行き方 ➡➡➡
　市バス20、24、26、28番で約5分。Stortorgetからは徒歩約15分。

272

ストールシュタイネン Storsteinen

MAP P.271外

トロムソの市街があるトロムソ島と対峙する、ノルウェー本土にそびえる標高421mの山ストールシュタイネン。トロムソ島からはトロムソ橋Trømsøbruaを渡り、麓のフィエルハイセンFjillheisen（直訳すると山のエレベーター）からロープウエイに乗って4分で着く。山頂からはふたつの美しい橋で結ばれたトロムソ島が一望でき、フィヨルドの海と水平線に浮かぶ島々が美しい。ロープウエイは夏ならば深夜まで運行されているから、真夜中の太陽を見に行くのもいい。山頂にはレストランや展望テラスあり。

ストールシュタイネンから眺めたトロムソの町

ストールシュタイネンのロープウエイ
[住]Sollivegen 12
☎77-638737
[URL]www.fjellheisen.no
[運]4/16〜5/19、8/29〜9/30
毎日 10:00〜17:00
5/20〜8/7
毎日 10:00〜翌1:00
8/8〜28
毎日 10:00〜22:00
10/1〜4/15
毎日 11:00〜16:00
[休]無休
[料]往復105NOK
行き方➡➡➡
町の中心から市バス26番で約10分。

ロープウエイ乗り場

ウルハーレン（ビール工場） Ølhallen

MAP P.271外

1877年にルードヴィク・マルクス・マックによってトロムソにて設立されたビール会社、マックビール。毎年季節商品や新商品を開発し、現在では8種類以上のビールのほか、ソフトドリンクなども造っている。そのビールを飲める場所を提供しようと、1928年にビアホールをオープン。当時は漁師の男たちでにぎわったというが、現在は観光客も気軽に集うスポットになっている。ここで人気なのが、所要40分の醸造所見学。集合時間にビアホールのカウンターに行けば参加できる。歴代のビールの紹介の解説を聞きながら、醸造ラインを見学し、最後にビールの試飲とおみやげまで付いてくる。

世界中の観光客に人気のツアー

ウルハーレン（ビール工場）
[住]Storgata 4
☎77-624580
[FAX]77-658677
[URL]www.olhallen.no
ビアホール
[営]月〜土9:00〜18:00
[休]日
工場見学
[催]月〜木13:00〜
[料]160NOK
行き方➡➡➡
町の中心から徒歩約7分。

朝からにぎわうビアホール

トロムソのホテル

Rica Ishavshotel

MAP P.271
リカ・イスハウスホテル
[住]Fr. Langesgate 2
☎77-666400 [FAX]77-666444
[URL]www.rica.no
[料]Ⓢ995〜2095NOK Ⓓ1195〜2295NOK
[CC]A D M V

港に面した美しい建物で、全室オーシャンビュー。フッティルーテンの乗り場やバスターミナルも徒歩で行ける距離。建物は船をモチーフにしており、離れて見ると港に停泊する船のよう。無線LAN全室無料。

Clarion Collection Hotel With

MAP P.271
クラリオン・コレクション・ホテル・ウィズ
[住]Sjøgata 35-37
☎77-664200 [FAX]77-689616
[URL]www.choicehotels.no
[料]Ⓢ995NOK〜Ⓓ1195NOK〜
[CC]A D J M V

港のそばにあるホテル。人気は対岸が見渡せるオーシャンビューの客室だ。海や港を意識したインテリアの室内もゆったりしている。無線LAN全室無料。

バスタブ　バスタブ一部のみ　[TV]テレビ　[TV]テレビ一部のみ　ドライヤー　ドライヤー貸出　ミニバー　ミニバー一部のみ　ハンディキャップルーム

■Thon Hotel Polar 🖥📺📶🍴👤♿

MAP P.271　　　　　ソン・ホテル・ボラール
🏠Grønnegata 45
📞77-751700　FAX77-751710
URLwww.thonhotels.no
💰Ⓢ745NOK〜Ⓓ945NOK〜
CCA D M V

　観光案内所のある通りの1本山側、同じ通りに向かいあってふたつの建物がある。無線LAN全室無料。バラエティ豊かな朝食がうれしい。2009年2月にリノベーション済み。

■Viking Hotell Tromsø 🖥📺📶♿
MAP P.271　　　ヴァイキング・ホテル・トロムソ
🏠Grønnegata 18-20
📞77-647730　FAX77-655510
URLwww.vikinghotell.no
💰Ⓢ945(845)NOK〜Ⓓ1045(995)NOK〜
CCD M V

　空港バスのバス停Grand Nordic Hotel下車徒歩3分。中心部にありビジネス客にも人気のホテル。25室の客室と11のアパートメントタイプの部屋がある。無線LAN全室無料。

■Radisson Blu Hotel Tromsø 🖥📺📶🍴♿
MAP P.271　　ラディソンBluホテル・トロムソ
🏠Sjøgata 7
📞77-600000　FAX77-685474
URLwww.radissonblu.com
💰Ⓢ1095(895)NOK〜Ⓓ1895(1495)NOK〜
CCA D M V

　ブリティッシュ・コロニアル風の落ち着いた雰囲気が特徴の高級ホテル。客室は2007年にリノベーション済みで快適に過ごせる。海岸近くで、部屋からの展望もいい。無線LAN全室無料。

■Ami Hotel 🖥📺📶🍴♿
MAP P.271　　　　　　　　　アミ
🏠Skolegata 24
📞77-621000　FAX77-621001
URLwww.amihotel.no
💰Ⓢ560〜660NOKⒹ710〜820NOK
CCA D M V

　閑静な住宅街にあるB&B。急な坂の上にあるが、町の中心部までは歩ける距離。日本語が使用可能なパソコンがあるほか、全室無線LAN利用可能（無料）。共同キッチンも自由に使用できる。

トロムソのレストラン

■Arctandria Sjømatrestaurant
MAP P.271　　　　　　アルキャンドリア
🏠Strandtorget 1　📞77-600720
URLwww.skarven.no
🕐月〜土16:00〜23:30
休日　💰350NOK〜　CCA D J M V

　海沿いにある人気のシーフードレストラン。夏はテラス席が人気。新鮮な素材を使った料理をマックビールと一緒に味わいたい。ステーキハウスと同じ建物。

■Emma's Drømmekjøkken
MAP P.271　　　　　エマズ・ドリームキッチン
🏠Kirkegata 8　📞77-637730
URLwww.emmasdrommekjokken.no
🕐1階 月〜土11:00〜22:00 2階 月〜土18:00〜22:00
休日　💰ランチ150NOK〜ディナー300NOK〜　CCA D M V

料理自慢のエマさんが開いた店。新鮮な魚介やトナカイなどの料理が楽しめる。5品のコースが695NOK〜、メインは310NOK〜。ワインの種類も豊富で、各国の銘柄が揃う。1階はランチも営業のカジュアルなレストラン。

■Store Norske Fiskekompaniet
MAP P.271　　ストーラ・ノシュカ・フィスクカンパニー
🏠Killengreens gate　📞77-687600　FAX77-681028
URLwww.fiskekompani.no
🕐6〜8月 毎日12:00〜23:00
　9〜5月 月〜土16:00〜23:00 日16:00〜22:00
休無休　💰300NOK〜　CCA M V

　毎日仕入れる新鮮な魚を使った料理が味わえる。2〜3ヵ月ごとにメニューは変わり、夏はクジラがおすすめ。日替わりメニューは3コース。

■Aunegården
MAP P.271　　　　　　アンナガーデン
🏠Sjøgata 29　📞77-651234　FAX77-651233
URLwww.aunegarden.no
🕐月〜土10:30〜23:30 日12:00〜18:00
休無休　💰150NOK〜　CCA D M V

　1830年代に建てられた趣のある建物。パティシエが作る自家製ケーキとパンが評判。ランチには日替わりのサンドイッチ105NOK〜やスープ98NOK〜がおすすめ。本日の魚料理153NOKなど、しっかりと食事もできる。

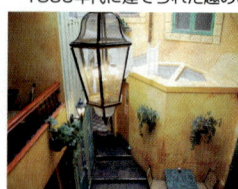

ヨーロッパ最北端の岬

ノールカップ

Nordkapp

ヨーロッパの大地が北海へと消える北の端が、マーゲロイ島。ノールカップは、このマーゲロイ島の最北端に位置する岬。北緯は71度10分21秒。夏の夜の白夜の時期には、見渡す限り続く水平線の上を太陽がなぞるように進んでいく。一方、極夜の冬には太陽が昇らない暗闇と雪と氷に覆われた大地が続く。雄大な自然と最果てのロマンを感じに行こう。

ノールカップへの道
THE WAY TO NORDKAPP

ノールカップの入口はマーゲロイ島のホニングスヴォーグ（→P.278）。空路でも陸路、海路にしてもまずはホニングスヴォーグを目指すことになる。夏期のみは、フィンランドのロヴァニエミから直通バスも通っている。マーゲロイ島へは、かつては対岸からフェリーを使うしかなかったが、1999年に全長6.8kmの海底トンネルが開通し陸続きで向かうことが可能となった。乗り換えも必要なくなり、アクセスが大変便利になった。

レンタカーでのアクセスも容易だ

ノルウェーから

ホニングスヴォーグからノールカップへはVeolia Transporte社が5/18～8/21は1日3便運行、11:00発と17:00発、21:30発。所要約45分。戻りは13:15発と19:00発、24:30発。8/22～9/11は1日2便運行、11:00発と17:00発、戻りは13:15発と19:00発。冬期は前日15:00までの予約（☎78-475840/92-681086）で土・日を除く12:00発、戻りは14:00発。夏期は片道100NOK、冬期はノールカップホールへの入場料込みで535NOK。

上記バス以外は、車やタクシーを利用することになるが、割高。おすすめは、ホニングスヴォーグに11:45に到着するフッティルーテン（→P.34）のエクスカーションツアー、The North Cape だ。日本の旅行会社でフッティルーテンを申し込む際に予約しておくのがベター。現地でツアーだけに参加したい場合は、出発直前にスタッフに交渉すること。バスの空席がない場合断られることも。料金はノールカップホールへの入場料込みで770NOK。

フィンランドから

フィンランドからは、6/1～8/20はフィンランドのバス会社エスケリセン・ラピンリンジャット社Eskelisen Lapinlinjatのロヴァニエミからの直行便が1日1便運行。冬期はバスがカラショークまでしか行かなくなる。

ロヴァニエミからの直通バス時刻表

11:45発	ロヴァニエミ	17:35着
15:20発	サーリセルカ	13:50発
17:55発	カラショーク	9:15発
21:35発	ホニングスヴォーグ	5:10発 / 1:40着
22:20着	ノールカップ	1:00発

ノールカップホール
Nordkapphallen

1
4

　高さ300mもの急峻な崖のノールカップ岬の先端にはノールカップホールと呼ばれる立派な施設が建っていて、最果てのさびしい雰囲気を払拭している。建物入口の正面に郵便局のブースがあり、右側は広いレストラン＆カフェ。円形の建物なので、窓からは果てしなく広がる海を見ながらのんびりと食事ができる。郵便局では、ノールカップ到達記念スタンプ付きのハガキを発送でき、ノールカップ到達証明書も50NOKで発行してもらえる。

　地下に下りるとすぐにシアターがあり、マーゲロイ島の自然を映したフィルムを放映している。その先は先端に向かって長いトンネルが続いている。トンネル内にはノールカップ発見やサーメの歴史の展示のほか、世界最北端

マーゲロイ島　Magerøy

　最果てのひなびた雰囲気をもっと楽しみたいという人なら、マーゲロイ島のほかの村々を巡ってみよう。

マーゲロイ島の村々

イェスヴァル Gjesvær　人口約120人、こんな所にも人が住んでいるのかと思う寒村。ここから15km北の島に北の海に住む鳥が生息している。ボートによるバードウォッチングツアーは、Bird Safari☎78-475773、URLwww.birdsafari.comへ。
スカルスヴォーグ Skarsvåg　人口約150人の漁村。
カーモイヴァル Kamøyvær　人口約70人の漁村。
ノールヴォーゲン Nordvågen　人口約500人、魚工場あり。世界最北のスキー場がある。ホニングスヴォーグより東に6km。

CHECK POINT
■本当の最北端
　マーゲロイ島の北端には、海に突き出たふたつの岬がある。そのひとつがノールカップ。もうひとつの岬の名前は、クニブシェロデン岬Knivskjelodden。実は、ノールカップよりクニブシェロデン岬のほうが少し北に位置している。参考までに、ノールカップは北緯71度10分21秒で、クニブシェロデンは北緯71度11分08秒だ。
　クニブシェロデンへは車道が通じていないので、たどり着くには最寄りの駐車場から2時間（約9km）程度のハイキングやする必要がある。このあたりは夏でも天候が荒れることが多いので、軽装は禁物。

1 岬の先端にあるモニュメント　2 世界中の子供たちがデザインしたモニュメント。日本人がデザインしたものもある　3 最果ての地に建つノールカップホールもある　4 最北端のチャペルはモダンなデザイン　5 郵便局で記念のスタンプを押してもらおう

北の果てでリッチなひとときを

　ノールカップホールといえば、円錐型の屋根の上に乗った白い球体が印象的。ヨーロッパ最北端の岬のシンボルでもあるこのノールカップホールでは、シャンパンなどを味わいながら、真夜中の太陽を堪能できる贅沢なパッケージが設けられている。おすすめはシャンパンボトル1/4本にキャビア、ノールカップホールへの入場料、ノールカップ到達証明書が付いたプランで、値段は1名440NOK（要事前予約）。特別な旅行なら、このような演出もきっと旅のいい思い出になるだろう。

のチャペルがある。どんどん歩いていくと海に面して掘り抜かれた大きなホールに到着。ここはバー＆レストランで、定期的にオーロラのビデオを上映。
　岬の先端には地球をモチーフにしたモニュメントがあり、記念撮影をする人が後を断たない。岬の淵には金網の柵が張り巡らされているので、307m下の海ノールディスハーヴエNordishavet

にころげ落ちる心配はないが、絶壁が海から直立している様子は迫力がある。

■ノールカップホール　━━DATA━━
TEL 78-476860
FAX 78-476861
URL www.nordkapp.no
圏 5/1～17、9月
　　　　　　　　毎日11:00～15:00
　　5/18～8/17　毎日11:00～翌1:00
　　8/18～31　　毎日11:00～22:00
　　10～4月　　　毎日12:30～14:00
休 無休　料 235NOK

イェスヴァルのホテル

■ Bird Safari
バード・サファリ
住 Gjesvær　TEL 78-475773　URL www.birdsafari.com
圏 5～8月　料 S350NOK D400NOK　CC A D M V
　船に乗って海鳥のコロニーを見に行くツアーも行っている。

スカルスヴォーグのホテル

■ Nordkapp Turisthotell
ノールカップ・ツーリストホテル
住 9763 Skarsvåg　TEL 78-475267　FAX 78-475210
URL www.nordkappturisthotell.no　圏 5～9月
料 S750NOK～ D1090NOK～　CC M V
　最北の人たちの生活に触れられる、小さな漁村の宿泊施設。ホテル自体が丘陵地に建っていて裏がハイキングコースになっている。上り詰めるとのどかな漁村の風景とフィヨルドが見え、さらに歩いてフィヨルドの先端に立つこともできる。

クニブシェロデン
Knivskjelodden
ノールカップ
Nordkapp
イェスヴァル
Gjesvær
スカルスヴォーグ
Skarsvåg
カーモイヴァル
Kamøyvær
ノール・ヴォーゲン
Nordvågen
シップフョルデン
Skipsfjorden
マーゲロイ島
Magerøy
ホニングスヴォーグ
Honningsvåg
海底トンネル
コーフィヨルド
Kåfjord
マーゲロイ島
Magerøy
0　　　　10km

ホニングスヴォーグ

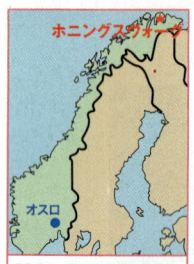

ホニングスヴォーグは北ノルウェーの重要な漁港で、年間数千の漁船が出入りする港町だ。

こんな最果ての町にも、戦争の傷あとは残っている。第2次世界大戦末期の1944年にドイツ軍が撤退する際、連合軍が町を再び使用できないように、徹底的に破壊した。唯一破壊を免れた木造のホニングスヴォーグ教会は、1885年に建てられたものである。

現在、町はヨーロッパの最北端であるノールカップへの玄関口として、多くの観光客でにぎわう。町から35km、バスで50分の所にあるノールカップへの道が開通したのは1956年とそれほど昔の話ではない。岬に行く途中には木は1本も見あたらず、ツンドラが広がり、トナカイの姿が見られる。

最果てへの玄関口となる港町

MAP P.160-B1

市外局番：なし

ホニングスヴォーグ情報のサイト
URL www.nordkapp.no

ホニングスヴォーグの観光案内所❶

🏠 Fiskeriveien 4D
☎ 78-477030
🕐 1/1～6/12
　月～金　9:00～15:00
　6/13～8/14
　月～金　8:30～22:00
　土・日 12:00～20:00
　8/15～12/31
　月～金 10:00～15:00
🚫 8/15～6/12の土・日

ホニングスヴォーグのレストラン

コーナーCorner

🏠 Fiskerigata 2
☎ 78-476340
URL www.corner.no
🕐 月～金 10:00～24:00
　土　　 10:00～翌2:00
　日　　 12:00～24:00
🚫 無休
CC A D M V

お酒と一緒に郷土料理やスナックが楽しめるパブ。おすすめはクジラ料理Whale Meat 185NOKやトナカイ料理Finnebiff 195NOK。タラの舌の唐揚げTorsketunger 175NOKも人気。

ホニングスヴォーグへの行き方

■ 空路

オスロから飛行機で行く場合は、トロムソで乗り継ぐことになる。オスロからトロムソまではスカンジナビア航空Scandinavia Airlines（SK）を利用する。乗り継ぎがうまくいけば、午前中にオスロを出発して午後早めにはホニングスヴォーグに到着することができる。トロムソからホニングスヴォーグへはヴィデロー航空Widerøe（WF）が1日1～3便運航しており、所要約1時間30分。直行便以外にも、ハンメルフェストHammerfestを経由する便もある。

空港から町までは約4km。空港バスはないので、タクシーを利用することになる。

■ 陸路

ハンメルフェストからのバスはVeolia Transporte社が土曜を除く1日1～2便運行、所要約3時間30分。アルタからも同じくVeolia Transporte社が土曜を除く1日1～2便運行、所要約4時間。またフィンランドからのバスはエスケリセン・ラピンリンジャット社Eskelisen Lapinlinjatが6/1～8/20のみ、ロヴァニエミからサーリセルカ、カラショークを経由して1日1便運行している。ロヴァニエミ発11:45、サーリセルカ発15:20、

カラショーク発17:55、ホニングスヴォーグ到着は21:35。Veolia Transporte社のバスの発着所は、長距離バスターミナル。エスケリセン・ラピンリンジャット社のバスは、長距離バスターミナルではなくRica Hotel Honningsvåg前に停車する。

海路

フッティルーテン（→P.34）の寄港地になっているため、これを利用していくこともできる。

ノールカップ博物館
[住]Fiskeriveien 4
☎78-477200
[FAX]78-477208
[URL]www.kystmuseene.no/nordkappmuseet
[開]6/1～8/15
月～土10:00～19:00
日　12:00～19:00
8/16～5/31
月～金12:00～16:00
[休]8/16～5/31の土・日
[料]50NOK

ホニングスヴォーグ教会
☎78-476850
[開]夏期
毎日8:00～22:00
[休]冬期
[料]無料

ホニングスヴォーグの歩き方

ホニングスヴォーグは、観光目的というよりも、ノールカップを目指す旅行者が立ち寄るだけの小さな町。観光案内所の2階にある、ホニングスヴォーグ周辺で行われていた漁の様子などを展示したノールカップ博物館Nordkappmuseetやホニングスヴォーグ教会Honningsvåg Kirkeのほかには特に見どころはない。のどかな雰囲気と、色とりどりの民家があるかわいらしい景観を楽しみたい。フッティルーテンのターミナルの周辺には、ラップランドの伝統料理を出すレストランやみやげ物店、ホテルが点在している。

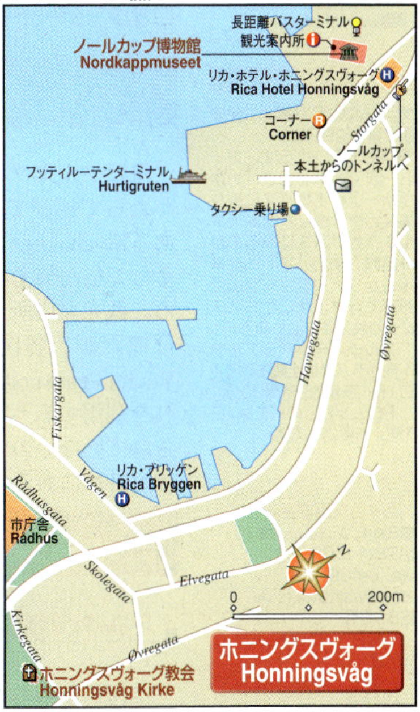

ホニングスヴォーグ教会

ホニングスヴォーグのホテル

Rica Hotel Honningsvåg
MAP P.279　リカ・ホテル・ホニングスヴォーグ
[住]Nordkappgata 4
☎78-477220　[FAX]78-477221
[URL]www.rica.no
[料]Ⓢ1380NOK～
Ⓓ1630NOK～
[CC]A D M V
全174室の近代的な高級ホテル。豪華なレストランや居心地のいいバーもある。

Rica Bryggen Hotel
MAP P.279　リカ・ブリッゲン
[住]Vågen 1
☎78-477250
[FAX]78-477251
[URL]www.rica.no
[料]Ⓢ1380NOK～Ⓓ1630NOK～
[CC]A D M V
ホニングスヴォーグ湾に面して建つ全42室のホテル。眺めのよいレストランでは、漁船が行き交うのどかな港町の風景を堪能しながら、海の幸を味わうことができる。サウナ付きのスイートルームあり。

バスタブ　バスタブ一部のみ　テレビ　テレビ一部のみ　ドライヤー　ドライヤー貸出
ミニバー　ミニバー一部のみ　ハンディキャップルーム

アルタ

アルタフィヨルドの最奥にある町。北極圏に位置する小さな町で、オーロラが見られることでも有名。トロムソなどからノールカップへ向かう交通の中継点なので、多くの旅行者が訪れる。町にはユネスコの世界遺産に登録されているアルタの

MAP P.160-B1

人口：1万8680	
市外局番：なし	

アルタ情報のサイト
URL www.altatours.no

アルタは糖板岩の産地としても有名

ロック・アートを見ることができるアルタ博物館がある。

アルタへの行き方

✈ オスロから1日1～2便運航、所要約2時間。
🚌🚆 オスロからは、ボードーまで列車で行き、ナルヴィーク行きのバスに乗り換え、ナルヴィークからアルタ行きのバスに乗るのが一般的。また、ストックホルムからナルヴィークまで列車で行き、そこからバスに乗り換える方法もある。
ナルヴィークからアルタへ向かうバスは土曜を除く1日1便、所要約9時間30分。
トロムソからのバスは1日1便、所要約7時間。

アルタの観光案内所ⓘ

🏠 Bjørn Wirkolasvei 11
☎ 78-445050
FAX 78-436508
URL www.altatours.no

6・8月		
	毎日	9:00～18:00
7月		
	毎日	9:00～20:00
9～5月		
	月～金	9:00～15:30
	土	10:00～15:00
休 9～5月の日		

アルタの歩き方

町はアルタフィヨルドAltafjordに沿って、細長く約6kmにわたって延びており、3つの区画に分けられている。空港のあるElvabakken、長距離バスターミナルのあるAlta Sentrum、そして宿が集まるBossekop。Alta Sentrumに観光案内所がある。観光案内所からBossekopへは15～20分程度で歩くことも可能だが、各区画を結んでベオリア・トランスポート社VeoliaTransportの循環バスBybussenが走っているので、それを利用するといい。ただし時期によって、土・日曜は運行されていないので注意。最大の見どころであるアルタ博物館は町外れにあるので、循環バスでアクセスしよう。

おもな見どころ

アルタ博物館 　　　　Alta Museum i Finnmark

氷河に削られた岩に、無数に散らばるロック・アート（岩絵）。ユネスコの世界文化遺産に登録されたアルタのロック・アートは、紀元前9000年から1800年の間に描かれたとされ、約2000点もの絵が刻まれている。ロック・アートがあるのは博物館内を抜けて外に出た海岸沿い。遊歩道沿いに歩いていくとそこらじゅうの岩に絵が描かれている。不思議なことにトナカイ、船、人などがそれぞれ集中

赤い塗料で絵を見やすくしてある

自然に囲まれた博物館

オーロラに関する展示もある

して描かれ、大きくふたつのエリアに分かれている。古代の人々はどのような意味を込めてこの絵を描いたのだろう。どの絵もユニークで、強烈なメッセージをもって訴えかけてくるようだ。なお、ラインが赤い色で塗られているのは保存を兼ねて着色したもの。遊歩道は1周約2kmの距離がある。博物館にはサーメの人々の生活史や世界の岩絵などが展示されている。また、併設のショップには、Tシャツ、アクセサリーといったオリジナル商品が充実しており、入口近くには眺望のよいカフェもある。

ちなみにこの博物館、1993年にはノルウェーの博物館としては初めて「European Museum of the Year Award」という、ヨーロッパで最高の博物館賞をもらっている。

循環バス
　長距離バスターミナルからBossekop、アルタ博物館前のHjemmeluftまでを結ぶ。時間帯により20分〜1時間おきに運行。時期によって土・日曜は運休。

アルタ博物館
住Altaveien 19
電41-756330
URLwww.alta.museum.no
開5/2〜6/19
　　毎日　8:00〜17:00
　　6/20〜8/24
　　毎日　8:00〜20:00
　　8/25〜5/1
　　月〜金 8:00〜15:00
　　土・日11:00〜16:00
　（時期によって異なる）
休無休
料85NOK(11〜2月は無料)
冬期は岩絵が雪に埋もれてしまうため、博物館のみ見学可能。
行き方➡➡➡
　町外れにあるアルタ博物館前のバス停Hjemmeluftまで、長距離バスターミナルからBossekopを通って行く循環バスを利用する。

アルタのホテル

Alta Sentrum周辺に中〜高級ホテルが、Bossekop周辺にペンションタイプの宿が集まっている。

■ Rica Hotel Alta
リカ・ホテル・アルタ

住Løkkeveien 61
電78-482700　FAX78-482777
URLwww.rica.no
料S990NOK〜D1240NOK〜
CCA D M V

　長距離バスターミナルの近くにある高級ホテル。部屋もシャワールームも広くて快適。レストランやサウナもある。無線LAN全室無料。

■ Park Hotell
パーク

住Markedsgata 6　電78-457400　FAX78-457401
URLwww.parkhotell.no
料S985(860)NOK〜D1195(1075)NOK〜
CCA D M V

　長距離バスターミナルの近くにあるホテル。フロントは2階にあるので注意しよう。無料で利用できるサウナやインターネット端末、レンタサイクルもある。通年朝食付きのほか、夏期を除いて夕飯の時間帯にはスープなどの軽食ビュッフェサービスもある。

■ Best Western Nordlys Hotell Alta
ベストウエスタン・ノルディス・ホテル・アルタ

住Bekkefaret 3　電78-457200　FAX78-457201
URLwww.bestwestern.no
料SD995NOK〜
CCA D M V
日本の予約先：ベストウエスタンホテルズ
FreeD0120-421234

　Bossekopの観光案内所の近くに建つ伝統のあるホテル。ラップランド料理を提供するレストランを併設。無線LANがほとんどの部屋で無料で利用可。

■ Thon Hotel Vica Alta
ソン・ホテル・ヴィカ・アルタ

住Fogdebakken 6
電78-482222　FAX78-434299
URLwww.thonhotels.no
料S1095NOK〜D1395NOK〜
CCA D M V

　Bossekopにあるペンションタイプのホテル。天蓋付きベッドのある部屋や、花柄のファブリックで統一された部屋などかわいらしい雰囲気。露天風呂からは運がよければオーロラが見られる。

カラショーク

MAP P.160-B1

人口	2768
市外局番	なし

カラショーク情報のサイト
URL www.sapmi.no

スカンジナビア半島の北部、ラップランド地方に生活するサーメの人々。その「サーメ人の首都」と呼ばれているのがここカラショークだ。

サーメ博物館の屋外に展示されているサーメ人の住居

フィンランドのロヴァニエミ方面から陸路でノールカップを目指す場合、たいていこの町を経由することになる。

カラショークへの行き方

🚌 アルタから土曜を除く1日1～2便、所要約4時間50分。ホニングスヴォーグからはエスケリセン・ラビンリンジャット社のバスが6/2～8/21のみ1日1便運行。ホニングスヴォーグを5:10に出発、カラショーク到着が9:15。フィンランドのロヴァニエミからはサーリセルカ、イヴァロ経由で1日1便運行。ロヴァニエミ発11:45、カラショーク到着は17:55。

カラショークの観光案内所 ❶
☎ 78-468800
FAX 78-468801
URL www.sapmi.no
🕐 夏期
　　毎日　9:00～19:00
　　冬期
　　月～金10:00～14:00
　　（時期によって異なる）
🚫 冬期の土・日

サーメの議事堂
The Sami Parliament
🕐 月～金8:00～15:30
🚫 土・日

サーメの長老たちが集まる議事堂

カラショークの歩き方

サーメ人の首都と呼ばれてはいても、町の規模はとても小さく、徒歩で充分に歩いて回れる。町の中心は観光案内所のあるサーメ公園。公園のすぐ横にはRica Hotel Karasjokがある。長距離バスターミナルは少し離れているように見えるが、バスはすべてRica Hotel Karasjokにも停車するので、そこから乗車すればいい。

町の中心部にあるショッピングセンター

おもな見どころ

サーメ公園　The Sápmi Park

MAP P.282

サーメの文化や生活に触れられる施設。公園内にはサーメ人の住居、コタが並んでいる。公園の端にある建物では、手作りの皮のおみやげが買えるほか、サーメの生活の移り変わりについての映像を流すマジック・シアターThe Magic Theatre（日本語あり）や、サーメの伝統歌謡“ヨイク”を聞けるショー、エンターテインメント・ウィズ・ヨイクEntertainment With Joikなどを開催。観光案内所もこの建物の一角にある。サーメに関するツアーも催行しているのでチェックしておこう。

牧夫の小屋はみやげ物店になっている

サーメ公園
☎78-468800
[FAX]78-468801
[URL]www.sapmi.no
[開]6/1～13、8/16～29
月～金　9:00～16:00
土・日10:00～16:00
6/14～8/8
毎日　9:00～19:00
8/9～15
毎日　9:00～17:00
8/30～5/31
月～金10:00～14:00
[休]8/30～5/31の土・日
マジック・シアター
[料]100NOK
エンターテインメント・ウィズ・ヨイク
[料]260NOK

敷地内にはさまざまな様式のサーメの住居が並ぶ

サーメ博物館　Sámiid Vuorká-Dávvirat

MAP P.282

サーメの暮らしぶりがうかがえる

サーメの文化に関する展示品が充実した博物館。館内にはカラフルな民族衣装やテントなどが展示されており、ヨイクのCD販売もしている。屋外展示もあり、野生のトナカイを捕獲するためのかつての仕掛け罠などを見学することができる。

サーメ博物館
[住]Mariboinegeaidnu 17
☎78-469950
[FAX]78-469955
[開]6/1～5
毎日　9:00～15:00
6/6～8/14
毎日　9:00～18:00
8/15～5/31
火～金9:00～15:00
[休]8/15～5/31の土～月
[料]75NOK

カラショークのホテル

Rica Hotel Karasjok　🛁 [TV] 💨 🍸 ♿

MAP P.282　リカ・ホテル・カラショーク

[住]Leavnnjageaidnu 1
☎78-468860
[FAX]78-468861
[URL]www.rica.no
[料]Ⓢ1440NOK～
Ⓓ1690NOK～
[CC]A D M V

サーメ公園の一画にある高級ホテル。目の前に長距離バスが停車するので非常に便利。客室は広々としていて過ごしやすい。無線LANインターネットは全室無料。

Karasjok Camping　🛁 [TV] 💨 🍸 ♿

MAP P.282外　カラショーク・キャンピング

[住]Avjuvargeaidnu 31
☎78-466135
[URL]karacamp.no
[料]ドミトリー170NOK
ⓈⒹ275NOK～
キャンプサイト110NOK～
[CC]M V(6～9月のみ使用可)

町の中心から徒歩約15分（送迎あり、要連絡）。部屋は1棟ずつ独立したログキャビンと、プライベートタイプのものの2種類がある。キッチン付きの部屋もある。

🛁 バスタブ　🛁 バスタブ一部のみ　[TV] テレビ　[TV] テレビ一部のみ　💨 ドライヤー　💨 ドライヤー貸出
🍸 ミニバー　🍸 ミニバー一部のみ　♿ ハンディキャップルーム

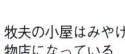

ヒルケネス

フッティルーテンの終着点、ロシア国境から7kmの町ヒルケネス。鉄鉱石の露天掘りで繁栄した町で、辺境のイメージとは裏腹に町の中心は清潔で現代的だ。最近では最果ての地の真夜中の太陽を見に訪れる観光客も多い。

森に囲まれたのどかな町

MAP P.160-B1
市外局番：なし
ヒルケネス情報のサイト
URL www.kirkenesinfo.no

ヒルケネスの歩き方

町の中心は、観光案内所の南すぐのところにある広場を中心とした一帯。広場を囲んでホテルやスーパー、銀行などが並んでいる。観光案内所の東は住宅街。その片隅には第2次世界大戦中に使われた防空壕跡（アナースグロッタ）がある。中心部から坂道になったソルヘイムスベイエン通りSolheimsveienを上った先は小高い丘になっており、中腹にグレンセランド博物館やRica Hotel Kirkenesがある。観光案内所からここまでは徒歩20分ほどかかる。

グレンセランド博物館内のイリューシン2型の実機

ヒルケネスへの行き方

✈ オスロから1日1～2便、所要約2時間。トロムソから1日1～3便、所要約1時間15分。空港からはバスを利用できる（オスロからのフライト便に合わせて運行）。所要20分、85NOK。バスはRica Hotel KirkenesとRica Arctic Hotel、観光案内所に停車する。

🚌 アルタから月・水・金曜の週3便運行。アルタ発6:35、ヒルケネス着17:20。カラショークからは月・水・金・日曜の週4便運行しており、所要約5時間20分。

⛴ フッティルーテン（→P.34）の北の終着点となっている。

おもな見どころ

防空壕跡（アナースグロッタ） Andersgrotta

MAP P.284

第2次世界大戦中ヒルケネスは独ソ両軍によって戦場にされ、300回以上も空襲を受けた。町は焼き払われたが人的被害はそれほど多くなかった。それは地下壕が用意されていたおかげ。現在そのひとつが一般に公開されている。壕内ではヒルケネスの歴史に関する小フィルムも上映され、町の生い立ちや、戦災で破壊され復活していった様子がよくわかる。

グレンセランド博物館 Sør-Varanger Museum

MAP P.284外

ノルウェーとフィンランド、ロシアの国境が入り組んだこのエリアの複雑な文化と歴史、自然に関する博物館。第2次世界大戦中に撃墜され湖の底に沈んでいたソ連軍の爆撃機イリューシン2型が復元され、展示されている。館内にはヒルケネス生まれの画家ヨーン・A・サヴィオJohn Andreas Savio（1902～38年）の作品を集めたサヴィオ美術館Saviomuséetもある。サーメの人々の生活を題材にした美しい絵画の数々が展示されているので博物館と合わせて見学しよう。

ヒルケネスの観光案内所[i]
[住]Presteveien 1
[☎]78-992544
[FAX]78-996087
[URL]www.kirkenesinfo.no
[開]月～金10:00～16:00
[休]土・日

防空壕跡(アナースグロッタ)
[☎]78-970540
[URL]www.andersgrotta.no
[開]6/15～8/20
毎日10:00～13:00
[休]8/21～6/14
[料]100NOK

グレンセランド博物館
[住]Førstevannslia
[☎]78-994880
[FAX]78-994890
[URL]www.varangermuseum.no
[開]6月下旬～8月上旬
毎日10:00～18:00
8月上旬～6月下旬
月～金10:00～14:00
土・日10:00～15:30
[休]無休
[料]50NOK

エクスカーション

グレンセ・ヤコブセルフ Grense Jakobselv

MAP P.284外

ヒルケネスからロシア国境に向けて走るとやがて道は北に向かい、海に突きあたって終わる。この集落がグレンセ・ヤコブセルフ。この村に1869年に建てられた小さな教会、キングオスカル教会King Oscals Kirkeがある。国境の向こうには、ロシア側の監視塔が見える。

キングオスカル教会

グレンセ・ヤコブセルフ
行き方➡➡➡
6月下旬～8月下旬のみ、ヒルケネスからバスが運行。所要約1時間30分。
ヒルケネスから1本道で約10km。夏期にはキャンプ場も開き、ヨーロッパ最北端のビーチもある。
ツアーもあるので、詳しくは観光案内所へ。

ヒルケネスのホテル

Rica Arctic Hotel
MAP P.284 リカ・アークティック
[住]Kongensgate 1-3
[☎]78-995900 [FAX]78-995901 [URL]www.rica.no
[料]Ⓢ975～1475NOK Ⓓ1225～1725NOK [CC]A D M V
ヒルケネスの町の中心に建つ高級ホテル。新しくて快適。

Rica Hotel Kirkenes
MAP P.284外 リカ・ホテル・ヒルケネス
[住]Pasvikveien 63 [☎]78-991491
[FAX]78-991356 [URL]www.rica.no
[営]7～9月
[料]Ⓢ975～1775NOK Ⓓ1225～2025NOK
[CC]A D M V
幹線道路からヒルケネス市街へ下りる交差点そば、町を見下ろす丘の上にある。エコノミールームもある。

Barens Frokosthotell
MAP P.284 バーレンス・フロコストホテル
[住]Presteveien 3
[☎]78-993299 [FAX]78-993096 [URL]www.kbhotel.no
[料]バス、トイレ付きⓈ625NOK～Ⓓ875NOK～
バス、トイレ共同Ⓢ525NOK～Ⓓ675NOK～ [CC]M V
観光案内所のすぐ横にあるリーズナブルなホテル。

バスタブ　バスタブ一部のみ　[TV]テレビ　[TV]テレビ一部のみ　ドライヤー　ドライヤー貸出
ミニバー　ミニバー一部のみ　ハンディキャップルーム

ノルウェーの歴史

カルマル連合以前

ノルウェー最初の住人は、紀元前1万年頃の南方からの移住者であった。紀元前15〜前3世紀にスウェーデンとデンマークの影響を受け、前1世紀頃よりローマの文化が流入した。8世紀頃までには共同体が形成され諸部族に分かれていたが、890年頃にハラール1世（在位890年頃〜940年頃）が統一した。ノルウェー王位はクヌート大王らのデンマーク支配に一時服したが（北海帝国時代）、マグヌス1世（在位1035〜47年）はこれを回復した。同王の死後再び分裂・内乱状態が続いたが、スベッレ王（在位1184〜1202年）が長子相続制を確立し、孫のホーコン・ホーコンソン王（在位1217〜63年）時代に中世ノルウェーは最盛期を迎えた。アグヌス改法王（在位1263〜80年）は全国的な法典を作成したが、この頃より穀物供給を掌握するドイツ商人の進出が著しく、これに対抗すべくスウェーデン、デンマーク両王との関係が重視された。スウェーデンとの同君連合を経て、ホーコン6世の子オーラヴはデンマーク王となり（1376年）、1380年父の死後ノルウェー王を継ぎ、以後1814年までデンマークと連合関係に入った。その間、デンマークのコペンハーゲンがノルウェーの首都でもあった。

ベルゲンにはホーコン王の館がある

デンマークへの政治的従属

オーラヴの死後、1387年オーラヴの母マーグレーテ女王は、統治者として君臨し、デンマーク、スウェーデン、ノルウェー3国の同君連合「カルマル連合」を組織した。以後、徐々にノルウェーはデンマークの影響下に組み込まれ、クリスチャン3世（在位1534〜59年）治下には、法的には完全にデンマークの一地方として扱われるようになった。1536年の宗教改革は教会の土地や財産の没収を定めたもので、これによりデンマークへの属領化が進行した。一方、商業は13世紀頃に始まったハンザ貿易で進出してきたドイツ人商人に支配されていた。17世紀になりハンザ貿易が衰退すると、イギリス、オランダなどの国々を相手とする林業、製鉄業が繁栄した。1661年フレデリク6世治下で成立したデンマーク絶対王政は、1687年クリスチャン5世（在位1670〜99年）の「ノルウェー法」によりノルウェーに中央集権化をもたらした。18世紀後半には農民の自作農化が進み、またヨーロッパを舞台とする幾多の戦争では、海運国ノルウェーは「中立」によって繁栄し、デンマークからの独立気運が高まった。デンマークのナポレオン戦争の敗北を機に、キール条約によってデンマークに代わってスウェーデンがノルウェーと同君連合を結ぶ権利を得た（1814年1月）。その間に成立した自由主義的なアイッツボル憲法と「連合法」を根拠に、外交・防衛以外の自治権が認められた。

ハンザ同盟を語るうえで重要なベルゲンの町

独立と中立政策

19世紀はあらゆる営業規制、特権の廃止と、鉄道、蒸気船による交通発達を基礎とした産業発展の時代であった。文化的にはデンマーク文化の継承者対ノルウェー文化再興者の対立があり、政治的には右派対左派（左翼党）の対立となって現れた。1884年、左翼党政権が成立し議会主義が確立された。1898年普通選挙実施、1913年にはヨーロッパではフィンランドに次いで女性参政権が認められた。国の産業が外国市場と強く結び付き、また海運業が発達し1880年には世界第3位の商船保有国となり、ノルウェー国会は自らの領事館を海外にもつことを連合王国に繰り返し要求した。王による数回の拒否の後、1905年6月7日、ノルウェー国会は独立を宣言した。11月にデンマーク王室からカール王子を迎え、王子はホーコン7世（在位1905～57年）となった。この独立劇の平和的成功には、軍事行動を主張するスウェーデン世論を抑えた同国の社会民主党政府の態度と、北欧に強い利害関係をもつロシアが日露戦争と第1次革命のため動けなかったことが関係していた。

20世紀のノルウェーは、外交的には列強の利害に苦悩する小国の一例である。第1次世界大戦では、ほかの北欧諸国とともに中立を維持したものの、食糧輸入の減少に苦しみ、大戦後半には、対英通商に対するドイツの潜水艦、機雷攻撃に

第2次世界大戦で重要な位置を占めたナルヴィーク

よって船舶のほぼ半数を失った。第2次世界大戦中、中立政策がナチス・ドイツの軍事占領によって踏みにじられたため（1940年4月）、政府と国王はロンドンに亡命した。大戦後は中立志向を維持しつつ、1945年国際連合加盟、1949年にNATO（北大西洋条約機構）に参加したが、国内には外国軍の基地を置かない政策をとっている。経済的には、1959年にEFTA（ヨーロッパ自由貿易連合）に加わった。

内政的には、20世紀は水力発電を動力とする産業発展と社会福祉の充実をみた。ノルウェー労働党がロシア革命の影響と急速な工業化にともなう労働運動を背景に勢力を伸ばし、1935年に農民党と連合政府をつくり第2次世界大戦を迎え、戦後もほとんどの時期に政権を握った。その下で、労働者保護と農作物価格保証から出発し、あらゆる弱者を保護し、社会平等全般を目指す福祉政策が推進されてきている。

1994年の国民投票でEU（ヨーロッパ連合）に加盟しないという選択をしたが、さまざまな協力協定を通し、ほかの北欧諸国やEUとの緊密な関係を保っている。

オスロにある国会議事堂

ノルウェー語を話そう

会話集と役に立つ単語集

■ 役に立つ単語その1

日本語	ノルウェー語	カナ
入口	inngang	インガング
出口	utgang	ウートガング
右	høyre	ホイレ
左	venstre	ヴェンストレ
前	foran	フォーラン
後ろ	bak	バーク
暑い	varmt	ヴァルムト
寒い	kaldt	カルト
たくさん	mye	ミーエ
少し	litt	リット
よい	godt	ゴット
（値段が）高い	dyrt	デュアト
大きい	stort	ストルト
小さい	liten	リーテン
トイレ	toalett	トアレット
空き	ledig	レーディ
使用中	opptatt	オップタット
男性	mann/herre	マン/ヘッレ
女性	kvinne/dame	クヴェンネ/ダーメ
大人	voksen	ヴォクセン
子供	barn	バルン
学生	student	ストゥデント
危険	farling	ファーリ
警察	politi	ポリティ
病院	sykehus	シーケフース
開館	åpent	オーベント
閉館	stengt	ステングト
押す	skyv	シーヴ
引く	trekke	トレック
領収書	kvittering	クヴィテーリング
空港	flyplass/lufthavn	フリープラッス/ルフトハヴン
港	havn	ハウン
トラム	trikk	トリック
地下鉄	T-bane	テーバーネ
列車	tog	トーグ
船	skip	シープ
切符	billett	ビレット
切符売り場	billett kontor	ビレットコントール
プラットホーム	spor	スポール
どこから	fra	フラ
どこへ	til	ティル
出発	avreise	アヴレイセ
到着	ankomme	アンコンメ

日本語	ノルウェー語	カナ
片道	enveisbillett	エンヴァイスビレット
往復	tur returbillett	トゥールレトゥールビレット
1等	første klasse	フォシュテクラッセ
2等	annen klasse	アーネンクラッセ
時刻表	tigtabell	ティードターベル
禁煙	Røyking forbudt	ロイキング フォルブット
国内線	innenlandsk flyrute	インネンランスク フリールーテ
国際線	utenlandsk flyrute	ウーテンランスク フリールーテ
ユースホステル	vandrerhjem	ヴァンドラールイェム
キャンプ場	kamping	カムピング
ツーリストインフォメーション	turist informasjon	ツリスト インフォマショーン
美術館、博物館	museum	ムセーウム
教会	kirke	ヒルケ
修道院	kloster	クロステル

■ 役に立つ単語その2

（月）		
1月	januar	ヤヌアール
2月	februar	フェブルアール
3月	mars	マーシュ
4月	april	アプリール
5月	mai	マイ
6月	juni	ユーニ
7月	juli	ユーリ
8月	august	アウグスト
9月	september	セプテンベル
10月	oktober	オクトーベル
11月	november	ノヴェンベル
12月	desember	デセンベル

（曜日）		
月	mandag	マンダーグ
火	tirsdag	ティーシュダーグ
水	onsdag	オンスダーグ
木	torsdag	トーシュダーグ
金	fredag	フレーダーグ
土	lørdag	ローダーグ
日	søndag	ソンダーグ

(時間)

今日	idag	イダーグ
昨日	igår	イゴール
明日	imorgen	イモルン
朝	morgen	モルン
昼	middag	ミッダーグ
夜	kveld	クヴェル
午前	formiddag	フォールミッダーグ
午後	ettermiddag	エッテルミッダーグ

(数)

0	null	ヌル
1	en	エーン
2	to	トー
3	tre	トレー
4	fire	フィーレ
5	fem	フェム
6	seks	セックス
7	sju	シュー
8	åtte	オッテ
9	ni	ニー
10	ti	ティ

■ 役に立つ単語その3

パン	brød	ブロー
ハム	skinke	シンケ
チーズ	ost	オスト
卵	egg	エッグ
バター	smør	スモル
ニシン	sild	シル
イワシ	sardin	サーディン
ロブスター	hummer	フンメル
アンチョビー	ansjos	アンショス
ヒラメ	flyndre	フリンドレ
トナカイ肉	renkjøtt	レーンヒョット
シカ肉	elkjøtt	エルグヒョット
ブタ肉	svinekjøtt	スヴィーネヒョット
ビーフステーキ	biffstek	ビフステク
ラムステーキ	lammestek	ラメステーク
フルーツ	frugt	フルクト
オレンジ	appelsin	アッペルシーン
リンゴ	eple	エップレ
飲み物	drikke	ドリッケ
コーヒー	kaffe	カッフェ
紅茶	te	テー
牛乳	melk	メルク
ビール	pils	ピルス
生ビール	fatøl	ファットウール
白ワイン	hvitvin	ヴィートヴィーン
赤ワイン	rødvin	ローヴィーン

■ 役に立つ会話

(あいさつ)

やあ／ハイ	Hei	ハイ
こんにちは	God dag	ゴダーグ
おはよう	God morgen	ゴモルン
こんばんは	God kveld	ゴクヴェル
おやすみなさい	God natt	ゴナット
さようなら	Ha det	ハーデ

(返事)

はい	ja	ヤー
いいえ	nei	ナイ
ありがとう	Takk	タック
すみません	Unnskyld	ウンシュル
ごめんなさい	Unnskyld	ウンシュル

どういたしまして
Bare hyggelig.
バーレヒュッゲリ
わかりました
Jeg forstår det.
ヤイ　フォストール　デ
わかりません
Jeg forstår ikke.
ヤイ　フォストール　イッケ

(たずね事など)

~はどこですか？
Hvor er ~? ヴォール アル
いくらですか？
Hva er prisen? ヴァ アル プリーセン？
お勘定をお願いします
Regningen, takk. ライニンゲン タック
何時ですか？
Hva er klokken?
ヴァ アル クロッケン？
どれぐらいかかりますか？
Hvor lang tid tardet?
ヴォール ラング ティード タール デ？
お名前は何ですか？
Hva heter du?
ヴァ　ヘーテル　ドゥ？
私の名前は~です
Jeg heter ~.
ヤイ　ヘーテル　~
~が欲しい
Jeg vil ha en ~.
ヤイ　ヴィル　ハー　エーン　~
~へ行きたい
Jeg skal til ~. ヤイ スカル ティル　~

読者のお便り
～ノルウェー編～

▶ノルウェー憲法制定への道をたどる

　オスロの郊外、アイツヴォル・ヴェルク駅Eidsvoll Verkから車で5分ほどの所に、ノルウェー憲法が制定された歴史的に有名な場所があります。そこには、1814年に憲法制定のために使われていた建物が博物館として保存されており、内部を見学しながらノルウェー独立について知ることができるガイドツアー（ノルウェー語、ドイツ語、英語）が催行されています。

　現地に住む友人の話では、憲法記念日である5月17日には、毎年多くの子供たちが民族衣装を身に付けて、この場所に集うそうです。当日はオスロのカール・ヨハン通りでも子供たちによる盛大なパレードが行われます。

　ノルウェーの憲法記念日は「子供の日」と解釈されているそうです。こうした国の記念日を子供たちにスポットをあてているとはかなり珍しい国なのでは？　と感じました。時間があればぜひ訪れてみてください。

（埼玉県　A.K.さん　'09）【'11】

▶地下鉄で楽しむオスロの絶景

　リニューアルされたジャンプ台がオスロの新しいランドマークとなっているホルメンコレン。ジャンプ台からの眺めもさることながら、そこへ至る車窓風景もなかなかのものです。ホルメンコレンへ行く地下鉄1番の電車は、地上へ出た後、山腹のルートを上り始めると、趣が登山鉄道のように一変。やがて眼下にオスロの町とフィヨルドのパノラマが広がります。こんな眺めが楽しめる地下鉄は世界でも珍しいのではないでしょうか。ぜひ乗車してみてください！

（千葉県　神ちゃんさん　'10）

▶フロムの町でサイクリング

　フロムの町で自転車を借りてサイクリングをしました。観光バスもありますが、小さな町なので自転車があればほとんどの場所を自力で回ることができます。また、フロム鉄道に自転車を持ち込んで乗車し、途中駅で下車、そこから折り返しフロムまでのサイクリングを楽しむ、というルートも人気のようです。フロムまでは下り道が続くので、絶景を横目に気持ちのよい風を受けながらサイクリングができます。フィヨルド観光の合間に立ち寄った人でも、のんびり一泊する人にもおすすめです。レンタサイクルはフロムの駅やホテルなどでできます。

（富山県　Lassonさん　'10）

▶フィヨルド越しのカフェタイム

　ノルウェー観光の定番、フッティルーテン（沿岸急行船）に乗りました。クルーズ中、船内のショップで船名入りのマグカップを購入すると、コーヒー、紅茶の無料サービスが受けられます。窓越しにフィヨルドの美しい景観を眺めながら優雅なカフェタイムが過ごせるし、購入したマグカップは思い出の品として自分へのおみやげになるし、とてもうれしいサービスでした。

（東京都　えみこさん　'10）

▶ベルゲンの気候

　ノルウェーのベルゲンはしばしば雨が降るため、観光の際はカッパだけでなく折りたたみ傘を常備していくのがおすすめ。また、8月下旬といっても気温は10～15度くらい。現地の人は半袖姿で「暑い暑い」と言ってエアコンを入れるため、冷え性の人は特に余分に上着があったほうが安心です。

（宮城県　つぼんぬさん　'10）

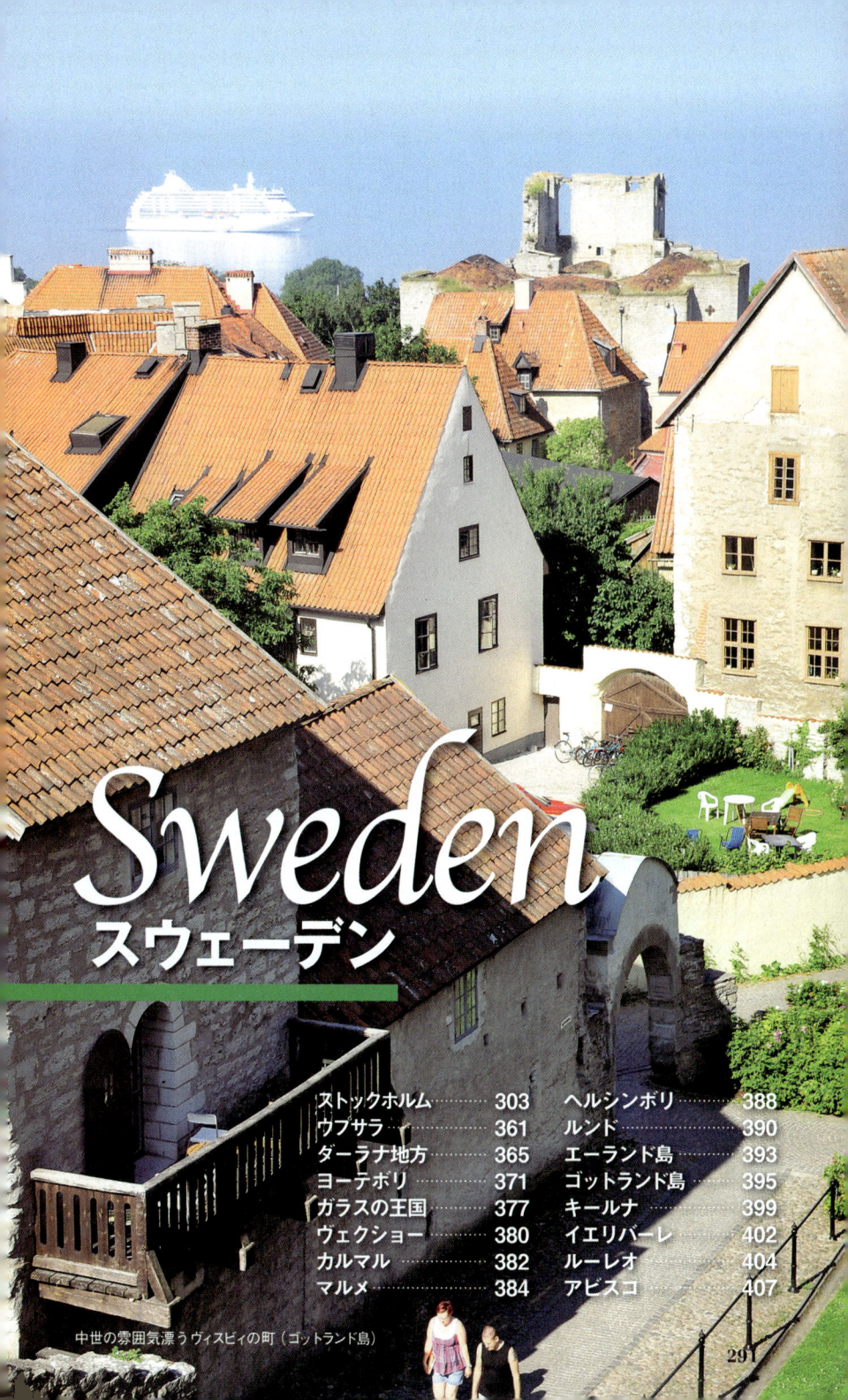

Sweden
スウェーデン

中世の雰囲気漂うヴィスビィの町（ゴットランド島）

イントロダクション
Introduction

洗練された首都ストックホルムと
大自然のふたつの顔を併せもつ国

　東はフィンランド、西はノルウェーと接し、南はオーレスン海峡を挟んでデンマークと向かい合う北欧最大の国。先祖は9世紀前後にヴァイキングの名で知られる海洋民族であった。旧市街ガムラ・スタンのレトロな雰囲気と、最新のショップやレストランなどが混在する、首都ストックホルムは北欧諸国で最も洗練された町だ。しかし、国土のおよそ半分は森林に覆われており、トレッキングやフィッシングなど、大自然を楽しむこともできる。

SWEDEN 🇸🇪

❶ストックホルムの旧市街ガムラ・スタンは宮崎駿監督作品『魔女の宅急便』のモデルになったといわれている ❷スウェーデン最大の島、ゴットランド島のヴィスビィ市街は世界遺産に登録されている ❸ガラス産業が盛んで、ガラスの王国といわれる一帯には工房が集まる ❹赤いダーラナホースは、ダーラナ地方で作られる、スウェーデンの名産品 ❺ストックホルムから1時間30分ほどのヴァックスホルム島は人気のリゾート ❻北極圏には広大な自然が広がる。オーロラの観測地としても有名なアビスコ ❼アビスコでは夏のトレッキングが人気

293

スウェーデン

0   200km

スウェーデン
SWEDEN

ノルウェー海
Norwegian Sea

ラップランド地方

フィンランド
FINLAND

ボスニア湾
Gulf of Bothnia

ノルウェー
NORWAY

ダーナ地方
Dalarna

エストニア
ESTONIA

スユーネ地方

デンマーク
DENMARK

ラトビア
LATVIA

Balitc Sea

リトアニア
LITHUANIA

アンデネズ
Andenes
カウトケイノ
Kautokeino
イナリ
Inari
イヴァロ
Ivalo
エヴェネズ
Evenes
アイスホテル
Icehotel P.401
エノンテキオ
Enontekiö
ロフォーテン諸島
Lofoten
ナルヴィーク
Narvik
アビスコ
Abisko P.407
ユッカスヤルヴィ
Jukkasjärvi P.401
キッティラ
Kittilä
ソダンクラ
Sodankylä
スヴォルヴァー
Svolvær
キールナ
P.399 Kiruna
エリバーレ
Gällivare P.402
ケミヤルヴィ
Kemijärvi
ファウスケ
Fauske
ボード
Bodø
モイ・ラーナ
Mo i Rana
ロヴァニエミ
Rovaniemi
ラヌア
Ranua
サンドネショエン
Sandnessjøen
ヨックモック
Jokkmokk
ボーデン
Boden
ハパランダ
Haparanda
ケミ
Kemi
トルニオ
Tornio
ブレンノイスンド
Brønnøysund
アルヴィッショー
Arvidsjaur
ルーレオ
Luleå P.404
オウル
Oulu
ルールヴィク
Rørvik
ストルマン
Storuman
シェレフテオ
Skellefteå
コッコラ
Kokkola
ナムソス
Namsos
グロング
Grong
リュクセレ
Lycksele
ウメオ
Umeå
トロンハイム
Trondheim
ヘル
Hell
ドロテア
Dorotea
ホルムスンド
Holmsund
ヴァーサ
Vaasa
セイナヨキ
Seinäjoki
ユヴァスキュラ
Jyväskylä
ストーイエン
Storlien
エステルスンド
Östersund
ソレフテオ
Sollefteå
エーンシェルドスビーク
Örnsköldsvik
ヴィラト
Virrat
オップダール
Oppdal
オンゲ
Ånge
ベーネサンド
Härnösand
ペハイネ湖
Pihlänne
ラハティ
Lahti
ドンボス
Dombås
スベイ
Sveg
ソレフテオ
Sollefteå
タンペレ
Tampere
アウランコ
Aulanko
オッタ
Otta
ダーナ地方
Dalarna P.365
フンディスバル
Hundiksvall
ポリ
Pori
ヘメーンリンナ
Hämeenlinna
ポルヴォー
Porvoo
リレハンメル
Lillehammer
ボルネス
Bollnäs
ナーンタリ
Naantali
トゥルク
Turku
ヘルシンキ
Helsinki
ハーマル
Hamar
P.365 ムーラ
Mora
レートヴィーク
Rättvik P.368
テルベリ
Tallberg P.370
イェブレ
Gävle
P.369 レクサンド
Leksand
オーランド島
Åland
アイツボル
Eidsvoll
ホーネフォス
Honefoss
コングスヴィンゲル
Kongsvinger
チャールレンゲ
Borlänge
ファールン
Falun P.368
ウプサラ
Uppsala P.361
マリエハムン
Mariehamn
タリン
Tallinn
オスロ
Oslo
ドラメン
Drammen
シャルロッテンベリ
Charlottenberg
カールスタッド
Karlstad
ノールテリエ
Norrtälje
カペルショール
Kapellskär
ラルヴィク
Larvik
クリスティーナハムン
Kristinehamn
ヴェステロース
Västerås
シグトゥーナ
Sigtuna P.337
エレブロ
Örebro
メーラレン湖
Mälaren
ストックホルム P.303
Stockholm
ヴェーネルン湖
Vänern
クリスティーナハムン
Kristinehamn
カトリネホルム
Katrineholm
セーデルテリエ
Södertälje
ニュネスハムン
Nynäshamn
フレデリクスハウン
Frederikshavn
ミョルビー
Mjölby
ノルショーピン
Norrköping
スケーエン
Skagen
ヨーテボリ
Göteborg P.371
ヨンショーピン
Jönköping
リンショーピン
Linköping
ヴィスビィ
Visby
ゴットランド島 P.395
Gotland
リガ
Riga
ニーベ
Nibe
オールボー
Alborg
ネッショー
Nässjö
グランクラヴィック
Grankullavik
クリネテハムン
Klintehamn
ヴィボー
Vyborg
ランス
Randers
バルベルグ
Varberg
スユーネ地方
オスカルスハムン
Oskarshamn
エーランド島
Öland
ラトビア
LATVIA
エーベルトフト
Ebeltoft
デンマーク
DENMARK
ヘルシンボリ
Helsingborg
ヴェクショー
Växjö P.380
P.393
ボリーホルム
Borgholm
シルケボー
Silkeborg
オーフス
Århus
P.388
ハルムスタード
Halmstad
アウェスタ
Awesta
ガラスの王国
Glasriket P.377
カルマル
Kalmar P.382
ヘルシンオア
Helsingør
エーレスンド大橋
Øresundsbron
ヘッスレホルム
Hässleholm
クリスチャンスタード
Kristianstad
カールスクローナ
Karlskrona
ロスキレ
Roskilde
コペンハーゲン
Copenhagen
ルンド
Lund P.390
イスタ
Ystad
グリミンゲ城
Glimmingehus

294

ジェネラル インフォメーション

スウェーデン Sweden

国旗
青地に黄十字

正式国名
スウェーデン王国　Konungariket Sverige
（英語名Kingdom of Sweden）

国歌
「古き自由な北の国（Dut Gamla, dut Fria）」

面積
45万km²

人口
約942万人（2011年2月時点）

首都
ストックホルム
Stockholm

元首
カール16世グスタフ国王
Carl XVI Gustav（1973年9月即位）

政体
立憲君主国

民族構成
スウェーデン人。ほかにサーメ人やフィンランド人など。

宗教
プロテスタント（福音ルーテル派）

言語
スウェーデン語。ほかにサーメ語やフィンランド語など。また多くの国民が英語を話す。

通貨と為替レート
通貨は、クローナ Krona（単数）。略号はSEK。また、補助通貨としてオーレÖre がある。1SEK＝100Öre。紙幣は20、50、100、

コインにはすべて王冠マークが入っている

500、1000SEKの5種類、コインは1、5、10SEKの3種類。
2011年5月現在　1SEK＝13.43円

■ 旅の予算と両替（→P.558）

よく見かける紙幣はこの4種類

チップ
料金にサービス料が含まれている場合がほとんどのため、チップの習慣はない。ホテルなどで大きな荷物を持ってもらうなど、特別な用事を頼んだときに、お礼として渡す程度でいいだろう。レストランでも、料金にサービス料が含まれていないときのみ、7〜10%程度のチップを渡す。ただし、タクシーの場合は大きな荷物を持ってもらうときはもちろん、通常の乗車の場合も料金の端数分を渡すのが普通。

祝祭日

	2011年	2012年
新年	1月1日	1月1日
顕現日	1月6日	1月6日
聖金曜日 ＊	4月22日	4月6日
イースター ＊	4月24日	4月8日
イースターマンデー ＊	4月25日	4月9日
メーデー	5月1日	5月1日
昇天祭 ＊	6月2日	5月17日
聖霊降臨祭 ＊	6月12日	5月27日
ナショナルホリデー	6月6日	6月6日
夏至祭イブ	6月24日	6月22日
夏至祭 ＊	6月25日	6月23日
万聖節	11月5日	11月3日
クリスマスイブ	12月24日	12月24日
クリスマス	12月25日	12月25日
ボクシングデー	12月26日	12月26日
大晦日	12月31日	12月31日

＊印は移動祝祭日

スウェーデン　ジェネラル インフォメーション

ビジネスアワー

銀行

🕐月～水・金 9:30～15:00
　　木　　10:00～16:00/17:30
休土・日
　ストックホルムでは～18:00まで営業するところもある。

一般の商店

🕐月～金9:30～18:00
　土　　9:30～14:00/16:00
休日

デパート(ストックホルム)

🕐月～金10:00～19:00
　土　　10:00～17:00
　日　　12:00～16:00

スーパーマーケット

🕐月～金9:30～20:00
　土　　9:00～16:00
休日
　小さなスーパーマーケットでは日曜も営業する場合がある。

電圧とプラグ

　220V、50Hz。日本から電気製品を持っていくには変圧器が必要となる。プラグは丸2ピンのB、Cタイプ。

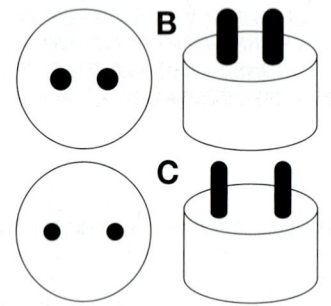

ビデオ・DVD方式

　日本のNTSC方式ではなく、PAL方式となるので、現地で購入したビデオソフトは一般的な日本の国内用ビデオデッキでは再生できない。DVDの場合はリージョンコードが同じなので、PAL方式をNTSC方式に変換出力できるプレーヤーなら見ることができる。

日本からのフライト時間

　2011年4月現在、日本からの直行便はない。コペンハーゲンやヘルシンキ、アムステルダム、ロンドン、パリ、フランクフルトなどを経由することになる。所要時間は12～19時間くらい。
■ 北欧への行き方（→P.536）

時差とサマータイム

　中央ヨーロッパ時間（CET）を採用しており、時差は8時間。日本時間からマイナス8時間となる。サマータイムは3月最終日曜から10月の最終日曜まで。1時間早くなり、時差は7時間になる。飛行機や列車など乗り遅れに注意しよう。

気候と風土

　東はフィンランド、西はノルウェーに接し、南はオーレスン海峡を挟んでデンマークと向かい合う、北欧諸国最大の面積をもつ国。国土の北部はラップランドと呼ばれる北極圏の地。
　国土の53%が森林で約9万以上の湖が点在し、バルト海に面して約2700kmもの海岸線が続く。南部のスコーネ地方だけが豊かな穀倉地帯になっている。
　ほかの北欧諸国と同じく、沿岸を流れるメキシコ湾流のおかげで、緯度のわりには穏やかな気候。四季も比較的はっきりと分かれている。
　北極圏以北のラップランド地方では、夏には太陽の沈まない白夜になり、また冬には太陽がまったく昇らない時期もある。
■ 旅のシーズンと気候（→P.532）
■ 旅の持ち物（→P.560）

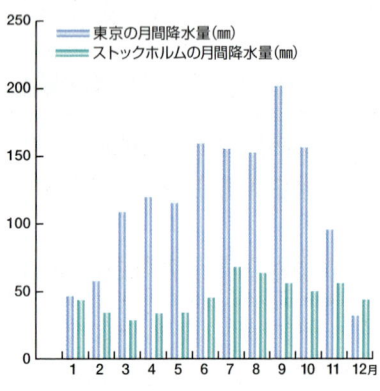

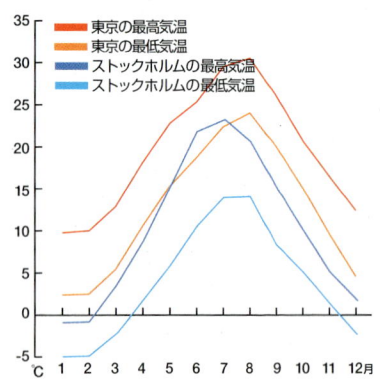

郵便

郵便局はポストコントロールPostkontorといい、角笛と王冠がシンボルマーク。シンボルマークのついた黄色と青のポストを町中で見かけるだろう。投函の際にはAir Mailと明記するか「PRIORITAIRE」と印刷されたブルーのシールを貼ること。日本までは、ハガキ1枚および20gまでの封書は、12SEK。エアメールは黄色のポストに投函する。

スウェーデンでは郵便業務のほとんどは民間に委託されているので、郵便局の数は少ない。切手の販売は、郵便局だけでなく、店頭にポストコントロールのマークが付いたコンビニやガソリンスタンドでも行われており、営業時間中ならいつでも対応してくれる。

一般的な郵便局の営業時間

🕐月～金8:00～18:00
　土　　8:00～13:00
ストックホルム中央郵便局などの大きな郵便局は営業時間が長くなる。
休日

ポストもモダンなデザイン

税金

スウェーデンでは、ほとんどの商品に12%または25%の付加価値税（VAT）が課せられているが、EU加盟国以外の国に居住している旅行者が、「TAX FREE」と表示のある店で1日1店舗につき200SEK以上の買い物をした場合、所定の手続きをすれば商品にかけられている付加価値税の最大約17.5%が払い戻しになる。

買い物の際

「TAX FREE」という表示のある店で200SEK以上の買い物をしたら、旅行者である旨を申し出て、免税書類（リファンドチェック）を作成してもらう。作成の際、身分の確認とパスポート番号が必要となるので、パスポートを携帯しておくとよい。また、免税扱いで購入した商品は、スウェーデンまたはEU最終国出国まで開封してはいけない。

出国の際

スウェーデンから直接日本へ帰国する場合やEU加盟国以外の国へ出国する場合は、出国時に払い戻しを受けるための手続きを行う。手続きは以下のとおり。
①ストックホルムのアーランダ国際空港の場合は、出発フロアの案内所の横にグローバルブルー・カウンターがあるので、そこで買い物の際に作成してもらった免税書類を提出し、代行スタンプを押してもらう。その際、免税書類に商品購入時のレシートを添付しておくこと。また、航空券とパスポート、未使用の購入商品の包みを見せるように求められるので、あらかじめ用意しておくこと。スタンプの受領期限は、商品購入月の末日より3ヵ月以内。また、北欧4ヵ国以外で購入した商品については、正規の税関スタンプを受領し日本で手続きを行うか、代行スタンプ受領後に空港内で手続きを行う。
②スタンプをもらったら出国手続きを行う。日本へ帰国後、成田国際空港と関西国際空港にあるリファンド・カウンターで払い戻しを日本円で受け取ることができる。ただし、日本で手続きが行えるのは、グローバルブルーの「TAX FREE」の加盟店のみ。アーランダ国際空港で払い戻しを受ける場合は、スタンプをもらった後、搭乗手続きを済ませ、トランジットエリアにある税金払い戻しカウンターに免税書類を提出する。若干の手数料もかかるが、クレジットカードへの手続きや銀行小切手で自宅に郵送もできる。免税書類の申請期限は商品購入日より1年以内。

注意！

スウェーデン出国後、ほかのEU加盟国を旅行してから帰国する場合、最終的にEU加盟国を出国する際に手続きをして税金の還付を受けることになるので、スウェーデンでの手続きは不要。数ヵ国分の免税書類もまとめて手続きしてくれる。

グローバルブルー・カウンター

成田国際空港
🏢第1ターミナル（中央1階）　毎日7:00～21:00
　第2ターミナル（本館1階）　毎日7:00～21:00
関西国際空港
🏢空港駅ビル3階
　毎日8:30～18:30（元旦を除く）
グローバルブルー（旧グローバル・リファンド）
☎+800-32-111-111-810
　（日本語直通国際フリーダイヤル）
URL www.global-blue.com

グローバルブルー加盟店のマーク

入出国

　シェンゲン条約加盟国内で、滞在日数が6ヵ月間90日以内の場合は、ビザは不要。

　入国時に必要なパスポートの有効残存期間は、日本帰国予定日まであればよい。出入国カードや税関申告書はない。

■ 旅の準備　ビザ（→P.549）

安全とトラブル

　他のヨーロッパ諸国と比べても、治安は良好。しかし、2004年の旧東欧諸国のEU加盟後、置き引きや窃盗などの犯罪は増加の一途をたどっている。荷物から目を離さないように注意し、夜中のひとり歩きなどはやめよう。

■ 旅の安全とトラブル対策（→P.564）

水

　ほとんどの場所で、水道水を飲むことができる。心配なら、キオスクやコンビニでミネラルウオーターを購入するといい。ミネラルウオーターはほとんどが炭酸入りのため、苦手な人は確認してから買うこと。

度量衡

　日本と同じく、メートル法を採用している。

電話のかけ方

　国際電話は一般加入電話と公衆電話のどちらからでもかけられる。ホテルの電話からかけると、公衆電話より高くなるので注意しよう。公衆電話で使用できるのは、1、5、10SEKの硬貨に加え、クレジットカードやプリペイドカード。プリペイドカードはキオスクなどで購入でき、プリペイドカードしか使えない機種もある。使い方は日本と同様で、受話器を手にとり硬貨などを入れてから番号を押す。硬貨の場合、最低料金は10SEKで、国内通話は1分2SEK、デンマークやフィンランドなどEU諸国（ノルウェーを含む）へは1分6SEK、その他の国際通話は1分10〜30SEK（日本へは1分15SEK）。

国内電話番号案内
☎118118
国際電話番号案内
☎118119

カード専用の公衆電話

年齢制限

　飲酒・タバコは18歳未満の場合は不可。また、レンタカー会社によっては23歳や25歳以上などの制限がある。

日本からスウェーデンへかける場合

　はじめに国際電話会社の番号、次に国際電話識別番号010をダイヤルし、スウェーデンの国番号46、0を除いた市外局番、続いて相手先の番号をダイヤルする。

（例）日本からストックホルムの（08）12-345678へかける場合

国際電話会社の番号		国際電話識別番号	スウェーデンの国番号	市外局番の0を除いた番号	相手先の電話番号
001（KDDI）※1 **0033**（NTTコミュニケーションズ）※1 **0061**（ソフトバンクテレコム）※1 **005345**（au携帯）※2 **009130**（NTTドコモ携帯）※3 **0046**（ソフトバンク携帯）※4	+	**010** ※2	+ **46**	+ **8**	+ **12-345678**

※1「マイライン」の国際通話区分に登録している場合は、不要。詳細は URL www.myline.org
※2 auは、010は不要。
※3 NTTドコモは事前登録が必要。009130をダイヤルしなくてもかけられる。
※4 ソフトバンクは0046をダイヤルしなくてもかけられる。

スウェーデンから日本へかける場合

　はじめに国際電話識別番号00をダイヤルし、日本の国番号81、続いて市外局番（最初の0は不要）、相手先の番号をダイヤルする。

（例）スウェーデンから日本（東京）の（03）1234-5678へかける場合

国際電話識別番号	日本の国番号	市外局番と携帯電話の最初の0は取る	相手先の電話番号
00	+ **81**	+ **3**	+ **1234-5678**

■国際電話について（→P.556）

飲酒・喫煙

アルコールが購入できるのは、政府直営のリカーショップ、システム・ボラシェット System Bolagetのみ。価格は333mlのビール1本20〜30SEKと高め。アルコール度数3.5%以下のノンアルコールビールなら、もう少し安く、こちらはスーパーやコンビニでの購入が可能。

タバコには重い税金がかけられており、日本と比べても非常に高い。マルボロなら20本入り1箱800円くらい。スウェーデンでは、公共の場での喫煙は法律で禁止されており、ほとんどのレストランは禁煙。ホテルは喫煙室と禁煙室に分かれている。近年はバーも全面禁煙とするところも増えてきている。

食事

伝統的な家庭料理はミートボール（ショットブラールKöttbullar）で、炒めて木の実の甘いジャムを添えて出される。軽食スタンドでも食べられるポピュラーなメニューはピュッティパンナPyttipanna。賽の目のジャガイモやハム、肉などを炒め、目玉焼きをのせたもの。「ヤンソン氏の誘惑Janssons Frestelse」と呼ばれる料理は、ジャガイモとアンチョビを交互に重ね、クリームをたっぷりかけてオーブンで焼き上げる家庭料理。パーティの夜食にもよく出されるとか。

夏の終わりにはザリガニが解禁される。最近では輸入物が増えているが、それでも北欧人にとっての夏の風物詩。ハーブのディルと一緒にゆであがった真っ赤なザリガニを、つゆもすすりながら食べる。町のレストランでも食べられるので、トライしてみよう。

また、スウェーデンと言えば、スモーゴスボードSmörgåsbordと呼ばれるビュッフェ形式の食事が有名。日本でいう「ヴァイキング料理」の発祥の地で、このスモーゴスボードや魚料理をはじめ、前菜風の料理から肉料理、チーズ、パン、そしてデザートまで、各種ズラリと並ぶ様子は壮観だ。食べ方に特別なルールはないが、ニシンの酢漬けからスタートするのが一般的。小エビなどの冷たい魚料理を食べたら、温かい魚料理、次にハムやパテなどの冷たい肉料理、そしてミートボールなどの温かい肉料理、野菜、卵料理と続き、最後はチーズ、そしてデザート。いらないものは飛ばして、好きなものだけ食べ続けても構わないが、取り皿に山盛りにだけはしないこと。皿は何度取り替えても構わない。温かいものと冷たいものや、肉料理と魚料理など、違う種類をひとつの皿に盛るのはマナー違反。一度皿に取ったものを残すのも失礼。最低限のルールは守って豪華な料理を堪能しよう。

みやげ物

最も人気があるのは、おしゃれな北欧デザインのグッズ。特にオレフォスやコスタ・ボダなどのガラス製品がおすすめ。そのほか、ダーラナ地方の木彫りの馬人形ダーラヘストやサーメの民芸品であるニット製品、ジュエリーなどのスウェーデンの伝統工芸品も定番。

食料品なら、ほかの北欧諸国でも見かけるニシンの酢漬けがおすすめ。カレー味やトマト味などバリエーションも豊富。

何種ものカラーがあるダーラヘスト。大きさもさまざま

スウェーデン生まれの有名人

ノーベル賞を制定したアルフレッド・ノーベルAlfred Nobelはスウェーデンの出身。現在も平和賞を除くノーベル賞の授与式はストックホルムで行われる。また、スウェーデンは映画や音楽の方面で多くの有名人を輩出している。映画界では監督のイングマール・ベルイマンIngmar Bergmanや女優のイングリッド・バーグマンIngrid Bergman、グレタ・ガルボGreta Garbo、アニタ・エクバーグAnita Ekberg。音楽界でまず挙げられるのは、1970年代後半から1980年前半まで活躍したABBA、日本でもセカンドアルバム「LIFE」が大ヒットしたスウェーデンポップスバンドのカーディガンズThe Cardigansや北欧のディーヴァ・メイヤMejaなど。そのほか、「分類学の父」と称される植物学者カール・フォン・リンネCarl von Linnéなど、多くの著名人を輩出している。

イベント

ストックホルム、ヨーテボリを中心に音楽、芸術、スポーツと幅広いイベントが行われている。スウェーデンの夏の風物詩でもあるザリガニ・パーティは毎年8月1日のザリガニ解禁日に行われ、新鮮なザリガニを味わえる。4月下旬に行われるヴァルボリ（ワルプルギス）の夜祭は、春の到来を大きな焚き火を囲みながら祝うスウェーデン伝統の行事。

2011～2012年イベントカレンダー

6/1～6 ストックホルム
テイスト・オブ・ストックホルム
URL www.smakapastockholm.se

6/17～19 ストックホルム
ストックホルム・ジャズフェスティバル
URL www.stockholmjazz.com

6/24～25 スウェーデン各地
夏至祭、前夜祭

7/4～10 レクサンド、レートヴィーク、ムーラ
シリアン湖コンサート
URL www.musikvidsiljan.se

7～8月 ガラスの王国
ガラスの王国・ミュージック・フェスティバル
URL www.glasriket.se

8月 スウェーデン各地
ザリガニ・パーティ

8/4～6 ウプサラ
ウプサラ・レゲエ・フェスティバル
URL www.uppsalareggaefestival.se

8/7～14 ヴィスビィ
ゴットランド中世週間
URL www.medeltidsveckan.com

8/10～13 カールスクローナ
セイル・カールスクローナ
URL www.karlskrona.se

8/19～26 マルメ
マルメ・フェスティバル
URL www.malmofestivalen.se

9/29～10/2 エーランド島
エーランド収穫祭
URL www.skordefest.nu

10/24～30 ウプサラ
ウプサラ国際短編映画祭
URL www.shortfilmfestival.com

11/9～20 ストックホルム
ストックホルム国際映画祭
URL www.stockholmfiimfestival.se

12/10 ノーベル賞授与式（平和賞以外）
URL nobelprize.org

1/27～2/6 ヨーテボリ
ヨーテボリ国際映画祭
URL www.giff.se

2/2～4 ヨックモック
ヨックモック・ウインターマーケット
URL www.jokkmokksmarknad.com

3/4 セーレン～ムーラ
ヴァーサロペット・スキー長距離レース
URL www.vasaloppet.se

3月下旬 ストックホルム
北欧ガーデニング・フェア
URL www.tradgardsmassan.se

4月下旬 ストックホルム（スカンセン）
イースターアクティビティ
URL www.skansen.se

4月下旬
全国大学都市（ウプサラ、ルンド、ストックホルムなど）
ヴァルボリ（ワルプルギス）の夜祭

5月下旬 ストックホルム
ストックホルム・マラソン
URL www.stockholmmarathon.se

※日程は予定日。参加の際は問い合わせること。

スウェーデンのクリスマス

ストックホルム
Stockholm

　ストックホルムのクリスマスは、デンマークのコペンハーゲンに比べると派手さに欠ける。ガムラ・スタンでは、控えめな光のイルミネーションが町を照らし、シンプルでおしゃれな国民性がいま見られる。毎年12月13日に行われるルチア祭が最大のイベントで、NKデパートから光の女王ルチアに選ばれた少女が光の精とともにパレードする。

NKデパートの豪華なショーウインドウに、うっとりと見入る子供たち

1 ガムラ・スタンには大きなクリスマスツリーが登場
2 大広場のほか、スカンセンや王立公園などで小規模のクリスマスマーケットが開かれる

国内交通

南部は鉄道路線が網の目のように走っているので、鉄道を利用して移動するのが便利。特にストックホルム～ヨーテボリ間やストックホルム～マルメ間を結ぶX2000は、北欧唯一のプレミアムトレイン。インターシティよりも料金は高くなるものの、ぜひ利用してみよう。北部に行くと鉄道は少なくなるが、キールナやアビスコを通りノルウェーのナルヴィークへ行く国際列車ノールランストーグ鉄道は、北欧最北を走る列車として有名だ。ただし本数は限られているため、時間が合わないようなら長距離バスの利用も視野に入れよう。

飛行機

スウェーデンの国内を結んでいるのは、スカンジナビア航空やスカイウェイズSkyways（JZ）など10社あまりの航空会社。ほとんどがストックホルムを起点として各都市に便を飛ばしており、地方都市同士を結ぶフライトは少ない。地方都市間を移動したい場合も、1度ストックホルムを経由してから行くことになる。なお、本誌に掲載している各都市への行き方の便数、所要時間はスカンジナビア航空のもの。

スカンジナビア航空
☎0770-727727
URL www.flysas.com
スカイウェイズ
☎0771-959500
URL www.skyways.se

鉄道

スウェーデン鉄道Statens Järnväger（SJ）が国土の南部を中心に網目状に数多くの路線を運行している。だいたい東京～大阪間と同じ距離のストックホルム～ヨーテボリ間はほぼ1時間に1～2本の割合で列車がある。ほか、トーグコンパニエTågkompanietやベオリア・トランスポートVeolia Transportなど、いくつかの私鉄も列車を走らせている。北部を走るノールランストーグ鉄道は、スウェーデン鉄道とベオリア・トランスポートの共同運行。ヨーテボリ～ストックホルム～ルーレオ、ルーレオ～ナルヴィークなどいくつかの路線があり、なかでもストックホルム～ナルヴィーク間を結ぶ国際寝台列車は、世界有数の景勝路線として知られ、夏になると多くの観光客が利用する。長距離列車には一般の寝台車のほかレストランカーなども連結されている。

多くの人が行き交うストックホルム中央駅

予約について

すべての列車に関して、予約は基本的に不要。ただし、どうしても席を確保したいときは予約して座席指定をすることもできる。混雑する時間帯や路線に乗車する場合は、予約したほうが無難。混雑状況などは駅の窓口で尋ねれば教えてくれる。座席の予約には追加料金が必要。なお、予約は利用日の3ヵ月前から発車直前までに済ませること。

■座席指定券の見方

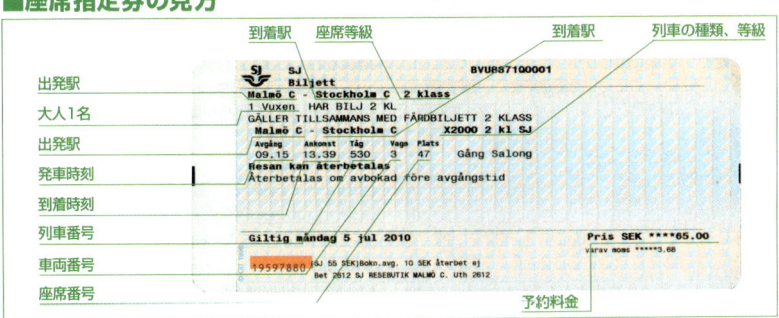

出発駅	到着駅　座席等級　　　　到着駅　　列車の種類、等級
大人1名	
出発駅	
発車時刻	
到着時刻	
列車番号	
車両番号	
座席番号	
	予約料金

スウェーデン　ジェネラル　インフォメーション／国内交通

301

鉄道時刻を調べる

駅などにあるRes Plus Tågtiderという冊子を手に入れよう。スウェーデン鉄道やベオリア・トランスポートなどの国内線からデンマーク、ノルウェーへの国際線、またデンマークとノルウェーの主要な国内線の時刻まで載っているので非常に便利。

ストックホルム中央駅の場合、チケット売り場のすぐ横に鉄道インフォメーションがあるので、そこで直接尋ねるのもいい。

まずは時刻表を手に入れよう

チケットの購入

日本で購入する

スウェーデン鉄道のホームページから予約、購入可。引き換えは現地のチケット売り場で。

現地で購入する

チケットを購入するときは必ず、カウンターのそばにある専用の機械から、順番待ちの番号札を取ること。電光掲示板に自分の番号が表示されるか番号が呼ばれたら、カウンターに行って行きたい場所や時刻、列車番号などを伝える。

なお、地方の駅の場合、駅に常時人がいなかったりすることも多い。その場合は、自動の券売機から購入することになる（クレジットカード決済のみ）。また、列車に乗ってから、検札に訪れる駅員から直接買うことも可能だが、少し割高になる。

割引料金について

16歳以下の子供割引や学生割引、26歳以下に適用されるユース割引など各種割引があり、それぞれ最大30%OFFになる。

また、発車24時間前から発売されるLast Minute(Sista Minuten)というチケットもある。空いている座席を破格の値段で販売するチケットで、座席指定までついて最低147SEK～。座席は2等のみが対象となるが、レギオナルのほかインターシティやX2000にも適用される。ただし、寝台車にはこのチケットはない。

高速列車X2000

おもな列車の種類

■ X2000

スウェーデン鉄道の誇る高速列車。ストックホルム～ヨーテボリ間やストックホルム～マルメ間などの国内のほか、ストックホルム～コペンハーゲン間の国際路線にも投入されている。1等と2等があり、1等では軽食や飲み物などのサービスがある。

■ インターシティInter City (IC)

主要都市間を結ぶ急行列車。

■ レギオナルRegional (Reg)

近・中距離を走る普通列車。

スウェーデン鉄道

☎0771-757575
URLwww.sj.se

乗車券はオンライン予約ができ、eチケットか現地での発券を選ぶことができる。現地での発券は駅の券売機で行う場合、手数料無料で、Pressbyrånやセブンイレブンなどのコンビニで発券する場合は手数料12%が必要。

ベオリア・トランスポート

☎0771-260000
URLwww.veolia.se

ストックホルムからの区間料金の目安（2等）

～ヨーテボリ	
X2000	1241SEK
インターシティ	718SEK
～マルメ	
X2000	1188SEK
～ルンド	
X2000	1188SEK
～キールナ	
ノールランストーグ	1205SEK

バス

鉄道の2等よりも安いため、近年バスの利用が増えてきている。バス会社はたくさんあるが、スウェーデンの3大バス会社といえば、全国に路線を持つスウェブス社Swebus、同じくスヴェンスカ・ブス社Svenska Buss、北部に路線を持つユーブス社Ybussだ。

スウェブス社

☎0771-218218　URLwww.swebus.se

スヴェンスカ・ブス社

☎0771-676767　URLwww.svenskabuss.se

ユーブス社

☎0771-334444　URLwww.ybuss.se

ストックホルム

夏のストックホルムは、バルト海を疾走する白いヨットのように爽快だ。20時間近く照り続ける太陽の下、フレムゴーデン公園の芝生の上で日光浴を楽しむ半裸の男女は、スウェーデンの満ち足りた生活にうっとりした顔つきだ。一方午後2時30分には日が落ちてしまう12月。凍てついたガムラ・スタンの裏通りをたどれば、陰鬱なシベリウスのメロディを思わせる幻想に囚われる。

しばらくストックホルムに暮らすと、そこには日本ともヨーロッパ大陸とも違う独特な自然の要素があるのに気が付く。それは、四季を通じて北の空から降り注ぐ透明な斜光だ。建築物もその光線を浴びると不思議にくっきりと浮き上がって見え、人々の肌も一層青く透き通る。

ストックホルムとの出合いは実にドラマチックだ。空からのアプローチでも、鉄道ではるばるやってきても、何百kmと続く文明の気配すらない湖と森の広がりから、忽然とガラスとコンクリートの近代都市が現れる。これほど豊かな自然に囲まれたストックホルムの空気には、針葉樹の香りが残り、陽光のたたずまいが異なるのも納得できる。

13世紀からの古い町並みをもとに、人間環境を大切にする近代的な計画理論にのっとって造られた都市。その美しさには誰しも文句なしに感心するだろう。商業的な動機に左右されず、高い理想を掲げ、都市計画の専門家たちが何世紀もかけて営々と造り上げてきた。ストックホルムは世界にも類を見ない近代都市のひとつなのだ。

MAP P.294-B3
人口：84万5777
市外局番：08
ストックホルム情報のサイト
URL www.stockholmtown.com

（上）"水の都"と呼ばれるように多くの島々から成る
（下）市民の憩いの場であるユールゴーデン島

中世の雰囲気漂うガムラ・スタンは人気の観光スポット

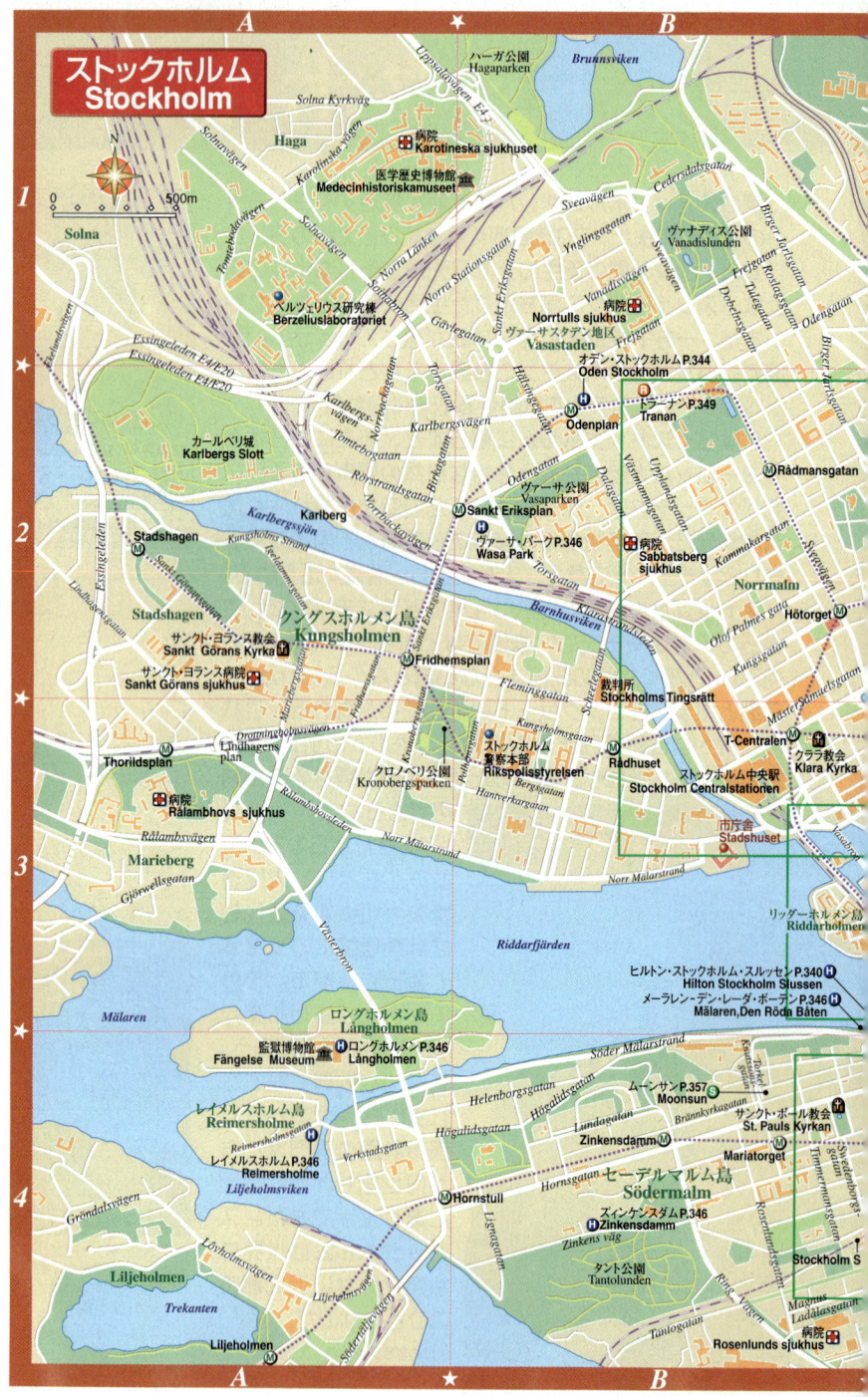

ストックホルム
Stockholm

Norra Djurgården

Lilla Värtan

病院
Röda korsets sjukhus

技術大学
Takniska Högskolan

Tekniska Högskolan

Hjorthagen

Ⓜ Ropsten

ヴァータハムネン港
Värtahamnen
シリヤ・ターミナル
Siljaterminalen

ヘルシンキ

タリン

Ⓜ Gärdet

ストックホルム中心部 P.306〜307

エステルマルム地区
Östermalm

Ⓜ Stadion

Ⓜ Karlaplan

フリハムネン港
Frihamnen

Karlaplan

グスタフアドルフ教会
Gustav Adolf Kyrkan

Ladugårdsgärdet

Östermalmstorg

テレビ局
TV-houset

カクネス塔
Kaknästornet

歴史博物館
Historiska Museet

オスカル教会
Oscars Kyrka

ラジオ局
Radiohuset

日本大使館
Japanska Ambassaden

民族学博物館
Etnografiska
Museet

警察博物館
Polismuseet

科学技術博物館
Tekniska Museet

Kungsträgården

ノーベル公園
Nobelparken

国立海洋博物館
Sjöhistorika Museum

ガムラ・スタン
P.308〜309

Ladugårdsviken

北方民俗博物館
Nordiska Museet

ユニバッケン
Junibacken

ヴァーサ号博物館
Vasamuseet

現代美術館
Moderna Museet

建築博物館
Arkitekturmuseet

写真博物館
Fotografibiblioteket

Djurgårdsbrunnsviken

ローゼンダール・トレーゴード・カフェ
Rosendals Trädgård Kafe P.351

ローゼンダール庭園
Rosendals Trädgård

ヘランズホルメン島
Helgeandsholmen

東洋博物館
Östasiatiska
Museet

ブラ・ポルテン P.351
Blå Porten

ユールゴーデン島
Djurgården

シェップスホルメン教会
Skeppsholms Kyrkan

シェップスホルメン島
Skeppsholmen

スカンセン
Skansen

スカンディック・ハッセルバッケン P.342
Scandic Hasselbacken

ティールスカ・ギャレリーへ
Thielska Galleriet

ガムラ・スタン
Gamla Stan

Gamla Stan

カステルホルメン島
Kastellholmen

チボリ公園
Gröna Lunds Tivoli

ベックホルメン島
Beckholmen

フリセンス公園
Frisens Park

コンスバンドヴェルカナ P.357
Konsthantverkarna

エリックス・ゴンドーレン P.349
Eriks Gondolen

セーデルマルム
P.316

Waldemarsviken

プリンス・エウシェン美術館
Prins Eugens Waldemarsudde

ヘルシンキ

Katarinahissen
Slussen

市立博物館
Stadsmuseet

マリア・マグダレナ教会
Maria Magdalena Kyrka

カタリーナ教会
Katarina Kyrka

Saltsjön

スタッツガードハムネン港
Stadsgårdshamnen

ヴァイキング・ターミナル
Vikingterminalen

Finnbodavägen

Ⓜ Medborgarplatsen

Henriksdals

Nacka

グローベンヘ
Globen P.354

トラム

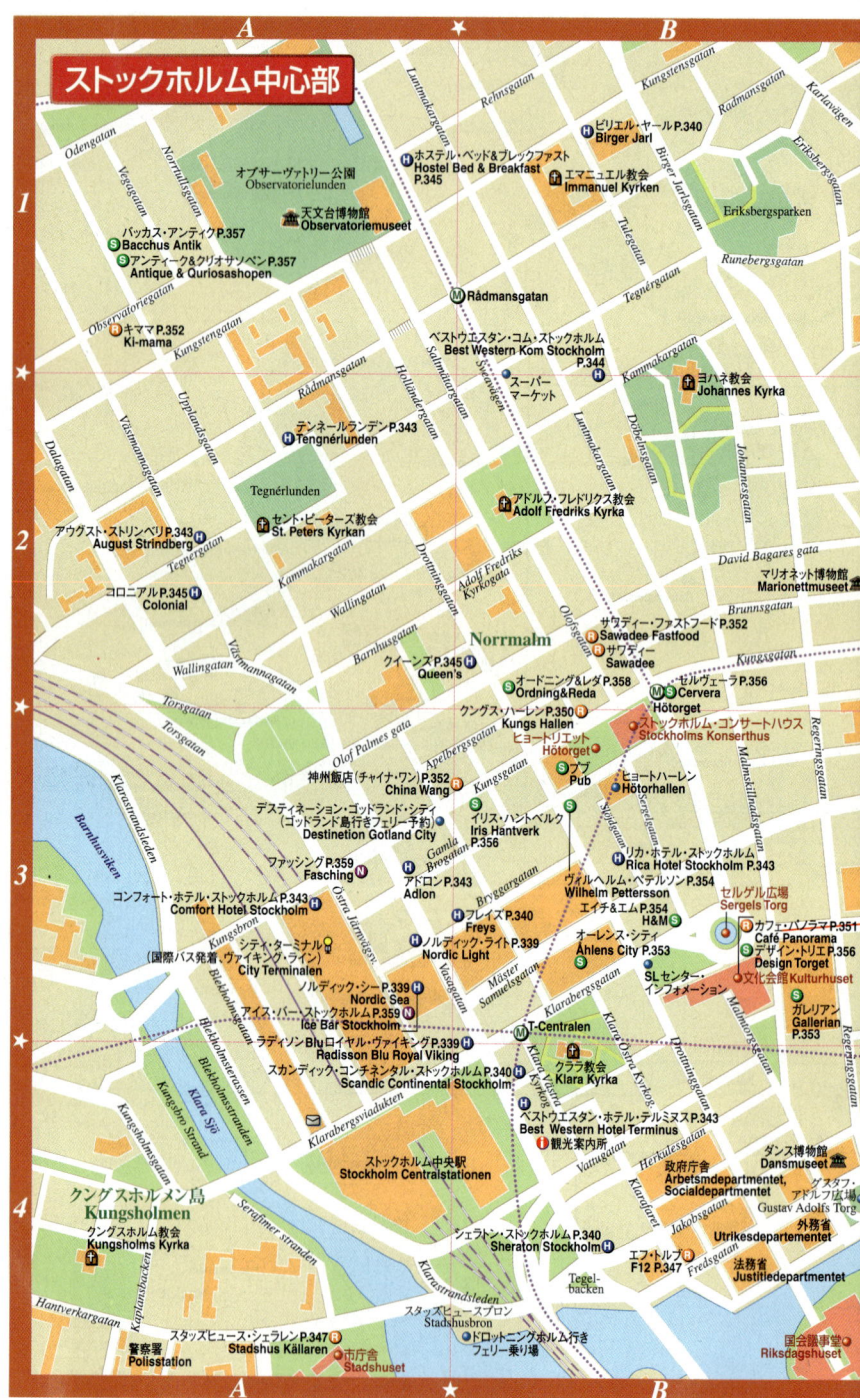

ストックホルム中心部

Odengatan

オブサーヴァトリー公園
Observatorielunden

バッカス・アンティク P.357
Bacchus Antik

アンティーク&クリオサソペン P.357
Antique & Quriosashopen

キママ P.352
Ki-mama

アウグスト・ストリンベリ P.343
August Strindberg

コロニアル P.345
Colonial

天文台博物館
Observatoriemuseet

ホステル・ベッド&ブレックファスト
Hostel Bed & Breakfast P.345

ビリエル・ヤール P.340
Birger Jarl

エマニュエル教会
Immanuel Kyrken

Eriksbergsparken

Rådmansgatan

ベストウエスタン・コム・ストックホルム
Best Western Kom Stockholm P.344

スーパーマーケット

ヨハネ教会
Johannes Kyrka

テンネールランデン P.343
Tengnérlunden

Tegnérlunden

セント・ピーターズ教会
St. Peters Kyrkan

アドルフ・フレドリクス教会
Adolf Fredriks Kyrka

マリオネット博物館
Marionettmuseet

Norrmalm

クイーンズ P.345
Queen's

サタディー・ファストフード P.352
Sawadee Fastfood

サワディー
Sawadee

オードニング&レダ P.358
Ordning&Reda

セルヴェーラ P.356
Cervera

クングス・ハーレン P.350
Kungs Hallen

ヒョートリエット P.345
Hötorget

ストックホルム・コンサートハウス
Stockholms Konserthus

神州飯店（チャイナ・ワン）P.352
China Wang

プブ
Pub

ヒョートハーレン
Hötorhallen

デスティネーション・ゴッドランド・シティ
（ゴッドランド島行きフェリー予約）
Destinetion Gotland City

イリス・ハントベルク P.356
Iris Hantverk

ファッシング P.359
Fasching

アドロン P.343
Adlon

リカ・ホテル・ストックホルム P.343
Rica Hotel Stockholm

コンフォート・ホテル・ストックホルム P.343
Comfort Hotel Stockholm

フレイズ P.340
Freys

ヴィルヘルム・ペテルソン P.354
Wilhelm Pettersson

エイチ&エム P.354
H&M

シティ・ターミナル
（国際バス発着・ヴァイキング・ライン）
City Terminalen

ノルディック・ライト P.339
Nordic Light

オーレンス・シティ P.353
Ahlens City

セルゲル広場
Sergels Torg

カフェ・パノラマ P.351
Café Panorama

デザイン・トリエ P.356
Design Torget

ノルディック・シー P.339
Nordic Sea

SLセンター・インフォメーション
SL Center

文化会館 Kulturhuset

アイス・バー・ストックホルム P.359
Ice Bar Stockholm

ラディソン Blu ロイヤル・ヴァイキング P.339
Radisson Blu Royal Viking

スカンディック・コンチネンタル・ストックホルム P.340
Scandic Continental Stockholm

T-Centralen

クララ教会
Klara Kyrka

ガレリアン Gallerian P.353

ストックホルム中央駅
Stockholm Centralstationen

ベストウエスタン・ホテル・テルミヌス P.343
Best Western Hotel Terminus

観光案内所

ダンス博物館
Dansmuseet

政府庁舎
Arbetsmdepartement,
Socialdepartementet

グスタフ・アドルフ広場
Gustav Adolfs Torg

クングスホルメン島
Kungsholmen

クングスホルム教会
Kungsholms Kyrka

シェラトン・ストックホルム P.340
Sheraton Stockholm

エフ・トルプ P.347
F12

外務省
Utrikesdepartementet

法務省
Justitiedepartementet

スタッズ・ヒュース・シェラレン P.347
Stadshus Källaren

市庁舎
Stadshuset

ドロットニングホルム行き
フェリー乗り場

国会議事堂
Riksdagshuset

警察署
Polisstation

スタッズヒュースブロン
Stadshusbron

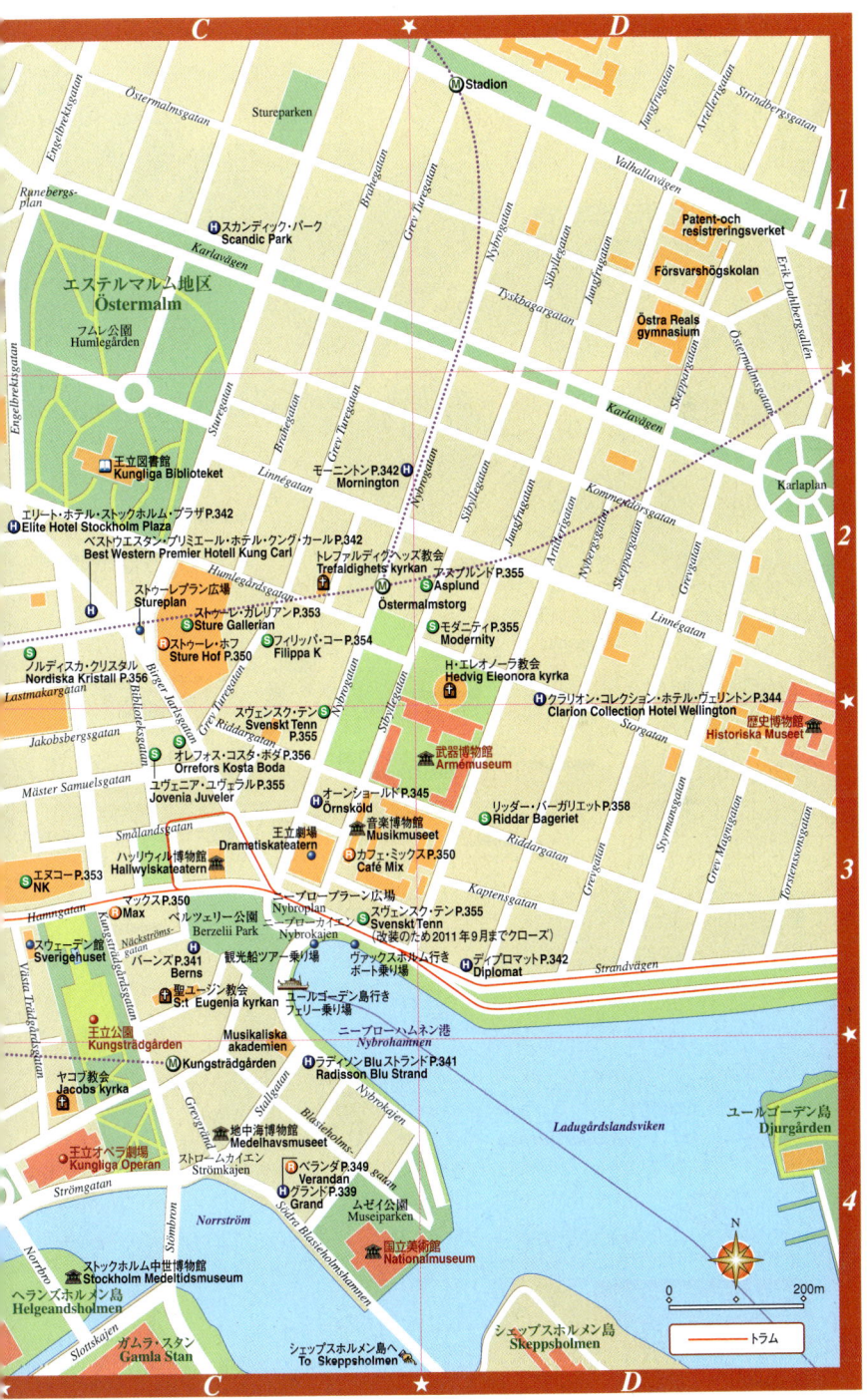

C   ★   D

Östermalmsgatan

Stureparken

M Stadion

Valhallavägen

Runebergs-plan

スカンディック・パーク
H Scandic Park

Patent-och
resistreringsverket

Karlavägen

Försvarshögskolan

エステルマルム地区
Östermalm

Östra Reals
gymnasium

フムレ公園
Humlegården

Karlavägen

Karlaplan

王立図書館
Kungliga Biblioteket

モーニントン P.342
H Mornington

エリート・ホテル・ストックホルム・プラザ P.342
H Elite Hotel Stockholm Plaza

ベストウエスタン・プレミエール・ホテル・クング・カール P.342
Best Western Premier Hotell Kung Carl

トレファルディグヘッズ教会
Trefaldighets kyrkan

アスプルンド P.355
H Asplund

ストゥーレプラン広場
Stureplan

Östermalmstorg

ストゥーレ・ホフ P.350
S Sture Hof

ストゥーレ・ガリェリアン P.353
S Sture Gallerian

フィリッパ・コー P.354
S Filippa K

モダニティ P.355
S Modernity

ノルディスカ・クリスタル P.356
S Nordiska Kristall P.356

H・エレオノーラ教会
Hedvig Eleonora kyrka

スヴェンスク・テン
Svenskt Tenn
P.355

クラリオン・コレクション・ホテル・ヴェリントン P.344
H Clarion Collection Hotel Wellington

オレフォス・コスタ・ボダ P.356
S Orrefors Kosta Boda

歴史博物館
Historiska Museet

武器博物館
Armémuseum

ユヴェニア・ユヴェラル P.355
S Jovenia Juveler

オーンショールド P.345
S Örnsköld

音楽博物館
Musikmuseet

リッダー・バーガリエット P.358
S Riddar Bageriet

王立劇場
Dramatiskateatern

カフェ・ミックス P.350
S Café Mix

エヌコー P.353
S NK

ハッウィル博物館
Hallwylskateatern

マックス P.350
H Max

スヴェーデン館
Sverigehuset

ニーブロプラーン広場
Nybroplan

ベルツェリー公園
Berzelii Park

スヴェンスク・テン P.355
Svenskt Tenn
(改装のため2011年9月までクローズ)

バーンズ P.341
H Berns

観光船ツアー乗り場

ヴァックスホルム行き
ボート乗り場

ディプロマット P.342
H Diplomat

聖ユージン教会
S:t Eugenia kyrkan

ニーブロ・ハムネン港
Nybrohamnen

王立公園
Kungsträdgården

ムジカリスカ
アカデミー
Musikaliska
akademien

Ladugårdslandsviken

ユールゴーデン島
Djurgården

M Kungsträdgården

ラディソン Blu ストランド P.341
H Radisson Blu Strand

ヤコブ教会
Jacobs kyrka

地中海博物館
Medelhavsmuseet

王立オペラ劇場
Kungliga Operan

ストローム・カイエン
Strömkajen

ベランダ P.349
Verandan

グランド P.339
H Grand

ムゼ公園
Museiparken

N

0   200m

Norrström

ストックホルム中世博物館
Stockholm Medeltidsmuseum

ヘランズホルメン島
Helgeandsholmen

国立美術館
Nationalmuseum

ガムラ・スタン
Gamla Stan

シェップスホルメン島へ
To Skeppsholmen

シェップスホルメン島
Skeppsholmen

トラム

C   ★   D

ガムラ・スタン
Gamla Stan

C

ストックホルム中世博物館
Stockholms Medeltidsmuseum

ヘランズホルメン島
Helgeandsholmen

Norrbro

Slottskajen

グスタフ3世のアンティーク博物館
Gustaf III's Antikmuseum

王宮博物館
Museum Tre Kronor

王宮
Kungliga Slottet

王家武備博物館
Livrustkammaren

王族の居室
Representationsvåningarna

宝物の間
Skattkammaren
国家の間
Rikssalen
王宮礼拝堂
Slottskyrkan

スウェーデン・ブックショップ P.358
Sweden Bookshop

王宮チケット売り場

Slottsbacken

Telegrafgr.

レディ・ハミルトン P.341
Lady Hamilton

大聖堂
Storkyrkan

王立貨幣館
Kungliga Myntkabinettet

Bollhusgr.

カフェジレット P.347
Kaffegillet

フィンランド教会
Finska kyrkan

ファースト・ホテル・ライセン P.341
First Hotel Reisen

Trädgårdsg.

フェム・スモー・ヒュース P.348
Fem Små Hus

Skepoar Karls gränd

Bredgränd

Kråkgränd

Nygränd

証券取引所
Börsen

ノーベル博物館
Nobelmuseet

Köpmangatan

Brunnsgränd

イリス・ハントベルク P.356
Iris Hantverk

大広場
Stortorget

ティエール・オ・ティドレーサ・ティン P.357
Tyger och Tidlösa Ting

Ankargr.
Spökens.
Söder.

カフェコッペン P.351
Kaffekoppen

Skottgränd

カスタネア・オールド・タウン・ホステル P.345
Castanea Old Town Hostel

S:t Hoparegr.

Kindstugatan

Drakens gr.

ドイツ教会
Tyska kyrkan

Sjalagårdsg.
Baggensgatan

Ferkens gr.

ポンタス・バイ・ザ・シー P.348
Pontus by the Sea

Lilla Hopare gr.

Gaffelgr.

E.トーンダール P.358
E. Torndahl

Svartmangatan

Pellikansgr.

アーキペラゴ・ホステル P.345
Archipelago Hostel

Storkyrkoskolan

Österlånggatan

Johannesgr.

モヴィッツ P.348
Movitz

Packnusgr.

デン・ギュルデネ・フレーデン P.348
Den Gyldene Freden

リカ・ホテル・ガムラ・スタン P.341
Rica Hotel Gamla Stan

Tullgränd

Lejonst.gr.

Tyska Brinken

Torgdragargr.

Tyska Stallpl.

N. Bankogr.

コーンハムストリ
Kornhamnstorg

鉄の広場
Järntorget

S.Bankogr.

N.Dryckesgr.

ズム・フランシスカーネル P.348
Zum Franziskaner

S.Dryckesgr.

Munkbroleden

国立美術館
Nationalmuseum

Norrström

D

1

Strömmen

ユールゴーデン島行きフェリー乗り場
（シェップスブロン Skeppsbron）

Skeppsbron

Skeppsbrokajen

2

3

4

Västerlånggatan
Stora Nygatan
Bed.gr.
Skräddargr.
Prästgatan
Skomakarg.
Kållargr.

スウェーデン

ストックホルム

日本からの便（→P.536）
北欧諸国からの便
（→P.540）

ストックホルム到着

飛行機で着いたら

国際線が到着するのは、ストックホルム・アーランダ国際空港Stockholm Arlanda International Airport。市の中心部から北に約45kmの位置にあり、国際線およびほとんどの国内線が発着するストックホルムの空の玄関口となっている。

ストックホルム・アーランダ国際空港
Stockholm Arlanda International Airport

空港には5つのターミナルがあり、それぞれが連絡してひとつながりの巨大な建造物となっている。スカンジナビア航空やフィンエアーなどおもな国際線はターミナル5を利用している。スカンジナビア航空の国内線はターミナル4。各ターミナルから別のターミナルへは歩いても移動できるが、無料のトランスファーバスも運行している。ターミナル4と5の間にあるスカイシティSky Cityには、ショップやレストラン、ホテルが入っている。

日本からコペンハーゲンやヘルシンキ経由で到着した場合、入国審査はなく、預けた荷物を受け取り税関を通過するだけ。税関では、免税の範囲を超えていたら赤のカウンターへ、範囲内なら緑のカウンターを素通りすればいい。空港には銀行や観光案内所もある。

ストックホルム・
アーランダ国際空港
MAP P.310
☎(08)797-6000
URL www.arlanda.se

空港内の観光案内所①
ターミナル5の到着ホール
圖毎日6:00～24:00
休無休
　ストックホルム市内へのバスや列車のチケットを販売している。また、ホテルの予約も行っており、手数料は75SEK。

空港内の両替所
到着ロビー
SEB Exchange
圖毎日5:00～23:00
休無休

5つのターミナルがある大空港

ストックホルム周辺
Around Stockholm

Sala　Sala
ガムラ・ウプサラ　Gamla Uppsala
ウプサラ　Uppsala
Ramnäs
ジャンボ・ステイ P.346　Jumbo Stay　Rimbo
ノルテリエ　Norrtälje　トゥルク
スコークロステル城 P.337　Skokloster Slott
Knivsta
ストックホルム・アーランダ国際空港　Stockholm Arlanda International Airport
Kolbäck
ヴェステロース　Västerås
シグトゥーナ P.337　Sigtuna
エンショーピン　Enköping
メルスタ　Märsta
ミレスゴーデン P.334　Millesgården
ウプランズ・ヴェスビー　Upplands Väsby
リディンゴー島　Lidingö
メーラレン湖　Mälaren
ドロットニングホルム宮殿 P.333　Drottningholmsslott
（ドロットニングホルム宮廷劇場 P.334）　Drottningholms Slottsteater
ヴァックスホルム要塞博物館　Vaxholms Fästnings Museum
エスキルステューナ　Eskilstuna
ストレングネス　Strängnas
ビルカ　Birka
ヴァックスホルム島 P.336　Vaxholm
マリエフレッド P.338　Mariefred
セデルテリエ　Södertälje
ストックホルム　Stockholm
グスタフスベリ P.336　Gustavsbergs　ヘルシンキ
Halleforsnäs
Tumba
Brevik
サンドハムン島　Sandhamn
Malmköping
グリップスホルム城　Gripsholm Slott P.338
Järna
Dalarö
スクーグシェルコゴーデン P.335　Skogskyrkogården
カトリネホルム　Katrineholm
フレン　Flen
Sparreholmen
Gnesta
ストックホルム群島　Stockholm Skärgården
トローサ P.338　Trosa
ニネスハムン　Nynäshamn
バルト海　Östersjön
ヨータ運河へ　Göta Kanal
ヴィスビィ
30km

空港から市内への行き方

空港バス

便利なエアポート・コーチ

空港と市内を結んでエアポート・コーチFlygbussarnaやスウェブス社Swebusのバスが運行。ストックホルム中央駅に隣接するシティ・ターミナルCity Terminalenに到着する。また、ウプサラ（→P.361）行きのバスもある。チケットは空港内の観光案内所または自動券売機で。ドライバーから購入もできる（クレジットカード払いのみ）。

鉄道

アーランダ空港駅とストックホルム中央駅間を、アーランダ・エクスプレス・トレインArlanda Express Trainが結んでいる。また、スカイシティとターミナル5の地下にあるアーランダ・セントラル駅を経由するスウェーデン鉄道の一般列車も利用できる。割安だが、本数が少なく不便。どちらの列車もチケットは空港内の観光案内所、またはホームか到着ロビーにある自動券売機で買える。市内から空港へ来るときは、ターミナル2、3、4に連絡する駅に先に停車する。

本数も多く便利な空港への直通列車

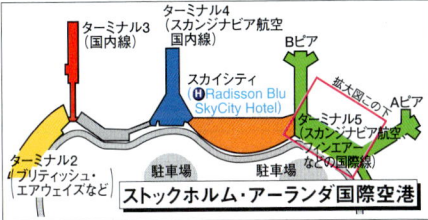

エアポート・コーチ
☎(08)588-22828
URL www.flygbussarna.se
空港→シティ・ターミナル
🕐5:00～翌1:00
シティ・ターミナル→空港
🕐3:45～22:00
💰片道119SEK、往復219SEK
10～15分間隔、所要約40分。往復チケットは3ヵ月有効。

スウェブス社
☎0771-218218
URL www.swebus.se
💰89SEK～
15～30分間隔、所要約35分。

アーランダ・エクスプレス・トレイン
☎0771-720200
URL www.arlandaexpress.com
空港→中央駅
🕐5:05～翌1:05
中央駅→空港
🕐4:35～24:35
💰片道240SEK、往復460SEK
15～30分間隔。所要約20分。ユーレイルパスで利用可。往復チケットは1ヵ月有効。

スウェーデン鉄道
☎0771-757575
URL www.sj.se
💰209SEK～
所要約20分。

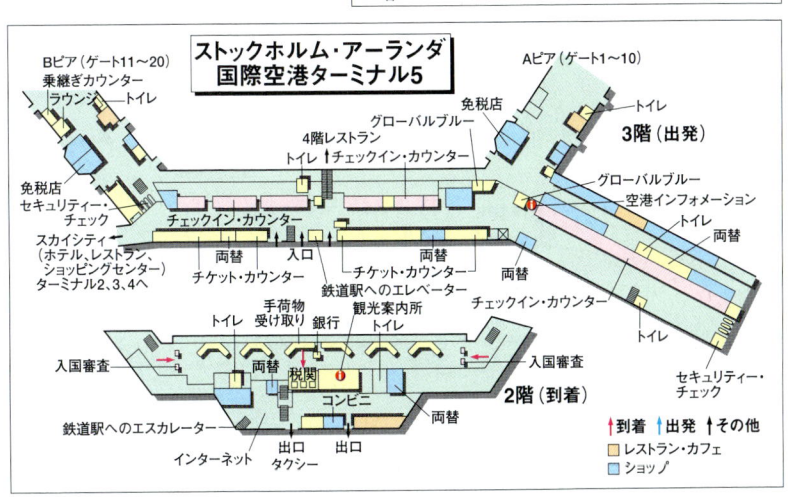

311

ヨーロッパ諸国からの鉄道
(→P.538)
北欧諸国からの鉄道
(→P.541)

ストックホルム中央駅
MAP P.306-A・B4
チケット売り場
国内列車
営毎日6:00〜22:00
休無休
国際列車
営毎日10:00〜20:00
休無休
鉄道インフォメーション
営毎日6:00〜22:00
休無休
　列車の運行やチケットに
関する案内。
遺失物係
URLwww.missingx.com
営月〜金10:00〜19:00
休土・日

スウェーデン屈指の巨大駅

■ タクシー

　各ターミナルビル前にタクシー乗り場があるので、そこから利用する。ストックホルムのタクシーは会社ごとに料金が自由に設定できるので、タクシー会社によって料金が異なる。空港と市内は固定料金を設定している会社が多く、後部座席の窓などに「Arlanda⇔Stockholm 490SEK」「Arlanda⇔Stockholm 590SEK」などと表示したステッカーが貼ってある。そのようなタクシーなら、ストックホルム市内の希望地点まで表示の料金で行ける。この表示のないタクシーだと倍近い料金になることもあるので注意。

列車で着いたら

　コペンハーゲンやオスロからの列車や国内の長距離列車は、すべてストックホルム中央駅に到着する。

ストックホルム中央駅

Stockholm Centralstationen

世界中の旅人が行き交う

　中央駅は市の繁華街の西側にある。地上2階、地下1階の3フロアのうち、2階で長距離バスターミナルのシティ・ターミナルと、地下で地下鉄T-Centralen駅と直結している。プラットホームはアーラン

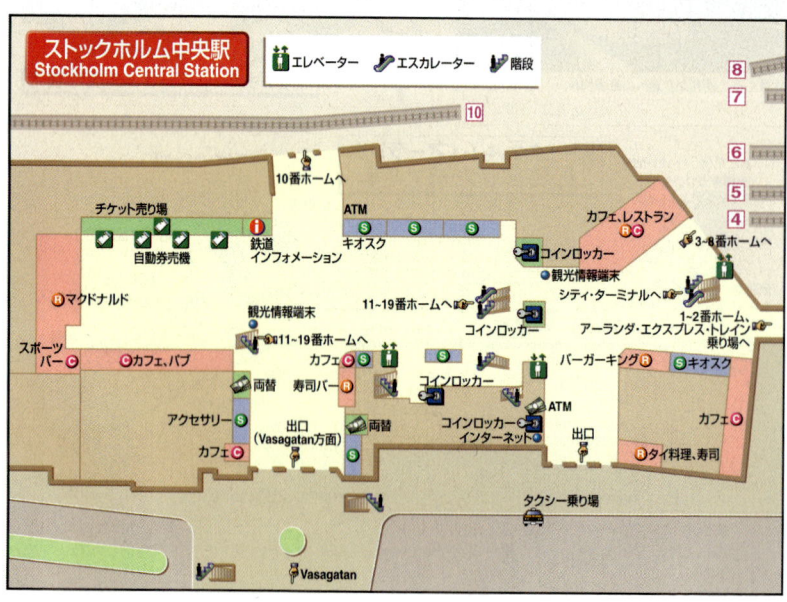

ストックホルム中央駅
Stockholm Central Station

エレベーター　エスカレーター　階段

チケット売り場
自動券売機
マクドナルド
スポーツバー
カフェ、パブ
アクセサリー
両替
寿司バー
出口 (Vasagatan方面)
カフェ
両替

10番ホームへ
鉄道インフォメーション
キオスク
観光情報端末
11〜19番ホームへ
カフェ
コインロッカー
出口

ATM
カフェ、レストラン
コインロッカー
観光情報端末
シティ・ターミナルへ
バーガーキング
ATM
コインロッカー
インターネット

3〜8番ホームへ
1〜2番ホーム、アーランダ・エクスプレス・トレイン乗り場へ
キオスク
カフェ
タイ料理、寿司

タクシー乗り場

Vasagatan

ダ・エクスプレス・トレイン専用ホーム1、2番と長距離列車の発着する3～12番（9番はない）、郊外電車（→P.315）が発着する13～19番の計18がある。1階にはアーランダ・エクスプレス・トレインのホームと3～10番ホームへの入口、スウェーデン鉄道（SJ）のチケット売り場、鉄道インフォメーションKundservice、コインロッカー、両替所、キオスク、ファストフード店などがある。長距離列車の出発時刻は、巨大な電光掲示板で確認できる。なお、11～19番ホームの改札は地下1階と2階にある。

バスで着いたら

すべての国際バス、国内バスはストックホルム中央駅に隣接するシティ・ターミナルCity Terminalenに到着する。ガラス張りのモダンな建物で、1階に各長距離バス会社のチケットカウンターのほか、空港バスの発着所、両替所、コインロッカー、カフェ、キオスクなどがある。フェリーのヴァイキング・ラインのカウンターもあり、チケットの予約、購入が可能。国際バスは、デンマークからはユーロラインズ・スカンジナビアEurolines Scandinviaが、ノルウェーからはスウェブス社Swebus（→P.544）が運行している。また、国内はスウェブス社やユーブス社Ybussなど数社が各地に便をもっている。各バスのカウンターは、スウェブス社以外は共同。

ガラス張りのモダンな建物

船で着いたら

フィンランドから船で入国する場合、タリンク・シリヤラインは市の北東にあるヴァータハムネン港Värtahamnenのシリヤ・ターミナルSiljaterminalenに、ヴァイキング・ラインはセーデルマルム地区の東にあるスタッツガードハムネン港Stadsgårdshamnenのヴァイキング・ターミナル Vikingterminalenに到着する。エストニアからのタリンク・シリヤラインもヴァータハムネン港に着く。シリヤ・ターミナルへは地下鉄ガーデット駅Gärdetから徒歩または、シリヤ・シティ・トランスファーのバス（35SEK）でシティ・ターミナルまで行くことができる。所要約20分。または76番の路線バスでも行くことができる。ヴァイキング・ターミナルへは地下鉄スルッセン駅Slussenから出ている400番台のバスを利用するか、シティ・ターミナルまで行く専用バス（40SEK）を利用することもできる。

中央駅の両替所
Forex, x-change
🕐毎日7:00～21:00
🈳無休

シャワー室（地下1階）
🕐早朝5:00～24:15
💰30SEK

シティ・ターミナル
MAP P.306-A3・4
🏠Klarabergsviadukten 72
☎(08)762-5997
FAX(08)762-2410
URLwww.cityterminalen.com
🕐毎日 早朝3:30～23:45
🈳無休
チケット売り場
🕐毎日7:00～18:00
（空港バスのチケットは
毎日早朝 3:30～19:30）
🈳無休
スウェブス社チケット売り場
🕐毎日7:00～19:00
🈳無休

シティ・ターミナルの両替所
Forex
🕐月～金7:00～20:00
土・日9:00～17:00
🈳無休

ユーロラインズ・スカンジナビア
ストックホルム
☎(08)30-1245
URLwww.eurolines.se

北欧諸国からのバス路線
コペンハーゲンから約9時間45分。オスロからは約7時間50分。

ヨーロッパ諸国からのバス路線（→P.538）

ヴァータハムネン港
MAP P.305-D1

スタッツガードハムネン港
MAP P.305-D4

北欧諸国からのおもな航路
ヘルシンキから
タリンク・シリヤライン
☎(08)22-2140
URLwww.tallinksilja.com
1日1便、所要約17時間30分。
ヴァイキング・ライン
☎(08)452-4000
URLwww.vikingline.se
1日1便、所要約17時間40分。

ヨーロッパ諸国からのおもな航路（→P.539）

SL社

℡(08)600-1000
URLwww.sl.se
運だいたい朝5：00〜翌
1：00頃まで。金・土曜は、
本数は少ないが終夜運行。

チケット料金

料1ゾーン料金(チケット2枚)
　駅窓口で購入　40SEK
　券売機で購入　30SEK
　エリアはABCの3ゾーン
分かれているが、市街のほ
とんどの見どころはAゾーン
内にあり、観光での移動は
大抵1ゾーン料金で足りる。
券売機は1、5、10SEKコ
インのほか、クレジットカ
ードも使える。

トラベルカード

料1日券100SEK
　3日券200SEK
　7日券260SEK

ストックホルムの市内交通

　ストックホルムの地下鉄、市バス、トラム及び郊外電車は、SL社（Stockholms Lokaltrafik）が運営しており、すべて共通のチケットで利用できる。また、郊外電車はスウェーデン鉄道Statens Järnväger（SJ）の路線でもあるので、ユーレイルパスの利用ができる。ただし、フェリーは私営のため、チケットは共通ではない。

料金とチケット

　チケットは利用開始から1時間有効で、時間内なら乗り換え自由。駅の窓口で買うと1枚20SEKだが、キオスクやSL社のロゴを掲示している代理店（コンビニなど）で買うと15SEKと割安。料金はA、B、Cの3つに分かれたゾーン制で、

ストックホルム地下鉄、トラム 及び 郊外電車路線図

同ゾーン内の移動（1ゾーン）はチケット2枚、AとB間およびBとC間の移動（2ゾーン）は3枚、AとC間の移動（3ゾーン）は4枚必要。一定日数乗り降り自由なトラベルカードもある。

■ 地下鉄 *Tunnelbana*

マークはⓉ。7つの路線が地下鉄T-Centralen駅を中心に広がっている。各線は番号で示され、方向は終着駅名で区別される。改札口でチケットを買うと時間がスタンプされ、その時間からストックホルム内なら1時間使用できる。

■ 市バス *SL Buss*

すべて前乗り後ろ降りのワンマンバス。チケットはドライバーからは買うことができないので、事前にバス停にある券売機や、キオスクなどで購入しておくこと。1時間以内に使い始めたチケットを持っていればそれを見せるだけでいい。

■ トラム *Spårvagn*

市内に2路線、郊外に8路線の計10路線が運行。市内の路線は、2010年8月に運行を開始したセルゲル広場とユールゴーデン島を結ぶSL社の新路線、シティ・トラムと、ベルツェリー公園付近のNorrmalmstorgからユールゴーデン島を結ぶミュージアム線のふたつ。郊外の路線Lokalbanaはミレスゴーデンへ行く際などに利用できる。

ミュージアム線のレトロな車両

■ 郊外電車 *Pendeltåg*

マークはⒿ。スウェーデン鉄道が運行する濃いブルーの車体で、南北に延びる約80kmの区間を走る。すべてストックホルム中央駅を経由する。SL社のシングルチケットのほか、ユーレイルパスが利用できる。

地下鉄やバスと共通のチケットが使えて便利

■ フェリー *Båt*

ベルツェリー公園そばのニーブローハムネン港Nybrohamnenと、ユールゴーデン島のチボリ公園近くにあるアルメンナグレンド通りAllmänna Gränd間は夏期のみ運航。ガムラ・スタンのシェップスブロンSkeppsbronとアルメンナグレンド通りを結ぶフェリーは1年中運航。

■ タクシー *Taxi*

原則として流しのタクシーはなく、タクシースタンドから乗る。ストックホルム中央駅前は台数が多く拾いやすい。料金は日本より割高。人数が増えると料金が高くなる。24:00以降は割増し。

地下鉄路線図
ストックホルム中央駅（地下）やセルゲル広場、スルッセン駅などにあるSL社のセンター・インフォメーションではSL社の各種チケットを購入できるほか、地下鉄などの路線図・時刻表も入手できる。

セルゲル広場の
SLセンター・インフォメーション
MAP P.306-B3
🕐月～金 7:00～18:30
　　土・日10:00～17:00
休 無休

市バス
営 7:00～24:00頃
24時間運行している路線もある。
降車口は車両の真ん中あたりにある。降りる時のサインはヒモ式（車内上部にかかっているヒモをひっぱる）やボタン式、黒いベルトへのタッチ式といろいろある。ドライバーに頼んでおけば、降りたい場所で教えてもらえる。

市バスの車体は青や赤

トラム
シティ・トラム
営 月～金5:30～翌1:30頃
　　土・日6:00～翌1:30頃
休 無休
ミュージアム線
☎(08)660-7700
URL www.sparvagssallska pet.se
営 4・5月、9～12月
　　土・日11:00～19:00
　　6～8月
　　毎日　11:00～18:00
料 30SEK

郊外電車
営 早朝5:00～翌1:30頃

フェリー
料 40SEK～

おもなタクシー会社
Taxi Stockholm
☎(08)15-0000
Taxi Kurir
☎(08)30-0000
チップは通常不要。料金の端数を切り上げて払う。

タクシー料金
料 初乗り45SEK前後～
（タクシー会社により初乗り運賃は異なる）
市内の移動なら140～150SEKで可能。

ストックホルムの歩き方

　大小合わせて14の島からなるストックホルム。規模は大きいが、いくつかのエリアに分けて考えるとわかりやすい。

　町の中心は、地下鉄T-Centralen駅の出口にあるセルゲル広場。広場の西にストックホルム中央駅があり、川を挟んださらに西には市庁舎がそびえ建つ。セルゲル広場の東はエステルマルム地区Östermalm。港沿いに王立公園があり、近くに国立美術館や王立劇場Dramatiskateaternがある。劇場前のベルツェリー公園からは、ユールゴーデン島Djurgårdenへのトラムやフェリーが発着している。ユールゴーデン島の横にあるのが、シェップスホルメン島Skeppsholmenだ。

　旧市街ガムラ・スタンGamla Stanは、中心部の南、リッダーホルメン島Riddarholmenに広がる。大広場を中心に王宮やストックホルム大聖堂など歴史的な建物が並ぶ、ストックホルム観光のハイライトだ。地下鉄ガムラ・スタン駅Gamla Stanの利用が便利だが、中心街から徒歩で橋を渡ったり、ユールゴーデン島からのフェリーでもアクセスできる。ガムラ・スタンの南には、ショッピング＆グルメスポットとして注目のエリア、セーデルマルム島Södermalmがある。

　広いストックホルムは、地下鉄をメインに、市バスなどをうまく使ってエリア間を移動しよう。エリア内の移動は徒歩でも大丈夫。また、水の都ならではのフェリーもぜひ利用したい。

ユールゴーデン橋から見た
エステルマルム地区

ストックホルムの観光案内所❶

　ストックホルムの観光案内所Sveriges Turistådはストックホルム中央駅の正面に建つ。カウンター近くの機械から整理券をとり、番号を呼ばれたらそのカウンターで質問できるというシステム。多数のパンフレットが揃うほか、地図も無料で配布している。カウンターでは観光案内のほか、コンサートや演劇、映画などのチケットも販売している。ホテルを予約してもらう場合の手数料は75SEK。混雑しているがスタッフはとても親切。

2010年9月に中央駅前へ
移転した観光案内所

ストックホルム発のツアー

■ 観光バスツアー

　シティ・サイトシーイング社City Sightseeingが催行する、バスの中からストックホルムのおもな見どころを巡るStockholm Panoramaが人気。10ヵ国語のガイドテープがあり、日本語もある。グスタフ・アドルフ広場Gustav Adolf Torgから出発。所要約75分、260SEK。観光案内所で予約可能。

■ 観光船ツアー

　船のツアーは各種あるが、ほとんどが王立公園の東、Grand Hotel（→P.339）前の埠頭ストロームカイエンStrömkajen、市庁舎前のスタッズヒュースブロンStadshusbron、ベルツェリー公園前のニーブローハムネン港から出る。シティ・サイトシーイング社が催行するガムラ・スタンやユールゴーデン島の周囲を回るRoyal Canal Tourや、運河や海に沿って巡りながら、ストックホルムの歴史などのガイドを聞けるHistorical Canal Tourなどがある。Royal Canal Tourは、ニーブローカイエン発で所要約50分、150SEK。Historical Canal Tourはスタッズヒュースブロン発、所要約50分、150SEK。どちらもガイドは英語やスウェーデン語などのほか日本語もある。

**ストックホルムの
観光案内所❶**
MAP P.306-B4
🏠Vasagatan 14
☎(08)5082-8508
FAX(08)5082-8509
URLwww.visitstockholm.com
📅5/1〜9/15
　月〜金　9:00〜19:00
　土　　　10:00〜17:00
　日　　　10:00〜16:00
　9/16〜4/30
　月〜金　9:00〜18:00
　土　　　10:00〜17:00
　日　　　10:00〜16:00
🈳無休

シティ・サイトシーイング社
☎(08)1200-4000
URLwww.stromma.se/sightseeing
Stockholm Panorama
📅4/5〜9/25
　　9:30、10:00、11:00、
　　12:00、13:00、14:00、
　　14:30、16:00、17:30、
　　19:00
　9/26〜4/4
　　10:00、12:00、14:00
Royal Canal Tour
📅4/8〜28、10/3〜16
　月〜木10:30〜15:30
　金〜日10:30〜16:30
　4/29〜6/24
　　毎日　10:30〜18:30
　6/25〜8/28
　　毎日　10:30〜19:30
　8/29〜9/18
　　毎日　10:30〜17:30
　9/19〜10/2
　　毎日　10:30〜16:30
　10/17〜11/6
　　月〜木10:30〜14:30
　金〜日10:30〜15:30
　11/7〜12/18
　　月〜木10:30〜13:30
　金〜日10:30〜14:30
　1時間ごとに出発。ほかの港から出港するツアーもある。
Historical Canal Tour
📅5/28〜8/28
　毎日10:30〜18:30
　1時間ごとに出港。

ストックホルム・ユースフルアドレス			
日本大使館	☎(08)5793-5300	🏠Gärdesgatan 10	MAP P.305-D2
スカンジナビア航空	☎0770-727727		
フィンエアー	☎0771-781100		
タリンク・シリヤライン	☎(08)22-2140		
ヴァイキング・ライン	☎(08)452-4000	🏠シティ・ターミナル内	MAP P.306-A3・4
ストックホルム警察本部	☎114-14	🏠Polhemsgatan 30	MAP P.304-B3
警察、消防、救急車	☎112		
救急医療電話サービス(24時間)	☎(08)644-9200	🏠Sjukhusbacken 10	

A ストックホルム中央駅周辺 (→P.322)

　ストックホルムの繁華街は中央駅から東に向かって広がっている。ヒョートリエットとセルゲル広場、ふたつの広場を結ぶドロットニングガータン通りDrottninggatan周辺は、ストックホルム随一のにぎやかなショッピングエリア。ドロットニングガータン通りは歩行者専用道路でガムラ・スタンまで通じており、毎日世界各国の旅行者が行き交う。ストックホルム中央駅から歩くこと5分、メーラレン湖Mälarenに面して、堂々たるたたずまいを見せるレンガ造りの建物が市庁舎だ。夏期は塔に上ることができるので、ぜひここから市街を見下ろしてほしい。ストックホルムが水の都であることがよくわかる。湖から渡ってくる風が心地よい。

B ガムラ・スタン (→P.324)

　王立公園から王立オペラ劇場方向に進み、橋を渡った所にあるのが、旧市街ガムラ・スタンGamla Stan。この地域には王宮や、細い通りの両側に小さいお店が何軒も軒を連ねるヴェステルロングガータン通りVästerlånggatanなどがあり、ゆっくり時間をかけて見て回りたい。ガムラ・スタンからはヴェステルロングガータン通りを北に真っすぐ行けば、ドロットニングガータン通りに通じていて徒歩12〜13分ほどでセルゲル広場に戻れる。

　地下鉄ガムラ・スタン駅もあるが、T-Centralen駅まではひと駅。時間的には徒歩とあまり変わらない。

C エステルマルム地区周辺 (→P.329)

　エステルマルム地区Östermalmの地下鉄駅、エステルマルムストリエ駅Östermalmstorgからストゥーレプラン広場Stureplanにかけて、ショップやレストランが集まっている。広場から南に下るとベルツェリー公園や王立公園、ムゼイ公園Museiparkenなどの公園があり、夏は遅くまで陽の光を楽しむ人々でにぎわう。

町の中心部に位置するベルツェリー公園

D セーデルマルム島周辺

　ガムラ・スタンの南に位置する大きな島がセーデルマルム島Södermalm。全体が高台のようになっており、海岸線からはガムラ・スタンやその北に広がるストックホルム市街を見渡すことができる。島内にはストックホルム市の文化財に指定された17〜19世紀の建物も数多く残されている。かつては労働者が住む庶民的な町だったが、現在は芸術家や実業家などが住むようになり、若い人に人気のある地域としても知られている。おしゃれなレストランやブティックはゲートガータン通りGötgatanやスコーネガータン通りSkånegatan周辺に集まっている。

E シェップスホルメン島 (→P.330)

　中心部から、王冠のマークのある橋を渡った先にあるのが、シェップスホルメン島Skeppsholmenだ。16世紀頃には王室の保養地として使われていたが、17世紀の半ばに海軍の基地となり、総司令部ほか各種施設が置かれ、別名海軍の島とも呼ばれた。当時の軍司令官の家、兵舎、体育館、王の馬小屋などは改修され、東洋博物館、建築博物館、現代美術館などに利用されている。また、毎年6月中旬頃の1週間、海辺の広場でストックホルム・ジャズ・フェスティバルが開催される。

現代美術館の庭にはアーティストたちの作品が置かれている

F ユールゴーデン島 (→P.331)

　ユールゴーデン島Djurgårdenは、四季を問わずストックホルムっ子に愛されている自然公園。1000ヘクタールの広さがある緑豊かな都会のオアシスだ。現在では数少ない王室の領地の一部だが、自然保護のために新たな建築は一切許されず、豊かな緑はいつまでも残される。島内には、世界最古の野外博物館スカンセンのほか、多くの美術館、博物館がある。

郊外 (→P.333)

　ストックホルムの郊外には、世界遺産のドロットニングホルム宮殿などの見どころがある。フェリーで海を渡ってアクセスできる。

ストックホルム エリアマップ

エステルマルム地区

セルゲル広場
クングスホルメン島
ストックホルム中央駅
王立公園
市庁舎
リッダーホルメン島　ガムラ・スタン
王宮
シェップスホルメン島
ユールゴーデン島
スカンセン
セーデルマルム島

0　　　1km

One Day Sightseeing

ストックホルム
1日満喫型プラン

群島から成るストックホルムは、見どころも広範囲に広がっている。距離がある場合は地下鉄で移動して、近いところは徒歩で行こう。

❶ 宮殿を思わせる優雅なたたずまい
市庁舎
（→P.322）

【見学 60分】

ノーベル賞の祝賀晩餐会が行われる黄金の間とブルーホールは必見。また、塔からはガムラ・スタンを一望の下に見渡せる。

重厚な雰囲気が漂う会議場

POINT

ガムラ・スタンまでは徒歩での移動がおすすめ。橋の上からの眺めは絶景。

❷ ストックホルムの血浴の舞台
大広場
（→P.327）

【見学 10分】

広場に面したカフェで休憩するのがおすすめ。周辺にはガムラ・スタンを代表する建物が多く集まるので、時間があればそちらも見学したい。

広場中心に置かれたベンチでひと休みするのもいい

POINT

余裕があればフェリーでの観光も◎。水辺に浮かぶ町並みをゆっくり楽しめる。

One Day Sightseeing

Start!
- ❶市庁舎 【MAP P.306-A4】
  - 🚶 徒歩20分
- ❷大広場 【MAP P.309-C3】
  - 🚶 徒歩5分
- ❸大聖堂 【MAP P.309-C2】
  - 🚶 徒歩5分
- ❹王宮 【MAP P.309-C1・2】
  - 🚶🚢 徒歩5分、フェリー10分
- ❺スカンセン 【MAP P.305-D3】
  - 🚶 徒歩5分
- ❻ヴァーサ号博物館 【MAP P.305-C3】
  - 🚃🚶 トラム（夏期）10分、徒歩5分
- ❼国立美術館 【MAP P.307-C4】
Goal!

❸ ストックホルムのランドマーク
大聖堂
（→P.327）

【見学 20分】

ストックホルム最古の教会。内部では『セント・ジョージと龍』の木彫りなど、繊細な彫刻や見事な祭壇を見ることができる。

イタリア・バロック様式の壮麗な大聖堂

4 ガムラ・スタンを代表する荘厳な造り 王宮

[見学60分]

（→P.326）

王族の居室や、スウェーデン王室の宝物が展示された宝物の間が最重要チェックポイント。衛兵の交替式も見逃せない。

衛兵の交替式が行われる王宮の中庭

正装を身にまとい、小銃をかかえた衛兵が立つ

POINT

衛兵の交替式の時間に合わせて訪れよう（→P.326）。

5 ファミリーで楽しめる野外博物館 スカンセン

[見学60分]

（→P.331）

スウェーデンの各地方の伝統建築を展示。また、民族衣装を身につけた人々による織物などの実演も見られる。

園内には各種みやげ物店もある

併設の動物園では放し飼いのクジャクに遭遇することも!?

6 冒険心をかき立てる ヴァーサ号博物館

屋外からも船体の一部が見えるほどの大きさ

[見学45分]

（→P.332）

現存する最古の軍艦、全長62mのヴァーサ号を展示する。船の細部にまで施された彫刻や装飾にも注目しよう。

7 著名アーティストの作品がズラリ 国立美術館

[見学60分]

（→P.329）

レンブラントやアンデース・ソーンの作品など、国内外の傑作を展示・収蔵するスウェーデン最大の美術館。

絵画や彫刻などを収蔵。館内は広々としている

おもな見どころ

ストックホルム中央駅周辺

市庁舎 — Stadshuset

MAP P.306-A4

市庁舎

📍Hantverkargatan 1
📞(08)5082-9058
🔗international.stockhol
m.se/cityhall

庁舎内の見学はガイドツアーでのみ可能。下記のツアースケジュールは市の行事などによって変更・中止となる場合もあるので事前に確認を。

ガイドツアー（英語）
📅6〜8月
　毎日9:30〜16:00の毎30分ごとに出発。
　9〜5月
　毎日10:00、11:00、12:00、13:00、14:00、15:00
　(時期によって異なる)
　所要約45分。
💴4〜10月 90SEK
　11〜3月 60SEK
(ストックホルム・カードで入場可)

塔
📅5〜9月
　毎日 9:00〜16:00
　塔へは40分間のみ入場可能。また、最大収容人数は30名までと制限がある。
　📅10〜4月
💴40SEK
(ストックホルム・カードで入場可)

行き方➡➡➡
　地下鉄ラドヒューセット駅Rådhuset下車、徒歩5分。ストックホルム中央駅からは徒歩5分。

ストックホルムを代表する名建築

106mの塔からは市内が一望できる

金一色の黄金の間

　ストックホルム中央駅の西側、徒歩わずか5分の所にある市庁舎は、水の都ストックホルムにふさわしい優雅で厳粛な気品を漂わせて、メーラレン湖にその姿を映している。スウェーデン人建築家ラグナル・オストベリRagnar östbergの設計で、1911〜23年にかけて建てられた。ナショナルロマン様式、北欧中世風のデザインで、宮殿を思わせるたたずまいだ。106mの塔、赤レンガの質感、ゴシック風の窓、ビザンチンスタイルの輝かしい金色の飾り、さまざまな様式を取り入れながら、見事に調和がとれている。

　見学ツアーでは、まずブルーホールの大広間に案内される。中世イタリアの広場を思わせるデザインで、高窓からの採光が効果を見せ、赤レンガの壁面は小さな「敲仕上げ」（石の面を突いて細かい痕を残すこと。柔らかい音響効果をもつ）。コンサートに式典にと種々の目的で使われているが、最も有名なのは、毎年12月10日に開かれるノーベル賞授賞祝賀晩餐会だ。2階はヴァイキングルネッサンス様式で構成された天井をもつ市議会の議場で、必見の場所。200年前のゴブラン織タペストリーに囲まれた円型の小部屋は、毎週土曜の14:00〜16:00間、市民の結婚式場として使われている。

　見学のハイライトは黄金の間で、1800万枚の金箔モザイクで飾られた壁面は豪華絢爛。ここは、ノーベル賞授賞パーティーの舞踏会広間として使われる。

　塔に上るには、内庭を挟んで東側入口から入るが、エレベーターは途中までであとは徒歩。塔からのパノラマはメーラレン湖を眼下にし、市内、旧市街の屋根のシルエットが映えてすばらしい。

セルゲル広場と文化会館　Sergels Torg & Kulturhuset
MAP P.306-B3

ストックホルムの中心に位置しているのがセルゲル広場。地下鉄T-Centralen駅の出口と同じ地下1階にあり、フロアは白と黒のタイルがモザイク状に敷き詰められたモダンなデザイン。広場に面して建つガラス張りの建物は、文化会館。横幅160mもの大きさを誇り、内部には市立劇場や映画館、カフェ、各種ショップなどが入っているほか、スウェーデンの若手アーティストやデザイナーのギャラリーもある。

地下鉄T-Centralen駅から広場を横切り、階段を上がった場所はロータリーになっており、中心には8万個ものガラス片を組み合わせて造られたタワーが建っている。夜にはライトアップされて美しい。タワーの北にある5棟の18階建てのビルHöghusenは、ストックホルムの再開発地区としては最も早い時期の1955～66年にかけて建造されたものだ。

ガラス片で造られたタワー

ヒョートリエット　Hötorget
MAP P.306-B3

セルゲル広場から北に延びるセルゲルガータン通りSergelgatanは歩行者天国になっており、両側にデパートが建ち並ぶショッピングエリア。その突きあたりにある広場がヒョートリエットだ。Höとは干草の意味。昔はここで、干草、衣類、材木、肉、魚など何でも売られていた。今の市場になったのは100年ほど前のことで、色とりどりの花、新鮮な野菜や果物、キノコなどが山と積まれ、威勢のいい客引きの声が飛び交う。

広場の南に面したビル、ヒョートハーレンHötorhallenの地下にぜひ下りてみよう。週末は人いきれでムンムンするほどの混雑ぶり。肉や魚、野菜の市場、名物のトナカイやムース、ウサギやライチョウの肉など何でも揃っている。ザリガニやウナギ、大きなオヒョウが店先を占領し、ピンクの小エビが山と盛られてあふれんばかり。とにかく歩いて回るだけでも楽しい。なかにはカフェや軽食堂、トルコ風サンドイッチを売るケバブスタンド、魚を料理して食べさせる店もある。

広場の東側に建つブルーの建物はストックホルム・コンサートハウス（→P.360）で、おもにクラシックのコンサートが開かれるが、ノーベル賞授賞式が行われる所でもある。建物前に建つブロンズの彫刻群像は、スウェーデンの代表的彫刻家カール・ミレスの作品で『オルフェウスの泉』。向かい側の通りドロットニングガータン通りを挟んでデパートPubがあり、1階にはみやげ物売り場がある。

セルゲル広場
行き方===
地下鉄T-Centralen駅下車。

文化会館
☎(08)5083-1508
URL www.kulturhuset.stockholm.se
インフォメーション
圓月～水・金　8:00～19:00
　　木　　　8:00～21:00
　　土・日11:00～17:00
休無休

セルゲル広場に面して建つ文化会館

ヒョートリエット
圓月～金　7:30～18:00
　　土　　7:30～15:00
　　日　10:00～17:00
休無休
ヒョートハーレン
URL www.hotorgshallen.se
圓6・7月
　月～金10:00～18:00
　土　　10:00～15:00
　8～5月
　月～木10:00～18:00
　金　　10:00～18:30
　土　　10:00～16:00
休日
行き方===
地下鉄ヒョートリエット駅Hötorget下車。

新鮮な野菜や果物が手に入る

石畳を踏みしめて歩くストックホルム旧市街

ガムラ・スタン
ぶらぶら歩き

中世の香りを感じながら、石畳の路を歩こう。目を凝らせば見えてくるはず、積み重ねた歴史が生んだたくさんの素敵と不思議。1日たっぷり時間をとって、ガムラ・スタン・ウオーキング。

❶ ドイツ教会
Tyska kyrkan （→P.328）
地下鉄の駅を出て少し歩くと、すぐに目に飛び込んでくる壮麗な教会。尖塔の高さは96m。

❷ 大広場
Stortorget （→P.327）
ガムラ・スタンの中心。かつて市が開かれ、また罪人がさらされた場所でもあった。

❸ ヴェステルロングガータン通り
Västerlånggatan
ヴェステルロングガータン通りは、13世紀にさかのぼる繁華街。石畳の道沿いには、みやげ物店が軒を連ねている。店内へ入ったら、天井に注目してみよう。いくつかの店には、美しい装飾を施した古いガラス天井が残されている。

❹ リッダーホルム教会
Riddarholms kyrkan （→P.328）
1280〜1310年に建てられた。スウェーデン王族の多くが、この教会に眠っている。

❺ 大聖堂
Storkyrkan （→P.327）
13世紀に建立されたストックホルム最古の教会。

❻ 王宮
Kungliga Slottet
（→P.326）
スウェーデン王室の公式行事に使われるイタリア・バロック様式の宮殿。

❼ フィンランド教会
Finska kyrkan
教会の裏庭に、"アイアン・ボーイ"と呼ばれる市内で最も小さな像がある。高さはわずか14cm。愛らしい姿から市民や観光客に人気があり、コインを置いていく人も多い。誰が用意するのか、時々帽子をかぶっていることもある。

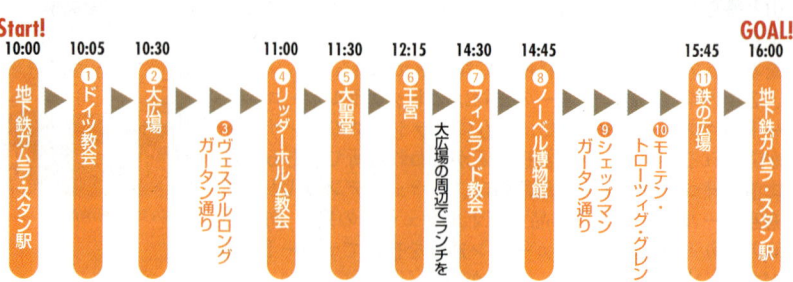

Start! 10:00	10:05	10:30		11:00	11:30	12:15	14:30	14:45			15:45	GOAL! 16:00
地下鉄ガムラ・スタン駅	❶ドイツ教会	❷大広場	❸ヴェステルロングガータン通り	❹リッダーホルム教会	❺大聖堂	❻王宮 大広場の周辺でランチを	❼フィンランド教会	❽ノーベル博物館	❾シェップスマンガータン通り	❿モーテン・トローツィグ・グレン	⓫鉄の広場	地下鉄ガムラ・スタン駅

0 100m
N
国会議事堂
Riksdagshuset
王宮
Kungliga Slottet
6
Myntgatan
貴族の館
Riddarhuset
大聖堂
Storkyrkan
5
7
フィンランド教会
Finska kyrkan
Storkyrkobrinken
ノーベル博物館
Nobelmueet
8
アイアン・ボーイの像
Trädgårdsgatan
Riddarholmsbron
Stora Gråmunkegränd
2
大広場
Stortorget
Källargränd
シェップマン広場
Köpman torget
シェップマンガータン通り
Köpmangatan
9
Västerlånggatan
Gåsgränd
Kåkbrinken
Skomakargatan
4
リッダーホルム教会
Riddarholms kyrkan
3
Österlånggatan
Lilla Nygatan
ドイツ教会
Tyska kyrkan
1
Munkbrogatan
Tyska Brinken
Västerlånggatan
10
Mårten Trotzigsgränd
Prästgatan
地下鉄ガムラ・スタン駅
Gamla Stan
鉄の広場
Järntorget
11
ガムラ・スタン街歩きMAP

8 ノーベル博物館

Nobelmuseet
(→P.328)

館内のカフェに注目。授賞式の晩餐会と同じアイスクリームが味わえる。イスの裏には、歴代受賞者のサインがある。

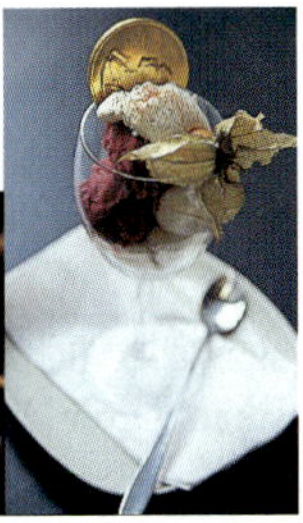

10 モーテン・トローツィグ・グレン

Mårten Trotzigsgränd

ガムラ・スタンで最も狭い通り、モーテン・トローツィグ・グレン。その幅は90cmほどしかない。両手を伸ばさずとも充分届く。

9 シェップマンガータン通り

Köpmangatan

シェップマンガータン通りは、ストックホルムで最も古い商店街。今はこのあたりにアンティークショップやアートギャラリーが集まる。突きあたりのシェップマン広場には『セント・ジョージと龍』のレプリカ像がある。

11 鉄の広場

Järntorget

昔、港に運ばれた鉄をこの広場に保管しておいたことからこの名前がついた。広場の中央には今も大きな計量器が据えられている。片隅に建つ眼鏡をかけた男性の像は、スウェーデンの代表的な詩人Evert Taubeの像。

王宮
📞(08)402-6130
🌐www.royalcourt.se

王宮の見どころすべてを見学したいなら、30日間有効の共通券（140SEK）がお得だ。チケットは大聖堂向かいにあるチケット売り場で。なお、王家武儀博物館は共通券の対象外。
※王宮の見どころすべてと王家武儀博物館はストックホルム・カードで入場可。

チケット売り場
🕐5/14～9/25
　　毎日　10:00～17:00
　　9/26～5/13
　　火～日12:00～16:00
🚫9/26～5/13の月

衛兵交替式
🕐4/23～8/31
　　月～土　12:15～
　　日　　　13:15～
　　9～10月
　　水・土　11:45～
　　日　　　12:45～
　　11/1～4/22
　　水・土　12:10～
　　日　　　13:10～

王族の居室、宝物の間と国家の間、王宮博物館
🕐5/14～9/25
　　毎日　10:00～17:00
　　9/26～5/13
　　火～日12:00～16:00
🚫9/26～5/13の月
💰各100SEK

王宮礼拝堂
🕐6～8月
　　水・金12:00～15:00
🚫6～8月の土～火・木、9～5月
　通年日曜11:00からミサが行われる。

グスタフ3世のアンティーク博物館
🕐5/14～9/25
　　毎日　10:00～17:00
🚫9/26～5/13
💰100SEK

王家武儀博物館
📞(08)402-3030
🌐lrk.lsh.se
🕐5・6月
　　毎日　11:00～17:00
　　7・8月
　　毎日　10:00～18:00
　　9～4月
　　火・水・金～日
　　　　　11:00～17:00
　　木　　11:00～20:00
🚫9～4月の月
💰75SEK

行き方▶▶▶
地下鉄ガムラ・スタン駅下車、徒歩20分。

ガムラ・スタン

王宮

Kungliga Slottet
MAP P.309-C1・2

衛兵の交替式時に行われるパレードも必見

ガムラ・スタンの北に建つ3階建ての堂々たる建物。13世紀中頃に建立されたが、1697年の火災によりほぼ全焼。その後57年かけて再建され、1754年に完成した。イタリア・バロック、フランス・ロココ様式の建築で、代々王室の居城として使われてきた。現王室は、子供たちにふさわしい環境へと、1981年に郊外のドロットニングホルム宮殿（→P.333）に移られた。王宮西の中庭にて行われる衛兵の交替式に合わせて訪れたい。

■王族の居室　　　　　　　　MAP P.309-C2

王族の居室Representationsvåningarnaは、全部で約600室あり、一部一般公開されている。見学できるのは、王宮内の2階と3階にかけてで、ベルナドッテの間Bernadotteuåningen、晩餐会の広間Festvåningen、迎賓の間Gästvåningenなど。ロココ様式のインテリア、450kgのクリスタルガラスのシャンデリア、銀器、ガラスの収集品、ペルシャ絨毯など、豪華なコレクションを見ることができる。

■宝物の間と国家の間　　　　　MAP P.309-C2

王宮東側の入口から入ると、宝物の間Skattkammarenがあり、12人の歴代国王や女王の王冠、剣、宝物類が展示されている。700のダイヤモンドと真珠、ルビー、エメラルドで飾られた王冠は、1561年エリック14世戴冠式の時のもの。
なおこの一角にある国家の間Rikssalenは、長い間、国王臨席のもとに伝統的な国会開会式が行われたホール。

■王室に付属する博物館など　　MAP P.309-C1・2

王宮礼拝堂Slottskyrkanは典型的なフランス・ロココ様式、王家武儀博物館Livrustkammarenには、17世紀の王グスタフ2世がLützenで戦死したとき乗っていた軍馬のはく製や、18世紀末にオペラ座の仮装舞踏会で暗殺されたグスタフ3世の血のついた服、その暗殺者の貴族が使用したピストル、仮装マスクなどが展示されている。
王宮博物館Museum Tre Kronorは西側の入口または王族の居室脇の入口から入る。ここには17世紀末焼失した旧王宮の品々を展示。グスタフ3世のアンティーク博物館Gustaf Ⅲ's Antikmuseumには王の収集品が納められており、王宮の北側に入口がある。
これら王宮に付属する博物館、チャペルでは夏期を中心に室内楽、リサイタルなどコンサートが開かれる。

国会議事堂
Riksdagshuset

MAP P.308-B1

ストックホルム中心部とガムラ・スタンの間に浮かぶ小さな島にあるのが、スウェーデンの国会議事堂。20世紀の初めに建てられた石造りの重厚な建物だ。内部はガイドツアーでのみ見学できる。ツアーはスウェーデン語と英語で行なわれる。

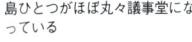

島ひとつがほぼ丸々議事堂になっている

大聖堂
Storkyrkan

MAP P.309-C2

王宮のすぐ南にあるストックホルム最古の由緒ある教会。13世紀後半に建てられ、何度も改築、増築され、現在の大きさになったのは1480年代のこと。ゴシック様式から、王宮の建築様式に合わせてイタリア・バロック様式に改築された。長い間国王、女王の戴冠式、結婚式などの儀式が行われた場所でもある。最近では、1976年に現国王カール16世グスタフ王とシルビア王妃との結婚式が行われ、2010年6月には娘であり、女性王太子のヴィクトリア王女の結婚式も行われた。

内部に入ると、正面に黒檀と銀による祭壇、バロック様式の玉座、説教台、1489年に制作された『セント・ジョージと龍』の木彫などがある。

また、7月〜8月中旬の夏期には、毎週木曜日19:00〜オルガンコンサートを開催(50SEK)。

『セント・ジョージと龍』の木彫り

大広場
Stortorget

MAP P.309-C3

大聖堂を出て王宮と反対側に歩いていくと、大広場にぶつかる。今は平和なこの広場で、1520年歴史に残る"ストックホルムの血浴"が起こった。デンマークのクリスチャン2世の侵攻に抵抗した、のちのヴァーサ王の父を含む90人あまりの貴族、高官が断頭刑に処され、広場が血で染まったといわれる。

広場に面し、1776年建造の証券取引所Börsenがある。最上階にはグスタフ3世が創設したスウェーデン・アカデミーがあり、毎年ノーベル文学賞の選考を行う。

国会議事堂
Sveriges riksdag
(08)786-4000
www.riksdagen.se

ガイドツアー
6月下旬〜8月下旬
月〜金12:00、13:00、14:00、15:00
8月下旬〜6月上旬
土・日13:30
無料
上記は英語のツアー時間。議会開催期間中はガイドツアーはないので、事前に確認すること。

ガイドツアーの申し込みはこちらで

大聖堂
Trångsund 1
(08)723-3000
www.stockholmsdomkyrkoforsamling.se
7・8月
月〜土9:00〜18:00
日　9:00〜16:00
9〜6月
毎日　9:00〜16:00
無休
40SEK
(ストックホルム・カードで入場可)

ストックホルム最古の教会はガムラ・スタン歩きの目印になる

広場の周辺にはカフェが多い

スウェーデン　ストックホルム　おもな見どころ

貴族の館
住Riddarhustorget 10
電(08)723-3990
URLwww.riddarhuset.se
開月〜金11:30〜12:30
休土・日
料50SEK
（ストックホルム・カードで
入場可）

貴族の館　　　　　Riddarhuset

MAP P.308-B2

ガムラ・スタンの北西の角にある。建物はオランダ・バロック様式で、1668年の建造。貴族階級による初の議会が行われた場所でもある。内部には2322もの貴族の紋章の楯が飾られ、当時を偲ばせている。

　　建物前にある銅像は、16世紀半ばの偉大な国王グスタフ・ヴァーサで、18世紀初めカール12世がナルバNarvaの戦いで奪った大砲を利用して造らせたもの。重さは11トンある。

　　内部のホールでは、室内音楽のコンサートが時々開かれる。

貴族の世界をかいま見ることができる

ドイツ教会
住Svartmangatan 16A
電(08)10-1263
開5〜9月
　　毎日11:00〜17:00
　　10〜4月
　　水・金・土
　　　12:00〜16:00
　　日　12:30〜16:00
休10〜4月の月・火・木
料無料
　　通年日曜11:00からミサ
が行われる。

ドイツ教会　　　　Tyska kyrkan

MAP P.309-C3

大広場の南にあり、高い尖塔を持つ教会。ハンザ同盟の商人たちによって1634〜48年にかけて建てられた。何度も改築され、現在の形になったのは1887年。内装は17世紀半ばのもの。内部には38の金メッキの天使の顔が飾られ、八角形の説教台は黒檀とアラバスター（雪花石膏）製。

リッダーホルム教会
住Kungliga Slottet
電(08)402-6167
URLwww.royalcourt.se
開5/14〜9/25
　　毎日10:00〜17:00
休9/26〜5/13
料30SEK
（ストックホルム・カードで
入場可）

リッダーホルム教会　　Riddarholms kyrkan

MAP P.308-A・B3

町のどこからでも眺められる高い尖塔をもつ教会は、13世紀半ばに、フランシスコ会修道院として建てられたのが始まり。大聖堂と並んでストックホルムで最も古い教会のひとつ。透かし彫りのような塔はネオゴシック様式で、過去2度の火災で焼失し、1846年に再建されたもの。17世紀初め、グスタフ・アドルフ2世により歴代国王、女王永眠の場所となった。

大きな尖塔をもつネオゴシック様式の教会

ノーベル博物館
住Stortorget
電(08)5348-1800
URLwww.nobelmuseum.se
開5/15〜9/15
　　火　10:00〜20:00
　　水〜月10:00〜18:00
　　9/16〜5/14
　　火　11:00〜20:00
　　水〜日11:00〜17:00
休9/16〜5/14の月
料70SEK
（ストックホルム・カードで
入場可）

ノーベル博物館　　　Nobelmuseet

MAP P.309-C2・3

ノーベル賞100周年を記念して2001年にオープン。館内では、ノーベル賞の歴史や歴代受賞者に関してビデオや写真などを使って年代ごとに詳しく紹介している。ミュージアムショップではノーベル文学賞受賞作家の作品コレクションや絵ハガキのほか、ノーベル賞授賞式の晩餐会で食後のコーヒーに添えられるアルフレッド・ノーベルの肖像入りのチョコレートも販売。館内のカフェでは1976〜1998年までの晩餐会のディナーで出されていたデザートと同じアイスクリームが食べられる。英語のガイドツアーを毎日催行している。

建物はかつての証券取引所

エステルマルム地区周辺

王立公園　Kungsträdgården

MAP P.307-C3·4

　18世紀末までは宮廷庭園として、王族や貴族の散策の場であった。1953年に市の700年祭を祝う記念行事として整備され、今ではにぎやかな公園として親しまれている。

　園内にはふたつの銅像が建っており、北がカール13世、南がカール12世だ。夏にはさまざまなイベントがあり、野外ステージではコンサートが開かれ、野外劇が上演される。屋台が出たり、チェスに興じている人がいたりと、市民の憩いの場になっている。ベンチに座って人々を眺めているだけで飽きない。また両側の菩提樹の並木道は絶好の散策コースになっている。冬になると人工スケート場がオープンする。

王立公園
行き方➡➡➡
　地下鉄T-Centralen駅または、クングストロードゴーデン駅Kungsträdgården下車。

公園の南側に位置するカール12世の像

武器博物館　Armémuseum

MAP P.307-C·D3

　装甲車と自走砲が迎える巨大な博物館。3階建ての館内では、ヴァイキングの時代から20世紀にいたる、スウェーデンの軍隊や武器の歴史を紹介している。大砲や銃剣など実際に使用していた武器や戦利品として獲得した各国の旗なども展示。また、各時代における戦いの様子が、精巧な実物大模型や効果音を用いてリアルに再現されており圧巻だ。

騎馬隊の模型は迫力満点

武器博物館
🏠Riddargatan 13
📞(08)5195-6300
URL www.armemuseum.se
🕐7・8月
　火　　10:00～20:00
　水～月10:00～17:00
　9～6月
　火　　11:00～20:00
　水～日11:00～17:00
🚫9～6月の月
💰80SEK
（ストックホルム・カードで入場可）

歴史博物館　Historiska Museet

MAP P.307-D3

　古代人の白骨や、土中から発掘された土器の破片など、約1万1000年前からの遺物が時間を追って展示されている。また併設のゴールドルームGuldrummetにある円形の特別展示室の中には、金や銀を使って作られた装飾品や、食器、武器などが展示されていてまばゆい光を放っている。

歴史博物館
🏠Narvavägen 13-17
📞(08)5195-5600
URL www.historiska.se
🕐5～9月
　毎日　10:00～17:00
　10～4月
　火・水・金～日
　　　　11:00～17:00
　木　　11:00～20:00
🚫10～4月の月
💰70SEK
（ストックホルム・カードで入場可）

国立美術館　Nationalmuseum

MAP P.307-C4

　16世紀から20世紀の絵画、彫刻、家具調度品、銀器などを展示するスウェーデン最大の美術館。王立公園の東、シェップスホルメン島寄りの突端にあり、1866年に建てられたイタリア・ルネッサンス様式の建物。

　作品は時代別に展示されており、2階には銀製品、織物、家具調度品などがあり、3階は中世ヨーロッパから現代までの絵画、彫刻を展示している。なかでも見逃せない作

水面に映る姿も美しい

住 Södra Blasieholmshamnen
電 (08)5195-4300
URL www.nationalmuseum.se
開 6～8月
　　火　　11:00～20:00
　　水～日11:00～17:00
　　9～5月
　　火・木11:00～20:00
　　水・金～日
　　　　　11:00～17:00
休 月
料 100SEK
（ストックホルム・カードで
入場可）

品は、レンブラントの晩年の傑作『クラウディス・キヴィリスの誓いBatavernas Trohetsed till Claudius Civilis』で、このほか8点ほどレンブラントの作品がある。左側奥にある15世紀ロシアのイコンのコレクションも見もの。スウェーデンの代表的な画家アンデース・ソーンAnders Zornの『ミッドサマーの踊りMidsommardans』にはスウェーデンの夏の情景がよく描かれている。カール・ラーソン、エル・グレコ、ルーベンス、セザンヌ、ゴーギャン、ルノワールなど、見ごたえのある絵画が並ぶ。

シェップスホルメン島

現代美術館

Moderna Museet
MAP P.305-C3

住 Skeppsholmen
電 (08)5195-5200
URL www.modernamuseet.se
開 火　　10:00～20:00
　　水～日10:00～18:00
休 月
料 100SEK
（ストックホルム・カードで
入場可）
オーディオガイド（英語
など4ヵ国）は無料で借りられる。

行き方➡➡➡
地下鉄クングストロードゴーデン駅下車、徒歩10分。
または市バス65番で
Moderna Museet下車。

国立美術館から橋を渡った先にあるシェップスホルメン島には美術館や博物館が集まっているが、新たに現代美術館が移転してきた。ダリ、クレー、マティス、ピカソ等の作品に加え、スウェーデンの作家の作品や彫刻なども展示している。また写真博物館や建築博物館も併設されている。
また、館内には絵ハガキ、ポスター、書籍などの売り場がある。

展示物は年に数回変わる

東洋博物館

住 Skeppsholmen
電 (08)5195-5750
URL www.ostasiatiska.se
開 火　　11:00～20:00
　　水～日11:00～17:00
休 月
料 60SEK
（ストックホルム・カードで
入場可）

Östasiatiska Museet
MAP P.305-C3

中国のものを中心に日本や韓国、インドなどの陶磁器や仏像、掛け軸、書画などが展示されている。また入口横のショップでは、和食器や浮世絵の絵柄が入った手拭い、硯などいかにも東洋的なものが販売されている。

COLUMN　　　　　　　　　　　　　　**SWEDEN**

地下鉄駅の環境美術

ストックホルム市内に延びる全長110kmの地下鉄線は、数ヵ所で深く入り組む湾や海峡の下をくぐらねばならない。駅は数十mもエスカレーターで下った所にある。堅い岩盤をくり抜いて造られたプラットホームの壁面はコンクリートが吹きつけられ、コンペで選ばれた芸術家たちの壁画や彫刻で飾られており、プラットホーム全体が美術館のようだ。全線100駅中90駅以上にわたり、150人を越えるアーティストの作品が見ら

れる。10番線には日本人彫刻家、栖葉タカシの手によるVreten駅がある。
SL社のインフォメーションに無料の解説パンフレットが用意されているほか、夏の間はいくつかの駅を巡る無料のガイドツアーを開催。

独創的な装飾が施されたT-Centralen駅

ユールゴーデン島

スカンセン

Skansen

MAP P.305-D3

敷地内には移築された伝統的な建物が点在する

1891年にオープンした野外博物館スカンセンは、スウェーデンが他のヨーロッパ諸国と同様に、急激な工業化によって古い伝統を失ってゆくのを嘆いた創設者のハッセリウスHasse-liusが、全国から約160棟の伝統的な建物を集めてオープンしたもの。ハッセリウスの生家Hasseliushusetもここに移され、見学できる。

広大なスカンセンを一巡すると、1700〜1900年代の農家、豪族の邸宅、教会、ガラス工場、雑貨屋などの建物があちこちに見られる。内部ではその地方の衣装を着けた人が、糸つむぎ、織物など、古きよき時代の仕事ぶりを実演している。ダーラナ地方の典型的な農家ムーラゴーデンMoragårdenが広場西側にあり、日本の校倉式に似ている木造建築もある。

衣装を着たスタッフがかつての作業風景を再現

入口および丘の上の広場にある案内所でスカンセン全体の地図がもらえ、案内書は英語またはスウェーデン語で75SEKで販売。内部には動物園や水族館もある。敷地内をくまなく見てまわるなら、たっぷり2時間は必要だ。

北方民俗博物館

Nordiska Museet

MAP P.305-C3

ユールゴーデン島入口に建つ宮殿風の建物は、北方後期ルネッサンス様式で、スカンセン創設者ハッセリウスのアイデアで造られたもの。館内を一巡すると、16世紀より現在までの生活を偲ぶことができ、先進工業国として発展したこの国も、つい100年ほど前までは貧しい農業国にすぎなかったことがわかる。

内部には織物、衣服、家具調度品、農工具、陶器、そして住居史が時代順に展示されている。1階ホール正面の大きな樫の木の彫像は、スウェーデンを独立させたグスタフ・ヴァーサ王で、カール・ミレスの作品。

伝統文化や民族の歴史を学ぶことができる

スカンセン
Djurgårdsslätten 49-51
(08)442-8000
www.skansen.se

公園と動物園
3・4・10月
　毎日　10:00〜16:00
5/1〜6/23、9月
　毎日　10:00〜20:00
6/24〜8/31
　毎日　10:00〜22:00
11〜2月
　月〜金10:00〜15:00
　土・日10:00〜16:00
無休
120SEK（4/30〜5/31と9月は100SEK、10/1〜4/29は70SEK）
（ストックホルム・カードで入場可）

水族館
(08)666-1010
www.skansen-akvariet.se
5月
　月〜金10:00〜17:00
　土・日10:00〜18:00
6/1〜23、8/8〜31
　月〜金10:00〜18:00
　土・日10:00〜19:00
6/24〜8/7
　毎日10:00〜20:00
9〜4月
　月〜金10:00〜16:00
　土・日10:00〜17:00
無休
100SEK
（ストックホルム・カードで入場可）

行き方
市バス44番かトラムでSkansen下車。またはガムラ・スタンのシェップスブロンからAllmänna Gröndまでフェリーで。船着き場から徒歩5分。

北方民俗博物館
Djurgårsvägen 6-16
(08)5195-4600
www.nordiskamuseet.se
6〜8月
　毎日　10:00〜17:00
9〜5月
　月・火・木・金
　　　　10:00〜16:00
　水　　10:00〜20:00
　土・日11:00〜17:00
無休
80SEK（9〜5月の水曜16:00〜は無料）
（ストックホルム・カードで入場可）

行き方
市バス44番かトラムでNordiska Museet下車。

ヴァーサ号博物館
- Galävarvsvägen 14
- (08)5195-4800
- www.vasamuseet.se
- 6～8月
  - 毎日　8:30～18:00
- 9～5月
  - 木～火 10:00～17:00
  - 水　　10:00～20:00
- 無休
- 110SEK（9～5月の水曜17:00～は80SEK）
  （ストックホルム・カードで入場可）

行き方━━
　市バス44番かトラムでNordiska Museet下車。

壁に展示されている船の装飾品

プリンス・エウシェン美術館
- Prins Eugens väg 6
- (08)5458-3700
- www.waldemarsudde.se
- 火・水・金～日
  - 11:00～17:00
- 木　11:00～20:00
- 月
- 100SEK
  （ストックホルム・カードで入場可）

行き方━━
　市バス44番かトラムの終点から右側の林の小道を進み、約5～10分。

当時の優雅な生活が偲ばれる

ティールスカ・ギャレリー
- Sjötullsbacken 8
- (08)662-5884
- www.thielska-galleriet.se
- 毎日　12:00～16:00
- 無休
- 60SEK
  （ストックホルム・カードで入場可）

行き方━━
　市バス69番でThielska Galleriet下車。

柔らかな光が差し込む展示室

ヴァーサ号博物館　　Vasamuseet

MAP P.305-C3

　現存する最古の完全船として有名な戦艦ヴァーサ号を展示する博物館。ヴァーサ号は、スウェーデンが強大な力を誇っていたグスタフ・アドルフ2世の治世に建造された。ドイツ三十年戦争に参戦するため、1628年8月10日に王宮近くの埠頭から処女航海に出た。ところが突風に襲われ、まだストックホルム港内にいる間にあっけなく水深32mの海底に沈没してしまった。設計上のミスか、バラストの不足か、大砲の積み過ぎか、原因はいまだに不明である。

　ヴァーサ号は全長61m、最大幅11.7m、高さ52.5m（マスト最上部まで）、排水量1210トン、帆の面積1275㎡、乗組員445人。17世紀の軍艦としてはかなりの大きさだったことがわかる。180におよぶ彫刻が船全体に施され、特に船尾の部分は壮麗な木彫がすべて金色に塗られ、美しいものであった。1961年に行われた船体の引き揚げから復元の過程を追ったドキュメント映画も上映している。

建物いっぱいに展示されるヴァーサ号の姿は在巻

プリンス・エウシェン美術館　Prins Eugens Waldemarsudde

MAP P.305-D3・4

　ユールゴーデン島南側の岬にある1904年に建てられたエウシェン王子の邸宅は緑の多い環境にあり、王子が住んでいた当時の内装を残したまま美術館にしたユニークなものだ。

　王子自身の作品をはじめ、北欧画家の作品も多く展示されていてどの作品も見ごたえがある。また季節の花や植物が飾られた部屋もあり、美しいインテリアと見事に調和している。絵画の鑑賞とあわせて楽しめる。

ティールスカ・ギャレリー　　Thielska Galleriet

MAP P.305-D3外

　ユールゴーデン島の東の突端にある美術館。1900年初頭に、銀行家ティールの邸宅として建てられたアールヌーヴォー風の美しい建築で、白い壁に緑の屋根が目印。展示されているのは、北欧の代表的画家の作品がほとんど。19世紀末から20世紀初期の絵画が主で、カール・ラーソン、アンデース・ソーン、エーンスト・ヨセフソン、ノルウェーが誇るムンクの大作も数多く展示されており、ムンクに関しての収集はスウェーデン随一といわれる。2階のアンデース・ソーンのエッチングも見逃せない。

郊外

カクネス塔
Kaknästornet
MAP P.305-D2

スカンジナビア半島で最も高い、高さ155mのテレビ塔。地上128mの30階に展望台があり、ストックホルムの市街とその周辺に広がる公園を見渡せる。31階には屋外展望台も。1967年建造。内部には観光案内所やレストランがある。自然公園近くのイェーデットGärdetにある。

森の中に突然現れる近代的な塔

ドロットニングホルム宮殿
Drottningholmsslott
MAP P.310

16世紀初め、すでにここには王族の庭園と城があったが、ドロットニングホルム宮殿の建築工事が始められたのは1662年。若くして未亡人となったカール10世グスタフ王妃ヘドヴィグ・エレオノラの時代である。

1756年までの間に増築、改築されながら、現在の3階建て220室の宮殿が完成した。初期の建築は、王宮の設計者、ニコデミウス・テシン父子によるもの。イタリアやフランスの影響を受けたバロック様式風の建築で北欧のヴェルサイユともいわれるが、ヴェルサイユをモデルにしたものではない。

建築開始当時の宮殿は、庭園と一体になった調和の美が強調されていた。庭園は、宮殿に近い部分がバロック様式で、フランスのル・ノートルLe Nôtre(ルイ14世時代の有名な庭師)の影響を受けて造られた。バロック庭園に続いて、自然を残しながら、なだらかな起伏がのびやかな広がりを見せる英国式庭園がある。ここには中国の城Kina Slottがある。1753年建造のもので、ファサード、インテリアとも幻想的な中国風デザインだ。もとは城のキッチンであったカフェテリアが近くにある。1981年より国王と家族の居城になったが、2階、3階の一角は一般見学者に開放されている。

白鳥が浮かぶ湖、鮮やかな緑の芝生、深い森に囲まれたクリーム色の建物は、おとぎ話に出てくる宮殿そのもの。

宮殿と中国の城、宮廷劇場(→P.334)は合わせてユネスコの世界遺産に登録されている。

北欧のヴェルサイユともいわれる美しい宮殿

カクネス塔
住Mörka kroken 28-30
電(08)667-2180
URLwww.kaknastornet.se
開6～8月
　毎日　9:00～22:00
　9～5月
　月～土10:00～21:00
　日　10:00～18:00
休無休　料40SEK
(ストックホルム・カードで入場可)
行き方▶▶▶
市バス69番でKaknästornet下車。

ドロットニングホルム宮殿
電(08)402-6280
URLwww.royalcourt.se
開4・10月
　土・日11:00～15:30
　5～8月
　毎日　10:00～16:30
　9月
　毎日　11:00～15:30
　11～3月
　土・日12:00～15:30
休10～4月の月～金
料80SEK
(ストックホルム・カードで入場可)
夏期のみ中国の城との共通入場券120SEKを販売。
行き方▶▶▶
地下鉄ブロンマプラン駅Brommaplan下車。駅前から市バス177、178、301～323番でDrottningholm下車。
フェリーは、市庁舎東側船着場スタッズヒュースブロンよりストロンマ・カナルボラシェット社Strömma Kanalbolagetのフェリーで所要約1時間。

ストロッマ・カナルボラシェット社
電(08)1200-4000
URLwww.strommakanalbolaget.se
開4/2～29、10月
　土・日10:00、12:00、14:00
　4/30～7/1、8/22～9/11
　毎日　10:00～15:00
　7/2～8/21
　毎日　10:00～18:00
　9/12～30
　月～金10:00、12:00、14:00
　土・日10:00～15:00
　時期によって増便あり。
料片道120SEK、往復165SEK
(ストックホルム・カードで割引)

中国の城
開5～8月
　毎日11:00～16:30
　9月
　毎日12:00～15:30
休10～4月　料70SEK
(ストックホルム・カードで入場可)

ドロットニングホルム宮廷劇場

☎(08)5569-3100
URLwww.dtm.se
ガイドツアー
開5～8月
　　毎日11:00～16:00
　　9月
　　毎日13:00～15:00
料90SEK
（ストックホルム・カードで入場可）

18世紀に建てられた現役の劇場

ミレスゴーデン

住Herserudsvägen 32
☎(08)446-7580
URLwww.millesgarden.se
開5/15～9/30
　　毎日　11:00～17:00
　　10/1～5/14
　　火～日12:00～17:00
休10/1～5/14の月
料95SEK
（ストックホルム・カードで入場可）
行き方➡➡➡
　　地下鉄ロプステン駅Ropstenからトラムに乗りTorsvik下車、徒歩10分。またロプステン駅から市バス203、207番でMillesgården下車。

民族学博物館

住Djurgårdsbrunnsvägen 34
☎(08)5195-5000
URLwww.etnografiska.se
開月～金10:00～17:00
　　土・日11:00～17:00
休無休
料無料
行き方➡➡➡
　　市バス69番でMuseivägen下車。

科学技術博物館

住Museivägen 7
☎(08)450-5600
URLwww.tekniskamuseet.se
開木～火
　　　　　10:00～18:00
　　水　　10:00～20:00
休無休
料160SEK（CINO 4は70SEK）
（ストックホルム・カードで入場可）
行き方➡➡➡
　　市バス69番でMuseiparken下車。

■ **ドロットニングホルム宮廷劇場** Drottningholms Slottsteater

MAP P.310■

　ドロットニングホルム宮殿の庭園内にあるグスタビアン調の劇場は、ルヴィサ・ウルリカ女王によって1766年に建てられ、その子グスタフ3世の時代に全盛期を迎えた。1792年グスタフ3世が暗殺されてからは劇場はさびれ、忘れ去られていたが、1922年に再開され、18世紀のままの装置が使われている世界でもユニークな劇場である。内部はガイドツアーでのみ見学できる。

　舞台の奥行きは約20m、30にのぼるシーンをもち、1シーンを10秒で替えられるほどの性能をもっている。ヘンデル、グルック、モーツァルトなどのレパートリーのほか、18世紀イタリア、フランスのオペラやバレエの公演がある。

■ **ミレスゴーデン**　　　　　　　　　Millesgården

MAP P.310■

　スウェーデンの代表的な彫刻家カール・ミレスCarl Milles（1875～1955年）の彫刻庭園。ストックホルムの北東リディンゴー島Lidingöにあり、ミレスの邸宅と庭園に彼の作品、彼がコレクションした絵画や彫刻が展示されている。作品は、ギリシア、北欧神話をテーマにしたものが多く、明るく伸びやかで、また北欧人のたくましさ、力強さの表現も見られる。

カール・ミレスの作品に触れられる　ミレスは死の直前までエネルギッシュに制作を続け、数多くの作品を残した。

■ **民族学博物館**　　　　　　　Etnografiska Museet

MAP P.305-D2■

　北米、アフリカ、インド、モンゴルなど世界各地の民族に関する展示がある。モンゴルのパオ、日本の茶室などの再現展示も興味深い。なお、博物館のシンボルとして70年間保管展示されていたトーテムポールは、カナダの先住民族ハイダ族Haidaに2001年返還された。現在は、博物館のために新たに製作されたトーテムポールが展示されている。

■ **科学技術博物館**　　　　　　　Tekniska Museet

MAP P.305-D2■

　科学の発展の歴史を紹介。機械工学や印刷技術、発電など展示は多岐に渡る。展示ホールには蒸気機関や自動車のエンジンなどの展示物がずらりと並ぶ。なかには、スウェーデンで最初の民間航空機も。また"テクノラマ"のコーナーではさまざまな時代の機械を実際に動かしながら、そのしくみを学べる。宇宙をテーマにした3D映画のシアターCINO 4もある。

■スクーグシェルコゴーデン　　Skogskyrkogården

MAP P.310 ■

1994年ユネスコの世界遺産に登録された

スウェーデン語で「森の墓地」を意味するスクーグシェルコゴーデンは、森林のなかに10万もの墓が並ぶ市民墓地。設計を手掛けたのはスウェーデンの有名建築家グンナー・アスプルンドＧｕｎｎａｒ Asplundとシーグルド・レーヴェレンツSigurd Lewerentzで、そのデザインには「死者は森へ還る」というスウェーデンの死生観が取り入れられている。

　木々に覆われた広大な敷地内には5ヵ所の礼拝堂や火葬場が点在している。正面入口を通り、菩提樹の並木道を抜けると見えてくる巨大な花崗岩の十字架は、生命循環をイメージしたもので、墓地のシンボル的存在。十字架の脇には森の火葬場、信仰の礼拝堂、希望の礼拝堂の建物があり、いずれもアスプルンドの設計による、機能主義のモダニズム建築。そこから森のなかの道を10分ほど歩くと、左手に森に囲まれた森の礼拝堂が見えてくる。礼拝堂のそばには、グレタ・ガルボGreta Garboの墓がある。

　森の礼拝堂からさらに10分ほど歩くとビジターセンターがあり、各礼拝堂や墓地全体に関する展示がされている。カフェも併設しているので、歩き疲れたらひと休みすることもできる。敷地内をぐるっと回るバスもあるが、美しい森のなかを散歩しながら回るのがおすすめ。夏期のみ、敷地内を回るガイドツアーも催行。事前に電話かメールで要予約。

スクーグシェルコゴーデン
☎(08)5083-0158
URLskogskyrkogarden.se
ビジターセンター
📅5/1〜28、9月
　日　11:00〜16:00
　5/29〜8/31
　毎日11:00〜16:00
🚫5/1〜28と9月の月〜土、10〜4月
💰無料
ガイドツアー（英語）
☎(08)5083-1659
📧bokning@stadsmuseum.stockholm.se
📅7/3〜9/25
　日　10:30
💰100SEK
行き方▶▶▶▶
　地下鉄スクーグシェルコゴーデン駅Skogskyrkogården下車、徒歩5分。

森の中に墓地が広がっている

アスプルンドのサインの入った石礎がある

スウェーデン　ストックホルム　おもな見どころ

■ストックホルム群島の旅

　ストックホルムからバルト海の外海まで50kmほどの範囲には、約2万4000もの島々が散在している。この群島はストックホルム群島Stockholm Skärgårdenと呼ばれ、古くから小説やドラマの舞台にもなった。群島の中で最も訪れやすいのがヴァックスホルム島（→P.336）。ほかサンドハムン島Sandhamnやフィンハムン島Finnhamn、グリンダ島Grinda、ミョーヤ島Möyaなどが人気。島へは、ヴァックスホルム・ボラシェット社のフェリーで行ける。フェリーはほとんどが夏期のみの運航。またストロッマ・カナルボラシェット社では、群島を巡るクルーズ船を運航している。

ーDATA─
■ヴァックスホルム・ボラシェット社
☎(08)679-5830　URLwww.waxholmsbolaget.com
フェリーはストロームカイエンから出港。
■ストロッマ・カナルボラシェット社
☎(08)1200-4000　URLwww.strommakanalbolaget.se
📅6/18〜9/25　毎日2〜4便　所要約3時間
（1/10〜3/31と11/5〜12/31は土・日のみ1便、4/1〜6/17と9/30〜11/4は金〜日のみ1便2〜3便）
💰220SEK　ニーブローハムネン港から出港。

グスタフスベリ

グスタフスベリ
URL www.gustavsbergsha
mn.se
行き方▶▶▶
　地下鉄スルッセン駅前の
バス停から市バス474番な
どで30分、Farstaviken下
車、徒歩すぐ。

ファクトリーショップ
住 Chamottevägen 2,
Gustavsberg
電 (08)5703-6900
URL www.gustavsbergspor
slinsfabrik.se
営月〜金10:00〜18:00
　土・日11:00〜16:00
休無休

グスタフスベリ陶器博物館
住 Odelbergs väg 5B, Gus-
tavsberg
電 (08)5703-5658
URL www.porslinsmuseum.
varmdo.se
営5〜9月
　火〜金10:00〜18:00
　土・日11:00〜16:00
　10〜4月
　火〜日11:00〜16:00
休月
料60SEK

ヴァックスホルム島
行き方▶▶▶
　Grand Hotel（→P.339）
前の船着き場ストロームカ
イエンから夏期のみヴァッ
クスホルム・ボラシェット
社Waxholms Bolagetのフェ
リーが運航。1時間に1〜
2便。
　ストロッマ・カナルボラ
シェット社のクルーズもあ
る。1日2〜4便、220SEK。
出発はニーブローブラーン
広場Nybroplanそばのスト
ランドヴェーエン通り
Strandvägen。
　地下鉄なら Tekniska-
Högskolan駅から670番の
バスで約40分、Vaxholm
駅下車。

**ヴァックスホルム
要塞博物館**
電 (08)5417-1890
URL www.vaxholmsfastning.se
営5/28〜6/30
　毎日 12:00〜16:00
　7/1〜8/28
　毎日 11:00〜17:00
　8/29〜9/11
　土・日11:00〜17:00
休8/29〜9/11の月〜金、
9/12〜5/27
料50SEK
（ストックホルム・カードで
入場可）

グスタフスベリ　Gustavsbergs

MAP P.310

　ストックホルムの東約20kmにある小さな港町で、スウェーデンを代表する磁器ブランド、グスタフスベリの工場がある。グスタフスベリは17世紀にレンガ工場として始まり、磁器を製造するようになったのは19世紀から。その後ヴィルヘルム・コーゲWilhelm Kageやスティグ・リンドベリStig Lindbergといった有名デザイナーを採用し、人気を不動のものとした。海に面した工場は、敷地内に工場のほかさまざまなショップが並ぶショッピングエリアとなっている。必見は、グスタフスベリのファクトリーショップ。ベルサをはじめとする人気モデルの食器がずらりと並ぶほか、お得なアウトレット商品も扱っている。工場に併設してグスタフスベリ陶磁器博物館Gustavsberg Porslinsmuseum、近年人気のリサ・ラーソンLisa Larsonの工場兼ショップなどがある。グスタフスベリ以外にも、コスタ・ボダやイッタラなどのアウトレットショップや北欧デザインのアンティークショップ、レストランやカフェもあるので、たっぷりと時間をとって訪れたい。

リサ・ラーソンの工房兼ショップ　　　ブランドの歴史が学べる博物館

ヴァックスホルム島　Vaxholm

MAP P.310

　ストックホルムから船で1時間足らずで行ける、市民に人気のリゾート地。古い木造の家が並ぶショッピング通り、さらに裏通りを歩くと、パステル調の家々が見られ、ハンドメイドの店などがある。水着を持参すれば島内に数ヵ所ある海水浴場Strandで水遊びもできる。また、首都ストックホルムに入る主要航路にあるため、1500年代に築かれた要塞があり、現在ヴァックスホルム要塞博物館Vaxholms Fästnings Museumとなっている。

地元の人にまじって海水浴を楽しもう

シグトゥーナ Sigtuna

MAP P.310

ルーン石も展示されている

　ストックホルムの北西約40km、メーラレン湖に面したスウェーデンで最も古い町のひとつ。"聖なるシグトゥーナ"といわれ、11世紀初め、キリスト教徒としては初めての王オーロフ・シェートコヌングにより築かれた。

　町は小さく、見どころはほとんど中心に集まっているので、徒歩で充分観光できる。バスターミナルと駐車場のある広場から始めると、聖マリア教会や3つの教会の廃墟などがある。

　聖マリア教会St. Maria Kirkeは、1248年築とされるシグトゥーナ最古の建物。そばには、スカンジナビアで最も小さいといわれる市庁舎Sigtuna Rådhusがある。スウェーデン最古のタウンストリートといわれるストラガータン通りStora gatanには観光案内所がある。観光案内所の近くから路地に入ると、タントブルンTantbrun（ブラウンおばさん）というカフェテリアがある。入口に等身大のおばさんの人形があり、夏なら中庭でコーヒーが飲める。この通りにはシグトゥーナ博物館Sigtuna Museerがあり、シグトゥーナで発掘されたものが展示されている。また、町内には、聖母マリア教会近くをはじめ数ヵ所に、史実をルーン文字で記した石碑が見られる。

スコークロステル城 Skokloster Slott

MAP P.310

　シグトゥーナからさらに船で30分行った所にあるバロック様式の城。もともと17世紀の貴族ウランゲルWrangelの邸宅だった。内部にバロックの家具、書籍、織物、陶器、武器のコレクションなどを展示している。建物内の1階部分は一般に公開されており、2階はガイドツアーでのみ見学が可能。

白亜の宮殿の前は芝生の広場が広がっている

シグトゥーナ
行き方●●●
　ストックホルム中央駅から郊外電車で終点のメーシタ駅Märstaまで約35分。駅前から570、575番のバスでシグトゥーナまで約15〜20分。

シグトゥーナの観光案内所❶
🏠Stora gatan 33,Sigtuna
📞(08)5948-0650
URLsal.sigtuna.se/turism
開6〜8月
　月〜土10:00〜18:00
　日　　11:00〜17:00
　9月
　月〜金10:00〜17:00
　土・日11:00〜16:00
　10〜5月
　月〜金10:00〜17:00
　土　　11:00〜16:00
　日　　12:00〜16:00
休無休

市庁舎
開6〜8月
　毎日12:00〜16:00
休9〜5月

シグトゥーナ博物館
🏠Stora gatan55,Sigtuna
📞(08)5912-6670
URLwww.sigtunamuseum.se
開6〜8月
　毎日　12:00〜16:00
　9〜5月
　火〜日12:00〜16:00
休9〜5月の月
料20SEK

ブラウンおばさんの人形

スコークロステル城
📞(08)402-3070
URLwww.skoklostersslott.se
開5/1〜6/14と9月
　土・日12:00〜16:00
　6/15〜8/31
　毎日　11:00〜17:00
休5/1〜6/14と9月の月〜金、10〜4月
料70SEK
ガイドツアー
料110SEK（入場料含む）
　申し込みは入口横のショップで。
行き方●●●
　ストックホルム中央駅から郊外電車で終点のBålsta駅まで行き、311番のバスに乗り換え終点Skokloster下車。

蒸気船やバスなどさまざまな行き方がある。もっともおすすめなのは、行きは蒸気機関車SLで、帰りはメーラレン湖を進むフェリーを利用する方法。ストックホルム中央駅からレギオナルで約35分、Läggesta駅下車。ここから蒸気機関車SLに乗り換えてマリエフレッドまで行く。帰りはマリエフレッドの港からストロッマ・カナルボラシェットの蒸気船に乗り、市庁舎前のスタッズヒュースブロンまで戻る。往復ともに同じ交通機関を利用することも可能。なお、蒸気機関車、蒸気船ともに夏期のみの運行。

グリップスホルム城
☎(0159)10-194
URLwww.royalcourt.se
圏5/1～14, 9/16～11/30
土・日12:00～15:00
5/15～9/15
毎日 10:00～16:00
休12～4月 料80SEK
(ストックホルム・カードで入場可)
ガイドツアー（英語）
圏5/15～9/15
毎日 13:00
9/16～11/28
土・日 13:00
料20SEK

重厚なグリップスホルム城

ストックホルム中央駅から郊外電車でSödertälje hamn駅まで約30分。トローサ行きのバス702、802番に乗り換え。所要約1時間45分。

■ マリエフレッドとグリップスホルム城 Mariefred & Gripsholm Slott

MAP P.310

ストックホルムから約65km、メーラレン湖に面してマリエフレッドの町がある。童話に出てくるような赤や黄色の木の家が並び、石畳の道や、バロックの教会が趣を添えている。

町のシンボルはグリップスホルム城だ。14世紀の権力者グリップによって建てられたが、1度焼失し、現在の城はグスタフ・ヴァーサ王によって建てられたもの。王の亡き後は息子たちの間で争いが絶えず、兄エリック14世王は弟のヨワン3世王を牢に入れ、またヨワンは兄エリック王を幽閉し、毒殺するという、シェイクスピアもどきの事件の舞台となった。グスタフ3世の宮廷劇場も見逃せない。館内を回るガイドツアーあり。観光案内所は市庁舎Rådhuset内にある。町の名物SLは、スウェーデンでも数少ないもの。1895年開通した路線で、現在はマリエフレッドとレッゲスタLäggestaの間4kmを時速11kmで走る。

湖に面してカラフルな木造家屋が並ぶ

■ トローサ

Trosa

MAP P.310

ストックホルムから鉄道とバスを乗り継いで2時間弱。海に面した田舎町トローサは、北欧独特の赤い木造の建物が並んでいる、かわいらしい町並み。この地方は古くから交易が盛んで、15世紀には商業の中心地として栄えた。現在はストックホルム近郊の別荘地として有名で、ABBAのピアノ担当だったベニー・アンダーソンBenny Anderssonの別荘があることはよく知られている。

町の規模はとても小さく、歩いて回っても半日もかからない。ストックホルムからのバスが到着するバスターミナルがある町の北部が中心部で、古い民家を改装したショップやカフェ、小さなギャラリーなどが並んでいる。どこからでもよく目立つ時計塔はトローサで最も古い建物のひとつで、現在は観光案内所となっている。地図を配布しているので、まずはここで情報を集めるといい。町の中には運河が流れ、その両側に緑の木々と赤い木造のかわいらしい家々が並んでいる。時計塔の前の通りを運河に沿って南に20分ほど歩くと、小さなトローサ港にたどり着く。港の周辺にはシーフードのレストランがあり、新鮮な魚料理が食べられる。ストックホルムへのバスはトローサ港が始発となるので、ここでバスを待つといい。

運河沿いにトローサ港まで散歩して行くのが人気コース

Hotels in Stockholm

ストックホルムのホテル

他の北欧諸国と同じく、ホテルの料金はかなり高め。中級のホテルでも、シングル1泊1000SEKは覚悟しておくこと。ホテルの数は多いが、それでも毎日のように国際会議や学会の入る夏期は、どこも満室状態となる。予約なしで到着してもストックホルム中央駅の観光案内所で紹介してもらえるが、できれば到着日のホテルだけでも確保しておくことをおすすめする。

町には個性的なホテルが多く、ことにガムラ・スタンとその周辺は、ストックホルムらしさを満喫できる。中央駅周辺はビジネス客向けの中～高級ホテルが集まっている。手頃なホテルは町の中心からやや離れたエリアに点在している。節約派の旅行者には、ユースホステルのほかB&Bの利用もおすすめ。シングル1泊500SEK～と割安で、予約はGästrummet Bed & Breakfast (☎(08)650-1006 [URL]www.gastrummet.com)などの予約代理店を通して行う。( )内は、夏期、週末の料金。

最高級ホテル

Radisson Blu Royal Viking Hotel
ラディソンBluロイヤル・ヴァイキング

ストックホルム中央駅周辺

MAP P.306-B3・4

ストックホルム中央駅に隣接する最高級ホテル。モダンな造りの外観は夜になるとライトアップされさらに豪華さが際立つ。レストランやプール、サウナの、フィットネスセンターのほか、最上階には眺めのいいバーもあり充実のホテルライフが過ごせる。

[住]Vasagatan 1
☎(08)5065-4000
[FAX](08)5065-4001
[料]Ⓢ1895(1195)SEK～
Ⓓ1995(1295)SEK～
[CC]A D M V
[室数]459室
[URL]www.radissonblu.com

Nordic Light Hotel
ノルディック・ライト

ストックホルム中央駅周辺

MAP P.306-A3

光をテーマにしたモダンなデザインホテル。印象的な光のアートが彩るロビーをはじめ、廊下や客室の照明など細部までさまざまな工夫が施されている。スタッフの制服も3ヵ月ごとに変わるので、訪れるたび新しさを感じられるはず。

[住]Vasaplan 7
☎(08)5056-3000
[FAX](08)5056-3030
[料]Ⓢ1515SEK～Ⓓ2050SEK～
朝食180SEK
[CC]A D M V
[室数]175室
[URL]www.nordichotels.se

Nordic Sea Hotel
ノルディック・シー

ストックホルム中央駅周辺

MAP P.306-A3

アーランダ・エクスプレス・トレインの出入口の前にあるデザインホテル。テーマは海で、ロビーには大きな水槽が置いてある。客室はシンプルで、無駄がなくこれぞスウェーデンデザインと感じさせてくれる。1階にはIce Bar Stockholm (→P.359) がある。

[住]Vasaplan 4
☎(08)5056-3000
[FAX](08)5056-3090
[料]Ⓢ2400(1000)SEK～
Ⓓ2600(1500)SEK～
[CC]A D M V
[室数]367室
[URL]www.nordichotels.se

Grand Hotel
グランド

エステルマルム地区周辺

MAP P.307-C4

1874年創業。湖面の向こうにガムラ・スタンと王宮が望める絶好のロケーションに建つ、ストックホルムを代表する高級ホテル。ノーベル賞受賞者の定宿としても知られる。スモーゴスボードが楽しめるレストランVerandan (→P.349) がある。

[住]Södra Blasieholmshamnen 8
☎(08)679-3500 [FAX](08)611-8686
[料]Ⓢ2700SEK～Ⓓ3980SEK～
[CC]A D M V [室数]378室
[URL]www.grandhotel.se
日本の予約先：ザ・リーディング・ホテルズ・オブ・ザ・ワールド日本支社
[Free]0120-086230

バスタブ　バスタブ一部　テレビ　テレビ一部　ドライヤー　ドライヤー貸出　ミニバー
ミニバー一部　ハンディキャップルーム　無線LAN　無線LAN有料　無線LAN一部　無線LAN一部有料

Hilton Stockholm Slussen
ヒルトン・ストックホルム・スルッセン

セーデルマルム島周辺

MAP P.305-C4

セーデルマルム島に建つモダンなホテル。北側の部屋からはストックホルム市街が見渡せる。4タイプある客室はいずれも広々とした間取りで、バスルームに大理石を使うなど内装も上品。レストランやフィットネスセンターなど施設も充実。

[住]Guldgränd 8
☎(08)5173-5300 [FAX](08)5173-5311
[料]ⓈⒹ1590〜4290SEK
[CC]A D J M V [室数]289室
[URL]www.hilton.com
日本の予約先：ヒルトン・リザベーションズ&カスタマー・ケア
☎(03)6863-7700（東京03地域）
[Free]0120-489852（東京03地域外）

Hotel Rival
リヴァル

セーデルマルム島周辺

MAP P.316

教会広場の隣に建つ。『マンマ・ミーア』の音楽などで有名なスウェーデンの音楽グループ、ABBAの作曲家がオーナーのおしゃれなホテル。ABBAの音楽が流れるロビーや客室はモダンなデザイン。併設のカフェも人気。夏期と週末は朝食付き。

[住]Mariatorget 3
☎(08)5457-8900
[FAX](08)5457-8924
[料]Ⓢ1990(1490)SEK〜
Ⓓ2490(1590)SEK〜
[CC]A D M V
[室数]99室
[URL]www.rival.se

Sheraton Stockholm Hotel
シェラトン・ストックホルム

ストックホルム中央駅周辺

MAP P.306-B4

中央駅から徒歩2分、メーラレン湖に面した格式あるホテル。湖を望む優美なアンティーク家具が配された、贅沢な部屋が人気で、有名俳優から政治家まで訪れるという。ビュッフェスタイルのレストランも評判。無線LAN24時間100SEK。

[住]Tegelbacken 6
☎(08)412-3400 [FAX](08)412-3409
[料]ⓈⒹ1390SEK〜
[CC]A D M V [室数]465室
[URL]www.sheraton.com
日本の予約先:シェラトン・ホテル&リゾート
[Free]0120-003535

Scandic Continental Stockholm
スカンディック・コンチネンタル・ストックホルム

ストックホルム中央駅周辺

MAP P.306-B4

広々とした客室は、白壁にアンティークな家具が置かれ落ち着いた印象。派手さこそないが、選び抜かれた家具と豊富な備品が好評だ。レストランのほか、サウナ、フィットネスセンターがある。2007年春にリノベーション済み。

[住]Klara Vattugränd 4
☎(08)5173-4200
[FAX](08)5173-4211
[料]Ⓢ1700(550)SEK〜
Ⓓ2700(1000)SEK〜
[CC]A D M V
[室数]264室
[URL]www.scandichotels.com

Freys Hotel
フレイズ

ストックホルム中央駅周辺

MAP P.306-B3

ストックホルム中央駅から徒歩3分という立地が自慢の高級ホテル。ロビーはスタイリッシュなデザイン。やわらかい色調で統一された客室はやや狭いが、モダンなインテリアが配され、快適に過ごせる。おしゃれなバーもある。

[住]Bryggargatan 12
☎(08)5062-1300
[FAX](08)5062-1313
[料]Ⓢ2490(1392)SEK〜
Ⓓ2990(1392)SEK〜
[CC]A D M V
[室数]124室
[URL]www.freyshotels.com

Hotel Birger Jarl
ビリエル・ヤール

ストックホルム中央駅周辺

MAP P.306-B1

ストックホルム市を設立したビリエル・ヤールの名を冠したホテル。内部はコンテンポラリーなデザインで統一されスタイリッシュな空間。ヨナス・ボーリーンなど著名なスウェーデン人デザイナーが手掛けたデザイナールームにも注目したい。

[住]Tulegatan 8
☎(08)674-1800
[FAX](08)673-7366
[料]Ⓢ990〜1950SEK
Ⓓ1290〜2350SEK
[CC]A D M V
[室数]235室
[URL]www.birgerjarl.se

■2011年5月のレート　1SEK=13.43円
■日本からの国際電話のかけ方（→P.298）（電話会社の番号）+010+46（スウェーデンの国番号）+0を取った市外局番+番号

Lady Hamilton Hotel
レディ・ハミルトン

ガムラ・スタン周辺　

MAP P.309-C2

ガムラ・スタンにある個性派の4つ星ホテル。17世紀の建物を利用して、1980年にオープン。客室は上品なインテリアでまとめられ、またホテル内には船舶に関する装飾品やアンティークな調度品があふれている。無線LANは6時間まで無料。

> 住Storkyrkobrinken 5
> 電(08)5064-0100
> FAX(08)5064-0110
> 料Ⓢ790〜3190SEK
> 　Ⓓ1290〜3690SEK
> CCA D M V
> 室数34室
> URLwww.ladyhamiltonhotel.se

First Hotel Reisen
ファースト・ホテル・ライセン

ガムラ・スタン周辺

MAP P.309-D2

17世紀の創業当時からの伝統と格式を誇る。客室はクラシックな趣きを活かしつつモダンにデザインされている。一部の部屋から海が眺められ、サウナやジャクージが付いたスイートもある。レストラン、バーのほか、地下にプールとサウナがある。

> 住Skeppsbron 12
> 電(08)22-3260
> FAX(08)20-1559
> 料ⓈⒹ1500SEK〜
> CCA D M V
> 室数144室
> URLwww.firsthotels.com

Rica Hotel Gamla Stan
リカ・ホテル・ガムラ・スタン

ガムラ・スタン周辺

MAP P.309-C4

ガムラ・スタンにある17世紀の建物をそのまま利用した個性派ホテル。建物は古いが手入れが行き届いており清潔。全体的に中世の雰囲気に包まれている。1階には中庭、4階にはドイツ教会を望むテラスがある。夏期は特に早めの予約が必要。

> 住Lilla Nygatan 25
> 電(08)723-7250
> FAX(08)723-7259
> 料Ⓢ870〜1790SEK
> 　Ⓓ1090〜2000SEK
> CCA D M V
> 室数51室
> URLwww.rica.se

Victory Hotel
ヴィクトリー

ガムラ・スタン周辺　

MAP P.308-B3

1641年に建てられた趣のある建物を利用したホテル。Lady Hamilton Hotelと同系列の5つ星。ロビーの壁には人魚の像がかけられ、古い船のイメージ。アンティークな家具を置いた客室は白とクリーム色を基調としており、シックで落ち着いた雰囲気。

> 住Lilla Nygatan 5
> 電(08)5064-0000
> FAX(08)5064-0010
> 料Ⓢ990〜3190SEK
> 　Ⓓ1690〜3690SEK
> CCA D M V
> 室数45室
> URLwww.victoryhotel.se

Berns Hotel
バーンズ

エステルマルム地区周辺

MAP P.307-C3

公園の横という静かな環境で、宮殿のような外観が目を引く。客室もアールデコ調で統一。CDプレーヤーが設置されるなど、設備も充実。優雅な内装のエスニック＆スウェーデン料理のレストランや、コンラン卿がデザインしたサロンも有名だ。

> 住Näckströmsgatan 8
> 電(08)5663-2200
> FAX(08)5663-2201
> 料Ⓢ2650SEK〜
> 　Ⓓ3650SEK〜
> CCA D J M V
> 室数82室
> URLwww.berns.se

Radisson Blu Strand Hotel
ラディソンBluストランド

エステルマルム地区周辺

MAP P.307-C4

ツタの絡まる外観が古めかしいが、内部は改装されて近代的な設備の整った高級ホテル。エステルマルム地区周辺のショッピングエリアや王立公園は徒歩圏内。ラウンジは、ホテル正面に広がる港の美しい景色が眺められる人気のスポット。

> 住Nybrokajen 9
> 電(08)5066-4000
> FAX(08)5066-4001
> 料Ⓢ1100〜3095SEK
> 　Ⓓ1400〜3395SEK
> CCA D M V
> 室数152室
> URLwww.radissonblu.com

高級ホテル

スウェーデン　ストックホルム　ホテル

Hotel Diplomat
ディプロマット

エステルマルム地区周辺

MAP P.307-D3

全館アールヌーヴォー調の装飾で統一された優美なホテル。1911年建造の建物を改装し、1968年にホテルとして開業した。家具は建物の雰囲気にマッチして、全体的に上品な淡い色でまとめられている。湾を見下ろす部屋がおすすめ。

[住]Strandvägen 7C
☎(08)459-6800
[FAX](08)459-6820
[料]Ⓢ2095(1395)SEK～
Ⓓ3000(2000)SEK～
[CC]A D M V
[室数]130室
[URL]www.diplomathotel.com

Best Western Premier Hotell Kung Carl
ベストウエスタン・プリミエール・ホテル・クング・カール

エステルマルム地区周辺

MAP P.307-C2

地下鉄エステルマルムストリエ駅から北西に徒歩約3分。開放的な吹き抜けのロビーが印象的。白を基調とした客室ではかわいらしい犬のぬいぐるみが迎えてくれる。また、スウェーデン料理をはじめ各国料理が楽しめるレストランも併設。

[住]Birger Jarlsgatan 21
☎(08)463-5000 [FAX](08)463-5050
[料]Ⓢ2145(1345)SEK～
Ⓓ2445(1645)SEK～
[CC]A D M V [室数]134室
[URL]www.bestwestern.se
日本の予約先:ベストウエスタンホテルズ[Free]0120-421234

Elite Hotel Stockholm Plaza
エリート・ホテル・ストックホルム・プラザ

エステルマルム地区周辺

MAP P.307-C2

フムレ公園Humlegårdenの南にある、石造りの風格ある外観が目を引く高級ホテル。木製の机とベッドが置かれた客室は明るい色調で仕上げられ、モダンで清潔感がある。レストランやバーもおしゃれな雰囲気。サウナは無料で利用できる。

[住]Birger Jarlsgatan 29
☎(08)5662-2000
[FAX](08)5662-2020
[料]Ⓢ700～1900SEK
Ⓓ1200～2300SEK
[CC]A D M V
[室数]143室
[URL]www.elite.se

Mornington Hotel
モーニントン

エステルマルム地区周辺

MAP P.307-C2

市街地にありながら静かな環境。広々としていて開放感があるロビーは、ライトカラーのインテリアで明るくやさしい雰囲気に包まれている。客室も広々しており、居心地がよい。客室にはコーヒーメーカーやアイロンを備え、館内に図書室やサウナなどがある。

[住]Nybrogatan 53
☎(08)5073-3000
[FAX](08)5073-3039
[料]Ⓢ1606(950)SEK～
Ⓓ1960(1050)SEK～
[CC]A D M V
[室数]215室
[URL]www.mornington.se

Hotell Anno 1647
アンヌ 1647

セーデルマルム島周辺

MAP P.316

1647年に建てられた歴史ある建物を利用した、こぢんまりとした個性派ホテル。内部は古さを感じさせないモダンなインテリアでまとめられている。真っ白なかわいらしい雰囲気の客室は女性に人気。要予約でレストランやバーの利用も可。

[住]Mariagränd 3
☎(08)442-1680
[FAX](08)442-1647
[料]バス、トイレ付き
Ⓢ1690(1245)SEK～Ⓓ2090(1490)SEK～
バス、トイレ共同
Ⓢ890(590)SEK～Ⓓ1190(690)SEK～
[CC]A D M V [室数]42室
[URL]www.anno1647.se

Scandic Hasselbacken
スカンディック・ハッセルバッケン

ユールゴーデン島

MAP P.305-D3

スカンセンの正門横にある。薄いピンク色の外観が景色に溶け込み、伝統と格式を感じさせる。客室は、吟味して選ばれた上品な家具やファブリックが配され、年配者や女性客に人気。伝統的なスウェーデン料理のレストランも評判。サウナあり。

[住]Hazeliusbacken 20
☎(08)5173-4300
[FAX](08)5173-4311
[料]ⓈⒹ1600SEK～
[CC]A D M V
[室数]112室
[URL]www.scandichotels.com

Comfort Hotel Stockholm
コンフォート・ホテル・ストックホルム

ストックホルム中央駅周辺
MAP P.306-A3

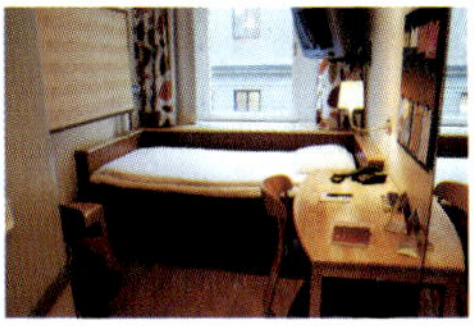

シティ・ターミナル内という行動派には最高のロケーション。客室の造りに派手さはないが、ビジネス客を意識しているだけあり、館内、室内ともに設備が整っているが、面積は狭い。窓に障子のつけられた日本風の部屋や、窓のない部屋もある。

[住]Kungsbron 1
☎(08)5662-2200
[FAX](08)5662-2444
[料]ⓈⒹ695~2500SEK
[CC]A D M V
[室数]163室
[URL]www.choicehotels.se

Adlon Hotell
アドロン

ストックホルム中央駅周辺
MAP P.306-A3

中央駅から北へ徒歩約3分。シンプルで清潔感ある客室は機能重視でビジネス客にとっては頼もしい。全室にモデム、地下のビジネスセンターにファクス、プリンターなどを完備。ロビーのコンピュータでインターネットも利用可。

[住]Vasagatan 42
☎(08)402-6500
[FAX](08)20-8610
[料]Ⓢ845(795)SEK~
Ⓓ1545(1500)SEK~
[CC]A D M V
[室数]93室
[URL]www.adlon.se

Best Western Hotel Terminus
ベストウエスタン・ホテル・テルミヌス

ストックホルム中央駅周辺
MAP P.306-B4

ストックホルム中央駅の正面に建つロケーションのよさと手頃な料金が魅力。客室の壁は白、ファブリックは花柄で統一され、かわいらしく落ち着いた雰囲気でくつろげる。客室の窓は二重になっているので静かに過ごすことができる。

[住]Vasagatan 20
☎(08)440-1670 [FAX](08)440-1671
[料]Ⓢ1790(1110)SEK~
Ⓓ2170(1565)SEK~
[CC]A D M V [室数]155室
[URL]www.bestwestern.se
日本の予約先：ベストウエスタンホテルズ[Free]0120-421234

Rica Hotel Stockholm
リカ・ホテル・ストックホルム

ストックホルム中央駅周辺
MAP P.306-B3

好ロケーションの便利なホテル。客室は近年改装され、モダンなスカンジナビアンスタイルで統一されている。無料で利用できるサウナや、朝食~ディナーまで楽しめるレストランを併設。客室とロビーで無線LANインターネット利用可能。

[住]Slöjdgatan 7
☎(08)723-7200
[FAX](08)723-7209
[料]Ⓢ1795(995)SEK~
Ⓓ1995(1295)SEK~
[CC]A D M V
[室数]292室
[URL]www.rica.se

August Strindberg Hotell
アウグスト・ストリンベリ

ストックホルム中央駅周辺
MAP P.306-A2

ストックホルム中央駅から徒歩約15分。名前はかつて隣に住んでいたという著名な作家の名にちなんでいる。建物は、1880年代に葉巻工場として使われていた歴史があり、らせん階段とパティオが特徴。白を基調にした客室は爽やかな印象。

[住]Tegnérgatan 38
☎(08)32-5006
[FAX](08)20-9085
[料]Ⓢ1495(995)SEK~
Ⓓ1695(1195)SEK~
[CC]A J M V
[室数]26室
[URL]www.hotellstrindberg.se

Hotel Tegnérlunden
テンネールランデン

ストックホルム中央駅周辺
MAP P.306-A2

テンネールランデン公園前にあるホテル。館内は手入れが行き届き、快適に滞在することができる。地下に同系列のHotel Miero（全室バス、トイレ共同）があり、シングルルームは495SEK、ダブルルームは595SEKで宿泊できる。

[住]Tegnérlunden 8
☎(08)5454-5550
[FAX](08)5454-5551
[料]Ⓢ1590(790)SEK~
Ⓓ1890(990)SEK~
[CC]A D M V
[室数]102室
[URL]www.hoteltegnerlunden.se

Best Western Kom Hotel Stockholm
ベストウエスタン・コム・ストックホルム

ストックホルム中央駅周辺

MAP P.306-B1·2

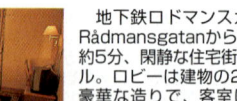

地下鉄ロドマンスガータン駅Rådmansgatanから南東に徒歩約5分、閑静な住宅街に建つホテル。ロビーは建物の2階にある。豪華な造りで、客室には木の家具が置かれ、全体的にしっとりとしたムードが漂う。フィットネスセンターやサウナもある。

[住]Döbelnsgatan 17
[電](08)412-2300 [FAX](08)412-2310
[料]Ⓢ1565(1110)SEK～
Ⓓ2000(1380)SEK～
[CC]A D M V [室数]136室
[URL]www.bestwestern.se
日本の予約先：ベストウエスタンホテルズ[Free]0120-421234

Clarion Collection Hotel Wellington
クラリオン・コレクション・ホテル・ヴェリントン

エステルマルム地区周辺

MAP P.307-D2

地下鉄エステルマルムストリエ駅から東に徒歩約3分、個人客を大切にするこぢんまりしたホテル。フロント横は英国風バーで、ゆったりくつろげると人気。客室は、白い壁に茶系の落ち着いた造り。サウナあり。レストランは18:00～21:00のみ営業。

[住]Storgatan 6
[電](08)667-0910
[FAX](08)667-1254
[料]Ⓢ1795(1095)SEK～
Ⓓ2295(1495)SEK～
[CC]A D M V
[室数]60室
[URL]www.choicehotels.se

Scandic Malmen
スカンディック・マルメン

セーデルマルム島周辺

MAP P.316

セーデルマルム島にあり、地下鉄メドボリヤルプラッツェン駅Medborgarplatsenの上に建つ好ロケーション。飾らない雰囲気は派手なホテルが苦手な人向き。シングルルームはシャワーのみ。スウェーデン料理のレストランもある。

[住]Götgatan 49-51
[電](08)5173-4700
[FAX](08)5173-4711
[料]Ⓢ1050(790)SEK～
Ⓓ1150(890)SEK～
[CC]A D M V
[室数]332室
[URL]www.scandichotels.com

Columbus Hotell
コロンブス

セーデルマルム島周辺

MAP P.316

建物はかつてビール醸造所として利用されていた。ゲートをくぐると石畳の中庭があり、庭に面して入口がある。バス、トイレ共同の客室や、ベビーベッド付きの客室など選択の幅も広い。無線LANはロビーでも利用できる。全室禁煙。

[住]Tjärhovsgatan 11
[電](08)5031-1200 [FAX](08)5031-1201
[料]バス、トイレ付き
Ⓢ1295(995)SEK～
Ⓓ1595(1295)SEK～
バス、トイレ共同
Ⓢ795SEK～Ⓓ925SEK～
[CC]A D M V [室数]70室
[URL]www.columbushotell.se

Alexandra Hotel
アレクサンドラ

セーデルマルム島周辺

MAP P.316

郊外電車のStockholms Södra駅から徒歩約3分の所にあるホテル。客室は狭いが、機能的にまとめられている。シングルルームには窓なしの部屋もあり、895（週末は685）SEKで宿泊することができる。サウナも併設されている。

[住]Magnus Ladulåsgatan 42
[電](08)455-1300
[FAX](08)455-1350
[料]Ⓢ1195(795)SEK～
Ⓓ1695(1295)SEK～
[CC]A D M V
[室数]69室
[URL]www.alexandrahotel.se

Hotel Oden Stockholm
オデン・ストックホルム

郊外

MAP P.304-B2

地下鉄オデンプラン駅Odenplanからすぐの所にある建物の2階が入口。手頃な料金と整った設備が評判で、早めの予約がおすすめ。60室にはキッチンも付いている。無料で利用できるサウナもある。1階に小さなスーパーがあるので何かと便利。

[住]Karlbergsväen 24
[電](08)457-9700
[FAX](08)457-9710
[料]Ⓢ1365(925)SEK～
Ⓓ1695(1195)SEK～
[CC]A D M V
[室数]137室
[URL]www.hoteloden.se

エコノミー

Queen's Hotel
クイーンズ

ストックホルム中央駅周辺  **MAP P.306-B2**

　1800年代を意識した造りが印象的。内部は、クリスタルのシャンデリアやアンティーク調の家具が配され豪華な雰囲気が漂う。客室はゆったりとして、カーテンやシーツはクリーム系の明るい色使い。周辺は商店が多くにぎやか。2008年に改装済み。

🏠Drottninggatan 71A
☎(08)24-9460
FAX(08)21-7620
料Ⓢ1320(1120)SEK～
　Ⓓ1620(1420)SEK～
CCA D M V　客室数53室
URLwww.queenshotel.se

Colonial Hotel
コロニアル

ストックホルム中央駅周辺  **MAP P.306-A2**

　ストックホルム中央駅から徒歩10分にあるホテル＆ホステル。客室ごとにアジア、スカンジナビア、カリブをイメージしたインテリアでユニーク。バス、トイレ付きの客室は改装されたばかり。バス、トイレ共同の客室はベッドのみと簡素な造り。

🏠Västmannagatan 13
☎(08)21-7630　FAX(08)24-4920
料バス、トイレ付き
　Ⓢ795SEK～Ⓓ995SEK～
　バス、トイレ共同
　Ⓢ590SEK～Ⓓ690SEK～
CCA D M V　客室数50室
URLwww.colonial.se

Hostel Bed & Breakfast
ホステル・ベッド＆ブレックファスト

ストックホルム中央駅周辺  **MAP P.306-A1**

　地下鉄ロドマンスガータン駅から徒歩約1分、建物の地下1階にあるホステル。客室は清潔で手入れも行き届いている。スタッフも親切で居心地がよく、長期滞在者が多い。キッチンも完備。女性専用のドミトリーもある。朝食付き。

🏠Rehnsgatan 21
☎(08)15-2838
FAX(08)612-6256
料ドミトリー290SEK～
　Ⓢ540SEK～Ⓓ780SEK～
　シーツ50SEK
CCM V　客室数10室、38ベッド
URLwww.hostelbedandbreakfast.com

Archipelago Hostel
アーキペラゴ・ホステル

ガムラ・スタン周辺  **MAP P.309-C3**

　地下鉄ガムラ・スタン駅から徒歩約5分の所にあるホステル。ホステルの建物は1746年に建てられた。ドミトリーは1室につき4または6ベッドあり、男女混合。また、シャワー室も男女の区分けはない。受付は2階、キッチンは3階にある。

🏠Stora Nygatan 38
☎(08)22-9940
料ドミトリー275SEK～
　Ⓢ540SEK～
　Ⓓ690～740SEK
　シーツ65SEK
CCM V　客室数16室、43ベッド
URLwww.archipelagohostel.se

Castanea Old Town Hostel
カスタネア・オールド・タウン・ホステル

ガムラ・スタン周辺  **MAP P.309-C3**

　ドイツ教会から徒歩約2分の所にあるホステル。館内の掃除は行き届いている。全室窓が設置されており、ドミトリーは1室につき6または14ベッドあり、男女混合。シャワー室やトイレは男女別。受付やキッチンは建物の3階にある。

🏠Kindstugatan 1
☎(08)22-3551
料ドミトリー260～290SEK
　Ⓢ490～535EK
　Ⓓ600～740SEK
　シーツ65SEK
CCM V　客室数15室、55ベッド
URLwww.castaneahostel.com

Örnsköld
オーンショールド

エステルマルム地区周辺  **MAP P.307-C3**

　音楽博物館Musikmuseetのすぐ近く、王立劇場のすぐ裏にある3つ星ホテル。フロントは建物の2階にあり、狭い階段を上っていく。客室は清潔で快適に過ごすことができる。ロケーションがよく、料金が手頃なのも魅力。朝食は各部屋でとる。

🏠Nybrogatan 6
☎(08)667-0285
FAX(08)667-6991
料Ⓢ995～1295SEK
　Ⓓ1495～2195SEK
CCA M V
客室数27室
URLwww.hotelornskold.se

Mälaren, Den Röda Båten
メーラレン・デン・レーダ・ボーテン

セーデルマルム島周辺
MAP P.304-B3

メーラレン湖に浮かぶ船のユースホステル。設備は古いが手頃な料金なので人気がある。朝食込み、バス、トイレ付きのキャビンを利用するホテルパートもある（Ⓢ900SEK～、Ⓓ1200SEK～）。ロビーのみ無線LANを無料で利用できる。

🏠Söder Mälarstrand, Kajplats 10
☎(08)644-4385
FAX(08)641-3733
🛏ドミトリー260SEK～
　Ⓢ480SEK～Ⓓ620SEK～
　朝食65SEK
CCDMV　室数98ベッド
URLwww.theredboat.com

Zinkensdamm
ズィンケンスダム

セーデルマルム島周辺
MAP P.304-B4

静かな環境にあるユースホステル。ホテルも併設している。部屋は清潔で、設備も充実しているのがうれしい。自然の中でゆっくりしたい人向き。プライベートルームのほか、サウナもある。地下鉄ズィンケンスダム駅から徒歩約5分。

🏠Zinkens väg 20
☎(08)616-8110 FAX(08)616-8120
🛏ドミトリー295SEK～
　（YH会員割引235SEK～）
　朝食70SEK
　ホテルⓈ1590(1140)SEK～
　Ⓓ1890(1410)SEK～
CCADMV　室数224ベッド、56室
URLwww.zinkensdamm.com

Jumbo Stay
ジャンボ・ステイ

郊外
MAP P.310

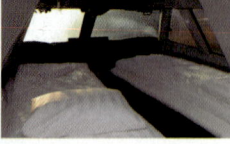

実際に使用されていたジャンボ飛行機を改装したユニークなホステル。コックピットはスイートルーム（1泊3300SEK）になっており、操縦席の窓から広がる眺めを堪能しながら宿泊することができる。スイートルーム以外はシャワー、トイレ共同。

🏠Jumbovägen 4
☎(08)5936-0400
FAX(08)5936-0411
🛏ドミトリー400SEK～
　Ⓢ975SEK～Ⓓ1200SEK～
　朝食65SEK
CCDJMV　室数25室、85ベッド
URLwww.jumbostay.com

Wasa Park Hotel
ヴァーサ・パーク

郊外
MAP P.304-B2

地下鉄サンクト・エリックスプラン駅S:t Eriksplanから徒歩約2分、手頃な料金で人気。客室は機能的で居心地がいい。フロントは建物の2階にあり、1階でベルを鳴らして入れてもらう。全室バス、トイレ共同。エアポート・コーチが近くに停まる。

🏠Sankt Eriksplan 1
☎(08)5454-5300
FAX(08)5454-5301
🛏Ⓢ675～750SEK
　Ⓓ795～895SEK
CCADMV
室数18室

Reimersholme Hotel
レイメルスホルム

郊外
MAP P.304-A4

2009年オープンのホテル。ホテルの前には40番と66番のバス停がある。地下鉄Hornstull駅からは徒歩約10分。静かな環境なので落ち着いた雰囲気で滞在することができる。レストランも併設されている。バス、トイレ付きは4室、そのほかは共同。

🏠Reimersholmsgatan 5
☎(08)444-4888
FAX(08)444-4889
🛏Ⓢ695SEK～
　Ⓓ840SEK～
CCAMV
室数37室
URLwww.reimersholmehotel.se

Långholmen
ロングホルメン

郊外
MAP P.304-A4

250年間監獄だった建物を改造したユースホステルで、ホテルも兼ねる。5階建ての建物の中央が吹き抜けのギャラリーで、それを囲んで独房が並ぶ。昔の囚人用の部屋は鉄格子がついた高窓がユニーク。7月中旬～8月上旬はベッド数が増える。

🏠Långholmsmuren 20
☎(08)720-8500 FAX(08)720-8575
🛏ドミトリー290SEK
　（YH会員割引240SEK）
　朝食90SEK
　ホテル
　Ⓢ795SEK～Ⓓ1450SEK～
CCADJMV　室数264ベッド、88室
URLwww.langholmen.com

エコノミー

ストックホルムのレストラン

ストックホルム中央駅の周辺やガムラ・スタンを中心に、味はもちろん雰囲気、サービスともに充実した店がいたるところにあり、伝統的な名物料理からエスニック料理まで幅広く食べられる。食事料金の目安はランチで65～110SEK、ディナーだと100～400SEKと、他の北欧諸国と同様高い。気軽に食べられるのは11:00～14:00にかけてのダーゲンス・レットDagens Rättだ。いわゆる「昼の定食」で、その日のメニューが黒板に書いてあったりする。スウェーデン語で意味がわからなくても、店の人に聞けば教えてくれるはず。マクドナルドやバーガーキングなどといったファストフード店も多数あり、セットメニューが60SEK程度から食べられる。また、最近人気があるのはなんと寿司。日本料理レストランだけでなく、ちょっとおしゃれな雰囲気のカフェでもメニューに寿司があったり、スーパーマーケットの総菜売り場にパックの寿司が並んでいたりする。

Stadshus Källaren
スタッズヒュース・シェラレン

ストックホルム中央駅周辺
MAP P.306-A4

市庁舎の地下にあるレストランで、ノーベル賞受賞記念パーティで出されるのと同じメニューを食べることができる。ノーベルメニューは1450SEK～。ランチは105SEK～。高級店なのでそれなりの装いで足を運ぶようにしよう。

住Hantverkargatan 1
電(08)5063-2200
営夏期 月～土17:00～23:00
　冬期 月～土11:30～14:00/17:00～23:00
　土　　 17:00～23:00
休日
料ランチ105SEK～、ディナー1450SEK～
CC A D M V
URL www.profilrestauranger.se

F12
エフ・トルブ

ストックホルム中央駅周辺
MAP P.306-B4

官庁などが多い地区にあるモダン・スウェーデン料理のレストラン。地元産の新鮮な食材を活かしたメニューが自慢。意外な組み合わせに驚く、常識にとらわれないスタイルが大好評。ディナーは11コースで1195SEK～。3コースのランチは390SEK。

住Fredsgatan 12
電(08)24-8052
FAX(08)23-7605
営月～金11:30～14:00/
　　 17:00～翌1:00
　土　 17:00～翌1:00
休日 料350SEK～
CC A D M V
URL www.fredsgatan12.com

Kaffegillet
カフェジレット

ガムラ・スタン周辺
MAP P.309-C2

ガムラ・スタンの大聖堂近くにあるカフェ＆レストラン。14世紀のワイン貯蔵庫をそのまま利用したもの。気軽にカフェとしてケーキ70SEK～やサンドイッチを楽しんでもいいが、食事どきはしっかりスウェーデンの家庭料理を味わいたい。レンガ造りの丸天井で、テーブルにはロウソクが灯り中世のロマンが漂ってくる。料理は伝統的なスウェーデン料理で、ビュッティパンナ、ショットブラールは155SEK～。ランチ（月～金11:00～15:00）は125SEK（冬期95SEK）のセットが楽しめるのでお得。新鮮な素材の持ち味を活かした魚料理が自慢だ。セットメニューは370SEK。日本語メニューあり。

中世の雰囲気が漂う店内

ケーキは常時7～8種類揃える

住Trångsund 4
電(08)21-3995　FAX(08)21-3996
営5～9月 毎日 10:00～22:00LO
　10～4月 毎日 10:00～21:00LO
休無休
料100SEK～　CC A D M V

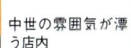

■2011年5月のレート　1SEK=13.43円

スウェーデン料理

スウェーデン　ストックホルム　ホテル／レストラン

Fem Små Hus

■ フェム・スモー・ヒュース

ガムラ・スタン周辺
MAP P.309-D2

伝統的なスウェーデン料理が味わえる店。「5つの小さな家」の名のとおり、外観は5軒の家のようで、中でひとつにつながっている。暗い室内にロウソクの明かりがゆれて雰囲気満点。前菜135SEK〜、メイン275SEK〜、コース425SEK〜。人気があるので要予約。

🏠Nygränd 10
☎(08)10-8775　FAX(08)14-9695
🕐水〜土17:00〜24:00
　日〜火18:00〜23:00
🈺無休
💴275SEK〜
CC A D J M V
URL www.femsmahus.se

Den Gyldene Freden

■ デン・ギュルデネ・フレーデン

ガムラ・スタン周辺
MAP P.309-D4

英語でThe Golden Peaceと訳される店名は、創業した1722年の前年にロシアなどと平和条約が結ばれたという歴史からきている。現存するレストランとしては北欧最古といわれ、今も昔の面影を店内にとどめている。かつて吟遊詩人エヴェルト・タウベや画家アンデース・ソーンなど数々の文化人が通い、現在もノーベル文学賞を選考するスウェーデン・アカデミーの会員が集う店として知られている。メニューはスウェーデンの伝統料理が中心で、ニシン料理が名物。アラカルトはメインが185SEK〜。ランチは125SEK〜。なるべく予約してから出かけたい。

地下の穴蔵のようなところにフロアがある

一時はホテルだったこともある歴史的な建物

🏠Österlånggatan 51
☎(08)24-9760　FAX(08)21-3870
🕐月〜金11:30〜14:30/17:00〜22:00
　土　　　13:00〜23:00
🈺日　💴250SEK〜　CC A D M V
URL www.gyldenefreden.se

Movitz

■ モヴィッズ

ガムラ・スタン周辺
MAP P.309-C3

17世紀に使用されていた民家の地下倉庫を改装したレストラン。洞窟のような店内はロウソクの明かりで照らされ、雰囲気バツグン。メニューは伝統的なスウェーデン料理がメイン。おすすめはシーフードの盛り合わせSymphony Movitz 329SEK。

🏠Tyska Brinken 34
☎(08)20-9979　FAX(08)411-7146
🕐月〜木11:00〜23:00
　金　　11:00〜24:00
　土　　12:00〜24:00
　日　　16:00〜22:00
🈺無休　💴245SEK〜　CC A M V
URL www.movitz.com

Zum Franziskaner

■ ズム・フランシスカーネル

ガムラ・スタン周辺
MAP P.309-D4

ガムラ・スタンに古くからある、湖に面したレストラン。店内は凝った造りの美しい装飾が施され、あたたかみのある雰囲気が漂う。ビュッティパンナ179SEKやスウェーデン風酢漬けサーモン168SEKなど庶民的なスウェーデン料理が評判。

🏠Skeppsbron 44
☎(08)411-8330
FAX(08)411-8307
🕐月〜金11:00〜23:00
　土　　12:00〜23:00
💴175SEK〜
CC A D M V
URL www.zumfranziskaner.se

Pontus by the Sea

■ ポンタス・バイ・ザ・シー

ガムラ・スタン周辺
MAP P.309-D3

海辺にある人気のレストラン。夏は外にテーブルやソファの席が設けられ、食事やお酒を楽しみながらくつろぐ人でにぎわう。おすすめは魚料理295SEK〜。平日のランチビュッフェ110SEKも人気。シャンパンやワインも豊富に揃えている。

🏠Skeppsbrokajen　☎(08)20-2095
🕐月　　11:30〜23:00LO（冬期は〜14:00）
　火〜金11:30〜23:00LO
　土　　12:00〜23:00LO（冬期は18:00〜）
　日　　12:00〜22:00LO（夏期のみ）
　（時期によって異なる）
🈺冬期の月　💴200SEK〜　CC A D M V
URL www.pontusfrithiof.com

スウェーデン料理

Verandan

ベランダ

Grand Hotel（→P339）1階にあり、年中スモーゴスボード（ヴァイキング料理）455SEKが楽しめることで有名。ニシンの酢漬けやスモークサーモン、ミートボールなどいろいろなスウェーデン料理が一度に味わえる。アラカルトメニューも豊富。

🏠Södra Blasieholmshamnen 8
📞(08)679-3500
FAX(08)611-8686
🕐月～金11:30～23:00
　土・日12:00～23:00
休無休
🎫455SEK～　CCA D M V
URLwww.grandhotel.se

Kvarnen

クヴァルネン

1908年創業の老舗レストラン。雰囲気はいたってカジュアルで、料理はメインが120～250SEK程度と手頃な料金で楽しめる。ピュッティパンナは125SEK、塩漬けサーモンは149SEK。スナップスの種類も豊富。キッチンクローズは23:00。

🏠Tjärhovsgatan 4
📞(08)643-0380
🕐毎日11:00～翌3:00
　（夏期は17:00～）
休無休
🎫125SEK～
CCM V
URLwww.kvarnen.com

Eriks Gondolen

エリックス・ゴンドーレン

ガムラ・スタンを通り過ぎ、セーデルマルム島に入ってすぐの建物の8階にある展望レストラン。「カタリーナヒッセン（カタリーナのエレベーター）」と呼ばれる施設と空中廊下でつながっている。大きな窓の向こうには、湖に浮かんだようなストックホルム市街の景観が見える。メニューは世界中から選りすぐりの食材を使った創作スウェーデン料理。季節に応じた旬の料理を提供している。メニューは年6回変わり、メインは195～535SEK、ランチは115SEK。屋上は夏期のみの営業になり、グリル料理が中心。バーラウンジで軽めの食事を楽しむこともできる。

空に浮かんだレストラン

抜群の眺望と食事が楽しめる

🏠Stadsgården 6
📞(08)641-7090　FAX(08)641-1140
🕐月～金11:30～翌1:00
　土　　16:00～翌1:00
休日
🎫300SEK～　CCA D M V
URLwww.eriks.se

Tranan

トラーナン

伝統的なスウェーデン料理をメインにヨーロッパ各地の料理を味わえる。ビーフフィレBiff Rydberg285SEKやミートボールWallenbergare215SEKが人気。地下はバーになっている。人気店なので夏期以外は予約をして行こう。

🏠Karlbergsvägen 14
📞(08)5272-8100
🕐夏期　月～土17:00～23:00
　　　　日　　17:00～22:00
　冬期　月～金11:30～22:00
　土17:00～23:00　日17:00～22:00
休無休　🎫125SEK～
CCA D J M V　URLwww.tranan.se

Vapiano

ヴァピアーノ

地下鉄ガムラ・スタン駅の出口脇にある大人気のセルフサービス式レストラン。20種ほど揃う自家製生パスタ80SEKや本格的なピザ70SEKを手頃な料金で楽しめる。入店時に渡されるカードは注文時にカードリーダーにかざして記録させ、退店時に会計を行う。

🏠Munkbrogatan 8
📞(08)22-2940
🕐夏期　毎日17:00～24:00
　冬期　日～木11:00～24:00
　　　　金・土11:00～翌1:00
休無休
🎫70SEK～　CCA M V
URLwww.vapiano.se

Sardin
サルディン

セーデルマルム島のおしゃれな地区にある家庭的な雰囲気のタパス（小皿料理）レストラン。席数は25席で、常連客を中心に常ににぎわっている。タパスは1品49SEK〜で、肉料理は69〜139SEK。サングリア（フレーバーワイン）50SEKも人気。

🏠Skånegatan 79
☎(08)644-9700
🕐火〜土17:00〜24:00
　日　　17:00〜23:00
休月
💰150SEK〜
CC M V
URL www.restaurangsardin.se

Sture Hof
ストゥーレ・ホフ

創作スウェーデン料理をはじめ、インターナショナル料理が楽しめるおしゃれな店。新鮮な魚介を使うので、仕入れによってメニューは毎日変わる。メインは165〜455SEK。サンドイッチ155SEK〜なども用意している。夏はテラス席が人気。

🏠Stureplan 2
☎(08)440-5730
🕐月〜金11:00〜翌2:00
　土　　12:00〜翌2:00
　日　　13:00〜翌2:00
休無休
💰200SEK〜
CC A D M V
URL www.sturehof.com

Café Mix
カフェ・ミックス

日本人オーナーが営むシーフード店。1645年築の建物は、かつて王宮の御用達だったパン工房を利用。サーモンのグリルやニシンのバター焼き各93SEKなど、独自のルートで仕入れた新鮮な魚を使ったスウェーデン料理をカジュアルに味わえる。

🏠Sibyllgatan 2
☎(08)660-0625
FAX(08)556-0366
🕐月〜木11:00〜20:00
　金・土11:00〜23:00
　日　　11:00〜18:00
休無休
💰100SEK〜
CC A D J M V

Saluhall
サルハール

生鮮食料品店から、カフェやレストランまでひしめき合う屋内市場。パニーニやフォカッチャなどが楽しめるFresh Salladsbarや寿司の三代目 加藤（→P.352）の支店など、気軽に利用できる店が多い。紅茶やジャムなどを売るショップもある。

🏠Söderhallarna 110
☎店舗によって異なる
🕐月〜水10:00〜18:00
　木・金10:00〜19:00
　日　　10:00〜16:00
休日
💰100SEK〜（店舗によって異なる）
CC 店舗によって異なる
URL www.soderhallarna.com

Kungs Hallen
クングス・ハーレン

ヒョートリエットに面して建つフードコンプレックス。1階にはスウェーデン、タイ、ギリシア料理などのレストランが入っている。地下1階は800席のフードコートで、インドや中華、イタリア、メキシコ料理などのセルフサービスの店が並ぶ。

🏠Kungsgatan 44
☎店舗によって異なる
🕐月〜土11:00〜22:00
　日　　12:00〜22:00
休無休
💰100SEK〜（店舗によって異なる）
CC 店舗によって異なる
URL www.kungshallen.nu

Max
マックス

スウェーデンのファストフードといえばココ。マクドナルドの上陸前、1968年に創業し、現在は国内73店舗以上、ストックホルムだけでも6店舗を構える。ハンバーガーにポテトとドリンクが付いたセットMax-målは65SEK。店内で無線LANの利用が可能。

🏠Kungsträdgårdsgatan 20
☎(08)611-3810
🕐日〜木10:00〜翌5:00
　金・土10:00〜翌6:00
休無休
💰65SEK〜　CC A D M V
URL www.max.se

Café Panorama

ストックホルム中央駅周辺
MAP P.306-B3

■カフェ・パノラマ

セルゲル広場に面した文化会館の5階にあるカフェ。店内からストックホルムの中心街が見下ろせるロケーションが人気。カウンターに並んで、注文したものをトレーにのせて運ぶセルフサービス式。ランチは85SEK～。窓側の席をキープしよう。

🏠Kulturhuset, Sergels Torg Fl. 5
📞(08)21-1035
🕐火～金11:00～20:00
　　土　　11:00～18:00
　　日　　11:00～17:00
休月
💰85SEK～
CC D M V

Kaffekoppen

ガムラ・スタン周辺
MAP P.309-C3

■カフェコッペン

ガムラ・スタンの大広場に面したカフェ。漆喰の壁に黒光りした木の床が刻んできた歴史を物語る。観光客や地元の人でいつもにぎわっており、夏期にはテラスもオープン。ケーキは7種類あり、43SEK～。ホワイトチョコレート36SEK～。

🏠Stortorget 18-20
📞(08)20-3170
🕐夏期　毎日8:00～23:00
　冬期　毎日9:00～22:00
休無休
💰50SEK～
CC M V

Chokladfabriken

セーデルマルム島周辺
MAP P.316

■ホクラドファブリケン

チョコレート専門店が経営するカフェ。メインパティシエはヨーロッパ各地のコンクールで多くの賞を獲得している。カカオを贅沢に使った濃厚なホットチョコレート70SEKが人気。カカオ70%のダーク、33%のミルクの2種類から選ぶ。手作りのタルトなどと一緒に。

🏠Renstiernas gata 12
📞(08)640-0568
FAX(08)5569-8565
🕐月～金10:00～18:30
休日
💰30SEK～　CC A M V
URL www.chokladfabriken.com

Blå Porten

ユールゴーデン島
MAP P.305-D3

■ブラー・ポルテン

地元の人に人気のカフェレストラン。緑いっぱいのパティオがあり、夏はオープンエアの席で食事が楽しめる。カウンターに並ぶサンドイッチやスイーツを選んでレジで精算してから席につこう。温かいメイン料理は直接レジでオーダーする。

🏠Djurgårdsvägen 64
📞(08)663-8759
🕐6～8月　月～金　　11:00～22:00
　　　　　土・日　　11:00～19:00
　9～5月　水・金～月11:00～19:00
　　　　　火・木　　11:00～21:00
休無休　💰130SEK～　CC A M V
URL www.blaporten.com

Rosendals Trädgård Kafe

ユールゴーデン島
MAP P.305-D3

■ローゼンダール・トレーゴード・カフェ

ユールゴーデン島のローゼンダール庭園Rosendals Trädgård内にあるカフェ。温室を利用した広々とした空間で、ガーデンで収穫するオーガニックの野菜やハーブを使った料理やお茶が楽しめる。入口正面に配されたテーブルには、手作りのサンドイッチ45SEK～やケーキ24SEK～、クッキー15SEK～などがズラリと並び、好みのものを皿に盛りカウンターで会計をする。ランチタイム（11:30～14:00）には、日替わりランチ135SEK～やサラダ145SEK～などのメニューも登場。夏は、花々が咲き乱れる美しいガーデンを眺めながらゆったり過ごせる外のテラス席が人気。

ガーデン散策の合間にひと休みしよう

人気は新鮮な野菜が盛られたサラダ

🏠Rosendalsterrassen 12
📞(08)5458-1270　FAX(08)5458-1279
🕐5～9月　月～金11:00～17:00
　　　　　土・日11:00～18:00
　2～4月、10～12月　火～日11:00～16:00
休1月、冬期の月　💰50SEK～　CC A D M V
URL www.rosendalstradgard.se

スウェーデン　ストックホルム　レストラン

カフェ

Ki-mama
キママ

日本人経営の寿司バー。2001年よりスウェーデンのグルメ雑誌の賞を連続受賞している。人気メニューは15カンの握り寿司Stornigiri195SEK。焼き肉や餃子、うな重もある。また、日本人の板前もカウンターに立つ。キムチなどのおつまみは30SEK〜。

🏠Observatoriegatan 13
📞(08)33-3482
🕐月〜金11:30〜21:00
　土・日15:00〜21:00
休無休
💰110SEK〜
CC A D M V

Sandaime Kato
三代目　加藤

空手家として世界を回り、スウェーデンにたどり着いたというご主人が1992年にオープンした寿司レストラン。店内は自然木から切り出したテーブルやイスなどの純和風のインテリアが並び、地元のデザイン雑誌にも紹介されたことがあるという。ネタは新鮮な近海物ばかりだが、なかでもサーモンがおすすめ。ボリュームのある寿司盛り合わせが95SEK〜というリーズナブルな価格もうれしい。日本人観光客はもちろん、地元のスウェーデン人にも人気だ。ランチタイムはさらにお得で、盛り合わせ7カン79SEK〜で味わえる。日本酒や焼酎の種類も豊富。

寿司盛り合わせのスペシャル

地下鉄スルッセン駅からは徒歩5分ほど

🏠S:t Paulsgatan 22A
📞(08)714-9316
🕐毎日11:00〜22:00
休無休
💰150SEK〜
CC A D J M V

China Wang
神州飯店（チャイナ・ワン）

安くておいしい中華料理をおなかいっぱい食べたい人にピッタリ。メニューは豊富。回鍋猪肉121SEK、麻婆豆腐143SEK、青椒牛肉132SEKなど日本人にもおなじみのものも多い。ディナービュッフェは158SEK。ランチビュッフェは95SEKでさらにお得。

🏠Kungsgatan 62
📞(08)20-0110 FAX(08)20-0121
🕐月〜木11:00〜22:00
　金　　11:00〜23:00
　土　　12:00〜23:00
　日　　13:00〜22:00
休無休
💰158SEK〜
CC A D J M V

Sawadee Fastfood
サワディー・ファストフード

タイをはじめとするアジア各国のメニューを味わえるファストフード店。食費を安くあげたいときにおすすめ。人気はやきとり＋ライスやグリーンカレー、レッドカレーなど各65SEK〜。隣に同経営のタイ料理レストランがあり、そちらもおすすめ。

🏠Olof Palmes gata 7
📞(08)21-9048
🕐月〜土11:00〜21:00
　日　　12:00〜21:00
休無休
💰65SEK〜
CC D M V
URL www.sawadee.se

Koh Phangan
コ・パンガン

セーデルマルム島にある地元の人に人気のレストラン。内装は「タイのパンガン島の夜」をイメージしており、タイ国際航空の機内誌にも紹介された。メニューは日替わりで平日の11:00〜16:00にはランチセットがあり、ドリンク付きで69SEK。

🏠Skånegatan 57
📞(08)642-5040 FAX(08)642-6568
🕐日〜木11:00〜24:00
　金・土11:00〜翌1:00
休無休
💰ランチ69SEK〜、
　ディナー200SEK〜
CC A D M V
URL www.kohphangan.se

日本料理

中華料理

タイ料理

ストックホルムのショッピング

　ショッピングはドロットニングガータン通り、ハムンガータン通りHamngatan、ストゥーレプラン広場、ビリエル・ヤールスガータン通りBirger Jarlsgatan、そしてガムラ・スタンが中心となる。なかでもガムラ・スタンには小さくておしゃれな店が多く、散策と一緒に買い物を楽しめる。セルゲル広場と、ヒョートリエット周辺もショッピングエリアだ。時間がない人はNK、Gallerian、Pub、Åhlens City、Sture Gallerianなどのデパートや大型ショッピングセンターに足を運ぼう。また、最近の注目はセーデルマルム島。小さなデザインショップやコスメなどの店が並んでいる。おみやげには、スウェーデンが誇るガラス製品をはじめ、陶磁器、家具、織物を中心とした手工芸品、民芸品などがいいだろう。「Rea」、「Extrapris」、「Fynd」などのサインが出ていたらバーゲンセールという意味だ。夏期は7月下旬～8月上旬、冬期は12月末からがバーゲンシーズンとなる。

NK
■エヌコー

ストックホルム中央駅周辺
MAP P.307-C3

1902年オープンの北欧最大規模のデパート。一流ブランドや高級店が集まり、ファッションとインテリア関係が豊富に揃う。カフェテリアもありランチが評判。地下には、スウェーデンの陶磁器やガラスが売られており必見だ。トイレは4階(有料)。

🏠Hamngatan 18-20
☎(08)762-8000
🕐月～金10:00～20:00
　土　　10:00～18:00
　日　　12:00～17:00
🚫無休
💳A D J M V
URL www.nk.se

Gallerian
■ガレリアン

ストックホルム中央駅周辺
MAP P.306-B3

1902年創業の老舗のショッピングモール。衣料品、靴、スポーツ用品、おもちゃなど70店舗が入っている。セルゲル広場の近くにあり、地下鉄駅や文化会館と直接通路でつながっているので、雨や雪の日の移動にも困らない。カフェもある。

🏠Hamngatan 37
☎店舗により異なる
🕐月～金10:00～19:00
　土　　10:00～18:00
　日　　11:00～17:00
🚫無休
💳店舗によって異なる
URL www.gallerian.se

Åhlens City
■オーレンス・シティ

ストックホルム中央駅周辺
MAP P.306-B3

地下鉄T-Centralen駅の上、スウェーデン最大のチェーンを誇る地元っ子に人気のデパート。2階のガラス、陶磁器、おみやげ品売り場や1階レディスファッション売り場が充実している。地下2階は市内最大の食料品売り場。2階には日本の無印良品も。

🏠Klarabergsgatan 50
☎(08)676-6000
FAX(08)676-6141
🕐月～金10:00～21:00
　土　　10:00～19:00
　日　　11:00～18:00
🚫無休
💳A D J M V
URL www.ahlens.se

Sture Gallerian
■ストゥーレ・ガレリアン

エステルマルム地区周辺
MAP P.307-C2

ストゥーレ広場に面して建つ、1989年にオープンした個性派ショッピングセンター。ブティック、アクセサリーショップをはじめ、レストラン、カフェなど50店舗近い専門店が入っている。1階の吹き抜けでは、イベントが行われることも。

🏠Stureplan 4 Turegatan 9A
☎(08)453-5067
🕐月～金10:00～19:00
　土　　10:00～17:00
　日　　12:00～17:00
🚫無休
💳店舗によって異なる
URL www.sturegallerian.se

デパート

スウェーデン　ストックホルム　レストラン／ショッピング

Globen
グローベン

地下鉄グローベン駅のそばにある、アリーナとショッピングセンターの複合施設。白亜の巨大なドームがアリーナで、コンサートやスポーツなどのイベントが行われる。高度130mから町を見下ろせる、ガラス製の展望ゴンドラSkyViewも人気。

郊外 MAP P.305-C4外

🏠Globentorget 2
☎(08)725-1000
🕐月〜金10:00〜19:00
　土　　10:00〜17:00
　日　　11:00〜17:00
🈺無休
💳店舗によって異なる
🔗www.globenshopping.se

H & M
エイチ ＆ エム

スウェーデン生まれのファッションブランド。ヨーロッパをはじめ世界中に進出し、日本にも2008年に上陸。日本のユニクロのように低価格で、おしゃれなアイテムが揃う。レディス、メンズ、キッズなどさまざまな店舗展開をしているのも魅力。

ストックホルム中央駅周辺 MAP P.306-B3

🏠Sergelgatan 1
☎(08)5451-8740
🕐月〜金10:00〜19:00
　土　　10:00〜18:00
　日　　11:00〜17:00
🈺無休
💳A D J M V
🔗www.hm.com

Filippa K
フィリッパ・コー

若者に人気があるスウェーデン人デザイナーの店。レディスの奥にメンズの店があり、どちらも充実した品揃え。シンプルで飽きのこないデザインが人気。コレクションは年に2回変わる。長袖Tシャツ450SEK〜、ストレッチシャツ350SEK〜。

エステルマルム地区周辺 MAP P.307-C2

🏠Grev Turegatan 18
☎(08)5458-8888
🕐月〜金11:00〜19:00
　土　　11:00〜17:00
　日　12:00〜16:00(8〜5月のみ)
🈺6・7月の日
💳A D M V
🔗www.filippa-k.com

Nudie Jeans
ヌーディー・ジーンズ

2001年に設立された、スウェーデン生まれのファッションブランド。ジーンズの生地はイタリア製や日本製を使用し、縫製はイタリアで行っている。メンズやレディス、キッズ向けの製品が置かれている。ジーンズは999SEK〜、Tシャツは399SEK〜。

セーデルマルム島周辺 MAP P.316

🏠Skånegatan 75
☎(08)4109-7200
🕐月〜金11:00〜18:30
　土　　11:00〜16:30
　日　12:00〜16:00
🈺無休
💳A D M V
🔗www.nudiejeans.com

Acne
アクネ

スウェーデン生まれのファッションブランド。店内にはメンズやレディス、キッズ向けの製品が置かれているが、特に女性物の種類が豊富。人気のスキニータイプのジーンズは995SEK〜、レザージャケットは6000SEK〜、シューズは700〜5000SEK。

セーデルマルム島周辺 MAP P.316

🏠Nytorsgatan 36
☎(08)640-0470
🕐月〜金11:00〜18:30
　土　　11:00〜17:00
　日　12:00〜17:00
🈺無休
💳A D M V
🔗www.acnestudios.com

Wilhelm Pettersson
ヴィルヘルム・ベテルソン

1939年創業の人気ショップ。北欧の自然をモチーフにしたオリジナルジュエリーをはじめ、スウェーデンブランドのほか、ジョージ・ジェンセンなどの世界のブランドアイテムも扱っている。価格はだいたい400〜1万5000SEK。

ストックホルム中央駅周辺 MAP P.306-B3

🏠Drottninggatan 70
☎(08)20-0490
📠(08)21-7181
🕐月〜金10:00〜18:30
　土　　10:00〜16:00
🈺日（クリスマス前はオープン）
💳A D J M V
🔗www.wilhelmpettersson.se

アクセサリー

Jovenia Juveler
ユヴェニア・ユヴェラル

エステルマルム地区周辺
MAP P.307-C3

1971年オープン。ハンドメイドで仕上げた、個性的でシンプルなデザインのアイテムが評判。扉はブザーを鳴らして中から鍵を開けてもらう。ダイヤのリングは小さいものなら8000SEK〜。エンゲージリングを探しにくる人も多い。

🏠Biblioteksgatan 10
☎(08)611-2566
FAX(08)611-2239
🕐月〜金10:00〜18:00
　　　11:00〜14:00
休日
CCA D M V
URLwww.joveniajuveler.se

テキスタイル

Svenskt Tenn
スヴェンスク・テン

エステルマルム地区周辺
MAP P.307-C3

世界中で高い評価を受ける、1923年に誕生した老舗のスウェーデンブランドのショップ。店内にはオリジナルのテキスタイルを使用したインテリアや生活雑貨などがズラリと並ぶ。なかでも誕生当時からメインデザイナーを務めた、ヨセフ・フランクのデザインした動物やスウェーデンの自然をモチーフにしたテキスタイルが有名。オリジナルテキスタイルはメートル単位で購入できるほか、ランプシェード500SEK〜、枕カバー1000SEK〜などの小物もある。2011年9月まで改装のためNybrogatan 15（MAP P.307-C3）に移転中。

種類豊富なファブリックを使ったアイテムが人気

港に面したデザインショップ

🏠Strandvägen 5
☎(08)670-1600　FAX(08)660-1616
🕐月〜金10:00〜18:00
　　　10:00〜16:00
　　日　12:00〜16:00（9〜5月のみ）
休6〜8月の日　CCA D M V
URLwww.svenskttenn.se

10 Swedish Designers
テン・スウェディッシュ・デザイナー

セーデルマルム島周辺
MAP P.316

10人のテキスタイルデザイナーにより1970年に結成されたブランド。オリジナルのテキスタイルをビニールコーティングしたバッグが人気で、ペンケース各190SEKと値段もリーズナブル。40種類あるポストカード各10SEKも人気。

🏠Götgatan 25
☎(08)643-2504
FAX(08)643-2508
🕐月〜金10:00〜18:30
　　　11:00〜17:00
　　　12:00〜16:00
休無休
CCM V
URLwww.tiogruppen.com

家具・インテリア

Modernity
モダニティ

エステルマルム地区周辺
MAP P.307-D2

ウェグナー、アアルト、ヤコブセンら20世紀北欧を代表するデザイナーの作品を中心とした、中古のインテリアを扱うセレクトショップ。家具、ガラス、陶器、照明など一点物ばかり。ジョージ・ジェンセンのアクセサリーもある。7月は休業。

🏠Sibyllegatan 6
☎(08)20-8025
🕐月〜金12:00〜18:00
　　　11:00〜15:00
休日、7月
CCA D M V
URLwww.modernity.se

Asplund
アスブルンド

エステルマルム地区周辺
MAP P.307-D2

雑誌で北欧のベスト・インテリアショップに選ばれたこともある有名店。スウェーデンの人気デザイナーの家具を中心に、フィンランド、イタリア、フランスなどからセンスのいいものを集めている。カトラリーなども扱う。夏期は時間短縮あり。

🏠Sibyllegatan 31
☎(08)662-5284
FAX(08)662-3885
🕐月〜金11:00〜18:00
　　　11:00〜16:00
　　（7月は〜14:00）
休日　CCA D J M V
URLwww.asplund.org

Nordiska Kristall
ノルディスカ・クリスタル

創業93年以上を誇るスウェーデンの最高級クリスタルメーカー。品揃えは国内随一といわれる。スウェーデンにおけるロイヤル・コペンハーゲンの総代理店でもある。日本への発送はもちろん、オーダーメイドも可能。ガムラ・スタンにも支店がある。

🏠Kungsgatan 9
☎(08)10-4372
FAX(08)21-6845
🕐月～金10:00～18:30
　　土　　10:00～16:00
　　日　　12:00～16:00(4～12月のみ)
休1～3月の日
CC A D J M V
URL www.nordiskakristall.com

Orrefors Kosta Boda
オレフォス・コスタ・ボダ

スウェーデンを代表するガラス製品のブランド、オレフォスとコスタ・ボダのストックホルム本店。シンプルかつモダンなフォルムは、これぞ北欧デザインの名品と呼ぶにふさわしい。店内にはグラスやワイングラス、オブジェなどがズラリと並び、豊富な品揃えは本店ならでは。日本で買うよりも2～3割ほど安く、お得なセール品が登場することも。TAX FREEにも対応している。また、日本への発送サービスあり。人気アイテムはキャンドルホルダーや各種グラス類199SEK～。

本店ならではの豊富な品揃え

高級ブティックの並ぶビリエル・ヤールスガータン通り沿いにある

🏠Birger Jarlsgatan 15
☎(08)611-9115
🕐月～金10:00～18:00
　　土　　10:00～16:00
　　日　　12:00～16:00（6～8月のみ）
休9～5月の日
CC A D M V
URL www.orrefors.se　URL www.kostaboda.com

Design Torget
デザイン・トリエ

スウェーデンの最先端デザイナーや美大生が意匠を手がけたデザイン性の高い生活用品が揃うショップ。ランプなどのインテリアから、グラスやカップなどの小物まで揃い、どれも個性的なデザイン。ちょっとしたおみやげ探しに最適。

🏠Kulturhuset,Sergelgången 29
☎(08)21-9150
🕐月～金10:00～19:00
　　土　　10:00～18:00
　　日　　11:00～17:00
休無休
CC A D M V
URL www.designtorget.se

Cervera
セルヴェーラ

キッチン用品を中心とした、生活雑貨を全般に扱うショップ。淡い色合いのやさしいデザインのものが多い。フィンランドのイッタラや、コスタ・ボダなどのアイテムも扱っている。オリジナルの商品もあるのでスタッフに尋ねてみよう。

🏠Sveavägen 24-26
☎(08)10-4530
🕐月～金10:00～19:00
　　土　　10:00～17:00
　　日　　12:00～16:00
休無休
CC A D J M V
URL www.cervera.se

Iris Hantverk
イリス・ハントベルク

スウェーデンのハンドメイド製品を扱うショップ。白木で作ったブラシなど木製のハンドメイド商品が人気。キャンドル立てをはじめ、ココナッツ油やオリーブ油を使用したオーガニック石けんなどは、おみやげにもぴったり。中心部Kungsgatanにも支店あり。

🏠Västerlånggatan 24
☎(08)698-0973
FAX(08)698-0935
🕐月～金10:00～18:00
　　土　　11:00～16:00
　　日　　12:00～16:00
休無休
CC A D M V
URL www.iris.se

生活雑貨

Konsthantverkarna
コンスハントヴェルカナ

セーデルマルム島周辺
MAP P.305-C4

　60年近い歴史を誇るギャラリー＆ショップ。今まで数々の有名なアーティストの作品が置かれてきた。ここの会員になるのは審査基準が厳しく、それを通過したアーティストの作品はどれもユニークで高品質。取り扱う商品も幅広い。

🏠Södermalstorg 4
📞(08)611-0370
FAX(08)641-5895
🕐火〜金11:00〜18:00
　土　　11:00〜16:00
🚫日・月(6・7・12月の月は営業)
CCA J M V
URLwww.konsthantverkarna.se

コスメ

Moonsun
ムーンサン

セーデルマルム島周辺
MAP P.309-C4

　セーデルマルムにあるナチュラルコスメを扱うショップ。知識豊富な店員さんがいろいろとアドバイスしてくれるので心強い。店の奥ではエステも行っていてボディマッサージ30分450SEK〜。フェイシャルトリートメントは60分850SEK〜。

🏠Bastugatan 57
📞(08)22-8898
🕐月〜金12:00〜18:00
　土　　12:00〜15:00
🚫日
CCA M V
URLwww.moonsun.se

民芸品

Tyger och Tidlösa Ting
ティエール・オ・ティドレーサ・ティン

ガムラ・スタン周辺
MAP P.309-C3

　オープン以来25年。店内にはところ狭しと人形が並ぶ。リアルだがどこかユーモラスな大きなサンタクロース人形が、1年中クリスマス気分で迎えてくれる。ハイドメイドのミニチュア・サンタ人形130SEK〜やランプシェードなどが人気。

🏠Köpmangatan 1
📞(08)20-5662
🕐6〜8月
　月〜土10:00〜18:00
　日　　11:00〜17:00
　9〜5月
　月〜土10:30〜17:30
🚫9〜5月の日　CCM V

COLUMN　　　　　　　　　　　　　　　　　　**S**WEDEN

ストックホルムの骨董通り

　ストックホルムは北欧デザインの先進地。古い家具や陶器・ガラス製品などにそのルーツを尋ねるのも楽しい。アンティークショップはガムラ・スタンに集まっているが、さらにいろいろ見てみたい人は、市街北西のヴァーサスタデン地区Vasa-stadenへ足を運んでみよう。地下鉄オデンプラン駅からサンクト・エリックスプラン駅にかけてのオデンガータン通りOdengatanと、そこから南下するウプランズガータン通りUpplandsgat-an沿いには、アンティークショップが軒を連ねている。じっくり探せば、有

名デザイナーのレアな作品と出合えるかもしれない。多くの店が昼からの営業で、日曜は休みとなる。

アンティーク好きは必見

DATA

■バッカス・アンティク
Bacchus Antik
MAP P.306-A1
🏠Upplandsgatan 46
📞(08)30-5480
URLwww.bacchusantik.com
🕐月〜金12:00〜18:00
　土　　11:00〜15:00
🚫日　CCM V
　グスタフスベリやアラビア・フィンランドの陶器、オレフォスなどのガラスなど北欧デザインの雑貨が充実。

■アンティーク＆クリオサソペン
Antique & Quriosashopen
MAP P.306-A1
🏠Upplandsgatan 44
📞(08)30-2906
🕐月〜金11:00〜18:00
　土　　11:00〜15:00
🚫日　CCM V
　北欧デザインの陶磁器を多く扱う。また、1910〜20年代のガラス製品も充実している。

E. Torndahl
■ E.トーンダール

ガムラ・スタン周辺
MAP P.309-C3

19世紀からガムラ・スタンに店を構える老舗。銀、スズ、琥珀を加工したアクセサリーを中心に、サーメのアクセサリーやクリスマスのオーナメントなどがズラリと並ぶ。ネックレスは145SEK〜と値段も手頃でおみやげにもぴったり。

🏠Västerlånggatan 63
☎(08)10-3409
🕐月〜金10:00〜18:00
　土・日11:00〜17:00
休無休
CC A D M V

Ordning & Reda
■ オードニング&レダ

ストックホルム中央駅周辺
MAP P.306-B2

日本でも人気のスウェディッシュ・ペーパーの専門店。便箋やノートなど、原色使いのシンプルなデザインが人気。ペンやハサミなどの文房具もあり、好きなカラーでコーディネートできる。A5版メモ帳169SEK〜、フォトアルバム99SEK〜。

🏠Drottninggatan 82
☎(08)10-8496
🕐月〜金10:00〜18:00
　土　　10:00〜16:00
　日　　12:00〜16:00
休無休
CC A D J M V
URL www.ordning-reda.com

Sweden Bookshop
■ スウェーデン・ブックショップ

ガムラ・スタン周辺
MAP P.309-D2

旅行ガイドなどスウェーデンに関する本を専門に扱う。童話コーナーもあり、Pippiなどスウェーデンの絵本は、おみやげになりそう。スウェーデンらしいイラストが描かれたしおり16SEKやポストカード6SEKもあり、本以外にもおみやげが探せそう。

🏠Slottsbacken 10
☎(08)453-7800　FAX(08)97-7820
🕐月〜金10:00〜18:00
　土　　11:00〜16:00(7・8月のみ)
　（時期によって異なる）
休日、9〜6月の土
CC A D M V
URL www.swedenbookshop.com

Riddar Bageriet
■ リッダー・バーガリエット

エステルマルム地区周辺
MAP P.307-D3

エステルマルム地区にある小さなベーカリー。有機栽培の小麦粉で作ったパンは自然な味でストックホルムっ子にも好評。カフェも併設しており、朝食やランチにも利用することができる。コーヒーやカプチーノと一緒にどうぞ。

🏠Riddargatan 15
☎(08)660-3375
FAX(08)611-6013
🕐月〜金8:00〜18:00
　土　　8:00〜15:00
　（夏期は時間短縮あり）
休日
CC M V

The Tea Centre of Stockholm
■ ティーセンター・オブ・ストックホルム

セーデルマルム島周辺
MAP P.316

1978年創業の紅茶専門店。天然素材にこだわり手作業でブレンドされる紅茶は、スウェーデン王室から「King of the Tea」と称されている。人気は王室ご愛飲の香り高いセーデルブレンドやティーセンター・ブレンドなど。100g39SEK〜から販売。

🏠Hornsgatan 46
☎(08)640-4210　FAX(08)640-9375
🕐月〜金9:30〜16:00
　土　　10:00〜14:00
休日
CC D M V
URL www.teacentre.se

JFK Shop
■ ジェイエフケー・ショップ

セーデルマルム島周辺
MAP P.316

郊外電車Stockholms södra駅のそばにある日本人経営の食料品店。調味料やお菓子など、日本の食料品全般を取り扱う。食堂も併設されており、平日の11:00〜16:00には日本人スタッフが作る定食（75SEK〜）を注文することもできる。

🏠Swedenborgsgatan 28
☎(08)34-3815　FAX(08)442-3010
🕐夏期　月〜金11:00〜18:00
　　　　土　　10:00〜15:00
　冬期　月〜金11:00〜19:00
　　　　土　　10:00〜16:00
休日
CC A M V
URL www.japanfood.se

民芸品
文房具
本
食料品

ストックホルムのナイトスポット

北欧の大都会ストックホルムは、充実したナイトライフが楽しめる場所。クラブやバーの数も多く、いろいろ遊べる。エステルマルム地区周辺には最新のクラブが集まっている。セーデルマルム島にある地下鉄スルッセン駅周辺には気軽な雰囲気のパブが多く、週末はかなりのにぎわいになる。

Ice Bar Stockholm
■ アイス・バー・ストックホルム

ストックホルム中央駅周辺
MAP P.306-A3

Nordic Sea Hotel（→P.339）のロビー脇にあるバー。スウェーデンのユッカスヤルヴィにあるアイスホテルのバーをコピーしたもので、室内温度は－5℃に保たれており、内装もグラスもすべて氷。料金は防寒着のレンタルと1ドリンク（ウオッカのみ）込みで195SEK。

🏠Vasaplan 4
☎(08)5056-3520
🕐日～木 15:30～23:00
金・土15:00～翌1:00
（時期によって異なる）
休無休
CCA D M V
URLwww.nordichotels.se

Fasching
■ ファッシング

ストックホルム中央駅周辺
MAP P.306-A3

ストックホルムで最も有名なジャズクラブ。地元だけでなく海外の有名ミュージシャンも出演する。ライブチャージは120～700SEK程度と気軽に入れる値段。ウエブサイトでスケジュールをチェックしてから出かけよう。食事メニューもある。

🏠Kungsgatan 63
☎(08)5348-2960
🕐月～木19:00～翌1:00
金・土19:00～翌4:00
日　　17:00～翌1:00
休無休
CCD M V
URLwww.fasching.se

Stampen
■ スタンペン

ガムラ・スタン周辺
MAP P.308-B2

ガムラ・スタンにある老舗ジャズクラブ。スイング、ブルース、ブギなども織りまぜたジャズが楽しめる。ライブは21:00頃から。チャージは金・土のみ140SEK、それ以外は無料。土曜の14:00～18:00にはブルースのジャムセッションがある。

🏠Stora Nygatan 5
☎(08)20-5793
🕐月～木17:00～翌1:00
金　　17:00～翌2:00
土　　13:00～翌2:00
休日　CCA D M V
URLwww.stampen.se

Snaps
■ スナップス

セーデルマルム島周辺
MAP P.316

17世紀の建物の地下1階。DJによる音楽が楽しめるスポット。選曲はヨーロッパのロックやハウスなどが中心。金・土曜にはダンスホールもオープン。料理も充実しており、年に2回ほどメニューは変わる。金・土曜の22:00～はチャージ100SEK。

🏠Götgatan 48
☎(08)640-2868
🕐火～木12:00～15:00/17:00～翌1:00
金　　12:00～15:00/17:00～翌3:00
土　　　　　　17:00～翌3:00
休日・月
CCA D M V
URLwww.snapsbar.se

Akkurat
■ アクラット

セーデルマルム島周辺
MAP P.316

400種類以上のウイスキーに30種類以上のドラフトビールなど、アルコールの種類が豊富。自家醸造ビールはラガータイプのHellなど数種類あり、1パイント64SEK～。ポークチョップ、リゾットなどフードメニューは165SEK－。日曜の夜21:00～はライブを開催。

🏠Hornsgatan 18
☎(08)644-0015
🕐月　　11:00～24:00
火～金11:00～翌1:00
土　　15:00～翌1:00
日　　18:00～翌1:00
休無休　CCA D J M V
URLwww.akkurat.se

スウェーデン　ストックホルム　ショッピング／ナイトスポット

■ ストックホルムのエンターテインメント

　北欧屈指の大都市であるストックホルムでは、多彩なジャンルのコンサートやオペラなどさまざまなイベントが楽しめる。人気は、国立オペラ劇場で行われるオペラと、ストックホルム・コンサートハウスで行われるクラシックコンサート。そのほか、文化会館（→P.323）内にある市立劇場でも、バレエのほかロックやポップスのコンサート、演劇などが毎夜開催されている。夏期なら、ドロットニングホルム宮廷劇場（→P.334）でのオペラや王立公園（→P.329）での野外コンサートも催され、いっそう盛り上がる。各イベントのスケジュールは、月刊のフリーペーパー『What's on Stockholm』でチェックできる。各ホテルや観光案内所に置いてあるので、手に入れておこう。チケットは各会場のチケット売り場で購入可能。事前に予約したいなら、チケット販売会社のTicnetを利用するといい。電話のほか、インターネットでも申し込みできる。

ストックホルム・コンサートハウス
Stockholms Konserthus

　ヒョートリエットに面してそびえているブルーの建物がストックホルム・コンサートハウス。1926年に建設され、古代ギリシア神殿風の柱列が印象的だ。建物の前にはカール・ミレスの手による彫刻も展示されている。ロイヤル・ストックホルム・フィルハーモニー管弦楽団が本拠地としており、クラシックのコンサートが行われるほか、ジャズの公演もある。

ストックホルム随一のにぎやかなエリアにある

王立オペラ劇場
Kungliga Operan

　ガムラ・スタンを望む海縁の広場と公園に挟まれた一角にある、1890年に建設されたバロック様式の壮大なオペラ劇場。王立バレエ団の本拠地でもあり、オペラのほかバレエなどの公演が行われる。館内にはカフェ・オペラCafe Opera、オペラシェラレンOperakällarenなど有名なレストランもある。また、内部を見学するガイドツアーも行っており、舞台

裏やスウェーデン国王のための貴賓席などを回る。

グスタフ・アドルフ広場側が正面入口

DATA

■**Ticnet**
📞0771-707070
URL www.ticnet.se

■**市立劇場（文化会館内）**
📞(08)5062-0200
URL www.stadsteatern.stockholm.se
開火～金12:00～17:00
　　土・日12:00～16:00
休月

■**ストックホルム・コンサートハウス**
MAP P.306-B3
住Hötorget 8
📞(08)786-0200（案内）
📞(08)5066-7788（チケット販売）
URL www.konserthuset.se
Email info@konserthuset.se
開月～金11:00～18:00
　　土11:00～15:00
休日

■**王立オペラ劇場**
MAP P.307-C4
住Kungliga Operan AB
📞(08)791-4300（案内）
📞(08)791-4400（チケット販売）
URL www.operan.se
Email reception@operan.se
ガイドツアー
催土13:00（英語、時期によって異なる）　料75SEK

ウプサラ

1477年に創立されたウプサラ大学を中心として栄えてきた町がウプサラ。市内には研究室や教室が散在し、まるで大学と町が一体化しているようだ。ウプサラを支えてきたのは、16世紀にウプサラ城を築いた国王グスタフ・ヴァーサをはじめとする時代の権力者たち。宗教者たちは、ウプサラをキリスト教世界の一大拠点とし、北欧最大の大聖堂を建てた。政治や宗教と密接に結びつきつつ、大学も町も発展していった。

ウプサラの北方には、王家の墓ガムラ・ウプサラがある。

6世紀に造られたこれらの遺跡を見ればわかるように、ウプサラはスウェーデンの歴史博物館そのものなのだ。

フィリス川沿いの遊歩道から大聖堂を眺める

MAP P.294-B3
人口：19万7787
市外局番：018
ウプサラ情報のサイト
URL www.uppsalatourism.se

ウプサラの歩き方

ウプサラ中央駅とフィリス川Fyrisånに挟まれた一帯がホテルやショップ、レストランなどが集まった繁華街になっている。繁華街の中心はストラトリィ広場Storatorget。この広場からフィリス川と並行して延びる通りは歩行者専用道路。デパートやスーパーマーケットもある、ウプサラ随一のショッピング街だ。さらにこの通りと並行するドラガルブルンスガータン通りDragarbrunnsgatanには、市バスの乗り場が並んでいる。

フィリス川沿いには歩道やベンチが備えられており、人々の憩いの場となっている。観光案内所のあるフィリストリィ広場Fyristorgからウプランド博物館Upplandsmuseetの脇を抜けると、聖エーリック広場S:t Eriks torgがある。この広場は、かつては青物市場で露店が軒を連ねたそうだが、現在ではその面影はない。聖エーリック広場に面して市場館Saluhallenの建物があり、新鮮な食料品が売られている。ここからアカデミガータン通りAkademigatanを上がると、左側に雄大なウプサラ大聖堂のファサードが現れる。大聖堂の西には大学本部があり、その前にある広場にはスウェーデン各地で出土した石碑が集められている。大学本部から南のほうを望むと、丘の上にウプサラ城が見える。城の裏側に広がるのは350年以上の歴史をもつ植物園。

ウプサラ中央駅は重厚な建物

ウプサラへの行き方

🚌 ストックホルムからインターシティ、レギオナルで所要約40分。1時間に1～5便ほどあるが週末は減便。

ストックホルム・アーランダ国際空港から
空港から空港バスを利用して直接アクセスできる。所要約40分、100SEK。また、空港から鉄道でもアクセスできる。

到着場所
すべての列車は、ウプサラ中央駅Uppsala Centralstation、長距離バスは駅前の長距離バスターミナルに到着する。

ウプサラの観光案内所❶
🏠Fyristorg 8
☎(018)727-4800
FAX(018)12-4320
URL www.uppsalatourism.se
開7/3～8/29
　　月～金10:00～18:00
　　土　　10:00～15:00
　　日　　11:00～15:00
　　8/30～7/2
　　月～金10:00～18:00
　　土　　10:00～15:00
休8/30～7/2の日

ウプサラ・カード
Uppsalakortet
ウプサラの博物館など見どころに自由に入館できるカード。指定レストランやショップが割引になるほか、公共交通機関も乗り放題になる。購入は観光案内所や各見どころ、ホテルなどで。
料1日券125SEK

ウプサラ大聖堂
TEL (018)430-3630
FAX (018)10-1695
URL www.uppsaladomkyrka.se
開 5〜9月
　　毎日　8:00〜18:00
　　10〜4月
　　日〜金8:00〜18:00
　　土　　10:00〜18:00
休 無休
（ミサの最中など行事中は、
入場を遠慮すること）
料 無料
大聖堂博物館
開 1〜4月
　　月〜土10:00〜16:00
　　日　　12:30〜16:00
　　5〜9月
　　月〜土10:00〜17:00
　　日　　12:30〜17:00
　　10〜12月
　　月〜土10:00〜16:00
（入場は閉館の30分前まで）
休 10〜12月の日
料 40SEK
（ウプサラ・カードで入場可）

ウプサラ大聖堂　　　　Uppsala Domkyrka

MAP P.362

ウプサラのシンボル大聖堂は、1270年頃から建築が始められ、完成するまでに約165年も費やされた、北欧で最大の教会だ。もともとの尖塔は1702年の大火で失われてしまい、現在見られるのは1880年代に再建されたもの。

　聖堂内には、名君の誉れ高いグスタフ・ヴァーサ王とそのふたりの后、リンネなどスウェーデンの偉人が葬られている。また、大聖堂北側の塔の内部は大聖堂博物館となっており、大聖堂に伝わる宝物が展示されている。中世の織物のコレクションも世界有数。

高さ118.7mもの壮大な建築物

362

ウプサラ大学　Uppsala Universitet

MAP P.362

スウェーデンで最も古い大学。中世には神、哲、法、医学の4学部だったウプサラ大学も、現在では神、法、医、薬、科、言、教、社、芸の9学部および多数の研究室を抱える総合大学となっている。大聖堂のすぐ西にある大学本部Universitetshusetは、エントランスホールのみ一般の人も出入りできるので、ぜひ見学していこう。

ウプサラ城　Uppsala Slott

MAP P.362

大聖堂の隣の丘にある大きな建物がウプサラ城。名君グスタフ・ヴァーサ王によって1500年代に建造開始、1757年に現在見られるような姿が完成した。王の居城として建てられた壮大な館は、現在ウプサラ大学のコレクションを展示するウプサラ美術館Uppsala Konstmuseumとなっている。城の内部も、夏期のみガイドツアーで見学できる。

市街を見下ろす丘の上にある

グスタヴィアヌム（歴史博物館）　Gustavianum

MAP P.362

大学本部の左側に、変形ドームの天井をもった建物がある。1622年にグスタフ・アドルフ王によって建てられたもので、王の名にちなんでグスタヴィアヌムと名付けられた。1887年までは、ここがウプサラ大学の中心だった。現在内部は博物館となっており、古代から中世にかけてのスウェーデンの歴史や、ナイル川流域で発掘された古代エジプトの出土品などが展示されている。また、ドームにある人体解剖の講義室はぜひ見ておきたい。植物分類学のリンネ、摂氏温度目盛を提唱した天文学者のセルシウスなどを輩出した舞台でもある。

リンネ博物館　Linnémuseet

MAP P.362

植物学者で植物分類学の父と称されるカール・リンネ（1707～78年）はルンド大学に学び、ウプサラ大学に移って研究を重ねた。そのリンネの住居と講義室を再現した建物が博物館となっている。館内にはリンネの研究生活の成果ともいえる植物標本のほか、リンネが実際に使っていた衣類や生活用具なども展示。約1300種類もの植物が栽培されている庭園Linnéträdgårdenも必見だ。

夏期は中庭にカフェもオープン

ウプサラ大学
大学本部
☎(018)471-1713
URLwww.uu.se
圏月～金8:00～16:00
闇土・日
圏無料

1800人を収容する講堂

ウプサラ城
☎(018)727-2482
URLwww.uppsalaslott.com
ガイドツアー（英語）
圏6/28～9/4
　火～日13:00、15:00
圏80SEK（ウプサラ美術館
入館料込み）
ウプサラ美術館
☎(018)727-2482
圏火・木・金12:00～16:00
　水　　　12:00～20:00
（夏期は～16:00）
　土・日　12:00～16:30
闇月
圏50SEK
（水曜の16:00～は無料）
（ウプサラ・カードで入場可）

グスタヴィアヌム
住Akademigatan 3
☎(018)471-7571
URLwww.gustavianum.uu.se
圏6～8月
　火～日10:00～16:00
　9～5月
　火～日11:00～16:00
闇月
圏50SEK
（ウプサラ・カードで入場可）

スウェーデンの知の中心

リンネ博物館
住Svartbäcksgatan 27
☎(018)13-6540
URLwww.linnaeus.se
圏5～9月
　火～日11:00～17:00
闇月、10～4月
圏60SEK
（ウプサラ・カードで入場可）
庭園
☎(018)471-2838
圏5～9月
　火～日11:00～17:00
闇月、10～4月
圏60SEK
（リンネ博物館と共通）
（ウプサラ・カードで入場可）

ガムラ・ウプサラ

行き方➡➡➡
　ウプサラ中央駅から市バス2、110、115、127番に乗りガムラ・ウプサラ下車。所要約15分。

ガムラ・ウプサラ博物館
🏠Disavägen
☎(018)23-9300
URL www.raa.se/gamlauppsala
🗓4・10月
　月・水・土・日
　　　12:00〜15:00
　5〜9月
　　毎日　10:00〜16:00
🈵4・10月の火・木・金、
　11〜3月
💴60SEK
（ウプサラ・カードで入場可）

ガムラ・ウプサラのカフェ
Odinsborg
☎(018)32-3525
URL www.odinsborg.nu
🕐月〜金10:00〜16:00
　土・日10:00〜18:00
🈵無休
　墳墓の脇にある古めかしい木造のカフェ＆レストラン。おみやげを売るショップも併設。

レンナカッテン
☎(018)13-0500
URL www.lennakatten.se
　タイムテーブルや料金は毎年変わるので事前に確認すること。

ガムラ・ウプサラ　Gamla Uppsala
MAP P.362外

　ウプサラ市街から北へバスで15分ほどの所に、巨大な墳墓遺跡がある。この地域は4世紀から6世紀にかけてスウェーデンの政治と宗教の中心であったと考えられており、古い教会のそばに連なる三連の丘はある種神秘的な光景でもある。中央の墓は父王Aun、東側はその子Egel、西側はAunの孫Adilsの墓だとされている。スウェーデン人にとっては、原風景とも言うべき光景だ。遺跡群への入口にはガムラ・ウプサラ博物館Gamla Uppsala museumがあり、出土品などが展示されているので見学していこう。

畑の中に墳丘が盛り上がっている

レンナ　Lenna
MAP P.362外

　ウプサラ中央駅のすぐ裏に、ホームだけのウプサラ東駅Uppsala Östra stationがある。ここからレンナまではレンナカッテンLennakatten Uppsala-Lenna Jernvägという蒸気機関車が運行している。6月上旬〜9月中旬にかけての日曜日、蒸気機関車が牽引する列車がウプサラ東駅を出発する。

ウプサラのホテル

■ Clarion Hotel Gillet
MAP P.362　クラリオン・ホテル・イレット
🏠Dragarbrunnsgatan 23
☎(018)68-1800　FAX(018)68-1818
URL www.choicehotels.se
💴Ⓢ1045(650)SEK〜Ⓓ1250(850)SEK〜
CC A D J M V
　ウプサラ市街最高級の近代的なホテル。プールやサウナもある。

■ Scandic Uplandia
MAP P.362　スカンディック・ウプランディア
🏠Dragarbrunnsgatan 32
☎(018)495-2600　FAX(018)495-2611
URL www.scandichotels.com
💴Ⓢ1590(890)SEK〜Ⓓ1690(990)SEK〜　CC A D J M V
　ホテル前にアーランダ国際空港行き空港バス乗り場がある。無線LAN利用可（無料）。

■ Grand Hotell Hörnan
MAP P.362　グランド・ホテル・ヒョールナン

🏠Bangårdsgatan 1
☎(018)13-9380　FAX(018)12-0311
URL www.grandhotellhornan.com
💴Ⓢ1295(795)SEK〜
　Ⓓ1645(1195)SEK〜
CC A D M V
　重厚な外観やインテリアはそのままに、リノベーションを行って近代的設備が整っている。

■ Hotel Uppsala
MAP P.362　ウプサラ
🏠Kungsgatan 27
☎(018)480-5000　FAX(018)480-5050
URL www.profilhotels.com/hoteluppsala
💴Ⓢ1450(799)SEK〜Ⓓ1650(849)SEK〜
CC A D M V
　比較的手頃な料金のホテル。電子レンジや冷蔵庫などが備わったキッチン付きの部屋もある。無線LAN利用可（無料）。

■ Gästhem Samariterhemmet
MAP P.362　ゲステーム・サマリテルヘメット
🏠Samaritergränd 2
☎(018)56-4000　FAX(018)10-8375
URL www.diakonistiftelsen.se
💴バス、トイレ付きⓈ610(450)SEK〜Ⓓ880(650)SEK〜
CC M V

　町の南側に建つ1882年に設立されたキリスト教系ゲストハウス。レセプションは平日8:00〜17:00オープン。朝食代・リネン代を含む。

🛁バスタブ　🛁バスタブ一部のみ　📺テレビ　📺テレビ一部のみ　ドライヤー　ドライヤー貸出
🍸ミニバー　ミニバー一部のみ　♿ハンディキャップルーム

ダーラナ地方

ダーラナ地方は、夏至祭で有名な観光地であると同時に、スウェーデン人にとってかけがえのない心のふるさと。シリアン湖周辺の村々には民族的な伝統が強く残っており、質素な木造の農家と素朴な工芸品など貧しい農業国だった時代を偲ばせる。夏期ともなれば、色鮮やかな民族衣装に身を包んだ人々が白樺の葉と野の花で飾られたメイポールのまわりでバイオリンのメロディーに合わせて踊っている姿を見ることもできる。

スウェーデンをデンマークから独立させたグスタフ・ヴァーサ王やヴァイキングと関連が深い土地としても知られ、また『ニルスの不思議な旅』の作者セルマ・ラーゲリョフや画家カール・ラーソンゆかりの地でもある。

MAP P.294-A3	
市外局番：	
ムーラ：	0250
レートヴィーク：	0248
ファールン：	023
レクサンド：	0247
テルベリー：	0247
ダーラナ地方情報のサイト	
URL www.dalarna.se	

M o r a

ムーラ

シリアン湖の北岸にある人口約2万の町ムーラは、ダーラナ地方の中心である。これはただ位置的に中央にあるというだけでなく、伝統や文化の継承者としても、この地方の中

観光案内所は黄色い木造のかわいらしい建物

心という意味をもっている。フォークダンス、民族音楽、夏至祭、木彫、木の皮細工、織物、刺繍、そして日本ではまず見かけない髪の毛で作るアクセサリーなどのさまざまな手工芸品、これらが親から子へと代々受け継がれ、また国民学校の講習会で指導されている。

歴史的にみてもムーラは重要な町だ。1520年、グスタフ・ヴァーサ王がデンマークと戦うことを人々に呼びかけ、最初に応じたのがムーラの男たちであった。このできごとを記念して、ムーラでは毎冬、ヴァーサロペットVasaloppetというクロスカントリースキーの世界大会が開

ムーラへの行き方

🚃 ストックホルムからファールン行きインターシティに乗り、ボールレンゲBorlängeでムーラ行きに乗り換え。所要約4時間。直通列車はストックホルムから1日1〜3便運行。毎日運行されるストックホルム発17:45の便はムーラ到着21:21。
🚌 ストックホルムからスウェブス社Swebusの長距離バスが1日2便運行。所要約4時間20分。途中、レクサンドやレートヴィークにも停車する。

ムーラの観光案内所❶

🏠Strandgatan 14A
☎(0250)59-2020/
　(0250)79-7200
　（宿泊予約）
FAX(0250)59-2021
URLwww.siljan.se
📅6月中旬〜8月
　　月〜金　9:00〜18:00
　　土・日10:00〜17:00
　　9月〜6月中旬
　　月〜金10:00〜17:00
　　土　　10:00〜14:00
🚫9月〜6月中旬の日

町なかにはダーラナ名物ダーラヘストが点在

ヴァーサロペット博物館
C(0250)39-200
FAX(0250)39-250
URLwww.vasaloppet.se
開月～水・金10:00～12:00/
　13:00～16:30
　木10:00～12:00/
　13:00～15:00
　（ヴァーサロペットの時期
　は異なる）
休土・日
料40SEK

ゾーン美術館
住Vasagatan 36
C(0250)59-2310
URLwww.zorn.se
開5/15～9/14
　月～土　9:00～17:00
　日　　11:00～17:00
　9/15～5/14
　毎日　12:00～16:00
休無休
料60SEK

ゾーンゴーデン
ガイドツアー
催5/15～9/14
　月～土10:00～16:00
　日　　11:00～16:00
　（30分ごとに催行）
　9/15～5/14
　毎日　12:00、13:00、
　　　　14:00、15:00
料90SEK

ヴァーサロペット博物館

かれる（→P.300）。また、世界大会やヴァーサ王に関する展示がされているヴァーサロペット博物館Vasalopps Muséet(Vasaloppets Hus)もある。

　そしてもうひとつ忘れてならないのは、19世紀のスウェーデンの代表的画家、アンデース・ソーンAnders Zorn。ムーラには、彼の住んだ家と、作品やコレクションを展示したソーン美術館がある。また、昔の農家を集めた野外博物館もある。

木造家屋の並ぶ町は、のんびりと散歩するのにぴったり

ムーラの歩き方

　駅に降り立つと、小さな駅舎と引き込み線があるだけで、町らしきものは見えない。降りる駅を間違えたかと途方にくれるかもしれない。でも大丈夫。駅前の広い通りヴァーサガータン通りVasagatanを、駅を背にして左のほうへずーっと歩いていけばいいのだ。

　大きくカーブして湖が近づいてくるあたりで、道がふたつに分かれる。この2本の道のうち、左側のストランドガータン通りStrandgatan沿いに観光案内所がある。右側のヴァーサガータン通りをしばらく行くと、木造のムーラ教会Morakyrkaが現れる。一番古い部分が13世紀のものだというこの教会は、大きさにかけてはスウェーデンでも有数のものだ。

教会のすぐ先には、アンデス・ソーンの絵を展示したソーン美術館Zornmuséetと彼の住居であったソーンゴーデンZorngårdenがある。ここは、ムーラ第一の見どころともいえるところで、家具や食器など、興味深いコレクションが数多く展示されている。ソーンゴーデンはガイドツアー（英語、スウェーデン語）のみにて見学可能。

郊外にある野外博物館Zorns Gammelgårdも訪れてみたい。昔の農家の建物が並んでおり、すぐ横にはムーラの伝統衣装などを展示するテキスタイル博物館Textilkammarenもある。

また、ムーラから車で約15分の所には、ソレリョーンSöllerönとイェースンダ山Gesundabergがある。シリアン湖Siljanに島のように浮かんでいるソレリョーンには、ヴァイキングの墓と、手工芸センターがある。また、湖の西岸をやはり車で15分ほど行くと、リフトのあるイェースンダ山の入口に着く。この山頂（標高501m）からのシリアン湖の眺めはすばらしい。山の入口に、サンタクロース（北欧ではトムテTomteという）のテーマパーク、トムテランドTomtelandもある。

町の中心にあるムーラ教会

野外博物館とテキスタイル博物館
🕐6/15〜8/31
毎日12:00〜17:00
🕐9/1〜6/14
💰40SEK
行き方➡➡➡
町の中心部から徒歩15分。湖沿いの歩道を駅と反対方向に歩き、さらに線路に沿って進んでいくと、やがて左側に現れる。

トムテランド
🏠Gesundaberget
☎(0250)28-770
🌐www.tomteland.se
🕐開場時間は時期によって細かく異なるので、上記ホームページなどで要確認
💰160〜180SEK
行き方➡➡➡
ムーラ駅から約17km。長距離バスターミナルからバス107番で約35分。トムテランドのちょうど前にバス停がある。

COLUMN　　　　　　　　**SWEDEN**

■ スウェーデンのシンボル　ダーラヘスト

ダーラヘストとは、林業の盛んだったダーラナ地方で生まれた木工芸品。今では、スウェーデンのみやげ物店に行けば必ずといっていいほど並んでおり、スウェーデンのシンボルにもなっている。ダーラヘストが誕生したのは18世紀頃。冬の間、仕事を早めに切り上げた男たちが、木材の破片を使って作ったのが始まりとされており、もともとは自分の子供たちへのおみやげだったそうだ。その後20世紀の初め頃になると、オルソン兄弟がこの工芸品を作る工房を創設し、民芸品として定着していった。現在でも、兄弟それぞれが創設したふたつの工房は営業を続けている。ダーラヘストは職人の手作業によって作られていて、工房へ行けばその過程を見学することができる。場所はムーラから10kmほどレートヴィークのほうへ戻ったNusnäs。工房の売店では町よりも安くダーラヘストを買うことができる。

さまざまなサイズがある

┌─**DATA**─┐
■ダーラヘスト工場　**MAP P.366外**
Nils Olsson Hemslöjd AB
🏠Edåkersvägen 17
☎(0250)37-200
🌐www.nohemslojd.se
🕐6/15〜8/20
　月〜金8:00〜18:00　土・日9:00〜17:00
　8/21〜6/14
　　月〜金8:00〜17:00　土　10:00〜14:00
🕐8/21〜6/14の日
Grannas A. Olsson Hemslöjd AB
🏠Edåkersvägen 24　☎(0250)37-250
🌐www.grannas.com
🕐6/15〜8/15
　月〜金9:00〜18:00　土・日9:00〜16:00
　8/16〜6/14
　　月〜金9:00〜16:00　土　10:00〜13:00
🕐8/16〜6/14の日
行き方➡➡➡
ムーラの長距離バスターミナルやムーラ駅前のバス停からバス108番で約20分。

レートヴィークへの行き方

🚃 ストックホルムからファールン行きインターシティに乗り、ブールレンゲでムーラ行きに乗り換え。所要約3時間30分。直通列車は1日1〜3便。
🚌 ムーラから70、270番のバスを利用。1時間に1〜2便程度運行、所要約40分。

レートヴィークの観光案内所❶

📍Riksvägen 40
☎(0248)79-7210
🌐www.siljan.se
🕐月〜金10:00〜17:00
　土　　10:00〜14:00
休日
　鉄道駅の構内にある。

レートヴィーク教会

📍Kyrkvägen 11
☎(0248)73-650
🌐www.rattvikspastorat.se
🕐6/1〜8/15
　毎日9:00〜21:00
　8/16〜5/31
　毎日9:00〜16:00
休無休

野外博物館

☎(0248)51-445
🕐6/13〜8/14
　毎日11:00〜17:00
休8/15〜6/12
無料

ガイドツアー

🕐6/27〜8/14
　毎日14:00
40SEK

文化会館

📍Storgatan 2
☎(0248)70-195
🕐月〜木11:00〜19:00
　金　11:00〜16:00
　土　11:00〜14:00
　日　13:00〜16:00
休無休
無料

ファールンへの行き方

🚃 ストックホルムからファールン行きインターシティで所要2時間30分〜3時間。1時間に1〜2便運行。直通とブールレンゲ乗り換えとある。
🚌 ムーラから70、270番のバスを利用。1時間に1〜2便運行。所要約1時間40分。

ファールンの観光案内所❶

📍Trotzgatan 10-12
☎(023)83-050
🌐www.visitfalunborlange.se
🕐6/28〜8/22
　月〜金10:00〜18:00
　土　　10:00〜14:00
　日　　11:00〜14:00
　8/23〜6/27
　月〜金10:00〜18:00
　土　　10:00〜14:00
休8/23〜6/27の日

レートヴィーク

　シリアン湖東岸にあるリゾート地だが、湖畔のサマーランドやビーチ、キャンプ場があるくらいの静かな町だ。

　駅の裏手のシリアン湖には、全長625mの木造の桟橋Langbrygganがあり、ここから見る町の夜景が美しい。また夏期には、民族衣装を着た村人たちが白樺の枝で飾った細長いボートをこぐ姿を見ることもできる。

　町の北西の岬にあるレートヴィーク教会Rättviks Kyrkaは、13世紀に建てられた教会。歩いて行くこともできるが、土地の人々は船で訪れる。周囲には、ミサ中に馬を繋いでいた古い木造の馬小屋や、「グスタフ・ヴァーサがダーラナ人に戦いを呼びかけた地」と記された記念碑がある。

　レートヴィーク教会から徒歩10分ほどの所には昔の建物を移築した野外博物館Gammelgårdenもある。町中の見どころとしては、自然博物館と伝統衣装や民芸品を展示するアートセンターが入った文化会館Kulturhusがある。

シリアン湖にかかる木造の橋を渡ろう

ファールン

　ダーラナ地方の中心地で、スウェーデンの近代化を支えた銅山の町。9世紀頃から始まった採掘は、17世紀には世界の産出量の3分の2を占め、1992年末までは鉄鉱や鉛鉱も産出していた。現在は世界遺産に登録されている。

ファールン最大の見どころといえば、町の西にあるファールン銅山Falu Gruva。銅山の内部はガイドツアーで見学が可能。ヘルメットとカッパ、長靴を着用するツアーは、雰囲気満点だ。銅山には銅山博物館Gruvmuseetもあり、採掘に使用された道具などを展示している。また、町の中心にあるダーラナ博物館Dalarnas Museumでは、民族衣装や民芸品などが見られる。

郊外のスンドボーンSundbornには、画家のカール・ラーソンCarl Larsson（1853～1919年）の家Carl Larsson-gårdenがある。彼の絵本の世界を彷彿とさせる素敵な内装は、彼自身の手によるもの。本数は少ないがバスが出ている。

レクサンド

レートヴィーク同様、夏至祭になると民族衣装を着用し、白樺の枝で飾った細長いボートに乗る風習がある。

湖岸に建つレクサンド教会Leksands Kyrkaは、北欧では珍しい黒いタマネギ型のドームをもつ教会で、最古の部分は13世紀のもの。また教会付近には、古民家や馬小屋が並ぶダーラナ最古のレクサンド野外博物館Leksands Hembygdsgårdarや、民族衣装や民芸品、ダーラナ地方特有の花模様の絵Dalmalningなどを展示するレクサンド文化会館Leksands Kulturhusもある。

ファールン銅山
🏠Gruvgatan 44
☎(023)78-2030
URL www.falugruva.se
ガイドツアー
📅5・6月、8/15～9/30
　　月～金 10:15～16:00
　　土・日 11:15～15:00
　　（1時間ごとに催行）
　7/1～8/14
　　毎日 10:00～17:00
　　（15分ごとに催行）
　10～4月
　　月～金 14:00
　　土・日 12:00、14:00
💰190SEK（博物館料金込み）
銅山博物館
📅5/1～9/25（開館時間は時期によって異なる）
🚫9/26～4/30
💰50SEK

ダーラナ博物館
☎(023)76-5500
URL www.dalarnasmuseum.se
📅火～金 10:00～17:00
　土～月 12:00～17:00
　（9～4月の水は～21:00）
🚫無休
💰無料

カール・ラーソンの家
☎(023)60-053
URL www.clg.se
　見学はガイドツアーのみ。
📅5～9月
　　毎日 10:00～17:00
　10～4月
　　月～金11:00
💰120SEK

レクサンドへの行き方
🚃ストックホルムからファールン行きインターシティに乗り、ブールレンゲでムーラ行きに乗り換え。所要約3時間20分。直通列車は1日1～3便。
🚌レートヴィークからバス58、258番を利用。1時間に1～2便運行。所要20～40分。

レクサンドの観光案内所❶
🏠Kyrkallén 8
☎(0247)79-6130
FAX(0247)79-6131
URL www.siljan.se
📅月～金10:00～17:00
　土　　10:00～14:00
🚫日

レクサンド野外博物館
🏠Kyrkallén 3
📅6/27～8/7
　　毎日13:00～16:00
🚫8/8～6/26
💰40SEK

レクサンド文化会館
☎(0247)80-245
📅火～金11:00～16:00
　土　　11:00～14:00
　（時期によって異なる）
🚫日・月
💰40SEK（8/28～5/16は無料）

テルベリーへの行き方

🚃ストックホルムからファールン行きインターシティに乗り、ブールレンゲでムーラ行きに乗り換え。所要約3時間20分。直通列車は1日1〜3便。

テルベリーの観光案内所ⓘ
テルベリーには観光案内所がないので、観光情報はホテルかレクサンドの観光案内所に問い合わせを。

ホーレンス屋外博物館
☎(0247)80-245
[開]毎日13:00〜16:00
[休]無休

Tällberg テルベリー

白樺や松などの疎林の中に古い木造家屋が点在する、ダーラナ地方特有の美しい景観を楽しめる集落。また、今世紀初頭に芸術家グスタフ・アンカルクロナGustav Ankarcronaが提唱した伝統工芸や自然環境保護運動が普及しており、手工芸品のお店やギャラリーも多い。

駅から町の中心部、Klockargården Hotellの十字路までは徒歩約25分。ここからホールガッツ通りHolugattuを進むとホーレンHolenの高台に着く。ここには古民家や馬小屋などを保存したホーレンス屋外博物館Holens gammelgårdがあり、グスタフ・アンカルクロナの住んでいた家や、古い楽器など、彼の収集品を見学できる。

ダーラナ地方のホテル

この地方のホテルを事前に予約したい場合は☎(0248)79-7200(シリアン・ツーリズム・ブッキングコール)へ問い合わせを。

ムーラ

Hotell Kung Gösta
🛁📺💨🍸♿
MAP P.366
クング・ヨスタ
[住]Kristinebergsgatan 1
☎(0250)15-070
[FAX](0250)17-078
[URL]www.kunggosta.se
[料]ⓈⒹ995SEK〜
[CC]A D M V

Kristineberg Hostel
🛁📺💨🍸♿
MAP P.366
クリスティンベリ・ホステル
[住]Kristinebergsgatan 1
☎(0250)15-070
[FAX](0250)17-078
[URL]www.kunggosta.se
[料]Ⓢ495SEK〜
Ⓓ690SEK〜
[CC]A D M V
受付はHotell Kung Göstaで。

Hotell St. Mikael
🛁📺💨🍸♿
MAP P.366
セント・ミカエル
[住]Fridhemsgatan 15
☎(0250)15-900
[URL]www.hotellimora.se
[料]Ⓢ1295(795)SEK〜
Ⓓ1590(990)SEK〜
[CC]A D J M V

Best Western Mora Hotell & Spa
🛁📺💨🍸♿
MAP P.366
ベストウエスタン・ムーラ・ホテル&スパ
[住]Strandgatan 12
☎(0250)59-2650
[FAX](0250)18-981
[URL]www.bestwestern.se
[料]Ⓢ1498(1088)SEK〜
Ⓓ1598(1188)SEK〜
[CC]A D J M V

Hotell Siljan
🛁📺💨🍸♿
MAP P.366
シリアン
[住]Moragatan 6
☎(0250)13-000
[FAX](0250)13-098
[URL]www.hotellsiljan.se
[料]Ⓢ985(700)SEK〜
Ⓓ1285(1085)SEK〜 [CC]A D M V

STF Hostel Mora
🛁📺💨🍸♿
MAP P.366
STF・ホステル・ムーラ
[住]Vasagatan 19
☎(0250)38-196
[FAX](0250)38-195
[URL]www.svenskaturistforeningen.se
[料]ドミトリー180SEK〜
Ⓢ200SEK〜Ⓓ300SEK〜
[CC]不可

テルベリー

Klockargården Hotell
🛁📺💨🍸♿
クロツカルゴーデン
[住]Siljansvägen 456
☎(0247)50-260 [FAX](0247)50-216
[URL]www.klockargarden.com
[料]Ⓢ995〜1295SEKⒹ1190〜2190SEK
[CC]A D M V
ダーラナ地方の風景にしっくりとなじむ、緑に囲まれた木造のホテル。スパを併設。無線LANは有料。

Hotell Dalecarlia
🛁📺💨🍸♿
ダレカリア
[住]79370 Tällberg
☎(0247)89-100
[FAX](0247)50-240
[URL]www.dalecarlia.se
[料]ⓈⒹ945SEK〜
[CC]A D M V
シリアン湖のすばらしい眺望が楽しめる、クラシカルなホテル。プールやスパもある。

🛁バスタブ 🛁バスタブ一部のみ 📺テレビ 📺テレビ一部のみ 💨ドライヤー 💨ドライヤー貸出
🍸ミニバー 🍸ミニバー一部のみ ♿ハンディキャップルーム

ヨーテボリ

グスタフ・アドルフ広場の中央に、地を差し、顔を上げた王の銅像がある。ヨーテボリの創設者、"北方の獅子"と呼ばれたグスタフ2世アドルフ王の像で、「町をここに築け」と言っている場面だ。

17世紀初頭、北にはノルウェーが迫り、南はデンマーク領だった当時のスウェーデンにとって、唯一の港がヨーテボリだった。オランダ人の建築家を招いて建設された町は、運河と堀が旧市街を守っている。運河沿いにある石造りの建物は、東インド会社がこの町に繁栄をもたらした18世紀の大商人の住宅。現在の市立博物館は、東インド会社の建物だ。これらの町並みをゆっくり散歩したり、あるいはルスカ美術工芸館や海洋博物館を訪れ、東と西の交流の証を探し出すのもおもしろいかもしれない。

現在ではスウェーデン第2の都市として栄え、自動車メーカー、ボルボの本社もヨーテボリにある。

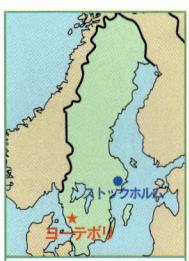

MAP P.294-A4
人口：51万3338
市外局番：031
ヨーテボリ情報のサイト
URLwww.goteborg.com

ヨーテボリへの行き方

✈ ストックホルムから1日3～11便、所要1時間。コペンハーゲンから1日4～6便、所要約45分。オスロから土曜を除く1日2～5便、所要約55分。ヘルシンキから土曜を除く1日1～2便、所要約1時間30分。

🚄 ストックホルムからX2000で約3時間。6:00～20:10間にほぼ1時間に1～2便ある。インターシティの場合は約5時間。オスロからは1日2～3便あり所要約4時間。コペンハーゲンからは1日10～18便運行、所要3時間30分。

🚢 デンマークのフレデリクスハウンからステナ・ラインで約3時間15分。

運河に沿って造られた町並み

スウェーデン　ダーラナ地方　テルベリー／ヨーテボリ

ヨーテボリ空港から中央駅横の長距離バスターミナルまで空港バスが結んでいる。料金は片道60SEK。

スウェーデン最古の鉄道駅

ヨーテボリの歩き方

　現役の鉄道駅としてはスウェーデン最古といわれるヨーテボリ中央駅Göteborg Centralstationen。駅と隣接してモダンな長距離バスターミナルがある。中央駅の南側は広場になっていて、トラムがせわしなく行き交っている。

　大きな通りを挟んで駅の西側には、ノルドスタンNordstarnと呼ばれる大型のショッピングセンターや、ホテル、レストランなどが並んでいる。観光案内所もこの中に入っている。駅前から地下通路を通ってノルドスタンに入り、

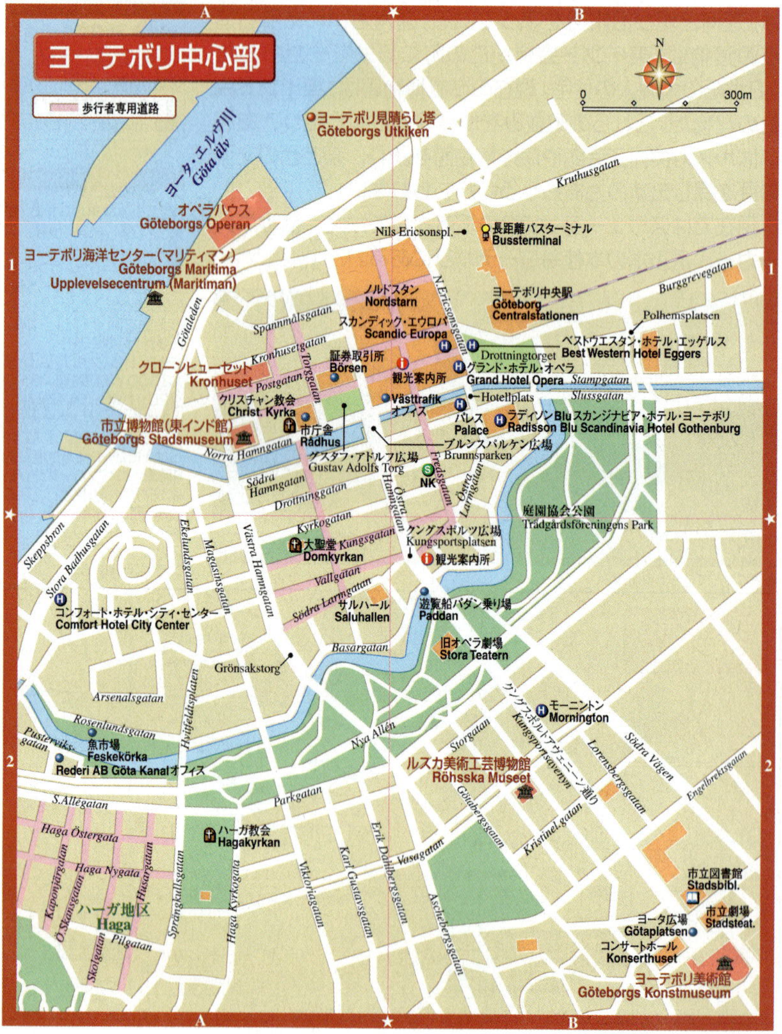

ヨーテボリ中心部

歩行者専用道路

ヨーテボリ見晴らし塔
Göteborgs Utkiken

ヨータ・エルヴ川
Göta älv

オペラハウス
Göteborgs Operan

Nils Ericsonspl.

長距離バスターミナル
Bussterminal

ヨーテボリ海洋センター（マリティマン）
Göteborgs Maritima
Upplevelsecentrum (Maritiman)

Kruthusgatan

Burggrevegatan

ノルドスタン
Nordstarn

ヨーテボリ中央駅
Göteborg
Centralstationen

Polhemsplatsen

スカンディック・エウロパ
Scandic Europa

クローンヒューセット
Kronhuset

証券取引所
Börsen

ベストウエスタン・ホテル・エッゲルス
Best Western Hotel Eggers

Drottningtorget

観光案内所

グランド・ホテル・オペラ
Grand Hotel Opera

Stampgatan

クリスチャン教会
Christ. Kyrka

Västtrafik
オフィス

Hotellplats

Slussgatan

市立博物館（東インド館）
Göteborgs Stadsmuseum

市庁舎
Rådhus

パレス
Palace

ラディソンBlu スカンジナビア・ホテル・ヨーテボリ
Radisson Blu Scandinavia Hotel Gothenburg

Norra Hamngatan

グスタフ・アドルフ広場
Gustav Adolfs Torg

ブルンスパルケン広場
Brunnsparken

Södra Hamngatan

Drottninggatan

NK

庭園協会公園
Trädgårdsföreningens Park

Kyrkogatan

大聖堂
Domkyrkan

クングスポルツ広場
Kungssportsplatsen

観光案内所

Vallgatan

コンフォート・ホテル・シティ・センター
Comfort Hotel City Center

サルハール
Saluhallen

遊覧船パダン乗り場
Paddan

旧オペラ劇場
Stora Teatern

Basargatan

Grönsakstorg

Arsenalsgatan

モーニントン
Mornington

Rosenlundsgatan

Nya Allén

Parkgatan

Pusterviksgatan

魚市場
Feskekörka

Rederi AB Göta Kanal オフィス

ルスカ美術工芸博物館
Röhsska Museet

S.Allégatan

Haga Östergata

ハーガ教会
Hagakyrkan

Haga Nygata

ハーガ地区
Haga

Pilgatan

市立図書館
Stadsbibl.

ヨータ広場
Götaplatsen

市立劇場
Stadsteat.

コンサートホール
Konserthuset

ヨーテボリ美術館
Göteborgs Konstmuseum

そのまま通り抜けると向かいにあるのがグスタフ2世アドルフ王の像があるグスタフ・アドルフ広場Gustav Adolfs Torg。正面に見えるのが市庁舎Rådhusだ。

ノルドスタンの南側はブルンスパルケン広場Brunnsparkenで、ヨーテボリのトラムのほとんどがここを経由するターミナルとなっている。

グスタフ・アドルフ広場から運河を渡りクングスポルツ広場Kungsportsplatsenまでの道は、買い物客でにぎわうショッピングエリア。NKデパートをはじめ各種ショップが建ち並ぶ。特にノルドスタンから延びてくるフレズガータン通りFreds-gatanは歩行者専用道路で、安心して歩ける。クングスポルツ広場のすぐ先にある橋のたもとには、パダンPaddanと呼ばれる観光ボートの船着場だ。

橋を渡ると旧市街を出て新市街に入る。この先に延びる通りが町のメインストリート、クングスポルトアヴェニーン通り。両側に菩提樹が植えられた広い通りは、レストランや商店が建ち並ぶ繁華街となっていて、夜遅くまで若者たちでにぎわう。通りを10分も歩くとヨータ広場に突きあたる。広場の中央には、スウェーデンが誇る彫刻家、カール・ミレス作のポセイドンの像の噴水があり、町の象徴的なモニュメントとなっている。図書館や劇場、美術館に囲まれた文教地区だ。

町は広いので、トラムを使って移動するのが便利。すべてのトラムはノルドスタンの南にあるブルンスパルケン広場か中央駅南の広場を経由するのでわかりやすい。バスやトラムの切符は、乗車時にドライバーから買える。また、便利な24時間券もあり、ヴァストラフィックVasttrafikの販売所やキオスクなどで購入できる。

ヨータ広場から望むメインストリート

ヨーテボリの観光案内所❶
クングスポルツ広場
🏠Kungsportsplatsen 2
☎(031)368-4200
FAX(031)368-4218
URLwww.goteborg.com
🕐5月
　　月〜金　9:30〜18:00
　　土　日10:00〜14:00
　6/1〜26、8/22〜28
　　毎日　　9:30〜18:00
　6/27〜8/21
　　毎日　　9:30〜20:00
　8/29〜4/30
　　月〜金　9:30〜17:00
　　土　　10:00〜14:00
🚫8/29〜4/30の日
ノルドスタン
🏠Nordstadstorget
🕐月〜金10:00〜20:00
　　土　　10:00〜20:00
　　日　　12:00〜17:00
🚫無休

ノルドスタンの観光案内所

ヨーテボリ・シティ・カード
Göteborg City Card
　見どころの多いヨーテボリを、1〜2日でめいっぱい堪能したい人は、ヨーテボリ・シティ・カードを購入しよう。おもな博物館や美術館が入場無料になり、市内交通が乗り放題。観光案内所や主要ホテルのフロントなどで購入できる。
💰1日券（24時間有効）
　　285SEK
　2日券（48時間有効）
　　395SEK

COLUMN　　　　　　　　　　　　　　　**SWEDEN**

ヨータ運河の優雅な船旅

　ストックホルムとヨーテボリを結ぶヨータ運河には「スウェーデンのブルーのリボン」と呼ばれる優雅な船旅のコースがある。この2都市間を運河に沿ってのんびりと船で移動するクルーズ旅が人気だ。

　船上ではデッキチェアに座って、行き交うヨットや、水門や跳ね橋に集まる人に手を振る、というのが正しい過ごし方。食事は朝食がビュッフェ形式で昼と夜はボリュームのあるスウェーデン料理のコースを堪能できる。また、運河沿いには古い町や教会などがあり、寄港地ではエクスカーションのプログラムも楽しめる。

■■運航スケジュール
4日間のクルーズ
📅5/21〜9/6、1ヵ月に1〜4便運航
💰9775SEK〜
6日間のクルーズ
📅5/30〜9/6、1ヵ月に1〜3便運航
💰1万5775SEK〜

■■問い合わせ先
Rederi AB Göta Kanal
🏠Pusterviksgatan 13
☎(031)80-6315
URLwww.stromma.oc/on/Gota Canal

おもな見どころ

ヨーテボリの市内交通
　シングルチケットは1枚
12.5SEKだが、1乗車最低
25SEK。市内ならほぼ
25SEK。乗車時から90分
以内なら乗り換え自由。
24時間有効のバス
レッド・デイ・カード
Red day card
图65SEK
　ヨーテボリ市内のみ有効。
夜間路線は乗車できない。
ヨーテボリ周辺の交通ガイド
URLwww.vasttrafik.se

パダン
　堀から運河、ヨータ・エル
ヴ川Göta älvをぐるっと約
50分かけて回る観光ボート。
住Pusterviksgatan13
E(031)60-9670
URLwww.stromma.se/en/
sightseeing/goteborg
開4/8~10/16
　毎日　10:30~19:30
　（時期によって異なる）
　1時間ごとに出発。
图145SEK

ヨーテボリ美術館
E(031)368-3500
URLwww.konstmuseum.g
oteborg.se
開火・木11:00~18:00
　水　11:00~21:00
　金・日11:00~17:00
休月　图40SEK
（企画展は別料金。常設展のみ
ヨーテボリシティ・カードで入場可）

ルスカ美術工芸博物館
E(031)361-3150
URLwww.designmuseum.se
開火　12:00~20:00
　水~金12:00~17:00
　土・日11:00~17:00
休月　图40SEK
（ヨーテボリシティ・カードで入場可）

市立博物館
E(031)368-3600
URLwww.stadsmuseum.g
oteborg.se
開火・木~日
　　10:00~17:00
　水　10:00~20:00
休月　图40SEK
（ヨーテボリシティ・カードで入場可）

オペラハウス
住Christina Nilssons Gata
E(031)10-8000
URLen.opera.se

ヨーテボリ見晴らし塔
住Lilla Bommen 1
E(031)15-6147
開6~8月
　　毎日　11:00~16:00
　9~5月
　　月~金11:00~15:00
休9~5月の土・日
图30SEK
（ヨーテボリシティ・カードで入場可）

ヨーテボリ美術館

Göteborgs Konstmuseum

MAP P.372-B2

　アンデース・ソーンやカール・ラーソンなどスウェーデン
を代表する画家をはじめ、レンブラント、ゴッホ、モネ、ピ
カソなどの絵画も展示されたスウェーデン第2の規模を誇る
美術館。現代美術の作品も数多く展示されている。ほか、企
画展も行われている。

　また、ヨーテボリに本社のあるカ
メラメーカー、ハッセルブラッド社の
ギャラリーも併設され、常時写真展
が開かれている。すべて合わせる
とかなりの作品数になるので、時間
をかけて鑑賞したい。

スウェーデン第2の規模を誇る美術館

ルスカ美術工芸博物館

Röhsska Museet

MAP P.372-B2

　2~4階では常設展が行われ、2階は19世紀後半から現代ま
でのインテリアデザインのコーナーで、オレフォスやコスタ
のガラス、モダンなスウェーデンのインテリアが並んでいる。
3階はモダニズム以前の17世紀から19世紀前半のインテリア
を展示。4階には中国の陶器や日本の根付けや浮世絵などが
置かれたアジア美術のコーナーになっている。

市立博物館（東インド館）

Göteborgs Stadsmuseum

MAP P.372-A1

　町の中心にある市立博物館。もとは東インド会社の建物で、
ヨーテボリ付近の生活史が見られる
ほか、東洋から運ばれて来た磁器そ
の他のコレクションがある。またミュー
ジアムカフェは雰囲気があり人気。

東インド会社の建物を改装した博物館

オペラハウスとヨーテボリ見晴らし塔

Göteborgs Operan & Göteborgs Utkiken

MAP P.372-A1

　1994年に落成した近代的なオペラハウス。最新の技術を誇
り、特に優れた音響効果で話題になった。オペラのほかにミ
ュージカルやバレエの公演などにも利用されている。さらに
ヨータ・エルヴ橋の脇には高さ86mのヨーテボリ見晴らし塔

があり、てっぺんからのパノラマ
がすばらしい。赤い外観が目を引
く建物は、ヨーテボリ市民から
「リップスティック」と呼ばれ親し
まれている。

機能性とエレガントさが調和

戦艦や潜水艦の中を探検してみよう

ヨーテボリ海洋センター（マリティマン）Göteborgs Maritima Upplevelsecentrum(Maritiman)

MAP P.372-A1

ヨータ・エルヴ川に浮かぶ本物の船の内部を見学できる。駆逐艦スモーランド号HMS Småland、潜水艦ノール・カパレン号Nordkapren、その他消防艇、貨物船、灯台船、タグボートなどが通路でつながり、矢印で示された順路に沿って見学すると無駄がない。潜水艦の中を見学できるのも珍しいが、内部の狭さも驚きだ。乗組員の寝室は、なんと魚雷と同居。小さなカフェとショップも併設している。

クローンヒューセット   Kronhuset

MAP P.372-A1

ヨーテボリに残る最古の建物で、1643年に兵器庫として建てられたもの。現在では周囲に金、銀、ガラス、陶器などの工房が並んでおり販売もしている。そのほかオールドファッションのかわいらしいカフェや、伝統的な手工芸品を揃えたみやげ物店などがある。

リセベリー公園   Liseberg

MAP P.371

オープン日を確認してから行こう

コペンハーゲンのチボリ公園よりもきれいだし、アトラクションもおもしろいと地元の人は言う。カール・ミレスなどの彫刻があちこちにある美しい公園でもある。園内にはさまざまなアトラクションがあるが、入場券だけを買って、のんびりと散歩するのも楽しい。入口の前には公園を訪れた有名人の名前を刻んだプレートが地面に埋め込まれており、ローリング・ストーンズのメンバーの名前などもある。ちなみにここのジェットコースターは北欧最大規模だとか。高さ125mの展望台もあり、美しいヨーテボリ市街の景観を楽しむことができる。

マストフッグ教会   Masthuggs Kyrkan

MAP P.371

その昔、ヨーテボリの港に入って来た船が最初に見つけるのが、小高い丘に建つこの教会であったとか。港と町の両方を見下ろせる数少ない場所のひとつ。

港全体が見渡せる

海洋博物館   Sjöfartsmuseet

MAP P.371

17世紀から今日までのこの地における入植や造船の歴史を展示している。水族館もある。

ヨーテボリ海洋センター（マリティマン）
🕿(031)10-5950
URL www.maritiman.se
開4・10月
　金〜日11:00〜16:00
　5〜9月
　毎日　11:00〜18:00
休4・10月の月〜木、11〜3月
料90SEK
（ヨーテボリ・シティ・カードで入場可）

クローンヒューセット
住Postgatan 6-8
URL www.kronhusbodarna.nu
開月〜金11:00〜16:00
　土　　11:00〜14:00
　（店舗によって異なる）
休日

リセベリー公園
🕿(031)40-0100
URL www.liseberg.se
開4/23〜5/24、8/22〜10/9の一部の平日と土・日
　5/25〜8/21は毎日
　開場時間は日によって細かく異なる。だいたい11:00〜15:00の間に開場し、21:00〜23:00頃まで開いている。
料入場80〜90SEK
　乗り物1日券310SEK
（ヨーテボリ・シティ・カードで入場可）

マストフッグ教会
🕿(031)731-9230
開6〜8月
　毎日　9:00〜18:00
　9〜5月
　月〜金9:00〜16:00
休9〜5月の土・日
行き方===
　トラム3、9、11番でStigbergstorget下車。バンガータン通りBangatanを20mほど南下し、スーパーマーケット裏のクジェルマンスガータン通りKjellmansgatanを左折。坂道と階段を上って約8分。

海洋博物館
住Karl Johansgatan 1-3
🕿(031)368-3550
URL www.sjofartsmuseum.goteborg.se
開火・木〜日
　　10:00〜17:00
　水　10:00〜20:00
休月
料40SEK
（ヨーテボリ・シティ・カードで入場可）

ハーガ地区
行き方➡➡➡
　トラム1、3、6、9、11番でHagakirkan下車、徒歩2分。

ハーガ地区　Haga

MAP P.372-A2

ヨーテボリが開かれた17世紀の趣が残るエリア。石畳が敷かれた界隈に木造の家屋が建ち、カフェやアンティークショップなどが店を構えている。

植物園
[住]Carl Skottsbergs gata 22 A
[電](031)741-1100
[URL]www.gotbot.se
[開]毎日9:00～日没
[休]無休
[料]20SEK（寄付）
行き方➡➡➡
　トラム1、2、7、8、13番でBotaniska Trädgården下車、徒歩3分。

植物園　Botaniska Trädgården

MAP P.371外

175ヘクタールの敷地に1万2000種もの植物が栽培されている、スウェーデンで最大の植物園。起伏に富んだ園内にはテーマ別に整備されたコーナーがあり、日本風の庭園には池の脇に苔むした石灯籠が置かれている。ヨーテボリ大学の植物研究所もここにある。

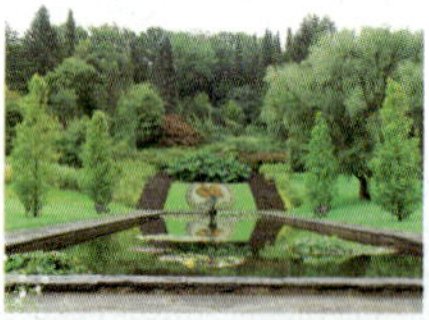

散歩を楽しむ地元の人が多い

ヨーテボリのホテル

Radisson Blu Scandinavia Hotel Gothenburg

MAP P.372-B1　ラディソンBluスカンジナビア・ホテル・ヨーテボリ
[住]Södra Hamngatan 59-65
[電](031)758-5000
[FAX](031)758-5001
[URL]www.radissonblu.com
[料]Ⓢ1290(990)SEK～Ⓓ1390(1090)SEK～
[CC]A D M V
　ショッピングエリアにも近いヨーテボリ随一の高級ホテル。屋内プール、サウナ、ジャクージあり。客室はモダンなデザイン。

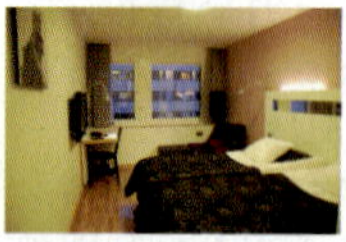

Scandic Europa

MAP P.372-B1　スカンディック・エウロパ
[住]Köpmansgatan 38
[電](031)751-6500
[FAX](031)751-6511
[URL]www.scandichotels.com
[料]Ⓢ1790(1170)SEK～Ⓓ1990(1370)SEK～
[CC]A D M V
　ノルドスタンの一角を占める高級ホテル。2009年に全客室の改装をした。レストランのほか、屋内プールやサウナもある（無料）。

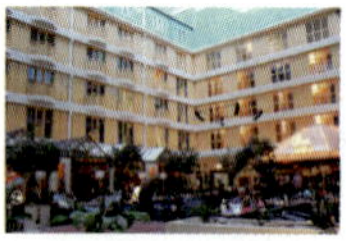

Mornington Hotel

MAP P.372-B2　モーニントン
[住]Kungsportsavenyn 6
[電](031)767-3400　[FAX](031)711-3439
[URL]www.mornington.se
[料]Ⓢ1150SEK～Ⓓ1850SEK～
[CC]A D M V
　クングスポルトアヴェニーン通りに建つ。館内には、レストランやバー、ナイトクラブを併設。

Grand Hotel Opera

MAP P.372-B1　グランド・ホテル・オペラ
[住]Nils Ericsonsgatan 23
[電](031)80-5080　[FAX](031)80-5817
[URL]www.grandhotelopera.se
[料]Ⓢ1195(795)SEK～Ⓓ1395(995)SEK～
[CC]A D M V
　ノルドスタンの角に面した中級ホテル。サウナやジャクージがあってこの値段はうれしい。

Best Western Hotel Eggers

MAP P.372-B1　ベストウエスタン・ホテル・エッゲルス
[住]Drottningtorget　[電](031)333-4440
[FAX](031)333-4449　[URL]www.bestwestern.se
[料]Ⓢ1625(995)SEK～Ⓓ2350(1450)SEK～
[CC]A D J M V
日本の予約先：ベストウエスタンホテルズ
[Free]0120-421234
　ヨーテボリ中央駅の向かいに堂々と建つ歴史あるホテル。客室は、木の温もりを活かしたエレガントな空間になっている。

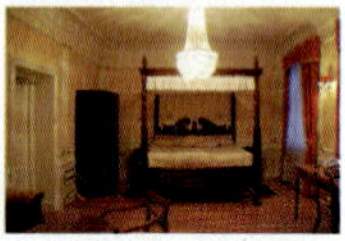

Palace Hotel

MAP P.372-B1　パレス
[住]Södra Hamngatan 2　[電](031)80-2521
[FAX](031)15-9291　[URL]www.palace.se
[料]バス、トイレ付き
　Ⓢ895SEK～Ⓓ1095SEK～
　バス、トイレ共同
　Ⓢ595SEK～Ⓓ795SEK～
[CC]A D M V
　トラムが行き交う通り沿いの手頃なホテル。1階は中華料理のレストランになっており、フロントは2階。

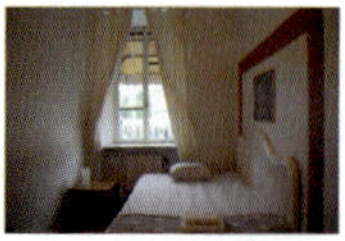

Comfort Hotel City Center

MAP P.372-A2　コンフォート・ホテル・シティ・センター
[住]Stora Badhusgatan 28　[電](031)17-4050
[FAX](031)17-4058　[URL]www.choicehotels.se
[料]Ⓢ910SEK～Ⓓ1250SEK～
[CC]A D J M V
　ヨータ・エルヴ川沿いにある中級ホテル。部屋は狭いが設備は整っているため、割安感がある。

STF Vandrarhem Stigbergsliden

MAP P.371　STFヴァンドラルヘム・スティグバーグスリデン
[住]Stigbergsliden 10　[電](031)24-1620
[FAX](031)24-6520　[URL]www.hostel-gothenburg.com
[料]ドミトリー210SEK～　Ⓢ400SEK～Ⓓ650SEK～
　朝食65SEK　シーツ50SEK　清掃代50SEK
[CC]A M V
　かつて船乗りの宿舎などに利用されていた建物を改装した大型ホステル。ランドリーや共用キッチンなどの設備が揃う。海洋博物館から歩いて5分ほど。

バスタブ　バスタブ一部のみ　テレビ　テレビ一部のみ　ドライヤー　ドライヤー貸出　ミニバー　ミニバー一部のみ　ハンディキャップルーム

ガラスの王国

世界に名だたる北欧デザイン スウェーデングラスの故郷

Glasriket

スウェーデングラスの歴史は、16世紀の中頃にスウェーデン王グスタフ・ヴァーサが産業の振興をはかるため、イタリアのヴェネツィアからガラス職人を招いたことにはじまるという。現在、美しいデザインのガラス製品は世界中の人々の人気を集め、スウェーデンを代表する製品になっている。製造元であるガラス工房のほとんどは、スウェーデン南東部のスモーランド地方Smålandに位置するふたつの町、ヴェクショーとカルマルの間に集中している。この一帯はガラスの王国と呼ばれている。

ガラスの王国の情報サイト URL **www.glasriket.se**

スウェーデンブランドの代名詞
コスタのガラス工房を訪ねる

コスタは、1742年創業のスウェーデン最古のガラスメーカー。その工房があるコスタ・グラスセンターは、博物館やショップに加え、自社以外のファッションや雑貨を扱うコスタ・アウトレットまであり、さまざまに楽しめるテーマパークのようになっている。

Kosta Glascenter コスタ・グラスセンター
☎ (0478)12-800
URL www.kostaglascenter.se
インフォメーション
圏毎日10:00～18:00　休無休
行き方→→→
レッセボー Lesseborgの駅からバス218番で約20分、Kosta Glasbruk下車。レッセボーへはヴェクショーやカルマルから鉄道で行ける。

①ガラス工房見学
Glasbruk

コスタのガラス工房では、ガラス職人が実際に製品を作っている様子が見学できる。熟練のガラス職人は通称〝マイスター〟と呼ばれ、コスタのガラスは今でも彼らの手作業による吹きガラスの製法で作られている。

DATA	
圏	7月中旬～8月上旬
	毎日 11:00～17:00
	8月上旬～7月中旬
	月～金9:00～10:30/
	11:30～15:30
	土・日10:00～17:00
休	無休
料	30SEK

大きな煙突が目印

②ガラス博物館
Glasmuseum

コスタのガラス作りの歴史や工程を解説するガラス博物館。コスタの歴代モデルのガラス製品がズラリと並ぶ部屋もあり、見応え充分。昔と今のデザインを見比べて、コスタのデザインの変遷を感じてみよう。

DATA	
圏	7月中旬～8月下旬
	月～金10:00～19:00
	土・日10:00～17:00
	8月下旬～7月中旬
	月～金10:00～17:00
	土・日11:00～17:00
休	無休
料	30SEK

ブランドの歴史を学ぼう

③ブルーノ・マットソン・グラスハウス
Bruno Mathsson Glashus

ガラス博物館の裏手にある建物は、スウェーデンの有名デザイナー、ブルーノ・マットソンが設計と内装などのデザインを手掛けたレジデンス。家具も彼のデザインで統一されている。要予約のガイドツアーでのみ見学可能。

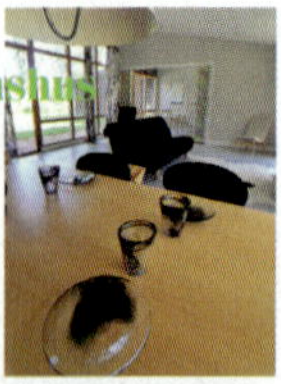

食器にはコスタのガラスが使われている

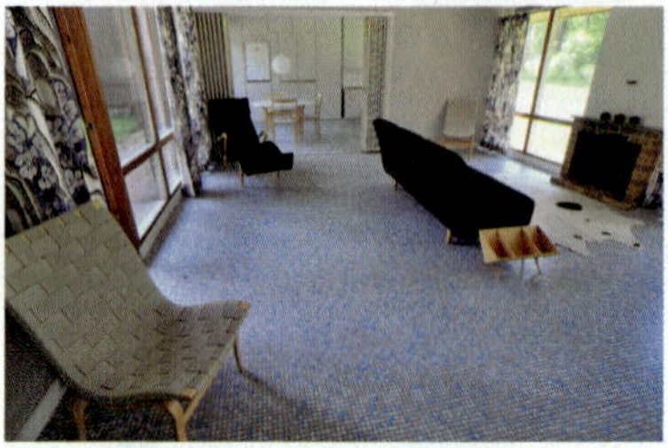

タイルを敷き詰めたモザイク模様の床が印象的

[DATA] ガイドツアー　[催]毎日13:00、15:00　[料]30SEK

④コスタ・グラス・ショップ
Kosta Glas-shop

コスタ・ボダの現行モデルすべてを扱う工房直売のショップ。おすすめは、B級品を置いてあるアウトレットのコーナー。憧れのスウェーデンガラスをお得な値段で購入できるチャンスだ。カフェを併設している。

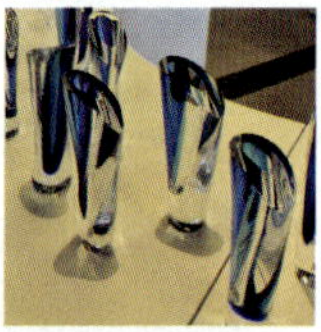

扱う商品はすべて工房で作られたもの

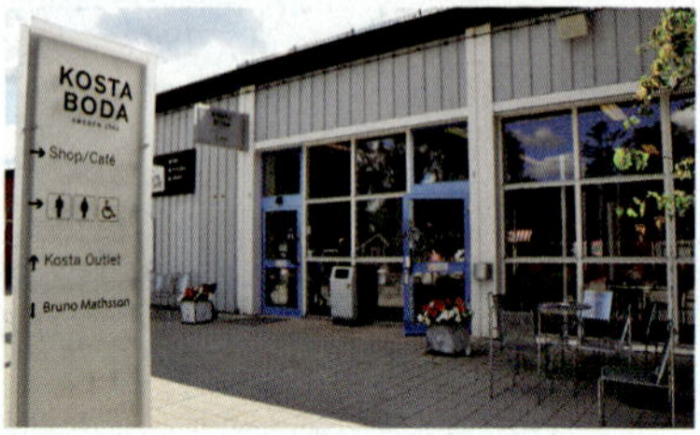

建物内は広いので、時間をたっぷりとって買い物しよう

[DATA]
[TEL](0481)34-139　[URL]www.kostaboda.com
[営]6～8月　月～金10:00～20:00　土・日10:00～18:00
9～5月　毎日10:00～18:00
[休]無休

⑤コスタ・ボダ・アート・ホテル
Kosta Boda Art Hotel

2009年6月にオープンしたデザインホテル。ホテル内はロビーにも客室にもさまざまなガラスのオブジェが飾られている。ホテル内にガラスバーがあり、こちらは宿泊客以外でも利用できる。

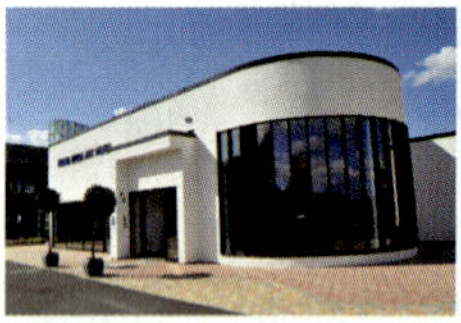

最新のスウェーデンデザインに触れられる

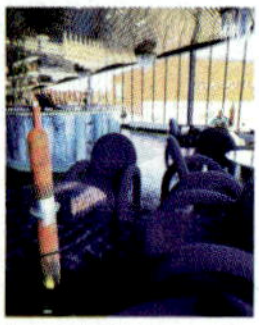

周囲をガラスに囲まれたガラスバー

[DATA]
[TEL](0478)34-830
[URL]www.kostabodaarthotel.com
[料]Ⓢ1420SEK～Ⓓ1920SEK～　[CC]A V

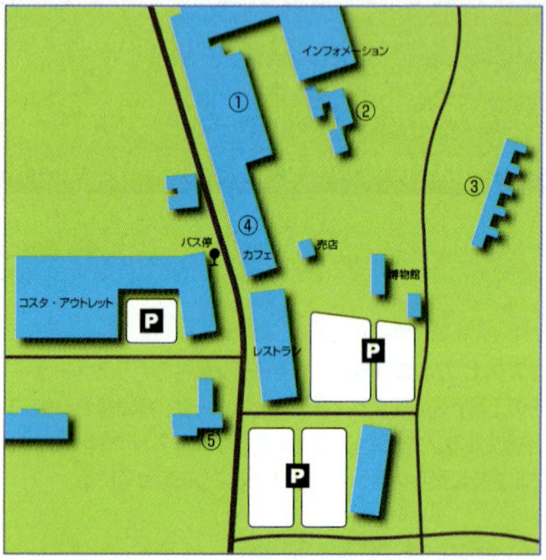

ヒットシルの夕べ

スモーランド地方に点在するガラス工房は、古くから人々の集まる場所でもあった。1日の作業が終わると、ガラスを熱する炉の余熱を利用して、シル（ニシン）を焼き、酒を酌み交わした。その習慣が伝統となり、観光客にもその雰囲気を楽しんでもらおうと初まったのがこのヒット（小屋の意味）シルの夕べだ。毎年6月中旬から8月にかけてオレフォス、コスタなどの工房で行われる。時間はまちまちだが19:00～22:00時頃が一般的。焼いたソーセージ、ニシン（日本人には塩辛い）、ジャガイモ料理をビュッフェ・スタイルで食べながら、アルコールを飲みつつバンドの演奏に耳を傾け、皆でにぎやかに歌い騒ぐ。その後は、ガラスを吹く技術を披露し、観客にも実際に吹かせてくれるのだがこれがなかなか難しい！ オレフォスの場合は、自分がそのとき食事で使ったグラスに、それぞれ機械を使って好きな文字や絵を彫らせてくれ、おみやげにしてくれる（料金は1人345SEK程度）。工房によってスケジュールが違うので、詳しくは観光案内所でもらえるスケジュールで確認を。

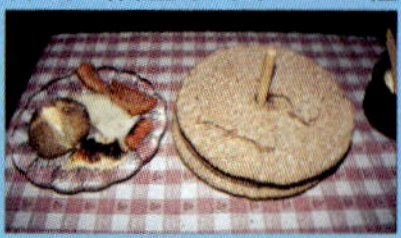

昔ながらのスウェーデン料理をぜひ

まだまだある！ガラスの王国のおもなガラス工房

Bergdala ベリダーラ

創業以来、100年以上にわたり親しまれているブルーエッジ Blå Kantシリーズが定番。そのほか、動物や植物をモチーフにしたかわいらしい製品も多い。

℡(0478)31-650
URL www.bergdaladesign.se
ショップ
圏6～8月　月～金10:00～18:00
　　　　　土・日10:00～16:00
9～5月　月～金10:00～17:00
　　　　　土・日12:00～16:00
休無休
工房見学
圏月～木7:00～15:30
金7:00～14:00　休土・日

Orrefors オレフォス

コスタ・ボダと並ぶスウェーデンガラスの2大メーカーのひとつ。定番はインターメッツォIntermezzoシリーズ。ノーベル賞授賞式に使われるグラスも生産している。

℡(0481)34-189
URL www.orrefors.se
ショップ
圏月～金10:00～18:00　土10:00
～16:00　日12:00～16:00　休無休
工房見学
圏6～8月　月～金10:00～18:00
　　土10:00～17:00　日11:00～17:00
9～5月　月～金10:00～18:00
　　土10:00～16:00　日12:00～16:00
休無休

Pukeberg プケベリー

1871年創業のガラスメーカー。工房は、ショップに併設していて誰でも見学可能。吹きガラスの説明をしてくれることも。さまざまなガラス製品が揃うが、なかでもランプが有名。工房内にはカフェがあり、イベントが行われることもあるので確認してみよう。

℡(0481)16-900
URL www.pukeberg.se
ショップ
圏8月　月～金9:00～18:00
　土10:00～16:00　日11:00～16:00
　9月　月～金10:00～18:00
　土10:00～15:00　日11:00～16:00
休10～7月
工房見学
圏3～12月　月～金9:00～15:00
休3～12月の土・日、1・2月

ガラスの王国の歩き方

　ヴェクショー（→P.380）～カルマル（→P.382）間（約120km）にあるガラス工房は、おもだったものだけでも15ヵ所。主要メーカーを訪れるだけでもかなりの時間を要するうえ、ヴェクショーからカルマルに向かう途中のレッセボーやニィボーNybroなどの魅力ある町も多い。ひとつの工房だけを楽しむなら、ヴェクショーやカルマルから日帰りしたり、2都市間の移動の間に工房見学を組み込むことも可能。いくつかの工房を回りたいなら、最低でも1泊2日は見ておきたい。
　ガラスの王国を巡るには、鉄道やバスなどの公共交通機関と徒歩で訪れることもできなくはないが、やはり非効率的。何といっても気ままにレンタカーを走らせるのが一番。ヘラジカ注意の看板を横目に、緑深い森を駆け抜けるドライブは快適だ。ガラス販売のみを行う小さなショップを見つけたときにも、気軽に立ち寄ることができる。また、道路のサービスエリアにはわかりやすい案内図が用意され、看板や標識も随所にあるので快適なドライブ旅行が楽しめる。レンタカー会社はカルマルやヴェクショーにある。

標識もわかりやすいので、よく見ていこう

ガラスの王国 Glasriket

Lindshammars　Åseda　Fagerhult　Högsby　Norrhult-Klavreström　Rosdala　Grönskåra　ベリダーラ Bergdala　Lenhovda　Älghult　Mats Jonasson Målerås　ヴェクショー Växjö　SEA　Alsterbro　Transjö Hytta　Furuby　コスタ Kosta　Måleås　Gullaskruv　オレフォス Orrefors　Bäckebo　Hovmantorp　Boda　Kosta　Lessebo　Åfors　Nybro　ニィボー Nybro　Läckeby　Studioglas Strömbergshyttan　Eriksmåla Johansfors　Skruv　Trekanten　Smedby　カルマル Kalmar　Johanafors　プケベリー Pukeberg　Skruf

ヴェクショー

森と湖に囲まれた美しい環境にある小都市ヴェクショー。脱化石燃料宣言をし、全市をあげてCO_2排出量の削減を目指す環境先進都市としても注目されている町だ。また、ガラスの王国への拠点として、多くの観光客が訪れる。

町のはずれにそびえる大聖堂

MAP P.294-A4
人口：8万3005
市外局番：0470
ヴェクショー情報のサイト
URLwww.vaxjo.se

ヴェクショーへの行き方➡➡➡

🚃 ストックホルムからX2000でアルヴェスタAlvestaまで行き、レギオナルに乗り換える。1日16便前後、所要約3時間30分。

ヴェクショーの観光案内所❶
住Kronobergsgatan 7
☎(0470)73-3280
FAX(0470)73-3289
URLwww.vaxjo.se
圏6～8月
　月～金　9:30～18:00
　土　　10:00～14:00
　9～5月
　月～金　9:30～16:30
圏6～8月の日、9～5月の
　土・日

観光案内所は図書館の中に併設されている

スモーランド博物館
住Södra Järnvägsgatan 2
☎(0470)70-4200
URLwww.smalandsmuseum.se
圏6～8月
　月～金10:00～17:00
　土・日11:00～17:00
　9～5月
　火・水・金
　　　　10:00～17:00
　木　　10:00～20:00
　土・日11:00～17:00
圏9～5月の月
圏50SEK(移民博物館と共通)

ヴェクショーの歩き方

駅のすぐ裏にあるスモーランド博物館Smålands Museumはスウェーデン・ガラス博物館Sveriges Glasmuseumとして、スウェーデンで約500年前から行われてきたガラス作りの歴史を、各時代のガラス製品とともに紹介している。ガラスの王国を訪れる前にここを見

駅の北側にあるスモーランド博物館

380

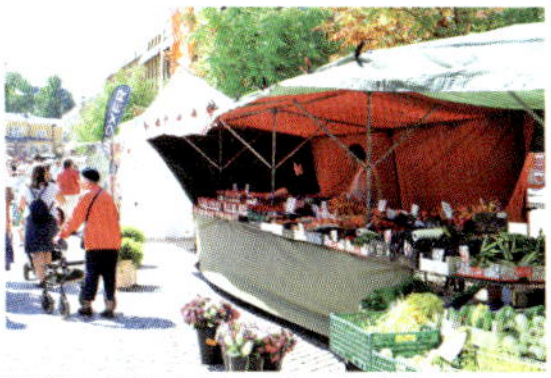
夏期には町なかでマーケットが開かれる

学して歴史を含めた予備知識を頭に入れておくと、より興味深くガラスを見ることができるだろう。スモーランド博物館の並びには、移民博物館Utvandrarnas Husがある。1850年から1930年にかけて、120万人のスウェーデン人がアメリカに移住した。ここでは移民に関する研究のほか、展示室を設けて移民についての展示を行っている。アメリカから移民の子孫が祖先の歴史をたずねて来ることも多い。

駅を背に右へ進むと公園になっており、その中に建っているのが大聖堂Domkyrkan。起源は12世紀にまでさかのぼるという、歴史のある教会だ。建物の東側には、12世紀のルーン文字が刻まれたルーン石がちょこんと置かれている。町の中心は歩行者専用道路になったショッピングエリア。デパートやスーパーマーケットが集まり、カフェやレストランは歩道にまでテーブルを並べて、週末は大勢の人出でにぎわう。

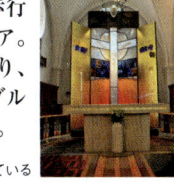

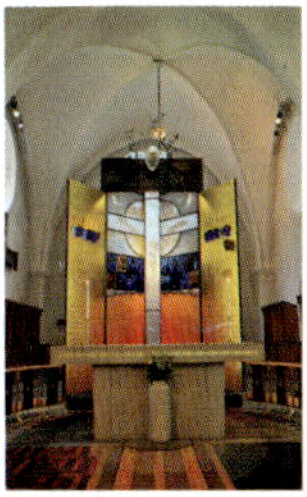
大聖堂の祭壇もガラスでできている

移民博物館
☎(0470)20-120
[URL]www.utvandrarnashus.se
[開]5～8月
月～金10:00～17:00
土・日11:00～17:00
9～4月
火～金10:00～17:00
土　11:00～17:00
[休]9～4月の日・月
[料]50SEK(スモーランド博物館と共通)

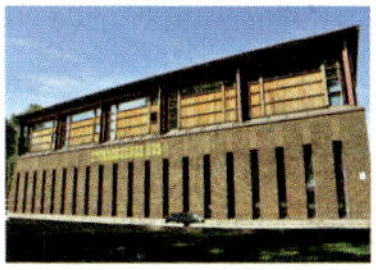
印象的な外観の移民博物館

大聖堂
☎(0470)70-4824
[開]5～8月
毎日9:00～19:30
9～4月
毎日9:00～18:00
[休]無休　[料]無料

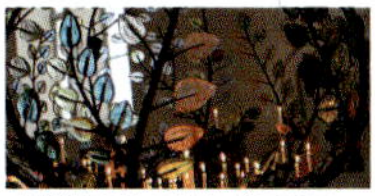
大聖堂で見つけたガラスアートのキャンドルスタンド

ヴェクショーのホテル

Best Western Hotel Royal Corner
MAP P.380　ベストウエスタン・ホテル・ロイヤル・コーナー
[住]Liedbergsgatan 11
☎(0470)70-1000　[FAX](0470)70-1010
[URL]www.bestwestern.se
[料]Ⓢ1295(698)SEK～Ⓓ1545(898)SEK～
[CC]A D M V　日本の予約先：ベストウエスタンホテルズ
[Free]0120-421234

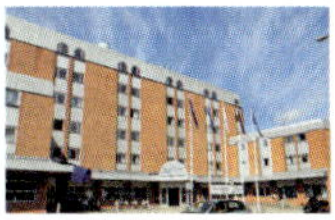

ショッピングエリアにある。フィットネスセンターやサウナ、プールもある。無線LAN利用可（無料）。

Elite Park Hotel
MAP P.380　エリート・パーク
[住]Västra Esplanaden 10-14
☎(0470)70-2200　[FAX](0470)74-7577
[URL]www.elite.se
[料]Ⓢ1150(650)SEK～Ⓓ1350(850)SEK～
[CC]A D M V

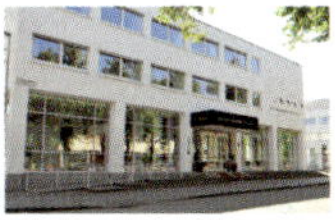

コンサートハウスに併設された、近代的な造りのホテル。周囲は静かな環境で落ち着いて滞在できる。

Elite Stadshotellet
MAP P.380　エリート・スタッズホテレット
[住]Kungsgatan 6
☎(0470)13-400　[FAX](0470)44-837
[URL]www.elite.se
[料]Ⓢ1050(650)SEK～Ⓓ1450(900)SEK～
[CC]A D M V
大きな広場に面して19世紀半ばに建てられた、重厚な雰囲気のホテル。無線LAN利用可（無料）。

Hotell Värend
MAP P.380　ヴェレンド
[住]Kungsgatan 27
☎(0470)77-6700　[FAX](0470)36-261
[URL]www.hotellvarend.se
[料]Ⓢ750(495)SEK～Ⓓ850(695)SEK～
[CC]J M V
ヴェクショーの中心部では最も手頃。駅から徒歩約10分。無線LAN利用可（無料）。

Clarion Collection Hotel Cardinal
MAP P.380　クラリオン・コレクション・ホテル・カルディナル
[住]Bäckgatan10
☎(0470)72-2800　[FAX](0470)72-2808
[URL]www.choicehotels.se
[料]Ⓢ1086(786)SEK～Ⓓ1286(986)SEK～
[CC]A D M V
駅から徒歩すぐ。ショッピングエリアの歩行者専用道路に面したホテル。無線LAN利用可（無料）。

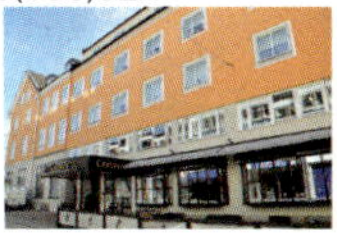

Växjö City Vandrarhem
MAP P.380外　ヴェクショー・シティ・ヴァンドラルヘム
[住]Hagadalsvägen 36
☎(0470)776-190
[URL]www.vaxjocityvandrarhem.se
[料]ドミトリー185SEK～
ⓈⒹ395SEK～
朝食60SEK　シーツ60SEK
[CC]M V
ヴェクショー駅から2km程離れた場所にあるユースホステル。フロントは9:00～10:00と18:00～19:00 のみオープン。

バスタブ　バスタブ一部のみ　[TV]テレビ　[TV]テレビ一部のみ　ドライヤー　ドライヤー貸出
ミニバー　ミニバー一部のみ　ハンディキャップルーム

カルマル

MAP P.294-A4
人口：6万2815
市外局番：0480
カルマル情報のサイト
URL www.kalmar.com

スモーランド地方の中心カルマルは、中世から続く商業都市。かつては「カルマルを支配するものは海峡の交通を支配する」と言われ、スウェーデンとデンマークの間で領有争いが繰り広げられた。旧市街の中心に大聖堂と広場があり、整然と区画された町の周囲を城壁が囲む様子は、北欧には珍しい中世ヨーロッパのたたずまい。17世紀から18世紀の建物も多く残る。町の中心にそびえるバロック様式が美しい大聖堂は、1660〜1702年にかけて建てられたものだ。

掘にかかる橋と旧給水塔

カルマルへの行き方 ➡➡➡

🚂 ストックホルムからX2000でアルヴェスタAlvestaまで行き、レギオナルに乗り換える。1日16便前後、所要約4時間30分。
ヴェクショー〜カルマル間はレギオナルで約1時間。1時間に1便程度。

ゴットランドからカルマルへ
（→P.396）

旧市街を囲む堀に木造の橋がかかっている

カルマルの観光案内所 ❶

🏠 Ölandskajen 9
☎ (0480)41-7700
FAX (0480)41-7720
URL www.kalmar.com
🕐 5・9月
　月〜金10:00〜17:00
　土　　10:00〜15:00
　6/1〜19、8/15〜31
　月〜金 9:00〜19:00
　土・日10:00〜16:00
　6/20〜8/14
　月〜金 9:00〜21:00
　土・日10:00〜17:00
　10〜4月
　月〜金10:00〜17:00
🚫 5・9月の日、10〜4月の土・日

カルマルの歩き方

堀と城壁に囲まれたエリアが、カルマルの中心部。城壁内はホテルやスーパーなどが並ぶ繁華街となっている。城壁を出て南に進むと、海に浮かんでいるカルマル城が目に入る。城の回りは公園になっており、公園内にカルマル美術館がある。観光案内所はカルマル駅の南、エーランドフェーン通りÖlandskajenに面した近代的な建物に入っている。

おもな見どころ

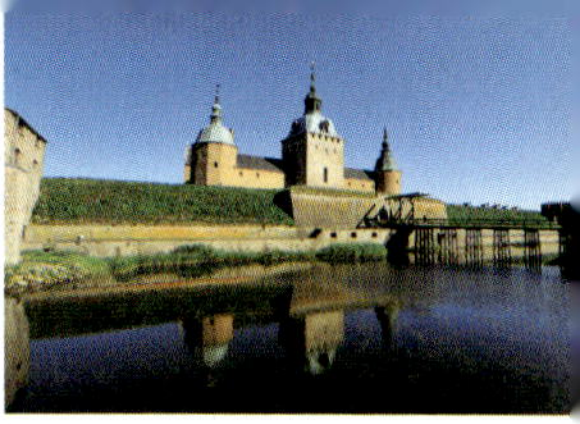
海に浮かぶカルマル城

カルマル城　Kalmar Slott

MAP P.382

町のシンボルでもあるカルマル城は、およそ800年前に創建されたもの。1397年にはハンザ同盟に対抗すべくスウェーデン、デンマーク、ノルウェーの3ヵ国間で結ばれたカルマル同盟の舞台となった。城壁の四隅に設けられた大きな円形の砦が、たび重なる領土争いの歴史を物語っている。現在見られるルネッサンス様式の建物は、16世紀にグスタフ・ヴァーサ王が修復したもの。カルマル駅の南側にある公園からは、入江の向こうに浮かぶカルマル城の全景が見渡せる。カルマル城の手前にある一画は、17世紀から18世紀の町並みが残された旧市街（ガムラ・スタン）。部分的に石畳の路地も残っており、美しい家々を眺めながら散歩するのも楽しい。

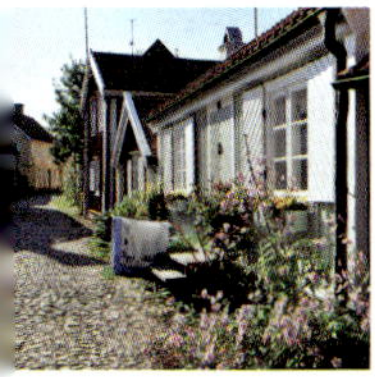
石畳の道が続く旧市街

カルマル城
住Kungsgatan 1
☎(0480)45-1490
URL www.kalmarslott.kalmar.se
開4・10月
　土・日11:00～15:30
5・6・9月
　毎日 10:00～16:00
7/1～8/14
　毎日 10:00～18:00
8/15～31
　毎日 10:00～16:00
休4・10月の月～金、11～3月
料80SEK

カルマル郡博物館　Kalmar Läns Museum

MAP P.382

1676年にエーランド島沖の海戦で沈没した戦艦クロナン号Kronanから引き上げられた大砲や金貨銀貨などの財宝を始め、カルマル郊外で発掘された約1万2000年前の遺跡に関する資料、カルマル出身の画家の作品などが展示されている。

カルマル郡博物館
住Skeppsbrogatan 51
☎(0480)45-1300
URL www.kalmarlansmuseum.se
開7・8月
　毎日 10:00～17:00
9～6月
　月～金10:00～16:00
　土・日11:00～16:00
休無休
料60SEK

カルマル美術館　Kalmar Konstmuseum

MAP P.382

19世紀から20世紀にかけてのカルマル周辺出身の画家による作品をおもに展示している。絵画だけでなく、スウェーデンデザインに関する展示もある。

カルマル美術館
住Slottsvägen 1D
☎(0480)42-6282
FAX(0480)42-6280
URL www.kalmarkonstmuseum.se
開火・木～日
　12:00～17:00
　水 12:00～19:00
休月
料50SEK

カルマルのホテル

Clarion Collection Hotel Packhuset

MAP P.382 クラリオン・コレクション・ホテル・パックヒューセット
住Skeppsbrogatan 26　☎(0480)57-000
FAX(0480)86-642　URL www.choicehotels.se
料Ⓢ1390(790)SEK～Ⓓ1590(990)SEK～
CC A D M V
　ショッピングセンターなどがある複合施設に併設している。客室は木の梁や柱がむき出しで趣がある。ほとんどの客室が海に面している。

Frimurarehotellet

MAP P.382 フリムラーレホテレット
住Larmtorget 2　☎(0480)15-230
FAX(0480)85-887　URL www.frimurarehotellet.com
料バス付きⓈ1290(820)SEK～Ⓓ1510(995)SEK～
　バス共同ⓈⒹ1050(755)SEK～
CC A D M V
　駅から歩いてすぐ、劇場がある広場に面したホテル。1878年建造、歴史を感じさせる重厚な雰囲気。

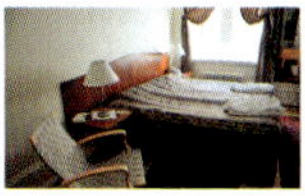

Best Western Kalmarsund Hotell

MAP P.382 ベストウエスタン・カルマルスン
住Fiskaregatan 5
☎(0480)48-0380　FAX(0480)41-1337
URL www.bestwestern.se
料Ⓢ1150SEK～Ⓓ1450SEK～
CC A D M V　日本の予約先：ベストウエスタンホテルズ
Free 0120-421234
　駅から300mほどの所にある手頃なホテル。無線LAN利用可（無料）。

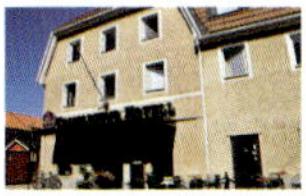

Lågprishotell & Vandrarhem Svanen

MAP P.382外 ローグプリースホテル&ヴァンドラルヘム・スヴァネン
住Rappegatan 1　☎(0480)25-560
FAX(0480)88-293　URL www.hotellsvanen.se
料ホテル　Ⓢ585SEK～Ⓓ800SEK～　CC A D M V
　ユースホステル　ドミトリー195SEK
　Ⓢ375SEK～Ⓓ480SEK～
　朝食70SEK　シーツ55SEK　清掃代30SEK
　ユースホステル全21室。ホテルは全39室。

バスタブ　バスタブ一部のみ　テレビ　テレビ一部のみ　ドライヤー　ドライヤー貸出
ミニバー　ミニバー一部のみ　ハンディキャップルーム

マルメ

MAP P.294-A4
人口：29万8503
市外局番：040
マルメ情報のサイト
URL www.malmotown.com

マルメ・カード
Malmö Card
　マルメの市バスが乗り放題、博物館や美術館に自由に入場できるカード。購入は観光案内所やおもなホテルで。
🚌1日券（24時間有効）
　　170SEK
　2日券（48時間有効）
　　200SEK

中世の雰囲気漂う町並み

その昔デンマークとスウェーデンが争っていた頃、マルメは一時期デンマークに属し、コペンハーゲンと肩を並べるほどの大都市だった。その後1658年に再びスウェーデン領となり、その後今日まで商業都市として栄えてきた。中心には大きな広場や公園があり、中世からの赤レンガの建物や石畳の広場、美術館として使われている城などが残る、美しい静かな町だ。海峡を挟んですぐ向かいのコペンハーゲンとの間を結ぶオーレスン大橋が開通して道路と鉄道で直結し、国境を越えた交流が深まっている。

マルメの歩き方

　マルメ中央駅を出て運河を渡ると、左側にホテルのElite Hotel Savoyが見える。ここからハムンガータン通りHamngatanを少し歩くと、マルメで最も大きな広場、ストー

トリィ広場Stortorget。中央にある銅像は、デンマークからマルメを取り戻したカール11世王のもの。広場の周囲には時計台のある市庁舎Rådhuset、ホテルなどが並ぶ。市庁舎の裏側には、1300年代にゴシック様式で建てられた聖ペトロ教会S:t Petri Kyrkaがある。

ストートリィ広場から南へ延びるスーデルガータン通りSödergatanは歩行者専用道路。この通りへ入る手前には、金のライオンが目印の獅子薬局Apoteket Lejonetがある。創業1571年、マルメ最古の薬局で、内装は1897年以来の重厚なものだ。通りにはカフェやレストラン、ショップが並び、グスタフ・アドルフ広場Gustav Adolfstorgへと続く。広場は市バスのターミナルにもなっている。ストートリィ広場から南西に進むと、リラトリィ広場Lillatorgで、広場に面した建物の奥にあるのがフォルム/デザイン・センター。

町の西には美術館として使われている中世の城塞マルメヒュースと公園があり、夏の間は、運河や港を船で見て回るルンダンRundanというボートツアーがある。また、中心部から1.5kmほど北西のヴァストラ・ハムネン（西港）地区Västra Hamnenは注目のエリア。オーレスン海峡を望む海辺にはプロムナードが整備され、おしゃれなカフェやレストランも増えている。2005年に誕生したねじれたような形のビルはターニング・トルソTurning Torsoと呼ばれる高層マンション。190mと国内一の高さを誇る。すぐそばの海沿いからは、オーレスン大橋も眺められる。

重厚な市庁舎に面して広がるストートリィ広場

おもな見どころ

マルメヒュース（マルメ城）

Malmöhus
MAP P.384-A

1434年に創建されたルネッサンス様式の城塞。16世紀から17世紀にはデンマーク王室の別荘、19世紀には牢獄として使われていた。1937年に修復され、現在はマルメ博物館Malmö Museerとして公開されている。1階が自然科学博物館、2階がマルメの歴史に関する展示室、2階と3階が14世紀から現代までの北欧アートを展示する美術館。地下は動物園と水族館になっている。向かいにあるコメンダントヒュースKommendanthusetは別館で、アート関係の企画展が行われる。城の周りには公園が広がっており、夏期のみ公園内をトラムMuseispårvägenが走る。

塀に囲まれて美しい姿を見せる

マルメへの行き方

✈ ストックホルムから1日1～10便程度、所要約1時間5分。
🚃 ストックホルムからX2000で所要約4時間30分、インターシティで所要5時間30分、1日13便前後。ヨーテボリからインターシティで所要約2時間40分、レギオナルで所要約3時間10分、1日18便前後。コペンハーゲンからは所要約35分。列車は20分おきにある。
🚌 コペンハーゲン中央駅前発のバス999番で所要約1時間。月～土曜の運行。

シティ・トンネルの開通

2010年12月より、コペンハーゲン～マルメ間を結ぶシティ・トンネルCity tunnelnが運行を開始。これにより、オーレスン地方のアクセスがより便利になった。
URL www.skanetrafiken.se

マルメの観光案内所ℹ
☎(040)34-1200
URL www.malmotown.com
📅6/21～8/29
　月～金　9:00～19:00
　土・日　9:00～16:00
8/30～6/20
　月～金　9:00～17:00
　土・日10:00～14:30
休無休

ルンダン
☎(040)611-7488
URL www.rundan.se
📅4/16～7/1
　毎日　11:30～17:30
7/2～8/21
　毎日　10:30～19:30
8/22～9/12
　毎日　11:30～16:30
9/13～10/2
　金～日11:30～15:30
📅9/13～10/2の月～木、10/3～4/15
料120SEK
　マルメ中央駅向かいの船着き場から30分～1時間ごとに出発。所要約50分。ガイドは英語をはじめ3ヵ国語。

マルメヒュース
住Malmöhusvägen 6
☎(040)34-4400
URL www.malmo.se/museer
📅6～8月
　毎日　10:00～16:00
9～5月
　月～金10:00～16:00
　土・日12:00～16:00
休無休
料40SEK（技術、海洋博物館、コメンダントヒュースと共通、マルメ・カードで入場可）

トラム
📅5/28～10/2の土・日
料20SEK（1日有効）

技術、海洋博物館

技術、海洋博物館
- 住Malmöhusvägen 7
- 電(040)34-4400
- 開6〜8月
  - 毎日10:00〜16:00
  - 9〜5月
  - 月〜金10:00〜16:00
  - 土・日12:00〜16:00
- 休無休
- 料40SEK(マルメヒュース、コメンダントヒュースと共通、マルメ・カードで入場可)

フィスケホッドルナ
Fiskehoddorna
- 営火〜土6:30〜13:00
- 休日・月

技術、海洋博物館の東隣で早朝から開かれる小さな魚市場。鮮魚や燻製の魚などを売る漁師小屋が並ぶ。

地元の人の食料調達場になっている

フォルム/デザイン・センター
- 住Lillatorg 9
- 電(040)664-5150
- URLwww.formdesigncenter.com
- 開火・水・金
  - 11:00〜17:00
  - 木 11:00〜18:00
  - 土 11:00〜16:00
  - 日 12:00〜16:00
- 休月
- 料無料

■ 技術、海洋博物館 Tekniska Sjöfartsmuseet

MAP P.384-A ■

海洋技術と工業技術に関する博物館。向かって右半分が海洋博物館で、1階では生活道具が、2階ではいろいろな時代の港のジオラマや客船内の様子を再現した部屋、船舶模型が展示されている。左半分は技術博物館。航空機や自動車、バイクの実物が展示されており、サーブ社が開発してスウェーデン空軍が使用した斬新なダブルデルタ翼のジェット戦闘機、

ドラケンが展示されている。屋外にはスウェーデン海軍で使われていた全長49.6mの潜水艦U3の実物もあり、内部が見学できる。

技術博物館の展示

■ フォルム/デザイン・センター Form/Design Center

MAP P.384-B ■

19世紀半ばの穀物倉庫を利用した現代スカンジナビアデザインの展示場。スウェーデンだけでなく北欧各地のデザイナーによる最新の作品が見られる。2階にはカフェも設けられており、北欧のインテリア雑誌を眺めながらお茶やコーヒーが楽しめる。3階は有名メーカーの陶磁器、ガラス製品をは

じめとした北欧の日用雑貨やアクセサリーを販売するショップになっている。リラトリィ広場に面した建物をくぐると中庭があり、その奥に入口がある。

併設のカフェはおしゃれな雰囲気

COLUMN　　　　　　　　　　　　　　　　　**SWEDEN**

国境を越える橋

マルメと、デンマークのコペンハーゲンを結ぶオーレスン大橋 Øresund-bron (全長15.4km)は、2000年7月に開通した。それまで両都市の行き来は船を利用するしかなく、高速のジェットフォイルを利用しても45分かかった。ところが現在ではマルメ中央駅からコペンハーゲン中央駅まで列車でたったの35分、しかも24時間20分おきに運行される便利さ。もちろん車でも行き来できるので、両都市はより身近になった。
スコーネ地方と呼ばれるスウェーデン南部は1658年までデンマーク領だったこともあり、もともと心情的に両者のつながりは深かった。それが橋の開通によって実際につながったことにより、2ヵ国の距離は縮まった。

夕焼けのオーレスン大橋

┌─**DATA**─
■**オーレスン大橋**　**MAP P.294-A4**
行き方 ▶▶▶
マルメ中央駅前のバス乗り場から4番のバスで約20分、Malmö Limhamn Centrumで34番のバスに乗り換え4分、Malmö Sibbarp下車。バス停から公園を抜けると海峡にかかる橋が眺められる。

マルメのホテルは、どこも快適だが概して高い。鉄道パスを持っているならマルメには泊まらず、コペンハーゲン駅前のホテル街にある安宿を利用すると節約できる。ホテルはマルメ中央駅構内の観光案内所で予約してもらえる。

Mäster Johan

MAP P.384-B　マステル・ヨハン
🏠Mäster Johansgatan 13
☎(040)664-6400
FAX(040)664-6401
URLwww.masterjohan.se
🛏ⓈⒹ1300(1000)SEK〜
CCA M V
　町の中心に近いが静かな地域にある。客室は樫の床に手織のカーペット、ふんだんに大理石を使ったバスルームなど、高級感あふれる造り。

Scandic Kramer
MAP P.384-B　スカンディック・クラメル
🏠Stortorget 7
☎(040)693-5400
FAX(040)693-5411
URLwww.scandichotels.com
🛏Ⓢ1790(1090)SEK〜
　Ⓓ2190(1290)SEK〜
CCA D V
　1875年に建てられた伝統あるホテル。尖った塔が天を突く印象的な外観が目を引く。

Elite Hotel Savoy
MAP P.384-B　エリート・ホテル・サヴォイ
🏠Norra Vallgatan 62
☎(040)664-4800
FAX(040)664-4855
URLwww.elite.se
🛏Ⓢ550SEK〜Ⓓ850SEK〜
CCA D M V
　堀を挟んでマルメ中央駅の向かいにあるエレガントなホテル。現在の建物は1862年に完成したもの。

Best Western Hotel Noble House
MAP P.384-B　ベストウエスタン・ホテル・ノーブル・ハウス
🏠Per Weijersgatan 6
☎(040)664-3000
FAX(040)664-3050
URLwww.bestwestern.se
🛏Ⓢ Ⓓ1725(870)SEK〜
CCA D M V
日本の予約先：ベストウエスタンホテルズ
Free0120-421234
　グスタフ・アドルフ広場に面したホテル。内装はスタイリッシュでおしゃれ。

Rica Hotel Malmö

MAP P.384-B　リカ・ホテル・マルメ
🏠Stortorget 15
☎(040)660-9550
FAX(040)660-9559
URLwww.rica.se
🛏Ⓢ895SEK〜
　Ⓓ1095SEK〜
CCA D M V
　ストートリィ広場に面したホテル。クラシックな内装でくつろげる。サウナあり（無料）。

Mayfair Hotel Tunneln
MAP P.384-B　メイフェア・ホテル・トンネル
🏠Adelgatan 4
☎(040)10-1620　FAX(040)10-1625
URLwww.mayfairtunneln.com
🛏Ⓢ1345(790)SEK〜Ⓓ1595(965)SEK〜
CCA J M V
　16世紀に建てられた建物を改装したホテル。クラシックな雰囲気で人気。ラウンジではコーヒーや紅茶、フルーツが無料で提供される。

Best Western Hotel Royal
MAP P.384-A　ベストウエスタン・ホテル・ロイヤル
🏠Norra Vallgatan 94　☎(040)664-2500
FAX(040)12-7712　URLwww.bestwestern.se
🛏Ⓢ1395(775)SEK〜Ⓓ1595(950)SEK〜　CCA D M V
日本の予約先：ベストウエスタンホテルズ
Free0120-421234
　カントリー調のインテリアがチャーミングなホテル。

Comfort Hotel Malmö
MAP P.384-B　コンフォート・ホテル・マルメ
🏠Carlsgatan 10 C　☎(040)33-0440
FAX(040)33-0450　URLwww.choicehotels.se
🛏Ⓢ430〜1130SEKⒹ830〜1630SEK
CCA D M V
　マルメ中央駅の北側、駐車場の向かいにある。

STF Malmö City Hostel
MAP P.384-A外　STFマルメ・シティ
🏠Rönngatan 1
☎(040)611-6220　FAX(040)611-6225
URLwww.svenskaturistforeningen.se
🛏ドミトリー240SEK〜（YH会員は190SEK〜）
　バス、トイレ共同Ⓢ450SEK〜Ⓓ560SEK〜
　朝食62SEK　シーツ60SEK　CCA M V
　マルメ中央駅から徒歩約20分の所にあるホステル。バス、トイレ付きの部屋もある。

IZAKAYA KOI
MAP P.384-B　イザカヤ・コイ
🏠Lillatorg 5
☎(040)75-700　FAX(040)75-701
URLwww.koi.se
🕐月〜金11:30〜23:00
　土11:00〜23:00
休7月以外の日　￥150SEK〜　CCA D J M V
　リラトリィ広場の一角にある小さな日本食レストラン。寿司の盛り合わせは握り4カンと太巻き4個のセットが122SEK、握り7カンと太巻き5個のセットで179SEK、ビール56SEK。

Thap Thim Thai Isaan

MAP P.384-A　タッ・ティム・タイ・イサーン
🏠Västergatan 9　☎(040)23-1060
🕐月〜金11:00〜21:00　土・日15:00〜21:00　休無休
￥ランチ79SEK〜、ディナー140SEK〜　CCA D M V
　タイ東北部の地方料理がメイン。人気は、春雨にエビやイカなどのシーフード、カシューナッツが入ったピリ辛サラダYam Thalei 129SEK。

🛁バスタブ 🛁バスタブ一部のみ 📺テレビ 📺テレビ一部のみ 💨ドライヤー 💨ドライヤー貸出
🍸ミニバー 🍸ミニバー一部のみ ♿ハンディキャップルーム

スウェーデン マルメ

ヘルシンボリ

スウェーデンとデンマークの間で、地理的に最も接近している場所にある町、それがヘルシンボリだ。海峡を挟んだ対岸の町はデンマークのヘルシンオア。

町の歴史は1085年までさかのぼる。デンマーク支配下で軍事、経済の拠点として栄えたが、1675年から79年にかけてスウェーデンとデンマークとの間に発生したスコーネ戦争で町は焼き払われ、聖マリア教会と1軒の家だけを残して廃墟と化した。その後19世紀に入り産業革命が起こると町は再び息を吹き返し、現在見られるような町並みが整った。

シェールナンから眺めたヘルシンボリ市街

MAP P.294-A4
人口：12万9167
市外局番：042
ヘルシンボリ情報のサイト
URL www.helsingborg.se

ヘルシンボリへの行き方
🚆 ストックホルムからマルメ、コペンハーゲン行きの列車を利用しヘッスレホルムHässleholmやルンドで乗り換え。やや時間はかかるがヨーテボリで乗り換える便もある。所要5～6時間。マルメからは所要約1時間、1時間に3便前後運行。ヨーテボリからはレギオナルで所要2時間20分、1時間に1便前後運行。
⛴ デンマークのヘルシンオアとの間に深夜を除いて15分間隔で往復している。所要約20分。

ヘルシンボリの観光案内所🛈
🏠Kungsgatan11
☎(042)10-4350
URL www.helsingborg.se
🕐6月中旬～8月中旬
　　月～水・金
　　　　　9:00～19:00
　　木　　10:00～20:00
　　土・日10:00～17:00
　8月中旬～6月中旬
　　月～水・金
　　　　　10:00～18:00
　　木　　10:00～20:00
　　土・日10:00～17:00
🚫無休

ヘンリー・ダンカー文化センター
🏠Kungsgatan 11
☎(042)10-7400
URL www.dunkerskulturhus.se
🕐火・水・金～日
　　10:00～17:00
　　木10:00～20:00
🚫月
💴70SEK

ヘルシンボリの歩き方

町の中心はストートリィ広場Stortorget。緩やかな坂になった細長い広場で、ショッピングエリアとなっている。突きあたりの高台に建つのがシェールナン。ノラ・ストーガータン通りNorra Storgatanを行くと、小さな広場があり、そばには、スコーネ戦争時に焼け残ったヤコブ・ハンセンの家

Jacob Hansens husが建つ。西へ進むと、観光案内所やコンサートホールが入ったヘンリー・ダンカー文化センターDunkers Kulturhusがある。

鉄道駅とフェリー、長距離バスのターミナルは市庁舎の斜め向かい海側にあるクヌートプンクテンKnutpunktenと呼ばれる近代的なビルに集約されている。

おもな見どころ

■ シェールナン
Kärnan
MAP P.388

スコーネ地方Skåneと呼ばれるスウェーデン南部は、北欧随一の穀倉地帯。デンマークとの国境にも近いこの地には、中世に多くの地方領主が住んでいた。今でも王家、貴族、領主たちの城が200あまりもあり、そのひとつがシェールナンだ。スコーネ最古の建物のひとつで、14世紀後半から15世紀にかけて、軍事目的で造られた。城の部分は1680年にカール11世に破壊され、現在は塔のみが残っている。

■ フレデリクスダール
Fredriksdal
MAP P.388外

ヘルシンボリ市街の中心から北へ約2kmのところにある。1787年に建てられた荘園領主の館と周囲に広がる庭園、農地をそのまま保存し、一般に公開している広大な野外博物館で、古きよきスコーネ地方の生活をかいま見られる。

■ ソフィエロ城
Sofiero Slott
MAP P.388外

城の内部も見学できる

1864年オスカー皇太子によりサマー・ハウスとして建てられた城。現在の姿となったのは1876年。1905年には、グスタフ・アドルフ王へ結婚の祝いとして贈られた。周辺には緑豊かなガーデンが広がり、5～6月には1万本ものツツジが咲き乱れる。

シェールナン
☎(042)12-4465
URL www.helsingborg.se
開4・5・9月
　火～金　9:00～16:00
　土・日11:00～16:00
　6～8月
　毎日　10:00～18:00
　10～3月
　火～日11:00～15:00
休9～5月の月
料40SEK

レンガ造りの塔が残る

フレデリクスダール
住Gisela Trapps väg 1
☎(042)10-4500
URL www.fredriksdal.se
開4・9月
　毎日　10:00～17:00
　5～8月
　毎日　10:00～19:00
　10～3月
　毎日　11:00～16:00
休無休
料120SEK（10～3月は無料）
行き方━━━
　ヘルシンボリ市内中心部から1番か7番のバスでJuelsgatan/Fredriksdal Entrén下車。

ソフィエロ城
住Sofierovägen 57
☎(042)10-2500
URL www.sofiero.se
開4/2～9/26
　毎日　10:00～18:00
　9/27～4/1
　毎日　11:00～16:00
休無休
料80SEK（10～3月は無料）
行き方━━━
ヘルシンボリ中心部から219番のバスでSofiero Slott & Slottsträdgård下車。

ヘルシンボリのホテル

ほとんどのホテルは、クヌートプンクテンから徒歩10分程度の範囲内に集中している。観光案内所では、ヘルシンボリのホテルなら無料で予約をしてもらえる。

Clarion Hotel Grand
クラリオン・ホテル・グランド
MAP P.388
住Stortorget 8-12
☎(042)38-0400
FAX(042)38-0404
URL www.choicehotels.se
料S645SEK～D1195SEK～
CC A D J M V
　ストートリィ広場に面したヘルシンボリ最高級のホテル。客室は古い建物ならではのシックな内装。スパやサウナ（要予約、無料）、レストランを併設。

Hotell Linnéa
リンネア
MAP P.388
住Prästgatan 4
☎(042)37-2400　FAX(042)37-2429
URL www.hotell-linnea.se
料S1045(895)SEK～D1495(1195)SEK～
CC A D M V
　1887年に建てられた、39室のこぢんまりしたホテル。客室のインテリアには、木製の家具や上品な柄のファブリックなどが配され自宅にいるようにくつろげる。

バスタブ　バスタブ一部のみ　テレビ　テレビ一部のみ　ドライヤー　ドライヤー貸出
ミニバー　ミニバー一部のみ　ハンディキャップルーム

ルンド

公園の中にあるルンド大学本部

「西の都」ロンドンに対して「東の都」と謳われた古都ルンド。スウェーデン語で「林」を意味する名前のこの町は、990年にデンマークのヴァイキング王がこの地に教会を建てたことから始まった。北海を中心にデンマーク、スウェーデン、イギリスにまたがる大帝国の中心都市となったルンドが、さらにその重要性を増すのは1103年のこと。デンマーク最大の造幣所が建設され、大聖堂が北欧で初めてローマ教会直属の司教座がおかれて、北欧全体の教会を統括することになったからだ。12世紀から13世紀には北欧における文化、経済などの中心として最盛期を迎えた。

現在のルンドは、北欧最大のルンド大学を中心とした学園都市。町なかには大学の建物が点在し、町全体がひとつのキャンパスのような雰囲気になっている。人口わずか11万人にもかかわらず、住民の出身国は130にも及ぶ。「北欧」と「西欧」の境に位置し、それゆえに栄えたルンドの文化は、こんなところにも受け継がれている。

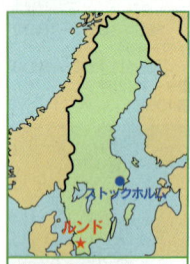

MAP P.294-A4
人口：11万332
市外局番：046
ルンド情報のサイト
URL www.lund.se

ルンドへの行き方

🚄 ストックホルムからマルメ、コペンハーゲン行きのX2000やインターシティで所要約4時間30分、1日13便前後運行。ヨーテボリから、インターシティで所要約2時間30分、レギオナルで約3時間、1日22便前後。コペンハーゲンからは所要約1時間、1時間に1～3便運行、列車は途中、マルメを経由する。

学生が多いルンドの町

重厚な石造りの大聖堂は町のシンボル

ルンドの歩き方

　町歩きの起点はルンド駅。マルメ側にある地下通路を使うと駅の建物に、ヘルシンボリ側にある跨線橋を渡ると市バス乗り場に出られる。駅前の通りを南へ進むと、すぐ小さな公園に出る。ここから東に延びるのがクロステルガータン通りKlostergatan。両側にブティックやカフェ、手工芸品の店などが並ぶ商店街だ。この通りを真っすぐ進むと突きあたる広い通りがシュルコガータン通りKyrkogatan。「教会通り」という名前にふさわしく、正面に雄大にそびえる大聖堂が目に入る。この一帯はルンド公園Lundagårdと呼ばれ、ルンド大学の庭園の一部となっており、美しい緑の中にベンチが点在する市民の憩いの場だ。

　シュルコガータン通りを50mほど北上した右側にあるのが、大きな噴水と美しい庭園に囲まれたルンド大学本部。その東側には大学図書館Univelsitet Bibliotekや学生向けの書店があり、ルンド大学の学生が闊歩している。また、民族野外博物館のクルトゥーレンの南側に広がる旧市街は、10世紀頃の古い建物が建ち並び、そぞろ歩きが楽しいエリアだ。シュルコガータン通りを北へ進むと、通りの名前がブレードガータン通りBredgatanと変わり、その先に赤レンガで造られたゴシック様式のアルヘルゴナ教会Allhelgona Kyrkanがある。

ノスタルジックな雰囲気が漂う旧市街

ルンドの観光案内所❶
🏠Botulfsgatan1A
☎(046)35-5040
FAX(046)12-5963
URLwww.lund.se
🕐6〜8月
　　月〜金10:00〜18:00
　　土　　10:00〜15:00
　　日　　11:00〜15:00
　9〜5月
　　月〜金10:00〜18:00
　　土　　10:00〜14:00
🚫9〜5月の日
　宿泊施設の紹介を行っている。希望する際は「駅から徒歩10分圏内」など、できるだけ具体的な希望を出すこと。

おもな見どころ

大聖堂
Domkyrkan
MAP P.390

　ルンドの顔ともいうべき総石造りロマネスク様式の教会。1145年に建てられたもので、全体が黒ずみ、歴史の長さを感じさせる貫禄がある。キリスト教が北欧に入ってきたとき、伝説上の巨人 "フィンFinn" はキリスト教をおそれ、教会を揺り倒そうとしたが失敗してしまった。力尽き、柱にしがみついたまま石になってしまったフィンの姿は、現在でも地下礼拝所に下りてすぐ右側にある柱の根本に見ることができる。観光客の愛撫にあって、フィンの顔は黒光りしている。

　教会のホールに入って左側には、14世紀から動き続けているという天文時計がある。決まった時間になると仕掛けが動き出し、キリストと聖母マリア、そして3人の聖者たちの人形が、時を告げにお出ましする。

大聖堂
☎(046)35-8880
URLwww.lundsdomkyrka.org
🕐月〜金　8:00〜18:00
　　土　　9:30〜17:00
　　日　　9:30〜18:00
🚫無休
💰無料
天文時計
🕐月〜土12:00、15:00
　　日　13:00、15:00
🚫無休

歴史を感じさせる天文時計

フィンの妻ゲルダGerdaとその子供の石像もある

クルトゥーレン　Kulturen

MAP P.390

11世紀からの風俗、文化を肌で感じることのできる民族野外博物館で、1882年に開設された。門を入ると小さな庭があり、ルーン文字が刻まれた岩が展示されている。正面にあるのは1854年に建てられた建物を利用した博物館。発掘された土器や民族衣装をはじめ、ルンドの歴史に関する展示がある。

博物館から裏庭に出て小さなトンネルをくぐるとそちらが野外博物館になっており、17世紀から19世紀の民家や教会が30軒ほど集められている。農家や工房などを見ていると、質素だが工夫の凝らされた家の造りに、農業国だったスウェーデンの素朴さと、合理性の精神をかいま見ることができる。

クルトゥーレン
[住]Tegnérplatsen
[電](046)35-0400
[FAX](046)30-4260
[URL]www.kulturen.com
[開]5～8月
毎日　10:00～17:00
9～4月
火～日12:00～16:00
[休]9～4月の月
[料]5～8月 120SEK
9～4月　90SEK

17～18世紀の生活ぶりを知ることができる

ルンド大学本部　Unifersitetshuset

MAP P.390

1438年、大聖堂内に神学校が設立され、ルンド大学の前身となった。デンマーク領だった時代も含めるとスウェーデンで最も古い大学だ。現在の学生数は約4万人と北欧最大。大聖堂の近くにあるルンド大学本部は、白亜の外観がまぶしい重厚な建物。正面にある噴水と花々の咲き誇る庭園は四季折々の風情があり、人々をなごませてくれる。

ルンド大学本部
内部見学は不可。
クルトゥーレンの中にルンド大学に関する資料を集めた大学博物館Universitetsmuseetがある。

ルンドのホテル

Grand Hotel　グランド

MAP P.390
[住]Bantorget 1
[電](046)280-6100　[FAX](046)280-6150
[URL]www.grandilund.se
[料]Ⓢ1775(1175)SEK～Ⓓ2175(1675)SEK～
[CC]A D M V
ルンド駅のすぐ南、小さな公園に面したお城のような外観の高級ホテル。

Hotel Lundia　ルンディア

MAP P.390
[住]Knut den Stores torg 2
[電](046)280-6500　[FAX](046)280-6510
[URL]www.lundia.se
[料]Ⓢ1450(825)SEK～
Ⓓ2050(1025)SEK～
[CC]A D M V
客室は北欧の機能美とアジアの様式美がテーマ。木を多用した落ち着ける造り。

Hotell Oskar　オスカル

MAP P.390
[住]Bytaregatan 3
[電](046)18-8085　[FAX](046)37-3030
[URL]www.hotelloskar.com
[料]Ⓢ1395(895)SEK～Ⓓ1595(995)SEK～　[CC]A M V
19世紀の建物を改装した全6室のホテル。客室には現代北欧デザインの家具が配され快適。DVDプレーヤーやビデオデッキなども完備。7月はクローズ。

Hotel Duxiana　ドゥクシアーナ

MAP P.390
[住]S:t Petri Kyrkogata 7
[電](046)13-5515　[FAX](046)13-5671
[URL]www. lund.hotelduxiana.com
[料]Ⓢ1695(750)SEK～
Ⓓ1895(850)SEK～
[CC]A M V
全31室のラグジュアリーなスモールホテル。全室無線LAN接続（無料）が可能。

ルンドのレストラン

Klostergatans　クロスターガタンス

MAP P.390
[住]Klostergatan 3　[電](046)14-1483
[営]月～木11:00～23:00
金11:00～24:00　[休]土・日
[予]ランチ80SEK～、ディナー200SEK～
[CC]A M V

フランス料理とスウェーデン料理を融合させた料理が評判。料理は季節の魚や野菜を多用している。ランチはメインにサラダが付いて90～155SEK。

Ramklints　ラムクリンツ

MAP P.390外
[住]Mårtenstorget 10　[電](046)211-0664
[URL]www.ramklints.se
[営]月～金7:30～18:30　土8:00～17:00
日　9:30～16:30（時期によって異なる）
[休]無休　[予]50SEK～　[CC]M V
手作りのパンやケーキがおいしいと評判のカフェ。パンやケーキは全品手作り。入店時に入口横から番号札を入手し、順番がきたら注文する。

バスタブ　バスタブ一部のみ　テレビ　テレビ一部のみ　ドライヤー　ドライヤー貸出
ミニバー　ミニバー一部のみ　ハンディキャップルーム

Öland

エーランド島

　ヴァイキングの墓や大小400あまりの古い風車が点在し、夏には花が咲き乱れる美しい景観のエーランド島。セルマ・ラーゲリョフの小説『ニルスの不思議な旅』の中で、美しくて巨大な蝶が座礁し、それがエーランド島になったと紹介されている。

　また、島の南部には、石灰石を敷きつめた道がある。周囲には5000年ほどの前の先史時代のものと思われる住居群が点在している。見るからにユニークなこの景観は、ユネスコの世界遺産に登録されている。

MAP P.294-A4

人口：1万676(ボリーホルム)

市外局番：0485

エーランド島情報のサイト

URL www.olandsturist.se

カルマルから橋を渡りエーランド島へ

ボリーホルム
Borgholm

カルマルスン海峡
Kalmarsund

ボリーホルム港
Hamnen

観光案内所 **i**

ストランド・ホテル・ボリーホルム
Strand Hotell Borgholm

レンタサイクル

🚌 長距離バスターミナル

Sandgatan

Strandgatan

Kvarn-gatan

ボリーホルム教会
Borgholm Kyrka

Norra Infartsvägen

Norra

Hamngatan

Hantverkaregatan

Kyrko-gatan

Kyrko-gatan

Långgatan

Storgatan

Södra Lång

Vera

ボリーホルム
Borgholm

市庁舎
Borgholm Stadshus

Badhus gatan

ボリーホルム博物館
Borgholm Stadsmuseum

Villagatan

自然遊歩道入口

Kungs gatan

Södra

Slottsgatan

Esplanaden gatan

Södra Esplanaden

Kreugervägen

Storgatan

Åkerbogatan

ボルガ・リーゲ自然公園
Borga Hage Naturreservat

Åkerhagen

Södra Vägen

ボリーホルムの城跡
Borgholms Slottsruiner

ハンティング・ストーン
Jakstenen (The Hunting Stone)

自然遊歩道入口

0　　　　　　　　500m

N

エーランド島への行き方

🚌 カルマルからバス101、102、106番がボリーホルムBorgholmまで1時間に1～2便運行。所要約1時間～1時間40分。

　カルマル～エーランド島間には、全長6070mの長い橋がかかっており、ここから眺める島の姿とカルマル城はため息がもれるほどの美しさ。

平らな島にはのどかな空気が流れる

エーランド島の交通

　島内を巡るのに、最も手軽なのはバス。細長いエーランド島の各町を結んで路線があり、ボリーホルムを中心として、南北にそれぞれ路線が分かれている。ただし、どの路線も1時間に1便前後と便が少ないため、時間がある人向け。1日でぐるっと回りたいなら、レンタカーは必須だ。レンタカーはカルマルで借りることが可能。

スウェーデン　ルンド／エーランド島

エーランド島の歩き方

　島巡りの拠点となるのは、島のほぼ中心の西岸にあるボリーホルムの町。ボリーホルムへはカルマルからバスの便がある。到着したらまずは町の観光案内所で島内交通などの情報を集めよう。南北に140kmもある大きな島だが、起伏が少ないので自転車で回るのも楽しい。

おもな見どころ

ボリーホルムの城跡　　Borgholms Slottsruiner
MAP P.393

　エーランド島はカシの木を中心として、アイビーやさまざまな樹木で構成された森が続く植物と動物の宝庫。そんな森の中にある細い自然遊歩道を、目印を頼りに進んでいくと、約1kmほど行った所にあるのがこのボリーホルムの城跡。小高い丘の上にあるので、ボリーホルムの町なかからもよく見える。この城跡の原型は1281年にできたもので、12世紀にはすでに城壁や塔を含む部分も完成していたらしい。個人でも見学できるが、城跡の歴史について聞けるツアーもある。ボリーホルムの町からは、南にある自然遊歩道を歩いて20分ほど。途中にハンティング・ストーンがある。

石造りの重厚な城壁

ハンティング・ストーン　　Jakstenen（The Hunting Stone）
MAP P.393

　1801年から、エーランド島は王室の狩場だった。このモニュメントは、1864年、66年、68年の3回、この地にハンティングに来たカール15世（1826～72年）を偲んで、ハンティング・クラブおよびエーランド島の人々によって建てられた。

エーランド島のホテル

バスタブ　バスタブ一部のみ　TVテレビ　TVテレビ一部のみ　ドライヤー　ドライヤー貸出
ミニバー　ミニバー一部のみ　ハンディキャップルーム

ゴットランド島

ストックホルムの南、バルト海に浮かぶ面積3140km²のゴットランド島はスウェーデン最大の島。北欧有数のリゾート地として知られ、夏には多くの観光客が訪れる。

島の中心都市ヴィスビィが勃興したのはヴァイキングの時代。12世紀から15世紀には、ハンザ同盟の貿易港として繁栄し、ヨーロッパ各地を結ぶ重要な中継地としての役割を果たした。14世紀半ばに島がデンマークに征服されたあと、17世紀半ばに再びスウェーデン領になるという歴史を経て、ハンザ同盟の衰退とともに繁栄は終わりを告げる。島の各地に残る92もの教会をはじめ、おびただしい遺跡や廃墟は、往時の豊かな文化を偲ばせるものだ。特に全周約3.5

MAP P.294-B4
人口：5万7269
市外局番：0498
ゴットランド島情報のサイト
URL www.gotland.info

ゴットランド島への行き方

✈ スカイウェイズがストックホルムからヴィスビィへ1日1〜4便。所要約45分。空港からヴィスビィ市街へはタクシーで10分。ストックホルムの空港はアーランダとブロンマBrommaの2ヵ所ある。

⛴ デスティネーション・ゴットランド社がストックホルム近郊の町ニネスハムンからヴィスビィまで運航。1日4〜14便。所要約3時間15分。ストックホルムからニネスハムンまでは、シティ・ターミナルからフェリーの出航約1時間45分前にバスが運行。

kmの城壁に囲まれたヴィスビィ市街は、中世ハンザ都市の特徴をよく伝える町並みとしてユネスコの世界文化遺産に登録されている。

中世の雰囲気を漂わせるヴィスビィの町並み

ゴットランド島の歩き方

観光のメインとなるのはヴィスビィVisby。フェリーは市街の南の外れにあるターミナルに到着する。ここから町の中心である大広場Stora Torgetまでは歩いて15分足らず。途中に観光案内所があるので情報を仕入れておこう。

大広場周辺にはレストランが集まり、民芸品などの市も立つ。広場南の巨大な廃墟は、サンタ・カタリーナ教会の遺構。大広場から城壁の南門へと延びるアデルスガータン通りAdelsgatanにはショップが軒を連ねている。広場から西へ坂を下った海辺に広がるのはアルメダール公園Almedalen。夏はここで野外劇やコンサートが行われ

バラの香りに包まれながら散歩をしたい

ゴットランド島とエーランド島
Gotland & Öland

ストックホルム Stockholm
ニネスハムン Nynäshamn
Norrköping
リッケシュハムン Lickershamn
フォーロー Fårö
Slite
ヴィスビィ Visby
ゴットランド島 Gotland
Västervik
オスカルスハムン Oskarshamn
Grankullavik
トフタ Tofta
エーランド島 Öland
Hoburgen
カルマル Kalmar
ボリーホルム Borgholm
レスモ Resmo
Ottenby
100km

デスティネーション・ゴットランド社
Destination Gotland
TEL (0771)22-3300
URL www.destinationgotland.se
島へのフェリーを運航する、ゴットランド島専門の旅行会社。ホームページでは、フェリーチケットのほか、ホテルやアクティビティなどがセットになったパッケージツアーも取り扱う。ホームページでのオンライン予約が便利。

ゴットランド島からカルマル、エーランド島へ
ヴィスビィからは、ストックホルム以外に、カルマル近郊の町オスカルスハムンOskarshamnへもフェリーが運航。ヴィスビィ〜オスカルスハムン間は1日1〜2便運航、所要約3時間。オスカルスハムンからカルマルへは、バス161番で約1時間30分。

ヴィスビィの観光案内所❶
住 Skeppsbron 4-6
TEL (0498)20-1700
URL www.gotland.info
開 5〜9月
　毎日　8:00〜16:00
　10〜4月
　月〜金8:00〜16:00
休 10〜4月の土・日

夏のウオーキングツアー
Classic Tour of Visby
市街の旧跡を訪ねながらヴィスビィの歴史や伝説を学ぶ英語のウオーキングツアー。申し込みは観光案内所で。所要約2時間30分。
催 6/13〜8/28
　水・土11:00
料 100SEK

ゴットランド島の交通
島内にはバスもあるが、本数が少ないため島をくまなく回るのは難しい。レンタカーを利用するのが便利。近場なら、レンタサイクル（→P.398）を利用する手もある。島内のバスは、ヴィスビィの城壁の外の長距離バスターミナルから出ている。

る。火薬塔が建つ公園北の城門をくぐったところにあるフィスカーグレン（漁師小路）Fiskargrändは定番の撮影ポイント。狭い通りに並ぶ小さな家々の軒先にバラの花が咲き乱れ、"バラの都"と呼ばれるヴィスビィらしい風景が見られる。この通りを抜けて東へ進むと、町のシンボルでもあるサンタ・マリア大聖堂に突きあたる。大聖堂の脇に階段があり、上りきった高台から、赤い瓦の家並みの中に教会の廃墟が点々とするヴィスビィの市街を一望することができる。

城壁内は端から端までの距離が最長でも1.3kmほどなので、観光は徒歩で充分だ。郊外へのバスは城壁の東側にあるバスターミナルから出ている。

海を望む遊歩道を歩くのも気持ちがいい

おもな見どころ

サンタ・マリア大聖堂　S:t Maria Domkyrka
MAP P.396-B1

1225年創建のこの聖堂は、ハンザ同盟の繁栄していた頃に建てられた。城壁内に17あった教会のうち、唯一今でも活動を続けている。白い塔の上部は黒く特徴のあるもので、ヴィスビィの象徴的な建物だ。

16世紀に入るとハンザ同盟の勢力が衰え、ゴットランド島もリューベックの攻撃を受けた。その際町の大半が破壊されたが、このサンタ・マリア大聖堂はもともとドイツ商人のために建てられたためか破壊を免れた。ほかの教会がすべて破壊されたため、現在では貴重な遺産となった。

凛とたたずむ大聖堂

セント・クレメンス教会の廃墟　S:t Klemens ruin
MAP P.396-B1

1100年代の教会の廃墟で、ヴィスビィでは最古のもの。セント・クレメンスガータン通りS:t Klemensgatanにある。

セント・ニコライ教会の廃墟　S:t Nicolai ruin
MAP P.396-B1

ドミニコ会の修道院で、1230年建造。ヴィスビィで最も魅力的なもの。1525年に修道院は破壊されたが、ゴシックの聖歌隊の壇や、円花窓Rosettfönsterは一見に値する。直径3mの窓は、ひとつの石を花型にくりぬいた美しいものでローズ・ウインドウとも呼ばれる。

毎年7月半ばと8月初めにこの廃墟で宗教オペラが上演される。有名なSt. Nicolaiの修行僧であったPetrus de Daciaの1250年代の体験（神の啓示）をもとに作られたオペラだ。彼の墓は、聖歌隊の壇にあるとされている。700年以上経た現在、この廃墟で上演されるオペラは、神秘的で荘厳な雰囲気を醸し出し、不思議な感動を誘う。

サンタ・カタリーナ教会の廃墟　S:ta Katarina ruin
MAP P.396-B1

大広場に面して建つ廃墟。美しい柱とアーチを残すロマネスク様式で、1230年の建造だが、現存するのは14世紀から15世紀のもの。廃墟の中では最も美しいといわれる。フランシスコ会の修道院であったもの。

教会前はレストランのほか市も立ち、にぎやか

サンタ・マリア大聖堂
住Västra Kyrkogatan 5
電(0498)20-6800
開毎日10:00〜17:00
休無休
料無料

セント・クレメンス教会の廃墟
電(0498)21-9000
URLwww.clemensruin.se
開5〜9月
　　毎日10:00〜17:00
料無料

石を積んで造られた教会

セント・ニコライ教会の廃墟
開夏期
　　毎日12:00〜18:00
　（時期によって異なる）
料無料

きれいな円花窓が目印

サンタ・カタリーナ教会の廃墟
開5〜9月
　　毎日12:00〜16:00
料無料
　夏期の公開期間以外はゴットランド博物館Gotlands Museumの事務所で入場料を支払い、鍵を借りれば中へ入ることができる。
ゴットランド博物館事務所
住Strandgatan 14
電(0498)29-2700
　業務時間は歴史博物館の開館時間と同じ。

火薬塔
[住]Fiskarplan
[開]外観のみ見学自由

火薬塔 Kruttornet

MAP P.396-A1

1100年代に建てられた、ヴィスビィ最古の建造物。城壁の西、海辺にある漁師の門Fiskarportenに続いて建つ。白い塔にオレンジの屋根が印象的だ。火薬庫として使われたこともある。

ゴットランド島最古の建物

歴史博物館
[住]Strandgatan 14
☎(0498)29-2700
[FAX](0498)29-2729
[URL] www.gotlandsmuseum.se
[開]5～9月
毎日　10:00～18:00
10～4月
火～日12:00～16:00
[休]10～4月の月
[料]100SEK

歴史博物館 Gotland Fornsalen

MAP P.396-A2

さまざまな展示物に興味がわく

中世の教会の彫刻収集が有名だ。またハンザ同盟歴史展も興味深い。5世紀から6世紀の彫画石碑、ヴァイキングの遺品、ローマやアラブのコインなど数多く展示されている。

レンタサイクルを使おう
ヴィスビィから郊外へ足を延ばすなら、自転車を利用するのも一案。貸自転車店は観光案内所の周辺などに数軒ある。料金は1日75SEK前後。城壁の中は坂が多く使いづらいが、ヴィスビィ付近の海辺では快適なサイクリングが楽しめる。

ラウク
行き方➡➡➡
フォーロへはヴィスビィのバスターミナルから20番のバスに乗りFårösund, Kronhagsvで下車、そこからレンタサイクル利用。無料のフェリー（30分おきに運航）で海を渡り、下船した所から約10km。リッケシュハムンへはヴィスビィからタクシーまたはレンタサイクル利用。

ラウク Rauk

MAP P.395

ゴットランド島の海沿いに点在する奇岩群。岩礁の石灰層が数千年にわたる海水の浸食によって奇怪な形になったもの。人の顔に見えたり動物に見えたり、形はいろいろだ。大きいものは高さが15m近くある。最も典型的なラウクは島北部のフォーロFåröにあり、小規模なものはヴィスビィの北25kmのリッケシュハムンLickershamnなどでも見られる。

フォーロの奇岩群。自然の脅威を感じる

ゴットランド島のホテル

リゾート地のため、6月中旬～8月中旬は非常に混雑する。ユースホステルは島内に何軒もあり、ひとり1泊150SEK～。予約は直接各ホステルへ。5～8月のみ営業するところが多いので注意。詳細はスウェーデン観光協会www.svenskaturistforeningen.seでも確認できる。

Clarion Hotel Wisby 🛁📺💨🍸♿
MAP P.396-A2　クラリオン・ホテル・ヴィスビィ
[住]Strandgatan 6
☎(0498)25-7500　[FAX](0498)25-7550
[URL]www.choicehotels.se
[料]Ⓢ1370SEK～Ⓓ1770SEK～　[CC]A D M V
ゴットランド島最大級のホテル。客室はシックなインテリア。レストラン、サウナ、プールなど施設が充実している。

Hotell Gute 🛁📺💨🍸♿
MAP P.396-A1　ギューテ
[住]Mellangatan 29　☎(0498)20-2260
[FAX](0498)20-2262　[URL]www.hotellgute.se
[料]Ⓢ995SEK～Ⓓ1195SEK～
[CC]A D M V
大広場の近くにある家族経営のホテル。ギューテから徒歩7分ほどの所には同経営のホテル、ブレダ・ブリックBreda Blickもある。

Hotell S:t Clemens 🛁📺💨🍸♿
MAP P.396-B1　セント・クレメンス
[住]Smedjegatan 3
☎(0498)21-9000　[FAX](0498)27-9443
[URL]www.clemenshotell.se
[料]Ⓢ895SEK～Ⓓ1050SEK～　[CC]M V
セント・クレメンス教会の廃墟に隣接。5棟の建物からなり、各部屋造りが異なる。中庭があり、朝食をとったりくつろぐことができる。

Hamn Hotellet 🛁📺💨🍸♿
MAP P.396-A2外　ハムン
[住]Färjeleden 3
☎(0498)20-1250
[URL]www.visbyhamnhotell.se
[料]ⓈⒹ1440(995)SEK～
[CC]A D M V
フェリーターミナルのすぐ向かいにある大型ホテル。レストランやレンタサイクルあり。

🛁バスタブ　🛁バスタブ一部のみ　📺テレビ　📺テレビ一部のみ　💨ドライヤー　💨ドライヤー貸出
🍸ミニバー　🍸ミニバー一部のみ　♿ハンディキャップルーム

キールナ

スウェーデンのラップランド地方に属するキールナ。夏は真夜中の太陽、冬はオーロラが見られる北極圏だ。昔からサーメの人々がトナカイの放牧をしながら生活していたエリアで、今でも郊外にはサーメの人々が暮らしている。キールナの町そのものは、1900年に鉄鉱石の採掘が始まってから鉱山の町として大きく発展した。高品質の鉄鉱石は、スウェーデンの重要な資源となり、今日の鉄鋼産業の発展をもたらしたのである。

町の南に広がる巨大な鉱山

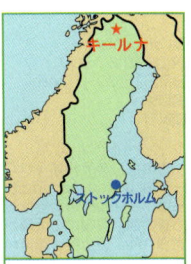

MAP P.294-B1

人口	2万2916
市外局番	0980

キールナ情報のサイト
URL www.kirunalapland.se

キールナの歩き方

町の中心は、観光案内所周辺。ヴォーノルツガータン通りVänortsgatanやラース・ヤンソンスガータ通りLars Janssonsgatan沿いには、飲食店やみやげ物店、スーパーが軒を並べている。駅からはここまでは徒歩5分程度。駅前の公園内の遊歩道を歩けば近道になる。駅の南西に見えるのは、キールナが誇る世界最大の地下鉱山。観光案内所でガイドツアーを催行しているので、ぜひ参加してみよう。見どころは中心街からはやや離れているが、どれも徒歩5～10分程度の距離。観光は1日あれば充分だ。

駅にある鉱夫たちの銅像

キールナへの行き方

✈ ストックホルムから1日1～3便運航、所要約1時間30分。6～10月と12月中旬～3月の期間は空港バスが市内まで運行している。

🚌 ストックホルムから1日1便（寝台）。ストックホルム発17:57、キールナ着翌日10:22。イエリバーレからは1日3便程度運行、所要約1時間。ナルヴィークからは1日2便、所要約3時間。

キールナの観光案内所 ℹ

☎ (0980) 18-880
URL www.kirunalapland.se
📅 5/30～8/28
　月～金8:30～18:00
　土・日8:30～16:00
　8/29～5/29
　月～金8:30～18:00
　土　　8:30～16:00
　（時期によって異なる）
休 8/29～5/29の日

アークティック・ホテル・エデン
Arctic Hotel Eden
キャンプ・リパン
Camp Ripan
イエロー・ハウス
Yellow House
スカンディック・フェルム
Scandic Ferrum
観光案内所
スーパー
ヤーンバグスホテレット
Järnvägshotellet
キールナ駅
Jarnvägsstation
キールナ市庁舎
Kiruna Stadshuset
ヤルマル・ルンドボームスゴーデン
Hjalmar Lundbohmsgården
長距離バスターミナル
キールナ教会
Kiruna Kyrka
歩行者専用道路
300m

キールナ Kiruna

キールナ市庁舎
📧 (0980)70-000
URL www.kommun.kiruna.se
🕐 月〜金8:00〜17:00
休 土・日
料 無料

キールナ教会
🏠 Kyrkogatan 8
📧 (0980)67-800
🕐 毎日10:00〜15:45
休 無休
料 無料

ミッドナイトサン・バス
　町の北にあるルオッサバーラ山Luossavaara頂上からは、キールナの町をはじめ夏の間は真夜中の太陽が見られる。頂上へは車道があるほか、ミッドナイトサン・バスと呼ばれるトレッキング道を歩いて登ることも可能。片道約1時間30分。入口はホテルCamp Ripan横にある。

おもな見どころ

キールナ市庁舎

Kiruna Stadshuset
MAP P.399

　レンガ造りの外観が美しい市庁舎は、キールナのランドマーク的存在。1964年に建てられたもので、設計はScandic Ferrumもデザインした建築家、Antur Von Ferrumの手によるもの。時計塔には23個から成るカリヨンが備え付けられており、毎時ちょうどに心地よい音色を奏でる。

キールナ教会

Kiruna Kyrka
MAP P.399

　1912年までキールナには教会がなかった。鉱山会社LKAB社が教区に寄附をして造られたのがこの教会である。ラップコータLappkåtaというサーメの小屋を形どった赤い木造建築は、緑の自然とよく調和している。

天井の高い木造の教会

COLUMN　　　　　　　　　　　　　　　　**SWEDEN**

鉄鉱山の町、キールナ

　キールナ山Kiirunavaara とルオッサ山Luossavaaraは、世界最大の鉄鉱山として知られている。キールナで最初に鉄鉱石が発見されたのは1660年のこと。鉄鉱石が本格的に掘られ始めたのは1890年で、現在も鉱山を運営しているLKABが設立されてからである。創業当時、鉄鉱石の採掘は露天掘りで行われていたが、現在は1000m以上も地下を掘り進んでおり、作業はすべてコンピューター制御の機械により行われている。鉱脈は地下2000mまで続いていることが確認されており、今後も作業は進められる予定だ。現在、採掘はすでに町中心部の下まで迫ってきている。

　そのため市は、2012年には鉄道の線路を町南西部にある鉱山の裏側を回るように移動、50年を目途に町全体を鉱山の北へ移動させる予定だという。鉄道駅や市庁舎、家などすべてを移動させるというから驚きだ。

　観光案内所では、鉱山を見学するガイドツアーInfomineを催行。ツアーでは540m地下までバスで行き、展示物を見ながら鉱山運営やLKABの歴史などの詳細なガイドを受けられる。

━ DATA ━

■ **鉄鉱山ツアー**
🕐 毎日9:00〜15:00　1日1〜3回催行(英語、スウェーデン語)
　最小催行人数15人　所要約2時間45分
料 295SEK
※ツアーの集合と解散場所は観光案内所。6歳から参加できる。

町の歴史や将来について学ぶことができる

ヤルマル・ルンドボームスゴーデン Hjalmar Lundbohmsgården

MAP P.399外

現在のキールナの生みの親で、鉱山会社LKABの要人であったヤルマル・ルンドボームの住宅を公開している。1895年に建てられた。彼の事務室が当時のまま展示されているほか、写真や実際に鉱山で使われた道具を通して、鉱山とキールナの発展の歴史を解説している。英語のガイドを頼める。

応接室には昔の写真も

ヤルマル・ルンドボームスゴーデン
[住]Ingenjörsgatan 2
☎(0980)70-110
[URL]www.hjalmarsgard.se
[開]月～金
10:00～16:00
[休]土・日
[料]60SEK～（ガイド付き）

エクスカーション

ユッカスヤルヴィ Jukkasjärvi

MAP P.294-B1

キールナの東17kmにある人口約500人の小さな村。しかし、冬には3万人もの観光客が訪れる。観光客たちの目当ては、世界初の氷のホテル、アイスホテルICEHOTEL。村を流れるトルニ川Torni Älvから切り出した氷で作るこのホテルは、建物すべてが雪と氷でできている。部屋は世界各国のアーティストによりデザインされたスイートICEHOTEL Art Suiteや、アイスルームIce Room、スノールームSnow Roomがあり、氷のベッドでトナカイの皮の上に敷いた寝袋に入って眠る。敷地内には氷の部屋以外にもコテージやホテルルームもある。

すべて氷でできたホテルだ
ⒸICEHOTEL

ユッカスヤルヴィ
行き方➡➡➡
キールナの長距離バスターミナルから列車や飛行機の到着時刻に合わせてローカルバスが出ている。所要約20分。キールナ空港からアイスホテルへもシャトルバスあり。

アイスホテル
MAP P.294-B1
[住]Marknadsvagen 63
☎(0980)66-800
[FAX](0980)66-890
[URL]www.icehotel.com
[料]ホテルルーム
Ⓢ1600SEK～
Ⓓ2300SEK～
アイスルーム
Ⓢ1900～3800SEK
Ⓓ2700～5400SEK
[CC]A D J M V
アイスホテルの一般見学は、10:00～18:00。ガイドツアーもある。

キールナのホテル

Scandic Ferrum
MAP P.399 スカンディック・フェルム
[住]Lars Janssonsgatan 15 ☎(0980)39-8600
[FAX](0980)39-8611 [URL]www.scandichotels.com
[料]Ⓢ1470(890)SEK～Ⓓ1570(990)SEK～
[CC]A D M V
キールナの最高級ホテル。無線LAN全室無料。

Arctic Hotel Eden
MAP P.399外 アークティック・ホテル・エデン
[住]Föraregatan 18 ☎(0980)61-186
[FAX](0980)61-181 [URL]www.hotelarcticeden.se
[料]Ⓢ1950(1050)SEK～Ⓓ2000(1400)SEK～
[CC]D M V
元学校を利用したホテルで、客室は清潔。

Järnvägshotellet
MAP P.399 ヤーンバグスホテレット
[住]Bangårdsvägen 7
☎(0980)84-444 [FAX](0980)84-400
[URL]www.jarnvagshotellet.net
[料]Ⓢ850(695)SEK～Ⓓ950(795)SEK～ [CC]M V
キールナ駅のすぐ横にあるロッジ風の建物。全20室のうち5室はバス、トイレ付き。無線LAN無料。

Yellow House
MAP P.399 イエロー・ハウス
[住]Hantverkaregatan 25 ☎(0980)13-750
[URL]www.yellowhouse.nu
[料]ドミトリー170SEK～ Ⓢ350SEKⒹ440SEK [CC]M V
冬期は特に込み合うので早めの予約がおすすめ。

Camp Ripan
MAP P.399外 キャンプ・リパン
[住]Campingvägen 5 ☎(0980)63-000
[FAX](0980)63-040 [URL]www.ripan.se
[料]Ⓢ1260SEK～Ⓓ1610SEK～ [CC]D M V
オーロラ観測に最適のロケーションにあり、最大4名まで宿泊可能なファミリーキャビンなどを備える。アクティビティメニューも豊富で、アイスホテル観光や犬ぞり、スノーモービルなどが楽しめる。オーロラウエイティングルーム（有料）も完備。
日本地区総代理店:フィンツアー
11月中旬～3月末はフィンツアーを通して予約すると日本人係員が対応してくれる。
☎(03)3456-3933
[URL]www.nordic.co.jp
[E-mail]rsv@nordic.co.jp

バスタブ　バスタブ一部のみ　TV テレビ　TV テレビ一部のみ　ドライヤー　ドライヤー貸出　ミニバー　ミニバー一部のみ　ハンディキャップルーム

Gällivare
イエリバーレ

北極圏に位置し、6月から7月中旬の間、真夜中の太陽を見ることができる。その一方で9月上旬から4月上旬は夜が長く、オーロラ観測ができる場所だ。町は鉄や銅の地下資源で栄え、今でも大規模な地下採掘が行われている。実際の現場を見学できる鉱山ツアーも行われている。

また、郊外には1996年にユネスコ世界遺産に登録されたラポニアン・エリアが広がる。壮大な大自然が残るこの地域では今もサーメの人々が暮らしている。

木造の美しい駅舎が印象的なイエリバーレ駅

MAP P.294-B1
人口：1万8443
市外局番：0970
イエリバーレ情報のサイト
URL www.gellivarelapland.se

イエリバーレへの行き方

✈ ネクスト・ジェット航空
Next Jetがストックホルムから土曜を除く1日1〜2便運航。所要約2時間。
🚆 ストックホルムから1日1便（寝台）。ナルヴィークからはキールナを経由して1日2便あり、所要約4時間。
ネクスト・ジェット航空
URL www.nextjet.se

イエリバーレの観光案内所❶

🏠 Storgatan 16
☎ (0970)16-660
URL www.gellivarelapland.se
🕐 夏期
　　月〜金　9:00〜19:00
　　土・日10:00〜16:00
　　冬期
　　月〜金　9:00〜17:00
🚫 冬期の土・日
　　日本人スタッフが常勤しておりホテルやアクティビティなどの手配も行っている。

イエリバーレ発のツアー
鉱山ツアー Mine Tour
　鉱山採掘の現場をワゴン車に乗って移動しながら見学できる人気のツアー。実際の作業風景を間近で見学できるのが興味深い。入山する前に参加者も作業服やヘルメットを装着する。詳細は観光案内所へ。
🗓 毎日9:30（英語）、所要約3時間30分
💴 330SEK（当日申し込みの場合300SEK）

現場の様子がよくわかる

イエリバーレの歩き方

絵に描いたような木造の旧教会

　イエリバーレの町は南北に横切る線路を境にして大きくその様子を変える。駅の出口は東側。ラーサレッツガータン通りLasarettsgatanを進むと右手にこぢんまりとたたずむ白壁の教会Kyrkaが見えてくる。町の中心は、サーメ像の先にある道を曲がって1ブロック行ったあたり。観光案内所は、イエリバーレ博物館Gällivare Museumと同じ建物にある。駅の西には、1700年代築の木造の美しい旧教会Gamla Kyrkanが建つ。町には約2Kmの散策路Kurturstigが整備され、自然豊かなルート上の見どころを巡りながらの観光も楽しい。ルートマップは観光案内所で手に入る。

　町の南、ドゥンドレット山の中腹にあるのが、オーロラの観測地として有名なホテル、Dundret Björnfällanだ。

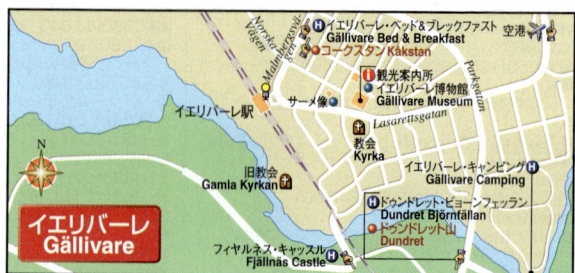

おもな見どころ

ドゥンドレット山 Dundret

MAP P.402外

冬はスキー場となる

オーロラの観測地としても有名な標高823mの山。ドゥンドレットとはサーメの人々の言葉で「低い山」を表す。平らに開けた頂上からは、広大な自然に囲まれたイエリバーレの町並みはもちろん、マンバリエットMalmbergetの鉱山地帯や銅山まで見渡せる。また、山頂の山小屋では夏のミッドナイトサンや冬のスキーの時期に合わせてカフェがオープンする。

コークスタン Kåkstan

MAP P.402外

映画のセットのような町並み

イエリバーレ北部、マンバリエットにある屋外博物館。19世紀後半、鉱山で働く人々を相手に商売し発展した歓楽街の町並みを再現している。敷地内には当時のまま残る古い建物が立ち並び、ノスタルジックな雰囲気とともにかつての繁栄ぶりを物語っている。建物を利用したカフェやハンドメイド製品を販売する小さなショップもあるので、散策ついでにのぞいてみては。

観光列車インランズバーネン Inlandsbanan

☎(0771)53-5353
[URL]www.grandnordic.se
[運]6月上旬～8月下旬
(路線によって異なる)

スウェーデン南部のクリスティーナハムンKristinehamnからスウェーデンの内陸部を通ってイエリバーレまでを最短2日間で結ぶガイド付きの観光列車。列車は、食堂車や寝台車を備えてないため、途中停車する各町でのんびりと滞在を楽しみながら進みたい。

ドゥンドレット山

行き方➡➡➡

中心部から車で約20分。タクシーなら片道220SEK～。ただし冬は専用車以外通行止めとなる。

コークスタン

[開]6/11～8/14
毎日12:00～16:00
[休]8/15～6/10
[料]無料
行き方➡➡➡

イエリバーレ駅前の長距離バスターミナルから1番のバスでMalmb Bstn Avg下車。

イエリバーレのホテル

Fjällnäs Castle

MAP P.402外
フィヤルネス・キャッスル

[住]Fjällnäsgrand 45
☎(0970)12-570
[FAX](0970)12-580
[URL]www.fjallnascastle.com
[料]ⓈⒹ1850(1650)SEK～
[CC]A D M V

イエリバーレ郊外に位置し、その名のとおり1890年に建てられた古城を利用している。全7室の客室には、シャンデリアをはじめ高級感漂うインテリアが配され、ラグジュアリーな雰囲気。レストランも併設。

Dundret Björnfällan

MAP P.402外
ドゥンドレット・ビョーンフェッラン

[住]Dundret
☎(0970)14-560 [FAX](0970)14-827
[料]Ⓢ1290(795)SEK～Ⓓ1590(995)SEK～
[CC]A D J M V

ドゥンドレット山の中腹に建つ。冬は目の前でスキー、夏はハイキングが楽しめる。ホテル内にはサウナ、プール、バーも完備しており設備充実。アパートメントタイプの宿泊棟（最大5名利用。1195SEK～）もある。

Gällivare Bed & Breakfast

MAP P.402外
イエリバーレ・ベッド&ブレックファスト

[住]Leastadiusvägen 18
☎(0970)15-656
[URL]www.bbgaellivare.se
[料]Ⓢ390SEK～Ⓓ395SEK～
朝食55SEK シーツ40SEK
[CC]A D M V

市内中心部から歩いて5分ほどの住宅街に建つ。手入れの行き届いた全10室の客室は白やベージュを基調とした優しい色合いで統一され、心地よくくつろげる空間。オーナーのMaritaさんはとても親切。

Gällivare Camping

MAP P.402
イエリバーレ・キャンピング

[住]Hembygdsvägen 2 ☎(0970)10-010
[FAX](0970)10-310 [URL]www.gellivarecamping.com
[料]ユースホステル ドミトリー200SEK～
キャビン ⓈⒹ550SEK～ シーツ90SEK
[CC]M V

広々とした敷地内に、ドミトリーのみのユースホステル、キャビン、持参のテントやキャンピングカーで利用できるキャラバンの3タイプの宿泊施設がある。キャラバンは5～9月のみ利用可。

バスタブ　バスタブ一部のみ　テレビ　テレビ一部のみ　ドライヤー　ドライヤー貸出　ミニバー　ミニバー一部のみ　ハンディキャップルーム

ルーレオ

MAP P.294-B2

人口	7万4171人
市外局番	0920

ルーレオ情報のサイト
URL www.visitlulea.se

ルーレオへの行き方

✈ ストックホルムから1日2〜8便運航、所要約1時間20分。空港から市内へは空港バスが運行している。

🚌 ストックホルムから1日1〜2便（寝台）。所要約14時間。キールナからは1日3便、所要約4時間。ナルヴィークからは1日3便、所要約6時間40分〜8時間。

ルーレオの観光案内所ⓘ

☎(0920)45-7000
URL www.visitlulea.se

開夏期
月〜金	10:00〜17:00
土	10:00〜16:00
日	12:00〜16:00

冬期
| 月〜金 | 10:00〜17:00 |

休 冬期の土・日

ユネスコの世界遺産に登録されているガンメルスタードの教会街

ボスニア湾に面して広がるルーレオは、古くから交通の要衝として栄えた港町。15世紀初頭に聖堂が建てられてからは、遠くから礼拝に訪れる人のため宿泊用コテージが建設された。こうして、今なお昔のまま保存されている教会街(ガンメルスタード)が誕生した。1649年、町は現在の場所へ移動。後年、キールナの鉱山からの鉄鉱石を運び出す輸送拠点として、ますますの発展を遂げた。最近ではラップランドへの玄関口としても知られている。

ルーレオの歩き方

　町歩きの起点はルーレオ駅。駅から長距離バスターミナルを右手に見て西へ延びる通りが、ショップやレストランが建ち並ぶ町のメインストリート、ストルガータン通りStorgatanだ。通りの中ほど、南側に見えるのは町のシンボル、ルーレオ大聖堂。通りを真っすぐ進むと、町の歴史や人々の生活を展示するノルボッテン博物館Norrbottens Museumに突きあたる。観光案内所は、ノラハムン港Norra Hamnに面して建つカルチャーセンターKulturens Hus内にある。どこかのんびりした空気が漂う港沿いには、遊歩道も整備されている。

おもな見どころ

ルーレオ大聖堂　Luleå Domkyrka

MAP P.404

街歩きの目印になるルーレオ大聖堂

レンガ造りの堂々たる外観が美しいネオ・ゴシック様式の教会は、町のシンボル的存在。1893年に建てられたもので、1904年まで、スウェーデン王オスカル2世の名にちなんでオスカー・フレデリクス教会Oscar Fredriks kyrkaの名で親しまれていた。必見は教会内正面にあるパイプオルガン。4585本ものパイプをもち、美しい音色を奏でる。

ルーレオ大聖堂
[住]Nygatan 10
☎(0920)26-4800
[URL]www.svenskakyrkan.se/lulea
[開]6～8月
　月～金10:00～18:00
　9～5月
　月～金10:00～15:00
[休]土・日
[料]無料

ガンメルスタードの教会街　Gammelstads Kyrkstad

MAP P.404外

1492年築のネーデルルーレオ教会Nederluleå Kyrkaを中心とした教会街。中世の雰囲気漂う石造りの教会周辺には、礼拝者たちのためのチャーチ・コテージが400以上も軒を連ねている。伝統の赤色が映える木造のコテージには、トイレや水場はなく、人が住むことはできない。これらは週末の礼拝や祭事の際に遠隔地より訪れる人のための宿泊施設だからだ。今もなお、週末になると礼拝者たちが訪れ、かつてと変わらない様子が見られる。

結婚式を行うカップルもいる歴史ある教会

ガンメルスタードの教会街
行き方➡➡➡
中心部から市バス9番で約20分、Kyrk Torget下車。

ガンメルスタードの観光案内所[i]
[住]Kyrktorget 1, Gammelstad
☎(0920)45-7010
[URL]www.lulea.se/gammelstad
[開]夏期
　毎日9:00～18:00
　冬期
　火～木10:00～16:00
[休]冬期の金～月
教会街の歴史がわかるガイドツアーも行っている。

ネーデルルーレオ教会
☎(0920)27-7000
[開]夏期
　毎日9:00～18:00
　冬期
　月～金10:00～14:00
[休]冬期の土・日
[料]無料

ルーレオのホテル

Elite Stadshotellet　エリート・スタードホテレット

MAP P.404

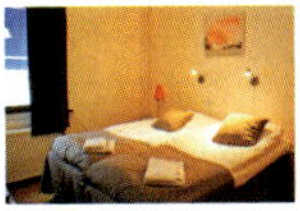

[住]Storgatan 15
☎(0920)27-4000
[FAX](0920)67-092
[URL]www.elite.se
[料]Ⓢ900(650)SEK～
　Ⓓ1100(850)SEK～
[CC]A D M V
町の中心、ストルガータン通りに建つ高級ホテル。シックな色合いと高級感漂うインテリアでまとめられ、建物全体がエレガントな雰囲気。

Park Hotell　パーク

MAP P.404

[住]Kungsgatan 10
☎(0920)21-1149
[FAX](0920)21-1349
[URL]www.parkhotell.se
[料]Ⓢ690(550)SEK～
　Ⓓ890(650)SEK～
[CC]A M V
全14室の客室は、コンパクトだが清潔で機能的。5人で宿泊できるファミリールームもある。無線LANに接続可能（無料）。

Amber Hotell　アンバー

MAP P.404

[住]Stationsgatan 67
☎(0920)10-200
[FAX](0920)87-906
[URL]www.amber-hotell.se
[料]Ⓢ790(590)SEK～Ⓓ1080(850)SEK～
[CC]A D M V
駅から徒歩1分の好立地に建つ。全16室の客室はすべて異なる内装になっており、全室トイレ、シャワー付き。無線LANに接続可能（無料）。

Hotell Aveny　アベニー

MAP P.404

[住]Hermelinsgatan 10
☎(0920)22-1820
[FAX](0920)22-0122
[URL]www. hotellavenyn.cqtest.se
[料]Ⓢ690(490)SEK～Ⓓ900(690)SEK～
[CC]M V
鉄道駅の近くに位置するフレンドリーなスモールホテル。スタッフはとても親切。サウナが利用できる。無線LANに接続可能（無料）。

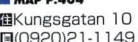

バスタブ　バスタブ一部のみ　テレビ　テレビ一部のみ　ドライヤー　ドライヤー貸出
ミニバー　ミニバー一部のみ　ハンディキャップルーム

北欧最北を走る鉄道

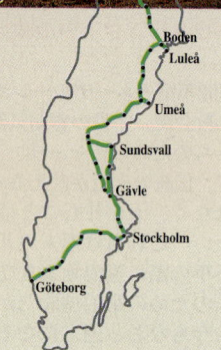

地図上のラベル: Narvik、Kiruna、Boden、Luleå、Umeå、Sundsvall、Gävle、Stockholm、Göteborg

1 大自然のなかを走り抜ける　2 ナルヴィークに向かう電車でフィヨルドの景観が楽しめるのは車両の右側の席　3 同じくアビスコのラップボルテンが見えるのは車両の左側　4 座席の車両。ハイキング目当ての人も多い　5 寝台列車のクシェットCouchetteには1室に3つのベッドが備えられている　6 銀色の車体

　スウェーデンのヨーテボリからノルウェーのナルヴィークに抜ける国際鉄道ノールランストーグNorrkand-ståget。スウェーデン鉄道とベオリア・トランスポート（→P.302）が運行する路線は、ヨーロッパの鉄道のなかでも風景が美しいことで知られ、特に夏の白夜の季節には多くの旅行者が集まってくる。元はイエリバーレやキールナで採掘された鉄鉱石を港町ナルヴィークまで運ぶ目的で1902年に開通。近年まで、周辺の地名「オフォーテン」から取った「オーフォート鉄道」の名で親しまれていた。

　とりわけ人々を魅了するのは、北極圏に入ったキールナあたりからのラップランドの大自然だ。アビスコ国立公園の険しくも美しい山々、透明で深い青色をした湖、そしてノルウェーとの国境を越えてからあらわれるロンバックスフィヨルドRombaks-fjordenと、めまぐるしく移り変わる景観に目が釘付けになる。

　気軽に利用するなら、キールナやアビスコからナルヴィーク間がおすすめ。所要時間は1時間30分〜3時間。ストックホルムを17:57に出て翌日13:14にナルヴィークに到着する寝台列車を利用するなら、事前に予約をしておこう。列車は途中Bodenでルーレオからの車両と接続する。

━DATA━

■ノールランストーグ
📞0771-757575
URL www.sj.se（問い合わせ・予約）
URL www.resrobot.se（スケジュール検索）
料 ストックホルム〜ナルヴィーク　890SEK〜
（クシェット利用、時期によって異なる）

アビスコで王様の散歩道をトレッキング

Abisko Kungsleden

　スウェーデンのラップランド、ノルウェーとの国境に近い一帯に広がるアビスコ国立公園Abisko National Park。周辺にはいくつかの国立公園が連なり、その山脈を南北に貫く人気のトレッキングルートが王様の散歩道Kungsleden（クングスレーデン）だ。その全長約450kmにも渡るトレッキングルートの起点となるのがアビスコ。夏はトレッキングをはじめとする自然散策、冬は山スキーやオーロラを見に多くの人々が訪れる。まずは、食事や宿泊もできるアビスコ・ツーリストステーションAbisko Turiststationで情報収集をしよう。

Data

■ アビスコへの行き方
✈ ストックホルムからキールナ空港まで1日1～3便運航、所要約1時間30分。キールナ空港から路線バスでアクセスできる。
🚆 ストックホルムからナルヴィーク行きの寝台列車でアクセスできる。ストックホルム発17:57、アビスコ着は翌日の11:42。キールナからは1日3便、所要約1時間10分。ナルヴィークからは1日3便、所要約1時間40分。アビスコと名の付く駅はふたつある。アビスコ・ツーリストステーションや王様の散歩道の入口へは、アビスコ・ツーリストステーション駅Abisko Turiststationで下車すること。

■ アビスコ・ツーリストステーション　MAP P.408
☎(0980)40-200　FAX(0980)40-140　URL www.abisko.nu
料 S990(790)SEK～　D1690(1390)SEK～
ドミトリー料360(340)SEK～
コテージ料1400SEK～
※（　）内は冬期(2/11～4/30)の料金。YH非会員はプラス100SEK
※シーツ、タオルは160SEK、部屋のクリーニングは別料金。レストランは6/10～9/25、12/1～5/1のみの営業。

1 頼りになるアビスコ・ツーリストステーション 2 朝一夕食を提供するレストランを併設。日替わりの夕食は330SEK～ 3 本館の客室は広々としていて心地いい

アビスコで最も有名なラップポルテンLapportenの景観

王様の散歩道を
ハイキング

　王様の散歩道は散歩道というにはあまりに長く、全長約400kmの距離がある。途中、15～20kmおきにある山小屋に宿泊しながら歩くのが一般的。最も人気があるコースはアビスコからスウェーデンの最高峰である標高2117mのケブネカイセ山Kebnekaiseに登るコース。毎日平均20～25km、計1週間かけて歩き、ニッカルオクタNikkaluoktaへ出ればキールナまでバスを利用することができる。

　まずは詳しい地図をツーリストステーションで入手しよう。食料の販売や、登山用具のレンタルもしているので、準備をしてこなかったという人でも安心。併設の青い建物のビジターセンターでは、国立公園で見ることのできる動植物の展示や案内をしている。

1 王様の散歩道はスウェーデン人にも大人気 2 トレッキングシューズや水筒など何でもレンタルしている 3 王様の散歩道の入口。ここから歩き始める 4 高山植物が豊富に見られる

王様の散歩道
Kungsleden

Björkliden
Torneträsk
ニューラ山
Nuolja
アビスコ・
ツーリストステーション
Abisko Turiststation
Kårsavagge
Abisko
Turiststation
Abiskojaure
アビスコ国立公園
ABISKO NATIONALPARK
Unna Allakas
Kungsleden
Alesjaure
Tjäktja
Vistas
Nallo
Säkka
Tarfala
Hukejaure
ケブネカイセ山
Kebnekaise
Kebnekaisetopp
ニッカルオクタ
Nikkaluokta
Singi
Kebnekaise
Fjällstation
Kaitumjaure
Teusajaure

🏠 山小屋（宿泊施設付き）
🏠 山小屋
—— トレッキングルート（通年）
‥‥‥ トレッキングルート（夏のみ）
‥‥‥ おすすめトレッキングルート
14 距離（km）

周辺の自然散策

　何日もかかるトレッキングはちょっと……という人には、数時間で歩けるハイキングコースがおすすめ。ツーリストステーション周辺に無数にあり、宿に数泊していろいろなコースを歩く人も多い。周辺地図はツーリストステーションで販売している。

　滞在時間が短い人は、標高1169mのニューラ山Nuoljaの山頂付近まで約20分かけて上るチェアリフトに乗ろう。リフトは片道約2kmというスウェーデン一の長さだ。リフト乗り場はツーリストステーションから緩やかな上り坂を15分ほど歩いたところ。山頂にはレストハウスがあり、軽食を取ることができる。山頂からの眺めは息を飲むすばらしさで、万年雪を頂いたアビスコ・アルプスと呼ばれる山々が一望できる。

Data **チェアリフト** 閘6/11～9/24と2月中旬～5月初旬の9:30～16:00（ただし6/12～7/16のミッドナイトサンの時期は火・木・土22:00～翌1:00も運行） 圏片道165SEK、往復205SEK（6/12～7/16は片道220SEK、往復270SEK）
1 夏は黄色や白の高山植物があたり一面を覆う 2 片道はリフトを利用せず歩いてみるのもいい

トレッキングツアーに参加

　ツーリストステーションでは四季に合わせたガイド付きのツアー（有料）を催行している。夏はトレッキングだけでなく、釣りやサーメの集落を訪ねるツアーなどユニークなものも多い。毎夏催行されているなかでおすすめは、渓谷に岩だらけの不思議な景観が広がるシャルケヴァッゲKärkevaggeを歩き、スウェーデン屈指の美しい湖リッサヤウレ湖Rissajaureへ行くDagstur till Kärkevagge och Rissajaure。また、ツーリストステーションを出てすぐのブナの森の中に設けられた遊歩道を散策するAbisko på 60 minuterに参加すれば、周辺の歴史や自然について学べる。ツアーはスウェーデン語と英語で行われるので、わからないことがあればガイドに尋ねてみよう。

Tour 1 Dagstur till Kärkevagge och Rissajaure

シャルケヴァッゲとリッサヤウレ湖への日帰り旅行（所要約8時間、中級以上、健脚向け）

1 約4時間のトレッキングの終点が美しいリッサヤウレ湖。ここでランチタイム　2 渓谷に無数の巨大な岩が転がる不思議な景観　3 歩きはじめは背の木々が生い茂っている。徐々に標高が高くなるので、周りの植生が変わるのもわかる　4 ツーリストステーションの朝食ビュッフェから好きなだけランチ用の食材を調達できる（80kr）

Tour 2 Abisko på 60 minuter

アビスコでの1時間（所要約1時間、初心者向け）

アビスコは100年以上前に旧オーフォート鉄道（→P.406）建設の基地として開けた地域だという説明を聞きながら、地域の中心を流れるアビスコ川周辺を散策する

スウェーデンの歴史

定住からヴァイキングの時代まで

スウェーデンに人類が定住し始めたのは氷河が後退してから間もなく、紀元前1万〜前8000年頃と推定される。その痕跡として、特に南部には多くのドルメン、石室墓などが発見されており、人類が活発に活動を始めたのは前7500年頃といわれている。新石器時代（前3000年頃〜前1500年頃）に農耕文化が伝わり、西南ヨーロッパからは巨石文化が伝播した。青銅器時代（前1500年頃〜前500年頃）に入ると、イングランドやヨーロッパ大陸との交渉が一段と密接になった。

ローマ時代には、大陸との交易が盛んに行われるようになり、おもに琥珀、毛皮などが輸出された。5〜6世紀になると多くの部族国家が形成され始め、そのなかでウプランド地方のスベェア族は特に繁栄し、東西ヨーロッパと交易をもち、現在のラトビア付近で植民活動を続け、拡大する交易路の基礎を築いた。

9世紀から北欧人の海外進出、すなわち「ヴァイキング」の活動が始まる。封建制度の促進、商業路の拡大などヨーロッパ史上多大な影響を及ぼしたヴァイキング活動は、おもにイングランド、フランスに向かう西ルートと、ロシア、ビザンティン帝国、アラブ世界に遠征する東ルートに大別されるが、スウェーデン人はこの両ルートに従事し略奪、建国、商業活動に加わった。彼らの輸出品は木材、毛皮、スラブ人奴隷などで、その見返りはおもにアラブ、ビザンツの銀貨であった。海外に進出したヴァイキングのうち、ある者は通商経路に土着し、やがてスラブ人と同化した。またある者は、デーン人とともに西方へも進出した。11世紀以後、スラブ人の勃興およびヨーロッパの貿易情勢の変化などにより、次第にこのような活動は衰退した。

古代の王族の墓のあるガムラ・ウプサラ

統一王国形成から自由の時代

11世紀初期、キリスト教が徐々に定着し始めるなかで部族統合が進み、有力な王たちが出現して身分制度も固まった。14世紀中頃から貴族と国王の抗争が相次ぎ、国王に反対する貴族がデンマーク・ノルウェーの摂政マーグレーテに支援を求めたことから、摂政は内乱に介入してスウェーデン王アルブレヒトを破り（1389年）、廃位させるとともに貴族の力を巧妙に抑え、姉の孫にあたるエリックを北欧3国の共通の王に即位させることに成功し、スウェーデンは事実上デンマークの支配下に置かれた。1434年、デンマーク人官僚による圧政に抗して平民指導者エンゲルブレヒトが鉱夫、農民とと

もにエリックの支配に対して蜂起すると乱はたちまち全国に広がった。翌年、彼がアルボガに貴族、聖職者、市民、農民代表を招集して開いた全国集会は、後の議会の原型といわれ19世紀まで存続した。

16世紀初頭、貴族グスタフ・ヴァーサの指揮する反デンマーク闘争が農民の支援を得て力をつけ、ついに1523年祖国を解放した。グスタフは王位に就き（グスタフ1世、在位1523〜60年）、新教（ルター派）の採用、軍隊の整備、経済復興、国王の世襲制の確立など精力的に国力の回復に努め国の基礎を築いた。また、頻発する農民反乱に対して徹底的な弾圧を加えたので、1540年頃までは不穏な国内

情勢が続いたが、財政の安定とともに政情も沈静し、中央集権化はかなり達成された。グスタフ・アドルフの死後、後継者たちは国内を整備するかたわら、バルト海東岸への進出を始め、ロシアやデンマークとたびたび戦った。

1630年、グスタフ2世（在位1611〜32年）は自ら軍を率いて三十年戦争に介入し新教徒の英雄として活躍し、自身は戦死したがスウェーデンのバルト海

ストックホルムの血浴の行われたガムラ・スタンの大広場

沿岸支配（これはバルト帝国と呼ばれる）を確固たるものとした。

17世紀末、スウェーデンのバルト海支配に対する周囲の諸国からの圧力も強まり、1700年にはロシア、デンマーク、ポーランドなどとの間に戦争が勃発した（北方戦争）。最初はスウェーデン側が優勢だったが、ロシア遠征の失敗で劣勢になり、1718年国王カール12世（在位1697〜1718年）の戦死もあって、バルト海東・南岸の領土は大幅に失われ、同国のバルト海支配は終わりを告げた。戦争末期、憲法改正により王権は著しく弱められ、議会の権限が強化された。それ以後の約半世紀を「自由の時代」と呼ぶ。

新生スウェーデン誕生から現代まで

1805年、スウェーデンはナポレオン戦争に参戦するが、敗北を重ねて領土を失い、フィンランドをロシアに占領されて国民の不満は増大した。グスタフ4世（在位1792〜1809年）は革命によって1809年追放され、翌年、国会法、出版の自由法、王位継承法が刷新され新生スウェーデンが誕生した。1814年ノルウェーを同君連合の形で併合した後、対外的には協調政策がとられて国力は回復したが、国内ではかなり保守的で独裁的な政治が行われた。しかし、自由主義的改革要求は粘り強く続けられ、内閣制度が改革され（1840年）、地方自治制（1862年）、二院制議会が成立した（1866年）。

1905年にノルウェーが分離独立すると、政府は国内問題のみに専念することになった。1908年、長年議論されてきた男子普通選挙法が国会を通過し、1918年には婦人参政権も確立した。第1次世界大戦が勃発すると、いち早く中立を宣言し、戦時中は輸出入が極度に落ち込み国民は耐乏生活を強いられたが、国土が戦火に荒らされることはなかった。1920年に失業問題解決のためグスタフ5世（在位1907〜1950年）は初めて社会民主党に政権を担当させると、同党は都市労働者の支持を得て次第に勢力を伸ばした。

1932年の下院選挙では社会民主党は大躍進を遂げて政権の座を獲得し、以降1976年までときには単独、ときには連立でスウェーデンを指導してきた。第2次世界大戦では、隣国への公式援助を一切拒否する一方、フィンランド、ノルウェーに移動するドイツ兵の国内通過を許したり対独レジスタンスを多数国内に受け入れるなど、きわめて柔軟な中立政策をとった。戦後、社民党政権下で経済復興や福祉政策が強力に推進され、1950年代には、世界に冠たる福祉国家に成長した。しかし、高率の税負担に対する国民の不満の強まりと経済不況から、1976年には保守連合政権が誕生した。以降、経済回復をみないまま、1982年に再度社会民主党が与党に返り咲いた。1995年には、EU（ヨーロッパ連合）に加盟した。

スウェーデンの発展上重要な位置を占めたヨーテボリの町

スウェーデン語を話そう

会話集と役に立つ単語集

Swedish

■ 役に立つ単語その1

入口	ingång	イングング
出口	utgång	ウートゴング
右	höger	ヒョーゲル
左	vänster	ヴェンステル
前	framför	フラムフォー
後ろ	bakom	バーコム
暑い	varmt	ヴァルムト
寒い	kallt	カルト
たくさん	mycket	ミュッケット
少し	lite	リーテ
よい	bra	ブロー
(値段が)高い	dyr	ディール
大きい	stor	ストール
小さい	liten	リーテン
トイレ	toalett	トアレット
空き	ledig	レーディグ
使用中	upptagen	ウップターゲン
男性	man	マン
女性	kvinna	クヴィンナ
大人	vuxna	ヴクスナ
子供	barn	バーン
学生	student	ステュデント
危険	farlig	ファーリグ
注意	Akta	アクタ
警察	polis	ポリース
病院	sjukhus	シュークヒュース
開館	öppet	オッペット
閉館	stängt	ステングド
押す	skjut	クェート
引く	drag	ドラーグ
領収書	kvitto	クヴィットー
空港	flygplats	フリーグプラッツ
バスターミナル	busshållplats	ブスホールプラッツ
港	hamn	ハムン
トラム	spårvagn	スポールヴァン
地下鉄	tunnelbana	トゥンネルバーナ
列車	tåg	トーグ
船	båt	ボート
切符	biljett	ビリエット
切符売り場	biljettlucka	ビリエットルッカ
プラットホーム	perrong	ペロン
どこから	från	フロン
どこへ	till	ティル

出発	avresa	アブレーサ
到着	ankomst	アンコムスト
片道	enkel resa	エンケル レーサ
往復	tur och retur	トゥール オ レテュール
1等	första klass	フォシュタ クラス
2等	andra klass	アンドラ クラス
時刻表	tidtabell	ティードターベル
禁煙	rökning förbjuden	リュークニング フォルビューデン
喫煙	rökning	リュークニング
国内線	inrikes flyg	インリケス フリーグ
国際線	internationell flyg	インテルナショネール フリーグ
ユースホステル	vandrarhem	ヴァンドラルヘム
ツーリストインフォメーション turistinformation		トゥリストインフォマフーン
美術館、博物館	(konst)museum	(コンスト)ミュゼウム
教会	kyrka	シルキャ

■ 役に立つ単語その2

(月)		
1月	januari	ヤヌアーリ
2月	februari	フェブルアーリ
3月	mars	マシュ
4月	april	アプリール
5月	maj	マイ
6月	juni	ユニ
7月	juli	ユリ
8月	augusti	アウグスティ
9月	september	セプテンベル
10月	oktober	オクトーベル
11月	november	ノヴェンベル
12月	december	デセンベル

(曜日)		
月	måndag	モンダグ
火	tisdag	ティースダグ
水	onsdag	ウンスダグ
木	torsdag	トゥーシュダグ
金	fredag	フリエダグ
土	lördag	ローダグ
日	söndag	センダグ

（時間）

今日	idag	イドーグ
昨日	igår	イゴール
明日	imorgon	イモロン
朝	morgon	モーロン
昼	middag	ミッダーグ
夜	natt	ナット
午前	förmiddag	フォーレミッダグ
午後	eftermiddag	エフテミッダグ

（数）

0	noll	ノル
1	en(ett)	エン（エット）
2	två	トゥヴォー
3	tre	トレー
4	fyra	フィーラ
5	fem	フェム
6	sex	セックス
7	sju	シュー
8	åtta	オッタ
9	nio	ニーオ
10	tio	ティーオ

■ 役に立つ単語その3

パン	bröd	ブレード
ハム	skinka	フィンカ
チーズ	ost	オスト
卵	ägg	エッグ
バター	smör	スメル
ニシン	sill	シル
イワシ	sardin	サルディン
ロブスター	hummer	フメレ
ヒラメ	plattfisk	プラットフィスク
トナカイ肉	renkött	レンシェット
シカ肉	älgkött	エリーシェット
ブタ肉	fläsk	フラスク
ビーフステーキ	biffstek	ビフステク
ラムステーキ	lammstek	ラムステク
ソーセージ	korv	コルヴ
フルーツ	frukt	フルクト
オレンジ	apelsin	アペルシン
リンゴ	äpple	エプレ
飲み物	drycker	ドゥリュッケル
コーヒー	kaffe	カッフェ
紅茶	te	テ
牛乳	mjölk	ミョルク
ビール	öl	エル
生ビール	fatöl	ファトミル
白ワイン	vittvin	ヴィトヴィン
赤ワイン	rödlvin	ロードヴィン

■ 役に立つ会話

（あいさつ）

やあ／ハイ	Hej.	ヘイ
こんにちは	God dag.	グッ ダーグ
おはよう	God morgon.	グ モロン
こんばんは	God kväll.	グッ クヴェル
おやすみなさい	God natt.	グッ ナッ
さようなら	Hej då.	ヘイ ド

（返事）

はい	Ja.	ヤ
いいえ	Nej.	ネイ
ありがとう	Tack.	タック
すみません	Ursäkta mig.	ウーシェクタ メイ
ごめんなさい	Förlåt mig.	フェロート メイ
どういたしまして	Var så god.	ヴォーシュグー
わかりました	Jag förstår.	ヤ フォシュトール

わかりません

Jag förstår inte. ヤ フォシュトール インテ

（たずね事など）

~はどこですか？
Var ligger~? ヴァー リッゲル～？

いくらですか？
Vad kostar det? ヴァー コスタ デ？

お勘定をお願いします
Notan, Tack. ノータン タック

いつですか？
När? ナール？

何時ですか？
Hur mycket är klockan nu? ヒュール ミッケ エー クロッカン ヌ？

何個ですか？
Hur många? ヒュール モンガ？

どれぐらいかかりますか？
Hur länge tar det? ヒュール レンゲ タ デェ？

お名前は何ですか？
Vad heter du? ヴァ ヘーテル ドゥ？

私の名前は~です
Jag heter~. ヤーグ ヘーテル～

ここの言葉で何といいますか？
Vad heter det på svenska? ヴァ ヘーテル デ ポ スヴェンスカ？

~が欲しい
Kan jag få~. カン ヤ フォー

~へ行きたい
Jag vill åka till~. ヤ ヴィル オッカ ティル

読者のお便り
～スウェーデン編～

▶島じゅうがコスプレ!?

　ゴッドランド島のヴィスビィでは、毎年8月初旬に1週間ほど「中世週間」というお祭りが行われます。期間中は、島の住民やレストラン、ホテルのスタッフなど、子供から大人まで島じゅうの人々が中世時代やバイキング時代の衣装を身にまとい、騎馬試合のイベントや露店マーケットなど各地で楽しい催しが開かれています。せっかく足を延ばすなら、ゴットランド島が最も活気づくこの期間に訪れてみてはいかがでしょう？

（福岡県　匿名さん　'10）

▶ストックホルムのトイレ事情

　ストックホルム市内ではほとんどの公衆トイレが有料です。利用料金はたいてい5SEK（ストックホルム中央駅やNKデパートなど一部では10SEK）。取り扱いは硬貨のみの所が多いので、財布のなかに硬貨を常備しておくことをおすすめします。ちなみに、セルゲル広場に建つ文化会館内1階にあるトイレは、無料で利用することができました！

（沖縄県　みぼりんさん　'10）

▶マルメのビュースポット

　マルメ北西の注目エリア、ヴァストラ・ハムネン地区に建つ背の高いビル、ターニング・トルソ。人が住むマンションなので、自由に出入りすることはできないですが、ツアーでならビルの頂上へ登ることができます。地上190mの高さからはマルメの町を一望！　国内一の高さを誇るだけあって圧巻の眺めです。ツアーの催行は不定期なので、観光案内所に確認を。

（東京都　赤ペン先生さん　'10）

▶冬期の交通にご注意を！

　スウェーデン鉄道やSL社の郊外電車ですが、冬期は積雪のため電車が遅れるばかりか運休、終点駅の変更などが頻繁に発生します。郊外電車では、一部の区間でバスの代行運転が行われたりもしています。途中の駅で他の乗客がぞろぞろと下車していたら、近くにいる人か駅員に事情を尋ねるなどした方が無難です。

（大阪府　匿名さん　'11）

▶ストックホルムの体験型博物館

　ストックホルムにある音楽博物館は、「音」に関する展示が充実。3フロアからなる館内には、スウェーデンの伝統楽器をはじめ各国の楽器を展示するスペースのほか、自分で音作りが体験できるシステムや、音声を自在に操れる機械、またスターになったような気分にさせてくれるステージセットなど、実際に触れたり体験しながら学べるユニークな展示内容が魅力です。子供から大人まで音の不思議にどっぷりはまれる博物館でした。

（東京都　シャアさん　'10）

DATA

■音楽博物館 Musikmuseetr
🏠Sibyllegatan 2　📞(08) 5195-5490
🔗www.musikmuseet.se
🕐9〜6月　火〜日12:00〜17:00
　7・8月　毎日　10:00〜17:00
💴9〜6月の月🈳50SEK

▶ガラス造りの教会

　ガラスの王国の拠点となるヴェクショーの大聖堂には、ガラスでできた祭壇があります。高さ5mのガラスの祭壇はコスタ・ボダで活躍したガラスデザイナー、Bertil Valliensの作で、光を浴びてキラキラしているのがとても幻想的でした。入口付近には、同じくガラスで作ったキャンドルスタンドなどもありました。

（沖縄県　潤　'09）【'11】

Finland
フィンランド

アルヴァ・アアルトの自邸（ヘルシンキ）

イントロダクション
Introduction

ムーミンやサンタクロースが住む森と湖に覆われた自然豊かな国

スカンジナビア半島の内側、バルト海の一番奥に位置する、日本から最も近いヨーロッパの国。童話のムーミン、そしてサンタクロースの故郷として知られている。フィンランド人は自分たちの国や民族のことをスオミSuomiと呼ぶが、その語源は湖、池を意味するスオSuoだといわれる。その名のとおり、国土の8割が森林と18万を数える湖沼などの自然からなる。北極圏にあたる北部は、冬にオーロラが見られるリゾート地が点在している。

FINLAND

❶「森と湖の国」と呼ばれるとおり、自然豊か。ヌークシオ国立公園　❷ヘルシンキの港から中心部を望む　❸フィンランドデザインの巨匠、アアルトのデザインに触れる旅もおすすめ　❹ムーミンの世界を再現したテーマパーク、ムーミンワールド　❺ヘルシンキではトラムが市民の足として活躍　❻フィンランド人の生活に必要不可欠なサウナ　❼ロヴァニエミやサーリセルカなどのオーロラリゾートも名高い　❽サンタさんに会えるロヴァニエミ郊外のサンタクロース村

フィンランド

ノルウェー **NORWAY**

ロシア **RUSSIA**

スウェーデン **SWEDEN**

フィンランド **FINLAND**

北カレリア地方 **North Karelia**

ラップランド地方

カレリア地方

ロシア **RUSSIA**

ボスニア湾 *Gulf of Bothnia*

フィンランド湾 *Gulf of Finland*

オーランド島 P.500 Åland Islands

トロムソ Tromsø
アルタ Alta
ラクセルブ Lakselv
ウツヨキ Utsjoki
ヒルケネス Kirkenes
カラショーク Karasjok
カウトケイノ Kautokeino
カーマネン Kaamanen
イナリ Inari P.516
イナリ湖 Inarijärvi
イヴァロ Ivalo
キルピスヤルヴィ Kilpisjärvi
サーリセルカ P.515 Saariselkä
タンカヴァーラ Tankavaara P.516
カーレスヴァント Kaaresuvanto
アビスコ Abisko
エノンテキオ Enontekiö
ムオニオ Muonio
レヴィ Levi
キッティラ Kittilä
キルーナ Kiruna
ユラス Ylläs
ソダンクラ Sodankylä
ヴィッタンギ Vittangi
ケミヤルヴィ Kemijärvi
ヨックモック Jokkmokk
ヨウトシヤルヴィ Joutsijärvi
ヴィカヤルヴィ Vikajärvi
ロヴァニエミ Rovaniemi P.508
エーヴェルトルニオ Övertornio
クーサモ Kuusamo
トルニオ Tornio
ラヌア Ranua（ラヌア動物園） P.510
ポウッス Poussu
ボーデン Boden
ケミ Kemi
ハパランダ Haparanda
アルヴィツヤウル Arvidsjaur
ルレオー Luleå
プダスヤルヴィ Pudasjärvi
オウル Oulu
リュックセレ Lycksele
スケレフテオ Skellefteå
ラーヘ Raahe
カヤーニ Kajaani
ウメオー Umeå
ヌルメス Nurmes
ホルムスンド Holmsund
プルッキラ Pulkkila
リエクサ Lieksa P.507
エルンシェルツヴィク Örnsköldsvik
コッコラ Kokkola
イーサルミ Iisalmi
ユーカ Juuka
コリ国立公園 P.508 Koli National Park
ヴァーサ Vaasa
モクシ Moksy
クオピオ Kuopio
イロマンツィ Ilomantsi P.501
ヘルノサンド Härnösand
セイナヨキ Seinäjoki
ヴァラモ修道院 Valamo Monastery P.506
ヨエンスー Joensuu P.505
クリッカ Kurikka
オーネコスキ Äänekoski
ヴァルカウス Varkaus
サヴォンリンナ Savonlinna P.503
カスコ Kaskö
ヴィラット Virrat
ユヴァスキュラ Jyväskylä P.498
プンカハリュー Punkaharju
ポリ Pori
詩人の道・航路
タンペレ Tampere P.483
パイヤンネ湖 Päijänne
サイマー湖 Saimaa
パリッカラ Parikkala
ラーマ Rauma（ラウマ旧市街） P.493
イッタラ Iittala P.489
アウランコ Aulanko P.489
ラッペーンランタ Lappeenranta
イマトラ Imatra
ハメーンリンナ Hämeenlinna P.488
（イッタラ・ガラス・センター）
ヴィボー Vyborg
ヌークシオ国立公園 Nuuksio National Park P.457
ラハティ Lahti
コウヴォラ Kouvola
オーランド島 Åland Islands
ナーンタリ Naantali P.494
パイミオ Paimio
ヤルヴェンパー Järvenpää P.457
ポルヴォー Porvoo P.458
サンクト・ペテルブルグ St. Petersburg
トゥルク Turku P.490
サロ Salo
エスポー Espoo
オタニエミ Otaniemi P.457
ヘルシンキ Helsinki P.427
マリエハムン Mariehamn
エケネス Ekenas
フィスカルス Fiskars P.459

118

ジェネラル インフォメーション

フィンランド　　　　　Finland

国旗
白地に青十字。青は空と湖、白は雪を、そしてキリスト教の十字を象徴している

正式国名
フィンランド共和国（スオミ共和国）
Suomen Tasavalta
（英語名Republic of Finland）
（スウェーデン語名Republiken Finland）

国歌
「わが祖国（Maamme）」

面積
33万8144km²

人口
約537万（2010年12月時点）

首都
ヘルシンキ　Helsinki

元首
タルヤ・ハロネン大統領（Tarja Halonen）
（2006年3月再任　任期6年）

政体
共和制

民族構成
フィンランド人、スウェーデン人、サーメ人

言語
　フィンランド語、スウェーデン語、サーメ語。また多くの国民が英語を話す。

宗教
プロテスタント（福音ルーテル派）

通貨と為替レート
　通貨はユーロ。略号は€（EURO、EURとも略す）。補助通貨としてセントCENTがある。€1＝100CENT。紙幣は€5、10、20、50、100、200、500の7種類、コインは1、2、5、10、20、50CENTと€1、2の8種類。

2011年5月現在　€1＝120.17円
■ 旅の予算と両替（→P.558）

紙幣の裏は、フィンランド独自のものになっている

チップ
　料金にサービス料が含まれている場合がほとんどのため、チップの習慣はない。クロークなどを利用する際は€1ぐらいをチップとして渡す。

祝祭日

	2011年	2012年
元旦	1月1日	1月1日
公現祭	1月6日	1月6日
聖金曜日 *	4月22日	4月6日
イースター *	4月24日	4月8日
イースターマンデー *	4月25日	4月9日
メーデー *	5月1日	5月1日
昇天祭 *	6月2日	5月17日
聖霊降臨祭 *	6月12日	5月27日
夏至祭イブ *	6月24日	6月22日
夏至祭 *	6月25日	6月23日
諸聖人の日 *	11月5日	11月3日
独立記念日	12月6日	12月6日
クリスマスイブ	12月24日	12月24日
クリスマス	12月25日	12月25日
ボクシングデー	12月26日	12月26日

＊印は移動祝祭日

ビジネスアワー

銀行

🕐 月～金9:15～16:15(地方によって異なる)
🈂 土・日（ヘルシンキ市内両替所は、土・日曜も営業。8:00～21:00)

一般の商店

🕐 月～金9:00～18:00
　　土　　9:00～14:00/15:00
🈂 日（夏期は日曜も営業）

デパート

🕐 月～金9:00～21:00
　　土　　9:00～18:00
🈂 日（6～8月、12月は日曜も営業する場合あり）

ヘルシンキ中央駅地下街

🕐 月～土10:00～22:00
　　日　　12:00～22:00
🈂 無休

電圧とプラグ

　220／230V、50Hz。日本から電気製品を持っていくには変圧器が必要となる。プラグは丸2ピンのCタイプ。

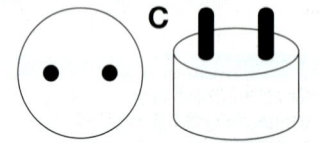

ビデオ・DVD方式

　日本のNTSC方式ではなく、PAL方式となるので、現地で購入したビデオソフトは一般的な日本の国内用ビデオデッキでは再生できない。DVDの場合はリージョンコードが同じなので、PAL方式をNTSC方式に変換出力できるプレーヤーなら見ることができる。

日本からのフライト時間

　フィンエアーFinnair(AY)が成田国際空港と関西国際空港、中部国際空港からヘルシンキまでの直行便を運航している。所要時間は約9時間30分。
■ 北欧への行き方（→P.536）

時差とサマータイム

　時差は7時間。グリニッジ標準時より2時間、中央ヨーロッパ時間（CET）よりも1時間早い。サマータイムは、3月最終日曜から10月最終の日曜まで。1時間早い時間となり時差は6時間になる。ほかの北欧3ヵ国との間にも1時間

の時差があるので、フィンランドから移動する際は注意が必要だ。

気候と風土

　スカンジナビア半島の内側、バルト海の一番奥に位置する。東にロシア、西にスウェーデン、北はノルウェーと国境を接し、フィンランド湾を挟んだ南にはエストニアがある。
　北緯60度から70度にわたり南北に細長く、国土の3分の1は北極圏内に位置しており、アイスランドに次いで世界最北の国となる。国土の68%が森林、10%が湖沼と河川、8%が耕作地という自然の宝庫。山が少なく平坦で、最高峰でも標高が1300mくらいしかない。
　ほかの北欧諸国同様、ノルウェー沿岸を流れるメキシコ湾流のおかげで、緯度のわりには穏やかな気候。四季も比較的はっきりと分かれている。
　北極圏以北のラップランド地方では、夏には太陽の沈まない白夜になり、また冬には太陽がまったく昇らなくなる。
■ 旅のシーズンと気候（→P.532）
■ 旅の持ち物（→P.560）

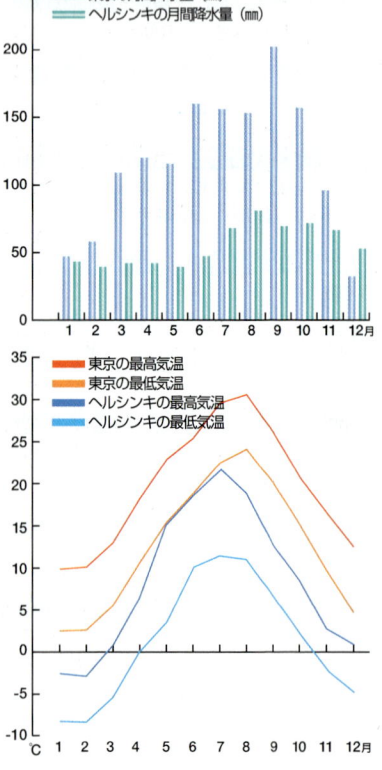

郵便

郵便局はポスティPostiと呼ばれている。ポストは黄色でよく目立つ。国際郵便の料金は、ハガキや20gまでの封書€0.75、50gまでの封書は€1.05。

ポストは派手な色でよく目立つ

一般的な郵便局の営業時間
🕐月〜金9:00〜18:00
🚫土・日（ヘルシンキ中央郵便局などの大きな郵便局は土・日もオープン）

税金

フィンランドでは、ほとんどの商品に23%（食料品は13%）の付加価値税（VAT）が課せられているが、EU加盟国以外の国に居住している旅行者が、「TAX FREE」と表示のある店で1日1店舗につき各税率€40以上の買い物をした場合、所定の手続きをすれば商品にかけられている付加価値税の最大16%が払い戻しになる。

買い物の際
「TAX FREE」の表示のある店で各税率€40以上の買い物をしたら、旅行者である旨を申し出て、免税書類（リファンドチェック）を作成してもらう。作成の際、原則身分の確認とパスポート番号が必要となるので、パスポートを携帯しておくとよい。また、免税扱いで購入した商品は、フィンランドまたはEU最終国出国まで開封してはいけない。

出国の際
フィンランドから直接日本へ帰国する場合やEU加盟国以外の国へ出国する場合は、フィンランド出国時に払い戻しを受けるための手続きを行う。手続きは以下のとおり。
①ヘルシンキのヴァンター国際空港の場合は、チェックイン時にチェックインカウンターで免税書類に代行スタンプをもらう。北欧4ヵ国以外の書類は正規の税関スタンプを受領、または空港内で受け取ること。その際、免税書類には商品購入時のレシートを添付しておくこと。また、パスポートや航空券、未使用の購入した商品の提示が原則として必要となる。スタンプの受領期限は、商品の購入月の末日より3ヵ月以内。

②スタンプをもらったら出国手続きを行う。日本へ帰国後、成田国際空港と関西国際空港にあるグローバルブルー・カウンターで払い戻しを日本円で受け取ることができる。ただし、日本で手続きが行えるのは、グローバルブルーの「TAX FREE」の加盟店のみ。ヴァンター国際空港内で払い戻しを受ける場合はトランジットホール内にある「Tax Refund」の表示のある免税店で免税書類を提示する。クレジットカードへの手続きや銀行小切手で自宅に郵送もできる。免税書類の申請期限は商品購入日より5ヵ月以内。

注意！
フィンランド出国後、ほかのEU加盟国を旅行してから帰国する場合は、最終的にEU加盟国を出国する際に手続きをして税金の還付を受けることになるので、フィンランドでの手続きは不要。数ヵ国分の免税書類もまとめて手続きしてくれる。

グローバルブルー・カウンター
成田国際空港
🏢第1ターミナル（中央1階）
　　毎日7:00〜21:00
　第2ターミナル（本館1階）
　　毎日7:00〜21:00
関西国際空港
🏢空港駅ビル3階
　　毎日8:30〜18:30（元旦を除く）
グローバルブルー（旧グローバル・リファンド）
☎+800-32-111-111-810
　（日本語直通国際フリーダイヤル）
🌐www.global-blue.com

グローバルブルー加盟店のマーク

入出国

シェンゲン条約加盟国内で、滞在日数が6ヵ月間90日以内の場合はビザは不要。

入国時に必要なパスポートの有効残存期間はフィンランド出国予定日から数えて3ヵ月以上。
■ 旅の準備　ビザ（→P.549）

安全とトラブル

他のヨーロッパ諸国と比べても、治安は良好。しかし、2004年の旧東欧諸国のEU加盟後、置き引きや窃盗などの犯罪は増加の一途をたどっている。荷物から目を離さないように注意し、夜中のひとり歩きなどはやめよう。
■ 旅の安全とトラブル対策（→P.564）

水

ほとんどの場所で、水道水を飲むことができる。心配なら、キオスクやコンビニでミネラルウオーターを購入するといい。ミネラルウオーターはほとんどが炭酸入りのため、苦手な人は確認してから買うこと。

度量衡

日本と同じく、メートル法を採用している。

電話のかけ方

国際電話は一般の加入電話やどの公衆電話からでもかけられる。ホテルの客室にある電話機からかけると割高になるので注意しよう。公衆電話はバスターミナルや鉄道駅などの近くに設置されており、50CENT、€1、2の3種類の硬貨が使えるものと、テレホンカード専用の2種類がある。テレホンカードは電話機に差し込んで使う物のほか、プリペイド式がある。カード式の電話機にはクレジットカードが使えるタイプも多い。公衆電話の使い方は日本と同じく、受話器を外してからコインを投入し、ダイヤルする。硬貨でかける場合、おつりはでない。

なお、フィンランドと言えばノキアの国。携帯電話の普及率が非常に高いので、町なかの公衆電話の数はどんどん減っている。

電話番号案内
📞118

カード専用の電話機もあるので、1枚もっていると便利

年齢制限

飲酒・喫煙は18歳未満の場合は禁じられている。また、レンタカー会社によっては23歳や25歳以上などの制限を設けている場合もある。

飲酒・喫煙

アルコール度数の低いライトビール以外のアルコールは、国営のリカーショップ、アルコAlkoでのみ購入できる。ビールは333mlが1本€1～1.5程度とそれほど高くはない。

日本からフィンランドへかける場合

はじめに国際電話会社の番号、次に国際電話識別番号010をダイヤルし、フィンランドの国番号358、0を除いた市外局番、続いて相手先の番号をダイヤルする。

（例）日本からヘルシンキの（09）123-4567へかける場合

国際電話会社の番号	国際電話識別番号	フィンランドの国番号	市外局番（最初の0は取る）	相手先の電話番号
001 (KDDI) ※1 **0033** (NTTコミュニケーションズ) ※1 **0061** (ソフトバンクテレコム) ※1 **005345** (au携帯) ※2 **009130** (NTTドコモ携帯) ※3 **0046** (ソフトバンク携帯) ※4	**010** ※2	**358**	**9**	**123-4567**

※1「マイライン」の国際区分に登録している場合は、不要。詳細はURL www.myline.org
※2 auは、010は不要。
※3 NTTドコモは事前登録が必要。009130をダイヤルしなくてもかけられる。
※4 ソフトバンクは0046をダイヤルしなくてもかけられる。

フィンランドから日本へかける場合

はじめに国際電話識別番号、00、990、994、999のいずれかをダイヤルし、日本の国番号81、続いて市外局番（最初の0は不要）、相手先の番号をダイヤルする。

（例）フィンランドから日本（東京）（03）1234-5678へかける場合

国際電話識別番号（4つのうちどれかひとつ）	日本の国番号	市外局番と携帯電話の最初の0は取る	相手先の電話番号
00 990 **994 999**	**81**	**3**	**1234-5678**

■国際電話について（→P.556）

タバコには重い税金がかけられており、日本と比べても非常に高い。マルボロなら20本入り1箱720円くらい。フィンランドでは、駅や空港などの交通機関やオフィスなど公共の施設は禁煙。レストランやバーはこれに含まれていないが、レストランの場合はほとんどが禁煙、バーは喫煙席と禁煙席が分けられている場合が多い。ホテルは禁煙室と喫煙室の両方が用意されている。

食事

素材としておいしいものは多いが、フィンランド以外に見られない、というような料理法は少ない。レストランもフランス風かロシア風が多い。そんななかで、軽食スタンドでもときどき見られる「郷土食」のような食べ物は以下の3種。まずはカレリア風ステーキKarjalan Paisti。細切りの肉を玉ねぎと煮込み、コショウで味付ける。熱いのをゆでたジャガイモにかけて食べる。カレリアパイKarjalanpiirakkaは、薄く伸ばしたライ麦粉の周囲をつまんでひだを付け、マッシュポテトやライスを盛って天火で焼く。ゆで卵をあしらったり、バターをのせたりすることもある。朝食や昼食に最適な、健康栄養食。カラクッコKalakukkoは、見た目は大きなおまんじゅう。こねたライ麦粉の生地を重ね合わせ、それで肉や魚、豚の脂身を包んで焼く。食べるときはてっぺんを切り取り、そこからスプーンですくう。もちろん全部食べられる。

また、フィンランドらしいのはおもに肉料理に使われるベリーのソース。濃厚な肉料理に、甘酸っぱいベリーソースは意外によく合うのでぜひお試しあれ。

また、フィンランドの風物詩とも言われるのが、毎年7月21日に解禁されるザリガニ。解禁日には、フィンランドの家庭でザリガニ・パーティも催される。マーケットやレストランのメニューにも登場するので、ぜひチャレンジしてみて。

肉料理には、ベリーのソースを合わせるのがフィンランド流

みやげ物

北欧デザインの代名詞ともいえるイッタラのガラス製品や陶磁器は、自分用や友人へのおみやげにぴったり。値段も日本で購入する場合より20～30%程度安く、日本未入荷のアイテムや色も数多い。北欧ブランドの家具も同じように安いが、日本への発送サービスを行っている店で購入するほうがいい。

木彫りやフェルト、ニット製品など、あたたかみのあるクラフトもフィンランドみやげにぴったりの品。サンタクースやトナカイ人形など、見ているだけでほほえんでしまいそうなかわいいアイテムがたくさん。白樺のこぶから作ったククサなどサーメの民芸品も定番だ。国民的キャラクター、ムーミンのグッズも忘れずに。人形や前出のイッタラ製のマグカップなど多くのバリエーションがある。

日本人に人気のイッタラのオリゴシリーズ

フィンランド生まれの有名人

『フィンランディア』を作曲したヤン・シベリウスJean Sibeliusにムーミンの原作者トーヴェ・ヤンソンTove Jansson、建築家のアルヴァ・アアルトAlvar Aaltoなどがフィンランド生まれの有名人。モータースポーツも盛んな国で、F1のミカ・ハッキネンMika Häkkinenやキミ・ライコネンKimi Räikkönenもフィンランドの出身。

イベント

フィンランドは音楽活動が盛んで、クラシックやロック、ジャズ、タンゴなど、ジャンルを問わず有名なミュージシャンも多い。イベントも音楽関連のものが多い。

フィンランドといえば、ユニークなイベントが多いことでも有名。エア・ギター世界選手権や奥さん運び世界大会、携帯電話投げ世界大会などは、その最たるもの。日程が合うなら、ぜひじかに見学して欲しい。

また、ユヴァスキュラでのWRCネステラリーやノルディックスキーの世界選手権、ワールドカップ開幕戦など毎年開催されるスポーツイベントも盛りだくさん。

2011〜2012年 イベントカレンダー

6/7〜19 ナーンタリ
ナーンタリ音楽祭
URL www.naantalimusic.com

6/15〜19 ソダンキュラ
ミッドナイトサン・フィルム・フェスティバル
URL www.msfilmfestival.fi

6/24〜25 フィンランド各地
夏至祭、前夜祭

7/1〜2 ソンカヤルヴィ
奥さん運び世界大会
URL www.sonkajarvi.fi

7/1〜27 サヴォンリンナ
サヴォンリンナ・オペラ・フェスティバル
URL www.operafestival.fi

7/8〜10 トゥルク
ルイス・ロック
URL www.ruisrock.fi

7/8〜10 オーランド島
グスタフ・ヴァーサ・デイズ
URL www.gustavvasadagarna.aland.fi

7/28〜30 ユヴァスキュラ
WRCネステラリーフィンランド
URL www.nesteoilrallyfinland.fi

8月 サヴォンリンナ
携帯電話投げ世界大会
URL www.savonlinnafestivals.com

8/1〜7 タンペレ
タンペレ劇場フェスティバル
URL www.teatterikesa.fi

8/5〜18 トゥルク
トゥルク音楽祭
URL www.tmj.fi/tmj

8/20 ヘルシンキ
ヘルシンキ・シティ・マラソン
URL www.helsinkicitymarathon.fi

8/19〜9/4 ヘルシンキ
ヘルシンキ・フェスティバル
URL www.helsinginjuhlaviikot.fi

8/24〜27 オウル
エア・ギター世界選手権
（オウル・ミュージック・ビデオ・フェスティバル）
URL www.airguitarworldchampionships.com

9/3 ユヴァスキュラ
フィンランド・マラソン
URL www.finlandiamarathon.fi

10月上旬 ヘルシンキ
ヘルシンキ・バルティック・ニシン市
URL www.portofhelsinki.fi

11/25〜27 ルカ
FISワールドカップ・ルカ・ノルディックスキー開幕戦
URL www.nordicopening.com

1月下旬 ロヴァニエミ
北極圏ラップランド・ラリー
URL www.arcticrally.fi

1月下旬 ユッラス
ユッラス・ジャズ・ブルース
URL www.yllasjazzblues.net

1月下旬〜4月上旬 ケミ
スノーキャッスル（ルミリンナ）
URL www.snowcastle.net

2月下旬 ラハティ
ラハティ・フィンランディア・スキー・マラソン
URL finlandiahiihto.fi

3/7〜11 タンペレ
タンペレ映画祭
URL www.tamperefilmfestival.fi

4月下旬〜5月上旬 エスポー
エイプリル・ジャズ
URL www.apriljazz.fi

※日程は予定日。参加の際は問い合わせること。

フィンランドのクリスマス

ヘルシンキ
Helsinki

　クラシカルな町並みを、白いイルミネーションが照らすヘルシンキのクリスマス。エスプラナーディ公園では恒例のクリスマスマーケットが開かれ、道の両側にクリスマスグッズを扱う店が並び、サンタクロースも登場しひときわにぎわう。また、スウェーデンのストックホルムと同じく12月13日の聖ルチアの日にはルチア祭も開かれる。

1 ルチア祭は、ヘルシンキ大聖堂で戴冠式を行い、アレクサンテリンカツ通りをパレードする　2 白いイルミネーションに包まれたエスプラナーディ公園

国内交通

南部には、鉄道、長距離バスともに多くの路線がある。時間やルートによってどちらを利用するか考えよう。しかし、北に行くほど鉄道路線は少なくなるので、長距離バスの利用が増える。ほとんどの主要都市へはヘルシンキから直行便が発着しているため、飛行機を利用することも頭に入れておくといい。

国内移動手段の検索に便利なURL
URL www.matka.fi/haku/en

飛行機

フィンランドの国内線は、フィンエアーFinnair（AY）やその系列航空会社であるフィンコム航空Finncomm Airlines（FC）、スカンジナビア航空Scandinavian Airlines（SK）系列のブルー・ワンBlue1などの航空会社が運航している。ほとんどの便がヘルシンキを中心に発着している。地方都市同士を結ぶ便はほとんどなく、ヘルシンキ経由になる。なお、本誌に掲載している各都市への行き方の便数、所要時間はフィンエアーのもの。

フィンエアー
☎0600-140140　URL www.finnair.co.jp
フィンコム航空
☎(09)4243-2000　URL www.fc.fi
ブルー・ワン
☎020-5856240　URL www.blue1.com

鉄道

フィンランド鉄道Valtionrautatiet（VR）によって運営されている。国内の南部と北部に広く路線をもっている。

予約について

ペンドリーノやインターシティは全席指定席なので、予約が必要。急行列車Pも場合によっては予約が必要な時もある。予約は1年前から、チケットの購入は8週間前からできる。また、予約したチケットは、出発2日前（列車により異なる）までに予約した場所で受け取らないとキャンセルされるので注意。

鉄道時刻を調べる

大きな駅に行けば、Rail Pocket Guideという英語の時刻表が置いてある。価格は€0.8。小さな駅などには置いていない場合も多いが、フィンランドは問題なく英語が通じるので、チケットの予約や購入時に直接尋ねてもいい。

チケットの購入

日本で購入する
フィンランド鉄道のホームページから予約できる。また、ノーザン・エキスプレス（→P.426）がフィンランド鉄道の代理店になっている。予約して、引換証を現地でチケットに交換する。
現地で購入する
駅のチケット売り場や自動券売機でできる。チケット売り場の場合は、カウンターのそばにある専用の機械から、順番待ちの番号札を取ること。電光掲示板に自分の番号が表示されるか番号が呼ばれたら、指定のカウンターに行って行きたい場所や時刻、列車番号などを伝える。

割引料金について

65歳以上が対象となるシニア割引は50%割引。また、3〜10人のグループが対象の割引もあり、15%OFFになる。学生割引はフィンランド国内在住の学生にのみ適用されるので、国際学生証では割引かれない。

フィンランド　ジェネラル　インフォメーション／国内交通

■座席指定券の見方

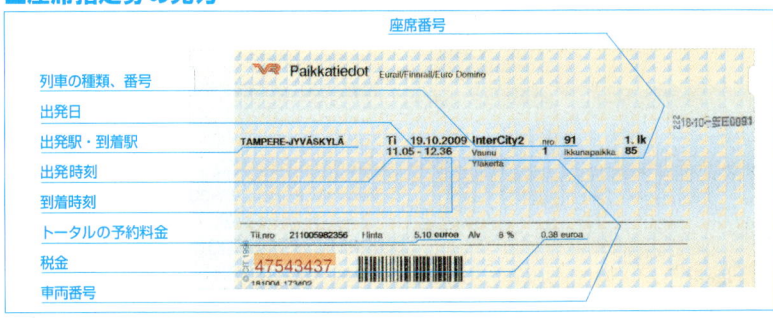

座席番号	
列車の種類、番号	
出発日	
出発駅・到着駅	
出発時刻	
到着時刻	
トータルの予約料金	
税金	
車両番号	

フィンレイルパス

フィンランド国内を鉄道でめいっぱい回ろうという人は、フィンレイルパスFinnrailpassを利用しよう。1ヵ月の有効期間中に任意の3日、5日、10日利用できる3種類で、フィンランド国内の鉄道駅や旅行会社で購入できる。予約にはパスポート番号が必要。

フィンレイルパス

	1等	2等
3日	€195	€131
5日	€260	€175
10日	€353	€237

（1ヵ月単位）

おもな列車の種類

■ ペンドリーノ(S)
Pendolino（S）
振子式の高速列車。ヘルシンキ〜トゥルクなど5路線に導入されている。予約が必要。

■ インターシティInter City（IC）、インターシティ2Inter City2（IC2）
主要都市間を結ぶ特急列車。予約が必要。

■ エクスプレスExpress（P）
急行列車。予約は必須ではないが確実に座りたければ入れよう。金曜の夕方発の列車などは込むことがある。

■ レジオナルRegional（H）
各駅停車の普通列車。予約は必要ない。

フィンランド鉄道
☎0600-41902
URLwww.vr.fi
予約料金（別途運賃が必要）
寝台
　シングル　€48〜82
　2人用　€48〜112
　3人用　€39〜57

ロヴァニエミ駅に到着した夜行列車

ヘルシンキからの区間料金の目安（2等）

〜タンペレ	€29.6
〜ロヴァニエミ	€83.6
〜ヨエンスー	€62.2

日本でのフィンランド鉄道の予約先
ノーザン・エキスプレス
☎〒600-8103
京都市下京区五条通柳馬場西入塩竈町379
URLwww.nexkyoto.com
Emailnex21@nexkyoto.com

バス

フィンランドは非常にバス路線の発達した国だ。南部や中部はもちろん、ラップランドまでも数多くのバス路線が整備されている。最大手のマトカフォルト社Matkahuoltoをはじめ、バス会社はいくつかあるが、料金もバスターミナルもすべて同じ。普通の路線バスのほか、ヘルシンキから北のロヴァニエミやサーリセルカまで行く夜行の直通バスもある。

ラップランドは、エスケリセン・ラピンリンジャット社Eskelisen Lapinlinjatやゴールド・ライン社Gold Lineなど複数のバス会社がロヴァニエミを中心にバスを走らせている。また、ロヴァニエミ〜サーリセルカ〜イナリなどの町を通ってノルウェーに抜ける便もある。冬期のラップランドは減便する路線や、天候によって大幅に遅れがでたり、欠便する場合があるので注意が必要。

時刻の確認とチケットの購入

チケットはバスターミナルにあるチケット売り場で直接購入できる。時刻表も置いてあるので、確認してから購入するといい。小さな町だと、チケット売り場がない場合があるので、ドライバーに行きたい場所を伝えて、直接購入する。そういったところでは、時刻表はバスターミナルに張り出してあるか、ホテルや観光案内所でも入手できる。

マトカフォルト社
☎0200-4000
URLwww.matkahuolto.fi
エスケリセン・ラピンリンジャット社
☎(016)342-2160
FAX(016)34-4152
URLwww.eskelisen-lapinlinjat.com
ゴールド・ライン社
☎(016)334-5500
FAX(016)319-508
URLwww.goldline.fi

ヘルシンキ

豊かな緑に囲まれたヘルシンキの町並み

帝政ロシア時代、ロシア皇帝アレクサンドル1世がスウェーデン寄りのトゥルクに都があるのを嫌い、1812年にピエタリ（サンクトペテルブルク、以前のレニングラード）に近いこの地に遷都。それ以来、首都として、貿易港として栄えてきた。

飛行機がヘルシンキの空港に近づくと、"森と湖の国"にふさわしく、濃緑の島々の美しい眺めが眼下に広がる。こんもりと茂った木々の間に、童話の主人公たちがひっそりと隠れ住んでいるのではないだろうかという錯覚に陥ってしまうほど、夢を誘う穏やかな風景だ。

また、アーキペラゴ（群島）を縫って船でヘルシンキ港に入港すれば、市庁舎と市場を両腕に抱くような形で、白亜の大聖堂の偉容が正面に現れる。広場西側のエスプラナーディ公園には、バルト海の乙女像"ハヴィス・アマンダ"が可憐にたたずみ、東側には代表的建築家のアルヴァ・アアルト設計による大理石の白いビルが建つ。

しかし、この町に一度降り立ってみると、いわゆる"ヨーロッパの風景"とは異なる印象を受けるだろう。南欧に見られる白壁やレンガの家並み、ドイツ風の尖塔などはほとんど見当たらない。代わりに、帝政ロシア時代のネオ・クラシカルな建築物と、スウェーデン領時代の名残、水準の高い近代建築が微妙な調和を保っている。

スウェーデンに約650年、ロシアに約100年間支配され、数々の戦争で幾度国境線を変えられたことだろう。それでも民族愛を失うことなく、当時の支配国であったロシアの汎スラブ主義が勢いを増したのをきっかけに、自国存続熱が高まった。そしてついに1917年、ロシア革命と時を同じくして独立を勝ちとった。時代に翻弄されながらも力強く生きてきたフィンランド人の歴史を、これらの建築物や町並みからも感じとってほしい。

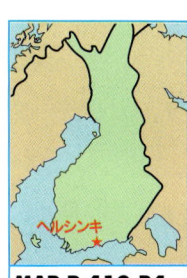

MAP P.418-B4

人口	：58万8549
市外局番	：09

フィンランド情報のサイト
URL www.visitfinland.com
ヘルシンキ情報のサイト
URL www.visithelsinki.fi
URL www.visithelsinki.jp
（日本語）

フィンランド ヘルシンキ

ヘルシンキの呼び方

スウェーデン領であったヘルシンキは、スウェーデン語ではHelsingforsと表記される。スウェーデンからヘルシンキに移動する場合に出てくることがあるので注意。

エスプラナーディ公園東端に立つバルト海の乙女像

フィンランド人はカフェが大好き。マーケット広場にて

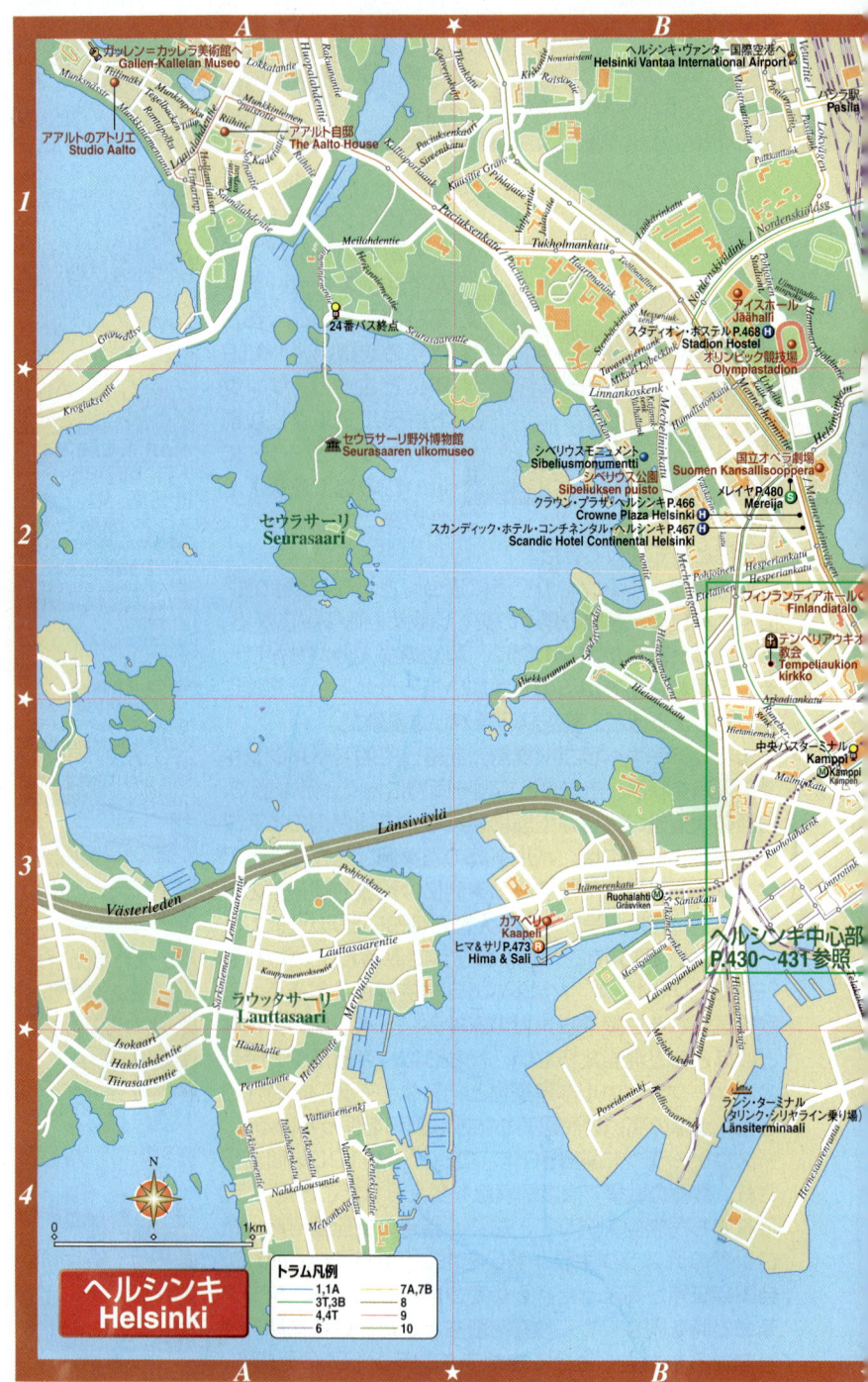

ガッレン＝カッレラ美術館へ
Gallen-Kallelan Museo

アアルトのアトリエ
Studio Aalto

アアルト自邸
The Aalto House

ヘルシンキ・ヴァンター国際空港へ
Helsinki Vantaa International Airport

パシラ駅
Pasila

24番バス終点

アイスホール
Jäähalli

スタディオン・ホステル P.468
Stadion Hostel

オリンピック競技場
Olympiastadion

セウラサーリ野外博物館
Seurasaaren ulkomuseo

セウラサーリ
Seurasaari

シベリウスモニュメント
Sibeliusmonumentti

シベリウス公園
Sibeliuksen puisto

クラウン・プラザ・ヘルシンキ P.466
Crowne Plaza Helsinki

スカンディック・ホテル・コンチネンタル・ヘルシンキ P.467
Scandic Hotel Continental Helsinki

国立オペラ劇場
Suomen Kansallisooppera

メレイヤ P.480
Mereija

フィンランディアホール
Finlandiatalo

テンペリアウキオ教会
Tempeliaukion kirkko

中央バスターミナル
Kamppi

Kamppi
Kampen

Länsiväylä

カアペリ
Kaapeli

ヒマ＆サリ P.473
Hima & Sali

ヘルシンキ中心部
P.430～431 参照

Västerleden

ラウッタサーリ
Lauttasaari

ラジ・ターミナル
（タリンク・シリヤライン乗り場）
Länsiterminaali

N

0   1km

トラム凡例

1,1A		7A,7B	
3T,3B		8	
4,4T		9	
6		10	

ヘルシンキ
Helsinki

アラビア工場へ
Arabia

リンナマキ遊園地
Linnanmäki
Borgbacken

クムルス・オリンピア
Cumulus Olympia
P.468

市立劇場
Kaupunginteatteri

一口湾
Töölönlahti

エラインタルハ湾
Eläintarhanlahti

一口公園
Töölön puisto

ヒルトン・ヘルシンキ・ストランド
Hilton Helsinki Strand
P.464

ヘルシンキ中央駅
Helsinki
Rautatieasema

Rautatientori
Järnvägstorget

エスプラナーディ公園
Esplanadi

エテラ港
Etelä satama

ラヴィントラ・シーホース
Ravintola Sea Horse
P.470

カイヴォプイスト公園
Kaivopuisto

Sörnäinen
Sörnäs

スオッパケイティオ P.471
Soppakeittiö

ハカニエミ・マーケットホール
Hakaniemen Kauppahalli

Hakaniemenranta

ハカニエミ港
Hakaniemi

ウスペンスキー寺院
Uspenskin
katedraali

ベストウエスタン・プレミア・ホテル・カタヤノッカ P.467
Best Western Premier Hotel Katajanokka

砕氷船係留地

カタヤノッカ
Katajanokka

ユーロホステル P.468
Eurohostel

カタヤノッカ・ターミナル（ヴァイキング・ライン乗り場）
Katajanokkanterminaali

オリンピア・ターミナル（タリンク・シリヤライン乗り場）
Olympiaterminaali

シュネーウス美術館
Cygnaeuksen Galleria

マンネルヘイム博物館
Mannerheim Museo

カフェ・ウルスラ P.473
Café Ursula

コルケアサーリ島
Korkeasaari

北湾
Pohjoissatama

コルケアサーリ・ヘルシンキ動物園
Korkeasaaren eläintarha

クロサーリ島
Kulosaari

Itäväylä

Kulosaari
Fiskehamnen

スオメンリンナ島
Suomenlinna

ホステル・スオメンリンナ
Hostel Suomenlinna

ビジターセンター
Visitor Centre

スオメンリンナ博物館
Suomenlinnamuseo

スオメンリンナ おもちゃ博物館
Suomenlinnan lelumuseo

エーレンスヴァールド博物館
Ehrensvärdmuseo

潜水艦ヴェシッコ号
Sukeliusvene Vesikko

フィンランド　ヘルシンキ

ヘルシンキ中心部

トロイカ P.472
Troikka

テンペリアウキオ教会
Temppeliaukionkirkko

国立博物館
Suomen Kansallismuseo

ストーリヴィレ P.481
Storyville

フィンランディアホール
Finlandiatalo

国会議事堂
Eduskuntatalo

国立現代美術館キアスマ
Nykytaiteen museo Kiasma

ホリデイ・イン・ヘルシンキ・シティ・センター
Holliday Inn Helsinki City Centre

元帥像

郵便博物館
Postimuseo

市バスターミナル
フィンエアー・シティ・ターミナル

ヘルシンキ中央駅
Helsinki
Rautatieasema

観光案内所
Hotel booking

中央郵便局
Postitalo

ソコス・ホテル・ヴァークナ P.464
Sokos Hotel Vaakuna

ソコスSokos P.475
Sokos

エムバー P.473
Mbar

ヘルカ P.466
Helka

ヘルシンキ市立美術館・テニスパラッチ
Helsingin kaupungin taidemuseo, Tennispalatsi

Kamppi

ペンティック Pentik P.478

セウラワオネ P.464
Seurahuone

ツェトロ
Zetor
P.469

フォルム Forum P.475
ムーミンショップ P.479
Moomin Shop

三人の裸浴男像

ウルヨンカツの公共プール
Yrjönkatu Uimahalli

スカンディック・シモンケンタ P.466
Scandic Simonkenttä

アモス・アンダーソン美術館
Amos Anderson Taidemuseo

ラディソン Blu ロイヤル・ホテル・ヘルシンキ P.466
Radisson Blu Royal Hotel Helsinki

Kamppi
Kampen

マイタイ P.474
Maithai

ソコス・ホテル・トルニ P.465
Sokos Hotel Torni

アテリエ・バー P.481
Ateljee Bar

ラヴィントラ・
コスモス P.469
Ravintola
Kosmos

チャイナ P.474
China

フィン P.468
Finn

歌舞伎 P.474
Kabuki

Kamppi
Kanpen

カフェモスクワ P.481
Kafe Moskova

ヴァイキング・ライン

オメナ・ホテル・エーリキンカツ P.467
Omena Hotel Eerikinkatu

ヴァンハ教会
Vanha kirkko

ホステル・エロッタヤンプイスト P.468
Hostel Erottajanpuisto P.468

デモ P.472
Demo

カフェ・エクベリ P.473
Café Ekberg

リンナ P.466
Linna

シェ・マリウス P.480
Chez Marius

イヴァナ・ヘルシンキ P.476
Ivana Helsinki

ラックス・ショップ P.476
Lux Shop

旧オペラハウス
Entinen oopperatalo

ラヴィントラ・サーガ P.471
Ravintola Saaga

エデル・シティ
EDEL City
P.479

コンスタン・モルヤ P.471
Konstan Mölja

ヒエタラハティ・アンティーク&アートホール
Hietalahden Antiikki-ja Taidehalli

シネブリュコフ美術館
Sinebrychoffin Taidemuseo

ヨハンナ・グリクセン P.479
Johanna Gullichsen

Punavuori
Rödbergen

レン's P.474
Len's

カハヴィラ・スオミ P.471
Kahvila Suomi

トラム凡例

	1,1A		7A,7B
	3T,3B		8
	4,4T		9
	6		10

**ヘルシンキ・
ヴァンター国際空港**
MAP P.428-B1外
📞0200-14636
URL www.helsinki-vantaa.fi

空港内の観光案内所ⓘ
ターミナル1到着ロビー
開毎日7:00〜23:45
休無休
ターミナル2到着ロビー
開毎日24時間（10:00〜
20:00以外は無人）
休無休

空港内の両替所
到着ロビー
営毎日8:30〜19:30
休無休
出発ロビー
営毎日5:30〜21:00
休無休

フィンエアー・シティ・バス
URL www.finnair.com
空港→中央駅
運5:45〜翌1:10、約20分
間隔
中央駅→空港
運5:00〜24:00、約20分
間隔
料€5.9
要約約35分。

**フィンエアー・
シティ・ターミナル**
MAP P.430-B2

ヘルシンキ到着

飛行機で着いたら

国際、国内線の飛行機は、市の中心から北へ約20kmのヘルシンキ・ヴァンター国際空港Helsinki Vantaa International Airportに到着する。モダンなデザインの空港だ。

ヘルシンキ・ヴァンター国際空港
Helsinki Vantaa International Airport

空港にはふたつのターミナルがあり、航空会社により使うターミナルが異なる。ほかの北欧諸国からの到着するスカンジナビア航空はターミナル1に、日本からの直行便および国内線を運行するフィンエアーはターミナル2に到着する。到着ロビーには銀行、観光案内所などがある。

空港から市内への行き方

空港バス

ターミナル2を出てすぐ目の前に空港バスのフィンエアー・シティ・バスFinnair City Bussの停留所がある。空港と市内を結ぶ便利な直通バスで、空港とヘルシンキ中央駅西横にあるフィンエアー・シティ・ターミナルFinnair City Terminalの間を約30分で結んでいる。

便利なフィンエアー・シティ・バス

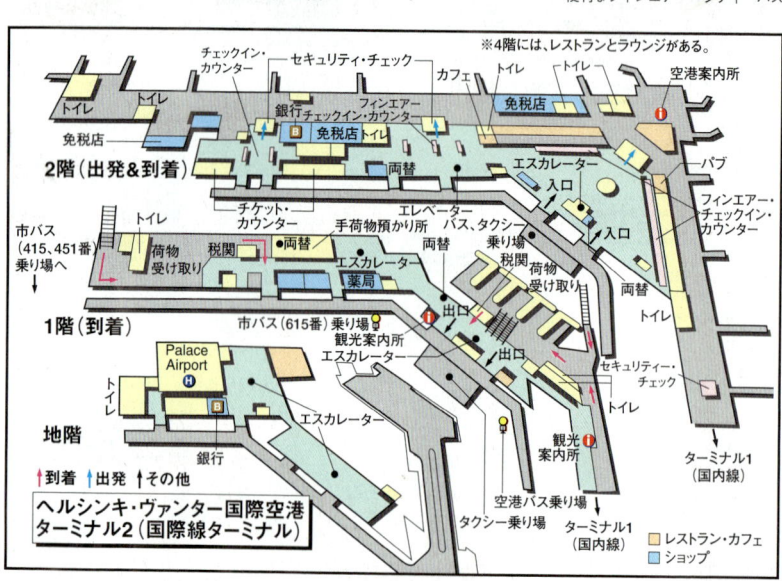

※4階には、レストランとラウンジがある。

2階（出発＆到着）
1階（到着）
地階

↑到着　↑出発　↑その他

ヘルシンキ・ヴァンター国際空港
ターミナル2（国際線ターミナル）

🟧レストラン・カフェ
🟦ショップ

■ 市バス

市バス615番が空港とヘルシンキ中央駅の駅前広場Rauta-tientori横にある市バスのターミナルを結んで運行している。また、本数は少ないが、415、451番でも行ける。こちらの到着場所は、中央駅西の市バスターミナル。

■ タクシー

空港出口にはタクシーも多く停まっている。空港からのタクシーにはメーター制のほか定額制のエアポート・タクシーAirport Taxiもある。エアポート・タクシーはミニバンの乗り合いタクシーで、市内から空港に行く場合は事前に予約してピックアップしてもらう必要がある。

列車で着いたら

すべての長距離列車は、市の中心部にあるヘルシンキ中央駅Helsinki Rautatieasemaに到着する。

■ ヘルシンキ中央駅

Helsinki Rautatieasema

フィンランド人デザイナー、エリエル・サーリネンEliel Saarinenの設計による重厚な建物。1階と地下1階、地下2階の3フロアからなり、フィンランド鉄道Valtionrautatiet（VR）の鉄道駅や観光案内所、チケット売り場があるのは1階。地下1階にはコインロッカーや商店街がある。地下2階は地下鉄ラウタティエントリ駅Rautatientoriに直結。地下街を通ってアレクサンテリン通りAleksanterinkatuに出ることもできる。

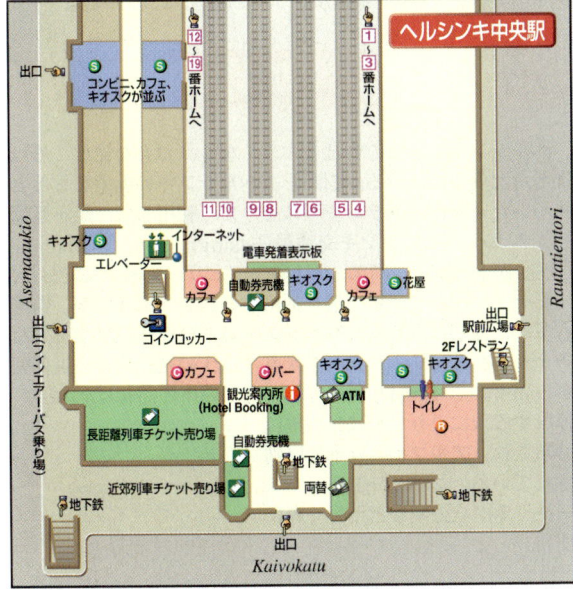

ヘルシンキ中央駅

市バス(615番)(→P.435)

空港→中央駅
🕐月〜金5:35〜22:45
　土・日6:05〜22:35
　1時間に1〜4便。

中央駅→空港
🕐月〜金4:45〜翌1:20
　土・日5:15〜翌1:20
　1時間に1〜4便。
💶€4
　所要約40分。

市バスターミナル
MAP P.431-C2

エアポート・タクシー
🌐www.airporttaxi.fi
💶1〜2人€27
　3〜4人€35
　5〜6人€50

ヨーロッパ諸国からの鉄道
(→P.538)

北欧諸国からの鉄道
(→P.541)

ヘルシンキ中央駅
MAP P.430-B2
中央駅構内のチケット売り場
　中央駅正面入口から入ってすぐ左側にあるカウンターは、近郊列車のチケット売り場。長距離列車のチケット売り場はその奥。国際列車のチケットは長距離列車チケット売り場の一番奥のカウンターで購入可能。
近郊列車チケット売り場
🕐月〜金10:00〜18:00
🚫土・日
長距離列車チケット売り場
🕐月〜土 6:30〜21:00
　日　　 8:30〜21:00
🚫無休

中央駅の観光案内所❶
Hotel Booking
☎(09)2288-1400
📠(09)2288-1499
🕐6〜8月
　月〜金 9:00〜18:00
　土・日10:00〜18:00
　9〜5月
　月〜金 9:00〜18:00
　土　　 10:00〜17:00
🚫9〜5月の日
　番号札を取り、自分の番号が表示されたら入る。フィンランド各地のホテル予約が可能。ヘルシンキ・エキスパートの主催する市内ツアー(→P.439)のほか、タリンやストックホルムへのフェリーの手配（手数料あり）も可能。
ホテル予約手数料
💶ヘルシンキ市内€7
　フィンランド各地€10
中央駅の両替所
Forex
🕐月〜金 9:00〜20:00
　土・日 9:00〜19:00
🚫無休

フィンランド　ヘルシンキ　ヘルシンキ到着

出口
コンビニ、カフェ、キオスクが並ぶ
12 19 番ホームへ
1 3 番ホームへ
11 10 9 8 7 6 5 4
Asemaaukio
キオスク
インターネット
エレベーター
電車発着表示板
カフェ
自動券売機
キオスク
カフェ
花屋
Rautatientori
コインロッカー
出口（フィンエアー・バス乗り場）
出口
駅前広場
2Fレストラン
カフェ
バー
キオスク
キオスク
観光案内所
(Hotel Booking)
ATM
トイレ
長距離列車チケット売り場
自動券売機
地下鉄
近郊列車チケット売り場
両替
地下鉄
地下鉄
出口
Kaivokatu

カタヤノッカ・ターミナル
MAP P.429-C3
オリンピア・ターミナル
MAP P.431-D4

タリンク・シリヤラインが発着するオリンピア・ターミナル

おもな航路
ストックホルムから
ヴァイキング・ライン
[電](09)12-351
[URL]www.vikingline.fi
1日1便、所要約17時間40分。
タリンク・シリヤライン
[電]0600-174552
[URL]www.tallinksilja.com
詳しくは(→P.36)。
タリン(エストニア)から
詳しくは(→P.461)。

中央バスターミナル
MAP P.430-B2
[開]月〜木5:00〜翌2:00
金・土5:00〜翌2:30
日　5:30〜翌1:00
[休]無休
　中央バスターミナルは地下鉄カンピ駅と直結した新しいショッピングセンターKamppiの地下にある。観光案内所([開]月〜金7:00〜19:00、土8:00〜15:00、日11:00〜18:00 [休]無休)やショップ、レストラン、カフェなどが入っているので、待ち時間も楽しい。

マトカフオルト社
[電]0200-4000
[URL]www.matkahuolto.fi

路線図を手に入れよう
　ヘルシンキの市内交通を理解するには、ヘルシンキ交通局発行のHelsinki Route Mapがおすすめ。トラム、市バス路線に加え、道路名も記された詳細な地図なので、観光にはこれがあれば安心。ヘルシンキ中央駅地下にあるヘルシンキ交通局のインフォメーションセンター、または観光案内所で無料でもらえる。

船で着いたら

　国際航路の定期船は、マーケット広場のあるエテラ港Eteläsatamaに、ヴァイキング・ラインViking Lineはカタヤノッカ・ターミナルKatajanokkanterminaaliに接岸される。タリンク・シリヤラインTallink Silja Lineのストックホルムからの船は対岸のオリンピア・ターミナルOlympiaterminaaliに、タリン(エストニア)からの船はそれぞれの会社のターミナルに接岸される。

何隻もの大型フェリーが港を行き来する

港から中心街へ

　上記のターミナルは近くにトラムの駅がある。ヴァイキング・ラインの到着するカタヤノッカ・ターミナルからは、トラム4番か市バス13番で。タリンク・シリヤラインのオリンピア・ターミナルからは、3Bか3T番のトラムで町の中心まで行ける。

バスで着いたら

　バス会社のマトカフオルト社Matkahuoltoが国際バスを運行している。地下鉄カンピ駅Kamppiに直結した中央バスターミナルKamppiにすべて発着する。ここからヘルシンキ中央駅までは徒歩約8分。

中央バスターミナルKamppi

ヘルシンキの市内交通

　ヘルシンキの町はそれほど大きくなく、おもな見どころはほとんど歩いて回れる。しかし、ヘルシンキの魅力をもっと味わいたい人は、トラムやバスをうまく利用して、足を延ばしてみよう。ヘルシンキ交通局Helsingin Seudun liikenne(HSL)がトラム、市バス、地下鉄、フェリーを運行しており、同じチケットが使える。最も活用する機会があるのが、路線も多く、便利なトラム。ヘルシンキおよび周辺地域で有効なチケットなら、フィンランド鉄道(VR)の運行する、近郊列車Commuter Trainも利用可能。近郊列車の路線は4つあり、停車する駅によりさらに15路線に分類され、アルファベットで区別されている。エスポーEspooやヌークシオ国立公園などへ行く際に便利。

ヘルシンキの市バス

料金とチケット

旅行者が購入できるチケットはシングルチケットKertalippuと期間内全線有効のツーリストチケットMatkailijalippuの2種類。シングルチケットとツーリストチケット（1日券）は、地下鉄の入口やおもなトラムの停留所にある自動券売機、バスの運転手などから買える。2〜7日のツーリストチケットは運転手からは

新型の自動券売機ではICチップ入りのクレジットカードでも支払い可能

買えないので、あらかじめ自動券売機やHSLのインフォメーション・センター、観光案内所、キオスクなどで購入しておこう。券売機はタッチパネル式の新型と、ボタン式の旧型の2種類がある。旧型はコインのみしか使えず、表示はフィンランド語とスウェーデン語のみ。新型は英語の表示もあり、¢10〜€2までのコインと€5〜100までの紙幣やICチップ入りのクレジットカードが使える。

シングルチケットは刻印された時間から1時間（一部の路線は80分）有効で、有効時間内なら乗り換え自由。トラムに限って使えるトラム専用チケットRaitiovaunulippuは自動券売機でのみ購入可能。乗り換え不可だが、少し安いので時間と乗り換えの有無を考えて購入すること。

ツーリストチケットは1〜7日券の合計7種類。それぞれ購入した時刻から時間内有効となる。キオスクなどで販売しているICカードタイプの場合は、バスやトラムの車内、地下鉄駅などにあるカードリーダーに挿入して打刻（電子音が鳴る）した時点から有効。バスは乗る度にカードを読み取らせる必要があるが、他は初回のみでOK。

■ 市バス　　　　　　　　　　　Linjaauto

白と青の2色に塗られているのが市バス。市バスでは通常、停留所の名前も車内アナウンスもないので、地図をチェックしながら目的地がいくつめの停留所か数えたほうがいいだろう。運転手に降りたい場所をアピールしておく作戦も有効だ。乗降の要領はトラムと同じ（ただし、入口は前方ドアだけ）。

■ 地下鉄　　　　　　　　　　　Metro

ヘルシンキの地下鉄は、おもに近郊のベッドタウンに住む人々に利用されている。改札口手前の自動券売機でチケットを買えば、改札は素どおり。長いエスカレーターで下りていく。中心部には中央駅に直結しているラウタティエントリ、カンピ、カイサニエミKaisaniemi、ハカニエミHakaniemiの4駅があり、その先は郊外へ向かう。車両のデザインはフィンランドの有名デザイナー、アンティ・ヌルメスニエミAnti Nurmesniemiだ。

ヘルシンキ交通
URL www.hsl.fi
インフォメーション・
📞 0100-111
🕐 月〜木7:30〜19:00
　　（夏期は〜18:00）
　　金　　7:30〜17:00
　　土　10:00〜15:00
休 日
　地下鉄ラウタティエントリ駅（ヘルシンキ中央駅の地下）の構内。

チケット料金
シングルチケット
ヘルシンキ市内のみ有効
料 €2.5（運転手から購入）
　　€2（券売機から購入）
　　トラム専用チケット
　　€1.8（券売機から購入）
ヘルシンキおよび周辺地域で有効
料 €4
ツーリストチケット
ヘルシンキ市内のみ有効
料 1日券（24時間有効）
　　€7
　　3日券（72時間有効）
　　€14
　　7日券（168時間有効）
　　€28
ヘルシンキおよび周辺地域で有効
料 1日券（24時間有効）
　　€12
　　3日券（72時間有効）
　　€24
　　7日券（168時間有効）
　　€48

無賃乗車はやめよう
トラムにもバスにもときどき検札係が乗ってくる。検札係は4人グループで前後のドアから挟みうちで来る。その時有効な切符を持っていないと、逃げ場もなく「罰金€80＋運賃」を支払わされる。旅行者だとしても許されないのでそのつもりで。

市バス
市内の周辺部や郊外に行く場合、方面によって乗り場が違うので、事前に観光案内所やヘルシンキ交通局のホームページ、交通局発行の路線図で乗り場の情報を仕入れておこう。

地下鉄の美しいデザインにも注目

■ トラム

Raitiovaunu

市内観光にはトラムが手軽で便利。車体はグリーンと黄色のツートンカラーで、前面上部に路線番号が記されている。2両連結で、どのドアからも乗車できる。チケットは車内で買えないので乗車前に用意しておくこと。

同じ番号の電車が上り下り同じ線を折り返し運転しているので、反対方向に乗らないよう注意しよう。3B、3T番は合わせて環状線になっているので、観光の前にひと回りしておおまかな地理を覚えるのもいい。所要1時間弱なので、1枚のチケットで1周できる。夏期には内部がパブになったパブトラムPubiratikkaも登場する。

トラムはヘルシンキの便利な足だ

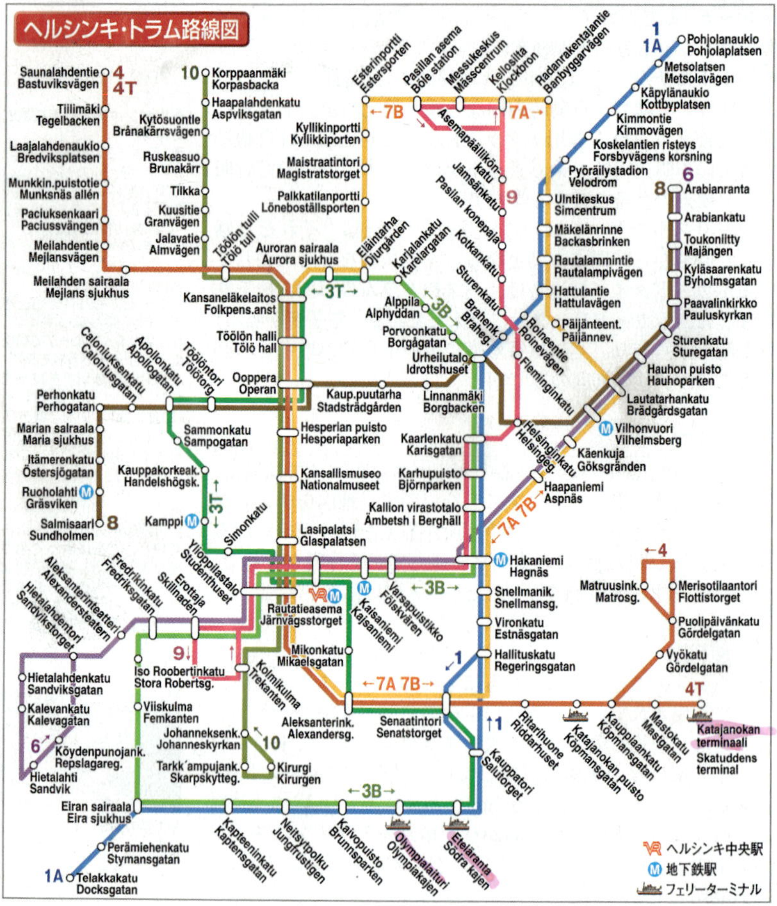

トラム3B、3Tの路線変更

2009年4月、ヘルシンキのトラム3B、3T番の路線と停車駅が一部変更された。環状線だった路線のちょうど左半分を3T番、右半分を3B番が運行。終着駅で路線名だけ変わるので、乗り続ければそのまま一周できる。

ヘルシンキ・トラム路線図

VR ヘルシンキ中央駅
Ⓜ 地下鉄駅
⛴ フェリーターミナル

436

■ フェリー

Moottorivene

公共フェリーがマーケット広場～スオメリンナ島間を通年運航（→P.452）。また私営のフェリーも5月～9月下旬の夏期のみ運航しており、JT-Lineの運航するマーケット広場～スオメリンナ島間のほか、マーケット広場～コルケアサーリ島Korkeasaari、ハカニエミ港Hakaniemi～コルケアサーリ島間などもある（→P.454）。

スオメンリンナ島行きのフェリー

■ タクシー

Taksi

ヘルシンキには流しのタクシーはなく、市内各所にあるタクシー乗り場や電話で呼び出して利用する。タクシー乗り場には「Taxi」と表示された看板が立っている。客待ちのタクシーがいない場合は電話で呼び出そう。なお電話で呼び出した場合、予約料は別途かかる。

タクシーはほとんどが高級車

おもなタクシー会社
Taxi Helsinki
☎0100-0700

タクシー料金
　メーター制。初乗り料金は月～金曜の6:00～20:00と土曜の6:00～16:00間は€5.3。それ以外の時間は€8.3。人数が増えるとメーター加算率が上がる。また、空港発着の場合は€2の割増。チップは不要。

COLUMN　　　　　　　　　　　　　　　　　FINLAND

ムーミンの産みの親

　ムーミンをカバだと思っている人も多いようだが、実はそうではない。ムーミンはトロールという生き物なのだ。「トロール」はスウェーデン語だが、単純に日本語に置き換えるのは難しい。「妖怪」でもなく「妖精」でもなく、「小人」でもない不思議な生き物で、森の奥にひっそりと暮らしている。エイリアンとでもいうしかないような存在で、いかにも北欧の自然にふさわしい。

　ムーミン・トロールとその仲間たちを創造した女性作家トーヴェ・ヤンソンTove Jansson（1914～2001年）は1914年、スウェーデン系フィンランド人で彫刻家の父と、スウェーデン人で挿し絵画家の母の間にヘルシンキで生まれた。フィンランドには少数民族としてのスウェーデン人社会があり、トーヴェ・ヤンソンもフィンランドの中の少数派、スウェーデン語社会で育つ。当然作品もスウェーデン語で執筆されているが、この生い立ちが、作品に感じられる独特の陰影を生み出しているとも言われている。

　日本では「ムーミンシリーズの原作者」という程度の認知度で、童話作家のように思われてもいるトーヴェ・ヤンソンだが、大人向けの作品も多く、北欧諸国ではかなり人気の高い作家だ。世界がファシズムに塗りつぶされようとしていた第2次世界大戦前の時代、政治風刺雑誌『ガルム』の表紙を描き続けた気骨の人でもある。ムーミンシリーズの深みのある登場人物描写などを見ても、「子供向けの話」で片づけてしまうにはもったいない。フィンランドを訪れることになったら、何か作品を1冊読んでおきたい作家だ。

タンペレのムーミン博物館にあるヤンソン作の原画

フィンランド　ヘルシンキ　市内交通

437

ヘルシンキ・カード
Helsinki Card

有効期間は、24時間、48
時間、72時間の3種類。有
効期間中は、トラム、市バ
ス、地下鉄、市営フェリー
が乗り放題、観光船や観光
バス、空港バスのフィンエ
アー・シティ・バス割引、
50ヵ所以上の博物館や美術
館の入館料、ヘルシンキ・
エキスパートの観光バスツ
アーが無料、コンサート、
オペラ、レストランの割引
などがあるお得なカード。
観光案内所や空港、キオス
ク、一部のホテル、オリン
ピアとカタヤノッカの両フ
ェリーターミナルなどで購
入できる。
URL www.helsinkicard.fi
料金 24時間有効 €35
　　 48時間有効 €45
　　 72時間有効 €55

通りと駅の名称について

ヘルシンキの道と地下鉄
やトラムの駅はフィンラン
ド語とスウェーデン語の併
記となっている。現地の地
図や標識、看板も両方の言
語で書かれている。本書で
は、地図に関しては併記を
しており、本文で紹介する
際にはフィンランド語での
表記を採用している。

道路名は、上がフィンランド
語で下がスウェーデン語

ヘルシンキの歩き方

青空と白壁のコントラストが美しいヘルシ
ンキ大聖堂

ヘルシンキは入り組んだ海岸線をもつ小さな半島の先に位置し、一国の首都とはいってもさほど大きい町ではない。町の中心はヘルシンキ中央駅周辺から港にかけてのエリアで、ここにおもな観光スポットやホテル、デパート、レストランなどが集中している。そのほとんどが歩いて回れる範囲にあり、道路もそれほど複雑ではないので歩きやすい。

ヘルシンキ中央駅は、国内、国外からの列車が発着し、トラムや地下鉄、バスなど市内の公共交通機関も停車するので町歩きの起点にぴったりの場所。ここを中心に、東西に平行に走るアレクサンテリン通りとエスプラナーディ通りEsplanadi、そしてこのふたつの通りの西端をかすめて南北に延びるマンネルヘイミン通りMannerheimintieの3つを頭に入れておけば、ヘルシンキの地理を把握しやすいだろう。

まず、ヘルシンキ中央駅からショッピングに最適なエスプラナーディ通りの入口までは徒歩5分ほど。そこからエスプラナーディ通りをゆっくりと東に向かうと、10分ほどで港に面したマーケット広場に到着する。広場から北に1ブロックの所には元老院広場があり、そのすぐ上にはヘルシンキ大聖堂がそびえるように建っている。帰りはトラムの走るアレクサンテリン通りを西に戻れば、中心部をざっと一周できたことになる。おもな美術館もこの長方形のエリアにほど近く、早足なら1日、ゆっくり回っても2日でほとんど見て回れるはずだ。

マーケット広場の端には、ヘルシンキの沖に浮かぶ世界遺産の島スオメンリンナ島行き市営フェリーの発着場がある。その西にはレンガ造りの倉庫などが並び、古くから続く港町の面影を残す静かなエリアだ。また、北欧デザインを取り扱うショップが多いのは、エスプラナーディ公園の北側からマンネルヘイメン通りの東側あたり。公園が多く町並みも美しいエリアに点在しているので、ゆっくり散策してみよう。

新鮮な食材が並ぶマーケット広場

ヘルシンキの観光案内所❶

ポホヨイスエスプラナーディ通り沿い、バルト海の乙女像のはす向かいに、ヘルシンキの観光案内所がある。市内にはいくつかの観光案内所があるが、情報やサービスが最も充実しているのはここ。パンフや日本語の観光案内などの資料を無料でもらえるほか、フィンランドの観光情報を検索できるインターネットの端末もあり、無料で利用できる。奥には「ヘルシンキ・エキスパートHelsinki Expert」のツアーショッ

プもあり、ヘルシンキ周辺のツアーの紹介と予約、ストックホルムやタリン行きの船のチケットの手配などを受け付けている（有料）。

スタッフの応対も親切

ヘルシンキ発のツアー

■ 観光バスツアー

観光案内所を運営するヘルシンキ・エキスパートが催行する、ヘルシンキ市内の見どころをバスで効率よく回るHelsinki City Toursが人気。ヘルシンキ大聖堂やフィンランディアホールを外から見学し、シベリウス公園やテンペリアウキオ教会ではバスを降りて見学できる。Audio City TourとGuided City Tourの2種類あり、コースはほぼ同じ。Audio City Tourは、バスの中で聴くオーディオガイドだが日本語もあり、所要約1時間30分。Guided City Tourは、スウェーデン語と英語のみのガイドとなり、所要約1時間45分。出発場所は、Audio City Tourがエスプラナーディ公園（ポホヨイスエスプラナーディ通りとファビアニン通りFabianinkatuの角）またはカタヤノッカ・ターミナル。Guided City Tourは、オリンピア・ターミナルから出発。おもなホテルへのピックアップサービスは要問い合わせを。料金はどちらのツアーも€27（ヘルシンキ・カードで無料）。人気のツアーなので早目に予約をしておこう。

ヘルシンキの観光案内所❶
MAP P.431-C2
☎(09)3101-3300
URL www.visithelsinki.fi
　　www.visithelsinki.jp（日本語）
開5/2～9/30
　　月～金 9:00～20:00
　　土・日 9:00～18:00
　　10/1～5/1
　　月～金 9:00～18:00
　　土・日10:00～16:00
休無休

動くインフォメーション
夏期は、町にインフォメーション隊がスタンバイしている。❶マークのついた緑色の帽子にブルゾン、バッグ、キックボードといったお揃いのスタイルで、町のおもだった場所に立っている。

ヘルシンキ・エキスパート
☎(09)2288-1600
URL www.helsinkiexpert.fi
Audio City Tour
住エスプラナーディ公園発
　4/2～5/1、9/19～10/9
　月～金11:00
　土・日11:00、13:00
　5/2～27、8/22～9/18
　毎日 11:00、13:00
　5/28～6/10
　毎日 11:00、12:00、13:00
　6/11～8/21
　毎日 11:00、12:00、13:00、15:00
　10/10～4/1
　毎日 11:00
カタヤノッカ・ターミナル発
　8/22～5/28
　毎日 10:30
Guided City Tour
住オリンピア・ターミナル発
　4/18～10/2 10:30
カタヤノッカ・ターミナル発
　5/29～8/21 10:30

オーディオガイドは前方座席にある

ヘルシンキ・ユースフルアドレス			
日本大使館	☎(09)686-0200	住Unioninkatu 20-22（5F）　MAP P.431-C3	
	FAX(09)63-3012		
スカンジナビア航空	☎0600-025831	営毎日8:00～22:00　休無休	
フィンエアー	☎0600-140140	営24時間　休無休	
タリンク・シリヤライン	☎0600-174552	住Erottajankatu 19　MAP P.431-C3	
ヴァイキング・ライン	☎(09)12-351	住Lönnrotinkatu 2　MAP P.430-B3	
警察、救急、消防（緊急）	☎112		
ヘルシンキ警察	☎71-8770111	住Punanotkonkatu 2　MAP P.431-C4	
遺失物問い合わせ	☎0600-41006		
電話医療サービス（24時間）	☎(09)10-023		

フィンランド　ヘルシンキ　歩き方／観光案内所

A ヘルシンキ中央駅周辺 （→P.444）

　国内だけでなく、国外からの列車も発着しているヘルシンキ中央駅は、ヘルシンキのある半島のほぼ中心に位置しており、空港からのシャトルバスや市バスの終着点ともなっている。駅を取り囲むようにしてホテルやレストラン、博物館、美術館が点在している。東側の駅前広場は公園になっており、『七人兄弟』を書いたアレクシス・キヴィが座りこんで思案している像（W.アールトネン作）がある。像の背後にそびえる重厚な建物は、フィンランド語で上演する劇場としては最も古く（1902年建造）、かつ大きい国立劇場（→P.482）で、演劇などが見られる。

B 元老院広場、エスプラナーディ公園周辺 （→P.446）

　市民の憩いの場として多くの人々でにぎわうエスプラナーディ公園Esplanadiには、詩人エイノ・レイノ、"童話おじさん"として親しまれた作家サカリ・トペリウス、フィンランド国歌の作詞者でもある詩人J.L.ルーネベリJ. L. Runebergの彫像が点在している。ルーネベリ像は彼の息子が製作したものである。

　公園を挟んで平行に延びるポホヨイスエスプラナーディ通りとエテラエスプラナーディ通りは、通り沿いに高級な店が軒を連ねるヘルシンキ随一のショッピングエリア。特にポホヨイスエスプラナーディ通りには多くの有名店が並ぶ。エスプラナーディ公園西端の白っぽい蹄鉄形の建物はスウェーデン劇場Ruotsalainen ➘

Teatteri。その北側にあるアカテーミネン・キルヤカウッパAkateeminen Kirjakauppa（→P.480）という書店は、アルヴァ・アアルトのデザイン。書店の隣の通称Rautataloと呼ばれるビルも同じくアアルトの設計だ。公園の東にはにぎやかなマーケット広場が広がり、北にはヘルシンキ大聖堂の姿が見える。

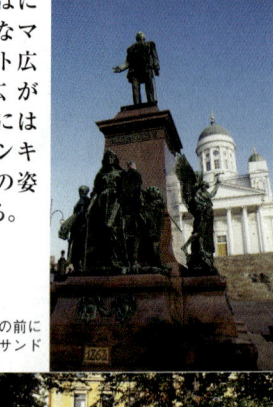

元老院広場の前に建つアレクサンドル2世像

マリメッコやイッタラなどの有名ブランドが並ぶエスプラナーディ通り

C 中心街南部 （→P.447）

　ヘルシンキ市民の憩いの場となっているエスプラナーディ公園の南側は、北欧デザインに興味がある人にとっては楽しいエリア。フィンランドデザインを一堂に集めたデザイン博物館と20世紀フィンランドの建築に関する情報が揃うフィンランド建築博物館が隣り合っていて、周辺にはアンティークショップやデザイン家具の店、おしゃれなカフェなどが点在している。

D 中心街西部（→P.448）

ヘルシンキ中央駅の西側には、国際バスや長距離バスが発着する中央バスターミナルの周辺にいくつかの高級ホテルや見どころがある。北には高さ17mもある14本の円柱が見事な国会議事堂Eduskuntatalo（1930年、シレーン設計）、さらにその北にフィンランディアホールと国立博物館がある。国会議事堂の西側は閑静な住宅街。入り組んだ道の先にはテンペリアウキオ教会がたたずむ。

E 中心街北部（→P.449）

ヘルシンキの北部は、トーロ湾Töölönlahtiを中心とした緑の多いエリア。トーロ公園Töölön puistoの周辺には、オリンピック競技場やモダンな建物の国立オペラ劇場（→P.482）などがある。

郊外（→P.452）

郊外にも、ユネスコの世界遺産に登録されているスオメンリンナ島をはじめとして、見逃せない見どころが数多くある。見どころは広い範囲に散らばっているので、すべて行くにはかなりの時間を要することになる。ポイントをしぼり、トラムや市バス、フェリーをうまく使って観光しよう。

かもめ食堂で一躍有名になった、カイヴォプイスト公園にあるCafé Ursula

ヘルシンキ エリアマップ

フィンランド　ヘルシンキ　エリアインフォメーション

One Day Sightseeing

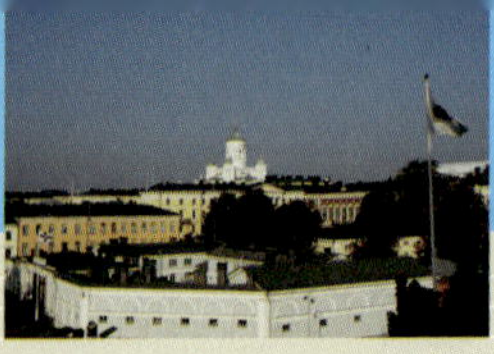

ヘルシンキ1日満喫型プラン

こぢんまりとしたヘルシンキは、中心部に見どころが集まっている。トラムを使えば移動も楽々。スオメンリンナ島へはフェリーで行こう。

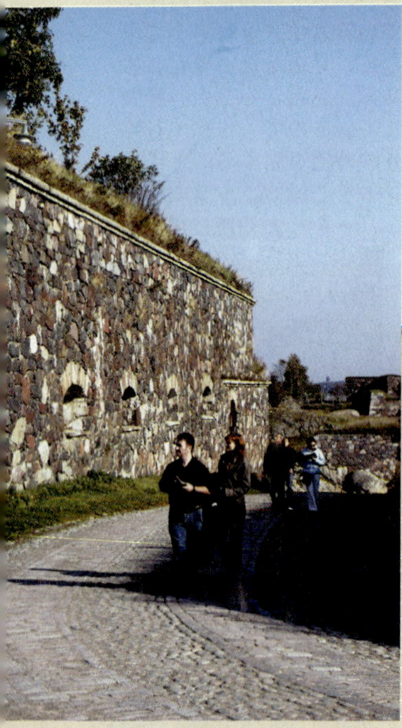

かつての要塞を歩いて散策することができる

Start!

1. スオメンリンナ島 MAP P.429-D4
   - ⛴ フェリー10分
2. マーケット広場 MAP P.431-D3
   - 🚶 徒歩5分
3. ウスペンスキー寺院 MAP P.431-D2
   - 🚶 徒歩5分
4. ヘルシンキ大聖堂 MAP P.431-C2
   - 🚶 徒歩7分
5. アテネウム美術館 MAP P.431-C2
   - 🚶 徒歩10分
6. 国立現代美術館キアズマ MAP P.430-B2
   - 🚶 徒歩10分
7. テンペリアウキオ教会 MAP P.430-A1
   - 🚊 🚌 トラム5分、市バス10分
8. シベリウス公園 MAP P.428-B2

Goal!

1 世界遺産に登録された要塞跡 スオメンリンナ島

[見学 60分]

(→P.452)

島内は大砲が点在し、潜水艦ヴェシッコ号が置かれている。昼頃には込み合うので朝早めの見学がベストだ。

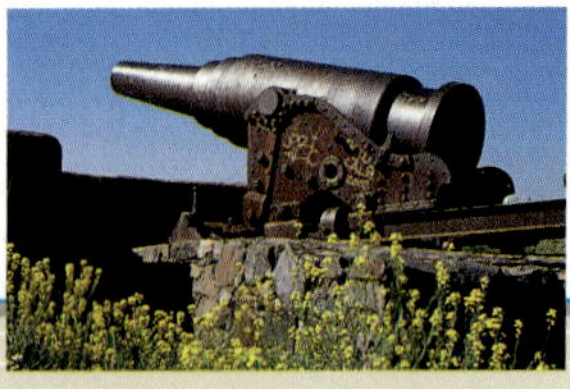

戦いの歴史を物語る大砲も今や町並みの一部

2 市民の暮らしをのぞいてみよう マーケット広場

[見学 40分]

(→P.447)

食料品や民芸品を売る屋台がずらり集まるマーケット広場。安くてかわいい雑貨もあるので、おみやげを探しにもってこい。

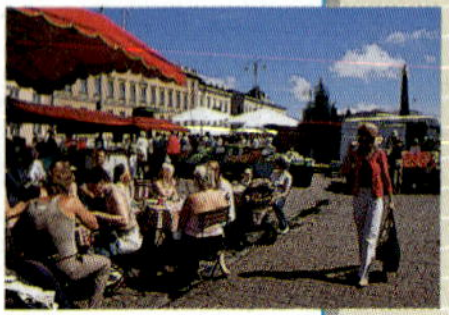

地元の人々も憩う広場のカフェ

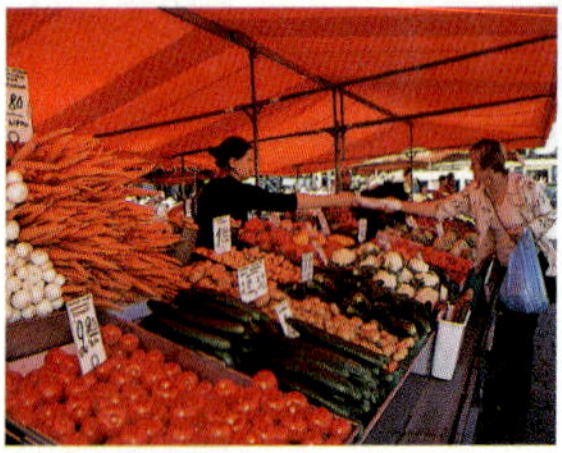

新鮮な野菜や果物が並ぶマーケットは色鮮やかで楽しい

3 北欧最大のロシア正教の教会 ウスペンスキー寺院

[見学 30分]

(→P.446)

内部の祭壇の周辺には、キリストと12使徒のテンペラ画が描かれ、豪華なシャンデリアなど荘厳な雰囲気に満ちている。

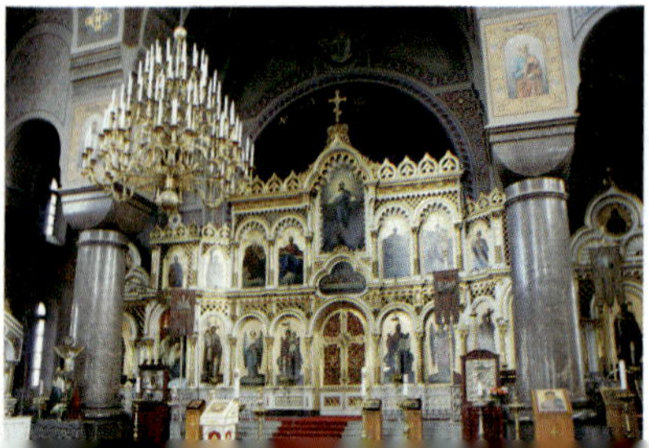

装飾の美しさに思わず見とれてしまう

4 ヘルシンキを代表する
壮大な建築

見学
20分

ヘルシンキ大聖堂
(→P.446)

　元老院広場を下に従える白亜の大聖
堂は一見の価値有り。天に伸びる3つ
のドームがあるシンメトリカルな外観
が美しい。

ドームが美しいヘルシンキ
の代名詞的な建物

POINT

ヘルシンキ大聖堂の
下には市民が憩う
元老院広場がある。

---

5 珠玉のフィンランド美術
コレクション

見学
60分

アテネウム美術館
(→P.444)

　フィンランドを代表する民族叙事詩『カレ
ワラ』(→P.445)を題材とした、ガッレン＝
カッレラの作品がここの目玉だ。

国内外の秀作が結集
する美術館

---

6 フィンランドを
代表する現代美術館

見学
60分

国立現代美術館キアズマ
(→P.444)

　曲線を効果的に使ったフォルムの建物は、
現代建築の傑作と呼ばれる。斬新な企画展も
随時開催。併設のカフェも人気。

自然光を取り入れた
展示室

7 周囲を岩に囲まれた
「ロックチャーチ」

見学
20分

テンペリアウキオ教会
(→P.448)

　すっぽりと岩にくるまれたデザイ
ンがユニークな教会。内装は岩盤が
むき出しになっており、180枚の窓
ガラスからあたたかな光が差し込む。

音響効果が優れており、しばしば
コンサートなどが催される

---

8 湖畔にたたずむ
静かな公園

見学
30分

シベリウス公園
(→P.449)

　交響詩『フィンランディア』な
どで知られる作曲家、シベリウス
を記念して造られた公園。園内に
は彼のモニュメントもある。

ウオーキングを楽しむ市民
たちの姿も多く見られる

*One Day
Sightseeing*

おもな見どころ

ヘルシンキ中央駅周辺

アテネウム美術館　　Ateneumin taidemuseo
MAP P.431-C2

充実したコレクションは国内最大規模

アテネウム美術館
住Kaivokatu 2
電(09)1733-6401
FAX(09)1733-6403
URLwww.ateneum.fi
開火・金10:00～18:00
　水・木10:00～20:00
　土・日11:00～17:00
休月
料€10
（ヘルシンキ・カードで入場可）

1750年代から1960年代までのフィンランド美術と、19世紀から20世紀の海外の美術品を展示する国内最大規模の美術館。19世紀中頃に起こった民族意識昂揚運動が生んだひとつの結晶として、1887年に誕生した。建物はT. ホイヤーの設計。それまでにもフィンランド芸術協会の手によって、多くの美術品が蒐集されていたが、この建物ができるまでは、市内のあちこちに分散していた。その後、アレクサンドル1世や市民から多くの作品が寄贈され、フィンランド最大、美術史の中枢的存在となった。美術館の名はギリシア神話の女神アテネ "Athena" に由来している。
　絵画では叙事詩『カレワラ』.を題材にしたフィンランドを代表するアクセリ・ガッレン＝カッレラや、フィンランド・ロココ主義を代表するイサック・ワックリンなど、フィンランド人画家のほか、ゴッホ、ゴーギャンなど海外の有名画家の作品を展示。彫刻ではヴァイノ・アールトネンやウォルター・ルーネベリの作品を収蔵している。

パスワード不要の無線LANスポット
　ヘルシンキ市内にはパスワードなしで無線LANが使える場所があるので便利。エスプラナーディ公園や、チェーン店のカフェ、ロバーツ・コーヒーRobert's Coffee、ウェイン・コーヒーWayne's Coffeeなど。

国立現代美術館キアズマ　　Nykytaiteen museo Kiasma
MAP P.430-B2

　マンネルヘイム元帥像の隣にあるモダンな外観の建物は、1998年にオープンした国立現代美術館キアズマ。アメリカの建築家スティーブン・ホール設計の館内に入ると、緩いカーブと直線で構成される5階まで吹き抜けの空間に目を奪われる。常に企画展が行われているので、何度行っても楽しめる美術館だ。デジタルアートをはじめとする現代美術に関心のある人は、足を運んでみよう。ミュージアムショップも充実しており、美しいフィンランドデザインの文房具や、コンピュータ関連の小物などがいろいろ手に入る。カフェもおすすめ。

国立現代美術館キアズマ
住Mannerheiminaukio 2
電(09)1733-6501
FAX(09)1733-6503
URLwww.kiasma.fi
開火　　10:00～17:00
　水～金10:00～20:30
　土・日10:00～18:00
休月
料€8
（第1水曜の17:00～は無料）
（ヘルシンキ・カードで入場可）

内部に入ってすぐに美しいスロープが現れる

建築デザインとしても名高い

郵便博物館　Postimuseo

MAP P.430-B2

ヘルシンキ中央駅の向かいには中央郵便局の立派なビルがあり、その1階に隣接しているのが郵便博物館。フィンランド郵政事業の歴史が、コンピュータや模型などを多用してわかりやすく展示されている。コレクションも充実しており、博物館の奥には150年以上前から現在まで使用された切手が並べられている。

郵政事業の歴史がよくわかる

中央郵便局の2階にはカフェやスタンプショップがあり、ムーミンやフィンランドの自然をモチーフにしたかわいい切手やハガキ、ピンバッジなどを販売している。

アモス・アンダーソン美術館　Amos Anderson Taidemuseo

MAP P.430-B2

アモス・アンダーソン氏の個人コレクションを集めて1965年にオープン。個人収集の美術館としてはフィンランド国内で最大。収集作品は、20世紀のフィンランド絵画を中心に、彫刻やガラス、テキスタイルなど多岐にわたる。また常設展のほかに特別展として、現代美術の作品も展示。ミュージアムショップや居心地のいいカフェもある。

郵便博物館

Asema-aukio 5H
020-4514888
URL www.posti.fi/postimuseo
月～金10:00～18:00
　土・日12:00～17:00
無休（臨時休館あり）
€6
（ヘルシンキ・カードで入場可）

アモス・アンダーソン美術館

Yrjönkatu 27
(09)684-4460
FAX (09)6844-4622
URL www.amosanderson.fi
月・木・金
　　　　　10:00～18:00
水　　　10:00～20:00
土・日　11:00～17:00
火
€8
（ヘルシンキ・カードで入場可）

館内のアンティークも必見

COLUMN　　　　　　　　　　　　　　　　　　FINLAND

『カレワラ』を知らずしてフィンランド文化は語れない

「宇宙はどんなふうにできたのでしょう？　むかし、原初の暗黒の海を、身ごもったまま漂っていた乙女の膝に、どこからか飛んできた小鳥が巣を作りました。やがて小鳥は卵を産みましたが、卵は巣から転げ落ちてしまいました。ところが、こわれた卵の殻は天と地になり、黄味から太陽、白味からは月が生まれました。」これは、フィンランドの神話がもの語る宇宙の始まりです。

宇宙創造のきっかけになったあの乙女のおなかに9年間もいて、生まれた時から老人だったワイナミョイネンは大詩人で、知恵と魔法と詩の力で人間に必要なものをぜんぶ作り出しました。

——こうした夢とロマンと人間らしさを望む人は、ぜひフィンランドの民族叙事詩『カレワラKalevala』を読むといい。老人ワイナミョイネンを主人公とする、なんと2万2795行の大長編。宇宙創造から詩人の誕生、彼の数々の冒険、キリスト教が入ってきたので彼がフィンランドを去るまでを、生き生きと描いている。

カレワラは、農民出身の民族学者であるエリアス・リョンロート（1802～84年）が、長年かけて採集したたくさんの断片を編集し、1835年2月28日（現在、この日は《カレワラ祭》として祝われている）に発表したもの。もともと農民たちが民謡のように歌っていたもので、フィンランド人の心のよりどころと言われる。シベリウスの音楽やガッレン＝カッレラの絵画など、さまざまな芸術家の作品の源泉ともなっている。（三木宮彦）

ヘルシンキ大聖堂

ヘルシンキ大聖堂
Unioninkatu 29
(09)2340-6120
FAX(09)2340-6140
URLtuomiokirkko.kirkkohelsinki.net
6～8月
　　毎日　9:00～24:00
9～5月
　　毎日　9:00～18:00
無休
無料

ヘルシンキ大聖堂　　Tuomiokirkko

MAP P.431-C2

ヘルシンキの代名詞的な建物

石畳の元老院広場を見下ろすように堂々とそびえ建つヘルシンキ大聖堂は、カルル・エンゲル設計によるもの。ドームを軸とした、シンメトリカルなデザインが印象的だ。ルーテル派の本山となる教会で、1852年に30年の歳月を費やして完成した。当初ドームは中央にひとつあるだけだったが、エンゲルの死後、他の建築家の手によって小さなドームが四隅に付け加えられた。元老院広場に面した大階段ものちに造られたものだ。正面入口は、フィンランドの他の教会と同様西側（ユニオニン通りUnioninkatu側）にある。ショッピングに疲れた人は、ヘルシンキっ子たちの真似をして大階段に腰をおろし、高台からの眺めを楽しんでみよう。

建物のわりには小さな祭壇

元老院広場

元老院広場　　Senaatintori

MAP P.431-C2

ヘルシンキのランドマーク的存在でもあるヘルシンキ大聖堂のすぐ下にある約3000㎡の広さを誇る石畳の広場が、元老院広場。中央にはW.ルーネベリによって作られた、ロシア皇帝アレクサンドル2世の立像がある。周辺には市庁舎Kaupungintalo、ヘルシンキ大学Yliopistoの本館と図書館などがあり、重厚でクラシカルな雰囲気が漂う。ここは、ヘルシンキでも最も古い歴史をもつ地区でもある。

大聖堂前の階段に腰かけて休憩する人も多い

ウスペンスキー寺院

ウスペンスキー寺院
Kanavakatu 1
(0207)220-683
URLwww.hos.fi
5～9月
　　月～金　9:30～16:00
　　土　　　9:30～14:00
　　日　　12:00～15:00
10～4月
　　火～金　9:30～16:00
　　土　　　9:30～14:00
　　日　　12:00～15:00
10～4月の月
無料

ウスペンスキー寺院　　Uspenskin katedraali

MAP P.431-D2

マーケット広場から見える赤レンガ造りの教会がウスペンスキー寺院。北欧最大のロシア正教の教会で、1868年にロシア人建築家によって建てられた。壁にはテンペラ画でキリストと12使徒が描かれているほか、優れた宗教芸術品を見ることができる。

高台の上にあるのでどこからもよく目立つ

マーケット広場　Kauppatori

MAP P.431-D3

　果物や野菜、露店のテントのカラフルな色彩を目にするだけで心楽しくなるマーケット広場。サクランボやイチゴはもちろんだが、エンドウ豆やニンジンまで生のまま食べながら歩いている人々もいる。フィンランドの工芸品やカラフルなウールのセーターやマフラーなど、おみやげにぴったりの品が並ぶほか、ニシンなどの焼き魚を売る店もあったりして、食事をとることもできる。入場は自由で、夏期の日曜にはサンデーマーケットも行われる。

　マーケット広場から港に沿って少し歩くと、オールド・マーケットホールWanha Kauppahalli（→P.480）の細長い建物がある。建物内には食料品のお店がズラリと並び、新鮮な魚介類や野菜などが売られている。

屋台では旬の味覚に出合える

マーケット広場

🕐月～金6:30～18:00
　　土　　6:30～16:00
🚫日
　冬にはクローズする店が多い
サンデーマーケット
🕐5月上旬～9月下旬
　　日 10:00～17:00

マーケット内のカフェは朝食やランチに最適

作り手と触れ合いながら買い物が楽しめる

中心街南部

デザイン博物館　Designmuseo

MAP P.431-C4

　世界に誇るフィンランドデザインを集めた博物館。家電製品や食器などの日用品、携帯電話、家具などのインダストリアルデザインの世界でフィンランドのデザイナーがどれだけ活躍してきたのか、ここに来るとよくわかる。1階の常設展では、フィンランドデザインの歴史を展示し、2階と地下1階は企画展を行っている。古い陶器の食器セットコレクションや1950年代の家電製品なども並んでいて興味深い。併設のミュージアムショップでは、フィンランド人デザイナーの作品を販売。カフェも併設。

外観はクラシックな雰囲気が漂う

デザイン博物館

🏠Korkeavuorenkatu 23
☎(09)622-0540
FAX(09)6220-5455
URLwww.designmuseum.fi
🕐6～8月
　毎日　11:00～18:00
　9～5月
　　火　　11:00～20:00
　　水～日11:00～18:00
🚫9～5月の月
💰€8
（ヘルシンキ・カードで入場可）

フィンランド建築博物館　Suomen rakennustaiteen museo

MAP P.431-C4

　趣のある古い建物内に、20世紀フィンランドの建築家に関する資料が展示されている。設計図やデッサン、建物の写真など、建築に興味がある人は必見。企画展も行われる。ミュージアムショップでは、建築に関する写真集などの書籍が充実している。

フィンランド建築を学ぼう

フィンランド建築博物館

🏠Kasarmikatu 24
☎(09)8567-5100
FAX(09)8567-5101
URLwww.mfa.fi
🕐火・木・金
　　　　10:00～16:00
　水　　10:00～20:00
　土・日 11:00～16:00
🚫月
💰€5（金曜は無料）
（ヘルシンキ・カードで入場可）

中心街西部

国立博物館

国立博物館
住Mannerheimintie 34
電(09)40-501
FAX(09)4050-9400
URLwww.nba.fi/en/nmf
開火　11:00〜20:00
　水〜日11:00〜18:00
休月
料€7
（火曜の17:30〜は無料）
（ヘルシンキ・カードで入場可）

種類豊富な土器や石器

国立博物館　Suomen Kansallismuseo
MAP P.430-B1

石造りの尖塔をもつ建物

マンネルヘイミン通りに面した国立博物館は、1902年にサーリネン、リンドグレン、ゲセッリウスの3名の共同設計により建てられたもの。教会のような外観が印象的だ。

石器時代から今日にいたるまでフィンランドのあらゆる史料が収められている。建物に入ると『カレワラ』のフレスコ画に目を奪われる。館内は時代やテーマに沿った7つの展示エリアに分かれており、それぞれ生活用品、狩猟道具、グラスコレクション、民族衣装などが展示されている。

テンペリアウキオ教会

テンペリアウキオ教会
住Lutherinkatu 3
電(09)2340-5920
開5/16〜9/15
　　月・火・木・金
　　　10:00〜20:00
　水　10:00〜18:45
　土　10:00〜18:00
　日　11:45〜13:45/
　　　15:00〜18:00
　9/16〜5/15
　　月　10:00〜17:00
　　火　10:00〜12:45/
　　　　14:15〜17:00
　　木・金10:00〜20:00
　水・土10:00〜18:00
　　日　11:45〜13:45/
　　　　15:30〜18:00
（土・日曜は行事が多く見学できる時間が変更されることがあるので事前に要確認）
休無休
料無料
行き方➡➡➡
　トラム3T番でKauppa-korkeakoulut下車、徒歩約5分。

テンペリアウキオ教会　Temppeliaukionkirkko
MAP P.430-A1

中央バスターミナル北側のアルカディアン通りArkadiankatuを15分ほど歩いた（トラムなら3T番）右側にあるルーテル派の教会。別名ロックチャーチと呼ばれているように、岩の中にスッポリ隠れているので、うっかりすると見落としてしまう。岩を自然な形に保とうという主旨のこの教会は、設計コンペティションによってティモ＆トゥオモ・スオマライネン兄弟の作品が選出され、1969年に完成した。天井の周囲を円形に切りとったガラス窓からの光線が、むき出しの粗い岩肌を柔らかく照らし出し、自然の懐に抱かれたような落ち着きを感じる。音響効果もよく、時々小さなコンサートが開かれる。

岩をくり抜いて造った教会

ヘルシンキ市立美術館・テニスパラッチ

ヘルシンキ市立美術館・テニスパラッチ
住Salomonkatu 15
電(09)3108-7001
URLwww.taidemuseo.fi
開火〜日11:00〜19:00
休月
料ヘルシンキ市立美術館€8
（金曜は16:00まで無料）
（ヘルシンキ・カードで入場可）

ヘルシンキ市立美術館・テニスパラッチ　Helsingin kaupungin taidemuseo, Tennispalatsi
MAP P.430-A・B2

ガラスが多用された白い外観の建物。現代アートの展示があるヘルシンキ市立美術館と、14軒の映画館などアミューズメント施設からなる複合ビルだ。カフェやファストフードなどの飲食店も入っており、若い人たちでにぎわっている。

地元の若者が集まるスポット

中心街北部

オリンピック競技場　Olympiastadion

MAP P.428-B1

1952年に開催されたヘルシンキ・オリンピックのために造られたスタジアム。入口に9個の金メダルを獲得したマラソンランナー、パーヴォ・ヌルミのブロンズ像（W.アールトネン作）がある。スタジアムの横にそびえ建つ高さ72mの展望塔スタディウム・タワーStadion Torniのほか、フィンランド・スポーツ博物館Suomen Urheilumuseoがある。

シベリウス公園　Sibeliuksen puisto

MAP P.428-B2

フィンランドの代表的作曲家でハメーンリンナ生まれのジャン（ヤン）・シベリウス（1865～1957年）を記念した公園。園内のほぼ中央には、1967年にエイラ・ヒルトゥネンが製作したステンレスパイプのモニュメントと、御影石の上に置かれたシベリウスの肖像のオブジェがある。記念撮影をしたあとは、西側の海岸通りを歩くのも気持ちがいい。

モニュメントとシベリウスのマスクは観光客に人気

オリンピック競技場
📞(09)436-6010
URLwww.stadion.fi
スタディウム・タワー
🕐月～金9:00～20:00
　土・日9:00～18:00
🚫無休　💰€2
（ヘルシンキ・カードで入場可）
改修のため2011年秋までクローズ。
フィンランド・スポーツ博物館
URLwww.urheilumuseo.org
🕐月～金11:00～17:00
　土・日12:00～16:00
🚫無休　💰€5
（ヘルシンキ・カードで入場可）
行き方＝＝＝
　トラム3T、4、4T、7A、7B、10番でTöölön halli下車、徒歩3分。

パーヴォ・ヌルミのブロンズ像

シベリウス公園
🏠Merikannontie
行き方＝＝＝
　スウェーデン劇場前から24番のバスで約10分。モニュメントが目印。ヘルシンキ中央駅から徒歩約40分。

COLUMN　　　　　　　　　　　　　　**FINLAND**

ノキア工場跡カアペリ

フィンランド最大の通信機器メーカー、ノキアNokiaの古い工場の建物を利用した巨大なアートスポットがカアペリKaapeli。市が第3セクターで運営している施設で、建物内にはギャラリーやダンスシアターが入っており、展示会やイベントが随時行われている。内容は、事前にウエブサイトでチェックすることも可能だ。空いたスペースは、アーティストがスタジオとして利用できるように格安でレンタルされており、フィンランドが国を挙げて文化事業に取り組んでいることがうかがえる。

見学のあとは人気のカフェレストラン、Hima&Sali（→P.473）でひと息つくのがおすすめ。アーティストたちが打ち合わせなどに利用している姿が見られる。

地下鉄駅から歩いてくると見えてくるメインの建物。インフォメーションは建物と建物の間を進んだ奥にある

━DATA━

■カアペリ **MAP.P428-B3**
🏠Tallberginkatu 1C15
📞(09)4763-8300
FAX(09)4763-8383
URLwww.kaapelitehdas.fi
🕐月～金9:00～21:00、土・日9:00～19:00
🚫無休
行き方＝＝＝
地下鉄ルオホラティ駅Ruoholahti下車、徒歩5分。

オールフィンランドロケの話題作
かもめ食堂のロケ地を巡る

ヘルシンキを舞台にした映画『かもめ食堂』。映画で見かけたあのシーンに合いに、ヘルシンキの町を歩いてみよう。

かもめ食堂

ヘルシンキにある日本食の食堂、かもめ食堂を舞台に、店主サチエ（小林聡美）と、ひょんなことから食堂で働くこととなったミドリ（片桐はいり）、マサコ（もたいまさこ）を主人公に、ほのぼのしたトーンで物語は進んでいく。

原作：群ようこ（幻冬舎刊）
脚本・監督：荻上直子

製作：日本テレビ、バップ、シャシャ・コーポレイション、パラダイス・カフェ、幻冬舎
配給：メディア・スーツ

販売元：バップ
価格：DVD 5040円（税込み）

1 かもめ食堂
ruokala lokki

サチエが店主を務める日本食の食堂。こぢんまりしたこの場所を舞台に、物語は進んでいく。実際はカハヴィラ・スオミKahvila Suomi（→P.471）というフィンランドの家庭料理などが味わえるカフェ。映画では、アアルトデザインのテーブルやイスが置かれ、カップや皿などもイッタラで統一されたおしゃれな内装だが、現実ではもう少し素朴な感じ。

2 トラム
Raitiovaunu

ミドリが登場して、ヘルシンキの町を回っている時に乗っていたのが、トラム。ヘルシンキの町を縦横に巡り、観光客や地元の人の貴重な足として活躍している。（→P.436）

3 アカデミア書店＆カフェ・アアルト
Akateeminen Kirjakauppa & Cafe Aalto

映画の冒頭、サチエとミドリが出会う場面で登場。ふたりで『ガッチャマンの歌』を歌う印象的なシーン。実際もアカデミア書店（→P.480）という本屋。『ガッチャマンの歌』を歌っていたのは2階にあるカフェ・アアルト（→P.472）。建物はアアルトがデザインしたもので、吹き抜けになった内装が美しい。

4 エスプラナーディ通り
Esplanadi

（アルテック、マリメッコ、イッタラ）

さまざまなショップが並ぶ、ヘルシンキのショッピングストリート。サチエが「誰だ、誰だ、誰だ〜」と『ガッチャマンの歌』を口ずさみながら歩いていた場所。エスプラナーディ公園の両側にあり、北側のポホヨイスエスプラナーディ通りにあるマリメッコのブティック（→P.476）は、マサコが買い物をした場所だ。

ハカニエミのマーケット
Hakaniemen Halli

地下鉄ハカニエミ駅の前にある。サチエの買い出しやミドリがトナカイの肉を買うシーンで登場。

ヘルシンキ中央駅

ヘルシンキ大聖堂

Mannerheimintie

ウルヨンカツの公共プール
Yrjönkatu Uimahalli

サチエが通っている公共のプール。内部は男女別になっており、なかには裸で泳いでいる人も。

③

④

②

Lönnrotinkatu

Uudenmaankatu

Korkeavuorenkatu

Pursimiehenkatu

①

ruokala lokki
かもめ食堂
ロケ地マップ。

メリカツ通り

ミドリが自転車を必死に漕いで、男の人を抜き返す場面で登場する緩やかな坂道。

Merikatu

カイヴォプイスト公園

⑤

Ehrenströmintie

5
カフェ・ウルスラ
Café Ursula

サチエ、ミドリ、マサコとフィンランド人女性リーサの休日の場面で登場。ヘルシンキの南、カイヴォプイスト公園そばにあり、目の前には海が広がる。夏ならテラスに座って、映画と同じようにビールを飲もう！（→P.473）

郊外へ足を延ばして‥‥‥
ヌークシオ国立公園
Nuuksio National Park

パンフレットやポスターのメイン写真として使われているので、覚えのある人も多いかも。劇中では、マサコが突如「森に行って来ます」と言って、キノコ狩りをしている場面に登場。

自然豊かな国立公園で、園内にはハイキングコースが整備されている。フィンランドの国立公園では、キノコやベリー狩りが許可されているので、実際にキノコ狩りをすることも可能。（→P.457）

スオメンリンナ島

スオメンリンナ島
URL www.suomenlinna.fi
ビジターセンター
☎(09)684-1880
⊙5～9月
　　毎日10:00～18:30
　10～4月
　　毎日10:30～16:30
休無休
ガイドツアー（英語）
⊙6～8月
　　毎日　11:00、14:00
　9～5月
　　土・日13:30
料€7
（ヘルシンキ・カードで無料）

行き方

マーケット広場にあるスオメンリンナ島行きフェリー乗り場から、ヘルシンキ交通局の運営する公共のフェリーとJTライン社JT-Lineの運営する私営のフェリーがある。前者はスオメンリンナ北端にあるメインポートに到着する。6:20～翌2:20の間、1時間に1～2便。所要15分、通年運航。後者は5月～9月下旬のみ運航。スオメンリンナ中央、ビジターセンター・キーVisitor Center's Quayに到着し、スオメンリンナ南端付近にあるキングス・ゲート・キーKing's Gate Quayに寄港して、マーケット広場に戻る。月～金曜8:00～23:00、土曜9:00～23:00、日曜9:00～20:00（時期によって短縮あり）。また、マーケット広場の桟橋からSunlinesなどによる観光船も出ている。船の前に運航時刻案内とチケット売り場がある。

公共のフェリー
料往復€4（乗船前に自動券売機そばの改札で時刻を刻印してから使うこと。その時刻から90分以内に船に乗らなくてはならない。12時間有効。）
（ヘルシンキ・カード、ツーリストチケットで利用可）

JTライン社
料往復€6.5

スオメンリンナ博物館
⊙/休ビジターセンターと同じ
料€5

スオメンリンナ島 　　　　　　　Suomenlinna
MAP P.429-D4

かつての城壁が今も残る

フィンランドの南海岸を守る要塞として防御壁が張り巡らされたスオメンリンナは、4つの島からなり、それぞれの島は橋でつながっている。スウェーデン・ロシア戦争、クリミア戦争、フィンランド国内戦争で重要な舞台となったが、今では海をにらむ大砲や砲台、博物館や教会、レストランが点在する美しい公園となっており、ユネスコの世界遺産にも登録されている。

スオメンリンナへは、マーケット広場から出航しているフェリーでアクセスする。フェリー乗り場から案内に従い、建物沿いに進んでから一度右に曲がって島の中央に向かって10分ほど歩くと、スオメンリンナ島のビジターセンター兼スオ

ホステル・スオメンリンナ
Hostel Suomenlinna

↑マーケット広場へ

マーケット広場へ↗

メインポート

カフェ・ヴァニレ
Café Vanille

スオメンリンナ教会

ビジターセンター
（スオメンリンナ博物館）
Suomenlinnamuseo

パニモ
Panimo

スオメンリンナ
おもちゃ博物館
Suomenlinnan
lelumuseo

エーレンスヴァールド博物館
Ehrensvärdmuseo

ビジターセンター・キー
Visitor Center's Quay

ビー・34
B 34

カフェ・パイパー
Café Piper

ビーチ

潜水艦
ヴェシッコ号
Sukellusvene
Vesikko

島南部が
一望できる丘

キングス・
ゲート・キー
King's Gate
Quay

N

0　　　　200　　　　400m

スオメンリンナ島
Suomenlinna

メンリンナ博物館Suomenlinnamuseoの建物がある。博物館ではスオメンリンナ島の歴史が模型や写真などを使って展示されている。

島内にはエーレンスヴァールド博物館Ehrensvärdmuseoのほか、1830〜1960年にかけてのおもちゃを25年かけて集めたスオメンリンナおもちゃ博物館Suomenlinnan lelumuseo（📞040-5006607　料€5。喫茶室では自家製のケーキやお菓子も楽しめる。サモワールのコレクションもある）、第2次世界大戦中に実際に使われていた潜水艦ヴェシッコ号Sukellusvene Vesikko（📞(09)1814-6238　料€4）などの見どころがある。これらの博物館を回りながら、島内に点在するカフェやレストラン、クラフトショップなどを訪れるのも楽しい。島内にはホステル・スオメンリンナHostel Suomenlinna（📞(09)684-7471　料ドミトリー€25〜Ⓢ€54）があるので、1泊してゆっくり観光してもいい。なお、夏期には島内でコンサートやオペラなど、さまざまなイベントが開催される。詳しいスケジュールはウェブサイトでチェックしよう。

島内には散策路が整備されている

■ アアルト自邸とアアルトのアトリエ The Aalto House & Studio Aalto
MAP P.428-A1

フィンランドを代表するデザイナーと言えば、アルヴァ・アアルト（→P.456）。ヘルシンキの市内の高級住宅街にはアアルトの自邸とアトリエがある。アアルトの名が世に知られ始めた頃に建てたアアルトの自邸はわりと質素だが、建物の中に入ると、自然の光を取り入れるためにくりぬかれた天井や、木を多用した心地いい空間を見ることができる。一方アトリエは、モダニズム建築と自然や環境との融合が見られるすばらしいもの。建物は小さな中庭を囲うように建てられており、一歩中に入るとその明るさに驚かされるだろう。冬、あまり太陽が昇らないフィンランドの人にとっての光の大切さを知ることができる。どちらもツアーでのみ見学可能。

インテリアの参考にもなるアアルトの自邸

エーレンスヴァールド博物館
📞(09)684-1850
🕐6/7〜8/31
　　毎日11:00〜18:00
　9月
　　毎日11:00〜16:00
🎫10/1〜6/6　料€3
（スオメンリンナ島の博物館はすべてヘルシンキ・カードで入場可）

島内のカフェ
Café Vanille
📞040-5561169
🕐3・4月
　　土・日11:00〜17:00
　5月
　　月〜金11:00〜16:00
　　土・日11:00〜17:00
　6月、8/13〜31
　　毎日11:00〜18:00
　7/1〜8/12
　　毎日　11:00〜19:00
　9〜10月
　　毎日　11:00〜17:00
　11〜2月
　　土・日11:00〜16:30
Café Piper
📞(09)668-447
🕐5/7〜31
　　毎日10:00〜17:00
　6/1〜8/22
　　毎日10:30〜19:00
　8/23〜9/19
　　毎日11:00〜18:00

島内のレストラン
Panimo
📞(09)228-5030
🕐3/1〜5/2、9/1〜12/18
　火〜土12:00〜22:00
　5/3〜8/30
　　月〜土12:00〜22:00
　　日12:00〜18:00

島内のショップ
B34
📞050-4082902
🕐5/17〜9/30
　　毎日10:30〜17:30

アアルト自邸
📍Riihitie 20
📞(09)481-350
🌐www.alvaraalto.fi
ガイドツアー
🕐5〜7月、9月
　　火〜日13:00〜18:00
　8月
　　毎日　13:00〜18:00
　10〜4月
　　火〜日13:00〜17:00
　毎時ちょうど発。
料€17

アアルトのアトリエ
📍Tiilimäki 20
📞020-7480123
🌐www.alvaraalto.fi
ガイドツアー
🕐8月　毎日　11:30
　9〜7月　火〜金11:30
料€17

行き方 ━━━
　トラム4、4T番のLaajala-hdenaukio下車、徒歩約10分。

カイヴォプイスト公園
マンネルヘイム博物館
☎(09)635-443
URL www.mannerheim-museo.fi
🕐金～日11:00～16:00
🈺月～木
💴€10
（ヘルシンキ・カードで入場可）

シュネーウス美術館
☎(09)4050-9628
URL www.nba.fi/fi/cygnaeuksengalleria
🕐5～9月
　　毎日11:00～17:00
🈺10～4月
💴€5
（ヘルシンキ・カードで入場可）

行き方 ━━━
　トラム3B番でKaivopuisto下車、徒歩1分。

セウラサーリ野外博物館
📍Seurasaari
☎(09)4050-9660
URL www.nba.fi/fi/seurasaari
🕐6～8月
　　毎日　11:00～17:00
　9/1～15
　　月～金　9:00～15:00
　　土・日11:00～17:00
🈺9/16～5/31
（敷地内には入れる）
💴€6（敷地内に入るだけなら無料）
（ヘルシンキ・カードで入場可）

行き方 ━━━
　スウェーデン劇場前から市バス24番で約20分、終点下車。長い木造の橋を渡る。

コルケアサーリ・ヘルシンキ動物園
☎0600-95911
URL www.korkeasaari.fi
🕐4・9月
　　毎日10:00～18:00
　5～8月
　　毎日10:00～20:00
　10～3月
　　毎日10:00～16:00
🈺無休
💴€10
（ヘルシンキ・カードで入場可）

行き方 ━━━
　マーケット広場からフェリーで約15分（5～9月のみ）。フェリーは10:00～19:00の30分ごとに出航。ハカニエミ港からもフェリーが出ており、5～8月の毎日10:00～19:00の30分ごとに運航。動物園入園券を含む往復€16、フェリーのみ片道€3.5。
　バスの場合は、ヘルシンキ中央駅東側の市バスターミナルから11番で行ける。

■ カイヴォプイスト公園　　Kaivopuisto
MAP P.429-C3・4

　各国大使館をはじめ、高級住宅の並ぶ閑静な公園地区カイヴォプイストは、1830年代に鉱泉会社がここに設立されたのが始まり。温泉の建物は、1838年にエンゲルによって設計されて以来何度も改装され、現在はレストラン "Kaivohuone" になり旅行者の人気を集めている。また、マンネルヘイム元帥が生前住んでいた家を利用したマンネルヘイム博物館Mannerheim Museoや19世紀のフィンランド美術を集めたシュネーウス美術館Cygnaeuksen Galleriaもある。

■ セウラサーリ野外博物館　　Seurasaaren ulkomuseo
MAP P.428-A2

　ヘルシンキの半島の西側の付け根あたりにある小さな島が丸ごと国立公園になっているセウラサーリ。北側の博物館地区には、フィンランド各地から移築された18世紀から19世紀の古い家屋や教会が87棟も展示されている。かのアルヴァ・アアルトに「建築における模範的建物である」と言わしめた『Niemeläの農家（No.7）』、中世から19世紀にかけての南西フィンランドの典型的な様式をもつ『Anttiの家（No.25）』、そして、大きな屋根がひときわ目立つ『Karuna教会（No.8）』が見どころ。清澄な空気に包まれながら木々の緑を眺めたり、海辺で日光浴をしたり、森の小動物たちとたわむれて過ごしたい。

美しい自然の中に古い建物が移築されている

■ コルケアサーリ・ヘルシンキ動物園　　Korkeasaaren eläintarha
MAP P.429-D2

　ヘルシンキ市街の東側に浮かぶコルケアサーリ島は、全体が動物園になっている。起伏のある敷地内に配置されたそれぞれの動物舎は、どれも広々としており、動物たちも居心地がよさそうだ。それぞれの檻の前には英語でも案内や解説が出ているので、どんな動物がいるのかがわかる。トナカイやユキヒョウなど寒い地域に生息する動物のほか、アフリカや南米の動物も見られる。開園直後に行くと、エサをもらったばかりで活発に動く動物たちを見ることができる。

ライオンも何頭かいる

■ ガッレン＝カッレラ美術館　Gallen-Kallelan Museo

MAP P.428-A1外

フィンランド出身のグラフィックおよび工芸の先駆者アクセリ・ガッレン＝カッレラ（1865～1931年）のアトリエを利用した美術館。建物は1913年に彼自身がデザインしたもので、1961年から美術館として一般公開されている。彼はヘルシンキの美術学校で4年間を過ごしたあと、パリに渡り美術を学んだ。多くの風景画や肖像画を残しているが、やはり彼を一躍有名にしたのは、『カレワラ』をテーマにした一連の作品。ここではグラフィックや絵、彫刻などの作品とともに、彼が使用していた製作道具、家具や備品も展示されている。J.シベリウスやR.カヤヌスが描かれている作品『シンポジウム』も必見だ。眺めのよい場所にあるので、ハイキングコースとしてもおすすめ。庭にはカフェもある。

■ アラビア工場　Arabia

MAP P.429-C1外

フィンランドを代表する陶磁器ブランドであるアラビア。1873年に操業が始まり、100年を超える歴史がある。丈夫で機能性重視の食器は、フィンランドはもとより世界中の人々に愛されてきた。またアラビアといえばムーミン・コレクションの陶器でも有名。ムーミンの絵柄の付いたマグカップや絵皿はおみやげにもなっている。

そのアラビアの製品が作られているのがこの工場。インフォメーションで予約をすれば工場見学も可能だ。1階のアウトレットには、アラビアのほかに同じグループであるガラス製品で有名なイッタラiittalaのグラス類や、やはり200年以上の歴史をもつハックマンHackmanの食器やキッチン用品が所狭しと並べられている。注目したいのはここでしか買えないアウトレット商品（B級品）。日本で3000～4000円程度の商品が、運がよければ€10前後で販売されていることも。ちなみに万一買い過ぎてしまっても、日本への発送システムがあるから安心だ。

9階にはアラビア博物館Arabian Museoがあり、創業以来愛されてきた定番の陶磁器や新製品が美しく展示されている。各アイテムのデザインのルーツなども解説されている。

中心部から少し遠いがぜひ訪れたい博物館だ

アラビアの歴史を学べるアラビア博物館

工場見学では実際に製品を作っ（いるシーンも見学できる

アラビア工場はカフェや博物館、ショップなどがある

ガッレン＝カッレラ美術館
🏠Gallen-Kallelan tie 27
☎(09)849-2340
URLwww.gallen-kallela.fi
⏰5/15～8/31
　毎日　11:00～18:00
　9/1～5/14
　火～土11:00～16:00
　日　　11:00～17:00
休9/1～5/14の月
料€8
（ヘルシンキ・カードで入場可）
行き方===
　トラム4、4T番でLaajalahdenaukio下車、徒歩25分（約2km）。

アラビア工場
🏠Hämeentie 135
URLwww.arabia.fi
インフォメーション
⏰月～金 8:00～16:00
休土・日
工場見学
☎020-4395326
📠040-3562473
（日本語での予約）
料€35～
　ツアーは要予約で、個人でも申し込み可。所要約1時間。8月の火・木曜の13:00には無料のツアーも催行。
アラビア博物館
☎020-4395357
URLwww.arabiamuseum.fi
⏰火～金12:00～18:00
　土・日10:00～16:00
休月
料€3
（ヘルシンキ・カードで入場可）
アウトレット
☎020-4393507
⏰月～金10:00～20:00
　土・日10:00～16:00
休無休
行き方===
　トラム6・8番の終点Arabianrantaのひとつ手前のArabiankatu下車、徒歩3分。

フィンランド　ヘルシンキ　おもな見どころ

フィンランドを代表する建築家アルヴァ・アアルト

　20世紀のフィンランド建築やデザインといえば、アルヴァ・アアルトAlvar Aalto（1898～1976年）を抜きにしては語れない。今なお人々に愛される、フィンランドという国でこそ生まれたアアルトの魅力に迫ってみよう。

　ロシアからの独立、第2次世界大戦を経て近代国家として歩んだフィンランドの変動の20世紀に活躍した建築家アルヴァ・アアルト。フィンランドの建築やデザインの礎を築き、世界に広めた第一人者だ。実際、フィンランドにはそれ以前に有名な建築物があまり残されていない。

　彼が初めて事務所を構えたのは、緑豊かなユヴァスキュラ（→P.498）だった。当時は、華美な装飾を施したクラシカルな新古典主義の作品を多く残している。次第に世界的ブームだった機能主義・合理主義のモダニズム建築へと作品を変化させ、トゥルク新聞社（1929年）やトゥルク郊外の町パイミオPaimioのサナトリウムSanatorium（1933年）で世界的な建築家としての地位を確立。アアルトデザインのイスの傑作、アームチェアは、パイミオのサナトリウムのためにデザインされたものだ。彼はその後も名声に左右されることなく、愛するフィンランドの自然や伝統を作品に取り入れたことで、現代建築の世界に新しい風を吹き込んだのだった。建築ではないが、家具の創作に活躍の幅を広げてデザインしたサヴォイベースがいい例で、湖の形を描いたといわれる不思議な曲線をもつ花瓶は、1937年のパリ万博で世界中から注目を集めた。フィンランドの建築やデザインに実用性を重視しながらも自然を連想させるものが多いのは、ここが起点になっているからかもしれない。

　ヘルシンキには、アアルトの手がけた作品が多く残っている。高級住宅街に、自宅兼事務所とアトリエがある（→P.453）。ほか、文化施設を集める都市計画を立案したアアルト自らが造ったフィンランディアホール（→P.482／1967～71年）も必見。直線と曲線が融合された白亜の外壁はまさに彼のデザインの集大成だ。時間があれば、赤レンガを多用した代表作、ヘルシンキ工科大学があるオタニエミ（→P.457）へ足を延ばしたい。また、白木を曲げて作ったイスやテーブルなど、彼がデザインした家具が購入できるArtek（→P.477）や、彼が内装を手がけた高級レストラン、Ravintola Savoy（→P.470）も有名だ。またユヴァスキュラのサイナッツァロや、都市計画から携わったロヴァニエミ（→P.508）なども、ファンなら訪れていたい場所だ。

※写真提供Copyright：アルヴァ・アアルト博物館 Alvar Aalto Museum

エクスカーション

ヌークシオ国立公園
Nuuksio National Park
MAP P.418-B4

ヘルシンキの西約35kmにある、面積45km²の国立公園。公園内には、緑深い森とコウホネの生い茂る湖が広がっており、全部で3種類のハイキングコースがある。いずれも地形はなだらかなので万人向き。時間や体力と相談しながら、森と湖の国の美しい自然を満喫しよう。

美しい森と湖を満喫できる

ヌークシオ国立公園
URL www.luontoon.fi
行き方➡➡➡
ヘルシンキから近郊列車E、L、S、Uのいずれかで約30分、エスポーEspoo下車。駅前Espoon Keskusバス停からバス85番で約30分、ハウカラメンティーHaukkalammentie下車。バス停の道を挟んで反対側の枝道を約20分歩くと公園の入口（駐車場）に到着する。最初の駐車場を通り越して2番目の駐車場がハイキングの出発地点。エスポーからのバスは本数が少ないため、事前に観光案内所にて時間を確認しておくといい。

オタニエミ
Otaniemi
MAP P.418-B4

ヘルシンキの郊外のエスポーEspooにあるオタニエミは、建築に関心をもつ人にとっては必見の場所。赤レンガで統一されたヘルシンキ工科大学Helsinki University of Technologyに、アルヴァ・アアルト設計の建築が並んでいる。なかでも天を見上げるように扇形に広がったオーディトリウムと図書館は見事。

学校内にはアアルト設計の建物が並ぶ

学生寮の裏側にある礼拝堂（1957年、ヘイッキ＆カイヤ・シレーン夫妻設計）もぜひ訪れたい。また、学生会館Dipoli（1966年、R.ピエティラ＆R.パーテライネン設計）もユニークなデザイン。

オタニエミ
入場自由
（5月下旬〜9月上旬の大学の夏休み中は建物内に入れないことがある）
行き方➡➡➡
中央バスターミナルから市バス102、102T、103番で約20分。降りるタイミングはわかりにくいので、ドライバーにヘルシンキ工科大学に行きたいと告げておくといい。

ヘルシンキ工科大学
URL www.tkk.fi

アイノラ
Ainola
MAP P.418-B4

ヘルシンキから40kmほど離れた所にある小さな村、アイノラには、偉大な作曲家シベリウスの家とお墓がある。シベリウスがその半生を過ごしたこの村は森と野原と湖に囲まれていて、風景はシベリウスの時代とまったく変わっていないといわれるほどのどかで素朴。名曲を生んだすばらしい自然の中で時間を過ごしてみるのもよいだろう。ツアーもあるので、詳しくはアイノラの観光案内所にて。

シベリウスが半生を過ごした家

アイノラ
行き方➡➡➡
ヘルシンキ中央駅から近郊列車G、H、R、Tで約30分、Järvenpää駅下車、徒歩約30分。中央バスターミナルからアイノラ（Järvenpää）行きのバスも多発、所要約50分。

シベリウスと妻アイノの家
(09)287-322
URL www.ainola.fi
5/3〜10/2
火〜日10:00〜17:00
月、10/3〜5/2
€7

フィンランド
ヘルシンキ　エクスカーション

457

■ ポルヴォー
Porvoo

MAP P.418-B4 ■

パステルカラーの家並み

スウェーデン王エリクソンによって1346年に設立された、フィンランドで2番目に古い町。その名はスウェーデン語のBorgäを語源とし、「川の要塞」の意味をもっている。事実、11世紀頃に木造の要塞が造られていたのだが、16世紀初頭に壊された。家屋もすべて木造だったので、戦争や火災によって何度もダメージを受けた。それでもなお、町全体に昔の面影を残している。

詩人J.L.ルーネベリとその息子の彫刻家ヴァルテルのホームタウンであり、画家A.エーデルフェルト、彫刻家V.ヴァルグレンの住んでいた町でもある。大聖堂Porvoontuomio-kirkkoやJ.L.ルーネベリの家Runebergin Koti、ポルヴォー博物館Porvoon Museo、ホルム・ハウスHolmin Kauppiastaloなどの見どころがある。

川に沿って並ぶ木造家屋

ポルヴォー
行き方 ➡➡➡

ヘルシンキの中央バスターミナルからバスで約1時間。1時間に1～5便運行。バスはポルヴォーの中心部にあるマーケット広場に着く。
夏期なら、ヘルシンキのマーケット広場からフェリーでもアクセスできる。ロイヤル・ライン社Royal Lineとルーネベリ号MS J.L.Runebergなどのフェリーが運航している。所要3時間～3時間30分。

ロイヤル・ライン社
☎020-7118333
URL www.royalline.fi
料往復€36

ルーネベリ号
☎(019)524-3331
FAX(019)58-5331
URL www.msjlruneberg.fi
料片道€25、往復€36

ポルヴォーの観光案内所❶
住Rinkamakatu 4
☎(040)489-9801
URL www.porvoo.fi
開6/7～8/29
　月～金　9:00～18:00
　土・日10:00～16:00
　8/30～6/6
　月～金　9:00～16:30
　土　　10:00～14:00
休8/30～6/6の日

J.L.ルーネベリの家
住Aleksanterinkatu 3
☎(019)58-1330
URL www.runeberg.net
開5～8月
　毎日　10:00～16:00
　9～4月
　水～日10:00～16:00
休9～4月の月・火
料€5

ポルヴォー博物館、
ホルム・ハウス
住Vanha Raatihuoneentori
☎(019)574-7500
URL www.porvoonmuseo.fi
開5～8月
　火～土10:00～16:00
　日　　11:00～16:00
　9～4月
　水～日12:00～16:00
休月、9～4月の火
料€5

[地図]
ポルヴォー
Porvoo

Linnankoskenkatu
Kaivokatu
旧市街
Rauhankatu
Kirkkokatu
大聖堂
Porvoon
tuomiokirkko
Vuorikatu
観光案内所
Välikatu
倉庫群
ポルヴォー博物館
Porvoon museo
人形とおもちゃの博物館
Nukke ja Lelumuseo
ホルム・ハウス
Holmin Kauppiastdlo

長距離バスターミナル
マーケット広場
Kauppatori
Piispankatu
Mannerkatu
ヴァルテル・ルーネベリ美術館
Walter Runebergin Veistoskokoelma
Aleksanterinkatu
Lakiokatu
Runeberginkatu
J.L.ルーネベリの家
Runebergin Koti
Landinkatu
Raatihuoneenkatu
Jokikatu
ポルヴォー川 Porvoon joki

0　　　200m

フィスカルス　Fiskars

MAP P.418-A4

フィスカルス村のシンボル、時計塔

　ヘルシンキの南西約85kmにある小さな村。17世紀に製鉄業で発展を遂げたが、1822年にはさみで有名なフィスカルス社に買収された。その後1970年代には事業の拡大により工場が手狭になったため、フィスカルス社はほかの地方へと移転してしまった。

　フィスカルス社の移転後、村は一時ゴーストタウンと化していたが、1980年になるとフィスカルス社の社長のすすめにより多くのアーティストたちが村へと移住してきた。アーティストたちは古い住居や倉庫を工房に改装し、ギャラリーやショップとして利用した。現在は緑に囲まれたアーティストビレッジとして一躍有名になり、国内のみならず世界中から注目を浴びる村へと変貌を遂げた。

　フィスカルスの魅力は何と言っても、村を歩くだけでフィンランドデザインの最先端を体感することができる点にある。村の中心にある時計塔の下にはフィスカルスの歴史をたどることができる博物館、フィスカルス1649Fiskars1649があり、その隣には村に住むアーティストたちの作品のセレクトショップ、オノマ・ギャラリー・ショップOnoma Galleri Shopがある。村には多くの工房があるので、散歩がてら訪ねてみるのも楽しい。古い建物を改装したレストランやホテルなどもあり、のんびり滞在することもできる。

アーティストの工房では作業風景を見ることもできる

地図（フィスカルス Fiskars）

- ベッド＆ブレックファスト・ワイルドローズ Bed & Breakfast Wildrose
- スーパーマーケット
- 駐車場
- オノマ・ギャラリー・ショップ Onoma Galleri Shop
- フィスカルス1649 Fiskars1649
- バスターミナル
- ストーン・ハウス Ruukinkonttori
- 駐車場
- フィスカルス博物館まで300m Fiskarsin Museo
- フィスカルス・ヴァルツフス1836 Fiskars Wärdshus 1836
- フィスカルス・フォーラム Fiskars Forum
- クパリパヤ Kuparipaja
- ギャラリー
- ガラスショップ
- アトリエ＆ショップ
- 0　100m

フィスカルス

URL www.fiskarsvillage.fi

行き方━━━

　ヘルシンキからはバス、鉄道ともに直通はない。バスならヘルシンキの中央バスターミナルから1日7便（途中1回バスを乗り換える）。所要1時間30分～2時間40分。鉄道だとヘルシンキからカルヤー駅Karjaaまで所要約1時間10分、1時間に1～2便運行。カルヤー駅からフィスカルス村まではバスかタクシーを利用。カルヤー駅とフィスカルスを結ぶバスは月～金曜1～2時間ごと。土・日曜になると便がなくなるので要注意。所要15～20分。

オノマ・ギャラリー・ショップ

住 Tornikellorakennus
電 (019)277-7500
URL www.onoma.org
開 5～9月
　毎日　10:00～18:00
　10～4月
　火～日12:00～17:00
休 10～4月の月

　フィスカルスには観光案内所はないが、ここで村の案内マップを配布している。タクシーも呼んでもらうこともできる。

オノマ・ギャラリー・ショップの店員は村のアーティスト

フィスカルス1649

住 Tornikellorakennus
電 (019)277-432
URL www.fiskarsvillage.fi/fiskars1649
開 5～9月
　毎日10:00～18:00
　10～4月
　毎日12:00～16:00
休 無休
料 無料

フィスカルス博物館 Fiskarsin Museo

電 (019)237-013
URL www.fiskarsmuseum.fi
開 5～9月
　月～金11:00～17:00
　土・日11:00～16:00
　10～4月
　土　　11:00～16:00
休 10～4月の日～金
料 €3

中世の面影が漂う港町
ふらっと
タリン旧市街
～1日散策モデルコース～

バルト3国の中で最も北に位置するエストニア。フィンランド湾を挟んでヘルシンキに面する首都タリンは、世界遺産に登録されている美しい古都。日本人ならばビザが不要なので、気軽に訪れることができる。

❶ ふとっちょマルガレータ

Paks Margareeta

1529年に建てられた砲塔。太ったおかみさんが監獄の食事を切り盛りしていたことからこの名前が付けられた。現在は海洋博物館になっている。

海洋博物館
🏠 Pikk 70
📞 (372)641-1408
🌐 www.meremuseum.ee
🕐 水～日10:00～18:00
🚫 月・火　€3.2

船の模型や漁具が展示されている

❷ 聖オレフ教会

Oleviste Kirik

タリンで一番高い塔をもつ教会。オレフとはこの教会を造ったとされる伝説の巨人の名前で、教会の裏ではオレフの石像も見ることもできる。

🏠 Lai 50　📞 (372)641-2241　🌐 www.oleviste.ee
🕐 4～10月　毎日10:00～18:00　💰 寄付
🕐 11～3月

聖オレフ教会の塔
🕐 5～10月　毎日10:00～18:00
🚫 11～4月　💰 €2

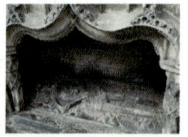

伝説の巨人、オレフの石像

歩き方ガイド

城壁に囲まれた旧市街の観光は、見どころが集中しているので1日あれば充分。タリン港から旧市街までは徒歩10～20分。市民ホール港からだと市民ホールに沿って港の反対側まで歩き、右に曲がると旧市街の教会が見えてくる。中心部のラエコヤ広場の周辺には旧市庁舎がある。周辺にはレストランやカフェも多いので、ランチもここでとるといい。

Start!
タリン港／市民ホール港
▼　徒歩20分
❶ ふとっちょマルガレータ
▼　徒歩3分
❷ 聖オレフ教会
▼　徒歩15分
❸ ラエコヤ広場
▼　徒歩1分
❹ 旧市庁舎
▼　徒歩10分
❺ アレクサンドル・ネフスキー聖堂
▼　徒歩10分
❻ トームペア城
Goal!　▼　徒歩35分
タリン港／市民ホール港

石畳の情緒ある広場

❸ラエコヤ広場
Raekoja Plats

町の中心にある広場。中世には多くの商人が訪れてにぎわいを見せた。現在はカフェやレストランなどが軒を連ね、市民の憩いの場となっている。

❹旧市庁舎
Raekoda

広場の一角にあるゴシック様式の建物。高さ65mの塔からの眺めは必見。ハンザ同盟で栄えたタリンの面影を伝える「議会の間」などが見学できる。

- Raekoja plats 1
- (372)645-7900
- 6/27~8/31
  - 月~土10:00~16:00
- 休日、9/1~6/26
- €4（塔は別途€3）

ハンザ同盟の名残を感じられる

❺アレクサンドル・ネフスキー聖堂
Aleksander Nevski Katedraal

帝政ロシア時代の1901年に建てられたロシア正教の教会。教会内には日露戦争で沈没したロシア艦隊のプレートもある。

- Lossi plats 10
- (372)644-3484
- URL www.hot.ee/nsobor
- 5~9月
  - 日~金8:00~19:00
  - 土 8:00~20:00
- 休10~4月
- 寄付

独特の外観が目をひく

❻トームペア城
Toompea Loss

タリンの征服者が変わる度に改築されてきた城。南側にある「のっぽのヘルマンPikk Hermann」の塔はタリンのシンボル的存在。

- Lossi plats 1a
- (372)631-6537

城というよりは宮殿のよう

フィンランド　ヘルシンキ　タリン

タリンへの船のアクセス

ヘルシンキからタリンへは、3月下旬~12月中旬のみ運航される高速艇と通年運航のフェリーが結んでいる。所要時間は高速艇で約1時間30分~2時間、フェリーなら約2時間30分。高速艇はランシ・ターミナルLänsiterminaaliやマカシーニ・ターミナルMakasiiniterminaaliから発着する。料金は会社によって異なり、往復切符やタリンでの宿泊付き割引パッ

クなどもあるので観光案内所で確認しよう。

タリンにはターミナルがふたつあり、ほとんどの船はタリン港（Reisisadam）に、リンダ・ラインの高速艇は市民ホール港（Linnahallsadam）に到着する。エストニアはシェンゲン条約加盟国なので、入国・出国の手続きはない。ただし、パスポートを忘れないように注意しよう。

--- DATA ---

■おもな船会社
タリンク・シリヤライン
Tallink Silja Line（高速艇）
　ヘルシンキ（ランシ・ターミナル発）
　- 0600-15700　URL www.tallinksilja.com
　- 片道€26~44
リンダ・ライン　Linda Line（高速艇）
　ヘルシンキ（マカシーニ・ターミナル発）
　- 0600-0668970　URL www.lindaline.fi
　- 片道€26~46
ヴァイキング・ライン　Viking Line（フェリー）
　ヘルシンキ（カタヤノッカ・ターミナル発）
　- (09)12-351　URL www.vikingline.fi
　- 片道€22~

■タリンの観光案内所ℹ
- Niguliste 2/Kullassepa 4
- (372)645-7777
- URL www.tourism.tallinn.ee
- 5/1~6/14
  - 月~金9:00~19:00　土・日10:00~17:00

6/15~8/14
　月~金9:00~20:00　土・日10:00~18:00
8/15~9/30
　月~金9:00~18:00　土・日10:00~17:00
10~4月
　月~金9:00~17:00　土10:00~15:00
休10~4月の日

■タリン・カード
さまざまなサービスが受けられるお得なカード。
- 6時間券 €12　24時間券 €24
48時間券 €32　72時間券 €40

■両替について
エストニアの通貨単位は2011年1月よりクローン（EEK）からユーロ（€）へと切り替わった。両替所はフェリーターミナル、空港、町なかなどにある。

■タリンの物価
タリン旧市街は観光地なので、観光客目当てのみやげ物などは高いが、全体的に物価はフィンランドに比べかなり安い。

本場フィンランドで満喫しよう

How To サウナ！

実はフィンランドは、サウナの発祥の国。「サウナSauna」とはフィンランド語であり、昔から生活に欠かせないものとして重宝され、かつては出産をする神聖な場所でもあった。現在ではフィンランド人の3人に１人はプライベートサウナをもっているというから、いかに暮らしに必要不可欠なものなのかがうかがえる。フィンランドではほとんどのホテルやプールにはサウナが付いているので、旅行の際にチャレンジしてみよう。

1

フィンランドのサウナは男女別。水を入れた桶と柄杓を持って入る。お尻の下にタオルかマットを敷いて座るのがエチケット。

2

サウナストーンに桶の水をかけて、温度を調整する。水をかけると蒸気（ロウリュ）が広がり、サウナ内が温まる。水をかける際は周りの人にひと声かけよう。

3

フィンランド人にとってサウナは会話を楽しむ場所でもある。心地よい蒸気に包まれながら、心も体もリラックスしよう。

4

入っている最中に、白樺の木を束ねたヴィヒタで体を叩くと、新陳代謝がよくなり体の芯からポカポカしてくる。

5

充分に体が温まったらサウナを出てひと息いれる。アルコールが飲めるなら、フィンランド風にロングジンで水分補給をするのも◎。なお屋外サウナでも、そのまま湖に飛び込むのはおすすめできない。

自分のペースで②～⑤を繰り返す。プール付きのサウナの場合は水着を着用してプールへ移動し、クールダウンしよう。

ヘルシンキのホテル

　ヘルシンキのホテルは年間を通じていつも込んでいる。特に5～8月の観光シーズンは連日満室状態が続く。ヘルシンキ中央駅構内の観光案内所（→P.433）で有料で探してもらえるが、夏期は予約なしでの到着は避けたい。

　ヘルシンキ市内のホテルは中～高級クラスがほとんどなので、1泊€100以上は見ておきたい。手頃な宿は少ないため、ホテル代にあまりお金をかけたくない人は日程が決まったら早めに予約しよう。高級ホテルは中央駅やエスプラナーディ公園の周辺など移動や観光に便利なエリアや、北のトーロ湾など景色のいい場所に多い。エコノミーな宿でも、トラムの駅からそれほど離れていないものがほとんど。また、滞在費を抑える方法としてアパートメントの利用もおすすめ。キッチン付きで1泊€85～で、予約はMatkamajoitus（圏044-2119526　URLmatkamajoitus.fi）などの予約代理店を通して行う。宿泊料金の（　）内は夏期、週末の料金。

Kämp

カンプ

元老院広場、エスプラナーディ公園周辺　MAP P.431-C2

　ヘルシンキ唯一の5つ星最高級ホテル。エスプラナーディ通りに面した交通至便な立地。1887年の創業時に建てられた由緒ある建物は、ホテルが閉鎖になった1960年代には銀行として利用されていたという。1999年に改装を終え再びオープン。ロビーをはじめ客室もすべてかつての重厚な雰囲気で統一されている。ホテル内にはふたつのレストランがあり、なかでもモダンヨーロピアン料理のKämpがおすすめ。日本人シェフが作る和食とスカンジナビア料理のフュージョンが楽しめるYumeも人気。バーでは無料で無線LANを利用することができる。

最高級ホテル

内装もゴージャスな雰囲気

中央駅とエスプラナーディ公園の間にある

住Pohjoisesplanadi 29
電(09)57-6111/(09)5840-9520（予約）
FAX(09)57-61122
料ⓈⒹ€200(184)～　朝食€29
CCADJMV
客室数179室
URLwww.hotelkamp.fi

Radisson Blu Plaza Hotel Helsinki

ラディソンBluプラザ・ホテル・ヘルシンキ

ヘルシンキ中央駅周辺　MAP P.431-C1

　ヘルシンキ中央駅まで徒歩約3分の場所に建つ高級ホテル。客室はスカンジナビア、アンティーク調で優雅なクラシック、ポップな内装のイタリアンという3つのタイプに分かれており、好きな雰囲気の部屋を選ぶことができる。どの部屋も広々しており快適だが、特におすすめなのは北欧デザインの家具を多用したスカンジナビア。シンプルで機能的な北欧デザインに触れてみよう。また、253号室はアアルトの家具でまとめられたアアルトスイートⓈⒹ€440(250)～。サウナやフィットネスセンターなど、ホテル設備も充実しており、満足のいくホテルライフを送ることができる。

高級ホテル

シンプルで機能的なスカンジナビアルーム

モダンデザインの最高級ホテル

住Mikonkatu 23
電020-1234703
FAX020-1234704
料Ⓢ€176(94)～Ⓓ€191(99)～
CCADJMV
客室数201室
URLwww.radissonblu.com

フィンランド　ヘルシンキ　ホテル

Cumulus Kaisaniemi
クムルス・カイサニエミ
ヘルシンキ中央駅周辺
MAP P.431-C2

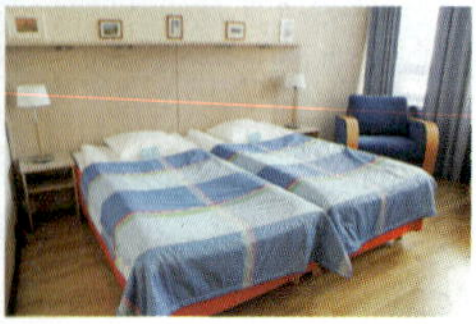

ヘルシンキ中央駅から東へ徒歩5分にあり、観光やショッピングに便利なホテル。地下鉄カイサニエミ駅やスーパーにも近い。客室は天井に空が描かれていたり、ポップなインテリアが置かれていたりと個性的。無料で利用できるサウナがある。

[住]Kaisaniemenkatu 7
☎(09)17-2881
[FAX](09)60-5379
[料]Ⓢ€163(92)～Ⓓ€188(122)～
[CC]A D M V
[室数]104室
[URL]www.cumulus.fi

Sokos Hotel Vaakuna
ソコス・ホテル・ヴァークナ
ヘルシンキ中央駅周辺
MAP P.430-B2

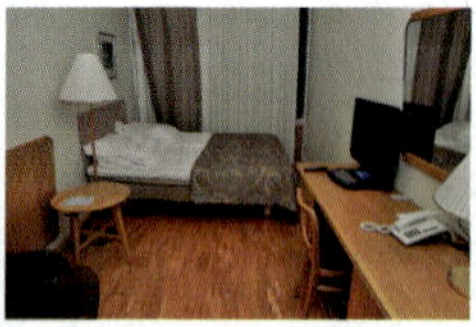

ヘルシンキ中央駅のすぐそばにあり、日本からのツアーでもよく利用される。天井が高く開放感あるロビーにはフィンランドデザインの家具が置かれ、モダンな雰囲気。全室無線LANインターネット完備。デパート、Sokos（→P.475）と同じ建物。

[住]Asemaaukio 2
☎020-1234610
[FAX](09)4337-7100
[料]Ⓢ€150(100)～Ⓓ€170(120)～
[CC]A D J M V
[室数]270室
[URL]www.sokoshotels.fi

Hotelli Seurahuone
セウラフオネ
ヘルシンキ中央駅周辺
MAP P.430-B2

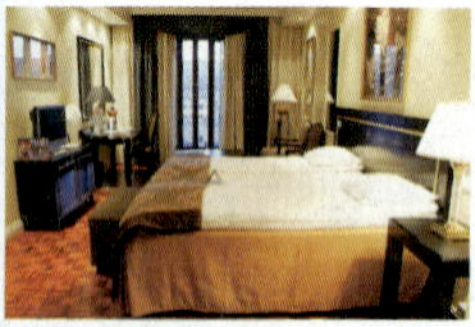

1914年創業のヘルシンキを代表するホテル。アールヌーヴォー調の風格ある外観と、歴史を感じさせるロビーが印象的だ。客室の壁は白を基調とし、家具はアンティークで統一されている。雰囲気のよいレストランやバーも併設されている。

[住]Kaivokatu 12
☎(09)69-141
[FAX](09)691-4010
[料]Ⓢ€198(99)～Ⓓ€204(129)～
[CC]A D M V
[室数]118室
[URL]www.hotelliseurahuone.fi

Sokos Hotel Helsinki
ソコス・ホテル・ヘルシンキ
ヘルシンキ中央駅周辺
MAP P.431-C2

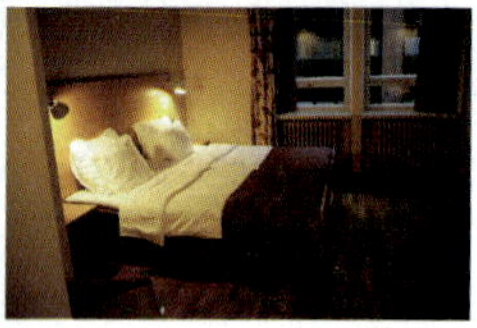

ヘルシンキ中央駅から徒歩5分、レストランやショップが集中する町の中心にあり、観光にビジネスに便利な立地。ロビーをはじめ、客室もモダンなデザイン。インテリアもおしゃれで機能的なものばかり。フランス田舎料理のレストランが入っている。

[住]Kluuvikatu 8
☎020-1234601
[FAX](09)17-6014
[料]Ⓢ€167(85)～Ⓓ€180(85)～
[CC]A D J M V
[室数]202室
[URL]www.sokoshotels.fi

Hilton Helsinki Strand
ヒルトン・ヘルシンキ・ストランド
ヘルシンキ中央駅周辺
MAP P.429-C2

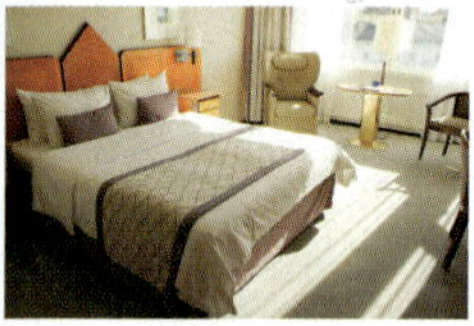

ハカニエミ港を見下ろす運河沿いに立ち、客室からの眺めは絵を見るように美しい。内装にはラップランド産の石がふんだんに使用され文句なしの豪華さ。アンティーク調の家具が置かれた客室は落ち着いた雰囲気。北欧料理が楽しめるレストランも評判。

[住]John Stenbergin ranta 4
☎(09)39-351 [FAX](09)3935-3255
[料]ⓈⒹ€200(112)～
[CC]A D M V [室数]190室
[URL]www.hilton.com
日本の予約先：ヒルトン・リザベーションズ＆カスタマー・ケア
☎(03)6863-7700（東京03地域）
[Free]0120-489852（東京03地域外）

Holiday Inn Helsinki City Centre
ホリデイ・イン・ヘルシンキ・シティ・センター
ヘルシンキ中央駅周辺
MAP P.430-B1

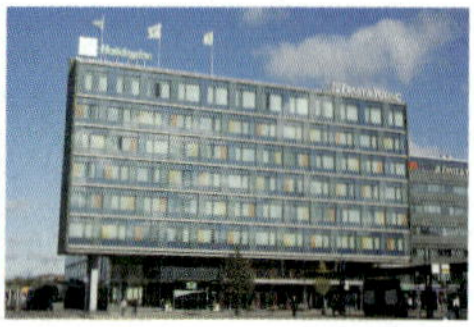

ヘルシンキ中央駅のすぐ横に建つ高級ホテル。客室は木のインテリアが優しい印象でゆったりとくつろげる。ビジネスセンターには無料でインターネットができるパソコンあり。フィットネスセンター、サウナも無料。フィンエアー・シティ・ターミナルもすぐそば。

[住]Elielinaukio 5
☎(09)5425-5000 [FAX](09)5425-5299
[料]ⓈⒹ€197(155)～
[CC]A D J M V [室数]174室
[URL]www.ichotelsgroup.com
日本の予約先：インターコンチネンタルホテルズグループ東京予約センター[Free]0120-455655

バスタブ　バスタブ一部　テレビ　テレビ一部　ドライヤー　ドライヤー貸出　ミニバー　ミニバー一部　ハンディキャップルーム　無線LAN　無線LAN有料　無線LAN一部　無線LAN一部有料

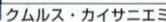

Hotel Haven
ハヴン

元老院広場、エスプラナーディ公園周辺

MAP P.431-C3

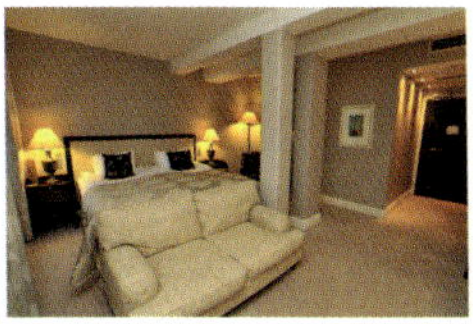

日本大使館の斜め前にあり、2009年に開業したホテル。館内にはSundmans restaurant（→P.470）やスパ、フィットネスセンターなどが併設されている。バスルームに液晶テレビが設置されているなど、客室の設備も最先端のものが揃っている。

[住]Unioninkatu 17
☎(09)68-1930
[FAX](09)6819-3110
[料]Ⓢ€146(130)～Ⓓ€176(160)～
[CC]A D M V
[室数]77室
[URL]www.hotelhaven.fi

Hotel Glo
グロ

元老院広場、エスプラナーディ公園周辺

MAP P.431-C2

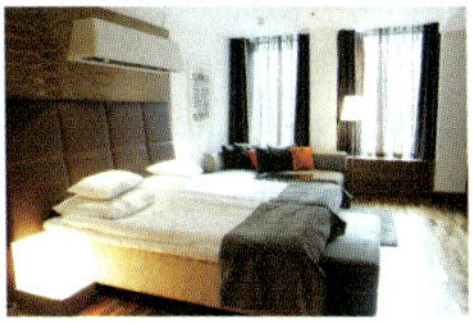

2007年オープンのデザインホテル。コンテンポラリーなデザインの客室は広々しており、のんびりとくつろげる。宿泊者のどんな要求にも応えることがコンセプトで、例えば部屋でのスパや絵の具の調達まで、さまざまなサービスが受けられる。

[住]Kluuvikatu 4
☎010-3444400
[FAX]010-3444401
[料]ⓈⒹ€150(139)～
[CC]A D M V
[室数]144室
[URL]www.palacekamp.fi

Sokos Hotel Torni
ソコス・ホテル・トルニ

元老院広場、エスプラナーディ公園周辺

MAP P.430-B3

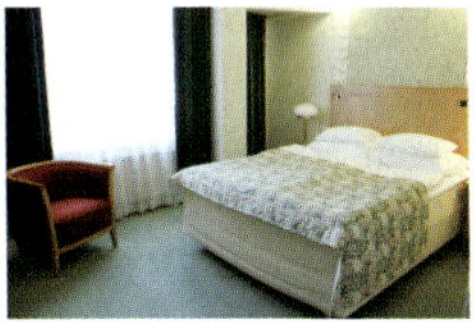

1930年開業の老舗ホテル。繁華街に近いが、大通りからは離れているため静かな環境。2005年に全面リノベーションを終えた客室は、オレンジや黒を基調とした洗練された雰囲気。人気のAteljee Bar（→P.481）や、フィンランド料理のレストランあり。

[住]Yrjönkatu 26
☎020-1234604
[FAX](09)4336-7100
[料]Ⓢ€105～220Ⓓ€105～250
[CC]A D J M V
[室数]152室
[URL]www.sokoshotels.fi

Klaus K
クラウス・クルキ

元老院広場、エスプラナーディ公園周辺

MAP P.431-C3

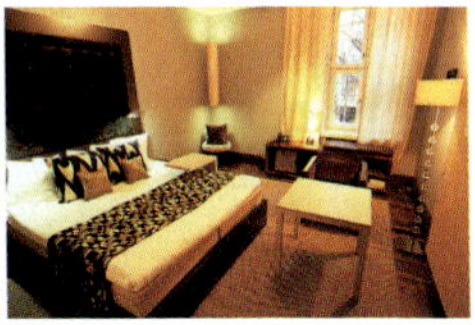

老舗ホテルが、デザインホテルとして生まれ変わった。デザインコンセプトは「フィンランドの伝統とモダンの融合」。フィンランドの神話『カレワラ』（→P.445）をテーマにした内装は、エキゾチック。5つ星のフィンランド料理店、Ilmatarを併設。

[住]Bulevardi 2/4
☎020-7704700
[FAX]020-7704730
[料]Ⓢ€150（105）～
Ⓓ€175（125）～
[CC]A D M V
[室数]139室
[URL]www.klauskhotel.com

COLUMN　FINLAND

ヘルシンキの名物公共プールでサウナ体験

ヘルシンキのサウナのなかで最もおすすめなのが、ウルヨンカツの公共プールYrjönkatu Uimahall。映画『かもめ食堂』のラストシーンに登場することでも有名なプールは、1928年のオープン以来多くの市民たちに利用されてきた。入場したらカウンターで利用料を支払い、ロッカーかキャビンで水着に着替える。あとはプールで泳いで、最後にサウナに入る。2階はプライベートルームになっており、マッサージも受けられる。

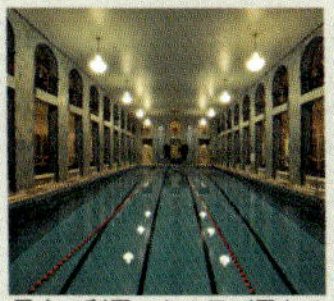

男女で利用できる日が異なる

DATA

ウルヨンカツの公共プール MAP.P430-B2

[住]Yrjönkatu 21b　☎(09)3108-7800

[営]女性	1階	月・日	12:00～21:00
		水・金	6:30～21:00
	2階	水・金・日	14:00～21:00
男性	1階	火・木	6:30～21:00
		土	8:00～21:00
	2階	火・木・土	14:00～21:00

[休]無休

[料]1階　ロッカー€4.6（タオル、バスローブ付き）、キャビン€5　2階€12

Hotel & Apartment Rivoli Jardin

ホテル&アパートメント・リヴォリ・ジャルダン

中心街南部

MAP P.431-C3

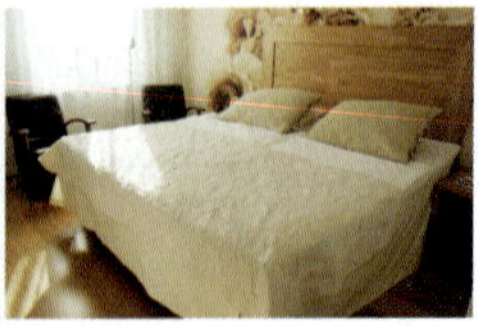

中心街からはややはずれた所にある、古城のような外観のホテルで、入口は内庭にある。客室はすべて異なるデザインになっている。女性旅行者におすすめしたいおしゃれなホテル。アパートメントは長期で泊まるほうがお得になる。サウナ€12。

[住]Kasarmikatu 40
☎(09)68-1500
[FAX](09)65-6988
[料]Ⓢ€150(100)〜Ⓓ€170(110)〜
アパートメント€90〜
[CC]A D M V
[室数]55室、アパートメント13室
[URL]www.rivoli.fi

Hotel Linna

リンナ

中央街西部

MAP P.430-B3

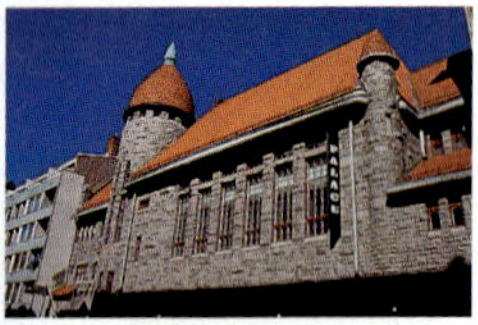

ヘルシンキ中央駅から徒歩約10分の場所にあるホテル。石造りの外観と中世のお城のようなロビーの内装がユニークだが、客室の設備やインテリアはモダン。館内も落ち着いていて雰囲気もよく、カップルにもおすすめできるホテルだ。

[住]Lönnrotinkatu 29
☎010-3444100
[FAX]010-3444101
[料]Ⓢ€136(78)〜Ⓓ€156(88)〜
[CC]A D M V
[室数]48室
[URL]www.palacekamp.fi

Scandic Simonkenttä

スカンディック・シモンケンタ

中心街西部

MAP P.430-B2

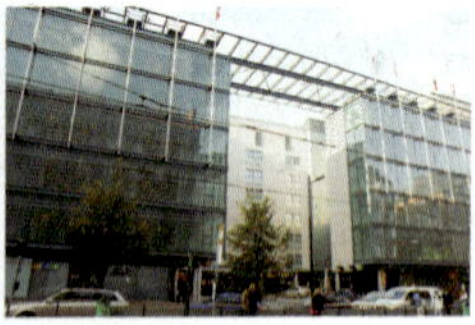

ヘルシンキ中央駅近く、繁華街に建つ。壁面部がガラス張りのモダンなデザインが印象的。館内には北欧デザインのインテリアが随所に配され、また客室は白木を活かした家具が温かみを演出している。館内にはショッピングアーケードもある。

[住]Simonkatu 9
☎(09)68-380
[FAX](09)683-8111
[料]Ⓢ€160(97)〜Ⓓ€180(117)〜
[CC]A D J M V
[室数]360室
[URL]www.scandichotels.com

Helka

ヘルカ

中心街西部

MAP P.430-A2

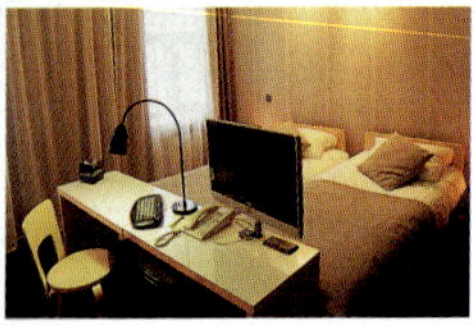

アルヴァ・アアルトの家具を扱うアルテックとのコラボレーションにより誕生。すべてのインテリアが白木と曲線が織りなすモダンなアアルトデザインのもので統一され心地よい空間を演出。アアルトの家具を購入する前に使用感覚を試しにきては?

[住]Pohjoinen Rautatiekatu 23
☎(09)61-3580
[FAX](09)44-1087
[料]Ⓢ€148(98)〜
Ⓓ€185(122)〜
[CC]A D M V
[室数]150室
[URL]www.helka.fi

Radisson Blu Royal Hotel Helsinki

ラディソンBluロイヤル・ホテル・ヘルシンキ

中心街西部

MAP P.430-A3

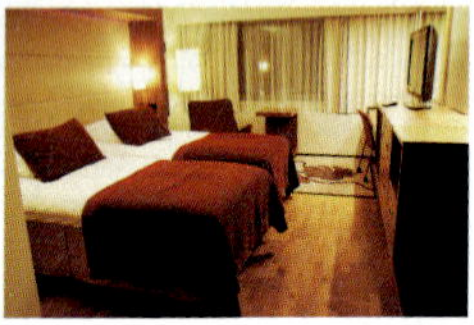

市心街の西、地下鉄カンピ駅の正面にあり、ガラス張りのモダンな高層建築が遠くからでもひとめを引く。吹き抜けになったロビーは広々しており、スタイリッシュなデザインで統一されている。客室のベッドは大きく、広くて居心地いい造り。

[住]Runeberginkatu 2
☎020-1234701
[FAX]020-1234702
[料]Ⓢ€171(89)〜Ⓓ€186(94)〜
[CC]A D J M V
[室数]262室
[URL]www.radissonblu.com

Crowne Plaza Helsinki

クラウン・プラザ・ヘルシンキ

中心街北部

MAP P.428-B2

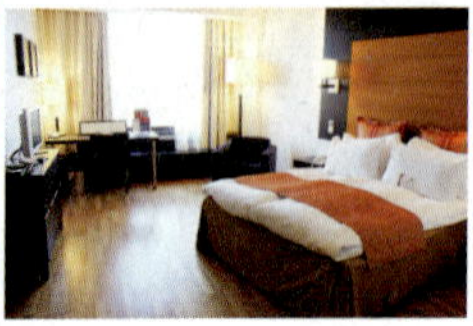

国立オペラ劇場の向かいに位置する高級ホテル。あたたかみがありながら洗練された雰囲気の客室が北欧らしい。サウナ、プール、スパなどリラクゼーションのための設備が充実。近くには湖に面したトーロ公園があり、散歩するのも楽しい。

[住]Mannerheimintie 50
☎(09)2521-0000 [FAX](09)2521-3999
[料]Ⓢ€199(150)〜Ⓓ€218(171)〜
[CC]A D J M V [室数]349室
[URL]www.ichohotelsgroup.com
日本の予約先：インターコンチネンタルホテルズグループ東京予約センター
[Free]0120-455655

高級ホテル

Scandic Hotel Continental Helsinki
スカンディック・ホテル・コンチネンタル・ヘルシンキ

中心街北部

MAP P.428-B2

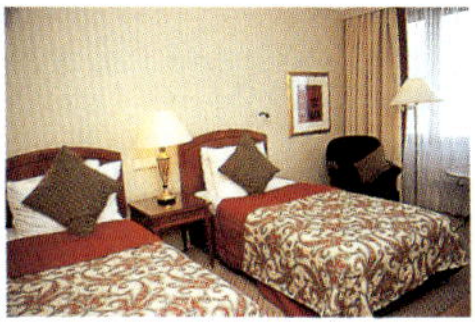

トーロ湾を前にした静かな環境にあり、国立オペラ劇場や国立博物館などにも近い。フィンランド最大級の客室数をもち、室内は白を基調とした上品な造り。プールとサウナがあり、朝は無料で利用できる。ホテルの前から空港バスが発着する。

[住]Mannerheimintie 46
[電](09)47-371
[FAX](09)4737-2211
[料]Ⓢ€138(82)～Ⓓ€148(92)～
[CC]A D J M V
[室数]514室
[URL]www.scandichotels.com

Best Western Premier Hotel Katajanokka
ベストウエスタン・プレミア・ホテル・カタヤノッカ

中心街東部

MAP P.429-C3

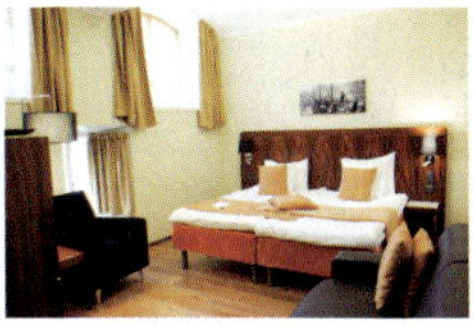

1837年から2002年まで使われた刑務所を再利用したホテル。かつての監房を改装した客室は明るくモダンな雰囲気。液晶テレビや湯沸かし器、一部の部屋にはサウナを備えるなど設備も充実している。地下は監獄をテーマにしたレストラン。

[住]Merikasarminkatu 1a
[電](09)68-6450
[FAX](09)67-0290
[料]Ⓢ€160(100)～
Ⓓ€190(120)～
[CC]A D M V
[室数]106室
[URL]www.bestwestern.fi

中級ホテル

Hotel Arthur
アルトゥル

ヘルシンキ中央駅周辺

MAP P.431-C1

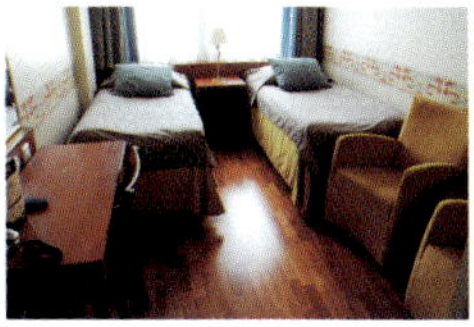

ヘルシンキ中央駅から北東へ徒歩約5分、静かで落ち着いた場所に建つホテル。料金も手頃なのでリピーターが多い。プライベートサウナは要予約（€6～）。客室は順次リノベーション中。有線LANインターネット利用は有料（24時間€8）。

[住]Vuorikatu 19
[電](09)17-3441
[FAX](09)62-6880
[料]Ⓢ€104(78)Ⓓ€124(94)
[CC]A D M V
[室数]167室
[URL]www.hotelarthur.fi

Anna
アンナ

中心街南部

MAP P.431-C4

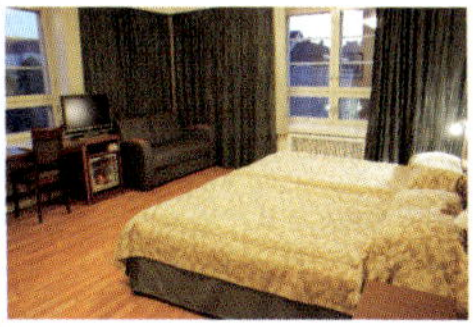

ヘルシンキ中央駅から南へ徒歩約10分、日本人に人気のモダンなホテル。客室は充分な広さで、明るい雰囲気。アレルギー体質の人のためのカーペットがない部屋もある。プライベートサウナあり（€8.5、要予約）。HPの割引プランも要チェック。

[住]Annankatu 1
[電](09)61-6621
[FAX](09)60-2664
[料]Ⓢ€130(90)～Ⓓ€170(120)～
[CC]A D M V
[室数]64室
[URL]www.hotelanna.fi

Hotel Fabian
ファビアン

中心街南部

MAP P.431-C3

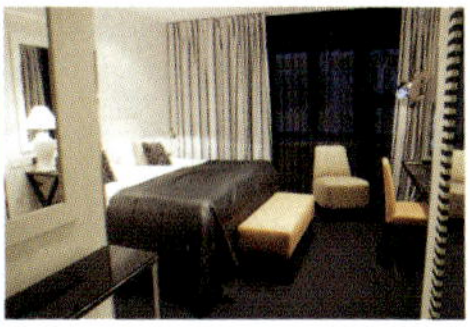

2010年にオープンしたブティックホテル。中心部にありながら環境は静か。クールモダンなインテリアでまとめられた客室には、大型液晶テレビをはじめ最新の設備が整っている。フロントの応対もスマートで、洗練された雰囲気が漂う。

[住]Fabianinkatu 7
[電](09)6128-2000
[料]Ⓢ€135(110)～
Ⓓ€160(140)～
[CC]A D M V
[室数]58室
[URL]www.hotelfabian.fi

Omena Hotel Eerikinkatu
オメナ・ホテル・エーリキンカツ

中心街西部

MAP P.430-B3

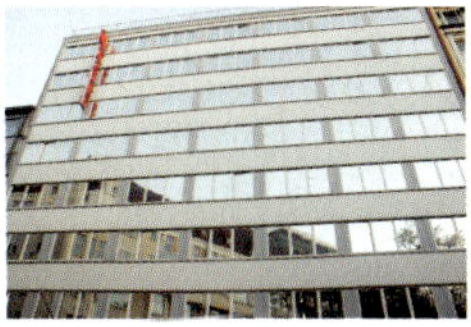

近年フィンランドで拡大中のチェーンホテル。予約はインターネットのみ。ホテルにはフロントもないので、予約時に送られてくる番号（ドアコード）を控え、ホテルと部屋の入口でドアコードを入力し中に入る。支払いも予約時にクレジットカードで行う。

[住]Eerikinkatu 24
[電]なし
[料]ⓈⒹ€45～83
[CC]A M V
[室数]95室
[URL]www.omenahotels.com

中級ホテル

Cumulus Olympia
クムルス・オリンピア

中心街北部

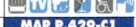

MAP P.429-C1

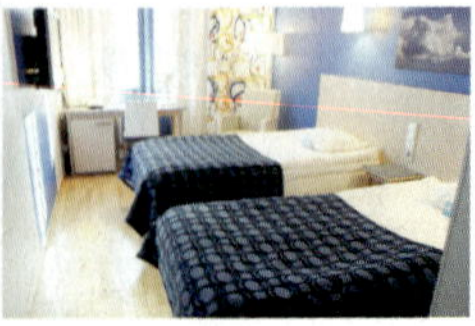

　オリンピック競技場にほど近い場所に建つ。トラム3B番でUrheilutalo下車すぐ。部屋は明るい印象で、コンパクトにまとまっている。喫煙ルームも選択可能。アイロン部屋もあるので、ビジネスユースでも快適に過ごすことができる。2009年改装。

[住]Läntinen Brahenkatu 2
☎(09)69-151
[FAX](09)691-5219
[料]Ⓢ€153(82)～Ⓓ€178(102)～
[CC]A D M V
[室数]121室
[URL]www.cumulus.fi

エコノミー

Hotelli Finn
フィン

元老院広場、エスプラナーディ公園周辺

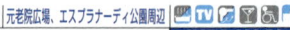

MAP P.430-B2

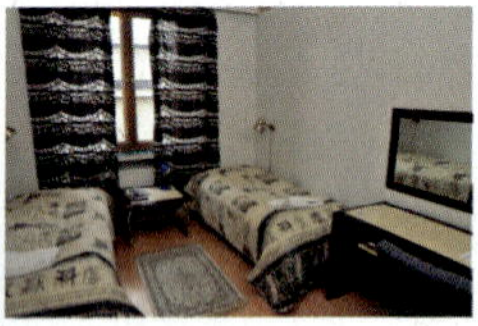

　中央駅から南へ徒歩約5分、アレクサンテリン通りに近く、買い物にも便利。フロントは6階にあり、客室は5階と6階で、明るくて清潔感がある。もともと賃貸アパートだったため部屋ごとに造りが違う。3人部屋€110や4人部屋€125もある。

[住]Kalevankatu 3B
☎(09)68-44360
[FAX](09)6844-3610
[料]バス付きⓈ€75～Ⓓ€90～
　バス共同Ⓢ€65～Ⓓ€75～
　朝食€7
[CC]A D M V　[室数]28室
[URL]www.hotellifinn.fi

Kongressikoti
コングレシコティ

元老院広場、エスプラナーディ公園周辺

MAP P.431-D2

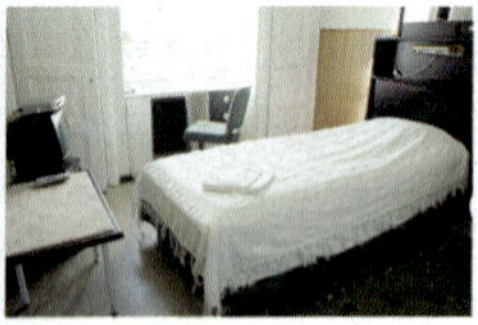

　元老院広場から徒歩約5分の所にある。トラム1、7番Vironkatuの目の前。ホテルは建物の5階にあり、全室バス、トイレ共同。内装は客室によって異なる。各室に洗面台が設置されている。キッチンや洗濯機があり、無料で利用することができる。

[住]Snellmaninkatu 15A
☎(09)135-6839
[FAX](09)728-6947
[料]Ⓢ€46～Ⓓ€56～
[CC]M V
[室数]9室
[URL]www.kongressikoti.com

Hostel Erottajanpuisto
ホステル・エロッタヤンプイスト

元老院広場、エスプラナーディ公園周辺

MAP P.430-B3

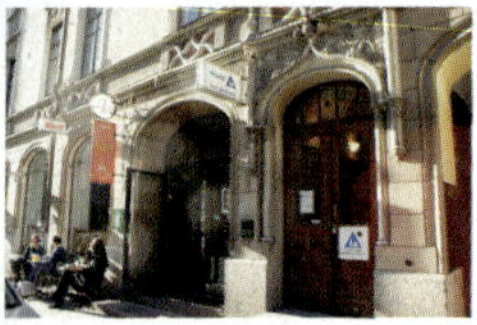

　町の中心にある便利なユースホステル。建物の3階がフロントで、入口でベルを鳴らして入れてもらう。シャワー、トイレは共同だが、全室に洗面台と鏡が付いているので女性にうれしい。共同キッチンあり。夏期は€2～6ずつ料金がアップする。

[住]Undenmaankatu 9
☎(09)64-2169　[FAX](09)680-2757
[料]ドミトリー€25～
　Ⓢ€50～52Ⓓ€65～74
　(YH会員は€2.5割引)　朝食€7
[CC]A M V
[室数]15室、54ベッド
[URL]www.erottajanpuisto.com

Stadion Hostel
スタディオン・ホステル

中心街北部

MAP P.428-B1

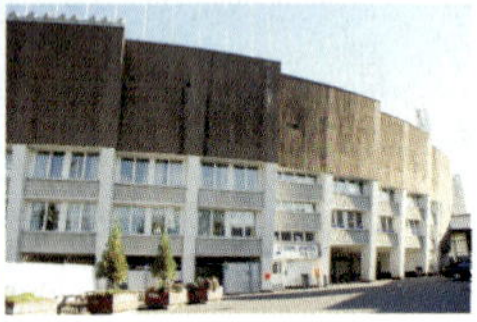

　オリンピック競技場の中にあり、いつも若者たちで混雑している。町から少し離れた場所に位置するのでたいへん静かで環境はいい。周りには散歩道が多い。レセプションは24時間オープン。館内にカフェあり。キッチンなどの設備も充実している。

[住]Pohjoinen Stadiontie 4
☎(09)477-8480
[FAX](09)477-84811
[料]ドミトリー€20
　Ⓢ€38～Ⓓ€47～
　(YH会員は€2.5割引)
　朝食€5.7
[CC]A M V　[室数]24室、162ベッド
[URL]www.stadionhostel.fi

Eurohostel
ユーロホステル

中心街東部

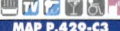

MAP P.429-C3

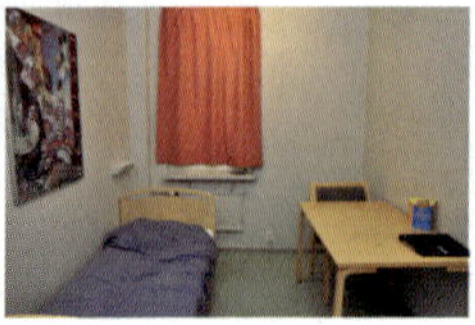

　ヴァイキング・ラインのターミナル近く静かな環境。シングル、ツインユースが基本で、客室は清潔。バス、トイレは共同だが男女別になっている。無料サウナ、禁煙フロア完備。4泊以上で特典あり。トラム4番Vyökatuまたは4T番Mastokatuからすぐ。

[住]Linnankatu 9
☎(09)622-0470
[FAX](09)6220-4747
[料]ドミトリー€26～
　Ⓢ€48.4～Ⓓ€59.2～
　(YH会員は10%割引)　朝食€7.9
[CC]A D M V
[室数]135室、255ベッド
[URL]www.eurohostel.fi

ヘルシンキのレストラン

　町のあちこちにしゃれたレストランや個性的なカフェが点在し、あらゆるランクと種類の店が揃っている。なかでもヘルシンキ中央駅南側のシティ・パサージュ City Passageや、エスプラナーディ公園の南を通るエテラエスプラナーディ通りの南の2〜3ブロックほどのエリアに人気の店が多い。

　気軽なファストフード店以外は予約を入れておきたい。時期にもよるが、ヘルシンキはヨーロッパで最も食事にかかる費用が高い町のひとつ。ランチでひとり€7〜20、ディナーなら€15〜80はみておこう。食費にかける予算が少ないなら、セルフサービスのレストランやハンバーガーなどのファストフードを利用して倹約しよう。料理はフィンランド料理をはじめ、フランス料理などヨーロッパ各国の料理が多い。また、かつてロシア領だったこともあり、ロシア料理のレストランも多い。6・7月は不定期にクローズするレストランもあるので注意。

Zetor
ヘルシンキ中央駅周辺　MAP P.430-B2
■ツェトル

映画『レニングラード・カウボーイズ』で有名なサッケ・ヤルヴェンパーが内装を担当。店内には古いトラクターや農耕機械が無造作に置かれユニーク。人気はトナカイ肉の煮込み€17.88やカレリア風シチュー€14.73など。バーだけの利用も可能。

住Kaivopiha Mannerheimintie 3-5
☎010-7664450　FAX010-7664459
営月　　11:30〜24:00
　火　　11:30〜翌3:00
　水〜土11:30〜翌4:00
　日　　12:00〜24:00
休無休　予€20〜　CCADMV
URLwww.ravintolazetor.fi

Ravintola Kosmos
元老院広場、エスプラナーディ公園周辺　MAP P.430-B2
■ラヴィントラ・コスモス

　1924年創業の老舗らしいクラシカルな店内で、フィンランド料理をはじめとするヨーロッパ各国の料理が楽しめる。地元のグルメ雑誌から「ベストレストラン」の称号を獲得した。顧客にはフィンランドの有名デザイナーも名を連ね、ウエイティングルームはそのひとりであるステファン・リンドフォースのデザイン。週末の夜ともなると予約で満席になってしまうので、早めに予約をしよう。おすすめはニシンのフライ€17.6やスズキのフィレ€23.2、トナカイ肉のフィレステーキ€29.6など。7月に夏期休業あり。

ちょっとおしゃれをして出かけたいクラシックな雰囲気

人気メニューのスズキのフィレ

住Kalevankatu 3
☎(09)647-255　FAX(09)607-603
営月〜金11:30〜翌1:00
　土　　16:00〜翌1:00
休日
予ランチ€15〜、ディナー€35〜　CCADMV
URLwww.ravintolakosmos.fi

Ravintola Sipuli
元老院広場、エスプラナーディ公園周辺　MAP P.431-D2
■ラヴィントラ・シプリ

フィンランド語でタマネギという名前の高級レストラン。1階のクロークで荷物を預けて2〜3階のレストランへ案内される。トナカイ、サーモン、ラムなど、季節の食材を使ったフィンランド料理のコースは€51〜。7月は夏期休業。

住Kanavaranta 7
☎(09)6128-5500
FAX(09)630-662
営月〜土18:00〜24:00
休日
予€50〜
CCADMV
URLwww.royalravintolat.com/sipuli

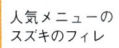

フィンランド料理

フィンランド　ヘルシンキ　ホテル／レストラン

Sundmans restaurant
■スンドマンス

元老院広場、エスプラナーディ公園周辺
MAP P.431-C3

19世紀に建てられた建物は、元船長の邸宅だった。メニューはフィンランド料理をベースにフレンチなどのテイストを加えた創作料理。コースが基本で3品€59、4品€79。予約をしてジャケット着用で訪れよう。1階のスンドマンス・クロッグは気軽に利用できる。

📍Eteläranta 16
☎(09)6128-5400　FAX(09)661-331
🕐月〜金11:00〜14:30/
17:00〜24:00
土　18:00〜24:00
休日　🍴€65〜　CC A D M V
URL www.royalravintolat.com/sundmans

Ravintola Savoy
■ラヴィントラ・サヴォイ

元老院広場、エスプラナーディ公園周辺
MAP P.431-C3

1937年創業。顧客にはかのアルヴァ・アアルトも名を連ね、店のためにデザインした花瓶、サヴォイベースは有名だ。イスやランプもアアルトのデザインしたオリジナル。メニューは季節のモダンフィンランド料理。窓際の席からの眺めも自慢。

📍Eteläesplanadi 14(8F)
☎(09)6128-5300
🕐月〜金11:30〜14:30/
18:00〜24:00
土18:00〜24:00
休日
🍴ランチ€58〜、ディナー€100〜
CC A D M V
URL www.royalravintolat.com/savoy

Ravintola Kappeli
■ラヴィントラ・カッペリ

元老院広場、エスプラナーディ公園周辺
MAP P.431-C3

エスプラナーディ公園にあるガラス張りの雰囲気のいい店。レストラン、バー、カフェスペースに分かれているので、シーンに合わせて利用しよう。レストランではフィンランド料理をはじめスカンジナビア料理が楽しめる。前菜€12〜、メイン€19〜。

📍Eteläesplanadi 1
☎010-7663880　FAX(09)66-4131
🕐5/1〜9/15
毎日10:00〜23:30LO
9/16〜4/30
毎日10:00〜23:00LO
休無休　🍴€20〜　CC A D M V
URL www.kappeli.fi

Ravintola Sea Horse
■ラヴィントラ・シーホース

中心街南部
MAP P.429-C3

1934年創業の老舗レストラン。手頃な値段で伝統的なフィンランド料理が食べられるとあって、食事時は地元の人でいっぱいになる人気の店。前菜にはサーモンのクリームスープ€9〜15をチョイスしよう。メインの肉料理ならミートボール€13やロールキャベツ€16、魚料理ならサーモングリル€20などがおすすめ。デザートにはフィンランドパンケーキ・ストロベリージャム添え€8を。一品一品の量が多いので、いろいろ楽しみたいときは数人で利用したい。平日の10:30〜15:00には€8.8〜14のお得なランチもある。夏期休業あり。

日替わりのランチには旬の食材をたっぷり使用

カジュアルに利用できる

📍Kapteeninkatu 11
☎(09)62-8169
🕐月〜金10:30〜22:30LO
土　12:00〜23:30LO
日　12:00〜22:30LO
休無休　🍴ランチ€8.8〜、ディナー€20〜　CC A D M V
URL www.seahorse.fi

Ravintola Juuri
■ラヴィントラ・ユーリ

中心街南部
MAP P.431-C3

伝統的なフィンランド料理を現代風にアレンジして提供。料理を小皿でサーブするサパス各€4.3。サーモンのリンゴンベリーマリネや、スモークニシンのパテなど15種類が揃う。メインは€24〜。ランチは4種類あり、€8〜15程度で味わえる。

📍Korkeavuorenkatu 27
☎/FAX(09)63-5732
🕐月〜金11:00〜14:00/16:00〜22:00LO
土　12:00〜22:00LO
日　16:00〜22:00LO
休無休
🍴ランチ€8〜、ディナー€25〜
CC A D M V　URL www.juuri.fi

Ravintola Saaga
ラヴィントラ・サーガ

中心街南部　MAP P.430-B4

ラップランド料理を楽しむならココ。トナカイ肉の串焼きグリル€27.6や、クリームかコンソメから選べるサーモンのスープ€10.9〜14.9がおすすめ。トナカイの角のランプや木のテーブルなど、内装も凝った造りだ。7月は夏期休業。

住Bulevardi 34 B
電(09)7425-5544
FAX(09)7425-5545
営月〜土18:00〜23:00
休日
料€30〜
CC A D M V
URL www.asrestaurants.com/saaga

Kahvila Suomi
カハヴィラ・スオミ

中心街南部　MAP P.430-B4

映画『かもめ食堂』(→P.450)のメインロケ地。映画だと日本食の食堂だが、実際はフィンランド料理を提供するカフェレストラン。内装は映画よりも素朴な感じだが、ブルーの天井や壁は映画のままで感動を覚える。日本人観光客はもちろん地元の人にも人気があり、ランチ時には多くの人が訪れる。日替わりのランチは€7.7〜12.9で、サラダやパン、食後のコーヒーかミルクが付く。人気のミートボールのマッシュポテト添えは€11.2で、日替わりランチに登場するときは€8.7となる。映画にも登場したシナモンロール(プッラPulla)は€2.3。日本語メニューあり。

模様替えしたが雰囲気は映画そのままの店内

人気のミートボールはたっぷりのマッシュポテトを添えて

住Pursimiehenkatu 12
電(09)65-7422
営月〜金9:00〜21:00
休土・日
料€10〜
CC A D M V
URL www.kahvilasuomi.fi

Konstan Mölja
コンスタン・モルヤ

中心街西部　MAP P.430-A3

伝統的なフィンランド料理がビュッフェ形式で楽しめる。ディナービュッフェは€18で、前菜はスモークサーモンやニシンの酢漬けなど10種類以上、ミートボールやトナカイ肉などの肉料理と魚料理は各2種類が並ぶ。内装も雰囲気たっぷり。

住Hietalahdenkatu 14
電(09)694-7504
営火〜金11:00〜14:30/17:00〜22:00
　　土　　16:00〜22:00
休日・月
料ランチ€8〜、ディナー€18〜
CC M V
URL www.kolumbus.fi/konstanmolja

Soppakeittiö
スオッパケイティオ

中心街北部　MAP P.429-C2

中心部からトラム1、1A、3B、6、7A、7B、9番で約10分、Hakaniemi下車すぐの場所にあるハカニエミ・マーケットホールHakaniemen Kauppahalli1階にあるスープ専門店。1日200食は売れるという人気の店で、早いときはオープンと同時に行列ができることも。地元の新聞や雑誌をはじめ、海外のメディアでも多く紹介されている。スープは3種類で、内容は日替わり。毎日あるサーモンやムール貝など具だくさんのシーフード・スープ(ブイヤベース)€8.5がイチオシだ。7月は夏期休業。Wanha Kauppahalli(→P.480)内に支店があり、そちらは7月も営業している。

スープにはパンが付いてくる

手作りしている絶品スープ

住Hakaniemenranta 6,Hakaniemen Kauppahalli
電(09)323-2070
営月〜金11:00〜17:00
　　土　　11:00〜15:00
休日
料€7.5〜
CC M V

Demo
デモ

ふたりの人気シェフがオープンした、フレンチの要素を取り入れたモダンフィンランド料理の店。小さいながらもインテリアはフィンランドデザインにこだわり、前菜からデザートまで4品の日替わりコースが€58～で楽しめる。要予約。

🏠Undenmaankatu 9-11
☎(09)2289-0840
FAX(09)2289-0841
🕐火～土16:00～23:00
休日・月
💰€58～
CC A D M V
URL www.restaurantdemo.fi

Ravintola Teatteri
ラヴィントラ・テアテリ

ヨーロッパ料理にアジアンテイストを加えた創作料理が味わえる。店内は広々としており、軽食中心のデリやバー、レストランに分かれている。デリやバーはカジュアルな雰囲気で、レストランはバーの奥にあり落ち着いた雰囲気。

🏠Pohjoisesplanadi 2
☎(09)6128-5000 FAX(09)6874-0254
🕐月・火 9:00～翌1:00
　　水～金 9:00～翌4:00
　　土　　 11:00～翌4:00
　　日　　 12:00～21:00（夏期のみ）
休冬期の日 💰€30～
CC A D M V
URL www.royalravintolat.com/teatteri

Bank
バンク

かつて銀行として使用されていた建物を改装した大型レストラン。営業はランチタイムだけだが、セットが€8.8で食べられるのでとってもお得。メインは日替わりで3つのメニューから選べる。ほかにもサラダビュッフェもある。飲物、デザート付き。

🏠Unioninkatu 20
☎(09)1345-6260
FAX(09)1345-6269
🕐月～金11:00～14:00
休土・日
💰€8.8～
CC A D M V
URL www.palacekamp.fi

Troikka
トロイカ

テンペリアウキオ教会の近くにあるロシア料理専門店。40年以上続く老舗でリピーターも多い。店内はロシア風のアンティークが飾られている。ビーフストロガノフなどのメインは€20から。ロシア前菜の盛り合わせ、ザクースキZakuski€21が人気。

🏠Caloniuksenkatu 3
☎(09)44-5229
FAX(09)44-5037
🕐火～金17:00～24:00
　　土　　 14:00～24:00
休日・月
💰€30～
CC A D M V
URL www.troikka.fi

Cafe Aalto
カフェ・アアルト

アアルトデザインを感じながらひと息つこう

アアルトの名を冠した国内唯一のカフェ。もともとは隣の建物にアアルト設計のカフェがあったのだが、運営元の会社が倒産。そこで、その店にあったアアルトデザインの家具を使い、アアルト財団の公認のもとでAkateeminen Kirjakauppa（→P.480）の2階に再オープンした。店内の大理石のテーブルとペンダントライト、黒い革張りのイスはアアルトデザインのオリジナル。飲み物はコーヒー€2.9～、カプチーノ€3.9。ショーケースにはホームメイドのケーキなどのスイーツが並び、なかでもチーズケーキ€7.4とアップルパイ€5.8がおすすめ。いつでも買い物途中の人々がくつろいでいる。

たっぷりのベリーがのった
カシスのタルト€5.8

🏠Pohjoisesplanadi 39
☎(09)121-4446
🕐月～金 9:00～21:00
　　土　　 9:00～18:00
　　日　　 12:00～18:00
休無休
💰€3～ CC A D M V
URL www.cafeaalto.fi

インターナショナル / ロシア料理 / カフェ

Karl Fazer Café

カール・ファッツェル・カフェ

フィンランドのチョコレートメーカー、ファッツェル社のカフェ。自社のチョコレートを使ったケーキが人気で、看板のザッハトルテSacerは€5.09。フィンランドらしいベリーのタルト€5.09もぜひ。チョコレートショップを併設している。

🏠Kluuvikatu 3
☎020-7296702
🕐月～金7:30～22:00
　土　　9:00～22:00
　日　10:00～18:00
休無休
💰€3～
CCA D M V
URLwww.fazer.fi/karlfazercafe

Café Ursula

カフェ・ウルスラ

海沿いにある開放的なカフェ。平日の昼にはランチメニュー€8.3～13.8を用意、夜にはバーとしても利用できて便利。コーヒーは€2.4、サーモンのオープンサンド€6.3、シナモンロール€2.8。無線LANもあり、無料で利用することができる。

🏠Ehrenströmintie 3
☎(09)65-2817
🕐毎日9:00～22:00
　（夏期は～24:00）
休無休
💰€2.5～
CCA D M V
URLwww.ursula.fi

Café Ekberg

カフェ・エクベリ

1858年オープンの、ヘルシンキ最古のカフェ。フィンランドの伝統菓子を中心に、さまざまな種類のホームメイドスイーツが揃う。特製ブレンドの紅茶やオーガニックコーヒーと一緒にぜひ。隣はパン屋になっており、こちらもおすすめだ。

🏠Bulevardi 9
☎(09)6811-8660
FAX(09)6811-8620
🕐月～金7:30～19:00
　土　　8:30～17:00
　日　9:00～17:00
休無休　💰€5～　CCA D M V
URLwww.cafeekberg.fi

Mbar

エムバー

中央バスターミナルの近くにある。パソコン端末が8台ほど並び、インターネットは20分€2、1時間€5。お茶を飲まずネットだけでも利用できるのがうれしい。自分のコンピュータを持参すれば無料で無線LANを利用できる。コーヒーは€2。

🏠Mannerheimintie 22-24
☎(09)6124-5420
FAX(09)6124-5410
🕐月・火　9:00～24:00
　水・木9:00～翌2:00
　金・土9:00～翌3:00
　日　12:00～24:00
休無休　💰€2～　CCA D M V
URLwww.mbar.fi

Hima & Sali

ヒマ＆サリ

ノキアの旧ケーブル工場を利用した美術館やスタジオからなるカアベリ（→P.449）内にあるカフェレストラン。店内は地元のアーティストが集う心地いい空間だ。5種類から選べるランチは平日の11:00～14:30で€6.7～9.5。人気はWokkiで€9.5。

🏠Tallberginkatu 1 C
☎(09)694-1701
🕐月～金　8:30～21:00
　土・日12:00～19:00
休無休
💰€7～
CCA D M V
URLwww.himasali.com

Norisushi

海苔寿司（のりすし）

世界中で流行している寿司は、ヘルシンキでも大人気。新鮮なネタを使った握りのセットは€8.2（6カン）～で、おすすめはスペシャル1€18.4（14カン）。単品なら口の中でとろけるサーモン€3.6や、マグロ€5.8がイチオシ。Wanha Kauppahalli（→P.480）内。

🏠Eteläranta 1
☎(09)260-0027
🕐月～水11:00～16:00
　木・金11:00～17:00
　土　　11:00～15:30
休日
💰€15～
CCA D M V

Len's
蓮

中心街南部　MAP P.430-B4

日本人が経営する、こぢんまりとしたした日本食の食堂。アルヴァ・アアルトがデザインしたスツールや白木のテーブル、ナンソのファブリックのクッションが置かれた店内はおしゃれで、映画『かもめ食堂』を彷彿とさせてくれる雰囲気。メニューは定食が中心で、豚しょうが焼きセットや照り焼きサーモンセット各€16.5が人気。夜は金曜のみの営業で、とんかつセット€17.5や握り寿司の盛り合わせ€22だけでなく、揚げ出し豆腐€5.5や鶏から揚げ€6などの一品メニューもある。11:00〜15:00の日替わりランチは€9〜とお得。

フィンランドの家具を使ったおしゃれな内装

豚しょうが焼きなど
日本の味に出合える
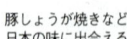

🏠Pursimiehenkatu 5
☎(09)66-6797
🕐月〜木11:00〜17:00
　　金　11:00〜15:00/17:00〜22:00
休土・日
💰€10〜　　CC D M V
URLwww.lens.fi

Kabuki
歌舞伎

中心街西部　MAP P.430-A3

地元の人に人気の日本人経営の日本料理店。歌舞伎スペシャル€24はエビフライに切り干し大根、焼肉が付く豪華な定食。11:30〜14:00のランチタイムは€7.5〜16.5で、ご飯とお吸物、おかずがセットになりお得。座敷もありくつろげる。

🏠Lapinlahdenkatu 12
☎(09)694-9446
🕐月〜金11:30〜14:00/
　　　17:00〜23:00
　日　16:00〜23:00
休土
💰€20〜　　CC A D M V
URLwww.kabuki.fi

China
チャイナ

元老院広場、エスプラナーディ公園周辺　MAP P.430-B3

オープン以来30年のヘルシンキで最初の中華料理店。広東料理をメインに提供している。本格的な中華料理が手頃な値段で食べられるとあって、いつも地元の人でいっぱい。鶏肉の炒め€12、ヌードル各種€10.5〜13.5が特に人気。日本語メニューあり。

🏠Annankatu 25
☎(09)64-0258
FAX(09)863-1063
🕐月〜金11:00〜23:00
　　土・日12:00〜23:00
休無休
💰€10〜　　CC A D M V
URLwww.ravintolachina.fi

Maithai
マイタイ

中心街西部　MAP P.430-B2

フィンランド人や外国人観光客で狭い店内はいつも混雑している評判のタイ料理店。食材はタイから直輸入しており、料理に使用するココナッツミルクやカレーペーストなどはすべて自家製。おすすめはタイカレー€13.5やトムヤンクン€6。

🏠Annankatu 31-33
☎(09)685-6850
FAX(09)587-4564
🕐月〜金11:00〜23:00
　　土　　12:00〜24:00
　　日　　12:00〜21:00
休無休　💰€10〜　CC A D M V
URLwww.maithai.fi

Samrat
サムラート

元老院広場、エスプラナーディ公園周辺　MAP P.431-C3

エテラエスプラナーディ通りから建物に囲まれた広場に入り、そ の奥に行くと見えてくる。雰囲気のいい本格的なインド料理店で、週末は大変込み合う。種類豊富なカレーは€12.4〜。ほとんどのカレーにはライスがセットになっている。平日のランチは€7.5〜。

🏠Eteläesplanadi 22
☎(09)61-1001　FAX(09)61-1509
🕐月〜木11:00〜23:00
　　金　　11:00〜23:30
　　土　　12:00〜23:30
　　日　　14:00〜22:00
休無休
💰€16〜　　CC A D M V
URLwww.samrat.fi

日本料理
中華料理
タイ料理
インド料理

ヘルシンキのショッピング

　デパートやショップは、アレクサンテリン通りとエスプラナーディ通り、そしてマンネルヘイミン通りの周辺に集まっている。欧米のブランドショップも多々あるが、フィンランドらしいおみやげは、アラビアのムーミン人形（陶器）、マリメッコの雑貨、ハックマンの食器、イッタラのガラス製品、アーリッカのパイン材製小物など。日本で買うよりも安価に購入できる。Hotelli Finn（→P.468）の西側とエテラエスプラナーディ通りの南側一帯はデザイン地区と呼ばれ、インテリアや宝石、衣類、アンティークなど北欧デザインの店が多い。

　北欧デザイン以外にも、ラップランドのサーメ人が作る白樺のコブを使ったカップ「ククサ」、トナカイの皮のバッグなども人気商品で、これらはマーケット広場（→P.447）で交渉しながら買うのが楽しくておすすめ。北極圏で取れるベリー類で作ったリキュールも珍しい。

Sokos
ソコス　ヘルシンキ中央駅周辺　MAP P.430-B2

総売り場面積4000㎡という広々としたデパート。生活に関わるほとんどのものが揃う。地下1階に入っているスーパーマーケットS-Marketは土・日曜も休まず22:00までオープンしているので便利。ヘルシンキ中央駅とは地下道で直結。

Mannerheimintie 9
010-7665100
月～金9:00～21:00
土　9:00～18:00
日　12:00～18:00
無休
CC店舗によって異なる
URL www.sokos.fi

Forum
フォルム　ヘルシンキ中央駅周辺　MAP P.430-B2

衣類、雑貨、レストラン、本屋など、約120の店舗が集まった旅行者も気軽に利用しやすいショッピングセンター。ファッション関係からアクセサリー、さらに生活にかかわるほとんどの品物が揃う。地下にはフードコートもあるので、ご飯に困ったときに便利。

Mannerheimintie 20A
(09)565-7450
月～金9:00～21:00
土　9:00～18:00
日　12:00～18:00（夏期のみ）
夏期以外の日
CC店舗によって異なる
URL www.cityforum.fi

Stockmann
ストックマン　元老院広場、エスプラナーディ公園周辺　MAP P.431-C2

フィンランド最大のデパート。伝統を誇る高級デパートで、フィンランドの有名ブランドや高級日用品はほとんど揃い、一度にいろいろ見たい人にはありがたい。おみやげ探しにぴったりなキッチン用品や食器コーナーをはじめ、CD売り場も充実。

Aleksanterinkatu 52
(09)12-11　FAX(09)121-3632
月～金9:00～21:00
土　9:00～18:00
日　12:00～18:00
無休
CC ADJMV
URL www.stockmann.com

Kämp Galleria
カンプ・ギャレリア　元老院広場、エスプラナーディ公園周辺　MAP P.431-C2

ヘルシンキ随一の高級ホテルに併設された高級ショッピングセンター。マリメッコやフィリッパ・コーなど定番ブランドのほか、北欧のファッションブランドショップが並ぶ。品揃え充実のムーミンショップも入っているのでチェックしよう。

Pohjoisesplanadi 33
店舗によって異なる
月～金10:00～20:00
土　10:00～17:00
日
CC ADMV
URL www.kampgalleria.fi

フィンランド　ヘルシンキ　レストラン／ショッピング

Marimekko

■ マリメッコ

フィンランドを代表するテキスタイルと服飾のブランド、マリメッコの国内最大のオンリーショップ。店内は3フロアに分かれ、1、2階ではコートやTシャツなどの洋服を扱う。定番のタサライタTasaraitaのボーダーTシャツやヨカポイカJokapoikaのストライプシャツもカラバリ豊富に揃う。地下には、膨大な種類を扱うファブリック売り場になっている。人気のウニッコ柄Unikkoの小物やバッグなども置いてあり、日本では手に入らないアイテムも多い。スウェーデン劇場の横や各デパートにも支店がある。

品揃えも充実している

日本でもおなじみのブランドだ

🏠 Pohjoisesplanadi 31
📞 (09)686-0240
🕐 月〜金10:00〜20:00
　土　　10:00〜18:00
　日　　12:00〜17:00
🈺 無休　CC A D J M V
URL www.marimekko.com

Nanso

■ ナンソ

1921年設立のファッションブランド。ちょっとレトロで北欧らしいテキスタイルのワンピースやカットソーは、日本で着れば注目されること間違いなし！　値段はTシャツ€23〜、ワンピース€50〜100と手頃な設定がうれしい。

🏠 Mikonkatu 2
📞 020-1258590
🕐 月〜金10:00〜19:00
　土　　10:00〜17:00
　日　　12:00〜16:00（6・7月とクリスマスシーズンのみ）
🈺 6・7月とクリスマスシーズン以外の日
CC A D M V
URL www.nanso.com

Lux Shop

■ ラックス・ショップ

おしゃれな店が集まるウーデンマーンカツ通りUudenmaankatuにあるセレクトショップ。フィンランドの新進気鋭ブランドを中心にフランス、ハンガリー、イギリスなどのアイテムを揃える。小物も含め、ちょっと個性的なものを探している人におすすめ。

🏠 Uudenmaankatu 26
📞 050-3775189
🕐 月〜土12:00〜18:00
🈺 日
CC M V
URL www.lux-shop.blogspot.com

Ivana Helsinki

■ イヴァナ・ヘルシンキ

パリコレクションにも参加し、日本のセレクトショップからも注目されているフィンランドのファッションブランドのオンリーショップ。女性デザイナー、パオラ・スホネンが立ち上げたブランドで、ちょっと個性的なアイテムが多い。ベーシックなシルエットに派手な模様をあしらったワンピースなどが人気で、すべてハンドメイド生産するというこだわり。ショップは1階と地下1階の2フロアから成っている。コレクションはレディースのみの展開。財布やポーチなどの小物類も充実している。

スタッフがフレンドリーに対応してくれる

オリジナルテキスタイルの小物も人気。ポーチは€19〜

🏠 Uudenmaankatu 15
📞 (09)622-4422
🕐 月〜金11:00〜19:00
　土　　11:00〜16:00
🈺 日
CC A D M V
URL www.ivanahelsinki.com

ファッション

Kalevala Koru
カレヴァラ・コル

元老院広場、エスプラナーディ公園周辺
MAP P.431-C2

アクセサリー

フィンランドの自然や民族叙事詩『カレワラ』（→P.445）をモチーフにした装飾品をおもに扱う。フィンランド産の貴石を用いた装飾品もある。ブローチやペンダントなどはいずれもハンドメイド。「手のひらに乗る芸術品」と呼ばれるラポニア・ジュエリーも扱う。

🏠Unioninkatu 25
☎020-7611380　FAX020-7611385
🕐月～金10:00～18:00
　土　　10:00～16:00
　日　12:00～16:00(7・8・12月のみ)
休7・8・12月以外の日
CCA D M V
URLwww.kalevalakoru.com

Artek
アルテック

元老院広場、エスプラナーディ公園周辺
MAP P.431-C3

家具・インテリア

フィンランド建築の第一人者、アルヴァ・アアルトがデザインした家具を扱う高級店。シラカバなどの白木を曲げて作る曲線の独特なフォルムが美しい。日本で購入するよりも50％近く安い値段で売られている。オリジナルのファブリックを使ったアイテムも多く、日本未入荷の品も多い。大型の家具以外にも、サヴォイベースなどの花瓶やアアルトデザインのテキスタイルを使ったなべつかみなどの雑貨もある。商品は日本へ発送も可能だが、送料は商品によって異なる。

雑貨や小物なども豊富に並ぶ

巨匠アアルトの作品が手に入る

🏠Eteläesplanadi 18
☎(09)6132-5277
FAX(09)6132-5265
🕐月～金10:00～18:00
　土　　10:00～16:00
休日　CCA D M V
URLwww.artek.fi

COLUMN　　　　　　　　　　　　　FINLAND

ヘルシンキのマーケット探検

　ヘルシンキには3つの名物屋内マーケットがあり、食料品や服飾、アンティークなど、扱うものも個性的。

　中心街北部、地下鉄ハカニエミ駅前にあるのが、ハカニエミ・マーケットホールHakaniemen Kauppahalli。赤レンガ造りの建物は2フロアに分かれており、1階は肉や魚などの生鮮食品や飲食物を扱う店、2階は服飾や雑貨の店が中心。2階のマリメッコでは、プロパー商品のほかアウトレットも扱っている。

　北欧デザインに興味がある人必見なのが、中心街の西にある

北欧デザインのアンティークが並ぶヒエタラハティ・アンティーク＆アートホール

ヒエタラハティ・アンティーク＆アートホールHietalahden Antiikki - ja Taidehalli。建物内にはアンティークを扱う店がズラリ並び、掘り出し物も多い。夏は前の広場でフリーマーケットも行われる。

レンガ造りのハカニエミ・マーケットホール

DATA
■ハカニエミ・マーケットホール MAP.P429-C2
🏠Hakaniemi　☎(09)3107-1387
URLwww.hakaniemenkauppahalli.fi
🕐月～金8:00～18:00、土8:00～16:00　休日
行き方➡➡➡
　地下鉄ハカニエミ駅、またはトラム1、1A、3B、6、7A、7B、9番でHakaniemi下車、徒歩1分。
■ヒエタラハティ・アンティーク＆アートホール
MAP.P430-A4
🏠Hietalahdentori　☎(09)670-145
URLwww.hietalahdenkauppahalli.fi
🕐月～金10:00～17:00、土10:00～15:00
休日
行き方➡➡➡
　トラム6番でHietalahdentori下車、徒歩1分。

Design Forum Finland
デザイン・フォーラム・フィンランド

中心街南部
MAP P.431-C3

ユニークでおしゃれなフィンランドデザインのガラスやカップ、文房具、インテリア小物などを扱うショップ。世界に名だたるフィンランドデザインの発信基地としても有名で、大御所デザイナーから若手デザイナーまで数多くのアイテムを取り揃えており、どれも思わず手にとってしまうものばかり。1階にカフェも併設しており、そちらのインテリアもすべてモダンなフィンランドデザインで統一されている。1階奥と地下1階はエキシビジョンスペースとなっており、フィンランドデザインに関するイベントなどを行っている。

おしゃれで機能的なアイテムが満載

どれも魅力的なデザインばかり

🏠 Erottajankatu 7
☎ (09)6220-8130
🕐 月～金10:00～19:00
　　土　　10:00～18:00
　　日　　12:00～17:00
休 無休　CC A D M V
URL www.designforum.fi

Aero
アエロ

中心街南部
MAP P.431-C3

ヘルシンキ中央駅から南へ徒歩約10分の所にある家具屋。フィンランドのミッドセンチュリー・モダン・デザインの巨匠、エーロ・アールニオやイルマリ・タピオヴァラの作品をはじめ、1930～70年代のフィンランド家具を中心に扱っている。

🏠 Yrjönkatu 8
☎ (09)680-2185
FAX (09)680-2790
🕐 月～金10:00～18:00
　　土　　11:00～15:00
休 日
CC A M V
URL www.aerodesignfurniture.fi

Pentik
ペンティク

ヘルシンキ中央駅周辺
MAP P.430-B2

使いやすくて、おしゃれな日常食器を中心に扱うフィンランドブランドの有名店。優しい色合いのかわいらしいデザインのアイテムが多い。ベリー柄のコーヒーカップ€23.5、クリーム色のシンプルなカップ€12.2～が人気。

🏠 Mannerheimintie 5
☎ 020-7220310
FAX 020-7220311
🕐 月～金10:00～19:00
　　土　　10:00～18:00
休 日
CC A D M V
URL www.pentik.com

Iittala Store Esplanadi
イッタラ・ストア・エスプラナーディ

元老院広場、エスプラナーディ公園周辺
MAP P.431-C2

ガラス製品のイッタラ、陶磁器のアラビア、キッチン用品のハックマンの三大ブランドを扱うイッタラグループのフラッグシップ店。市内に数店舗あるが品揃えはここが一番。同社の製品はほぼすべて揃い、値段は日本で買うより30～40%ほど安い。買いすぎてしまっても、日本への発送サービス€45.55～（保険料別）も行っている。アラビアの定番、ムーミン柄のマグカップ€17.05は、おみやげに大人気。奥には、国内外の有名デザイナーの手によるイッタラ社製のガラス製品を展示したギャラリーもあり、購入も可能。

おみやげ探しに必見のショップ

ムーミン関連のグッズも扱う

🏠 Pohjoisesplanadi 25
☎ 020-4393501　FAX 020-4393506
🕐 月～金10:00～19:00
　　土　　10:00～17:00
　　日　　12:00～16:00（夏期のみ）
休 夏期以外の日　CC A D M V
URL www.iittala.com

Johanna Gullichsen
ヨハンナ・グリクセン

中心街南部
MAP P.430-B4

フィンランドが誇る有名テキスタイルデザイナー、ヨハンナ・グリクセン。フィンランドの自然や伝統の柄をモチーフにした生地は1m€49〜。ポーチ€22〜やバッグ€60〜のほか、ワンピースなどのファッションアイテムも扱っている。

🏠Fredrikinkatu 18
☎(09)63-7917
🕐火〜金11:00〜18:00
　土　　11:00〜15:00
休日・月
CCADMV
URLwww.johannagullichsen.com

Finlayson
フィンレイソン

元老院広場、エスプラナーディ公園周辺
MAP P.431-C3

1820年創業の老舗。生地はもちろん、タオル€5〜や鍋つかみ€7〜などの小物から寝具やマットレスまで生活用品全般を扱う。ムーミンのテキスタイル製造を許されていることでも知られ、オリジナルの絵に色付けされた生地やムーミン柄のアイテムもある。

🏠Eteläesplanadi 14
☎020-7213706
🕐月〜金10:00〜18:00
　土　　10:00〜16:00
休日
CCAMV
URLwww.finlayson.fi

Moomin Shop
ムーミン・ショップ

ヘルシンキ中央駅周辺
MAP P.430-B2

Forum(→P.475)の2階にある。ムーミングッズを探している人は、ぜひとも訪れたい店。店内には人形やマグカップ、文房具、ポストカードに絵本などファンにはたまらないアイテムがずらり。ヘルシンキ国際空港のターミナル2にも入っている。

🏠Mannerheimintie 20
☎040-1920720
🕐月〜金　 9:00〜21:00
　土　　　 9:00〜18:00
　日　　12:00〜18:00(夏期のみ)
休夏期以外の日
CCADJMV

Aarikka
アーリッカ

元老院広場、エスプラナーディ公園周辺
MAP P.431-C2

フィンランドデザインの重鎮、アーリッカ社の直営店。ガチョウやトナカイ、ヒツジをモチーフにした木製アクセサリーや置物、キッチン小物など木の温もりを活かした製品が並ぶ。材料の90%近くはフィンランドのシラカバやマツを使用。

🏠Pohjoisesplanadi 27
☎(09)65-2277
🕐月〜金10:00〜19:00
　土　　10:00〜17:00
　日　　12:00〜17:00
　(6〜8月、12月のみ)
休6〜8月と12月以外の日
CCADMV　URLwww.aarikka.com

EDEL City
エデル・シティ

中心街南部
MAP P.430-B4

エコ&ラグジュアリーをコンセプトに2010年オープン。フィンランドの若手アーティストたちが廃品から生み出した雑貨や小物が店内に並んでいる。カラフルな電線を使ったアクセサリーやワインボトルをリメイクしたグラス、メガネのレンズを利用したイヤリングなど、どれもリサイクル製品とは思えない完成度の高さ。その遊び心と発想力にも感心させられる。フィンエアー機内のカーテンとシートベルトで作ったバッグ€59は耐久性にも優れた逸品。オーガニック栽培の綿を素材としたTシャツ€49などエコな衣料品も揃っている。

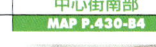

おしゃれ心をくすぐるアイテムがいっぱい

スケートボードから作ったカラフルなリングは€25

🏠Fredrikinkatu 33
☎(044)270-9329
🕐月〜金12:00〜18:00　土12:00〜15:00
休日
CCMV
URLwww.edelcity.com

フィンランド　ヘルシンキ　ショッピング

テキスタイル

生活雑貨

Mereija
メレイヤ

フィンランド国内で作られたリサイクルブランドのアイテムを取り扱う。カラフルなボタンやレゴで作られたアクセサリー€16〜から、洋服やバックまでさまざま。使わなくなったアイテムを持ち込めば1週間ほどでリメイクしてくれる。

住Mannerheimintie 56
電050-4360545
営月　　　12:00〜19:00
　火〜金10:30〜17:30
休土・日
CCA M V
URLwww.mereija.fi

Antik Blomquist
アンティク・ブロムクイスト

所狭しと並ぶ陶磁器やガラス、ランプ、テキスタイルなどはおもに50〜60年代のアンティーク。アラビア、マリメッコといったフィンランドを代表するブランドの名品を揃えている。ブティックやギャラリーが密集するデザイン地区の一角にある。

住Korkeavuorenkatu 27
電(09)63-5491
営月・火・木・金11:00〜17:00
　水　　　　　11:00〜19:00
休土・日
CCM V

Taito Shop Helsky
タイト・ショップ・ヘルスキー

フィンランドのハンドメイド製品を扱うショップ。一つひとつ手作りしたフェルトのコースター€2.5〜やトナカイのマグカップ€22.5〜、サウナ用品など、商品は温もりのあるものばかり。オリジナルのハンドメイドソープ€4.8も人気だ。

住Eteläesplanadi 4
電050-3508470
営月〜金10:00〜18:00
　土　　　10:00〜16:00
　日　　　12:00〜16:00
　（7・8月と12月のみ）
休7・8月と12月以外の日
CCA D J M V
URLwww.helsky.net

Chez Marius
シェ・マリウス

14年程前に夫婦でオープンした、センスのいいキッチン雑貨を扱う店。フィンランドをはじめ、イタリアやドイツ、日本など、世界中から質のいい商品を集めている。オススメはフィンランドの木製カトラリーブランドPuutalliのアイテム€4.3〜。

住Fredrikinkatu 26
電/FAX(09)61-23638
営月〜金11:00〜18:00
　土　　　11:00〜15:00
休日
CCM V
URLwww.chezmarius.fi

Akateeminen Kirjakauppa
アカテーミネン・キルヤカウッパ（アカデミア書店）

フィンランドの写真集、童話、絵本、実用書を買うならこの店。ほかでは手に入らないムーミンの絵本がありおみやげの品として人気。地下は文房具売り場になっていて、ノートやカラフルなラッピング材料などが並ぶ。2階はCafe Aalto（→P.472）。

住Pohjoisesplanadi 39
電(09)12-141　FAX(09)121-4242
営月〜金9:00〜21:00
　土　　　9:00〜18:00
　日　　　12:00〜18:00
休無休
CCA D M V
URLwww.akateeminen.com

Wanha Kauppahalli
オールド・マーケットホール

マーケット広場から歩いてすぐの所にある、古くからある食品市場。特産のサーモンやフィンランド産のキャビア、フィンランド人も大好きなコーヒーや紅茶など、さまざまな食料品が売られていて見ているだけでも楽しい。食事をとることも可能。

住Eteläranta 1
電(09)3107-1426
営月〜金8:00〜18:00
　土　　　8:00〜16:00
　（店舗によって異なる）
休日
CC店舗によって異なる
URLwww.wanhakauppahalli.com

生活雑貨
アンティーク
民芸品
キッチン用品
本
食料品

ヘルシンキのナイトスポット

　ヘルシンキの夜遊びスポットは市内のあちこちにある。ジャンルは高級バーから若者向けクラブ、ジャズバーやカジノなどいろいろある。店によっては年齢チェックが厳しく、証明書の提示を求められることもある。法律上は18歳以上ならOK。念のためパスポートのコピーを持ち歩こう。

Grand Casino Helsinki
■ グランド・カジノ・ヘルシンキ

ヘルシンキ中央駅周辺
MAP P.431-C2

　ヘルシンキ中央駅のすぐそばにあるフィンランド唯一のカジノ。入場は18歳以上からで、パスポートなどIDが必要。破れたジーンズにTシャツなどラフな服装での入場は不可。店内にはショーが楽しめるレストランやバーもあるので、食事がてら遊びに来る人も。

🏠Mikonkatu 19
☎(09)68-0800
FAX(09)4370-8181
🕐毎日12:00～翌4:00
休無休
CCA D M V
URLwww.grandcasinohelsinki.fi

Erottaja Bar
■ エロッタヤ・バー

元老院広場、エスプラナーディ公園周辺
MAP P.431-C3

　ヘルシンキの中心街にあるスタイリッシュなカラオケバー。若者に人気のあるバーで、学生やデザイナーなど流行に敏感な人々が集まってくる。ビールは€5～、カクテルなどアルコール類は€8くらい。18歳以下は入店不可なので、パスポートなどIDを忘れずに。

🏠Erottajankatu 15-17
☎(09)61-1196
🕐毎日20:00～翌4:00
休無休
CCA D M V
URLwww.erottajabar.com

Ateljee Bar
■ アテリエ・バー

元老院広場、エスプラナーディ公園周辺
MAP P.430-B3

　Sokos Hotel Torni（→P.465）の14階にあるカフェ＆バー。店は狭いが窓からヘルシンキ市街を一望でき、夜景もすばらしい。一番人気はオリジナルカクテル「アアルト」で、鮮やかなカクテルがアアルトの花瓶に入って提供される。花瓶持ち帰り込みで€46.38。

🏠Yrjönkatu 26
☎(09)43-366340
🕐月～木14:00～翌1:00
　金　　14:00～翌2:00
　土　　12:00～翌2:00
　日　　14:00～24:00
休無休 CCA D J M V
URLwww.ateljeebar.fi

Storyville
■ ストーリヴィッレ

中心街西部
MAP P.430-B1

　ホットジャズとクールブルースを満喫できるジャズクラブ。国内外の有名バンドによる演奏が火～木曜は22:00から、金・土曜は20:30から行われる。チャージは€6.5～10ほど。1階のTin Roof Barには金管楽器が飾られている。カクテルは€8.5～。

🏠Museokatu 8
☎(09)40-8007
🕐ジャズクラブ
　火～土19:00～翌4:00
　Tin Roof Bar
　火～土17:00～4:00
休日・月 CCA D J M V
URLwww.storyville.fi

Kafe Moskova
■ カフェ・モスクワ

元老院広場、エスプラナーディ公園周辺
MAP P.430-B3

　ロシア風のアンティークのインテリアで囲まれた、旧ソビエト時代の雰囲気を再現したバー。BGMにかける音楽はロシアの有名シンガーの曲のみというこだわりよう。ウオッカは1杯€4.7～。オーナーのひとりは日本でも有名な映画監督、アキ・カウリスマキ。

🏠Eerikinkatu 11
☎(09)751-75613
🕐月～土18:00～翌2:00
休日
CCA D M V
URLwww.andorra.fi

フィンランド　ヘルシンキ　ショッピング／ナイトスポット

■ ヘルシンキのエンターテインメント

　ヘルシンキでは、毎晩のようにどこかでオペラやバレエ、演劇などが上演されている。チケット販売会社リップパルベルLippupalveluやリップピステLippupisteがチケットの販売を一手に引き受けており、オペラからアイスホッケーまで、あらゆるジャンルの興行チケットを予約・購入できる。予約・購入は電話のほか、ホームページでのオンラインも可能。メインのオフィスはデパートのStockmann（→P.475）の7階にあり、ここでも購入できる。英語の話せるスタッフが常駐。事前に上演スケジュールを知りたい人は、リップパルベルのホームページか観光案内所でもらえるガイドブック"Helsinki this week（→P.438）"をチェックするといい。ヘルシンキのおもな劇場・競技場は次のとおり。

国立オペラ劇場
Suomen Kansallisooppera

　伝統的かつモダンなデザインの劇場で、オペラやバレエ、オーケストラなど多彩なプログラムが上演される。トラム3T、4、4T、7A、7B、8、10番でOoppera下車すぐ。

フィンランディアホール
Finlandiatalo

　アルヴァ・アアルトの設計によるコンサートホール兼会議場。歴史あるヘルシンキ・シンフォニック・オーケストラやフィンランド・ラジオ・シンフォニー・オーケストラをはじめ、国内外のオーケストラによる公演が中心。トラムなら4、4T、7A、7B、10番利用が便利だが、ヘルシンキ中央駅からも歩ける距離。

大理石でできた建物も美しい

国立劇場
Suomen Kansallisteatteri

　フィンランド国内の劇団による演劇を中心に上演。英語の解説はないが、見ているだけでも楽しめる。中央駅の駅前広場の向かいにある。

アイスホール
Jäähalli

　ヘルシンキに拠点を置くプロホッケーチーム「HIFK」のホームグラウンド。フィンランドのホッケーシーズンは9月から始まり、3月にはチャンピオンが決定。この期間中、週に1〜2回は試合が開催される。トラム3T、4、4T、7A、7B、10番でKansaneläkelaitosで下車、徒歩3分。ヘルシンキにはもうひとつヨケリJokeritというプロチームもあり、こちらの本拠地はパシラのハートウォール・アリーナHartwall Areena。トラム7A、7B番でアクセスできる。

━ DATA ━

■リップパルベル
住Stockmannデパート7階
電0600-10800　URLwww.lippupalvelu.fi

■リップピステ
住Stockmannデパート7階
電0600-900900　URLwww.lippu.fi

■国立オペラ劇場
MAP P.428-B2
住Helsinginkatu 58
電(09)4030-2211　URLwww.operafin.fi

■フィンランディアホール
MAP P.430-B1
住Mannerheimintie 13E
電(09)40-241　FAX(09)446-259
URLwww.finlandiatalo.fi

■国立劇場
MAP P.431-C1・2
住Läntinen Teatterikuja 1
電010-73311　URLwww.kansallisteatteri.fi

■アイスホール
MAP P.428-B1
住Nordenskiöldinkatu 11-13
電(09)477-7110　FAX(09)4777-1111
URLwww.helsinginjaahalli.fi

タンペレ

北のナシヤルヴィ湖と南のピュハヤルヴィ湖というふたつの湖に囲まれた町タンペレ。いかにも森と湖の国フィンランドにふさわしい、落ち着いた町だ。ふたつの湖には18mもの水位差があり、この落差を利用した水力発電によって、国内屈指の工業都市となっている。ただ、町を歩いても都市の忙しさは感じられず、フィンランド第2の都市だとはとても思えないいほど穏やかだ。ハメーンリンナへ向かう湖沼巡りの観光船「シルヴァー・ライン」、ヴィラトとを結ぶ「詩人の道航路」の発着点でもある。

湖と川に囲まれたタンペレ市街

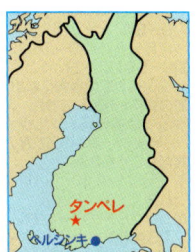

MAP P.418-A4
人口：21万3217
市外局番：03
タンペレ情報のサイト
URL www.gotampere.fi

タンペレへの行き方

✈ ヘルシンキから1日2〜4便、所要約40分。ストックホルムからスカンジナビア航空とブルー・ワン航空などが各1日1〜4便、所要約1時間。
🚄 ヘルシンキから1時間に1〜3便運行、所要1時間30分〜2時間。トゥルクからも1日9便運行、所要約1時間45分。ロヴァニエミから1日4〜5便程度運行（途中、オウルOuluで乗り換える場合も）、所要8〜11時間。
🚌 ヘルシンキから1時間に1〜2便運行、所要2時間15分〜2時間50分。

タンペレの歩き方

タンペレ駅は市の東にあり、見どころやホテル、ショップなどは西側の市街に集中している。観光案内所はタンペレ駅の構内にある。メインストリートは駅から西に延びるハメーンカツ通りHämeenkatu。途中、タンメルコスキ川Tammerkoskiにかかる橋を渡る。川の両側にある19世紀に建てられたレンガ造りの工場跡が、旧フィンレイソン工場やミュージ

フィンランド　ヘルシンキ／タンペレ

483

タンペレの観光案内所❶
🏠 Rautatienkatu 25A
📞 5656-6800
🌐 www.gotampere.fi
📅 6〜8月
　月〜金　9:00〜18:00
　土・日11:00〜15:00
　9〜5月
　月〜金　8:30〜16:30
🚫 9〜5月の土・日
　タンペレ駅の構内にある。町の資料が充実しており、スタッフは皆親切。シルヴァー・ライン、詩人の道航路の案内もしてくれる。

市バス
🎫 シングルチケット€2.5
　1日券€6
　バスには前のドアから乗車して運転手に運賃を支払う。降りるときは中央か後ろのドアから。バスに乗るとき、バス停で手を挙げないと行ってしまうこともあるので注意。ケスクストリ広場Keskustoriの前が市バスターミナルになっている。

タンペレ市立美術館ムーミン谷
🏠 Hämeenpuisto 20
📞 (03)5656-6578
FAX (03)5656-6567
🌐 inter9.tampere.fi/muumilaakso
📅 火〜金　9:00〜17:00
　土・日10:00〜18:00
🚫 月
🎫 €7

鉱物博物館
📞 (03)5656-6046
🌐 www.tampere.fi/kivimuseo
📅 火〜金　9:00〜17:00
　土・日10:00〜18:00
🚫 月
🎫 €4

レーニン博物館
🏠 Hämeenpuisto 28
📞 (03)276-8100
FAX (03)276-8121
🌐 www.lenin.fi
📅 月〜金　9:00〜18:00
　土・日11:00〜16:00
🚫 無休
🎫 €5

アム・センター・ヴァプリイッキ。近年、これらの建物群はレストランやショップ、博物館などが入る複合施設に生まれ変わり、新たな観光スポットとして脚光を浴びている。ハメーンカツ通りの突きあたりにはアレキサンダー教会Aleksanterin Kirkkoがあり、ここで左に行くとレーニン博物館、右はタンペレ市立美術館ムーミン谷のある市立図書館。駅からここまではゆっくり歩いて30分ほどかかる。

　町の北に広がっている広大な湖はナシヤルヴィ湖。湖に突きだした半島には、サルカニエミ・アドベンチャーパークがあり、家族連れでにぎわっている。

独創的なデザインの市立図書館

おもな見どころ

タンペレ市立美術館ムーミン谷　Tampereen taidemuseon Muumilaakso
MAP P.483-A2

　市立図書館Kaupunginkirjastoの1階にあるムーミン谷は、ムーミン好きなら必見の博物館。物語の名シーンを再現したミニチュアが並ぶなか、必見は5階建てのムーミンハウス。高さ2.5mもある巨大なジオラマは細部まで細かく作り込まれ、物語の世界へと誘ってくれる。博物館の壁面を飾るのは、原作者であるトーヴェ・ヤンソンTove Jansson直筆のスケッチなど。併設のミュージアムショップではさまざまなムーミングッズを販売。隣には世界中の石が展示されている鉱物博物館Kivi Museoがある。

ムーミン谷の仲間たちも見られるムーミンハウス

レーニン博物館　Lenin-museo
MAP P.483-A2

　もと労働者会館だったビルの3階にある小さな博物館。亡命時代にタンペレを訪れたことがあるレーニンとロシア革命の資料を展示している。小さいながらも充実したミュージアムショップには、ピンバッジ、ポスター、Tシャツなどレーニングッズがいっぱい。日本語の案内パンフも用意されている。

レーニンに関する展示が充実

■ 正教教会　　Ortodoksinen Kirkko

MAP P.483-B2

1896〜99年にかけて建設された教会。公園のような敷地の中に、ネオビザンチン様式の特徴ある塔がそびえている。

塔はネオビザンチン様式

■ 旧フィンレイソン工場　　Finlayson ■

MAP P.483-B1

川沿いに建つレンガ造りの建物

タンメルコスキ川上流の西岸に建つ巨大なレンガ建築は、1820年にスコットランド人のジェームズ・フィンレイソンが創業した旧製糸工場。19世紀中頃から末の最盛期には、住宅、学校、病院、教会などが併設され、敷地がひとつの小さな町を成すほどに栄えた。1990年代初めに役目を終えた工場は、市の再開発によって生まれ変わり、スパイ博物館や労働者博物館ベルスタスTyöväenmuseo Werstas、ルプリイッキ・メディア博物館Mediamuseo Rupriikkiといった博物館のほか、レストラン、醸造パブ、新聞社などが入居する複合施設となっている。

正教教会
- 住Tuomiokirkonkatu 27A
- 電020-6100355
- FAX050-5570054
- URLwww.ort.fi
- 開5月
  - 月〜金10:00〜16:00
  - 6〜8月
  - 月〜土10:00〜16:00
  - 日　　12:00〜16:00
- 休5月の土・日、9〜4月
- 料無料

旧フィンレイソン工場
- 住Satakunnankatu 18
- **労働者博物館ベルスタス**
- 住Väinö Linnan aukio 8
- 電010-4209220
- URLwww.tyovaenmuseo.fi
- 開火〜日11:00〜18:00
- 休月
- 料€5
- **ルプリイッキ・メディア博物館**
- 住Väinö Linnan aukio 13
- 電(03)5656-6411
- URLrupriikki.tampere.fi
- 開火〜金　9:00〜17:00
  - 土・日11:00〜18:00
- 休月
- 料€5

COLUMN　　　　　　　　　　　　　　　　　　**FINLAND**

■ 森と湖の国を体感する湖沼クルーズ

　タンペレの周辺はフィンランドの湖水地方と呼ばれ、フィンランドでも特に湖が多く、美しい自然が見られるエリア。緑の森と透き通るブルーの湖水のコントラストは、眺めているだけで癒されるようだ。そんな湖水地方を訪れるなら、網目のように張り巡らされた川を通って湖から湖へと移動するクルーズにぜひ乗ってみたい。タンペレからは、特に有名なふたつのクルーズが発着している。申し込みはタンペレの観光案内所にて。

シルヴァー・ライン
Suomen Hopealinja

　"スオミの銀の線"この名前を聞いただけでも、旅情を誘われ、乗ってみたくなるというもの。
　シルヴァー・ラインはタンペレ〜ハメーンリンナ間を結ぶ湖沼巡りの航路だが、湖や水路に沿って延々と銀柳の並木が続くため、この名がつけられた。所要時間8時間。フィンランドの自然に触れながら、ゆったりと旅したい人にぴったり。

┌─DATA─
■シルヴァー・ライン　　**MAP P.483-B2**
- 運6/1〜8/13の水〜土
  - タンペレ発9:30　ハメーンリンナ着17:45
- 料片道€46、往復€69
- 問い合わせ
- 電(010)422-5600　URLwww.hopealinja.fi

詩人の道航路
Runoilijan Tie (Poet's Way)

　こちらはタンペレからヴィラトVirratまで北上するコース。所要時間はシルヴァー・ラインとほぼ同じだが、料金は少し高い。いずれのコースも夏期は多少混雑するが、大きな船なので予約なしでも乗れるはずだ。

┌─DATA─
■詩人の道航路　　**MAP P.483-A1**
- 運6/1〜8/13
  - タンペレ発　水・金10:15
  - ヴィラト着　　　18:30
  - ヴィラト発　木・土10:15
  - タンペレ着　　　18:30
- 料片道€53、往復€79.5
- 問い合わせ
- 電(010)422-5600　URLwww.runoilijantie.fi

プロペラ機まで展示している

アムリ労働者住宅博物館　Amurin Työläismuseokortteli

MAP P.483-A2

　タンペレ近郊の町アムリは、タンペレの工業都市としての成長を支えた労働者の町。この博物館では1880年代から1970年代にかけての労働者の典型的な住宅を集めて展示しており、当時の暮らしをうかがえる。ほとんどの家には4家族が共同で生活していたため、1軒に4つもキッチンがあるのが特徴。住民の集会所だったサウナや商店などの展示も。当時の一般市民の生活が偲ばれ興味深い。雰囲気のいいカフェKahvila Amurin Helmiを併設。

労働者の暮らしぶりが学べる

スパイ博物館　Vakoilumuseo

MAP P.483-B1

　旧フィンレイソン工場の地下1階にある、世界で最初にできたスパイに関する博物館。武器やカメラなどスパイが実際に使っていたアイテムがたくさん展示されていて、いくつかは実際に使ってみることができる。日本の忍者に関する展示もある。

館内は狭いが、内容は充実

タリピハ・ステイブル・ヤード　Tallipiha Stable Yards

MAP P.483-A1

　旧フィンレイソン工場の敷地内にあったかつての厩舎。馬小屋や、厩務員の宿舎だった19世紀の建物が当時そのままに修復され、カフェやクラフトショップなどになっている。夏期には園内を馬車が巡り、工芸の実演や青空マーケットなど、さまざまなイベントが催される。

ミュージアム・センター・ヴァプリイッキ　Museokeskus Vapriikki

MAP P.483-B1

工場を改装した博物館

　タンメルコスキ川を挟んで、フィンレイソン工場の向かいにあった織物・鉄工業のタンペッラ社の旧工場内に誕生した文化施設。メインとなる常設展では氷河期から現代までのフィンランドの歴史とタンペレの産業発展史を紹介。併設する靴の博物館Kenkämuseoではタンペレで盛んだった製靴業について、フィンランド・ホッケーの殿堂Suomen JääkiekkoMuseoではフィンランド・ホッケーの栄光の足跡について、それぞれ興味深い資料を展示しているので、合わせて見学するといい。

サルカニエミ・アドベンチャーパーク　Särkänniemi Elämyspuisto

MAP P.483-A1

北欧で最も高い展望タワー

水族館Aquariumや遊園地Huvipuistoがあるレジャーランド。水族館では30分ごとにサンダーストームというイベントが行われる。その期間館内は暗くなり、雷が響く。まさに雷雨が訪れたかのように思わせる演出は迫力満点だ。おすすめは高さ168mの展望タワーNäsinneulaで、最上階が45分間で1周する回転レストランになっており、食事をしながらタンペレの展望を堪能できる。ドルフィン館Dolphinariumではイルカのショーも行われる。

サルカニエミ・アドベンチャーパーク
[住]Särkänniemi
☎020-7130200
[URL]www.sarkanniemi.fi
水族館
[開]毎日11:00〜21:00
（時期によって異なる）
[休]無休
[料]€10
展望タワー
[開]毎日11:00〜23:30
（時期によって異なる）
[休]無休
[料]€8
行き方➡➡➡
タンペレ駅前、ケスクストリ広場前から市バス16番でSärkänniemi下車。

タンペレのホテル

タンペレには安宿が少ないので、ヘルシンキから日帰りするのもひとつの方法。

Scandic Tampere City
MAP P.483-B2　スカンディック・タンペレ・シティ
[住]Hämeenkatu 1　☎(03)244-6111　[FAX](03)2446-2211
[URL]www.scandichotels.com　[料]ⓈⒹ€150〜　[CC]A D M V
タンペレ駅の目の前にある高級ホテル。全面が大きなガラス貼りになったホテル内は明るく、開放的な雰囲気。白を基調としたカラーリングに、モダンなデザインのインテリアが映える。全室で無線LANが利用できる（無料）。

Omena Hotel Tampere II
MAP P.483-B2　オメナ・ホテル・タンペレ II
[住]Hämeenkatu 7　☎0600-18018
[URL]www.omenahotels.com
[料]ⓈⒹ€45〜　[CC]A D M V
ヘルシンキにある同名ホテル（→P.467）と同じ経営。予約や支払いのシステムは同様。駅前のほか、ハメーンカツ通りの端にも同経営のOmena Hotel Tampereがある。

Cumulus Koskikatu
MAP P.483-B2　クムルス・コスキカツ
[住]Koskikatu 5　☎(03)242-4111
[FAX](03)242-4399　[URL]www.cumulus.fi
[料]Ⓢ€137(87)〜Ⓓ€162(103)〜　[CC]A D M V
町の中心部にあり、観光に便利。こまめに改装しているので客室は快適。全室無線LANあり（無料）。アイリッシュパブも併設されている。

Hostel Sofia
MAP P.483-B1　ホステル・ソフィア
[住]Tuomiokirkonkatu 12A
☎(03)254-4020　[URL]www.hostelsofia.fi
[料]ドミトリー€28〜　Ⓢ€59〜Ⓓ€75〜
（YH会員は€2.5割引）　[CC]M V
鉄道駅から北へ徒歩約5分。フロントのオープンは8:00〜21:00。朝食は€6.5。全室で無線LAN利用可能（無料）。

タンペレのレストラン

Harald
MAP P.483-A2　ハラード
[住]Hämeenkatu 23　☎044-7668203
[URL]www.ravintolaharald.fi
[営]月〜木 11:00〜24:00　金11:00〜翌1:00
土　12:00〜翌1:00　日15:00〜22:00
[休]無休　[予]€30〜　[CC]A D M V
ヴァイキングをテーマにしたレストラン。人気はラム肉や牛ヒレ肉、鹿肉の入った「クヌート大王の盾」Kuningas Knuut Suuren Kilpi€31.2（2人前より注文可）。

Norimaru
MAP P.483-B2　海苔真流
[住]Hämeenkatu 19
☎040-0376255
[URL]www.norimaru.fi
[営]月〜金11:00〜17:00　土11:00〜15:00
[休]日　[予]€8〜
[CC]A D M V
市場の中にある寿司バー。10席しかない小さい店だが、寿司セットはみそ汁付きで€7.8〜とお得。テイクアウトメニューもある。

タンペレのショッピング

Finlayson
MAP P.483-A1　フィンレイソン
[住]Kuninkaankatu 3　☎020-7213750
[URL]www.finlayson.fi　[営]月〜金10:00〜17:30　土10:00〜15:00　[休]日　[CC]A M V
タンペレ生まれの有名テキスタイルメーカー、フィンレイソンのオンリーショップ。ブランドの看板でもあるムーミンのファブリックは、おみやげにぴったり。

Pikku Putlikit
MAP P.483-B2　ピック・プティック
[住]Kehräsaari　☎(03)377-4500
[営]月〜金10:00〜18:00　土10:00〜15:00
[URL]www.pikkuputiikit.fi
[休]日　[CC]A D M V
店内のセーターやカーディガンはすべて店の奥の工房で手作りしている。工芸品も充実。

バスタブ　バスタブ一部のみ　テレビ　テレビ一部のみ　ドライヤー　ドライヤー貸出
ミニバー　ミニバー一部のみ　ハンディキャップルーム

ハメーンリンナ

ハメーン(ハミの)リンナ(城)という名のとおり、昔はスオミ(フィンランド)民族のうちハミ部族の根拠地で、古い文化と独特な気風がある。ここはシルヴァー・ラインのターミナルでもあり、大作曲家シベリウスの生家など見どころも多い。夏の野外劇場や民俗舞踊など催しも多彩だ。

軍事博物館からハミ城を眺める

MAP P.418-A4

人口	6万6829
市外局番	03

ハメーンリンナ情報のサイト
URL www.hameenlinna.fi

ハメーンリンナの歩き方

ハメーンリンナの町自体は小さく、徒歩で充分歩ける規模。鉄道駅から町の中心にあるマーケット広場Kauppatoriまでは徒歩15分程度で、観光案内所は広場の東にある。シベリウス

ハメーンリンナへの行き方

🚌 ヘルシンキから1時間に1〜2便運行、所要約1時間。
🚆 ヘルシンキから1〜2時間に1便前後運行している。所要約1時間20分。
⛴ タンペレからシルヴァー・ライン(→P.485)を利用して来ることもできる。

ハメーンリンナの観光案内所❶
🏠 Raatihuoneenkatu11
☎ (03)621-3373
FAX (03)621-3374
URL www.hameenlinna.fi
開 6〜8月
　月　　　9:00〜17:00
　火〜金 9:00〜16:15
　土　　 11:00〜15:00
　9〜5月
　月　　　9:00〜17:00
　火〜金 9:00〜16:15
休 6〜8月の日、9〜5月の土・日
市バス
料 シングルチケット€3

シベリウス生誕の家
🏠 Hallituskatu 11
☎ (03)621-2755
開 5〜8月
　火〜日10:00〜16:00
　9〜4月
　火〜日12:00〜16:00
休 月
料 €4

ハミ城
☎ (03)675-6820
URL www.nba.fi/fi/hameenlinna
開 6/1〜8/14
　毎日　10:00〜18:00
　8/15〜5/31
　月〜金10:00〜16:00
　土・日11:00〜16:00
休 無休
料 €6

ハメーンリンナ
Hämeenlinna

アウランコ
Aulanko

軍事博物館
Tykistömuseo

歴史博物館
Historiallinen Museo

ハミ城
Hämeenlinna

監獄博物館
Vankilamuseo

Linnansalmi

ハメーンリンナ駅
Rautatiesema

シルヴァー・ライン
船着場

シベリウス公園
Sibelius park

シベリウス生誕の家
Sibeliuksen Syntymäkoti

観光案内所

クムルス・ハメーンリンナ
Cumulus Hämeenlinna

エミリア
Emilia

マーケット広場
Kauppatori

長距離バスターミナル

バナヤベシ湖
Vanajavesi

0　　　　　　500m

生誕の家Sibeliuksen Syntymäkotiは広場から西に1ブロックの所にありホテルやショップもこの周辺に多い。そのほかの見どころは広場から徒歩20分ほどのハミ城Hämeenlinna周辺に集中していて、1993年まで実際に使われていた監獄博物館Vankilamuseoをはじめ歴史博物館Historiallinen Museo、軍事博物館Tykistömuseoを4つまとめて回ることができる。

マーケット広場の西側にあるシベリウス生誕の家

監獄博物館
☎(03)621-2977
[開]火～日11:00～17:00
[休]月
[料]€5

歴史博物館
☎(03)621-2979
[開]火～日11:00～17:00
[休]月
[料]€5

軍事博物館
☎(03)682-4600
[URL]www.tykistomuseo.fi
[開]毎日11:00～17:00
[休]無休
[料]€6

ハミ城と監獄、歴史、軍事各博物館の共通チケット
[料]€15

エクスカーション

アウランコ　Aulanko

MAP P.418-A4

シルヴァー・ライン（→P.485）の寄港地、Spa Hotel Rantasipi Aulankoの周辺に、広大な森林が広がっている。ここでぜひ行ってみてほしいのは、森林内にある古い塔。高さ33m塔の上からはフィンランドらしい森と湖のすばらしい風景を見渡せる。森林内のところどころに湖や塔の絵の標識があるので、それに従って歩こう。周辺にはキャンプ場がいくつかあり、週末ともなればヘルシンキから家族連れが休暇を過ごしにやってくる。

アウランコ
行き方➡➡➡
2、13、17番のバスで約15分。1時間に1～3便運行。

アウランコのホテル

スパ・ホテル・ランタシピ・アウランコ
Spa Hotel Rantasipi Aulanko
[住]Aulangontie 93
☎(03)65-8801
[FAX](03)682-1922
[URL]www.rantasipi.fi
[料]Ⓢ€157～Ⓓ€187～
[CC]A D M V
シルヴァー・ラインの乗降場所がすぐ裏にある。

イッタラ・ガラス・センター　Iittala Glass Center

MAP P.418-A4

ハメーンリンナから25km離れた町イッタラIittalaに、フィンランドを代表するガラス製品の有名ブランド、イッタラの工場があり、職人たちが真っ赤に焼けたガラスの固まりにさまざまな形を与えて行く様子が見学できる。敷地内にあるガラス博物館には色とりどりのガラスの芸術品が並んでいる。花瓶やカップが揃うイッタラのアウトレットショップもあるので見逃せない。

敷地内にはチョコレート工房や民芸品を取り扱う店もある

イッタラ・ガラス・センター
☎(204)39-6230
[URL]www.iittalanlasimaki.fi
ガイドツアーは要予約。
行き方➡➡➡
ハメーンリンナからならバスが便利。長距離バスターミナル5番乗り場からタンペレ行きに乗る。所要約30分。
ヘルシンキからはタンペレ行きの普通列車に乗り、イッタラで下車。所要約1時間30分。タンペレからは普通列車のヘルシンキ行きに乗りイッタラ下車。所要約35分。駅から徒歩約30分。

ハメーンリンナのホテル

Cumulus Hämeenlinna 🛁📺💨🍸♿

MAP P.488　クムルス・ハメーンリンナ

[住]Raatihuoneenkatu 16-18　☎(03)64-881
[FAX](03)648-8299　[URL]www.cumulus.fi
[料]Ⓢ€74～Ⓓ€84～　[CC]A D M V
マーケット広場から1ブロックにあり便利。近くにスーパーやデパートがある。

Hotelli Emilia 🛁📺💨🍸♿

MAP P.488　エミリア

[住]Raatihuoneenkatu 23　☎(03)612-2106
[FAX](03)616-5289　[URL]www.hotelliemilia.fi
[料]Ⓢ€80～96Ⓓ€90～115　[CC]A D M V
Hotel Cumulus Hämeenlinna のはす向かいにある手頃なホテル。レストランが評判。

🛁 バスタブ　🛁 バスタブ一部のみ　📺 テレビ　📺 テレビ一部のみ　💨 ドライヤー　💨 ドライヤー貸出
🍸 ミニバー　🍸 ミニバー一部のみ　♿ ハンディキャップルーム

トゥルク

MAP P.418-A4

人口	17万7326
市外局番	02

トゥルク情報のサイト
URL www.turkutouring.fi

トゥルクへの行き方

✈ ヘルシンキから1日2～4便運航、所要約35分。ストックホルムからスカンジナビア航空が土曜を除く1日1～4便運航。所要約45分。空港から市バス1番（トゥルク港行き）でマーケット広場まで約20分。片道€2.5～3.5。

🚄 ヘルシンキから特急列車またはインターシティで所要約2時間。1時間に1便程度運行。

🚌 ヘルシンキから所要2時間10分～2時間50分。30分～1時間ごとに便がある。

⛴ ストックホルムからタリンク・シリヤラインとヴァイキング・ラインViking Lineのフェリーがそれぞれ1日2便、昼便と夜便がある。所要約11時間（→P.546）。

トゥルクはヘルシンキ、タンペレに次ぐフィンランド第3の都市。フィンランドの西の外れにあり、スウェーデンに最も接近している。中世の初期、スウェーデンがフィンランドへ進出し始めると、ここへ城や教会を建て、フィンランド支配のための基地にしてしまった。結局1812年にロシアの皇帝アレクサンドル1世がヘルシンキに遷都するまでフィンランドの都として栄え、首都を譲り渡した後も西海岸に広がるスウェーデン文化圏の中心地となっている。オーボÅboというスウェーデン語の市名ももっており、スウェーデンの本土以上に古い懐かしきスウェーデンを感じさせてくれる町でもある。

アウラ川沿いに立つトゥルク大聖堂

トゥルクの歩き方

トゥルクの町の中心は、鉄道駅から南に5ブロックのマーケット広場Kauppatori周辺。近くにデパートやショッピングセンター、ホテル、レストランが集中しており、観光案内所もマーケット広場から南に1ブロックの場所。広場の北には正教教会が建つ。市内を走るバスもマーケット広場を囲む道路から発着している。

町の中心、マーケット広場

町の西外れに建っているのが、

トゥルクのランドマークであるトゥルク城。そのすぐそば、アウラ川Aurajokiの河口にフェリーのターミナルがある。フェリーでトゥルク入りした場合は、トゥルク城を最初に見学してもいい。また、アウラ川の南岸にはいくつかの美術館が点在しているが、半日もあれば充分見て回れる。

　町はそれほど大きくないのだが、見どころは少しずつ離れているので、観光には市バスを利用するのが便利。特にマーケット広場とトゥルク港の間を結ぶ市バス1番は使い勝手がいい。バスのルートマップは観光案内所でもらえる。市バスは1日券が割安でおすすめ。

おもな見どころ

トゥルク大聖堂
Tuomiokirkko
MAP P.490

　アウラ川の南岸にある大聖堂は、1300年に建てられた歴史ある建物。フィンランドで最も由緒ある教会とされている。教会の歴史を詳しく展示する聖堂博物館Tuomiokirkkomuseoも併設し、トゥルクの歴史をかいま見ることができる。711年が過ぎた今でも教会活動に利用されている。高さ101mの石造りの塔は町歩きの目印にもなる。

中世の趣きを色濃く残す大聖堂

シベリウス博物館
Sibelius Museo
MAP P.490

　大聖堂の裏にあるコンクリートの近代的な建物がシベリウス博物館。フィンランドを代表する大作曲家シベリウスの遺稿や資料のほか、世界各地から集められた数々の民族楽器が展示されている。2月上旬～4月下旬と9月～11月下旬の水曜の夜19:00から開かれるコンサートが人気。

トゥルク美術館
Turku Art Museum
MAP P.490

　フィンランド国内で2番目に大きな美術館。1904年にオープンした歴史ある美術館で、2004年に開館100周年を記念して100年前の状態に復元され、再オープンした。おもにフィンランド人アーティストの作品を収蔵しており、期間ごとに少しずつ作品を入れ替えて展示している。

美術館の周りは公園になっている

トゥルクの観光案内所❶
🏠Aurakatu 4
📞(02)262-7444
🔗www.turkutouring.fi
🕐4～9月
　　月～金　8:30～18:00
　　土・日　9:00～16:00
　　10～3月
　　月～金　8:30～18:00
　　土・日10:00～15:00
🚫無休
レンタサイクル(1日€15)あり。

現地情報は観光案内所で

トゥルク・カード
Turku Card
　トゥルクの公共交通やおもな博物館、美術館などが無料で利用できる。
💰24時間有効€21
　48時間有効€28
市バス
💰シングルチケット€2.5
　1日券(24時間有効)€5.5

トゥルク大聖堂
📞(02)261-7100
🕐4/16～9/15
　　毎日9:00～20:00
　　9/16～4/15
　　毎日9:00～19:00
🚫無休
💰無料(博物館入場の場合は€2)

祭壇の周りにはイエスの物語を描いた壁画がある

シベリウス博物館
🏠Piispankatu 17
📞(02)215-4494
🔗www.sibeliusmuseum.abo.fi
🕐火・木～日
　　11:00～16:00
　水　11:00～16:00/
　　　18:00～20:00
🚫月
💰€3

トゥルク美術館
🏠Aurakatu 26
📞(02)262-7100
🔗www.turuntaidemuseo.fi
🕐火～金11:00～19:00
　土・日11:00～17:00
🚫月
💰€8(金曜の16:00以降は無料)

ルオスタリンマキ野外手工芸博物館　Luostarinmäki Käsityöläismuseo

MAP P.490

1827年に発生した大火をかろうじて逃れた、18世紀から19世紀にかけての建物を移築した野外博物館。当時のままの衣装を着けた人たちが、昔の作業の様子などを見せてくれる。建物によって手工芸品などを販売する小さな店が入っていることも。

敷地内はまるでひとつの町のように建物が並ぶ

ヴァイノ・アールトネン美術館　Wäinö Aaltonen Museum

MAP P.490

彫刻家ヴァイノ・アールトネンの作品を中心に、フィンランドの現代美術など幅広いジャンルの芸術品を展示している美術館。常設展のほか、コンサートや講義などの文化行事を幅広く行っている。館内にはカフェもある。

トゥルク城　Turun linna/Åbo Slott

MAP P.490

町の西、アウラ川の河口を守る石造りの堅固なトゥルク城は、13世紀後半、当時の支配国スウェーデンによってフィンランド統治のために建築された。その後、数世紀にわたり要塞として活躍、16世紀には全盛期を迎えた。ちょうどスウェーデン王グスタフ1世が勢力を広げていた頃である。現在、城内は歴史博物館として公開されており、美術品や調度品などが展示されている。

フィンランド最大の古城

ルオスタリンマキ
野外手工芸博物館
🏠Vartiovuorenkatu 2
☎(02)262-0350
FAX(02)262-0352
🕐5/3～9/18
　　火～日10:00～18:00
　　9/19～5/2
　　火～日10:00～16:00
休月
料€6

ヴァイノ・アールトネン
美術館
🏠Itäinen Rantakatu 38
☎(02)262-0850
URLwww.wam.fi
🕐火・木～日10:00～18:00
　水　　　12:00～20:00
休月
料€4～6

アウラ川沿いに建つ美術館

トゥルク城
🏠Linnankatu 80
☎(02)262-0300
🕐5/1～9/18
　　火～日10:00～18:00
　　9/19～4/30
　　火・木～日
　　　　10:00～18:00
　　水　　12:00～20:00
休月
料€8
見学に時間がかかるので、入場は閉城の30分前まで。

城内には美術品や調度品が残されている

欧州文化首都、トゥルク

2011年、トゥルクは欧州文化首都に指定された。欧州文化首都とは、1983年にギリシャの文化大臣を務めたメリナ・メリクーリ氏により発案された文化プログラムで、欧州連合加盟国内の都市がその舞台となる。指定された都市は、一年間にわたり集中的に各種文化行事を展開。つまり今年のトゥルクはまさにイベント・イヤー。「トゥルク2011」と題して多くの文化イベントが開催される。詳細はホームページで確認を。

┌DATA┐
■トゥルク2011
☎(02)262-2022
URLwww.turku2011.fi

エクスカーション

ラウマ旧市街 Old Rauma

MAP P.418-A4

トゥルクの北西約90kmに位置するラウマは、1400年頃のフランシスコ会修道院を中心に発展した町。スカンジナビアに現存する最も大きな木造家屋の町といわれ、ユネスコの世界遺産に登録されている。当時の町並みは1682年の大火によって失われたものの、18世紀から19世紀にかけて再建された。港町であったラウマでは、長い航海から帰った夫が自分の家をひとめで見つけられるようにと、青、黄色、緑など鮮やかな目立つ色で塗ったという。家屋も窓が二重構造になっていたり、窓を開けずに外の様子がわかる覗き鏡（ゴシップ・ミラー）が付いていたりと防寒に腐心していた様子がうかがえる。町なかには18世紀に市庁舎として建てられ、現在はラウマのアンティークレースなどを展示するラウマ博物館Rauma Museumや美しいフレスコ画が必見の聖十字架教会Church of the Holy Crossなどの見どころがある。

かつては市庁舎として使用されていたラウマ博物館

ラウマ旧市街
行き方➡➡➡
　トゥルクの長距離バスターミナルから6:20〜20:30（土・日8:00〜）の30分〜1時間ごとに出発。所要約1時間30分。€17〜20程度。

ラウマ旧市街の観光案内所ℹ
[住]Nortamonkatu 5
☎(028)34-3512
[URL]www.visitrauma.fi
[開]5〜8月
　毎日　10:00〜18:00
　9〜4月
　月・水・木
　　8:00〜16:00
　火　9:00〜17:00
　金　8:00〜15:00
[休]9〜4月の土・日

ラウマ博物館
[住]Kauppakatu 24
☎(044)567-9183
[URL]www.rauma.fi/museo
[開]5/16〜6/26、8月
　火〜日10:00〜17:00
　6/27〜7/31
　毎日　10:00〜17:00
　9/1〜5/15
　火〜金12:00〜17:00
　土　10:00〜14:00
　日　11:00〜17:00
[休]8/1〜6/26の月
[料]€3

聖十字架教会
[住]Luostarinkatu 1
☎(02)837-751
[開]毎日10:00〜18:00
[休]無休

トゥルクのホテル

トゥルクには中級ホテルが多い。（　）内は週末料金。

Radisson Blu Marina Palace Hotel 🛁📺💨🍸♿

MAP P.490 ラディソンBluマリーナ・パレス

[住]Linnankatu 32
☎020-1234710
[FAX]020-1234711
[URL]www.radissonblu.com
[料]Ⓢ€135(90)〜Ⓓ€150(100)〜
[CC]A D J M V
　アウラ川沿いにある、眺めのいいホテル。フィットネスルームやサウナ、レストランなどがある。

Best Western Hotel Seaport 🛁📺💨🍸♿

MAP P.490 ベストウエスタン・ホテル・シーポート

[住]Toinen Poikkikatu 2　☎(02)283-3000
[FAX](02)283-3100　[URL]www.bestwestern.fi
[料]Ⓢ€88〜Ⓓ€107〜　[CC]A D M V
　古い倉庫を改装した、趣のあるホテル。赤レンガの外観が美しい。フェリーターミナルの前に建ち、トゥルク城へも歩いてすぐの距離。

Sokos Hotel Hamburger Börs 🛁📺💨🍸♿

MAP P.490 ソコス・ホテル・ハンブルゲル・ビョルス

[住]Kauppiaskatu 6　☎(02)337-381
[FAX](02)337-3120
[URL]www.sokoshotels.fi
[料]Ⓢ€69〜Ⓓ€79〜
[CC]A D M V
　マーケット広場に面した高級ホテル。

Bed & Breakfast Tuure 🛁📺💨🍸♿

MAP P.490 ベッド・アンド・ブレックファスト・トゥーレ

[住]Tuureporinkatu 17C 3rd floor　☎(02)233-0230
[URL]www.netti.fi/˜tuure2
[料]Ⓢ€38〜Ⓓ€54〜　[CC]M V
　朝食付きのエコノミーな宿。駅、バスターミナル、中心街に近い好立地。共用のパソコンは無料。

🛁 バスタブ　🛁 バスタブ一部のみ　📺 テレビ　📺 テレビ一部のみ　💨 ドライヤー　💨 ドライヤー貸出
🍸 ミニバー　🍸 ミニバー一部のみ　♿ ハンディキャップルーム

ナーンタリ

ナーンタリは、古都トゥルクの西方約13kmに位置する小さな町。町の名が中世のスウェーデン語で優美な谷を意味する「Nadendal」に由来しているとおり、海に面し、豊かな自然に囲まれた町だ。最大の見どころは、入江に浮かぶ小さな島を利用したムーミンワールド。日本でもおなじみのムーミンの世界を実現したテーマパークだ。

美しい港の風景

MAP P.418-A4
人口：1万8807
市外局番：02
ナーンタリ情報のサイト
URL www.naantalinmatkailu.fi

ナーンタリへの行き方

ヘルシンキからの直接のアクセス方法はないので、飛行機や列車、バスでトゥルクまで行き、バスに乗り換えることになる。トゥルクからは、マーケット広場からナーンタリ行きのバス11、110番で約35分。朝5:00頃から翌1:00頃まで、10～20分ごとに運行。日曜と22:00以降は本数が少なくなる。

アウラ川クルーズでナーンタリへ

トゥルクのアウラ川沿いから蒸気船ウッコペッカUkkopekkaに乗れば、クルーズを楽しみながら、ナーンタリまで行ける。所要約1時間45分。

ウッコペッカ
☎(02)515-3300
URL www.ukkopekka.fi
6/14～8/13
　トゥルク発
　火～土10:00、14:00
　ナーンタリ発
　火～土12:00、16:00
片道€22、往復€27

ナーンタリの歩き方

かわいらしい淡い色の家が建ち並ぶ旧市街

ナーンタリは、トゥルクからの日帰りの観光場所としても人気だが、ヘルシンキから訪れ、ムーミンワールドでたっぷり遊び、のんびりとした町の雰囲気を存分に楽しみたいなら1泊するのがおすすめ。町の中心は、さまざまなヨットが停泊するヨットハーバー付近。周辺には入り江を囲むようにしてカフェやレストランが建ち並び、港を眺めながらのんびりと食事をしたり、散歩を楽しむ人々で終日にぎわっている。観光案内所は長距離バスターミナルから港へ行く途中にあるので、先に訪れて地図をもらい、帰りのバスの時刻などを調べておくといい。最大の見どころは、町の北西の海上に浮かぶ小さな島、カイロ島にあるムーミンワールドだ。島全体をテーマパークとして利用したムーミンワールドは、子供から大人まで楽しめる人気のスポット。観光

ナーンタリ
Naantali

0　　　　300m

メリサリ
Merisali　カフェが並ぶ
カフェ・アマンディス
Café Amandis
教会
Kirkko
アマンディス
Amandis
ムーミン・トレイン乗り場
ヨットハーバー
ルオスタリン・プータハ
Luostarin Puutarha
ウッコペッカ乗り場（トゥルク行きフェリー）
ムーミンショップ
ムーミン・トレイン乗り場
観光案内所
ヴィラ・アントニアス
Villa Antonius
ナーンタリ・スパ
Naantali Spa
ムーミン・カ・パークへ
長距離バスターミナル
Linja-autoasema
旧市街
ナーンタリ博物館
Naantalin Museo

町の歴史がわかる博物館

には半日ほど時間をとりたい。

港の南東に広がる旧市街には、18世紀から19世紀にかけて建てられたパステルカラーの木造家屋が並んでいる。ブティックやアートギャラリーとして利用されている家屋も多いので、かわいらしい町並みを見学しながらそぞろ歩きを楽しもう。旧市街の中心部には、昔のナーンタリの町や人々の暮らしぶりを紹介するナーンタリ博物館Naantalin Museoもある。時間があれば、ムーミンショップでおみやげ探しに翻弄するのもいい。

ナーンタリは古くからスパの充実した保養地としても知られ、フィンランド屈指のリゾート地にもなっている。町の北のはずれには、現在もスパ設備やメニューが充実したNaantali Spa Hotelがあり、訪れる人の心と体を癒してくれる。

効能の異なるスパが評判のナーンタリ・スパ

ナーンタリの観光案内所[i]
[住]Kaivotori 2
[電](02)435-9800
[URL]www.naantalinmatkailu.fi
[開]6/3〜8/28
月〜金 9:00〜18:00
土・日10:00〜16:00
8/29〜6/2
月〜金 9:00〜16:30
[休]8/29〜6/2の土・日

ナーンタリ博物館
[住]Mannerheiminkatu 21
[電](02)434-5321
[開]5/15〜9/4
火〜日11:00〜18:00
[休]月、9/5〜5/14
[料]€2.5

ムーミンショップ
[電](02)511-1120
[営]6/7〜30、8/1〜28
毎日 10:00〜19:00
7月
毎日 10:00〜20:00
[休]8/29〜6/6

ナーンタリのホテル

Naantali Spa Hotel
🛁 📺 💨 🍸 ♿
MAP P.494外 ナーンタリ・スパ
[住]Matkailijantie 2
[電](02)44-550 [FAX](02)445-5621
[URL]www.naantalispa.fi
[料]Ⓢ€156〜Ⓓ€268〜
[CC]A D M V

海に面して建つ5つ星のリゾートホテル。フィンランド随一の充実ぶりを誇る、ボディトリートメントやフィンランド式マッサージなど、男女問わず楽しめるスパ設備&メニューが魅力。

Hotel Amandis
🛁 📺 💨 🍸 ♿
MAP P.494 アマンディス
[住]Nunnakatu 5
[電](02)430-8774
[URL]www.hotelamandis.com
[料]ⓈⒹ€80(125)〜
朝食€7
[CC]A M V

港に面した明るい雰囲気のカフェを併設した、全8室の小さなホテル。全室キッチン、シャワー付き。スタッフも親切。

Hotel Villa Antonius
🛁 📺 💨 🍸 ♿
MAP P.494 ヴィラ・アントニアス
[住]Mannerheiminkatu 9 [電](02)435-1938
[FAX](02)435-1333 [URL]www.cafeantonius.fi
[料]ⓈⒹ€85(150)〜
[CC]A D M V

旧市街にあるおしゃれなミニホテル。朝食は石造りの暖炉や内装が素敵な1階のカフェでもとれる。オーナーの手作りケーキが有名。

Luostarin Puutarha
🛁 📺 💨 🍸 ♿
MAP P.494 ルオスタリン・プータハ
[住]Fleminginkatu 6 [電](02)435-1938
[URL]www.cafeantonius.fi
[料]ⓈⒹ€70〜150
[CC]A D M V

港に面したバーとレストランを併設したホテル。各部屋のインテリアは、アンティーク調ですべて異なる。

ナーンタリのレストラン

Merisali
MAP P.494 メリサリ
[住]Nunnakatu 1 [電](02)435-2451
[URL]www.ravintolatrappi.fi/merisali_mainos.htm
[営]4月〜10月中旬 日〜木9:00〜翌2:00 金・土9:00〜翌3:00
[休]10月下旬〜3月 [予]ランチ€12.8〜、ディナー€17.3〜
[CC]D M V

店内は吹き抜けの開放的な空間。地元の新鮮な魚介や野菜を使った料理がビュッフェで味わえる。ランチ€12.8〜、ディナー€17.3〜。

Café Amandis
MAP P.494 カフェ・アマンディス
[住]Nunnakatu 5
[電](02)430-8774
[URL]www.hotelamandis.com
[営]夏期 毎日10:00〜20:00 冬期 土・日12:00〜17:00
[休]冬期の月〜金
[予]€5〜 [CC]M V

Hotel Amandisに併設の港に面したカフェ。アップルパイやティラミスなど自家製ケーキ€3.4〜が人気。

🛁 バスタブ 🛁 バスタブ一部のみ 📺 テレビ 📺 テレビ一部のみ 💨 ドライヤー 💨 ドライヤー貸出
🍸 ミニバー 🍸 ミニバー一部のみ ♿ ハンディキャップルーム

ムーミンに出会える島
ムーミンワールド

ムーミンワールドは、ナーンタリの北西に浮かぶ小さな島をまるごと利用して、ムーミンの世界を実現したテーマパーク。ムーミン谷さながらの森に、ムーミンハウスやスナフキンのキャンプなど、物語の舞台が忠実に再現されていて、ムーミンファンなら大人も子供もワクワクしながら楽しめる。ブルーベリー色のムーミンハウスの周りでは、ムーミン一家やミイ、スナフキンなど人気のキャラクターに出会える。テーマパークといっても、大げさな乗り物や設備などはないのがフィンランドらしい。ムーミン谷の住人になった気分で、一日のんびり過ごしたい。

ムーミンハウスへようこそ！

ムーミンワールドのメインアトラクション、ムーミンハウス。実物大の家の中には、ムーミン一家の暮らしや歴史がかいま見える楽しい演出がいっぱい！

4th Floor

屋根裏部屋にあるムーミンの部屋。遊び心が詰まった部屋には、自由にお絵かきが楽しめるスペースもあり、子供たちに大人気。描いた絵を部屋の中にあるポストに投函すれば、部屋に飾ってもらえるかも♪　窓からは園内の様子が見渡せる。

3rd Floor

パパの書斎部屋とフローレンの部屋がある。書斎には、古いタイプライターや地球儀などがあるほか、壁にはパパの冒険心をくすぐる船の絵が飾ってある。フローレンの部屋には、女の子があこがれそうなかわいらしいベッドや化粧台が置かれている。

2nd Floor

らせん階段を上って辿り着く2階には、大広間とムーミンパパ、ママの寝室がある。大広間に置かれたソファーや、壁にかかるパパとママの結婚式の写真など細かい演出にも注目。

1st Floor

1階はキュートなキッチン雑貨が並べられたムーミンママのキッチンと、思わず手を伸ばしたくなるママお手製の料理が並ぶダイニングルーム。一家が楽しく食事をしている光景が目に浮かぶ。

家の裏手にはママの食糧庫があり、ジャムなど保存食が入ったかわいい瓶が並べられている。

Attraction

①橋A Walking Bridge
旧市街とムーミンワールドをつなぐ橋。

②ゲートAt The Gate

③シアター・エンマ Theatre Emma

ムーミンたちキャラクターによる演劇が楽しめるアウトドア劇場。

④ママズ・キッチンMama's Kitchen

⑤ムーミン・ポストオフィス The Moomin Post Office
ムーミンの切手や消印入りでハガキが出せる郵便局。旅の記念に出してみては?

⑥ピザ & パスタPizza & Pasta

⑦スノークの潜水艦 In Snork's Submarine

⑧スナフキンのキャンプ At Snufkin's Camp
運がよければ、スナフキンの弾き語りを聴けるかも。

⑨展望ポイント Scenic Lookout Point

島内随一の展望ポイント。森と湖のフィンランドらしい景色が広がる。

⑩スノークの工作室 In Snork's Workshop

⑪スノークの飛行船Snork's Airship

⑫ムーミンハウス Moomin family's Blue House

⑬ムーミンパパのボート Moominpappa's Boat

甲板から操縦室まで見学でき、体を動かして楽しむ仕掛けなどもある。

⑭ムーミンのプレイハウス Moomintroll's Playhouse

⑮消防署The Fire Station

⑯ヘムレンさんの家Hemulen's House

⑰水浴び小屋The Bathing hut

ムーミン一家が夏に水浴びを楽しむ場所。おしゃまさんやメソメソの住まいでもある。

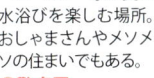

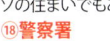

⑱警察署 At the Police Station

⑲モランの家The Groke's House

⑳迷路The Labyrinth

㉑魔女の家 The House Of Witch

魔女と魔女になるための修行を積んでいる姪のアリスが住む家。

㉒ニョロニョロの洞窟 In the Cave of the Hattifatteners
不思議キャラ、ニョロニョロの特性がよくわかる仕掛けがいっぱい。感電には注意して!

8

22

DATA

ムーミンワールドMuumimaailma

MAP P.494

☎(02)511-1111 [FAX](02)511-1151
[URL]www.muumimaailma.fi
[開]6/7〜8/14毎日 10:00〜18:00 8/15〜28毎日12:00〜18:00
[休]8/29〜6/6 [料]1日券€22、2日券€29
オープンは夏期のみだが、クローズ中でも敷地内には自由に入ることができる。

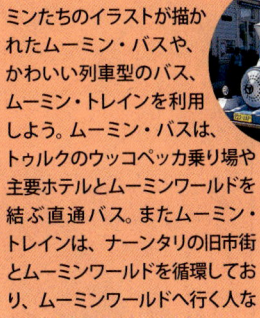

ムーミン・バスやトレインに乗ってムーミンワールドへGO♪

ムーミンワールドへは、ムーミンたちのイラストが描かれたムーミン・バスや、かわいい列車型のバス、ムーミン・トレインを利用しよう。ムーミン・バスは、トゥルクのウッコペッカ乗り場や主要ホテルとムーミンワールドを結ぶ直通バス。またムーミン・トレインは、ナーンタリの旧市街とムーミンワールドを循環しており、ムーミンワールドへ行く人なら無料で連れて行ってくれる。

まるでアトラクションのようなムーミン・トレイン

おなじみのキャラクターが描かれたムーミン・バス

ユヴァスキュラ

ユヴァスキュラの町が建設されたのは1837年。大半の建物は第2次世界大戦以降に建てられたものだが、建設往時を偲ばせる木造建築も点在している。また、ユヴァスキュラと言えば現代建築の巨匠、アルヴァ・アアルト設計の建築群が有名で、ユヴァスキュラ大学のキャンパスや郊外のサイナッツァロにあるタウンホールなどが代表作として知られている。

にぎやかなショッピング街をひとたび離れれば、緑豊かな森が、緩やかに波打つ大地にどこまでも広がっている。大小の湖と島々が美しい景観を織りなし、旅行者の目を楽しませてくれる。ぜひ時間を取って、郊外まで足を延ばしてみよう。

市立劇場など、町なかにもアアルトの建築物が並ぶ

ユヴァスキュラ

MAP P.418-B3

人口：13万816
市外局番：014

ユヴァスキュラ情報のサイト
URL www.jyvaskylans
eutu.fi/travel

ユヴァスキュラへの行き方

🚌ヘルシンキから1日6〜7便運行、所要3時間〜3時間30分。途中、ハメーンリンナ、タンペレを経由する。タンペレからは1〜2時間に1便、所要約1時間30分。
🚆ヘルシンキから1日19〜20便運行しており、所要4時間〜4時間45分。タンペレからは1日14〜15便運行、所要2時間10分〜3時間40分。

ユヴァスキュラの観光案内所➊

住Asemakatu 6
📞(014)266-0113
FAX(014)266-1353
URLwww.jyvaskylanseutu.
fi/travel
開6〜8月
　月〜金　9:00〜17:00
　土　　　9:00〜14:00
　9〜5月
　月〜金　9:00〜17:00
休6〜8月の日、9〜5月の土・日
ホテルの紹介は手数料無料。

ユヴァスキュラの市バス

📞020-7425800
URLwww.jyvaskylanliikenn
e.fi
　運賃は距離制。最低料金は€3。1日券は€7.5。1日券は観光案内所で購入できる。

アイラ・ハウス
Aira-talo

オメナ・ホテル・ユヴァスキュラ
Omena Hotel Jyväskylä

クムルス・ユヴァスキュラ
Cumulus Jyväskylä

ユヴァスキュラ大学博物館
Jyväskylän Yliopiston Museo

フォーラム
Forum

展望台

自衛団会館

観光案内所

長距離バスターミナル

ユヴァスキュラ駅

ソコス・ホテル・アレキサンドラ
Sokos Hotel Alexandra

ミルトン
Milton

近距離バス乗り場

教会公園
Kirkkopuisto

市立劇場

旧警察署

市建築局

ユヴァスキュラ大学
Jyväskylän Yliopisto

サイナッツァロ
Säynätsalo

中央フィンランド博物館
Keski-Suomen Museo

アルヴァ・アアルト博物館
Alvar Aalto Museo

タンペレへ

ユヴァスヤルヴィ湖
Jyväsjärvi

0　　　　500m

地下道

ユヴァスキュラ
Jyväskylä

ユヴァスキュラの歩き方

ユヴァスキュラの中心街はユヴァスヤルヴィ湖Jyväsjärviの北西岸にある。鉄道駅から湖と反対方向に真っすぐ歩くと観光案内所がある。アルヴァ・アアルトの建築見学ツアーやTuomiojärvi湖のカヌーツアーなど各種ツアーが用意されている。

アルヴァ・アアルト博物館の展示

メインストリートは鉄道駅から2ブロックのカベリカツ通りKavelykatuで、デパートやブティックが軒を連ねるにぎやかなショッピングモールになっている。中心街の北側には丘が広がり、ここにある給水塔の展望台からは美しい景色を360度満喫できるので散歩がてら上ってみるといい。

アルヴァ・アアルトの建築はユヴァスキュラ大学Jyväskylän Yliopistoのキャンパスをはじめ市内の随所で見ることができる。大学向かいには、やはりアアルトが建物を設計したアルヴァ・アアルト博物館Alvar Aalto Museoと、フィンランド中部の歴史や文化に関する展示のある中央フィンランド博物館Keski-Suomen Museoがある。市内のアイラ・ハウスAira-taloや自衛団会館、市立劇場、旧警察署などもアアルトの設計によるものだ。

郊外の湖に浮かぶ小さな島サイナッツァロSäynätsaloにはアルヴァ・アアルト設計のタウンホールKunnantaloがあるが、湖岸を散歩するだけでも行ってみる価値のある美しい場所だ。フィンランドの自然を存分に満喫しよう。

展望台からは町を一望することができる

ユヴァスキュラ大学
[住]Seminaarinkatu 15
大学構内は見学自由。学生食堂なども利用できる。

ユヴァスキュラ大学博物館
[住]Ihantolantie 5
☎(014)260-3810
[URL]www.jyu.fi/erillis/museo/luonto
[開]火～金11:00～18:00
土・日12:00～17:00
[休]月
[料]€4

アルヴァ・アアルト博物館
[住]Alvar Aallon katu 7
☎(014)266-7113
[URL]www.alvaraalto.fi
[開]7・8月 火～金10:00～18:00
土・日11:00～18:00
9～6月 火～日11:00～18:00
[休]月
[料]€6

中央フィンランド博物館
☎(014)266-4346
[URL]www.jkl.fi/keskisuomenmuseo
[開]火～日11:00～18:00
[休]月
[料]€6

タウンホール
[住]Parviaisentie 9
☎(014)266-1526
[URL]www.jkl.fi/saynatsalo
[開]月～金8:30～15:30
[休]土・日
[料]無料
行き方➡➡➡
Vapaudenkatu通りのデパートForum前のバス乗り場から16、21番のバスで所要約30分。30分～1時間に1便程度。土・日曜は本数が少なくなる。
バス停はHuviretki Restaurantの隣りにあり、タウンホールはバス停から徒歩約1分。

ユヴァスキュラのホテル

Sokos Hotel Alexandra
MAP P.498 ソコス・ホテル・アレキサンドラ
[住]Hannikaisenkatu 35
☎020-1234642 [FAX](014)265-2000
[URL]www.sokoshotels.fi
[料]Ⓢ€119(80)～Ⓓ€139(89)～ [CC]A D M V
駅前に建つスタイリッシュなホテル。レストランとサウナもある。

Cumulus Jyväskylä
MAP P.498 クムルス・ユヴァスキュラ
[住]Väinönkatu 3
☎(014)65-3211 [FAX](014)65-3299
[URL]www.cumulus.fi
[料]Ⓢ€122～Ⓓ€142～
[CC]A D M V
プールやフィットネスセンターのあるきれいなホテル。全202室。

Hotelli Milton
MAP P.498 ミルトン
[住]Hannikaisenkatu 29
☎(014)337-7900 [FAX](014)63-1927
[URL]www.hotellimilton.com
[料]Ⓢ€80(60)～Ⓓ€110(80)～ [CC]M V
駅前の好立地にある居心地のいいきれいなホテル。レストランとサウナを併設。

Omena Hotel Jyväskylä
MAP P.498 オメナ・ホテル・ユヴァスキュラ
[住]Vapaudenkatu 57
☎なし
[URL]www.omenahotels.com
[料]ⓈⒹ€45～59 [CC]A M V
予約はインターネットのみ。予約時に送られてくる番号（ドアコード）を控え、ホテルと部屋の入口で番号を入力し中に入る。支払も予約時に行う。

バスタブ　バスタブ一部のみ　テレビ　テレビ一部のみ　ドライヤー　ドライヤー貸出
ミニバー　ミニバー一部のみ　ハンディキャップルーム

オーランド島

MAP P.418-A4
人口：オーランド島2万8007
　　　マリエハムン1万1190
市外局番：018
オーランド島情報のサイト
URL www.visitaland.com

オーランド島への行き方

✈ エア・オーランドAir Ålandがヘルシンキから1日1～4便運航、所要約50分。ストックホルムからもエア・オーランドが土・日曜を除く1日2便運航。所要約30分。

🚢 ヘルシンキ～ストックホルム間とトゥルク～ストックホルム間を結ぶタリンク・シリヤライン(→P.546)とヴァイキング・ラインが1日2便運航。それぞれオーランド島のマリエハムン港かロングネス港Långnäsに寄港する。所要時間はヘルシンキから約11時間15分、トゥルクから約5時間20分、ストックホルムから約5時間25分。

また、エッケロ・ライン Eckerö Linjenがストックホルム郊外のグリスハムン港Grisslehamnとマリエハムンを結んでいる。1日2～3便運航、所要約4時間。

エア・オーランド
☎ (018)17-110
URL www.airaland.com
エッケロ・ライン
☎ (018)28-300
URL www.eckerolinjen.fi
マリエハムンの観光案内所❶
☎ (018)24-000
URL www.visitaland.com
🕐 4・5・9月
　　月～金　9:00～16:00
　　土　　　10:00～15:00
　　6～8月
　　毎日　　9:00～18:00
　　10～3月
　　月～金　9:00～16:00
　　(時期によって異なる)
🚫 4・5・9月の日、10～3月の土・日

真ん中がオーランド島の島旗

ボスニア湾の入口に散らばるオーランド諸島。そのなかで最大の島がオーランド島だ。かつてスウェーデン領であったが、19世紀初頭にフィンランドがロシアに侵略されるのと同時にロシアに併合されてしまった。しかしクリミア戦争の際に英仏連合軍によって解放され、非武装地域とされた。その後ロシア革命でロシア帝国が崩壊し、それに乗じた住民が再びスウェーデンへの帰属を望んだがフィンランド政府はそれを許さず、1921年にフィンランドへ帰属することになった。

現在ではフィンランド共和国の一部でありながら、スウェーデン語を唯一の公用語とし、外交・司法・国税などを除く内政を取り仕切る自治政府をもつ自治領となっている。オーランド島が独自の島旗をもち、独自の郵便切手を発行する権利をもつのはこのためだ。島に流れる空気がどこか特有に感じるのは、こうした歴史をくぐりぬけ育んできた独自の文化が存在するからだろう。

オーランド島の歩き方

拠点となるのは、島内最大の町マリエハムンMariehamn。町のメインストリートは、小さなショップやレストランが並ぶトリーガータン通りTorggatanだ。観光案内所は、通りの中ほどから西へ延びるストラガータン通りStoragatan沿いにある。町には海沿いを巡る約8kmのフットパスが整備されており、赤い木造家屋や赤土の道などオーランド島らしい光景を眺めながら散策が楽しめる。また、町なかにはリラ・ホルメンLilla Holmenをはじめいたるところにビーチが点在し、夏期には周辺各国から観光客が押し寄せるが、公共の交通機関はそれほど整備されていない。中心部だけならレンタサイクルでこと足りるが、島内を回るには、本数の少ないバスを上手に利用するかレンタカーが一般的。

フットパス沿いにはオーランド島らしい光景が点在

おもな見どころ

オーランド海洋博物館　　Åland Maritime Museum
MAP P.501

　世界でも有数の、大型帆船が活躍した時代に関する博物館。船内の様子なども再現されている。なかでも博物館の向かいに停泊しているポマーン号Museifartyget Pommernは、4本マストの大型帆船で唯一元のままの状態で保存されている。こちらも博物館の一部として船内が公開されている。この船は輸送船として使われていたもので、広い船倉が興味深い。

オーランド博物館　　Åland Museum
MAP P.501

　この博物館には、フィンランドやスウェーデンから集められた現代美術の作品が展示されているほか、漁の方法の変遷や民族楽器などオーランド島の人々の暮らしに密着した展示がなされている。オーランド美術館も併設。

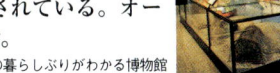
かつての暮らしぶりがわかる博物館

バドフス・バリエット　　Badhus Berget
MAP P.501

中心から坂道を上り徒歩約20分

　町の西側、小高い丘の上にある展望地。マリエハムンの町並みや周囲に浮かぶアーキペラゴ（群島域）を一望できる。丘の上に立つ塔には登れないが、周辺にはベンチが配され、ひと休みできる環境も整う。

マリエハムン（マーリアンハミナ）
Mariehamn

バドフス・バリエット
Badhus Berget
帆船ポマーン号
Museifartyget Pommern
オーランド海洋博物館
Åland Maritime Museum

長距離バスターミナル
Busstation
警察

ボマルスン
Bomarsund、
カッスルホルム城
Kastelholms Slott

Österhamn

クラブ・マリン
Club Marin
レンタサイクルショップ

セント・ヨーランズ教会
St Göran's Kyrka
パーク・アランディア
Park Alandia
自治政府ビル

アドロン
Adlon
観光案内所
市庁舎
Rådhus
オーランド博物館
Åland Museum
リラ・ホルメン
Lilla Holmen

ビルカ・ターミナル
Birkaterminalen
商人の家
Lembergs
hus

Yästerhamn
レンタサイクルショップ
タリンク・シリヤライン、ヴァイキング・ラインターミナル
Tallink Silija Line, Viking Line Terminalen

300m

海洋国家を象徴する海洋博物館

オーランド海洋博物館
Hamngatan 2
(018)19-930
　改装中のため、2012年3月まで閉館中。

帆船ポマーン号
(018)531-421
www.mariehamn.ax/pommern
5・6・8月
　　毎日9:00～17:00
7月　毎日9:00～19:00
9月　毎日10:00～16:00
10～4月
€5

オーランド博物館
(018)25-426
6～8月
　毎日　10:00～17:00
9～5月
　火・木10:00～20:00
　水・金10:00～16:00
　土・日12:00～16:00
9～5月の月
€4（10～4月は無料）

バドフス・バリエット
散策自由
無料

オーランド島パンケーキ
　オーランド島を訪れたなら一度は食べておきたいのが、オーランド・パンケーキÅland Pannkaka。しっとりしたパン生地にたっぷりの生クリーム、ふわっと香るシナモンの香りが絶妙な定番の島民食だ。たいていのカフェやレストランで食べられる。

一度はぜひ召し上がれ

ボマルスン
☎(018)44-032
[URL]www.bomarsund.ax
[開]6・8月
月～金10:00～16:00
7月
毎日　10:00～16:00
[休]6・8月の土・日、9～5月
[料]無料

ボマルスン Bomarsund

MAP P.501外

ロシアがオーランド諸島を併合した際に建設を始めた要塞だが、未完成のままクリミア戦争が勃発し、英仏連合軍に破壊された。現在では広大な敷地に廃墟が広がっている。

戦争で破壊された要塞跡

カッスルホルム城
[住]Kungsgårdsallén 5,Sund
☎(018)43-2150
[URL]www.museum.ax
[開]5/2～9/18
毎日10:00～17:00
[休]9/19～5/1
[料]€5
行き方➡➡➡
市内中心部のバスターミナルから市バス4番で所要約35分、Kastelholm下車、徒歩10分。

カッスルホルム城 Kastelholms Slott

MAP P.501外

城の内部が見学できる

1380年に建てられたオーランド島唯一の中世の城。スウェーデン王、グスタフ・ヴァーサ王時代に王城となったが、1634年、オーランド島がトゥルク（スウェーデン語でオーボÅbo）の統治下に入って以降、徐々に崩壊の一路を辿る。その後1745年の火災により、残っていた大部分も破壊されるが、幾度となく修復が繰り返され、現在の姿になった。静かな水辺にひっそりとたたずむ城は、破壊の跡こそ残るが、淡いピンク色をした石壁と周囲の自然が調和しまるで絵のような美しさ。周辺にはオーランド島の昔の建物を移築展示する野外博物館Jan Karlsgården（入場自由）もある。

20棟ほどの建物が集まる野外博物館

オリジナルの郵便切手
独自の郵便切手をもつオーランド島ならではのおみやげにぴったりなのが、オリジナル切手。郵便局には、オーランド島の風景やトーヴェ・ヤンソン画の切手などさまざまな切手が揃う。

記念にハガキを出してみては？

オーランド島のホテル

Park Alandia Hotell
MAP P.501　パーク・アランディア
[住]Norra Esplanadgatan 3
☎(018)14-130　[FAX](018)17-130
[URL]www.vikingline.fi/parkalandiahotel
[料]Ⓢ€79～90Ⓓ€80～109
[CC]M V
並木のあるメインストリートに面して建つ瀟洒なホテル。併設のカフェバーは地元民にも人気でいつも込み合っている。

Hotell Adlon
MAP P.501　アドロン
[住]Hamngatan 7
☎(018)15-300　[FAX](018)15-045
[URL]www.alandhotels.fi
[料]Ⓢ€100～Ⓓ€150～
[CC]M V
部屋はゆったりサイズで、くつろげる雰囲気。船のターミナルと海洋博物館に近く移動や観光に便利な立地に建つ。

オーランド島のレストラン

Club Marin
MAP P.501　クラブ・マリン
Östra Hamnen　☎ (018)15-501
[営]5～9月　月～金11:00～24:00
土・日13:00～24:00
[休]10～4月　[予]€30～
[CC]A D M V
港沿いに建つ、夏期のみ営業のレストラン。魚料理をはじめ、肉、野菜料理などメニューは豊富。19:00からは生バンドの演奏があり、若者から年配まで盛り上がる。

[バスタブ] バスタブ　[バスタブ] バスタブ一部のみ　[TV] テレビ　[TV] テレビ一部のみ　[ドライヤー] ドライヤー　[ドライヤー] ドライヤー貸出
[ミニバー] ミニバー　[ミニバー] ミニバー一部のみ　[ハンディキャップ] ハンディキャップルーム

サヴォンリンナ

　サヴォンリンナは、大サイマー湖を形づくるハウキヴェシ湖Haukivesiとピーラヤヴェシ湖Pihlajavesiに挟まれた、フィンランド屈指のリゾート地。サヴォンリンナ地方の面積は4000km²だが、その半分は湖である。広がる湖面と狭い入江。入り組んだ湖岸とマツに覆われた島々。こうした美しい地形は、氷河が私たちに残してくれたプレゼントだ。また、ここは昔から湖上交通の中心地でもあり、夏期は北のクオピオやプンカハリューへと、サイマー湖クルーズの船が出ている。

　町のシンボルは、フィンランド3古城のひとつに数えられるオラヴィ城。500年前、当時フィンランドを支配していたスウェーデンが、東の大国ロシアに対する軍事上の目的から建設したという。

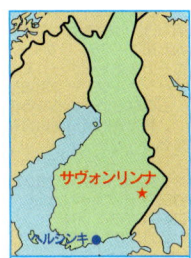

MAP P.418-B4
人口：2万7685
市外局番：015
サヴォンリンナ情報のサイト
URL www.savonlinna.fi

ドラゴンクエストの城のモデルにもなったオラヴィ城

サヴォンリンナへの行き方

✈ ヘルシンキからフィンコム航空で土・日曜を除く1日1～2便運航。所要約1時間25分。

🚌 ヘルシンキからインターシティでパリカーラParikkalaまで行き、普通列車に乗り換える。ヘルシンキからパリカーラまでは1日4～5便、パリカーラからサヴォンリンナまではヘルシンキからの列車の到着に合わせて便があるため、それほど待たずに乗れる。なお、サヴォンリンナにはふたつの駅がある。鉄道の終点はサヴォンリンナ駅Savonlinnaだが、町の中心はひとつ手前のカウッパトリ駅Savonlinna-Kauppatoriとなるので、そこで降りたほうがいい。ヘルシンキからの所要時間は約4時間20分。

🚌 ヘルシンキから1日2～5便運行、所要5時間～5時間30分。

サヴォンリンナの観光案内所❶
🏠Puistokatu 1
☎0600-30007
URLwww.savonlinna.travel
開7月
　　月～土10:00～18:00
　　日　　10:00～14:00
　　8～6月
　　月～金 9:00～17:00
休8～6月の土・日

クルーズ情報

6月下旬～8月上旬は小型船やボートで気軽に湖上クルーズを楽しめる。プンカハリューへの定期観光船が片道€25（ランチまたはディナーは€16）所要約2時間10分。クオピオへの定期観光船は€88。ほかにも、ボートをチャーターしてのオリジナルツアーや宿泊型のものなどいろいろあるので、観光案内所に問い合わせを。

オラヴィ城（オラヴィンリンナ）

[住]57150 Olavinlinna
[電](015)53-1164
[FAX](015)51-0585
[URL]www.nba.fi/fi/olavinlinna
[開]6/1～8/14
毎日 10:00～18:00
8/15～5/31
月～金10:00～16:00
土・日11:00～16:00
[休]無休
[料]€6

1階の展示室以外は、1時間ごとに出発するガイドツアー（所要約1時間）での見学のみ。

サヴォンリンナのオペラ・フェスティバル

毎年7月にオラヴィ城をはじめとするいくつかの会場で、オペラ・フェスティバルが行われる。2011年は7/1～27の開催。詳しくは以下へ問い合わせを
[電](015)47-6750
[FAX](015)476-7540
[URL]www.operafestival.fi
[料]€40～159

※オペラ・フェスティバルの開催期間中はホテルの宿泊料金が上がる。

サヴォンリンナの歩き方

サヴォンリンナの見どころは、なんといってもオラヴィ城（オラヴィンリンナ）Olavinlinnaと大サイマー湖だ。駅前の広い通りを横切り、坂を下ると露店の並ぶマーケット広場Kauppatoriがある。大勢の観光客が集まり、花の咲き乱れる広場には、華やいだ雰囲気が漂う。広場のすぐ隣が多くの船が発着する港となっている。

港からは多くのサヴォンリンナの周遊観光船、クオピオKuopioやプンカハリューPankaharjuへ行く定期船が発着している。観光客はもちろん、地元の人の足としても利用されている。いずれも、6月下旬から8月上旬の期間運航となる。せっかくここに来たからには、サヴォンリンナの周辺を巡るの周遊観光船だけでも乗りたい。森と湖のすばらしい眺めを味わえるので、充分満足できるだろう。

オラヴィ城は、港から湖岸沿いに東へ歩いた所にある、小島の上に建てられた要塞だ。この島はサヴォンリンナの南北にあるふたつの湖を結ぶ水路にあり、軍事上重要な意味をもっていた。1457年、スウェーデンがロシアとの国境地帯に築いたこの城は、フィンランド3古城のひとつに数えられている。島に築いた古城というとスイスのシヨン城が有名だが、3本の塔をもつこの城はそれよりはるかに大きく、内部は外観以上に複雑に入り組んでいる。1階に展示室があり、見学することができるが、ほかの場所は1時間ごとに行われるガイドツアーへの参加が必要。

オラヴィ城1階の展示室

サヴォンリンナのホテル

Family Hotel Hospitz 🛁📺💨🍸♿

MAP P.503　ファミリー・ホテル・ホスピツ

[住]Linnankatu 20
[電](015)51-5661　[FAX](015)51-5120
[URL]www.hospitz.com
[料]Ⓢ€82～Ⓓ€92～　[CC]M V

静かな住宅街の中のオレンジ色の目立つ建物。裏側は芝生の庭、そして湖。ビーチもすぐなので、サウナのあとで湖で泳いで、そのあと庭でビール、という過ごし方も楽しめる。

Lossiranta Lodge 🛁📺💨🍸♿

MAP P.503　ロシランタ・ロッジ

[住]Aino Acktén puistotie
[電](044)511-2323　[URL]www.lossiranta.net
[料]ⓈⒹ€95～240　[CC]A D M V

全室テラス付きのブティックホテルで、オラヴィ城の優雅なたたずまいを臨むことができる。客室はラグジュアリーなファブリックで整えられ、全室インターネットに接続可。

Savonlinnan Seurahuone 🛁📺💨🍸♿

MAP P.503　サヴォンリンナ・セウラフオネ

[住]Kauppatori 4-6
[電](207)57-1350　[FAX](207)57-1352
[URL]www.savonlinnanseurahuone.fi
[料]Ⓢ€111～Ⓓ€132～　[CC]A D J M V

港脇のマーケット広場に面した近代的な外観のホテル。自然光を上手に取り入れる北欧らしい設計で、居心地がいい。朝はホテル前に出る露店を見て回るのも楽しい。

Fontana Hotel Pietari Kylliäinen 🛁📺💨🍸♿

MAP P.503　フォンタナ・ホテル・ピエタリ・キリヤイネン

[住]Olavinkatu 15
[電](015)51-830　[FAX](015)53-4873
[URL]www.pietarikylliainen.fi
[料]Ⓢ€92～110(75～)Ⓓ€108～135(90～)
[CC]A D M V

オラヴィ城の近く。ホテル内にレストラン、サウナがある。全室インターネット接続可。

🛁 バスタブ　🛁 バスタブ一部のみ　📺 テレビ　📺 テレビ一部のみ　💨 ドライヤー　💨 ドライヤー貸出
🍸 ミニバー　🍸 ミニバー一部のみ　♿ ハンディキャップルーム

ヨエンスー

ヨエンスーは1848年、ロシア皇帝ニコライ1世によって建設された都市で、町なかに今も残るギリシア正教の教会などに往時の面影が見受けられる。フィンランド語で「河口」という意味をもつこの町は、ピエリス川の河口に位置し、古くから木材などを運ぶ交通の要衝として発展してきた。当時から運河や陸路による木材の運搬が盛んで、19世紀末にはフィンランドで最も発達した通商都市のひとつになった。現在では、北カレリア地方の中心地、そしてゲートウエイ・シティとして発展している。

MAP P.418-B3

人口：7万3305	
市外局番：013	

ヨエンスー情報のサイト
URLwww.jns.fi

ピエリス川の河口には小型船が停舶している

ヨエンスーへの行き方

✈ヘルシンキから1日2〜6便運航、所要約1時間。空港から市内まではフィンエアー・バスが毎便到着に合わせて運行している。所要約20分。乗り合いのエアポートタクシーだと市内まで1人約€20。
🚌ヘルシンキから1日5〜6便運行、所要約4時間30分。
🚂ヘルシンキから1日3〜4便運行、所要7〜9時間。

ヨエンスーの観光案内所❶
🏠Koskikatu 5
☎(013)267-5319
FAX(013)12-3933
URLwww.jns.fi
🕐5/15〜9/15
　　月〜金 9:00〜17:00
　　土　　10:00〜15:00
　9/16〜5/14
　　月〜金 9:00〜17:00
🚫日、9/16〜5/14の土
　カレリクムの中にあり、ヨエンスーや北カレリア地方を中心にフィンランドの観光情報が手に入る。

マーケット広場
🕐月〜金8:00〜17:00
　土　　8:00〜14:00
🚫日

ヨエンスー
Joensuu

ヨエンスー・ギリシア正教会
Ortodoksinen Kirkko

ホテッリ・ラヴィントラ・アアダ
Hotelli-Ravintola AADA

ソコス・ホテル・ヴァークナ
Sokos Hotel Vaakuna

長距離バスターミナル
Linja-autoasema

ソコス・ホテル・キンメル
Sokos Hotel Kimmel

フィンランディア・ホテッリ・アトリウム
Finlandia Hotelli Atrium

ヨエンスー美術館
Joensuu Art Museum

マーケット広場
Market Square

カレリクム
Carelicum
観光案内所

市庁舎
Town Hall

ヨエンスー駅

クルーズ船乗り場

ピエリス川
Pielisjoki

ヨエンスー・ルーテル教会
Ev. lut. kirkko

カレリクム

📍Koskikatu 5
📞(013)267-5222
🕐月～金 9:00～17:00
　土・日10:00～15:00
🚫無休

博物館
🕐月～金 9:00～17:00
　土・日10:00～15:00
🚫無休　💰€4.5

ヨエンスー・ギリシア正教会

📍Kirkkokatu 32
📞(013)26-6000
🕐夏期
　　月～金10:00～16:00
（時期によって異なる）
🚫土・日、夏期以外　💰無料

ヨエンスー・ルーテル教会

📍Kirkkokatu 28
📞(013)263-5300
🕐6/5～8/28
　毎日11:00～19:00
🚫8/29～6/4
💰無料

カレリア・エキスパート
Karelia Expert
📞040-0239549
FAX(013)123-933
URLwww.visitkarelia.fi
Eメールvisitkarelia@visitkarelia.fi
　ヨエンスーの観光案内所にオフィスを構えるツアー会社。北カレリア地方全域のツアーを扱う。

コリ国立公園
行き方➡➡➡
　ヨエンスーからタクシーで所要約1時間。空港からなら約€22、駅からだと約€19。いずれも要予約。

コリ国立公園の観光案内所ℹ
📍Ylä Kolintie 2
📞(045)138-7429
URLwww.koli.fi

北カレリアを巡るクルーズ
　夏期（6月上旬～8月中旬）の間、ピエリネン湖沿いの町とコリ国立公園を結んでPielis Laivat社のクルーズ船が運航している。
Pielis Laivat社
📞040-0228435
URLwww.pielis-laivat.fi
リエクサ～コリ国立公園
🚌6/13～8/21
　リエクサ発10:00、15:00
　コリ国立公園発12:00、17:00
　所要約1時間40分。

ヴァラモ修道院
📞(017)57-0111
URLwww.valamo.fi
🕐日～木 8:00～17:00
　金・土 8:00～21:00
行き方➡➡➡
　ヨエンスーからバスが1日2便運行、所要約1時間。

ヨエンスーの歩き方

ヨエンスー・ルーテル教会

　北カレリアの中心都市とはいえ、ヨエンスーはこぢんまりした町。市内のおもな見どころは歩いて回れる。夏ならば町の中心にあるマーケット広場Market Squareに行ってみよう。農作物やハンドメイドの工芸品が売られており、活気がある広場だ。コスキカツ通りKoskikatuを挟んで広場の向かいに建つのが、北カレリアの文化や歴史を紹介する博物館や観光案内所がある総合施設、カレリクムCarelicum。カレリクムからシルタカツ通りSiltakatuを西に進むとキルッコカツ通りKirkkokatuと交差する。通りの北端には、1887年建立のフィンランド国内で2番目に大きな木造教会ヨエンスー・ギリシア正教会Ortodoksinen Kirkkoが、また南端には1903年にネオ・ゴシックスタイルで建てられたヨエンスー・ルーテル教会Ev. lut. kirkkoがある。また、カレリクムからシルタカツ通りを東に1ブロック行くとピエリス川Pielisjoki沿いに市庁舎Town Hallがある。

エクスカーション

コリ国立公園　Koli National Park
MAP P.418-B3,P.507

　広大なピエリネン湖の西岸に位置する国立公園。ピエリネン湖を見下ろすウッコ・コリUkko-Koli（コリの翁）は、フィンランド南部の最高峰。ここからの光景は、フィンランドを代表する作曲家、シベリウスがインスピレーションを受け、交響詩『フィンランディア』を書き上げたと言われる場所。園内でゆっくりとハイキングを楽しもう。

約2億年前に形成された岩盤に覆われている

ヴァラモ修道院　Valamo Monastery
MAP P.418-B3,P.507

　ヨエンスーの西約65km、青い湖と緑豊かな森に囲まれた修道院。
　現ロシア領のラドガ湖にある小島に10世紀に建立されたが、旧ソビエト連邦の侵攻により共産主義の宗教弾圧をおそれた人々は1940年にフィンランドの領内である現在の場所に、新たに同名のヴァラモ修道院を建立。敷地内には宝物館や宿泊施設、レストランもある。

■ イロマンツィ Ilomantsi

MAP P.418-B3,P.507

ロシアとの国境付近に位置する小さな村。町の南には北カレリア地方の木造建築を集めたオールド・カレリアン・ビレッジParppeinvaaraがある。また、イロマンツィから北西約1.5kmの所には、フィンランド最古の木造教会のエリア教会Church of Holy Eliasがある。

■ リエクサ Lieksa

MAP P.418-B3,P.507

ヨエンスーの北約90kmほどにある町。最大の見どころは、ピエリネン博物館Pielinen Museum。カレリア様式の木造建築を集めた博物館で、19〜20世紀頃の人々の生活がかいま見られる。また、リエクサから約10km南のパーテリPaateriは、フィンランドを代表する彫刻家、エヴァ・リューナネンの手によるユニークな木造教会Wooden Chapelで有名。

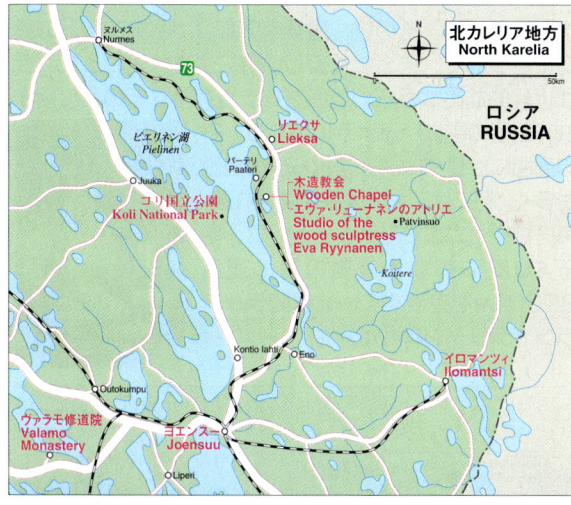

のどかな風景が続くイロマンツィの町

イロマンツィ
行き方＝＝＝
　ヨエンスーからバスが1日3〜6便、所要約1時間30分。

オールド・カレリアン・ビレッジ
📞(013)88-1248
📅6〜8月
　　　毎日10:00〜16:00
　　（時期によって異なる）
🈲9〜5月
💰€5

エリア教会
📅6/20〜8/14
　　　毎日11:30〜17:30
🈲8/15〜6/19

リエクサ
行き方＝＝＝
　ヨエンスーからバスが1日2〜9便運行、所要1時間30分〜1時間50分。

ピエリネン博物館
📞(013)689-4151
📅5/15〜9/15
　　　毎日 10:00〜18:00
　　9/16〜5/14
　　火〜金10:00〜15:00
🈲9/16〜5/14の土〜月
💰€5（冬期は€3）

パーテリ
行き方＝＝＝
　タクシーかレンタカーのみ。リエクサからハイウエイ73号線を南（ヨエンスー方面）へ、所要約25分。

フィンランド ヨエンスー

ヨエンスーのホテル

Sokos Hotel Kimmel
MAP P.505 ソコス・ホテル・キンメル
🏠Itäranta 1
📞020-1234663　FAX010-7623599
URLwww.sokoshotels.fi
💰Ⓢ€101〜Ⓓ€121〜
CCA D M V
　バスターミナル、鉄道駅のどちらからも徒歩2、3分程度の場所にある大型ホテル。

Finlandia Hotelli Atrium
MAP P.505 フィンランディア・ホテッリ・アトリウム
🏠Siltakatu 4　📞(013)25-5888
FAX(013)255-8300　URLwww.hotelliatrium.fi
💰ⓈⒹ€79〜　CCA D M V
　レストラン、パブを併設。部屋は多少古いが清潔に保たれている。

Hotelli-Ravintora AADA
MAP P.505 ホテッリ・ラヴィントラ・アアダ
🏠Kauppakatu 32　📞(013)256-2200
FAX(013)256-2231　URLwww.hotelaada.fi
💰Ⓢ€88(68)〜Ⓓ€105(76)〜
CCD M V
　室内はシンプルだが、ブルー系やイエロー系など各部屋の内装が色で統一されていてユニーク。

Sokos Hotel Vaakuna
MAP P.505 ソコス・ホテル・ヴァークナ
🏠Torikatu 20
📞010-7823100　FAX010-7623439
URLwww.sokoshotels.fi
💰Ⓢ€87〜Ⓓ€107〜　CCA D J M V
　町の中心部に建つ。全144室の客室は全て・インターネット接続可能。レストランやサウナも併設する。

🛁バスタブ 🛁バスタブ一部のみ 📺テレビ 📺テレビ一部のみ 💨ドライヤー 💨ドライヤー貸出
🍸ミニバー 🍸ミニバー一部のみ ♿ハンディキャップルーム

ロヴァニエミ

クリスマスの夜、プレゼントの入った袋を乗せて、ソリはトナカイに引かれ進んでいく。こっちの家、あっちの家と、子供たちの安らかな寝顔を見ながら、枕元の靴下にプレゼントを入れて帰っていく、真っ赤な服に白いお髭のおじいさん。彼の名前はサンタクロース。そのサンタクロースが住む村があるのがロヴァニエミだ。

ヘルシンキから北へ835kmのロヴァニエミは、フィンランドのラップランドの州都で、北極圏の南約8kmに位置している。ラップランドの玄関であり、交通、通信の要衝、行政の中心地となっている。

1944年にナチス・ドイツ軍により徹底的に破壊された歴史をもち、その後、建築家アルヴァ・アアルトの設計に基づいて、まったく新しい町に生まれ変わった。今は近代的な町ながら、周囲をシラカバ林などの緑に囲まれ、公園の中にいるように感じる。町の周囲にはウインタースポーツの施設も多く、冬にはスキー大会が開かれる。毎冬ロヴァニエミをスタートして、零下40度にもなる厳寒の雪の道路2000kmを走破する、北極圏ラップランドラリーも有名だ。

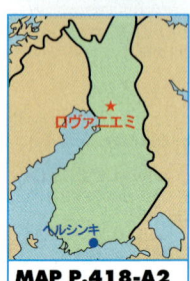

サンタクロースに会いに行こう

MAP P.418-A2
人口：6万90
市外局番：016
ロヴァニエミ情報のサイト
URL www.rovaniemi.fi

ロヴァニエミへの行き方

✈ ヘルシンキから1日3〜4便、所要約1時間20分。

🚌 ヘルシンキから1日数便。タンペレ経由もある。所要10時間〜12時間30分。

🚌 ヘルシンキから毎日1便夜行バスがある。深夜1:30発、ロヴァニエミ着は14:55。2月第3週〜4月第4週と6月第1週〜9月第3週の金曜にはヘルシンキ発22:00の便もある。

ノルウェーのカラショークから国境を越えるEskelisen Lapin linjat社のバスが1日1便ある。カラショーク発9:15、到着は17:35。

ロヴァニエミ
Rovaniemi

アルクティクム
Arktikum

サンタクロース村 Santa Claus Village
(Joulupukin pajakylä)
サンタパーク Santa Park
S ファクトリー・ショップ Factory Shop

マルッティ博物館
Marttiinin Wanha Tehdas

アルクティクム・カフェ&レストラン
Arktikum Café & Restaurant

マクドナルド（世界最北）
Mcdonald

スーパーマーケット

スカンディック・ロヴァニエミ
Scandic Rovaniemi

ホステル・ルドルフ
Hostel Rudolf

サンタズ・ホテル・サンタクロース
Santa's Hotel SantaClaus

ラウリ博物館
Lauri-tuotteet

海龍股份 Hai Long Oy

カウパウフティオ
Kauppayhtiö

ロウソク橋
Jätkänkynttilä-silta

ランタシピ・ポホヤンホヴィ
Rantasipi Pohjanhovi

ロヴァニエミ美術館
Taidemuseo

観光案内所

リバークルーズ発着所

ラップランドサファリ
Lapland Safaris

H ゲスト・ハウス・ボレアリス
Guest House Borealis

ソコス・ホテル・ヴァークナ
Sokos Hotel Vaakuna

フランスマンニ
Fransmanni

ロヴァニエミ駅
Rautatieasema

長距離バスターミナル
Linja-autoasema

シティ・ホテル・ロヴァニエミ
City Hotel Rovaniemi

モンテ・ローザ
Monte Rosa

ラップランド・ホテル・スカイ・オウナスヴァーラ
Lapland Hotel Sky Ounasvaara

ラピアハウス
Lappia-talo

市庁舎
Kaupungintalo

オウナスヴァーラの丘
Ounasvaara

正教会
Ortodoksinen Kirkko

ロヴァニエミ教会
Rovaniemen Seurakunta

N

0   500m

ロヴァニエミの歩き方

川から西へ延びるコスキカツ通りKoskikatuが町のメインストリート。道の両側には、ショッピングセンターやレストランが並ぶ。アーケードを抜けた先にあるのが、町を南北に走るロヴァカツ通りRovakatu。ロヴァカツ通りを南に行くとアルヴァ・アアルト設計の市庁舎や図書館、ラッピアハウスLappia-taloへ、北へ行くとアルクティクムへ出られる。見どころは町の中心から離れた位置にあるが、徒歩10分ほどで行くことができるので、観光は徒歩で充分だ。郊外のサンタクロース村へはバスの利用が便利。ロヴァニエミの鉄道駅、長距離バスターミナルは町の南西、やや離れた位置にあり中心街へは徒歩約20分。どちらもすぐそばに市バスのターミナルがあるので、バスでアクセスするのがおすすめだ。

夜のロウソク橋

川に面した町で、松明をイメージしたロウソク橋Jätkänkynttilä-siltaがかかっている。橋を渡った向こうにそびえるのはオウナスヴァーラの丘Ounasvaara。丘の頂上にはLapland Hotel Sky Ounasvaaraがあり、ホテル内には眺望のいいレストランもある。夏なら沈まない太陽を、冬ならオーロラを見るベストポイントとして評判。丘までは車で約10分、歩くと50分ぐらいかかる。

おもな見どころ

アルクティクム
Arktikum
MAP P.508

川に面して建つガラス張りの建物で北極圏に関する博物館がアルクティクムだ。陽光の差し込むガラス張りの天井には、1000枚ものガラスが使用されている。館内は北極圏センターとラップランド郷土博物館からなり、ラップランドの自然、歴史、生活史やロヴァニエミの歴史などを知ることができる。

入口から長い廊下が延びていて、両脇にテーマごとの展示室が並ぶ。サーメの衣装や生活様式、グリーンランドやアラスカをはじめとする北極圏の少数民族についての詳しい展示がある。どの展示室でもコンピュータや映像、実物大の模型、写真を取り入れ、体験しながら理解できる仕組みだ。また、寝転びながらオーロラの映像を鑑賞できる場所もある。併設のカフェレストランもおすすめ。

ガラス張りのモダンな回廊

空港から市内へ
飛行機のスケジュールに合わせて、空港と市内の各ホテルを結ぶエアポート・タクシーが運行されている（€7〜）。市内から空港へは、フライトの1時間ぐらい前に各ホテル前から出発する。詳しくはホテルのフロントで。

ロヴァニエミの観光案内所❶
🏠Maakuntakatu 29-31
☎(016)346-270
FAX(016)342-4650
URLwww.visitrovaniemi.fi
⏰1月上旬〜6/12、8/15〜11月下旬
　　月〜金　9:00〜17:00
　　6/13〜8/14
　　月〜金　9:00〜18:00
　　土・日　9:00〜13:00
　　11月下旬〜1月上旬
　　月〜金　9:00〜18:00
　　土・日　9:00〜13:00
🚫1月上旬〜6/12および8/15〜11月下旬の土・日
館内には、日本語対応のインターネット端末がある。

日本語ガイド付きバスでオーロラ観測
12〜3月の4ヵ月間、moimoi号（モイモイ号）と呼ばれるオーロラ観測バスが運行される。日本語ガイドが付くこのバスは、毎日運行され、所要時間は約5時間。ロヴァニエミ市内のおもなホテルを回って乗客をピックアップし、その日の状況に応じてオーロラの出やすいポイントに向かう。
2011〜12年冬の運行・料金に関する日本での問い合わせ先
ネットトラベルサービス
☎(03)3663-6804
URLwww.nettravel-jp.com
Emailnettravel-jp@tumlare.com

アルクティクム
🏠Pohjoisranta 4
☎(016)322-3260
URLwww.arktikum.fi
⏰1/12〜5/31、9〜11月
　　火〜日10:00〜18:00
　　6/1〜15、12/1〜1/11
　　毎日　10:00〜18:00
　　6/16〜8/31
　　毎日　9:00〜19:00
🚫1/12〜5/31と9〜11月の月
💰€12

カフェレストランではフィンランドの家庭料理が楽しめる

モニュメントのテーマは戦争

洞窟の中がまるごとテーマパークになっている

ロヴァニエミ教会　　Rovaniemen Seurakunta
MAP P.508

　第2次世界大戦中に破壊され、1950年にB. Liljeqvistの設計によって再建された教会。内部には『生命の泉』という絵が描かれている。

　教会の裏には、第2次世界大戦で戦死した兵士たちの眠る墓地がある。30cm四方の御影石に名前や年齢が刻まれている。ほとんどが25歳までの若者たち。墓石のそばには、ふたつのモニュメントがあり、ひとつは、死んで横たわる戦友を見つめるふたりの兵士像だ。悲しげで、やり場のない怒りをこらえた表情が印象的。もうひとつは悲しみに暮れる家族たちの像だ。像の背後にある石碑には、戦争中、疎開先のスウェーデンで亡くなったロヴァニエミ出身の人々（子供、老人がほとんど）の名前がまとめて刻まれている。

シンプルなデザインの教会だ

サンタパーク　　Santa Park
MAP P.508外

　クリスマスをテーマにしたユニークなテーマパーク。まず驚いてしまうのが、テーマパークが元々は核シェルターとして造られた人工洞窟内にあるということ。メインゲートから200mの岩のトンネルを行くと、プラザ広場に到着。そこは高さ11m、直径33mの洞窟の中心部だ。中心部の回りにドーナツ型に通路が巡らされ、アトラクションやミニシアターの部屋が並んでいる。

エクスカーション

ラヌア動物園　　Ranua Zoo
MAP P.418-B2

　ラヌアはロヴァニエミから南東へ約80kmの所にあり、人気の観光スポットは町の中心部から北西へ約2.5km離れた場所にあるラヌア動物園。入口に石造りの古城ムルムル城 Murrr Murrr Linna とレストランがあるほか、サンタクロースの家も建っていて窓越しに書斎がのぞける。

　園内は、木々が茂る広い敷地に3kmにわたって付けられている散策道を歩いて見て回る。ショートコースなら45分、全部歩いて約2時間。

ホッキョクグマやムースなど北極圏の動物が中心

ロヴァニエミのホテル

Sokos Hotel Vaakuna
MAP P.508　ソコス・ホテル・ヴァークナ
[住]Koskikatu 4　☎020-1234695
[FAX](016)332-2199　[URL]www.sokoshotels.fi
[料]Ⓢ€135(80)～Ⓓ€155(100)～　[CC]A D M V
町を代表する高級ホテル。プライベートサウナや、部屋によっては無料の無線LAN設備を完備。フランス料理をはじめとする3つのレストランを併設。

Hotelli Rantasipi Pohjanhovi
MAP P.508　ランタシピ・ポホヤンホヴィ
[住]Pohjanpuistikko 2　☎(016)33-711
[FAX](016)31-3997　[URL]www.rantasipi.fi
[料]Ⓢ€122(100)～Ⓓ€142(100) ～　[CC]A D J M V

川に面したハイグレードなホテル。サウナ、プール、バー、レストランほか館内施設も充実。ロビーにて無料で無線LANを利用することができる。

Scandic Rovaniemi
MAP P.508　スカンディック・ロヴァニエミ
[住]Koskikatu 23　☎(016)460-6000
[FAX](016)460-6666　[URL]www.scandichotels.com
[料]Ⓢ€88(69)～Ⓓ€114(79)～　[CC]A D J M V
町の中心に位置するホテル。サウナやレストラン、バー、フィットネスセンターが併設されている。全室無料で無線LANインターネット利用可能。

Santa's Hotel SantaClaus
MAP P.508　サンタズ・ホテル・サンタクロース
[住]Korkalonkatu 29　☎(016)32-1321
[FAX](016)321-3222　[URL]www.hotelsantaclaus.fi
[料]ⓈⒹ€140(84)～　[CC]A D J M V
ショッピングセンターとも連結したホテル。館内にはグリルレストランやカフェ・バーなどもある。

Lapland Hotel Sky Ounasvaara
MAP P.508外　ラップランド・ホテル・スカイ・オウナスヴァーラ
[住]Juhannuskalliontie 2　☎(016)32-3400
[FAX](016)31-8789　[URL]www.laplandhotels.com
[料]ⓈⒹ€76～　[CC]A D M V
オウナスヴァーラの丘の頂上にある。屋上のテラスはオーロラのベストビュースポット。町からはタクシーで5分、€10ほど。サウナ付きの部屋あり。

City Hotel Rovaniemi
MAP P.508　シティ・ホテル・ロヴァニエミ
[住]Pekankatu 9　☎(016)330-0111
[FAX](016)31-1304　[URL]www.cityhotel.fi
[料]Ⓢ€127(88)～Ⓓ€160(88)～　[CC]A D J M V
市街中心部にあるスタイリッシュな雰囲気のホテル。1階のレストラン&バー(下記参照)が人気。無線LANは無料で利用することができる。

Guest House Borealis
MAP P.508　ゲスト・ハウス・ボレアリス
[住]Asemieskatu 1
☎(016)342-0130　[FAX](016)31-0261
[URL]www.guesthouseborealis.com
[料]Ⓢ€52～Ⓓ€76～
アパートメント€231　[CC]M V
駅前の坂を上った所にある白い壁のゲストハウス。市街へは少し遠い。全室シャワー、トイレ付き。

Hostel Rudolf
MAP P.508　ホステル・ルドルフ
[住]Koskikatu 41-43　☎(016)32-1321
[FAX](016)321-3222　[URL]www.hotelsantaclaus.fi
[料]Ⓢ€45～63Ⓓ€56～92（YH会員は€2.5割引）
[CC]A D J M V
中心部から徒歩7分のホステル。チェックインはSanta's Hotel SantaClausにて行う。全室シャワー、トイレ付き、禁煙。

ロヴァニエミのレストラン

Monte Rosa
MAP P.508　モンテ・ローザ
[住]Pekankatu 9
☎(016)330-0400

[営]月～木11:00～22:30　金11:00～23:00
土13:00～23:30　日13:00～22:30
[休]無休　[予]€12～　[CC]A D M V
City Hotel Rovaniemi内。トナカイのヒレ肉€29.5など創作ラップランド料理がおすすめ。

Fransmanni
MAP P.508　フランスマンニ
[住]Koskikatu 4　☎020-1234695
[URL]www.fransmanni.fi

[営]月～木11:00～23:00
金　11:00～24:00
土　12:00～24:00
日　13:00～22:00
[休]無休　[予]€20～　[CC]A D M V
フランス風アレンジを加えたラップランド料理が人気。

Kauppayhtiö
MAP P.508　カウパウフティオ
[住]Valtakatu 24　☎(016)342-2422

[営]月・火・木10:30～20:00
水・金・土10:30～翌4:00
[休]日　[予]€5～　[CC]M V
フィンランドデザインの家具に囲まれて過ごせるおしゃれなカフェ。サンドイッチなどがおすすめ。

Hai Long Oy
MAP P.508　海龍股份
[住]Valtakatu 22　☎(016)313-133

[営]月～金11:00～22:00
土・日12:00～22:00
[休]無休　[予]€8.9～
[CC]A D M V
本格的な中華料理店。中華風の味付けがされたトナカイ料理がおすすめ。ランチビュッフェもある。

ロヴァニエミのショッピング

Factory Shop
MAP P.508外　ファクトリー・ショップ
[住]Napapiirin Lasi　☎020-4393572
[営]月～土10:00～18:00　日11:00～18:00
[休]無休　[CC]A D M V

サンタクロース村の外れにある。イッタラやマリメッコなど人気のフィンランドブランドの商品を豊富に取り揃えている。

バスタブ　バスタブ一部のみ　テレビ　テレビ一部のみ　ドライヤー　ドライヤー貸出　ミニバー　ミニバー一部のみ　ハンディキャップルーム

サンタクロース村で
サンタさんに出会う

サンタさんが待っている！

1927年、サンタさんは北極でのトナカイの餌不足を理由に、ラップランドのコルヴァントゥントゥリ（ロシアとの国境に近くにある耳の形をした山）に引っ越してきたといわれる。ラップランドの州都・ロヴァニエミには世界中の子供たちから手紙が届くようになり、1985年、中心部から8km北に位置する北極圏の入り口にサンタクロース村が作られた。現在、サンタさんは毎日コルヴァントゥントゥリからサンタクロース村へ来て、みんなの願いを叶えるために待っているのだ。さぁ、あなたもサンタさんに会いに行ってみよう！

一緒に記念撮影をしよう

DATA

サンタクロース村　**MAP P.508外**

📞(016)356-2096　URLwww.santaclausvillage.info

🕐1/10～5/31、9～11月 毎日10:00～17:00
　6～8月 毎日9:00～18:00
　12/1～1/9 毎日9:00～17:00
　(4/30は10:00～15:00、5/1は12:00～15:00、12/24は
　9:00～15:00、12/25は12:00～17:00、12/31は9:00～
　17:00、1/1は12:00～17:00)　🈲無休

行き方 ▶▶▶
ロヴァニエミの鉄道駅やバスターミナル、Hotel Rantasipi Pohjanhovi前から市バス8番で約20分、Arctic Circle下車。8:15～18:40までのほぼ1時間ごとに運行。片道€3.6、往復€6.6。

1 クリスマスシーズンにはイルミネーションで彩られる
2 サンタさんにリクエストを伝えてみよう

MAP A サンタさんと記念撮影ができる
サンタクロース・オフィス

サンタクロース村のハイライトが、この建物内にあるサンタさんの部屋での記念撮影（仕上がりサイズによって€25～）。写真はその場でプリントしてもらえる。3日前までの事前予約で、ガイドツアー€40も行われている。

DATA

📞(016)36-2255　FAX(016)36-2007

URLwww.santaclauslive.com

🕐1/7～5/31、9/1～11/25、毎日10:00～17:00
　6～8月 毎日9:00～18:00
　11/26～1/6 毎日9:00～19:00
（開館時間は細かく異なるので、事前に要確認）

MAP B　村の郵便局の人気サービスは？
サンタクロース・ポストオフィス

　村の郵便局では、サンタさんのメッセージが
クリスマスシーズンに届けられるサンタメール
€7が大人気。日本語を含む10ヵ国語が用意さ
れており、申込用紙に宛先を記入するだけでOK
だ。また自分でメッセージを書いたハガキにサ
ンタクロース村の消印を押してクリスマスシー
ズンに届けてくれるサービスもある。クリスマ
スカードの種類もさまざまある。クリスマスシー
ズンに届けてもらいたい場合は赤のポスト、す
ぐに届けたい場合は黄色のポストを利用しよう。

DATA
☎020-4523120
FAX(016)348-1418
URL www.posti.fi
時1～5月、9～11月　毎日10:00～17:00
　6～8月、12月　毎日9:00～19:00　休無休
※サンタメールは日本のサンタクロース村オフィシャルサ
イトからも申し込むことができる。
URL www.santaclausvillage.jp

1 クリスマスシーズンに届けたい場合は赤いポストへ
2 サンタクロースの切手なども手に入れることができる
3 世界各国から届くサンタさんへの手紙

MAP C　北極圏到達証明書がもらえる
インフォメーション ❶

　観光案内所もあり、北極圏到達証明書€4.2
を発行してもらうことができる。英語やフィン
ランド語のほか、日本語も用意されているので
記念にいかが。建物は、サーメの人形やアクセ
サリー、セーターなど、民芸品の店が並ぶショッ
ピングアーケードになっているので、おみやげ
探しにもぴったり。

DATA
☎/FAX(016)356-2096
URL www.arcticcircle-information.fi
時1/10～5/31、9/1～11/30　毎日10:00～17:00
　6/1～8/31　毎日9:00～18:00
　12/1～1/9　毎日9:00～19:00
　（4/30は10:00～15:00、5/1は12:00～15:00、
　12/24は9:00～15:00、12/25は12:00～17:00、
　12/31は9:00～17:00、1/1は12:00～17:00）
休無休

↓北極圏到達証明書

↑まずは村の情報収集をしよう

■おみやげショップも充実！

　敷地内にはクリ
スマスグッズやフィ
ンランドならでは
のおみやげがたく
さん！お気に入り
を探してみよう。

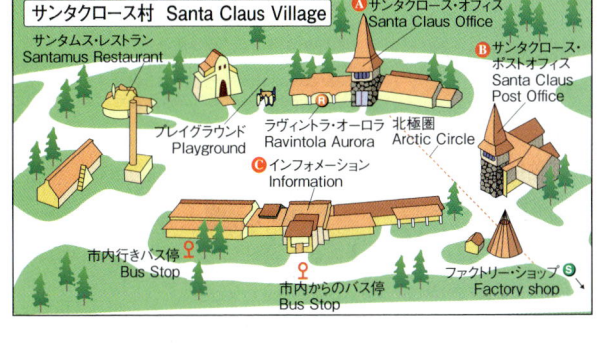

サンタクロース村　Santa Claus Village
サンタムス・レストラン
Santamus Restaurant
🅰 サンタクロース・オフィス
Santa Claus Office
🅱 サンタクロース・ポストオフィス
Santa Claus Post Office
プレイグラウンド
Playground
ラヴィントラ・オーロラ
Ravintola Aurora
北極圏
Arctic Circle
🅲 インフォメーション
Information
市内行きバス停
Bus Stop
市内からのバス停
Bus Stop
ファクトリー・ショップ 🆂
Factory shop

遊びに
来てね！

ロヴァニエミのアクティビティ

1 トナカイ牧場ではトナカイに直接触れることができる　2 夏のSanta Claus Safariは、ボートでトナカイ牧場へ向かう　3 トナカイぞり体験ができるのは冬期限定のRide of Your Life€113　4 ランチの定番はラップランド料理・トナカイ肉のソテー　5 夜空を不思議な色で彩るオーロラにも出合える

　夏の白夜、冬のオーロラと北極圏ならではの大自然を満喫できるロヴァニエミ。その自然に触れるならアクティビティに参加するのがいちばん。ラップランドサファリLapland Safarisでは、季節に合わせたさまざまな個人向けツアーを催行。ウェブサイトや電話で簡単に予約ができる。通年催行され人気があるのは、トナカイ牧場や地元の民家を訪ねたあとサンタクロース村に行くSanta Claus Safari。6〜7月なら白夜を体験できるツアーMidnight Sun Experienceがおすすめ。ボートで遊覧しながらトナカイ肉などのラップランド料理を楽しみ、オウナスヴァーラの丘へ上り、24:00頃シャンパンで乾杯するというもの。冬期なら、人気のオーロラ観察ツアーSearch for the Northern Lightsや、凍った川をハスキー犬で駆け抜ける犬ぞり体験と、キャンプファイアがセットになったHusky Safariに参加してみよう。ツアーはすべて英語で行われる。前日の17:00までならホテルでも予約ができる。

─DATA─

■ラップランドサファリ MAP P.508
🏠Koskikatu 1
☎(016)331-1200　FAX(016)331-1233
URL www.laplandsafaris.fi
🕐夏期　毎日9:00〜20:00（電話受付のみ）
　冬期　毎日8:00〜18:00
　（電話受付は〜22:00）
🈳無休　CC A D M V
Santa Claus Safari
🕐通年　所要約6時間　💰夏期€130　冬期€179
Midnight Sun Experience
🕐6〜7月　所要約3時間　💰€101
Search for the Northern Lights
🕐12/1〜4/16　所要約3時間　💰€115
Husky Safari
🕐12/1〜4/17　所要約2時間
💰€134

スタッフが笑顔で迎えてくれる

サーリセルカ

フィンランド最北のリゾート

ロヴァニエミの北約300km、ラップランドの北部に位置するサーリセルカは、フィンランド最北の通年型リゾート地だ。国内第2位の広さをもつウルホ・ケッコネン国立公園の懐に抱かれるこの小さな町には、自然を満喫するためのアクティビティが豊富に揃う。冬には光のカーテン、オーロラが上空に舞い、犬ぞりやクロスカントリースキーを楽しめる。やがて雪が解け夏になれば、太陽がいつまでも頭上を照らし、雪解け水を運ぶ水流がきらきらと輝く。秋にはシラカバやヤマナラシの木々が黄葉し、地表をベリー類の葉が深紅に染め上げ、ハイキングのベストシーズンを迎える。

サーリセルカの歩き方

ホテルやツアー会社はすべてサーリセランティ通りSaariseläntie沿いにある。長距離バスは主要各ホテル前に停車する。町は小さいので、端から端まで歩いても20分程度。町の入口にはスーパーマーケットがある。

サーリセルカ
Saariselkä

ラップランド・ホテル・リエコンリンナ Ⓗ
Lapland Hotel Riekonlinna
ホリデイ・クラブ・サーリセルカ Ⓗ
Holiday Club Saariselkä
サンタズ・ホテル・トゥントゥリ Ⓗ
Santa's Hotel Tunturi
ラッピン・ルントロマット Ⓗ
Lapin LuontoLomat
国立公園入口 Ⓗ
ⓘ観光案内所
スーパーマーケット
サーリセラン・パニーモ
Saariselän Panimo
キエッピ
Kieppi
ATM
ウルホ・ケッコネン国立公園
The Urho Kekkonen National Park
Kiveltontie
Honkapolku
Saariseläntie
Luttontie
Rautapolku
Stalppolku
Jaakola

サーリセルカ
ヘルシンキ

MAP P.418-B1
市外局番：016
サーリセルカ情報のサイト
ⓊⓇⓁwww.saariselka.fi

サーリセルカへの行き方

✈ ヘルシンキからイヴァロIvaloまで行く。1日2〜4便、所要約1時間40分。イヴァロ空港からは空港バスを利用できる。所要約30分。
🚌 ロヴァニエミからは1日8便前後、所要約4時間20分。ノルウェーのカラショークから国境を越えるバスが1日1便運行。カラショーク発9:15、サーリセルカ着は13:48。

サーリセルカの観光案内所ⓘ
⌂Kelotie 1
☎040-1687838
ⓊⓇⓁwww.saariselka.fi
🕐1/3〜2/13、4/30〜6/19、9/24〜12/11
　月〜金9:00〜17:00
2/14〜4/29
　月〜金9:00〜17:00
　土・日9:00〜14:00
6/20〜9/23、12/12〜31
　月〜金9:00〜17:00
　土・日9:00〜15:00
🚫1/3〜2/24と4/30〜6/13と9/24〜12/11の土・日

観光案内所の建物2階にはラップランドの自然や歴史に関する展示やビデオ上映あり。毎日9:00〜20:30開館。入場料は€4。

建物内には ショップやスーパーもある

公園事務局
TEL020-5647200
URLwww.luontoon.fi
開1/3～2/13、4/30～6/19、9/24～12/11
　　月～金 9:00～17:00
2/14～4/29
　　月～金 9:00～17:00
　　土・日 9:00～14:00
6/20～9/23、12/12～31
　　月～金 9:00～17:00
　　土・日 9:00～15:00
休1/3～2/13と4/30～6/19と9/24～12/11の土・日
　観光案内所と同じ建物内にある。

イナリ
行き方 →→→
　サーリセルカからバスが1日3～4便運行、所要約1時間30分。途中、イヴァロで乗り換える場合もある。

イナリの観光案内所❶
住Inarintie 46
TEL040-1689668
URLwww.inarilapland.org
開6/1～9/19
　　毎日 9:00～20:00
9/20～5/31
　　火～日10:00～17:00
休9/20～5/31の月

シーダ
住Inarintie 46
TEL040-0898212
URLwww.siida.fi
開6/1～9/19
　　毎日 9:00～20:00
9/20～5/31
　　火～日10:00～17:00
休9/20～5/31の月
料€9

イナリ湖遊覧船
運6/7～24、8/11～9/20
　　毎日 13:00
6/25～8/10
　　毎日 13:00、17:00
料€19

タンカヴァーラ国際金博物館
住Tankavaarantie 11C
TEL(016)626-171
URLwww.tankavaara.fi
開6/1～8/15
　　毎日 9:00～18:00
8/16～9/30
　　毎日 9:00～17:00
10～5月
　　月～金10:00～16:00
休10～5月の土・日
料€8
砂金の採集体験
料€7（所要約1時間）

おもな見どころ

ウルホ・ケッコネン国立公園　The Urho Kekkonen National Park
MAP P.515

　面積2550km²とフィンランドで2番目に大きく、第8代大統領の名を冠した国立公園。気軽なハイキングコースは2kmと6kmの2コースある。透明な水の流れる清流にシラカバやマツの木が生い茂る。園内の奥はなだらかな丘になっており、広大な森を一望できる。ライチョウやトナカイの群を見ることもできる。数日のトレッキングや、2～3週間かけてロシアとの国境まで本格的に歩くこともできる。

秋には美しい紅葉が見られる

エクスカーション

イナリ　Inari
MAP P.418-A1

　サーリセルカの北約70kmの所。イナリ湖の湖畔にあり、人口はわずか500人あまり。ラップランドやサーメ人の文化を知ることのできる複合文化施設、シーダSiidaがある。館内はシャーマンの太鼓などサーメ人の精神を紹介する展示がされているサーミ博物館Sámi Museumのほかシアターもあり、オーロラのビデオなどを上映している。また屋外には広い敷地内にサーメの家が復元されている野外博物館Open-air Museumもある。

　シーダのみやげ物店の後ろには、イナリ湖を巡る遊覧船の発着所がある。長さ80km、幅41kmの巨大な湖を巡るのもおすすめだ。途中、サーメの先祖が祀られた島などをいくつか回る。

サーメの家が復元された野外博物館

タンカヴァーラ　Tankavaara
MAP P.418-B1

　19世紀の中頃から、金が取れるということで、大勢の人々が集まってきたといわれる町。金に関する博物館、タンカヴァーラ国際金博物館Kultamuseo Tankavaaran Kultakyla があり、金を採掘する道具や鉱石のサンプルを展示しているほか、砂金の採集体験もできる。

サーリセルカのホテル

オーロラリゾートとして人気があるため、特に冬はホテルが混雑する。早めの予約を心がけよう。近郊のイナリとイヴァロにもそれぞれ2軒ずつホテルがある。

Santa's Hotel Tunturi
サンタズ・ホテル・トゥントゥリ
MAP P.515
P.L.4, 99831　(016)68-1501　FAX(016)66-8771
www.tunturihotelli.fi
⑤€59～Ⓓ€74～　CC A D M V

サーリセルカの最高級ホテル。アパートタイプの客室もある。一部客室でインターネット利用可。

Holiday Club Saariselkä
ホリデイ・クラブ・サーリセルカ
MAP P.515
Saariseläntie 7　(016)110-0008　FAX(016)68-2335
www.holidayclub.fi
⑤€93～Ⓓ€108～
CC A D M V

スパやサウナ、レジャー向けのプール、テニスコートなどを完備。

Lapland Hotel Riekonlinna
ラップランド・ホテル・リエコンリンナ
MAP P.515
Saariseläntie 13　(016)559-4455
FAX(016)559-4456　www.laplandhotels.com
⑤€90～Ⓓ€110～
CC A D M V

町の端にある高級ホテル。レストランやバー、サウナを完備しており、一部客室では無線LANの利用も可能(無料)。

Hotelli Kieppi
キエッピ
MAP P.515
Raitopolku 1
(016)554-4600　FAX(016)554-4700
www.hotellikieppi.fi
⑤€65～99Ⓓ€76～140
CC A D M V

木造りの内装のホテル。アラカルトのレストラン併設。

Saariselän Panimo
サーリセラン・パニーモ
MAP P.515
99830 Saariseläntie
(016)675-6500　FAX(016)675-6581
www.saunalahti.fi/~panimo/panimo.htm
⑤€34～Ⓓ€48～　CC D M V

パブを併設したログハウス風の手頃な宿。サウナ付きのコテージ(6～8人向け)€70～もある。無線LANロビーのみ可(無料)。

イナリ

Inarin Kultahovi
イナリン・クルタホヴィ
(016)511-7100　FAX(016)67-1250
www.hotelkultahovi.fi
⑤€67～69
Ⓓ€86～90
CC D J M V

川沿いに建つ雰囲気のいいホテル。2004年に全室リノベーション済み。川辺にサウナもある。無線LANロビーのみ可能(無料)。

Hotelli Inari
イナリ
(016)67-1026　FAX(016)67-1047
www.hotelliinari.fi
⑤€66～106
Ⓓ€84～124
CC A D M V

イナリ湖の湖畔にあるホテル。湖側の部屋はやや高い。建物は少し古め。

充実のアクティビティに参加しよう

オーロラリゾートとして有名なサーリセルカ。冬のみ営業のアクティビティ会社が多いが、ラッピン・ルントロマットLapin LuontoLomatは通年営業している。夏なら気軽に参加できるイナリでのラフティング Short River Excursion in Inariがおすすめ。冬ならスノーモービルで雪山を登り美しい山並を眺めるFell Safari to Kuukkelilampiが人気。ツアーはすべて英語。マウンテンバイクやスキー道具のレンタルも行っている。

手ぶらで参加できるイナリでのラフティング

――**DATA**――
■ラッピン・ルントロマット **MAP P.515**
Saariseläntie 14
(016)668-706　FAX(016)668-950
www.saariselka.fi/luontoloma
毎日9:00～17:00
無休
Short River Excursion in Inari
夏期　所要約1時間　€25
Feel Safari to Kuukkelilampi
冬期　所要約3時間　€100～

バスタブ　バスタブ一部のみ　TV テレビ　テレビ一部のみ　ドライヤー　ドライヤー貸出
ミニバー　ミニバー一部のみ　ハンディキャップルーム

フィンランドの歴史

原始部族時代

フィンランドで見つかった最初の人類の痕跡は、紀元前700年頃のものである。彼らは、ウラル山脈のほうからやってきて、フィンランド湾を渡ってフィンランドに上陸し、フィンランド各地に散っていったといわれる。しかし現代のフィンランド人はその直接の子孫ではなく、紀元1世紀頃にフィンランド湾南岸から移住してきた民族とするのが定説。彼らは移動中に農耕を開始し、バルト・スラブ族と接触して社会制度や生活様式を学び取った。そのなかで主力のスオミ族は現在のエストニアの地からいくつかの集団を組んで船で北上し、フィンランドの南西部に上陸した。そこから先住民のサーメ人を追い出しながら北と東へ広がったが、この部族をハメ人という。またその頃、カレリア人がラドガ湖の周辺に定着していたが、やがて両者が重なった部分にサボ人が出現した。ここに、ハメ、カレリア、サボの3大部族が形成された。堅実なハメ人、音楽好きのカレリア人、陽気なサボ人といった部族的気風が育ってきたが、原始部族時代のフィンランドはスウェーデンとロシアの東西二大勢力の衝突の場となった。

スウェーデン統治下時代

12世紀、スウェーデン王エリック9世（1160年没）は十字軍の名のもとにフィンランドに攻め入ると、3大部族を次々とその支配下に入れた。そのとき、王にともなわれた司教ヘンリックが、フィンランドにカトリック信仰の基を築いた。一方、南東からはノヴゴロド王国が勢力を伸ばしてきた。1323年、両国の間にパヒキナサーリ条約が結ばれ国境が確定されたが、これによりカレリアは東西に2分された。1397年ノルウェー王ホーコン6世の妃マーグレーテの下でデンマーク、ノルウェー、スウェーデン3国の国家連合としてカルマル連合が結成されたが、これもその後の内紛によって崩壊した。これから離脱したスウェーデンのグスタフ1世（在位1523〜60年）は、宗教改革を断行してルター派を受け入れ、フィンランドにおける勢力を北方へ伸ばすとともに領内をルター派に改宗させていった。このとき『新約聖書』のフィンランド語訳も行われた。1599年、カール9世（在位1599〜1611年）は、重税のために蜂起したフィンランドの農民一揆を利用してフィンランド貴族を一掃すると王権を確立した。

次に、グスタフ2世の治下で強力となったスウェーデンは、武力によってロシアを封じ込め、1617年ストルボバの和議により東カレリアとイングリア（現在のレニングラード地方）を手に入れ、エストニアを併合してさらにポーランドを押さえた。リボニア（現在のラトビア）とエストニア、スウェーデンの対外戦争で先頭に立ち勇敢に闘ったのがフィンランド人であった。このためスウェーデンとフィンランドは政治的にも軍事的にも深く結びついていった。

スウェーデン人のフィンランド総督ブラヘ（1602〜80年）の時代には工業が興り交通が整備され、トゥルク大学が設立された。しかしカール12世はピョートル1世率いるロシア軍と戦い、1709年大敗を喫した。スウェーデンが兵を引き揚げたため、フィンランド人の必死の抵抗もむなしく、ロシア軍はフィンランドを侵略した。1721年のニースタードの和議で、スウェーデンは17世紀に獲得したすべてのフィンランドの土地を失った。

ロシア統治下時代

　ナポレオン戦争において、ナポレオンはスウェーデンをイギリスに対する大陸封鎖に参加させるために、ロシアがフィンランドを占領してスウェーデンに圧力をかけることを認めた。そのためロシア皇帝アレクサンドル1世は、1808年フィンランドに出兵した。フィンランドは善戦したがスウェーデンが援兵を出さなかったので、フィンランド全土がロシアに占領された。1809年、ロシア皇帝を君主とする自治公国としてロシアに併合されるが、スウェーデン時代からの諸制度は保存されたおかげで国としての輪郭ができ、フィンランド人としての自覚が高まった。民族叙事詩『カレワラ』集成などの文化運動も、強制されていたスウェーデ

ン語との闘争へと次第に高揚していった。

　19世紀末からは、汎スラブ主義の高まり、国際対立の中でのサンクト・ペテルブルグ（レニングラード）防衛の必要などから、フィンランドの自治権を奪おうとするロシア化政策が強行された。それにともないフィンランド人に民族的自覚が燃え上がり、独立の気運が高まった。1904年、ついにロシア総督が殺される事件が発生し、ロシア皇帝の勢力が後退すると、1906年それまでの身分制議会が一挙に普通選挙による一院制の国会に変革された。そして1917年のロシア革命により帝政ロシアが崩壊すると、それに乗じて同年12月、フィンランドはついに念願の独立を達成した。

独立時代

　独立と同時に1918年、都市の資産階級と豪農を代表するブルジョア政府勢力の白衛軍と、労働者・小作農を中核とする社民党革命勢力の赤衛軍との間で内戦が勃発し、前者の勝利に終わった。共和国として新生したフィンランドは国の安全保障を求めて苦難の道を歩み始める。1939年、ドイツがポーランドに侵攻して第2次世界大戦が始まると、その直後の10月、ソ連はレニングラードの防衛を理由としてフィンランドにカレリア地峡の土地を要求してきた。これをフィンランドが拒否するとソ連は50万の大軍を動員してフィンランドに攻め込み、「冬戦争」（第1次ソビエト・フィンランド戦争）に突入した。マンネルヘイム元帥に指揮されたフィンランド軍は善戦するが、南東部を割譲せざるを得なかった。1941年、ナチスドイツの対ソ戦争が始まると、巻き込まれたフィンランドはドイツ軍に協力し、ソ連と戦うこととなった（第2次ソビエト・フィンランド戦争）。しかし1944年にソ連と休戦協定を結び戦線を離脱すると、ドイツ軍はラップランドを徹底的に破壊した。一方ソ連からは、カレ

リア地方などの割譲、さらに国民所得の1割に及ぶ2億ドルもの巨額な賠償金を課せられた。

　戦後、不可能といわれた過酷な賠償金を支払い期限の半分強の6年間で支払い切ると、その後政治的にも外交的にも安定し、1952年にはヘルシンキでオリンピックが開催された。さらに、1955年には国連と北欧評議会に加盟、経済、社会面でも急速な発展をとげ、世界で最も生活水準の高い先進民主主義国、福祉国家のひとつとなった。

スウェーデンによりトゥルクに建造されたトゥルク城

フィンランド語を話そう

会話集と役に立つ単語集

Finnish

■ 役に立つ単語その1

入口	sisäänkäynti	シサーン カウンティ
出口	uloskäynti	ウロス カウンティ
右	oikea	オイケア
左	vasen	ヴァセン
前	edessä	エデッサ
後ろ	takana	タカナ
暑い	kuuma	クーマ
寒い	kylmä	キュルマ
たくさん	paljon	パリヨン
少し	vähän	ヴァハン
よい	hyvä	ヒュヴァ
(値段が) 高い	kallis	カッリス
大きい	iso	イソ
小さい	pieni	ピエニ
トイレ	W.C.	ヴェーセー
空き	vapaa	ヴァパー
使用中	varattu	ヴァラットゥ
男性	mies	ミエス
女性	nainen	ナイネン
大人	aikuinen	アイクイネン
子供	lapsi	ラプシ
学生	opiskelija	オピスケリヤ
危険	vaarallinen	ヴァーラッリネン
警察	poliisi	ポリーシ
病院	sairaala	サイラーラ
開館	auki	アウキ
閉館	suljettu	スリェットゥ
押す	työnnä	トゥオンナ
引く	vedä	ヴェダ
領収書	kuitti	クイッティ
空港	lentoasema	レントアセマ
港	satama	サタマ
トラム	raitiovaunu	ライティオヴァウヌ
地下鉄	metro	メトロ
列車	juna	ユナ
船	laiva	ライヴァ
切符	lippu	リップ
切符売り場	lipunmyynti	リプンミューンティ
プラットホーム	laituri	ライトゥリ
どこから	mistä	ミスタ
どこへ	mihin	ミヒン
出発	lähtö	ラヒト
到着	saapumis	サープミス

片道	meno	メノ
往復	menopaluu	メノパルー
1等	ensimmäinen luokka	エンシンマイネン ルオッカ
2等	toinen luokka	トイネン ルオッカ
時刻表	aikataulu	アイカタウル
禁煙	tupakointi kielletty	トゥパコインティ キエレットゥ
国内線	kotimaa lentoliikenne	コティマ レントリーケンネ
国際線	kansainvälinen lentoliikenne	カンサインヴァリネン リーケンネ
ホテル	hotelli	ホテッリ
ユースホステル	retkeilymaja	レトゥケイルマヤ
キャンプ場	leirintäalue	レイリンタ アルエ
観光案内所	matkailu opastus	マトゥカイル オパストゥス
美術館、博物館	(taide)museo	(タイデ)ムセオ
教会	kirkko	キルッコ
修道院	luostari	ルオスタリ

■ 役に立つ単語その2

(月)		
1月	tammikuu	タンミクー
2月	helmikuu	ヘルミクー
3月	maaliskuu	マーリスクー
4月	huhtikuu	フフティクー
5月	toukokuu	トウコクー
6月	kesäkuu	ケサクー
7月	heinäkuu	ヘイナクー
8月	elokuu	エロクー
9月	syyskuu	シュースクー
10月	lokakuu	ロカクー
11月	marraskuu	マッラスクー
12月	joulukuu	ヨウルクー
(曜日)		
月	maanantai	マーナンタイ
火	tiistai	ティースタイ
水	keskiviikko	ケスキヴィーッコ
木	torstai	トルスタイ
金	perjantai	ペリヤンタイ
土	lauantai	ラウアンタイ
日	sunnuntai	スンヌンタイ

（時間）

今日	tänään	タナーン
昨日	eilen	エイレン
明日	huomenna	フオメンナ
朝	aamu	アーム
昼	keskipäivä	ケスキパイヴァ
夜	yö	ユオ
午前	aamupäivä	アームパイヴァ
午後	iltapäivä	イルタパイヴァ

（数）

0	nolla	ノッラ
1	yksi	ユクシ
2	kaksi	カクシ
3	kolme	コルメ
4	neljä	ネリヤ
5	viisi	ヴィーシ
6	kuusi	クーシ
7	seitsemän	セイツェマン
8	kahdeksan	カハデクサン
9	yhdeksän	ユフデクサン
10	kymmenen	キュンメネン

■ 役に立つ単語その3

パン	leipä	レイパ
ハム	kinkku	キンック
チーズ	juusto	ユースト
卵	muna	ムナ
バター	voi	ヴォイ
ニシン	silli	シッリ
イワシ	sardiini	サルディーニ
ロブスター	hummeri	フンメリ
アンチョビー	anjovis	アンヨ
ヒラメ	kampela	カンペラ
トナカイ肉	poronliha	ポロンリハ
シカ肉	hirvenliha	ヒルヴィンリハ
ブタ肉	sianliha	シアンリハ
ビーフステーキ	naudanpihvi	ナウダンピフヴィ
ラムステーキ	lampaanpihvi	ランパーンピフヴィ
フルーツ	hedelmä	ヘレルマト
オレンジ	appelsiini	アッペルシーニ
リンゴ	omena	オメナ
飲み物	juoma	ユオマ
コーヒー	kahvi	カハヴィ
紅茶	tee	テー
牛乳	maito	マイト
ビール	olut	オルット
生ビール	tynnyri olut	トゥオッピオルットゥ
白ワイン	valkoviini	ヴァルコウヴィーニ
赤ワイン	punaviini	プナヴィーニ

■ 役に立つ会話

（あいさつ）

やあ／ハイ	Terve.	テルヴェ！
こんにちは	Päivää.	パイヴァー
おはよう	Huomenta.	フオメンタ
こんばんは	Iltaa.	イルター
おやすみなさい	Yötä.	ユオタ
さようなら	Näkemiin.	ナケミーン

（返事）

はい	Kyllä.	キュッラ
いいえ	Ei.	エイ
ありがとう	Kiitos.	キートス
すみません	Anteeksi.	アンテークシ
ごめんなさい	Anteeksi.	アンテークシ
どういたしまして	Olkaa Hyvä.	オルカー　ヒュヴァ
わかりました	Ymmärrän.	ユンマラン
わかりません	En ymmärrä.	エン　ユンマラ

（たずね事など）

～はどこですか？
Missä on ～?
ミッサ　オン　～?

いくらですか？
Paljonko maksaa?
パリヨンコ　マクサー？

お勘定をお願いします
Saanko laskun?
サーンコ　ラスクン？

いつですか？
Milloin?　ミツロイン？

何時ですか？
Mitä kello on?
ミタ　ケッロ　オン？

何個ですか？
Kuinka monta?
クインカ　モンタ？

お名前は何ですか？
Mikä nimesi on?
ミカ　ニメシ　オン？

私の名前は～です
Nimeni on ～.
ニメニ　オン　～

フィンランド語で何といいますか？
Mikä tämä on suomeksi?
ミカ　タマ　オン　スオメクシ？

～が欲しい
Haluan ～.　ハルアン ～

～へ行きたい
Haluan mennä ～.
ハルアン　メンナ ～

521

読者のお便り
〜フィンランド編〜

▶空港の無料無線LAN

　ヘルシンキ・ヴァンター国際空港では、無料で無線LANが使えます。普通と少し接続方法が違うので説明します。利用できる接続先一覧から"Free Wireless Internet"を選び、それに接続します。次にブラウザを開くと、専用のページ（フィンランド語、英語）が開きます。その中央に"Connect"とかかれたボタンがあるので、それをクリックすると完了です。空港で無料でネット接続ができるのは本当にうれしくなります。

（埼玉県　埼玉のたまさん　'09）【'11】

▶ヘルシンキの公衆電話

　ノキアの国フィンランドだけあって、公衆電話はヘルシンキ市内でもまったく見かけることがありませんでした。そんな町で電話をかけられる貴重な場所を発見。Western Unionという国際送金会社のオフィスには料金後払い式の電話ブースがあり、公衆電話の代わりとして利用できます。営業時間は月〜金曜が9:00〜20:00、土曜が10:00〜15:00で、日曜は休みです。ヘルシンキ中央駅向かいのCity Centerという商業ビル（駅から地下道でアクセス可）の地下にあります。

（東京都　守勝さん　'10）

▶ナーンタリのプチホテル

　ナーンタリを訪れる人のほとんどが、ナーンタリ・スパ・ホテルに宿泊すると思いますが、ナーンタリの旧市街には、プチホテルもいくつかあり、こちらもおすすめ。カフェ併設のホテルも多いので、朝食をカフェのテラスで食べたり、早起きして港沿いを散歩したりと楽しみ方も多彩です。スパもいいけど、町歩きやこぢんまりとした雰囲気を楽しみたい人は、プチホテルを選んでみては？

（神奈川県　上野かおりさん　'10）

▶マリメッコのファクトリーショップ

　ヘルシンキの郊外にあるマリメッコのファクトリーショップに行ってきました。工場に併設してアウトレットショップがあり、人気のウニッコ柄のアウトレットはもちろん、廃盤になった商品なども置いてあり、かなりお買い得でした。

（東京都　葛岡由美子　'08）【'11】

┌─ DATA ─┐
■Marimekko Factory Shop
Ⓐ Kirvesmiehenkatu 7　Ⓣ (09)758-7244
URL www.marimekko.com
営業 月〜金10:00〜18:00　土10:00〜16:00
CC A D J M V
行き方➡➡➡
　地下鉄ヘルットニエミ駅Herttoniemiから徒歩15分。ヘルットニエミ駅は、ヘルシンキ中央駅地下のラウタティエントリ駅から6つめの駅。

▶サーリセルカの楽しみ方

　オーロラ目的のサーリセルカ。昼間は特にやることがない……という人におすすめなのが、スキー場の頂上でもある「カウニスパーの丘」。地域を走るスキーバスで行くことができます。車窓からの眺望もなかなかですが、山頂からの眺めは圧巻。特に日が沈むトワイライトタイムは感動的です。山頂のカフェで夕暮れまでお茶をしながら過ごすのも贅沢な時間。ただ、この時間になると帰りのバスが終わってしまうので、その時は、ソリ専用の滑走路をソリで滑り降りてくるか、てくてく歩いて帰りましょう。寒いですが、道すがらも幻想的な風景です。

（東京都　パンジーさん　'10）

▶オーランド島みやげ

　フィンランドの自治領であるオーランド島。島には、春になるとかわいらしい黄色い花を咲かせるGuldvivaという国花があり、これをモチーフにしたネックレスやピアスなどが大人気。オーランド島ならではのおみやげとして最適です。

（石川県　AKDさん　'10）

北欧の世界遺産

ユネスコに登録されている世界遺産は、現在北欧に28ヵ所。比較的行きやすいものもあるので、機会があったら足を延ばしてみよう。
＊カッコ内は本書掲載ページ

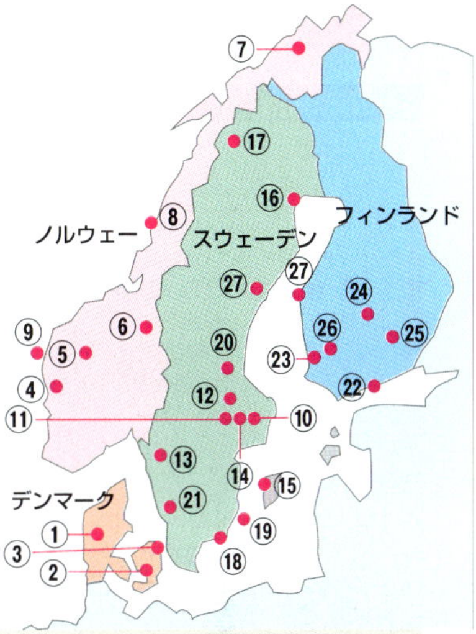

デンマーク

①イェリング墳墓群、ルーン文字石碑群と教会
Jelling Mounds, Runic Stones and Church
1994年 文化遺産

デンマーク初代国王ゴームが王都としたイェリング。ここに残る2基の大きな墳墓、教会、ルーン文字が刻まれたふたつの石碑はデンマーク最古の考古学資料である。

②ロスキレ大聖堂
Roskilde Cathedral (Roskilde Domkirke)
1995年 文化遺産 (→P.116)

1170年、アブサロン大主教によって築かれた大聖堂。その構成はロマネスク様式とゴシック様式を主調に、様々な建築様式が併用されている。大聖堂は歴代デンマーク王室の霊廟でもあり、国の象徴的建築物とされる。

③クロンボー城
Kronborg Castle (Kronborg Slot)
2000年 文化遺産 (→P.114)

シェイクスピアの『ハムレット』の舞台となった城。一度さびれた城を1574年フレデリク2世の名により再建に着手。その11年後に完成した。ほぼ四角形の城で北棟は王の住居、西棟は王妃の住居、東棟は王族の住居や厨房、南棟は教会となっている。

※このほか、グリーンランド西部のイルリサット・アイスフィヨルドIlulissat Icefjordも2004年に自然遺産に登録されている。

ノルウェー

④ブリッゲン
Bryggen
1979年 文化遺産 (→P.220)

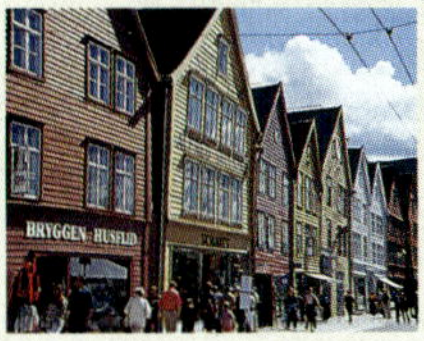

中世後期、ハンザ同盟の在外拠点として発展した町ベルゲン。港に面するブリッゲン地区はドイツ商人の居留地として建設された。14世紀以降、火災により町は幾度も焼失したが、建設当初の図面をもとに再建されている。

⑤ウルネスの木造教会
Urnes Stave Church (Urnes Stavkyrkje)
1979年 文化遺産 (→P.236)

ルストラフィヨルドの奥地ウルネスに建つ、「スターヴヒルケの女王」と呼ばれる最古の木造聖堂（スターヴヒルケ）。

⑥レーロース鉱山都市とその周辺
Røros Mining Town and The Circumference
1980年、2010年 文化遺産

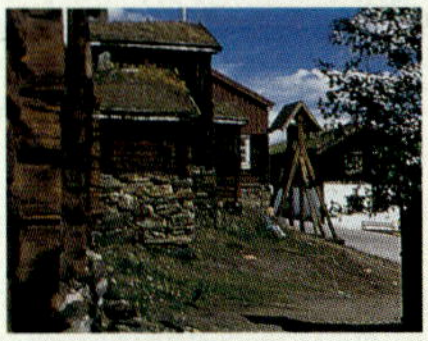

極北の町レーロースの歴史は1644年に発見された銅鉱山の開発とともにある。征服や火災の被害も受けたが、「鉱山街の飾り」と呼ばれる聖堂と、その周りに建つ黒ずんだ木造の家々は1679年の再建時のまま残っている。

⑦アルタのロック・アート
Rock Art of Alta
1985年 文化遺産 (→P.280)

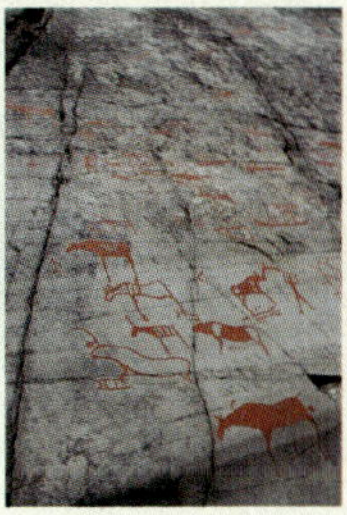

先史時代の集落跡とともに発見された2000もの岩絵。そのほとんどは石や獣の角で輪郭線を引いた花崗岩の上に顔料を塗ったもの。最古の絵は6000年以上も前に描かれている。

⑧ヴェガオヤン＝ヴェガ群島
Vegaøyan-The Vega Archipelago
2004年　文化遺産

北緯66度に位置する数十の島から成る群島。島の人々は1500年前から漁業とケワタガモの羽毛の収穫を中心とした生活を続けている。また、群島には石器時代に人間が移り住んだことを伝える痕跡が多く残されている。

⑨西ノルウェーフィヨルド群—ガイランゲルフィヨルドとネーロイフィヨルド
West Norwegian Fjords-Geirangerfjord and Nærøyfjord
2005年　自然遺産（→P.26～28、P.232、P.238）

全長約16kmのガイランゲルフィヨルドはノルウェーを代表する4大フィヨルドのひとつ。標高1500mの切り立った山々や岩を滑る真っ白な滝などの壮大な自然美は驚きの連続。ソグネフィヨルドの最先端部分から枝分かれしたネーロイフィヨルドは長さ約17km。標高1700m級の山々が両側にそびえている。

スウェーデン

⑩ドロットニングホルムの王領地
Royal Domain of Drottningholm(Drottningholmsslott)
1991年 文化遺産（→P.333）

メーラレン湖に浮かぶローヴェン島に、王族の夏の離宮として建設された。その後、焼失するがカール10世后エレオノラが建築家テシン親子に依頼し再建された。宮殿前方にバロック式庭園、左右に英国式庭園を従え、「北欧のベルサイユ」と呼ばれている。

⑪ビルカとホーヴゴーデン
Birka and Hovgården
1993年 文化遺産

ヴァイキングによる交易の中心地として隆盛を誇った町、ビルカ。広い共同墓地跡に残る墓石や墓標はヴァイキング文化を知るうえでの手がかりとされる。またアデルユース島のホーヴゴーデンでは、当時国王や有力者のものであろう墳墓などが発掘されている。

⑫エンゲルスベリの製鉄所
Engelsberg Ironworks
1993年 文化遺産

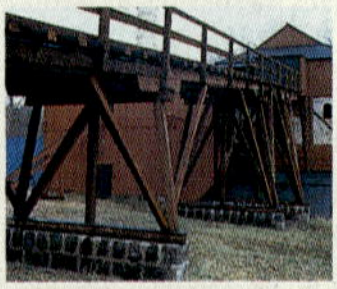

17～18世紀におけるスウェーデンの基幹産業は製鉄業。製鉄所が操業を開始したのは16世紀後半、このエンゲルスベリが最初。

⑬タヌムの線刻画
Rock Carvings in Tanum
1994年 文化遺産

ノルウェーとの国境に近いタヌムに「先史時代の画廊」と呼ばれる場所がある。そこに残る数々の岩絵は、紀元前1500年から紀元前500年の青銅器時代に描かれた。シカやトナカイ、人間がモチーフとして多く使われ、古代人の宗教観や日常生活が表現されている。

⑭スクーグシュルコゴーデン
Skogskyrkogården
1994年 文化遺産（→P.335）

1917年から3年をかけ、スウェーデンの建築家アルプルンドとレーヴェレンツにより建設された森林墓地。併設された大小3つの礼拝堂には、壁画『生、死、一生』やブロンズ像『復活』が飾られている。

⑮ハンザ同盟都市ヴィスビィ
Hanseatic Town of Visby
1995年 文化遺産（→P.395）

12世紀から14世紀にかけてハンザ同盟のバルト海貿易の中継基地として繁栄したが、1525年にハンザ同盟の盟主である北ドイツのリューベックによって町は破壊された。現在、13世紀に建設された城壁や倉庫群などが残る。

⑯ルーレオのガンメルスタードの教会街
Church Village of Gammelstad, Luleå
1996年 文化遺産（→P.405）

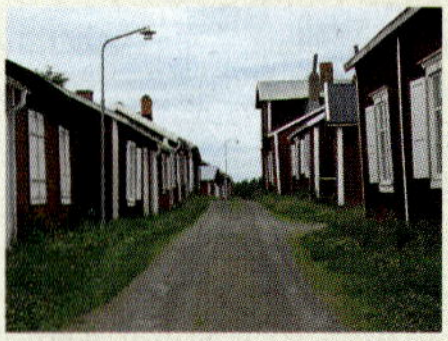

ボスニア湾北部にある港町ルーレオの旧市街ともいうべきガンメルスタードは、中世の教会村。聖堂周辺には、礼拝に訪れる教区民のための宿泊施設の木造コテージが建ち並ぶ。

⑰ラポニアン・エリア
Laponian Area
1996年 複合遺産（→P.402）

ヨーロッパ大陸最北部にあるラップランドには、先住民族ラップ人（サーメの人々）が住んでいる。広大な極寒の北極圏で、彼らはトナカイの遊牧民族として約5000年前から伝統的生活様式を守り生活してきた。この地域は、フィヨルドや川、貴重な高山植物が育つ山岳などの自然が残る。

⑱カールスクローナの軍港
Naval Port of Karlskrona
1998年 文化遺産

スウェーデン南部のバルト地方にある港町。温暖で、冬でも海が凍らないことから、1680年、スウェーデン海軍の新拠点として町が造られた。その後、ここをモデルに海軍基地をもつ町が次々と造られた。そうした町のなかでも当時の姿を最も完全に近い姿で今に残している。

⑲エーランド島南部の農業景観
Agricultural Landscape of Southern Öland
2000年 文化遺産（→P.393）

島の南部には、石灰石を敷きつめた道がある。また、5000年ほど前のものと思われる住居群がユニークな景観を作り上げている。

⑳ファールンの大銅山地域
Mining Area of the Great Copper Mountain in Falun
2001年 文化遺産（→P.368）

中世の頃から大銅山地域として栄えたファールン。17世紀には世界の銅産出量の3分の2を占めた。少なくとも13世紀以来、ここで銅の生産活動が行われていたことを証明する場所としてもさまざまな特徴が見られる。

㉑ヴァールベリ・ラジオ放送局
Varberg Radio Station
2004年 文化遺産

スウェーデン南西部のヴァルベリに残る20世紀初頭の無線通信所。電化以前の通信技術をもつ通信所としては世界で唯一のもの。

フィンランド

㉒スオメンリンナの要塞群
Fortress of Suomenlinna
1991年 文化遺産（→P.452）

スウェーデン統治下の1748年に、ヘルシンキ港沖合の6つの無人島に築かれた要塞。ロシア軍の攻撃で1809年陥落し、以降ロシア軍の駐屯基地となった。1917年、フィンランドの独立に伴い軍事施設の役目を終える。現在は美しい公園となっている。

㉓ラウマ旧市街
Old Rauma
1991年 文化遺産（→P.493）

1400年頃スウェーデンとの交易都市として繁栄を極めたが、大火により町は焼失。しかし18世紀から19世紀にかけて587軒の家屋が再建された。

㉔ペタヤヴェシの古い教会
Petäjävesi Old Church
1994年 文化遺産

縦と横が同じ長さのギリシア十字形の平面を持ち、その交差部の天井を八角形の半円ドームが覆う。素朴な内部装飾、ログ構法で組み立てられた外壁と魚の鱗状の板葺き屋根は、18世紀にフィンランドで造られた木造聖堂の典型的な特徴を示している。

㉕ヴェルラ砕木・板紙工場
Verla Groundwood and Board Mill
1996年 文化遺産

19世紀、製材・製紙工業はフィンランドの経済発展を支えていた。ヴェルラ製材・板紙工場は、19世紀にフィンランドに建設された工場としては現存する唯一のもの。

㉖サンマルラハデンマキの 青銅器時代の石塚墳
Bronze Age Burial Site of Sammallahdenmäki
1999年 文化遺産

青銅器時代に花崗岩で造られた30以上もの埋葬場跡。これは3000年以上も前の北欧において、社会、宗教的に意味をもって葬儀が行われていたことを示す。

スウェーデン及びフィンランド

㉗ハイ・コースト／クヴァルケン群島
High Coast / Kvarken Archipelago
2000年、2006年 自然遺産

スウェーデンのボスニワ湾西岸、バルト海の北に位置し、無数の群島と氷河期に形成された湖沼や入江、高地などが見られる。その拡張で2006年フィンランドのクヴァルケン群島も自然遺産に登録された。

※このほか、ノルウェーやスウェーデン、フィンランドなど10ヵ国にまたがるシュトルーヴェの観測弧Struve Geodetic Arcも2005年に文化遺産に登録されている。

オーロラ
Aurora

厳冬のラップランドの夜空に輝くオーロラは、
限られた場所でのみ観測できる光のアート。
その色や形は変化に富み、
幻想的な世界へと私たちを導いてくれる。
オーロラの発色原理や観測スポットなど
ちょっと知識を増やして出かけよう。

神秘の世界へと誘うように光るオーロラ

オーロラの基礎知識

オーロラは、太陽の黒点運動により発生する帯電した微粒子（太陽風）が、地球の大気中の原子や分子に衝突して放電し、発光したもの。オーロラのカーテンは裾が100km、上部は500kmほど上空にある。このあたりはほぼ真空状態になっており、発色の原理はネオンやブラウン管と似ている。オーロラの色は大気中の原子や分子の種類によって異なり、窒素が多いときは青く、酸素が多い場合は赤いオーロラが現れる。またオーロラがカーテン状に現れるのは、電気を帯びた微粒子が地球の磁場に引きつけられるため。カーテンのヒダは、地磁気極に向いて動いているのである。

オーロラの出現ポイントは？

地球上でオーロラが発生するのは、地磁気極を中心とした楕円形のオーロラ・オーバルと呼ばれる帯の下。オーロラ・オーバルは地磁気緯度で北緯65〜70度のあたり。ラップランド地方はこのオーロラ・オーバルのほぼ真下にあるため、オーロラの観測率が高い。なお、オーロラ・オーバルは北のみでなく、南緯65〜70度にもあり、北極圏でオーロラが発生しているときは、南半球でも同じようにオーロラが発生している。

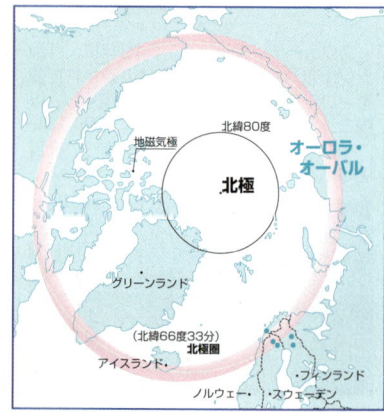

北極各地の観測事情と
オーロラリゾート

Norway
ノルウェー

降水量が多く晴天率が低いため、オーロラ観測のみを目的として行くには不向き。スウェーデンからノールランストーグ鉄道（→P.406）を使い、フッティルーテンで北上するツアーなどオーロラ観測以外の付加価値が高い。

ロフォーテン諸島 Lofoten　　（→P.265）

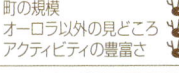

海面から急峻な山がそびえ立つ独特の景観をもつ。ロルブーというこの地方特有の宿に宿泊して、オーロラツアーに参加するのがおすすめ。

| 町の規模 |
| オーロラ以外の見どころ |
| アクティビティの豊富さ |

この地方では約30ヵ所以上にロルブーがある

トロムソ Tromsø　　（→P.270）

北極圏最大の町。フッティルーテンに乗りながらオーロラを見るツアーがあり、夕方にトロムソを出発、深夜に戻ってくる。申し込みは観光案内所で。

| 町の規模 |
| オーロラ以外の見どころ |
| アクティビティの豊富さ |

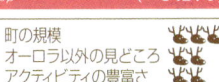

港沿いに木造のカラフルな家が建ち並ぶ
photo:Bård Løken©
Destinajon Tromsø

Sweden
スウェーデン

1ヵ所に滞在するよりは、キールナからユッカスヤルビにあるアイスホテルを訪ねたり、キールナとナルヴィークを結ぶノールランストーグ鉄道でアビスコなど、ノルウェーに抜けるのがおすすめ。

キールナ Kiruna　　（→P.399）

世界最大の地下鉱山をもち、スウェーデンの鉄鋼産業の中心。オーロラの研究所である、スウェーデン王立スペース研究所がある。

| 町の規模 |
| オーロラ以外の見どころ |
| アクティビティの豊富さ |

キールナ駅の隣に建つ鉄鋼夫の像

イエリバーレ Gällivare　　（→P.402）

町の中心から5kmほど離れた山の中腹にあるホテル、ドゥンドレット・ビョーンフェッラン（→P.403）は、オーロラ観測の人気スポット。スキーなどアクティビティも豊富。

| 町の規模 |
| オーロラ以外の見どころ |
| アクティビティの豊富さ |

森に囲まれたリゾート

アビスコ Abisko　　（→P.407）

スカンジナビア半島のなかで最も晴天率が高いと言われるリゾート地。あたりに明かりはほとんどなく、オーロラ観測に最適。

| 町の規模 |
| オーロラ以外の見どころ |
| アクティビティの豊富さ |

王様の散歩道の入り口

● オーロラ観測のコツ ●

① オーロラは雲よりもはるか上空で出現するため、曇りや雪の日は発生していても見ることはできない。出現する時間は、だいたい18:00～翌1:00の間。
② 一般的にオーロラは北の空から現れるので、待っている間はまず北をチェックしよう。
③ 出始めのオーロラの色は薄く、慣れていなければ雲と見間違うことも。雲とオーロラを見分ける方法は、星が見えるかどうか。オーロラの場合は、背後の星も見ることができる。
④ オーロラの動きは一定ではない。特に動きが活発なものになると、うっすらとした光が瞬く間に空一面広がり、大きくうねる。この状態を「オーロラがブレイクする」と言う。活動する時間は、だいたい10～30分程度。また、一度活動がおわっても、1日に2度、3度と現れることもよくある。もう一度オーロラを見たい人や見逃した人も、あきらめずに空を見ていよう。

フィンランド

3ヵ国のなかで最もオーロラリゾートの数が多い。下記以外にも、ピュハPyhä、ルオストLuosto、ムオニオMuonioなどがある。ツアーでは1ヵ所に滞在するよりも、これらの町を巡りながらアクティビティなどを楽しむことが多い。

ロヴァニエミ Rovaniemi　　（→P.508）

北極圏の南8kmに位置する、ラップランド県の県都。アルヴァ・アアルト設計の美しい町並みと自然が融合した都市。サンタクロースに会える町としても有名。人気のオーロラ観測ツアーは、当日のオーロラ観測所の情報を元にオーロラの出ていそうな場所に移動するmoi moi号（→P.509）がある。

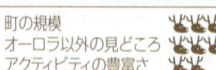

アアルトが設計した多目的ホール、ラッピアハウス。冬限定でライトアップする

町の規模
オーロラ以外の見どころ
アクティビティの豊富さ

ケミ Kemi

スウェーデンとの国境付近にある町。氷結したボスニア湾を進む砕氷船サンポ号や冬限定の雪の城、ルミリンナLumilinnaなど個性的なアクティビティや見どころがある。

ケミの代名詞でもある氷の城、ルミリンナ

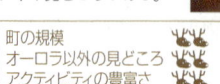

町の規模
オーロラ以外の見どころ
アクティビティの豊富さ

サーリセルカ Saariselkä　　（→P.515）

ラップランドの最北に位置するリゾート。アクティビティが充実しており、オーロラ観測小屋もある。町なかで観測できる。町から車で10分ほどの所には、ホテル＆イグルー・ビレッジ・カクシラウッタネンKakuslauttanenというユニークな宿泊施設がある。

9月頃はハイキングを楽しめる

町の規模
オーロラ以外の見どころ
アクティビティの豊富さ

レヴィ Levi

フィンランドで唯一、ゴンドラのあるスキー場を持つリゾート地。町なかからの観測は難しく、徒歩20分ほどの所にあるシルッカ湖畔がベストスポット。

町の規模
オーロラ以外の見どころ
アクティビティの豊富さ

スキー場にはナイター設備もあるので、陽が短くてもOK

ユッラス Ylläs

全長約330kmものクロスカントリースキーのコースと、ダウンヒルのスキー場の両方がある、ウインタースポーツのメッカ。

町の規模
オーロラ以外の見どころ
アクティビティの豊富さ

クロスカントリースキーにチャレンジしよう

寒さで遊ぼう！

ラップランドでは、マイナス20度やマイナス30度にまで冷え込むことはあたりまえ。しかし、そんな厳しい気候条件のもとでしか見ることのできない光景や現象も多い。

木々は雪の結晶が輝く樹氷や霧氷となり、幻想的な姿を見せてくれる。また、マイナス20度を越えると、空気にさらした水が一瞬で凍るなどさまざまな現象が起こる。照明の下などを通るとき、注意して見てみよう。大気中の水蒸気が凍り、光のなかをキラキラと漂っている。これが、ダイヤモンド・ダスト。ペンライトを暗闇にあてても、同じ現象が見られるはず。自然現象以外でも、おもしろいことはたくさん。ぜひ試してほしいのが、濡れたタオルをぐるぐると振り回すこと。こうすると、タオルは伸びた状態のまま凍ってしまう。ちなみに、日本人ならぜひやってみたいバナナでの釘打ち。これができるのは、マイナス25度以下と言われている。

冬の北極圏はマイナス10度以下！防寒対策を万全に

場合によっては、マイナス30度となる冬の北極圏。オーロラはいつ出るかわからず、また出始めると持続時間もさまざまなので、1時間近く屋外にいなければならないこともある。こう言った条件で安全かつ、少しでも快適に過ごすためにも防寒対策が肝心だ。ここでは上半身、下半身別のおすすめアイテムを紹介。

着用時の注意

屋内にいるときは暖房がしっかりきいていることが普通なので、脱ぎ着が簡単にでき、オーロラ出現のときにはすぐに着替えて外に出られるようなものを選びたい。

また外から戻ったら冷気をためている上着をすぐに脱ぐことも重要。寒いからとそのまま着ていると、体温が奪われてしまう。

おすすめアイテム

上半身		
	下着	保温・速乾性のあるポリエステルなどの化学繊維のもの
	中間着1	保温と温度性と温度コントロールができるもの（ウールシャツまたはマイクロフリース）
	中間着2（1の上に着用）	ウールセーターまたはフリース
	上着	ダウンジャケットまたはインナー用のダウンジャケットにマウンテンパーカーの重ね着
	頭部	ニットキャップとネックウォーマー
	手	インナーにポリプロピレンの手袋。その上にウールの手袋

下半身		
	下着とタイツ	保温・速乾性のあるポリエステルなどの化学繊維のもの
	ズボン	保温性のあるジャージ
	アウターパンツ	ダウンパンツ
	靴下	ウール素材の靴下
	靴	耐寒仕様の防寒・速乾性が高いスノーブーツ

 オーロラの撮影方法

必要なもの

・しっかりした三脚。できれば足を伸ばした際に雲台（カメラを載せる台）が目線よりも高い位置までくるもの。
・バルブ機能がついたカメラ。一眼レフカメラが現実的。
・開放絞りの値が2.8よりも小さい、明るい広角レンズ（画角は20mm以下が望ましい）。
・ISO800以上の高感度フィルム。

撮影のデータ

オーロラの光は非常に弱いが、ISO800程度のフィルムを使い、絞りが2.8のレンズで撮影すれば、シャッター速度は20～30秒程度で撮影できる。また距離は常に無限大にしておくこと。オートフォーカスが働くとピントが合わない可能性があるので、オートフォーカス機能は切っておくこと。

実際に見るとわかるが、活動の活発なオーロラは実に素早く姿を変えるので、少しでも早いシャッター速度を使いたい。そのためにも明るいレンズを準備することは大きな意味がある。

カメラの防寒対策

冷えたカメラを急に室内に持ち込まないこと。結露によりレンズが曇り、いざというときに撮影ができなくなってしまう危険性がある。外に出したカメラは、室内に持ち込む前に必ず空気を追い出した丈夫なポリ袋に入れて、徐々に室温に戻したい。バッテリーは寒いところではどんどん性能を失ってしまう。そのため保温と予備の準備も必須。

デジカメでのオーロラ撮影

高感度での撮影が可能なデジカメであれば、コンパクト・デジカメでも簡単にオーロラの撮影ができる。ISO感度を400以上にセットした状態で、シャッター速度を5～15秒の間で設定できる機種が必要だが、基本設定はフィルムカメラとほぼ同じでいい。デジカメのほうが感度がいいので、シャッター速度は少し短めにしても撮影できる。絞りを開け（f2.8～3.5）、ISO感度を400にセットした場合のシャッター速度は10秒から15秒の範囲だ。詳しい記事は欄外のリンクから。

オーロラの撮影方法：URL www.arukikata.co.jp/webmag/2007/rept/rept25_05_070500.html

4大人気
アクティビティに
チェレンジしよう!

オーロラ観賞は、夜に行われる。では、昼間は何をして過ごすのか？ 答えは、冬ならではのアクティビティ。各オーロラ観測地には、スリルを求める人も、リラックスを求める人も満足できるさまざまなアクティビティが揃っている。

犬ぞり Dogsled

数あるアクティビティのなかでも、最も人気があるのが犬ぞり。8〜12頭ほどのハスキー犬が、いっせいにそりを引っ張る。思ったよりもスピードもでて、スリルも味わえる。かわいい犬たちと触れ合うことができるのも犬ぞりツアーでの楽しみだ。

慣れたら周囲を見てみよう

スリル度 🐾🐾🐾
爽快度 🐾🐾🐾
リラックス度 🐾🐾

大勢の犬がソリをひっぱる

スノーモービル Snowmobile

北欧では、スノーモービルは冬の移動の足としても使われている。森のなかを進んだり、凍った湖の上を猛スピードでかっ飛ばしたり、爽快な気分になれる。操縦はそれほど難しくない。ツアーに参加する場合は運転免許が不要なこともある。ツアー申し込み前に確認を。

完全防寒で望もう

スリル度 🐾🐾🐾🐾
爽快度 🐾🐾🐾🐾
リラックス度 🐾

スピードの出しすぎに注意して！

トナカイぞり Reindeersled

サーメの人々が飼育しているトナカイのそりもまた定番のアクティビティ。舞台はたくさんのトナカイがいるトナカイ牧場。トナカイは走るのがそれほど早くないので、回りの景色も一緒に楽しめる。サーメの文化を同時に学べるツアーも人気だ。

寒い国で頼りになるトナカイ

スリル度 🐾🐾
爽快度 🐾🐾
リラックス度 🐾🐾🐾

トナカイはサーメが飼育している

スキー＆スノーボード Ski & Snowboard

大きな山がほとんどない北欧ではスキーと言えばクロスカントリースキーが定番で、ほとんどのオーロラ観測地で楽しめる。一方、ダウンヒルのスキーが楽しめる場所は限られており、スウェーデンのイエリバーレとアビスコ、フィンランドのレヴィが有名。

クロスカントリースキー

スリル度 🐾
爽快度 🐾🐾🐾
リラックス度 🐾🐾🐾🐾

景色も美しいアビスコのリフト

旅の準備と技術

旅のシーズン早見表

	1月	2月	3月	4月	5月	6月	7月	8月	9月	10月	11月	12月
デンマーク	チボリ公園オープン（コペンハーゲン）4月14日～9月25日											
	レゴランド（ビルン）4月2日～10月30日											
	夜警ツアー（リーベ2月14～19日・10月17～22日、エーベルトフト6月18日～8月4日など）　クリスマス（11月下旬～12月25日）											
ノルウェー	フィヨルドクルーズ（フィヨルド地方）5～9月											
	ハイキング（フィヨルド地方）5月中旬頃～9月中旬											
	ノールカップ行きのバス運行（夏期）5月中旬～9月中旬　クリスマス 11月下旬～12月25日											
スウェーデン	ヨータ運河（ヨーテボリ）5月下旬～9月上旬											
	ヒットシルのタベ（ガラスの王国）6月中旬～8月											
	ザリガニ・パーティー 8月　クリスマス 11月下旬～12月25日											
フィンランド	ムーミンワールド（ナーンタリ）6月7日～8月28日											
	湖水クルーズ（タンペレ6月上旬～8月中旬、サヴォンリンナ6月下旬～8月上旬）											
	ザリガニ・パーティー 7月下旬～8月下旬　クリスマス 11月下旬～12月25日											
ラップランド	ハイキング 6月下旬～9月中旬											
	極夜 11月下旬～1月下旬　白夜 5月下旬～7月下旬　黄葉 8月下旬～9月中旬　極夜											
	オーロラ 9月中旬～3月下旬　オーロラ											

アドバイス

1月	2月	3月	4月	5月	6月	7月	8月	9月	10月	11月	12月
らない極夜の時期。頃。町ではセールが開催される時期。ラップランドは太陽の昇	つ都市だけを訪れるとしてもしっかり着込んでいこう。1年で最も冷え込む時期。ラップランドのオーロラシーズンも続いており、まだまだ寒い。	春はまだ先。ラップランドはオーロラシーズンも続いている。	1日1日と陽が長くなるが南では花が咲き春が到来。カフェにはテラスもオープンし始める。	気温も上がり、フィヨルドもシーズン始め。ラップランドも雪解けを迎える。	さわやかな初夏。フィヨルドは各地でイベント開催。ラップランドは7月まで白夜。	気温も上がり、バカンスシーズン。ラップランドには白夜。夏至祭も。	バカンスシーズン。ホテルやレストランは非常に混雑。一部のレストランはバカンスのため休業も。	気温が下がり秋の気配が漂う。夏のセール時期。ラップランドでは中旬からベリーや黄葉も美しい。	陽が短くなり、気温も下がる。町にも秋が訪れる。各地でルーズシーズンオフ。ラップランドではオーロラシーズン。	ズンが到来。下旬にはいよいよクリスマスシーズンも下がり本格的な冬になる。町にも秋が訪れる。	町はクリスマス一色。ラップランドでは中旬頃から太陽の昇らない極夜となる。下旬にはクリスマスシーズンが到来。町が浮き立つ。

※上記のイベント、開園時期、ツアー開催時期中にはそれぞれ休園日や未開催日も含まれています。

主要都市の月別平均最高・最低気温（℃）、月別平均降水量（mm）

			1月	2月	3月	4月	5月	6月	7月	8月	9月	10月	11月	12月
デンマーク	コペンハーゲン	最高	2	2	5	10	15	19	20	20	17	12	7	4
		最低	-2	-2	-1	2	7	11	13	13	10	7	3	-1
		降水量	36	24	34	35	40	45	57	55	53	47	52	47
ノルウェー	オスロ	最高	-1.8	-0.9	3.5	9.1	15.8	20.4	21.5	20.1	15.1	9.3	3.2	-0.5
		最低	-6.8	-6.8	-3.3	0.8	6.5	10.6	12.2	11.3	7.5	3.8	-1.5	-5.6
		降水量	49	36	47	41	53	65	81	89	90	84	73	55
	トロムソ	最高	-2.2	-2.1	-0.4	2.7	7.5	12.5	15.3	13.9	9.3	4.7	0.7	-1.3
		最低	-6.5	-6.5	-5.1	-2.2	2	6.1	8.7	7.8	4.4	0.7	-3	-5.4
		降水量	95	87	72	64	48	59	77	82	102	131	108	106
スウェーデン	ストックホルム	最高	-1	-1	3	9	16	21	22	20	15	10	5	1
		最低	-5	-5	-3	1	6	11	13	13	9	5	1	-3
		降水量	39	27	26	30	30	45	72	66	55	50	53	46
	キールナ	最高	-10	-8	-4	1	7	14	17	14	8	2	-5	-8
		最低	-19	-18	-14	-8	-1	5	7	6	1	-5	-12	-17
		降水量	30	25	26	27	34	49	86	74	49	47	42	34
フィンランド	ヘルシンキ	最高	-2.6	-2.9	1.1	7.5	15.5	19.8	21.8	19.9	14	8.1	2.5	-0.8
		最低	-8.5	-9.3	-5.6	-0.7	4.4	9.3	11.8	10.7	6.1	2.2	-2.4	-6.6
		降水量	43.9	34	35.3	35.7	35.1	49.2	68.8	77.7	69.4	74.5	69.2	57
	ロヴァニエミ	最高	-8.5	-8.1	-2.8	2.7	10.2	16.8	19.4	16.1	10	2.6	-3.5	-6.9
		最低	-15.1	-14.1		-4.5	1.8	8.1	11	8.6	3.8	-2	-8.7	-13.3
		降水量	42.1	33.6	35.6	30.9	35.9	59.1	69.1	71.7	54	54.6	48.6	41.7

主要都市の日の出・日の入り時刻

		1月	2月	3月	4月	5月	6月	7月	8月	9月	10月	11月	12月
デンマーク	コペンハーゲン	8:41	8:06	7:04	6:34	5:26	4:32	4:36	5:18	6:25	6:19	7:16	8:24
		15:49	16:41	17:41	19:53	20:49	21:46	21:52	21:13	19:50	17:37	16:29	15:37
ノルウェー	オスロ	9:19	8:32	7:15	6:42	5:15	4:07	4:00	5:49	6:12	7:23	7:39	8:52
		15:22	16:30	17:45	20:01	21:15	22:24	22:41	21:47	20:20	18:49	16:21	15:21
	トロムソ	地平線下	9:28	7:09	5:48	3:19	白夜	白夜	2:22	7:00	8:12		地平線下
			14:29	16:46	19:51	22:08			23:12	20:24	18:06	14:43	
スウェーデン	ストックホルム	8:47	8:01	6:48	6:17	4:52	3:47	3:40	4:35	5:46	5:54	7:08	8:19
		14:55	16:01	17:12	19:26	20:37	21:44	22:02	21:13	19:50	17:21	15:54	14:54
	キールナ	地平線下	8:59	7:02	5:52	3:43	白夜	白夜	3:02	5:08	5:53	7:50	10:14
			14:49	16:41	19:33	21:29			22:29	20:10	17:04	14:55	12:41
フィンランド	ヘルシンキ	9:08	7:59	6:35	6:01	4:40	3:54	4:24	5:35	6:49	8:02	8:21	9:20
		15:55	17:10	18:24	20:41	21:55	22:48	22:27	21:12	19:39	18:09	15:48	15:12
	ロヴァニエミ	10:30	8:29	6:31	5:23	3:09	白夜	2:00	4:45	6:34	8:18	9:21	11:46
		14:18	16:28	18:15	21:06	23:15		0:40	21:52	19:42	17:40	14:34	12:32

※データは、月の中日のものを採用しています。

旅の準備と技術　旅のシーズンと気候

旅のプランニング

　広い北欧を回るには、目的地や移動手段などしっかりとした計画を立てて巡ることが肝心。ここでは、旅のテーマや目的地ごとに6つのモデルコースを紹介。期間に応じていくつかのコースを組み合わせて旅行するのもいい。

Route1 北欧の4ヵ国都市巡り

　北欧4ヵ国の首都を巡る旅。すべて飛行機で移動することも可能だが、ストックホルム→ヘルシンキ間はタリンク・シリヤライン（→P.36）かヴァイキング・ラインの豪華客船を利用したい。コペンハーゲンからオスロに行く場合も、飛行機ではなく列車を利用して行くのがおすすめ。

1日目	コペンハーゲン着
2日目	コペンハーゲン観光
3日目	コペンハーゲン🚄オスロ ※1
4日目	オスロ観光 ※2
5日目	オスロ✈ストックホルム
6日目	ストックホルム観光
7日目	ストックホルム🚢ヘルシンキ
8日目	ヘルシンキ観光
9日目	ヘルシンキ発

※1 コペンハーゲン〜オスロの直通列車はないので、マルメとヨーテボリで乗り換えることになる。
※2 オスロ観光をやめて、ソグネフィヨルド観光を選ぶこともできる。オスロから列車でアクセスする場合はプラス1日。ベルゲンからストックホルムまで飛行機で飛べば、日数も変わらずに行ける。

1 元老院広場から見上げるヘルシンキ大聖堂
2 コペンハーゲンでは夏期の週末にノミの市が開催
3 ストックホルムの旧市街ガムラ・スタン

Route2 ノルウェー3大フィヨルド観光

　ノルウェーの西海岸線一帯に広がるフィヨルド。大自然が造り出した迫力ある造形美を見ようと多くの観光客が訪れる。フィヨルドの代名詞的存在といえる3つのフィヨルドを巡る旅へ出かけよう。

1日目	オスロ🚄🚢🚌ソグネフィヨルド観光🚌ベルゲン
2日目	ベルゲン観光 ※1
3日目	ベルゲン✈オーレスン
4日目	オーレスン🚢ガイランゲルフィヨルド観光
5日目	ガイランゲルフィヨルド観光🚢オーレスン
6日目	オーレスン✈スタヴァンゲル ※2
7日目	スタヴァンゲル🚢リーセフィヨルド観光
8日目	スタヴァンゲル発

※1 ベルゲン観光をしないで、ハダンゲルフィヨルドを訪れるのもおすすめ。
※2 オーレスン→スタヴァンゲルの直行便はないので、ベルゲンやオスロを経由することになる。所要1時間30分〜3時間。

1 雄大な景色が広がるガイランゲルフィヨルド　**2** リーセフィヨルドのハイライト、プレーケストーレン　**3** カラフルな家が並ぶベルゲンのブリッゲン地区

Route3 ヨーロッパの最北端を目指す旅

1日目	ストックホルム 🚂 ナルヴィーク
2日目	ナルヴィーク 🚌
	ロフォーテン諸島
3日目	ロフォーテン諸島観光
4日目	ロフォーテン諸島 ⛴ トロムソ ※1
5日目	トロムソ 🚌 アルタ ※2
6日目	アルタ 🚌 ホニングスヴォーグ
7日目	ホニングスヴォーグ 🚌
	ノールカップ観光
8日目	ホニングスヴォーグ発

※1 夏期なら、フッティルーテンはトロル フィヨルドに寄ることもある。なお、出発 は3日目の夜。
※2 一気にホニングスヴォーグへも行ける が、ぜひ1泊して世界遺産であるアルタの ロック・アートを見学しよう。

ヨーロッパ最北の地、ノールカップを 目指す旅。北極圏を走る国際寝台列車 でノルウェーのナルヴィークへ行き、入 り組んだノル ウェーの海岸 線をフッティ ルーテンで北 上。フィヨルド 観光も楽しめ る贅沢なコー スだ。旅のシ ーズンは夏。 真夜中の太陽 が見られる時 期でもある。

1 ノールカップの岬に建つモニュメント
2 ノールランストーグ鉄道の車窓からの眺め

Route4 スウェーデン、デンマークの古都&古城巡り

1日目	ストックホルム到着
2日目	ストックホルム観光 🚂 マルメ
3日目	マルメ 🚂 ルンド 観光 ※1
4日目	マルメ 🚂 ヘルシンボリ観光
5日目	マルメ 🚂 コペンハーゲン ※2
6日目	コペンハーゲン 🚂
	ヘルシンオア他
7日目	コペンハーゲン観光
8日目	コペンハーゲン発

※1 ルンドやヘルシンボリは、マルメから 充分日帰りできる。マルメに連泊して荷物 を動かす手間をなくそう。
※2 マルメ～コペンハーゲンは列車で約35分な ので、マルメを観光してから移動しても大丈夫。

ストックホルムを出発して、中世ヨ ーロッパの香り漂う古都へ。スウェー デンとデンマークの国境付近は、古く から両国の紛争が勃発したエリアであ り、そのせいか古城が多いのが特徴だ。 マルメとコペンハーゲンを中心とした オーレスン地方を回る旅。

1 ヘルシンオアにそびえ建 つクロンボー城
2 石畳の道に木造のかわ いらしい家が並ぶマルメ

Route5 おとぎの国デンマーク アンデルセン&レゴランド探訪

1日目	コペンハーゲン 🚂 オーデンセ
2日目	オーデンセ 🚂 レゴランド
3日目	レゴランド 🚂 コペンハーゲン
4日目	コペンハーゲン観光
5日目	コペンハーゲン発

ビルンにあるレ ゴランド

世界的童話作家である アンデルセン生誕の地オ ーデンセと、デンマーク 生まれのおもちゃ、レゴ のテーマパーク、レゴラ ンドで思いっきり童心に 帰ろう。レゴランドから オーフスやオールボーな どのユトランド半島の町 を回るのもおすすめ。

Route6 フィンランド童話の世界へ ムーミンとサンタクロースに会いに

1日目	ヘルシンキ 🚂 トゥルク
	🚌 ナーンタリ観光
2日目	トゥルク 🚂 タンペレ
3日目	タンペレ 🚂 ロヴァニエミ
4日目	ロヴァニエミ観光
5日目	ロヴァニエミ発

ナーンタリのム ーミンワールド

ムーミンとサンタクロー スに会いに、北極圏まで足 を延ばそう。ナーンタリへ はトゥルクから日帰りし て、タンペレへ移動。タン ペレからロヴァニエミへの 列車は1日数便あるが、寝 台列車「サンタクロースエ クスプレス」がおすすめ。

北欧への行き方

空路

スカンジナビア航空
URL www.flysas.co.jp
(日本語)
コールセンター
☎(03)5400-2331
成田国際空港
☎(0476)34-8415 (旅客)

予約クラスの組合わせができる
　スカンジナビア航空(SAS)では、ヨーロッパへの往復航空券購入の際に、予約クラスを組み合わせて購入できるシステムを採用している。これを使えば、行きはエコノミークラスで帰りはビジネスクラスを使うという組み合わせも可能。ネットからの予約の際にもクラスを選ぶことができる。往復ともに上級クラスを利用する必要がないならば、往復を同じ予約クラスで予約するよりも割安な料金で利用することができる。

　「北欧」と聞くと何となくはるか遠くにある印象を受けるが、実は日本から最も近いヨーロッパ。実際東京とコペンハーゲンを結ぶ直行便は、飛行時間が11時間25分前後、ヘルシンキへは9時間30分前後で行くことができる。十数時間かかるイギリスやイタリア、フランスなどに比べると、その近さがわかるだろう。最も早くて簡単な方法は直行便を利用すること。日本から北欧への直行便は、成田国際空港からコペンハーゲン(デンマーク)とヘルシンキ(フィンランド)、関西国際空港と中部国際空港からヘルシンキを結ぶものがある。成田国際空港からコペンハーゲンとヘルシンキへの直行便を利用した場合、オスロ(ノルウェー)とストックホルム(スウェーデン)へは、いずれの都市からも同日乗り継ぎが可能。ヨーロッパ各都市からの経由でも、同日乗り継ぎが可能な便が多い。オスロやストックホルムのほかにもベルゲン、ヨーテボリ、ロヴァニエミなど北欧の主要都市へも、直行便から乗り継いでの同日着がたいてい可能だ。

コペンハーゲンへの直行便を運航しているスカンジナビア航空

■ 直行便

　2011年4月現在、成田国際空港からコペンハーゲンにはスカンジナビア航空Scandinavian Airlines (SK) が、ヘルシンキにはフィンエアーFinnair (AY) が直行便を飛ばしている。関西国際空港と中部国際空港 (セントレア) からは、フィンエアーがヘルシンキに運航している。直行便はたいてい午前中に日本を出発し、現地時間で同じ日の夕方に到着できる。

■ 日本と北欧を結ぶ直行便時刻表　　　　　(2011年夏時間)

コペンハーゲン(CPH)行き					日本行き			
発着地	曜日	便名	出発時刻	到着時刻	曜日	便名	出発時刻	到着時刻
東京(NRT)	毎日	SK984	11:40	16:05	毎日	SK983	15:45	9:35+
ヘルシンキ(HEL)行き					日本行き			
東京(NRT)	月・水・木・金・土・日	AY074	11:00	15:20	毎日	AY073	17:15	8:55+
	火	AY074	10:55	15:15				
大阪(KIX)	毎日	AY078	10:55	15:10	毎日	AY077	17:20	8:55+
名古屋(NGO)	毎日	AY080	10:40	14:50	毎日	AY079	17:15	8:50+

※スカンジナビア航空、フィンエアーともに10月30日より冬期スケジュールで運航予定。
※フィンエアーの名古屋からの便は水曜は10/5まで、金曜は10/7までの運航。
(SK=スカンジナビア航空、AY=フィンエアー、+=翌日着。スケジュールは変更になることがあるので、必ず確認を)

■ 経由便

　直行便の予約が取れなくても、ヨーロッパ各地を経由していく方法がある。成田国際空港から行くなら、ドイツのフランクフルトやミュンヘン、スイスのチューリヒ、オーストリアのウィーン、オランダのアムステルダム、イギリスのロンドン、フランスのパリを経由して行けば、同日に北欧の各都市に入ることが可能。所要時間はだいたい14〜18時間程度。関西国際空港からならパリやフランクフルト、アムステルダムを経由していくのが便利だ。

　オスロやストックホルムなど直行便の飛んでいない都市へは、乗り継ぎの時間によっては、スカンジナビア航空やフィンエアーを使う場合の所要時間とそれほど変わらないこともある。

■ 安くあげたい、長く旅行したい

　直行便は便利だが少し高い。所要時間や乗り換えにこだわらなければ、もっとエコノミーなフライトもある。例えば、モスクワ経由のアエロフロート・ロシア航空Aeroflot Russian Airlines（SU）は、ヨーロッパ系の航空会社のなかでも安く航空券が手に入る航空会社。また、アジア系の航空会社が日本から自国の首都を経由してコペンハーゲンやストックホルムまで乗り入れている。

■ 航空券の種類

　航空券にはさまざまな種類があるが、概して便利なチケットほど高い。現在一般的に個人旅行者に利用されているのは、いわゆる格安航空券と、ペックス運賃による航空券だ。

　格安航空券は、もともとは航空会社が団体旅行用に卸売りした航空券を旅行会社がばら売りしたもの。航空会社からの直接購入はできず、扱っている旅行会社に問い合わせる必要がある。

　ペックス運賃は、格安航空券に対抗して航空会社が売り出した正規の割引運賃。航空会社のカウンターやウエブサイト（一部の航空会社）などで購入できる。有効期間は格安航空券よりも長いことが多いし、希望のフライトに予約が入るかどうかもすぐにわかる。運賃は格安航空券よりも少し高いが、格安航空券が値上がりするピークシーズンには格安航空券との価格差は小さくなる。スカンジナビア航空のアペックス、フィンエアーのムーミンセーバー運賃なら、最も安い時期で往復6万円というものもある。最新の運賃は各航空会社に直接問い合わせを。ただし予約の変更はどちらも難しいので、スケジュールは綿密に立てておきたい。

　フライトスケジュールはシーズンによって変わるし、運賃もシーズンや曜日、空席状況によって変わることがあるので、航空券を購入する際は、最新の情報を集めたい。

フィンエアー
航空券予約・発券
Free 0120-700915
URL www.finnair.co.jp
成田国際空港
☎ (0476)32-7600
日本支社
〒102-0083
東京都千代田区麹町3-2-4
麹町HFビル5階
☎ (03)3222-6801
FAX (03)3222-6808
大阪支店
〒530-0001
大阪市北区梅田1-12-17 梅田スクエアビル11階
FAX (06)6347-5746

アエロフロート・ロシア航空
〒105-0001
東京都港区虎ノ門1-2-8
虎ノ門琴平タワー16階
☎ (03)5532-8701（予約課）
URL www.aeroflot.ru

リコンファームを忘れずに

　リコンファームとは航空会社に行う予約の再確認のこと。航空会社によっては、搭乗するフライトの72時間前までにリコンファームをしないと予約を取り消されることがある。リコンファームは電話でも航空会社のオフィスでもできる。行き先とフライトの日時、便名、氏名、宿泊先などを確認すれば大丈夫。ただし、スカンジナビア航空とフィンエアー、アエロフロート・ロシア航空を利用する場合、リコンファームは不要。

eチケットについて

　eチケットとは、座席や予約、個人名など航空券に記載されていた情報をデータ化した電子航空券のこと。eチケットの場合、チケット購入後に従来の航空券のかわりにフライトスケジュールが記載されたレシート（eチケットお客様控）が発行され、その用紙を1枚持ってチェックインカウンターに行くだけで簡単に搭乗券をもらえる。航空券引き取りの必要がなくて便利。また、従来の航空券と違い、紛失してもすぐにレシートは再発行が可能と、安全面でもメリットが多い（→P.565）。

航空券について

問い合わせは「地球の歩き方 T&E」各店へ（→P.543）。

「地球の歩き方 旅プラザ」新宿

☎(03)5362-7300

「地球の歩き方 ヨーロッパ鉄道カウンター」大阪

☎(06)6345-4401

URLtabiplaza.arukikata.com

地球の歩き方トラベル

URLwww.arukikata.com

最新料金の格安航空券が手軽に購入できるオンライン旅行会社。

燃油サーチャージについて

航空券や海路を利用した場合、通常の運賃とは別に燃料代が付加される。これは昨今の原油価格の高騰に伴い導入された「燃油サーチャージ」というシステムで、チケットの発券時に徴収される。サーチャージの運賃・料金は各旅行会社によって異なるので事前に確認しておこう。

ドイツ鉄道

URLwww.bahn.de

ベルリン・ナイト・エクスプレス

URLwww.berlin-night-express.com

シベリア鉄道

URLwww.transsib.ru

ユーロラインズ・スカンジナビア
デンマーク

☎33-887000

URLwww.eurolines.dk

ノルウェー

☎81-544444

URLwww.eurolines.no

スウェーデン

☎31-100240

URLwww.eurolines.se

■ オーバーブッキングとは

通常航空会社はキャンセル客が出るのを見越して座席数よりも多いチケットを販売する。当日、キャンセル客が少なく席数が足りなくなることが、オーバーブッキング（予約超過）だ。その場合、リコンファームをしていない人や、チェックインの遅かった人は、予約していた便に乗れなくなってしまうことがある。このような事態を極力防ぐためにも、リコンファームと早めのチェックインを心がけよう。チェックインは、搭乗時間の2時間前くらいが理想的。

陸路

■ 鉄道

近隣諸国から鉄道で入国することができるのは、ドイツ〜デンマーク間とドイツ〜スウェーデン間、ロシア〜フィンランド間。

ドイツからデンマークへ

デンマークはドイツと陸続きとなっており、ハンブルク〜コペンハーゲン間の国際列車が1日4〜5便、ハンブルク〜オーフス間は1日2便運行している。どちらも所要約4時間40分。

ドイツからスウェーデンへ

ベルリン〜マルメ間を結んで直通の寝台列車ベルリン・ナイト・エクスプレスBerlin Night Expressが1日1便（冬期は週3便）運行している。ベルリン発22:31、マルメ到着は翌日の8:01。

ロシアからフィンランドへ

時間に余裕がある人は、シベリア鉄道を利用することもできる。新潟からロシア共和国の東の玄関ウラジオストクまで飛行機か船で行き、列車に乗り換える。モスクワまでは6泊7日。モスクワからさらに1日でヘルシンキに到着できる。モスクワ発22:50、ヘルシンキ到着は翌日の12:00。また、サンクトペテルブルクからも1日2便ある。所要約4時間。

ロシアからの列車も到着するヘルシンキ中央駅

■ 長距離バス

コペンハーゲンやオスロ、ストックホルムとヨーロッパ各地を結んで、ユーロラインズEuro Linesが長距離バスを運行している。各地から直通の便はほとんどなく、ハンブルクやコペンハーゲンで乗り換えてストックホルムまで行く。ノルウェー、フィンランドへ行きたい場合はまたバスを乗り換えることになる。シーズンによって金額、便数とも異なるので、必ず事前に確認すること。

■ ヨーロッパ諸国からのおもなバス路線

ルート	便数	所要時間	乗り換え回数
ベルリン〜コペンハーゲン	1日2〜3便	約7時間20分	直通
パリ〜コペンハーゲン	1日1〜2便	18時間20分〜21時間30分	1
アムステルダム〜コペンハーゲン	日曜を除く1日1〜2便	13時間30分〜14時間35分	1
ロンドン〜コペンハーゲン	週4便	約23時間20分	1〜2
プラハ〜コペンハーゲン	週4便	約14時間15分	直通か1
パリ〜ストックホルム	週3便	約27時間	2
ベルリン〜ストックホルム	週4便	約16時間10分	1
プラハ〜ストックホルム	週4便	約24時間30分	1〜2
ベルリン〜オスロ	週4便	約16時間45分	1
パリ〜オスロ	1日1〜2便	26時間10分〜27時間35分	2

■ 海路

■ フェリー

海に囲まれた北欧各国は、イギリスやポーランド、ドイツなど周辺諸国からの船の便も多い。船は比較的大型なので揺れも少なく、それほど苦にはならない。

■ おもなフェリー路線

ルート	便数	所要時間	フェリー会社
キール〜ヨーテボリ間	1日1便	約13時間30分	ステナ・ライン
キール〜オスロ間	1日1便	約20時間	カラー・ライン
シフィノウィシチェ〜コペンハーゲン間	1日1便	9〜12時間	ポルフェリーズ
トラヴェミュンデ〜マルメ間	1日2〜3便	8時間30分〜9時間	ノルディック・フェリーセンター
トラヴェミュンデ〜ヘルシンキ間	1日1便	27時間〜28時間30分	ノルディック・フェリーセンター
ロストク〜ヘルシンキ間	週4便(4/4〜8/14)	26〜29時間	タリンク・シリヤライン
タリン〜ストックホルム間	1日1便	約16時間	タリンク・シリヤライン
タリン〜ヘルシンキ間	1日5〜6便	約2時間	タリンク・シリヤライン
リガ〜ストックホルム間	1日1便	約16時間	タリンク・シリヤライン

ステナ・ライン
Stena Line
ヨーテボリ
℡(031)85-8000
キール（ドイツ）
℡(01805)916666
URLwww.stenaline.com

カラー・ライン
Color Line
オスロ
℡22-944200
キール（ドイツ）
℡(431)730-0300
URLwww.colorline.com

ポルフェリーズ
Polferries
コペンハーゲン
℡33-135223
シフィノウィシチェ（ポーランド）
℡(091)322-6140
URLwww.polferries.pl

ノルディック・フェリーセンター
Nordic Ferry Center
ヘルシンキ
℡(09)251-0200
URLwww.ferrycenter.fi

タリンク・シリヤライン
Tallink Silja Line
ストックホルム
℡(08)22-2140
ヘルシンキ
（オリンピア・ターミナル）
℡0600-174552
ロストク（ドイツ）
℡(0381)670-76120
タリン（エストニア）
℡(372)631-8320
リガ（ラトビア）
℡(371)670-99705
URLwww.tallinksilja.com

北欧4ヵ国の交通

4ヵ国間の移動方法

北欧4ヵ国の間は、飛行機や鉄道、バス、フェリーでスムーズに移動することができる。国境を越える際の入国審査はまったくない。まるでひとつの国を旅行するように気軽だ。とはいってもなにしろ広い。4ヵ国を合わせると日本が5つは入ってしまうほどの面積がある。そんな北欧では忙しい移動は似合わない。景色を楽しみながら、のんびりと旅をしたい。

■ 飛行機の旅

北欧諸国を短時間で効率よく移動したい人には飛行機がおすすめ。4ヵ国の各主要都市間を結んで、スカンジナビア航空Scandinavian Airlines（SK）が運航している。フィンエアーFinnair（AY）も、フィンランドとほかの3ヵ国の主要都市間を運航している。同じ航空会社がカバーするエリア内の移動は便利だが、地方都市からほかの国の地方都市、あるいはその逆のコースをとる場合は直行便が少ないので注意しておく必要がある。

また、特に冬期には運航スケジュールが変更になることが多い。スカンジナビア航空（本国サイト）やフィンエアーのウエブサイトでは、北欧都市間の運行スケジュールが検索できるので、しっかり調べて予定を立てよう。

スカンジナビア航空
デンマーク
℡70-102000
ノルウェー
℡91-505400
スウェーデン
℡0770-727727
フィンランド
℡0600-025831
URL www.flysas.com

フィンエアー
フィンランド
℡0600-140140
デンマーク
℡33-364545
ノルウェー
℡81-001100
スウェーデン
Free 0771-781100
URL www.finnair.co.jp

北欧の主な航空路線

- ━━ スカンジナビア航空
- ━━ フィンランド航空
- ----- 上記2社どちらも運行する路線
- ━━ その他の航空会社

2011年4月現在

便利なエアパス

　スカンジナビア航空が、SAS Visit Scandinavia Europe Air Passを発行している。これは、飛行機を1回利用するたびに1枚消費していくクーポンシステム。デンマーク、ノルウェー、スウェーデン、フィンランドの北欧諸国内はもちろん、ヨーロッパ諸国内を移動する際にも利用できる。クーポンは1枚から購入でき、最大8枚まで購入可能。現地では購入できないので、旅行の前に日本で購入しておくこと。予約をした路線の変更やクーポンの有効期間などいくつかの規制がある。その他、フィンエアーにもお得な料金でヨーロッパ諸国内の移動ができるMoomin Europe Passなど各種エアパスがある。

■ 北欧主要都市間のおもなフライト（直行便のみ）

路線	所要時間	便数（航空会社）
コペンハーゲン（D）～オスロ（N）	1時間10分	5～14便（SK）
コペンハーゲン（D）～ストックホルム（S）	1時間10分	5～15便（SK）
コペンハーゲン（D）～ヘルシンキ（F）	1時間40分	5～9便（SK）、2～4便（AY）
コペンハーゲン（D）～ベルゲン（N）	1時間20分	4～6便（SK）
コペンハーゲン（D）～スタヴァンゲル（N）	1時間15分	3～6便（SK）
コペンハーゲン（D）～トロンハイム（N）	1時間50分	1～4便（SK）
コペンハーゲン（D）～ヨーテボリ（S）	45分	4～6便（SK）
コペンハーゲン（D）～トゥルク（F）	1時間30分	1～2便（SK）
オスロ（N）～ストックホルム（S）	1時間	4～13便（SK）
オスロ（N）～ヘルシンキ（F）	1時間30分	1～3便（SK）、2～4便（AY）
オスロ（N）～ヨーテボリ（S）	55分	2～5（土曜を除く）便（SK）
ストックホルム（S）～トロンハイム（N）	1時間10分	1（木、土曜を除く）便（SK）
ストックホルム（S）～ヘルシンキ（F）	1時間	2～11便（SK）、4～11便（AY）
ストックホルム（S）～トゥルク（F）	45分	1～4（土曜を除く）便（SK）
ストックホルム（S）～タンペレ（F）	1時間	1～4便（SK）

■国名　（D）：デンマーク、（N）：ノルウェー、（S）：スウェーデン、（F）：フィンランド　　2011年4月現在
■航空会社　SK：スカンジナビア航空　AY：フィンエアー

■ 鉄道の旅

　ノルウェー最北の駅ナルヴィークからスウェーデンの南端近くにあるマルメまで列車で行くと、まる1日以上かかる。これをコペンハーゲンまでつなぐと、さらに35分。そんなに時間ばかりかかるのならと、いっそ夜行列車ばかりで移動しようなどとは思わないでほしい。確かに移動するだけでつぶれてしまう日もあるかもしれないが、車窓いっぱいに広がる雄大な風景を見ないで済ませるなんてもったいない話だ。

　長距離列車や優等列車はたいてい予約（座席指定）が必要で、時刻表にℝのマークで表示されている。予約は通常切符の購入と同時に行われるので、料金は運賃に加算される。座席指定券が必要になるのは、鉄道パスなどで乗車する場合だ。

　ヨーロッパではよくあるが、同じ列車が途中駅で分割されて違う目的地へ向かうこともあるので、乗車の際はその「列車」ではなく、「車両」がどこへ行くのかを確認すること。

気楽に移動はできるのだが…
　鉄道を利用してノルウェーに入国する際だけは例外で、特にスウェーデン方面から列車でオスロに到着すると、抜き打ちの麻薬捜査に遭遇して、厳しく所持品の検査をされることがある。

インターシティなど長距離の列車には、売店などがあるラウンジカーが備わっている

トーマスクック時刻表
　日本語版（ダイヤモンド社発行、定価2095円）には、北欧4ヵ国の鉄道のほか、ヨーロッパの主要列車ダイヤが掲載されているので、旅の計画作りに活用したい。

オーレスン地方の周遊券
　オーレスン大橋でつながるデンマークのコペンハーゲンとスウェーデンのマルメを中心とするエリアは、「オーレスン地方」と呼ばれ、両国の文化が融合する新たな文化圏として注目されている。周囲にはデンマークのヘルシンオアやスウェーデンのルンド、ヘルシンボリなど両国の歴史、文化的にも重要な街が点在しており、これらの古都を巡るルートは今、新たな観光スポットとして人気急上昇中。
　オーレスン地方を巡るなら、周遊券 Around the Sound の利用が便利。チケットは2日間有効で、エリア内にある駅なら何度でも下車でき、さらにコペンハーゲンやマルメのおもな見どころでの割引も受けられる。コペンハーゲン中央駅やマルメなどの各駅や観光案内所で購入できる。
Around the Sound
國249SEK

配慮の行き届いた車両

　北欧の鉄道には、さまざまな特別車両がある。子供連れ専用車両、家族連れ専用コンパートメント、自転車持ち込み可能車両、ペット同伴可能車両などだ。可能な限り多くの人に快適に利用してもらおうという姿勢がうかがえる。

デンマーク～ノルウェー

　デンマークとノルウェーを結ぶ直通列車はない。コペンハーゲンからオスロまで行くには、インターシティや普通列車を利用してスウェーデンのマルメまで行き、マルメからヨーテボリへ行きオスロ行きに乗り換える。コペンハーゲン～マルメ間は24時間、20分ごとに運行。所要約35分。ヨーテボリ～オスロ間は所要約4時間、1日2～3便運行。

デンマーク～スウェーデン

　コペンハーゲンとマルメ間にオーレスン大橋が開通したおかげで、2国間を鉄道で移動することは非常に容易になった（→P.386）。コペンハーゲン～マルメ間は24時間、20分ごとに列車が運行されている。所要約35分。

コペンハーゲンとマルメを結ぶ列車

マルメからはスウェーデン国内各地に列車がある。また、コペンハーゲン～ストックホルム間は高速鉄道のX2000で所要約5時間20分、1日8～15便の運行。コペンハーゲンからヨーテボリまではインターシティも運行している。

北欧の主な鉄道路線

2011年4月現在

ノルウェー〜スウェーデン

　オスロ〜ストックホルム間はインターシティで所要約6時間20分だが、直通列車は1日1〜2便運行と便が少ないので、ヨーテボリ経由で行くのも手だ。オスロ〜ヨーテボリ間は1日2〜3便運行、所要約4時間。

　また、ストックホルムからラップランドのキールナを経由してナルヴィークまでも列車が走っている。そもそもはキールナで産出された鉄鉱石を運び出すために建設された路線で、北欧最北の旅客鉄道としても知られている。ストックホルムから1日2便運行しており、うち1便はボーデンBodenで乗り換え。また、ストックホルム発17:57、ナルヴィーク着翌日13:14という直通の寝台列車もある。

北欧最北の列車、ノールランストーグ鉄道

ノルウェー〜フィンランド

　ノルウェーとフィンランドの国境は北極圏に位置しており、鉄道は通っておらず、移動手段はバスのみ。

スウェーデン〜フィンランド

　北欧4ヵ国の中でフィンランドの鉄道だけ線路の幅が広いので（ロシアと同じ）、スウェーデンとの直通列車はない。

あると便利な鉄道パス

　北欧諸国を気の向くままに歩いてみたい人におすすめなのが鉄道パス。ユーレイルスカンジナビアパス（旧スカンレイルパス）なら有効期間内にデンマーク、ノルウェー、スウェーデン、フィンランドの北欧4ヵ国の鉄道で自由に利用することができる。2ヵ月の有効期間内のうち4〜10日の通用日数分任意の日を選べるフレキシータイプで、26歳未満の人が利用できるユースパスや、2名以上の同行で割引が適用されるセーバーパスなど、種類もさまざまだ。フェリーやバスなどの割引特典もある。

　ユーレイルグローバルパスは、ヨーロッパ21ヵ国の鉄道が乗り放題になるお得なパスだ。そのほか、1ヵ国のみ有効のものやユーレイルフィンランド・スウェーデンパスなどの組み合せパスもあるので、旅のプランに合わせて活用しよう。

鉄道パスを持っていても別途必要な追加料金

　長距離列車や優等列車は、利用の際に座席や寝台の予約が必要で、その際座席指定料金が必要になる。これは鉄道パスの料金には含まれていないので、ユーレイルスカンジナビアパスを持っていたとしても、追加で支払う必要がある。鉄道パスを持っていても、鉄道を利用するのにまったくお金がかからないわけではないので注意。

鉄道パスについて

　ユーレイルスカンジナビアパス、ユーレイルグローバルパスの問い合わせや購入は下記の「地球の歩き方T&E」まで。カウンターでの相談には予約が必要。
　地球の歩き方ホームページでも、最新料金案内のほか、購入申し込みも可能。
URL www.arukikata.co.jp

「地球の歩き方 旅プラザ」新宿
☎〒160-0022
東京都新宿区新宿3-1-13
京王新宿追分ビル5階
FAX(03)5362-7300

「地球の歩き方 ヨーロッパ鉄道カウンター」大阪
☎〒530-0001
大阪市北区梅田2-5-25
ハービスPLAZA 3階
FAX(06)6345-4401
URL tabiplaza.arukikata.com

鉄道パスの購入と利用について

　すべての鉄道パスは対象がヨーロッパ居住者以外であるため、基本的に現地では購入できない。必ず日本で購入していくこと。使用開始の際には、現地の駅窓口にて手続き（ヴァリデーション）を行う。この手続きを行っていないパスは利用できず、無賃乗車となってしまうので注意しよう。
ユーレイルスカンジナビアパス（料金：円）
■大人
　4日間　3万1700
　5日間　3万5200
　6日間　4万
　8日間　4万4300
　10日間　4万9100
ユース
　4日間　2万3900
　5日間　2万6500
　6日間　3万100
　8日間　3万3400
　10日間　3万6900
※料金はすべて2011年5月現在のもの。為替レートの変動に合わせて毎月変更されるので、最新の料金については要問い合わせ。

ユーロラインズ・スカンジナビア
デンマーク
℡33-887000
URL www.eurolines.dk
ノルウェー
℡81-544444
URL www.eurolines.no
スウェーデン
℡31-100240
URL www.eurolines.se

スウェブス社
℡0771-218218
URL www.swebus.se
　スウェーデンのストックホルムからノルウェーのオスロまでスウェブス社の長距離バスが1日3便運行。所要7時間50分。デンマークのコペンハーゲン～ストックホルム間も1日2便、所要9時間20分。

マトカフォルト社
℡0200-4000
URL www.matkahuolto.fi

エスケリセン・ラピンリンジャット社
℡(016)342-2160
URL www.eskelisen-lapinlinjat.com

フィンランド～ノルウェー国境を走るエスケリセン・ラピンリンジャット

■ 長距離バスの旅

　北欧諸国はバス路線も整備されており、自由に互いの国を行き来することができる。デンマーク、ノルウェー、スウェーデンはユーロラインズ・スカンジナビアEuro Lines Scandinaviaやスウェブス社Swebusの長距離バスが、フィンランドは国内最大手のバス会社であるマトカフォルト社Matkahuoltoと、ラップランドのロヴァニエミやサーリセルカ、イナリなどを通り、ノルウェーのトロムソやカラショークまで走るエスケリセン・ラピンリンジャット社Eskelisen Lapinlinjatが国際バスを運行している。

デンマーク～ノルウェー

　コペンハーゲンからオスロまでスウェブス社のバスが週9便運行。所要約9時間20分。

デンマーク～スウェーデン

　コペンハーゲンからストックホルムまでユーロラインズ・スカンジナビアのバスが週3便運行。所要約9時間45分。また、コペンハーゲンからヨーテボリまでは、スウェブス社のバスが、1日2～4便運行、所要約4時間45分。

フィンランド～ノルウェー

　フィンランドのロヴァニエミからノルウェーの北部までエスケリセン・ラピンリンジャット社のバスが1日1便運行。カラショークまで所要約7時間、アルタまで所要約9時間（6/29～8/7の運行）、トロムソまで所要約9時間（6/1～9/17の運行）、ホニングスヴォーグまで所要約11時間（6/1～8/20の運行）。

北欧の主なバス路線とフェリー航路

2011年4月現在

■ 船の旅

　北欧を旅するもうひとつの足は船だ。船上から眺めるフィヨルドやアーキペラゴ（群島）は美しく、クルーズ気分も満喫できる。なかでも景色の美しさで有名なのは、ストックホルムとヘルシンキを結ぶフェリー路線と、ノルウェーの沿岸を行くフッティルーテン（沿岸急行船）Hurtigrutenだろう。

チケットの購入
【日本で購入する】

　ストックホルム～ヘルシンキ間のフェリーやフッティルーテンなどの人気の航路はすぐに売り切れになるので、日本から予約しておいたほうがいい。ヴァイキング・ラインはミキ・ツーリスト、タリンク・シリヤラインとフッティルーテンはネットトラベルサービスで予約することができる。

【現地で購入する】

　チケットの購入、予約は各船の発着するターミナルやホームページ、電話でできる。ターミナルの場所がわからなければ、観光案内所やホテルで聞いておくこと。

ストックホルム～ヘルシンキ間の豪華フェリーの旅

　北欧を船で旅するならぜひこのコースを組み込みたい。ヴァイキング・ラインViking Lineとタリンク・シリヤラインTallink Silja Lineの2社がそれぞれの船の豪華さを競いながら運航している。

　特にタリンク・シリヤライン（→P.36）のシンフォニー号とセレナーデ号はどちらも6万トン近い。船は2万もの群島の間を進んでいく。静かな海面を滑るように進む豪華客船の姿は、誰が見てもうっとりするほど優雅だ。

　船内にはレストランやバー、サウナ、ジャクージ、免税店、カジノ、薬局、おもちゃ売り場まで揃っており、まるで浮か

ぶ豪華ホテル。タリンク・シリヤラインの2隻は船内に巨大な吹き抜けがあり、船の中にいるとは思えないほ

豪華なタリンク・シリヤラインのフェリー

ヴァイキング・ライン
ストックホルム
☎(08)452-4000
ヘルシンキ
☎(09)12-351
トゥルク
☎(02)33-311
URLwww.vikingline.fi

ヴァイキング・ラインの日本での問い合わせ先
ミキ・ツーリスト
みゅうインフォメーションセンター
〒105-0013
東京都港区浜松町1-18-16
住友浜松町ビル1階
☎(03)5404-8811
FAX(03)5404-6681
URLwww.myu-info.jp

ヴァイキング・ラインのスケジュール
ヘルシンキ　ストックホルム
17:30発→9:40着
9:55着←16:45発
（時期によって多少異なる）

タリンク・シリヤライン
ストックホルム
☎(08)22-2140
ヘルシンキ
（オリンピア・ターミナル）
☎0600-174552
トゥルク
☎0600-174552
URLwww.tallinksilja.com

タリンク・シリヤラインの日本での問い合わせ先
ネットトラベルサービス
〒103-0023
東京都中央区日本橋本町3-10-9富スビル3階
☎(03)3663-6804
FAX(03)3663-6800
URLwww.nettravel-jp.com

タリンク・シリヤラインのスケジュール
ヘルシンキ　ストックホルム
17:00発→9:30着
9:55着←17:00発
（時期によって多少異なる）

旅の準備と技術　北欧4ヵ国の交通

■ タリンク・シリヤライン料金表 （単位：ユーロ€）

部屋の等級	ベッド数	1/1～6/12 8/15～12/30	6/13～8/14
Cクラス（窓なし）	4	122	165
Bクラス（窓なし）	4	144	194
プロムナード（内側向き窓）	4	180	243
Aクラス（外側向き窓）	4	194	262
デラックス（外側・内側向き窓）	2	302	408
コモドア（外側向き窓のスイート）	2	418	564

（料金はすべて片道1キャビンあたりのもの。また、上記の料金のほかに追加料金が必要となる場合や、曜日や時期によって料金の変動があるため、事前に確認しておくこと。）

フッティルーテン
☎81-003030（予約）
URL www.hurtigruten.com

800人から1000人乗りの大型
客船も増えている

**フッティルーテンの日本での
問い合わせ先**
フッティルーテン・ジャパン
☎(03)3663-6802
URL www.hurtigruten.jp
**ネットトラベルサービス（予
約先）**
☎〒103-0023
東京都中央区日本橋本町3-
10-9 富ネビル3階
☎(03)3663-6804
FAX(03)3663-6800
URL www.nettravel-jp.com

DFDSシーウェイズ
コペンハーゲン
☎33-423000
オスロ
☎22-332432
URL www.dfdsseaways.com

**DFDSシーウェイズの日本
での問い合わせ先**
ネットトラベルサービス
☎(03)3663-6804
FAX(03)3663-6800
URL www.nettravel-jp.com
Email nettravel-jp@tumlare.c
om

ステナ・ライン
オスロ（ノルウェー）
☎23-179130（予約）
フレデリクスハウン（デンマーク）
☎96-200200（予約）
ヨーテボリ（スウェーデン）
☎(031)704-0000（予約）
URL www.stenaline.com

スカンライン
ヘルシンオア（デンマーク）
☎33-151515（予約）
ヘルシンボリ（スウェーデン）
☎(042)18-6100（予約）
URL www.scandlines.dk

24時間運航のスカンライン

どの開放感がある。

どちらも年間を通じて毎日運航されており、料金は前述のとおり。タリンク・シリヤラインはユーレイルスカンジナビアパス、ユーレイルグローバルパスで割引になる。

フッティルーテン（沿岸急行船）Hurtigruten

ノルウェーは北部、西部、南部がすべて海に面しており、沿岸部はフィヨルドの険しい地形なので、船が重要な交通手段になっている。西海岸最大の都市ベルゲンと、ロシア国境近くの町ヒルケネスを結ぶフッティルーテン（→P.34）は特に有名で、年間を通じて運航している。

全行程乗れば往復12日かかる長い航海だが、沿岸の町に寄港しながら北へ北へと進む航路にはロマンがある。夏の間は真夜中の太陽に憧れて北を目指す観光客でにぎわう。秋から冬にかけては紅葉やオーロラ、一面の銀世界といった北欧らしい自然を味わうことができるだろう。途中の寄港地では荷物の積み降ろしの時間を利用して町の見学ツアーやエクスカーションなどのプログラムも組まれており、飽きさせない。

■ そのほかのおもなフェリー航路

ストックホルム～トゥルク（マリエハムン経由）

タリンク・シリヤラインとヴァイキング・ラインが、昼便と夜便の1日2往復運航している。どちらもオーランド島のマリエハムン港、またはロングネス港Långnäsに寄港する。所要時間は約11時間。タリンク・シリヤラインはユーレイルグローバルパスかユーレイルスカンジナビアパスを持っていれば割引になる。

オスロ～コペンハーゲン

DFDSシーウェイズDFDS Seawaysが毎晩1便運航している。所要時間は約16時間30分。

オスロ～フレデリクスハウン

ステナ・ラインStena Lineが1日1便運航している。所要約9～12時間。

フレデリクスハウン～ヨーテボリ

ステナ・ラインの大型客船が運航している。1日4～6便運航、所要約3時間15分。便も多いので便利だ。

ヘルシンオア～ヘルシンボリ

スカンライン社Scandlinesなど数社が運航しており、所要約20分。鉄道の延長気分で利用できる。24時間運航されており、深夜を除いて15分ごとに出発。

レンタカーの旅

　時間に束縛されることなく気ままに旅行したい人には、レンタカーが最適。北欧諸国の道路はしっかり整備されており、標識などの表示もわかりやすい。右側通行にさえ慣れれ

わかりやすい標識

ば、交通量も少なく快適なドライブを楽しめる。ラップランド地方などの森の中を走っていて、トナカイの群れに出くわしたりするのも車旅行ならでは。

　レンタカー会社のオフィスは空港や大きな駅にはたいていあるが、ハーツやエイビスなど大手のレンタカー会社を利用すれば日本から予約ができて便利だ。特に地方の空港などでは予約しておかないと窓口が開いていないこともあるので、

予約しておいたほうが無難。日本で車種や日数、保険内容まで決定でき、現地に着いたら予約確認書を見せるだけと、手続きも簡単で安心だ。

デンマークで見かけるこの標識は、ビューポイントという意味だ

■ 給油方法

　北欧のガソリンスタンドはほとんどがセルフサービス。給油するときは、まずノズルをはずして給油口に入れ、レバーを引く。満タンになったら自然に止まる。終わったらノズルを元に戻して、レジに行って精算する。

レンタカー会社の日本での海外予約センター
ハーツHertz
Free 0120-489882
FAX (03)5401-7656
URL www.hertz.com
エイビスAVIS
Free 0120-311911
FAX (03)3563-2320
URL www.avis-japan.com

年齢制限に注意
　北欧諸国の場合、レンタカー会社によっては23歳や25歳以上でないと借りられない場合もある。

オートマチックか、マニュアルか？
　北欧でのレンタカーは、ほとんどがマニュアル車。都市部ならオートマチック車もあるが、車種や大きさが限定されることが多く、料金も高くなる場合がある。地方では、オートマチック車はまずないと思っていたほうがいい。

ラップランド地方では車道にトナカイが出てくることもあるので注意

北欧でのドライブ注意事項

❶国外運転免許証と日本の運転免許証の両方を携帯する。

❷現金では借りられないことが多いので、クレジットカードを用意しておく。

❸運転席、助手席、後席ともにシートベルトを必ず締める。

❹昼夜を問わず前照灯を点灯する。（レンタカーは自動的に点灯する設定の車がほとんど。）

❺歩行者優先。（日本で見られるように警笛を鳴らして歩行者を蹴散らすような行為は厳禁。）

❻優先道路表示のない交差点では、右から来た車が優先。

❼飲酒運転の処罰は厳しい。

❽スピードの出しすぎに注意。取り締まりもときどき行われている。

**パスポートに関する
問い合わせ先**
東京都
パスポート案内センター
☎(03)5908-0400
URL www.seikatubunka.me
tro.tokyo.jp/index1.htm
大阪府パスポートセンター
☎(06)6944-6626
URL www.pref.osaka.jp/pa
ssport
外務省渡航情報ページ
URL www.mofa.go.jp/mofaj
/toko/passport
各国の大使館
在日デンマーク王国大使館
☎〒150-0033
東京都渋谷区猿楽町29-6
☎(03)3496-3001
FAX (03)3496-3440
URL www.ambtokyo.um.dk/ja
開月~金
　　9:30~12:00/
　　13:00~16:30
休土・日・祝、およびデンマークの祝日
　ビザの申請は9:30~11:
30まで。
駐日ノルウェー王国大使館
☎〒106-0047
東京都港区南麻布5-12-2
☎(03)6408-8100
URL www.norway.or.jp
開月~金
　　9:00~12:30/
　　13:30~17:00
休土・日・祝、およびノルウェーの祝日の一部
　ビザの申請の際は事前に電話またはメールで予約をすること。
在日スウェーデン大使館
☎〒106-0032
東京都港区六本木1-10-3-
100
☎(03)5562-5050
FAX (03)5562-0977
URL www.sweden.or.jp
開月~金　9:00~12:30/
　　　　13:30~17:30
休土・日
　（日本やスウェーデンの祝日に休む場合もある）
　ビザの申請は事前に電話で予約をすること。
在日フィンランド大使館
☎〒106-8561
東京都港区南麻布3-5-39
☎(03)5447-6000
FAX (03)5447-6042
URL www.finland.or.jp
開月・火・木・金
　　9:00~12:00
　水　9:00~12:00/
　　13:00~17:00
休土・日・祝、およびフィンランドの祝日

日本出発までの手続き

■ まずはパスポートを取得しよう

　パスポートは、海外で持ち主の身元を証明する唯一の書類。これがないと日本を出国することもできないので、海外に出かける際はまずパスポートを取得しよう。商用や留学などでビザを取る人はビザ申請の際にパスポートが必要になるので、早めに取得しておきたい。パスポートは5年間有効のものと10年間有効のものがある。ただし、20歳未満の人は5年旅券しか取得することができない。パスポート取得は、代理人でも申請することはできるが、受け取りは必ず本人が行かなければならない。通常、パスポートの申請は、住民登録している都道府県庁にある旅券課で行う。なお2006年3月より、セキュリティ対策のためICチップ入りパスポートが発行された。ただし、現行のパスポートは有効期限まで使用可能。

　申請から受領までの最短期間は6日間。申請時に配布される旅券引換書には交付予定日が記されているので、これに基づき6ヵ月以内に窓口に出向く。受領時には旅券引換書と手数料が必要。発給手数料は5年間1万1000円（12歳未満は6000

パスポート申請に必要な書類

❶一般旅券発給申請書（1通）
　用紙は各都道府県庁旅券課で手に入る。その場で記入してもよい。5年用と10年用では申請書が異なる。

❷戸籍謄（抄）本（1通）
　6ヵ月以内に発行されたもの。本籍地の市区町村の役所で発行してくれる。代理人の受領、郵送での取り寄せも可。有効期間内の旅券を切り替える場合、戸籍の記載内容に変更がなければ省略も可。家族で申請する場合は、家族全員の載っている謄本1通でよい。

❸住民票（1通）
　住民登録をしてある市区町村の役所で6ヵ月以内に発行されたもので、本籍の入ったもの。代理人受領、郵送での取り寄せも可。住民基本台帳ネットワークシステム（住基ネット）運用の自治体では、原則として不要。詳しくは各自治体に問い合わせのこと。

❹顔写真（1枚）
　タテ4.5×ヨコ3.5cmの縁なし、背景無地、無帽、正面向き、上半身の入ったもので6ヵ月以内に撮影されたもの。白黒でもカラーでも可。スナップ写真不可。

❺身元を確認するための書類
　失効後6ヵ月以内のパスポート、運転免許証、写真付きの住民基本台帳カードなど、官公庁発行の写真付き身分証明書ならひとつでOK。健康保険証、年金手帳などならふたつ必要（うち1点は写真付きの学生証、会社の身分証明書でも可）。コピーは不可。

❻パスポートを以前に取得した人は、そのパスポート

※2009年3月より申請時の郵便ハガキの提出が不要となっている。

円）、10年間1万6000円。

申請書の「申請者署名」欄に署名したサインが、そのままパスポートのサインになる。署名は漢字でもローマ字でも構わないが、クレジットカードやトラベラーズチェックと同じにしておいたほうが、照合のためにパスポート提示を求められたときに、トラブルが起こりにくい。

■ ビザ

4ヵ国とも、日本人の場合、6ヵ月間に90日以内の滞在であればビザは不要。商用や留学などで90日以上滞在する予定の人は、それぞれの国の大使館に問い合わせを。

入国時のパスポートの有効残存日数は、国によって異なる。デンマークは入国時に3ヵ月以上、ノルウェーは日本帰国予定日から数えて3ヵ月以上、スウェーデンは日本帰国予定日まで、フィンランドはフィンランド出国予定日から数えて3ヵ月以上。旅券課では、期限切れとなる1年前から更新手続きを受け付けている。また、フィンランドでは入国の際、帰りの日本への航空券の提示を求められることがある。

■ 国外運転免許証

北欧で車を運転するには、日本で国外運転免許証International Driving Permitを取る必要がある。所持する日本の運転免許証を発行している都道府県の免許センターか試験場、指定警察署で、右記の必要書類と手数料を添えて申請する。免許センターの場合は通常その場で発行される。1年間有効。

■ 国際学生証

学生の人はユネスコ承認の国際学生証（ISICカード）を持っていると、世界120ヵ国（約4万ヵ所）の博物館や美術館などの入場料、交通機関が割安になる場合が多い。身分証明書（IDカード）としても有効。カード取得者は最新の特典やサービスが受けられ、緊急時などには24時間年中無休でヘルプラインを利用できる。窓口で申し込めばすぐに発行してもらえるが、郵送の場合は2週間程度かかる。また、国際学生証取得の資格がなくても、26歳未満の人は国際青年証を取得することができる。

■ 海外旅行傷害保険

海外旅行傷害保険はすべて掛け捨てだが、体調不良や盗難など、慣れない土地では何が起こるかわからないので、必ず入るようにしよう。掛け金は各保険会社ほぼ同じだが、補償内容に違いがある。「日本語緊急医療サービス」や「キャッシュレス医療サービス」、「疾病治療費用」、「携帯品保険」などがあれば心強い。また、海外旅行傷害保険がクレジットカードに付帯している場合も多いが、疾病死亡が補償されなかったり、補償額が小さいなど、保険のカバーする範囲が限られている場合があるので、そちらの補償内容も確認しよう。

ATMは町のいたるところにある

北欧でのATM事情

北欧諸国では、ATMを町のあちこちで見かける。

国際キャッシュカードの種類によっては、クレジットカード利用に次いで有利なレートで両替できるので、レート面を考えても使う価値がある。

北欧は治安が比較的いいので、キャッシングの際もそれほどの心配はない。しかし日本でも被害が出ている「暗証番号を盗み見てから、キャッシュカードを奪われる」という犯罪に遭わないよう、暗証番号入力の際は、キーの部分を体や手のひらで覆って利用すること。

ATMの操作ガイドは、英語表示ができるものも多い

暗証番号を確認しておこう

クレジットカードを使う場合、いわゆるデビットカードのように、サインレスで使えるお店もある。そのときは暗証番号が必要となるので、日本を出発する前に確認しておくこと。

おもなT/Cの発行会社
問い合わせ先
アメリカン・エキスプレス
Free0120-779656
URL www.amextc.jp
月～土8:30～17:30
休日

持っていくお金

銀行や町なかの両替所など、たいていどこででも日本円から現地通貨への両替ができる。特に地方都市に行かないのであれば、ユーロなどに両替していく必要はなく、日本円をそのまま持っていけばOKだ。ただし、現金は盗られたり紛失したりしたらまず戻ってこないので、多くの現金を持ち歩かないこと。クレジットカードは、北欧諸国を旅するうえで最もレートがよく、都市部はもちろん、地方都市でも通用率が非常に高い。大きな額の金額を支払うときは、クレジットカードの利用が便利でお得。またキャッシングができるATMも町のいたるところにある。

このような状況を考えると、クレジットカードをメインと考えて、それに出国や帰国時用の日本円と、現地で両替して移動や観光の際に使う分の日本円を組み合わせるといい。

また、安全性を考え、条件を満たしていれば再発行が可能なトラベラーズチェック（以下、T/C）を持っていくのも手だ。万一スリや置き引きといった犯罪の被害に遭ったときのことも考えると、T/Cを持っていったほうが安心だが、ユーロ建てのT/Cでもレストランやショップでそのまま使うことができず、両替するにしても手数料がかかるので、そのあたりをふまえてよく考えてから購入しよう。

クレジットカードを用意しよう

北欧諸国は完全なクレジットカード社会といってもよく、通用度は世界でもトップクラス。物価も高いので利用する機会は多いだろう。高級ホテルやレストラン、ショップのほか、バスなどの交通機関でも使用できるケースが多い。また、デポジットとしてカードの提示をしなくてはならないこともある。

万一盗難に遭った場合は、カード会社に連絡して不正使用されないように差し止めよう。スムーズな対応ができるよう、カード番号を控えておくといい。ポピュラーなのはVISAとマスターカード、アメリカン・エキスプレス。それにダイナースクラブ、JCBと続く。

トラベラーズチェック

トラベラーズチェック（以下、T/C）は、現金と同様に扱われる額面が記載された旅行小切手。現地の金融機関で、署名すれば現金に換金可能。盗難・紛失の際も条件を満たしていれば、再発行も可能なので安心だ。

T/C購入後はすぐに、ふたつある署名記入欄の1ヵ所に署名をすること。もう1ヵ所は使用時に署名する。署名はパスポートと同じ署名にするほうがよい。購入者用申込用紙の控えは必ずT/Cとは別に保管し、使用枚数や金額などをメモしておくと再発行の場合も手続きはスムーズ。購入は金融機関、郵便局、空港、ウエブサイトなどでできる。

入国と出国

日本出国

①出発空港に集合：目安はフライトの2時間前。

②搭乗手続き（チェックイン）：利用する航空会社か提携航空会社のカウンターでチェックイン。カウンターの入口で機内預けにする荷物のチェックを受けたら、カウンターへと進む。航空券（引換券）とパスポートを係員に手渡し、荷物を預ける。手続き後搭乗券（ボーディングパス）と帰りの航空券、パスポートが返される。そのときにクレームタグ（荷物引換証）をもらえる（たいていは航空券の裏に貼り付けてある）。現地空港で荷物が出てこないときはこれが証明となるので、大切に保管しておくこと。その後、搭乗時刻とゲートが案内される。

③手荷物検査（セキュリティチェック）：危険防止のため金属探知器をくぐり、機内持ち込み手荷物の検査を受ける。

④税関：日本から外国製の時計、カメラ、貴金属など高価な品物を持ち出す場合は、「外国製品の持ち出し届け」に記入して係員に届けること。これをしないと海外で購入したとみなされ、帰国の際に課税される可能性がある。

⑤出国審査：パスポート、搭乗券を用意し係官に提出、出国のスタンプを押してもらう。

⑥搭乗：搭乗は通常出発の30分前から。それまでは食事をしたり、免税店でショッピングしたりできるが、案内された時刻には遅れないように早めにゲートの近くへ移動しておくこと。なお、搭乗時間やゲートは変更することがあるので、こまめにモニター画面でチェックしよう。

シェンゲン協定加盟国を経由しての北欧入国

1997年に加盟国内に住む加盟国籍の人の通行を自由としたシェンゲン協定が調印され、加盟国内の移動についてはすべて国内移動と同じとし、国境での入国審査が廃止された。

日本人がこのシェンゲン協定加盟国を訪れる際も、初めに入国した国で入国審査を行えば、その後加盟国内の入国審査は基本的にない。例えばコペンハーゲンで入国審査を終えれば、他の北欧諸国で入国審査は必要ない。

シェンゲン協定実施国（2011年4月現在）

アイスランド、イタリア、エストニア、オランダ、オーストリア、ギリシア、スイス、スペイン、ドイツ、ハンガリー、フランス、ベルギー、ポルトガル、ルクセンブルク、デンマーク、ノルウェー、スウェーデン、フィンランド、ラトヴィア、リトアニア、マルタ、チェコ、ポーランド、スロヴァキア、スロヴェニアの計25ヵ国。

各航空会社のチェックインカウンター

スカンジナビア航空
成田国際空港
第1ターミナル南ウイング

フィンエアー
成田国際空港
第2ターミナルDゾーン
関西国際空港
4階北ウイングCアイランド
中部国際空港
3階Bカウンター

成田国際空港
☎(0476)34-8000
URL www.narita-airport.jp

関西国際空港
☎(072)455-2500
URL www.kansai-airport.or.jp

中部国際空港
☎(0569)38-1195
URL www.centrair.jp

空港での両替
両替や海外旅行傷害保険加入の手続きを空港でする人は、セキュリティチェックの前に済ませておくこと。

セキュリティチェック
機内持ち込み手荷物のX線検査とボディチェックがある。ナイフやハサミなどは持ち込めないので、機内預けの荷物に入れておくこと（→P.560）。

シェンゲン規定と北欧規定
日本人の場合、シェンゲン協定加盟国への滞在が6ヵ月間に90日間以内ならビザは不要。なお、加盟国内に90日間連続で滞在すると、いったん加盟国以外の国に出国し90日を経なければ、加盟国への再入国はできない。

北欧（デンマーク、ノルウェー、スウェーデン、フィンランドにアイスランドを含む5ヵ国）に90日間滞在した場合は、いったん出国しなければならない期間は、6ヵ月となっている。

日本への輸入禁止品目

- ・麻薬類とその専用器具
- ・けん銃等の銃器、弾丸、その部品など
- ・爆発物
- ・金貨、貨幣、紙幣などの偽造品（有価証券も含む）
- ・わいせつな雑誌、彫刻品、ビデオテープ、CD-ROM、DVDなど
- ・偽ブランド商品

日本への持ち込み制限品目

ワシントン条約に基づき、規制の対象になっている動植物およびその加工品（象牙、ワニやヘビ、トカゲなどの皮革製品、ネコ科の動物の毛皮や敷物、ハム、ソーセージ、果物など）は、輸入許可証がなければ日本国内には持ち込めない。また、個人で使用する場合の医療品、医薬部外品2ヵ月分以上、化粧品1品目24個以上など、一定数量を超える医薬品類は厚生労働省の輸入手続きが必要。

植物防疫所
URL www.maff.go.jp/pps
動物検疫
URL www.maff.go.jp/aqs

「携帯品・別送品申告書」の提出について

海外からの（入国）帰国時には免税の範囲に関わらず、税関検査時に「携帯品・別送品申告書」を提出する必要がある。税関に備え付けの申告書、または税関のホームページからダウンロードした申告書に記入して提出する。家族が同時に税関検査を受ける場合には代表者1名が申告書の記入を行い、「同伴家族」欄に本人を除いた同伴家族の人数を記入する。

北欧入国

①入国審査：空港に到着したら順路に従って入国審査のカウンターImmigrationへ。係官にパスポートを渡す。滞在日数や渡航目的等を聞かれることがあるが、慌てず答えよう。

②荷物の受け取り：入国審査の次は機内預け荷物の受け取り。利用した便名をよく確認しよう。荷物がなかったり、破損していたりした場合は、クレームタグを持ってバゲージクレームBaggage Claimへ。

③税関審査：通常ほとんどノーチェックだが、ごく稀に荷物をチェックされることもある。これで到着の手続きは完了。いよいよ北欧の旅が始まる。

北欧の空港にはアナウンスがないことが多い

北欧出国

飛行機の搭乗手続きを済ませたら、出国審査。パスポートを渡し、パスポートに出国のスタンプを押してもらう。VATの還付を受ける人は、所定の手続きをする（各国のジェネラル インフォメーションを参照）。

日本帰国

飛行機を降りたらまず検疫を通過。体に不調がある人は検疫のオフィスへ出頭して相談すること。次に入国審査。パスポートにスタンプを押してもらう。機内預けにしていた荷物を、便名が表示されているターンテーブルからピックアップ。「携帯品・別送品申告書」に必要事項を記入し、税関カウンターで審査を受ける。

■ 持ち込み免税範囲

品名	数量または価格	備考
酒類	3本	1本760ml程度のもの
タバコ	外国製紙巻きタバコ200本、葉巻50本、そのほかのタバコ250gのうちいずれか	日本にある空港の免税店か海外で購入した日本のタバコは、外国製タバコとは別に、同じ数量だけ免税になる
香水	2オンス	約56ml
そのほかの品目	海外市価の合計金額20万円まで	1品目ごとの購入金額の合計が1万円以下のものは算入する必要なし

※上記は携帯品、別送品（帰国後6ヵ月以内に輸入するもの）を合わせた範囲。
詳しくは、税関のウェブサイト URL www.customs.go.jpを参照

免税範囲を超えた場合の税金

酒類	ウイスキー500円、ブランデー500円、ラム、ジン、ウオッカ400円、リキュール、焼酎など300円、そのほか（ワイン、ビールなど）200円 ※いずれも1ℓにつき

空港へのアクセス

成田国際空港へのおもなアクセス

		連絡先
京成電鉄	京成スカイライナー 京成上野駅から44分、日暮里駅から40分、2400円 京成電鉄特急 京成上野駅から75～80分、日暮里駅から70分、1000円	京成電鉄 上野案内所 ☎(03)3831-0131 [URL]www.keisei.co.jp
JR	快速エアポート成田 久里浜駅から180分、2520円、大船駅から140分、2210円 横浜駅から120分、1890円、東京駅から90分、1280円 特急成田エクスプレス 大宮駅から110分、3740円、池袋駅から85分、3110円、 新宿駅から75分、3110円、東京駅から55分、2940円、 大船駅から105分、4500円、戸塚駅から100分、4500円、 横浜駅から85分、4180円	JR東日本 お問い合わせセンター ☎050-2016-1600 [URL]www.jreast.co.jp
京急電鉄	エアポート快特 羽田空港国内線ターミナル駅から102分、1740円、品川駅から87分、1460円	京急ご案内センター ☎(03)5789-8686 [URL]www.keikyu.co.jp
リムジンバス	①都内主要ホテルから70～120分、2700～3000円 ②東京駅八重洲口南口から80～90分、3000円 ③新宿駅西口から90～100分、3000円 ④羽田空港から75～80分、3000円 ⑤東京ディズニーリゾートから60～80分、2400円 ⑥東京シティエアターミナルから55分、2900円 ⑦横浜シティエアターミナルから90分、3500円	リムジンバス 予約・案内センター ☎(03)3665-7220 [URL]www.limousinebus.co.jp

関西国際空港へのおもなアクセス

		連絡先
JR	特急はるか 京都駅から75～95分、3490円、新大阪駅から47～65分、2980円 天王寺駅から35～45分、2270円（料金はすべて指定席） 関空快速 大阪駅から65～75分、1160円、天王寺駅から50分、1030円	JR西日本 お客様センター ☎0570-00-2486 [URL]www.jr-odekake.net
南海電鉄	南海特急ラピートα、β なんば駅から40分、1390円	南海テレフォンセンター ☎(06)6643-1005
リムジンバス	①新梅田シティから72分、1500円 ②大阪駅前地区から50～60分、1500円 ③神戸三宮から65～75分、1900円　④京阪守口から70～80分、1800円	関西空港交通リムジンバスセンター ☎(072)461-1374 [URL]www.kate.co.jp

中部国際空港（セントレア）へのおもなアクセス

		連絡先
名鉄	ミュースカイ 犬山駅から58分、1660円、名鉄名古屋駅から28分、1200円 金山駅から24分、1140円、名鉄岐阜駅 から56分、1660円 名鉄特急 豊橋駅から76分～、1590円～、東岡崎駅から56分～、1210円～、知立駅から47分～、1040円～	名鉄お客さまセンター ☎(052)582-5151 [URL]www.meitetsu.co.jp/centrair
空港バス	空港バス 岡崎駅から80分、1700円、豊田から68分、1700円、 藤が丘から72分、1400円	名鉄お客さまセンター ☎(052)582-5151 [URL]www.meitetsu-bus.co.jp/centrair

※乗車時間と料金は2011年4月現在。JRの特急券は繁忙期と閑散期で料金が変動する。上記は通常期。

ホテルに関するすべて

北欧のホテル

　北欧諸国のホテルは、ほかのヨーロッパ諸国と比べて高いとよく言われる。確かにフランスやスペインなどと比べれば一般に物価も高く、ホテル代も高い。いわゆる安宿が少なく、ホテルと名がつけばたいてい中級以上になってしまう。

どんなホテルがあるのか

　北欧諸国にはいろいろ特徴のある宿泊施設がある。一般的なホテルのほかに以下のようなものがある。

■ クロKro、マナーハウスManor House

　クロはデンマークの地方にある昔ながらの旅籠。国王の地方行事の際に使われたり、レストランが有名だったりと、それぞれが特徴をもっている。設備も料金も千差万別だが、古きよき時代のデンマークを偲ぶには格好の宿だ。

　マナーハウスはフィンランド各地に15世紀から18世紀頃から残る古い領主の館や別荘をホテルとして利用しているもの。ほとんどが湖のほとりや海辺など美しい環境の中にあり、クロ同様雰囲気を楽しむには最適の宿といえる。

デンマークの旅籠、クロ

■ ファームステイ

　農家、または元農家が好意で旅行者を受け入れている。家族の一員として休暇を楽しんでみてはどうだろう。ステイ先によってカヌーや乗馬、機織りが体験できたりする。

■ B&B

　B&BとはBed &Breakfastの略。つまり朝食付きの民宿のこと。たいていは、自宅の一角を宿として開放しており、ホストの個性が反映された北欧スタイルの生活をかいま見られるのが魅力。家具やキッチンなどの設備が整っているところも多く、快適に過ごせる。住宅街にあることが多いので、交通はやや不便。B&Bによっては、最寄りの駅やバス停に迎えに来てくれることもあるので、尋ねてみよう。

おしゃれなデザインホテルも多い

クロの予約
Dansk Kroer & Hoteller
住Vejlevej 16, DK-8700 Horsens
電75-648700
FAX75-648720
URLwww.krohotel.dk

フィンランドのファームステイの日本での予約先
フィンツアー
住〒108-0014
東京都港区芝5-13-18
MTCビル9階
電(03)3456-3933
FAX(03)3456-3922
URLwww.nordic.co.jp
Emailrsv@nordic.co.jp

ファームステイの料金
1万5000〜2万1000円
(1人2〜3食付き1泊あたりの料金。ファームによって異なる)
12歳未満の子供には割引有。
※日本発の航空券と併せて申し込むこと。

各国のB&B検索サイト
デンマーク
URLwww.bbdk.dk
ノルウェー
URLwww.bbnorway.com
スウェーデン
URLwww.bedbreakfast.se
フィンランド
URLwww.bedandbreakfastfinland.com

■ ユースホステル

　北欧全体で約600軒のユースホステルがある。大部屋が少なく個室や2〜4人用の小さな部屋がたくさんあるのが特徴で、年齢を問わず誰でも利用でき、快適さにかけてはヨーロッパでも最高クラスと断言できる。枕カバーやシーツは別料金で貸し出しているところが多い。ただしレセプションが夕方までしか開いておらず、夜間は鍵を閉めている宿も少なくない。なので、到着が遅れる際にはその旨を宿へ事前に連絡しておくことをおすすめする。また、9月から5月の中旬にかけては閉まるところが多いので注意が必要。

客室は掃除が行き届いており清潔

■ ホテルの探し方

　ホテルの予約なしで到着した場合は、観光案内所でホテルの紹介をしてもらおう。目的地への到着が休日や深夜で観光案内所が開いていないような場合は、泊まっているホテルに相談すれば、同じチェーンのホテルなどを紹介してくれる。もちろん、直接電話して予約することも可能だ。その場合、到着する日とおおよその時間、宿泊日数、部屋のタイプ、名前を伝えればいい。ちなみに、北欧のホテルの多くは7〜8月の夏期や週末（土・日曜）は割引になることが多い。日本だと逆なのでなじみはないが、これを利用すれば、宿泊費はかなり割安になる。

■ 日本で予約する

　日程があらかじめ決まっているのなら、日本から直接予約してしまってもいいだろう。予約方法には、旅行会社に予約を依頼するか、ホテルチェーンの日本の予約会社に連絡するか、あるいは自分で直接申し込む方法がある。旅行会社ではツアーで利用するホテルや中級以上のホテルしか扱ってないことが多い。ガイドブックや友人の体験談、インターネットなどで泊まりたい宿があったら、自分で直接予約を申し込んでみるといい。ホームページやEメールで予約を受け付けているところも多い。

■ ホテル料金の目安（大都市のツイン）

	デンマーク	ノルウェー	スウェーデン	フィンランド
高級	1000〜3650DKK	950〜2900NOK	1000〜3700SEK	€110〜250
中級	700〜1900DKK	800〜2100NOK	990〜2300SEK	€95〜165
エコノミー	500〜1000DKK	430〜800NOK	440〜1000SEK	€50〜95

(財)日本ユースホステル協会
☎〒101-0061
東京都千代田区三崎町3-1-16 神田アメックスビル9階
℡(03)3288-1417
FAX(03)3288-1248
URL www.jyh.or.jp

ユースホステル会員証
有効期間：取得日から翌年同月末日までの1年間。
登録料：成人パス（満19歳以上）2500円
登録に必要な書類：身分証明書1点（運転免許証や健康保険証など、住所、氏名、年齢などが確認できるもの）
※ユースホステル会員証については、「地球の歩き方ホームページ」でも、簡単な情報収集と入会申し込みができる。
URL www.arikata.co.jp/yh

各国のYH宿泊料金（1人目安）
デンマーク
　85〜660DKK
ノルウェー
　90〜490NOK
スウェーデン
　130〜320SEK
フィンランド
　€14〜55
　非会員はこれよりも高くなる。ユースを利用する人は、できれば会員証を作っておこう。

ホテルの予約サイトを活用しよう
　北欧の宿代は、ふらりと気軽に訪れることのできる価格ではないことが多い。せっかく高い金額を払うなら、自分好みの宿に泊まるためにも旅立つ前にホテルの予約サイトを通して予約するのがおすすめだ。ホテルに直接電話したり、eメールを送って予約するのもいいが、ホテルの予約サイトの方が安かったり、予約状況がすぐにわかることが多い。なお、ホテルの予約サイトの場合は、支払いはホームページでクレジットカード決済にしたほうがいい。こうすれば、現地に余計なお金をもっていかずに済む。

ホテルの予約サイト
エクスペディア
URL www.expedia.co.jp
オクトパストラベル
URL www.octopustravel.co.jp

旅の準備と技術　ホテルに関するすべて

国際電話について

電話会社問い合わせ先
KDDI
Free 0057／0120-977-097
NTTコミュニケーションズ
Free 0120-506506
ソフトバンクテレコム
Free 0120-030061
au
Free 0077-7-111
NTTドコモ
Free 0120-800000
ソフトバンク
Free 157（ソフトバンクの携帯から無料）

日本と北欧は6〜8時間程度の
時差があることをお忘れなく

プリペイドカード通話
KDDI
「スーパーワールドカード」
NTTコミュニケーションズ
「ワールドプリペイドカード」

北欧の電話事情

普通の公衆電話や電話局から国際電話をかけられる。ホテルの部屋の電話の場合、手数料等をとられかなり割高になる場合がほとんどなので、ロビーなどにある公衆電話からかけるほうが安上がり。公衆電話にはコイン式のほか、カード式も普及している。特に国際電話の場合、コイン式だと多くのコインを必要とするので、カード式を利用したほうがいい。空港や大きな駅にはクレジットカードでかけられる電話機もある。

■ 電話会社のサービスを利用して電話をかける

日本のオペレーターを通じて電話する

KDDIの「ジャパンダイレクト」などを利用すれば、日本のオペレーターを通して電話がかけられる。クレジットカード払いか相手先が料金を支払うコレクトコールかが選択できるので、手持ちのお金がないときにも便利。料金はかなり割高。

日本語ガイダンスにしたがって電話をかける

KDDIの「スーパージャパンダイレクト」、NTTコミュニケーションズの「国際クレジットカード通話」、ソフトバンクテレコムの「ホームダイヤル」など。クレジットカード払いなので、カード番号と暗証番号を覚えておこう。

日本から北欧諸国への電話のかけ方

日本から（0＊）123456へかける場合

国際電話会社の番号	国際電話識別番号	国番号	市外局番の0を除いた番号	相手先の電話番号
001（KDDI）※1 **0033**（NTTコミュニケーションズ）※1 **0061**（ソフトバンクテレコム）※1 **005345**（au携帯）※2 **009130**（NTTドコモ携帯）※3 **0046**（ソフトバンク携帯）※4	**010**※2	デンマーク **45** ノルウェー **47** スウェーデン **46** フィンランド **358**	（デンマーク・ノルウェーは市外局番はない） **＊**	**123456**

＋ ＋ ＋ ＋

※1 「マイライン」の国際通話区分に登録した場合は不要。詳細は URL www.myline.org
※2 auは、010は不要。
※3 NTTドコモは事前登録が必要。009130をダイヤルしなくてもかけられる。
※4 ソフトバンクは0046をダイヤルしなくてもかけられる。

北欧諸国から日本への電話のかけ方

北欧諸国から日本の（03）1234-5678へかける場合

＊フィンランドのみ、4つのうちどれかひとつ。

国際電話識別番号	日本の国番号	市外局番と携帯電話の最初の0は取る	相手先の電話番号
00（990＊ 994＊ 999＊）	**81**	**3**	**1234-5678**

＋ ＋ ＋

北欧でのネット接続について

ネット接続の環境

北欧諸国では無線LANが広く普及しているので、無線LAN機能搭載の自分のパソコンを持っていけば、多くの宿泊施設でインターネット接続が可能だ。空港やショッピングセンターなどの施設でも無線LANによるネット接続サービスを提供していることがある。インターネットカフェもあちこちにあるが、日本語の入力には対応していないことが多いので、メール送信の必要性が高いなら、自分のパソコンを持っていったほうがよい。

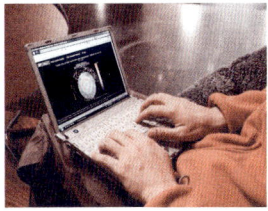
ネット接続ができればオーロラの出現予報も見られる

ホテルでのネット接続

無線LANによる接続の場合は、まず無線LANのネットワークに接続し、次にブラウザーを起動。するとログイン画面が自動的に表示されるので、指示に従って必要事項を入力する。有料の場合は、事前に購入したクーポンのアクセス用コードを入力するか、クレジットカードでの決済を行うのが一般的。無料で利用できるホテルもあるが、その場合でもログイン用のアクセス用コードが必要なことが多いので、ネット接続の予定があるならチェックインの際にその旨を申し出よう。

アクセス用コードの入力によってログインできる。24時間有効

公共スペースでのネット接続

空港やショッピングセンター、カフェなどでの接続の場合は、クレジットカード決済での利用のことが多い。ホテルでの接続同様、まずはネットワークに接続してブラウザを起動し、必要な項目を記入してログインする。30分〜数時間までの何とおりかのサービス提供時間が設定されており、長時間の接続のほうが単位時間あたりではお得になっている。

ローミングサービスの利用がお得なことも

現地での有料ネット接続サービスは単位時間内でつなぎ放題ということが多いが、短い時間でメールをチェックする程度でいいという場合には割高になってしまう。そのような場合は、自分が契約しているプロバイダが提供する国際ローミングサービスを利用すると、1分単位での精算が可能なのでお得に利用できる。ホテルでの利用の場合でも、ローミングサービスが有効なことがあるので、わずかな時間しか利用しないのであれば、ローミングサービスを利用したほうが安上がりになる可能性がある。

ネット接続が無料のホテル・チェーン

サービス競争の結果、宿泊客なら無料でネット接続ができるホテルが増えている。北欧諸国に数多くの加盟ホテルを擁するスカンディックでは、すべてのホテルでの無料接続が可能。リカ・ホテルズも無料サービスを導入している。

スカンディック
Scandic
URL www.scandichotels.com
リカ・ホテルズ
Rica Hotels
URL www.rica-hotels.com

手荷物管理には充分な注意を！

北欧の治安は悪くはないが、公共スペースでのネット接続の際は、置き引きの被害に遭わないよう手荷物をしっかりと管理すること。

コペンハーゲン・カストロップ国際空港での接続料金例

30分	40DKK
1時間	60DKK
4時間	80DKK

専用ソフトを使えば簡単！

国際ローミングサービスの利用にあたっては、専用ソフトを使うと手間がかからずアクセスできる。旅行の前にサービスの有無を確認し、ダウンロード、インストールも完了しておこう。

557

北欧の物価

北欧の物価は高い。日本も物価が高いといわれるが、ものの値段は日本以上に高い。同じ額を払った場合の満足度は、日本と比べると低いと言わざるをえない。安くあげる方法が少ないのが節約派にはつらいところ。ここでは、北欧を旅するのにいくらぐらいかかるのか、あるいはいくらぐらいかければ北欧を旅行できるのか、ひとり旅を例にとりシミュレートしてみた。

とことん節約派の旅

とにかく予算を切り詰めたい、限られた予算で可能な限り長く旅行したい、という人はだいたいこんな感じになる。

宿泊費	ユースホステル（朝食付き）	4000～6000円
昼食	カフェでランチセット	1500円
夕食	街頭でホットドッグとコーラ	900円
入館料	学割で美術館と博物館計2ヵ所	2000円
交通費	バスに2回乗車	800円
おやつ	アイスクリーム（2スクープ）	300円
合計		9500～1万1500円

これはあくまでも最低限これだけかかるということ。ユースホステルで自炊でもするのならともかく、毎日こんな食事ではさびしい。デンマーク以外ではお酒も高い（ビール小ビン1本が500円ぐらい）。スモーカーはもっと大変で、マルボロ1箱800円くらいはする。あらかじめ鉄道パスを持っていなければ、都市間の移動にもお金がかかる。節約派には厳しい。

ケチケチしたくないけれど、あまり散財もできない派

スタンダードに近い旅行をしようと思うと、どうしても以下のようになる。

宿泊費	中級に近いホテルのシングル	1万7000円
昼食	カフェでランチセット	1500円
おやつ	カフェでコーヒー	600円
夕食	安めのレストランで	3500円
入館料	美術館と博物館計2ヵ所	2000円
交通費	バスと地下鉄に計2回乗車	800円
合計		2万5400円

特に地方に行くと宿泊の選択肢が少なくなり、ユースホステルか中級以上のホテルのどちらか、ということが多い。バス、トイレが共同になっているような安めのホテル（6500円ぐらい）が見つけられれば多少安上がりにできる。

最も節約しやすい部分

宿泊費は最も節約しやすい。ユースホステルに宿泊し、朝食は自分で買ってきた果物とジュースなどで済ませれば多少安上がり。

町までの交通費

コペンハーゲンとヘルシンキは空港から町までは近い。コペンハーゲンは列車で約600円、ヘルシンキはバスで750円程度。ストックホルム、オスロは若干遠く、バスで市内まで1700～2300円。どこもバスの終点から観光案内所までは歩ける距離だ。観光案内所でホテルを紹介してもらうと手数料が1000円ぐらい。デポジットや宿泊料の前払いを求められたら、クレジットカードを使えばいい。あとはホテルまでの交通費と夕食代。

買い物するなら空港で

北欧では旅行者も高率の税金が含まれた商品やサービスを購入することとなる。そのためスーパーを訪れても、いわゆる義理みやげのような安くて気が利いた商品を探すのは難しい。

しかし、免税措置が受けられる空港なら話は別。普通は物価が高い空港も、北欧なら免税扱いのおかげで市中よりも安く買えるものがある。免税エリアでの買い物である必要があるが、空港での買い物は案外有利なので、高くて購入をあきらめていた商品があったら空港で探してみよう。

もちろん免税手続きを積極的に利用することもお忘れなく。

せっかくだからしっかり楽しみたい派

スタンダード以上の旅行をする場合の最低ラインは以下のとおり。

宿泊費	やや立派なホテルのシングル	2万5000円
昼食	レストランで本日のランチ	2500円
おやつ	カフェでコーヒーとケーキ	1600円
夕食	レストランでコースメニュー	9500円
入館料	美術館2ヵ所	1600円
交通費	バスとトラムに計2回乗車	800円
交通費	ホテルから駅までタクシー	1700円
寝酒	ホテルのバーでビール2杯	2500円
合計		**4万5200円**

いいホテルに泊まると朝食のビュッフェも豪華版。ただしそこでしっかり食べて昼を抜こうなどという了見は、ここの趣旨に反する。せっかくはるばる来たのだし、ちょっとリッチに……などと考えるとすぐにこれぐらいの出費になる。

北欧の割引制度

北欧諸国では、ほとんどの美術館や博物館、交通機関においてシニアや子供、学生の割引料金を実施しており、場所によっては50％の割引を受けられるところもある。シニアや子供はパスポートを見せれば通じるが、学生の場合は、日本の学生証では通じないので国際学生証を作っていくこと。国際学生証の作り方は（→P.549）参照のこと。

両替について

銀行や空港のほか、フェリーやバスのターミナルや駅などで両替できるが、場所によってはT/C不可、現金のみの受け付けとなるところもある。町なかにはFOREXという両替所があるので、まず困ることはないだろう。日本円の通用度はかなり高いが、地方の都市などでごく稀に通用しないところもある。

北欧でよく見かける両替所のFOREX

到着初日にいくら両替するか

日本からの直行便は、たいてい午後遅くに到着する。パッケージツアーでホテルまでの送迎が付いているのでなければ、当座の交通費と夕飯代ぐらいは両替しておきたい。北欧はクレジットカードの通用度が高いが、やはりある程度の現金は必要。最低でも町までのバス代など1万円程度は両替しておきたい。

地方都市での両替

地方都市の場合、両替所がなく、銀行での両替しか手段がないことが多い。ここで注意したいのは、銀行は土・日曜は閉まってしまうということ。手持ちの現金がなくならないよう、平日のうちに忘れず両替しておこう。

外貨から外貨の両替について

それぞれ違う通貨を使用している北欧の4ヵ国。使う分だけを両替したつもりでいても、思いのほかお金が残ってしまうこともある。そんなときは外貨から外貨（ユーロ€→スウェーデンSEKなど）の両替をしよう。ただし小銭は両替できないので、なるべくその国で使い切るといい。

旅の持ち物

北欧旅行の服装

基本的には普段の日本での服装に1枚上着を足すぐらいで大丈夫だ。夏は日差しが強く、空気も乾燥しているので極めて快適だ。南部なら太陽が出ていれば昼間はTシャツ1枚で充分だが、日が陰ると寒さを感じることもある。夏でも薄手の上着か長袖のシャツを1枚持参するといいだろう。北極圏まで行くのなら、夏でも必ずしっかりした上着やフリースを1枚用意しよう。

冬場になると、建物の中はよく暖房が効いているので快適に過ごすことができる。ホテルの部屋の中などは、Tシャツ1枚でも暖かい。ただし外は当然酷寒の世界なので、充分な対策が必要だ。着脱の簡単な衣類を重ね着するのがいいだろう。特にオーロラなどを見に北極圏のほうまで行く場合はしっかりした上着、雪の上でも暖かく滑りにくい靴、手袋と帽子は必需品。上着はロングコートよりも、ハーフコート程度の丈のものが動きやすくておすすめできる。フードが付いていれば暖かいのでなおいい。

カバンについて

スーツケースかバックパックかは、旅先での目的や持ち物によって異なってくる。バックパックは両手が自由に使えて動きやすいという利点があるが、中身が取り出しにくいし、鍵がかからないものが多いのでやや不安がある。その点スーツケースなら、丈夫で鍵もかかるので安心だが、やはり動きにくく、移動の多い旅には不向きだ。ソフトタイプのキャリーバッグなら、鍵もかかり、動きもそれほど制限されないので便利。個人で移動が多いならバックパックやソフトタイプのキャリーバッグ。移動もホテルもすべて込みのパッケージツアーならスーツケースを持っていくといいだろう。

■ 機内預け手荷物（チェックイン・バゲージ）

機内預け手荷物は、スカンジナビア航空とフィンエアーの日本からの直行便のエコノミークラスの場合、23kgまでで1人1個と定められている。それ以上はエクストラバゲージとなり、超過料金を取られるので注意すること。その他の航空会社利用の場合、より厳しいことがあるので事前に確認しておこう。自転車やスキーなどの大きな荷物を持ち込む場合は、航空券の予約時に相談すること。

ラップランド旅行時の注意

北極圏にあるラップランドといっても、夏になれば気温が30度以上になることもある。ただし天候は変わりやすく、朝晩や荒天時には夏でも真冬並みの寒さになることがあるので、防寒具を忘れずに持参すること。夏（6〜7月）は非常に蚊が多いので、虫よけを持っていくようにしよう。虫よけは現地でも購入可能。

女性は基礎化粧品に注意

日本よりとにかく乾燥している北欧諸国。特に夏に旅行する場合、日本の夏用の化粧品を持っていくと保湿が足りなくなってしまう。現地調達も可能だが、心配な人は冬用の化粧品を持参するか、保湿液をひとつ入れておくと心強い。

機内に持ち込めないもの

万能ナイフやハサミなどの刃物、スプレー類（ヘアスプレー、虫よけスプレーなど）は、機内預け荷物に入れること。ガスやオイル（ライター詰替用も）、キャンピング用ガスボンベは機内預け荷物に入れても輸送不可（帰国まで空港預かりとなる）。

■ 機内持ち込み手荷物

　機内持ち込みの手荷物は、スカンジナビア航空とフィンエアーのエコノミークラスの場合、8kgまでのものひとつで、大きさがスカンジナビア航空が55×40×23cm以下、フィンエアーが56×45×25cm以下のものというのが原則。キャリー付きの小型スーツケースは不可になることもある。カメラも裸のままだったり、カメラバッグも小さなものならOKだが、大きなものは手荷物扱いになることがある。また、2007年3月1日から日本を出発する国際線の航空機内に100ml以上の容器に入った液体物（ジェル、スプレー、歯磨き、クリーム、ローション類なども含む）の持ち込みが制限されている。ただし、100ml以下の容器に入った液体を、縦と横の長さの合計が40cm以下のジッパー付きのプラスチック製の透明な袋（ひとりにつき1枚）に入れれば問題ない。医薬品や幼児用のミルクなど除外されるものもある。詳細は国土交通省のホームページへ。

機内に持ち込めるが使用不可（条件付き）のもの

　ビデオ機器、音響機器（CD/MD/カセットプレーヤー、ラジオ）、システム機器（パソコン、ワープロ、電子手帳）、ゲーム機器、電気ヒゲソリなどは、離着陸時は使用できない。

　携帯電話、トランシーバー、ワイヤレス式音響機器、ラジコン式機器、無線機能を使う電子ゲーム機器など、あきらかに電波を発信する機器は、機内では一切使用不可。

航空機内の液体物持ち込み制限について
国土交通省
URL www.mlit.go.jp/kisha/kisha06/12/121219_.html

■ 免税で持ち込めるアルコール、タバコ類

	デンマーク	ノルウェー	スウェーデン	フィンランド
酒	スピリッツ類など1ℓ、またはワイン類2ℓ	スピリッツ類1ℓとアルコール度数2.5〜22%のアルコール1.5ℓ、ビール5ℓ、2.5〜22%のアルコール3ℓのいずれか	スピリッツ類1ℓとワイン2ℓ、またはワイン4ℓ、ビール16ℓのいずれか	アルコール度数22%以上のもの1ℓ、あるいは22%未満の食前酒やスパークリングワイン2ℓ、そのほかにワイン4ℓとビール16ℓ
タバコ	紙巻き200本、細巻きの葉巻100本、葉巻50本、刻みタバコ250gのいずれか	紙巻き200本、刻みタバコ250gと巻紙200枚のいずれか	紙巻き200本、葉巻50本、細巻きの葉巻100本、刻みタバコ250gのいずれか	紙巻き200本、細巻きの葉巻100本、葉巻50本、刻みタバコ250gのいずれか
そのほか	肉類などの生ものは持ち込めない	酒類は20歳以上、タバコは18歳以上のみ持ち込み可	酒類は20歳以上、タバコは18歳以上のみ持ち込み可	香水50g、オードトワレ0.25ℓまでは持ち込み可

■ 旅の持ち物チェックリスト

	持ち物	チェック		持ち物	チェック		持ち物	チェック
貴重品	パスポート		日用品	ちり紙		そのほか	爪切り＆耳カキ	
	トラベラーズチェック			洗剤			万能ナイフ	
	クレジットカード		衣類	シャツ			スプーン、フォーク	
	現金（日本円）			下着			ゴムゾウリ、スリッパ	
	eチケット（航空券）			手袋			サングラス	
	鉄道パス			帽子			傘など雨具	
	海外旅行傷害保険			靴下			腕時計	
	国外運転免許証			パジャマ			目覚まし時計	
	YH会員証、国際学生証など			コート、ジャンパー			カメラ	
	顔写真（4.5×3.5cmを2枚）			ホステルシーツ			フィルム	
日用品	石けん、シャンプー			寝袋			計算機	
	タオル		薬品類	各種薬			双眼鏡	
	バスタオル			生理用品			使い捨てカイロ	
	歯ブラシ＆歯磨き		そのほか	筆記用具			文庫本	
	ひげそり			メモ帳			辞書、会話集	
	化粧品			裁縫用具			ガイドブック	

旅の情報集め

スカンジナビア政府観光局
URLwww.visitscandinavia.
org/ja/Japan

Visit Finland
URLwww.visitfinland.com

■ 日本での情報集め

　デンマーク、スウェーデン、ノルウェーの3ヵ国について
の情報に関しては、スカンジナビア政府観光局が、フィンラ
ンドはVisit Finlandがホームページで情報を発信している。
歴史や地理などの一般的な内容はもちろん、イベント情報や
緊急時の連絡先など、旅行に役立つ情報が満載なので、出発
前にぜひチェックしておきたい。

■ 現地での情報集め

まずは観光案内所を目指そう

　北欧には、ほとんどの町に観光案内所のオフィスがあるの
で、まずはそこに寄ってみよう。その町の地図や、町を紹介
する小冊子、ホテルやレストランなどのパンフレットはたい
てい無料。ホテルや民宿（プライベートルーム、ベッド・ア
ンド・ブレックファストなどと呼ばれる）の紹介をしてくれ
るところや（有料の場合もある）、ちょっとしたおみやげを
販売していることもある。「北極圏」や「最果ての町」の
「到達証明書」など、そこでしか手に入らないようなものも
あるので、いい記念になるだろう。

　注意したいのは、オープンする時間。各国の首都や、旅行
者の集まるベルゲンなどの大都市を除いて、特に小さな町で
は夏期以外の週末は閉まってしまうことが多い。オープンす
る時間も季節により変動するので気を付けよう。

■ インターネットで情報集め

　北欧は日本とは比べものにならないIT先進国。インターネ
ットでの情報発信も盛んだ。各地のツーリストインフォメー
ションもサイトをもっていることが多いので、いろいろ探し
てみよう。ここでは、日本語で役に立つ情報が手に入るサイ
トを紹介する。

「地球の歩き方」の携帯公式サイト

使える最新情報&コンテンツが満載！
　「地球の歩き方」の携帯公式サイトでは、
「海外特派員情報」「成田発着便」「為替
レート」「観光ニュース」などの最新情
報が満載。航空券やホテルなどの予約も
優待価格になり、旅行中に役立つ国内外
の会員トクトククーポンも手に入る。今
すぐアクセスしてみよう！
※一部有料コンテンツを含みます

●アクセス方法
NTTドコモ「iモード」月額料金315円（税込）
メニューリスト>ホテル／宿／旅行>
海外旅行ガイド>「地球の歩き方」
KDDI「EZweb」月額料金315円（税込）
メニューリスト>エリア情報>地図・交通・
旅行>旅行・宿泊予約>「地球の歩き方」
ソフトバンク「Yahoo!ケータイ」
月額料金315円（税込）
メニューリスト>交通・グルメ・旅行>
トラベル情報>「地球の歩き方」

お役立ちホームページ

（日）は日本語のホームページ

総合情報

地球の歩き方ホームページ（日）
URLwww.arukikata.co.jp
　基本情報や北欧諸国の最新の為替レート、天気などもわかる。

スカンジナビア政府観光局（日）
URLwww.visitscandinavia.org/ja/Japan
　日本にあるスカンジナビア政府観光局の公式サイト。デンマーク、ノルウェー、スウェーデン3ヵ国の気候や祝日などの基礎情報から、各地の観光情報まで、幅広い情報が得られる。

Visit Finland（日）
URLwww.visitfinland.com
　フィンランドの基本的な情報はここで。

北欧ハイパーリンク（日）
-北欧観光と北欧刺繍を訪ねて！-
URLwww.interq.or.jp/shikoku/toru
　デンマーク、ノルウェー、スウェーデン、フィンランド4ヵ国をはじめとする北欧諸国のリンク集。鉄道会社、ツーリストインフォメーション、博物館、空港、日本にある旅行会社、北欧に関する個人サイトなど、およそ北欧に関するおもなサイトはほとんど網羅されている印象。

在日デンマーク王国大使館（日）
URLwww.ambtokyo.um.dk/ja

駐日ノルウェー王国大使館（日）
URLwww.norway.or.jp

在日スウェーデン大使館（日）
URLwww.sweden.or.jp

在日フィンランド大使館（日）
URLwww.finland.or.jp

都市情報

　北欧の各都市の見どころやホテル、イベントなどの旅行情報も手に入る。直前に最新情報をチェックしよう。

デンマーク全般
URLwww.visitdenmark.com

コペンハーゲン
URLwww.visitcopenhagen.com

オーデンセ
URLwww.visitodense.com

ノルウェー全般
URLwww.visitnorway.com

オスロ
URLwww.visitoslo.com

ベルゲン
URLwww.visitbergen.com

スウェーデン全般
URLwww.visitsweden.com

ストックホルム
URLwww.stockholmtown.com

スウェーデンラップランド
URLwww.kirunalapland.se

フィンランド全般
URLwww.visitfinland.com

ヘルシンキ
URLwww.visithelsinki.fi
URLwww.visithelsinki.jp（日）

ロヴァニエミ
URLwww.rovaniemi.fi

交通情報

スカンジナビア航空
URLwww.flysas.co.jp（日）
URLwww.flysas.com

フィンエアー
URLwww.finnair.co.jp（日）
URLwww.finnair.com

●デンマーク

デンマーク国鉄
URLwww.dsb.dk

国際バス
URLwww.eurolines.dk

●ノルウェー

ノルウェー鉄道
URLwww.nsb.no

国際・国内長距離バス
URLwww.nor-way.no

ラップランド地方のバス
URLwww.veolia-transport.no

●スウェーデン

スウェーデン鉄道
URLwww.sj.se

国際バス
URLwww.eurolines.se

●フィンランド

フィンランド国鉄
URLwww.vr.fi

国際バス
URLwww.matkahuolto.fi

ラップランド地方のバス
URLwww.eskelisen-lapinlinjat.com

旅の安全とトラブル対策

各国の緊急連絡先

デンマーク
警察、消防、救急車 112

ノルウェー
警察 112、消防 110
救急車 113

スウェーデン
警察、消防、救急車 112

フィンランド
警察、消防、救急車 112

万一に備えて

パスポートは必ずコピーを取っておくか、パスポート番号、発行地をメモしておくこと。クレジットカード番号と有効期限、T/Cを持っていく人は、未使用T/Cの番号、またクレジットカードやT/Cの緊急連絡先、海外旅行保険の現地および日本の連絡先を控えておこう。

海外の安全情報についての問い合わせ先

外務省
領事サービスセンター
〒100-8919
東京都千代田区霞が関2-2-1
(03)5501-8162
www.mofa.go.jp/mofaj
(外務省)
www.anzen.mofa.go.jp
(海外安全ホームページ)
閉庁日以外の9:00〜17:00
無料

外務省発行のリーフレットの入手や資料の閲覧ができる。

最新渡航情報メールサービス

海外安全ホームページにアクセスし、メールアドレスを登録すれば、海外の安全情報などが配信される。

手数料について

新規旅券10年パスポート1万6000円、5年パスポート1万1000円（12歳未満は6000円）、帰国のための渡航書2500円。すべての手数料は現地通貨建て現金でのみ支払い可能。

紛(焼)失届に必要な書類

紛失一般旅券等届出書1通、警察署の発行した紛失届出を立証する書類または消防署などの発行した罹災証明書など、写真1葉（縦4.5cm×横3.5cm、6ヵ月以内に撮影したもの、無帽、無背景）、身元確認書類（運転免許証など。印鑑または拇印が必要な場合がある）

北欧は安全か？

社会福祉がすみずみにまで行き届き、生活水準も高い北欧は治安のよい地域だといわれてきた。しかし物価高や移民・難民の流入、最近では旧東欧からのプロの窃盗団が増加し、都市部を中心に徐々に犯罪が増加している。

さまざまな犯罪手口

ここ数年多くなっているのが、旧東欧を中心とした国々から来たプロの窃盗団による犯罪。彼らの手口はホテルの朝食（ビュッフェ）時のちょっとした隙を狙い、荷物を奪って逃げるなど、単純だが実に巧妙だ。

また、麻薬は北欧でも大きな社会問題となっていて、これに関するトラブルも増加している。単なる服用でもかなりの重罪となるので、決して手は出さないように。大都市の夜の公園は麻薬常習者のたまり場となりやすいので、近寄るのは避けたほうがいいだろう。

基本的な被害防止策

スリや置き引きなどの窃盗犯は、こちらが気を抜いた瞬間を狙ってくる。どんなことがあっても荷物から目を離さないことが大切だ。麻薬については危険なエリアを把握し、万が一密売人などが近づいてきても毅然とした態度で断ることが必要。

被害に遭ったら

1：パスポート

パスポートを紛失や焼失、盗難に遭ったら速やかに警察に届けたのち、各国の日本大使館・領事館で必要な手続きを行う。まずは紛（焼）失届が必要。紛（焼）失届と同時に新規旅券または帰国のための渡航書の発給申請を行うことができる。新規旅券発行には、写真1葉に加え一般旅券発給申請書1通、戸籍謄本または抄本1通、手数料が必要。発行までに1〜2週間。新規発行が待てない場合は、「帰国のための渡航書」を発行してもらう。写真1葉、手数料に加え、渡航書発給申請書1通、戸籍謄本または抄本1通または日本国籍があることを確認できる書類、日程などが確認できる書類（航空券や旅行会社作成の日程表）、警察への届出書が必要。所要2〜3日。

2：T/C(トラベラーズチェック)

まずは「T/C購入者用申込用紙」の控えを手元に置いて、T/C発行各社のリファンド・センター（再発行センター）に連絡をする。紛失・盗難の状況を申告し、再発行手続きに必

要な情報を得ることが先決。指示があった場合には、警察に連絡して盗難・紛失届出証明書Theft Certificateを発行してもらおう。再発行に必要な情報が記載されている「T/C購入者用申込用紙」の控えだけはT/Cとは別の場所に保管しておくこと。未使用T/Cの番号がわかると再発行がスムーズに行われるので、旅行中は使用記録をつけるとよい。

　2ヵ所あるサイン記入欄のどちらもサインしていないものと、両方にサインがあるT/Cは再発行してもらえない。購入後すぐにすべてのT/Cの上部記入欄1ヵ所にサインしよう。

3：クレジットカード

　すぐにカード会社や銀行に連絡して、カードの使用停止と再発行の手続きをとる。紛失や盗難の届けが出ていれば、カードが不正使用されても保険でカバーされる。カード番号や有効期限などのデータや緊急連絡先は必ず控えておこう。その後の対応はカード会社によってさまざまで、再発行されたカードを最寄りのオフィスから届けてくれるところもある。

4：eチケット（航空券）

　近年では紙で発行された航空券ではなく、電子化されたeチケットが利用されている。この場合、「eチケットお客様控え」を航空券の代わりに携帯することになるが、コンピューター管理されているので紛失してしまっても各航空会社、または購入した旅行代理店に連絡すればすぐに再発行が可能。

病気・ケガ

■ 常備薬を忘れずに持参しよう

　旅行中一番多い病気は下痢とカゼ。持ってきている薬を飲み、1日ゆっくり眠ることが大事。どちらも旅の疲労によるものが大きいため、無理して旅を続け、こじらせることにならないように注意しよう。

■ 病気やケガをした時は

　旅行中、不安になるような症状があったら、病院へ行こう。大都市では24時間受付の医療サービスとして病院の紹介や予約をしてくれる所もある。地方で病院が見つからない時は、宿泊しているホテルのフロントで教えてもらおう。海外旅行傷害保険（→P.549）の医療サービスの内容も確認しておくといい。

■ 各国の医療サービスと病院

デンマーク（コペンハーゲン）	ノルウェー（オスロ）	スウェーデン（ストックホルム）	フィンランド（ヘルシンキ）
ツーリスト医療サービス（月～金16:00～翌8:00） ☎70-130041	救急医療センター（24時間受付） ☎22-118080	救急医療電話サービス（24時間受付） ☎(08)644-9200	電話医療サービス（24時間受付） ☎(09)10-023
Bispebjerg Hospital ⌂Bispebjerg Bakke 23 ☎35-313531	Volvat Medical Centre ⌂Borgenveien 2A ☎22-957500	Södersjukhuset ⌂Sjukhusbacken 10 ☎(08)616-1000	Haartman Hospital ⌂Haartmaninkatu 4 ☎(09)310-5018

トラベラーズチェック紛失時の連絡先

アメリカン・エキスプレス
デンマーク
Free8020-3002
ノルウェー
Free800-35006
スウェーデン
Free0200-11-0453
フィンランド
Free0800-9-3313

クレジットカード紛失時の連絡先

アメリカン・エキスプレス
☎44-20-8840-6461

JCB
デンマーク、ノルウェー、スウェーデン
☎00-800-00090009
フィンランド
☎0800-1-181-30

セゾンカード
デンマーク
☎8001-0139
ノルウェー、フィンランド
☎81-3-5992-8300
スウェーデン
☎020-792-227

ダイナースクラブ
(Diners)
☎81-45-523-1196

三井住友VISAカード
デンマーク、ノルウェー、スウェーデン
☎00-800-12121212
フィンランド
☎990-800-12121212

UCカード（Master/Visa）
デンマーク、ノルウェー、スウェーデン
☎00-800-80058005
フィンランド
☎990-800-80058005

各都市のおもな警察署
デンマーク（コペンハーゲン）
⌂Politigården
☎33-141448
ノルウェー（オスロ）
⌂Grønlandsleiret 44
☎22-669050
スウェーデン（ストックホルム）
⌂Kungsholmsgatan 37
☎114-14
フィンランド（ヘルシンキ）
⌂Punanotkonkatu 2
☎71-8770111

INDEX

※名称のあとといついている（）内のアルファベットは、D＝デンマーク、N＝ノルウェー、S＝スウェーデン、F＝フィンランドを表します。

見どころ

1979 » **1981 »** **1994 »** **2008 »** **20XX »**

2 タイトル

3 タイトル

81 タイトル

115 タイトル

自分で歩く旅を提案する「地球の歩き方」誕生

インド編の登場により、バックパッカーのバイブルとしての地位を確立

旅人からの期待に応えて、秘境といわれる国々も歩き回ってついに発行

旅のスタイルやトレンドの変化を的確に捉え、100タイトルを突破

もしかしたら「地球の歩き方」は地球を飛び出しているかも知れません。

地球を歩き続けています

『地球の歩き方』を持って
自然も文化も
楽しもう

北欧の文化や伝統が気に入ったなら
近隣のヨーロッパ各国へも行ってみたい。
ラップランドで見た大自然を極めるならアラスカ
やカナダへ
そんなあなたの旅を応援します！

ドイツのウルムはおとぎの国のような美しい街並みが自慢

カルロヴィ・ヴァリはチェコで最大の温泉地

アラスカならではのダイナミックな自然を満喫

雄大な風景を堪能できるカナダ、ケベック州のシャルルヴォワ

地球の歩き方●ガイドブック

A14 ドイツ
大都市から小さな街までくまなく紹介しました。初めてのドイツでも迷わずにひとりで歩ける、見やすい地図や詳細情報が自慢。

A18 スイス
湖畔の町から輝く白き峰の山々へ。谷を抜け、峠を越え、アルプスの山々を堪能できるスケールの大きな風景を楽しもう。

A30 バルトの国々
ヨーロッパ北部にあるエストニア、ラトヴィア、リトアニア。ツアーも増加し注目されつつあるバルト諸国の専門ガイドです。

A31 ロシア ウクライナ／ベラルーシ／コーカサスの国々
広大な大地をもち、多彩な魅力のあるロシアと、ウクライナ、ベラルーシなどを掲載したガイドブック。

B15 アラスカ
オーロラや氷河、野生動物など、手つかずの自然が残るアラスカ。誰でも自然が満喫できるノウハウを追求しました。

B16 カナダ
新婚旅行をはじめ、アウトドア派にも人気の国。雄大な自然から最新タウン情報まで、カナダのすべてを紹介します。

B17 カナダ西部 カナディアン・ロッキーとバンクーバー
「自然」をテーマに、絵ハガキのように美しいバンフ、ジャスパー国立公園などを紹介します。

B18 カナダ東部 ナイアガラ・フォールズ メープル街道 プリンス・エドワード島
スケールの大きなナイアガラをはじめ、赤毛のアンの故郷など、古き良きヨーロッパの香りが色濃く残る街並みの数々……。本書がカナダのルーツへとご案内します。

地球の歩き方● Gem Stone

033 フィンランド かわいいデザインと出会う街歩き
北欧デザインの人気ブランドめぐりや最新デザイナーズホテルのインテリアにも注目！

039 アイスランド 大地の鼓動が聞こえる…… ヒーリングアイランドへ
ヨーロッパ最大級の氷河や大地が生まれる火山地帯、ダイナミックな間欠泉など壮大なスケールの自然が満載。

地球の歩き方

シリーズ年度一覧

2011年5月現在

地球の歩き方ガイドブックは1～2年で改訂されます。改訂時には価格が変わることがあります。表示価格は定価(税込)です。
●最新情報は、ホームページでもご覧いただけます。URL book.diamond.co.jp/arukikata

地球の歩き方

A ヨーロッパ

A01	ヨーロッパ	2011～2012	￥1890
A02	イギリス	2010～2011	￥1785
A03	ロンドン	2011～2012	￥1680
A04	スコットランド&湖水地方	2010～2011	￥1785
A05	アイルランド	2010～2011	￥1785
A06	フランス	2011～2012	￥1785
A07	パリ&近郊の町	2011～2012	￥1785
A08	南仏プロヴァンス コート・ダジュール&モナコ	2010～2011	￥1680
A09	イタリア	2011～2012	￥1785
A10	ローマ	2011～2012	￥1680
A11	ミラノ、ヴェネツィアと湖水地方	2010～2011	￥1680
A12	フィレンツェとトスカーナ	2011～2012	￥1680
A13	南イタリアとマルタ	2011～2012	￥1785
A14	ドイツ	2011～2012	￥1785
A15	南ドイツ フランクフルト、ミュンヘン、ロマンティック街道、古城街道	2009～2010	￥1680
A17	ウィーンとオーストリア	2011～2012	￥1785
A18	スイス アルプスハイキング	2011～2012	￥1785
A19	オランダ/ベルギー/ルクセンブルク	2010～2011	￥1680
A20	スペイン	2011～2012	￥1785
A21	マドリッドと日帰りで行く世界遺産の町	2011～2012	￥1680
A22	バルセロナ&近郊の町とイビサ島・マヨルカ島	2010～2011	￥1680
A23	ポルトガル	2011～2012	￥1785
A24	ギリシアとエーゲ海の島々&キプロス	2011～2012	￥1785
A25	中欧	2011～2012	￥1890
A26	チェコ/ポーランド/スロヴァキア	2011～2012	￥1785
A27	ハンガリー	2011～2012	￥1680
A28	ブルガリア/ルーマニア	2011～2012	￥1785
A29	北欧	2011～2012	￥1785
A30	バルトの国々	2011～2012	￥1785
A31	ロシア	2010～2011	￥1995
A32	シベリア&シベリア鉄道とサハリン	2011～2012	￥1890
A34	クロアチア/スロヴェニア	2011～2012	￥1680

B 南北アメリカ

B01	アメリカ	2010～2011	￥1890
B02	アメリカ西海岸	2011～2012	￥1785
B03	ロスアンゼルス	2011～2012	￥1785
B04	サンフランシスコ	2010～2011	￥1785
B05	シアトル&ポートランド	2011～2012	￥1785
B06	ニューヨーク	2011～2012	￥1838
B07	ボストン	2011～2012	￥1890
B08	ワシントンD.C.	2011～2012	￥1785
B10	フロリダ	2011～2012	￥1785
B11	シカゴ	2011～2012	￥1785
B12	アメリカ南部 アトランタ他	2010～2011	￥1890
B13	アメリカの国立公園	2011～2012	￥1890
B14	テーマで旅するアメリカ	2011～2012	￥1785
B15	アラスカ	2011～2012	￥1785
B16	カナダ	2011～2012	￥1785
B17	カナダ西部 カナディアン・ロッキーとバンクーバー	2011～2012	￥1680
B18	カナダ東部 ナイアガラ・フォールズ メープル街道 プリンス・エドワード島	2010～2011	￥1680
B19	メキシコ	2011～2012	￥1890
B20	中米 グアテマラ他	2009～2010	￥1995
B21	ブラジル	2010～2011	￥2100
B22	アルゼンチン/チリ	2010～2011	￥2100
B23	ペルー	2010～2011	￥2100
B24	キューバ&カリブの島々	2011～2012	￥1890
B25	アメリカ・ドライブ	2011～2012	￥1785

C 太平洋

C01	ハワイ オアフ島&ネイバーアイランド	2010～2011	￥1785
C02	ハワイII マウイ島、ハワイ島、モロカイ島、ラナイ島、カウアイ島	2010～2011	￥1680
C03	サイパン	2011～2012	￥1470
C04	グアム	2011～2012	￥1470
C05	タヒチ/イースター島	2011～2012	￥1785
C06	フィジー/サモア/トンガ	2010～2011	￥1785
C07	ニューカレドニア/バヌアツ	2011～2012	￥1785
C08	モルディブ	2010～2011	￥1785
C09	マダガスカル/モーリシャス/セイシェル	2011～2012	￥1995
C10	ニュージーランド	2011～2012	￥1785
C11	オーストラリア	2011～2012	￥1890
C12	ゴールドコースト&ケアンズ	2011～2012	￥1785
C13	シドニー&メルボルン	2011～2012	￥1680

D アジア

D01	中国	2011～2012	￥1890
D02	上海 杭州・蘇州・水郷古鎮	2010～2011	￥1785
D03	北京・天津	2010～2011	￥1680
D04	大連 瀋陽・ハルビン 中国東北地方の自然と文化	2010～2011	￥1785
D05	広州 アモイ 桂林 珠江デルタと華南地方	2011～2012	￥1785
D06	成都・九寨溝・麗江 四川・雲南・貴州の自然と民族	2009～2010	￥1785
D07	西安・敦煌・ウルムチ シルクロードと中国北西部	2009～2010	￥1785
D08	チベット	2010～2011	￥1995
D09	香港	2010～2011	￥1680
D10	台湾	2011～2012	￥1785
D11	台北	2011～2012	￥1575
D12	韓国	2011～2012	￥1785
D13	ソウル	2011	￥1575
D14	モンゴル	2011～2012	￥1890
D15	中央アジア サマルカンドとシルクロードの国々	2011～2012	￥1995
D16	東南アジア	2010～2011	￥1785
D17	タイ	2011～2012	￥1785
D18	バンコク	2010～2011	￥1680
D19	マレーシア ブルネイ	2011～2012	￥1785
D20	シンガポール	2011～2012	￥1575
D21	ベトナム	2011～2012	￥1785
D22	アンコールワットとカンボジア	2011～2012	￥1785
D23	ラオス	2011～2012	￥1890
D24	ミャンマー	2011～2012	￥1995
D25	インドネシア	2011～2012	￥1785
D26	バリ島	2011～2012	￥1785
D27	フィリピン	2011～2012	￥1785
D28	インド	2010～2011	￥1890
D29	ネパール	2009～2010	￥1995
D30	スリランカ	2009～2010	￥1785
D31	ブータン	2009～2010	￥1890
D32	パキスタン	2007～2008	￥1869
D33	マカオ	2011～2012	￥1680
D34	釜山・慶州	2010～2011	￥1470
D35	バングラデシュ	2011～2012	￥1995

E 中近東 アフリカ

E01	ドバイとアラビア半島の国々	2010～2011	￥1995
E02	エジプト	2011～2012	￥1785
E03	イスタンブールとトルコの大地	2011～2012	￥1890
E04	ヨルダン/シリア/レバノン	2010～2011	￥1995
E05	イスラエル	2011～2012	￥1890
E06	イラン	2009～2010	￥2100
E07	モロッコ	2011～2012	￥1890
E08	チュニジア	2010～2011	￥1995
E09	東アフリカ ウガンダ・エチオピア・ケニア・タンザニア	2010～2011	￥1995
E10	南アフリカ	2010～2011	￥1995
E11	リビア	2010～2011	￥2100

地球の歩き方 トラベルライター (旅の文章) 通信講座 開講中!詳しくはホームページで URL arukikata.co.jp/kouza/tabibun/

STAFF

企画・制作：小山田浩明	Hiroaki Oyamada	**Producer**
編集：(有) グルーポ ピコ	Grupo PICO	**Editors**
田中健作	Kensaku Tanaka	
今田明日菜	Asuna Konta	
泉友果子	Yukako Izumi	
写真：武居台三	Taizo Takei	**Photographers**
川島義都	Yoshikuni Kawashima	
森川秀樹	Hideki Morikawa	
取材：田中健作	Kensaku Tanaka	**Reporters**
今田明日菜	Asuna Konta	
森本勝哉	Katsuya Morimoto	
デザイン：(株) カダギリック	KatagiRick inc	**Designer**
片桐カズミ	Kazumi Katagiri	
Studio 208	Studio 208	
椎名麻美	Mami Shiina	
イラスト：有栖サチコ	Sachiko Alice	**Illustrator**
地図：辻野良晃	Yoshiaki Tsujino	**Maps**
TOM 冨田富士男	TOM Tonda Fujio	
株式会社東京印書館	Tokyo Inshokan Printing Co., Ltd	
(株) ピーマン	P-MAN	
(株) ジェオ	Geo	
校正：(株) 東京出版サービスセンター	TOKYO SYUPPAN SERVICE CENTER	**Proofreading**
表紙：日出嶋昭男	Akio Hidejima	**Cover Design**

協力：デンマーク王国大使館、ノルウェー王国大使館、スウェーデン大使館、フィンランド大使館、スカンジナビア政府観光局、Visit Finland、Fjord Norway、Hurtigruten、Visit Gällivare Lapland、Visit Odense、ネットトラベルサービス、フッティルーテン・ジャパン、共信商事(株)サンタクロース事務局、水野純

読者投稿・受付デスク

〒160-0022　東京都新宿区新宿3-1-13　京王新宿追分ビル5F　(株) 地球の歩き方T&E
地球の歩き方サービスデスク「北欧編」投稿係
FAX 03-5362-7891　URL http://www.arukikata.co.jp/guidebook/toukou.html
地球の歩き方ホームページ（海外旅行の総合情報）
　URL http://www.arukikata.co.jp
ガイドブック『地球の歩き方』（本の検索＆購入、更新情報、オンライン投稿）
　URL http://www.arukikata.co.jp/guidebook

地球の歩き方 A29
北欧　2011～2012年版
1987年5月25日　初版発行
2011年6月10日　改訂第23版第1刷発行

Published by Diamond Big Co., Ltd.
3-5-2 Akasaka, Minato-ku, Tokyo 107-0052, Japan
☎ (81-3) 3560-2117 (Editorial Section)
☎ (81-3) 3560-2113　FAX (81-3) 3584-1221 (Advertising Section)

著作編集	「地球の歩き方」編集室
発行所	株式会社ダイヤモンド・ビッグ社
	〒107-0052　東京都港区赤坂3-5-2　サンヨー赤坂ビル
	編集部　☎03-3560-2117
	広告部　☎03-3560-2113　FAX 03-3584-1221
発売元	株式会社ダイヤモンド社
	〒150-8409　東京都渋谷区神宮前6-12-17
	販　売　☎03-5778-7240

■ご注意ください

本書の内容（写真・図版を含む）の一部または全部を、事前に許可なく無断で複写・複製し、または著作権法に基づかない方法により引用し、印刷物や電子メディアに転載・転用することは、著作者及び出版社の権利の侵害となります。
All rights reserved. No part of this publication may be reproduced or used in any form or by any means, graphic, electronic, or mechanical, including photocopying, without written permission of the publisher.

印刷製本　凸版印刷株式会社　Printed in Japan
禁無断転載©ダイヤモンド・ビッグ社／グルーポ・ピコ 2011
ISBN978-4-478-04137-6

④ ― 外 ― 側 ― に ― 折 ― る ―

ご投稿の書き方

(1)以下の＜テーマ＞でお書きいただけると幸いです。

＜新発見＞
　未掲載のレストラン・ホテル・お店などのご紹介の場合

＜旅の提案＞
　未掲載の訪問地、新しい見どころ、ルート、楽しみ方などをご紹介いただく場合

＜アドバイス＞
　注意したいこと、工夫しておきたいことをご紹介いただく場合

＜訂正・反論・追加情報＞
　すでに掲載されている記事の修正や追加、異論・反論

(2)データはできるだけ正確に。
　ホテル・レストランなどをご紹介いただく際は、名称、所在番地、行き方、電話・FAX番号などは正確にお書きください。お店のカードや地図などを添えていただけると幸いです。

(3)盗作でなく、実際の体験記事を。
　ほかの旅行ガイドや雑誌、インターネット上の情報などの丸写しはしないでください。あなたの実際の体験に基づいた具体的な情報をお寄せください。あなたの個人的な印象でも、次号の読者の方にはおおいに役立つと思います。

　（見本）

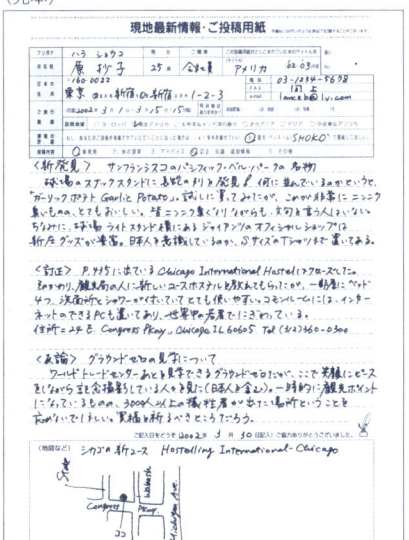

縦：現地最新情報・ご投稿用紙

BY AIR MAIL
PAR　AVION

〒160-0022
東京都新宿区新宿3-1-13
京王新宿追分ビル5F
（株）地球の歩き方T&E

『地球の歩き方』
サービスデスク・投稿係 行

恐れいりますが切手を貼ってご投函ください。

TOKYO, JAPAN

お願い 該当するエリアと投稿内容に✓を入れて下さい

エリア： □ヨーロッパ　□南北アメリカ　□太平洋＆インド洋の島々　□オセアニア　□アジア　□中近東＆アフリカ

投稿内容： □新発見　□旅の提案　□アドバイス　□訂正・反論・追加情報　□その他

③ ― 外 ― 側 ― に ― 折 ― る ―

★ **市販の封筒**でもOKです。この投稿用紙をお使いにならず、他の封筒でお送りいただいてもけっこうです。
〒160-0022　東京都新宿区新宿3-1-13京王新宿追分ビル5F
（株）地球の歩き方T&E
『地球の歩き方』サービスデスク「○○○○編」投稿係

★ **FAX**でのご投稿も歓迎します。
FAX (03) 5362-7891

★ **インターネット**からもご投稿いただけます。
（画像データのご投稿もOKになりました！）
URL www.arukikata.co.jp/guidebook/toukou.html

封筒の作り方

まず、切り取り部分をハサミで切り取ってください。
①を外側に折ってください。
②を外側に折ってください。
③を外側に折ってください。
④を外側に折ってください。
右のような封筒になります。
セロハンテープでとじてください。
恐れいりますが、必要額の切手を貼ってお送りください。

※採用された場合には、ご投稿が掲載された最初の本を1冊お送りしますので、住所・氏名・年齢・職業・お電話番号をお忘れなくお書きください。

※すでに編集部で取材・調査しているものと同内容のご投稿を多数いただくことがありますが、その場合は編集部による取材記事を優先して掲載しますので、ご了承ください。

あなたの旅行情報をお送り下さい

　今回のご旅行、いかがでしたか？ この『地球の歩き方』が少しでもお役に立ったなら、とてもうれしく思います。

　編集部では、「いい旅はいい情報から」をモットーに、すでに次年度版の準備に入っています。ご存じのように『地球の歩き方』は、たくさんの旅行者のみなさんからの情報やアドバイスを掲載しています。あなたの旅の体験や貴重な情報を、たくさんの旅人に分けてあげてください。

　ご投稿を、心からお待ちしています。

　ご投稿が、あなたのお名前（ペンネーム）入りで掲載された場合は、お礼として最初の掲載本1冊をプレゼントさせていただきます。（改訂版で、ご投稿が流用された場合を除く）

ご注意

※原稿は原文を尊重しますが、スペースなどの関係で編集部でわかりやすくリライトすることがあります。

※いただいた原稿、地図、写真などは返却できませんので、あらかじめご了承ください。

※お送りいただきましたご投稿は、必ずしも該当タイトルに掲載させていただかない場合もございますので、ご了承ください。
（例）フランス編としてお送りいただいたご投稿を、ヨーロッパ編に掲載

現地最新情報・ご投稿用紙

年齢は「20代」のような表記で記載することがございます。

フリガナ				
お名前	(姓)	(名)	性別	ご職業
			男・女	

この投稿用紙がどこにございました本のタイトル名

（タイトル） （　　～　　）年版　No.

日本のご住所	〒	生年月日（西暦）　　　年　　月　　日生（　　）歳
	都道府県　　　　　市区郡	e-mail
	区町村	電話

ご旅行期間	（西暦）　　年　　月　　日～　　月　　日（　　日間）	同封物はありますか？	追加原稿（　　）枚、地図（　　）点、写真（　　）点

訪問地域　　□ヨーロッパ　□南北アメリカ　□太平洋&インド洋の島々　□オセアニア　□アジア　□中近東&アフリカ

掲載の許可　もし、あなたのご投稿を掲載させていただいた場合は、（a）実名を掲載せていい　（b）匿名ベンネーム（　　　　　　　　）で掲載してほしい。

投稿内容　1, 新発見　2, 旅の提案　3, アドバイス　4, 訂正・反論・追加情報　5, その他

「地球の歩き方」メールマガジンの配信を希望されますか？　1, 希望する　2, 希望しない

当社及び「地球の歩き方」のグループ会社から、各種ご案内（お得な旅行情報、刊行物、展示会やアンケートのお願い、広告主・提携企業等の製品やサービス）の通知を希望されますか？

1, 希望する　2, 希望しない

※当社は個人情報を第三者に提供いたしません。また、でのサービスはこちらにお申し込みいただけば、いつでも中止できます。「地球の歩き方サービスデスク」FAX（03）5362-7891　E-Mail：toukou@arukikata.jp

（地図など記入欄）

インターネットから、画像（写真）データもご投稿いただけるようになりました。
こちらもご利用下さい。
URL www.arukikata.co.jp/guidebook/toukou.html

ご記入日をどうぞ（　　　年　　　月　　　日記入）ご協力ありがとうございました。

ここにあったんだ、
ふたり占めのオーロラ。

あなただけの
北欧旅行
つくります。

ココロ動かす
旅を、もっと。

旅工房

オーロラといえば、フィンランドのロヴァニエミや
ノルウェーのトロムソが有名ですが、
スウェーデンのアビスコはいかがですか？

例えばお客様が新婚旅行なら、旅工房ではこんな提案もします。
トレッキングのメッカとして、大自然が広がるアビスコ。
豪華なホテルはないけれど、街の灯りに邪魔されない星空があります。

オーロラの下に、ふたりだけ。
一生に一度だから、忘れられない経験をしてほしいと思うのです。

旅工房
TRAVEL NET STUDIO
観光庁長官登録旅行業 第1683号〔第1種〕

株式会社 旅工房
〒171-0021 東京都豊島区西池袋5-14-8 東海池袋ビル6F
[営業時間] 月～金 10:00～18:30 / 土 10:00～15:00 / 日・祝休
[メールお問合わせ先] heur2@tabikobo.com

北欧専門ダイヤル
☎ 03-5956-4165
[大阪] 06-7655-9391

「地球の歩き方 旅スケ」で…

はないろはさんが作成された旅スケジュール

北欧デザインホテルとフィヨルド絶景ホテルに泊まる北欧2週間の旅

マイルで行く母娘二人旅!北欧雑貨と雄大な自然を満喫プラン

Pick Up
Travel Photo

この旅スケのURL	http://tabisuke.arukikata.co.jp/schedule/37858/
旅行時期	2010/06
旅行先	【フィンランド】ヘルシンキ、ナーンタリ【ノルウェー】ベルゲン、ガイランゲル

ローエン、ノルウェー、その他の都市、オーレスン【デンマーク】コペンハーゲン
フレデリクスボー、ロスキレ、デンマーク、その他の都市【エストニア】タリン

旅行目的	世界遺産/雑貨・家具
コピーされた数　0　拍手数　10	※2011年3月4日時点でのデータによる

この旅スケジュールの予算（2人分）

移動	223,000円	観光	28,000円
宿泊	220,000円	その他	0円
食事	65,000円	**合計**	**536,000円**

1日目 6月24日（木）

11:00 ✈ 移動（飛行機）
AY78 初めてのフィンエアー 評判いいので楽しみ♪
フライト時間は10H10

16:00 🚌 移動（バス）
ヴァンター国際空港から空港バスで市内へ
フィンエアーバス €5.9 約40分

夕刻 🏠 グロ
Booking.comで予約済 今日から5連泊

2日目 6月25日（金）

10:03 🚃 移動（電車）
ヘルシンキ→トゥルク €33.90

🚶 移動（徒歩）
トゥルク駅からバス停のあるマーケット広場まで徒歩15分

昼 🚌 移動（バス）
トゥルク→ナーンタリ 30分 €4.8 BUS11番、110番

🏰 ムーミンワールド

夜 ⚥ セウラサーリ
夏至祭前夜祭コッコ 市バス24番で約20分

🏠 グロ

3日目 6月26日（土）

10:00 ❗ リンダライン
マーケット広場奥のマカシーニ・ターミナル出航
二人で€55.80 15分前締切

🏛 タリン歴史地区（旧市街）

🏛 聖オレフ教会
塔へのぼる €2

🏛 三人姉妹

🏛 聖ニコラス教会
死のダンス

17:00 ❗ リンダライン
フェリー市民港ホール出航 二人で€50.80

🏠 グロ

4日目 6月27日（日）

11:00 ⭐ 観光バスツアー
ヘルシンキカードで無料になるオーディオシティツアー
日本語 エスプラナーディ公園発

🏛 ヘルシンキ大聖堂

🏛 ウスペンスキ寺院
AMミサ聖歌隊の歌聴ける 12:00～15:00

🏛 テンペリアウキオ教会

❗ シベリウス公園

続きは旅スケで

出発前に旅スケジュールをつくって…

プリントアウトして、旅行に持参・散策…

帰ってきたら、写真を載せてみんなに自慢…

過去の旅行、空想旅行、海外・国内OK!

旅スケ

「旅スケジュール」のほかに、写真満載の「旅行記」、「クチコミ」の投稿、閲覧が可能！

http://tabisuke.arukikata.co.jp/

旅スケ | 検索